Fachkenntnisse Holztechnik

Lernfelder 5 bis 12

Herausgeber:
Erich Heidsieck

Autoren:
Henner Behre
Eberhard Berghäuser
Kerstin Böttcher
Michael Brinkschröder
Stephan Dyck
Ingken Freiling
Peter Hansen
Udo Hauser
Erich Heidsieck
Uwe Hellwig
Hans Höpken
Gabriele Kaufmann
Franz Kitzhöfer
Dr. Annette Laugwitz
Michael Ludolph
Anne-Britt Mahler
Olaf Maier
Sonja Tewes
Ole Welzel
Ernst-Dietrich Wolff

HANDWERK UND TECHNIK – HAMBURG

Danksagung

Verfasser und Verlag danken allen Firmen und Einrichtungen, die uns umfangreiches Informationsmaterial sowie zahlreiche Fotos und Abbildungen zur Verfügung gestellt haben.

Ein besonderer Dank geht an folgende Firmen für ihre Bereitschaft, ihre Branchenprogramme auf konkrete Beispiele in den Projekten des Lernfeldteils anzuwenden:

- robinWood GmbH, Seekirchen (A)
- SEMA GmbH, Wildpoldsried
- UNILUX GmbH, Salmtal

Ein Dankeschön geht außerdem an die Studierenden der Universität Hamburg, Zentrum Holzwirtschaft, die sich mit viel Engagement als Modelle bei den Handlungsaufnahmen zur Verfügung gestellt haben.

ISBN 978-3-582-0**3420**-5

Verlag Handwerk und Technik GmbH,
Lademannbogen 135, 22339 Hamburg; Postfach 630500, 22331 Hamburg – 2014
E-Mail: info@handwerk-technik.de – Internet: www.handwerk-technik.de

Satz und Layout: CMS – Cross Media Solutions GmbH, 97080 Würzburg
Umschlagfotos: robinwood GmbH, A-5201 Seekirchen (2); Michael Schwab, 21109 Hamburg (1,3)
Druck: Offizin Andersen Nexö Leipzig, 04442 Zwenkau

Vorwort

Das Buch **Fachkenntnisse Holztechnik** wendet sich in erster Linie an Auszubildende der Berufsgruppen Tischler/-in und Holzmechaniker/-in im 2. und 3. Ausbildungsjahr. Es kann auch für Auszubildende weiterer Berufsgruppen wie z. B. Fachkräfte für Möbel-, Küchen- und Umzugsservice eingesetzt werden. Weiter ist das Werk inhaltlich für die berufliche Fort- und Weiterbildung geeignet.

Angelehnt an die **Grundkenntnisse Holztechnik** gliedert sich dieses Werk in vier Teile:

- **Lernfelder – Projekte**
  In den Projekten, die den Lernfeldern 5 bis 12 der KMK-Rahmenlehrpläne zugeordnet sind, werden technische Aufgabenstellungen bzw. Kundenaufträge beispielhaft umgesetzt. Die Projekte bieten Grundlagen und Anregungen für einen sachthemenübergreifenden, produkt- und handlungsorientierten Unterricht. Sie ermöglichen die
  - praktische Umsetzung – entsprechend den jeweiligen Gegebenheiten und Möglichkeiten des Lernorts –, also Fertigung und Montage von Gesamt- oder Teilprodukten;
  - theoretische Durchdringung eines Kundenauftrags, also Planung und Gestaltung von Konstruktionen und Fertigungsabläufen sowie Kalkulation und Angebotserstellung für Produkte oder Dienstleistungen.

- **Sachinformationen**
  Die Inhalte des 2. und 3. Ausbildungsjahrs sind sachlogisch gegliedert und praxisbezogen dargestellt; u. a.
  - EDV-gestützte Planungs- und Fertigungstechniken,
  - vielfältige technologische Inhalte des Möbelbaus inkl. Möbelrestaurierung sowie Stilgeschichte,
  - Innenausbau unter Einbeziehung der Raumgestaltung und des zeitgemäßen Treppenbaus,
  - Oberflächenbehandlung unter Einbeziehung der verschiedenen Beiztechniken,
  - Maßordnung am Hochbau sowie Fenster und Außentüren – in Verbindung zu den Bauhauptgewerken,
  - Wärme- und Feuchteschutz – entsprechend den gestiegenen Anforderungen an die Energieeinsparung,
  - Schall- und Brandschutz,
  - Baustoffe,
  - Kalkulation und Angebot.

- **Mathematische Grundlagen und Anwendungen**
  Mathematische Grundlagen werden aufbauend auf den Inhalten des 1. Ausbildungsjahres dargestellt und in Aufgabenstellungen aus der beruflichen Praxis angewendet.

- **Technische Zeichnungen**
  Bei den Aufgaben stehen Teilschnittzeichnungen im Vordergrund, um das Verständnis für Konstruktionen zu vertiefen. Technische Zeichnungen werden sowohl von Hand als auch mithilfe von CAD-Programmen unter Berücksichtigung zeichentechnischer und formaler Aspekte erstellt.

Neueste technische Entwicklungen sowie die aktuellen Normen sind auch in diesem Werk berücksichtigt.

Querverweise erleichtern die Arbeit mit dem Buch als Nachschlagewerk. Sie sind in unterschiedlicher Farbe und Form mit der jeweiligen Kapitelnummer eingefügt:

- Lernfelder – Projekte, z. B. **[▶ LF 1.1.1]**
- Sachinformationen, z. B. **[▶ 1.1.1]**
- Mathematische Grundlagen und Anwendungen, z. B. **[▶ M 1.1.1]**
- Technische Zeichnungen, z. B. **[▶ TZ 1.1.1]**

Querverweise zu Kapiteln der **Grundkenntnisse Holztechnik** sind mit **GK** gekennzeichnet, z. B. **[▶ GK 1.1.1]**.

Zahlreiche Fotos und farbige, z. T. fotorealistische Zeichnungen veranschaulichen technische Zusammenhänge.

Wichtige Fachbegriffe sind in englischer Übersetzung enthalten.

Verfasser und Verlag wünschen viel Erfolg bei der Arbeit mit diesem Buch.

Verfasser und Verlag

Inhaltsverzeichnis

Lernfelder – Projekte

Sachinformationen

Mathematische Grundlagen und Anwendungen

Technische Zeichnungen

1 Projekt Sideboard *(sideboard)*

1.1 Auftrag des Kunden

(order of the customer)

Für das Esszimmer eines Kunden soll ein Sideboard (eine Anrichte) angefertigt werden.

Vorgaben zum Gebrauch

Aufgabe: Der Kunde benötigt ein Möbel

- einerseits zum Ablegen und Anrichten von Speisen und Getränken für 8 Personen,
- andererseits zum Aufbewahren von Geschirr, Besteck und Tischtextilien.

Bedienbarkeit: Geschirr und Tischtücher sind am günstigsten auf Einlegeböden und Böden, Bestecke und Servietten besser in Schubkästen mit Unterteilungen untergebracht.

Vorgaben zur Gestalt

Maße: Das Möbel soll genügend Platz zum Anrichten eines Büfetts und für Geschirr bieten.

Umgebung: Das Sideboard soll eine zeitlose Schlichtheit mit besonderen Details aufweisen. Es muss sich dabei als Möbel mit eigener Individualität in die Ausstattung des Esszimmers einfügen.

1.2 Planung des Möbels

(planning of the furniture)

Bei dem gestalteten Möbel sollen Aussehen, Funktion und Konstruktion harmonisch oder/und in Spannung [▶ 5.4.2] miteinander wirken.

1.2.1 Planungskriterien *(planning criteria)*

Aussehen: Die Form soll gut proportioniert, die Farbgestaltung harmonisch und ggf. kontrastreich sein. Das Möbel soll den Werkstoff angemessen, weder langweilig noch gewollt „modisch" zur Geltung bringen.

Funktion: Das Möbel soll über eine ergonomisch ausgewogene Handhabbarkeit mit bequemem Eingriff [▶ 5.1.22] sowie Leichtgängigkeit der beweglichen Elemente verfügen.

Konstruktion: Die Konstruktion muss den zu erwartenden Belastungen gewachsen sein und die fertigungstechnische Umsetzung berücksichtigen.

1.2.2 Gestaltung und Funktionen

Der angefertigte Entwurf wird darauf zu überprüfen sein, ob die aufgestellten Kriterien erfüllt sind.

- Die Aufgabe „Ablegen und Anrichten" ist mit einem Gestellmöbel mit Fläche gut zu lösen.
- Die Aufgabe „Aufbewahren" wird dagegen besser mit einem geschlossenen Korpusmöbel gelöst.

Es soll also ein Möbel entwickelt werden, das beide Aufgaben erfüllt.

Beim Korpusmöbel sind unterschiedliche Konstruktionsarten [▶ 5.1.1] möglich:

- Brettbau *(board construction)*,
- Rahmenbau *(framework construction)*,
- Stollenbau *(gallery construction)* und
- Plattenbau *(panel construction)*.

Da alle Konstruktionen für diesen Auftrag umsetzbar sind, wird dem Kunden zunächst eine Auswahl von Entwürfen (Abb. 1) vorgelegt.

Der Kompromiss wird ein **Korpusmöbel** mit einer Platte zur Ablage in Griffhöhe eines stehenden, erwachsenen Menschen.

1 Entwürfe unterschiedlicher Korpusmöbelformen

1.2.3 Konstruktionskriterien *(construction criteria)*

Der Kunde wählt eine Kombination aus Stollen- und Plattenmöbel ohne sichtbare Beschläge und weitere Schmuckelemente (Abb. 1).

Korpus *(corpus or carcass)*
Der Korpus [▶ 5.1.3] besteht aus Seiten, Ober- und Unterboden, Rückwand und der Front. In der gesamten Korpustiefe soll eine bequeme Zugänglichkeit möglich sein.
- Der Oberboden soll als Ablage dienen.
- Durch Proportionen und Furnierbilder soll die Schlichtheit des Möbels betont werden.
- Die Front soll dreigeteilt durch Türflächen und Schubkastenblenden strukturiert werden.
- Der Oberboden und die Seiten des Korpus sollen an den Ecken auf Gehrung gefügt werden und optisch durch Stollen begrenzt wirken.
- Die Stollen sollen mit dem Korpus eine Einheit bilden und in das Fußgestell übergehen.
- Der Innenraum soll durch höhenverstellbare Einlegeböden und Schubkästen untergliedert werden.

Türen und Schubkästen *(doors and drawers)*
Die Türen und Schubkästen sollen an der Möbelfront optisch, durch „Haarfugenbildung" und ein waagerechtes Furnierbild, eine durchgehende Fläche bilden. Sie sollen die Inhalte vor Staub und Licht schützen, als Ordnungssystem gestaltet und verschließbar werden.

Die **Drehflügeltüren** sollen aus Gestaltungsgründen einliegend [▶ 5.1.6] zwischen den Stollen als waagerechte Rechtecke angeschlagen werden (Abb. 1). Als Beschläge kommen Hänge Form C (nach DIN 81402) [▶ 5.1.9] oder Zapfenbänder [▶ 5.1.10] in Betracht.

Um in der Front ein durchgehendes Furnierbild zu erhalten, werden die **Schubkastenvorderstücke** und Blenden mit Griffmulden gestaltet. Die **Schubkastenführung** [▶ 5.1.16] kann „klassisch" mit Lauf-, Kipp- und Streichleisten oder hängend mit Nutleisten erfolgen.

Werkstoffwahl *(selection of material)*
Stollen, Zargen, Schubkastenseiten und Laufrahmen sollen aus **Vollholz** wie Teak (TEGR) und Weißeiche (QCXE) [▶ GK 4.6] gefertigt werden.

Für die Flächen des Korpus (z. B. Seiten, Böden, Rückwand) und der Türen sind **Holzwerkstoffe** (nach DIN EN 636) und Stäbchen- und Furniersperrholz [▶ GK 6.7.3 und 6.7.5] vorgesehen.

1.2.4 Oberflächenschutz *(surface protection)*

Als Oberflächenschutz sollen lösemittelfreie Gebinde verarbeitet werden, die ausreichenden Schutz gewähren und (nach DIN EN 71) Menschen und Umwelt wenig belasten. Für die Teakhölzer wird ein Teaköl und für die Eichenhölzer ein Hartwachs gewählt [▶ GK 14.2.2], das vom Geruch angenehm ist und die Textur des Holzes zur Geltung bringt.

Dem Kunden wird der endgültige Entwurf (Abb. 1) vorgelegt; Details werden erläutert.

1 Endgültiger Entwurf des Korpusmöbels

1.2.5 Fertigungskriterien *(production criteria)*

Für eine kostengünstige, weitgehend maschinelle Fertigung ohne überflüssige Nacharbeiten von Hand stehen stationäre Standardmaschinen und Handmaschinen zur Verfügung.

Die **Dübelverbindungen** werden an einer Langlochmaschine [▶ GK 8.8.2] mit Rasterung gefertigt.

Für die **Zinkenverbindungen** der Schubkästen wird eine Handoberfräse [▶ GK 8.7.4] mit Zinkenfräsanschlag [▶ GK 11.2.3] eingesetzt.

Weitere Verbindungen zwischen Stollen und Seiten werden mit **Formfedern** [▶ GK 11.4.3] gefertigt.

1.2.6 Technische Zeichnungen *(technical drawings)*

Mithilfe eines CAD-Programms werden die **Ansichtszeichnung** nach DIN ISO 5456-2 und **Teilschnitte** nach DIN 919 und DIN ISO 128 (S. 3 bis 5) erstellt [▶ GK TZ].

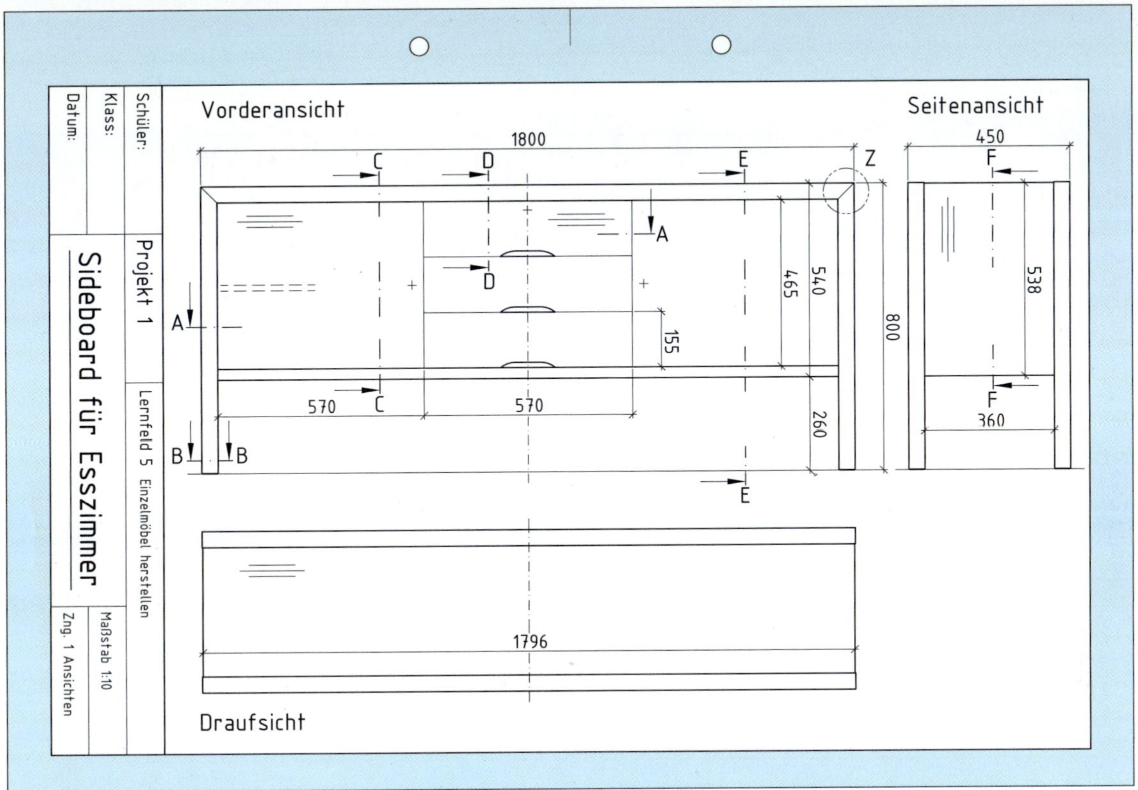

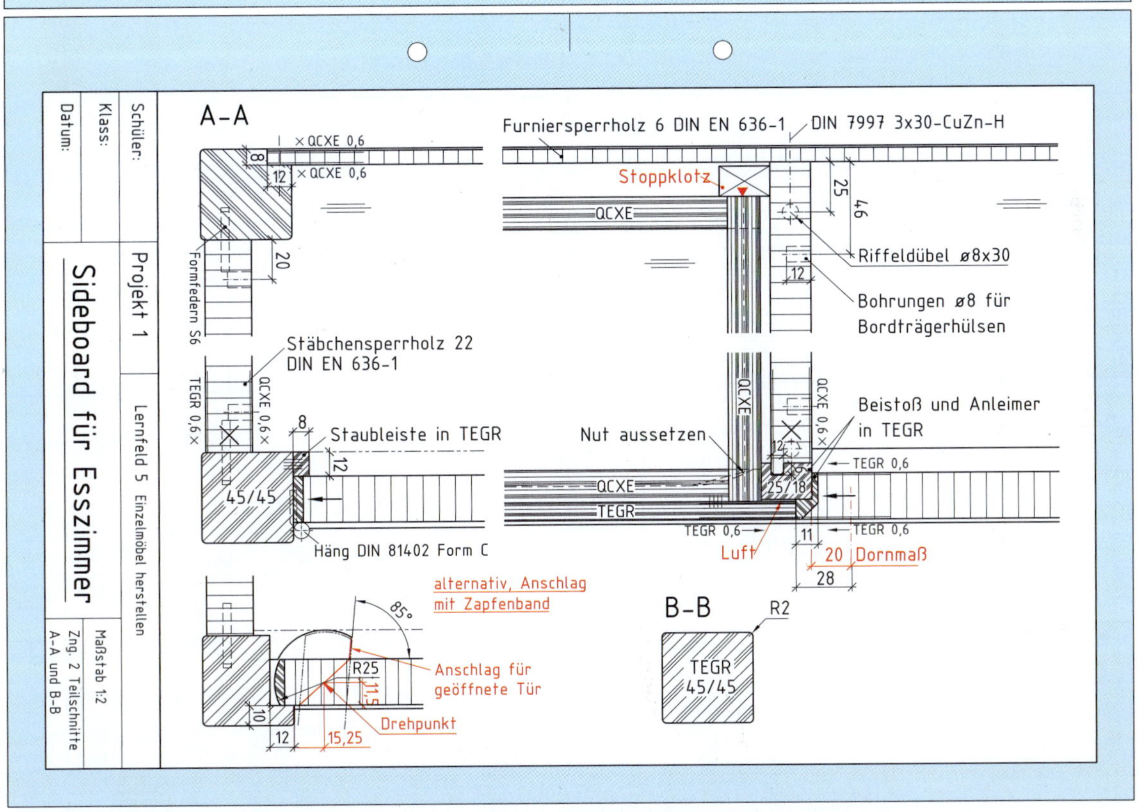

1 Ansichten und Horizontalschnittzeichnungen A-A und B-B des Sideboards laut Schnittverlauf

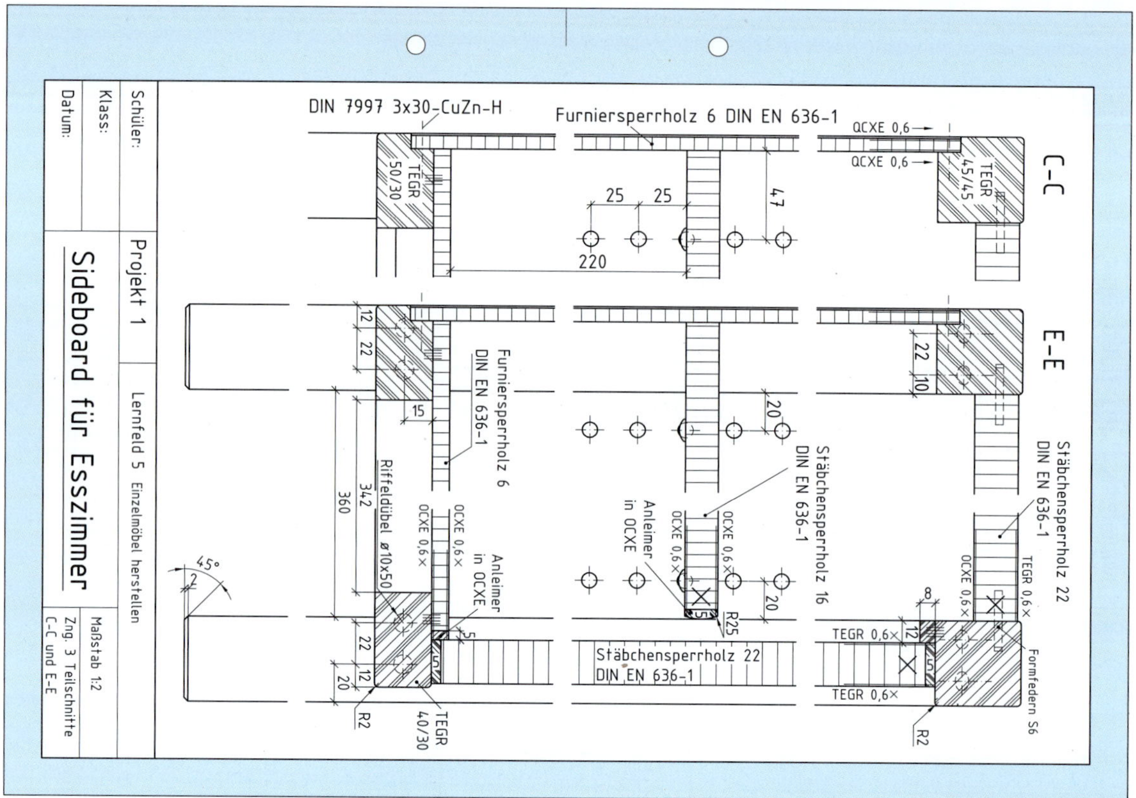

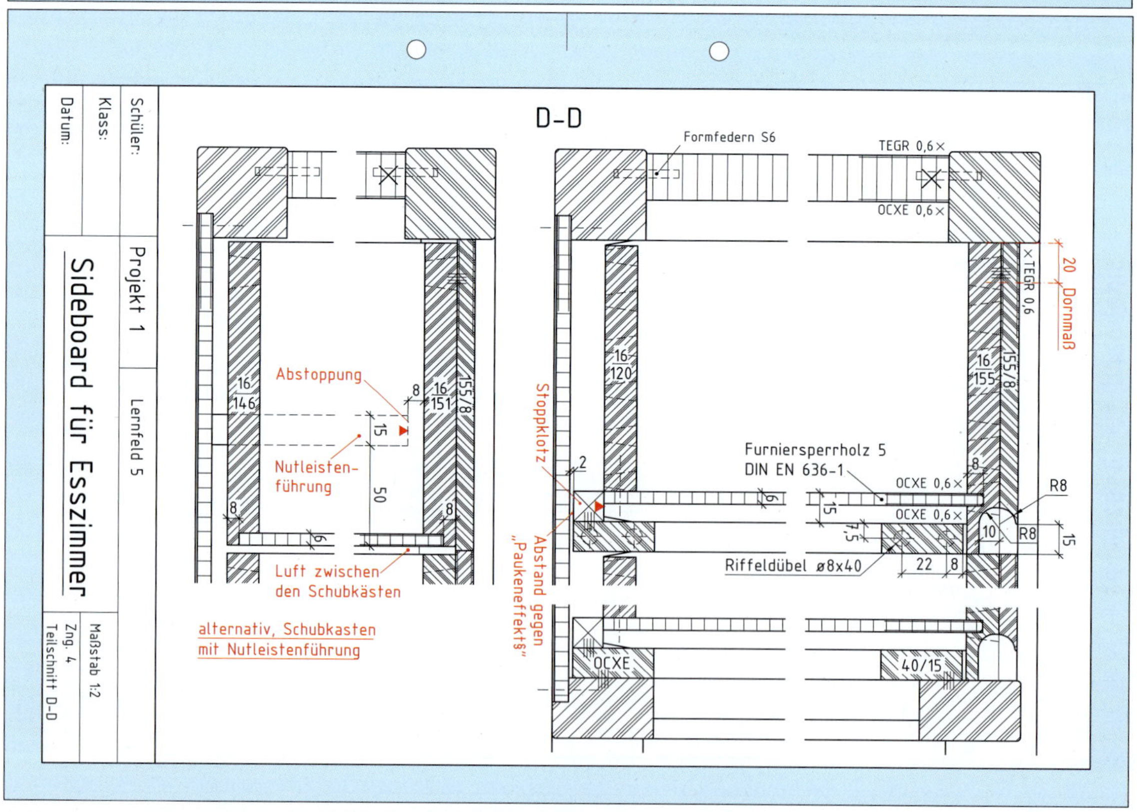

1 Vertikalschnittzeichnungen C-C, E-E und D-D des Sideboards laut Schnittverlauf

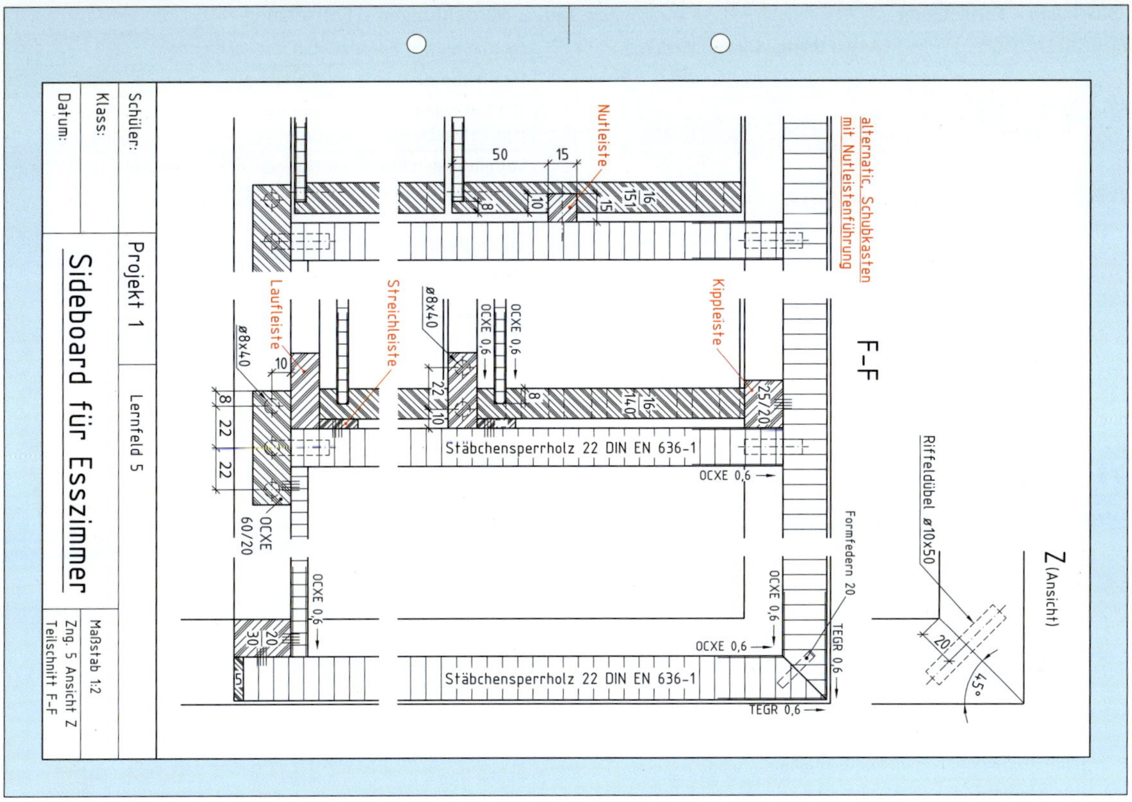

1 **Frontalschnittzeichnungen F-F und Ansicht Z des Sideboards laut Schnittverlauf**

1.2.7 Arbeitsvorbereitung *(work preparation)*

Bei den Vorüberlegungen zu den Türen und Schubkästen [▶ LF 1.2.3] werden unterschiedliche Konstruktionen in die Planung einbezogen. Es wird festgelegt:

- Die Drehflügeltüren sollen mit Hängen Form C angeschlagen werden.
- Die Führung der Schubkästen soll „klassisch“ mit Lauf-, Kipp- und Streichleisten erfolgen.

In die Arbeitsvorbereitung gehören die Erstellung der Stückliste für die Fertigung und Kostenrechnung sowie die Erstellung eines Verrichtungsplans.

Stückliste *(parts list)*

Für den Zuschnitt sowie zur Ermittlung des Materialbedarfs wird eine Stückliste (Tab. 1) auf Grundlage der Fertigungszeichnungen und von Berechnungen [▶ TM] erstellt.

Die rechnerisch entstandenen Daten sind Fertigmaße, zu denen für die Bearbeitung Maßzugaben addiert werden müssen.

Tab. 1 Stückliste

lfd. Nr.	Stück	Bezeichnung	Länge	Breite	Dicke	Werkstoff
Vollhölzer Teak und Eiche						
1	2	Traversen	1800	45	45	TEGR
2	4	Stollen	800	45	45	"
3	2	Zargen	1710	50	30	"
4	2	Beistöße	465	25	18	"
5	2	Anleimer	465	22	11	"
6	3	Schub.-Blenden	570	155	8	"
7	2	Staubleisten	562	12	8	"
8	2	Staubleisten	457	12	8	"
9	4	Anleimer (Tür längs)	570	22	5	"
10	2	Anleimer (Tür aufr.)	465	22	5	"
11	2	Anleimer	360	22	5	"
12	2	Stege	342	50	20	QCXE
13	2	Beistöße	342	30	20	"
14	2	Kippleisten	270	25	20	"
15	6	Stoppklötze	30	20	20	"
16	3	Schub.-Vorderstücke	536	155	16	"
17	3	Schub.-Hinterstücke	536	120	16	"
18	6	Schub.-Seiten	400	155	16	"
19	6	Traversen	540	40	15	"
20	6	Laufleisten	323	40	15	"
21	6	Streichleisten	135	20	5	"

Tab. 1 Stückliste – Fortsetzung

lfd. Nr.	Stück	Bezeichnung	Länge	Breite	Dicke	Werkstoff
Vollhölzer Teak und Eiche						
22	2	Anleimer	582	16	5	QCXE
23	2	Anleimer	582	8	5	"
Holzwerkstoffe Stäbchen- und Furniersperrholz EN 636						
24	1	Oberboden	1796	360	22	Stäb.
25	2	Seiten	538	360	22	"
26	2	Türen	560	455	22	"
27	2	Mittelseiten	485	412	19	"
28	2	Einlegeböden	582	392	16	"
29	1	Rückwand	1734	489	6	VP-1G
30	2	Aufdopplung Unterb.	582	404	8	"
31	3	Schub.-Böden	520	394	5	"
Furniere Teak und Eiche						
32	1	Oberboden (außen)	1796	360		TEGR
33	4	Türen (innen/außen)	570	465		"
34	6	Schub.-Blenden	570	155		"
35	2	Seiten (außen)	538	360		"
36	1	Oberboden (innen)	1796	360		QCXE
37	2	Seiten (innen)	538	360		"
38	4	Aufdopplung Unterb.	582	407		"
39	4	Einlegeböden	582	397		"
40	6	Schub.-Böden	520	394		"
41	2	Rückwand	489	1734		"
42	4	Mittelseiten	485	417		"

Verrichtungsplan *(execution of plan)*

Die Standardverrichtungen sind nur aufgelistet (Tab. 2). Verrichtungen an Korpus, Türen und Schubkästen werden etwas detaillierter behandelt.

Tab. 2 Verrichtungen

lfd. Nr.	Verrichtungen		
1	Auswahl der Vollhölzer, Holzwerkstoffe und Furniere		
2	Zuschnitt der Vollhölzer		
3	Aushobeln, Formatschnitt der Vollhölzer		
4	Zuschnitt und Formatschnitt der Holzwerkstoffe		
5	Anleimen der Kanten – Türen, Böden und Seiten		
6	Zuschnitt, Fügen und Zusammensetzen der Furniere		
7	Furnieren – Türen, Böden, Seiten und Rückwand		
8	Formatschnitt der furnierten Holzwerkstoffe und Vollhölzer		
9	Feinschliff der furnierten Holzwerkstoffe und Vollhölzer		
Verrichtungen am Korpus			
10	**Bearbeitungen Stollen und Zargen**		
	Bearbeitung	Werkzeug	Betriebsmittel
	Gehrungsschnitte an Stollen und Traversen	Wechselzahnsägeblatt	Formatkreissäge, Gehrungsanschlag
	Dübelverbindung auf Gehrung	Holzbohrer ∅ 10 mm	Langlochbohrm., Gehrungsanschlag
	Nuten an Stollen und Zargen	Nutfräswerkzeug	Handnutfräsmaschine

Tab. 2 Verrichtungen – Fortsetzung

lfd. Nr.	Bearbeitung	Werkzeug	Betriebsmittel
11	**Bearbeitungen Korpusseiten und -oberboden**		
	Bearbeitung	**Werkzeug**	**Betriebsmittel**
	Gehrungsschnitte an den Eckverbindungen	Wechselzahnsägeblatt	Formatkreissäge, Gehrungsanschlag
	Verbindungen mit Formfedern an Gehrungen und Kanten	Nutfräswerkzeug	Handnutfräsmaschine
12	**Zusammenfügen von Stollen und Seiten, Traversen und Oberboden**		
	Fügen und Verleimen mit Formfedern		Rahmenpresse
13	**Bearbeitungen am Zargenrahmen für die Unterböden**		
	Verbindungen mit Riffeldübel an Traversen und Stegen	Holzbohrer ∅ 10 und 8 mm	Langlochbohrmaschine mit Rasteranschlag 22 mm
	Verbindungen mit Formfedern an Gehrungen und Kanten	Nutfräswerkzeug	Handnutfräsmaschine
	Fügen und Verleimen des Rahmens		Rahmenpresse
14	**Bearbeitungen Seiten, Oberboden und Zargenrahmen**		
	Fälzen hintere Stollen, Traverse und Zarge für die Rückwand	Falzfräser	Tischfräsmaschine mit Anschlag zum Einsetzfräsen
15	**Bearbeitungen Mittelseiten**		
	Nuten Beistoß und Fälzen Vorderkante	Nut- und Falzwerkzeug	Tischfräsmaschine mit Anschlag
	Ausklinken der Mittelseiten oben	Wechselzahnsägeblatt	Formatkreissäge, Queranschlag
	Bohrungen obere und untere Kanten für die Dübelverbindung	Holzbohrer ∅ 8 mm	Langlochbohrmaschine mit Längenanschlag
	Bohrungen an Mittelseiten für die Laufrahmen der Schubkästen	Holzbohrer ∅ 8 mm	Ständerbohrmaschine mit Längenanschlag
	Bohrungen Oberboden und Zargenrahmen für die Dübelverbindung	Holzbohrer ∅ 8 mm	
	Bohrungen an Seiten und Mittelseiten für die Bordträgerbuchsen	Holzbohrer ∅ 5 mm	
16	**Bearbeitungen Laufrahmen**		
	Bohrungen Traversen und Laufleisten für die Dübelverbindung	Holzbohrer ∅ 8 mm	Langlochbohrmaschine mit Längenanschlag
	Fügen und Verleimen der Laufrahmen		Rahmenpresse
17	**Montage des Korpus**		
	Einschlagen der Bodenträgerbuchsen		
	Fügen und Verleimen	Zwingen/Knechte mit Zulagen	
18	**Bearbeitungen Rückwand, Unter- und Einlegböden**		
	toleranzfreies Einfügen und Verschrauben der Rückwand		Formatkreissäge, Anschläge
	toleranzfreies Einpassen und Verleimen der aufgedoppelten Unterböden		
19	**Bearbeitungen Einlegböden**		
	Einpassen der Einlegböden		Formatkreissäge, Anschläge
	Profilierung Vorderkante der Einlegböden	Profilfräser R 25	Tischfräsmaschine mit Anschlag

Tab. 1 Verrichtungen – Fortsetzung

Verrichtungen an den Türen			
20	**Bearbeitung**	**Werkzeug**	**Betriebsmittel**
	Fälzen der Türen an der Schlossseite	Falzfräser	Tischfräsmaschine mit Anschlag
	Einlassen der Hänge Form C an der Anschlagseite der Türen und an den Stollen des Korpus	Einlass- oder Grundhobel, alternativ Nutfräser ∅ 10 mm	alternativ mit der Handoberfräse mit Anschlag
	Bohren und Einlassen der Schlüsselbuchsen	Holzbohrer ∅ 10 mm	Ständerbohrmasch. mit Anschlag
	Langlochbohrungen für das Einsteckschloss an der Schlossseite	Langlochfräsbohrer ∅ 10 mm	Langlochbohrmaschine
	Einlassen Stulp-Einsteckschloss	Einlasshobel, altern. Langlochfräsbohrer ∅ 12 mm	
	Einlassen Schließblech am Beistoß Mittelseite	Einlasshobel	
Verrichtungen an den Schubkästen			
21	Zinken der Vorder- und Hinterstücke	Zinken- und Nutfräser	Handoberfräse mit Zinkenfräsanschlag
	Nuten der Seiten und Vorderstücke	Nutfräser 6 mm	Tischfräsmaschine mit Anschlag
	Profilieren der Griffmulden an Vorderstücken und Blenden	Profilfräser R 8	Tischfräsmaschine mit Anschlag zum Einsetzfräsen
	Verleimen der Schubkästen	Zwingen mit Zulagen, alternativ an der Korpuspresse	
	Putzen und Schleifen der Zinkenverbindungen		
	toleranzfreies Einpassen der Schubkastenböden (verschraubt am Hinterstück)		Formatkreissäge, Anschläge
	Einpassen der verleimten Schubkästen		Putzhobel, Schleifmittel
	Einpassen der Streich- und Kippleisten		
	Anleimen des Stoppklotzes für die Festlegung der Einschubtiefe der Schubkästen		
	Aufleimen der Schubkastenblenden	Zwingen mit Zulagen	
Oberflächenbehandlung			
22	Teakhölzer mit Teaköl	1. Auftrag und Vertreiben Zwischenschliff P 220 2. Auftrag und Vertreiben (bei Eiche mit der Heißwachspistole) Abreiben nach dem Trocknen	
23	Eichenhölzer mit Hartwachs		
Endkontrolle			
24	Oberflächenqualität		
25	Funktionsfähigkeit der Türen (Schließung und Drehbarkeit)		
26	Lauffähigkeit der Schubkästen		

Beachtung bei der Wahl der Vollhölzer und Furniere

Für das Sideboard sollen die Vollhölzer und Furniere der Außenseiten in Textur und Farbe eine optische Einheitlichkeit erhalten. Die Furniere der Türen und Schubkastenblenden müssen z. B. aus dem gleichen Furnierpaket [▶ GK 5.4.1] stammen.

Da Türen und Schubkastenblenden in der Fläche ein durchgehend waagerechtes Furnierbild bilden sollen, wird eine streifige Textur gewählt, die auch vom Oberboden auf die Seiten übergeht.

Beachtung beim Zuschnitt der Holzwerkstoffe

An den Absperrfurnieren der Stab- und Stäbchensperrholzplatten sowie an den äußeren Furnierlagen der Furniersperrholzplatten kann es zu Spannungen und zur **Rissbildung** durch die einseitige Beleimung dieser Schichten kommen. Furniere können längs zum Faserverlauf stark, quer jedoch nur gering auf Zug beansprucht werden.

Die Maße der Holzwerkstoffe wurden deshalb in der Stückliste (S. 5, Tab. 1) so gewählt, dass die Fasern der späteren Deckfurniere stets quer zum Absperrfurnier bzw. zur äußeren Furnierlage verlaufen, um Rissbildungen zu überbrücken.

Beachtung beim Zuschnitt der Anleimer

Vollholzanleimer und Trägerplatten schwinden bzw. quellen unterschiedlich stark. Überfurnierte Anleimer sollten nicht zu dick ausfallen, damit sie sich später nicht in der Furnierfläche abzeichnen. Die Anleimer müssen die richtige Gebrauchsfeuchte [▶ GK 5.4.1] (Teak ≈ 7,5, Eiche ≈ 9 %) aufweisen.

Alternative Konstruktionen der Türen und Schubkästen

Neben dem Anschlagen einliegender Drehflügeltüren mit Hängen Form C besteht die Möglichkeit, die Türen mit Zapfenbändern anzuschlagen, die in der Front unsichtbar sind.

Außer der Schubkastenführung mit Lauf-, Kipp- und Streichleisten besteht die Möglichkeit, die Schubkästen mithilfe von Nutleisten zu führen.

Bei den alternativen Konstruktionen ändern sich bei den Türen und Schubkästen in der Stückliste einige Maße (Tab. 2) und Verrichtungen (S. 8, Tab. 1).

Tab. 2 Abweichende Stücklistenabschnitte

lfd. Nr.	Stück	Bezeichnung	Länge	Breite	Dicke	Werkstoff
Vollhölzer Teak und Eiche						
9	4	Anleimer (Tür längs)	580	22	5	TEGR
15	3	Schub.-Vorderstücke	536	151	16	"
16	3	Schub.-Hinterstücke	536	151	16	"
17	6	Schub.-Seiten	408	151	16	"
20	6	Nutleisten	416	15	15	QCXE
Holzwerkstoffe Stäbchen- und Furniersperrholz EN 636						
26	2	Türen	570	455	22	Stäb.
28	2	Einlegeböden	582	388	16	"
31	3	Schub.-Böden	520	392	5	VP-1G
Furniere Teak und Eiche						
33	4	Türen (innen/außen)	580	465		TEGR

Tab. 1 Abweichende Verrichtungen

lfd. Nr.	Bearbeitung	Werkzeug	Betriebsmittel
Verrichtungen an den Türen			
20	Runden der Türen an der Anschlagseite	Profilfräser R 25	Tischfräsmaschine mit Anschlag
	Einlassen der Zapfenbänder an der oberen/unteren Seite der Türen und an der Zarge und Traverse des Korpus	Einlass- oder Grundhobel, alternativ Nutfräser ∅ 12 mm	alternativ mit der Handoberfräse mit Anschlag
	Ausschneiden des Anschlags an der Aufdopplung des Unterbodens		Bandsäge
Verrichtungen an den Schubkästen			
21	Fälzen der Schubkastenseiten, Vorder- und Hinterstücke	Falzfräser	Tischfräsmaschine mit Anschlag zum Einsetzfräsen
	toleranzfreies Einpassen und Verschrauben der Schubkastenböden		Formatkreissäge, Anschläge
	Nuten der Seiten für Nutleisten	Nutfräser 15 mm	Tischfräsmaschine mit Anschlag zum Einsetzfräsen

Besonders bei den Bearbeitungen an den Holzbearbeitungsmaschinen werden alle Grundsätze und Richtlinien der BGHM zur **Unfallprävention** beachtet [▶ GK 2.2.3].

1.3 Fertigung *(manufacturing)*

Die standardmäßigen Bearbeitungen wurden bereits ausführlich in den verschiedenen Projekten in den Grundkenntnissen behandelt.

In der Folge werden die Verrichtungen an den besonderen Elementen des Sideboards ausführlicher dargestellt und beschrieben.

Diese Elemente sind
- Korpus (Abb. 1),
- Drehflügeltüren und
- Schubkästen.

1.3.1 Verrichtungen am Korpus

Korpusoberboden und -seiten

Der **Korpusoberboden** besteht aus einer Oberbodenfläche, die beidseitig von zwei Traversen eingefasst ist. Die Traversen sind gegenüber der Außenfläche um 2 mm versetzt. Sie werden mit Formfedern zusammengefügt.

Bei den **Korpusseiten** werden in ähnlicher Weise die Seitenflächen beidseitig mit den Stollen versetzt zusammengefügt. Im unteren inneren Bereich der Seiten werden Beistöße eingeleimt, um mit den Stollen eine Ebene für die Dübelverbindungen mit dem Rahmen des Korpusunterbodens zu bilden. Der untere Teil der Stollen bildet das Fußgestell.

Korpusoberboden und Korpusseiten werden an den Gehrungen der Traversen und Stollen (S. 5, Abb. 1, Ansicht Z) gedübelt und an den Ecken der Flächen (S. 5, Abb. 1, Teilschnitt F-F) mit Formfedern gefügt.

Korpusunterboden

Der Korpusunterboden besteht aus einem Rahmen mit zwei Zargen, die mit den mittleren Stegen verdübelt sind. Die furnierten Bodenaufdopplungen aus Furniersperrholz, in den Bereichen für die Geschirre mit Einlegeböden (S. 4, Abb. 1, Teilschnitt E-E), werden aufgeleimt.

Laufrahmen und Korpusmittelseiten

Die gedübelten **Laufrahmen** (S. 4, Abb. 1, Teilschnitt D-D und S. 5, Abb. 1, Teilschnitt F-F) aus Eiche werden an den Korpusmittelseiten verdübelt.

Die **Korpusmittelseiten** (S. 5, Abb. 1, Teilschnitt F-F) werden am Korpusober- und -unterboden verdübelt.

An den Korpusseiten innen und den Mittelseiten in den Einlegebodenbereichen werden im Achsmaß von 25 mm die Bohrungen (Abb. 1) für die Buchsen der Löffelbodenträger durchgeführt. Die Bodenträgerbuchsen werden eingeschlagen.

Die Elemente zum Korpus werden verleimt.

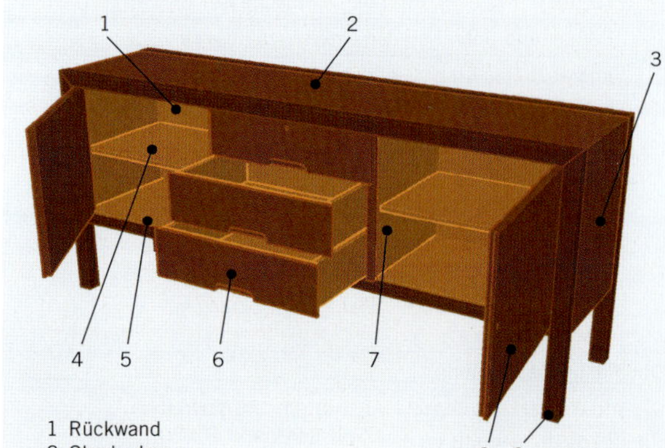

1 Rückwand
2 Oberboden
3 Außenwand
4 Einlegeboden
5 Unterboden
6 Schubkasten
7 Zwischenwand
8 Tür
9 Gestell

1 Einzelelemente des Korpus

Rückwand

Zur Aussteifung des Korpus im rechten Winkel [▶ 5.1.3] wird die Rückwand (S. 3, Abb. 1, Teilschnitt A-A und S. 8, Abb. 1) nach dem Verleimen des Korpus in die Fälze der hinteren Stollen, der hinteren Traverse und der hintere Zarge toleranzfrei eingepasst. Die stramm eingepasste Rückwand wird verschraubt.

1.3.2 Verrichtungen an den Drehflügeltüren

Anschlagen der Türen mit Hängen

Die Türen werden einliegend mit Hängen Form C [▶ 5.1.9] (Abb. 1 und S. 3, Abb. 1, Teilschnitt A-A), Länge 50 mm, Gewerbe ∅ 8 mm angeschlagen.

> Bei Möbeltüren mit zwei Hängen wird aus ästhetischen Gründen traditionell laut einer „Faustregel" ein Abstand von $\frac{1}{7}$ der Türhöhe von der oberen bzw. unteren Kante der Tür bis zur Hängmitte (Abb. 1) zugrunde gelegt.

Berechnung

Wie groß ist der Abstand von der oberen bzw. unteren Kante der Tür bis zur Hängmitte?
- Höhe der Tür = 465 mm

Faustregel: $\text{Abstand} = \frac{\text{Türhöhe}}{7}$

$\Rightarrow \text{Abstand} = \frac{465\text{ mm}}{7} = 66{,}43\text{ mm} \approx \mathbf{66\text{ mm}}$

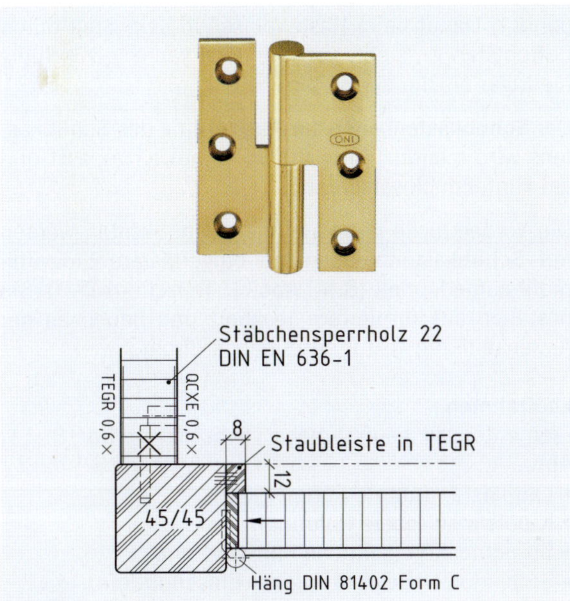

1 Türenanschlag mit Hängen Form C

- Zunächst werden die korpusseitigen, unteren gekröpften Hänglappen an der Anschlagseite des Korpus eingelassen und verschraubt.
- Danach wird die Hängmitte auf die Hinterkante der Tür übertragen und die türseitigen, oberen Hänglappen eingelassen und verschraubt.

Alternativ mit Zapfenbändern angeschlagene Türen

Die Türen können auch an der unteren und oberen Türkante mit Zapfenbändern [▶ 5.1.10] angeschlagen werden.

- Zur Ermittlung des Drehpunkts wird die Tür in einer Teilschnittzeichnung übereinander im geschlossenen und geöffneten Zustand dargestellt. Im Schnittpunkt der Diagonalen befindet sich der Drehpunkt der Bänder (S. 3, Abb. 1, Teilschnitt A-A).
- Mit einer Anschlaglehre, entstanden aus der Teilschnittzeichnung, werden zunächst die Lochteile am Korpus und anschließend die Zapfenteile an den Türen angerissen.
- Die Bänder werden nach dem Anreißen eingelassen und verschraubt. Am unteren Zapfenband hält ein Zwischenring den Abstand der Tür zum Korpus.
- Um die Tür einsetzen zu können, werden die Nuten für die Zapfenteile an den oberen und unteren Türkanten durchgenutet (Abb. 2).

Damit die Türen frei drehen können, wird die Anschlagkante gerundet.

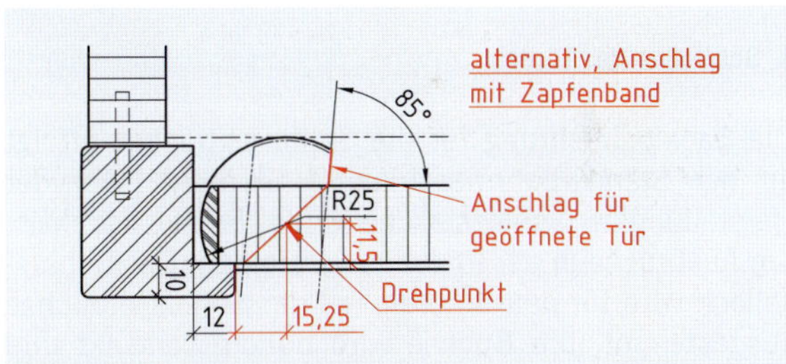

2 Türenanschlag mit Zapfenbändern

An den vorderen Stollen wird innen im Bereich der Türen ein Falz gefräst. Die geschlossene Tür greift hinter den Falznacken, der sie verdeckt. Die geöffnete Tür wird durch einen Ausschnitt (Abb. 2 und S. 3, Abb. 1, Teilschnitt A-A) in der Aufdopplung des Unterbodens abgestoppt.

Montage der Türschlösser *(assembly of door locks)*
Die Türen werden mit einem **Einsteckschloss** verschlossen [▶ 5.1.11]. Die Schlösser mit drei Zuhaltungen haben ein Dornmaß von 20 mm.

Das Dornmaß ist der Abstand vom Dorn bis zum Stulp des Schlosses.

Bei gefälzten Türen ergibt sich der Abstand der Bohrachse von der Türkante für die Schlüsselbuchse auf der Außenseite aus dem Dornmaß zuzüglich der Falznackentiefe (Abb. 1 und S. 3, Abb. 1, Teilschnitt A-A).

Berechnung

Wie groß ist der Abstand der Bohrachse von der Türkante? • Dornmaß Schloss = 20 mm • Falznackentiefe = 8 mm
⇒ Abstand = 20 mm + 8 mm = **28 mm**

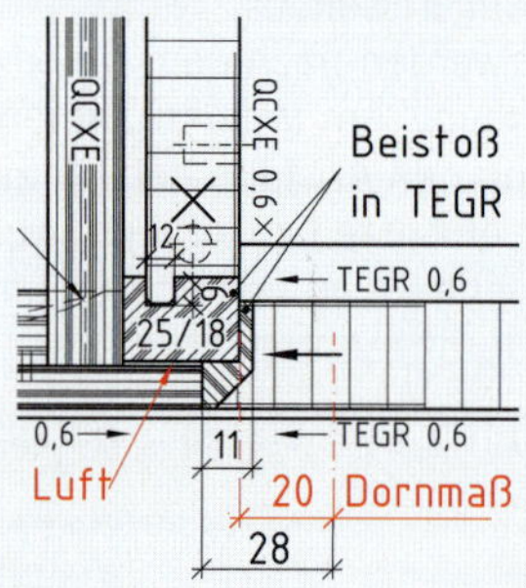

1 Schließen der Türen

Die **Sacklochbohrung** für die Schlüsselbuchse erfolgt an der Ständerbohrmaschine [▶ GK 8.8.1] vor der Herstellung der Schlosstasche für das Einsteckschloss, um Ausbrüche in der Platte zu vermeiden. Das Schlüsselloch wird für den unteren Teil der Schlüsselbuchse ausgestemmt. Die Buchse wird bündig versenkt und seitlich mit Blättchen fixiert.

Die Herstellung der **Schlosstasche** erfolgt an der Langlochbohrmaschine [▶ GK 8.8.2]. Anschließend wird mit dem Stechbeitel und einem Einlasshobel der Schlossstulp eingelassen und verschraubt.

Das **Schließblech** wird am Beistoß der Mittelseiten bei ausgefahrenem Schlossriegel in der Höhe positioniert, eingelassen und verschraubt.

Die einliegenden Drehflügeltüren schlagen mit dem Falznacken der Schlosskante an den Mittelseiten sowie mit den unteren Kanten an der Aufdopplung des Unterbodens an. Um die Staubdichtigkeit zu erhöhen, werden zusätzlich **Staubleisten** aufrecht an den Stolleninnenseiten und waagerecht innen an die vordere Traverse geleimt (S. 3, Abb. 1, Teilschnitt A-A und S. 4, Teilschnitt E-E).

1.3.3 Verrichtungen an den Schubkästen

Mit Laufrahmen geführte Schubkästen
Die Schubkästen werden „klassisch" mithilfe eines Laufrahmens geführt (S. 4, Abb. 1, Teilschnitt D-D und S. 5, Abb. 1, Teilschnitt F-F). Schubkästen und Laufrahmen werden aus Weißeiche gefertigt, um den Abrieb gering zu halten und eine glatte, gleitfähige Oberfläche zu erhalten.

Schubkästen *(drawers)*
Die Schubkästen [▶ 5.1.16] bestehen aus den Elementen (S. 11, Abb. 1)
- Seiten (rechts und links),
- Vorderstück,
- Hinterstück und
- Schubkastenboden.

Verbunden werden die Seiten, Vorder- und Hinterstücke mit offenen Zinken. Gezinkt werden sie mithilfe einer Handoberfräse mit variablem Zinkenfräsanschlag [▶ GK 8.7.4 und 11.2.3].

Die Seiten und Vorderstücke mit gleicher Dicke und Höhe werden für die Aufnahme des Schubkastenbodens genutet. Die Zinkenteilung wird so gewählt, dass die Bodennut an den Seiten von einem Schwalbenschwanz verdeckt wird.

An den **Vorderstücken** wird durch Einsetzfräsen an der Tischfräse [▶ GK 8.7.3] ein Eingriffsprofil (S. 4, Abb. 1, Teilschnitt D-D) gefräst.

Die **Hinterstücke** enden an der oberen Wange der Bodennut. Damit beim Kasteneinschub kein Stau durch Luftpoister entsteht, ist die Oberkante geringfügig niedriger als die der Seiten.

Der **Schubkastenboden** zur Aussteifung des Schubkastens wird toleranzfrei in die Bodennut eingepasst und am Hinterstück verschraubt.

Die Vorderstücke der verleimten Schubkästen werden mit **Schubkastenblenden** mit eingefrästem Eingriffsprofil aufgedoppelt (S. 4, Abb. 1, Teilschnitt D-D). Sie bestehen aus furniertem Teakholz und haben an der Außenseite die Textur der Sideboardfront.

Laufrahmen
Elemente des Laufrahmens [▶ 5.1.17] sind (S. 11, Abb. 1)
- Laufleisten (untere Führung),
- Kippleisten (obere Führung),
- Streichleisten (seitliche Führung) und
- Stoppklötze (Begrenzung der Einschubtiefe).

Um die **Reibung** [▶ 5.1.17] beim Auszug bzw. Einschub möglichst gering zu halten, wird die
- Kippleistenlänge auf ca. $\frac{2}{3} \approx$ 270 mm,
- Streichleistenlänge auf ca. $\frac{1}{3} \approx$ 135 mm

der Schubkastentiefe von 400 mm begrenzt.

Die Toleranz bei der **Passung** zwischen Schubkasten und Laufrahmen wird in Breite und Höhe auf ca. 0,5 mm (Furnierdicke) festgelegt, um ein Verkanten [▶ 5.1.17] zu vermeiden. Zusätzlich werden die Gleitflächen mit Gleitmittel (Stearin) beschichtet, um die Lauffähigkeit zu verbessern.

Die Einschubtiefe der Schubkästen wird mit **Stoppklötzen** am Laufleistenende begrenzt. Damit die Schubkästen nicht an der Blende des Vorderstücks abgestoppt werden, wird zu den Mittelwänden 1 mm Luft gegeben. Die Stoppklötze halten zur Rückwand Abstand, um keinen „Paukeneffekt" beim Einschub zu erzeugen (S. 3, Abb. 1, Teilschnitt A-A und S. 4, Abb. 1, Teilschnitt D-D).

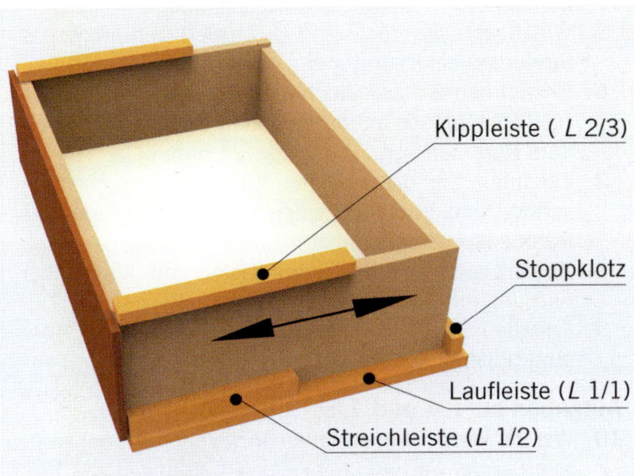

1 Schubkasten mit Laufrahmen

Alternativ mit Nutleisten geführte Schubkästen
Die Schubkastenführung kann auch mithilfe von Nutleisten hängend erfolgen (Abb. 2).

Bei Schubkästen mit Nutleistenführung haben die Seiten, Vorder- und Hinterstücke gleiche Dicke und Höhe. Untereinander erhalten die Schubkästen 2 bis 4 mm Abstand.

Die **Schubkastenböden** können in diesem Fall umlaufend toleranzfrei eingefälzt und verschraubt werden (S. 4, Abb. 1, Teilschnitt D-D), wodurch der Rauminhalt der Kästen erhöht wird.

Die **Einschubtiefe** der Kästen wird innerhalb der Schubkastenseiten an einer Abstoppung innerhalb der Führungsnut begrenzt, wodurch die Kästen verlängert werden können.

Die **Schubkastenblenden** an den Vorderstücken bilden in der Höhe einen 2 mm hohen Falz. Damit beträgt beim Dornmaß von 20 mm der Abstand der Bohrachse für die Schlüsselbuchse 22 mm.

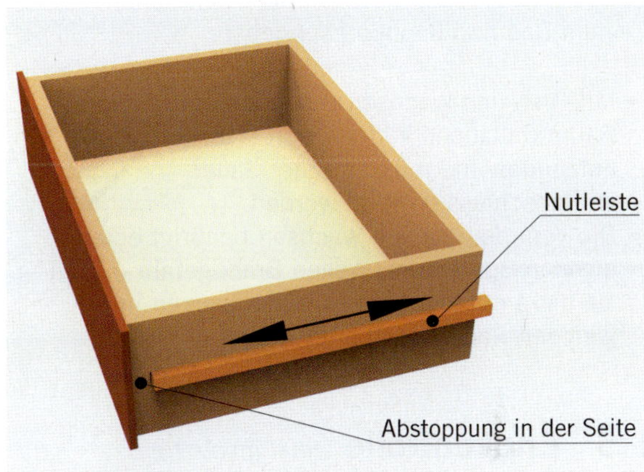

2 Schubkasten mit Nutleistenführung

1.4 Oberflächenbehandlung

(surface treatment)

Damit nach dem Auftrag der Oberflächenmittel eine klare Holzstruktur entsteht, gilt:

Vor der Beschichtung werden die geschliffenen Elemente mithilfe einer Wurzel- bzw. Messingbürste in Faserrichtung entstaubt und abgesaugt.

Beim Schleifen und Entstauben muss ein Atemschutz *(breathing protection)* mit Partikelfilter P2 getragen werden.

Die **Teakholzelemente** werden in drei Schritten mit **Teaköl** beschichtet:
- Im ersten Auftrag wird ein Teakvoröl mit einem Baumwolllappen zunächst quer zum Faserverlauf eingerieben und anschließend längs zum Faserverlauf vertrieben (gleichmäßig verteilt).
- Durch den Zwischenschliff mit P 220 wird das Öl intensiv in die Holzfaser eingeschliffen und geglättet.
- Beim zweiten Auftrag wird ein Teakstrukturöl mit einem neuen Baumwolllappen längs zum Faserverlauf vertrieben und trocken gerieben.

Die **Eichenholzelemente** werden gleichfalls in mehreren Schritten beschichtet:
- Zunächst wird ein Grundieröl mit einem Pinsel quer zum Faserverlauf aufgetragen und mit einem Baumwolllappen überschüssiges Öl aufgenommen.
- Nach dem Feinschliff mit P 220 folgt die Endbehandlung mit einem erwärmten Hartwachs auf Bienenwachsbasis. Die Beschichtung erfolgt mithilfe einer Heißwachspistole [▶ 14.3].
- Nach dem Trocknen werden die Oberflächen mit einem Baumwolllappen abgerieben.

- Mit Ölen und Wachsen getränkte Baumwolllappen können sich **selbst entzünden** und müssen unter Sauerstoffabschluss entsorgt werden.
- Die Verarbeitung von Wachsen benötigt einen eigenen Spritzraum. Wegen **Brandgefahr** dürfen sie nicht mit lösemittelhaltigen Lacken im gleichen Raum verarbeitet werden.

1.5 Endkontrolle *(final inspection)*

1 Sideboard geschlossen und geöffnet

Bewertet wird:
- der **Gesamteindruck** des Sideboards (Abb. 1), das Zusammenwirken von Vollholz und Furnieren sowie die Ebenenbildung von Türen und Schubkastenblenden in der Front;
- die **Gebrauchsfähigkeit** wie
  - Drehfunktion, Abschluss und Verschluss der Drehflügeltüren,
  - Bedienungsfreundlichkeit und Lauffähigkeit der Schubkästen,
  - Verstellbarkeit der Einlegeböden,
  - Oberflächengüte der Beschichtung.

Aufgaben zu 1.2 und 1.3

1. Entwerfen Sie das Sideboard in Rahmenbauweise mit getrenntem Korpus und Fußgestell.
2. Zeichnen Sie die Ansicht der Front des Sideboards mit den einliegenden Türen als Rahmenkonstruktion.
3. Wie würde ein Teilschnitt bei gefälzten Rahmentüren mit Füllung aussehen?
4. Welche Möglichkeiten bestehen, die Schubkastenblenden der Rahmenbauweise anzupassen?
5. Wie müsste die Rückwand konstruiert sein, wenn das Sideboard als Raumteiler dienen soll?
6. Bestimmen Sie per Zeichnung das Achsmaß für die Schlüsselbuchse an der gefälzten Rahmentür bei einem Dornmaß von 20 und von 25 mm.
7. Zeichnen Sie die weiteren Teilschnitte, horizontal, vertikal und frontal, mit den einliegenden Türen als Rahmenkonstruktion.
8. Konstruieren Sie die Schubkästen mit klassischer Führung mit Vollholzböden.
9. Erstellen Sie die Stückliste bei den geänderten Konstruktionen.

Aufgaben zu 1.4 und 1.5

10. Welche Verrichtungen fallen an welchen Betriebsmitteln bei der Fertigung der Eckverbindungen des Korpus an?
11. Wie verändern sich die Verrichtungen der Rahmentüren mit den Füllungen?
12. Erläutern Sie die einzelnen Bearbeitungsschritte bei der Fertigung der Schubkästen.
13. Welche Eckverbindungen außer Zinken sind für die Schubkästen möglich?
14. Wie sieht der Fertigungsablauf des Sideboards aus, wenn neben Standardmaschinen auch CNC-Techniken zur Verfügung stehen?
15. Erläutern Sie das Anschlagen der gefälzten Drehflügeltüren.
16. Welche Möglichkeiten der Oberflächenbeschichtung bestehen neben der mit Ölen und Wachsen?
17. Erläutern Sie die Schritte der Oberflächenbeschichtung mit Zweikomponentenlacksystemen.

English Tasks

18. What kind of individual elements can be found in a furniture corpus?
19. Name the functions of drawers and drawer guides.
20. What different fittings are used for hanging furniture doors?

2 Projekt Rollcontainer für Büro *(project of an office roller container)*

2.1 Auftragserfassung *(order entry)*

Als Muster für ein Systemmöbel sollen **Rollcontainer** in zwei Varianten mit folgenden Vorgaben gefertigt werden:
- 1 Fach mit Linkstür, für Ordner im Format A4,
- 1 Schubkasten, für Papiere und Blöcke im Format A4,
- rollbar mit 4 Lenkrollen.

2.2 Planung eines Systemmöbels *(planning of a modular furniture)*

2.2.1 Werkstoffe *(materials)*

Vorgesehen sind:
- Flachpressplatte 19 mm [▶ GK 6.9.2], ACPS fertig furniert, für die Seiten und Böden,
- Flachpressplatte 6 mm, ACPS fertig furniert, für die Rückwand,
- Vollholzkanten 2 mm in ACPS (Ahorn).

2.2.2 Maßgebung

Die Maßgebung ist außer von der Gebrauchsfunktion und den entsprechenden Blattformaten besonders von den Abmessungen der gewählten **Beschläge** abhängig.

Korpushöhe *(height of corpus)*
Die Schreibtischhöhe beträgt 720 mm.

Der Rollcontainer soll unter die Schreibtischplatte von 22 mm Dicke zuzüglich der Stahlrohrzarge von 30 mm Breite passen.

Die Lenkrollen (Abb. 1) haben laut Katalog eine Bauhöhe von 64 mm.

1 Doppellenkrolle mit Befestigungsplatte und Bremse

Als Korpushöhe der Rollcontainer ohne die Lenkrollen werden ca. 600 mm, in Abhängigkeit vom **System 32** [▶ 5.2.2], zugrunde gelegt.

Berechnungen Korpushöhe ohne Rollen

• Schreibtischhöhe ca. 720 mm • Plattendicke 22 mm • Stahlzarge 30 mm • Höhe der Lenkrollen lt. Katalog ca. 64 mm
1. **Lichtmaß** = 720 mm – (22 + 30 + 64) mm = **604 mm**
2. **Korpushöhe *h*** des Containers (ca. 600 mm – 2 · 9,5 mm) : 32 ≈ 18 Abstände zwischen den Bohrachsen ⇒ 19 Bohrungen ⇒ *h* (Korpus) = 18 · 32 mm + 2 · 9,5 mm = **595 mm** ⇒ Abstand = 604 mm – 595 mm = **9 mm**
3. ***h*** alternativ bei 17 Abständen zwischen den Bohrachsen ⇒ 18 Bohrungen ⇒ *h* (Korpus) = 17 · 32 mm + 2 · 9,5 mm = **563 mm** ⇒ Abstand = 604 mm – 563 mm = **41 mm**

Es wird die Korpushöhe 595 mm mit 19 Bohrungen im Raster 32 *(grid 32)* gewählt.

Korpustiefe
Die Korpustiefe muss entsprechend dem Blattformat A4 (210 × 297) mindestens 300 mm plus Werkstoffdicken betragen. Das genaue Maß ist maßgeblich von den gewählten Schubkastenauszügen sowie der Rückwandkonstruktion abhängig.

2.2.3 Schubkastenführungen *(drawer guide rails)*

Für eine einwandfreie Funktion des Schubkastens ist eine Konstruktion erforderlich, die dauerhaft eine leichte Bedienung ermöglicht. Heute sind mechanische Führungsbeschläge [▶ 5.1.19] zum Standard geworden, um durch die Verwendung von Metall und Kunststoff leichtgängige und klimaunabhängige Bewegungen dauerhaft und zuverlässig zu ermöglichen.

Für das Projekt kommen folgende **mechanische Führungsbeschläge** in Betracht:
- rollengeführte Teil- oder Vollauszüge, die seitlich am Schubkasten befestigt werden und sich über Kunststoffrollen in den Führungsschienen an der Korpusseite bewegen;
- kugelgelagerte Teil- oder Vollauszüge, die seitlich am Schubkasten befestigt und statt auf Rollen mit Stahlkugeln in einem geschlossenen Gehäuse, ähnlich einem Kugellager, bewegt werden;
- kugelgelagerte Unterflurführungen, bei denen die Führungsschiene nicht sichtbar unter dem Schubkasten befestigt wird.

Bei **Teilauszügen** verbleibt grundsätzlich ein Schubkastenteil im Korpus, was den Zugriff auf den Inhalt von oben einschränkt.

Bei **Vollauszügen** kann das Schubkastenhinterstück bis zur Korpusvorderkante für einen uneingeschränkten Zugriff herausgezogen werden.

Die Befestigungsbohrungen orientieren sich am System 32 und passen in die vordere Lochreihe.

Gewählte Schubkastenauszüge
(chosen pull-out drawers)
Die Achsmaße (im System 32) der Auszüge werden aus Bohrplänen (Abb. 1 und 2) in den Katalogen der Beschlaghersteller oder über Internet abgefragt. Gewählt werden:

- rollengeführte Teilauszüge mit Nennlänge (NL) 350 mm, für die Mindestkorpustiefe (KT) 353 mm, bei 69 mm Auszugverlust (Abb. 1);

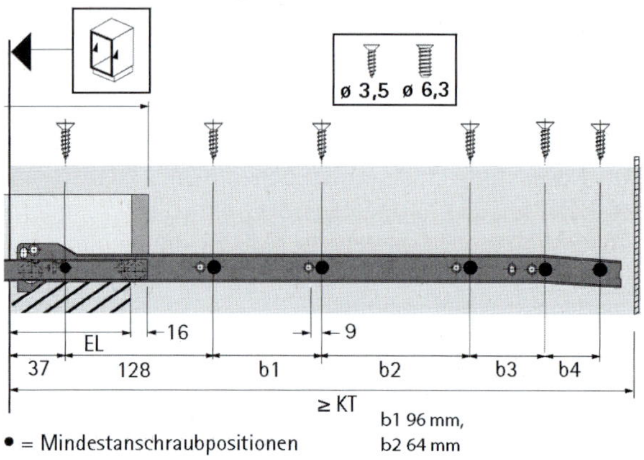

1 Bohrplan des rollengeführten Teilauszugs aus dem Katalog bei KT 353 mm

- kugelgeführte Vollauszüge, mit Nennlänge (NL) 350 mm, für die Mindestkorpustiefe (KT) 363 mm (Abb. 2).

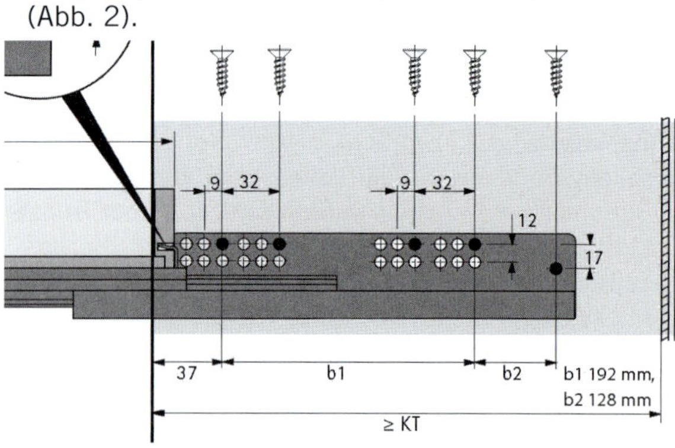

2 Bohrplan des kugelgeführten Vollauszugs aus dem Katalog

Zum Vergleich wird die Tiefe bei Rollenteilauszügen und Kugelvollauszügen berechnet.

Berechnungen Korpustiefe *(calculation of depth of carcass)*

• Rückwanddicke 6 mm + Nutwangen 8 mm = 14 mm • Auszug für eine Nennlänge (NL) 350 mm bei einer Mindestkorpustiefe lt. Katalog für
1. Korpustiefe *t* bei rollengeführtem **Teilauszug**: Lochreihe = (128 + 96 + 64) mm = 288 mm ⇒ $t = 2 \cdot 37$ mm + 288 mm + 14 mm = **376 mm**
2. Korpustiefe *t* bei kugelgeführtem **Vollauszug**: Lochreihe = (192 + 128) mm = 320 mm ⇒ $t = 2 \cdot 37$ mm + 320 mm + 14 mm = **408 mm**

Es werden 2 Varianten zum Vergleich geplant.

2.2.4 Rollcontainer Variante A *(model A)*

Seiten streng im System 32, Schubkasten mit rollengeführtem Teilauszug (Abb. 3 und S. 15, Abb. 1).

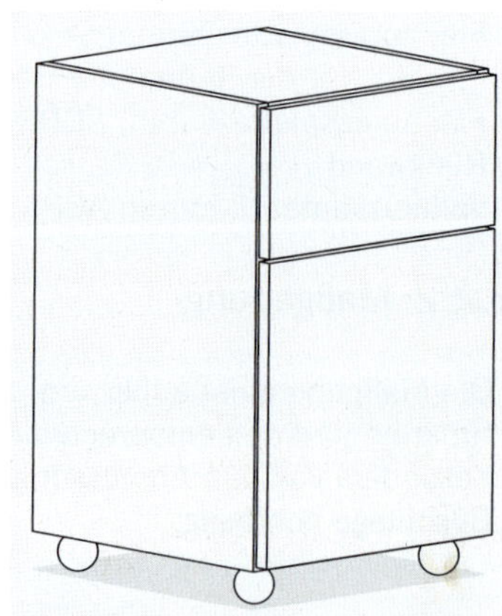

3 Rollcontainer Variante A
(mit halbem und ganzem Quadrat als Grundprinzip)

Korpusmaße *(dimensions of corpus)*:

- Korpushöhe lt. Berechnung = 595 mm,
- Korpustiefe lt. Berechnung = 376 mm.

Bei dieser Variante sind die Korpusseiten senkrecht durchgehend, während alle Böden (Unter-, Konstruktions- und Oberboden) dazwischen waagerecht angeordnet sind. Für die Fertigung bedeutet dies, dass Seiten sowie Unter- und Oberboden die gleiche Tiefe haben und mit einer Einstellung der Anschläge an den Maschinen geschnitten werden können.

Werden die Schmalflächen mit 2 mm ACPS-Kanten [▶ GK 6.9.2] maschinell beschichtet und durchgängig gerundet, kommt es an den Übergängen der Bauteile zu einer nicht fachgerechten **Fugenbildung** (S. 15, Abb. 2), bei der an den seitlichen Schmalflächen des Oberbodens die unbeschichtete Trägerplatte sichtbar wird.

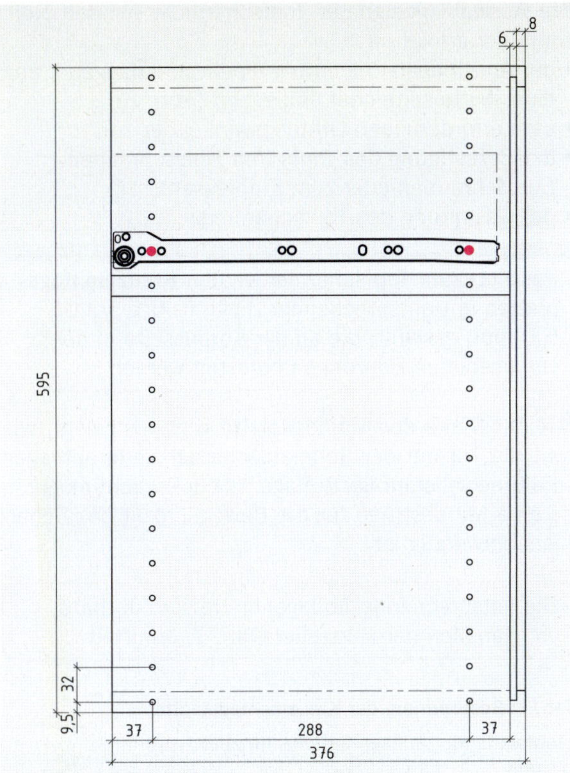

1 Linke Seite des Rollcontainers Variante A

2 Fugenbildung bei durchgängig gerundeten Kanten

Entweder werden alle Schmalflächen mit einer Kante versehen oder die Korpusseiten werden in der Höhe um den Radius der Rundung verlängert (Abb. 3).

3 Fugenbildung bei versetztem Oberboden

2.2.5 Rollcontainer Variante B *(model B)*

Mit Systembeschlägen für Schubkästen mit kugelgeführtem Vollauszug (Abb. 4 und 5).

4 Rollcontainer Variante B

Korpusmaße:
- Korpushöhe lt. Berechnung = 595 mm,
- Korpustiefe lt. Berechnung = 408 mm.

Das genaue Maß könnte auch frei gewählt werden, solange die Mindestmaße des Schubkastens und der vorgegebene Überstand des Beschlages eingehalten werden.

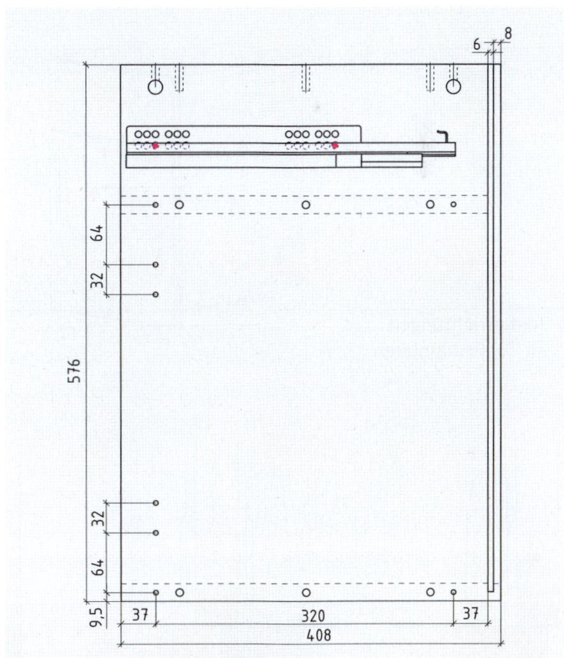

5 Linke Seite des Rollcontainers Variante B

Aus **optischen Erwägungen** wird ein durchgehender Oberboden mit Überstand und ein zwischengesetzter

Unterboden gewählt. Aus gleichem Grund wird der Konstruktionsboden um 32 mm höher eingesetzt. Die Tür wird dadurch deutlich höher als breit. Das Möbel wirkt klarer und leichter. Optisch nähert es sich damit den Proportionen des goldenen Schnitts [▶ GK TZ 2.2] an.

Auch dieser Variante liegt das System 32 zugrunde, es wird jedoch auf senkrecht durchgehende Lochreihen verzichtet. Trotzdem sind die Bohrungen für die Beschläge ausschließlich am System 32 ausgerichtet.

Bei dieser Variante gibt es keine gleichen Bauteile. Daher muss jedes Teil einzeln gefertigt werden. Sinnvoll ist dieses Verfahren, wenn die Fertigung an einem CNC-Bearbeitungszentrum erfolgt.

2.2.6 Korpus- und Türbeschläge

Verbindungsbeschläge *(fitting systems)*
Als Verbindungsbeschläge [▶ 5.1.3] für den Korpus werden lösbare **Exzenterverbinder** mit Einschraubstift mit metrischem Gewinde und Exzenter ∅ 25 mm verwendet. Zur Stabilisierung werden noch Dübel 8 mm gesetzt.

Topfscharniere *(cup hinges)*
Topfscharniere [▶ 5.1.8] sind i.d.R. außen nicht sichtbar, ermöglichen eine weitgehend maschinelle Montage und sind in drei Ebenen um ±2 mm justierbar (Abb. 1).

1 **Justierrichtungen an Topfscharnieren**

Die Auswahl geeigneter Topfscharniere für den Rollcontainer erfolgt nach
- der Anschlagart *(mounting type)* wie aufliegend, an einer Mittelseite oder einliegend (Abb. 2),
- dem erforderlichen Öffnungswinkel der Tür,
- der Befestigung des Topfs (mit Holzschrauben, Euroschrauben oder zum Einpressen),
- der Gestaltung des Topfscharniers.

Passend zum Topfscharnier werden **Kreuzmontageplatten** mit entsprechender Dicke (0,0/1,5/3,0/5,0 mm) gewählt, die an der Korpusseite in den vorgegebenen Bohrungen befestigt werden.

Mit der Dicke der Montageplatte wird festgelegt, wie weit die Tür auf der Schmalfläche der Seite aufliegen soll. Eine vollständige Auflage ist i.d.R. nicht möglich, da eine Mindestfuge für die Beweglichkeit des Scharniers notwendig ist.

Die entsprechende Auflagenbreite wird mithilfe von Tabellen der Hersteller (Tab. 1) ermittelt.

Tab. 1 Bestimmung der Kreuzmontageplatte

Topfabstand in mm		Auflage Seitenschmalfläche in mm					
		13	14	15	16	17	18
3	Montageplatte Dicke in mm	2,5	1,5	0,5			
4		3,5	2,5	1,5	0,5		
4,5		4,0	3,0	**2,0**	1,0		
5		4,5	3,5	2,5	1,5	0,5	
6		5,5	4,5	3,5	2,5	1,5	0,5

Ablesebeispiel
Eine Fuge soll **4 mm** betragen.
⇒ Bei einer Flachpressplatte **19 mm** beträgt die Auflage auf der Seitenschmalfläche **15 mm**.
Sinnvoll ist bei der Flachpressplatte 19 mm ein Abstand der Topfbohrung zur Türkante von **4,5 mm**.
⇒ Beim Verbinden der beiden Werte wäre eine Kreuzmontageplatte mit **2 mm** Dicke erforderlich.

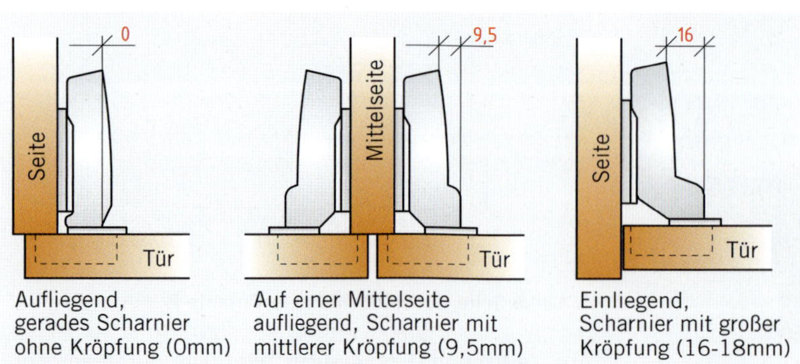

2 **Anschlagarten und Topfscharniere für Drehflügeltüren**

Die erforderliche Dicke von 2 mm kann daher am zuverlässigsten mit einer Kreuzmontageplatte von 1,5 mm erreicht werden.

Die Montageplatten werden an der Korpusseite mit Holzschrauben oder in Bohrungen einer Lochreihe von ∅ 5 mm mit Halbrund- oder Senkkopf-Euroschrauben (S. 17, Tab. 1) befestigt.

Tab. 1 Euroschrauben für die Befestigung in Bohrungen von Ø 5 mm

Halbrundkopf	Senkkopf	Ø	Länge
		6,3 mm	11 mm
		6,3 mm	13 mm
		6,3 mm	15 mm

Der **Öffnungswinkel** der Tür (Abb. 1) hängt von der Aufstellsituation des Möbels ab.

Kann das Möbel
- genutzt werden, wenn die Tür mit Öffnungswinkel 95° oder 110° in den Raum hineinragt?
- günstiger genutzt werden, wenn die Tür mit Öffnungswinkel 180° oder 270° weiter zu öffnen ist?

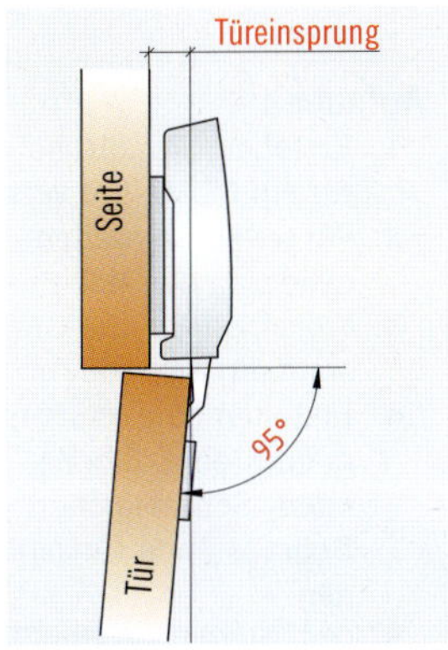

1 Topfscharnier mit 95° Öffnungswinkel ohne Kröpfung

Außerdem müssen die Auszüge hinter der Tür schadensfrei herausgezogen werden können.

Für die aufliegende Drehflügeltür [▶ 5.1.6] werden Topfscharniere ohne Kröpfung für werkzeuglose Schnellmontage mit einem Öffnungswinkel von 95° (Abb. 1) gewählt.

Bohrbild der Tür

Der Abstand zwischen oberer bzw. unterer Türkante und Scharnier sollte ca. 90 mm sowie ca. 700 mm zwischen den Scharnieren betragen. Die Anzahl der Topfscharniere ist von der Türbreite und der Masse der Tür abhängig [▶ 5.1.8].

Ausgehend von der Kreuzmontageplatte kann die **Position der Bohrungen** (Abb. 2) in der Tür ermittelt werden. Die Bezugslinie verläuft von der Mitte der Kreuzmontageplatte zum Zentrum der Topfbohrung. Die Befestigungsbohrungen werden wieder vom Topfzentrum aus angegeben.

Die Maße im Bohrbild sind vom gewählten Topfscharnier abhängig. Der Abstand zur Türoberkante ist abhängig von der gewünschten „Fuge" (4 mm) und der Position der Montageplatte.

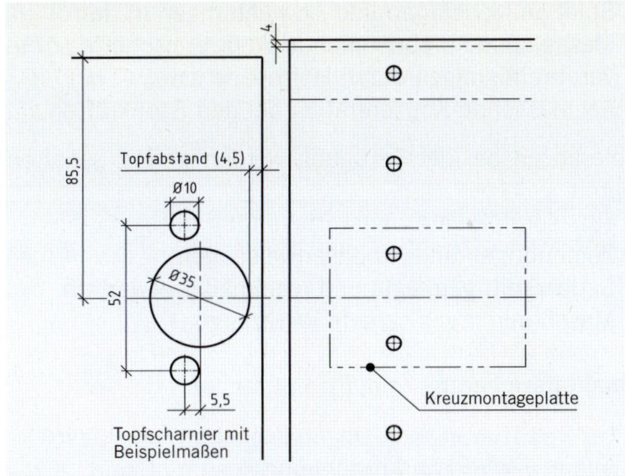

2 Ermittlung der Bohrpositionen an der Tür
(Ansicht von rechts auf die geöffnete Linkstür)

Griffe *(handles)*

Als Griffe sind Griffschalen zum Einfräsen vorgesehen (Abb. 3).

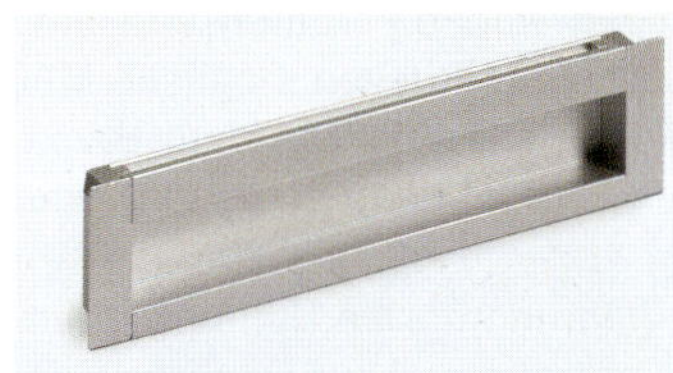

3 Griffschale zum Einfräsen

Die Einfräsmaße der Griffmulde für die Griffschale werden dem Beschlagkatalog (Tab. 2) entnommen.

Tab. 2 Auszug aus dem Beschlagkatalog

Maße für die Griffmulde	
Länge	107 mm
Breite	30 mm
Tiefe	15 mm

2.3 Fertigung *(manufacturing)*

Maßtoleranzen *(dimensional tolerances)*

Systemmöbel werden häufig artteilig [▶ GK 2.1.2] in kleinen Serien gefertigt. Im Unterschied zur mengenteiligen [▶ GK 2.1.2] Einzelfertigung ist hier besonders auf eine hohe **Wiederholgenauigkeit** der Bauteile zu achten, da diese austauschbar und bei der Montage möglichst toleranzfrei ohne Nachbearbeitung eingepasst werden müssen.

Ursachen für Maßtoleranzen in der Fertigung:
- Abweichungen von genannten Dicken bei Holzwerkstoffen im Zehntelmillimeterbereich bereits während der Herstellung;

- Spiel an Maschinen und Abweichungen in den Messsystemen; abnehmende Werkzeugschärfe sowie Verunreinigungen durch Holzspäne usw.;
- nachlassende Konzentration bei den Fachkräften.

Toleranzen bei der Fertigung werden gering gehalten durch
- eine sorgfältige Arbeitsvorbereitung mit genauen Zeichnungen und Arbeitsanweisungen;
- Sauberkeit, gepflegte und regelmäßig gewartete Maschinen sowie scharfe Werkzeuge.

Qualitätssicherung *(quality assurance)*

Zur Reduzierung von Ungenauigkeiten muss festgelegt werden, wo Abweichungen erlaubt sind.

Eine zentrale Überlegung ist, welche **Null-** oder **Bezugspunkte** am Bauteil und am Möbel festgelegt werden. Von diesen Punkten ausgehend, werden alle Bearbeitungen an den Maschinen und Werkzeugen eingemessen.

So kann festgelegt werden, dass die Korpusseiten und Böden immer mit der Vorderkante an den Anschlägen liegen und die Außenseite auf dem Maschinentisch liegt. Damit liegen mögliche Maßabweichungen an der Möbelrückseite. Die dem Benutzer zugewandten Seiten können dadurch genau zusammengefügt werden.

Während der Fertigung werden zur Qualitätskontrolle und zur Qualitätssicherung **regelmäßige Messungen** durchgeführt.

Betriebsmittel *(operating equipment)*
Um die geforderte Wiederholgenauigkeit zu ermöglichen und beliebig viele Bauteile in gleichbleibender Qualität zu fertigen, sind besondere Werkzeuge sinnvoll. Aufgrund der Standardisierung der Beschläge bieten Hersteller vielseitige Hilfsmittel für die Fertigung an. Neben Bohrlehren (Abb. 1) für Topfscharniere und Vorrichtungen für Systembeschläge an Handmaschinen [▶ GK 8.7.4 und 8.8.4] werden auch Langloch- und Lochreihenbohrmaschinen [▶ GK 8.8.2 und 8.8.3] eingesetzt.

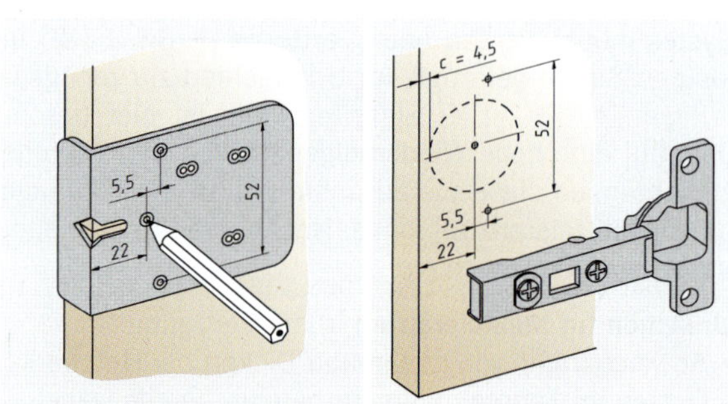

1 Bohrlehre für Topfscharniere *(drilling jig for cup hinges)*

CNC-Fertigung *(CNC manufacturing)*
Speziell für den Korpusbau wurden platzsparende, kompakte „CNC-Korpusfertiger“ [▶ 3.1.1] entwickelt, die auf die wesentlichen Bearbeitungen (Bohren, Fräsen) beschränkt sind.

Der CNC-Fertigungsprozess des Rollcontainers wird exemplarisch in den **Lernvideos** [▶ 3.3.4] (CD vorne im Buch) sowie im Kapitel CAD/CAM-Prozess [▶ 3.3.5] vorgestellt.

Der Rollcontainer entspricht der Variante B, bei dem Unter- und Konstruktionsboden zwischen die Korpusseiten gesetzt werden, während der Oberboden aufgesetzt wird.

Aufgaben

1. Erstellen Sie alle notwendigen Fertigungsunterlagen für ein Möbel mit verschließbaren Türen.
2. Wo sehen Sie weitere Möglichkeiten für eine Standardisierung der Möbelproduktion?
3. Wo sehen Sie die Grenzen eines festgelegten Möbelstandards?
4. Erstellen Sie mit einem Tabellenkalkulationsprogramm eine Tabelle, aus der Sie schnell die möglichen Schrankhöhen und die dafür erforderlichen Bohrabstände (Anzahl der Bohrungen) ermitteln können.
5. Optimieren Sie Ihre Tabelle durch den Einbau eines Wahlschalters für andere mögliche Werkstoffdicken.
6. Suchen Sie im Internet nach weiteren Systemmöbeln. Notieren Sie sich die zugrunde liegenden Konstruktionsprinzipien.
7. Erstellen Sie Einzelteilzeichnungen für einen Schreibtischcontainer mit 1 bis 2 Schubkästen als Teil- oder Vollauszug und einer aufliegenden Tür. Geeignete Maße legen Sie, entsprechend den unterzubringenden Papieren, selbst fest.
   Wählen Sie dafür vorher geeignete Verbindungsbeschläge und Topfscharniere sowie ggf. Befestigungsschrauben aus einem Herstellerkatalog im Internet aus.
8. Erstellen Sie mit Ihrem WOP-Programm eine variable NC-Datei für einen Unterboden, mit dem Sie alle Bearbeitungen für Ihre Möbelserie durchführen können.
9. Planen und fertigen Sie ein Kleinmöbel aus Ihrer Serie (z. B. einen Hängeschrank mit Glastür oder einen Rollcontainer).

English Tasks

10. State advantages in which way your firm could benefit from standardization.
11. Search the internet for further modular furniture. Take notes concerning the basic concept of design principles.
12. Discuss if standardization for joiner's workshops is reasonable or should industrial manufacturing of furniture be left to industrial companies?

3 Projekt Garderobeneinbauschrank *(fitted cupboard/wardrobe)*

3.1 Auftragsbeschreibung

(design and planning critera)

Der Eingangsbereich eines Einfamilienhauses soll neu gestaltet werden. In einer Mauernische mit Elektroinstallation möchte der Kunde eine Garderobe einbauen lassen.

3.2 Auftragserfassung *(order entry)*

Beim **Maßnehmen am Bau** *(measurement on the building site)* werden die Längen-, Höhen- und Tiefenmaße ermittelt. Weiter werden Ebenheiten des Fußbodens, der Wände und der Decke kontrolliert. Starke Abweichungen in den Flächen sind bei der Konstruktion des Schranks zu berücksichtigen. Das Gleiche gilt für Installationen von Strom-, Wasser- und Abwasserleitungen. Diese Abweichungen müssen in einem Plan festgehalten werden.

Das **Aufmaß** wird sorgfältig ausgeführt, um Fehler bei der Montage zu vermeiden.

Bei dem Aufmaß wird festgestellt:
- Maße Mauernische (Länge × Höhe × Tiefe) 1820 × 330 × 2400 mm,
- Wände in Trockenbauweise (Gipsplatten),
- Platzbedarf für Elektrozähler inkl. Installation 240 × 1100 × 200 mm.

3.3 Planung

Vorschlag 1 *(proposal 1)*: Die Elektroinstallation mit einem schmalen Schrank umbauen. Rest der Nischenfläche mit Paneelen [▶ 7.3.4] auskleiden und mit Kleiderhaken bestücken.
Problem: Der Garderobeninhalt ist immer sichtbar.

Vorschlag 2: Einen Schrank mit drei Drehtüren in die Mauernische einbauen, wobei ein Schrankbereich für die Elektroinstallation eingesetzt wird.
Problem: Die Schranktüren ragen in den Raum.

Vorschlag 3: Schrank mit zwei Schiebetüren.
Problem: Ein Schrankbereich ist immer verdeckt.

Der Kunde entscheidet sich für Vorschlag 3.

3.3.1 Planungskriterien *(planning criteria)*

Aussehen: Schiebetürenschrank mit Oberfläche in weiß, Griffleisten aus Mahagoni (Kundenwunsch).

Funktion: Ablagen für Schals, Mützen, Taschen usw. sowie die Kleiderhaken sind nach ergonomischen Gesichtspunkten [▶ 5.4.5] zu gestalten und zu installieren.

Der Elektrozähler ist mit einer Tür zu verdecken.

Der Einbauschrank soll über leichtgängige bewegliche Elemente verfügen.

3.3.2 Konstruktionskriterien

Aus den baulichen Gegebenheiten ergeben sich die folgenden Konstruktionskriterien *(construction criteria)*:

Werkstoffauswahl *(choice of materials)*: Bei einem Garderobenschrank muss die Oberfläche unempfindlich gegen Schmutz und Fingerabdrücke sein. Aus Kostengründen wird eine MFB P2 Oberfläche weiß, matt mit 19 mm Dicke gewählt. Die Schmalflächen der Platten werden mit ABS-Kanten beschichtet.

Rückwand *(back or rear wall)*: Wegen der geringen Tiefe von 330 mm wird auf die Rückwand verzichtet. Stabilität erhält der Schrank durch das Befestigen der Korpusseiten an der Nischenwand. Da es sich um eine Innenwand in einem Fertighaus (Trockenbauwand aus Gipsplatten) handelt, wird eine Hinterlüftung überflüssig.

Schrankaufteilung *(cupboard layout)*: Wegen der geringen Tiefe werden Mäntel und Jacken parallel zur Front aufgehängt. Die Schrankaufteilung erfolgt durch Breitenmaße von Jacken (ca. 500 mm) und Mänteln (ca. 540 mm). Die Kleiderhaken werden direkt auf die Wand montiert.

Schrankmaße *(wardrobe dimensions)*: Sie werden von Abmessungen der Mauernische bestimmt: Schrankmaße 1800 × 2398 × 325 mm.

Schiebetüren *(sliding doors)* hängend geführt: Die linke Schiebetür verdeckt die rechte. Da keine Korpuskante aus der Nische schaut und die Schiebetür bündig mit der Wand ist, ergibt sich beim Seitenblick von der Eingangstür aus ein harmonisches Bild.

Farbgestaltung *(colour design)*: Die Nussbaum-Griffleisten werden mit CN-Lack beschichtet.

Die Anschlussleisten werden schwarz gebeizt und anschließend mit CN-Lack beschichtet.

Beim Kundengespräch werden die Vorüberlegungen zum zukünftigen Garderobenschrank mithilfe eines CAD-Programms präzisiert.

Gleichzeitig werden **Abbildungen** erstellt:
- Horizontalschnitt der Mauernische mit eingebautem Schrank und den Maßen,
- Gesamtansicht mit Schnittverlaufslinien im M 1 : 10,
- Frontalschnitt M 1 : 1 (Schnitt C–C).

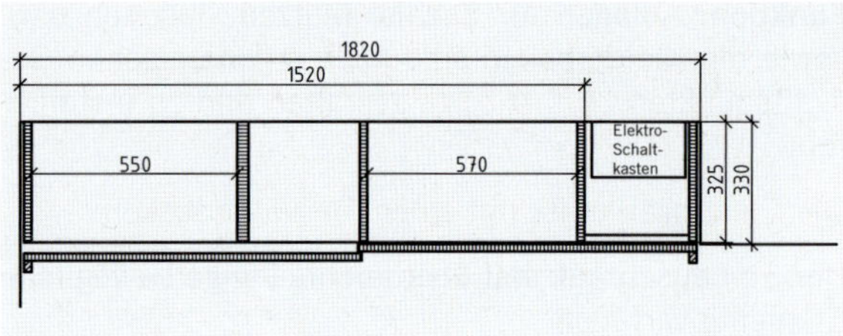

1 Horizontalschnitt des Garderobenschranks in der Mauernische *(horizontal section of wardrobe in a recess in the wall)*

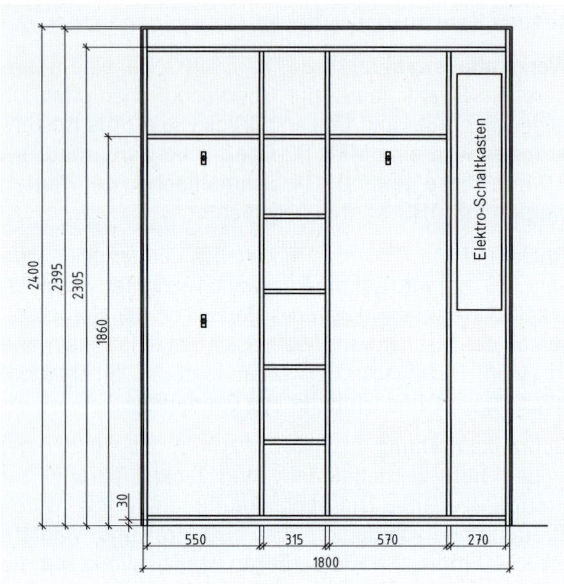

2 Aufteilung Garderobenschrank

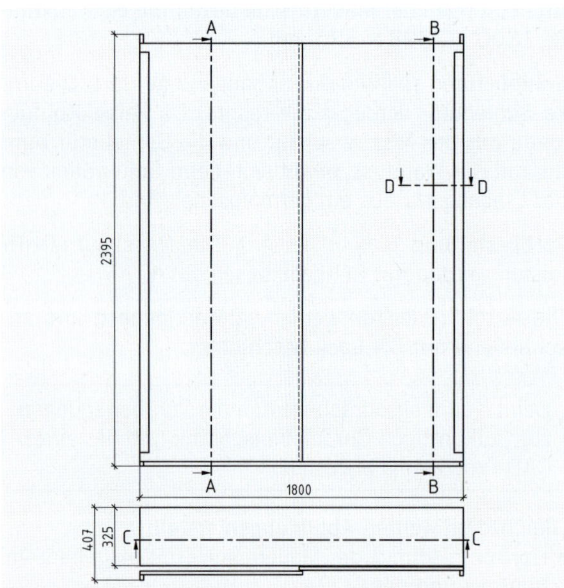

3 Vorderansicht und Draufsicht des Garderobenschranks *(front and top view of wardrobe)*

Dem Kunden wird der Entwurf erläutert. Er erklärt sich mit dem Entwurf einverstanden und erteilt den Auftrag.

Um den Auftrag kostengünstig zu gestalten, wird mit Halbfertigprodukten (MFB P2) und Kanten aus ABS gearbeitet. Zur Verfügung stehen stationäre Maschinen, u. a. eine Fünf-Achsen-CNC-Maschine, sowie verschiedene Handmaschinen.

3.3.3 Technische Zeichnungen

Mithilfe eines CAD-Programms werden folgende technische Zeichnungen *(technical drawings)* nach DIN ISO 5456-2 erstellt (S. 20–22):

- Vertikalschnitte, Maßstab 1 : 1:
  - Schnitt A–A durch die Kleideraufhängung,
  - Schnitt B–B durch die Schrankfächer,
  - Schnitt C–C frontal durch den Schrank;
- Horizontalteilschnitt D–D durch den Bereich der Elektroinstallation. Die Elektroinstallation wird von einer Tür verdeckt.
- Zeichnung der Kleiderhaken *(coat-hook)* (die 2 Kleiderhaken aus Edelstahl mit einer Tiefe von 300 mm sind auf dem freien Markt nicht zu erhalten und werden daher von einem Metallbauer angefertigt).

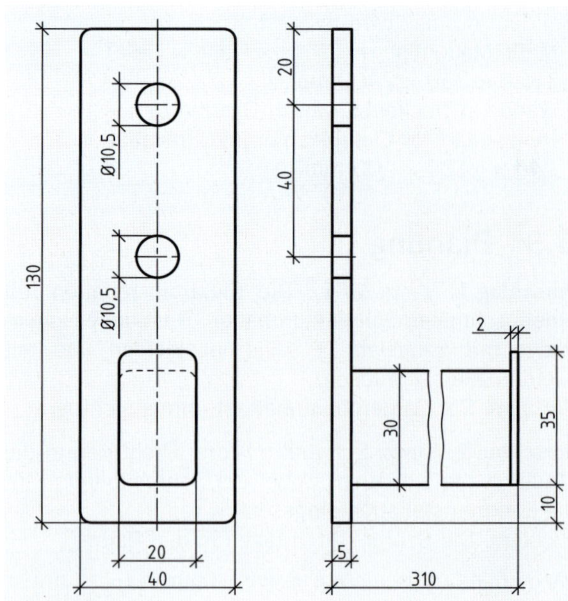

4 Kleiderhaken

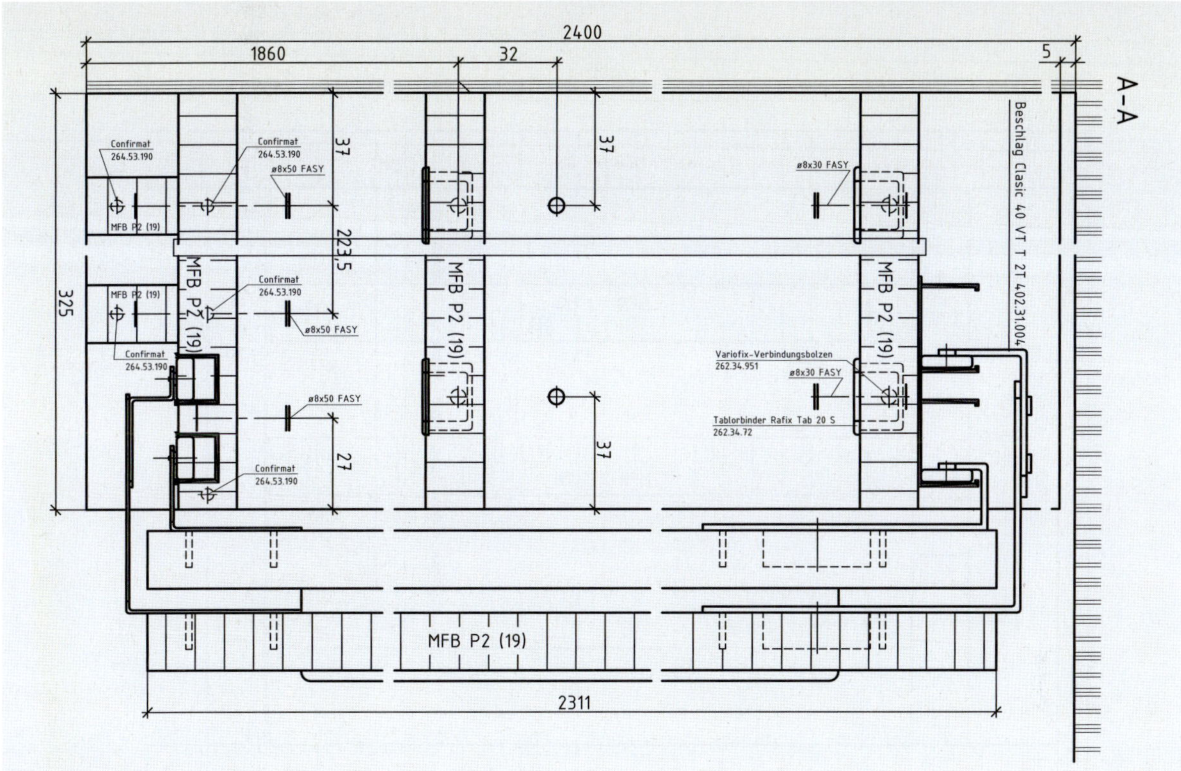

1 Schnitt A–A

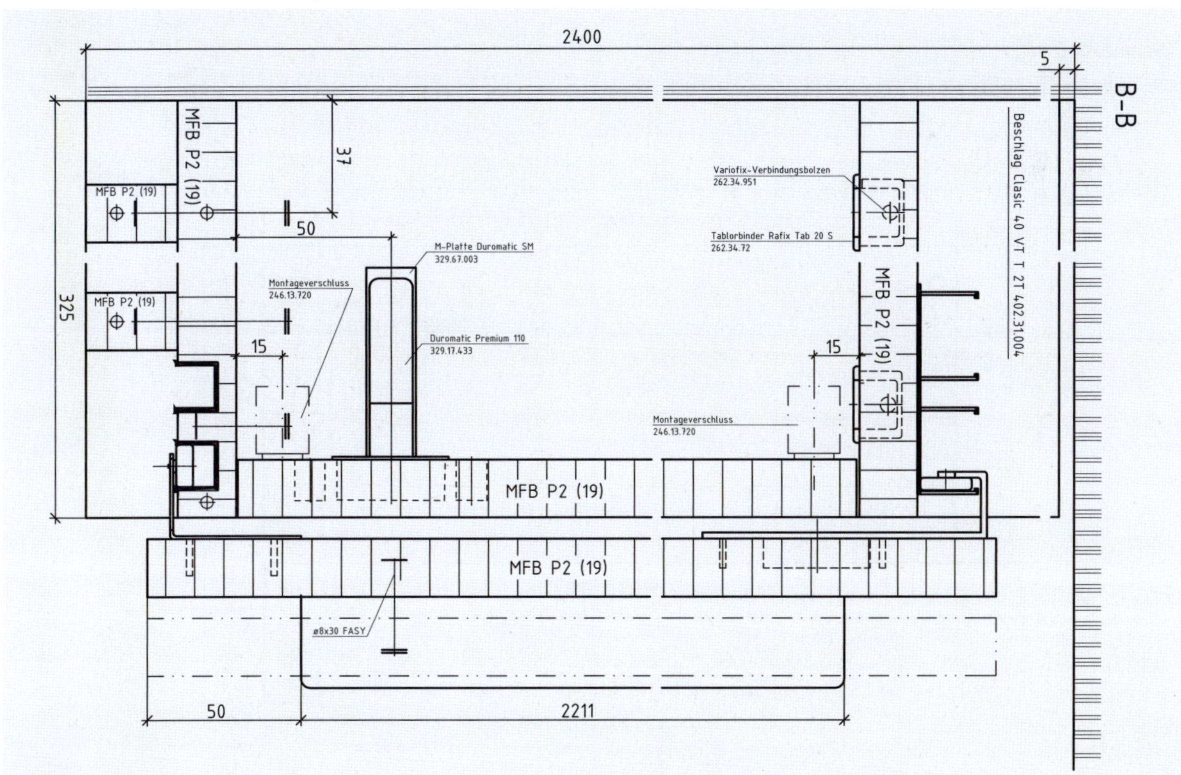

2 Schnitt B–B

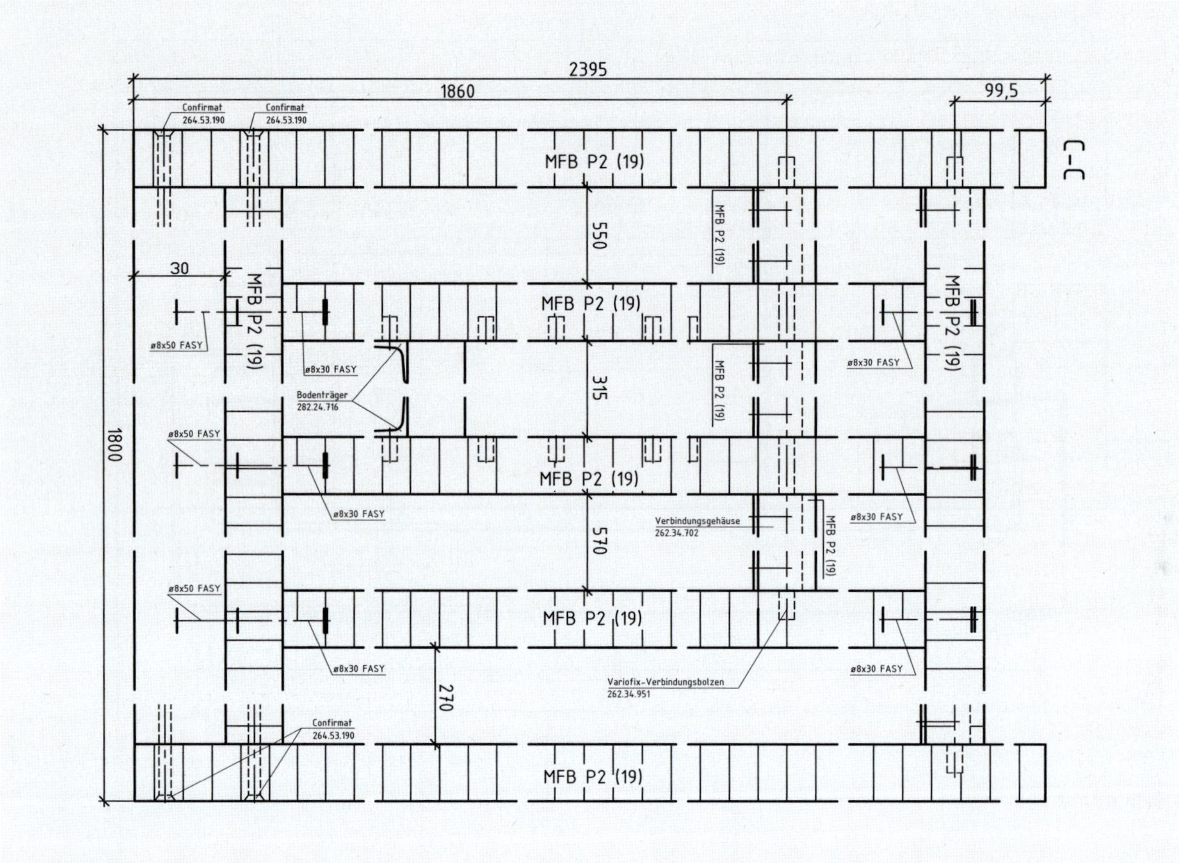

1 Schnitt C–C

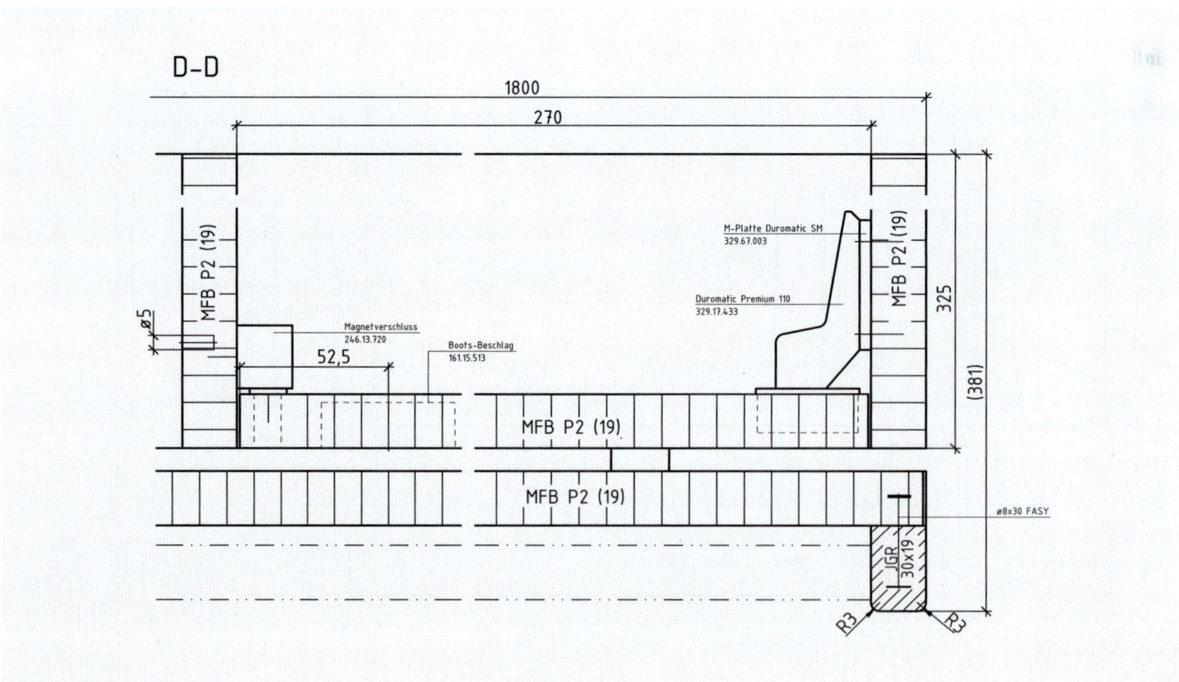

2 Schnitt D–D

3.3.4 Arbeitsvorbereitung *(work preparation)*

Mithilfe der Schnittzeichnungen werden der Werkstoffbedarf und die Arbeitszeit für den Garderobenschrank ermittelt. Die beiden Faktoren sind Grundlage für die Vorkalkulation und den Endpreis.

Ermittlung der Mindestfuge
Um die Maße der Tür, die zur Abdeckung der Elektroinstallation dient, zu ermitteln, muss die Mindestfuge ermittelt werden. Die Mindestfuge ist der Abstand zwischen Seitenwand und Tür an der Anschlagseite. Jeder Beschlaghersteller liefert zum Ermitteln der Mindestfuge *(calculation of minimum joint or reveal)* Tabellen.

Duomatic Premium Titanium 110°
für Standardanwendungen

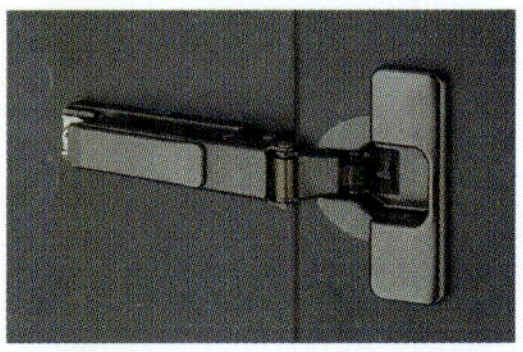

- passt hervorragend zu dunklen Holzarten oder Schrank-Interieuren
- höherer Korrosionsschutz als bei normaler Vernickelung
- mit integrierter Dämpfung im Scharniertopf

- Werkstoff: Topf und Gelenkarm aus Stahl
- Oberfläche/Farbe: galvanisiert, titaniumfarben
- Montage: Tür am Korpus werkzeuglos (Clip-Technik)
- Bohrtiefe: Scharniertopf 13,5 mm
- Einstellmöglichkeit: Seitenverstellung von –1,5 bis +4,5 mm, Höhenverstellung von –2 bis +2 mm und Tiefenverstellung von –0,5 bis +2,8 mm (über Duomatic SM Montageplatte)
- mit Schließautomatik

1 Angaben zum Topfscharnier mit Schließfunktion und einem Öffnungswinkel von 110°

Tab. 1 Mindestfuge F bei Beschlag Duronatic Premium 110° (Häfele)

Türdicke mm	Topfabstand E in mm			
	3,0	4,0	5,0	6,0
18	0,9	0,9	0,9	0,9
19	1,2	1,2	1,2	1,2
20	1,5	1,5	1,5	1,5
21	1,8	1,8	1,8	1,8
22	2,4	2,1	2,1	2,1
23	3,7	2,7	2,6	2,5
24	5,1	4,1	3,1	3,0
25	6,5	5,5	4,1	3,5
26	7,8	6,8	5,4	4,4
	Mindestfuge F			

Eine Abrundung der Tür reduziert die angegebenen Werte.

Mithilfe der Tab. 1 für ein Topfscharnier (Abb. 1) mit einem Öffnungswinkel von 110° wird der **Fugenabstand** ermittelt, der sich aus der Dicke der Tür und dem Topfabstand E (Abstand Außenkante Tür, Außenkante Topf) ergibt.

Im konkreten Fall ergibt sich bei einer Plattendicke von 19 mm und einem Topfabstand von 5 mm (5 mm wurden frei gewählt) ein Fugenabstand von 1,2 mm.

Stücklisten
Durch das Ermitteln der Mindestfuge von 1,2 mm entsteht mithilfe der Zeichnungen die Stückliste *(parts list)* für die Holzwerkstoffe.

Tab. 2 Bedarf Holzwerkstoffe (Fertigmenge)

Bezeichnung	Werkstoff	Anzahl	Fertigmaße in mm		
			Länge	Breite	Dicke
Seiten	MFB P2	2	2395	323	19
Ober-/Unterboden	MFB P2	2	1762	323	19
Mittelseiten	MFB P2	3	2237	323	19
Mittelboden	MFB P2	1	550	323	19
Mittelboden	MFB P2	1	570	323	19
Mittelboden	MFB P2	1	310	323	19
Einlageböden	MFB P2	4	310	323	19
Tür (Elektro)	MFB P2	1	2231	263	19
Schiebetüren	MFB P2	2	2307	906	19
Sockel	MFB P2	2	1762	30	19
Abstandsleisten	FASY	4	300	30	10
Anschlussleisten	FASY	2	2500	20	10

Tab. 3 Bedarf Kantenwerkstoffe (Länge in mm)

Bezeichnung	Werkstoff	Anzahl	Dicke	Länge
Seiten	ABS	1	2	4790
Ober-/Unterboden	ABS	1	2	3524
Mittelseiten	ABS	1	2	6726
Mittelboden	ABS	1	2	550
Mittelboden	ABS	1	2	570
Mittelboden	ABS	1	2	310
Einlageböden	ABS	1	2	1240
Tür (Elektro)	ABS	4	2	4994
Schiebetüren	ABS	4	2	12852

Tab. 4 Griffleisten *(handle profiles)*

Bezeichnung	Werkstoff	Anzahl	Fertigmaße in mm		
			Länge	Breite	Dicke
Griffleisten	JGRG	2	22	30	19

Tab. 1 Beschläge *(fittings)*

Bezeichnung	Artikelnummer	Anzahl
Beschlag Classic 40 VF T 2T	402.31.004	1
Confirmat SW4 verz. 6 × 50	264.51.190	10
Geh.Rafix Tab 20 S	262.34.702	16
Bolzen Rafix S30 verz.	262.48.904	8
Dbolz.Rafix S30 verz. 5/16	263.48.921	4
Duronatic Premium 110°	329.17.433	2
M-Platte Duromatic SM	329.67.003	2
Magnetverschluss	246.13.720	2
Bootslook-Beschlag	161.15.513	1
Bodenträger	282.24.716	div.

Tab. 2 Kleinteile *(small parts)*

Bezeichnung	Artikelnr./Maße/DIN	Anzahl
Universaldübel UK 10 × 60	77871	8
Schrauben	DIN 7995 – 6,0 × 90 nr.St	8
Universaldübel UK12 × 70	62758	4
Schrauben	DIN571 – 10,0 × 75 nr.St	4
Dübel Form A	∅ 8 × 30 FASY	15
Dübel Form A	∅ 8 × 50 FASY	6
Schrauben	DIN 7997 3 × 25 Cr.	6

3.4 Fertigung

Die Schritte der Fertigung *(manufacturing)* des Garderobeneinbauschranks sind im Ablaufplan (Tab. 3) festgehalten.

Tab. 3 Fertigungsablauf *(manufacturing process)*

Pos.	Arbeitsschritt	Betriebsmittel/ Werkzeug
1	MFB-P2-Platten auf Maß zuschneiden	Plattensäge
2	ABS-Kanten anbringen	Kantenanleimmaschine
3	CAD-Geometriedaten in DXF-Datenformat umwandeln und mit Technologiedaten kombinieren	CAD/CAM-System
4	Platten entsprechend fräsen	5-Achsen-CNC-Maschine
5	Griffleisten zuschneiden	Formatkreissäge
6	Anschluss- und Abstandsleisten zuschneiden	Formatkreissäge
7	Griff-, Anschluss- und Abstandsleisten hobeln	Vierkantenhobel; Fräsmaschine
8	Griff- und Abschlussleisten abrichten	Abrichte
9	Griff- und Anschlussleisten schleifen	Schleifklotz, Schleifpapier

Tab. 3 Fertigungsablauf – Fortsetzung

Pos.	Arbeitsschritt	Betriebsmittel/ Werkzeug
10	Dübellöcher in die Griffleiste und Türen bohren	Ständerbohrmaschine, Bohrer ∅ 8
11	Anschlussleisten beizen und trocknen	Beize, Beizpinsel
12	Griffleisten und Anschlussleisten mit NC-Lack lackieren und trocknen	Airless-Spritzpistole, Spritzkabine, NC-Lack
13	Griffleisten an die Schiebetüren andübeln	Gummihammer, Dübel
14	Bootslook-Beschlag an der Tür anbringen	Akkuschrauber
15	M-Platten Duromatic SM an der rechten Seitenwand anbringen	Akkuschrauber
16	Die fertigen Platten verpacken für den Transport	Decken, Luftpolsterfolie, Kantenschutz
17	Kleinteile verpacken	

3.5 Montage

Damit der Kunde *(customer)* eine einwandfreie Qualität erhält, müssen die Teile beim Transport *(transport)* und bei der Montage *(assembly)* vor Beschädigungen gesichert werden.

3.5.1 Transport zum Kunden

Zum Transport muss das Fahrzeug entsprechend ausgestattet sein. Um Transportschäden zu vermeiden, werden die Platten
- mit Kantenschutz versehen und mit Decken bzw. Luftpolsterfolie umwickelt;
- auf dem Transporter mit Gurten gegen Verrutschen gesichert. Die Platten werden in der Abfolge der Montage gepackt.

3.5.2 Montage beim Kunden

Die Montage des Korpus findet außerhalb der Nische statt. Der Korpus wird anschließend in die Nische geschoben.

Montageschritte *(assembly steps)*:
- Die Beschläge Geh.Rafix Tab 20 S und Bolzen Rafix S30 verz. werden in Oberboden, Seiten und Mittelböden eingesetzt. In den Ober- und Unterboden werden die beiden Schienen für den Schiebetürenbeschlag eingesetzt.
- In den beiden Nischenseitenwänden wird in den Abständen von der Nischenrückwand 30 mm und 295 mm und einer Höhe von 65 mm und 1835 mm jeweils ein Loch ∅ 10 mm gebohrt und mit einem Universaldübel UK 10 × 60 versehen.

- Für die beiden Kleiderhaken werden Löcher mit ∅ 12 mm in die Nischenrückwand gebohrt (Maße von der linken Nischenwand: obere Schraube 204 × 1750/1217 × 1750 mm). Anschließend werden die Universaldübel mit einem Gummihammer in die Bohrungen eingeschlagen und die Kleiderhaken mit einem Schraubenschlüssel angebracht.
- Die beiden Sockelleisten werden im Abstand von 223,5 mm (Mitte Bohrloch) parallel platziert.
- Der Unterboden wird mit den Dübeln ∅ 8 × 50 auf die Sockelleisten fixiert. Die Dübel ∅ 8 × 30 werden eingesetzt.
- Die beiden Korpusaußenseiten werden durch Confirmatverbinder mit den beiden Sockelleisten und dem Unterboden verbunden.
- Die drei Mittelseiten werden auf die Dübel auf den Unterboden platziert und die Mittelböden auf der Höhe von 1860 mm auf die Verbindungsbolzen eingerastet.
- Auf den drei Mittelseiten werden Dübel ∅ 8 × 30 eingesetzt. Im Anschluss daran wird der Oberboden auf den Dübeln und den Verbindungsbolzen platziert und eingerastet.
- Der Korpus wird vorsichtig mittig in die Nische geschoben. Anschließend werden Unterboden und Korpusseiten mithilfe der Wasserwaage ausgerichtet (evtl. mit Keilen oder Furnierstreifen).
- Zwischen Korpusaußenseiten und Nischenseitenwänden werden an beiden Seiten die Abstandsleisten eingeschoben. Anschließend werden in den Bohrungen (∅ 6,2 mm) hinter den Abschlussleisten die Schrauben (∅ 6 × 90) mithilfe des Akkuschraubers angezogen und die Korpusseite mit der Nischenwand verbunden. Zusätzlich wird nochmals der Winkel des Korpus kontrolliert.
- Rechts und links des Korpus werden die Anschlussseiten vor den Abstandsleisten mit der Korpusseite verschraubt. Um evtl. Unebenheiten an der Wand zu verdecken, wird der Wandanschluss mit elastischem Dichtstoff ausgefüllt.
- Die Bodenträger werden in die Bohrungen eingesteckt und die Einlegeböden aufgelegt.
- Die Tür vor dem Elektrozähler wird eingesetzt.
- Die Beschläge und die Türgriffe werden an den beiden Schiebetüren angebracht. Anschließend werden die Schiebetüren eingehängt.
- Schiebetüren und Schranktür werden auf störungsfreie Funktion überprüft. Der Montageplatz wird aufgeräumt und Abfälle werden beseitigt.

3.6 Bewertung *(evaluation)*

Der Kunde wird mit der Funktion des Einbauschranks vertraut gemacht. Anschließend überprüft er die Qualität und nimmt den Schrank ab.

Nach Beendigung des Auftrags wird die Rechnung *(invoice)* erstellt.

Aufgaben zu 3

1. Der Kunde möchte in den Schrank ein Schuhablagefach integriert haben. Machen Sie einen Vorschlag und skizzieren Sie diesen.
2. Berechnen Sie die Gesamtmasse der MFB-P2-Platten (Fertigmaß).
3. Ergänzen Sie die vorgegebene Stückliste für die Vorkalkulation. Daten für den Verschnitt: Plattenwerkstoffe 10 %, Massivholz 40 %, Kante ABS 12 %. Preise entnehmen Sie dem Internet.
4. Erstellen Sie mit einem CAD-Programm eine CNC-gerechte Einzelteilzeichnung für die Innentür (vor der Elektroinstallation).
   Entnehmen Sie die Konstruktionsmaße von Anbietern aus dem Internet.
5. Begründen Sie, warum bei diesem Schrank auf eine Hinterlüftung verzichtet werden kann.
6. Wie wird die Rechtwinkligkeit des Schranks in der Wandnische geprüft?
7. Beschläge, Türgriffe usw. können in der Werkstatt oder beim Kunden montiert werden. Erläutern Sie die Vor- und Nachteile der beiden Montageorte.
8. Skizzieren Sie einen Vorschlag für einen Wandanschluss an den Garderobenschrank, der parallel zur Schiebetür verläuft.
9. Bei der Anlieferung und Montage steht ihr Lieferfahrzeug teilweise auf der Zufahrt des Garagenhofs. Entwerfen Sie einen Text, den sie hinter der Windschutzscheibe gut sichtbar anbringen können.

English Tasks

10. Calculate the number of shelf supports.
11. Add the available material list for your preliminary calculation.
    Data for off-cuts:
    Panel board material is 10 %.
    Solid wood is 40 %.
    Edge ABS is 12 %.
    Prices can be downloaded from the internet.

4 Projekt Parkettboden- und Deckeneinbau Wohn-Ess-Zimmer

4.1 Auftragsbeschreibung

(description of order)

Ein Hauseigentümer erteilt den Auftrag zur Renovierung des Fußbodens sowie der Decke des Wohn-Ess-Zimmers (Abb. 1).

Der Hauseigentümer hat sich bereits für **Buchenstabparkett** von 22 mm Dicke entschieden. Die Decke soll passend zum Fußboden gestaltet werden, weshalb eine Ortsbegehung vereinbart wird.

4.2 Auftragserfassung *(order entry)*

Für die **Ortsbegehung** wird das benötigte Zubehör zur Auftragserfassung zusammengestellt:

- Notizblock oder Notebook, evtl. Digitalkamera,
- Smartphone,
- Holzmuster und Beispiele von Referenzobjekten,
- Gliedermaßstab oder Rollbandmaß,
- Wasserwaage,
- Laser-Entfernungsmesser und Nivellier-Linienlaser [▶ GK 7.1.2 und 7.1.4].

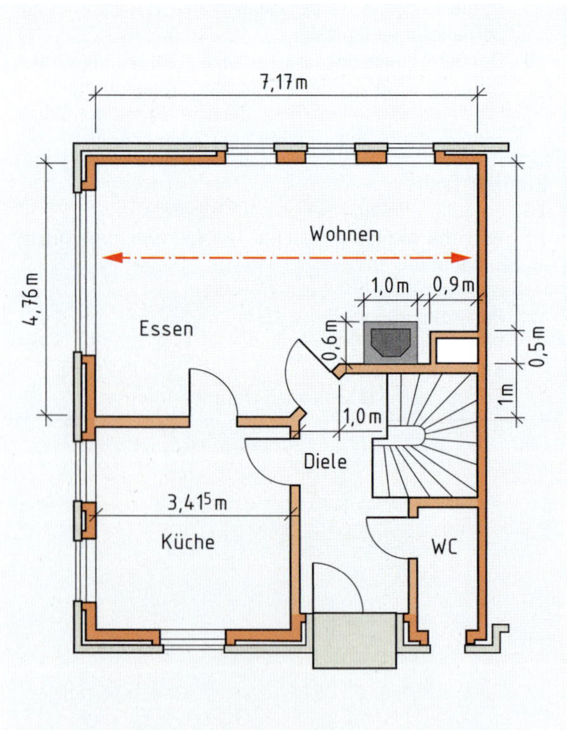

1 Bauzeichnung (Grundriss) *(construction drawing)*

Der Wohn-Ess-Bereich stellt sich wie folgt dar:

- Der Untergrund besteht aus schwimmendem Estrich und ist mit Teppichboden ausgelegt.
- Die Decke besteht aus bewehrtem Beton, mit Deckenputz beschichtet.
- Neben dem Kaminabzug befindet sich ein angeschlossener Kaminofen.

Nach Aufnahme der Raummaße werden mit dem Hauseigentümer einzelne Details besprochen wie

- Holzauswahl nach Holzmustern,
- gestalterische Ausführung (farbliche Ausführung und Laufrichtung des Parketts [▶ 7.2.4] und der Deckenbeplankung [▶ 7.3.7]),
- auffallende Bodenungenauigkeiten,
- Aspekte des Wärme-, Schall- und Brandschutzes,
- Stromanschlüsse für Bearbeitungsmaschinen,
- Möglichkeiten der Entsorgung von Reststoffen.

4.3 Planung, Arbeitsvorbereitung

Die **farbliche** Ausgestaltung und das **Verlegemuster** *(laying pattems)* sind für die Gestaltung des Raums von entscheidender Bedeutung.

Nach den Erläuterungen zur gestalterischen Ausführung werden dem Hauseigentümer bei einem weiteren Termin die Entwürfe vorlegt und von ihm eine Entscheidung getroffen.

Die **Richtung** von Deckenbeplankung [▶ 7.3.8] und Stabparkett [▶ 7.2.4] soll quer zur Längsachse (Abb. 1) des Raums verlaufen, um den Wohn-Ess-Raum breiter und somit größer wirken zu lassen.

Damit der Raum nicht zu gedrungen wirkt, ist für die Decke *(ceiling)* ein möglichst heller Farbton vorgesehen (Abb. 2) [▶ 7.1.4], der im Farbspektrum des Buchenparketts liegt.

2 Optische Wirkung des Raums *(optical effect of room)*

Der Hauseigentümer erkennt die optische Vergrößerung des Wohn-Ess-Raums an. Zudem gefällt ihm die farbliche Abstimmung der Werkstoffe und er ist mit dem Entwurf insgesamt einverstanden.

Der Auftrag wird schriftlich dokumentiert und von den Vertragsparteien gegengezeichnet.

Zu den einzelnen Themen werden arbeitsteilig arbeitende Teams *(team work based on job-sharing)* [▶ GK 3] gebildet, die ihre Ergebnisse vorstellen.

4.4 Konstruktion der Decke

4.4.1 Deckenunterkonstruktion

Die Decke ist verputzt, weshalb auf aufwendige Vorarbeiten verzichtet werden kann. Auch schall- und wärmetechnische Anforderungen müssen nicht berücksichtigt werden. Da der Hauseigentümer sich in der Deckenbeplankung Halogenstrahler wünscht, sind Kabelführungen vorzusehen.

Bedingt durch die Vorgaben wird ein einfacher Konstruktionsaufbau mit **Grund-** und **Konterlattung** *(base and cross-lathing)* (Abb. 1) gewählt.

Die Unterkonstruktion *(underlayment)* besteht aus kammergetrockneten Fichtenlatten 54 × 34 × 2500 mm, vierseitig gehobelt.

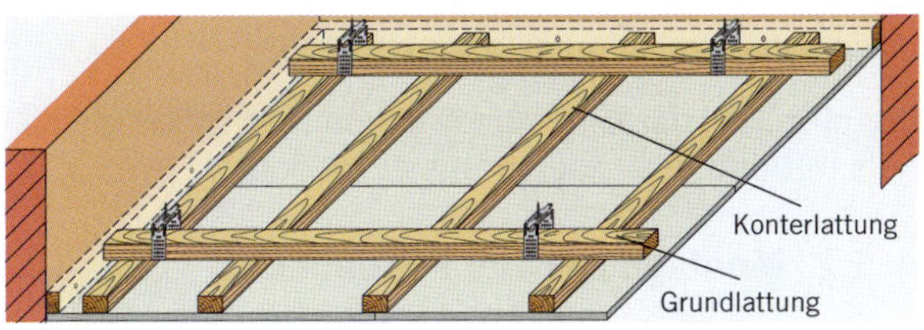

1 Unterkonstruktion der Decke mit Konterlattung

Zur **Befestigung** *(fastening)* der Grundlattung an der Stahlbetondecke werden spezielle Befestigungssysteme wie Deckennägel (Abb. 2) gewählt.

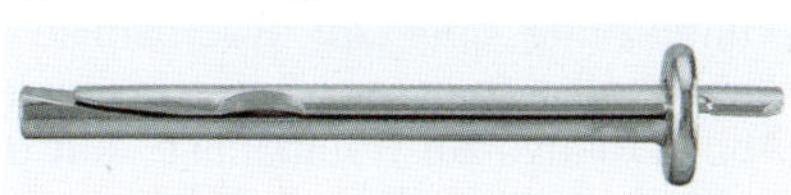

2 Deckennagel

Die zulässigen Lasten des einzelnen Dübels werden den Herstellerangaben (Tab. 1) entnommen.

Tab. 1 Zulässige Lasten eines Einzeldübels bei Mehrfachbefestigung nicht tragender Systeme in Beton (Betonzugzone) der Festigkeit C20/25(~B25)

Typ	effektive Verankerungstiefe h_{ef} (in mm)	minimale Bauteildicke h_{min} (in mm)	zul. Last F_{zul} (in kN)	erforderlicher Randabstand für zul. Last c_{cr} (in mm)	erforderlicher Achsabstand für zul. Last s_{cr} (in mm)
FDN 6	32	80	2,4	150	200

4.4.2 Deckenbeplankung

Für die Deckenbeplankung *(ceiling panelling)* sind Paneele aus MDF-Halbzeugen 2600 × 246 × 10 mm vorgesehen.

In den Stoßbereichen werden **Konstruktionsleisten** *(structural battens)* zu der Unterkonstruktion montiert. Die genaue Position wird mithilfe eines Verlegplans bestimmt. Die einzelnen Paneele mit Nut und Feder werden mit Klammern direkt auf der Konterlattung befestigt. Das erste Paneel im Wandbereich wird genagelt und die Nagelungen später von einer **Abschlussleiste** *(end profile)* verdeckt (Abb. 3).

3 Paneele auf der Konterlattung befestigt

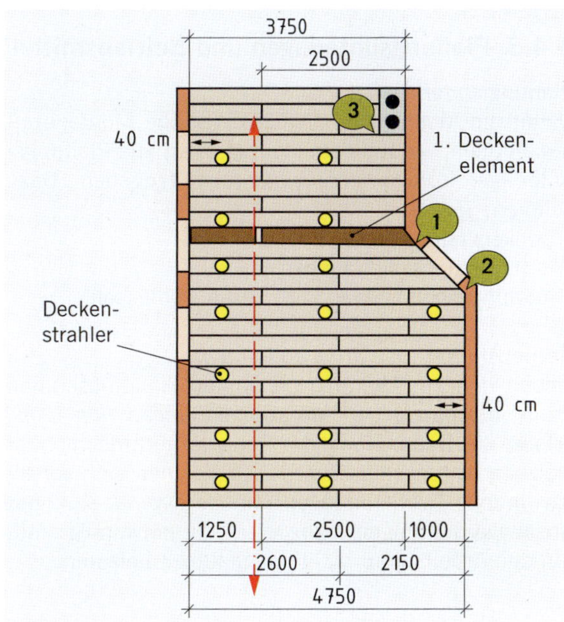

4 Deckenverlegplan

Vor der Montage wird ein **Deckenverlegplan** *(plan for laying ceilings)* (S. 27, Abb. 4) erstellt. Im Deckenverlegplan werden die Positionen der Stoßfugen festgelegt. Damit können Längen und Anzahl (Tab. 1) der Paneele ermittelt und bereits in der Werkstatt zugeschnitten werden.

Aus gestalterischen Gründen finden Eckpunkte bzw. Kanten ①, ② und ③ im Raum besondere Berücksichtigung und werden in die Fluchtlinien mit aufgenommen.

Aus diesem Grund ergibt sich die Notwendigkeit, an der Stelle ① (S. 27, Abb. 4) zu beginnen.

Somit ist auch die Lage des ersten zu verlegenden Paneels festgelegt.

Tab. 1 Stückliste *(parts list)*

Paneele MDF-Halbzeuge weiß			
Stückzahl	Länge in mm	Breite in mm	Dicke in mm
15	2600	246	10
14	2500		
10	2150		
14	1250		
5	1150		
9	1000		
Latten für Unterkonstruktion Fichte			
54	2500	34	2,5
Deckleisten light Meranti weiß lackiert			
2	7200	35	15
2	4800		
1	1500		

4.4.3 Planungsunterlagen und Betriebsmittel

Planungsunterlagen

Damit am Montageort möglichst geringe Montagezeiten anfallen, werden dem Montageteam alle Planungsunterlagen *(planning documents)* mitgegeben. Dazu gehören:

- Deckenverlegplan (S. 27, Abb. 4),
- Konstruktionszeichnungen sowie
- Ausführungen zu Wand-Decken-Anschlüssen.

Betriebsmittel *(operating equipment)*

Neben den zur Montage benötigten Handmaschinen *(hand machines)* und Messzeugen *(measuring tools)* erfolgt die Bearbeitung der Paneele mithilfe mobiler Holzbearbeitungsmaschinen. Dazu eignen sich vor allem mobile Tischkreissägen *(mobile circular saw)* mit Absaugvorrichtungen *(exhauster)*, die notwendig sind, um den Arbeitsraum nicht mit Staub zu belasten.

Hinweis auf DIN-Normen und Merkblätter:
- Unfallverhütungsvorschriften,
- Techn. Regeln für Betriebssicherheit, TRBS 2121 Teil 1 und 2 (BGHM).

Für die **Montagearbeiten** der Decke werden Arbeitsbühnen und Stehleitern **[▶ LF 5.5.3]** benötigt:

- Der Standort der fahrbaren Arbeitsbühne wird so gewählt, dass genügend Bewegungsfreiheit bleibt und dem Montageprozess entsprechend mitgeführt werden kann.
- Die Stehleitern werden für flexible Tätigkeiten aufgestellt.
- Zusätzlich wird eine Lagerfläche für die Deckenpaneele, Konstruktionshölzer und Parketthölzer berücksichtigt.

4.5 Deckenmontage

4.5.1 Einrichten des Nivellier-Linienlasers *(setting up of a levelling line laser)*

Der Nivellier-Linienlaser **[▶ GK 7.1.4]** wird raummittig aufgestellt oder wandseitig angebracht.

Nach dem Einschalten zeichnet der Laser an den Wänden des Raums umlaufend einen Laserstrahl ab, der die **Wandleistenunterkante** darstellt.

Der Mittelteil der Unterkonstruktion wird später gleichfalls mithilfe des Laserstrahls ausgerichtet.

4.5.2 Montage der Deckenpaneele

Nach der Festlegung der Wandleistenunterkante erfolgt die Montage *(assembly)* der Unterkonstruktion.

Da die Deckenpaneele *(ceiling panels)* aus gestalterischen Gründen **[▶ LF 4.3.1]** quer zur Raumachse des Wohn-Ess-Raums verlaufen sollen, wird zunächst die Grundlattung quer zur Raumachse angebracht. Anschließend erfolgt die Befestigung der Konterlattung (Abb. 1) längs zur Raumachse. Auf dieser werden die Paneele mit Klammern befestigt.

1 Befestigung der Konterlattung

Nach der Konterlattung wird gemäß Verlegplan das erste Deckenpaneel montiert (S. 29, Abb. 1).

1 Befestigung des ersten Deckenpaneels

Davon ausgehend werden die weiteren Paneele rückwärtig mit **Nutklammern** (Abb. 2) befestigt.

2 Befestigung der Deckenpaneele mit Nutklammern

4.5.3 Installation der Halogenstrahler

Parallel zur Montage der Deckenpaneele erfolgt die Mitführung der elektrischen Kabel für die Halogenstrahler *(halogen floodlights)*. Die Kreisausschnitte für die Halogenstrahler werden mithilfe einer **Lochsäge** *(compass saw)* **[▶ LF 5.5.1]**, die in das Futter einer Handbohrmaschine eingespannt wird, ausgesägt (Abb. 3). Die jeweilige Position der Strahler ist dem Verlegplan zu entnehmen (S. 27, Abb. 4).

3 Ausschnitt sägen mit der Lochsäge

4 Nachführen der elektrischen Leitungen

Die Halogenstrahler werden anschließend in die Kreisausschnitte eingesetzt.

Die Anschlussarbeiten der Elektrik werden von einer **Elektrofachkraft** durchgeführt (Abb. 4).

4.5.4 Abschlussarbeiten

Das **Abschlusspaneel** im Wandbereich wird eingepasst und angestiftet (Abb. 5 a). Abschließend erfolgt das Anpassen und Anheften der Deckleisten an den Randbereichen der Paneele (Abb. 5 b).

5 Anpassen des Abschlusspaneels und Anheften der Deckleisten

Nach dem Anbringen der Deckleisten ist die Montage abgeschlossen und es erfolgt die **Abnahme**.

6 Zur Abnahme bereite Decke

4.6 Verlegen des Parkettbodens

Die Parkettriemen werden i. d. R. vollflächig verklebt (Abb. 7). Nach dem Abbinden des Klebstoffs wird das Parkett geschliffen und erhält eine Oberflächenbeschichtung. An der Oberseite müssen die Parkettriemen rissfrei und an den Kanten absolut parallel, rechtwinklig und scharfkantig sein.

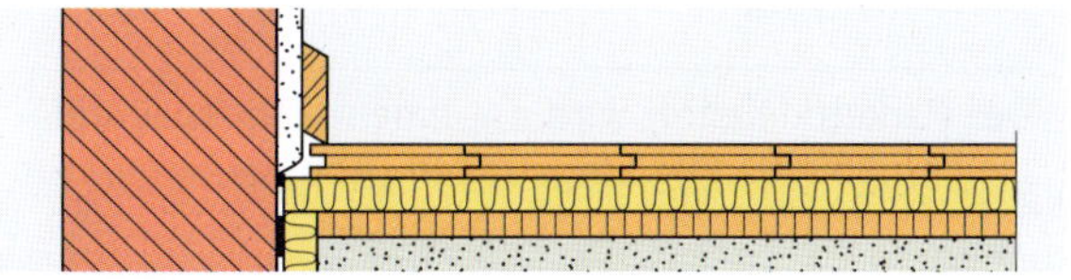

7 Boden mit vollflächig verklebten Parkettriemen

Das Verlegen des Parketts wird in folgenden **Arbeitsschritten** durchgeführt:
- Bodenausgleichsarbeiten,
- Verlegen und Verkleben des Parketts,
- Schleifen des Parketts,
- Oberflächenbehandlung.

Hinweise auf DIN-Normen und Merkblätter:
- DIN 13226 und EN 13228 (Holzfußböden),
- VOB Teil C (Parkettarbeiten),
- TRGS 610 (Staubemissionen),
- DIN EN 14293 (Klebstoffe).

4.6.1 Bodenausgleichsarbeiten
(compensation of uneven floors)

Da i.d.R. der Parkettboden mit dem Estrich verklebt werden soll, wird zunächst der vorhandene Boden beurteilt. Dabei ist die DIN 18202 (Maßtoleranzen im Bauwesen) zu berücksichtigen.

Weist der vorhandene Boden stärkere Unebenheiten auf, soll er eine Ausgleichsschicht mit **Fließestrich** *(floor screed)* erhalten.

Dazu werden an den Wänden umlaufend **Randdämmstreifen** geklebt. Der Fließestrich wird mit Wasser angesetzt und auf den vorhandenen Boden gegossen. Weil er sehr flüssig ist, verteilt er sich gleichmäßig und nahezu plan (Abb. 1).

1 Aufbringen des Fließestrichs

Nach der Aufbringung des Fließestrichs muss eine längere Trocknungszeit eingehalten werden.

Der gewählte Fließestrich erfordert laut Datenblatt eine Trocknungszeit von 3 bis 6 Wochen bei einer Dicke von 30 mm. Belastbar ist der Boden nach 3 Tagen. Für die Anwendung je 1 cm Dicke wird mit einem Verbrauch von ca. 19 kg/m^2 gerechnet.

4.6.2 Auftragen des Klebstoffs

Der Parkettklebstoff wird mit einem Zahnspachtel gleichmäßig flächig aufgetragen (Abb. 2).

Für die elastische Verklebung wird ein **Einkomponenten-Polymerklebstoff** verwendet. Er ist bei einer Temperatur von +10 bis +35 °C und einer relativen Luftfeuchte von $\varphi < 65\,\%$ zu verarbeiten.

Es wird nur so viel Klebstoff aufgetragen (etwa 1 kg/m^2), wie in maximal 50 min mit Parkett belegt werden kann.

Der Boden ist nach 24 h begehbar, die Verklebung erlangt nach 3 Tagen ihre Endfestigkeit und ist danach schleiffähig.

2 Auftragen des Klebstoffs
(application of adhesive)

4.6.3 Verlegen des Parketts

Das gewählte Stabparkett *(strip flooring)* [▶ 7.2.4] besteht aus Buchenholz von 14 bis 22 mm Dicke, einer Länge von 250 bis 600 mm und einer Breite von 45 bis 80 mm. Die zu verarbeitenden Parkettriemen *(parquet strips)* (Abb. 3) verfügen über angefräste Nuten und Federn.

3 Parkettriemen mit Nuten und Federn

Das Stabparkettholz sollte mindestens zwei Tage vor der Verlegung in dem Raum gelagert werden, damit es sich in dieser Zeit auf die für den Raum notwendige **Gleichgewichtsfeuchte** einstellen kann, auch wenn dieser Prozess länger anhalten wird.

Das Parkettholz sollte beim Verlegen, ausgehend von einer relativen Luftfeuchte *(relative humidity)* in geschlossenen Räumen von φ 50 bis 60 % bei einer mittleren Wohnraumtemperatur um 20 °C, eine Feuchtigkeit von $\omega \approx 9\,\%$ aufweisen.

Um ein späteres Arbeiten des gesamten Parkettbodens zu ermöglichen, muss ringsherum ein Abstand zur Wand von mindestens 2 cm verbleiben. Andernfalls würden die einzelnen Parkettriemen gegeneinander arbeiten und sich auffalten.

Arbeiten des Parkettbodens
Um das Arbeiten des Parkettbodens in dieser Größenordnung (2 cm) zu belegen, erfolgt beispielhaft eine Berechnung für 80 nebeneinanderliegende Parkettriemen.

Berechnung der anzunehmenden Quellung

• angenommene Holzfeuchteänderung $\Delta_\omega = 2\,\%$ • differenzielles Schwindmaß $FASY_{tan} = 0{,}41\,\%/\%$
$b_\Delta = \dfrac{b_s \cdot \Delta_\omega \cdot q}{100\,\%}$ $\Leftrightarrow b_\Delta = \dfrac{56\text{ mm} \cdot 2\,\% \cdot 0{,}41\,\%/\%}{100\,\%} = \mathbf{0{,}46\text{ mm}}$ Bei 80 nebeneinanderliegenden Stäben (~ 4,5 m) würde sich rechnerisch eine tangentiale Breitenzunahme von insgesamt 36,8 mm **(≈ 3,7 cm)** ergeben.

3 Dichtschlagen der Fugen mit dem Holzhammer

Flächenberechnung für das Parkettholz

(floor area calculation of parquet wood)

Der Bedarf an Parkettholz richtet sich nach der Bodenfläche des Wohn-Ess-Raums (Abb. 1).

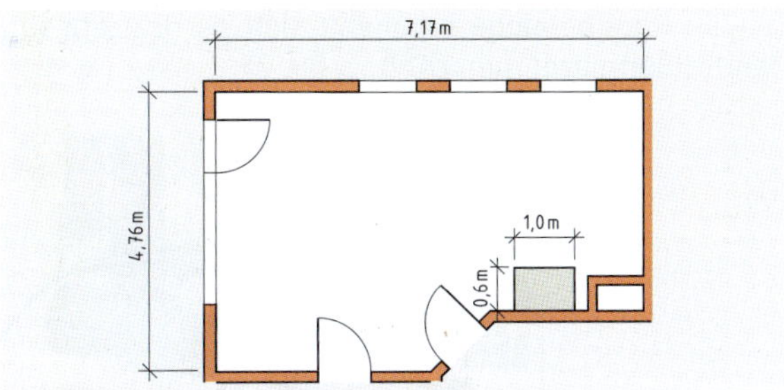

1 Bodenfläche des Wohn-Ess-Raums

Flächenberechnung für das Parkettholz

Bodenfläche A des Wohn-Ess-Raums lt. Zeichnung
$A = 7{,}17\text{ m} \cdot 3{,}76\text{ m} - 1\text{ m} \cdot 0{,}6\text{ m} + 3{,}61\text{ m} \cdot 1{,}88\text{ m} + \dfrac{1\text{ m}^2}{2}$ $\Leftrightarrow A = 27\text{ m}^2 - 0{,}6\text{ m}^2 + 6{,}8\text{ m}^2 + 0{,}5\text{ m}^2 = \mathbf{33{,}7\text{ m}^2}$
Bei einem Verschnittzuschlag von 3 % ergibt sich eine Fläche von ≈ **35 m²**.

Verlegen der Parkettriemen

Mithilfe von **Abstandhaltern** wird der Abstand von ca. 2 cm zur Wand gewährleistet (Abb. 2).

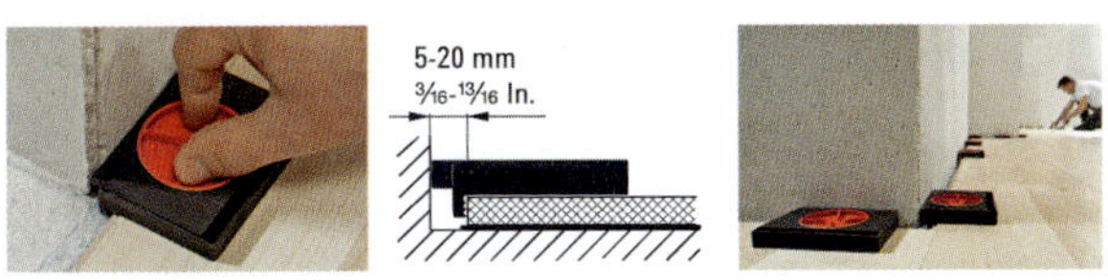

2 Wandabstandhalter

Um die notwendige **Fugendichtheit** der einzelnen Parkettriemen zu erreichen, werden sie mithilfe eines Holzhammers (Abb. 3) und eines Zuführbretts leicht dichtgeschlagen. An den Wandseiten können die Parkettriemen mit einem Zugeisen (Abb. 4) durch Hebelwirkung ineinandergeschoben werden.

4 Einfügen der Parkettriemen mit dem Zugeisen

Der Übergang zur Tür oder den Fliesen der Küche kann mit einer Schwellenschiene oder mit Korkstreifen (Abb. 5) überbrückt werden.

5 Überbrückung zu den Fliesen aus Korkstreifen

4.6.4 Schleifen des Parkettbodens

Bevor die Lackierung aufgetragen werden kann, muss der Parkettboden geschliffen werden.

Dies erfolgt von grober Körnung P 40 abgestuft mit immer feineren bis P 100 [▶ GK 7.2.10] (Tab. 1).

Tab. 1 Schleifgänge und Schleifrichtung

Schleifgang	Körnung	Schleifrichtung
1.	40	diagonal zur Verlegerichtung
2.	80	quer zum ersten Schleifgang
3.	80	längs
4.	100	längs

Betriebsmitteleinsatz *(operating resources)*

Für die Schleifarbeiten kommen Parkett- und Handschleifmaschinen zum Einsatz (S. 32, Abb. 1, 4–7).

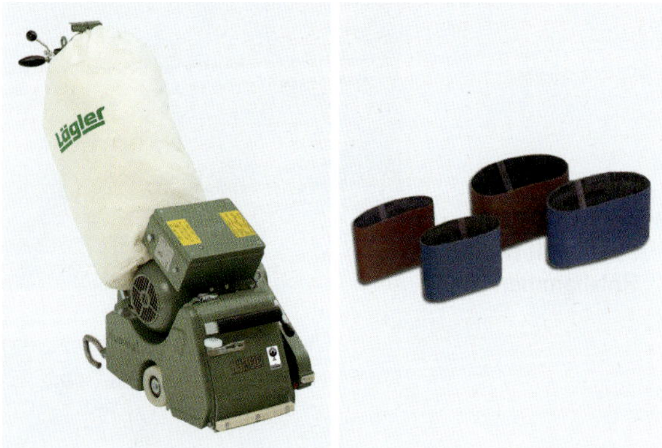

1 Parkettschleifmaschine mit verschiedenen Schleifbändern *(parquet sanding machine and various abrasive belts)*

Durch die **Schleifrichtung** *(sanding direction)* beim Erstschliff kann der optische Effekt beeinflusst werden.

Bei längs laufendem Stabparkett wird zunächst diagonal geschliffen. Die letzten beiden Schleifrichtungen verlaufen längs (Abb. 2).

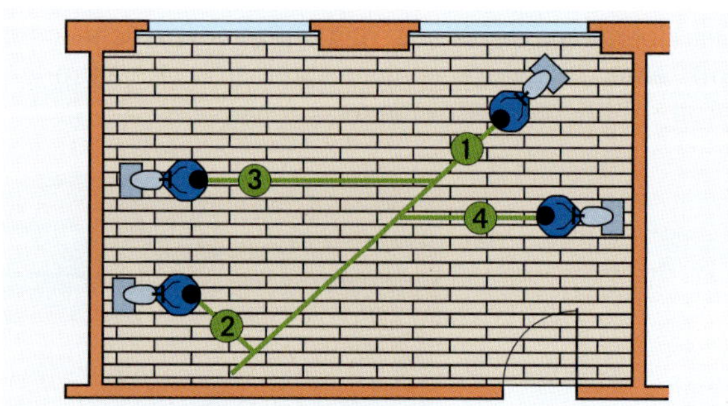

2 Schleifrichtungen bei Stabparkett

Die **Schleifspuren** *(sanding scratches)* zeigen sich bei Lichteinfall *(incidence of light)* besonders deutlich (Abb. 3). Dadurch lassen sich geschliffene Flächen sehr gut kontrollieren.

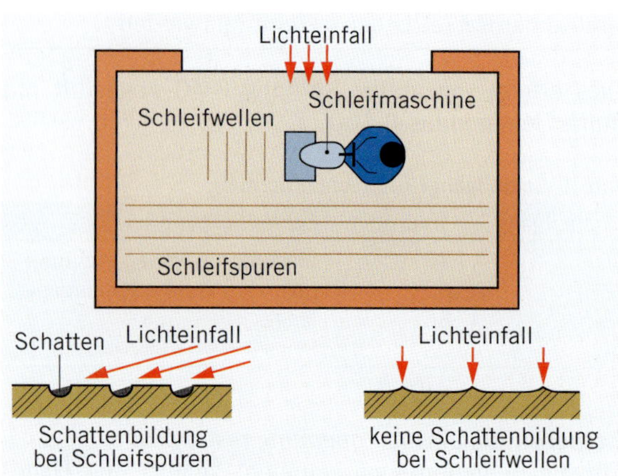

3 Schleifspuren und Lichteinfall

Schleifen *(sanding)* mit falscher Vorschubgeschwindigkeit oder mit stumpfen Schleifmitteln ergibt Brennspuren auf der Holzoberfläche.

Bei hohen Ansprüchen an die Oberfläche wird nach dem Feinschliff mit einer Schwingschleifmaschine bzw. mit einer Einscheibenschleifmaschine nachgeschliffen.

4 Einscheibenschleifmaschine

Für die **Randbereiche** empfiehlt sich der Einsatz von Handschleifmaschinen (Abb. 5 bis 7).

5 Schwingschleifer

6 Handscheibenschleifer

7 Ecken-Exzenterschleifer

Schleifstaub *(sanding dust)*
Um die Staubentwicklung zu begrenzen, wird während des Schleifens eine möglichst starke Absaugung eingesetzt (siehe auch Technische Regeln für Gefahrstoffe – Holzstaub TRGS 553).

Zudem schreibt die Berufsgenossenschaft Holz und Metall (BGHM) bei höheren Belastungen das Tragen einer Staubmaske vor.

Tab. 1 Staubabsaugung gemäß BGHM

Maschine	Anforderungen an Absaugtechnik
Handbandschleifmaschine	integrierte Absaugung mit Staubbeutel bei > $\frac{1}{2}$ Stunde pro Schicht Absaugung über Industriestaubsauger
Handscheibenschleifmaschine	
Schwingschleifmaschine (Rutscher)	
Exzenterschleifer	
Geeignet sind geprüfte Industriestaubsauger der **Staubklasse M**.	
Aus Brandschutz- und Explosionsschutzgründen müssen **Industriestaubsauger** mit einem Volumen von > 0,05 m^3 (50 Liter) und einer elektrischen Aufnahmeleistung von > 1,2 kW zündquellenfrei sein.	
Parkettschleifmaschinen dürfen trotz Absaugung max. 1 h betrieben werden, damit staubgemindertes Arbeiten vorliegt (bei längeren Arbeitszeiten ist Atemschutz zu tragen; gilt nicht für Parkettschleifmaschinen mit Prüfzeichen „holzstaubgeprüft").	

Atemschutz muss gemäß BGHM vom Arbeitgeber zur Verfügung gestellt werden, wenn die Konzentration von Holzstaub in der Luft mehr als 2 mg/m^3 beträgt; bei einer niedrigeren Konzentration nur auf Wunsch der Beschäftigten. Geeignet sind

- Halb-/Viertelmasken mit P2-Filter,
- partikelfiltrierende Halbmasken FFP2,
- Filtergeräte mit Gebläse TM1P oder mit Gebläse und Helm oder Haube TH2P.

Vorzuziehen sind jedoch **technische** und **organisatorische Maßnahmen** zur Staubminderung.

4.6.5 Ausgleichsarbeiten

Falls es bei der Parkettverlegung zu Fehlstellen, offenen Fugen oder Rissen gekommen ist, werden diese nach dem zweiten Schleifgang mithilfe einer Mischung aus Schleifstaub und Lösungsmittel nachbearbeitet (Abb. 1).

1 Füllen von Fehlstellen mit einem Spachtel nach dem zweiten Schleifgang

Nach den Ausgleichsarbeiten *(surface levelling works)* wird mit Körnung P 100 oder P 120 endgeschliffen.

4.6.6 Oberflächenbeschichtung

Beschichtungswerkstoff *(coating material)*
Der Hauseigentümer wünscht sich eine geschlossenporige und glänzende Oberfläche, die nur durch Versiegelung zu erzielen ist (Abb. 2). Für den gewählten PUR-Parkettsiegellack liegt ein Datenblatt vor (Abb. 3 und S. 34, Abb. 1).

2 Geölte und lackierte Fläche im Vergleich

WL-PUR-Parkettsiegel Technisches Datenblatt

Charakteristik

Festkörperreicher, geruchsarmer, wasserverdünnbarer 2K-Polyurethanlack mit sehr gut isolierender Wirkung auf inhaltsstoffreichen Hölzern (wie z. B. Teak, Wenge). Die Versiegelung ist schnell trocknend, extrem strapazierfähig, lichtecht, abriebfest, beständig gegen Trittspuren und haushaltsübliche Chemikalien.

Die speziell eingestellte milchig-weiße Dispersion trocknet nach dem Anstrich klar auf und ermöglicht eine hohe Anwendungssicherheit: Der Anwender sieht jederzeit, wo schon beschichtet wurde, ausgelassene Stellen und Gehspuren werden vermieden.

Für alle bekannten Holzarten geeignet. VOC Decopaint-konform.

Anwendungsgebiete

Für die Versiegelung von besonders beanspruchten Böden, z. B. in Schulen, Kindergärten, öffentlichen Gebäuden, Behörden, Gaststätten, Hotels, Arztpraxen, Wohnbereichen.

Verarbeitung/Applikation

Auftragsmethoden:	Rollen	Streichen
Auftragsmenge (g/m²):	100-120	100-120
Ergiebigkeit (m²/Liter):	8-10	8-10

Technische Daten

Mischungsverhältnis:	5:1 mit WL-PUR-Härter	
Topfzeit bei 20 °C:	6 Stunden	
Verdünnung:	20% reines Wasser	
Verarbeitungsviskosität:	~ 22 sek / DIN 4mm	
Viskosität:	~ 26 sek / DIN 4mm	
Dichte (g/cm³):	~ 1,035	
pH-Wert:	7,5	
DIN EN ISO 2813	glänzend	seidenmatt
Glanzgrad 60°-Winkel	~ 80 GE	~ 25 GE

Trocknung
(bei 20 °C und 50% relative Luftfeuchte)

staubtrocken:	30 Minuten
schleifbar:	5 Stunden
begehbar:	8 Stunden
belastbar:	14 Tage

Reinigung

Sofort nach der Verarbeitung Geräte mit reinem Wasser oder CLOU® WL-Reiniger (insbesondere für angetrocknete Rückstände) reinigen.

Lagerung/Entsorgung

In gut verschlossenen Originalgebinden kühl/frostfrei lagern. Lackreste müssen unter Beachtung der behördlichen Vorschriften einer Sonderbehandlung zugeführt werden. Empfohlene Abfallschlüssel-Nr. gemäß europäischem Abfallverzeichnis: 08 01 12 (eine endgültige Festlegung muss in Abstimmung mit dem regionalen Entsorger erfolgen). Ausgetrocknete Lackreste können als Hausmüll entsorgt werden. Haltbarkeit im verschlossenen Originalgebinde: mind. 24 Monate

Sicherheitshinweise

Nicht in das Grundwasser, in Gewässer oder in die Kanalisation gelangen lassen (WGK 1).

Auch bei der Verarbeitung schadstoffarmer Lacke sind die bei allen Lacken üblichen Schutzmaßnahmen einzuhalten.

WL-PUR-Härter und der mit Härter versetzte Lack enthalten Isocyanate, die Haut und Atemwege reizen, sensibilisieren oder allergische Reaktionen auslösen können. Während und nach dem Verarbeiten für ständige Frischluftzufuhr sorgen. Dämpfe nicht einatmen. Bei unzureichender Belüftung Atemschutzgerät anlegen. Allergiker und Personen, die zu Erkrankungen der Atemwege neigen, dürfen nicht für Arbeiten mit diesen Anstrichstoffen herangezogen werden.

Besondere Hinweise

VOC-WERT erfüllt EU-Norm

Der in der EU-Verordnung 2004/42 erlaubte maximale Gehalt an VOC (Produktkategorie IIA/j) ist im gebrauchs-fertigen Zustand 140 g/l (Limit 2010). Der maximale Gehalt von WL-Parkettsiegel 2K im gebrauchsfertigen Zustand ist 90 g/l VOC.

Prüfnormen

DIN 68861-1B (chemische Beanspruchung)
DIN 4102-B1 (Schwerentflammbarkeit) ist beantragt
DIN V 53160, Teil 1, Teil 2 (Speichel- und Schweißechtheit)
DIN EN 71, Teil 3 (für Spielzeug geeignet)

Bestellhinweise

Artikel-Nr.:

seidenmatt	9650.00000
WL-PUR-Härter	9609.00000
WL-Reiniger	9410.19432

3 Datenblatt für den PUR-Parkettsiegellack

WL-PUR-Parkettsiegel

Verarbeitungsanweisung

Vorbehandlung

Rohe Holzoberflächen abgestuft mit Körnung 150-180 schleifen und entstauben. Die Flächen müssen frei von Öl, Wachs, Fett oder anderen Verunreinigungen sein. Harzhaltige Hölzer vor dem Beizen mit CLOU® Entharzer Nr. 499 entharzen.

Beizen

Als Beizen sind besonders CLOU® Universal-Holzbeizen (UHB) geeignet. Die mit UHB gebeizten Flächen können sowohl im Streich- als auch im Spritzverfahren überzogen werden. Alle anderen Beizen können nur im Spritzverfahren überzogen werden, da sonst der Beizeffekt verwischt wird. Wachsbeize darf generell nicht ablackiert werden.

Verarbeitung/Applikation
(Objekttemperatur > 15 °C, Holzfeuchte 8–12 %)

Vor Gebrauch gut aufschütteln oder aufrühren.

Den Härter intensiv einarbeiten. Kleinere Mengen bis zu 2 Litern von Hand einrühren bei größeren Mengen ein Rühraggregat (Bohrmaschine mit Aufsatz) verwenden.

Die verarbeitungsfähige Einstellung erfolgt durch Zugabe von 20% Wasser auf den gehärteten Lack (ebenfalls unter Rühren zugeben).

Achtung: Eine Erhöhung der Raumtemperatur verkürzt die Verarbeitungszeit. Beispiel: Bei einer Raumtemperaturvon 30°C beträgt die Topfzeit nur noch 3 Stunden.

Mit einer microfaserbezogenen Versiegelungsrolle die vorbereitete Oberfläche mit WL-PUR-Parkettsiegel 1x grundieren. Nach dem Zwischenschliff entstauben und anschließend die 2. Lackierung aufbringen. Für geschlossenporige Aufbauten ggf. 3. Auftrag nach Trocknung über Nacht und einem Zwischenschliff durchführen.

Trocknung
(bei 20 °C und 50% relative Luftfeuchte)

Nach einer Trocknungszeit von ca. 5 Stunden (in der Regel Trocknung über Nacht) vor dem zweiten Auftrag sorgfältig mit Körnung 240 zwischenschleifen.

Hohe Auftragsmenge und Luftfeuchtigkeit beeinträchtigen die Trocknung. Durch Luftzirkulation (0,5–1,5 m/min.) und Temperaturerhöhung kann die Trocknung verkürzt werden.

Die behandelte Fläche kann nach ca. 8 Stunden vorsichtig betreten werden. Volle Beanspruchung und das Verlegen von Teppichen ist nach 14 Tagen möglich.

Besondere Hinweise

Zur Verarbeitung nur korrosionsbeständige (rostfreie) Werkzeuge und Gefäße verwenden (z. B. Edelstahl oder Kunststoff).

Lack-, Untergrund- und Umgebungstemperatur dürfen nicht unter 15 °C liegen (Gefahr von Blasenbildung).

Gebinde stets verschlossen halten. Inhalt vor Austrocknung schützen (Hautbildung). Vorsicht, dass beim Öffnen des Gebindes keine verkrusteten Lack-Rückstände in den Lack gelangen. Hautfetzen oder Verkrustungen sind unlöslich und nur durch Absieben (z. B. durch Nylongewebe) entfernbar.

Auf eine ausreichende Gesamtschichtstärke achten, um eine einwandfreie Strapazierfähigkeit zu gewährleisten.

Zur Beurteilung des Lacksystems unter Praxisbedingungen wird das Anlegen einer Probefläche empfohlen.

Bei Verwendung von furnierten Flächen oder Massivholz: Europäische wie auch überseeische Hölzer können mit WL-PUR-Parkettsiegel versiegelt werden.

Der Lack zeichnet sich vor allem durch seine sehr gut isolierende Eigenschaft auf inhaltsstoffreichen Hölzern (z.B. Teak oder Wenge) aus.

Pflegehinweise

Die Flächen nur nebelfeucht – niemals nass – reinigen, um schädlichen Feuchtigkeitseinfluss an Fugen oder Stoßkanten zu vermeiden.

Für die Reinigung und Pflege von Fußböden, Parkett oder Treppen ist die CLOU Pflegeanweisung gemäß DIN 18356 zu beachten.

Diese Information soll und kann nur unverbindlich beraten. Sie basiert auf unseren Versuchsreihen und Erfahrungen. Die Verfahrensangaben müssen gegebenenfalls den Arbeitsverhältnissen angepasst werden.
Alle bisherigen Technischen Merkblätter verlieren hiermit ihre Gültigkeit.

1 Datenblatt – Verarbeitungsanweisung

Versiegelung *(sealing)*
Um qualitativ hochwertige Flächen herzustellen, kommt es beim Lackieren im Wesentlichen auf das Ansetzen der Lackmischung an. Die einzelnen zu mischenden Anteile sind auf den Lackbehältern angegeben. Umfangreichere Informationen enthält das Datenblatt des jeweiligen Lacks.

Für die anschließenden Versiegelungsarbeiten eignet sich eine Schwammrolle *(foam paint roller)* zum Auftragen.

Berechnung der Lackmengen
(calculation of required amount of varnish)
Die Parkettfläche (Wohn-Ess-Bereich) beträgt 35 m².

Folgende Angaben sind dem technischen Datenblatt zu entnehmen:

• Auftragsmethode: Rollen • Auftragsmenge: 110 g/m² • Ergiebigkeit: 9 m²/l	• 100 Teile Parkettlack • 20 Teile Härter • 20 % Wasser

Benötigte Auftragsmenge je Lackiergang:
110 g/m² × 35 m² = 3850 g
= 3,85 kg ≙ 3,85 l

Bestandteil	Anteil	Menge
Wasser	20 %	0,77 l
	1 Teil	0,02567 l
Härter	20 Teile	0,513 l
Lack	100 Teile	2,567 l
	gesamt	3,854 l

Für einen geschlossenporigen Lackaufbau sind nach dem vorliegenden Datenblatt mindestens drei Lackaufträge notwendig.

Aus diesem Grund werden insgesamt 3 × 3,85 kg = 11,55 kg ≙ 11,55 l Lack benötigt. Aufgerundet wird mit 12 l Lack gerechnet.

Lackauftrag
Nach dem Ansetzen der Lackmischung für den ersten Lackauftrag *(lacquering)* kann mit dem Auftragen des Lacks begonnen werden (Abb. 2).

Arbeitsschritte Lackauftrag:
- Bodenfläche reinigen.
- Lackmenge berechnen (Mischungsverhältnis und Topfzeit einhalten).
- Vom Fenster zur Tür hin arbeiten.
- Möglichst erst quer, dann längs rollen.
- Überlappend rollen.
- Trocknungszeit ca. 4 h.
- Nach 24 h begehbar.
- Zwischenschliff mit 150er Körnung.
- 2. Lackschicht.
- Zwischenschliff (nur leicht anschleifen mit Körnung P 150).
- 3. Lackschicht (für geschlossenporige Oberfläche).

2 Aufbringen des Lacks mithilfe einer Rolle

4.6.7 Anbringen der Fußleisten

Nach der ausreichenden letzten Trocknungszeit erfolgt das Anbringen der Fußleisten *(attaching skirting boards)*.

Der Hauseigentümer möchte die Kabel für die Lautsprecherboxen in den Raumecken verdecken lassen. Als Lösung werden ihm dafür speziell geformte Fußleisten (Abb. 1) vorgeschlagen, in denen die Kabel verdeckt geführt werden.

1 Fußleiste für verdeckte Kabelführung

Tab. 1 Benötigte Längen an Fußleisten

Länge in mm		Höhe in mm	Dicke in mm
	7200	45	20
	4800		
	3800		
(Tür durchgemessen)	3650		
	1600		
(Tür durchgemessen)	1500		
	1000		
	600		
Σ 241,5 m			

Die **Abnahme** des Parkettbodens erfolgt abschließend schriftlich durch den Hauseigentümer.

4.6.8 Entsorgung *(disposal of waste)*

Nach der Gewerbeabfallverordnung (GewAbfV) können Erzeuger und Besitzer von **gewerblichen Siedlungsabfällen**, wenn ihnen aufgrund der geringen Menge eine Verwertung wirtschaftlich nicht zumutbar ist, diese gemeinsam mit privaten Hausabfällen entsorgen.

Aufgaben zu 4

1. Berechnen Sie alternativ zum Lagervolumen des Parkettholzes das Lagervolumen bei einem Laminatboden.
2. Der Wohn-Ess-Raum ist für die Lagerung der Parketthölzer nicht nutzbar. Wo könnten die Parketthölzer alternativ gelagert werden?
3. Die Haustür wird ebenfalls erneuert. Auf welche Fragen seitens des Hauseigentümers müssen Sie sich bei dem Besichtigungstermin vor Ort einstellen?
4. Welche Raumwirkung würden Sie erzielen, wenn die Deckenlaufrichtung längs erfolgen würde? Weisen Sie dies mithilfe einer perspektivischen Zeichnung nach.
5. Wie würde sich die Raumwirkung ändern, wenn Sie für den Parkettboden Walnussholz verwenden? Fertigen Sie dazu Entwurfsskizzen an.
6. Bis zu welcher Last in kg darf der gewählte Deckendübel belastet werden?
7. Das Datenblatt zum Fließestrich gibt an: Materialverbrauch je 1 cm Estrichdicke: ca. 19 kg/m^2 Lieferform: 40-kg-Sack Wie viel 40-kg-Säcke nehmen Sie zum Montageort mit, wenn Sie mit einer Schichtdicke von 2 cm und einer Fläche von 56 m^2 rechnen?
8. Aus welchem Grund soll rings um den Fußboden ein Randdämmstreifen angebracht werden?
9. Im Datenblatt werden verschiedene Estricharten genannt. Wie unterscheiden sich Verbundestrich, Estrich auf Trennschicht, schwimmender Estrich und Heizestrich?
10. Wie viele Pakete Parkettholz müssen bestellt werden, wenn die Fläche 56 m^2 beträgt und für 50 dm^2 mit einem Paket gerechnet wird?
11. Berechnen Sie zum Vergleich das absolute Schwindmaß für Eichenparkett (vgl. S. 31).
12. Um den Hauseigentümer bzgl. der Oberflächenbeschichtung besser und schneller beraten zu können, stellen Sie die Vor- und Nachteile von Ölen und Versiegeln eines Parkettbodens in tabellarischer Form gegenüber.
13. Für einen alternativen Lack soll das Lackgebinde laut Datenblatt 5 : 1 betragen. Außerdem sollen 15 % Wasser zugesetzt werden. Es werden 4,5 l für den ersten Lackiergang benötigt. Wie viel kg Härter sind für den 1. Lackiergang hinzuzugeben?
14. Wie viel Lackaufträge werden für eine geschlossenporige Oberfläche benötigt?
15. Erklären Sie den Begriff „Viskosität".
16. Wann ist die volle Belastbarkeit des Parkettbodens erreicht (siehe Datenblatt)?
17. Beschreiben Sie detailliert die Veränderungen der Oberflächenstruktur, die durch das Versiegeln entstehen.

English Tasks

18. Which wood moisture content must the parquet have (according to the data sheet) before finishing?
19. How much time is there for applying the prepared varnish mixture?
20. Draw a layout plan and write a cut list for a lenghtwise ceiling panelling.
21. Make a list of the necessary tools for the installation team for the ceiling installation and laying the parquet flooring.

5 Projekt Wandsystem in Trockenbauweise

(dry construction wall system)

5.1 Auftragsbeschreibung

Nach den Vorgaben eines Architekten soll ein Raum für die zentrale Anmeldung eines Dienstleistungsunternehmens von einem Flurbereich abgetrennt werden (Abb. 1).

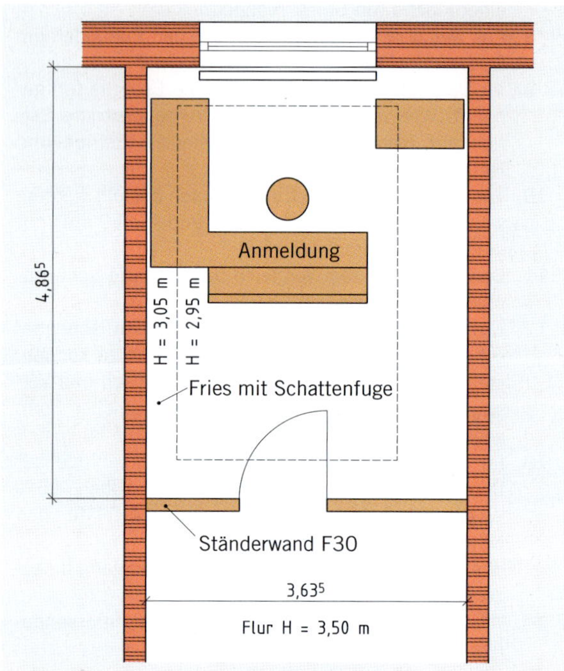

1 Bauzeichnung zur neuen Anmeldung

Der Auftrag umfasst die Errichtung einer nicht tragenden **Montagewand** [▶ 7.4.2] mit Öffnung für eine Tür. Um auch vertrauliche Gespräche in dem neu entstandenen Raum führen zu können, werden neben dem Brandschutz besondere Anforderungen an den **Schallschutz** gestellt. Als Folgeauftrag ist ein abgehängtes Deckensystem mit Randfries geplant.

Vorgaben laut Leistungsverzeichnis *(bill of quantities)*:
- nicht tragende Montagewand, Ständerbauweise, F 30, Schalldämmmaß $R_{w,R}$ 52 dB, Wanddicke 100 mm,
- Umfassungszarge mit Öffnungsmaß 1,01/2,26 m,
- Anschlussausbildung an Rohbaudecke, Estrich und Mauerwerkswände,
- Oberflächenqualität Q4,
- Vertragsgrundlage ist die VOB (Vergabe- und Vertragsordnung für Bauleistungen),
- Beschichtung der Trennwand mit Dispersionsfarbe, glänzend nach DIN EN 13300.

5.2 Auftragserfassung

Zur Erfassung des Auftrags werden die zu erarbeitenden Themengebiete *(topics)* übersichtlich mithilfe einer „Mindmap“ dargestellt [▶ GK 3] (Abb. 2).

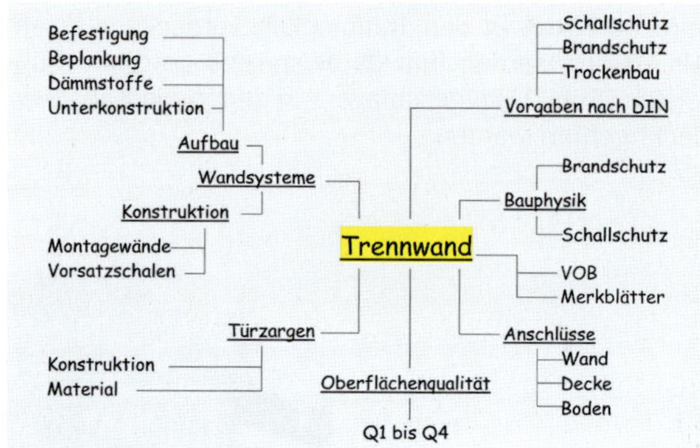

2 Mögliche Themenübersicht auf einer Mindmap

5.3 Planung

Als erster Planungsschritt werden Informationen zu Wandsystemen **„leichte Trennwände“** in Trockenbauweise gesammelt, z. B. zu bauphysikalischen Werten, DIN-Normen, VOB Teil C ATV DIN 18340, IGG Merkblatt 2.

Zu den folgenden Themen werden arbeitsteilig arbeitende Teams [▶ GK 3] gebildet, die ihre Ergebnisse in Form von Text und Vortrag vorstellen.

Themenbereich Unterkonstruktion

Für die Unterkonstruktion *(underlayment)* der Montagewand können **Kanthölzer** oder **Stahlblechprofile** in unterschiedlicher Ausführung [▶ 7.4.5] und Abmessung verwendet werden.

Ausschlaggebend für die Wahl der Profile sind
- Wandhöhe *(height of wall)*,
- Beplankung *(panelling)* und
- zu erreichende Anforderungen *(requirements to be achieved)*.

Themenbereich Beplankung

Für die Beplankung *(panelling)* der Montagewand stehen folgende Plattenwerkstoffe zur Verfügung:
- gipsgebundene Bauplatten *(gypsum wallboards)*:
  - Gipsplatten,
  - Gipsfaserplatten;
- Holzwerkstoffplatten *(wood-based panels)*:
  - OSB-Platten,
  - Span- oder Faserplatten.

Gipsplatten [▶ 7.4.7] (z. B. Typ A, DIN EN 520 bzw. GKB, DIN 18180) werden am meisten verarbeitet und sind besonders im Brandschutz [▶ 11] von Bedeutung.

Holzwerkstoffplatten werden durch ihren Preis und die aufwendigere Bearbeitung im Trockenbau seltener eingesetzt. Zudem ist ihre Einsatzmöglichkeit wegen ihrer Brennbarkeit und Empfindlichkeit gegenüber Feuchtigkeit einschränkt (Tab. 1).

Tab. 1 Plattenwerkstoffe im Trockenbau

Plattenwerkstoffe im Trockenbau	Einsatzbereiche	
	Brandschutz*	Schallschutz
Gipsplatten	A2 s1,d0 (A2)	gut geeignet
Holzwerkstoffplatten, kunstharzgebunden	D s2,d0 (B2) ab 600 kg/m³, 9 mm Dicke	geeignet

* Brandschutz: Euroklasse DIN EN 13501 (Baustoffklasse DIN 4102)

Themenbereich Dämmstoffe

Anforderungen an den Schall- und Brandschutz können Montagewände meist nur durch die Verwendung geeigneter Dämmstoffe *(insulating material)* [▶ 7.4.10] erfüllen. Diese sind i.d.R. nach DIN EN 13162 bis 13171 genormt. Nicht genormte Dämmstoffe müssen bei Schall- und Brandschutzanforderungen bauaufsichtlich zugelassen sein.

Bezogen auf den
- **Schallschutz** *(sound proofing)* [▶ 10] von Montagewänden weisen mineralische und organische Faserdämmstoffe sehr gute Eigenschaften auf,
- **Brandschutz** *(fire protection)* [▶ 11] werden lt. Euroklassen
  - mineralische Dämmstoffe *(mineral insulating material)* als nicht brennbar *(non-flammable)* (A1/A2-s1,d0) eingeordnet,
  - organische Dämmstoffe als schwer bis normal entflammbar (C/E) eingestuft.

Bei Anforderungen an die **Feuerwiderstandsklasse** einer Konstruktion werden meist Dämmstoffe der Baustoffklasse A lt. DIN 4102 **(F30-A)** gefordert.

Themenbereich Verbindungsmittel

Als Verbindungsmittel *(fastening devices)* der Elemente der Unterkonstruktion und der Beplankung [▶ 7.4.11] werden eingesetzt:
- Schnellbauschrauben *(drywall screws)* für die Verbindung von Plattenwerkstoffen an Metallprofilen,
- Klemmprofile *(clamping profiles)* zur Verbindung von Platten mit fertiger Oberfläche, u.a. bei umsetzbaren Trennwänden,
- Blechschrauben, Blindnieten *(tapping screws and aluminium blind rivetings)* und Stanzzange zur Verbindung der Metallprofile.

Dichtungsbänder *(sealing tapes)* oder **-stoffe** zur Ausbildung elastischer Anschlüsse werden entsprechend den Anforderungen bestimmt.

5.4 Entscheidungen über Konstruktionen und Werkstoffe

Um die Schallschutz- und Brandschutzanforderungen bei den geplanten Wanddicken zu erfüllen, wird eine **Metallständerwand** gewählt.

Für die Montagezeichnungen *(assembly drawings)* wird im Zusammenhang mit der Werkstoffwahl der **Wandaufbau** [▶ 7.4.2] (Abb. 1) entschieden.

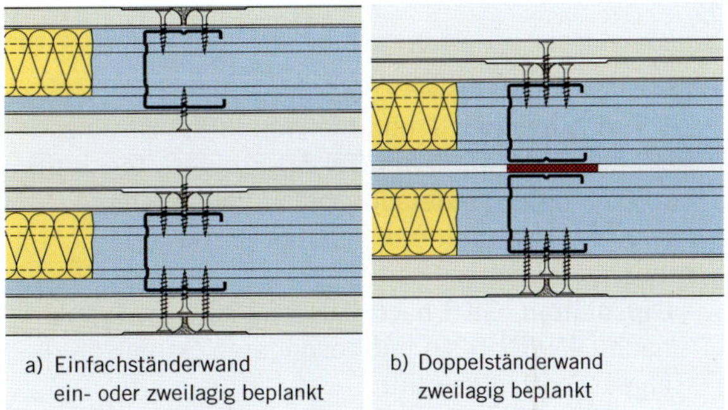

1 Ausführungen von Stahlständerwänden

Die Ausführungen der Wand werden durch folgende **Anforderungen** bestimmt [▶ 7.4.5]:
- die zulässige Wandhöhe *(height of wall)*,
- das erforderliche Schalldämmmaß *(degree of sound absorbing)* und
- die Feuerwiderstandsklasse *(fire-resistance class)*.

Bezogen auf die zulässige Wandhöhe ist zu entscheiden, ob der Einbaubereich 1 oder 2 nach DIN 18183 zugrunde gelegt werden muss.

Wegen der Wandhöhe werden die Anforderungen für **Einbaubereich 1** [▶ 7.4.5] zugrunde gelegt.

Von den Herstellern werden unterschiedliche **Montagewandsysteme** angeboten, die auf das jeweilige Anforderungsprofil *(profile of requirements)* zugeschnitten sind und über die notwendigen Prüfzeugnisse *(test certificates)* verfügen.

Im Internet werden dazu detaillierte Angaben verschiedener Hersteller verglichen.

In diesem Zusammenhang ist die Eignung als komplettes **Wandsystem** entscheidend und nicht die Eignung der Einzelkomponente.

5.4.1 Werkstoffe

Für die Auswahl geeigneter Werkstoffe *(materials)* zum Wandsystem wird eine Checkliste erstellt (S. 38, Tab. 1).

Tab. 1 Beispiel einer Checkliste

	Checks	Kundenauftrag
1.	Wandhöhe	3,50 m
2.	Einbaubereich	Einbaubereich 1
3.	Wanddicke	100 mm
4.	Öffnungen	Tür 1010/2260
5.	Installationen	ggf. Lichtschalter
6.	Konsollasten	keine
7.	Feuerwiderstand	F 30
8.	Schalldämmmaß	$R_{w,R}$ 52 dB
9.	Oberfläche	Q4

Ergebnisse nach Auswertung:

- Für Einbaubereich 1 und die Wandhöhe ist eine **Einfachständerwand** mit **CW-50**-Profilen (0,6 mm) und 625 mm Ständerachsabstand ausreichend.
- Aufgrund der Anforderungen des Brand- und Schallschutzes werden
  - **Gipsplatten** (GKB nach DIN 18180 bzw. Typ A nach DIN EN 520) mit besonderen Schallschutzeigenschaften gewählt,
  - die Einfachständer für die Anforderungen des Auftrags (F 30, $R_{w,R}$ 52 dB) **zweilagig** beplankt.
- Die Verbindung der Gipsplatten erfolgt mit **Schnellbauschrauben**, die das Metallprofil um mindestens 10 mm durchstoßen, also
  - 25 mm für die erste Plattenblindlage,
  - 35 mm für die zweite Plattendecklage.

  Zur Verbindung der Profile an die massiven Bauteile werden **Drehstiftdübel** eingesetzt.
- Als Dämmstoff wird **Mineralwolle** eingesetzt, da sie als nicht brennbarer Baustoff klassifiziert ist.

Bei dem gewählten Wandaufbau *(chosen wall structure)* wird die geforderte Wanddicke *(demanded wall thickness)* von 100 mm erreicht.

5.4.2 Unterkonstruktion

Die Unterkonstruktion wird nach Prüfung der baulichen Gegebenheiten sowie der Abmessungen am Bau und des Nullpunkts OFF wie folgt entworfen.

Unterkonstruktion – Grundlagen:

- Höhe der Trennwand: 3500 mm
- Einfachständerwand mit CW-50-Profilen
- Breite der Trennwand: 3635 mm
- Abstand der Ständer 625 mm (geringere Abstände bei größeren Höhen)
- Türöffnung: 1010/2260 mm

Plattenstöße werden oberhalb der Türöffnung durch Verwendung von 2 Ständerprofilen versetzt ausgeführt (Mindestversatz zur Türöffnung 150 mm).

5.4.3 Montagezeichnungen *(assembly drawings)*

Zur Veranschaulichung der unterschiedlichen Maße und der Grundkonstruktion wird eine Handskizze *(freehand sketch)* mit den am Bau genommenen Aufmaßen angefertigt (Abb. 1).

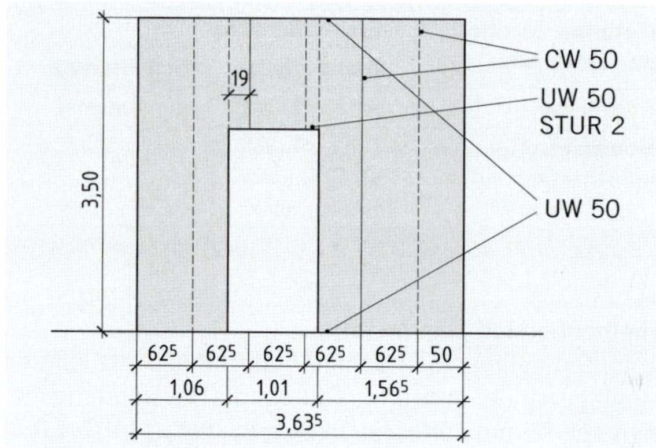

1 Skizze der Unterkonstruktion

Nach der Werkstoffentscheidung und der Festlegung der Abmessungen können **Montagepläne** *(assembly plans)* für die Metallständerwand erstellt werden.

Mithilfe von CAD werden maßstabsgetreue *(true-to-scale)* technische Zeichnungen *(technical drawings)* **[▶ GK TZ]** mit Maßangaben erstellt.

Die Unterkonstruktion wird in der Ansicht *(main view)* und im Horizontalschnitt *(horizontal cutting)* gezeichnet (Abb. 2 und 3).

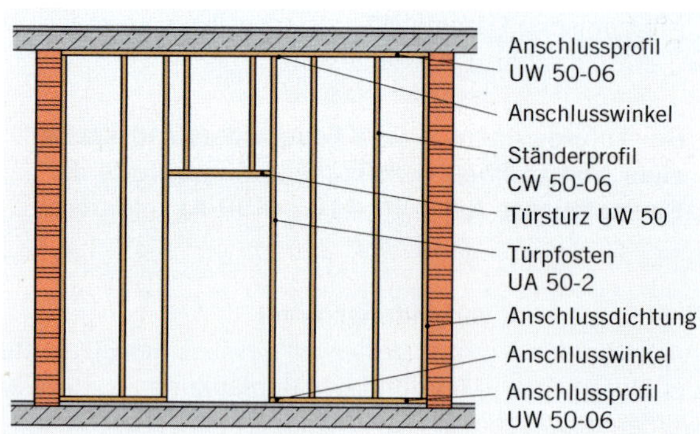

2 Ansicht der Unterkonstruktion

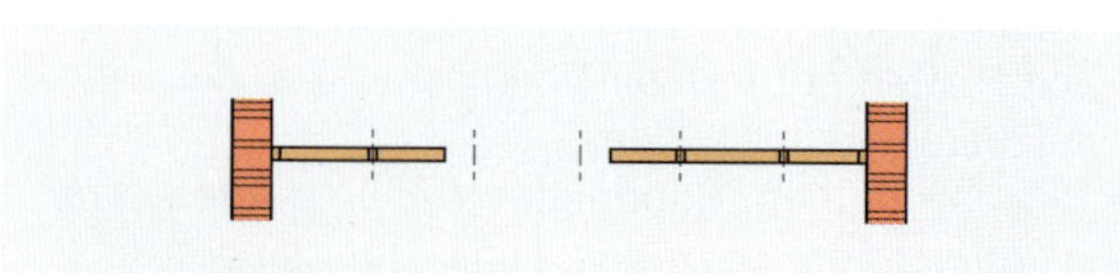

3 Grundriss der Unterkonstruktion

Für die Beplankung wird ein Verlegeplan *(laying plan)* (S. 39, Abb. 1) erstellt.

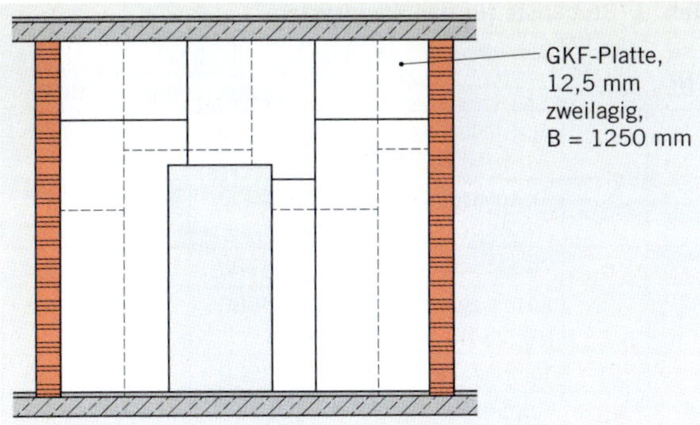

1 Beplankungsplan für die Gipsplatten

Bei der Beplankung ist zu beachten:
- Die senkrechten Stoßfugen der gegenüberliegenden Platten müssen versetzt angeordnet werden (Abb. 2).

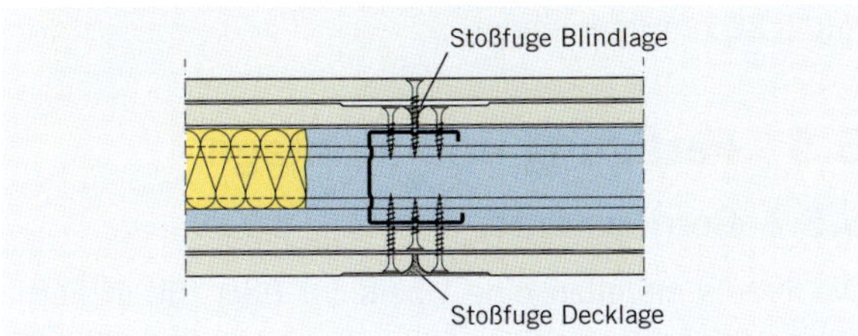

2 Ausführung der Stoßfugen bei zweilagigen Gipsplatten

- Es sollten raumhohe Platten verarbeitet werden. Ist dies aufgrund der Höhe nicht möglich, können auch horizontale Fugen im oberen Wandbereich versetzt (400 mm) angeordnet werden.
- Bei zweilagigen Gipsplatten müssen die Fugen um ca. 250 mm versetzt angeordnet werden.
- Die Plattenstreifen sollten ein Mindestmaß von 500 mm Breite nicht unterschreiten.

5.4.4 Montagewandanschlüsse

Anschluss Decke/Montagewand

(connection of ceiling-to-mounting wall)

Der Wand-Decken-Anschluss (Abb. 3) wird an der Rohdecke ausgeführt. Da keine erhöhte Durchbiegung der Decken zu erwarten ist, wird ein **starrer Anschluss** gewählt.
Um einen dichten Anschluss zu erhalten, wird eine **Anschlussdichtung** angeordnet und die Fugen werden mit **Fugenfüller** abgedichtet.

Anschluss Fußboden/Montagewand

(connection of floor-to-mounting wall)

Der Wand-Fußboden-Anschluss (Abb. 4) wird am Estrich ausgeführt. Eine **Trennfuge** im Estrich verbessert den Schallschutz, wenn eine Montage auf der Rohdecke ausscheidet.

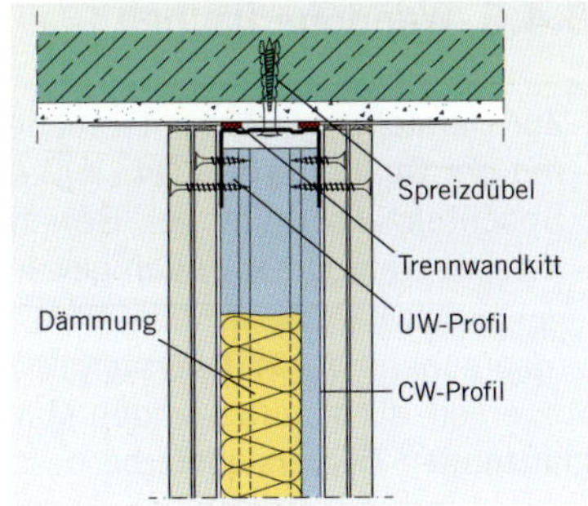

3 Deckenanschluss

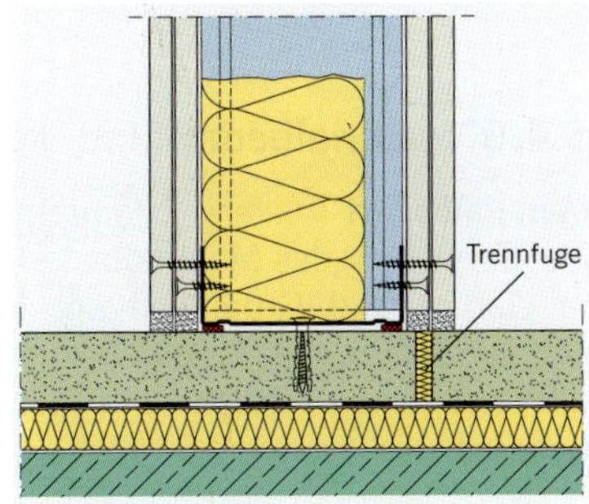

4 Fußboden-anschluss

Anschluss Mauerwerk/Montagewand

(connection of masonry-to-mounting wall)

Der Anschluss an massives Mauerwerk erfolgt **starr** oder **gleitend** mit Schattenfuge (Abb. 5).

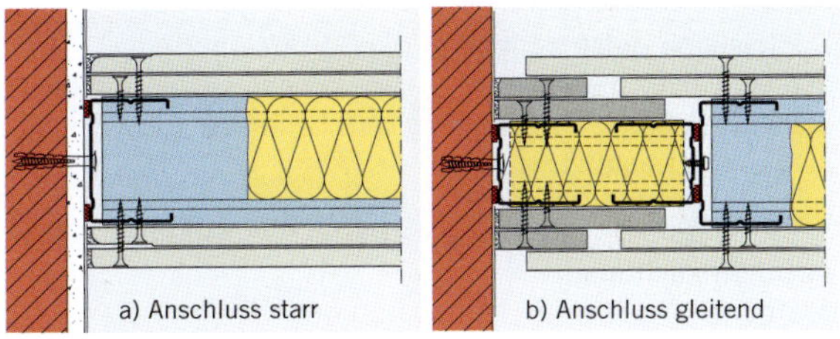

5 Wandanschluss

Schattenfugen führen bez. auf den Schall- und Brandschutz [▶ 10 und 11] zu **Schwachstellen.**

Anschluss Türzarge/Montagewand

(connection of door frame-to-mounting wall)

Die Verbindung der Umfassungszarge aus Stahl [▶ 7.5.4] (Abb. 6) erfolgt an den Türpfosten (Aussteifungsprofil UA 50 [▶ 7.4.5]) mit Anschlusswinkeln an Fußboden, Decke und Türsturz.

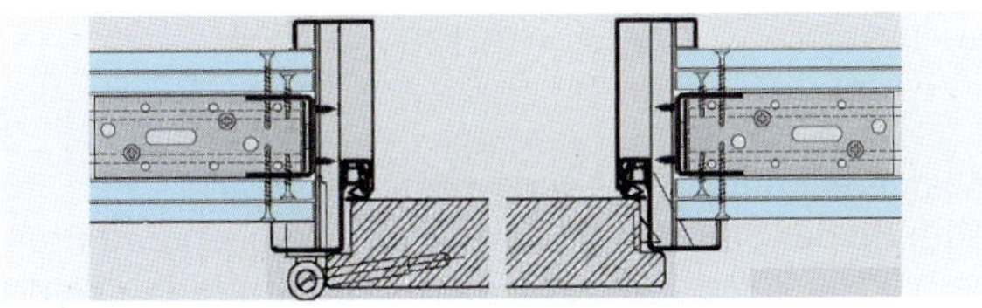

6 Anschluss Wandöffnung mit Türzarge

5.4.5 Wandoberflächen *(wall surfaces)*

Zur Herstellung einer entsprechenden Oberfläche mit der **Qualitätsstufe Q4** [▶ 7.4.7] werden Spachtelmassen und ggf. Bewehrungsstreifen zur Verspachtelung der Fugen gewählt.

Entsprechend der Auftragsvorgabe wird die Trennwand von einem zu beauftragenden Malereibetrieb mit einer **glänzenden Dispersionsfarbe** beschichtet. Für die Beschichtung mit einer glänzenden Dispersionsfarbe ist mindestens die Oberflächenqualität Q3 erforderlich.

5.4.6 Materialbedarf und -kosten

Materialbedarf *(material requirement)*
Zur Ermittlung des Materialbedarfs wird eine Stückliste (Tab. 1) auf Grundlage der Montagezeichnungen erstellt. Die Angaben schließen den Verschnitt ein, da die verfügbaren Platten- und Profilgrößen berücksichtigt sind.

Ergänzend zur Stückliste wird der Mengenbedarf an Dichtungsband *(sealing strip)*, Verbindungsmitteln *(fastening devices)* und Fugenspachtel *(joint filler)* ermittelt:

Berechnung: Bedarf an Verbindungsmitteln und Fugenspachtel

Die folgende Aufstellung zeigt die Bedarfsermittlung anhand vorgegebener Werte pro m² bei einer zweilagig beplankten Wand. Die Türöffnung wird bei dieser Berechnung nicht berücksichtigt.

Wandfläche 3,635 m · 3,5 m = **12,72 m²**

Anschlussdichtung:
1,2 m/m²
⇒ 1,2 m/m² · 12,72 m² = 15,26 m ⇒ **16 m**

Schnellbauschrauben:
25 mm, 13 Stk./m²
⇒ 13 Stk./m² · 12,72 m² = 165,36 ⇒ **166 Stück**
35 mm, 29 h/m²
⇒ 29 Stk./m² · 12,72 m² = 368,88 Stk. ⇒ **369 Stück**

Drehstiftdübel:
1,6 Stk./m²
⇒ 1,6 Stk./m² · 12,72 m² = 20,35 Stk. ⇒ **21 Stück**

Anschlusswinkel für Türzarge:
Montageset mit Verbindungsmitteln ⇒ **4 Stück**

Fugenspachtel:
0,8 kg/m²
⇒ 0,8 kg/m² · 12,72 m² = 10,176 kg ≈ **11 kg**

Kostenrechnung *(cost accounting)*
Mithilfe der Stückliste können Plattengrößen und Preise bei Herstellern und Händlern erfragt und die Werkstoffkosten ermittelt werden.

Tab. 1 Stückliste für das Wandsystem

lfd. Nr.	Stück	Bezeichnung	Maße in mm		
			Länge	Breite	Dicke
1	10	Gipsplatte Typ A (GKB), HRAK	2750	1250	12,5
2	9	Gipsplatte Typ A (GKB), HRAK	2000	1250	12,5
3	6	Wandprofil CW 50-06	4000	50	0,6
4	2	Anschlussprofil UW 50-06	4000	50	0,6
5	1	Türsturz UW 50-06	2000	50	0,6
6	2	Türpfosten UA 50-2	3500	50	2
7	6	Mineralwolle	3500	635	40
8	1	Türstahlzarge	2260	1010	100

Der **Zeitbedarf** *(time required)* lässt sich über eine Leistungswerttabelle ermitteln. Für eine Einfachständerwand mit Mineralwolle, zweilagig beplankt, wird mit 1,20 h/m² gerechnet.

5.5 Fertigung und Montage

5.5.1 Betriebsmittel *(operating equipment)*

Die Teams erstellen eine Übersicht über die in Fertigung *(production)* und Montage *(assembly)* im Trockenbau eingesetzten Maschinen und Werkzeuge.

Die Metallprofile werden maschinell mit der **Kappkreissäge** [▶ GK 8.5.4], alternativ mit einer **Blechschere** oder **Metallsäge** [▶ GK 15.10.1 und GK 15.10.3] zugeschnitten.

Beim Zuschneiden der Metallprofile an der **Kappkreissäge** ist zu beachten:
- Schutzbrille und Gehörschutz tragen,
- Kreissägeblätter mit negativem Spanwinkel verwenden,
- Profile eng auf dem Maschinentisch und an den Anschlag legen.

Mit einer **Profilverbundzange** („Crimperzange“ *(crimping pliers)*, Abb. 1), einer Stanzzange, werden die Metallprofile durch plastische Verformung („Vercrimpern“) miteinander verbunden.

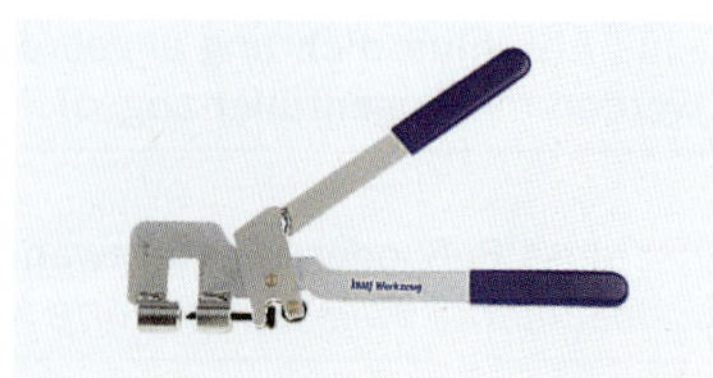
1 Crimperzange

Eine weitere Möglichkeit ist, die Profile mithilfe einer **Handnietzange** mit Alublindnieten [▶ GK 15.9.1] zu verbinden.

Mit dem Plattenheber (Abb. 1) wird die Montage der GK-Platte an der Unterkonstruktion erleichtert.

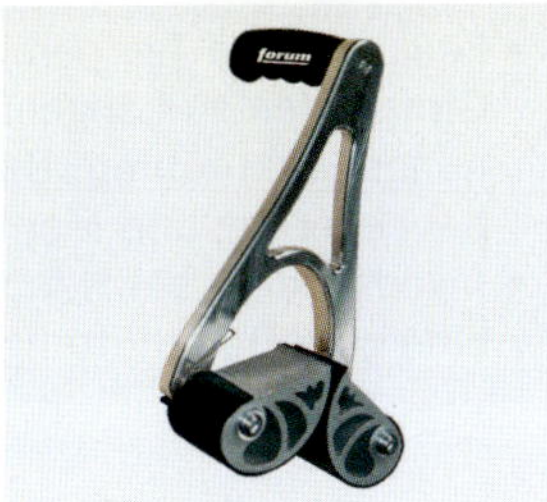

1 Plattenheber zur Montage von Gipsplatten

Mit einem **Gipskartonmesser** (Abb. 2) oder **Klingenmesser** wird die Kartonschicht der Platten durchtrennt. Der **Streifentrenner** (Abb. 3) ermöglicht das Schneiden schmalerer Plattenstreifen.

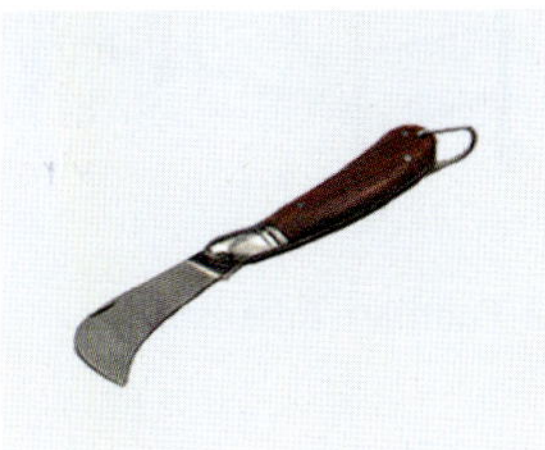

2 Gipskartonmesser

3 Streifentrenner

Mit dem **Stichling** *(jab saw or drywall saw)* (Abb. 4) oder der **Lochsäge** (Abb. 5) werden Öffnungen in den Gipsplatten hergestellt.

4 Stichling

5 Lochsäge

Mit dem **Kantenhobel** (Abb. 6) werden die Kanten der Platten angefast und mit dem **Surformhobel** [▶ GK 7.2.8] die Schnittstellen geebnet.

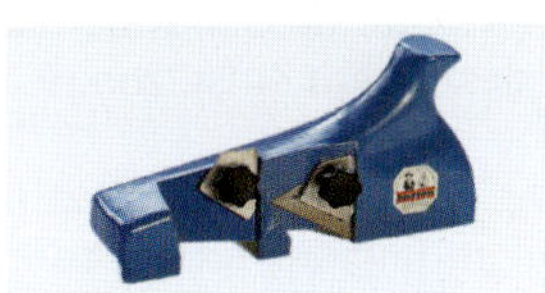

6 Kantenhobel

Der **Handschleifer** (Abb. 7) wird zum manuellen Ausgleichen der Flächen an der Beplankung besonders im Bereich der Fugen eingesetzt.

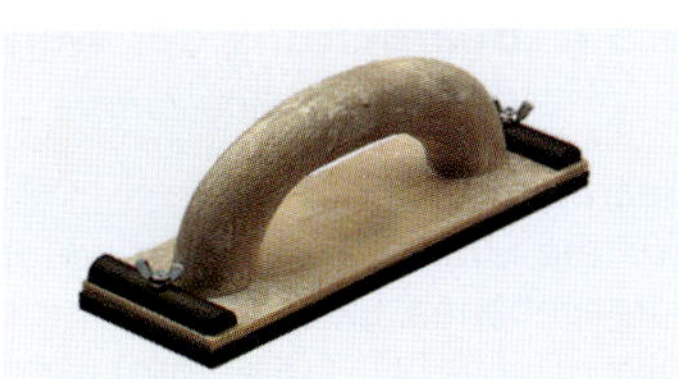

7 Handschleifer zum Ausgleichen von Flächen

Breitspachtel (Abb. 8a), **Glättkelle** (Abb. 8b) und **Trockenbauspachtel** (Abb. 8c) aus rostfreiem Stahl werden zum Ebnen und Glätten von Oberflächen verwendet.

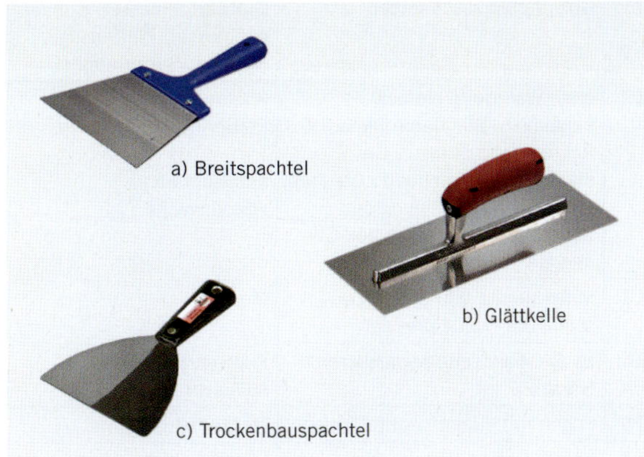

8 Werkzeuge zum Ebnen und Glätten von Flächen

Zur Montage werden zusätzliche Standardwerkzeuge (Schraubendreher, Wasserwaage usw.) benötigt.

5.5.2 Fertigungs- und Montageablauf

Mit der Festlegung der Konstruktion, der eingesetzten Werkstoffe und Betriebsmittel werden von den Teams die Vor- und Nachteile verschiedener Arbeitsabläufe *(work processes)* abgewogen und der sinnvollste tabellarisch dargestellt (Tab. 1).

Tab. 1 Fertigungs- und Montageablauf Trennwand

lfd. Nr.	Arbeitsschritt	Betriebsmittel
1	Baustelle einrichten	Stehleitern, Montagegerüst, Zuschnitttisch, Plattenwagen
2	Unebenheiten in Anschlussbereichen beseitigen	Malerspachtel, Flächenspachtel, Glättkelle
3	Wand einmessen	Gliedermessstab, Wasserwaage, Senklot, Laser, Bleistift
4	Metallprofile zuschneiden	Kappkreissäge, Blechschere, Metallsäge
5	Anschlussdichtungen an die UW-Profile und an die CW-Randständerprofile aufkleben	
6	UW-Anschlussprofile an Boden bzw. Decke verdübeln	Bohrmaschine, Bolzenschubwerkzeug, „Nagler“
7	CW-Randständer einstellen und verdübeln	Bohrmaschine, Bolzenschubwerkzeug, „Nagler“
8	die übrigen CW-Ständer- und UA-Aussteifungsprofile (Türpfosten) einstellen	evtl. Crimperzange
9	Türpfosten mit Anschlusswinkeln im Langloch fixieren	Bohrmaschine, Bolzenschubwerkzeug, „Nagler“
10	Türsturz montieren	Akkuschrauber

Tab. 1 Fertigungs- und Montageablauf Trennwand – Fortsetzung

lfd. Nr.	Arbeitsschritt	Betriebsmittel
11	Gipsplatten zuschneiden	Gipskartonmesser, Klingenmesser, Plattensäge, Kanten-, Surformhobel
12	erste Wandseite einfach beplanken, Ständerprofile auf Achsabstand bringen, Gipsplatten mit Schnellbauschrauben unter Berücksichtigung des Schraubenabstands an den CW- und UA-Profilen befestigen	Abstandhalter, Plattenheber Akkuschrauber, Wasserwaage
13	Mineralwolle schneiden, zwischen die Profile pressen	Messer
14	zweite Wandseite beplanken (versetzt)	Plattenheber, Akkuschrauber
15	Fugen mit Fugenspachtel füllen	Trockenbauspachtel
16	beidseitig zweite Lage Gipsplatten versetzt montieren	Plattenheber, Akkuschrauber
17	Schnittstellen ebnen, Plattenfugen und Schraubköpfe spachteln	Surformhobel, Trockenbauspachtel, Handschleifer
18	Fugen breit ausspachteln, ggf. schleifen	Glättkelle, Handschleifer
19	Umfassungszarge* montieren	

* Aus Schallschutzgründen soll für die Tür nach der Beplankung eine mehrteilige Umfassungszarge aus Stahl eingefügt werden.

Auf die Teams werden Arbeitsaufträge der Fertigungs- und Montageschritte verteilt. Sie benennen und verteilen konkrete Aufgaben.

Dazu gehören die Material- und Werkzeugbeschaffung *(supply of material and tools)* und die Baustelleneinrichtung in Abstimmung mit der Bauleitung.

Da die Montagewand laut Auftrag nachträglich auf dem Fertigfußboden ab OFF errichtet werden soll, wird vor der Montage überprüft, ob bauseitig eine **Trennfuge** im Estrich (S. 39, Abb. 4) hergestellt wurde, um **Trittschallbrücken** zu vermeiden. Weiterhin ist zu berücksichtigen, dass im Bereich der Beläge, die erhalten werden sollen, geeignete Abdeckmaßnahmen durchgeführt werden müssen.

5.5.3 Einrichten der Baustelle

Beim Einrichten der Baustelle *(setting up the building site)* werden die Werkstoffe entsprechend der Stückliste angeliefert und alle im Arbeitsplan aufgeführten Werkzeuge vorgehalten.

Transport und Lagerung *(storage)* **der Gipsplatten**
Die Gipsplatten (*gypsum boards)* werden im Gebäude mit einem **Plattenwagen** (Abb. 1) transportiert und anschließend horizontal, eben und trocken auf einer Palette gelagert. Für den Zuschnitt ist ein Zuschnitttisch als Hilfsmittel vorzusehen.

- Feuchte- und Temperaturänderungen können bei Gipsplatten zu Längenänderungen und Spannungsrissen führen. Die relative Luftfeuchtigkeit bei Lagerung und Montage soll ≤80 % betragen.
- Insbesondere bei Neubauten (Baufeuchte) ist auf eine gute Durchlüftung zu achten.

1 **Plattentransportwagen**

2 **Fahrbare Arbeitsbühne**

Stehleitern und fahrbare Arbeitsbühne
Für die Arbeit werden, bedingt durch die Raumhöhe von 3,50 m, als Hilfsmittel Stehleitern *(step ladders)* und eine fahrbare Arbeitsbühne *(mobile working platforms)* bzw. ein Zimmergerüst (Abb. 2) eingesetzt.

Arbeits- und Gesundheitsschutz [▶ GK 2.2]:
Bei hochgelegenen Bereichen nicht auf Tische, Stühle, Hocker, Kisten oder Regale steigen.
Bei der Benutzung von **Stehleitern** beachten:
- Stehleitern nicht als Anlegeleitern benutzen.
- Leitern rechtzeitig umsetzen, um ein weites seitliches Hinausbeugen zu vermeiden.
- Von Stehleitern nicht auf andere hochgelegene Arbeitsplätze oder Bühnen übersteigen.

Größere Arbeiten mit höherem Kraftaufwand oder Schwierigkeitsgrad nicht von Leitern aus durchführen, stattdessen **Arbeitsbühnen, Gerüste** oder **Podestleitern** einsetzen.

Die Versorgung mit **elektrischem Strom** ist für die Ausleuchtung des Arbeitsbereichs und den Einsatz elektrischer Geräte sicherzustellen.

Beim Umgang mit elektrischen Geräten die Sicherheitsregeln [▶ GK 9.8] beachten.

5.5.4 Bearbeitung der Werkstoffe *(material processing)*

Bearbeitung der Profile
Für die Unterkonstruktion werden die Profile auf die vorgegebenen Längen geschnitten. Die **Ständerprofile** (CW 50, UA 50, 4000 mm) werden so bemessen, dass

10 bis 20 mm Abstand (Abb. 1) zum UW-50-Anschlussprofil im Deckenbereich bleiben. Aus der Raumhöhe und unter Berücksichtigung der Anschlussdichtung resultiert daraus eine Länge von 3475 mm.

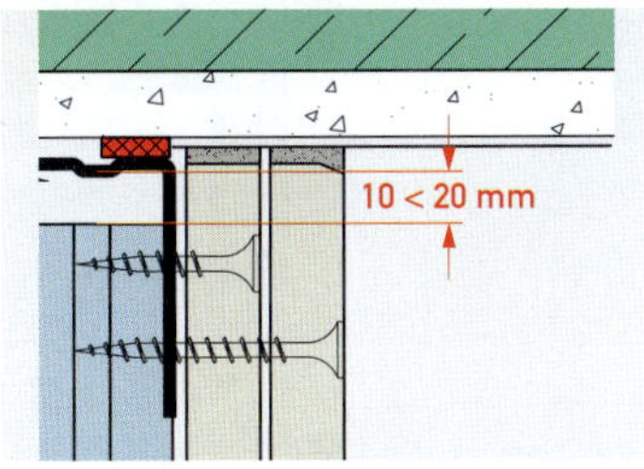

1 Anschluss der Unterkonstruktion im Deckenbereich

Die dünnwandigen **CW-Profile** von 0,6 mm Dicke können mit der Blechschere (Abb. 2), **UA-Profile** von 2 mm Dicke alternativ mit der Kappsäge oder der Metallkreissäge zugeschnitten werden.

2 Zuschnitt des Profils mit der Blechschere

Trennschleifer dürfen nicht eingesetzt werden, da durch die Erhitzung der Korrosionsschutz des Profils zerstört würde.

Bearbeitung der Beplankung

Die Beplankung erfolgt mit Gipsplatten [▶ 7.4.7] mit halbrund abgeflachten Kanten. Die gewählten Plattenformate von 1250 mm Standardbreite und 2000 mm bzw. 2750 mm Länge erfordern den Zuschnitt in der Raumbreite und der Raumhöhe.

Beim **Zuschnitt** müssen die Platten absolut eben liegen, z. B. auf dem Zuschnitttisch. Zunächst wird mit dem Gipskartonmesser die Kartonbeschichtung auf der Sichtseite (Vorderseite) eingeschnitten (Abb. 3 a) und die Platte umgeschlagen. Bevor die Beschichtung der Rückseite geschnitten wird, wird der Gipskern über eine scharfe Kante gebrochen (Abb. 3 b).

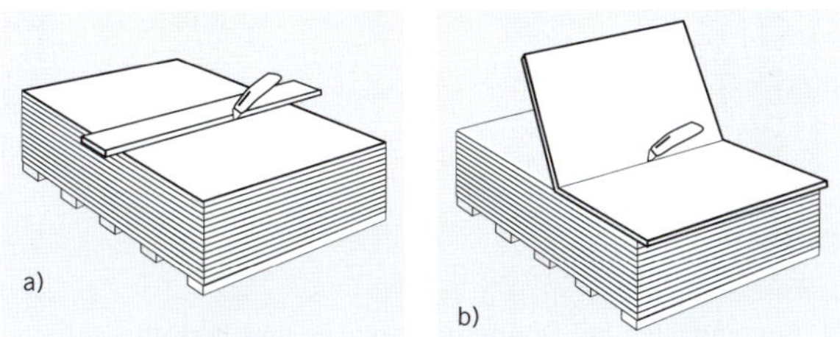

3 Zuschnitt der Gipsplatten mit dem Plattenmesser

Der Zuschnitt kann alternativ mit einer **Plattensäge** *(panel saw)* laut Zuschnittliste *(cut list)* erfolgen.

Für die Verspachtelung *(filling)* der Plattenstöße *(panel joints)* an den Schnittkanten werden diese mit einem Kantenhobel angefast (Abb. 4).

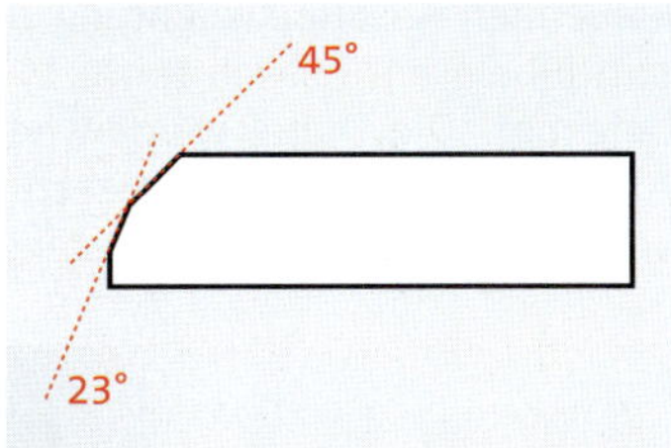

4 Fase an der Schnittkante zum Verspachteln der Plattenstöße

Dämmstoff

Als Dämmstoff wird **Mineralwolle** [▶ 7.4.10] in Rollenware, 40 mm Dicke, geliefert. Sie kann in geringer Überbreite und -länge von ca. 10 mm mit dem scharfen Messer zugeschnitten werden. Durch die Überbreite und -länge wird sichergestellt, dass der Dämmstoff den Ständerzwischenraum, in den er hineingepresst wird, voll ausfüllt (Abb. 5). Bei Einhaltung des Standardständerabstands von 625 mm ist das Rollenmaß konform, sodass lediglich der Längenzuschnitt erfolgt.

5 Mineralwolldämmung im Ständerzwischenraum

Bei der Verarbeitung der **Mineralwolle** sind die Regeln zur **Arbeitshygiene** (faserhaltige Stoffe) zu beachten [▶ GK 2.2]. Dazu gehören:

- staubarme Bearbeitung und Reinigung,
- Folienabdeckung bei mangelnder Reinigungsmöglichkeit,
- persönliche Schutzausrüstung:
  - Atemschutz, z. B. Halb-/Viertelmasken mit P2-Filter,
  - Schutzhandschuhe aus Leder oder nitrilbeschichteter Baumwolle nach EN 388,
  - Reinigung oder Entsorgung der Kleidung,
- Abfallkennzeichnung.

5.5.5 Montage

Vor der Montage müssen Unebenheiten an den begrenzenden Bauteilen ausgeglichen werden. Der Wandverlauf mit der Anordnung der Tür wird gekennzeichnet.

Montage der Unterkonstruktion
Die **UW-50-Anschlussprofile** werden mit einer selbstklebenden Anschlussdichtung versehen und mit Drehstiftdübeln am Estrich (Abb. 1) und an der Rohdecke befestigt. Die Dübel werden beginnend mit 100 mm Abstand vom Profilende gesetzt und dann im Abstand von max. 1000 mm (mindestens 3 Dübel).

1 **Bohrungen an den UW-Profilen für die Dübelung**

Die **Ständerprofile** *(stud walls)* werden lose in den UW-Profilen positioniert. Die offene Seite zeigt in Montagerichtung. Eine Verdübelung erfolgt lediglich an der Wand. Bei nicht ausreichender Länge der Ständerprofile können diese durch Hinterlegen von UW-Profilen (Abb. 2) verlängert und durch Vercrimpern oder mit Blindnieten [▶ GK 15.9.1] fixiert werden.

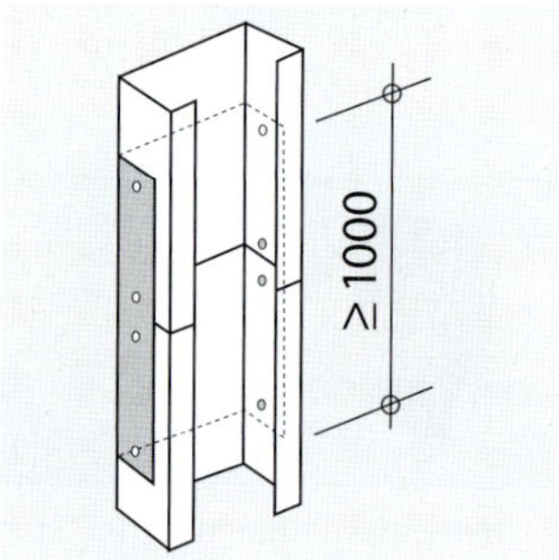

2 **Ständerprofile auf Stoß verlängert**

Die **Aussteifungsprofile UA 50** *(reinforcing profiles)* (Abb. 3), die als Türpfosten dienen, werden mit entsprechenden Anschlusswinkeln mit der Rohdecke und dem Estrich verbunden. Die Verschraubung der Profile mit den Winkeln erfolgt in den Langlöchern lediglich handfest, um eine geringe Deckenbiegung aufnehmen zu können. Die Muttern der Schrauben mit Innensechskant werden gegen selbstständiges Lösen gesichert.

Das UW-Profil, das als **Türsturz** *(lintel)* dient (Abb. 1), wird an den Flanschen eingeschnitten und umgebogen, sodass eine Verschraubung mit Blechschrauben erfolgen kann [▶ GK 15.8.1]. Danach wird die **Türzarge** *(door frame)* montiert.

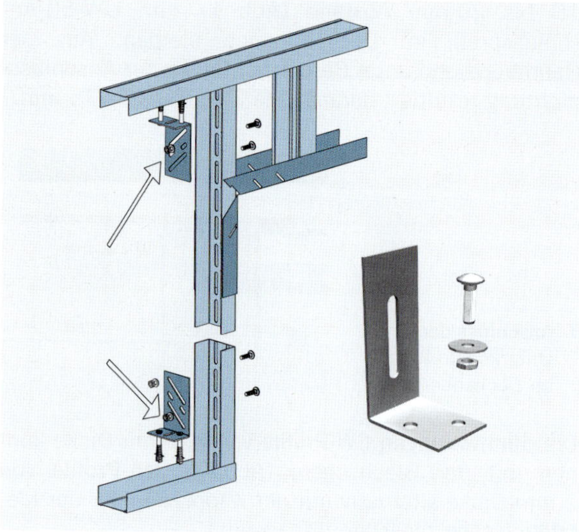

3 **Aussteifungsprofile mit Verbindungswinkeln**

Das Vernieten oder Verschrauben von CW-Profilen mit UW-Profilen ist **nicht zulässig**, weil eine auftretende Durchbiegung der Decke nicht mehr ausgeglichen werden kann.

Montage der Beplankung
Gegenüberliegende Bekleidungsplatten sind um einen Ständer versetzt zu montieren. Bei einer Doppelbeplankung ist der geforderte Fugenversatz *(joint offset)* der Vertikal- und Horizontalfugen zu beachten (Abb. 4). Durch die vorhandene Raumhöhe müssen die Gipsplatten zusätzlich mit einer horizontalen Fuge *(horizontal joint)* montiert werden. Diese wird im oberen Plattenbereich versetzt angeordnet.

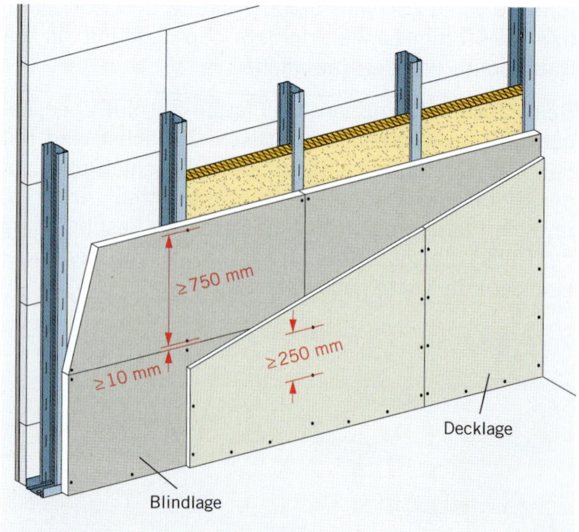

4 **Fugenversatz bei Doppelbeplankung und Verteilung der Schrauben an den Beplankungen**

Bei der Montage der Gipsplatten ist zu beachten, dass die Beplankungsplatten eine **Mindestfugenbreite** von **5 mm** zur Decke, zum Fußboden und zur Flurwand einhalten, um eine Randverfugung rundum (Abb. 1) zu ermöglichen.

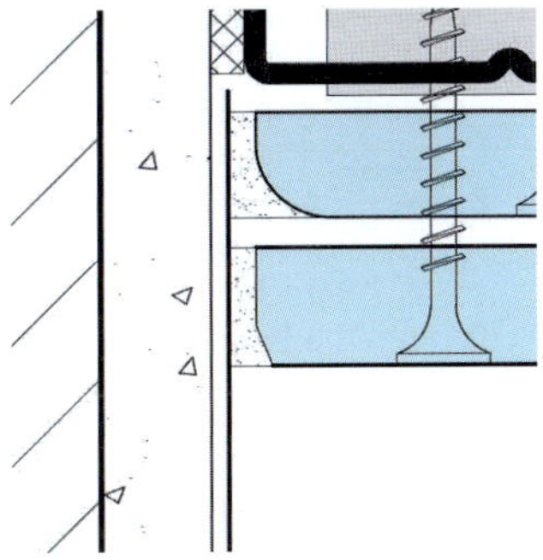

1 Randverfugung der Beplankung zur Flurwand

Arbeitsschritte bei der Plattenmontage:

- Zunächst wird die erste Platte mit der Wasserwaage ausgerichtet.
- Sie wird mit Schnellbauschrauben TN 25 mm von der Mitte aus an den CW-Profilen befestigt und innerhalb dieses Arbeitsschritts ausgerichtet und fixiert.
- Die weiteren Bekleidungsplatten werden dicht gestoßen montiert und von der anliegenden Seite aus verschraubt.
  - Die Verbindung der Gipsplatten kann mit Schnellbauschrauben erfolgen, die das Metallprofil ≥ 10 mm durchstoßen (Abb. 2).
  - Die Schraubenköpfe dürfen die Kartonummantelung nicht durchdringen und die Schrauben müssen zur Kante ≥ 10 mm Abstand halten (S. 44, Abb. 4).
  - Bei Doppelbeplankung muss der Schraubenabstand in der ersten Lage ≥ 750 mm und in der zweiten Lage ≥ 250 mm betragen (S. 44, Abb. 4).
  - Die Verschraubung der zweiten Lage erfolgt mit Schnellbauschrauben TN 35 mm.

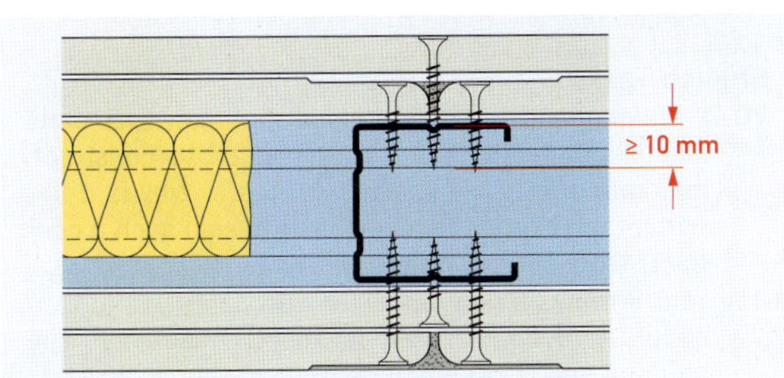

2 Verbindung der Gipsplatten auf den CW-Profilen mit Schnellbauschrauben

Bei Konstruktionen mit besonderen Anforderungen sind die Schraubenabstände kleiner.

Einfügen der *(insertion of)* **Dämmung**
Die Dämmung wird nach der Erstellung der einseitigen Beplankung hohlraumfrei zwischen die Ständerprofile eingepresst.

5.5.6 Oberflächenbearbeitung (Q4)

Bei einer zweilagigen Beplankung müssen beide Lagen im Fugen- und Randbereich gespachtelt werden.

Das Abbinden des Spachtels in der unteren Blindlage bestimmt den Zeitpunkt für die Montage der zweiten Decklage.

Oberflächenbearbeitung *(surface processing)* **für Oberflächengüte Q4** (Abb. 2):

- Füllen der Stoßfugen,
- Überziehen der Verbindungsmittel,
- Abstoßen der Spachtelgrate,
- Herstellen eines stufenlosen Übergangs zur Plattenoberfläche,
- breites Ausspachteln der Fugen,
- ggf. Schleifen der gespachtelten Bereiche,
- Überziehen und Glätten der gesamten Oberfläche mit Spachtelmasse, ca. 3 mm Schichtdicke.

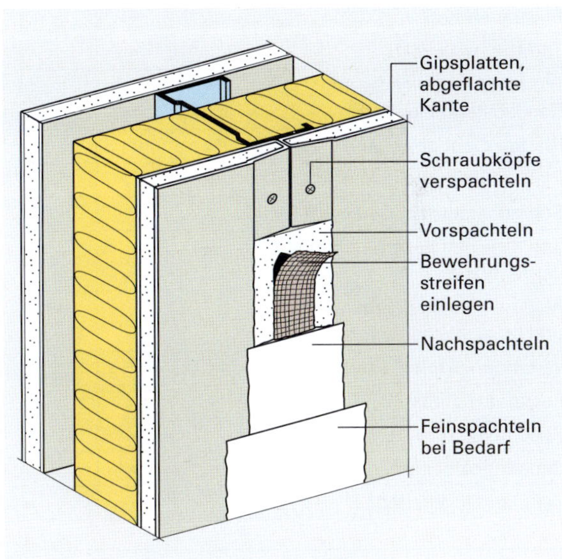

3 Oberflächenausbildung an den Fugen

Das Einlegen von **Bewehrungsstreifen** ist von der Kantenausführung und dem verwendeten Spachtel abhängig. Bei der Kantenausführung dieses Projekts könnte auf Bewehrungsstreifen verzichtet werden.

Die abschließende Beschichtung erfolgt durch einen beauftragten Malereibetrieb nach einer Grundierung.

5.5.7 Entsorgung *(disposal)*

Bei der Errichtung der Montagewand in Ständerbauweise sind auf der Baustelle Materialreste angefallen, die ordnungsgemäß zu entsorgen sind [▶ 15.9.1].

Neben Papier/Pappe, Kunststoffen und Metall werden folgende Werkstoffe getrennt entsorgt:
- Baustoffe auf Gipsbasis,
- Dämmstoffe.

5.6 Bewertung *(evaluation)*

Für die Bewertung des Ergebnisses wird eine Checkliste (Tab. 1) erstellt, um Planungs- und Ausführungsfehler zu erkennen und Ideen für eine verbesserte Planung zu sammeln.

Tab. 1 Beispiel für eine Checkliste zur Bewertung

Checkliste zur Bewertung	☺	😐	☹
Platten im Lot?		•	
Türöffnung korrekt?		•	
Platten mit notwendigem Randabstand montiert?	•		
Platten dicht gestoßen?		•	
Plattenfugenversatz korrekt?	•		
Schraubenabstände korrekt?	•		
Abgleich Fertigungszeichnung der Montagewand		•	
Abgleich Materialberechnung und tatsächlicher Verbrauch			•
Verbindungsmittel unsichtbar?	•		
Fugen unsichtbar?	•		
Spachtelgrate entfernt?		•	
Sauber gearbeitet?		•	
Zeitplan eingehalten?		•	

Aufgaben zu 5.3 und 5.4

1. Erläutern Sie, zu welchem Zweck ein Leistungsverzeichnis aufgestellt wird. Erstellen Sie ein Leistungsverzeichnis über alle auszuführenden Arbeiten für den Kunden.
2. Was bedeutet die im Leistungsverzeichnis aufgeführte Vorgabe „F 30“?
3. Erstellen Sie eine Übersicht, in welche Teile sich die VOB gliedert und welche Inhalte dort behandelt werden.
4. Informieren Sie sich darüber, wie Sie die baulichen Gegebenheiten prüfen müssen, bevor eine Montagewand gestellt wird.
5. Erläutern Sie, was bei der Planung der Anschlusspunkte aufgrund von Brand- und Schallschutzanforderungen zu berücksichtigen ist.
6. Aufmaß und Abrechnung erfolgen nach VOB. Informieren Sie sich in der VOB (DIN 18340) über die Abrechnung von Wandflächen und schreiben Sie das Aufmaß für die Montagewand.
7. Erfragen Sie den aktuellen Preis (€/m²) für die gewählte Konstruktion und schreiben Sie das Angebot für den Kunden.
8. Der Gipsplattenbedarf ist mit Verschnitt angegeben. Wie viel Verschnitt ist in der Bedarfsangabe enthalten? Berechnen Sie den Prozentsatz.
9. Für eine Einfachständerwand mit Mineralwolle, zweilagig beplankt, werden 1,20 h/m² veranschlagt. Berechnen Sie den Zeitbedarf für die Erstellung der Wand.
10. Berechnen Sie aufgrund des höheren Aufwands für die Türöffnung und die geringe Größe des Bauteils 25 % Zuschlag auf den errechneten Zeitbedarf.

Aufgaben zu 5.5

11. Erstellen Sie eine Übersicht, was beim Einrichten der Baustelle „Montagewand“ zu berücksichtigen ist.
12. In die Trennfuge im Estrich (Wandanschluss) ist Schmutz gelangt. Erläutern Sie, warum dieser Schmutz vor der Montage der Wand entfernt werden muss.
13. Beschreiben Sie die Montage der Türpfosten und des Türsturzes.
14. Informieren Sie sich bei unterschiedlichen Herstellern, welche Profile, je nach Türgröße bzw. Gewicht, für Türpfosten und Sturz eingesetzt werden.
15. Begründen Sie, warum die Bekleidungsplatten bei einer zweilagig beplankten Wand mit Fugenversatz ausgeführt werden sollen.
16. Erklären Sie, warum die geschnittenen Kanten der Gipsplatten abgefast werden müssen, und nennen Sie das geeignete Werkzeug dafür.
17. Informieren Sie sich über mögliche Spachtelmassen und wählen Sie ein geeignetes Produkt aus.
18. Beschreiben Sie, wie eine Verspachtelung mit einem Bewehrungsstreifen ausgeführt wird.
19. Erläutern Sie einem Kollegen, welche möglichen Ausführungsfehler zu Rissen im Fugenbereich führen können und wie diese zu beseitigen sind.

English Tasks

20. A bill of quantities is a detailed list of materials, parts and labour (with their costs) needed to construct, maintain or repair a specific structure. Why is it important for a firm and a customer to sign such a contract? Give three reasons.
21. Your firm has a new customer who wants you to construct a reception area for doctor's surgery. The building site is 50 km away from your firm. What do you have to do to set up the building site? Give five examples.
22. After having finished the reception area you have a lot of waste material left. What do you have to do with all this waste concerning commercial waste regulation?

6 Projekt Fertigen und Montieren von Innentüren

6.1 Auftragsbeschreibung

> Der Bauherr einer Ferienanlage beauftragt *(commission)* eine Tischlerei, ein Konzept für die Innentüren der neu auszustattenden Appartements vorzulegen.

Die Anlage umfasst insgesamt 36 Appartements mit identischem Grundriss *(groundplan)* (Abb. 1), die über Hausflure *(corridors)* verbunden sind.

Als großflächige Bauelemente können Türen gestalterisch durch farbliche Akzentuierung und Profile mit plastischer Wirkung betont werden. Sie können auch durch transparente Werkstoffe zurücktreten oder glatte Flächen können mit wenigen und möglichst schmalen Fugen wirken.

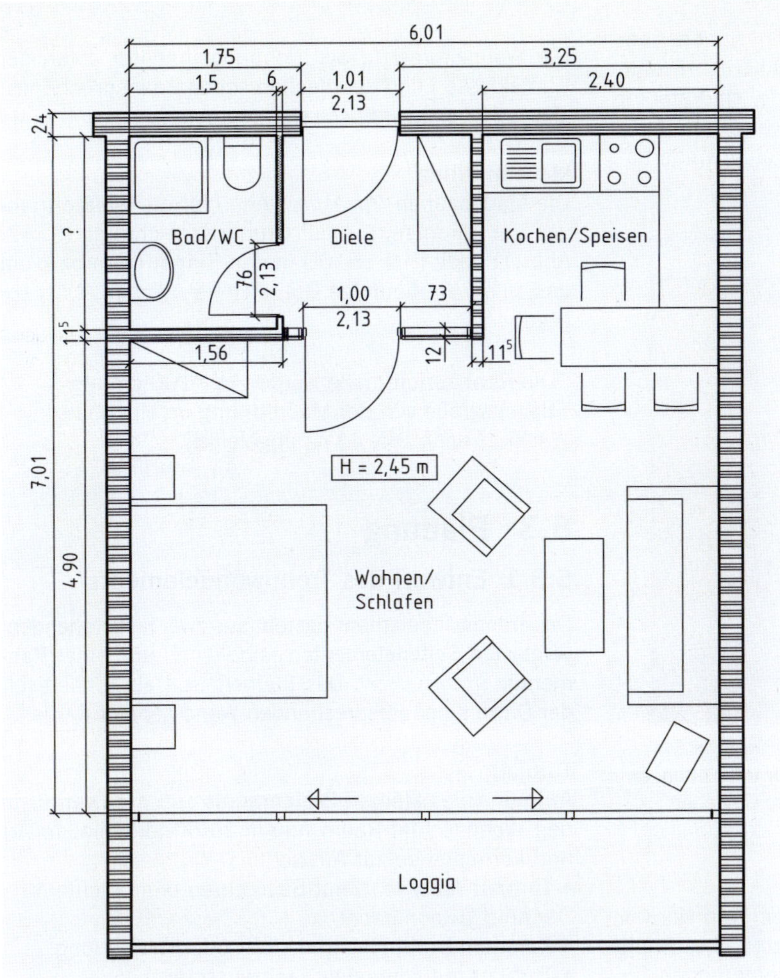

1 Grundriss Ferienwohnung

6.2 Auftragserfassung

Die Innentüren als Teil der gesamten Ausstattung richten sich in der Ausführung nach dem gestalterischen Gesamtkonzept und dem Kostenrahmen des Objekts. Die Faktoren, die im Entwurf berücksichtigt werden müssen, sind bei diesem Projekt:

- Funktion und Gestaltung,
- Konstruktion,
- Werkstoffwahl.

Türenarten

Der Grundriss (Abb. 1) weist folgende Türarten aus:

- 1 Wohnungsabschlusstür *(entry door)*,
- 2 Zimmertüren *(interior doors)* für Diele und Bad,
- 1 Fenstertür *(patio door)* zur Loggia.

Die **Wohnungsabschlusstür** aus Strangpress-Vollspanplatte soll als linke Drehtür [▶ 7.5.1] einbruchhemmend, Widerstandsklasse RC 4, und mit einem Spion nach DIN 68706-1 ausgeführt werden. Da sie auf einen unbeheizten Flur führt, muss sie die erforderliche Wärmedämmung sowie den Lärmschutz gewährleisten.

Die schmale **Tür zum Bad** soll als rechte Drehtür ausgeführt werden. Sie soll Licht einlassen, muss aber auch blickdicht *(opaque)* sein. Wegen der engen Räume könnte für das Bad auch eine Schiebetür *(sliding door)* erwogen werden, die aber bezüglich einer Geruchsbelästigung und Geräuschentwicklung ungünstiger wäre.

Die Abtrennung zwischen der Diele und dem Wohn-/Schlafbereich soll durch ein **Wandelement** mit integrierter, einflügeliger **Drehtür** erfolgen.

Die **Fenstertür**, die auf die Loggia *(loggia)* führt, gehört nach den Anforderungen und der Ausführung zum Bereich des Fensterbaus [▶ 13].

Kundenwunsch

> Der Bauherr möchte einen funktionalen Innenausbau, der pflegeleicht *(easy to clean)*, langlebig *(durable)* und hochwertig *(premium-quality)* ist. Die Gestaltung sollte dem zeitgemäßen Geschmacksempfinden entsprechen.

Anforderungen *(requirements)* **des Gebrauchs**
Für die **Begehbarkeit** *(accessibility)* der Räume ist es vorteilhaft, die Wohnungsabschlusstür und die Tür zum Wohn-Schlaf-Bereich gegenüber anzuordnen.

Da die Laibung zur Flurwand keinen Anschlag hat, soll die Wohnungsabschlusstür als Blockrahmentür [▶ 7.5.1] gefertigt werden.

Die Diele weist kein Fenster auf, weshalb im Trennwandelement *(dividing door element)* und in der integrierten Drehtür große **Lichtausschnitte** erforderlich sind.

Für die Tür zum Bad kommen Zargen- oder Futterrahmen mit Bekleidung [▶ 7.5.1] in Betracht.

Gestaltung
Für die zu vermietenden Wohneinheiten empfiehlt sich eine robuste Ausführung *(robust execution)* der Ausstattung. Werkstoff- und Konstruktionswahl bieten vielfältige Gestaltungsmöglichkeiten. Insbesondere die Formgebung der Türen soll sich am Gesamtgestaltungskonzept des Bauvorhabens orientieren.

Moderne städtische Inneneinrichtungen zeigen eher glatte Flächen und keine oder schlichte Profile (Abb. 1). Als Landhausstil *(country style)* sind stärker profilierte, in klassischer Rahmenbauweise gefertigte Türsysteme gefragt (Abb. 2). Türblattprofile wiederholen sich häufig bei den Türrahmen [▶ 7.5.1].

1 Sperrtür schlicht
(Fläche furniert)

2 Rahmentür mit Füllungen
(Teilung im Goldenen Schnitt)

Technische Anforderungen
Die technischen Anforderungen an Innentüren werden von den Bedingungen am Einsatzort bestimmt [▶ 7.5.17]. Die RAL RG 426 gibt Empfehlungen für Türblätter je nach Einsatzort (Tab. 1).

Tab. 1 Einsatzempfehlungen für Türblätter aus Holz und Holzwerkstoffen im Wohnbereich
nach RAL RG 426 (Auszug)

Beanspruchung		Wohnungstüren		
		Wohnungs-abschluss	Innen-raum	Bad/ WC
hygro-thermische *(hygrothermal)*	I		•	•
	II			
	III	•		
mechanische *(mechanical)*	N		•	•
	M			
	S	•		
	E			
Feuchte-beständigkeit *(moisture resistance)*	Feuchtraum			•*
	Nassraum			
Schalldämmung *(soundproofing)*	SSK 1	•*		
	SSK 2	•*		
	SSK 3	•*		

* Auswahl unter Berücksichtigung der zu erwartenden Beanspruchung

Die Wohnzimmertür als Wohnungsinnentür sollte der Klimaklasse I und der mechanischen Beanspruchungsklasse N *(resistance class)* entsprechen.

Maßermittlung
Die Maßangaben *(measurements)* für die Wandöffnungen der Türen sind in der Grundrisszeichnung (S. 47, Abb. 1) nach DIN 18100 in den Einheiten m bzw. cm und in der Reihenfolge Breite/Höhe *(width/height)* angegeben.

Die Rohbaurichtmaße werden mit 100 cm als Bezugsgröße von der Maßordnung im Hochbau [▶ 6.1] nach DIN 4172 abgeleitet.

6.3 Planung

6.3.1 Entwurf des Trennwandelements

Das Trennwandelement besteht aus zwei fest stehenden, **verglasten Seitenelementen** *(sidelights)* und einer **Rahmentür** *(frame door)*. Das Element soll als Einheit mit der Dicke einer entsprechenden Wand geplant werden.

Türblatt
Aufgrund des kleinen Dielenraums soll die Drehtür in den Wohn-Schlaf-Raum hinein zu öffnen sein. In Art und Form stehen zur Auswahl:
- Türblatt *(door leaf)* mit Segmenten ohne Lichtausschnitt *(vision panel)*,
- Rahmentür mit Holzwerkstoff- oder Glasfüllung,
- Türblatt mit schmalem Lichtausschnitt,
- Ganzglastür.

Der Gesamtentwurf legt eine Formgebung nahe, die sich an **Rahmentüren** [▶ 7.5.1] mit großem **Lichtausschnitt** nach DIN 68706-1 [▶ 7.5.9] orientiert (Abb. 1).

- Die Räume werden damit optisch deutlicher abgetrennt als mit Ganzglastürkonstruktionen.
- Sie ermöglichen, Farbe und Form stärker hervortreten zu lassen.
- Ein umlaufender Rahmen wird durch Füllungen aus Glas oder Holzwerkstoffen ergänzt.
- Es können weitere Friese hinzugenommen werden, wodurch sich ein stärker profilierter Gesamteindruck ergibt.

Die Gestaltung eines Lichtausschnitts ergibt sich aus der Bauart des Türblatts. Bei Rahmentüren ergeben sich unterschiedliche Ausschnitte durch Anordnung waagerechter und senkrechter Friese *(frame members)*. Bei Standard-Sperrtüren werden sie aus der Fläche herausgeschnitten.

Türrahmen [▶ 7.5.1]
Eine Metallzarge *(metal frame)* in einer Trennwand aus Holzwerkstoffen wirkt unpassend *(unsuitable)*. Dagegen ist eine Holzzarge als schmaler Rahmen (Abb. 1) sinnvoller, die gestalterisch durch die Wahl der Holzart harmonisch eingepasst werden kann.

Holzart
Der Gesamtentwurf der Ferienwohnung sieht eine Inneneinrichtung aus Esche *(ash)* vor, mit der ein freundlich heller Charakter der Räumlichkeiten unterstrichen wird. Esche ist für hochwertigen Innenausbau, z. B. Türen, Trennwände, geeignet.

Türbeschläge
Die Türbeschläge *(door furniture)* aus Edelstahl sollen sich in schlichter *(plain)* Form harmonisch an den Stil der Ferienwohnung anpassen und den hochwertigen Eindruck verstärken *(increase)*.

Entwurfsentscheidung

Der Kunde entscheidet sich für ein Trennwand-Türen-Element mit Rahmenansicht und schlichtem Profil in zeitloser *(timeless)* Ausführung.

Form- und Farbgestaltung
Die Glasausschnitte (Abb. 1) sollen möglichst groß ausfallen, um den Flurbereich natürlich zu beleuchten *(light)* und so einen großzügigeren *(spacious)* Raumeindruck des Appartements zu erzeugen.

Die Gestaltung soll stärker von **farbigen Flächen** bestimmt sein, die vom „edlen" Esche-Vollholz eingefasst werden. Die Rahmenflächen des Elements sollen die gleiche Farbe wie das Türblatt erhalten. Türzarge, Glashalte- und Fußleisten sollen einen hellen Kontrast zum Dekor **Taubenblau** *(dove blue)* bilden (Abb. 1), der innerhalb des Appartements wieder aufgegriffen wird. Leisten erhalten kein gesondertes Profil, um der modernen, schlichten Formensprache zu entsprechen.

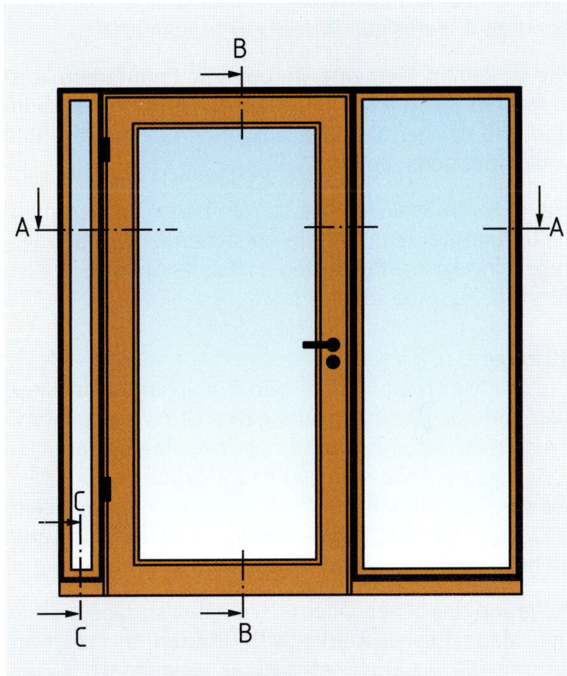

1 Entwurf des Trennwandelements

6.3.2 Konstruktion des Trennwandelements

Bei der Planung kommen in Betracht:

- Werkstatteigenfertigung der Türblätter und Türrahmen,
- Zukauf von Türblättern und Türrahmen (Tab. 1),
- Mischung aus Eigenfertigung und Zukauf von Fertigelementen *(prefabricated elements)* mit Vorzugsmaßen.

Tab. 1 Abwägungen bezüglich der Verarbeitung zugekaufter Sperrtürblätter und Rahmen

Vorteile	Nachteile
• Modelle können in Ausstellungen oder Katalogen dem Kunden gezeigt werden • Einfach kalkulierbarer Kostenrahmen • Zertifizierte Spezialtüren wie zugelassene Brand- oder Strahlenschutztüren können kostengünstig zugekauft werden	• Gestaltungsvarianten, z. B. bei Entwürfen des gesamten Innenausbaus, sind eingeschränkt • Werkstoffauswahl und -varianten sind begrenzt • Betriebsmittel bleiben ungenutzt

Rahmen der Seitenelemente des Trennwandelements
Der umlaufende Rahmen des gesamten Trennwandelements wird in **MDF-Platte** *(medium density fibreboard)* nach DIN EN 13986 (CE) [▶ GK 6.10.1] gefertigt, da sie den mechanischen Anforderungen entspricht und stirnseitig gut beschichtet werden kann.

Alle Schmalflächen werden mit **HPL** [▶ GK 6.12] in Azurhell lt. Farbskala RAL-5009 beschichtet.

Die einzelnen Elemente werden mit **Formfedern** *(biscuits)* Typ S6 [▶ GK 11.4.3] zunächst trocken verbunden und bei der Montage ausgerichtet *(levelled)* und verschraubt oder geleimt.

Die höheren Sockelstücke *(plinth parts)* bleiben maßhaltig und werden über die entstehende Verbindungsfuge hinweg mit **Fußleisten** in Esche Vollholz ausgeführt (S. 51, Abb. 3).

Türzarge
Die Werkstoffwahl für die Türzargen ergibt sich aus den Anforderungen an ein gutes Stehvermögen *(dimensional stability)* sowie geringe Maßänderungen *(changes in measurements)* in der Breite und im Falz, die die Schließfunktion *(lock function)* der Tür beeinträchtigen können. Bei Verwendung von Vollholz wären stehende Jahresringe notwendig.

Aufgrund der hohen Oberflächengüte *(surface quality)* und Maßhaltigkeit werden **MDF-Platten**, an den Kanten mit HPL Azurhell beschichtet, verwendet.

Glashalterahmen und Glasleisten
Für die Aufnahme der Gläser erhalten die Seitenelemente einseitig breite Rahmen, die gleichfalls aus MDF gefertigt werden. Die Glashalteleisten als Gegenanschlag sowie die Glasleisten im Lichtausschnitt des Türblatts werden aus Esche-Vollholz *(solid ash)* gefertigt.

Türblatt

Es wird ein stumpf einschlagendes Türblatt gewählt.

In der Türblattbreite übernimmt der Entwurf die **DIN-Vorzugsmaße** nach DIN 68706-1 [▶ 7.5.9]. Das Blatt wird vollständig gefertigt, um Vollholz und Beschichtungsstoffe aus einer einheitlichen Lieferung verarbeiten zu können. Dies bewirkt ein einheitliches Aussehen *(appearance)* unter Beibehaltung natürlicher Farbabstufungen.

Der **Fichterahmen** *(spruce frame)* mit einer Gleichgewichtsfeuchte *(equilibrium moisture content)* ω_{gl} von 7,7 % für den Gebrauchsfeuchtebereich φ von 40 % bei geschlossenen Räumen mit Zentralheizung [▶ GK 4.9.4] wird dreiseitig mit **Escheeinleimern** angeleimt. Einlage ist eine **Strangpressspanplatte** *(extruded solid particleboard)* nach DIN EN 14755 [▶ GK 6.9.3]. Bei Einlagen mit größeren Hohlräumen muss zur sicheren Befestigung der Glasleisten der Lichtausschnitt mit Fichtenleisten *(spruce battens)* ausgeleimt werden.

Zum Ausgleich schwindungsbedingter Oberflächenänderung wird zwischen Rahmen und Deckschicht eine Schicht aus **Dünn-MDF** [▶ GK 6.10.2] von 2,4 mm Dicke aufgeleimt. Die Deckschicht besteht wie beim Wandelement aus **HPL** Azurhell RAL-5009.

Die Beschläge lassen sich aufgrund der hohen Querzugsfestigkeit *(transverse tensile strength)* des Fichterahmens sicher befestigen *(fix)*. Die Wahl der Werkstoffe garantiert trotz des großen Lichtausschnitts ein Türblatt mit gutem Stehvermögen und hoher Maßhaltigkeit.

Glas
Aus Sicherheitsgründen werden **ESG-Scheiben** *(safety glass)* [▶ GK 16.3.3] von 6 mm Dicke gewählt, bei denen im Falle eines Bruchs kleinkrümelige Splitter *(shards)* ohne scharfe Kanten entstehen, um die Verletzungsgefahr für Mieter auszuschließen. Da keine besonderen Klimaanforderungen gestellt werden, wird auf eine Mehrfachverglasung verzichtet.

Kunststoffprofile
Es werden Dichtungsprofile aus PVC eingesetzt (Abb. 1 und 2), da diese für die Lackierung *(varnishing)* mit PUR-System geeignet sind.

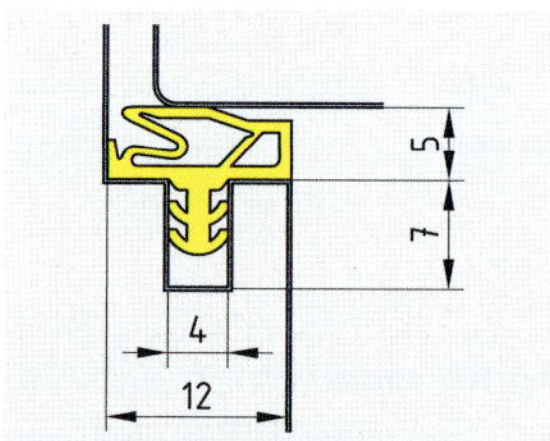

1 Dichtungsprofil für stumpfe Türen

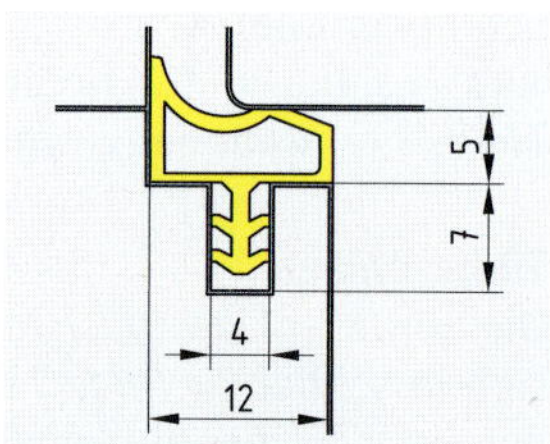

2 Dichtungsprofil für gefälzte Türen

Die Profile werden nach Eignung für stumpfe *(inset)* oder gefälzte *(rebated)* Türen gewählt, da z. B. beim Schließen einer stumpfen Tür die Dichtung an der Bandseite stärker nach innen geschoben wird als bei einer gefälzten.

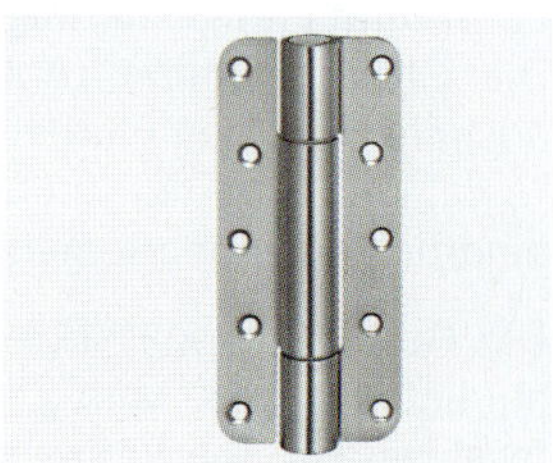

3 Lappenband-Aufschraubband für stumpf einschlagende Türen

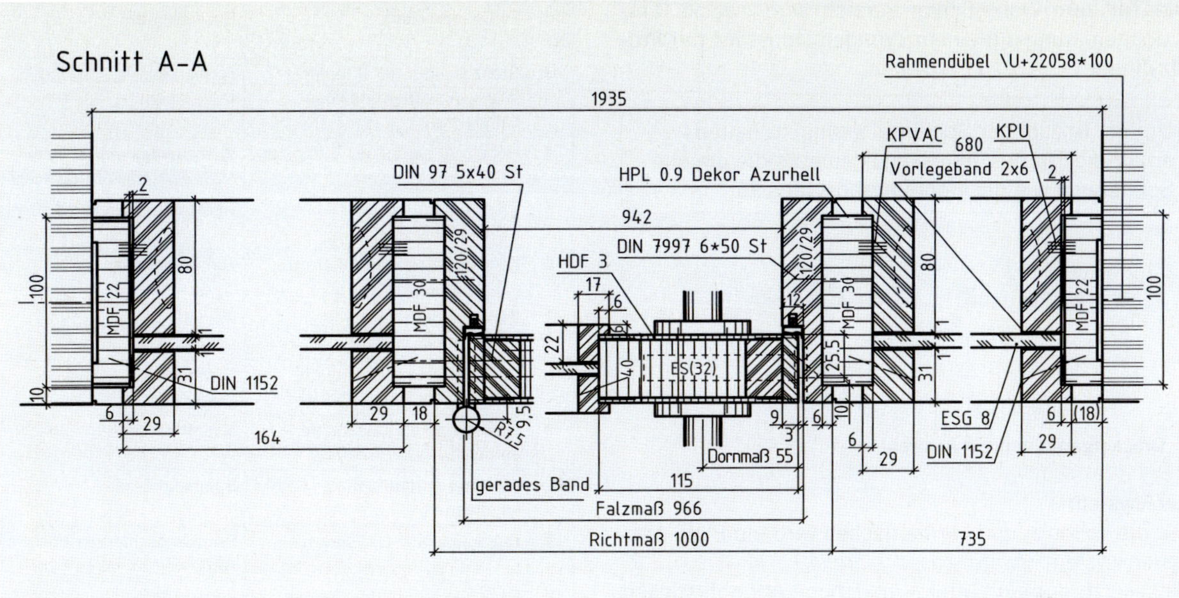

1 **Horizontalschnitt** *(horizontal section)* **des Trennwandelements und der Tür**

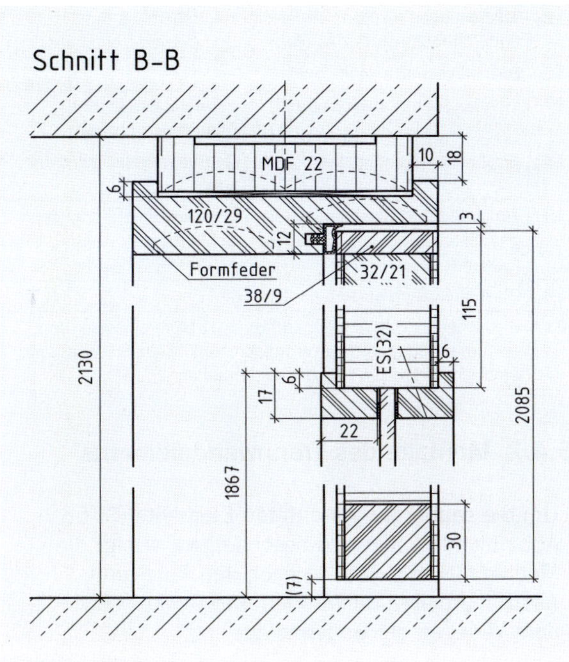

2 **Vertikaler Teilschnitt** *(vertical section)* **der Tür**

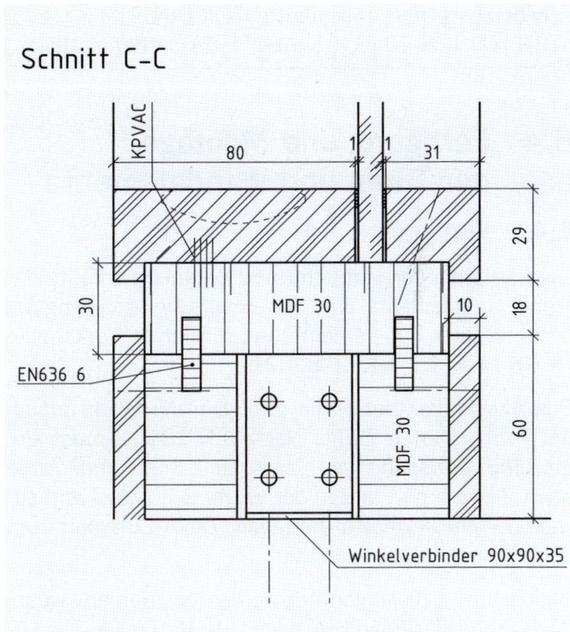

3 **Vertikaler Teilschnitt des Trennwandelements**

Beschläge

Für die Mietobjekte *(rental property)* werden hochwertige, robuste Standardbeschläge gewählt. Die **Bänder** aus Edelstahl *(stainless steel)* (S. 50, Abb. 3) können gering dimensioniert werden und bilden damit gestalterische Akzente, ohne zu sehr hervorzustechen *(stick out)*.

Bei der **Drückergarnitur** aus gebürstetem Stahl (S. 52, Abb. 1) soll sich die Werkstoffwahl fortsetzen. Runde Formen der Bandrolle werden in der Drückergarnitur wieder aufgenommen. Bestehend aus geometrischen Elementen, entsprechend einer reduzierten Formensprache, setzen sie Akzente.

Die Tür zum Wohn-Schlaf-Bereich wird zwecks Einbruchhemmung mit einem Zylinderschloss PZ mit **Profilzylinder** [▶ 7.5.11] versehen.

Um die Anzahl der Schlüssel gering zu halten, erhält die Tür des Trennwandelements die gleiche Schließung wie die Wohnungsabschlusstür.

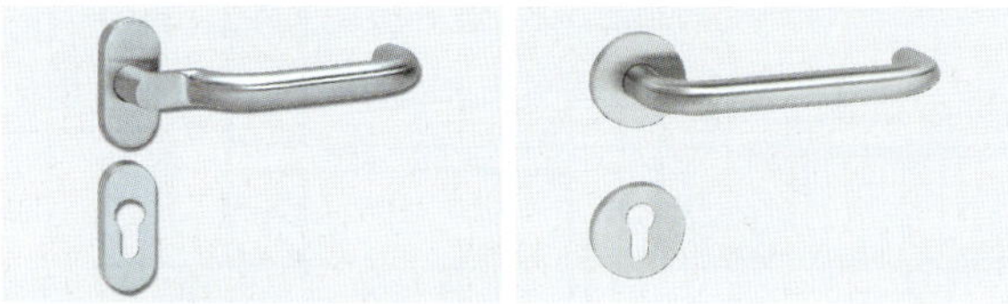

1 Drückergarnituren zur Auswahl

Lacksystem
Für die Vollholz- und Furnierflächen wird ein PUR-Wasserlacksystem *(water-based varnish)* [▶ GK 14.2.2] eingesetzt, das gut haftet *(stick)*, hohe Abriebfestigkeit *(wear resistance)* bietet und beständig gegen Chemikalien und UV-Einwirkung ist.

Maßstabsgetreue Teilschnitte nach DIN 919/ DIN ISO 128-50 (S. 51, Abb. 1–3) werden erstellt.

6.4 Fertigung und Montage der Türen und Wandelemente

6.4.1 Fertigung

Die Fertigung der Türblätter und Rahmenelemente der Trennwandelemente (Tab. 1) entspricht der Fertigung beschichteter Bauelemente und furnierter Werkstücke [▶ GK LF 6.4.1, GK LF 8.4.3].

Das Anschlagen der Türen erfolgt in der Werkstatt an der vormontierten Zarge. Nach DIN 18101 muss der einzelne **Luftspalt** *(gap)* zwischen Blatt und Zarge oben 2 ≤ 6,5 mm und in der Breite 2,5 ≤ 6,5 mm sowie ≤ 9 mm insgesamt betragen. Beim Luftspalt zum Boden sind ≤ 7 mm zulässig.

Bänder und Drückergarnitur werden positioniert, wobei die **Bandbezugslinien** BBL nach DIN 18101 [▶ 7.5.10] zu beachten sind. Bei diesen schweren Türen wird ein drittes Band 370 mm unterhalb der oberen BBL angeordnet. Die Achse der **Nuss** *(spindle)* [▶ 7.5.10] für den Drücker liegt 1050 mm oberhalb OFF.

Tab. 1 Fertigungsablauf

lfd. Nr.	Fertigungsschritt	Betriebsmittel
1	Grobzuschnitt *(rough cutting)* der Decklage und Deckplatte	Plattenaufteil-Kreissägemaschine *(panel saw)*
2	Zuschnitt der Holzwerkstoffe	
3	Grobzuschnitt der Rahmenhölzer, Anleimer und Glashalteleisten	Formatkreissäge *(sliding table saw)*
4	Hobeln *(planing)* des Vollholzes	Vierseitenhobelmaschine *(four sided planer moulder)*
5	Fälzen *(rebating)* der Glashalteleisten	Tischfräse *(spindle moulder)*
6	Rahmenhölzer und Anleimer ablängen *(cut to length)*	Formatkreissäge
7	Rahmenhölzer an die Spanplatte leimen	Rahmenpresse *(frame press)*
8	Deckplatten auf Spanplatte leimen *(glue on)*	Furnierpresse *(veneer press)*
9	Überstände der Deckplatte abfräsen *(flush trimming)*	Bündigfräser *(trim router)*
10	Anleimer an drei Seiten anleimen	Rahmenpresse
11	Kalibrierschliff *(calibrating)*	Breitbandschleifmaschine *(wide-belt sander)*
12	Decklage auf Rohling leimen	Furnierpresse
13	Bündigfräsen der Decklage	Bündigfräser
14	Fräsen *(cutting)* der Schlosskastentasche *(lock case mortise)*	Kettenstemmmaschine *(chain-mortiser)*
15	Ausfräsungen für Stulp *(forend)* und Schließblech *(strike plate)*	Handoberfräse mit Schablonen *(templates)*
16	Beschläge anschlagen *(mount)*	
17	Lichtausschnitt ausschneiden	Formatkreissäge mit Abstoppvorrichtung
18	Glashalteleisten einpassen *(fit in)*	Gehrungskappsäge *(mitre saw)*
19	Türkanten und Glashalteleisten grundieren *(priming)*, schleifen, lackieren	Lackierpistole *(spray gun)*/ Schleifpapier
20	Glashalteleisten einseitig anleimen	
21	Glasscheiben mit Vorlegeband *(glazing tape)* einsetzen *(put in)*, um ein Klappern zu vermeiden, verklotzen *(using glazing blocks)* und Leisten *(beads)* verschrauben	

6.4.2 Montage des Trennwandelements

Um die sauber ausgerichteten Elemente (S. 53, Abb. 1 und 2) nicht zu beschädigen, erfolgt die Montage (S. 53, Tab. 1) nach den Putz- und Anstricharbeiten an Wänden und Decken sowie dem Verlegen der Bodenbeläge.

Abwägungen vor dem Transport zum Bau:
- Damit die Fugen *(gaps)* dicht *(tight)* werden, werden die Glashalterahmen der Seitenteile im Betrieb zusammengefügt und verleimt.
- Eine saubere Ausbildung der Eckverbindung ist einfacher, wenn die Türzarge bereits verleimt, mit Transportleisten versehen, angeliefert wird. Auch wird die Montagezeit verkürzt.
- Um den Transport zu erleichtern, werden Drückergarnituren und Bänder nicht vormontiert.

Tab. 1 Montageablauf des Trennwandelements

lfd. Nr.	Montageschritt	Werkzeuge/Bemerkungen
1	Putzreste aus Laibung entfernen, Laibung säubern	Hammer, Steinmeißel *(boasting chisel)*, Bürste für staubfreie Laibung
2	Grundrahmen des gesamten Elements an Unebenheiten anpassen, lot- und waagerecht ausrichten und verschrauben	Wasserwaage *(spirit level)*, Richtscheit *(straight edge)*, Hammer, Hand- oder Elektrohobel, Bohr-Schrauber **Lichtmaße beachten!**
3	Pfosten beiderseits der Türzarge außen ansetzen und im Lot ausrichten, oben mit dem Grundrahmen verleimen, seitlich mit der Türzarge verschrauben, am Boden durch Metallwinkel fixieren	Stift, Winkel, Bohr-Schrauber **Maß der Sockel in den beiden seitlichen Feldern berücksichtigen.**
4	Türzarge in die Öffnung stellen, obere Querzarge in Waage, Bandseite im Lot ausrichten und von oben verkeilen (ggf. aufrechte Teile kürzen)	Wasserwaage, Richtscheit, Winkel, Messstab, Stift, Hammer, Keile *(shims)*, Hobel, Handkreis- oder Stichsäge **Abstand zur Wand beachten!**
5	Türblatt einhängen und ggf. kürzen	Handkreissäge mit Führungsschiene, die Ausrisse im Belag vermeidet
6	Türblatt wieder einhängen (sollte beim Öffnen leicht ansteigen), Schlossseite der Zarge nach dem Blatt ausrichten und verkeilen (Dichtung muss bei geschlossener Tür gleichmäßig anliegen), Keile mit KPU verleimen	Wasserwaage, Keile, Hammer, loser Türdrücker (bzw. Bauschlüssel), Zulagen, Keile, Stechbeitel, Feinsäge (zum Kürzen der Keile) **Falzluft (i. d. Breite 2,5 ≤ 6,5 mm) ausrichten!**
7	Sockel der verglasten seitlichen Elemente zwischen Pfosten und Grundrahmen ausrichten, ggf. unten anpassen, Oberkante in Waage ausrichten, in Nuten Formfedern mit KPU verleimen	Wasserwaage, Richtscheit, Winkel, Messstab, Stift, Hammer, Keile, Hobel, Handkreis- oder Stichsäge **Sockel stramm zwischenpassen, Brüstungsfugen dicht drücken!**
8	Sockelleisten ablängen und an den Sockel schrauben	Schrauber, Bohrmaschine
9	verleimte Glashalterahmen in Felder der Festverglasung einsetzen, verkeilen und mit KPU verleimen	Hammer, Zulagen, Keile, Stechbeitel, Feinsäge (zum Kürzen der Keile)
10	Vorlegeband einkleben, Glasscheiben in die Seitenfelder einsetzen, verklotzen (Regeln der Festverglasung)	Hammer, Stechbeitel, Glasheber *(glass lifter)*
11	Glashalteleisten einsetzen und ggf. kürzen, Vorlegeband einkleben, Leisten verschrauben	Hammer, Stechbeitel **Glasleisten verschrauben, um Glas ersetzen zu können!**
12	bei feucht zu reinigenden Böden Bodenfuge versiegeln	Handpresspistole *(caulking gun)* für Acrylkautschuk
13	Drückergarnitur montieren	Schraubendreher
14	Endkontrolle und Reinigung des Montageplatzes, Kontrolle der Schließfunktion (gleichmäßige Luft, kein Bodenkontakt des Blatts)	Schraubendreher, Innensechskantschlüssel *(hex key)*, Feile, Industriestaubsauger

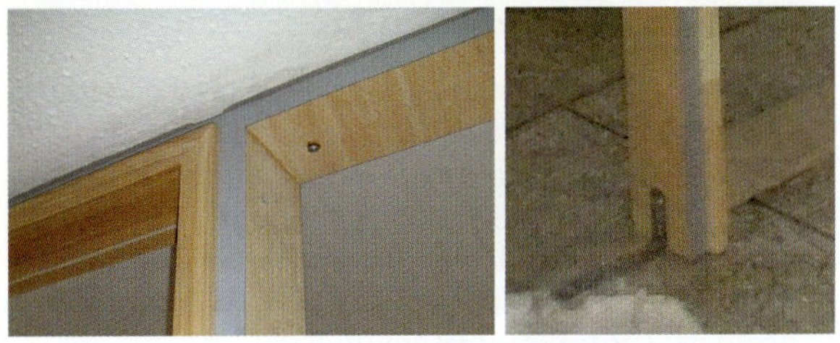

1 Obere und untere Befestigung des Grundrahmens und Pfostens

2 Türfutter-Zarge
(vor der Montage)

3 Details des Türelements

4 Oberer Anschluss eines Seitenteils mit Verglasung

5 Sockelanschluss unten

6.4.3 Montage der Badtür

Eine Drehtür mit Futter und schmaler Bekleidung wird montiert *(mounted)*. Das Standardtürblatt aus Strangpress-Röhrenspanplatte erhält einen Lüftungsausschnitt nach DIN 68706-1 [▶ 7.5.10] im unteren Bereich. Zwecks einfacher Justierung der Tür werden Kombibänder verwendet [▶ 7.5.11]. Es wird ein Buntbartschloss BB für Rechtstüren eingebaut.

Für die Befestigung des Türfutters in der Wand aus 80 mm dicken **Gips-Wandbauplatten** *(plasterboards)* [▶ 15.1.4] gibt es verschiedene Möglichkeiten.

Da bei der Badtür zu hohe Kräfte nicht zu erwarten sind, wird das Futter ohne zusätzliche Befestigungselemente mit **PUR-Montageschaum** *(expanding foam)* punktuell verklebt (Tab. 1).

Vor dem Ausschäumen wird das Futter verklotzt und mit **Spreizen** *(spreaders)* gegen Verformungen durch den expandierenden Schaum gesichert (Abb. 1).

1 Verklotztes, mit Spreizen fixiertes Futter (vor dem Ausschäumen)

Tab. 1 Montageablauf der Badtür

lfd. Nr.	Montageschritt	Werkzeuge/Bemerkungen
1	Futter in Wandöffnung stellen, ggf. Futterlänge anpassen	Messstab, Stift, Handkreis- oder Stichsäge
2	Futter in Waage und Lot ausrichten, in Breite und Tiefe vermitteln und in Höhe der Beschläge verkeilen	Wasserwaage, Keile, Hammer
3	mind. drei Futterspreizen im Futter ansetzen	Futterspreizen oder zugeschnittene Füllhölzer
4	im Bereich der Futterspreizen (Bänder und Schloss) ausschäumen, Gesamtklebefläche mind. 30 % der aufrechten Futterfläche (DIN 68706-2)	Ein- oder Zweikomponentenmontageschaum, ggf. Klebefläche mit Wasser zum besseren Aufschäumen und Haften besprühen
5	Spreizen abnehmen, sobald der Schaum schneidbar und belastbar ist, Schaumreste entfernen	Feinsäge oder Messer **Verabeitungsangaben auf den Sprühdosen** *(spray cans)* **beachten!**
6	Zierbekleidung anpassen, ggf. kürzen, aufleimen und Bodenfuge versiegeln	Messstab, Stift, Handkreis- oder Stichsäge, Acrylkautschuk *(acrylic rubber)*, Leim, Hebelzwingen
7	Drückergarnitur montieren	Schraubendreher

Aufgaben zu 6

1. Ermitteln Sie das fehlende Maß in der Zeichnung des Wohnungsgrundrisses (S. 47, Abb. 1).
2. Begründen Sie dem Kunden gegenüber die Öffnungsrichtung der Drehtüren in der Entwurfslösung.
3. Wohnungsabschlusstüren unterliegen einer höheren klimatisch bedingten Beanspruchung als Innentüren. Erläutern Sie den Sachverhalt und beschreiben Sie die Folgen [▶ 7.5.17].
4. Welche technischen Anforderungen ergeben sich für die Badezimmertür [▶ 7.5.17]?
5. Das Türblatt des Entwurfs könnte alternativ auch als Rahmen aus Esche-Vollholz gefertigt werden. Welche Konstruktionen würden Sie wählen? Erstellen Sie dazu Teilschnittzeichnungen.
6. Beschreiben Sie den Fertigungsablauf der Rahmentür aus Esche-Vollholz.
7. Warum werden unterschiedliche Dichtungsprofile bei stumpfen und gefälzten Türen verwendet?
8. Zeichnen Sie den Horizontalschnitt durch die vorgesehene Badtür. Sie soll ausgeführt werden, wie bei der Montage beschrieben.
9. Wie kann die Wohnungsabschlusstür gestaltet werden? Begründen Sie Ihren Entwurf. Machen Sie Vorschläge zur Art von Rahmen und Türblatt.
10. Welche Befestigungsmittel sind einsetzbar? Die Trägerwand besteht aus Hohllochziegeln. Informieren Sie sich vor allem über Abstandsmontageschrauben und beschreiben Sie die Montage.
11. Mit welchen Verbindungsmitteln sind die vormontierten Glashalterahmen der Festverglasung versehen? Überlegen Sie Alternativen und nennen Sie deren Vor- und Nachteile.
12. Wie viel Quadratmeter HPL werden bei der Fertigung des Trennwandelements benötigt? Die Platten werden im Format 2750 × 2040 angeliefert. Erstellen Sie eine Stückliste und einen Aufteilungsplan.
13. Beim Maßnehmen am Bau stellen Sie fest, dass die Wand zwischen Diele und Kochecke nicht 11,5 cm, sondern 24 cm dick ist. Die Diele wird daher um 12,5 cm schmaler. Mit welcher Änderung im Entwurf des Trennwandelements reagieren Sie? Begründen Sie die Änderung.
14. Die HPL-Platten werden gemäß ihrer Eigenschaften nach DIN EN 438-3 klassifiziert. Welche Klassifizierung [▶ GK 6.12] wird für den vorliegenden Anwendungsfall empfohlen?
15. Wie wird ein Blockrahmen montiert?

English Tasks

16. Describe the properties of MDF that make it a good building material for door casings.
17. List requirements for interior doors.
18. Describe how to manufacture interior doors. Write a simple sequence of operations.

7 Projekt Treppe für ein Einfamilienhaus

7.1 Auftragsbeschreibung

Für den Neubau (Abb. 1) eines Einfamilienhauses soll die Treppe konstruiert und gefertigt werden.

Im Obergeschoss befinden sich ein Elternschlafzimmer, zwei Kinderzimmer und ein größeres Badezimmer.

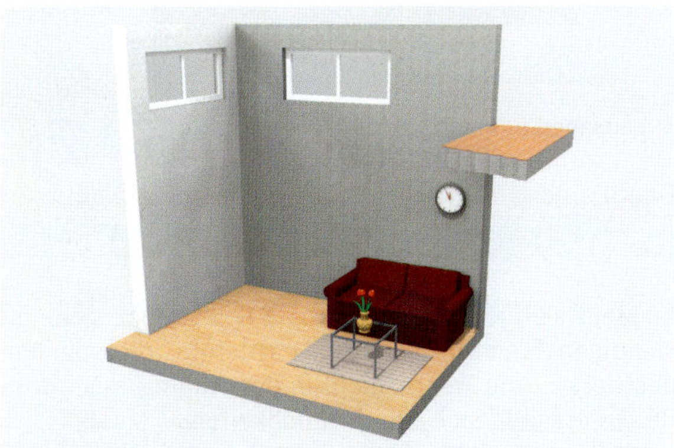

1 Bauliche Gegebenheiten des Treppenraums

Die **baurechtlich** als einzig möglicher Rettungsweg **notwendige Treppe** soll im Eingangsbereich eines 3,25 m breiten und 3,88 m langen Eingangsflurs liegen. Die Geschosshöhe *H* zwischen den fertigen Fußböden (OFF) wird 2,75 m betragen.

7.2 Auftragserfassung

Der Kunde möchte eine Eichenholztreppe *(oak staircase)*, die durch eine schlichte Konstruktion bestimmt ist und die Schönheit des verwendeten Holzes zeigt.

Gebrauchswunsch

Die Treppe wird selten mit Straßenschuhen benutzt: Die Räume, die von Gästen der Familie betreten werden, liegen alle im Erdgeschoss.

Allerdings müssen die Stufen auch herunterfallende Spielzeuge vertragen. Flecken von Bunt- und Filzstiften müssen von der Holzoberfläche entfernbar sein.

Wegen der Kinder muss die Treppe **absturzsicher** *(protected against falls)* konstruiert sein.

Für die Planung müssen alle Maße bekannt sein, die die **vorgeschriebene Mindesthöhe** von 2,00 m (lichte Durchgangshöhe, *headroom*) über den Stufenvorderkanten einschränken könnten.

Aufmaß

Trotz Architektenzeichnung erfolgt das **Maßnehmen am Rohbau** [▶ 6.2].

Die Auftrittflächen der Treppe im eingebauten Zustand dürfen ≤ 1 % von der Waagerechten abweichen. Dabei dürfen sowohl die Antritt- wie auch die Austrittstufe nur einen geringen Teil vom Nennmaß [▶ 6.1] abweichen.

In der oberen Geschossdecke befindet sich bis zur Außenwand ein 3,80 m langes und 2,20 m breites **Treppenloch** [▶ 8.1.4]. Genauso breit ist unten auch die Außenwand, in der ein Fenster vorhanden ist. Daneben ist die Hauseingangstür. Die Treppe soll 20 mm Abstand zu den angrenzenden Wänden haben. Außerdem müssen 30 mm Unterschneidung an der Stufe vor der Austrittstufe berücksichtigt werden.

So ergeben sich folgende Maße:

- 3800 mm – 20 mm – 30 mm = **3750 mm**
- 2200 mm – 20 mm = **2180 mm**

Die Treppe darf also maximal 3750 mm lang und 2180 mm breit sein (Abb. 2).

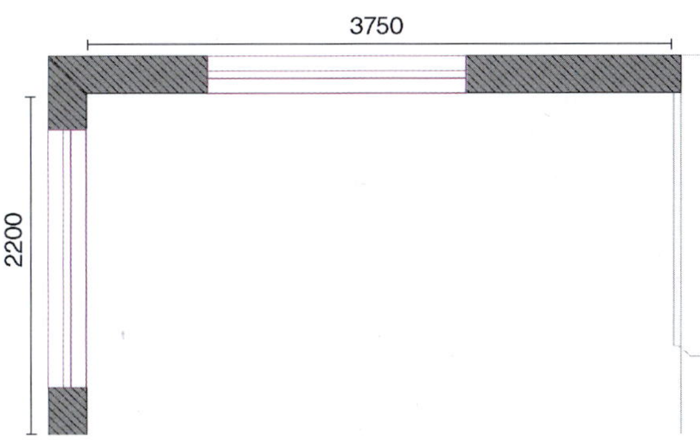

2 Aufmaß für die Treppenfläche

7.3 Treppenplanung, Grundmaße

Gleichgültig ob es sich um eine geradläufige oder gewendelte Treppe [▶ 8.1.2] handelt, werden zunächst die Anzahl der Steigungen sowie deren Höhe und die Auftrittbreite berechnet.

Berechnung der Steigungszahl *n*

$$n \approx \frac{H\,(\text{mm})}{170\text{ mm}} \Rightarrow n \approx \frac{2750\text{ mm}}{170\text{ mm}} \approx \mathbf{16{,}2}$$

1. Schätzung der **Anzahl der Steigungen**:
   Die genaue Geschosshöhe *H* wird durch das „ideale Steigungsmaß“ *s* = 170 mm geteilt.

Wird für $n = 17$ Steigungen gewählt, wird die Treppe flacher und komfortabler, aber auch länger. In kleineren Wohnhäusern ist aber häufig nicht genug Platz für eine längere Treppe.

Daher wird mit dem nächstkleineren Wert $n = 16$ Steigungen geplant.

Anschließend wird die Steigung berechnet:

2. Berechnung des **Steigungsmaßes** s:
   Die Geschosshöhe H wird durch die zuvor festgelegte Anzahl der Steigungen n dividiert.

Berechnung der Steigung s (Stufenhöhe)
$s\,(\text{mm}) \approx \dfrac{H\,(\text{mm})}{n} \Rightarrow s = \dfrac{2750\text{ mm}}{16} = \mathbf{171{,}88\text{ mm}}$

Für ein bequemes und sicheres Begehen der Treppe sollen die Steigung s und der Auftritt a in einem bestimmten Maßverhältnis stehen, das von der Schrittlänge ausgeht.

Sie ist in der **Schrittmaßregel** [▶ 8.2.2] definiert:

3. Berechnung der **Auftrittbreite** a mithilfe der Schrittmaßregel $a + 2s = 590$ bis 650 mm:
   Das Schrittmaß beträgt meist 630 mm.

Die Schrittlänge gilt für normal proportionierte Menschen mit einer Körpergröße von 1,75 bis 1,94 m. Die Auftraggeber der Treppe sind zwischen 1,75 und 1,80 m groß und stark übersetzt. Dies bedeutet, dass sie für ihre Körpergröße sehr lange Beine haben.

Für die Schrittlänge werden 630 mm festgelegt.

Berechnung der Auftrittbreite a
$a\,(\text{mm}) \approx \text{Schrittmaß (mm)} - 2 \cdot s\,(\text{mm})$ $\Rightarrow a = 630\text{ mm} - 2 \cdot 171{,}88\text{ mm} = \mathbf{286{,}24\text{ mm}}$

Während die Steigung s exakt eingehalten werden muss, damit vom unteren Fußboden bis zur Austrittstufe alle Stufenhöhen gleich sind, darf hier leicht abgewichen werden.

a wird mit 286 mm festgelegt.

4. Berechnung der **Lauflänge** L_G:
   Bei der Berechnung wird die Austrittstufe nicht mitgezählt, weshalb die Treppe immer einen Auftritt a weniger als Steigungen s hat (Abb. 1).

Berechnung der Lauflänge L_G
$L_G\,(\text{mm}) = (n - 1) \cdot a\,(\text{mm})$ $\Rightarrow L_G = 286\text{ mm} \cdot 15 = \mathbf{4290\text{ mm}}$

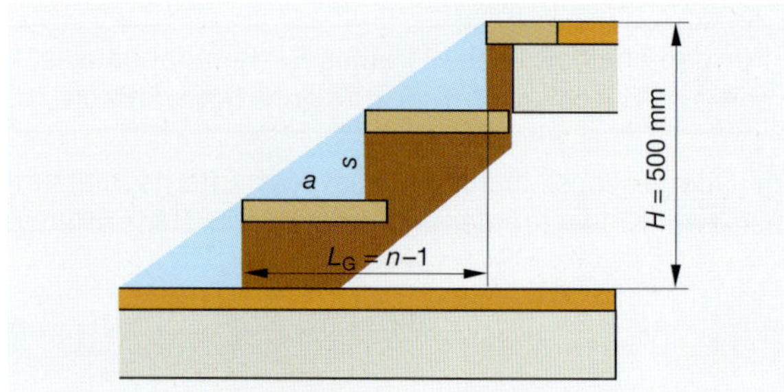

1 Lauflänge L_G mit Steigung s und Auftritt a

Damit sind die **Grundmaße** der Treppe berechnet:

$L_G = 4290$ mm; $s = 171{,}88$ mm; $a = 286{,}24$ mm

Es stellt sich jedoch heraus, dass selbst ohne den notwendigen Freiraum vor der Antrittstufe, die sog. **Podesttiefe t_p**, die Treppe nicht in den Raum passen würde. Es ergeben sich drei Möglichkeiten:

- **Lauflänge L_G kürzen:**
  - Die Anzahl n der Steigungen verringern. Da aber s höher würde, würde die Treppe steiler.
  - Die Auftrittbreite a verringern. Auch dadurch würde die Treppe steiler und unsicherer.
- Bei genügender Breite des Treppenraums könnte die Lauflinie [▶ 8.1.2] durch **Viertelwendelung** der Treppe im Raum gekrümmt verlaufen.

7.4 Viertelgewendelte Treppe

Die Treppe soll eine Viertelwendelung erhalten.

7.4.1 Treppenkonstruktion mit Aufriss

Die traditionelle handwerkliche Bauweise legt die Stufen in der Wendelung [▶ 8.2.3] so, dass die Wangen [▶ 8.1.1] einen harmonischen Schwung erhalten.

Merkmale des harmonischen Schwungs:
- Die Mittelachse der Eckstufe muss exakt auf der Raumdiagonalen liegen.
- Nach oben und nach unten muss die gleiche Anzahl der zu verziehenden Stufen n_{verz} und die Anzahl Stufen im Radius n_{Rad} angeordnet werden.
- n_{verz} und n_{Rad} haben daher eine ungerade Anzahl (z. B. 3, 5, 7 oder 9).

Hauptmaße

Vor der zeichnerischen Konstruktion werden die Hauptmaße der Treppe rechnerisch ermittelt, um zu prüfen, ob und wie die Treppe in den Raum passt. Die Treppe wird dazu gedanklich in drei Abschnitte (Abb. 1) unterteilt:

- Gerader Lauf A oben,
- Bereich der verzogenen Stufen D + C + B,
- Lauflinienradius C innerhalb der verzogenen Stufen.

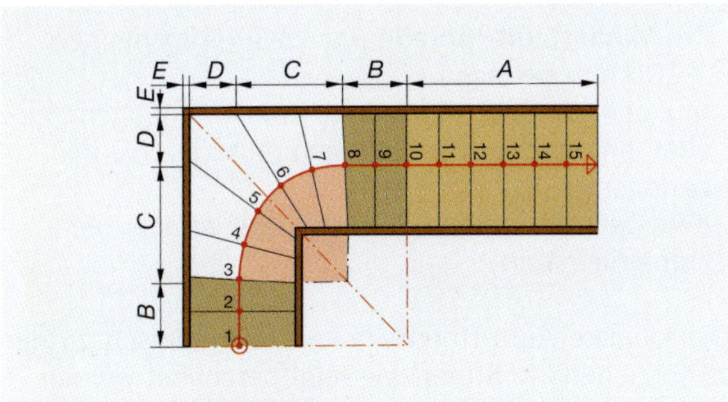

1 Abschnitte der Treppe

Zuvor berechnete **Grundmaße** der Treppe:
L_G = 4290 mm; s = 171,88 mm; a = 286,24 mm
Für die **Wendelung** gewählt:
- n_{verz} D + B + C mit 9 Stufen,
- n_{Rad} C mit 5 Stufen.

Geplant wird zunächst, neun Stufen zu verziehen.
- Die oberen sechs Auftritte (Abschnitt *A*) bleiben gerade.
- Der Radius der Lauflinie soll mit 5 Auftritten symmetrisch eingebettet werden.
- Vor und hinter dem Lauflinienradius liegen jeweils 2 verzogene Stufen (Abschnitte *B*).

Berechnung bei symmetrischem Aufbau der Treppe

gewählt: n_{verz} und n_{Rad}

lange Seite der Treppe		**Beispiel in mm**
u	Unterschneidung am Austritt (nicht abgebildet) $u \geq 30$ mm	30,0
+ A	gerade Stufen *a* $(n_{-1} - n_{verz})\,a \Rightarrow 6 \cdot 286$ mm	1716,0
+ B	zu verziehende Stufen ohne Lauflinienradius $(n_{-1} - n_{verz})\frac{a}{2} \Rightarrow (9-5)\frac{286\text{ mm}}{2}$	572,0
+ C	Radius der Lauflinie $\frac{0{,}5 \cdot a}{\sin\frac{45}{n_{Rad}}} \Rightarrow \frac{0{,}5 \cdot 286\text{ mm}}{\sin\frac{45}{5}}$	914,1
+ D	$\frac{1}{2} l_s$ Lauflinienabstand zur Wange (z. B. l_s = 900 mm)	450,0
+ E	d_w Wangendicke	50,0
Gesamtlänge der langen Seite		**3732,1**

kurze Seite der Treppe		**Beispiel in mm**
E	d_w Wangendicke	50,0
+ D	$\frac{1}{2} l_s$ = 900 mm	450,0
+ C	$\frac{0{,}5 \cdot a}{\sin\frac{45}{n_{Rad}}} \Rightarrow \frac{0{,}5 \cdot 286\text{ mm}}{\sin\frac{45}{5}}$	914,1
+ B	$(n_{-1} - n_{verz})\,a \Rightarrow (9-5)\frac{286\text{ mm}}{2}$	572,0
+ 4 cm	Wangenbesteck (nicht in der Zeichnung)	40,0
Gesamtlänge der kurzen Seite		**2026,1**

Die Gesamtlänge der Treppe beträgt auf der
- langen Wandseite 3732,1 mm,
- kurzen Wandseite 2026,1 mm.

Auch mit 20 mm Luft zur Wand ist der lange, obere Lauf der Treppe 18 mm kürzer, als in dem Treppenraum Platz ist. In der Breite wären sogar noch fast 190 mm mehr Platz.

Würden 9 statt 5 Stufen in den Laufradius genommen (Abb. 2), würde die Treppe mit 3886,7 mm zu lang werden. Zugleich müsste ein **Krümmling** [▶ 8.2.3] verwendet werden, weil der Laufbereich an der Innenecke *(inside corner)* mehr Platz benötigt.

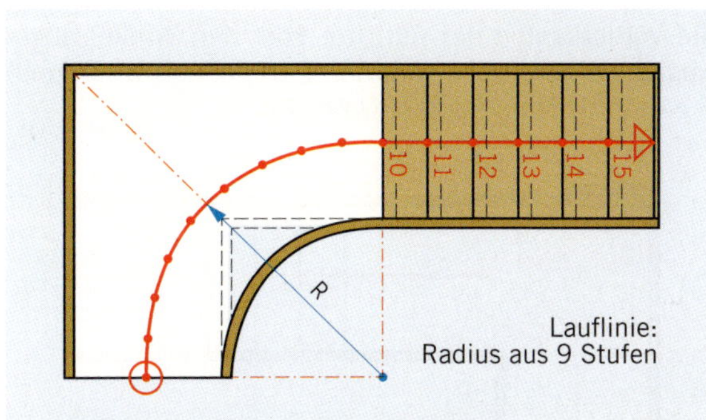

2 Eine 10 mm größere Auftrittbreite *a* ließe die lange Seite auf 3743,3 mm anwachsen

Die gewendelte Treppe **vergrößern**:
- Auftritt *a* vergrößern:
  (*a* + 1 mm) ⇒ Beide Treppenseiten werden einige mm länger.
- Mehr Stufen im Lauflinienradius:
  n_{Rad} + 2 Stufen ⇒ Beide Treppenseiten werden um einige cm länger.
- Mehr Stufen verziehen:
  n_{verz} + 2 Stufen ⇒ Lange Seite wird 1 *a* länger.

Um Änderungen an Treppenmaßen schneller prüfen zu können, empfiehlt es sich, das Berechnungsschema einer Excel-Tabelle zu verwenden. Sie kann unter handwerk-technik.de bei „Fachkenntnisse Holztechnik“ kostenlos heruntergeladen werden.

Aufreißen der gewendelten Treppe
Sind die Außenmaße optimiert, kann die Treppe als Draufsicht aufgerissen werden.

Zunächst werden die Außenmaße als Rechteck, dann der obere gerade Treppenlauf mit 6 Stufen gezeichnet (Abb. 1).

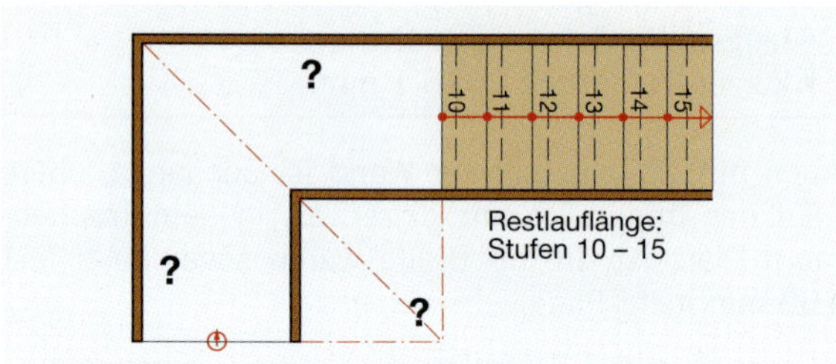

1 Oberer gerader Treppenlauf

Die Lauflinie wird um die 2 oberen verzogenen Stufen verlängert; die Auftrittbreiten werden markiert.

Der nachfolgende **Lauflinienbogen** wird genauer, wenn die Vorderkanten der Auftritte über den Winkel abgetragen werden. Dazu wird der Viertelkreis (90°) durch 5 gewählte Stufen geteilt (Abb. 2).

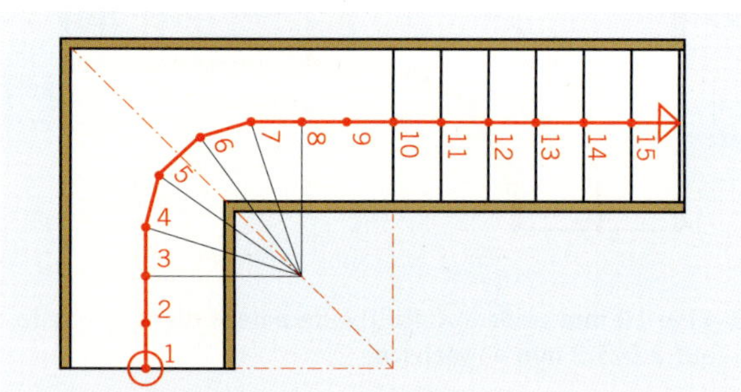

2 Lauflinienbogen

Die **Stufenvorderkanten** sind bisher nur auf der Lauflinie festgelegt. Dort haben sie stets die gleiche Auftrittbreite *a*, in diesem Fall 286 mm.

An der **Freiwange** *(self-supporting string)* [▶ 8.1.1] werden die Stufen von der kleinsten Auftrittbreite *à* stetig in harmonischem Verhältnis breiter, bis sie das Maß *a* erreichen.

Kleinste Auftrittbreite *à*
An der **Eckstufe** [▶ 8.1.3] muss die kleinste Auftrittbreite *(smallest tread width)* $à \geq 100$ mm (Abb. 3) betragen.

Wird sie zu klein gewählt, drehen die Vorderkanten der Stufen (besonders bei der „Verhältnismethode“) beim Verziehen in die Gegenrichtung.

Bei Treppen mit Krümmlingen gilt das Sehnenmaß.

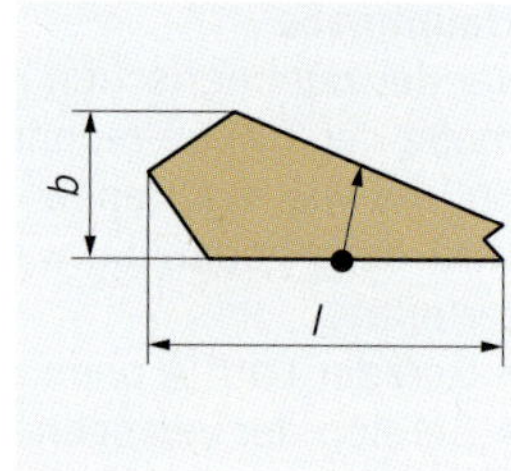

3 Eckstufe

Die **Mindestauftrittbreite *à*** muss im Allgemeinen ≥ 100 mm betragen.
In Wohnhäusern mit maximal zwei Wohnungen oder innerhalb von Wohnungen muss $à \geq 50$ mm betragen.
Eine derartig schmale Auftrittbreite ist aber nicht empfehlenswert.

Die kleinste Auftrittbreite *à* kann harmonisch zu den zu verziehenden Stufen wie folgt berechnet werden:

Kleinste Auftrittbreite *à*
$à\,(\text{mm}) = a - \dfrac{y \cdot b\,(\text{mm}) \cdot \pi}{n_{verz} + 1}$
y = Faktor für die Anzahl der Viertelwendelungen 1 · 1 Viertelwendelung, 2 · halbgewendelt (2/4) b = Abstand der Lauflinie von der Freiwange n = Anzahl der zu verziehenden Stufen
$à = 286\text{ mm} - \dfrac{1 \cdot 450\text{ mm} \cdot \pi}{9 + 1} = \mathbf{144{,}4\ mm}$

Die errechnete kleinste Auftrittbreite *à* (Abb. 4) ist damit größer als die vorgeschriebene Mindestauftrittbreite von 100 mm.

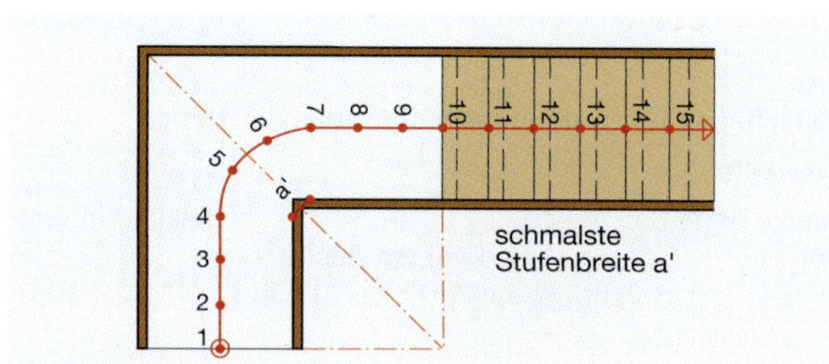

4 Auftrittbreite à

Der vordere Punkt von *à* wird mit dem vorderen Punkt der **Eckstufe** (Stufe 5) auf der Lauflinie verbunden. In gleicher Weise wird mit den beiden hinteren Punkten, blaue Linien im Treppenlauf (S. 59, Abb. 1), verfahren.

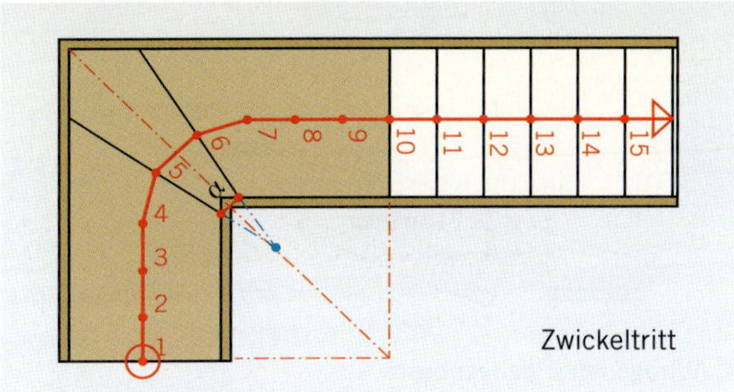

1 Auftritt der Eckstufe

Die Vorderkanten der Antrittstufe und der ersten unverzogenen (geraden) Stufe sowie die Mittelachse der Eckstufe (rote Strich-Punkt-Linien) werden nach unten verlängert, bis sie sich schneiden.

Verziehen nach der Verhältnismethode

Verziehen *(increase of tread surface)* bedeutet, dass die Stufenbreite (Auftritt) an der Freiwange zwischen *à* und *a* von Stufe zu Stufe stetig harmonisch zunimmt.
Aus der Verbindung der Stufenvorderkanten an der Freiwange und der Lauflinie ergibt sich das Breitenmaß an der Wandwange *(wall string)*.

Die beiden blauen Linien werden verlängert, bis sie sich auf der verlängerten Mittelachse schneiden. Vom Schnittpunkt der blauen Linien mit der Mittelachse (Abb. 2) wird eine leicht teilbare Strecke – schwarze Linie – in beliebiger Richtung gezeichnet. Deren Endpunkt wird im rechten Winkel mit dem Schnittpunkt der Stufenvorderkanten – rote Strich-Punkt-Linien – verbunden und die Strecke in entsprechend gleiche Abschnitte unterteilt.

Bei 9 zu verziehenden Stufen werden auf der Strecke 10 gleiche Abschnitte abgetragen.

Teilungsverhältnis nach Größe und Anzahl der zu verziehenden Stufen:
- bei 9 Stufen 1 : 2 : 3 : 4 = 10 Abschnitte,
- bei 7 Stufen 1 : 2 : 3 = 6 Abschnitte,
- bei 5 Stufen 1 : 2 = 3 Abschnitte.

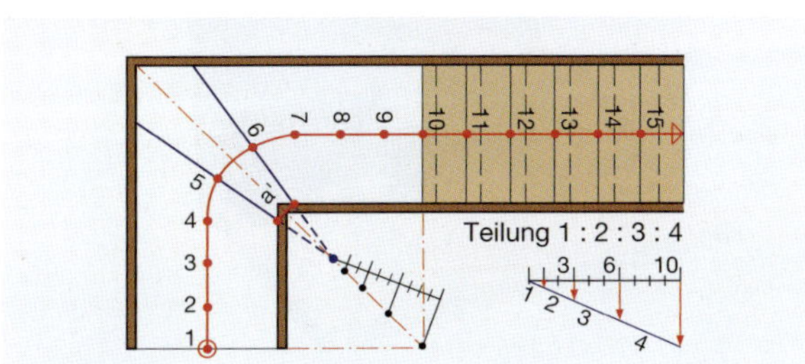

2 Unterteilungen zum Verziehen der Stufen

Die verlängerte Mittelachse zwischen den beiden Schnittpunkten wird im Verhältnis 1:2:3:4 unterteilt (Abb. 2).

Wie in Abb. 2 dargestellt, werden die Punkte der verlängerten Mittelachse mit den zugehörigen Punkten der Lauflinie verbunden (Abb. 3). Anschließend wird parallel zu den Stufenvorderkanten die Unterschneidung *u* eingezeichnet.

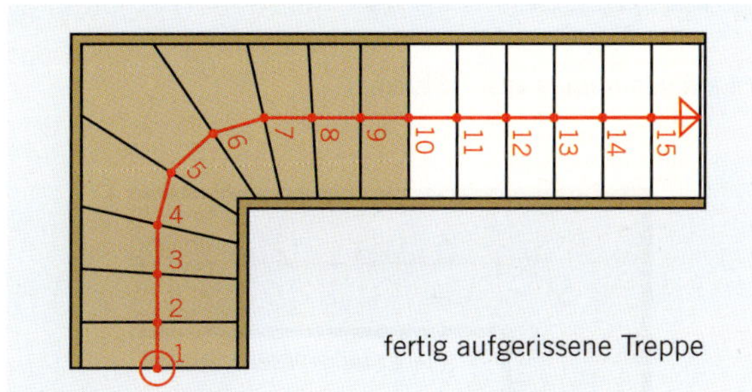

3 Verzug der Stufen

Gehbereich

Der Gehbereich *(walking area)* (Abb. 4) einer Treppe mit bis 1000 mm nutzbarer Laufbreite muss mindestens 2/10 der nutzbaren Laufbreite betragen.

Bei einer Treppe mit 900 mm nutzbarer Laufbreite muss der Gehbereich mindestens 18 mm breit sein. Die Lauflinie liegt dabei innerhalb des Gehbereichs.

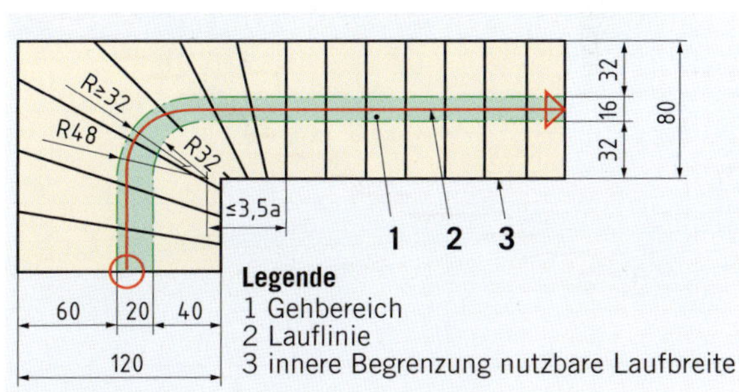

4 Gehbereich und Lauflinie einer Treppe

Innenecken von Freiwangen

Je größer der Lauflinienradius (S. 60, Abb. 1) wird, umso eher benötigen die untere und die obere Freiwange *(self-supporting string)* [▶ 8.2.3] einen **Krümmling**, weil der erforderliche Gehbereich sonst nicht ausreicht.

Das handwerkliche Anreißen und Fertigen eines Krümmlings [▶ 8.3.1] ist sehr aufwendig. Aus Kostengründen daher häufig in kleineren Wohnhäusern ein **kleinerer Lauflinienradius** mit 3 oder 5 Auftritten und ein **Eckpfosten** verwendet (S. 60, Abb. 2).

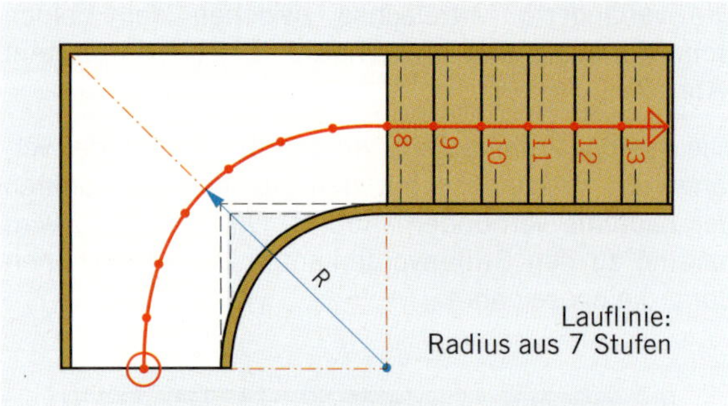

1 **Lauflinienradius aus 7 Stufen**

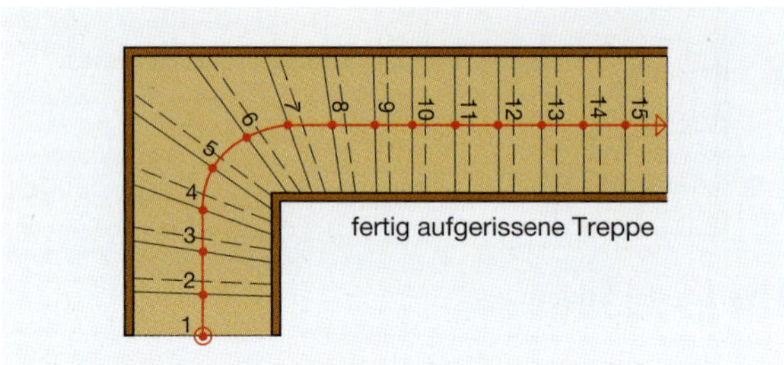

2 **Viertelgewendelte Treppe mit Lauflinienradius aus 3 Stufen und mit Eckpfosten**

Bestimmung der Wangenform durch Abmantelung

Für die Innenfläche der **Wandwange** wird durch Parallelprojektion eine Ansicht gezeichnet, in der die Lage und Breite jeder Stufe ihrer Höhe zugeordnet wird (Abb. 3).

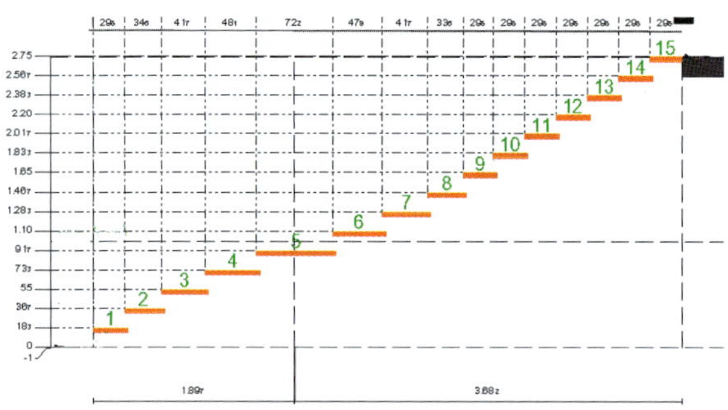

3 **Stufenabmantelung der Wandwangen**

Links ist die kurze, rechts die lange Wandwange abgemantelt. In gleicher Weise wird mit den beiden **Freiwangen** verfahren.

An jeweils der oberen Vorderkante und der unteren Hinterkante der Stufen werden mit einem Zirkel – roter Kreis – 40 mm Wangenbesteck abgetragen (Abb. 4). Dann wird eine harmonisch geschwungene Linie an die oberen Kreisbögen gelegt.

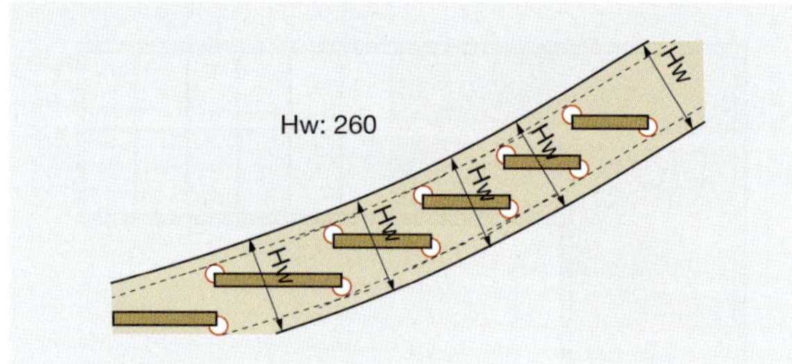

4 **Abtragen des Wangenbestecks**

Da sich im Bereich der verzogenen Stufen die so berechnete Wangenbreite verändern würde, wird die Unterkante der Oberkante der Wange angepasst. Bei der Abmantelung *(development)* der Freiwange *(outer string)* muss der **Pfosten** oder **Krümmling** eingearbeitet werden.

Anreißen der Wangen und Stufen

Bei geradläufigen Treppen ist die rechtwinklige Stufenform einfach zu fertigen. Für die Fertigung der Treppenwange **[▶ LF 7.5]** ist es sinnvoll, eine dreieckige **Schablone** mit dem Steigungsverhältnis anzufertigen. Sie wird an der oberen Schmalkante der Wange angelegt und hat einen verschiebbaren Anschlag (S. 61, Abb. 5). Für den Bereich der Wendelung gibt es Treppenanreißlehren, die Auftritt und Steigung rechtwinklig zueinander halten.

Verzogene Stufen können mit ihren Vorderkanten auf einen 1 : 1-Aufriss gelegt werden, um anschließend die Wangenform überzuwinkeln.

7.4.2 Treppenkonstruktion mit CAD

CAD/CAM-Treppenprogramme liefern 3-D-Ansichten für Kunden (Abb. 5) sowie fertig berechnete Draufsichten mit verzogenen Stufen und Abmantelungen (S. 61, Abb. 1 bis 3).

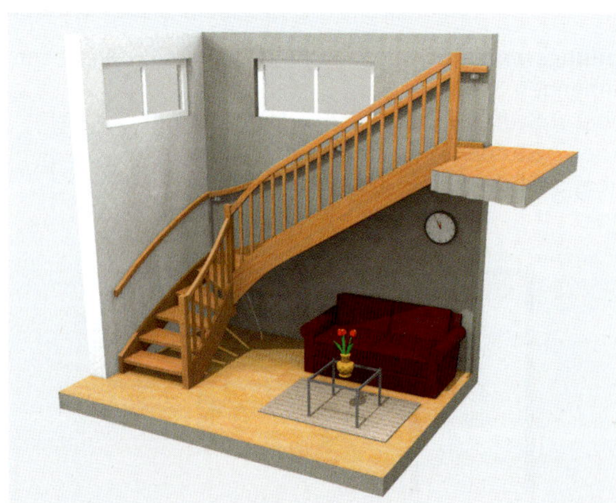

5 **Fotorealistische 3-D-Ansicht der fertigen Treppe**

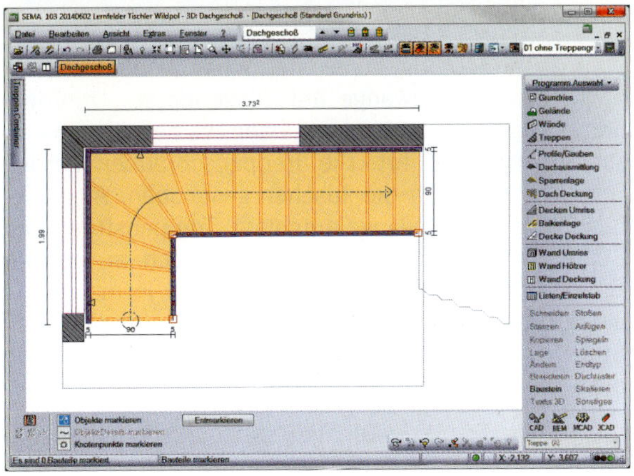

1 CAD-Grundriss mit verzogenen Wendelstufen

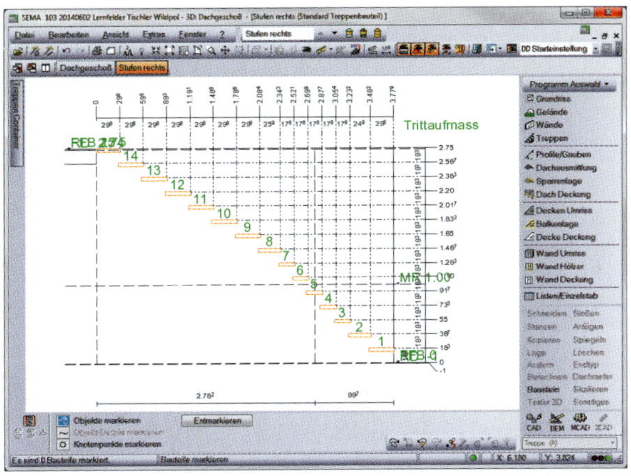

2 CAD-Stufenabmantelung der Freiwangen

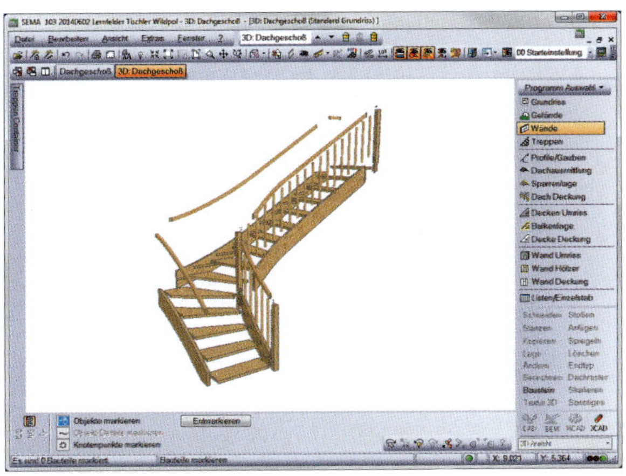

3 Explosionszeichnung der Einzelteile der Treppe

Papierschablonen für Wangen und Stufen können aus einer CAD-Konstruktion im Maßstab 1 : 1 ausgeplottet und als **Anreißschablonen** verwendet werden. Auch Geländerbauteile (z. B. Handläufe und Docken) sowie Krümmlinge können so angerissen werden.

7.5 Fertigung der Treppenelemente

4 Elemente der viertelgewendelten Pfostentreppe

7.5.1 Traditionelle Fertigung

Anreißen der geraden Wangenteile

Die Treppenwangenrohlinge werden mit einer **Treppenanreißlehre** (Abb. 5) angerissen. Sie stellt sicher, dass Stufen und Steigungen selbst im Bereich der Schwünge (Wendelungen) immer rechtwinklig zueinander bleiben. Für den Bereich mit Eckpfosten gibt es **Hilfsanschläge**.

5 Treppenanreißlehre für die Fräs- bzw. Stemmtaschen der Wange

Für geradläufige Treppen kann auch ein **Steigungsdreieck aus Furniersperrholz** gefertigt werden, das an der oberen Wangenkante angelegt wird. Die obere Wangenkante berücksichtigt das Wangenbesteck und hat den richtigen Winkel des Steigungsdreiecks aus *a* und *s*.

Anreißen von verzogenen Stufen

Steht kein Treppenprogramm mit CAD-Ausdruck zur Verfügung, wird die Draufsicht der Wendelung als **1 : 1-Aufriss** auf eine Hartfaserplatte übertragen. Anschließend werden die Rohlinge der einzelnen Stufenformen an den entsprechenden Vorderkanten des Aufrisses angelegt. Mit Winkel und Stift wird die Form auf die Stufenrohlinge *(semi-finished steps)* übertragen.

Ausfräsen der Wangentaschen *(step slots)*
Anschließend werden die Taschen für die Stufen von Hand gestemmt oder mit einer **Handoberfräse** mit spezieller **Fräslehre** 15 bis 20 mm tief ausgefräst (Abb. 1).

1 **Handoberfräse mit Fräslehre**

Jede dritte oder vierte Stufe muss zusätzlich durch Spannschrauben gesichert werden [▶ 8.4].

7.5.2 Oberflächenbehandlung

Bei Wandwangen an Außenwänden kann es durch Kondenswasser zu erhöhter Holzfeuchte kommen. Um chemische Holzschutzmittel zu vermeiden, sollten daher geeignete pilz- und insektenresistente Holzarten gewählt werden.

Zu lackierende Bauteile werden vor dem Transport zum Kunden mindestens einmal grundiert. Oft gibt es beim Kunden keine Möglichkeit, eine zufriedenstellende Endbehandlung durchzuführen. In diesem Fall erfolgt diese vor dem Transport.

Treppen können dauerhaft mit 2-Komponenten-**PUR-Lack** auf Wasserbasis vor Verkratzen und Abrieb geschützt werden. PUR-Lacke verstärken jedoch das Knarren der Treppenstufen.
Hartwachse sind wegen ihrer geringen Abriebbeständigkeit kaum geeignet. Sie müssen rutschsicher ausgerüstet sein. Gewachste Treppenstufen knarren jedoch weniger.

7.6 Transport und Montage

7.6.1 Transport und Schutz der Bauteile

Die einzelnen Arbeitsschritte der Montage sind von der **Platzsituation** beim Kunden abhängig.

Vor dem Transport von Holztreppen zum Kunden muss sichergestellt werden, dass die nach VOB-C vorgeschriebene Einbau-Holzfeuchte von 8 % nicht überschritten wird.

Für den Transport müssen alle Bauteile z. B. mit Wellpappe, Decken, Blasenfolien und weichen Holzwerkstoffplatten gegen Verkratzen und Druckstellen geschützt werden.

7.6.2 Montage

Zum Zusammenfügen der Treppenelemente wird zunächst eine Wandwange auf ausgerichtete Unterleghölzer *(wood planks)* gelegt. Dann werden die Spannschrauben eingeführt. Die Treppenschrauben werden Stück für Stück in die Taschen geschoben. Anschließend wird die Freiwange aufgelegt. Treppenstufen und Spannschrauben werden nach und nach in ihre Taschen eingefädelt. Mit einem schweren Hammer und einem Schlagholz (Zulage) werden Stufen und Wangen Stufe für Stufe zusammengeschoben. Dabei werden die Spannschrauben angezogen.

Die fertige Treppe wird aufgestellt, ausgerichtet und am Fußboden mit Ankern sowie am oberen Auflager befestigt. Die Wandwangen werden mit Schallschutzdübeln wandseitig befestigt.

Die Montage muss so ausgeführt werden, dass keine **Schallbrücken** zum Baukörper entstehen.

Aufgaben zu 7

1. Konstruieren Sie
   a) maßstäblich auf Papier,
   b) mit einem CAD-Programm
   eine symmetrische rechtsläufige und viertelgewendelte Treppe (Geschosshöhe 2750 mm). Auf der langen Wandseite soll sie von der Außenfläche der kurzen Wandwange bis zur Austrittstufe (A–E) exakt 3750 mm lang sein. Die Gesamtbreite der Treppe darf 2000 mm nicht überschreiten.
2. Berechnen Sie die Lauflinienlänge, die Anzahl der Steigungen, die Steigung selbst und die Auftrittbreite.
3. Optimieren Sie für die vorgegebenen Grundrissmaße die Anzahl der Stufen im Lauflinienradius und die Anzahl der verzogenen Stufen.
4. Verziehen Sie die Stufen (Verhältnismethode).
5. Zeichnen Sie die inneren Abmantelungen der Wangen.
6. Zeichnen Sie je nach Bedarf auch die inneren Abmantelungen des Pfostens bzw. Krümmlings.
7. Zeichnen Sie mit geeigneten Schnitten die Eckverbindungen der Wangen.
8. Zeichnen Sie einen Teilschnitt durch eine Wange und eine Stufe. Zeigen Sie dabei die Taschentiefe und die Verbindung mit Spannschrauben.

English Tasks

9. Draw a horizontal projection of the staircase first.
10. Propose materials suitable for steps and strings and state the reasons for your choice as if you were talking to a customer.
11. Propose a type of surface treatment and explain to your customer why you think it is the appropriate choice.

8 Projekt Fensterfertigung

(window manufacturing)

8.1 Auftragsbeschreibung

Eine Serie zweiflügeliger Fenster *(double windows)* für eine Reihenhauszeile soll laut Zeichnung eines Architekturbüros (Abb. 1) gefertigt werden.

Allgemeine Anforderungen an die Fenster sind:

- **Erscheinungsbild** *(appearance)*: z. B. äußerer Eindruck der Fensterform (steht sie im Einklang mit dem Bauwerk) nach den Vorgaben der Architektenzeichnung;
- **Sozialfunktion:** z. B. Ein- bzw. Ausblick, Licht, Wetter- und Lärmschutz usw.;
- **Gebrauchsfunktion:** z. B. Handhabung bedienungsfreundlich (beim Öffnen und Schließen der Flügel), einfache Pflege (beim Fensterputzen).

8.2 Auftragserfassung

Die Bauzeichnung des Architekturbüros gibt vornehmlich die Formgebung, die Funktion, die Baumaße und Schnittspuren vor (Abb. 1).

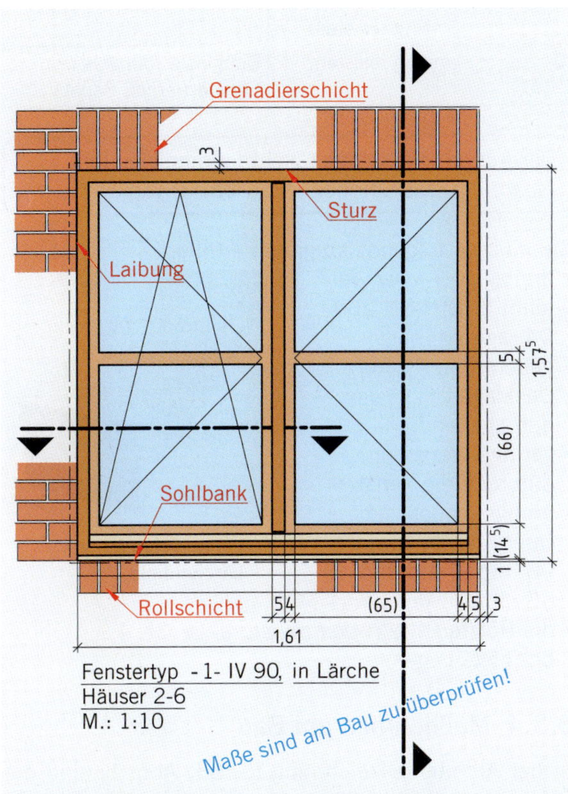

1 Bauzeichnung des Architekturbüros zur Fenster-Außenansicht

Der Ausschreibungstext *(bidding)* (Abb. 2) erläutert sowohl die Funktion als auch die Details der Ausstattung der Fenster. Weitere Vorgaben sind aus der VOB *(German Construction Contract Procedures)* und der EnEV *(German Energy Conservation Regulations)* [▶ 9.4.2] zu entnehmen.

Fenster- und Verglasungsarbeiten:

- Die Fenster in Holz (mit RAL-Gütezeichen) im Wohngeschoss müssen einer Wärmedämmung mit $U_w \leq 1{,}0\ \mathrm{W/(m^2K)}$ (laut EnEV 2014 für Neubauten) entsprechen.
- Sie sind aus Lärche-Leimholzkanteln, Fertigdicke 90 mm, zu fertigen; die Oberfläche ist mit Dispersionslasur WF 950 Friesischblau (Sikkens) zu beschichten.
- Die zweiflügeligen Fenster sind mit Mittelstulp und Mitteldichtungen zu fertigen.
- Sie erhalten teilweise Dreh-Kipp-Beschläge – laut Zeichnung – verschließbar. Wetterschutzschiene mit thermischer Trennung.
- 3-fach-Wärmedämmverglasung $U_g \leq 0{,}8\ \mathrm{W/(m^2K)}$ (bew. Schalldämmmaß $R'_{w,P}$ 40 dB) in Hartverglasung ohne Vorlegeband.

2 Auszug aus dem Ausschreibungstext

8.3 Planung

8.3.1 Auswertung

Aus der Architektenzeichnung (Abb. 1) werden die bautechnischen Details ausgewertet.

Die vorliegende Bauzeichnung stellt die Fenster in Außenansicht dar und zeigt folgende Details:

- Die Fenster sind zweiflügelig mit breiten Sprossen *(glazing bars)*.
- Die rechten Flügel werden in Dreh-Kipp-Funktion *(tilt-and-turn)*, die linken in Dreh-*(turn-)*Funktion ausgeführt.
- Der Stulp wird außen mit einer Abdeckleiste verdeckt.
- Der Maueranschlag *(recess)* befindet sich innen.
- Die Anschlagbreite des Blendrahmens beträgt an den Laibungen und am Sturz 30 mm.
- Die Maße der Fensteröffnungen sind von den Baurichtmaßen *(standard dimensions)* [▶ 6.1] abgeleitet. Sie werden aus der Architektenzeichnung für den Kostenvoranschlag zugrunde gelegt.

Für die Fensterfertigung müssen die Maße jedoch direkt am Bau überprüft werden (Abb. 1).

Der **Anschluss** *(connection)* der Fenster an den Baukörper *(building)* wird aus den bauseitigen erstellten Schnittzeichnungen, vertikal und horizontal (Abb. 1 und 2), ersichtlich.

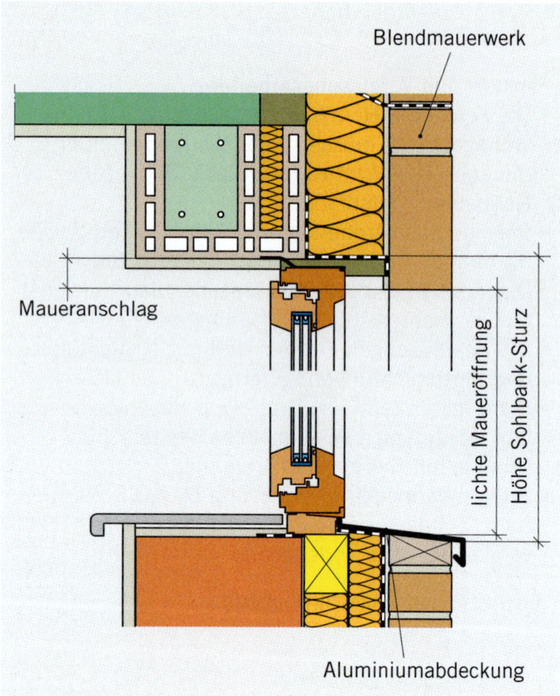

1 Bau-Schnittzeichnung vertikal zum Anschluss Fenster/Baukörper

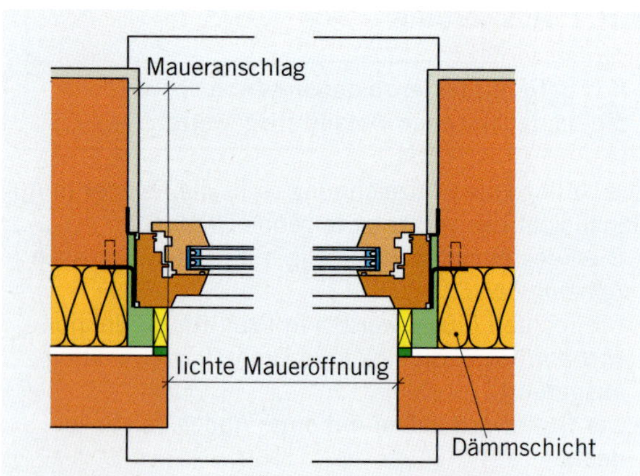

2 Bau-Schnittzeichnung horizontal zum Anschluss Fenster/Baukörper

8.3.2 Abstimmung der Anschlussdetails Fenster/Baukörper am Bau

Bei einer Begehung werden bauliche Gegebenheiten, die für die Fenstermontage [▶ 12.5] wichtig sind, mit der Bauleitung abgestimmt.

Dazu gehören:
- Überprüfung der Fensteröffnung *(opening)* mit der Wasserwaage, ob die Sohlbank „in Waage" *(level)* und die Laibungen „lotgerecht" *(plumb)* gemauert wurden.
- Festlegung der endgültigen Maße *(measurements)* von Mauerwerk und Blendrahmen.
- Beurteilung der Maueranschläge nach der Bauart, z. B. Vor- und Hintermauerwerk oder Dämm- und Luftschicht.
- Überprüfung des bauseitig festgelegten Meterrisses *(meter level)* mit Angabe des Nullpunkts OFF.
- Ist eine Montagezarge [▶ 12.9.3] vorgesehen?
- Sind Rollläden *(roller shutters)* einzuplanen?

Die Klärungen und Vereinbarungen mit der Bauleitung werden protokolliert und von der Bauleitung abgezeichnet.

8.3.3 Holzauswahl

Bei Fensterhölzern sind die **Resistenzklassen** [▶ GK 4.12.6] (Tab. 1) von Bedeutung.

Tab. 1 Auszug aus der Resistenzklassenliste für Holz

Klasse	Resistenz	Holzart
2 bis 3	resistent bis mäßig resistent	Dark Red Meranti, Khaya
3	mäßig resistent	Douglasie *(douglas fir)*, Lärche *(larch)*, Sapelli

Der Ausschreibungstext sieht Leimholzkanteln *(scantling)* aus Lärchenholz (Abb. 3) vor.

Sie müssen folgende **Vorgaben** erfüllen:
- dreilagig *(3-layer)* verleimt lt. DIN EN 204 D4, astrein, harzgallen- und rissfrei, Decklagen durchgehend;
- geringer Verschnitt durch an die Fensterprofile angepasste Querschnitte von 96 mm Breite und 86 mm Dicke;
- die Holzfeuchte *(wood moisture)* [▶ GK 4.9.4] muss bei 15 % liegen.

3 Leimholzkantel aus Lärchenholz

8.3.4 Maßnehmen am Bau

In der Architektenzeichnung (S. 63, Abb. 1) sind die **Öffnungsmaße** [▶ 6.1] des Vormauerwerks *(outer leaf)* an einem zweischaligen Mauerwerk laut Rohbaurichtmaß ausgewiesen.

Entscheidend für die Fensterfertigung sind:
Breite – von Laibung zu Laibung,
Höhe – vom Sturz zur Sohlbank.

$$\frac{\text{Breite}}{\text{Höhe}} \Rightarrow \frac{161\ \text{cm}}{157^5\ \text{cm}} \Rightarrow \mathbf{1610/1575}\ (\text{in mm})$$

Trotz sorgfältiger bauseitiger Ausführung kommt es bei Mauerwerken zu Maßabweichungen.

Deshalb gilt für am Bau zu montierende Elemente:

Maße müssen am Rohbau *(shell construction)* überprüft werden.

Die ermittelten Abmessungen werden in einer Aufmaßliste festgehalten und gegebenenfalls Details durch Handskizzen ergänzt.

8.3.5 Berechnung der Fertigungsmaße

Grundlage der Berechnung sind die Maße
- aus der Aufmaßliste und
- der verwendeten Fensterprofile.

Maße am Bau
Bei der Überprüfung der Öffnungsmaße am Vormauerwerk ergeben sich im Durchschnitt folgende tatsächliche Abmessungen:

$$\frac{\text{Breite}}{\text{Höhe}} \Rightarrow \frac{160\ \text{cm}}{157^5\ \text{cm}}$$

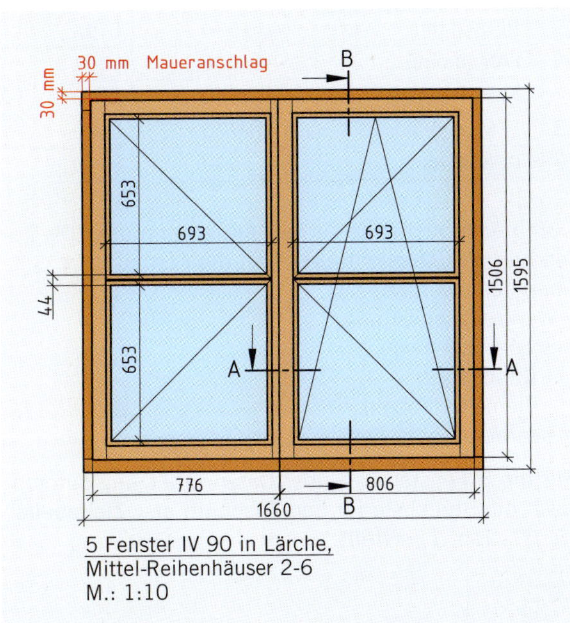

1 Innenansicht der Fenster mit Schnittverlauf

Bei den Berechnungen werden **30 mm Anschlagbreite** des Blendrahmens am Sturz *(lintel)* und an den Laibungen *(reveals)* (S. 66, Tab. 1) berücksichtigt.

Eine maßstabsgetreue Zeichnung der Innenansicht *(view from inside)* **[▶ GK TZ]** (Abb. 1) nach DIN ISO 5456-2 zeigt den Verlauf der Teilschnitte.

Maße der Fensterprofile

Die Fensterprofile *(window profiles)* werden durch das einzusetzende Werkzeugsystem bestimmt.

Um der EnEV 2014 zu entsprechen, wird ein System **IV 90** mit den Rahmenholzquerschnitten **90/78 mm** gewählt.

Teilschnittzeichnungen der Fenster, vertikal und horizontal, mit den Fensterprofilen (Abb. 2 und S. 66, Abb. 1) werden erstellt, um die Proportionen und Maße der Details ableiten zu können.

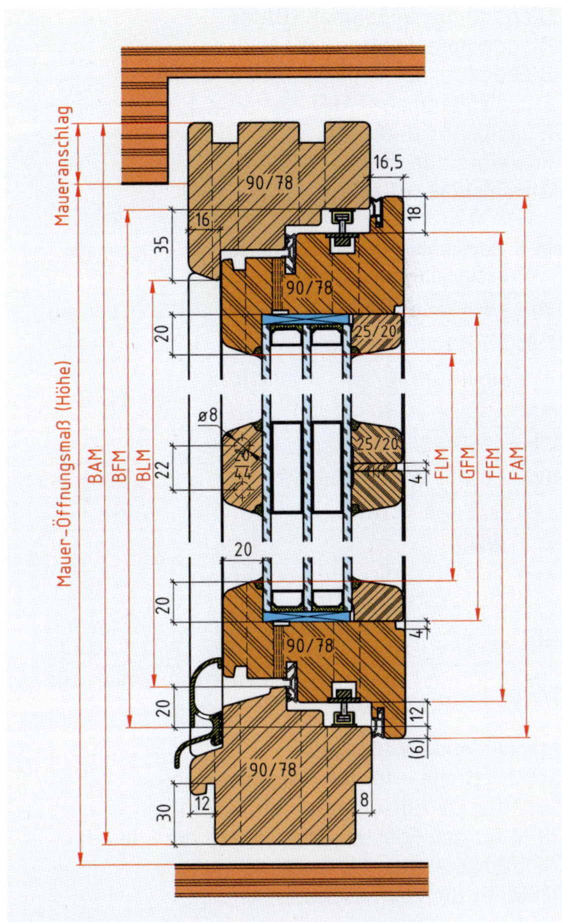

2 Fensterprofile und Maße im Vertikalschnitt

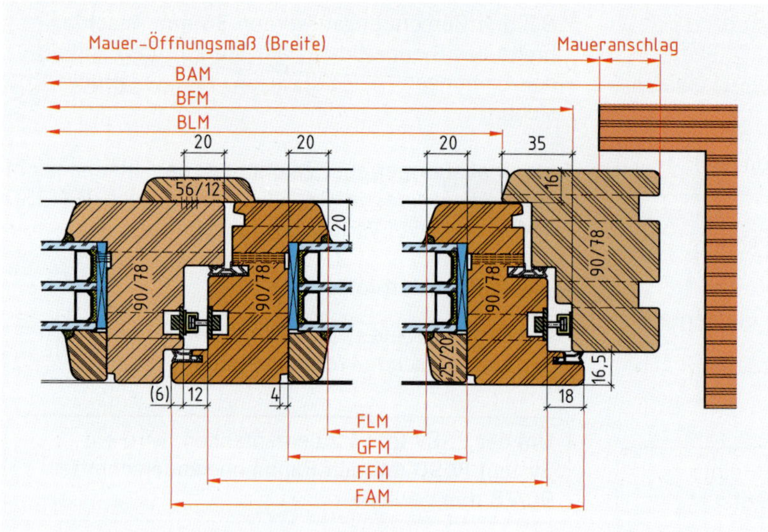

1 Fensterprofile und Maße im Horizontalschnitt

Bei den Einzelelementen, Blendrahmen *(window frames)* und Flügeln *(sashes)* [▶ 12.3.1] werden folgende **Maße** unterschieden (Tab. 1):

- **B**lendrahmen**a**ußen**m**aß (BAM),
- **B**lendrahmen**l**icht**m**aß (BLM),
- **B**lendrahmenbeschlags**f**alz**m**aß (BFM),
- **F**lügel**a**ußen**m**aß (FAM),
- **F**lügel**l**icht**m**aß (FLM),
- **F**lügelbeschlags**f**alz**m**aß (FFM),
- **G**las**f**alz**m**aß (GFM).

Tab. 1 Berechnung der Blendrahmen- und Flügelmaße (abgeleitet aus den Baurichtmaßen)

Tatsächlich gemessene Baurichtmaße 160/157,5 in cm		
Maße der Blendrahmen in mm		
	Breite	**Höhe**
BAM	1600 + 2 · 30 = 1660	1575 – 10 + 30 = 1595
BLM	1660 – 2 · 78 = 1504	1595 – 2 · 78 = 1439
BFM	1504 + 2 · 35 = 1574	1439 + 20 + 35 = 1494
Maße der Flügel in mm		
	Breite	**Höhe**
FAM	1574 : 2 + 13 + 6 = 806	1494 + 2 · 6 = 1506
FLM	806 – 2 · 78 = 650	1506 – 2 · 78 = 1350
FFM	806 – 2 · 18 = 770	1506 – 2 · 18 = 1470
GFM	650 + 2 · 20 = 690	1350 + 2 · 20 = 1390

Entscheidende Maße sind:

- BFM – Breite – für die Regenschiene,
- FAM für die Aufschlagsdichtungsrahmen,
- FFM für den Fensterbeschlag und die Flügelfalzdichtungsrahmen,
- GFM für die Wärmeschutzscheiben.

8.3.6 Programmierbare Tabellen

Die Daten können auch mithilfe programmierbarer Tabellen ermittelt werden.

Aus den ermittelten Maßen können **Fertigungsdaten** abgeleitet werden, z. B.

- Stücklisten,
- Bestelllisten für
  - Beschläge,
  - Verglasungen und
  - Dichtungsrahmen.

Alle zu ermittelnden Daten beziehen sich auf die **Ersteinträge** (z. B. in B2 und C2) und können direkt nach Eintrag automatisch abgerufen werden (Tab. 2).

Formatierungsbeispiele (Tab. 2)
Eintrag in Zelle B3 ⇒ =SUMME(B2*10+2*30)
Eintrag in Zelle C3 ⇒ =SUMME(C2*10-10+30)

Tab. 2 Mithilfe einer programmierten Tabelle ermittelte Fertigungsmaße (System EXCEL)

	A	B	C
1	**Bauobjekt Häuser 1–5 Fenstertyp 1**	**Breite**	**Höhe**
2	**BL in cm gemessen**	**160**	**157,5**
3	BAM in mm	1660	1595
4	BLM in mm	1504	1439
5	BFM in mm	1574	1494
6	FAM in mm	806	1506
7	FLM in mm	650	1350
8	FFM in mm	770	1470
9	GFM in mm	690	1390

Durch entsprechende Vernetzung können die EDV-Daten aus der **„Quellentabelle“** an die Fertigung [▶ 3.1] übergeben werden, z. B.

- Werkzeugverwaltung,
- Steuerungen von
  - Kappsägen,
  - Vierseitenhobeln,
- Bearbeitungszentren.

Für die 5 Fenster wird über Datenvernetzung automatisch die Stückliste für den Zuschnitt als **„Zieltabelle“** (S. 67, Tab. 1) erstellt.

Tab. 1 Stückliste für den Zuschnitt von 5 Fenstern

	A	B	C	D	E	F	G
1	**Pos.**	**Stück**	**Bezeichnung**	**Länge**	**Breite**	**Dicke**	**Werkstoff**
2	1	10	Blendrahmen quer	1660	90	78	LADC EU
3	2	10	Blendrahmen aufr.	1595	90	78	LADC EU
4	3	20	Flügel aufrecht	1506	90	78	LADC EU
5	4	5	Abdeckleisten-Stulp	1420	56	12	LADC EU
6	5	15	Abdeckleisten außen	1620	25	20	LADC EU
7	6	20	Flügel quer	806	90	78	LADC EU
8	7	40	Glasleisten quer	690	25	20	LADC EU
9	8	40	Glasleisten aufrecht	653	25	20	LADC EU
10	9	10	Sprossen quer	661	44	20	LADC EU
11	10	10	Abstandleisten quer	690	20	4	LADC EU

Die Daten können weiter an die **Kostenrechnung** *(calculation)* (Tab. 2 bis 5) übergeben werden. Bei der Berechnung wird berücksichtigt, dass bei dem Werkzeugsystem die Glasleisten aus den Rahmenhölzern gefräst werden.

Tab. 2 Kostenermittlung der 96/86-Leimholzkanteln

	A	B	C	D	E	F	G
1	**Pos.**	**Stück**	**Bezeichnung**	**Länge in lfdm**	**Versch.-Zuschl.**	**Preis €/lfdm**	**Preis der Kanteln**
2	1	10	Blendrahmen quer mit Glasleisten	16,60	8 %	12,00 €	215,14 €
3	2	10	Blendrahmen aufr. mit Glasleisten	15,95	8 %	12,00 €	206,71 €
4	3	20	Flügel aufrecht mit Glasleisten	30,12	8 %	12,00 €	390,36 €
5	6	20	Flügel quer mit Glasleisten	16,14	8 %	12,00 €	209,17 €
6	Kosten Leimholzkanteln für 5 Fenster in Lärche (LADC)						**1021,38 €**

Tab. 3 Kostenermittlung der Vollholzleisten

	A	B	C	D	E	F	G
1	**Pos.**	**Stück**	**Bezeichnung**	**ges. m³**	**Versch.-Zuschl.**	**Preis in €/m³**	**Preis Vollholz**
2	4	5	Abdeckleisten	0,005	12 %	1107 €	6,20 €
3	5	15	Abdeckleisten	0,012	15 %	1107 €	15,28 €
4	9	10	Sprossen quer	0,006	25 %	1107 €	8,30 €
5	10	10	Abstandleist. quer	0,001	20 %	1107 €	1,33 €
6	Kosten Vollholzleisten für 5 Fenster in Lärche (LADC EU)						**31,11 €**

Tab. 4 Kostenermittlung des Wärmeschutzglases

	A	B	C	D	E	F
1	**Stück**	**Breite**	**Höhe**	**Preis in €/m²**	**Preis/Scheibe**	**Gesamtpreis**
2	10	680	1380	55,76 €	52,33 €	523,30 €
3	Glas mit Wärmeschutz für 5 Fenster U_g 0,8 W/m²K					**523,30 €**

Tab. 5 Kostenermittlung Dichtungen und Beschläge

	A	B	C	D	E	F	G
1	**Stück**	**Breite**	**Höhe**	**lfdm/ Rahmen**	**Preis/ lfdm**	**Einzelpreis in €**	**Gesamtpreis in €**
2	Überschlagsdichtungsrahmen (Schalldämmung) weiß						
3	10	806	1506	4,63	4,12 €		190,80 €
4	Mitteldichtungsrahmen (Wärmedämmung) weiß						
5	10	770	1470	4,49	4,84 €	21,73 €	217,30 €
6	Beschläge:						
7	5	Getriebe (zweiflügelig für Mittelstulp)				128,47 €	642,35 €
8	5	Griffe (verschließbar) weiß				9,80 €	49,00 €
9	5	Regenschiene				8,10 €	40,50 €
10	Kosten für Dichtungsrahmen und Beschläge						**1139,95 €**

8.3.7 Beschlagauswahl

Aus dem Internet werden Beschläge *(hardware)* für zweiflügelige Fenster [▶ LF 8.5] von einem Anbieter gewählt.

Aufgrund der zweiflügeligen Fenster mit Mittelstulp werden folgende Beschläge benötigt:

- für die rechten Flügel Dreh-Kipp-Beschläge,
- für die linken Flügel Drehbeschläge mit einem Stulpgetriebe.

8.3.8 Einsatz eines Fenster-Branchenprogramms

Bei der Fensterfertigung kann alternativ eine Branchensoftware eingesetzt werden, die auch für Einzelanfertigung und Kleinserienfertigung geeignet ist.

Der Vorteil des Fensterfertigungsprogramms liegt in der Verarbeitung aller gespeicherten Daten.

Auf die jeweiligen Programmteile des in Modulen aufgebauten Programms kann über Bildschirmdialoge (S. 68, Abb. 1) zugegriffen werden.

Die geforderte Fensterkonstruktion kann aus **standardisierten Fensterprofilen** zusammengestellt werden. Mit dem Branchenprogramm kann auch der **U_w-Wert** [▶ 12.10.2], U_w = 1,05 W/(m²K), ermittelt und abgerufen werden (S. 68, Abb. 2). Über vernetzte Datenbanken werden wichtige Informationen zum Projekt abgerufen, z. B. Angebote für die Preisgestaltung für

- Leimholzkanteln,
- Beschläge,
- Wärmeschutzgläser,
- Oberflächenmaterialien.

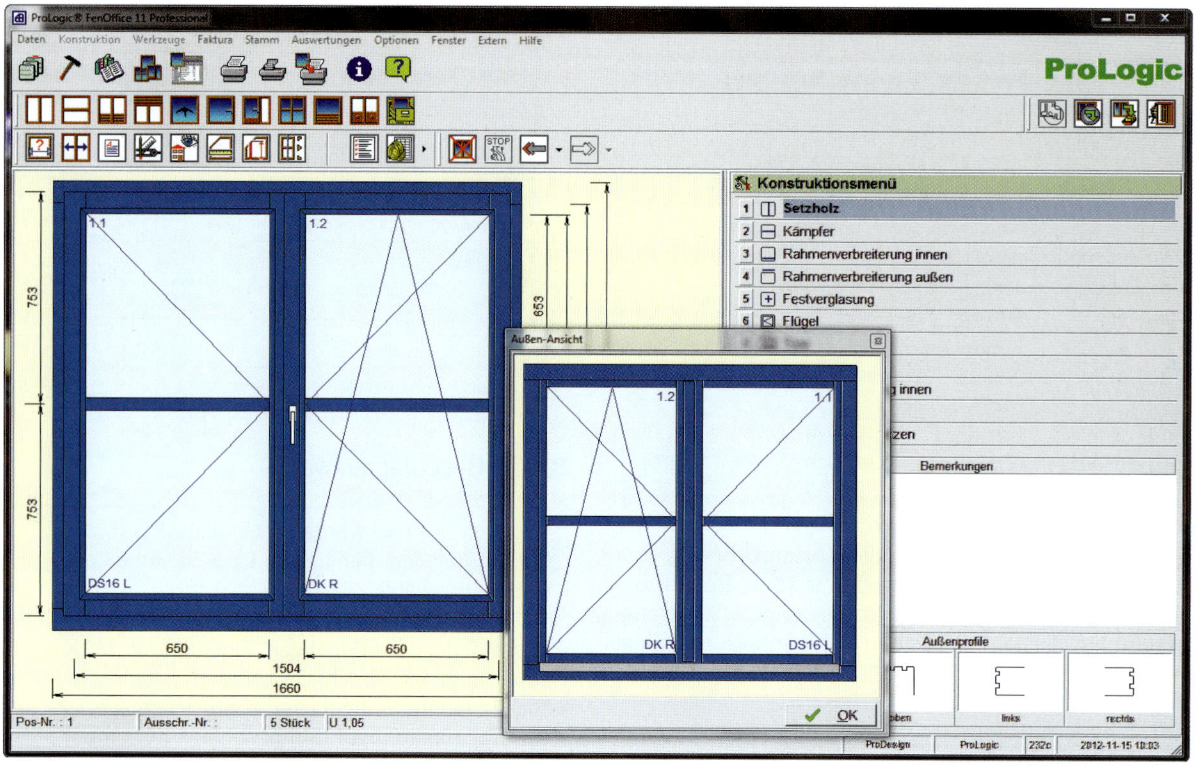

1 Bildschirmoberfläche eines Anwenderprogramms für die Fensterfertigung

Durch die Vernetzung mit weiteren Programmen (z. B. für Zeitmessung) werden Informationen zur Disposition, z. B. über Baufortschritte und damit verbundene Kosten, eingeholt. Dadurch kann die projektbezogene Vor- und Nachkalkulation [▶ 16.1 und 16.3] erfolgen.

Für die Fertigung wird die entsprechende **Fertigungsliste** mit Angaben der zu verarbeitenden Profile und Leimholzkanteln ausgegeben.

Bei Eingabe der Fensterart und Maße können EDV-gesteuerte Maschinen für die Fertigung so eingerichtet werden, dass alle Blend- und Flügelrahmenhölzer ihre entsprechenden Maße und Bearbeitungen erhalten.

8.4 Fertigung

8.4.1 Fertigungsablauf und Betriebsmittel

Die Betriebsmittel *(manufacturing equipment)* bestimmen den Fertigungsablauf *(production sequence)*.

U-Wert-Berechnung 23.4.2014 11:51 Seite 1

U-Wert-Berechnung ProLogic Computer GmbH

Projekt	14-1234
Vorgang	AN-14-1234-567
Position	Zweiflügelige Fenstertür
Positionsnummer	1
Stückzahl	5
Profilsystem	IV-90 Holzfenster Standard
Breite	1660,0 mm
Höhe	1595,0 mm
Berechnungsgrundlage	Außenmaß
Fensterfläche	2,648 m2

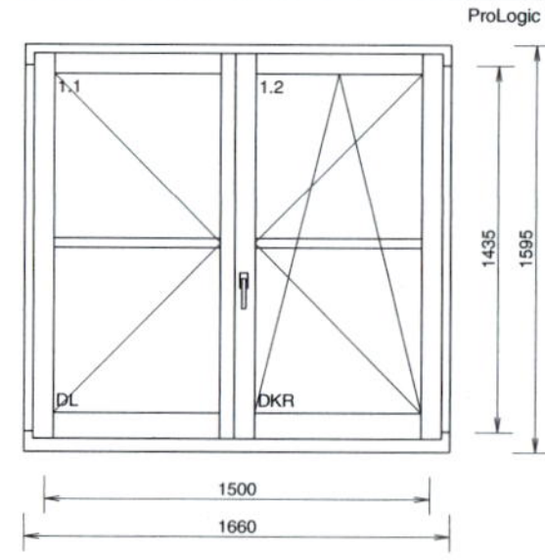

Material	Feld	Umfang [lfm]	Psi [W/(m²K)]	Fläche [m²]	U/Lambda [W/(m²K)]/[W/(mK)]
Lärchenleimholz					
Rahmen					
Rahmen/Flügel: unten				0,1118	1,20
Rahmen/Flügel: s/o				0,0839	1,10
Rahmen/Flügel: s/o				0,1565	1,10
Rahmen/Flügel: unten				0,1118	1,20
Rahmen/Flügel: s/o				0,1565	1,10
Rahmen/Flügel: s/o				0,0839	1,10
Rahmen/Flügel: Stulp				0,2197	1,10
Verglasung (Feld: 1.1)					
4/12/4/10/4 Ug=0,8 Swisspacer 12,0 mm - Swisspacer 10,0 mm	1.1	3,95	0,0460	0,8619	0,80
Verglasung (Feld: 1.2)					
4/12/4/10/4 Ug=0,8 Swisspacer 12,0 mm - Swisspacer 10,0 mm	1.2	3,95	0,0460	0,8619	0,80
Zuschlag					
Zuschlag Sprossen: Steg im SZR (einfach)					0,10
Berechnungsergebnis					
U-Wert					**1,15**

Berechnung gemäß EN-ISO 10077-1

2 Ausdruck der *U*-Wert-Berechnung

Bei diesem Projekt wird eine weitgehend handwerklich strukturierte Einzelfertigung *(job production)* in **Kleinserie** *(batch production)* zugrunde gelegt.

Die spanende Bearbeitung erfolgt wegen der Ausrissgefahr zunächst an den Querprofilen und anschließend an den Längsprofilen.

Daraus ergeben sich die in Tab. 1 genannten Fertigungsschritte *(sequence of operations)*.

Tab. 1 Ablauf der Fensterfertigung

lfd. Nr.	Fertigungsschritt	Betriebsmittel	Werkzeug
1	Leimholzkanteln grob ablängen	Unterkappsäge (Abb. 1)	Wechselzahnsägeblatt
2	Ordnen und Kennzeichnen der Rahmenhölzer		
3	Längsvorformatierung	Vierseitenhobel auf Durchlauf (S. 73, Abb. 2)	Hobel-Glasfalzprofilsystemwerkzeug
4	Heraustrennen der Glasleisten		
5	Querprofilierung Schlitz und Zapfen	Vierseitenhobel mit Schlitten (S. 73, Abb. 1)	Schlitz-Zapfensystemwerkzeug
6	Fräsen der Sprossen	Tischfräse	Profilwerkzeuge
7	Bohren der Dübellöcher für die Sprossen	Langlochbohrmaschine	Holzbohrer
8	Längsprofilierung Fälze und Nuten Blendrahmen innen und außen Flügelrahmen innen	Tischfräse/Vierseitenhobel	Profilsystemwerkzeug
9	Fräsen der Glasleisten	Tischfräse	Profilwerkzeuge
10	Rahmenhölzer schleifen	Breitbandschleifmaschine	z. B. mit P 150
11	Rahmen verleimen	Rahmenpresse	
12	Längsprofilierung Fälze und Nuten Flügelrahmen außen	Tischfräse mit Vorschubapparat	Profilsystemwerkzeug
13	Längsprofile Fälze, Nuten	Tischfräse/Vierseitenhobel	Profilfräswerkzeug
14	Flügelrahmen Außenprofil	Tischfräse	Profilfräswerkzeug
15	Glasleisten einschneiden	Gehrungskappsäge	Wechselzahnsägeblatt
16	Flügel anschlagen		
17	Fenster bei Bedarf imprägnieren (ohne Beschläge)		
18	Fenster lasieren (ohne Beschläge)		
19	Beschläge montieren		
20	Glasscheiben einsetzen und verklotzen		
21	Glasleisten einheften und Scheiben versiegeln		
22	Dichtungsprofile einsetzen		

8.4.2 Maschinelle Bearbeitung der Fensterrahmen

Der **Längenzuschnitt** der Leimholzkanteln erfolgt an der Unterkappsäge *(cross-cut saw)* [▶ GK 8.5.4] (Abb. 1).

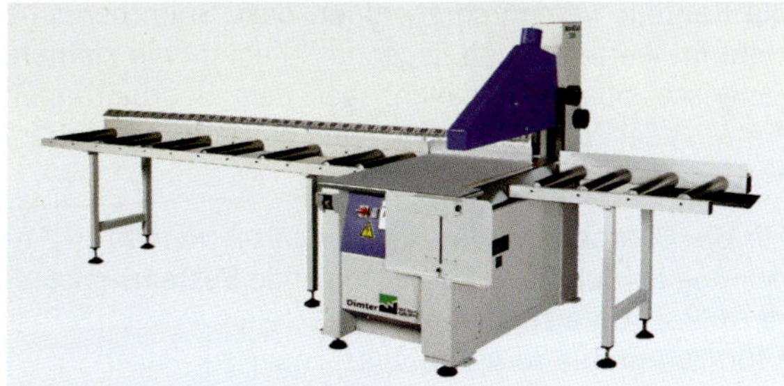

1 Unterkappsäge zum Ablängen der Leimholzkanteln

Die Leimholzkanteln werden nach dem Ablängen zugeordnet, gekennzeichnet und nach Blendrahmen- und Flügelhölzern sortiert.

Systemwerkzeuge sind mit Profilen und Gegenprofilen aufeinander abgestimmt. Sie haben die gleichen Nullebenen in Höhe und Breite.

8.4.3 Werkzeuge für Quer- und Längsprofile

Die Bezugsebenen *(reference planes)* [▶ 1] der Rahmenhölzer (Abb. 2 und 3) müssen bei der Bearbeitung an den Nullebenen der Werkzeuge auf dem Maschinentisch und an den Anschlägen liegen.

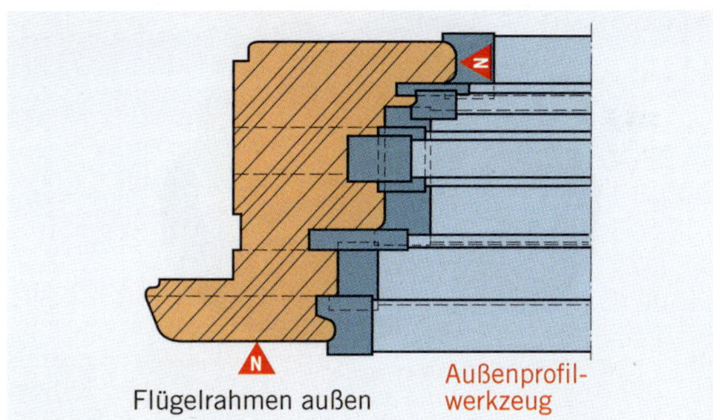

2 Nullebenen am Längsprofil (Flügelrahmen außen)

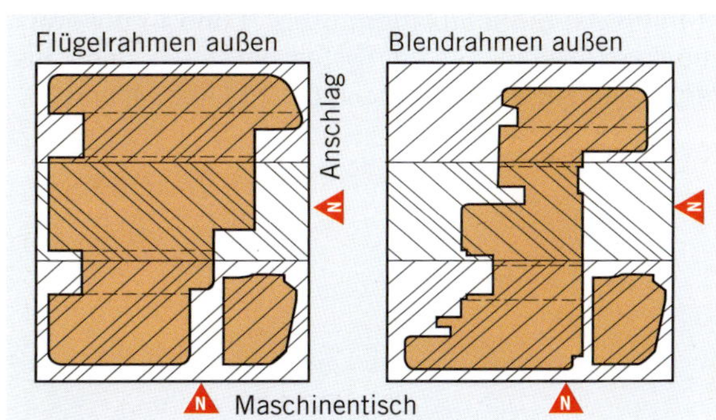

3 Bezugsebenen der Leimholzkanteln

Die Kanteln werden so geordnet, dass Splintbereiche nicht im Wetterbereich liegen und Fehler (wie kleinere Langrisse oder Harzgallen) bei den Bearbeitungen (Fälzen oder Nuten) *(rebating and grooving)* weggefräst werden.

Für die Bearbeitung der Rahmenhölzer werden in Anlehnung an den Faserverlauf folgende **Systemwerkzeuge** [▶ 2.2] unterschieden:
- für Querprofile *(cross profile)* – quer zur Faser (Abb. 1),
- für Längsprofile *(longitudinal profile)* – längs zur Faser (Abb. 2).

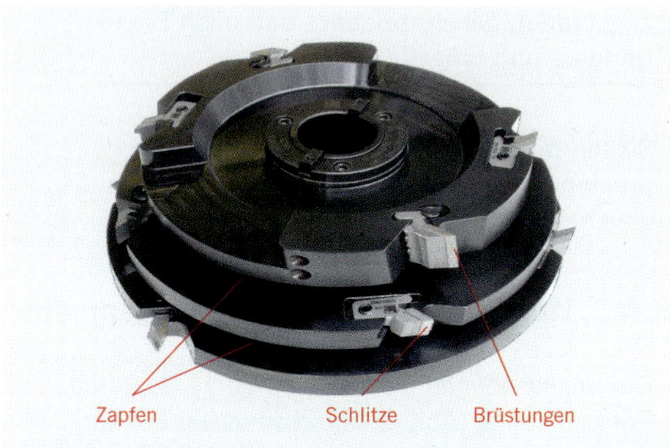

1 **Systemwerkzeug** (Schlitzscheibe) **für Querprofile**

2 **Systemwerkzeug für Längsprofile**

Mithilfe von **Einrichtblättern** (Abb. 3 und 4) der Werkzeughersteller können die Systemwerkzeuge den Fensterprofilen zugeordnet werden (S. 71, Abb. 1 und 2).

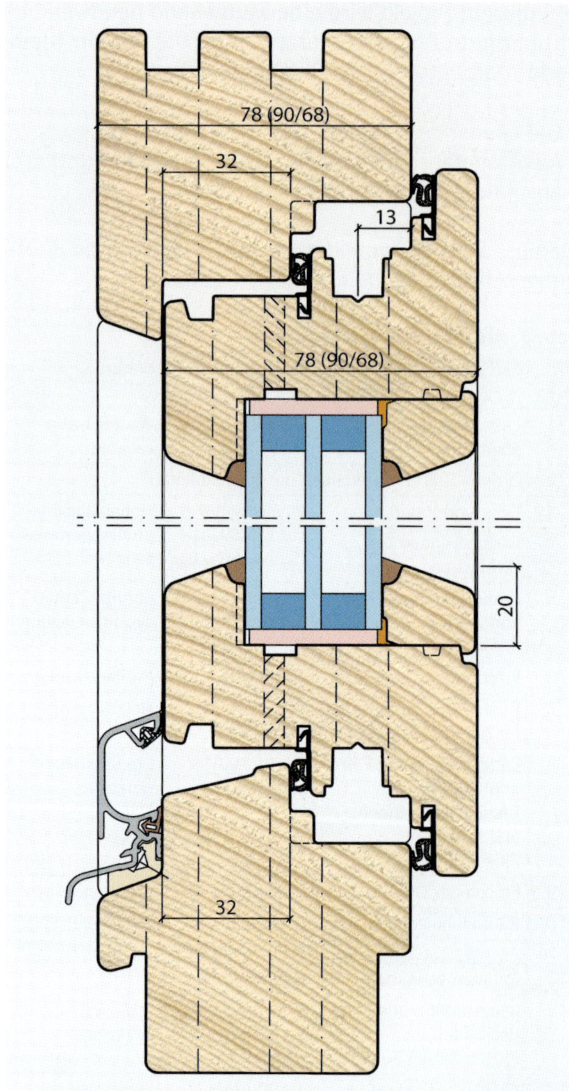

3 **Einrichtblatt für Fensterprofilwerkzeuge IV 90 senkrecht**

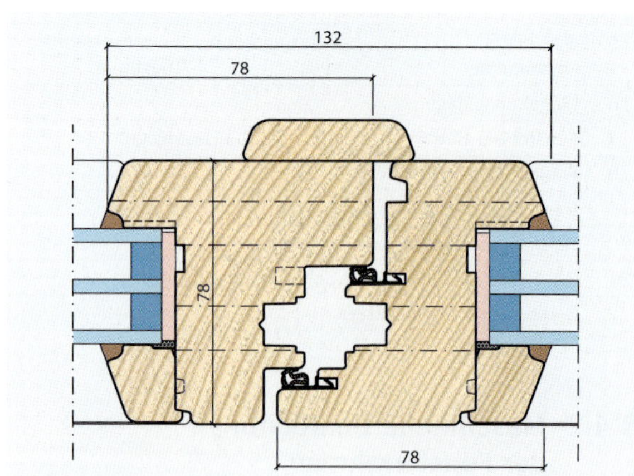

4 **Einrichtblatt für Fensterprofilwerkzeuge IV 90 Mittelstulp waagerecht**

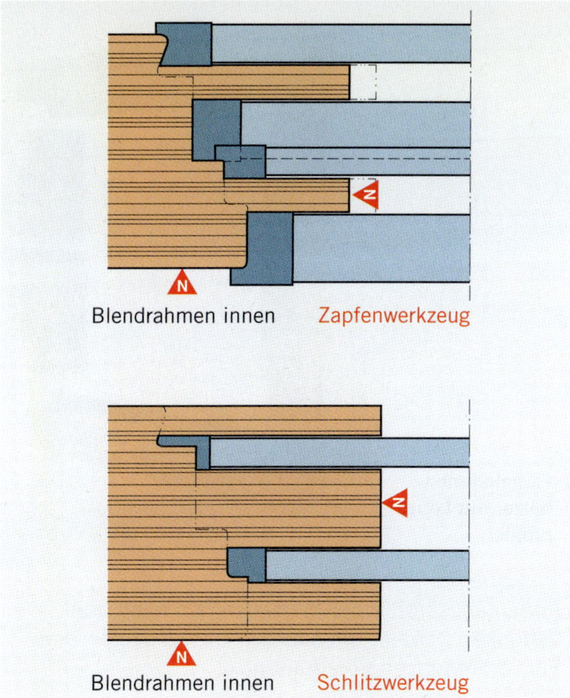

1 Nullebenen an Querprofilen (Blendrahmen)

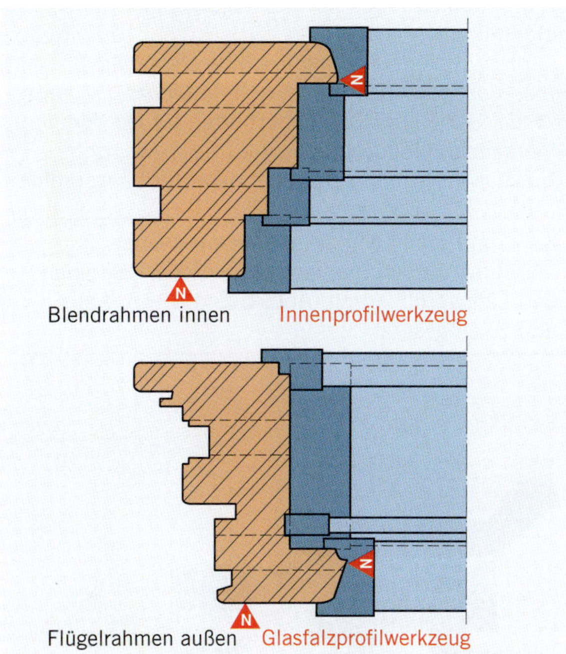

2 Nullebenen an Längsprofilen (Blend- und Flügelrahmen innen)

Die maximale **Drehzahl** *(rotational speed)* der Systemwerkzeuge beträgt 6000 1/min. Es können **Vorschubgeschwindigkeiten** *(feed rates)* von 6 oder 12 m/min gewählt werden. Die f_z-Werte werden am Diagramm (Abb. 3) abgelesen.

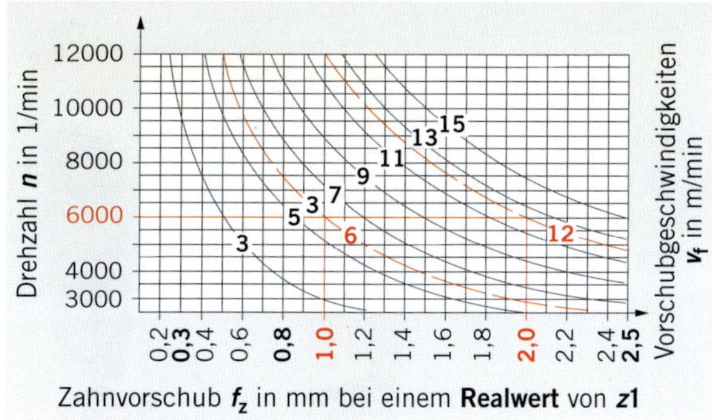

3 Am Diagramm abzulesender f_z-Wert in mm

- Bei 6 m/min beträgt der f_z-Wert 1 mm.
- Bei 12 m/min beträgt der f_z-Wert 2 mm.

Der günstige v_f-Wert von 6 m/min wird gewählt.

Bezüglich der Oberflächengüte kann zusätzlich die Rautiefe r_z berechnet werden.

Berechnung der Rautiefe der Hobelschläge

- Abgelesener f_z-Wert des Zahnvorschubs 1 mm
- ∅ der Hobelwelle 125 mm

Formel für r_z (in mm) $= \frac{f_z^2}{4 \cdot d}$

$$\Rightarrow r_z = \frac{1\ \text{mm}^2}{4 \cdot 125\ \text{mm}} = \mathbf{0{,}002\ mm}$$

8.4.4 Profilierung der Rahmen vor dem Verleimen

Bei den Holzfenstern werden zunächst die Querprofile gefräst, damit entstandene Ausrisse beim Längsprofilieren wieder beseitigt werden (Abb. 4 und 5 sowie S. 72, Abb. 1 bis 4).

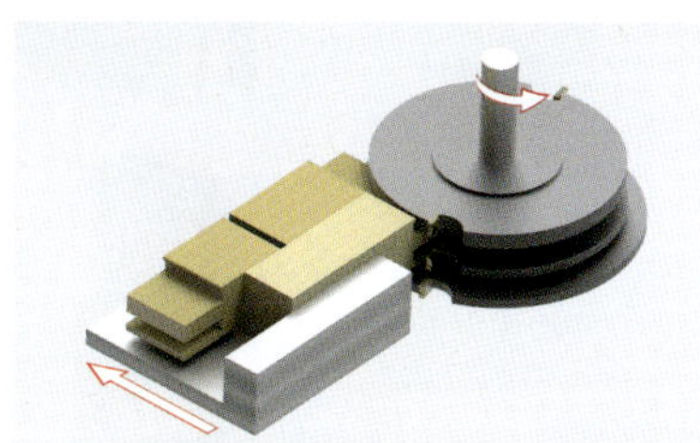

4 Bearbeitung der Querprofile

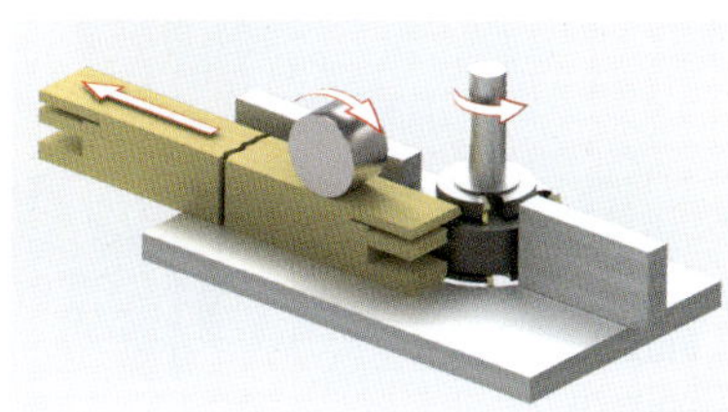

5 Bearbeitung der Längsprofile

1 Querprofile an den Blendrahmenhölzern

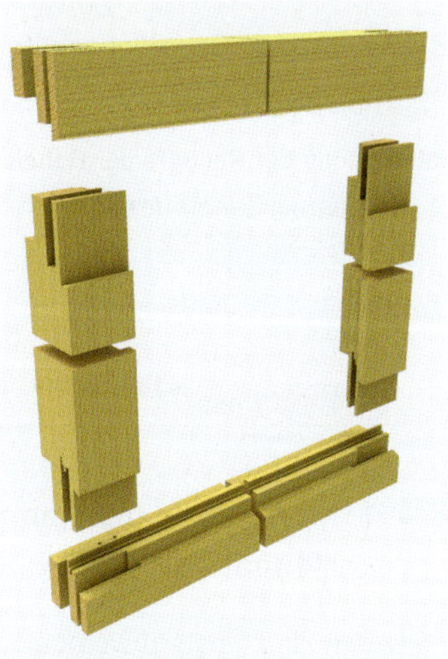

2 Längsprofile an den Blendrahmenhölzern

3 Querprofile an den Flügelrahmenhölzern

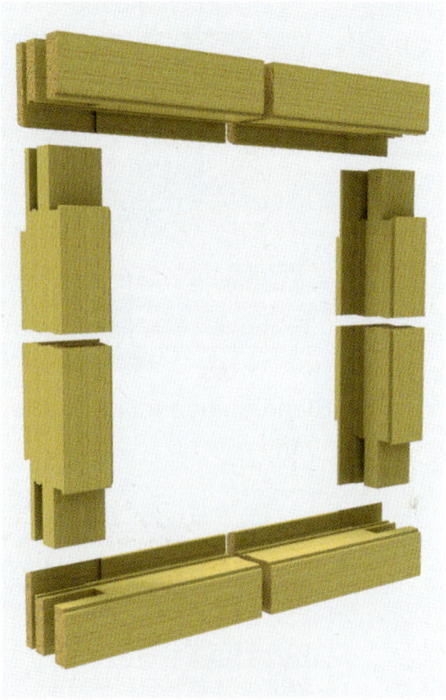

4 Flügelrahmenhölzer mit Längsprofilen

Außenlängsprofile der Flügel werden nach dem Verleimen gefräst, um saubere Übergänge an den Eckverbindungen zu erhalten.

Maschinen

Für die Profilierungen werden folgende Maschinen eingerichtet:

- Zapfenschneide-Schlitzmaschine *(tenoning machine)* bzw. Tischfräsmaschine *(spindle moulder)* [▶ GK 8.7.5] mit Schiebeschlitten für Querprofile;
- Vierseitenhobelmaschine *(4-cutter)* bzw. Tischfräsmaschine mit Vorschubapparat für Längsprofile.

Bei dem Projekt wird eine Vierseitenhobelmaschine mit kombinierten Funktionen zur Quer- und Längsprofilierung (Abb. 5 und S. 73, Abb. 1 und 2) eingesetzt.

5 Vierseitenhobelmaschine (Schutzhaube geöffnet)

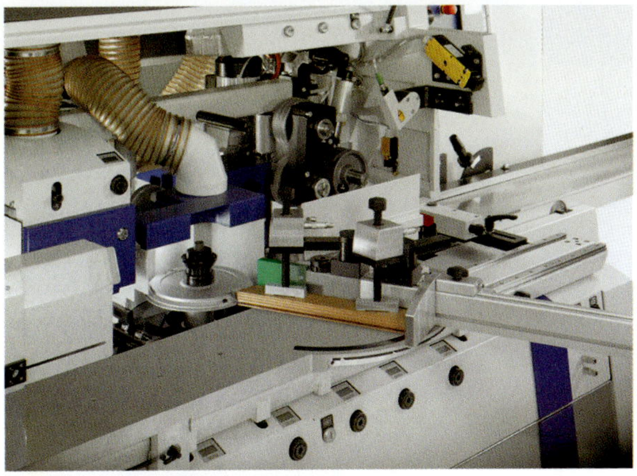

1 Vierseitenhobelmaschine mit Schiebeschlitten für die Querprofilierung

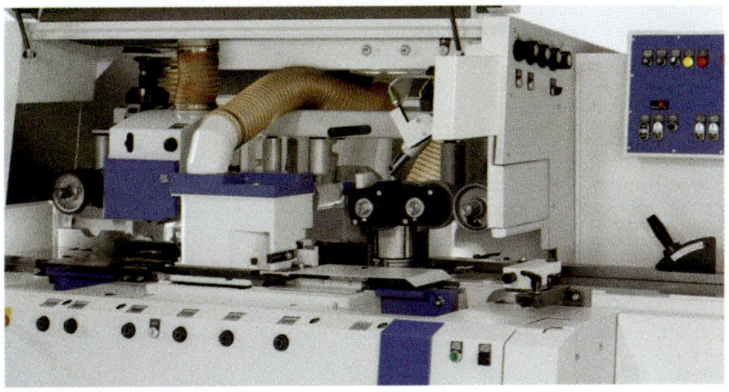

2 Vierseitenhobelmaschine im Durchlauf für die Längsprofilierung

Sprossen
Die „aufgesetzten" Sprossen (Abb. 3) der Flügel werden am Glasfalznacken mithilfe der Langlochbohrmaschine [▶ GK 8.8.2] gedübelt.

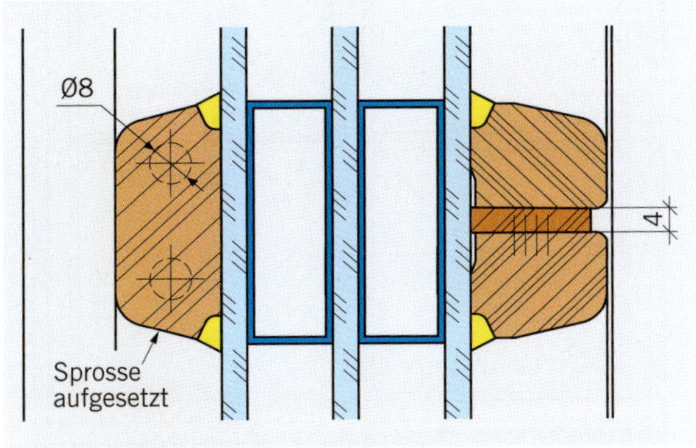

3 Verdübelte Sprosse

Schleifen *(sanding)* **der Rahmenhölzer**
Die Sichtflächen (Abb. 4) der profilierten Rahmenhölzer werden mit Körnung P 150 vor dem Verleimen an der Breitbandschleifmaschine [▶ GK 8.9.2] geschliffen.

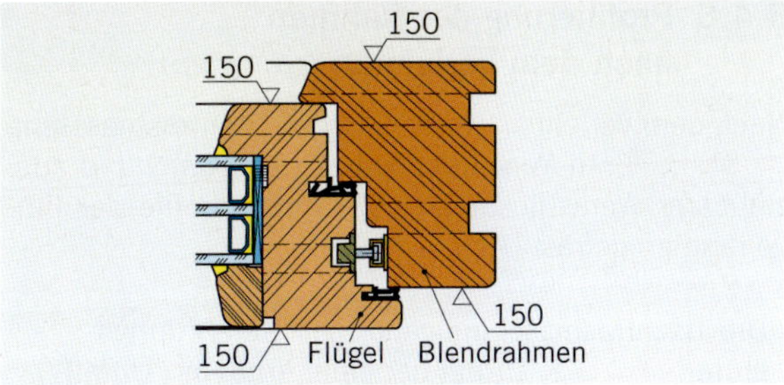

4 Sichtflächen der Fensterrahmenhölzer

8.4.5 Verleimen der Fensterrahmen

Die geschliffenen Rahmenhölzer werden an der Rahmenpresse (Abb. 5) winkelgenau verleimt (Abb. 6).

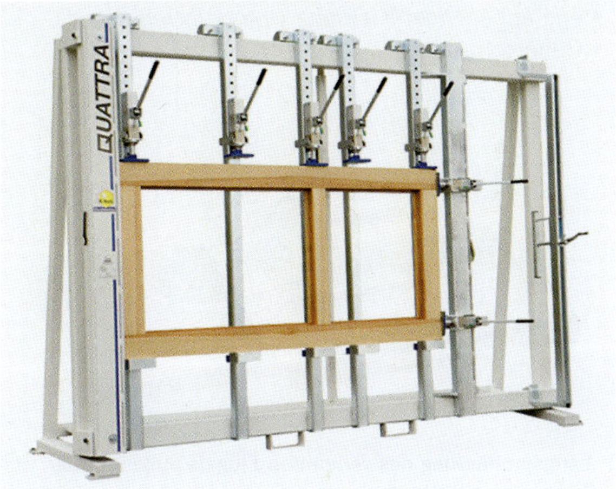

5 Hydraulische Rahmenpresse mit Blendrahmen

Um die geforderte **Klebstoffqualität** zu erreichen, werden die Fensterrahmen mit einem PVAC-Leim D4 *(PVA glue)* [▶ GK 12.2] (Beanspruchung nach DIN EN 204) verpresst.

6 Flügelrahmenhölzer verleimt

Die überschüssigen Leimreste werden kurz vor dem Erhärten entfernt.

8.4.6 Profilierung der Rahmen nach dem Verleimen *(gluing up)*

Nach dem Verleimen werden an der Tischfräsmaschine [▶ GK 8.7] mit Vorschubapparat *(feed unit)* und ausziehbarer Werkstückauflage die Außenprofile der Flügelrahmen gefräst (Abb. 1 bis 3).

Die **Tischfräsmaschine** gehört zur Gefährdungsstufe I [▶ GK 8.1], bei der einer erhöhten Unfallgefahr durch Verwendung von **Schutzvorrichtungen** entgegenzuwirken ist.
Auch bei den weiteren eingesetzten Maschinen der Gefährdungsstufe III [▶ GK 8.1] mit einem geringeren Risiko muss die **Arbeitssicherheit** beachtet werden.
Hierzu gehört auch die Benutzung von
- eng anliegender Kleidung *(tight clothing)* und
- Gehörschutz *(ear protection).*

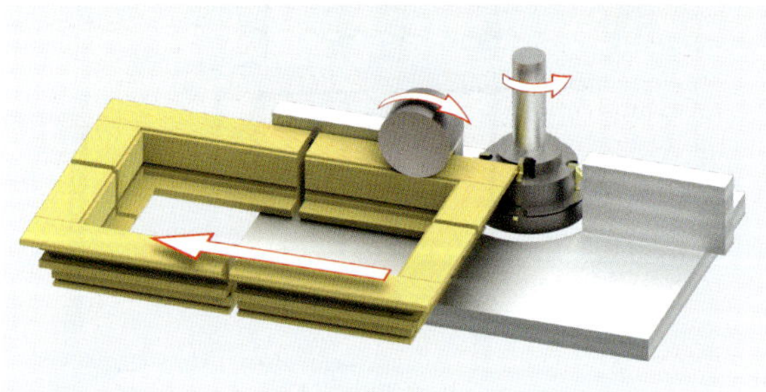

1 Längsprofilierung des verleimten Flügels außen an der Tischfräse mit Vorschubapparat

2 Flügelrahmen mit Längsprofilen außen

3 Flügelrahmen mit Längsprofil im Mittelstulpbereich

8.5 Anschlagen *(fastening)* der Fensterflügel

Beim Anschlagen der Flügel sind zu unterscheiden (Abb. 4):
- Dreh-Kipp-Flügel rechts und
- Drehflügel links mit Mittelstulp.

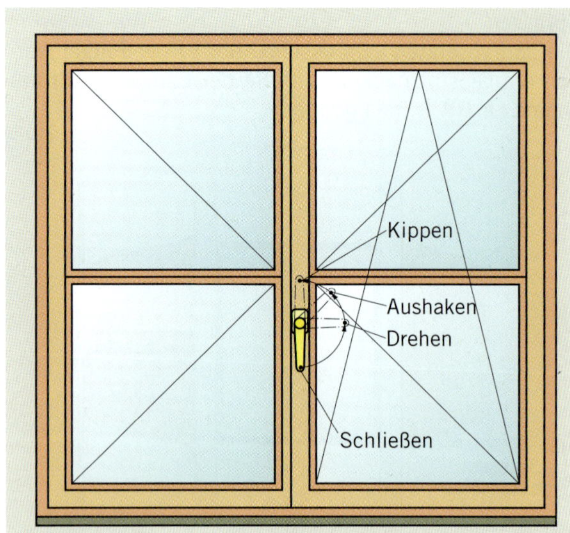

4 Anschlagarten der Fensterflügel

Die **Beschläge** werden aus dem Beschlagkatalog gewählt. Zu den Auswahlkriterien gehören die Flügelfalzmaße. Mit dem Anwendungsdiagramm (S. 75, Abb. 1) über die zulässige Gesamtmasse für Fensterflügel werden Ausführungen der Beschläge bestimmt.

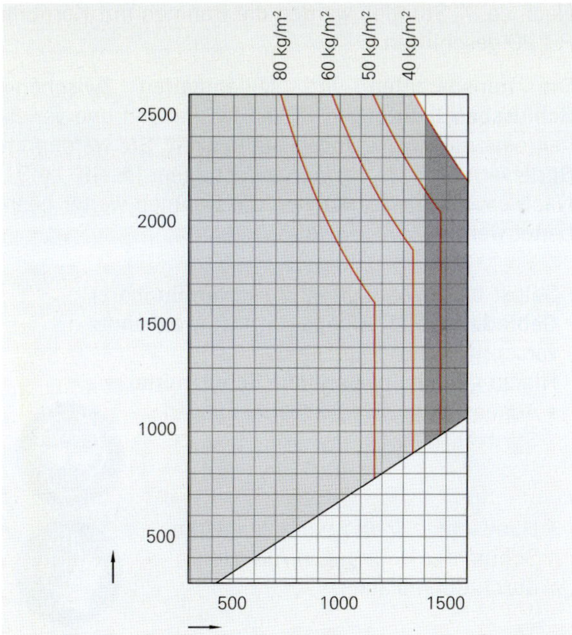

1 Anwendungsdiagramm für Fensterflügel mit max. Gesamtmasse von 150 kg

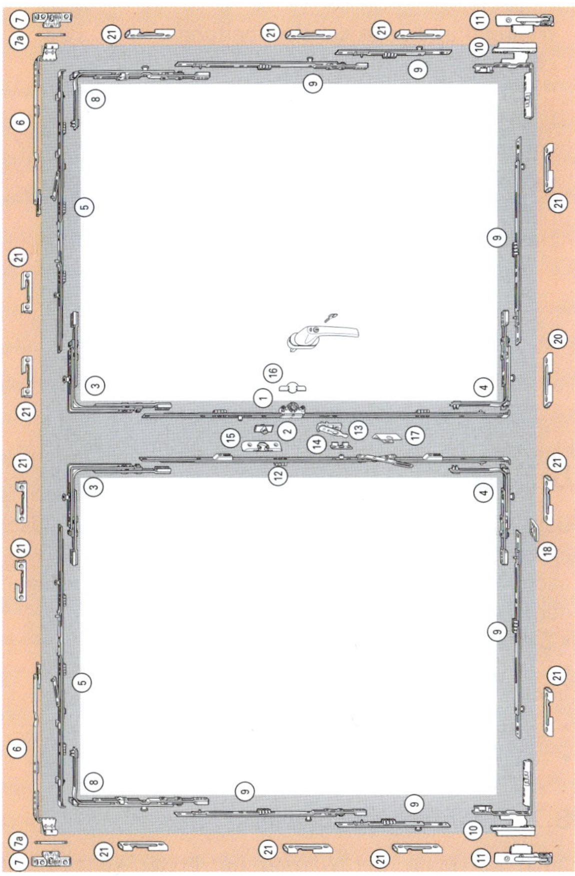

2 Beschlagzusammenstellung für ein zweiflügeliges Fenster mit Mittelstulp

Ablesebeispiel
- Die Flügelfalzbreite FFB misst 770 mm, die Flügelfalzhöhe FFH 1470 mm.
- Der Flügelrahmen darf eine Gesamtmasse von 130 kg, die Verglasung eine Masse von 50 kg nicht überschreiten.
- Eine Zweitschere ist nicht erforderlich.

Die Einzelteile der Beschläge (Abb. 2) können auch mithilfe des Anwenderprogramms abgerufen und als Beschlagliste ausgedruckt werden (Abb. 3).

Beschlagteile 14.11.20

Beschlagteilsortierung

Kunden-Name : ProLogic Computer GmbH
Nummer : AB12-1234/567
Beschlag-System : ROTO NT
Profil-System : IV-90 Holzfenster Standard
Positions-Nummer : 1

Stk.	Bauteil	Artikel-Nr	Feld
5	Abdeckkappe EL O EV1	453	1.1
5	Abdeckkappe EL U EV1	462	1.1
5	Abdeckkappe FEB. li. EV1	472	1.1
5	Abdeckkappe S 100 Kg EV1	486	1.1
5	Abdeckkappe W EV1	497	1.1
5	Ecklager 100 Kg li.	536	1.1
5	Ecklagerbolzen	542	1.1
5	Falzeckband li.	545	1.1
5	Flügelheber	554	1.1
5	Flügelteil MV	555	1.1
5	Getriebe Stulp 16 AF GR.140 1SB	655	1.1
5	Kippriegellager li.	721	1.1
5	Kippriegellager li. f.Bodenschwelle	722	1.1
5	Rahmenteil MV	732	1.1
5	Schere AF GR.1	736	1.1
5	Scherenarm DF	751	1.1
5	Scherenlager DH 100 Kg	773	1.1
5	Scherenlagerbolzen D6	775	1.1
5	Scherenstulp DF	786	1.1
10	Schließblech Standard li.	797	1.1
5	Schließblech Standard re.	798	1.1
5	Schliesser AF VSU/K	806	1.1
5	Uml. AF VSO 1RS	819	1.1
5	Uml. AF VSO/K+ DF 1RS	831	1.1
5	Uml. AF VSU/K+ FH 1S	845	1.1
5	UMS001 Magnetschalter	856	1.1
5	Verriegelung VSU/K A0273 1S	872	1.1
5	Winkelband DH	875	1.1
5	Zwischenstueck AF/UE Gr.1 1M/95	887	1.1
5	Abdeckkappe EL O EV1	453	1.2
5	Abdeckkappe EL U EV1	462	1.2
5	Abdeckkappe FEB. re. EV1	478	1.2
5	Abdeckkappe S 100 Kg EV1	486	1.2
5	Abdeckkappe W EV1	497	1.2
5	Ecklager 100 Kg re	537	1.2
5	Ecklagerbolzen	542	1.2
5	Falzeckband re.	546	1.2
5	Getriebe 15 AF GR.140/G700 1RS	569	1.2
5	Hebel EV1	684	1.2
5	Kippriegellager re.	723	1.2
5	Schere AF GR.2	737	1.2
5	Scherenlager DH 100 Kg	773	1.2
5	Scherenlagerbolzen D6	775	1.2
15	Schließblech Standard re.	798	1.2
5	Uml. AF VSO FBS 13 RE. 1RS	823	1.2
5	Uml. AF VSU/K+ FH 1S	845	1.2
5	Uml. BS/K3 GR.2+ 1RS	850	1.2
5	Winkelband DH	875	1.2
5	Zwischenstueck BS/FH GR.1+ 1RS	888	1.2

Summe: 260 Teile

3 Beschlagliste für fünf zweiflügelige Fenster

Die **Glasleisten** *(glazing beads)* werden mit der Gehrungskappsäge [▶ GK 8.5.4] auf Maß geschnitten.

8.6 Oberflächenbeschichtung *(finish)*

Nach der VOB, Teil C, DIN 18363 und den Empfehlungen des ift e.V. Rosenheim [▶ 12.5.12] müssen Holzbauteile in Gebäuden vor dem Einbau allseitig mit mindestens einer Grund- und einer Zwischenbeschichtung versehen sein. Laut Ausschreibung sollen die Fenster mit einer Dispersionslasur farbig beschichtet werden.

Lasurbeschichtung
Die Lasur *(glaze)* [▶ 12.5.12] ist transparent „offenporig" und soll die Holztextur erhalten, aber auch Schutz gegen Wettereinflüsse bieten.

Damit die Beschichtung die ganzen Fensterrahmen und Glasleisten umfasst, wird sie ohne Beschläge durchgeführt. Die Holzfeuchtigkeit muss zwischen 12 und 15 % liegen.

Lärche gehört laut Rosenheimer Beschichtungsgruppen-Tabelle für Fenster und Außentüren zur Holzartengruppe I (für harzreiche Nadelhölzer). Eine farblose Lasur ist als ungeeignet eingestuft. Bei normaler, direkter Bewitterung wird eine Lasurbeschichtung B I mit einem mittleren Farbton 006/009 (nach DIN 68360, Teil 1) empfohlen.

Es wird eine **Dispersionsspritzlasur** – WF 950 Lasur Friesischblau (Sikkens) – (entsprechend RAL 5017) gewählt.

Arbeitsgänge
Nach der Empfehlung des Lackherstellers werden die Beschichtungen mit einem wasserverdünnbaren Beschichtungssystem mit folgenden Arbeitsgängen durchgeführt:
- einmal Imprägnieren *(impregnate)*,
- einmal Grundieren *(prime)*,
- zweimal Zwischen-/Endlasieren.

Die farblose **Imprägnierung** schützt die Fenster nach DIN EN 152-1 gegen Bläue- und Fäulnispilze. Sie wird im Streichverfahren *(painting)* auf die fett- und staubfreien Rahmen aufgetragen, damit sie tief eindringen kann (Einbringmenge 120–160 ml/m^2).

Nach ca. 4 Stunden werden die Rahmen mit Körnung P 180 geschliffen.

Die transparente **Grundierung** wirkt holzfeuchtigkeitsregulierend, farbgebend (in einem mittleren Farbton) und schützt vor UV-Einwirkung. Auch sie wird im Streichverfahren aufgetragen.

Nach ca. 4 Stunden werden die Rahmen mit Körnung P 220 geschliffen.

Die transparenten und seidenmatten **Zwischen-/Schlussbeschichtungen** wirken farbgebend und verleihen eine gute Witterungsbeständigkeit. Sie werden im Spritzverfahren *(spraying)* aufgetragen [▶ GK 14.3]. Nach ca. 6 Stunden können die Rahmen weiter bearbeitet werden.

Selbst beim Verarbeiten **wasserverdünnbarer Gebinde** müssen Arbeits- und Umweltschutzvorschriften beachtet werden.
Hierzu gehören **persönliche Schutzmittel** wie
- Augenschutz *(eye protection)* gegen Spritzer,

- Handschutz *(hand protection)* zum Schutz der Haut gegen Allergien durch Chemikalien,

- Mund- oder Atemschutz *(breathing protection)* gegen Einatmen schädlicher Substanzen, z. B. bei Spritznebel.

Während und nach der Verarbeitung ist für gute Belüftung *(ventilation)* zu sorgen.
Beim Reinigen der Geräte ist der Gebrauch von Lösemitteln *(solvents)* zu vermeiden.
Lasurreste dürfen nicht in die Kanalisation oder Gewässer gelangen.
Für alle unbedeckten Körperteile ist geeignete Hautschutzsalbe zu verwenden.

8.7 Verglasung *(glazing)*

Das Einsetzen der Dreifach-Wärmedämmgläser (4/16/4/161/4) mit dem Wert $U_g = 0{,}8$ W/(m^{2}K) wird nach der Montage der Beschläge und dem Einfügen der Dichtungsrahmen durchgeführt:
- Einsetzen *(putting in)* der Scheiben,
- Verklotzen *(putting in glazing blocks)* der Scheiben (S. 77, Abb. 2 und 3),
- Einsetzen und Heften *(pinning)* der Glasleisten,
- Versiegeln *(sealing)* der Scheiben (S. 77, Abb. 4).

8.7.1 Wärmeschutzgläser

Auch die Maße der Wärmeschutzgläser können mit dem Anwenderprogramm abgerufen werden (S. 77, Abb. 1).

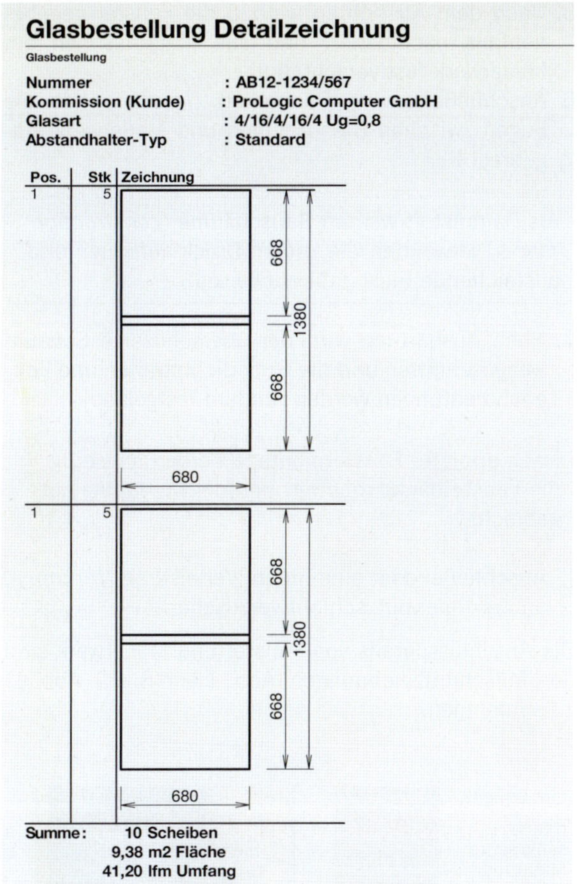

1 Maße der Glasscheiben

8.7.2 Einsetzen der Scheiben

Verklotzen

Das Verklotzen [▶ 12.5.9] (Abb. 2) erfolgt am aufrechten Fenster, um die Ausrichtung und die Gangbarkeit der Flügel überprüfen zu können.

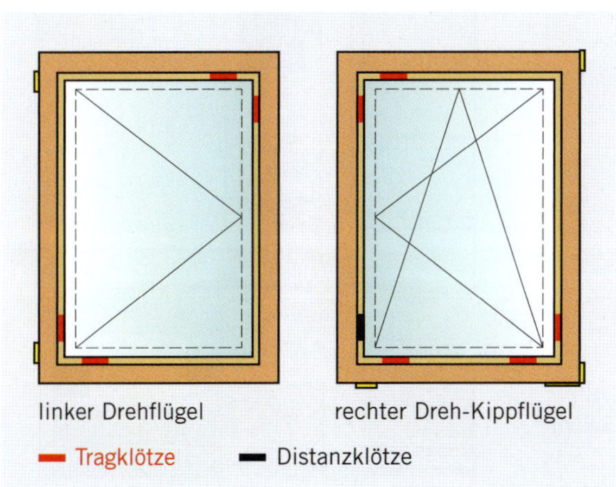

2 Unterschiedliches Verklotzen der beiden Flügel

Die **Klötze** *(glazing blocks)* aus Holz (Abb. 3) oder aus Kunststoff sind je nach Dicke eingefärbt.

3 Farbige Klötze aus imprägnierter Buche

Versiegeln

Nach dem Einsetzen und Heften der Glasleisten werden die Scheiben außen und innen mit farbloser, transparenter Silikon-Dichtungsmasse *(silicone sealant)* versiegelt (Abb. 4).

Nach VOB, Teil C sind elastische Dichtstoffe bis 1 mm Breite durch angrenzende Beschichtungen zu überdecken.

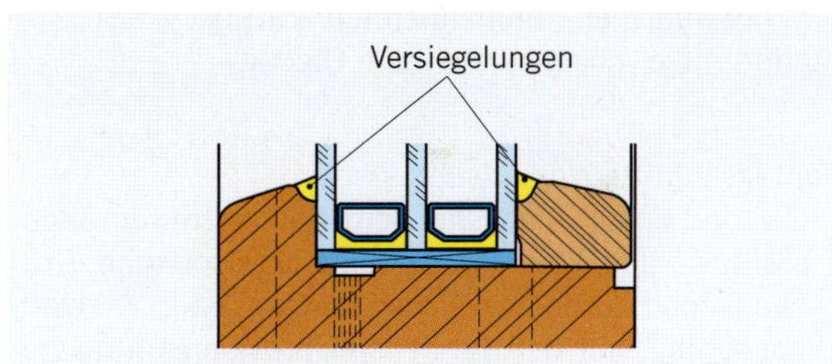

4 Versiegeln der Verglasung

8.8 Bewertung

Die abschließende Bewertung *(evaluation)* der fertigen Fenster vor dem Transport zum Bau umfasst eine **Qualitätskontrolle** *(quality control)* unter folgenden Gesichtspunkten:

- Leichtgängigkeit der Fenster in den Funktionen Schließen/Öffnen, Drehen/Kippen,
- Anlage der Dichtungen *(glazing gasket),*
- Ausrichtung der Fugen zwischen den Flügeln,
- Qualität und Sauberkeit der Oberflächen,
- Qualität der Versiegelung der Glasscheiben.

8.9 Fenstermontage am Bau

Transport der Fenster zum Bau

Um die verglasten Fenster vor Schäden durch Verspannungen zu schützen, werden sie auf einem LKW **aufrecht** gesichert zum Bau transportiert.

Vorbereitung

Das Mauerwerk besteht noch ohne äußere Rollschicht und innere Fensterbank. Auch der Innenputz an den Laibungen ist noch nicht aufgebracht.

Vor der Montage werden die bauseitig vorhandenen **Folienlappen** überprüft, ggf. die Position korrigiert und Überstände abgeschnitten.

Die Fenster erhalten **vor der Montage**
- auf der Innenseite des Blendrahmens (oben und seitlich) eine Leistenaufdopplung, auf die Kompribänder *(compribands)* geklebt werden;
- an den Blendrahmen-Außenprofilen (oben und seitlich) geklebte Butyldichtstreifen *(polyrods)*;
- zur Befestigung des Blendrahmens an den Außenprofilen (oben und seitlich) jeweils drei geschraubte Metalllaschen *(frame cramps)* („Hessenkrallen");
- bei asymmetrischer Lastverteilung kräftige Metallwinkel in Form von Kragarmen;
- im unteren Blendrahmenbereich kräftige, kragarmförmige, höhenverstellbare Bleche.

Montageschritte *(installation steps)*

1. Da die Fenster nicht auf dem Dämmstreifen abgestellt werden können, ist eine provisorische Brückenkonstruktion, z. B. aus Leisten oder Klötzen, notwendig, auf der die Fenster provisorisch ausgerichtet werden.
2. Um die Montage zu erleichtern, ist es sinnvoll, zunächst nur die Blendrahmen ohne Flügel auszurichten. Dabei wird das untere Blendrahmenholz („Sohlbankstück") in Waage ausgerichtet und die unteren Beschläge werden am Hintermauerwerk verdübelt.
3. Der Blendrahmen mit dem Kompriband wird mit Hebelzwingen an das Vormauerwerk gedrückt. Das Lot wird sowohl in Richtung Vormauerwerk als auch in Richtung Laibung überprüft und alle Metalllaschen werden mit Langlöchern am Hintermauerwerk und am Sturz verdübelt.
4. Die provisorische Brückenkonstruktion kann anschließend entfernt werden.

Das abschließende Ausrichten und die Überprüfung der Funktionsfähigkeit der Fenster erfolgt grundsätzlich mit den Fensterflügeln.

5. Nach dem Ausrichten werden die Fenster gegebenenfalls nachjustiert und alle Metalllaschen am Mauerwerk fest verschraubt.
6. Anschließend wird Dämmstoff *(insulation)* in die Fugen zwischen Blendrahmen und Mauerwerk eingebracht.

Als Dämmstoff werden **Bauschäume** *(construction foams)* verwendet, die keinen Druck aufbauen und ausreichende Elastizität aufweisen.

7. Nach Aushärtung wird der überschüssige Schaum weggeschnitten und die Butyldichtstreifen und Folienabdichtungen werden rundum festgeklebt.

Nach erfolgter Fenstermontage werden bauseitig die Fensterbänke montiert und der Innenputz aufgebracht.

8. Abschließend ist eine innere Verleistung *(trimming)* an der Innenputzschicht vorzusehen.

Die Anschlussdetails von Fenster und Mauerwerk sind den Teilschnittzeichnungen (Abb. 1 und S. 79, Abb. 1) zu entnehmen.

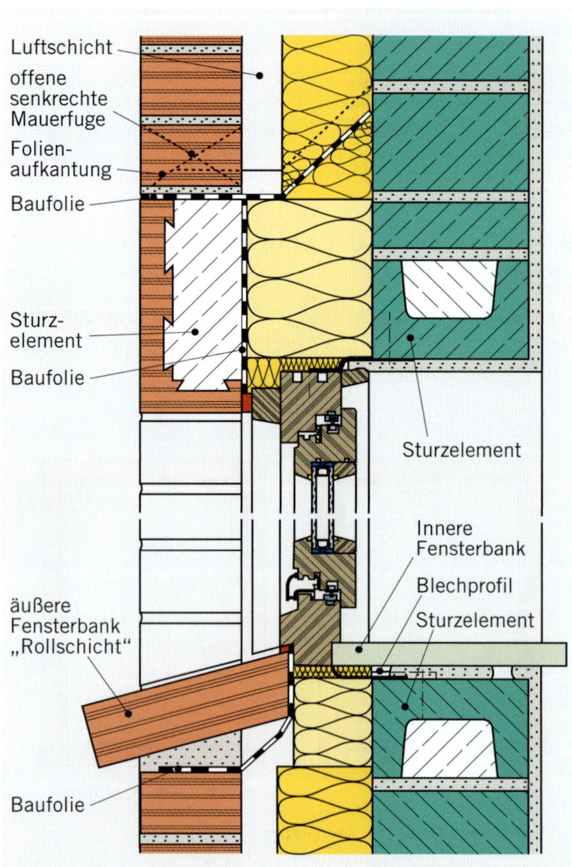

1 Vertikalschnitt des Anschlusses Mauer/Fenster

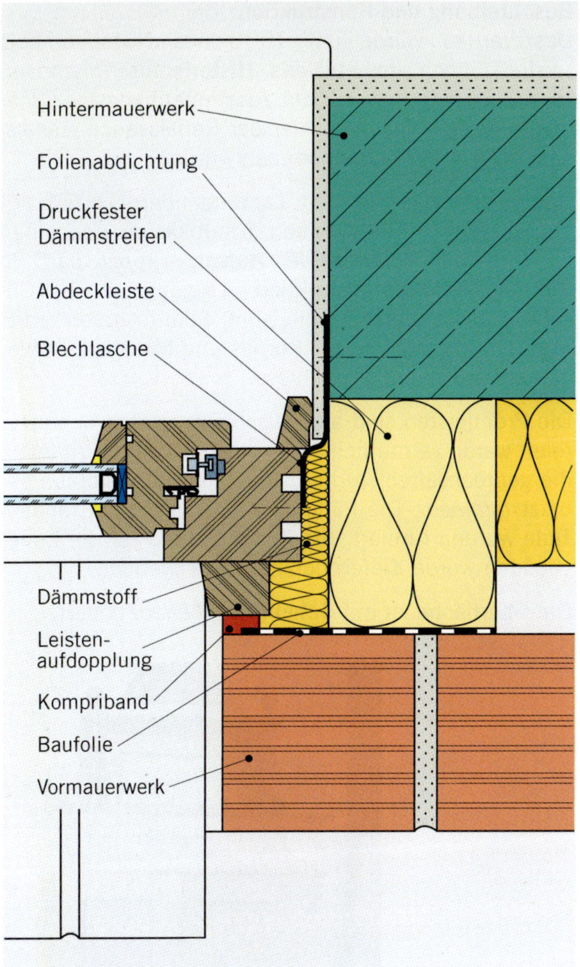

1 Horizontalschnitt des Anschlusses Mauer/Fenster

Aufgaben zu 8.3

1. Zeichnen Sie die Außenansicht des Fensters, wenn statt des Stulps ein Pfosten und Flügel ohne Sprossen vorgesehen sind.
2. Erstellen Sie eine Checkliste über die wichtigsten Informationen bei einer Baubegehung.
3. Erläutern Sie den Vorteil von Leimholzkanteln gegenüber Fensterrahmen aus Stammware.
4. Welche Holzfeuchtigkeit dürfen Fensterhölzer haben?
5. Erläutern Sie, weshalb die Maße für die Fensterfertigung am Bau überprüft werden müssen.
6. Nennen Sie die unterschiedlichen Maße für die Fensterfertigung und erläutern Sie, auf welcher Grundlage diese ermittelt werden.
7. Was unterscheidet einen Dreh-Kipp-Beschlag von einem Drehbeschlag?
8. Erläutern Sie die Funktionsweise programmierbarer Tabellen bei der Datenermittlung für die Fensterfertigung.
9. Stellen Sie das Grundprinzip und die Leistungsfähigkeit eines Branchenprogramms für die Fensterfertigung dar.
10. Berechnen Sie die Maße eines einflügeligen IV-90-Fensters ohne Sprossen mit den vorgegebenen Profilen bei einem Öffnungsmaß von 1010/1125 mm und einem Maueranschlag von 40 mm.
11. Zeichnen Sie die Innenansicht des Fensters aus Aufgabe 10 und erstellen Sie die Stückliste.

Aufgaben zu 8.4 bis 8.9

12. Erläutern Sie den Begriff Systemwerkzeug.
13. Wie werden Systemwerkzeuge eingerichtet?
14. Nennen Sie einige Betriebsmittel für die Fensterfertigung und erläutern Sie deren Funktionsweise.
15. Welche Grundsätze sollten bei der Schrittfolge der Fensterfertigung berücksichtigt werden?
16. Wie würde der Fertigungsablauf des in Aufgabe 10 beschriebenen Fensters aussehen, wenn dem Betrieb ausschließlich Standardmaschinen zur Verfügung stünden?
17. Welche Klebstoffe sind bei Fensterrahmen aus Holz oder Leimholzkanteln anzuwenden?
18. Nach welchen Kriterien werden die Beschläge der Fenster gewählt?
19. Welche Anforderungen müssen Oberflächenbeschichtungen für Fenster erfüllen?
20. Weshalb erfolgt die Oberflächenbeschichtung der Fenster ohne Beschläge?
21. Erläutern Sie die Verglasung der Fensterflügel.
22. Unter welchen Gesichtspunkten sind Fenster abschließend zu bewerten?
23. Erläutern Sie die unterschiedlichen Aspekte, die bei der Fenstermontage zu berücksichtigen sind.

English Tasks

24. List window materials for the frame from the text and from your own experience.
25. Make a list of vocabulary that is linked to window glazing from the text and give the German translation.
26. Write a sequence of operations for installing a window.

9 Projekt Restaurieren eines Vertikos

Der Kunde beauftragt eine Tischlerei, ein geerbtes Vertiko *(two-door chest with drawer)* (Abb. 1) wiederherzustellen, das im Laufe der Zeit beschädigt *(damaged)* und verschmutzt *(become dirty)* wurde.

Zunächst soll entschieden werden, welche Art von Bearbeitung für den Erhalt *(preservation)* des Möbels für künftige Generationen angebracht ist:

- **Aufarbeiten** *(renovate)* kann bei Möbeln angebracht sein, die einen rein persönlichen Erinnerungswert haben. Im Vordergrund soll die Erhaltung oder Wiederherstellung *(restoration)* der Stabilität *(stability)* sowie des ursprünglichen Aussehens des Möbels stehen.
- **Restaurieren** *(restore)* kann bei historisch wertvollen Möbeln sinnvoll sein, an denen notwendige Ergänzungen und Bearbeitungen mit möglichst alten Materialien und Techniken, auch der Oberflächenveredelung, ausgeführt werden. Genau genommen handelt es sich dabei um eine kleine Fälschung *(fake)*, weil neue Teile nicht von ursprünglichen unterscheidbar sind, sodass das Möbel wieder einen harmonischen, intakten Gesamteindruck macht. Im Zweifelsfall sollte der Rat von Restauratoren *(restorer)* eingeholt werden.
- **Konservieren** *(preserve)* wird i. d. R. von qualifizierten, erfahrenen Restauratoren durchgeführt, wenn die originale Substanz bedeutungsvoller, seltener Möbel erhalten werden soll. Im Vordergrund steht dabei, den Verfall *(decay)* aufzuhalten. Teile werden nur dann ersetzt, wenn die Gestalt des Möbels nicht mehr vorstellbar wäre. Erneuerte Teile müssen jedoch so kenntlich gemacht werden (z. B. durch Farbe oder Holzart), dass deutlich bleibt, welche Teile aus der ursprünglichen Originalsubstanz stammen.

Die Berufsbezeichnung **Restaurator, Restauratorin** ist gesetzlich nicht geschützt. Qualifizierte Restauratoren sind über die Restauratorenverbände zu finden. Handwerkskammern bieten für Handwerksmeister Fortbildungen zum „Restaurator im Handwerk“ an (www.restaurator-im-handwerk.de).

9.1 Auftragserfassung

Der Kunde möchte, dass die Schäden *(damages)* behoben werden, sodass das Vertiko wieder zu benutzen und vorzeigbar ist.
Das Vertiko soll **restauriert** werden.

Beschreibung und Konstruktion

Das Vertiko wurde um 1900 aus Nussbaumholz *(walnut)* noch im Stil des **Historismus** *(historism)* [▶ 4.2.7] gefertigt, in dem zusammenhangslos Ornamente älterer Epochen, hier der Renaissance *(renaissance)* [▶ 4.2.3], übernommen wurden.

Das Vertiko hat zwei mit Zapfenbändern [▶ 5.1.10] angeschlagene Türen, einen Schubkasten und einen abnehmbaren *(detachable)* Aufsatz *(upper part)* in Rahmen-Füllung-Konstruktion [▶ GK 11.2.6]. Geschmückt ist er mit Profilleisten, Schnitzereien *(carvings)* am Aufsatz und am Korpus und Messingbeschlägen als Griffe und am Schloss.

Die Profilleisten sind aus Nussbaum, einige Schnitzereien waren vermutlich Halbzeuge aus Ahorn *(maple)*, die gedrechselten *(turned)* Teile sind dunkelbraun gebeizt *(stained)*. Die Füllungen sind ungebeizt, andere Teile wurden furniert. Als Blindholz und für die Einlegeböden wurde Kiefernholz *(pine)* verwendet.

Die Oberfläche ist mit **Schellack** *(shellac)* poliert.

1 Vertiko vor der Restaurierung

9.2 Planung

9.2.1 Dokumentation

Bei historisch bedeutungsvollen Möbeln wird eine Dokumentation angefertigt. Sie dient dem Zweck *(purpose)*, dem Kunden und möglichen späteren Bearbeitern die vorgenommenen Bearbeitungen mitzuteilen und zu begründen. Hier können dem Kunden außerdem Pflege- und Wartungshinweise *(care instructions)* gegeben werden. Auf Kundenwunsch werden auch bei aufgearbeiteten Möbeln Dokumentationen erstellt.

Bei wertvollen Möbeln oder auf Kundenwunsch steht zu Beginn die **stilistische und zeitliche Einordnung** *(classification)* [▶ 4.2] des Möbels. Besonders die zeitliche Einordnung ist für Tischler nicht einfach. Gegebenenfalls sollte der Rat von Museumsmitarbeitern oder zertifizierten Restauratoren eingeholt werden.

Eine Einschätzung erfolgt neben der Stilkunde über Fragen nach den
- Holzarten und Holzwerkstoffen,
- Verbindungstechniken,
- Klebstoffen und Werkstoffen des Oberflächenschutzes sowie
- verwendeten Werkzeugen, deren Spuren erkennbar sind.

Mit dem Wissen hierüber können ältere Epochen ausgeschlossen werden.

Für die Dokumentation der Arbeit wird mithilfe von Fotos, Zeichnungen und Beschreibungen der **Zustand** des Möbels jeweils vor *(before)* und nach *(after)* der Bearbeitung festgehalten. Dabei können wesentliche **Arbeitsschritte** begleitend dokumentiert werden.

9.2.2 Schadensanalyse

Das Möbel wird auf Schäden und Fehlfunktionen untersucht, außerdem werden deren Ursachen *(cause)*, Veränderungen und Verluste *(losses)* in Wort und Bild dokumentiert.

Ergebnisse der Untersuchung:
- An einigen Furnierstellen sind Kürschner *(blister)* (lose Stellen) entstanden.
- Die linke Schrankseite hat einen Riss *(crack)*.
- Die Schnitzerei unten links ist beschädigt.
- An den vorhandenen Profilleisten sind Teile abgesplittert, die schwarzen Leisten haben teilweise abgestoßene Stellen.
- Die Füße sind infolge von Insektenbefall *(insect infestation)* stark zerstört und dadurch instabil, zudem ist der hintere linke Fuß abgebrochen.
- Die Oberfläche ist stark zerkratzt *(scratched)* und verschmutzt.
- Das Schubkastenschloss ist schwergängig.

9.3 Ausführen der Arbeiten

9.3.1 Furnier- und Holzarbeiten

Nach Entfernen der angeschraubten Beschläge und Ausbau der Türen werden als Erstes die Furnier- und Holzarbeiten ausgeführt.

Beseitigung der Kürschner
Die losen **Furnierstellen** (Abb. 1 a) werden zunächst geleimt, um sie beim nachfolgenden Bearbeiten nicht weiter zu beschädigen.

Eine Probe zeigt, dass beim Furnieren wasserlöslicher **Glutinleim** *(animal glue)* (Haut-, Leder- oder Knochenleim [▶ GK 12.2.1]) verwendet wurde, der bis ca. 1920 zum Einsatz kam. Dementsprechend muss auch wieder Glutinleim verarbeitet werden, da dies dem Original entspricht. Zudem ist eine Verbindung von vorhandenen Glutinleimresten und z. B. PVAC-Leim problematisch.

Der warme Glutinleim wird mit einem dünnen Holzspatel *(spatula)* unter die vorgewärmten losen oder ergänzten Furnierstellen (Abb. 1 b) geschoben und mit angewärmten Zulagen oder einem Bügeleisen *(iron)* verpresst, bis er erkaltet ist.

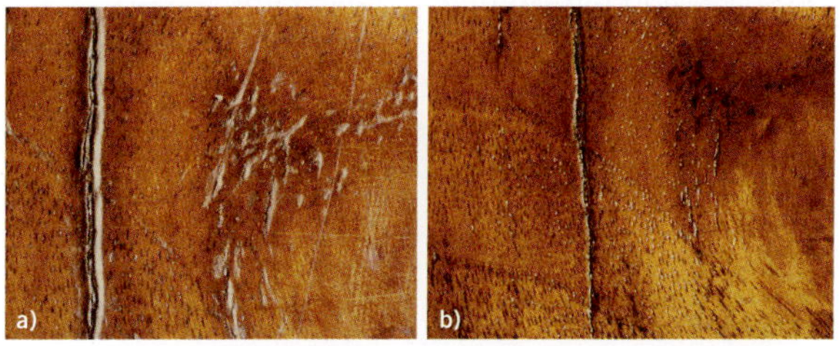

1 Platte mit aufgerissenem und hoch stehendem Furnier

Die **Furnierergänzung** kann am Beispiel einer Stuhlzarge (Abb. 2) dargestellt werden:
- Ein der schadhaften Stelle (Abb. 2a) angepasstes Furnierstück wird zugeschnitten.
- Mit einem Reißstift *(scriber)* wird seine Kontur auf die Schadensstelle übertragen.
- Die Linien werden mit dem Skalpell *(scalpel)* sauber nachgeschnitten (Abb. 2b).
- Der Grund wird gereinigt und das Ersatzstück eingeleimt.
- Nach dem Reinigen des Stuhls wird es farblich mit Lösemittelbeize angepasst.

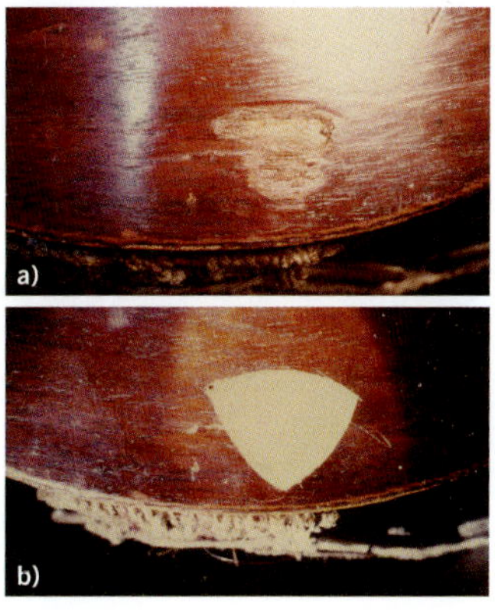

2 Furnierergänzung an einer Stuhlzarge

Aufarbeitung der Schnitzerei
Die durch Insektenfraß des gewöhnlichen Nagekäfers *(common furniture beetle)* [▶ GK 4.14.1] beschädigte Schnitzerei (Abb. 1) muss ersetzt werden. Da die Bruchstellen vermuten lassen, dass sie aus Ahorn ist, wird dieser Teil gleichfalls in Ahorn erneuert.

1 **Durch Insektenfraß beschädigte Schnitzerei**

Zur Vorarbeit wird hierfür ein dem fehlenden Rohteil in der Größe angepasstes Teil mit der Bandsäge so zugeschnitten, dass Zwingen sich gut ansetzen lassen (Abb. 2), und mit Glutinleim angeleimt.

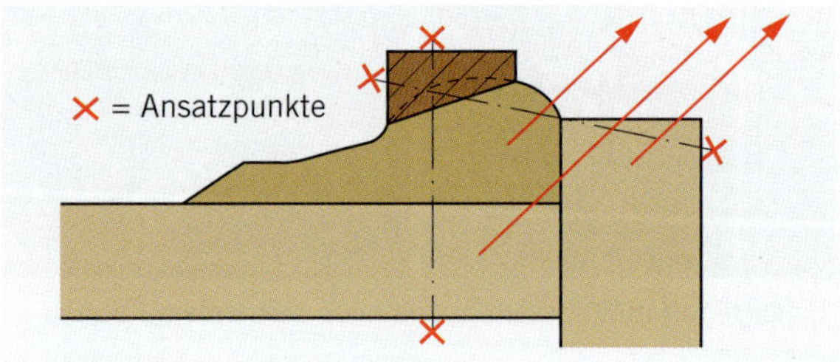

2 **Ansatzpunkte für die Zwingen**

Nach der **Aushärtung** über mehrere Stunden – am besten über Nacht – wird das Teil nachgeschnitzt. Nach mehrmaligem Wässern und Schleifen wird es gebeizt und mit gefärbtem Schellack dunkelbraun beschichtet.

Ergänzen der Profilleisten

Zierelemente, die nicht erhalten sind, können evtl. als **Halbzeuge** *(semi-finished products)* zugekauft werden.

In Katalogen und im Internet werden Recherchen zu geeigneten Profilleisten durchgeführt.

Stabilisieren und Restaurieren der Füße
Wegen der Fraßgänge und Ausflugslöcher des gewöhnlichen Nagekäfers (Abb. 3) müssen die Füße stabilisiert werden.

Eine Möglichkeit der Stabilisierung ist es, sie mit in Lösemittel *(solvent)* (z. B. Carbonsäureester) gelöstem *(dissolved)* Kunststoff (z. B. PMMA) zu tränken *(soak)*. Nach dem Aushärten des Kunststoffs sind die Füße wieder belastbar.

Zunächst wird der abgebrochene Fuß mit einem neuen Dübel versehen.
Anschließend bekommen die Schrankfüße je ein „Fußbad" in einem Glas oder Schälchen mit der Kunststofflösung. Wenn keine Bläschen mehr aufsteigen, können die Füße herausgenommen werden und abtropfen.

3 **Beschädigte Füße**

Reparieren der Schrankseite
Der nicht konstruktionsrelevante **Riss** an der linken Schrankseite soll geschlossen werden.

Der Riss wie auch die Löcher an den Füßen werden mit **Weichwachs** *(soft wax)* oder mit geschmolzenem **Schellack** mithilfe eines Heizspatels oder Lötkolbens *(soldering iron)* ausgefüllt. Überstehende Reste werden mit einem Holzspatel oder einer Ziehklinge *(scraper)* beseitigt und mit **Terpentinersatz** *(white spirit)* glatt gerieben.

9.3.2 Reinigen und Aufarbeiten der Oberfläche

Reinigen
Um die alte **Patina** *(patina)* zu erhalten, sollen die Polituren nur gereinigt und mit entsprechenden Materialien aufgearbeitet werden. Dabei sollen **Schleifarbeiten** möglichst gering gehalten bzw. vermieden werden, um besonders bei furnierten Teilen möglichst viel Substanz zu erhalten. Im Fall des Vertikos ist Schleifen **nicht** notwendig.

Zunächst werden alle losen Teile (inkl. z. B. der leicht lösbaren Zierleisten), deren Leimverbindung versprödet ist, entfernt, um möglichst große Flächen für die weitere Bearbeitung zu schaffen.

Die Möbelteile werden mithilfe von Baumwolllappen *(cotton cloth)* mit Reinigungsflüssigkeit *(cleaning liquid)* gereinigt. Der vorhandene Fliegendreck wird mit einem Skalpell entfernt.

Die **Reinigungsflüssigkeit** besteht aus
- 1 Teil Leinöl *(linseed oil)*,
- 2 Teilen Testbenzin *(white spirit)*,
- 7 Teilen Ethanol *(ethanol)*.

Nach dem Reinigen wird das gesamte Vertiko mit Schellack überpoliert.

Polieren mit Schellack
Schellackoberflächen erhalten einen lebendigen, „edlen" Glanz *(gloss)*, sind allerdings wenig beständig gegen Flüssigkeiten, Abrieb oder Zerkratzen. Das Verfahren ist sehr **zeitaufwendig**.

Schellack, ein Ausscheidungsprodukt der Lackschildläuse [▶ 16.4.1], enthält zum eigentlichen Harz auch Schellackwachs und einen gelblichen Farbstoff. Die **Schellackpolitur** ist eine Lösung in Ethanol (Mischungsverhältnis ca. 1 : 10).

Zur Wahl steht eine verarbeitungsfertig gekaufte oder selbst angesetzte Politur. Beim Ansetzen der Lösung können durch Absinken des **Schellackwachses** wachshaltigere und wachsärmere Schellacklösungen entstehen.

Polierverfahren *(polishing)* **mit wachshaltigem Schellack**
- **Ausgangssituation:** Holzoberfläche mit Gefäßen, die entweder nach dem Reinigen bzw. Freilegen beim Restaurieren noch mit alter Politur gefüllt sind oder mit Porenfüller behandelt wurden.
- **Vorbereitung:** Fläche dünn mit reinem Leinöl und nach ca. einer Woche zwei- bis dreimal mit verdünnter Schellackpolitur (1 : 20) tränken, mindestens eine Nacht aushärten lassen.
- **Schleifen:** Mit Schleifpapier mit Körnung P 1000 glätten, mit einem mit Ethanol leicht benetzten Baumwolllappen entstauben *(dust)*.
- **Poliert** wird von Hand mit einem Ballen *(rubber)* aus weicher Wolle *(wool)* mit darübergelegter, feiner Baumwolle.
  - Zunächst wird etwas Politur auf den Ballen gegeben und mit gleichmäßig leichtem Druck kreisend auf die Oberfläche aufgetragen.
  - Um eine gleichmäßige Fläche zu erzielen, sollten die Bahnen öfters gewechselt werden.
  - Gegen Ende eines Durchgangs, wenn kaum noch Politur im Ballen vorhanden ist, sollten die Kreise zum Vertreiben zu langen Bahnen gezogen werden (Abb. 1 und 2).
  - Nach einigen Schichten *(layer)* sollte die Fläche über Nacht ruhen.
- In den Polierpausen wird der Ballen in einem verschließbaren Glas aufbewahrt, damit er nicht austrocknet.
- Wann eine Politur fertiggestellt ist, hängt von der Porigkeit der Holzart und vom gewünschten Glanzgrad ab.
  Auf Hochglanz *(high gloss)* poliert werden
  - häufiger feinporige *(close-grained)* Hölzer wie Birnbaum *(pear)* oder Kirsche *(cherry)*,
  - seltener grobporige *(open-grained)* Hölzer wie Eiche *(oak)*.

Polierverfahren mit wachsarmem Schellack
Beim Polieren mit wachsarmem Schellack wird, damit er gut „verläuft", etwas säurefreies, mineralisches Polieröl auf den Ballen gegeben.

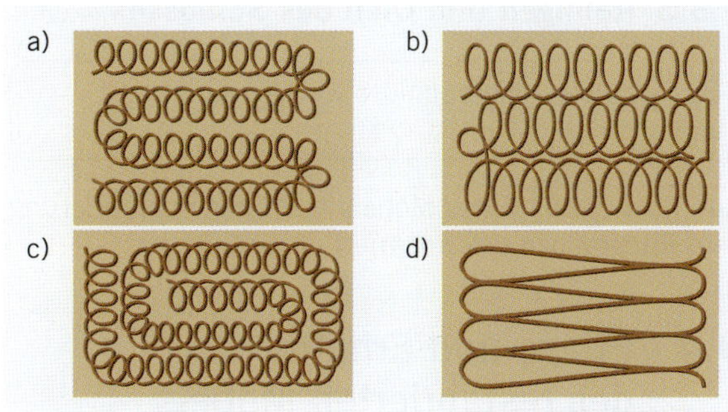

1 Kreisförmiges Auftragen der Politur und Vertreiben in lang gezogenen Bahnen

2 Ballenauftrag von Schellack

Viele dünne Schichten sind besser als wenige dicke.

Profilleisten

Die gelösten Teile (S. 84, Abb. 1 a) und ersetzten Profilleisten werden aufgeleimt, geschliffen und mit gefärbtem Schellack beschichtet, wodurch auch abgestoßene, helle Stellen angeglichen werden (S. 84, Abb. 1 b).

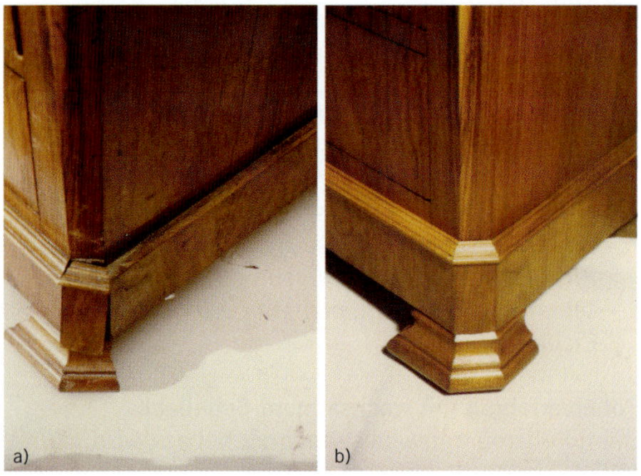
a) b)

1 Beispiel eines restaurierten Möbeldetails

9.3.3 Reinigen und Ölen des Schlosses

Das schwergängige Schloss wird gereinigt und geölt.

Auch der Zustand des Möbels nach der Restaurierung wird fotografisch dokumentiert.

9.4 Pflege und Erhalt des restaurierten Möbels

Dem Kunden werden Hinweise *(hints)* und Empfehlungen *(recommendations)* gegeben, wie das restaurierte Möbel auf lange Zeit erhalten werden kann.

Hinweise und Empfehlungen zum Standort:

- Alte bzw. antike Möbel sollten vor hellem Tageslicht, besonders direkter Sonneneinstrahlung, geschützt stehen, da die Oberfläche ausbleichen *(bleach out)* oder vergilben *(yellow)* kann.
- Das Raumklima sollte möglichst eine Temperatur zwischen 16 und 21 °C und eine Luftfeuchtigkeit *(humiditiy)* von 50 bis 65 % haben.
- Möbel sollten nicht in unmittelbarer Nähe von Heizkörpern, Öfen oder auf einer Fußbodenheizung stehen, da die Gefahr von Rissen besteht.
- Möbel nur an absolut trockenen Wänden gut hinterlüftet aufstellen, um die Bildung von Feuchtigkeit und Schimmelpilzen *(fungi)* zu vermeiden.

Hinweise und Empfehlungen zur Pflege:

- Oberflächen auf alten Möbeln bestehen großenteils aus natürlichen Harzen *(resin)* und/oder Wachsen, die nicht so zu beanspruchen sind wie synthetische Lacke.
- Häufig reicht ein trockenes Staubtuch *(dustcloth)* oder ein leicht angefeuchtetes Ledertuch *(shammy)* zum Reinigen der Flächen.
- Bei der Entfernung hartnäckiger Verschmutzungen sollte keine der handelsüblichen Möbelpolituren verwendet werden, da sie die Oberfläche anlösen oder verschmieren können, z. B. mit Silicon *(silicone)*. Der Aufbau einer späteren Schellack- oder Wachsoberfläche kann dadurch verhindert werden, weil Silicon das Holz tränkt und die Beschichtung abstößt.
- Zur Auffrischung angegriffener Polituren kann die Fläche mit einem feinen Baumwolllappen überarbeitet werden, der mit Pflegeflüssigkeit *(care liquid)* leicht angefeuchtet ist. Sie eignet sich bedingt auch zur Verbesserung leicht verkratzter Flächen.

Pflegeflüssigkeit:
je ein Teil

- 5 %iger Essig *(vinegar)*,
- 99 %iger Alkohol,
- Terpentinöl *(terpentine oil)*,
- Leinöl,
- Benzoeharz *(benzoin resin)*.

Der Leitgedanke bei der Bearbeitung alter Möbel und anderer Objekte ist:
So viel wie nötig *(necessary)*, so wenig wie möglich *(possible)*.

Aufgaben zu 9

1. Wie unterscheiden sich Restaurierung und Konservierung voneinander?
2. Worauf achten Sie und was dokumentieren Sie bei der ersten Untersuchung des Möbels?
3. Welche Arbeit soll bei furnierten Möbeln zuerst erledigt werden und warum?
4. Was ist Inhalt der Dokumentation und weshalb nützt sie dem Kunden?
5. Welche Möglichkeit besteht, den Bauzeitpunkt eines Möbels einzugrenzen?
6. Beschreiben Sie den Poliervorgang mit wachshaltigem Schellack.
7. Was ist bei der Wahl des Standorts des restaurierten Möbels zu beachten?
8. Welche Möglichkeiten bestehen, Möbeloberflächen aufzufrischen?

English Tasks

9. State 2 reasons why animal glue should be used for a piece of furniture that was glued with animal glue originally.
10. Describe how to apply shellac/French polish.
11. Tell a customer how to take care of a restored piece of furniture.

10 Projekt Planung und Angebot für eine Einbauküche

Für eine Eigentumswohnung ist ein Angebot für eine Einbauküche *(fitted kitchen)* zu erstellen.

10.1 Auftragserfassung

10.1.1 Kundenwunsch

Alltags soll die vierköpfige Familie in der Küche an einem Esstisch mit fünf Sitzplätzen essen können.

- Die Küche ist bereits mit unruhigen Wand- und Bodenfliesen *(tiles)* versehen, weshalb die Küchenfront glattflächig *(with a smooth surface)* und matt *(matt)* in einem Bordeauxrot gehalten sein soll.
- Vorhandene Einbaugeräte wie Elektro-Koch-Back-Herd, Kühl-Gefrier-Kombination, Spülmaschine und Spüle sollen übernommen werden.
- Beide Elternteile benutzen die Küche:
  - Der Mann ist 1,80 m, die Frau 1,75 m groß,
  - beide sind Rechtshänder.

Vorgaben für Rechtshänder *(right-handed persons)*:
- Arbeitsabläufe (Laufwege) *(ergonomic routes)* von links nach rechts,
- Kühlschrank auf der linken Seite,
- Herd auf der rechten Seite,
- Licht von links wirft keine Schatten *(shadow)* auf die Arbeitsfläche (notfalls Unterbauleuchten),
- Spülbecken rechts, Abtropffläche links,
- Abfalleimer rechts unter dem Spülbecken.

10.1.2 Bauseitige Gegebenheiten

Bauseitige Gegebenheiten werden bei einer Wohnungsbegehung *(flat inspection)* erfasst.

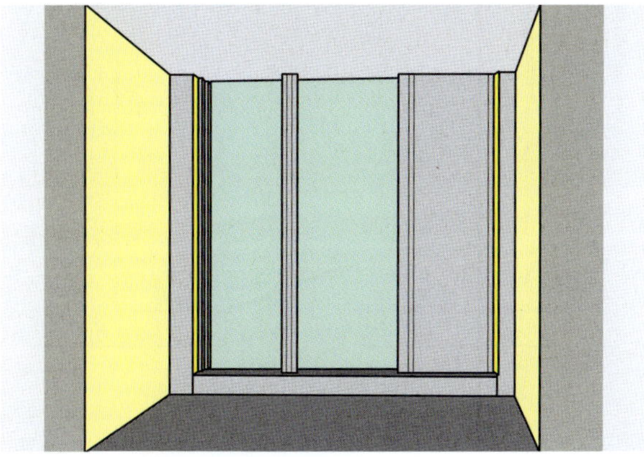

1 Blick vom Flur in die Küche

Abb. 1 gibt den Eindruck beim Blick von der Flurtür in die Küche wieder. Das mittlere Fensterelement ist eine Terrassentür.

Überprüft werden
- Beschaffenheit der **Wände**:
  - Beton *(concrete)*, Mauerwerk *(brickwork)* mit/ohne Putz *(plaster)* oder Gips-Wandbauplatten *(gypsum boards)*?
  - Stehen die Wände senkrecht und rechtwinklig zueinander, sind sie plan oder gewölbt?
  - Leichtbauwände mit Ständerwerk und Beplankung [▶ 7.4.6] aus Vollholz, Holzwerkstoffen oder Gipsplatten [▶ 7.4.7]?
    An Leichtbauwänden muss die Unterkonstruktion mit zusätzlichen Tragständern *(studs)* oder Traversen *(noggings)* [▶ 7.4.12] ausgestattet sein, damit die Oberschränke sicher befestigt werden können.

Werden Oberschränke mithilfe von Dübeln oder Ankern an der Wand befestigt, ist zu beachten, dass im Bereich der Aufhängung keine Leitungen verlaufen, die angebohrt werden könnten.

- Art von **Fuß-/Scheuerleisten** *(skirting boards)* (z. B. abnehmbar oder nicht)
- Art der **Türen** und **Türrahmen**, die evtl. kostenintensive Anpassungsarbeiten erforderlich machen
- **Öffnungsrichtung** der Tür
- **Fußbodenaufbau** [▶ 7.2]:
  - Beton mit schwimmendem Estrich *(floating screed)*,
  - Balken *(beams)*, Dielenboden *(floorboards)* auf Lagerhölzern,
  - Fußbodenheizung *(underfloor heating)* mit Schläuchen *(hoses)*.
- **Anschlüsse** und **Leitungen** zur Versorgung mit
  - Wasser,
  - Gas (Anschlüsse vorhanden und korrekt installiert?),
  - Elektrizität:
    Sind Anschlüsse, Funktionsfähigkeit und Absicherung der Steckdosen *(sockets)* korrekt?
    Wo ragen Kabel *(wires)* aus der Wand, sind sie korrekt abgedeckt und sind sie mit einem Schalter verbunden dauerhaft unter Strom?
    Ist der Herdanschluss funktionsfähig und korrekt angeschlossen?
  - Wo befindet sich die Beleuchtung und wie sind die Lichtverhältnisse?

  Zusätzlich Standorte und Befestigungsmöglichkeiten für die Küchengeräte.
- **Heizungsanlagen:**
  - Heizkörper im Küchenmöbelbereich,
  - Fußbodenheizung,
  - Lage einer Gastherme *(gas boiler)*,
  - Ofen für Kohle oder Holz in der Küche.

10.1.3 Bestandsaufnahme

Die linke Wand ist eine Doppelständerwand in Leichtbauweise, die zusätzlich mit Tragständern oder Traversen [▶ 7.4.12] verstärkt wird, damit sie für Hängeschränke tragfähig ist.

Für Gipsplatten gibt es keine Dübel oder Anker mit Bauzulassung.

Auf der Wand befindet sich in Arbeitshöhe ein **„Fliesenspiegel"** *(backsplach)* (Abb. 1). Weiter finden sich
- Anschlüsse für elektrische Küchengeräte (inkl. Herdanschluss) und Beleuchtung,
- ein Wasseranschluss *(water connection)*, bei dem das Abwasserrohr *(wastewater pipe)* sich etwas seitwärts verlegen lässt.

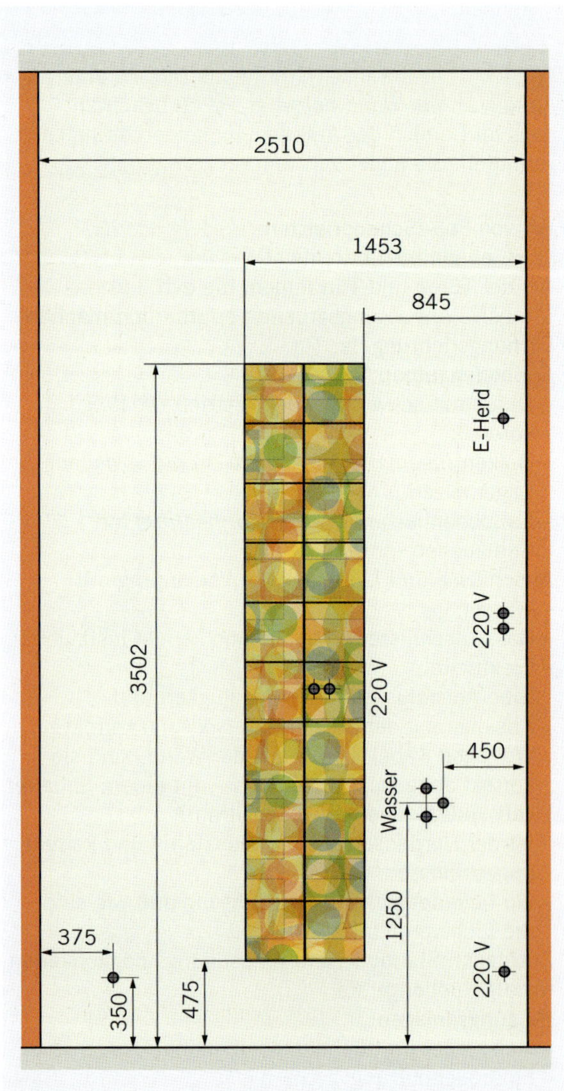

1 Linke Wand – Fliesenspiegel und Anschlüsse

Anschlüsse für elektrische Energie und Wasser dürfen nur von dafür ausgebildeten Fachkräften *(qualified workers)* ausgeführt werden.

Die linke Wandseite muss also für Herd, Spüle und Spülmaschine vorbehalten sein.

Eine Kühl-Gefrier-Kombination *(fridge-freezer)* könnte jedoch auch auf der rechten Wandseite stehen.

Die Außenwand besteht aus einem dreiteiligen Fensterelement. In der Mitte ist eine Fenstertür zur Terrasse. Die Füllung des rechten, fest stehenden Elements ist undurchsichtig.

10.1.4 Aufmaß

Beim Aufmaß *(on-site measurement)* der Küche werden neben den Raummaßen (Abb. 2) erfasst:
- Öffnungsmaße und Lage der Türen und Fenster,
- Positionen von Anschlüssen (Abb. 1), Verlauf von Leitungen für Elektrizität, Gas und Wasser,
- Lage und Abmessungen von Scheuerleisten und Türfutter/-bekleidungen.

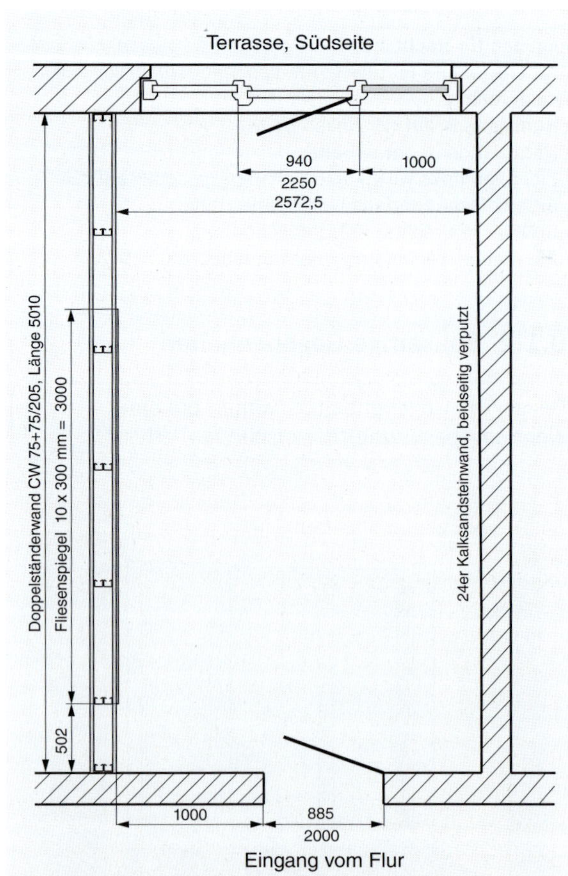

2 Grundriss mit Fliesenspiegel und Trockenbauwand

10.1.5 Analyse der vorhandenen Küchenausstattung

Um bei der Neugestaltung eventuelle **Planungsfehler** *(planning mistakes)* in der bisherigen Ausstattung zu vermeiden, wird die Anordnung der Elemente in einem Grundriss erfasst (Abb. 1).

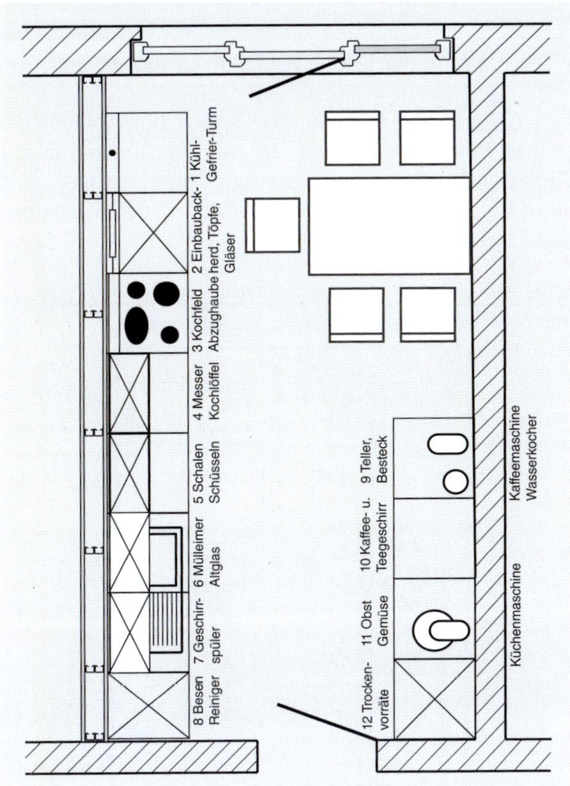

1 Grundriss mit Anordnung der vorhandenen Küchenelemente

Die Analyse ergibt folgende Ergebnisse:

- **Arbeitswege** [▶ 7.7.8]
  Zutaten aus dem Kühlschrank ① und aus dem Schrank für Trockenvorräte ⑫ müssen weit zu den Arbeitsflächen ④ und ⑤ transportiert werden. Der Weg vom Kühlschrank zu den Arbeitsflächen ⑨, ⑩ und ⑪ ist sehr lang.
  Fazit: In dieser Küche werden zu viele unnötige Wege zurückgelegt.
- **Ablageflächen**
  Links und rechts des Kochfelds ③ müssen Abstellflächen *(shelf space)* für Schalen mit vorbereiteten Zutaten und heiße Töpfe angeordnet werden.
  Fazit: Der Hochschrank ② verhindert dies.
- **Arbeitsflächen**
  Sie müssen möglichst groß sein.
  Fazit: Wenn anstelle der Kühl-Gefrier-Kombination ① ein Unterschrank ⑪ stehen und der Backofen unter dem Kochfeld ③ angeordnet würde, hätte die Arbeitsfläche auf der linken Wandseite insgesamt doppelte Breite.
- **Lichtverhältnisse**
  Die Kühl-Gefrier-Kombination ① und der Hochschrank ② nehmen dem Kochfeld und der links daneben liegenden Arbeitsfläche Tageslicht *(daylight)*. Außerdem wirkt der Raum beengt, wenn vor den Fensterflächen hohe Schränke stehen.
  Fazit: Statt der Hochschränke sollten Unterschränke angeordnet werden.
- **Geräteanordnung**
  Ein Backofen ③ neben der Kühl-Gefrier-Kombination ① erhöht die Energiekosten.
  Fazit: Die Geräte müssen in größerem Abstand angeordnet werden.

Bei der Anordnung der Küchenelemente sollten die senkrechten Fugen der Korpusse und die des Fliesenspiegels in einer Flucht *(be aligned)* liegen, um ein harmonisches Bild zu vermitteln.

10.2 Küchenplanung

10.2.1 Ermittlung des Platzbedarfs für die Funktionsbereiche

In die Planung müssen die Funktionsbereiche laut „Arbeitsdreieck“ [▶ 7.7.8] einbezogen werden.

Schrankbedarf *(cabinet requirements)*
Auf Grundlage der Standardbreite der Korpusse von **600 mm** ergibt sich bezüglich der Funktionsbereiche für die vierköpfige Familie folgender Bedarf an Schränken:

Lagern und Vorbereiten:
- 1 Unterschrank für Schüsseln und Schalen
- 1 Unterschrank für Gefrierdosen/Vorratsdosen
- 1 Hochschrank für Trockenvorräte, wenig benötigte Maschinen
- 1 Kühl-Gefrier-Kombination
- 2 Schubkästen für Schneidmesser, Schälmesser, Besteck
- 1 Schubkasten für Abdeckfolien, Brot- und Backpapier usw.
- 1 Schubkasten für verschiedene Utensilien
- 1 Küchenmaschine
- 1 Magnetleiste für Küchenwerkzeuge

Garen:
- 1 Unterschrank für Töpfe
- 1 Schubkasten für Backutensilien
- 1 Geräteschrank für Einbaubackofen
- 1 Kochfeld
- 1 Hängeregal für Gewürze
- diverse Kochlöffel, Pfannenwender usw.
- 1 Magnetleiste für diverse Küchenwerkzeuge

Servieren und Spülen:
- 1 Unterschrank für Auszugmülleimer und Putzmittel (unterhalb der Spülablage)
- 1 Geräteschrank für Geschirrspüler
- Spülbecken/Ablage
- 1 Unterschrank für Pfandflaschen, Einkaufstüten usw.

Servieren und Spülen (Fortsetzung):
- 1 Unterschrank für flache und tiefe Teller, Servierplatten
- 2 Oberschränke für Gläser
- 1 Oberschrank für Kaffee-, Tee-, Kakaobecher
- 1 Oberschrank für Kaffeeservice, Frühstücksbretter usw.
- 1 Schrank für Teller und Schälchen
- 1 Wasserkocher
- 1 Kaffeemaschine

Essplatz
Bedacht werden muss der Standort des Esstischs. Sinnvoll ist es, wenn dem Essplatz (Abb. 1) an der Außenwand keine Hochschränke Licht wegnehmen. Tisch und Stühle dürfen die Arbeitswege nicht versperren und die Fenstertür muss problemlos zu öffnen sein.

Esstisch und Stühle können deshalb weiterhin rechts vor der Fensterfront an der Wand platziert werden.

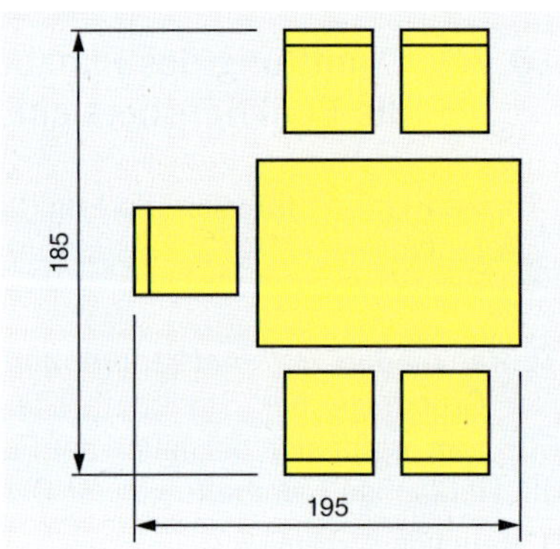

1 Essplatz für max. 5 Personen

Standard-Breitenmaß
Die Standard-Außenbreite von 600 mm für Unterschränke ist Grundlage besonders für Geräte-Einbauschränke [▶ 7.7.6], da hier die **Koordinationsmaße** *(coordination sizes)* nach DIN EN 1116 eine Rolle spielen. Von dem Standardmaß sollte nur am Ende der Küchenzeile abgewichen werden, wenn eine verbleibende Lücke *(gap)* zur angrenzenden Wand ausgefüllt werden soll.

Arbeitsflächen
Die in DIN 66354 vorgegebenen Breitenmaße für Arbeitsflächen sind Mindestmaße [▶ 7.7.6], die für die vierköpfige Familie nicht unter 1200 mm betragen sollten.

Situationsbeispiel:
Beim Kartoffelschälen sind z. B. sowohl der Kartoffelvorrat wie auch zunächst die Schalen auf der Arbeitsfläche: Eine 600 mm breite „normal große" Arbeitsfläche wäre dafür zu schmal, da i. d. R. auch Küchenmaschinen, Kaffeemaschinen, Wasserkocher und Toaster auf den Arbeitsflächen abgestellt werden.

Damit die Arbeitsplatten möglichst fugenlos über die gesamte Breite der Küchenzeile reichen, werden bei der Planung die auf dem Markt verfügbaren *(available)* Formate berücksichtigt.

10.2.2 Grundriss der neu strukturierten Küche

Die Planung der Küche geht vom Grundriss aus.

Auf Grundlage der Erkenntnisse aus der Analyse der vorhandenen Küche und der Anforderungen an die Funktionsbereiche sowie weiterer Überlegungen wird mithilfe des Grundrisses die Aufteilung der Küche neu strukturiert (Abb. 2).

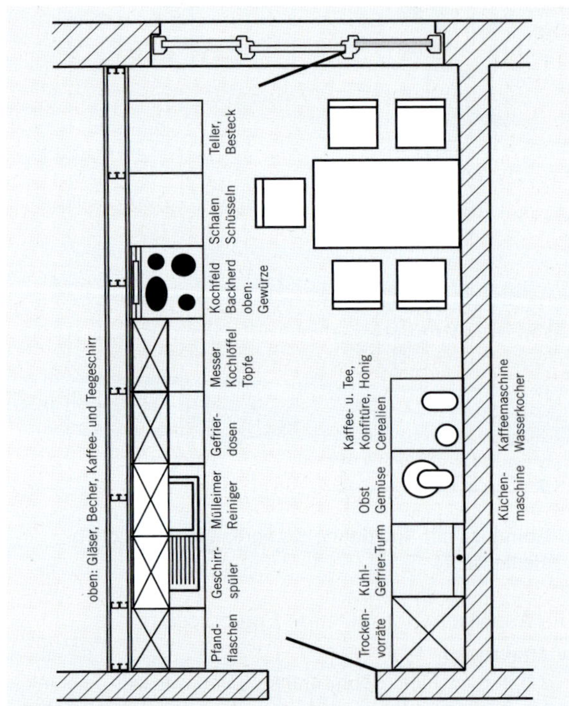

2 Grundriss mit optimierter Anordnung der Küchenelemente

Bei der Neustrukturierung der Küche können die vorhandenen Anschlüsse für Wasser und elektrische Energie übernommen werden.

10.2.3 Planung der Korpusse

Nach der Strukturierung der Küche im Grundriss werden die Maße der Korpusse festgelegt. Zu beachten sind hier folgende Aspekte:
- ergonomische Höhenmaße,
- Koordinationsmaße für Einbaugeräte und
- System 32.

Ergonomische Höhenmaße
Die Einbeziehung der ergonomisch begründeten Maßvorgaben [▶ 7.7.7] ist für die Bewältigung der alltäglichen Arbeitsabläufe in der Küche von besonderer Bedeutung.

Bei diesem Projekt ist die Orientierung die **Höhe h_1** der Arbeitsplatte:

Bei den Eltern handelt es sich um mittelgroße Personen, weshalb die **Arbeitsplattenhöhe h_1** bei 900 mm oberhalb OFF liegen soll.
Ellenbogenhöhe: h_1 + 100 mm bis 150 mm ⇒ 900 mm + 125 mm = **1025 mm** **Kochfeld h_{Kf}:** $h_{Kf} = h_1$ ⇒ **900 mm** **Oberkante Spülbecken h_{Sp}:** $h_{Sp} = h_1$ ⇒ **900 mm**

Koordinationsmaße für Einbaugeräte
DIN EN 1116 [▶ 7.7.6] legt die Koordinationsmaße von Küchenmöbeln für Einbaugeräte in 100-mm-Schritten (± 50 mm) fest.

System 32
Daraus können sich Möbelhöhen ergeben, die nicht mit dem System 32 *(system 32)* [▶ 5.2.2] übereinstimmen. Reihenlochbohrungen *(hole lines)* im System 32 können nur mit abweichenden oberen und unteren **Restmaßen** angepasst werden.

Das nachfolgende Beispiel (Abb. 1) zeigt eine Möglichkeit, wie Fronthöhen im 150-mm-Rastermaß und 32er-Lochreihen aneinander angepasst werden können.

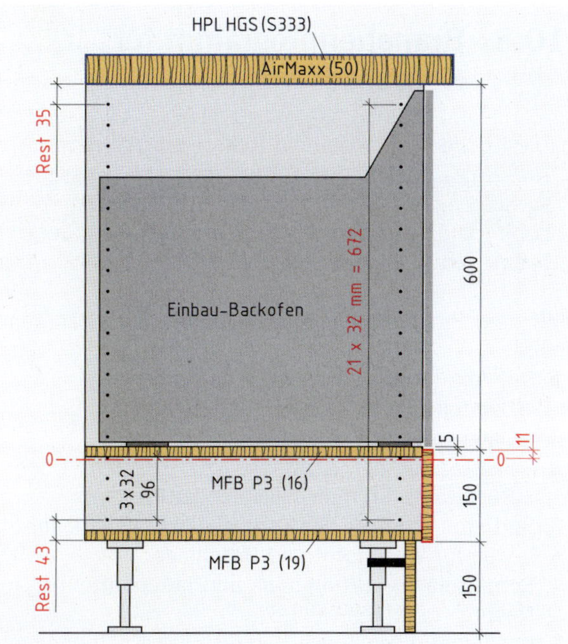

1 Anwendung Rastermaß 150 mm im System 32

Abweichend von der reinen Bauweise nach dem System 32 haben der obere und untere Abstand der Lochreihe ein anderes Restmaß als 32 mm.

Mit der Entwicklung der CNC- und CAD/CAM-Technik [▶ 3] ist das reine System 32 jedoch durch variable Anwendungen abgelöst worden.

Bedeutung hat das System 32 aber noch bei der Verarbeitung der meisten Möbelbeschläge *(furniture fittings)* wie Topfscharniere *(concealed hinges)* [▶ 5.1.8] oder Auszugsführungen *(pullout guide rails)* [▶ 5.1.19], bei denen die Achsmaße *(dimensions between center lines)* der Bohrungen auf dem System 32 beruhen.

10.2.4 Maße der Korpusse

Bei der Gliederung der Korpusfronten wird zwischen den Türen/Blenden jeweils 2 mm Luft berechnet.

Hochschränke

Korpusbreite: • Standardkorpus = **600 mm**
Standardbreite der Korpusse in einer Küchenfront: ⇒ 600 mm – 2 · 2 mm = **596 mm**
Korpushöhe: • Ausgehend von 2400 mm Höhe wird die Sockelhöhe mit **140 mm** festgelegt.
Höhe der Korpusfront: ⇒ 2400 mm – (140 mm + 2 · 2 mm) = **2256 mm**
Korpustiefe: • Korpustiefe mit Front = **570 mm** • Dicke Türen/Blenden = **20 mm**
Korpustiefe (ohne Front): ⇒ 570 mm – 20 mm = **550 mm**

Aufsatzschrank

Korpusbreite: • schmaler Korpus = **450 mm**
Schmalbreite der Korpusfront: ⇒ 450 mm – 2 · 2 mm = **446 mm**
Korpushöhe: • Ausgehend von 1300 mm Höhe
Höhe der Korpusfront: ⇒ 1300 mm – 2 · 2 mm = **1296 mm**
Korpustiefe: • Korpustiefe mit Front = **400 mm** • Dicke Türen/Blenden = **20 mm**
Korpustiefe (ohne Front): ⇒ 400 mm – 20 mm = **380 mm**

Oberschränke (Hängeschränke)

Korpusbreite: • Standardkorpus = **600 mm**
Standardbreite der Korpusfront: ⇒ 600 mm – 2 · 2 mm = **596 mm**
Korpushöhe: • Ausgehend von 750 mm Höhe
Höhe der Korpusfront: ⇒ 750 mm – 2 · 2 mm = **746 mm**
Korpustiefe: • Korpustiefe mit Front = **400 mm** • Dicke Türen/Blenden = **20 mm**
Korpustiefe (ohne Front): ⇒ 400 mm – 20 mm = **380 mm**

Unterschränke

Korpusbreite: • Standardkorpus = **600 mm** • schmaler Korpus = **450 mm**
Standardbreite der Korpusfront: ⇒ 600 mm – 2 · 2 mm = **596 mm** **Schmalbreite der Korpusfront:** ⇒ 450 mm – 2 · 2 mm = **446 mm**
Korpushöhe: • Ausgehend von der Arbeitsplatte von 900 mm Höhe wird die Sockelhöhe mit **140 mm** festgelegt. • Die Arbeitsplatte hat eine Dicke ≈ **40 mm**.
Korpushöhe der Unterschränke: ⇒ 900 mm – 40 mm = **860 mm** **Höhe der Korpusfront:** ⇒ 862 mm – 140 mm = **722 mm**
Korpustiefe: • Ausgehend von der Arbeitsplatten-Standardbreite von l_1 **600 mm** • l_2 Überstand zur Schrankfront = **30 mm** • Dicke Türen/Blenden ≈ **20 mm**
Korpustiefe (ohne Front): ⇒ 600 mm – (30 mm + 20 mm) = **550 mm**

10.2.5 Beschläge für die Montage

Neben den Standardbeschlägen für Korpusse wie Verbindungsbeschläge, Topfscharniere und Auszüge werden besonders für die **Montage** der unterschiedlichen Korpusse eingeplant:

- Zur Ausrichtung der bodenstehenden Hoch- und Unterschränke werden **höhenverstellbare** *(height-adjustable)* **Stützen** [▶ 7.7.10] benötigt.
- Für die wandhängenden Oberschränke werden **justierbare Schrankaufhänger** *(adjustable cabinet hangers)* (Abb. 1) benötigt. Da diese an die linke Leichtbauwand mit Stahlständerwerk *(steel studs)* und Beplankung aus Gipsplatten gehängt werden, muss die Befestigung mithilfe einer Aufhängeschiene *(mounting rail)* (Abb. 2) verstärkt werden, die an Traversen [▶ 7.7.10] innerhalb der Leichtbauwand verankert ist.

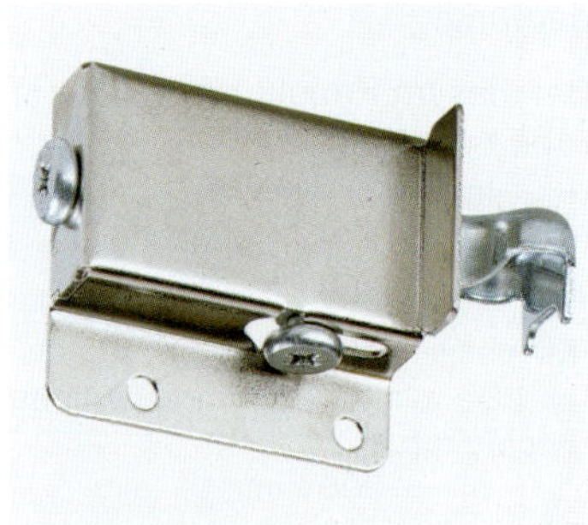

1 3-D-justierbarer Schrankaufhänger

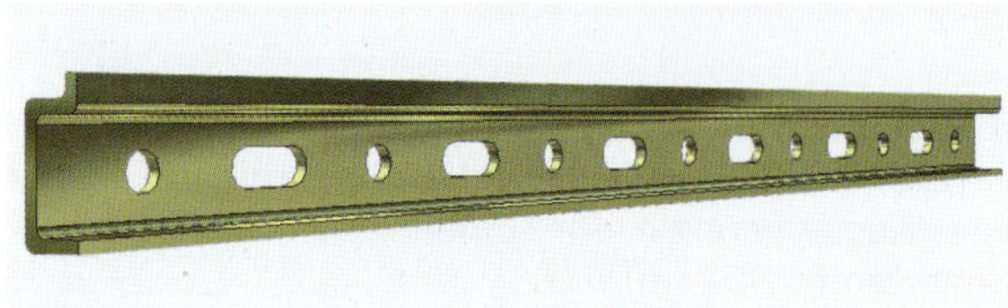

2 Aufhängeschiene für Schrankaufhänger

Schwere Oberschränke für Teller könnten herabstürzen, sollte z. B. ein Kind auf die Arbeitsplatte klettern und sich beim Fallen an einem Oberschrank festhalten. Für diese Gefährdungen wäre der Küchenaufsteller wegen fahrlässiger Körperverletzung *(physical injury resulting from negligence)* haftbar.

10.3 Branchenprogramm für Korpusse

Die Küche wird mit einem Branchenprogramm *(industry program)* geplant und gefertigt. Über die Vernetzung gespeicherter Daten aus einer Datenbank *(database)* werden die Kostenrechnung und das Angebot *(quotation)* generiert.

Mit dem Programm wird in folgenden Schritten gearbeitet:

1. 3-D-Abbildung *(3D view)* [▶ 3.3]
   - Darstellung der einzelnen Module
   - Datenerfassung/-eingabe
   - Festlegung der Elemente (z. B. Seiten, Böden, Rückwand, Fronten, Sockel oder Platten)
2. Sortieren *(sorting)* der Korpusse nach Positionen
3. Listen für Werkstoffe und Beschläge
4. Schnittpläne *(cutting plan)* an Plattenaufteilung im Nesting-Verfahren [▶ 3.3]
5. Beschichtungen *(edge-bandings)* an Kantenanleimmaschine

6. Bearbeitungen *(operations)* an BAZ [▶ 3.1]
7. Beschläge *(fittings)* und Verleimen *(gluing-up)* der Korpusse
8. Kostenermittlung *(accounting)*
9. Angebot [▶ 16] und Angebotspreis

Datenbankorientiertes CAD-System

Die Korpusse werden über ein datenbankorientiertes CAD/CAM-System [▶ 3.3.2] durch Abruf hinterlegter Konstruktionsbausteine wie Korpuselemente, Beschläge oder Werkstoffe entworfen.

Über Bildschirmdialoge kann auf die Module des Programms zugegriffen werden.

Mithilfe des CAD-Systems wird die neu gestaltete Küche fotorealistisch *(photo-realistic)* aus verschiedenen Blickpunkten *(perspectives)* dargestellt (Abb. 1 bis 3).

1 Blick auf die Küchenzeile an der linken Wand

2 Blick in die Küche zur Fensterseite

3 Blick in die Küche zur Türseite

Weiter können auch **2-D-Ansichten** ausgegeben werden (Abb. 4).

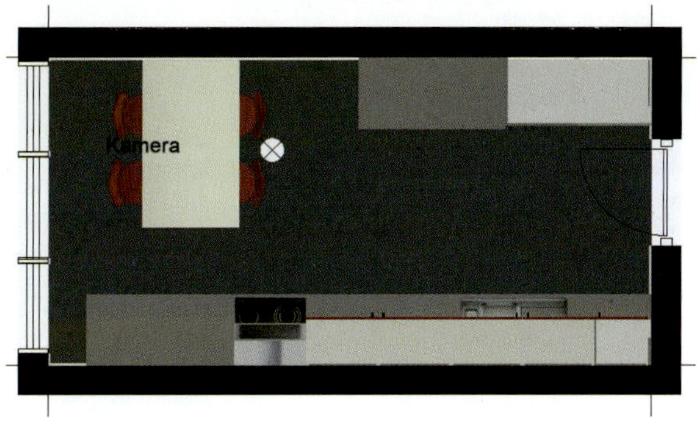

4 Draufsicht der Küche

Über das Programm werden die bei der Zusammenstellung der Konstruktionsbausteine entstandenen **Daten** für die Einzelelemente artteilig nach Positionen sortiert (Abb. 5) und den einzelnen Bearbeitungen übergeben.

Stückliste

Auftrag: 111222 Musterküche
Kunde: Tischlerei Schmidhuber
Bearbeiter: Schlick
Lieferdatum: KW30.2014

Menge		Bezeichnung	Material	Länge	Breite	Dicke
1	**Stk.**	**Pos.1 Standardschrank H=2400/ B=600/ T=550**				
1	Stk	KS li	19u732st15	2260	550	19
1	Stk	KS re	19w980st2	2260	550	19
1	Stk	OB	19w980st2	562	530	19
1	Stk	UB	19w980st2	562	530	19
1	Stk	RW (Nut)	08w980st2	2258	576	8
1	Stk	Sockel VO	19u732st15	600	140	19
1	Stk	Sockel RE	19u732st15	491	140	19
1	Stk	MB	19w980st2	562	530	19
1	Stk	Klappe unten	19u311st15	636.5	596	19
1	Stk	Fach	19w980st2	561.3	459	19
1	Stk	MB	19w980st2	562	530	19
1	Stk	Front rechts	19u311st15	1246	596	19
1	Stk	Fach	19w980st2	561.3	510	19
1	Stk	Front rechts	19u311st15	364.9	596	19
1	Stk	Fach	19w980st2	561.3	510	19

15 Teile gesamt

5 Korpusse nach Positionen sortiert (Ausschnitt)

Für die unterschiedlichen Elemente der Korpusse werden die hinterlegten **Beschläge** aus der Datenbank abgerufen und gelistet (S. 92, Abb. 1).

Beschlägeliste

Auftrag: 111222 Musterküche
Kunde: Tischlerei Schmidhuber
Bearbeiter: Schlick
Lieferdatum: KW30.2014

Menge	Beschlag	Länge	BestellNr.
70	Anschlagpuffer	0	Anschlagpuffer t
20	Blum Kupplung links	0	T51.1700.04 lin
20	Blum Kupplung rechts	0	T51.1700.04 rec
20	Blum Schiene LI 500mm	0	Blum
20	Blum Schiene RE 500mm	0	Blum
2	Eckband	0	Blum 71T5590
48	Fachträger	0	Fachträger
30	Griffbohrung	0	BA= 128mm
2	Grundplatte Inserta	0	Blum 174H7130I
18	Anschlagpuffer	0	transparent
25	Eckband 120	0	Blum 71T55909
36	Sockelfuß	0	HETTICH
23	Grundplatte Inserta	0	Blum 174H7130I

334;Teile gesamt

1 Liste der Beschläge (Ausschnitt)

Für die Korpusse werden die entsprechenden **Fronten** zugeordnet (Abb. 2).

Frontenliste

Auftrag: 111222 Musterküche
Kunde: Tischlerei Schmidhuber
Bearbeiter: Schlick
Lieferdatum: KW30.2014

Menge	Bezeichnung	Material	FTL	FTB	FTD	L L B B	NcNr.
1 Stk.	**Pos.1 Standardschrank H=2400/ B=600/ T=550**						
1 Stk	KS li	19u732st15	2260	550	19	2 1 1 1	1001
1 Stk	Sockel VO	19u732st15	600	140	19	0 1 0 2	1007
1 Stk	Sockel RE	19u732st15	491	140	19	0 1 0 0	1008
1 Stk	Klappe unten	19u311st15	636.5	596	19	2 2 2 2	1014
1 Stk	Front rechts	19u311st15	1246	596	19	2 2 2 2	1024
1 Stk	Front rechts	19u311st15	364.9	596	19	2 2 2 2	1033
6;Teile gesamt							
1 Stk.	**Pos.2 Blenden H=2400/ B=600/ T=550**						
1 Stk	Blende oben	19u732st15	598	108	19	2 2 2 2	1042
1;Teile gesamt							
1 Stk.	**Pos.3 Standardschrank H=2400/ B=600/ T=550**						
1 Stk	Sockel VO	19u732st15	620	140	19	0 1 0 0	1051
1 Stk	Front rechts	19u311st15	2256	596	19	2 2 2 2	1052
2;Teile gesamt							

2 Liste der Fronten (Ausschnitt)

Für den Plattenzuschnitt werden **Schnittlisten** *(cutting lists)* (Abb. 3) zur Übergabe an die Plattenaufteilung im Nesting-Verfahren *(nesting process)* [▶ 3.1.3] an das BAZ generiert. Die Elemente werden dabei formatiert.

Schnittplan Liste

Auftrag: Musterküche
Kunde: Tischlerei Schmidhuber
Bearbeiter:
Lieferdatum: KW30.2014

62.71 m² Gesamt- Nettofläche
86.94 m² Gesamt- Bruttofläche
248 Teile in Optimierung
Gewicht Platten: 834

Maschinenauswahl:BimaCut OptiTyp= 0

keine Fehler in Optimierung

Nr.	Material	Länge	Breite	Anzahl	Nutzung %	Plattenref. R
1	19u732st15	2800	2070	1	63	B11122201
2	19w980st2	2800	2070	1	88	B11122202
3	19w980st2	2800	2070	1	82	B11122203
4	19w980st2	2800	2070	1	87	B11122204
5	19w980st2	2800	2070	1	86	B11122205
6	19w980st2	2800	2070	1	84	B11122206
7	19w980st2	2800	2070	1	84	B11122207
8	19w980st2	2800	2070	1	78	B11122208
9	19w980st2	2800	2070	1	1	B11122209
10	08w980st2	2800	2070	1	85	B11122210
11	08w980st2	2800	2070	1	70	B11122211
12	08w980st2	2800	2070	1	63	B11122212
13	19u311st15	2800	2070	1	83	B11122213
14	19u311st15	2800	2070	1	67	B11122214
15	38u732st15	2800	2070	1	61	B11122215

3 Schnittplanliste (Ausschnitt)

Das Programm nimmt bei der Generierung der **Schnittpläne** auch die Optimierung *(optimization)* der Plattenaufteilung vor, um den Schnittverlust *(cutting loss)* möglichst gering zu halten (Abb. 4).

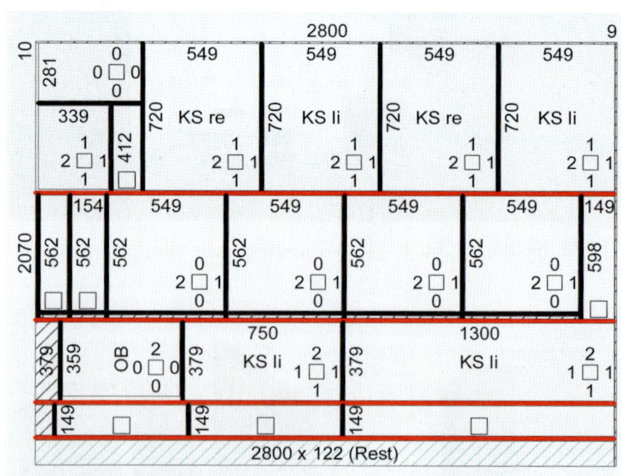

4 Schnittplan für die Plattenaufteilung im Nesting-Verfahren am BAZ

Für die weiteren Bearbeitungen wie Bohrungen und Fräsungen werden **Bearbeitungspläne** mit Aufruf der gelisteten NC-Programme [▶ 3.2] generiert (S. 93, Abb. 1).

2. Bearbeitungen

Auftrag: 111222 Musterküche
Kunde: Tischlerei Schmidhuber
Bearbeiter: prod_1876_Fischer_Musterk_che_140514-14
Lieferdatum: KW30.2014

Menge	Bezeichnung	Material	R	Länge	Breite	Dicke	1. NC Progr
1 Stk	BlendenRs	19w980st2	L	598	150	19	1043
1 Stk	BlendenRs	19w980st2	L	2260	150	19	1067
1 Stk	BlendenRs	19w980st2	L	620	150	19	1069
1 Stk	BlendenRs	19w980st2	L	1300	150	19	1365
1 Stk	BlendenRs	19w980st2	L	720	150	19	1108
1 Stk	UB	19w980st2	L	562	550	19	1182
1 Stk	UB	19w980st2	L	562	550	19	1251
1 Stk	UB	19w980st2	L	562	550	19	1298
1 Stk	UB	19w980st2	L	562	550	19	1112
1 Stk	UB	19w980st2	L	412	550	19	1073
1 Stk	UB	19w980st2	L	562	550	19	1421
1 Stk	UB	19w980st2	L	562	550	19	1469

1 Bearbeitungsliste mit Aufruf der einzelnen NC-Programme (Ausschnitt)

10.4 Angebot und Auftrag

Durch die vernetzten Daten kann für den Kunden der Auftrag für die Küche (Abb. 2) und der Angebotspreis *(price quote)* ausgegeben werden.

D- Auftragsdeckblatt

Auftragsnr.: **111222**
Kommission: Musterküche
Produktionskreis: Plattensäge

Kunde/Empfänger:
Tischlerei Schmidhuber
Daniela Fischer 1876
Mayrlehen 108
5201 Seekirchen

Korpusmaterial: Dekor Grau Korpuskante: Dekorgleich

Frontmaterial: Rot 3004 Frontkante: 2mm Farbgleich

Sockelmaterial: Grau 7003 Höhe: 125mm

APL Material: Grau Lavtos Kante APL: abgerundet

Griffe / Bohrung: G160

Zerlegbar: nein

2 Auftragsblatt für die Küche

Angebotspreis

Schrank-Typ		Menge	Einzelpreis in €	Preis in €
Typ 1 Hochschrank				
Höhe	2400 mm	1	840,71	**840,71**
Breite	600 mm			
Tiefe	550 mm			
Sockelhöhe	140 mm			
Seiten, Böden	19 mm			
Tür, Blenden				
Rückwand	6 mm			
Tür rechts aufschlagend				
Klappe unten aufschlagend				
Mittelboden fix				
Rückwand genutet				
Korpus Verbinder				
Typ 2 Hochschrank				
Höhe	2400 mm	1	782,83	**782,83**
Breite	600 mm			
Tiefe	550 mm			
Sockelhöhe	140 mm			
Seiten, Böden	19 mm			
Tür, Blenden				
Rückwand	6 mm			
Tür rechts aufschlagend				
Rückwand genutet				
Korpus Verbinder				
Typ 3 Standard-Unterschrank				
Höhe	860 mm	6	664,02	**3984,12**
Breite	600 mm			
Tiefe	550 mm			
Sockelhöhe	140 mm			
Höhe-SL (1)	146 mm			
Höhe-SL (2+3)	281 mm			
Seiten, Böden	19 mm			
Blenden				
Rückwand	6 mm			
Blenden aufschlagend				
Rückwand genutet				
Korpus gedübelt-verleimt				
Typ 4 Unter-Spüle-Schrank				
Höhe	860 mm	1	259,56	**259,56**
Breite	600 mm			
Tiefe	550 mm			
Sockelhöhe	140 mm			
Höhe Blende	146 mm			
Seiten, Böden	19 mm			
Blenden				
Tür rechts aufschlagend				
Blende aufschlagend fix				
Korpus gedübelt-verleimt				
Typ 5 Herdschrank				
Höhe	860 mm	1	231,22	**231,22**
Breite	600 mm			
Tiefe	550 mm			
Sockelhöhe	140 mm			
Seiten	19 mm			
Tür rechts aufschlagend				
Blende aufschlagend fix				
Korpus gedübelt-verleimt				
Typ 6 Front-Gefrierschrank				
Höhe	1500 mm	1	73,25	**73,25**
Gerät-Breite	600 mm			
Sockelhöhe	140 mm			
			Zwischensumme:	**6171,69**

Angebotspreis – Fortsetzung

Schrank-Typ		Menge	Einzelpreis in €	Preis in €
			Übertrag:	**6171,69**
Typ 7 Unterschrank schmal				
Höhe	860 mm	1	478,27	**478,27**
Breite	450 mm			
Tiefe	550 mm			
Sockelhöhe	140 mm			
Höhe-SL (1)	146 mm			
Höhe-SL (2)	566 mm			
Seiten, Böden	19 mm			
Blenden				
Rückwand	6 mm			
Blenden aufschlagend Rückwand genutet Korpus gedübelt-verleimt				
Typ 8 Aufsatzschrank				
Höhe	1300 mm	1	378,10	**378,10**
Breite	600 mm			
Tiefe	380 mm			
Seiten, Böden	19 mm			
Rückwand	6 mm			
Tür links aufschlagend Rückwand genutet Korpus gedübelt-verleimt				
Typ 9 Hängeschrank				
Höhe	750 mm	2	251,64	**503,28**
Breite	600 mm			
Tiefe	380 mm			
Seiten, Böden, Tür	19 mm			
Rückwand	6 mm			
Tür rechts aufschlagend Rückwand genutet Korpus gedübelt-verleimt				
Typ 10 Hängeschrank				
Höhe	750 mm	2	251,64	**503,28**
Breite	600 mm			
Tiefe	380 mm			
Seiten, Böden, Tür	19 mm			
Rückwand	6 mm			
Platten				
Standardbreite 600 mm Dicke 38 mm				
Länge (1)	2275 mm	1	126,46	**337,42**
Länge (2)	2420 mm	1	133,13	
Länge (3)	1220 mm	1	77,83	
Paneele				
Platten-Höhe	550 mm	2	103,50	**207,00**
Platten-Breite	1500 mm			
Tiefe	20 mm			
Dicke	19 mm			
Netto (Küche)				**8579,04**
Montage				**1700,00**
Brutto (Küche inkl. Montage)				**10279,04**
MwSt. 19 %				**1953,02**
Angebotspreis				**12232,06**

Aufgaben zu 10

1. Nehmen Sie bei sich zu Hause ein Aufmaß Ihrer Küche vor.
2. Erstellen Sie eine „Checkliste zur Ermittlung der wichtigsten Maße“ beim Aufmaß des Raums.
3. Erstellen Sie für die Küche des Projekts einen Grundriss sowie alle für die Einbauküche genutzten Wandansichten.
4. Zeichnen Sie alle Anschlüsse für elektrische Energie, Gas und Wasser ein.
5. Welche einzelnen Geräte und Utensilien des Arbeitsdreiecks kommen bezogen auf die drei Funktionsbereiche zweimal vor?
6. Berechnen Sie den Schrankbedarf an 600 mm breiten Standardkorpussen für 12 Personen. Orientieren Sie sich mit dem von Ihnen ermittelten Bedarf an Schränken auch an dem „Bedarf einer vier- bis fünfköpfigen Familie“ (Auflistung S. 87 und 88).
7. Erstellen Sie dazu eine Liste aller unterschiedlichen Unter- und Oberschränke.
   - Der Kühl-Gefrier-Turm soll dabei anstelle des Unterschranks 11 stehen.
   - Der Besenschrank (8) ist unnötig.
   - Der Backofen soll unter dem Kochfeld eingebaut werden (Grundriss S. 87, Abb. 1).
8. Konstruieren Sie eine Schrankseite für den Backofenschrank mit allen erforderlichen Bohrungen und Fräsungen. Diese exemplarische Schrankseite soll zugleich für alle Unterschrankseiten links und rechts verwendbar sein.
9. Konstruieren Sie nun die erforderlichen Korpusseiten der Oberschränke und der Hochschränke mit allen Bohrungen und Profilen.
10. Konstruieren Sie die erforderlichen Böden mit allen Bohrungen und Profilen.
11. Geben Sie bei beschichteten Platten die erforderliche Oberflächenqualität an. Beispiel: „MFB P3“ oder „HPL, S 333“ oder „HPL HGS“.

English Tasks

12. Name the appliances you have in your kitchen and describe what you use them for.
13. List the kitchen cabinets in a household of 4 people and say what is normally stored in these cabinets (see “Schrankbedarf” p. 87, 88).
14. Describe how to install wall cabinets on dry walls.

1 Vorrichtungsbau

Auch wenn die Fertigung mithilfe der CAD/CAM-Technologie [▶ GK TZ 3.2] immer stärker an die Stelle der maschinellen Standardbearbeitung tritt, werden immer noch viele Bearbeitungen an Standardmaschinen durchgeführt, die von den gängigen Bearbeitungen abweichen.

Bei Bearbeitungen z. B. von Konturen und Profilen an Standardmaschinen, die von gängigen Standardbearbeitungen abweichen, haben **Vorrichtungen** *(jigs)* eine große Bedeutung.

Unterschieden werden
- maschinenbezogene und
- objektgebundene

Vorrichtungen.

1.1 Maschinenbezogene Vorrichtungen

Maschinenbezogene Vorrichtungen sind häufig Bestandteil der Standardausstattung einer Holzbearbeitungsmaschine [▶ GK 8.4].

Dazu gehören:
- Zuführschlitten *(rolling tables)*, Anschläge *(fences)* und Anlaufringe, an denen Werkstücke bei der Bearbeitung, unter den Aspekten der Arbeitssicherheit und Präzision, sicher geführt *(guided)* oder eingespannt *(clamped)* werden können,
- Verkleidungen oder Verdeckungen *(guards)*, welche ein ungewolltes Berühren beweglicher Werkzeuge ausschließen, soweit dies nach dem jeweiligen Arbeitsprozess möglich ist,
- Vorrichtungen als Zuführhilfen wie
  - Zuführladen *(jigs)* [▶ GK 8.1.2],
  - Einsetzspannladen *(clamping jigs for stopped cuts)* [▶ GK 8.7.3] und
  - Formfräsvorrichtungen *(jigs for curved work)*.

Vorrichtungen zum Fräsen bogenförmiger Konturen

Die maschinelle Bearbeitung bogenförmiger Konturen *(curved contours)* an Standardmaschinen erfolgt vornehmlich an Tischfräsmaschinen [▶ GK 8.7.1].

Die Anschläge zum Fräsen bogenförmiger Konturen bilden verschiedene Systeme:
- Anlaufring und
- Bogenfräsanschlag.

Das System **„Anlaufring“** besteht aus der inneren kugelgelagerten Leerlaufbüchse *(ball bearing centre bushes)* als Stammring (Abb. 1), der auf den Werkzeugdorn gespannt wird, und einem äußeren austauschbaren Anlaufring *(guide ring)* (Abb. 2).

1 Leerlaufbüchse mit Kugellager

2 Anlaufring

Beim Fräsen bildet der Anlaufring den Anschlag, mit dem die Kontur von einer „Urform“ der Frässchablone abgetastet und auf das Werkstück „kopiert“ wird (Abb. 3).

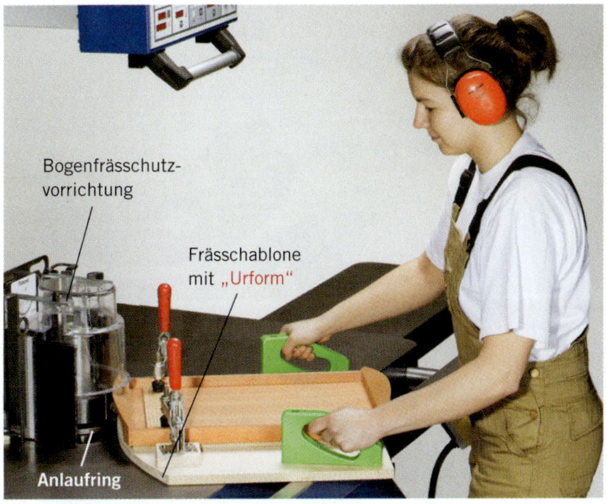

3 Konturfräsen am Anlaufring und mit einer Frässchablone an der Tischfräsmaschine

Beim Zuführen der Frässchablone wird der Anlaufring mithilfe eines Zuführkeils (Abb. 4) im Stillstand gehalten. Abhängig vom Durchmesser des Anlaufrings kann die Konturübertragung 1 : 1 oder in Über- oder Untersetzung erfolgen.

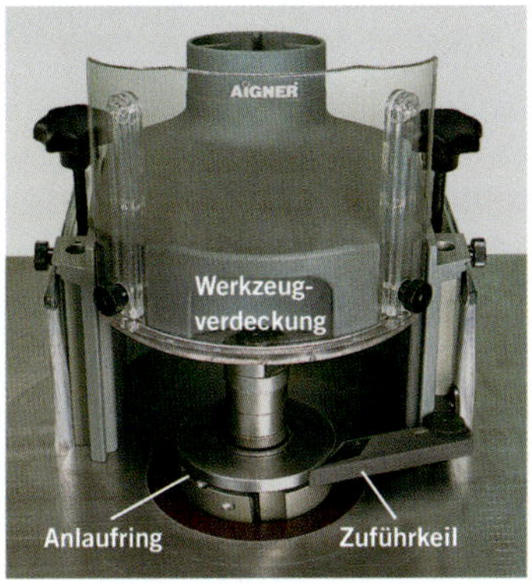

4 Bogenfrässchutzvorrichtung und Anlaufring

Da Anlaufring und Werkzeug dasselbe Zentrum haben, ist die Frästiefe an **jedem Punkt** der Kreislinie gleich.

Sie kann durch Anlaufringe mit verschiedenen Durchmessern (Abb. 1) in 2,5-mm-Stufen verändert werden.

1 Anlaufring-Satz unterschiedlicher Durchmesser

Der **Bogenfräsanschlag** *(curved moulding fence)* (Abb. 2) wird an einer Bogenfrässchutzvorrichtung *(curved moulding guard)* (Abb. 3) auf dem Maschinentisch der Tischfräsmaschine befestigt.

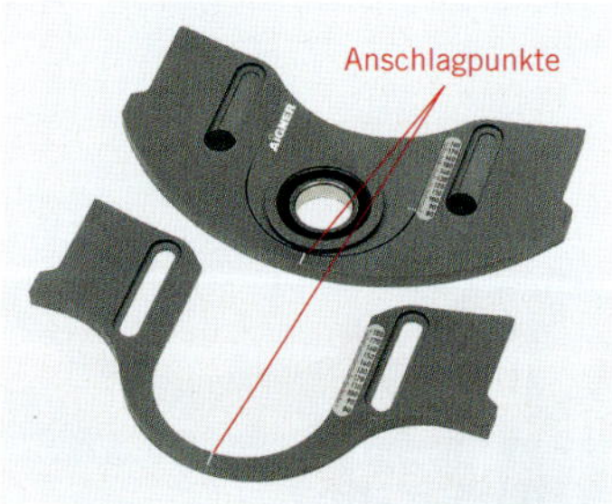

2 Bogenfräsanschläge in verschiedenen Radien

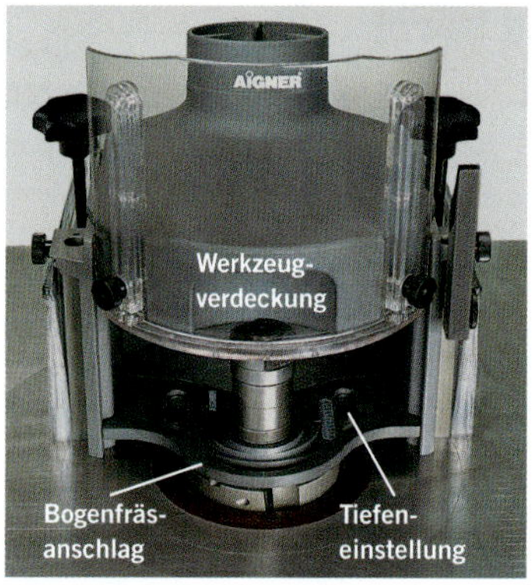

3 Bogenfrässchutzvorrichtung mit Bogenfräsanschlag

Die Kontur wird von dem stufenlos verstellbaren, bogenförmigen Anschlag abgetastet und wie beim Anlaufring auf das Werkstück „kopiert".

Da Bogenfräsanschlag und Werkzeug meist nicht dasselbe Zentrum haben, wird die größte Frästiefe nur an **einem Punkt** (Abb. 2) des Anschlags erreicht.

Die Bearbeitung von Konturen mit Handoberfräsmaschinen erfolgt ähnlich in einem kleineren Maßstab [▶ GK LF 3.4.4], [▶ GK 8.7.4].

1.2 Objektgebundene Vorrichtungen

Objektgebundene Vorrichtungen werden für die Einzel- oder Serienfertigung werkstück- und maschinenbezogen geplant und hergestellt.

Dazu gehören z. B.
- Vorrichtungen zum
  - Schneiden von Schmiegen an Kreissägen,
  - Hobeln auf Schmiege an Dickenhobeln,
  - Konturfräsen an Tischfräsen,
- Bohrschablonen an Ständerbohrmaschinen.

1.2.1 Grundfunktionen

Objektgebundene Vorrichtungen müssen folgende **Anforderungen** *(requirements)* erfüllen:
- Arbeitssicherheit *(safety at work)* und Handhabbarkeit *(operability)*,
- Präzision *(precision)* und Wiederholgenauigkeit *(repeatability)*,
- Wirtschaftlichkeit *(efficiency)*.

Dazu müssen sie folgende, voneinander unabhängige **Grundfunktionen** aufweisen, die das Werkstück
- in seiner Lage bestimmen *(determine)*,
- einspannen *(clamp)* und
- führen *(guide)*.

Lagebestimmung des Werkstücks

Die Lagebestimmung des Werkstücks erfolgt durch Bezugspunkte oder -ebenen *(reference points/planes)* an der Vorrichtung in Form von Anschlägen (Abb. 4), Auflagen oder Stiften (S. 97, Abb. 3).

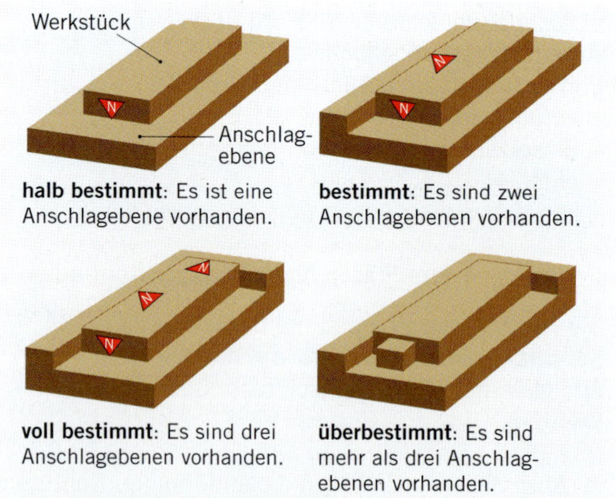

4 Lagebestimmung von Werkstücken

Eine Überbestimmung der Vorrichtung mit mehr als drei Anschlägen sollte wegen möglicher Maßtoleranzen der Rohteile vermieden werden.

Einspannen des Werkstücks

Das Einspannen des Werkstücks erfolgt mithilfe unterschiedlicher Spannelemente *(clamping elements)* (Abb. 1) oder per Handdruck *(hand pressure)*. Die Spannelemente müssen dabei so angeordnet sein, dass der Spanndruck beim Bearbeitungsvorgang nicht aufgehoben wird.

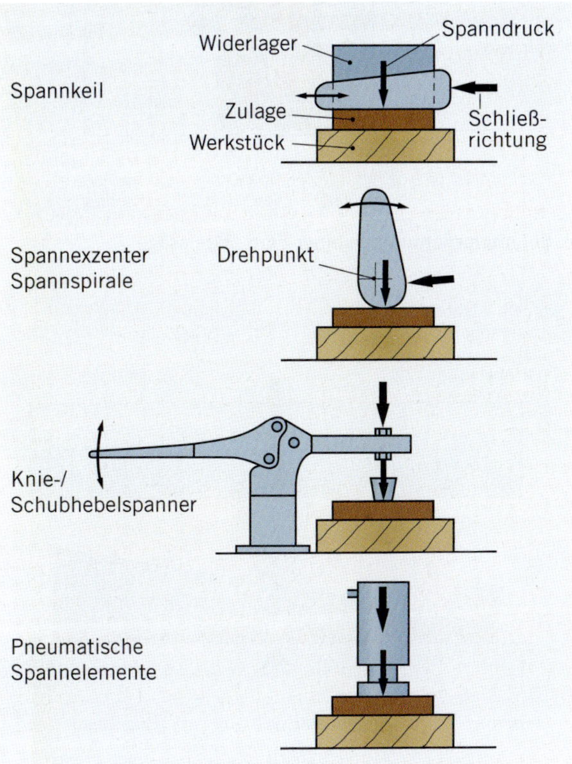

1 Spannelemente an objektgebundenen Vorrichtungen

Führen des Werkstücks

Zum Führen des Werkstücks am Werkzeug müssen an den Vorrichtungen Führungs- und Anlaufebenen aus einem abriebfesten Werkstoff (z. B. Schichtpressstoff oder Multiplex) vorhanden sein. Sie müssen exakt bearbeitet sein, da sich alle Maßungenauigkeiten und Unsauberkeiten auf das Werkstück übertragen. Häufig bildet eine „Urform" die Führungsebene der Fräskontur (Abb. 2 und 3). Griffe (Abb. 2) zum Führen erhöhen die Arbeitssicherheit und Präzision bei der Bearbeitung.

Bei objektgebundenen Vorrichtungen werden zwei **Grundtypen** unterschieden:

- Spannvorrichtungen und
- Stiftvorrichtungen.

Bei der **Spannvorrichtung** *(clamping jig)* (Abb. 2) erfolgt der Spanndruck mit Spannelementen (Abb. 1). Die Werkstücklage wird meist von Anschlägen bestimmt.

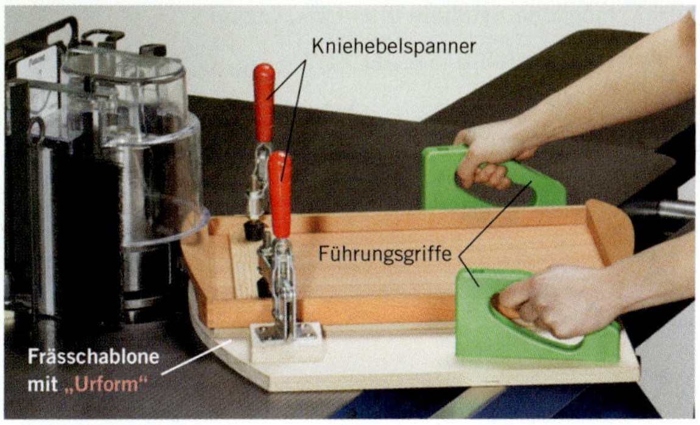

2 Spannvorrichtung zum Konturfräsen an der Tischfräsmaschine

An einer **Stiftvorrichtung** *(jig with pins)* (Abb. 3) wird die Lage des Werkstücks dagegen mithilfe von Metallstiften oder Dübeln bestimmt. Die Werkstückeinspannung erfolgt häufig durch Handdruck.

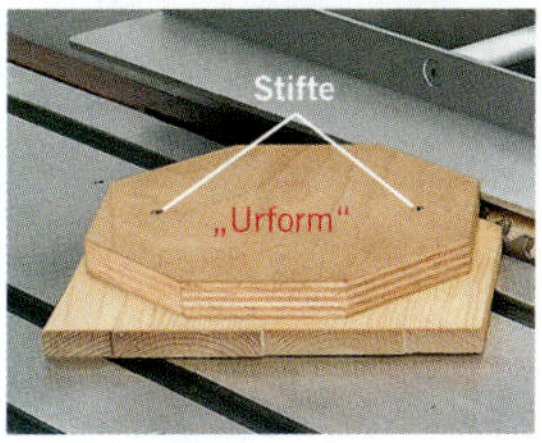

3 Stiftvorrichtung für Kopierschnitte an der Formatsäge

Die **Führungsebenen** beider Vorrichtungen entsprechen einander. In der Praxis werden häufig Mischformen verwendet.

1.2.2 Entwicklung objektgebundener Vorrichtungen

Für die Entwicklung der Vorrichtung ist die Anfertigung einer Ansichts- oder Schnittzeichnung im Maßstab 1 : 1 sinnvoll, auf der die Lage des Werkstücks zum Werkzeug bei der Bearbeitung sichtbar wird.

In diesem **„Lageplan"** können zeichnerisch ermittelt werden:

- Grundform und Aufbau der Vorrichtung mit der Anordnung der Bezugs- und Anschlagebenen,
- Wirkrichtung der Spanungskräfte des Werkzeugs und die erforderlichen Gegenkräfte,
- Anordnung von Spannelementen und die Wirkrichtung der Druckkräfte.

In der Folge wird der Aufbau objektgebundener Vorrichtungen an drei Beispielen an unterschiedlichen Standardmaschinen dargestellt (S. 98, Abb. 1 bis 3).

Die verschiedenen Ebenen und Kräfte können in den „Lageplänen" mit dem auf S. 98 in Tab. 1 gezeigten (nicht genormten) Symbolen gekennzeichnet werden.

Tab. 1 Mögliche Symbole in einem „Lageplan“

Symbol	Bedeutung	Symbol	Bedeutung
N	Nullebene Werkstück		Spanungskräfte Werkzeug
	Bezugsebene Anschlag		Gegenkräfte Anschläge
	Führungsebene Maschine		Druckkräfte Spannelement

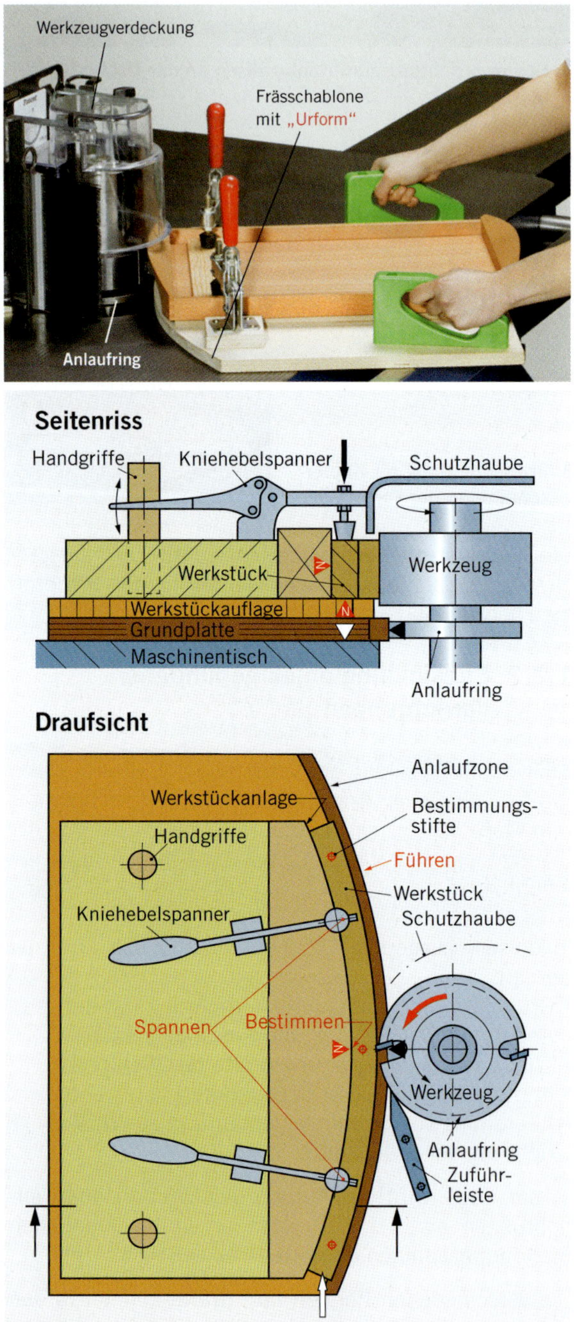

1 Fräsvorrichtung an einer Tischfräsmaschine

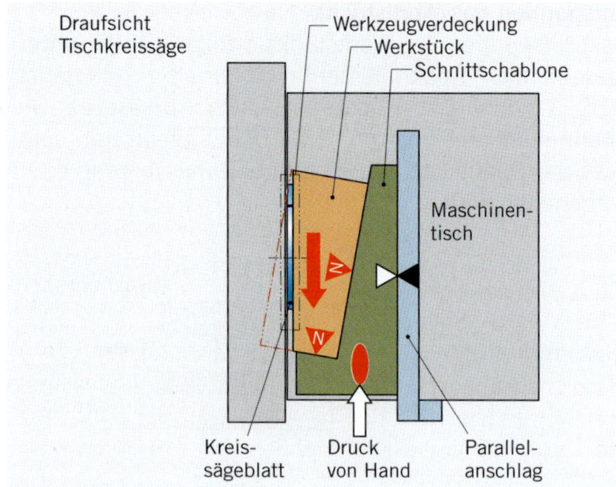

2 Schnittvorrichtung an einer Formatkreissäge

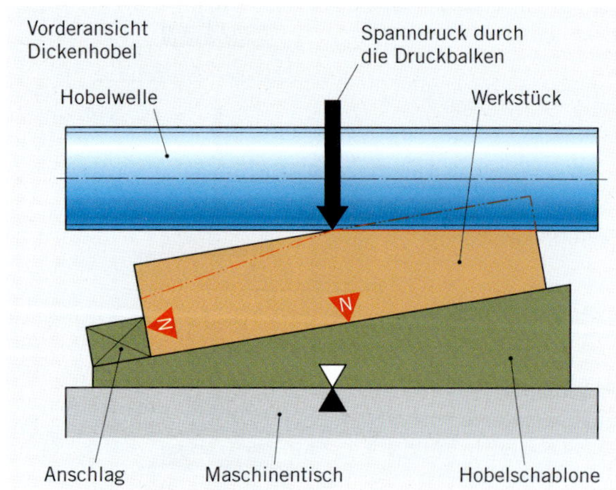

3 Hobelvorrichtung an einer Dickenhobelmaschine

Aufgaben zu 1

1. Erläutern Sie die Unterschiede von maschinenbezogenen und objektgebundenen Vorrichtungen.
2. Welche Lagebestimmungen von Werkstücken werden unterschieden?
3. Erläutern Sie den prinzipiellen Unterschied zwischen Stift- und Spannvorrichtungen.
4. Nennen Sie unterschiedliche Spannelemente für Vorrichtungen. Was muss bei der Anordnung beachtet werden?
5. Welche Anforderungen müssen objektgebundene Vorrichtungen erfüllen und welche Grundfunktionen müssen sie aufweisen?
6. Entwickeln Sie einen „Lageplan“ für eine objektgebundene Vorrichtung an der Tischfräsmaschine für ein Werkstück Ihrer Wahl.

English Tasks

7. Explain the design and function of the 2 different guiding systems guide ring and curved moulding fence.
8. Describe the elements and parts of a jig for moulding contours.

2 Automatisierte Bearbeitungstechnik

2.1 Steuerungs- und Regelungstechnik

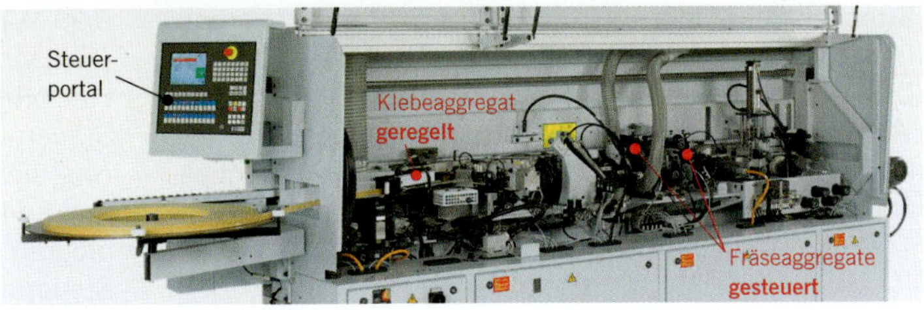

1 Steuerung und Regelung an einer Kantenanleimmaschine *(edge banding machine)*

Der Wunsch, die Holzbearbeitung in großer Stückzahl bei gleichbleibender Qualität durchzuführen, führte zum Einsatz der Steuerungs- und Regelungstechnik *(control technology)*. Sie wird sowohl in stationären Standardmaschinen als auch bei automatisierten Kantenanleim-, Hobel- und Kehlmaschinen oder CNC-Bearbeitungszentren *(CNC-machining centres)* angewendet.

2.1.1 Steuern und Regeln

Der Einsatz der Steuer- und Regeltechnik wird am Beispiel einer Kantenanleimmaschine deutlich:

Steuern *(open loop control)* ist ein Vorgang, bei dem die Eingangsgrößen *(input variables)* eines Fertigungsablaufs durch Schalter oder Lichtschranken die Ausgangsgrößen *(output variables)* wie Werkstückvorschub oder Vor- bzw. Rückhub von Fräswerkzeugen (Abb. 1) beeinflussen, ohne dass ein Vollzug rückgemeldet wird.

Kennzeichen einer **Steuerung** ist ein offener Wirkungsablauf *(open action flow)* in einer **Steuerkette** *(control chain)* ohne Rückmeldung *(without checkback signal)* (Abb. 2).

Als Steuerung wird meist auch eine Steueranlage selbst bezeichnet.

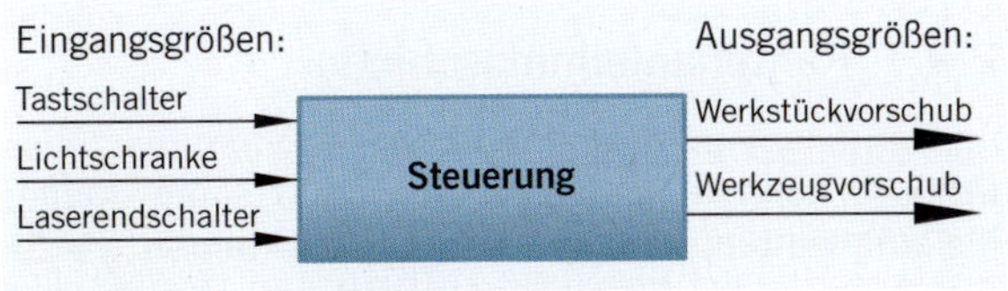

2 Darstellung einer offenen Steuerung

Nach dem Energieträger werden folgende Steuerungen unterschieden:
- mechanische *(mechanical)*,
- hydraulische *(hydraulical)*,
- pneumatische und elektropneumatische *(pneumatical and electro-pneumatical)*,
- elektrische *(electrical)*,
- elektronische *(electronical)*.

Regeln *(closed loop control)* ist ein Vorgang, bei dem ein Ist-Wert *(actual value)* stetig überprüft, mit dem Soll-Wert *(desired value)* verglichen und abhängig vom Ergebnis im Sinne der Angleichung an den Soll-Wert nachgeregelt wird, z. B. die Temperaturabfrage am Schmelzkleberbehälter mit einer Signal-Rückmeldung an die Kleberauftragsrolle (Abb. 1).

Kennzeichen der **Regelung** ist ein geschlossener Wirkungsablauf *(closed action flow)* mit Rückmeldung *(with checkback signal)* in einem **Regelkreis** *(control loop)* (Abb. 3).

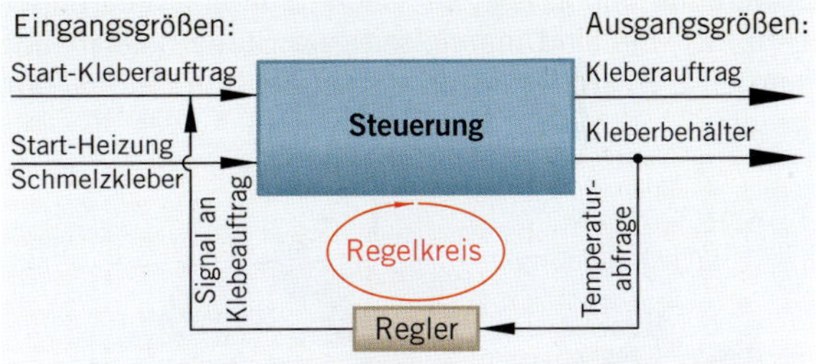

3 Darstellung eines geschlossenen Regelkreises

2.1.2 Steuerungsarten

Die Fähigkeit einer automatisierten Werkzeugmaschine wird wesentlich von der Leistungsfähigkeit ihrer Steuerung bestimmt (Abb. 2).

Folgende Steuerungsarten werden unterschieden:
- Punktsteuerungen,
- Streckensteuerungen,
- Bahnsteuerungen.

Punktsteuerungen *(point-to-point controls)* bearbeiten ein Werkstück nur punktuell (Abb. 4). Sie finden bei Bohr- und Stanzautomaten Anwendung.

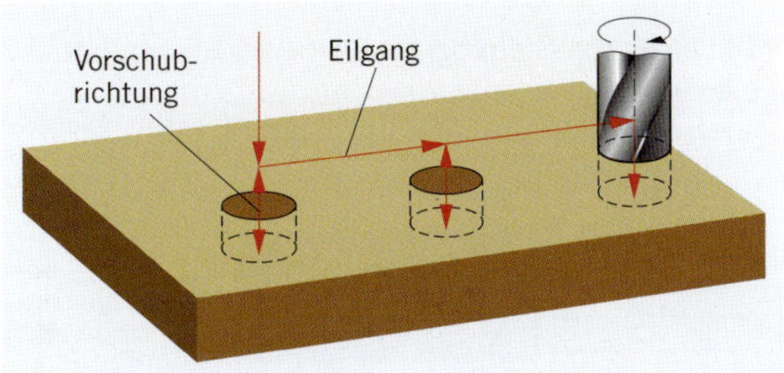

4 Punktgesteuertes Bohren

Streckensteuerungen *(straight line controls)* bearbeiten ein Werkstück nur in linearen Strecken (Abb. 1). Die Werkzeuge sind dabei häufig nur parallel zu ihrer Verfahrachse steuerbar. Anwendung finden sie bei Plattenaufteil-, Kantenanleim- und Vierseitenhobelmaschinen.

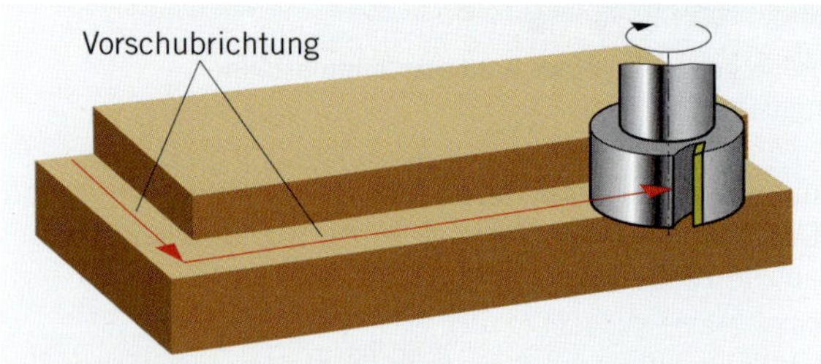

1 Streckengesteuertes Fräsen

Bahnsteuerungen *(continuous path controls)* können ein Werkstück in linearen und in zirkularen Bahnen sowohl in der Ebene als auch räumlich bearbeiten (Abb. 2). Sie sind die vielseitigste Steuerungsart und werden z. B. an CNC-Bearbeitungszentren [▶ 3.1] eingesetzt.

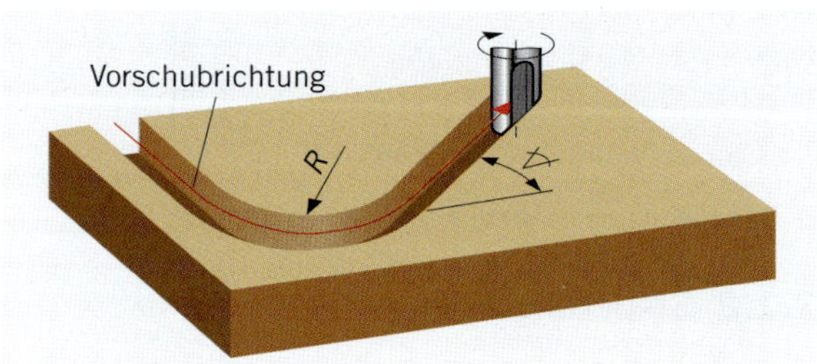

2 Bahngesteuertes Fräsen

2.1.3 Speicherprogrammierbare Steuerungen

Steuerungsprozesse bestehen grundsätzlich nach dem **„EVA-Prinzip"** aus drei Elementen:

Eingabe *(input signal)*	Verarbeitung	Ausgabe *(output signal)*

Die Funktionsweisen der verschiedenen Steuerungen ergeben sich vor allem aus ihren unterschiedlichen Verarbeitungselementen.

Bei einer **s**peicher**p**rogrammierbaren **S**teuerung **(SPS)** *(stored programme control)* übernimmt ein spezielles Programm die Verarbeitung (Abb. 3).

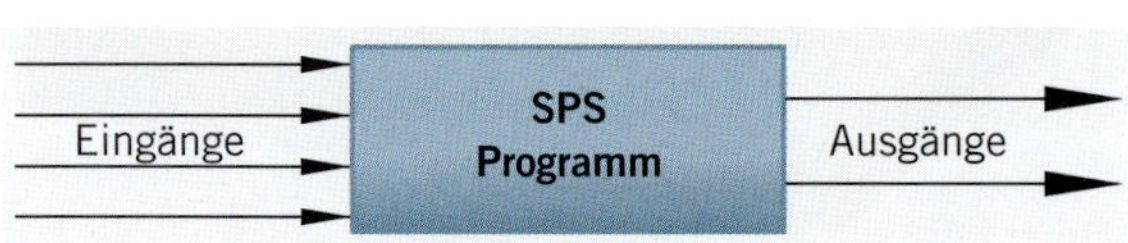

3 Schematische Darstellung einer SPS

Der Vorteil speicherprogrammierbarer Steuerungen *(Programmable Logic Controller, PLC)* ist die große Flexibilität bei der Erstellung und Veränderung der Steuerungsprogramme, sog. **An**weisungs**l**isten (AWL) *(instruction sets)* bestehend aus logischen Grundfunktionen *(basic logic functions)*, mithilfe von Handprogrammiergeräten oder am PC. Deshalb sind diese Steuerungen besonders für häufig wechselnde Programmabläufe sowohl bei Serien- als auch bei Einzelfertigung geeignet.

Bei automatisierten Werkzeugmaschinen, z. B. CNC-Bearbeitungszentren, steuert eine SPS die Werkstück- oder Werkzeugzuführung.

2.2 Automatisierte Werkzeugmaschinen *(automated machine tools)*

Es werden zwei Grundkonzeptionen automatisierter Bearbeitungstechnik unterschieden:

- Bei der **Stationärtechnik** *(stationary technology)*, z. B. an CNC-Bearbeitungszentren [▶ 3.1], ruhen die Werkstücke eingespannt, während die unterschiedlichen Bearbeitungsaggregate programmgesteuert zugeführt werden.
- Bei der **Durchlauftechnik** *(through feed technology)*, z. B. bei Kantenanleim- und Vierseitenhobelmaschinen sowie bei Bohr- und Stanzautomaten, werden die Werkstücke durch Vorschub den unterschiedlichen Bearbeitungsaggregaten im Durchlauf nacheinander zugeführt.

In der Folge werden Funktionsweisen der Bearbeitungen im Durchlaufverfahren am Beispiel von Kantenanleimmaschinen, Hobel- und Kehlmaschinen etwas ausführlicher dargestellt.

2.2.1 Kantenanleimmaschinen

An Kantenanleimmaschinen *(edge banding machines)* (Abb. 4) können Schmalflächen mit 0,3 mm dünnen Melaminkanten, 2 mm dicken ABS-Kanten [▶ GK 6.9.2] sowie mit Furnier- oder Vollholzanleimern, z. T. bis 12 mm Dicke, beschichtet werden. Verwendet werden unterschiedliche plastomere oder elastomere **Schmelzklebstoffe** [▶ GK 12.2.3]. Bei eingefärbten Klebstoffen sind die Klebfugen kaum sichtbar.

4 Kantenanleimmaschine (Rückansicht)

Die Platten werden mechanisch auf einer Transportkette und einer oberen Druckkette den Bearbeitungen bei v_f 20 bis 30 m/min zugeführt. Die **Dateneingabe** erfolgt meist am Bildschirm über ein Touchscreen (Abb. 1) [▶ GK LF 6.4.2].

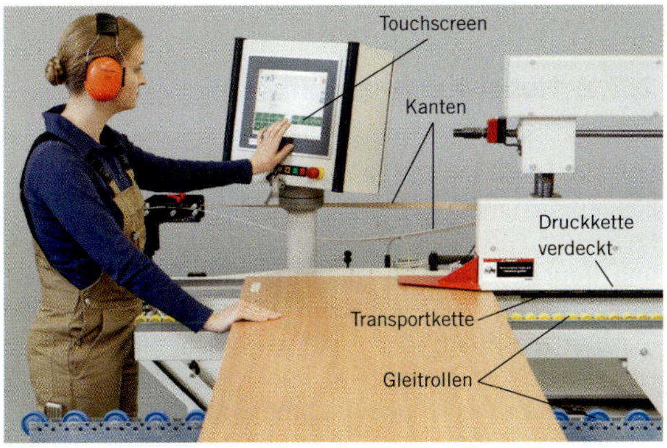

1 Dateneingabe an der Kantenanleimmaschine

Je nach Aggregatausstattung folgen neben dem eigentlichen Ankleben der Kanten weitere **Bearbeitungen im Durchlaufverfahren**:

Eine **Kantenzuführung** schiebt die ABS- oder Vollholzkanten bis zum Zusammentreffen mit der Platte vor. Dabei registriert ein Laser den Beginn der Platte.

Damit die Schmalfläche plan und scharfkantig ist, wird sie mit Fügefräsern (Abb. 2) im Gegen- und Gleichlauf [▶ GK 8.2.2] vorgefügt.

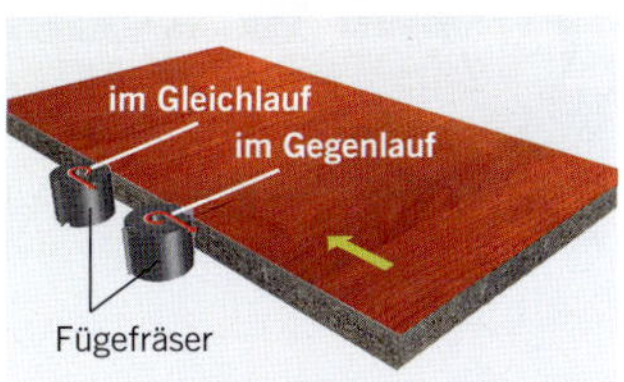

2 Vorfügen der Schmalfläche

Das Kantenmagazin erlaubt schnelle Wechsel.

Von einem Kappmesser (Abb. 3) werden die Kanten auf Länge vorgeschnitten. In der **Klebstoffstation** wird das Schmelzklebergranulat *(hot-melt adhesive granules)* auf Arbeitstemperatur von 200 bis 220 °C geschmolzen und über Düsen oder Rollen teigig an der Schmalfläche aufgetragen.

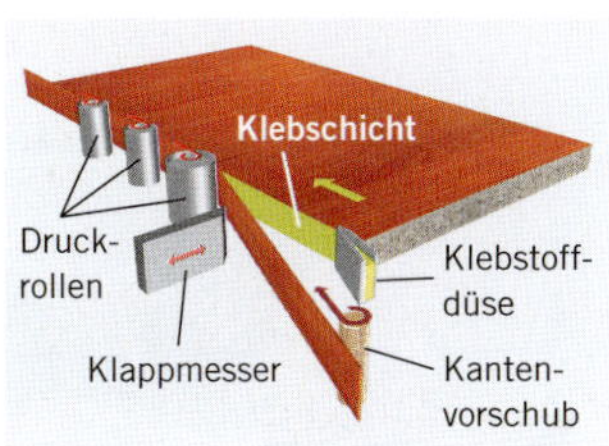

3 Kleben, Kappen und Pressen der Kante

Bei dem aufgeheizten Schmelzkleber besteht **Verbrennungsgefahr**.

Die Kante wird anschließend mit **Druckrollen** an die Schmalfläche gepresst (Abb. 3).

Die mitlaufenden **Kappsägen** *(end-trimmer)* schneiden die Kante an den Plattenenden bündig (Abb. 4).

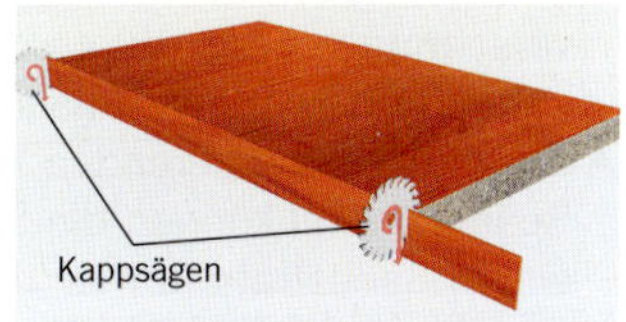

4 Bündigschneiden der Kante

Zwei **Bündigfräser** mit Profilmessern fräsen den oberen und unteren Kantenüberstand mit den Plattenflächen bündig und runden (Abb. 5) sie gleichzeitig.

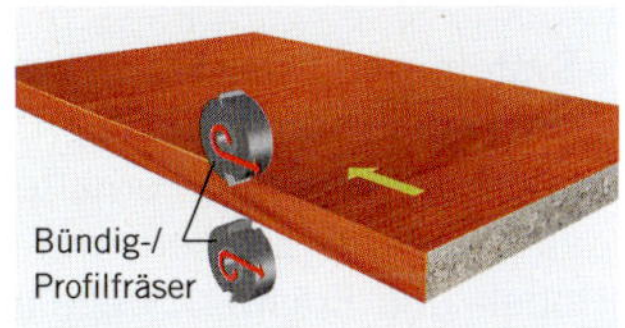

5 Bündigfräsen und Runden der Kante

Vollholzkanten können mit dem unteren und oberen Profilfräsaggregat gerundet werden. Eckrundungsaggregate fräsen die Rundungen an den senkrechten Hirnkanten zu einem allseitig umlaufenden Profil.

Ziehklingen *(scrapers)* (Abb. 6) beseitigen Kleberreste. Bei diesen Aggregaten können auch profilierte Ziehklingenmesser eingesetzt werden.

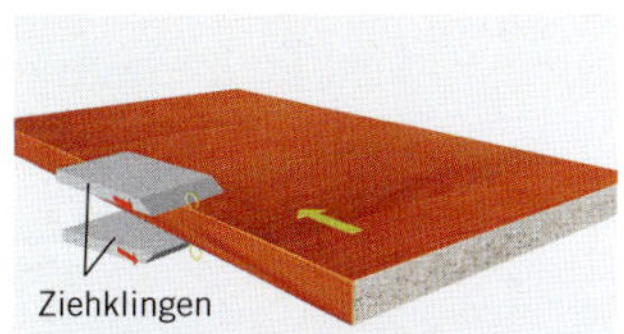

6 Säubern der Kante mit Ziehklingenmessern

Schwabbel-/Polierscheiben *(polishing discs)* (Abb. 7) putzen die Kante abschließend, wodurch ein fließender Übergang von der Schmal- zur Breitfläche entsteht. Damit verringert sich die Zeit für eine Nachbearbeitung.

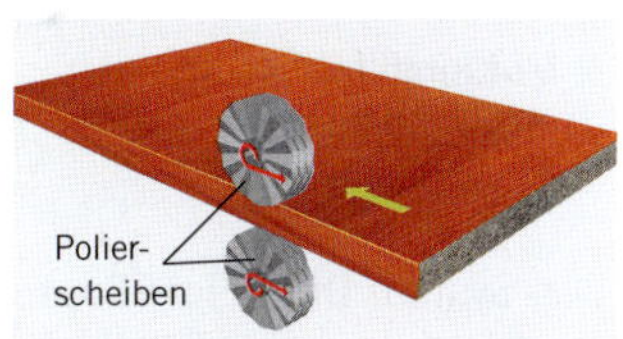

7 Polieren der bündigen und gerundeten Kanten

Kantenbearbeitung *(edge working)*
Neben der reinen Kantenbeschichtung dienen die Maschinen auch der weiterführenden Kantenbearbeitung wie dem Profilieren

- von Anleimern aus Vollholz u. a. Werkstoffen,
- beim Soft- und Postforming [▶ GK 6.11.2].

Die relativ hohen Vorschübe *(feed)* der Werkstücke und Drehzahlen *(speed)* der rotierenden Fräs- und Hobelwerkzeuge führen häufig zur **Mehrfachzerspanung** der bei der Bearbeitung abgespanten Späne.

Dadurch können folgende **Probleme** entstehen:
- Die abgelösten Spänepartikel können sich auf der bearbeiteten Werkstückoberfläche ablagern, diese verschmutzen oder durch den Druck der Transportketten und -walzen eingedrückt werden.
- Die durch die rotierenden Werkzeuge beschleunigten Spänepartikel können die Schneidenspitzen, ähnlich einem Sandstrahl, durch „Beschießen" stumpfen und damit die Schneidfähigkeit und Standzeit deutlich verringern.

i-System und Dust-Flow-Control
Um saubere Werkstückoberflächen und hohe Standzeiten der Werkzeuge zu erhalten, wurde ein entsprechendes System entwickelt, das sowohl die Geometrie der Hobel- und Fräswerkzeuge als auch die Bauweise der Späneabsaugung berücksichtigt.

Bei Werkzeugen im **i-System** (**i**nnen liegende Spanabführung) werden die Späne, unter Ausnutzung der Bewegungsenergie, durch eine besondere Spanraumform (Abb. 1) über den Innenraum des Werkzeugs abgeführt, ohne in die Rotation des Messerflugkreises zu gelangen.

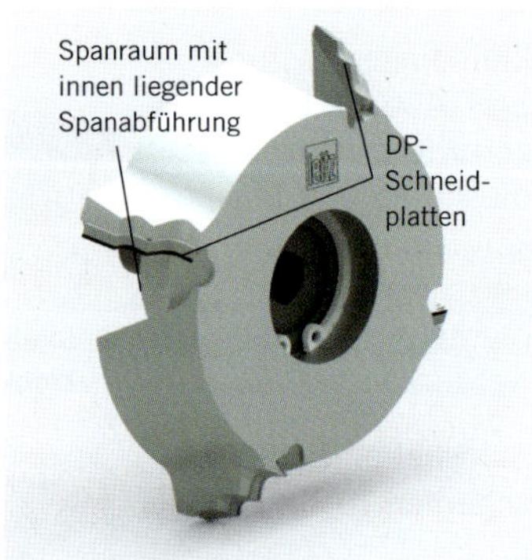

1 Multiprofilfräser im i-System mit DP-Schneiden

Das System **Dust-Flow-Control (DFC)** *(engl. = gesteuerter Staubflug)* betrifft die Form der auf das Werkzeug abgestimmten Spanhaube. Dabei werden die Späne unmittelbar bei der Entstehung unter Ausnutzung der Eigenenergie über ein Leitblech (Abb. 2) abgeführt, sodass die Restspanmenge auf ca. 5 %, bei bis zu 70 % Energieeinsparung bei der Absaugung, verringert wird.

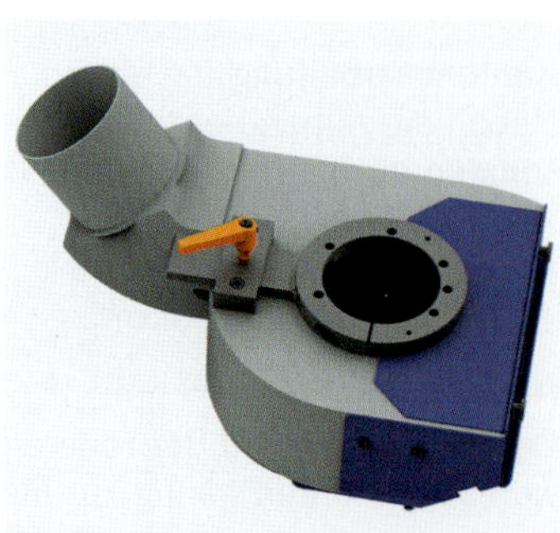

2 Spanflugoptimierte Haube im DFC-System

Um ein sauberes Ergebnis zu erhalten, ist eine **präzise Einstellung** der Werkzeuge (für Standardbearbeitungen 0,1 mm, für Nachbearbeitungen sogar 0,01 mm) notwendig.
Das Ergebnis muss grundsätzlich mit einem Probelauf überprüft werden.

2.2.2 Hobel-Kehlmaschinen

An Hobel-Kehlmaschinen *(planing and moulding machines)* (S. 103, Abb. 1), auch Vierseitenhobel genannt, können in einem Durchlauf Profilleisten und -bretter [▶ GK 4.17.2] oder Fensterrahmenprofile [▶ LF 8.4.4] und Treppenstufen [▶ 9.2] bearbeitet werden.

Maschinenaufbau
Die Maschinen haben vier und mehr hintereinander angeordnete Werkzeugaufnahmen. Mithilfe von Transportwalzen werden die Werkstücke mechanisch zugeführt (Abb. 3).

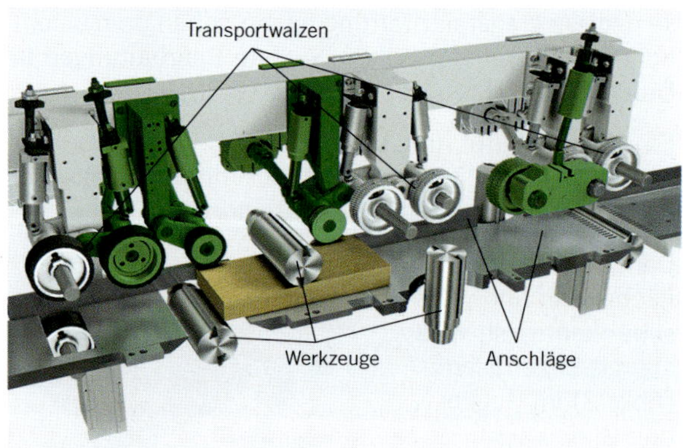

3 Aufbau einer 5-Spindel-Hobel-Kehlmaschine

Für die 4-seitige Bearbeitung sind die Werkzeuge horizontal und vertikal angeordnet (Abb. 4).

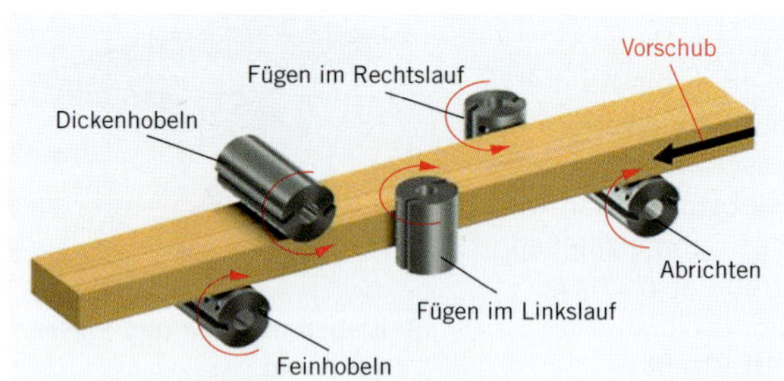

4 Anordnung von fünf Hobelwerkzeugen

Ein Hobeldurchgang entspricht z. B. dem Fertigungsablauf an einzelnen Standardmaschinen wie Abricht- und Dickenhobelmaschinen.

Abhängig von den gerüsteten Werkzeugen, können an diesen Maschinen Werkstücke mit Säge-, Hobel- und Fräswerkzeugen bearbeitet werden (S. 103, Abb. 1).

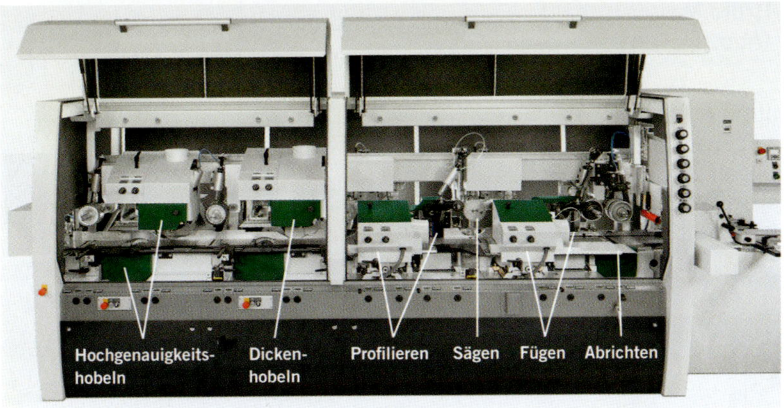

1 Mehrspindel-Hobel-Kehlmaschine (geöffnet)

Gezahnte oder gerändelte Einzugwalzen schieben das Rohteil „formschlüssig" vor (Abb. 2 a), während gummierte Auszugwalzen das bearbeitete Werkstück „reibschlüssig" herausziehen (Abb. 2 b). Glatte Gleitrollen unterstützen die Zuführung.

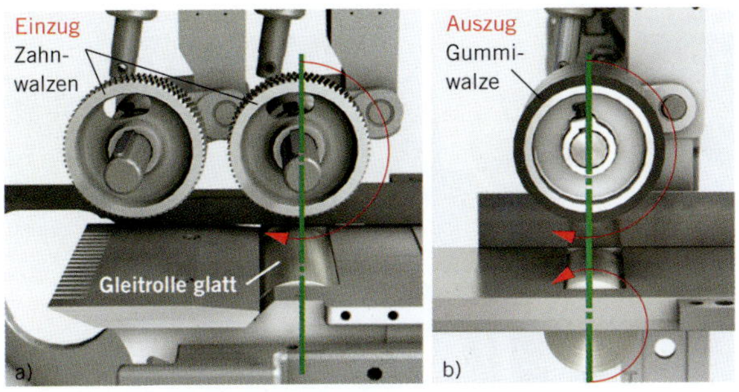

2 Transportwalzen an Hobel-Kehlmaschinen

Vorschubgeschwindigkeiten können je nach Bearbeitung bis zu 30 m/min betragen.

Bei den **Werkzeugaufnahmen** werden zwei Grundtypen unterschieden:

- Werkzeugspindeln *(tool spindles)* (Abb. 3) für Werkzeuge mit Bohrung,
- Aufnahmen für Werkzeuge mit HSK (Abb. 4).

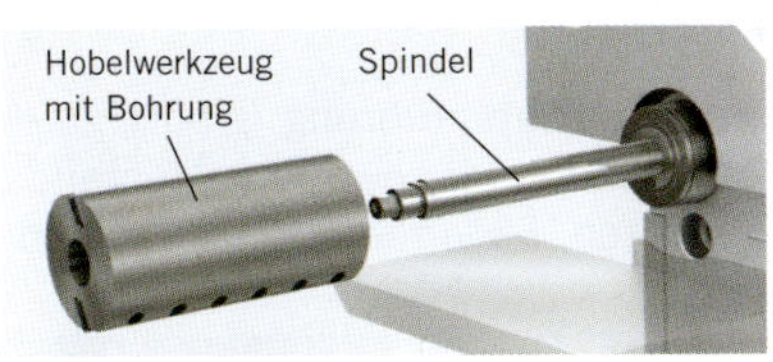

3 Werkzeugspindel

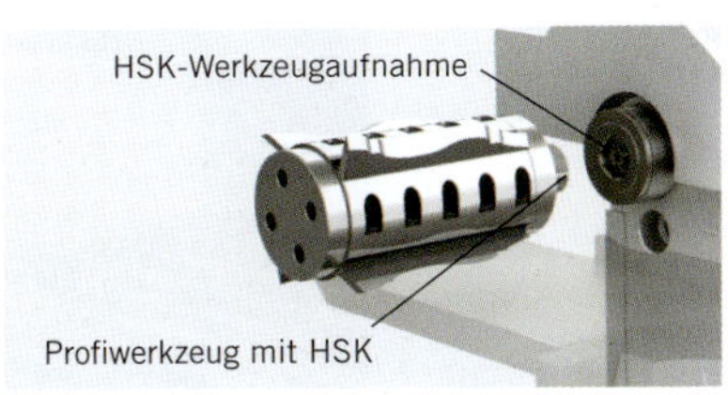

4 Werkzeugaufnahme für HSK-System

Mithilfe schwenkbarer Spindeln (Abb. 5) können mit Hobelköpfen schräge Flächen und Fasen an Werkstücken gefräst werden.

5 Um 45° schwenkbare Werkzeugspindel

Werkzeuge
An Hobel-Kehlmaschinen können Hobel-, Profilfräs- oder Sägewerkzeuge eingesetzt werden (Abb. 6 bis 8). Unterschieden werden

- Werkzeuge mit Bohrung *(tools with bore)*,
- Werkzeuge mit Hohlschaftkegel „HSK" *(hollow shank taper tools)* [▶ 3.1.4].

6 Unterschiedliche Hobelköpfe

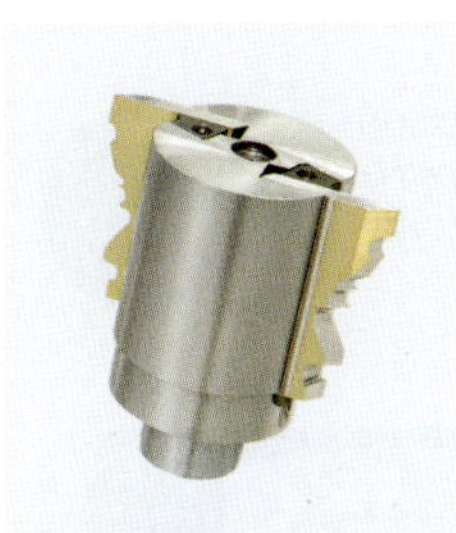

7 Fräskopf mit Profilblanketts

8 Gerüstet als Vielblatt-Säge zur Leistentrennung

HSK-Werkzeuge erreichen eine Rundlaufgenauigkeit *(concentricity)* bis 0,003 mm, da die Werkzeugaufnahme aufgrund der Kegelform ohne Passungstoleranz *(tolerance for fit)* erfolgt.

Werkzeuge mit Bohrung haben eine Passungstoleranz bis 0,05 mm zur Werkzeugspindel.

Hydraulisch gespannte Werkzeuge, sog. Hydro-Messerköpfe *(hydraulic expansion cutterheads)* (Abb. 1), können toleranzfrei gerüstet werden.

In Kammern im Werkzeugkörper wird mit einer Hochdruckfettpresse ein Druck von 300 bar aufgebaut. Dabei schmiegen sich die Werkzeugwandungen um die Spindel und es wird eine Rundlaufgenauigkeit bis 0,005 mm erreicht. Bei Druckrücknahme wird die Spannung wieder gelöst.

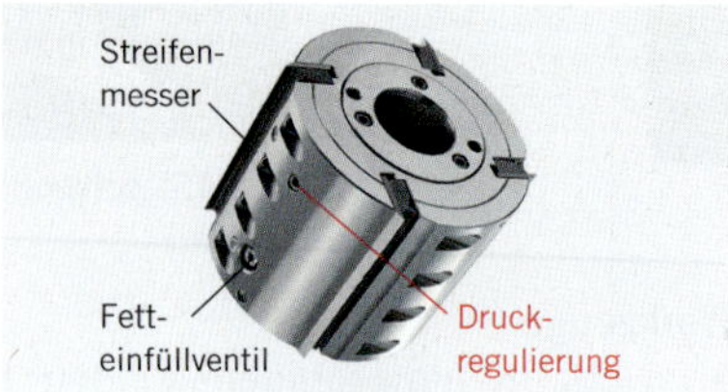

1 Hydro-Messerkopf mit vier Streifenhobelmessern

Rüsten der Werkzeuge *(setting-up of tools)*
Am **Messstand** *(stationary measuring system)* für optische Vermessung (Abb. 2) werden die benötigten Werkzeug- und Profildaten präzise ermittelt.

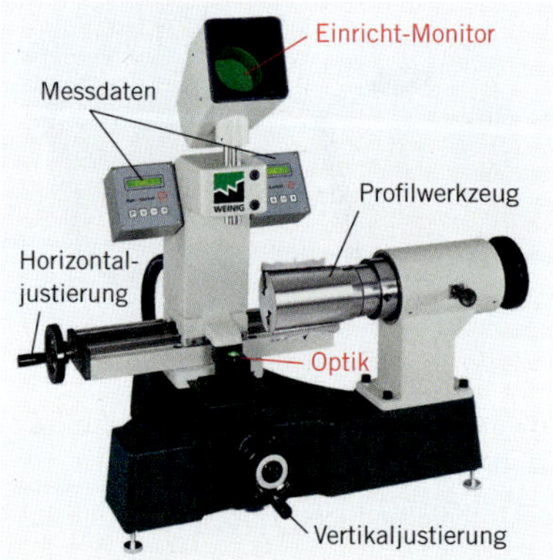

2 Messstand zur optischen Werkzeugvermessung

Beim Rüsten der Werkzeuge müssen **Schutzhandschuhe** gegen Schnittverletzungen getragen werden (Abb. 3).

3 Werkzeugrüsten an der Hobel-Kehlmaschine

Um ein sauberes Ergebnis zu erhalten, ist beim Rüsten der Werkzeuge eine **präzise Einstellung** auf 0,01 mm entscheidend (Abb. 4).

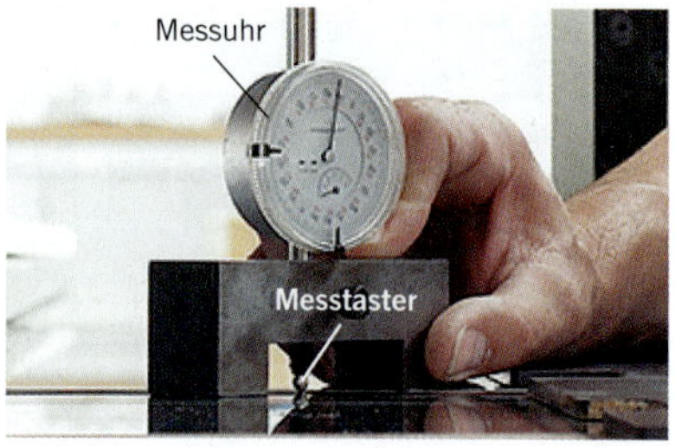

4 Einmessen eines Hobelwerkzeugs mit der Messuhr

Bei der Durchlauftechnik werden die Werkstücke an zwei Bezugsebenen bestimmt [▶ 1.2.1] geführt.

Das Rüsten der Maschine schließt neben den Werkzeugen auch das **Einrichten** der **Anschläge** inkl. des **Maschinentischs** (Abb. 5) ein.

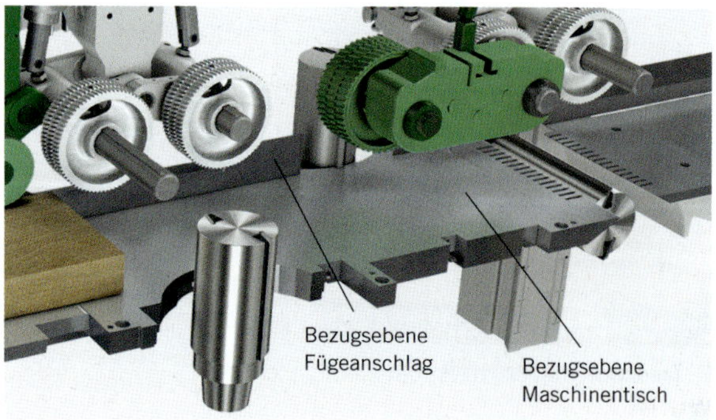

5 Anschläge an der Hobel-Kehlmaschine

Nach dem Rüsten ist darauf zu achten, dass
- keine Rüstwerkzeuge in der Maschine zurückgelassen werden,
- Probeläufe nur bei geschlossener Schutzhaube durchgeführt werden dürfen.

Mit einer **Nutenführung** *(groove guide)* (Abb. 6) können kurze und stark geworfene Rohteile exakt parallel zum Abrichten, Fügen und Dickenhobeln geführt werden.

6 Nutenführung

Bei einer gesteuerten **Mobilspindel** können Werkstücke unterschiedlicher Breite bearbeitet werden. Der Rechner nimmt automatisch die Breitenmaße der Rohteile auf und „taktet" die Mobilspindel auf die jeweilige Breite.

Jointverfahren
Um die Rundlaufgenauigkeit der Werkzeuge für die Hochgenauigkeitsbearbeitung weiter zu erhöhen, müssen die Hobelmesser oder Profilblanketts im Werkzeugkörper geschliffen werden. Anschließend wird in einem Jointverfahren *(jointing process)* mit einer Vorrichtung ein **Abziehstein** *(jointing stone)* (Abb. 1) über das laufende Hobelwerkzeug geführt, wodurch der Flugkreis aller Messer nahezu gleich ist.

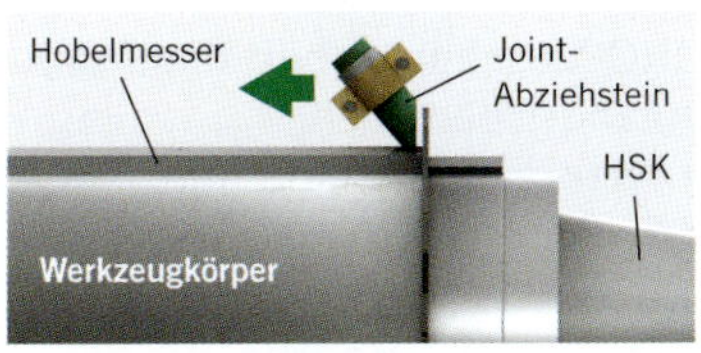

1 Abziehvorrichtung beim Jointverfahren

Das Verfahren kann mehrfach wiederholt werden, es entsteht aber an der Schneidenspitze eine gerundete Jointfase *(jointing phase)* mit dem Freiwinkel 0°. Ist die **Jointfase** zu breit, werden Holzfasern gestaucht statt gespant, sodass sie an der Oberfläche wieder aufquellen können. Um dies zu verhindern, wird empfohlen:

Tab. 1 Empfehlung beim Jointverfahren

Holzart	Breite Jointfase	Spanwinkel	Schneidstoff
Weichhölzer	0,5 mm max.	27°	HSS
Harthölzer	0,7 mm max.	12°	Stellite, HW

Maschinensteuerung
Über die Maschinensteuerung (Abb. 2) können die unterschiedlichen Funktionen aufgerufen werden:
- Ansteuern der **Bearbeitungsaggregate** *(manufacturing units)*, insgesamt oder einzeln in
  - Position *(position)*, z. B. in Höhe, Tiefe,
  - Drehzahl *(speed)*, stufenlos 6000 bis 9000 1/min,

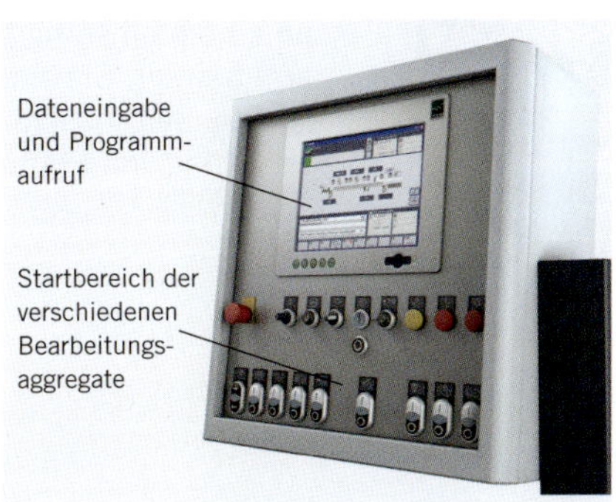

2 Steuerungsportal

- Ansteuern der **Vorschubaggregate** *(feed unit)* in
  - Position, z. B. in Höhe/Druck,
  - Vorschubgeschwindigkeit *(feed speed)*, 6 bis 30 m/min,
- Ansteuern der **Anschläge**, z. B. in Tiefe, Höhe.

Außerdem können gespeicherte Bearbeitungsabläufe abgerufen werden (Abb. 3).

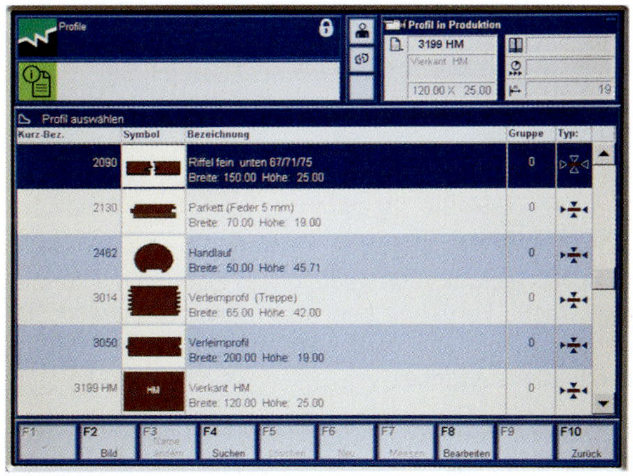

3 Gespeicherte Bearbeitungsabläufe

Aufgaben zu 2
1. Erläutern Sie den Unterschied zwischen Steuerungs- und Regelungstechnik.
2. Benennen Sie Steuerungsarten, ihre Unterschiede und ihre Anwendungen.
3. Beschreiben Sie das Funktionsprinzip und die Aufgabe einer SPS.
4. Worin besteht der Unterschied zwischen Stationär- und Durchlauftechnik bei der automatisierten Bearbeitung?
5. Erläutern Sie den Aufbau und die Funktionsweise einer Kantenanleimmaschine.
6. Was verbirgt sich hinter den Begriffen i-System und DFC-System?
7. Erläutern Sie den Aufbau und die Funktionsweise einer Hobel- und Kehlmaschine.
8. Welche Bearbeitungen sind an einer Hobel- und Kehlmaschine möglich?
9. Was sind die Unterschiede zwischen einem HSK- und einem Hydrowerkzeug?
10. Beschreiben Sie das Funktionsprinzip und den Sinn des Jointverfahrens.
11. Welche Funktionen an einer Hobel- und Kehlmaschine sind steuerbar?

English Tasks
12. Give examples of stationary and through feed technology.
13. What do you have to keep in mind when setting up a planing and moulding machine?

3 CNC-Fertigungstechnik

3.1 CNC-Werkzeugmaschinen

Um die maschinelle Holzbearbeitung den Erfordernissen kostengünstiger Fertigung bei hoher Qualität noch stärker anzupassen, wurden EDV-gesteuerte Werkzeugmaschinen entwickelt.

Rechnergesteuerte Werkzeugmaschinen werden als CNC-Maschinen *(CNC machines)* bezeichnet.

CNC bedeutet:
- *computerized* (rechnergesteuert),
- *numerical* (zahlenmäßig),
- *control* (Steuerung).

Die **CNC-Technik** *(CNC technology)* ist nicht nur für die industrielle Fertigung bedeutsam, sondern gehört zunehmend zum Standard handwerklich ausgerichteter Produktionsbetriebe.

Sie wird bei folgenden Holzbearbeitungsmaschinen eingesetzt:
- Bohrautomaten *(automatic drilling machines)*,
- Plattenaufteil-Sägemaschinen *(panel saws)*,
- Kantenanleimmaschinen *(edge gluing machines)*,
- Kehl- und Zapfenschneidmaschinen *(moulding and mortise cut machines)*,
- Oberfräsmaschinen *(router)*,
- Bearbeitungszentren,
- Mess- und Einrichtvorrichtungen an Standardmaschinen *(measuring and setting-up jigs)*.

Bearbeitungszentren vereinigen mit multifunktionalen Bearbeitungsmöglichkeiten den umfassendsten Einsatz der CNC-Technik.

Die CNC-Technik erfordert hohe Investitionen, ist jedoch, verglichen mit konventionellen Fertigungstechniken, in vielen Fällen leistungsfähiger.

Entscheidende **Vorteile** sind:
- hohe Fertigungsgeschwindigkeiten,
- hohe und gleichbleibende Bearbeitungsqualität,
- hohe und gleichbleibende Maßgenauigkeit,
- Wiederholbarkeit von Fertigungsabläufen,
- planbare Fertigungsabläufe,
- flexible Einsatzmöglichkeiten,
- hohe Arbeitssicherheit.

CNC-Maschinen bestehen aus Grundeinheiten, die einander bedingen:
- Werkzeugmaschine *(machine tool)* (Abb. 1) und
- Steuerung *(control)*.

3.1.1 CNC-Bearbeitungszentrum (BAZ)

Ein CNC-Bearbeitungszentrum *(CNC machining centre)* (Abb. 1) besteht aus einem **Support** *(pillar)* mit Bearbeitungsaggregaten und Werkzeugwechslern sowie einem **Maschinentisch** *(machine table)* mit Anschlägen, Werkstückeinspannungen und Späneabtransport.

Der **Vorschub** *(feed)* ist an CNC-Bearbeitungszentren ausschließlich mechanisch [▶ GK 8.4.3].

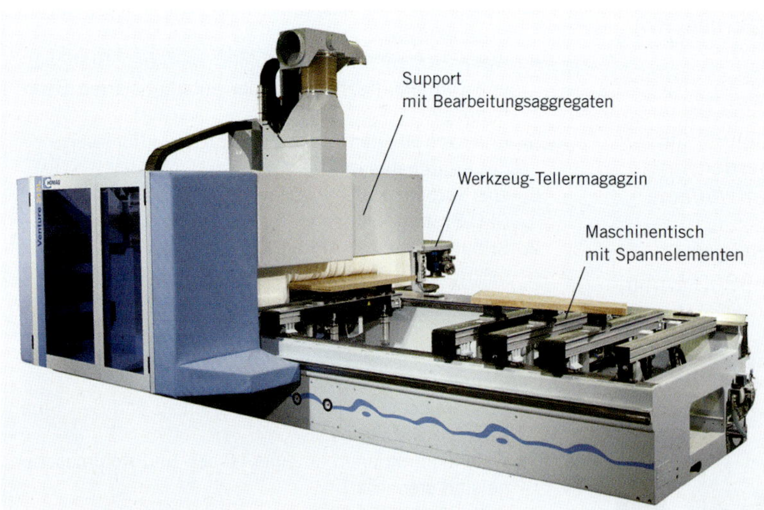

1 CNC-Bearbeitungszentrum

Dabei ist es gleichgültig, ob der Vorschub vom Support oder vom Maschinentisch ausgeht.

Abhängig von den Anforderungen an die unterschiedlichen Bearbeitungen wurden verschiedene **Bauarten von Maschinen** entwickelt.

An **Auslegermaschinen** (S. 107, Abb. 1) werden die Bearbeitungsaggregate und Werkzeugmagazine an einem einseitig geführten Kragarm bewegt. Sie sind kostengünstige Standardmaschinen für die Bearbeitung von Plattenwerkstoffen.

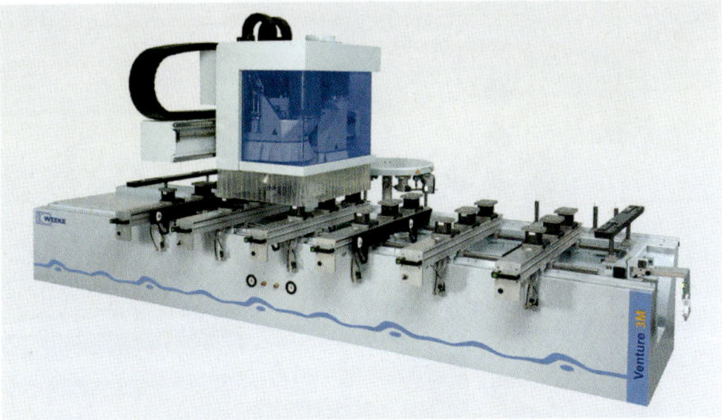

1 **CNC-Bearbeitungszentrum als Auslegermaschine**

Das Bestreben, die Arbeitssicherheit stetig zu erhöhen, führt zu der Forderung der BGHM, Maschinen so weit zu umhausen, wie dies bei der Bearbeitung möglich ist.

Aufgrund dieser Forderung werden die relativ offenen Auslegermaschinen nicht mehr hergestellt.

Die weitgehende Umhausung auch im vorderen Bereich der Maschinen (Abb. 2) schützt Bedienungspersonen zuverlässig vor sich ablösenden Teilen von Werkstücken oder bei Werkzeugbruch.

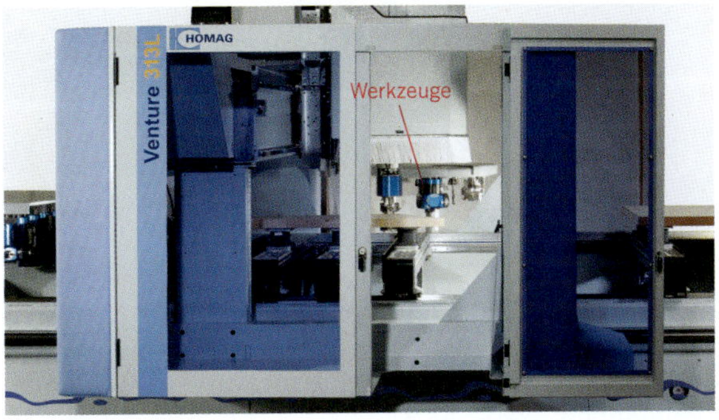

2 **Umhausung** (geöffnet) **der Bearbeitungsaggregate und des Werkzeugmagazins an einem CNC-Bearbeitungszentrum**

Diese Entwicklung führt zu dem Trend, Bearbeitungsaggregate und Werkzeugmagazin an einem beidseitig geführten **Support** (S. 106, Abb. 1), ähnlich einem Portal, zu bewegen. Die Maschinen erhalten dadurch eine höhere Stabilität gegen auftretende Bearbeitungskräfte und gewährleisten eine höhere Präzision.

Eine Entwicklung ist, die Maschinen mit **Gantry-Antrieben** auszustatten. Dabei wird der Support in X-Richtung [▶ 3.1.5] auf beiden Seiten von zwei separaten Servomotoren synchron bewegt (Abb. 3). Die präzise und gleichgerichtete Steuerung der Motoren erfolgt ohne Wellenverbindung nur durch Software. Durch die Bauart arbeiten die Maschinen besonders schwingungsarm auch bei schweren Bearbeitungen und hohen Vorschubgeschwindigkeiten.

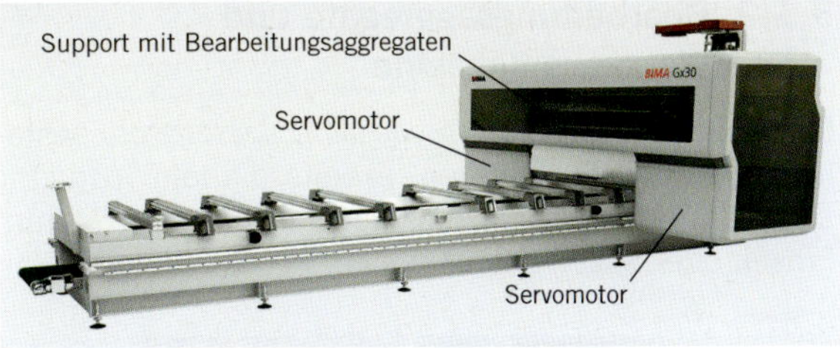

3 **CNC-Bearbeitungszentrum mit Gantry-Antrieb**

An **Portalmaschinen** (Abb. 4) verfährt die Bearbeitungseinheit in X-Richtung an einem fest stehenden Portal. Für die Bewegung in Y-Richtung [▶ 3.1.5] wird der Maschinentisch verfahren. Die Maschinen verfügen über eine hohe Festigkeit und sind daher für hohe Spanungskräfte, vornehmlich für Vollholzbearbeitung, z. B. im Außentüren- und Treppenbau, geeignet. Einige Maschinen arbeiten mit geteiltem Maschinentisch im **Pendelverfahren** oder mit einer zweiten Bearbeitungseinheit synchron im **Tandemverfahren.**

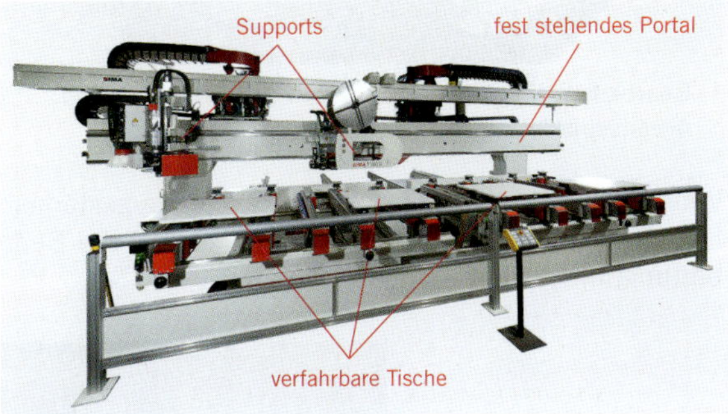

4 **CNC-Portalmaschine mit zwei Supports und Tischen im Pendelverfahren**

Korpusfertiger (Abb. 5) sind kleine kompakte Maschinen für die Plattenbearbeitung mit vertikal angeordnetem Maschinentisch. Die Bewegungsabläufe sind denen von Portalmaschinen ähnlich.

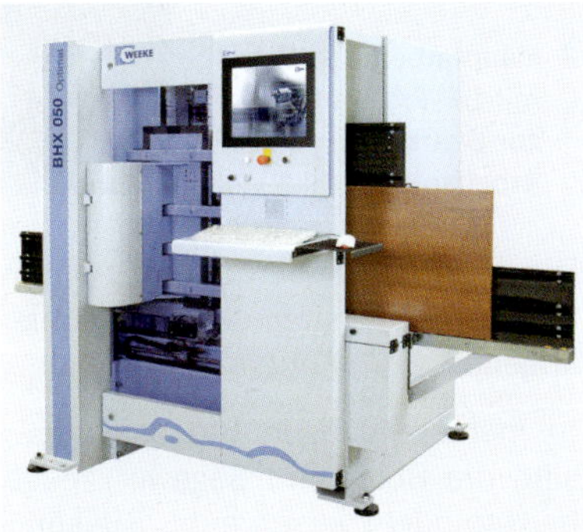

5 **CNC-Korpusfertiger**

Maschinen mit kinematischer Aufhängung oder einarmige Roboter werden in der handwerklichen Fertigung eher selten eingesetzt.

3.1.2 Bearbeitungsaggregate und Werkzeugmagazine

Bearbeitungsaggregate *(processing aggregates)* bestehen meist aus mehreren Arbeitsspindeln *(working spindles)* (Abb. 1), die mit Werkzeugen zum Bohren, Fräsen oder Sägen bestückt sind.

1 Bearbeitungsaggregat am BAZ mit unterschiedlichen Arbeitsspindeln

Viele Bearbeitungszentren haben leistungsstärkere Hauptspindeln *(main spindles)* (Abb. 2) für die Bearbeitung mit größeren Spanungskräften.

2 Hauptarbeitsspindel mit DP-Fräswerkzeug zur Bearbeitung einer Arbeitsplatte

Die Werkzeuge werden programmgesteuert aus den Bearbeitungsaggregaten unterschiedlicher Ausführung abgeholt.

In mehrspindeligen Bearbeitungsaggregaten (Abb. 3) sind die Bohr- und Sägewerkzeuge i. d. R. in den Arbeitsspindeln verschraubt. Sie können einzeln oder als Gruppe, z. B. für Lochreihen im Rastersystem, aufgerufen werden. Meist erfolgt die Zustellung in Z-Richtung [▶ 3.1.5] vertikal, aber auch horizontal, z. B. für Bohrungen in die Plattenschmalseite (Abb. 4).

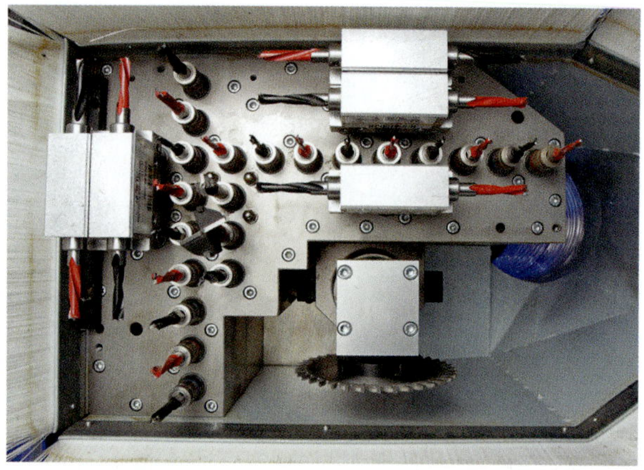

3 Mehrspindeliges Bearbeitungsaggregat mit Bohr- und Sägewerkzeugen

Bei den **Werkzeugrevolvern** *(tool turrets)* (Abb. 4) erfolgt der Werkzeugwechsel z. B. mit Bohrwerkzeugen durch Drehung des Bohrkopfs in Bearbeitungsposition. Die Bohrwerkzeuge sind auch hier i. d. R. in den Arbeitsspindeln verschraubt und werden, z. B. beim Bohren von Dübellöchern oder zum Fräsen von Schlosstaschen, horizontal zugeführt.

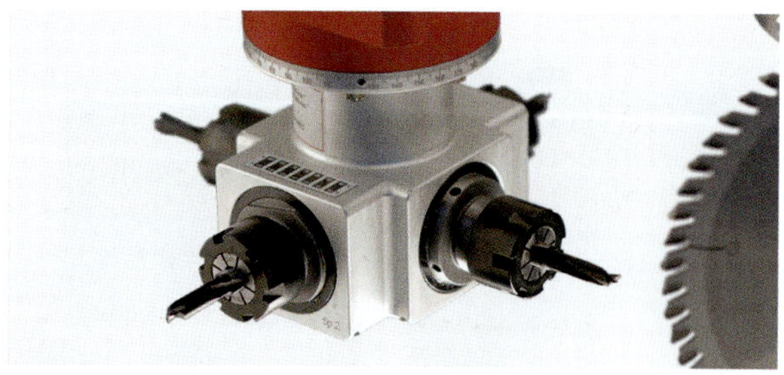

4 Werkzeugrevolver mit Bohrwerkzeugen

In **Werkzeugmagazinen** *(tool magazines)* werden unterschiedliche Werkzeuge, meist Fräs- und Sägewerkzeuge, in Warteposition abgelegt und nach Bedarf für die jeweilige Bearbeitung abgeholt. Die eingesetzten Werkzeugmagazine sind in der Ausführung unterschiedlich.

- An stationären **Pick-Up-Magazinen,** meist am Ende des Maschinentischs, sind die Werkzeuge in einer Reihe positioniert (S. 109, Abb. 1) und werden dort von der Bearbeitungseinheit abgeholt.
- Am Supportteil mitfahrende Magazine sind:
- drehbare **Tellermagazine** *(rotable disc magazines)* mit ca. 8 Werkzeugplätzen (S. 109, Abb. 2) am Support, was die Wechselzeiten deutlich verkürzt. Sie werden für Vollholz- und Holzwerkstoffbearbeitung eingesetzt;
- **Kettenmagazine** *(chain magazines)* mit bis zu 36 Werkzeugplätzen für großformatige Werkzeuge zur Vollholzbearbeitung bei der Fenster-, Türen- oder Treppenfertigung.

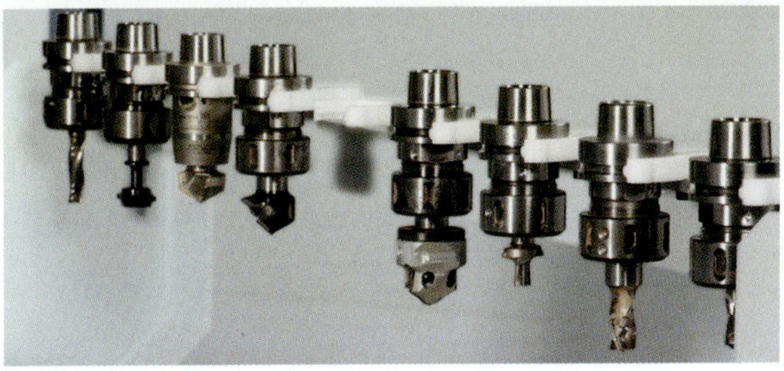

1 Pick-Up-Werkzeugmagazin mit Fräswerkzeugen

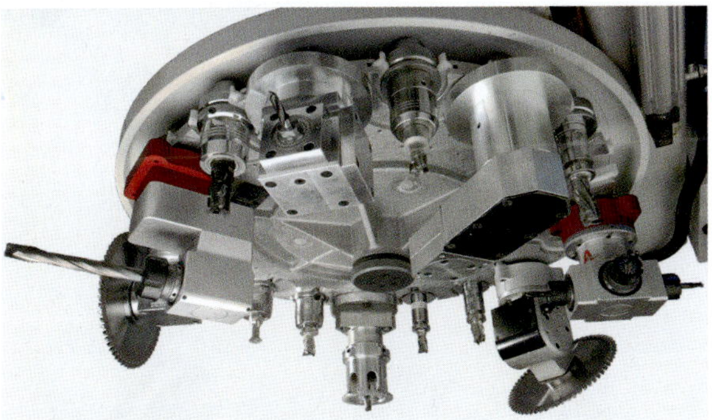

2 Tellerwerkzeugmagazin mit Bohr-, Fräs- und Sägewerkzeugen

Je nach Anwendungsgebiet und Spezialisierung des Bearbeitungszentrums werden die verschiedenen Wechselsysteme auch kombiniert eingesetzt.

Einige Maschinen haben eine leistungsstarke Hauptspindel mit integrierter C-Achse [▶ 3.1.5] zur Komplettbearbeitung von Werkstücken um 360°. Weitere Optionen sind z. B. Aggregate für Kantenbeschichtung *(gluing units)* oder 5-Achs-Roboterköpfe *(5-axis robot-er heads)*.

3.1.3 Maschinentisch, Anschläge und Spannelemente für Werkstücke

Maschinentisch

Der Maschinentisch an CNC-Bearbeitungszentren besteht standardmäßig aus einem Konsolentisch *(console table)* mit in X-Richtung verschiebbaren Konsolen und mit in Y-Richtung verschiebbaren Spannelementen (Abb. 3).

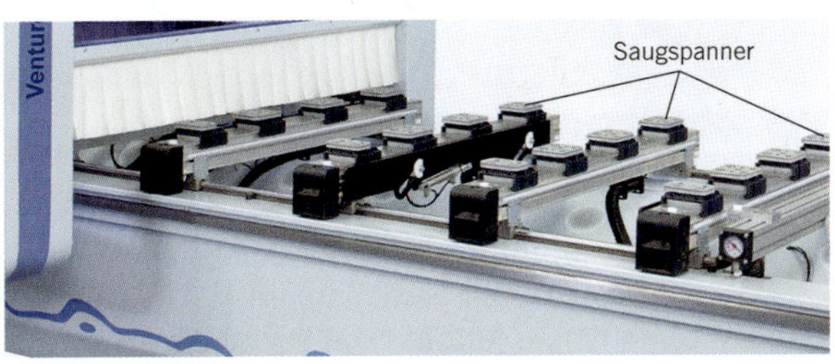

3 Maschinentisch mit Konsolen und Unterdrucksaugspannern

Anschläge und Spannelemente

Für die exakte Positionierung der Werkstücke sind die CNC-Bearbeitungszentren mit **Anschlägen** *(fences)* ausgestattet (Abb. 4), die mit dem Maschinentisch auch die Bezugsebenen *(reference planes)* bilden. Vor dem Bearbeitungsvorgang werden sie aus dem Spanungsbereich abgesenkt.

4 Anschläge und Bezugsebenen

Während der Bearbeitung müssen die Werkstücke aus Gründen der Arbeitssicherheit und der Maßgenauigkeit fixiert sein.

Dies geschieht mithilfe unterschiedlicher, meist pneumatischer **Werkstückspanner** *(work-holding clamps)*. Gebräuchlich sind:

- Unterdrucksaugspanner *(vacuum holding clamps)* mit $p_e < 0$ (Abb. 5),
- Überdruckkolbenspanner mit $p_e > 0$:
  - vertikal *(vertical holding clamps)* (Abb. 6),
  - horizontal *(horizontal holding clamps)* (Abb. 7).

5 Verstellbare Unterdrucksaugspanner

6 Vertikal-Überdruckkolbenspanner

7 Horizontal-Überdruckkolbenspanner

Druckkolbenspanner sind besonders für die Werkstückeinspannung bei der Vollholzbearbeitung, z. B. von Rahmen, geeignet (Abb. 1).

1 Druckkolbenspanner und Anschläge (ausgefahren) bei der Rahmenbearbeitung

Über **Rasternuttische** *(pettern tables)* (Abb. 2) erfolgt die Fixierung von Holzwerkstoffen, z. B. beim Plattenzuschnitt im Nesting-Verfahren [▶ 3.3.6]. Die Unterdruckspannung wird durch Moosgummidichtungen in den Nuten gewährleistet, die auf die jeweilige Werkstückform angepasst werden.

2 Rasternuttisch mit aufgespannten Platten

3.1.4 Werkzeugspannsysteme

Die **Rund-** und **Planlaufgenauigkeit** eines Werkzeugs ist Voraussetzung für eine hohe Oberflächengüte und Wiederholgenauigkeit.

Sie erhöht dazu die Laufruhe der Arbeitsspindel und senkt die Materialermüdung (Werkzeugbruch).

Werkzeugspannsysteme *(clamping systems of tools)* sind Zwischenglieder, um Werkzeuge zentriert mit hoher Verdrehsteifigkeit in der Arbeitsspindel zu positionieren. Sie müssen den auftretenden Kräften der spanenden Bearbeitung bei sehr hohen Vorschüben standhalten und bestehen aus

- Schaft *(shank)* zur Aufnahme in die Spindel,
- Spannfutter zur Aufnahme der Werkzeuge.

Schaftformen

Verwendet werden an CNC-Bearbeitungszentren:
- zylindrischer Schaft *(cylindrical shank)* (Abb. 3),
- Steilkegel *(steep taper)* (Abb. 4),
- Hohlschaftkegel *(hollow shank taper)* [▶ 2.2.2] (Abb. 5).

3 Zylindrischer Schaft

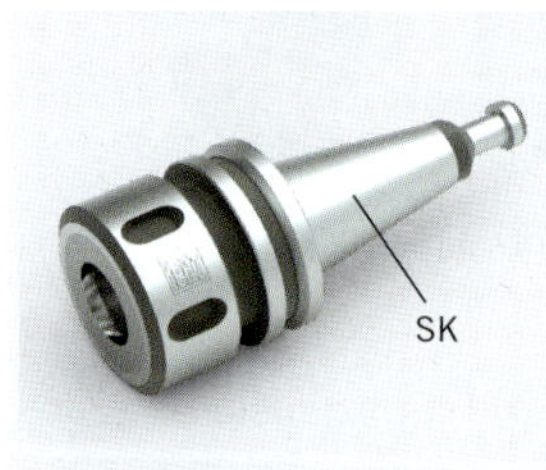

4 Steilkegel SK

5 Hohlschaftkegel HSK

Spannfutter

Die Präzision der Spannfutter *(clamping chucks)* ist entscheidend für den Rund- und Planlauf der Werkzeuge.

Verwendet werden drei Systeme:
- **Spannzangenfutter** *(collet chucks)* (Abb. 6 a), in denen Schaftwerkzeuge von den Backen einer Spannzange *(collet chuck)* (Abb. 6 b) durch manuelles Festziehen der Spannmutter *(clamping nut)* mechanisch eingespannt werden;

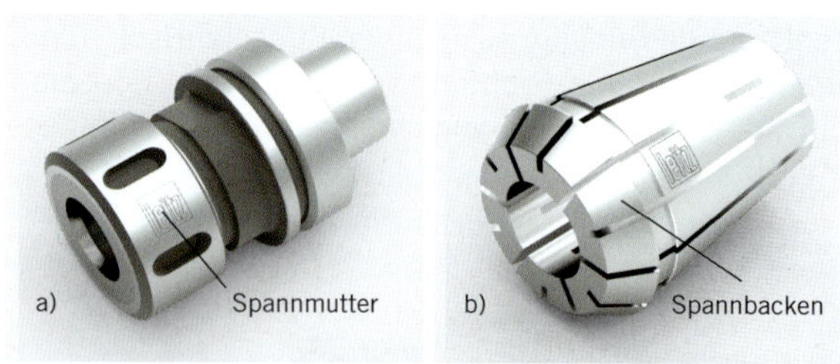

6 Spannzangenfutter mit Spannzange

- **Hydrodehnspannfutter** *(hydraulic expansion chucks)* (S. 111, Abb. 1 a), mit Fettkammern (S. 111, Abb. 1 b), in denen mithilfe von Hydraulikfett ein gleichmäßiger Druck aufgebaut wird [▶ 2.2.2], der den Werkzeugschaft einspannt;

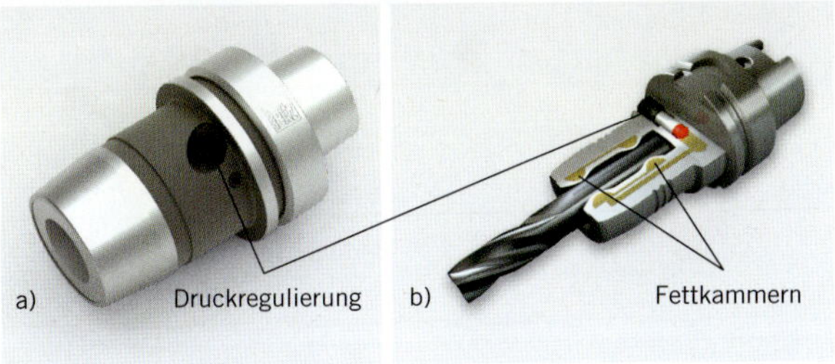

1 Hydrodehnspannfutter

- **Schrumpfspannfutter** *(shrink chucks)* (Abb. 2), die zurzeit die höchste Präzision aufweisen.

2 Schrumpfspannfutter

Dabei haben sich zwei Systeme durchgesetzt:
- Beim **thermischen Schrumpfspannfutter** *(thermal shrink chuck)* (Abb. 3) wird das Spannfutter durch Induktion bis auf 400 °C aufgeheizt. Dadurch dehnt es sich und der kalte Werkzeugschaft kann eingeführt werden. Beim anschließenden Abkühlen schrumpft das Futter und spannt den Werkzeugschaft bei optimaler Druckverteilung zentrisch, nahezu stoffschlüssig.

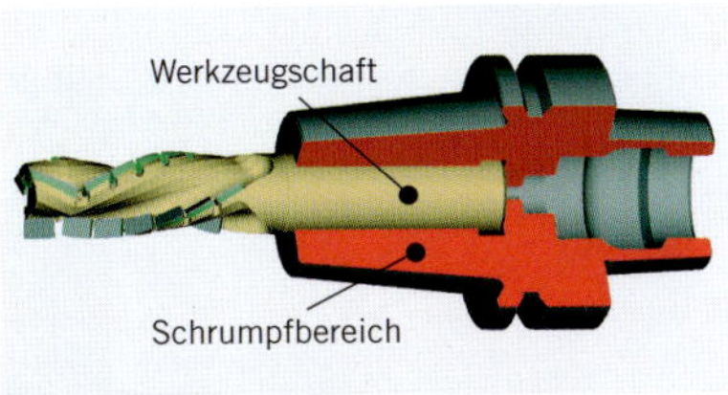

3 Thermisches Schrumpfspannfutter

- Das **Kraft-Schrumpfspannfutter** *(power shrink chuck)* hat im ungespannten Zustand einen polygonähnlichen Querschnitt, sog. Polygonspannfutter (Abb. 4). Durch von außen aufgewendeten Hebeldruck wird das Futter zu einer kreisrunden Form geweitet. Nach dem Einführen des Werkzeugschafts wird der Druck aufgehoben und es kommt an drei Kontaktbereichen zu einem gleichmäßigen Kraftschluss.

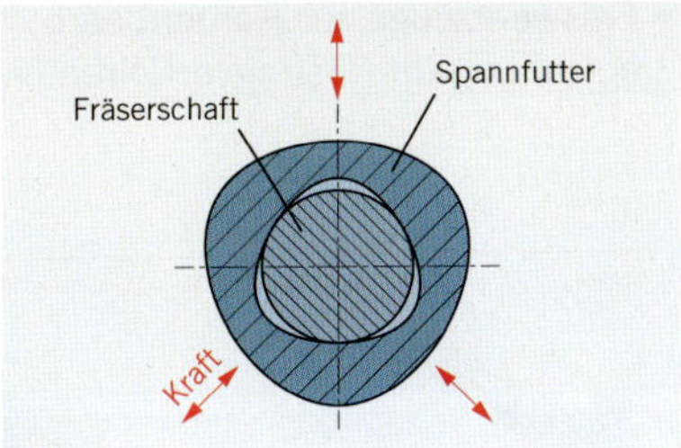

4 Kraft-Schrumpfspannfutter (Querschnitt)

Für die Verwendung von Fräswerkzeugen mit Bohrung kann ein **Frässdorn** *(cutter arbor)* eingesetzt werden (Abb. 5).

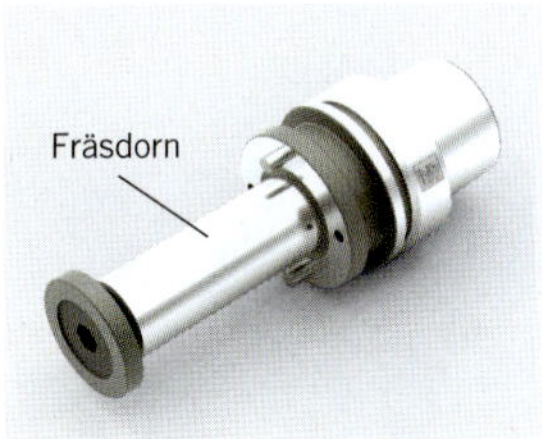

5 Fräsdorn mit HSK

3.1.5 Werkzeuge

Wegen der hohen Bearbeitungsgeschwindigkeiten werden in der CNC-Technik Werkzeuge mit hoher Standzeit *(tools with high service life)* eingesetzt. Die Werkzeuge arbeiten deshalb vornehmlich mit
- HW-Schneiden oder
- DP-Schneiden.

Werkzeugarten

Die in der CNC-Technik eingesetzten Werkzeugarten sind sehr unterschiedlich. In der Folge werden einige Werkzeuge aufgezeigt.
- **Bohrwerkzeuge,** bei denen die Bohrerlänge mithilfe von Stellschrauben an den Schaftenden justiert wird (Abb. 6 bis 8);

6 Dübellochbohrer *(dowel drill)*

7 Durchgangslochbohrer *(through hole drill)*

8 Beschlagbohrer *(hinge boring bit)*

- **Fräswerkzeuge** zur Kantenbearbeitung und Plattenaufteilung im Nestingverfahren (Abb. 1 bis 4);

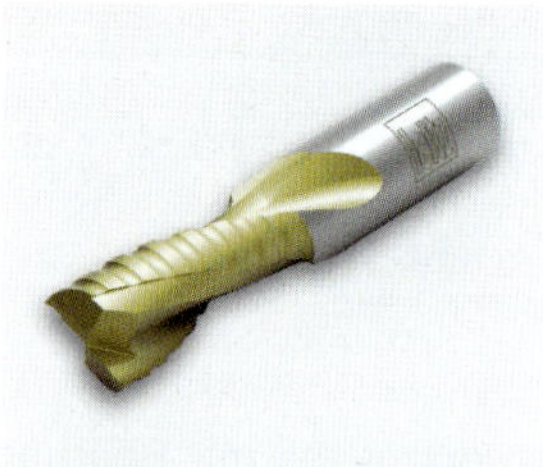

1 **Spiral-Schruppoberfräser** *(spiral roughing router cutter)*

2 **Spiral-Schlichtoberfräser** *(spiral finishing router cutter)*

3 **Wendemesser-Oberfräser** *(turnblade router cutter)*

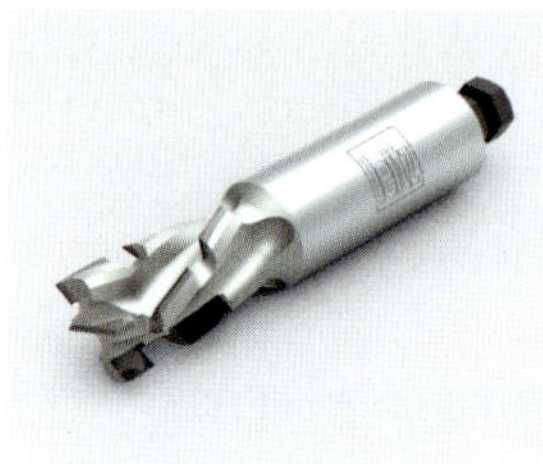

4 **Diamantoberfräser** *(diamond router cutter)*

- **Fräswerkzeuge zum Profilieren** von Kanten sowie von Schmal- und Breitflächen (Abb. 5 bis 11).

5 **Verstellbarer Nutfräser** *(adjustable grooving cutter)*

6 **Schwenkbarer Fasenmesserkopf** *(adjustable bevelling cutterhead)*

7 **Fügemesserkopf mit Kantenmessern** *(jointing cutterhead with edging knives)*

8 **Verstellbarer Profilmesserkopf** *(adjustable profile cutterhead)*

9 **Profilmesserkopf für geriffelte Blanketts** *(profile cutterhead for serrated back blank knives)*

10 **Abplatt-Profilmesserkopf** *(panel raising profile cutterhead)*

11 **Profilmesserkopf für Rahmentüren** *(profile cutterhead for door frames)*

Werkzeugvermessung

Die genaue Vermessung der Werkzeuge dient der **Bearbeitungsgenauigkeit** und erhöht auch die Standzeit der Werkzeugschneiden.

An einem **optischen Messstand** *(optical test bench)* (Abb. 12) können Werkzeuge im Spannfutter mit einer Messgenauigkeit von 0,005 mm vermessen werden.

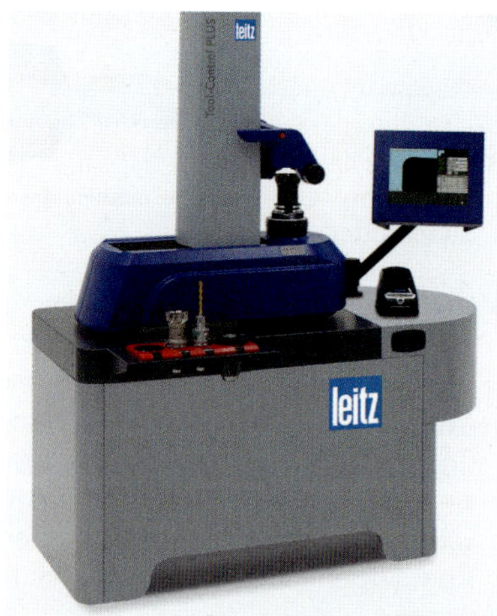

12 **Optischer Messstand**

Bei einigen Werkzeugen oder Werkzeugspannsystemen können in einem Datenchip (S. 113, Abb. 1) die werkzeugbezogenen geometrie- und sicherheitstechnischen Daten gespeichert und beim Werkzeugwechsel von der Maschinensteuerung berührungslos erkannt und übernommen werden.

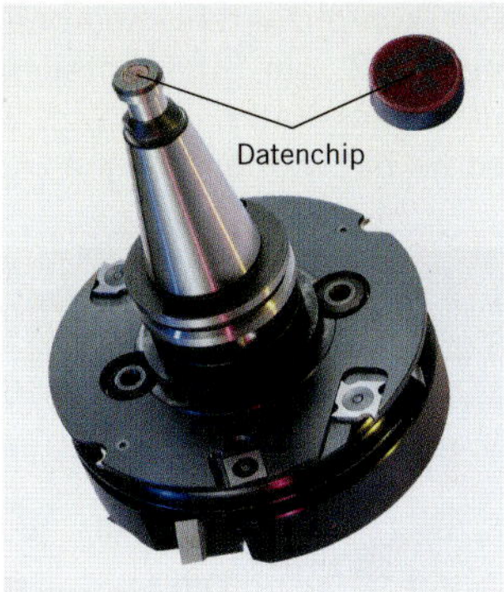

1 **Datenchip am Steilkegel eines Spannsystems mit Fräswerkzeug**

3.1.6 Steuerung *(control)*

An CNC-Bearbeitungszentren werden Bahnsteuerungen [▶ 2.1.2] eingesetzt. Sie sind das Gehirn, das Aufgaben übernimmt, die an ungesteuerten Maschinen der Mensch wahrnimmt.

Bedienterminal
Das Terminal (Abb. 2) beherbergt den PC mit den Steuereinheiten für die Mess- und Regeltechnik mit den folgenden Aufgaben:
- Programme erstellen und Daten speichern,
- Programme zur Fertigung auflegen,
- maschinenlesbare Daten erzeugen,
- Verbindung zwischen dem PC und der Mess- und Regeltechnik herstellen,
- Fertigungsabläufe steuern und kontrollieren.

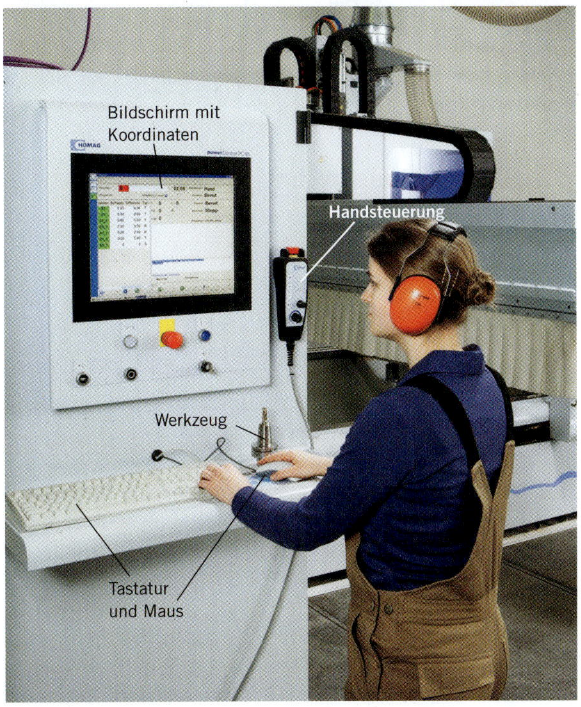

2 **Bedienterminal am CNC-Bearbeitungszentrum**

Steuerbare Elemente *(controllable elements)*

Für die vielfältigen Fertigungsschritte müssen mehrere Funktionen der Maschine steuerbar sein.

Diese Funktionen sind je nach Maschinenart sehr verschieden. Bei einem BAZ sind es z. B. die
- Bewegungen der Aggregate oder des Tischs,
- Vorschubgeschwindigkeiten der Werkzeuge,
- Drehzahlen und -richtungen der Spindeln,
- Werkzeugwechsel,
- Messsysteme,
- Anschlagebenen oder -punkte,
- Spannelemente für die Werkstücke.

3.1.7 Bewegungsrichtungen (Koordinatenachsen)

Bei der Werkstückbearbeitung bewegt sich am CNC-Bearbeitungszentrum das Support mit den Bearbeitungsaggregaten und/oder der Maschinentisch in mehreren Achsen.

Die Bewegungsrichtungen *(directions of movement)* sind lt. DIN 66217, abgeleitet vom kartesischen Koordinatensystem *(cartesian coordinate system)*, durch die Koordinatenachsen *(coordinate axes)* definiert.

Hauptachsen
An CNC-Maschinen gibt es drei Hauptachsen *(principal axes)* (Tab. 1 und Abb. 3), mit dem Maschinennullpunkt [▶ 3.1.8] als **Koordinatenursprung**.

Tab. 1 Hauptachsen der Supportbewegungen

Achse	Erläuterung
X	Bewegung parallel zur Längskante des Maschinentischs
Y	Bewegung in Richtung der Maschinentischtiefe
Z	Bewegung fällt mit der Achse der Arbeitsspindel zusammen

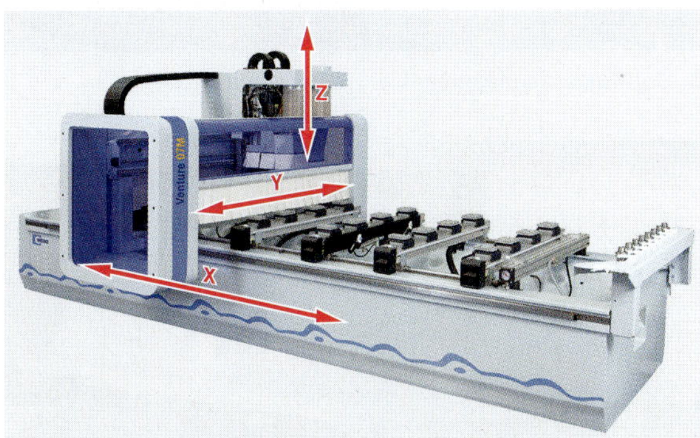

3 **Bewegungsrichtungen lt. Koordinatenachsen am CNC-Bearbeitungszentrum**

In der Praxis können die Koordinaten mithilfe der **Rechte-Hand-Regel** *(right-hand rule)* (Abb. 1) zugeordnet werden.

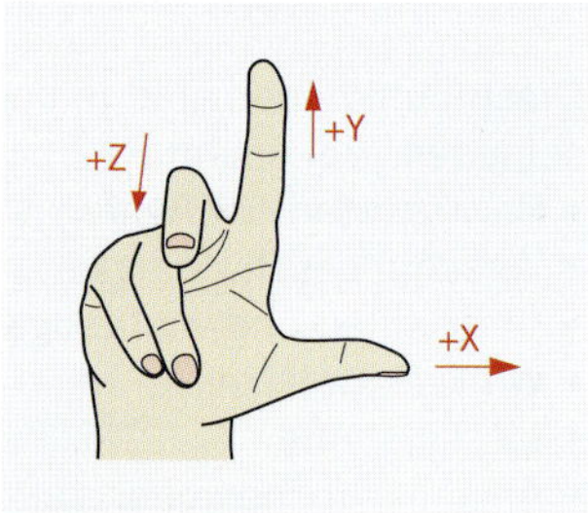

1 **Rechte-Hand-Regel** (Der Mittelfinger bildet die Z-Achse)

Zusatzachsen *(additonal axes)*
Vielfach werden heute Bearbeitungszentren eingesetzt, die über eine „vierte" Achse, sog. C-Achse (Abb. 2), verfügen. Dabei kann ein Werkzeug verwendet werden, das zusätzlich um die Z-Achse drehend positioniert ist.

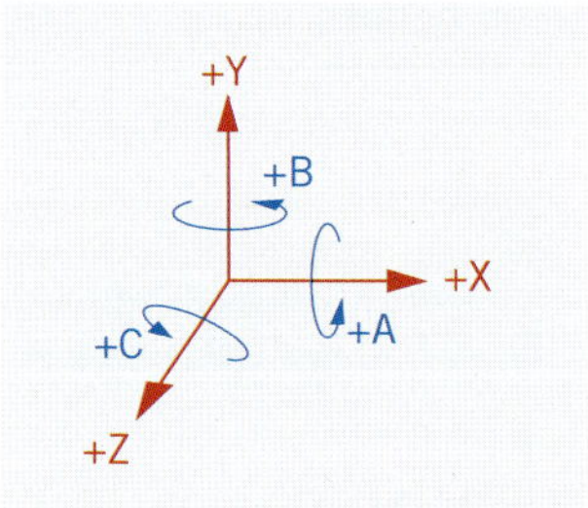

2 **Zusatzachsen an einem CNC-BAZ**

Häufig ist dies ein Sägeblatt für Gehrungsschitte an der Kante bzw. in der Fläche oder ein Kantenanleimaggregat für Bauteile mit bogenförmigen Kanten (Abb. 3 und 4).

3 **Gehrungssägenaggregat** *(mitre saw aggregate)*

4 **Kantenanleimaggregat** *(edge gluing aggregate)*

Für kompliziertere Bearbeitungen in drei Dimensionen, z. B. bei Sitzformteilen, werden Werkzeugaggregate eingesetzt, die um weitere Zusatzachsen geschwenkt werden können (Abb. 5).

5 **Fasen eines Formteils mit einer Zusatzachse**

In der Konsequenz werden zunehmend häufiger vollwertige **5-Achs-Bearbeitungszentren** in den Tischlereien eingesetzt. Damit werden Freiformbearbeitungen in allen Ebenen, z. B. beim Fräsen des Handlaufs (Abb. 6), möglich.

6 **Fräsen des Handlaufs eines Treppengeländers mit einer Zusatzachse**

3.1.8 Bezugspunkte und Maßangaben

Bezugs- und Nullpunkte
An CNC-Maschinen werden folgende Bezugspunkte unterschieden und gekennzeichnet, an denen sich die Steuerung orientiert:

> Der **Referenzpunkt** *(reference point)* (S. 115, Abb. 1) bestimmt den Ursprung des Messsystems der Maschine.

Bei einem **inkrementalen Messsystem** werden ausgehend vom Referenzpunkt alle Achsbewegungen nur nach ihrem Wert gezählt und gespeichert. Beim Ausschalten der Maschine oder bei Störungen der Stromzufuhr wird der Speicher und damit auch jede Information über die aktuelle Position gelöscht. Deshalb muss der Support der CNC-Maschine zunächst eine Referenzfahrt ausführen und den festgelegten Referenzpunkt für jede Achse in einem langsamen und abgesicherten Modus suchen. Dies wird auch als **Eichen** *(calibration/to calibrate)* oder als **Nullpunkteinstellen** bezeichnet.

Bei einem **absoluten Messsystem** ist für jede beliebige Achsbewegung immer die genaue Position zum Referenzpunkt hinterlegt. Eine Referenzfahrt wird hier nicht benötigt.

Der **Maschinennullpunkt** *(machine zero point)* (Abb. 1) ist der unveränderbare Ursprung der Maschinenkoordinaten.

Er wird vom Maschinenhersteller festgelegt. Am CNC-Bearbeitungszentrum befindet er sich i. d. R. in einer Ecke des Maschinentischs im Schnittpunkt der versenkbaren Anschläge [▶ 3.1.3]. Für die Z-Richtung wird die Tischoberfläche direkt benutzt oder von dort ausgehend verrechnet (z. B. für die Unterdrucksaugspanner). Von einigen Maschinenherstellern wird er aus maschinentechnischen Gründen auch anders positioniert.

Der **Werkstücknullpunkt** *(workpiece zero point)* (Abb. 1) bildet den Ursprung der Werkstückkoordinaten. Er wird beim Programmieren nach Bedarf festgelegt.

Nach dem Einrichten der Maschine wird der Steuerung die Position des Werkstücknullpunkts eingegeben, indem seine Maßabweichungen zum Maschinennullpunkt in einem Speicher als Korrekturdaten abgelegt werden. Die damit verbundene Verschiebung des Koordinatenursprungs hat den Vorteil, dass die Abmessungen des Werkstücks direkt als Daten programmiert werden können. Der Werkstücknullpunkt wird zu Beginn eines CNC-Programms aufgerufen.

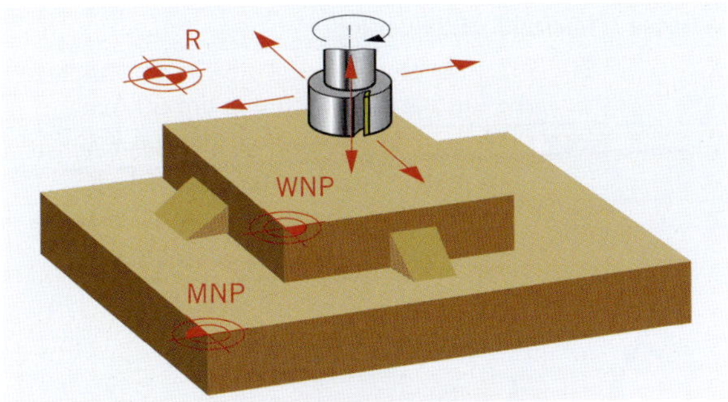

1 Bezugspunkte am CNC-Bearbeitungszentrum

Maßangaben für die CNC-Bearbeitung

Für die CNC-Programmierung müssen die Werkstücke fertigungsgerecht bemaßt werden.

Die Maße werden beispielsweise in einer Einzelteilzeichnung [▶ GK TZ 4.2] angegeben. Bei einer CAD-Einzelteilzeichnung auf dem Rechner [▶ GK TZ 3.2] können die Maße direkt in einem CNC-Programm umgesetzt werden.

In einem Programm werden die unterschiedlichen Maßangaben [▶ GK TZ 4.1.9] am Beispiel des folgenden Werkstücks (Abb. 2 bis 4) verarbeitet:

2 Mit einem CNC-Programm gefertigter „Krimskrams-Halter" für den Schreibtisch

Bei der **Absolutbemaßung** *(absolute dimensioning)* oder **Bezugsbemaßung** werden alle Maße eines Werkstücks auf den Werkstücknullpunkt bezogen (Abb. 3). Absolutmaße werden vornehmlich in Hauptprogrammen verarbeitet.

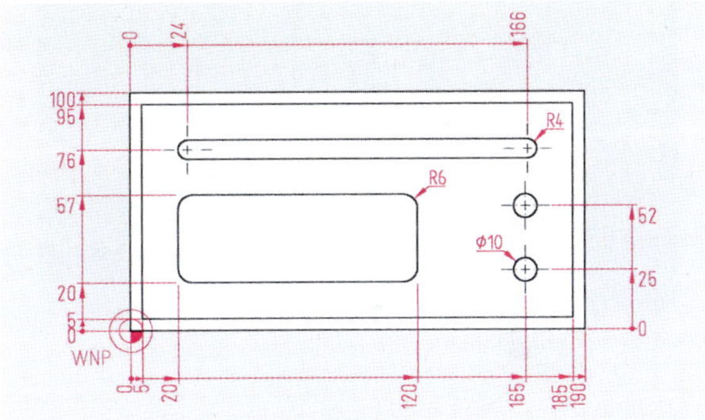

3 Absolutbemaßung am Werkstück

Bei der **Inkrementalbemaßung** *(incremental dimensioning)* oder **Kettenbemaßung** werden die einzelnen Abschnittsmaße als Maßketten angegeben (Abb. 4). Inkrementalmaße werden meist in Unterprogrammen verarbeitet.

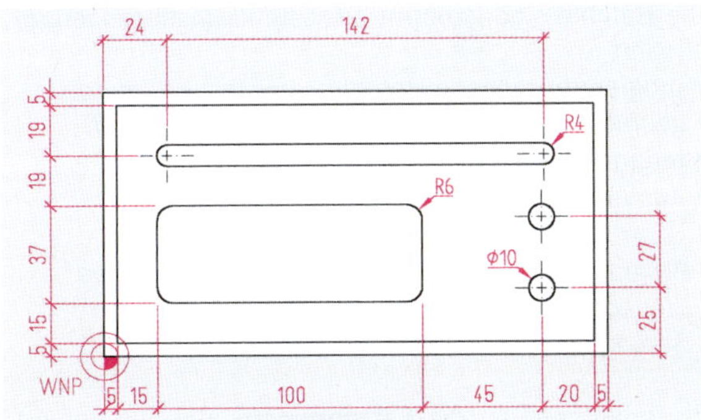

4 Inkrementalbemaßung am Werkstück

3.2 CNC-Programme

Fertigungsabläufe lassen sich als Programme darstellen, die sämtliche Daten der Fertigungsschritte enthalten.

Das CNC-Programm *(CNC-programme)* ist der Plan, nach dem die Bearbeitungsschritte gesteuert werden.

3.2.1 Programmaufbau *(structure of programme)*

CNC-Programme bestehen nach DIN 66025 aus einer Programmstruktur und Befehlen (Abb. 1). Damit die Befehle der Steuerung von der Maschine umgesetzt werden können, sind sie aufgebaut in

- Programmsätzen *(programme sentences)*,
- Wörtern *(words)*,
- Adressen *(addresses)* mit Zahlen *(numbers)*.

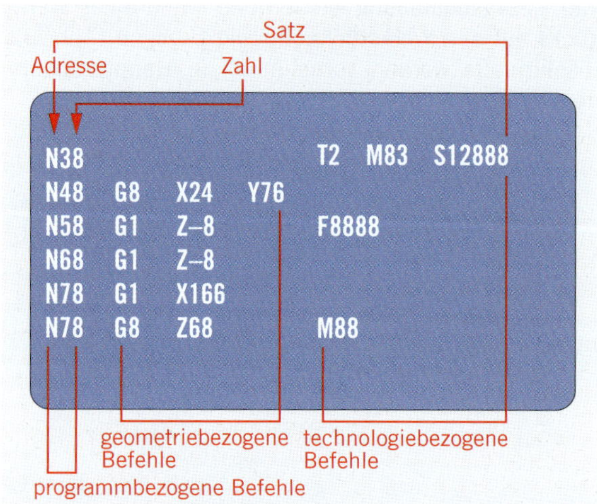

1 Aufbau eines CNC-Programms

Befehle

Befehle *(orders)* sind eindeutige Anweisungen der Steuerung an die Werkzeugmaschine.

Die Befehle sind genormt oder steuerungsbezogen gegliedert in

- programmbezogene Befehle *(programme related)*,
- geometriebezogene Befehle *(geometry related)*,
- technologiebezogene Befehle *(technology related)*,
- Zusatzbefehle *(additional orders)*.

Programmbezogene Befehle *(programme orders)* dienen der Verarbeitung des Programms in der Steuerung.

Zu ihnen gehören die **Satznummern,** die aus der Adresse N und einer Zahl bestehen (Abb. 1).

Geometriebezogene Befehle *(geometry related orders)* geben die Wegebedingungen *(preparatory functions)* und Koordinatenachsen bei der Bearbeitung vor.

Das Wort einer **Wegebedingung** besteht aus der Adresse G *(engl. go = gehen)* und einer genormten Zahl (Abb. 1 und Tab. 1).

Tab. 1 Häufige G-Befehle für die Bearbeitung

Befehl	Wegebedingung
G 0	lineare Bewegung im Eilgang
 G 1 G 2 G 3	Bewegungen mit vorgewähltem Vorschub: • linear • zirkular im Uhrzeigersinn • zirkular gegen den Uhrzeigersinn
G 17 G 18 G 19	XY-Bearbeitungsebene XZ-Bearbeitungsebene YZ-Bearbeitungsebene
G 40 G 41 G 42	Aufheben der Werkzeugbahnkorrektur Bahnkorrektur links Bahnkorrektur rechts
G 54 bis G 59	Festlegen und Verschieben von Werkstück-nullpunkten
 G 60 G 62 G 64	Anpassung der Vorschubgeschwindigkeit: genau Halt Anpassung bei Eckenbearbeitung Anpassung bei Konturen
G 90 G 91	Absolutbemaßung Inkrementalbemaßung

Das Wort für die **Koordinatenachsen** besteht aus der Adresse der jeweiligen Achse (X, Y oder Z) und einer Maßzahl in mm (Tab. 2, Abb. 1 und 2).

Tab. 2 Programmierbeispiel der Koordinaten

Adresse	Maßzahl	Erläuterung
X	60	Werkzeug bewegt sich in der X-Achse in positiver Richtung um 60 mm
Y	−42	Werkzeug bewegt sich in der Y-Achse in negativer Richtung um 42 mm
Z	15	Werkzeug bewegt sich in der Z-Achse in positiver Richtung um 15 mm

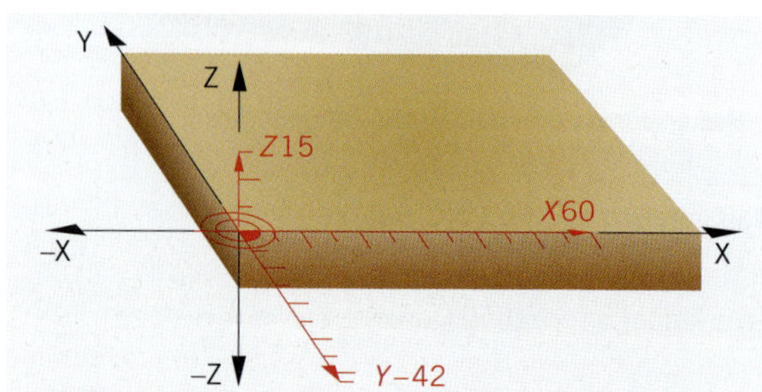

2 Beispiel für die Koordinatenachsen am Werkstück

Fräsen von Konturen *(milling of contours)*
Konturen (Abb. 1) werden mit vorgewählten Vorschubgeschwindigkeiten und den folgenden Bewegungen abgearbeitet:
- linear unter verschiedenen Winkelvorgaben,
- zirkular mit vorgegebenen Radien.

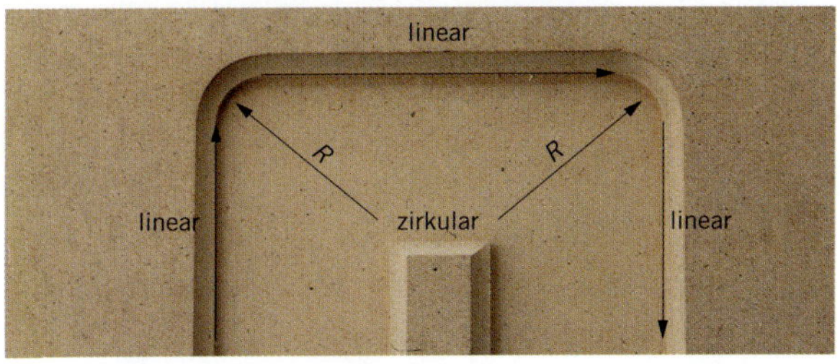

1 Programmierte Fräskonturen

Die zirkularen Bewegungen werden über Hilfskoordinaten gesteuert, deren Ursprung mit dem Kreismittelpunkt M einer Kontur zusammenfällt und diesem zugeordnet ist (Tab. 1 und Abb. 2).

Tab. 1 Hilfskoordinaten für zirkulare Bewegungen

Achse	Erläuterung
I	Bewegung parallel zur X-Achse
J	Bewegung parallel zur Y-Achse
K	Bewegung parallel zur Z-Achse

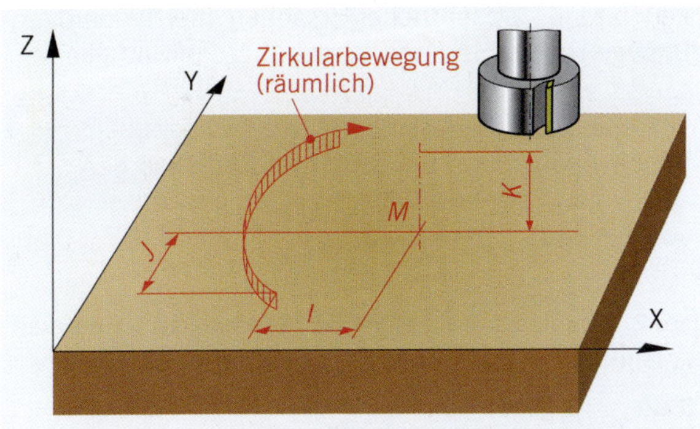

2 Hilfskoordinaten für Zirkularbewegungen

Bearbeitungsebenen
Für jede Bearbeitung wie Bohren, Fräsen und Sägen muss die Bearbeitungsebene *(machining plane)* angegeben werden, die das Werkzeug bearbeiten soll. Mit den Befehlen (Tab. 2, Abb. 3 und 4) wird die erforderliche Ebene gewählt.

Tab. 2 Programmierung der Koordinaten

Befehl	Bearbeitungsebene
G 17	XY – von oben –
G 18	XZ – von vorne – (Abb. 4)
G 19	YZ – von links –

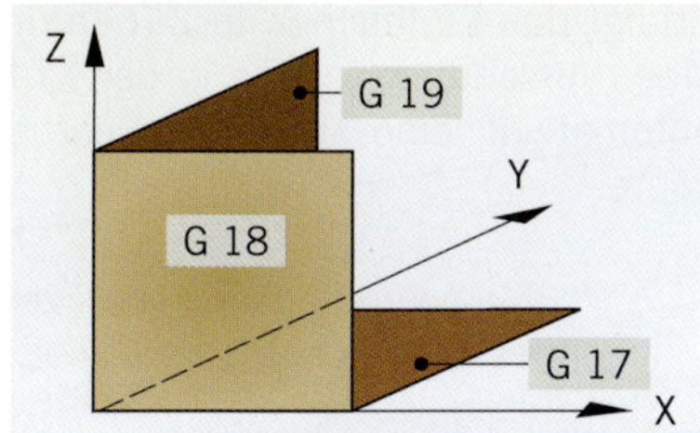

3 Bearbeitungsebenen

4 Fälzen eines Fensterrahmenholzes in der XY-Ebene mit Beschlagtasche in der XZ-Bearbeitungsebene

Ein Richtungswechsel bei Bearbeitungen von hinten oder von rechts wird durch eine Eingabe mit negativem Vorzeichen erreicht.

Werkzeugzustellung *(infeed of tool)*

Taucht das Werkzeug direkt von oben in das Werkstück ein, kann es bei hohen Drehzahlen und geringem Vorschub zu starker Erwärmung kommen.

Um „Brandmarken" am Frässtartpunkt zu vermeiden, muss die **Zustellbewegung** *(infeed movement)* des Werkzeugs zum Werkstück so geplant werden, dass zu jedem Zeitpunkt eine spanende Bearbeitung und keine Reibung erfolgt.

An Nutschaftfräsern (Abb. 5) sind die Messer meist für die Bearbeitung von Kanten und Flächen eingerichtet, nicht aber für Bohrvorgänge von oben.

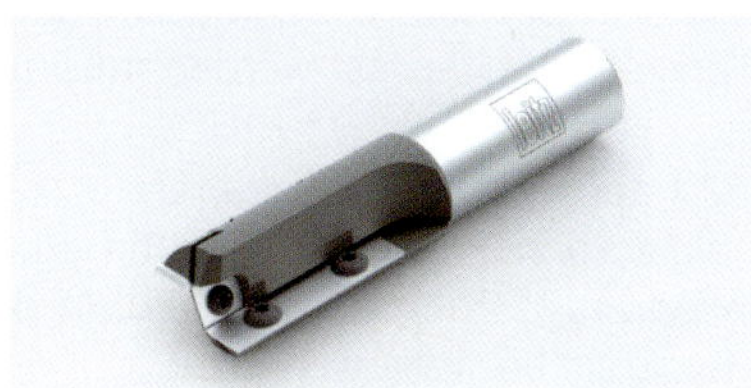
5 Nutschaftfräser

Bei der Bearbeitung von Außenkonturen kann der Nutschaftfräser einfach durch eine zusätzliche geradlinige oder bogenförmige **„Anfahrt"** der Kontur zugestellt werden (S. 118, Abb. 1).

Bei der Bearbeitung von Innenkonturen muss der Nutschaftfräser dagegen von oben (S. 118, Abb. 1) zugestellt werden.

Erfolgt das Eintauchen in Z-Richtung gleichzeitig mit einer Vorschubbewegung in der XY-Ebene, ergibt sich automatisch eine spanende Bearbeitung der Konturkante.

Der Vorgang wird auch als **schräges Anfahren** oder **fliegendes Eintauchen** bezeichnet.

Für das Fräsen der Nut am „Krimskrams-Halter" (S. 115, Abb. 2 bis 4) ist dies nicht nur spanungstechnisch sinnvoll, eine schräge Rampe würde zusätzlich einen interessanten Effekt ergeben.

Das Beenden der Fräsung sollte ebenfalls durch eine entsprechende **„Abfahrt"** (Abb. 1) geplant werden. Auch hier ist eine Bewegung geradlinig, bogenförmig oder fliegend sinnvoll, um das Werkzeug wie bei der Zustellung möglichst schonend aus dem Werkstück zu führen und Kantenausbrüche zu vermeiden.

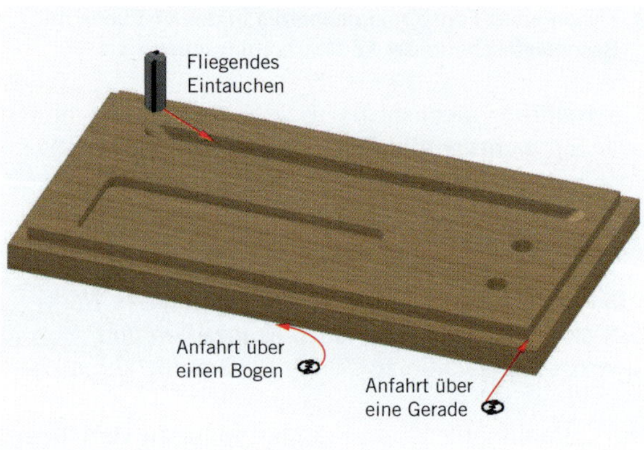

1 An- und Abfahrt eines Fräswerkzeugs

Werkzeugbahnkorrekturen

Beim Programmieren der Wegebedingungen sind die Maßangaben i.d.R. auf die Frästermittelpunktbahn *(milling cutter centre path)* bezogen. Dies bedeutet, dass das Programm bei einem Werkzeugwechsel geändert und auf den Durchmesser des jeweils aktuellen Werkzeugs angepasst werden müsste.

Mit der Werkzeugbahnkorrektur *(correction of tool path)* können die Maßangaben unabhängig vom Werkzeugdurchmesser direkt auf den Schneidenflugkreis bezogen werden.

Entschieden werden muss, ob sich das Werkzeug links oder rechts von der Fräskontur bewegen soll (Tab. 1 und Abb. 2).

Tab. 1 Befehle für Werkzeugbahnkorrekturen

Befehl	Erläuterung
G 40	Aufheben der Werkzeugbahnkorrektur
G 41	Bahnkorrektur links
G 42	Bahnkorrektur rechts

Der Auf- und Abruf der Werkzeugbahnkorrektur erfolgt i.d.R. während der Anfahrt bzw. Abfahrt des Werkzeugs.

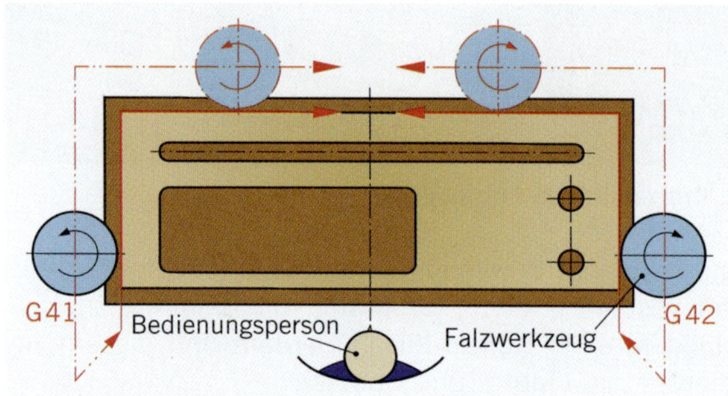

2 Werkzeugbahnkorrekturen

Anpassung der Vorschubgeschwindigkeit

(adaptation of feed speed)

Aufgrund der inhomogenen Werkstoffstruktur von Vollholz und Holzwerkstoffen können sich besonders bei der maschinellen Bearbeitung Ausrisse und Brandflecken bilden. Wesentliche Ursachen hierfür sind ungünstige Drehzahlen und Vorschubgeschwindigkeiten.

Mit speziellen G-Befehlen können Vorschubgeschwindigkeiten bei den Übergängen zu den jeweiligen Bearbeitungsrichtungen angepasst werden (Abb. 3).

Tab. 2 Befehle zur Anpassung der Vorschubgeschwindigkeit

Befehl	Erläuterung
G 60	genau Halt
G 62	Anpassung bei Eckenbearbeitung
G 64	Anpassung bei Konturen

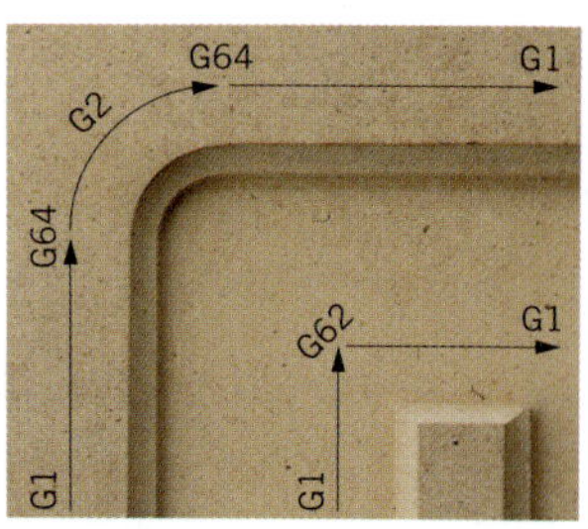

3 Befehle zur Anpassung der Vorschubgeschwindigkeit

Bei den meisten Steuerungen der Bearbeitungszentren erfolgt diese Anpassung automatisch.

Einige G-Befehle werden steuerungsbezogen formuliert, wie z. B. die Befehle für Bohr- und Taschenfräszyklen [▶ 3.2.2] (Abb. 2 und 1).

Technologiebezogene Befehle *(technology related orders)* geben die spanungs- und fertigungstechnischen Bedingungen der Bearbeitung vor.

Zu den spanungs- und fertigungstechnischen Bedingungen gehören die Entscheidungen über
- Vorschubgeschwindigkeit des Werkzeugs,
- Drehzahl der Arbeitsspindel,
- Werkzeugart.

Tabelle 1 zeigt technologiebezogene Befehle.

Tab. 1 Technologiebezogene Befehle

Adresse	Zahlenangabe	Beschreibung
F	in mm/min	Vorschubgeschwindigkeit
S	in 1/min	Drehzahl der Arbeitsspindel
T	Speichernummer	Werkzeugspeicher

Beim Einrichten eines CNC-Bearbeitungszentrums spielen die technischen Daten, wie Maß- oder Drehzahlangaben von Werkzeugen, eine wichtige Rolle. Die Abmessungen der Anschlagebenen und Werkzeuge [▶ 3.1.5] werden als Korrekturdaten, z. B. im Werkzeugspeicher [▶ 3.2.3], abgelegt.

Zusatzbefehle *(additional orders)* sind Anweisungen für verschiedene Funktionen der Werkzeugmaschine.

Das Wort der Zusatzbefehle besteht aus der Adresse M und einer Zahl. Tabelle 2 zeigt einige genormte **M-Befehle** auf.

Tab. 2 Zusatzbefehle

Zusatzbefehl	Bedeutung (nach DIN 66025)
M 0	Programminhalt
M 2	Programmende ohne Rücksetzen
M 3	Werkzeugspindel dreht sich rechtsherum
M 4	Werkzeugspindel dreht sich linksherum
M 5	Spindelhalt
M 6	Werkzeugwechsel
M 30	Programmende mit Rücksprung auf den Programmanfang

An CNC-Bearbeitungszentren werden einige Befehle steuerungsbezogen verwendet, z. B.:
- Zu- und Abschalten der
  - Späneabsaugung,
  - Anschläge und Spannelemente,
  - Beleimaggregate,
- Spiegeln oder Drehen (z. B. Bohr-, Fräsbilder).

3.2.2 Programmarten und Programmteile

CNC-Programme sind aus verschiedenen Programmteilen zusammengesetzt. Dazu gehören
- Hauptprogramme,
- Unterprogramme,
- Zyklen (vom Hersteller programmiert).

Hauptprogramme *(main programmes)* steuern den gesamten Bearbeitungsablauf für ein Werkstück.

Nach DIN 66025 werden Hauptprogramme mit der **Adresse %** und einer Programmnummer gekennzeichnet.

Unterprogramme *(subprogrammes)* sind Kurzprogramme für häufig wiederkehrende Bearbeitungsschritte.

Sie werden in Hauptprogrammen als Programmabschnitte meist mit **L-Befehlen** aufgerufen. Die steuerungsbezogene Kennzeichnung besteht häufig aus der Adresse %SP mit einer Kennzahl.

Zyklen *(cycles)* sind fest programmierte steuerungsbezogene Programmabschnitte, in die nur geometrische Daten eingesetzt werden müssen.

In Programmen werden sie mit **G-Befehlen** aufgerufen. Gebräuchliche Zyklen sind:
- Taschenfräszyklen (Abb. 1),
- Lochreihenbohrzyklen (Abb. 2).

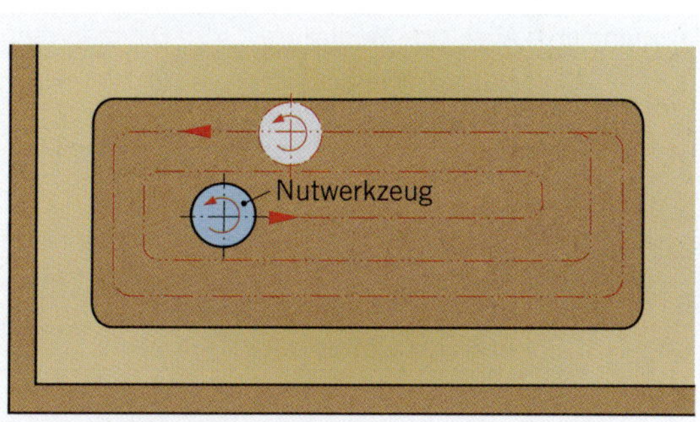

1 Taschenfräszyklus

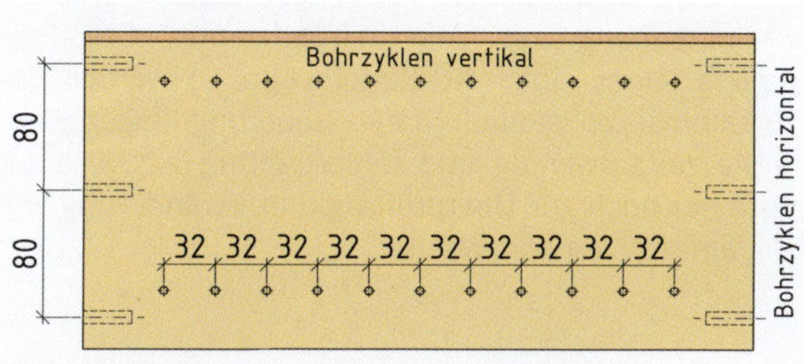

2 Lochreihenbohrzyklen an einer Schrankseite

3.2.3 Programmiersysteme

Bei der Bearbeitung von Vollholz und Holzwerkstoffen an CNC-Bearbeitungszentren werden folgende Programmiersysteme *(programming systems)* nach dem Stand der Technik angewendet:

- DIN-Programmierung,
- WOP-Systeme,
- CAD/CAM-Programmierung.

Für die höchstmögliche **Kompatibilität** *(engl. compatible = vereinbar)* der unterschiedlichen Programmiersysteme werden **Postprozessoren** *(postprocessors)* als Schnittstellen eingesetzt, die die Übersetzung fertigungsbezogener Daten von einer Programmebene zur nächsten möglich machen.

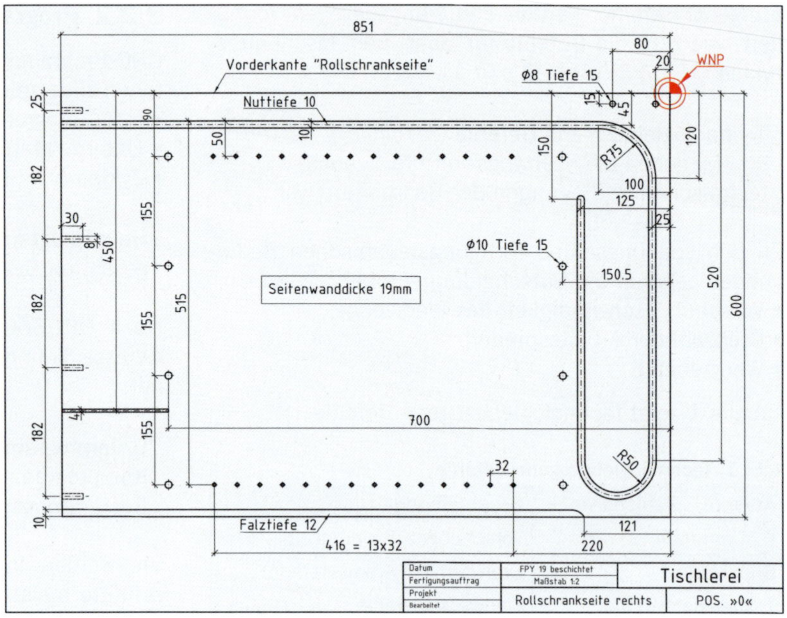

1 Einzelteilzeichnung einer rechten Rollschrankseite

Am Beispiel einer „Rollschrankseite" (Abb. 1 und 2) sollen die unterschiedlichen Programmiersysteme und -abschnitte im Zusammenhang mit den entsprechenden Bearbeitungen an einem CNC-Bearbeitungszentrum gegenübergestellt werden.

2 Am CNC-Bearbeitungszentrum bearbeitete rechte Rollschrankseite

Im **Werkzeugspeicher** werden die für die verschiedenen Bearbeitungen benötigten Werkzeuge zum Aufruf unter der Adresse T *(engl. tool = Werkzeug)* mit einer Kennzahl (Tab. 1) abgelegt.

Tab. 1 Daten für den Werkzeugspeicher

Platznummer	Abgelegte Werkzeuge	Daten in mm
T 1	Nutschaftfräser	⌀ 10
T 2	Falzfräser	⌀ 40
T 3	Nutsäge	B 4
T 4	Bohrer vertikal	⌀ 10
T 5	Bohrer vertikal	⌀ 8
T 6	Bohrer horizontal	⌀ 8
T 80	Bohrerblock vertikal	⌀ 5

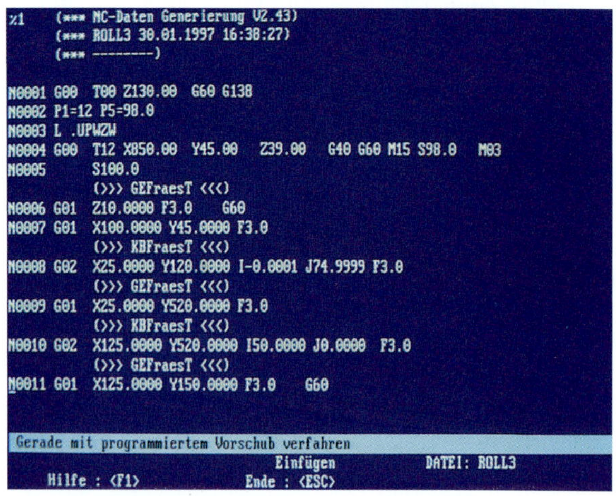

3 Bildschirmmaske eines NC-Editors mit einem Programmabschnitt der rechten Rollschrankseite

DIN-Programmierung

Das Programmieren nach DIN 66025 *(manual programming)* ist die älteste Form. Sie steht im direkten Zusammenhang mit dem Aufbau eines CNC-Programms. Über einen NC-Editor (Abb. 3) werden die Programmsätze manuell in die Steuerung eingegeben. Da sie zeitaufwendig und fehlerträchtig ist, wird sie heute nur noch zur **Überprüfung** und **Veränderung** von Programmsätzen angewendet.

WOP-Systeme

WOP-Systeme *(workshop orientated programming)* sind die am häufigsten angewendeten Systeme an CNC-Bearbeitungszentren.

Sie sind auf die fertigungstechnische Ausstattung des jeweiligen CNC-Bearbeitungszentrums ausgelegt und bedienerfreundlicher als die DIN-Programmierung.

Die Bearbeitung in WOP-Systemen orientiert sich dabei an einzelnen Bausteinen wie Sägen, Bohren und Fräsen, die dialoggesteuert auf der Benutzeroberfläche unter sog. **Makros** abgerufen werden (Abb. 1). Zusätzlich werden im WOP alle maschinenbezogenen Daten, z. B. Fräswerkzeugart, Werkzeugdurchmesser, Vorschubgeschwindigkeit usw. gespeichert.

Die **Generierung** der maschinenlesbaren NC-Programme erfolgt automatisch. Der Vorteil liegt in der schnellen Zusammenstellung unterschiedlicher, standardisierter Anwendungen, die wiederholt aufgerufen und angepasst werden können. Die grafische Oberfläche und die Simulation der Bearbeitung erleichtern zudem die Eingabe. Bausteine, die mit gleichen Bearbeitungen ausgeführt werden, können durch **Hilfsfunktionen** ohne großen Aufwand konvertiert werden.

Am Beispiel der „Rollschrankseite" kann mithilfe einer Spiegelfunktion das WOP der „rechten Schrankseite" (S. 120, Abb. 3) in ein Programm der „linken Seite" (Abb. 1) umgewandelt werden.

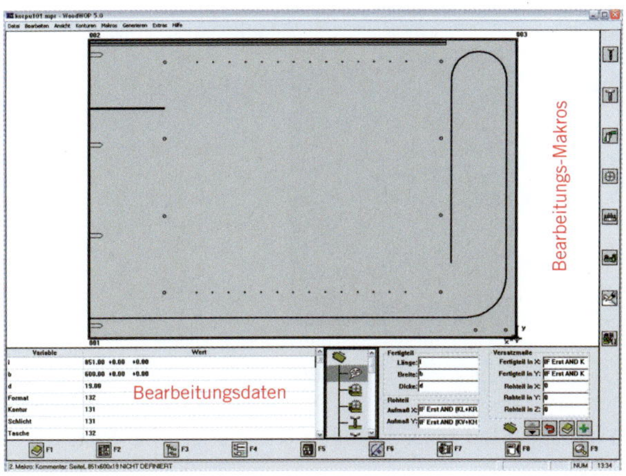

1 Benutzeroberfläche eines WOP-Systems,
Beispiel „linke Rollschrankseite"

CAD/CAM für Einzelfertigung

CAD/CAM-Programme *(computer aided design and computer aided manufacturing programmes)* verbinden Konstruktion und Fertigung.

Nutzer der CNC-Technik planen und konstruieren i. d. R. am Computer. Über das **DXF-Austauschformat** können die Konturinformationen des CAD-Programms übernommen werden. Bei reinen CAD-Daten brauchen die Geometriedaten im WOP nicht neu eingegeben zu werden. Werden Daten an ein CAM-Programm übergeben oder darin erstellt, können die Technologiedaten bereits eingegeben und dargestellt werden.

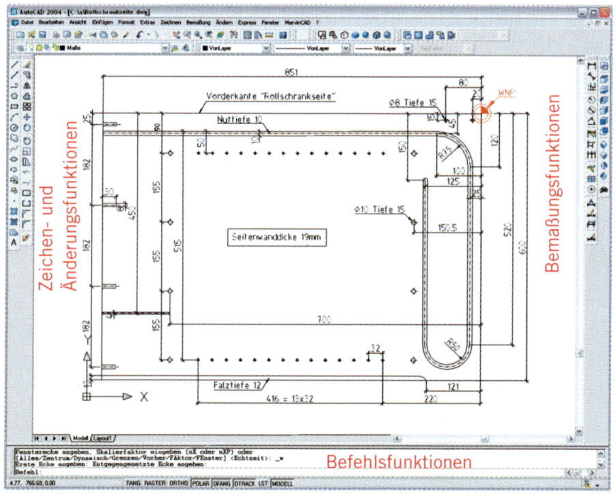

2 Benutzeroberfläche eines CAD/CAM-Programms,
Beispiel „rechte Rollschrankseite"

Ein CAD/CAM-Programm ist für die Bearbeitung geometrisch komplizierter **Fräskonturen** geeignet. Bei dem Verfahren wird zunächst das Werkstück auf dem Bildschirm (Abb. 2) als Einzelteil mit dem CAD-Programm konstruiert. Anschließend werden mit dem CAM-Programm die Bearbeitungen ergänzt und über den Postprozessor zum NC-Programm generiert.

Ein Vorteil der **3-D-Darstellung** ist, das Werkstück als Körper betrachten und überprüfen zu können (Abb. 3).

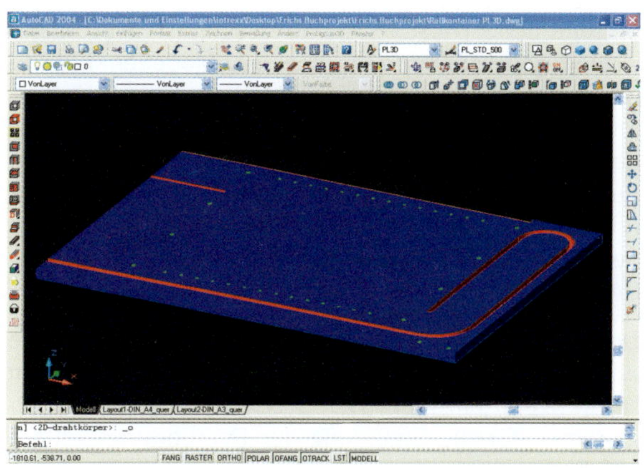

3 3-D-Darstellung eines Einzelteils auf dem Bildschirm,
Beispiel „linke Rollschrankseite"

Die wenigsten CAD/CAM-Programme generieren NC-Programme direkt. Häufiger ist die Anbindung über einen Postprozessor an ein WOP.

3.3 3-D-CAD/CAM-Systeme im Tischlerhandwerk

CNC-Bearbeitungszentren ermöglichen die Zusammenfassung verschiedener Arbeitsgänge wie Bohren, Sägen und Fräsen sowie evtl. auch Beschichten von Bauteilschmalflächen [▶ 3.1.7] an **einer** Maschine, sog. **Komplettbearbeitung** *(complete machining)* [▶ 3.1.2]. Damit werden aufwendige Rüstzeiten und Transportwege reduziert sowie die Fertigungszeit pro Bauteil erheblich verkürzt.

Der Einsatz von Bearbeitungszentren hat auf dieser Grundlage in den letzten zwei Jahrzenten im Holz verarbeitenden Handwerk, insbesondere für Einzelaufträge und Kleinserien, eine immer größere Bedeutung gewonnen.

Die **Wirtschaftlichkeit** dieser recht kostenintensiven Bearbeitungszentren ist aber nur dann gewährleistet, wenn eine effektive Bereitstellung der entsprechenden Fertigungsprogramme *(manufacturing programmes)* sowie der Planungsdaten *(anticipation data)* für den Fertigungsprozess *(process of manufacture)*, z. B. Stücklisten, Barcodes usw., ermöglicht wird.

Aus diesem Grund erfährt auch der Einsatz komplexer 3-D-CAD/CAM-Systeme in vielen produzierenden Betrieben eine immer größere Beachtung.

> Bei entsprechender Qualifikation der Mitarbeiter und Mitarbeiterinnen ermöglichen diese neuen „elektronischen Fertigungstechniken" eine **Prozessoptimierung** von der Konstruktionstätigkeit bis hin zum Fertigungsprozess.

3.3.1 3-D-CAD-Systeme

Mithilfe der 3-D-CAD-Systeme lassen sich z. B. Möbel **virtuell konstruieren**. Aus den 3-D-Modellen können die Einzelteil- und Schnittzeichnungen weitgehend automatisiert abgeleitet werden, ebenso die verschiedensten Stücklisten und Bauteil-Etiketten, je nach Anforderung der Arbeitsvorbereitung. Ein weiterer Anreiz ist die Möglichkeit **fotorealistischer Darstellung** des geplanten 3-D-Objekts auf Basis des jeweiligen CAD-Systems.

Durch den Einsatz ergänzender **CAM-Systeme** ist eine Ableitung und Übergabe von Fertigungsprogrammen [▶ 3.2.3] für ein WOP-System oder direkt von NC-Programmen für die Steuerung der Bearbeitungszentren möglich.

3.3.2 Computergestützte Arbeitsvorbereitung

Um die computergestützte Arbeitsvorbereitung *(computer related work preparation)* zu vervollständigen, kann auch eine Kopplung der CAD/CAM-Systeme mit Branchenprogrammen oder einem Produktionsplanungs- und Steuerungssystem (PPS) erfolgen.

Die für die Holz- und Kunststoffverarbeitung angebotenen CAD/CAM-Systeme sind objektiv nur schwer miteinander vergleichbar. Der Grund liegt in der unterschiedlichen Arbeitsweise der Programme.

Grundsätzlich können zwei CAD-Systeme unterschieden werden.

- Das eine basiert auf einer Datenbank *(data base)*, in der ein Regelwerk für die Konstruktion von Bauteilen und Möbeln hinterlegt wird.
- Das andere setzt eine jeweilige zeichnerische Neukonstruktion – Modellierung – voraus, die um die notwendigen Eigenschaften für die weitere Planung ergänzt werden muss.

Es können durchaus auch Mischformen existieren.

Datenbankorientierte CAD-Systeme
Bei datenbankorientierten CAD-Systemen *(database related CAD systems)* wird z. B. ein Möbel i. d. R. über **vorstrukturierte Konstruktionsverfahren** weitgehend automatisiert entworfen (Abb. 1). Eine solche Struktur setzt voraus, dass der Hersteller die jeweiligen Konstruktionsprinzipien in ihren wesentlichen Bestandteilen vorgedacht und im Programm hinterlegt hat. Auf dieser Basis kann ein Anwender einen Konstruktionstyp bis ins Detail festlegen. Die gewünschten Werkstoffe und Beschläge sind dabei über entsprechende **Bibliotheken** verfügbar.

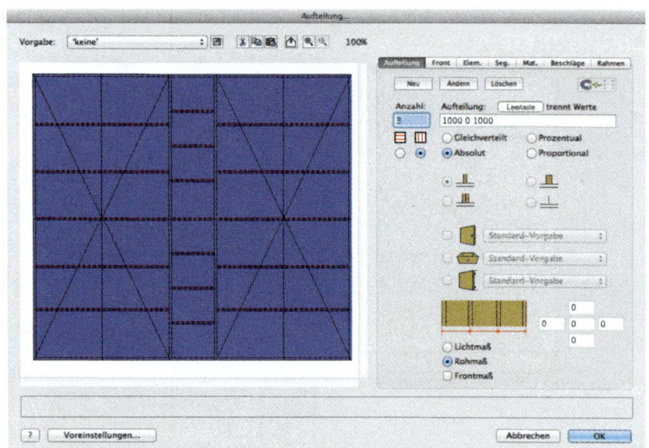

1 Dialogmaske eines datenbankorientierten CAD-Systems

Darüber hinaus stehen bei diesen CAD-Systemen i. d. R. die dreidimensionalen Bauteile als Seiten, Böden usw. zueinander in konstruktiver Abhängigkeit. Damit wird ein entsprechender Möbelentwurf weitgehend praxisnah aufgebaut. Auf diese Weise kann ein vom Anwender festgelegter Konstruktionstyp anschließend in seinen Maßen sehr schnell **variiert** werden (S. 124, Abb. 1). Die datenbankorientierten CAD-Systeme setzen aber meistens eine wiederholbare Konstruktion voraus und erfordern einen beträchtlichen Aufwand für eine grundlegende **Datenpflege.**

3.3.6 CAD/CAM-Fertigungsprinzipien

(CAD/CAM manufacturing principles)

1 Konstruktion und Eckverbindungen eines zerlegbaren Kleinmöbels

Bei der Überführung der CAD-Modelle in Bearbeitungsprogramme (WOP- oder NC-Programme) für ein Bearbeitungszentrum muss frühzeitig geklärt werden, wie und unter welchen Bedingungen die Fertigung erfolgen soll.

Zunächst stellt die Konstruktion des Bauteils eigene Anforderungen an die Art und Reihenfolge der Bearbeitungen. Zusätzlich sind in Abhängigkeit zur maschinellen Ausstattung des Tischlerbetriebs verschiedene Arbeitsweisen denkbar. Auch Kriterien einer möglichst ökonomischen Fertigung (z. B. Einsparung von Wegen und manuellen Zugriffen auf Bauteile) haben Einfluss auf die Fertigungsschritte.

Die Fertigungsschritte sowie ihre Abfolge sind u. a. abhängig von den zu bearbeitenden Werkstoffen und von den Entscheidungen:

- Erhalten die Holzwerkstoffe Kanten?
- Wo und wie werden die Bauteile formatiert: am Bearbeitungszentrum oder an der Plattensäge?
- Wann werden die Kanten angeleimt: vor dem Formatieren oder danach?

Die zu treffenden Entscheidungen haben verschiedene mögliche **Fertigungsprinzipien** zur Folge. Für eine automatische Überführung der CAD-Modelle in Bearbeitungsanweisungen für ein Bearbeitungszentrum muss dies berücksichtigt werden.

Je nach Fertigungsprinzip wird ein spezifisches Fertigungsprogramm für das Bearbeitungszentrum erzeugt. In diesem sind die Anweisungen und Koordinaten für die einzelnen Bearbeitungen entsprechend angepasst.

Beispiel: Fertigung eines Unterbodens

Im Folgenden werden verschiedene Fertigungsprinzipien am Beispiel des Unterbodens für das abgebildete Kleinmöbel (Abb. 1 und 2) erläutert.

Dieser Unterboden erhält vorn eine 2 mm dicke Kante und muss sowohl auf der Unterseite als auch auf der Oberseite bearbeitet werden.

Auf seiner Unterseite benötigt er Vertikalbohrungen für die Sockelblende. Diese sollen in unserem Beispiel zuerst erzeugt werden.

Für die Fertigungsschritte auf dem Bearbeitungszentrum sind je nach gewähltem Fertigungsprinzip folgende Möglichkeiten der Positionierung des Bauteils und der sich daraus ergebenden Koordinaten für die Bearbeitungen zu berücksichtigen.

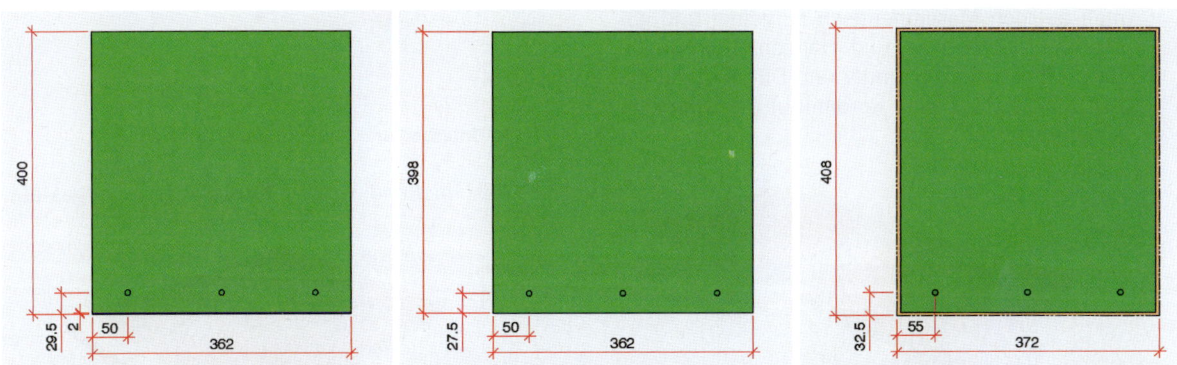

a) Unterboden mit Kante *(= Fertigmaß)*

Fertigungsprinzip (1)

b) Unterboden ohne Kante *(= Rohmaß)*

Fertigungsprinzip (2)

c) Unterboden ohne Kante *(= Rohmaß)* mit 5 mm Zugabe pro Kante *(= Zuschnittmaß)*

Fertigungsprinzip (3)

2 Fertigungsprinzipien des Unterbodens eines zerlegbaren Kleinmöbels

Fertigungsprinzip (1)
für fertig beschichtete Holzwerkstoffe

(1.1) Die beschichteten Platten werden an der Plattenaufteilsäge auf **Rohmaß** geschnitten. Anschließend werden die **Kanten** (Abb. 1) angeklebt. Der Unterboden hat damit sein **Fertigmaß** für die Folgebearbeitungen.

1 Unterboden – Fertigungsschritt (1.1)

(1.2) Der Unterboden wird in seinem Fertigmaß **ohne Bezugspunktverschiebung** *(shift of reference point)* auf den Maschinentisch des Bearbeitungszentrums aufgelegt und gespannt (Abb. 2). Anschließend werden die Vertikalbohrungen eingebracht.

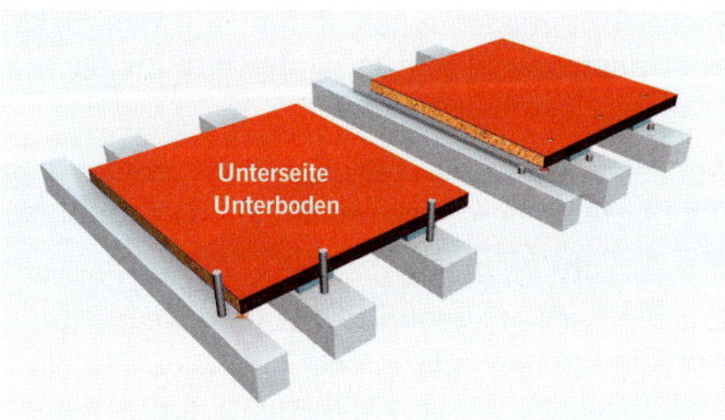

2 Unterboden – Fertigungsschritt (1.2)

(1.3) Der Unterboden wird von der Unterseite zur Oberseite **umgeschlagen** und in seinem Fertigmaß auf den Maschinentisch aufgelegt und gespannt. Die Vertikal- und Horizontalbohrungen für die Korpuseckverbinder und Dübel sowie die Nut für die Rückwand werden auf der **Oberseite** eingebracht (Abb. 3).

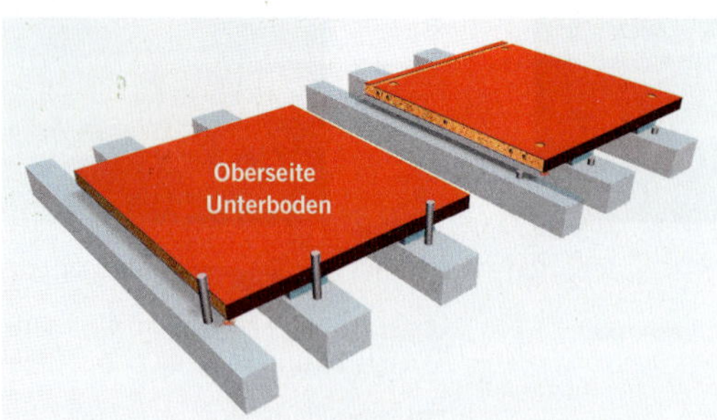

3 Unterboden – Fertigungsschritt (1.3)

Fertigungsprinzip (2)
für fertig beschichtete Holzwerkstoffe

(2.1) Die beschichtete Platte wird an der Plattenaufteilsäge auf **Rohmaß** geschnitten. Anschließend wird der Unterboden im Rohmaß – ohne Kanten – am Bearbeitungszentrum weiter bearbeitet. Dazu werden zunächst die Vertikalbohrungen auf der Unterseite eingebracht (Abb. 4). Die **Y-Koordinaten** der Bohrungen sind im Gegensatz zum Fertigungsprinzip 1 hierbei um 2 mm **verringert**, da die Kantendicke abgezogen wird.

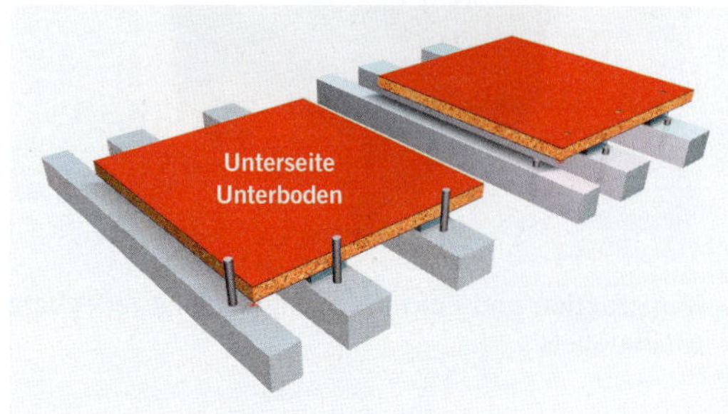

4 Unterboden – Fertigungsschritt (2.1)

(2.2) Der Unterboden wird **umgeschlagen** und in seinem Rohmaß **ohne Bezugspunktverschiebung** auf den Maschinentisch aufgelegt und gespannt. Die Vertikal- und Horizontalbohrungen für die Korpuseckverbinder und Dübel sowie die Rückwandnut werden auf der **Oberseite** eingebracht (Abb. 5). Auch hier sind die **Y-Koordinaten** der Bearbeitungen im Gegensatz zum Fertigungsprinzip 1 um 2 mm **verringert.**

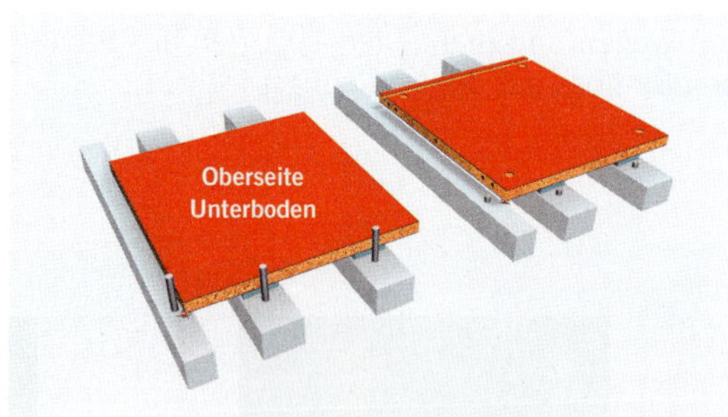

5 Unterboden – Fertigungsschritt (2.2)

(2.3) Abschließend wird die **Kante** (Abb. 6) angeklebt.

6 Unterboden – Fertigungsschritt (2.3)

Fertigungsprinzip (3)
für fertig beschichtete Holzwerkstoffe

(3.1) Die beschichtete Platte wird an der Plattenaufteilsäge auf **Zuschnittmaß** *(cutting dimension)* – Rohmaß + 5 mm (Kante dunkel dargestellt) – geschnitten. Da die Güte dieses Zuschnitts nicht immer optimal ist, wird der Unterboden anschließend am Bearbeitungszentrum auf sein **Rohmaß** formatiert *(formatted raw dimension)* (Abb. 1). Im gleichen Aufspannvorgang werden auch die Vertikalbohrungen an der **Unterseite** eingebracht.

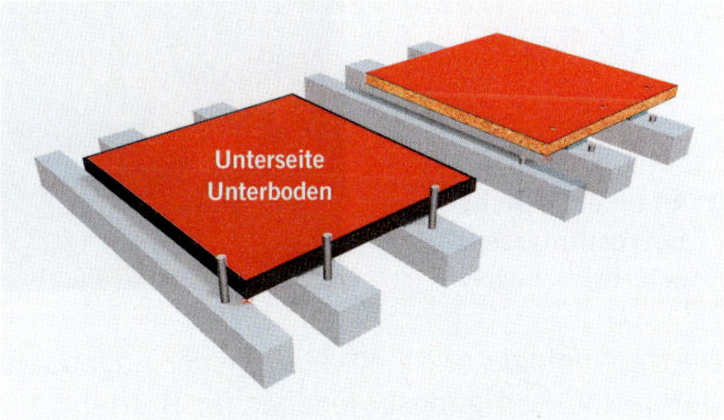

1 Unterboden – Fertigungsschritt (3.1)

(3.2) Der Unterboden wird **umgeschlagen** und in seinem Rohmaß **ohne Bezugspunktverschiebung** auf den Maschinentisch aufgelegt und gespannt. Die Vertikal- und Horizontalbohrungen für die Korpuseckverbinder *(corner joints of corpus)* und die Dübel sowie die Rückwandnut werden auf der **Oberseite** eingebracht (Abb. 2).

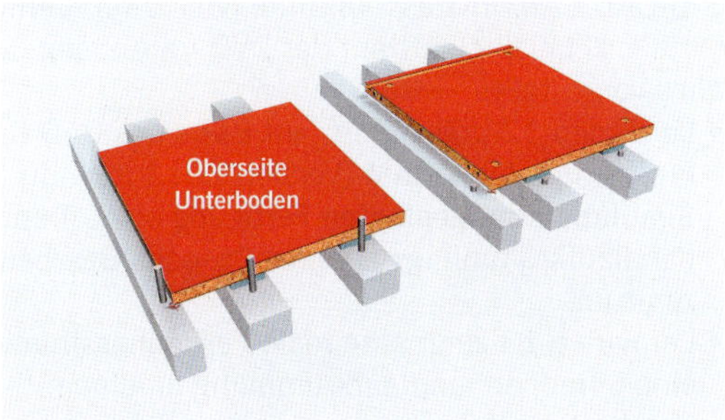

2 Unterboden – Fertigungsschritt (3.2)

(3.3) Abschließend wird die **Kante** *(edge)* (Abb. 3) angeklebt.

3 Unterboden – Fertigungsschritt (3.3)

Fertigungsprinzip (4)
für eigens zu beschichtende Holzwerkstoffe

(4.1) Die Trägerplatte wird an der Plattenaufteilsäge auf **Rohmaß** geschnitten. Anschließend wird sie mit einem **Vollholzanleimer** sowie mit einer Furnier- oder HPL-**Beschichtung** versehen (Abb. 4).

4 Unterboden – Fertigungsschritt (4.1)

(4.2) Die Platte wird mit überstehender Beschichtung mithilfe einer Lehre, für eine **genaue Bezugspunktverschiebung**, auf dem Bearbeitungszentrum positioniert und gespannt. Anschließend kann sie auf **Fertigmaß** formatiert werden und die Bohrungen der Bauteilunterseite erhalten (Abb. 5).

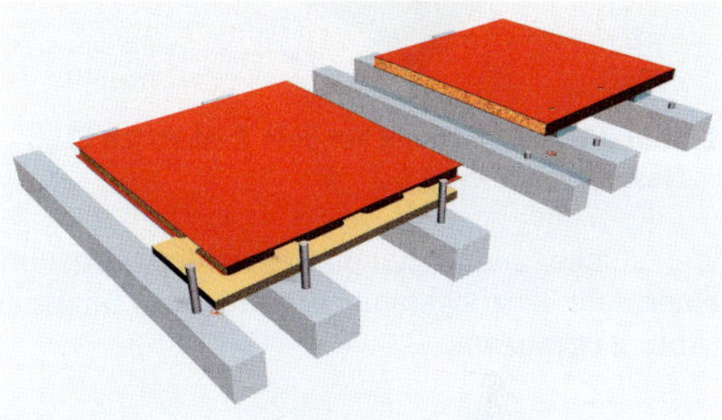

5 Unterboden – Fertigungsschritt (4.2)

(4.3) Der Unterboden wird **umgeschlagen** und in seinem Fertigmaß **ohne Bezugspunktverschiebung** auf den Maschinentisch aufgelegt und gespannt. Die Vertikal- und Horizontalbohrungen für die Korpuseckverbinder und die Dübel sowie die Rückwandnut werden auf der **Oberseite** des Unterbodens eingebracht (Abb. 6).

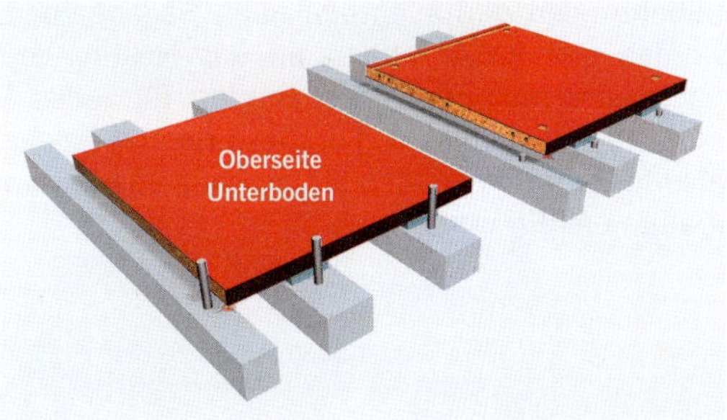

6 Unterboden – Fertigungsschritt (4.3)

3.3.7 Nesting-Verfahren

Mit dem Nesting-Verfahren *(engl. nesting = Verschachtelung)* können Werkstücke von gleicher Dicke und Werkstoffbeschaffenheit in **einem** Aufspannvorgang aus einer Platte gefräst werden. Die Werkstücke werden dabei mithilfe der CAD/CAM-Software automatisch ineinander „verschachtelt". Durch diese Form der **Verschnittoptimierung** wird eine höhere Materialausbeute erreicht.

Als Unterlage wird für die Platte bzw. die Werkstücke eine **Verschleißplatte**, auch **Schonplatte** genannt, aus MDF benötigt, die auf einen Rastertisch [▶ 3.1.3] (Abb. 1) aufgelegt wird.

1 Werkstückaufspannung auf dem Rastertisch beim Nesting-Verfahren

Werkstücke und Schonplatte werden dabei mithilfe einer sehr leistungsfähigen Unterdrucksaugspannung (Abb. 2) gespannt.

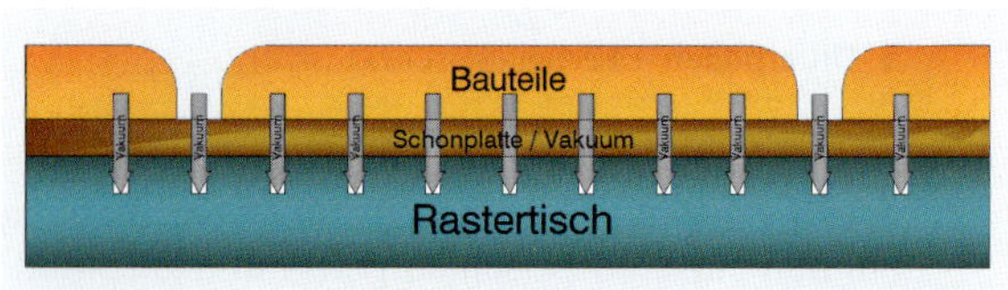

2 Spannprinzip beim Nesting-Verfahren

Die Bearbeitungen beim „Nesten" sind i. d. R. auf **vertikale Fräs- und Bohrbearbeitungen** begrenzt. Horizontalbohrungen und eventuell auch Sägebearbeitungen werden erst im Anschluss an das Nesting-Verfahren nach einer erneuten Aufspannung für jedes Einzel-Werkstück eingebracht. Für diese Bearbeitungen muss also für jedes Werkstück ein eigenes Bearbeitungsprogramm erstellt werden.

3.3.8 CAD/CAM für die 5-Achs-Bearbeitung

Aktuell nimmt die Nachfrage nach CNC-Bearbeitungszentren mit den Möglichkeiten der 5-Achs-Bearbeitung (Abb. 3) stetig zu.

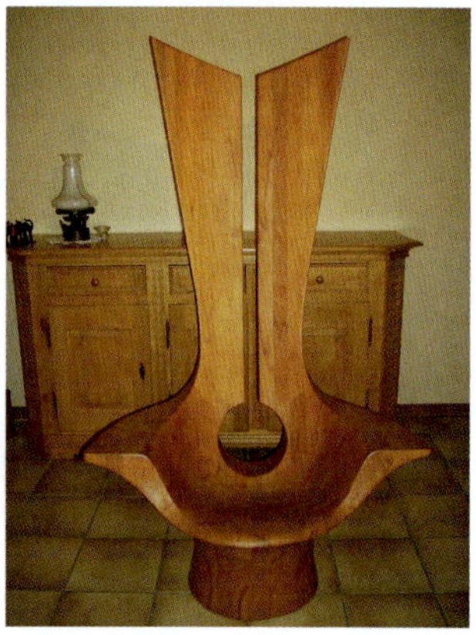

3 An einem 5-Achs-Bearbeitungszentrum gefertigter Sessel

Die Technologie eröffnet viele, bisher ungenutzte Entwurfs- und Fertigungspotenziale für Betriebe.

Damit steigen aber sowohl die Anforderungen an die „elektronischen Werkzeugmaschinen" als auch an die notwendige Qualifikation der betrieblichen Mitarbeiter/-innen.

Die Erstellung der Fertigungsprogramme für eine 5-Achs-Bearbeitung ist jedoch nur mit einem entsprechenden CAD/CAM-System möglich.

Zur Einführung in die 5-Achs-Bearbeitung wird der 3-D-CAD/CAM-Prozess mithilfe von zwei **Lernvideos** [▶ 3.3.4] beispielhaft auf der DVD im Anhang des Buches vorgestellt:

- Lernvideo 12 präsentiert, auf Basis des CAD/CAM-Programms **AlphaCAM** [Version 2012 R2], die **Simulation** der **geplanten Fertigung** eines Treppenhandlaufkrümmlings an einem 5-Achs-Bearbeitungszentrum.
- Lernvideo 13 zeigt eine **reale Fertigungssituation** für einen Treppenhandlaufkrümmling an einem 5-Achs-Bearbeitungszentrum.

Aufgaben zu 3.1

1. Vernichtet die CNC-Technologie Arbeitsplätze? Gehen damit unsere Tischlertraditionen verloren? Erstellen Sie eine Mind-Map mit den Vorteilen für den Betrieb und den Gefahren für das Handwerk.
2. Ihre Unternehmensleitung will ein neues CNC-Bearbeitungszentrum anschaffen. Beraten Sie sie über die Vorteile der verschiedenen Maschinenbauarten.
3. Brauchen Sie eine 3-, 4- oder 5-Achs-Maschine? Unterscheiden Sie die drei Maschinentypen, indem Sie die dafür typischen Bearbeitungen beschreiben.
4. Erläutern Sie die unterschiedlichen Ausführungen der Werkzeugmagazine.
5. Welche Spannelemente für Werkstücke werden angewendet und was sind die Unterschiede?
6. Erläutern Sie die Unterschiede der Werkzeugspannsysteme.
7. Beschreiben Sie die unterschiedlichen Bezugsebenen und Koordinatenachsen am Bearbeitungszentrum.
8. Das zur Verfügung stehende Bearbeitungszentrum verfügt über ein inkrementales Wegemesssystem. Muss diese Maschine zunächst eine Referenzfahrt ausführen? Begründen Sie Ihre Antwort.

Aufgaben zu 3.2

9. Welche Unterschiede bestehen zwischen einem WOP und einem CAD/CAM-Programm?
10. Beschreiben Sie die drei An- und Abfahrsituationen für das Werkzeug. In welchen Situationen setzen Sie diese ein?
11. Ist es sinnvoll, ein CNC-Programm mit der Mittelpunktsbahn zu schreiben?

Aufgaben zu 3.3

12. Erläutern Sie, was unter dem Nesting-Verfahren zu verstehen ist.
13. Bestimmen Sie die X- und Y-Koordinaten der Horizontal- und Vertikalbohrungen der linken unteren Ecke des Unterbodens für die zweite Bearbeitung der jeweiligen Fertigungsprinzipien des unten abgebildeten Bodens.

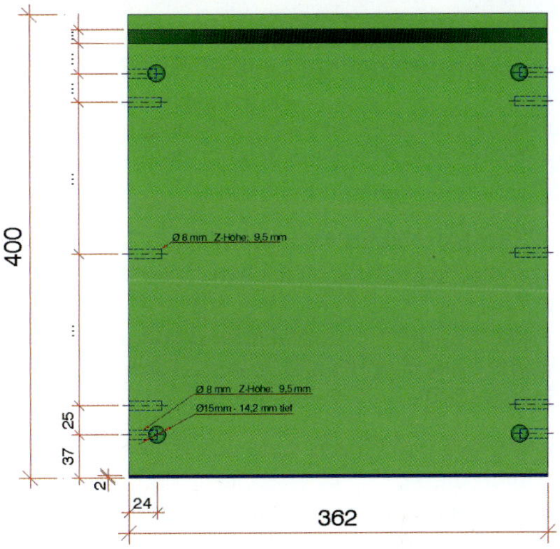

English Tasks

14. Give examples for the application of CNC-technology concerning wood and plastic processing.
15. Describe controllable elements and functions of a CNC-machining centre.
16. Name tools used by CNC-machining centres.
17. Describe different reference planes applied by a CNC-machining centre.
18. Describe the structure and different commands of a CNC-program as defined by DIN.

4 Stilgeschichte

4.1 Entwicklung und Hintergründe

Der Begriff **Stil** *(style)* geht auf stilus – *lat. Stift, Griffel,* im übertragenen Sinn *„Ausdrucksform"* – zurück.

Das **Tischlerhandwerk** in Europa hat eine jahrhundertelange Entwicklung bis zum heutigen Stand der Fertigkeiten, Techniken und Gestaltungsideen gemacht. Diese Entwicklung ist ablesbar an Produkten wie den Möbeln der jeweiligen Epochen.

Die **Kunstgeschichte** *(art history)* zeigt die Veränderungen der Objekte, die Menschen bewusst gestaltet haben:
- in der Architektur *(architecture)* und im Möbelbau,
- in der bildenden Kunst *(fine arts)* sowie
- in der Musik und der Mode *(fashion)*.

Hierbei gab und gibt es viele unterschiedliche **Einflüsse** durch die
- Auftraggeber *(client)* mit ihrer Bildung, ihren Wünschen und wirtschaftlichen Möglichkeiten,
- Tischler, Architekten und Gestalter mit ihrer Bildung, ihren fachlichen Kenntnissen und Fähigkeiten,
- konstruktiven und technischen, also auch handwerklichen Möglichkeiten der jeweiligen Epoche,
- zur Verfügung stehenden Werkstoffe,
- Funktion und den vorherrschenden Stil mit ihrem Einfluss auf Auftraggeber und Gestalter.

Die Formensprache der Möbel folgt häufig der der gebauten Architektur.

4.2 Stilepochen

Die Stilepochen *(stylistic era)* können zeitlich nicht allgemein genau angegeben werden, weil an unterschiedlichen Orten die Entwicklung unterschiedlich voranging. So wurde in Norddeutschland die gotische Kirche St. Marien in Lübeck um 1440 (Abb. 1) fertig gestellt, während in Italien um 1300 mit dem Bau des Domes von Florenz (Abb. 2) begonnen wurde, der der Renaissance zuzurechnen ist.

1 St. Marien in Lübeck (15. Jh.)

2 Dom in Florenz (14. Jh.)

Es gab immer schon Auftraggeber, die zwar moderne Technik, aber ältere Stilelemente und Zierformen wünschten.

Unter diesen Vorbehalten und mit Überschneidungen folgt eine ungefähre zeitliche Eingrenzung der **Epochen** *(epochs)* in Europa seit der Spätantike:

900–1250	Romanik *(Romanesque)*
1250–1500	Gotik *(Gothic)*
1400–1650	Renaissance *(Renaissance)*
1650–1780	Barock *(Baroque)*
1730–1780	Rokoko, „Zopfstil" *(Rococo)*
1750–1830	Klassizismus, Empire *(Neo-classicism, Empire)*
1820–1860	Biedermeier *(Biedermeier)*
1840–1900	Historismus *(historicism)*
1900–1910	Jugendstil *(Jugendstil, Art Nouveaux)*
seit 1910	Moderne *(Modernism)* (z. B. Bauhaus, z. B. Funktionalismus wie Deutscher Werkbund) Zeit nach dem 2. Weltkrieg

4.2.1 Romanik

Bauten *(buildings)*
Burgen *(castles)*, Klöster *(monasteries)* (S. 131, Abb. 1) und hölzerne Wohnhäuser *(residential houses)* haben noch keine Glasfenster, als Heizung nur offene, tragbare eiserne Kohlebecken.

1 Stiftskirche St. Paul in Worms (11. Jh.)

Möbel

Truhen *(chest)* (Abb. 2) als Universalmöbel zur Aufbewahrung *(storage)* von Gegenständen aller Art, bisweilen aus einem Stamm *(log)* geschlagen, Thron (Kastensitz oder Pfostenstuhl mit derb gedrechselten Stollen), Faltstuhl *(folding chair)* mit Ledersitz, Bett, Tisch, Bank *(bench)*, Schreibpult *(desk)* in Klöstern; die Einrichtung ist insgesamt karg.

2 Romanische Truhe (Schweiz, 12. Jh.) **mit den aus der Architektur übernommenen Motiven Rundbogen und Rosetten**

Die Möbel sind ursprünglich „mobil", also beweglich und gut von Burg zu Burg zu bringen. Der Tisch zum Beispiel besteht aus einer Platte *(board)*. Diese wurde zunächst auf Böcke *(trestle)* nur aufgelegt, und nach dem Speisen „hob man die Tafel auf".

Werkzeuge

Kein Hobel, keine Sägewerke, Bretter werden mit Äxten *(axes)* aus Stämmen gespalten. Daher sind nur grobe Zimmermannskonstruktionen möglich. Stollenkonstruktion, Kerbschnitzereien und Schnitzereien, die Architekturformen nachahmen, wie Bögen *(arches)* oder Säulen *(columns)*. Der „Tischler" ist als eigenständiger Beruf noch unbekannt.

3 Truhe aus Eichenholz, mit Eisenbändern armiert, einige Bänder bilden zugleich die Scharniere (Eiderstedt, um 1300)

Es gibt keine geleimten Breitenverbindungen, da Leim noch unbekannt ist; breite Brettflächen werden von geschmiedeten Bändern *(forged bands)* (Abb. 3) zusammengehalten.

4.2.2 Gotik

Architektur

Das wichtigste Bauwerk einer Stadt ist die Kirche. Die jetzt steinernen bürgerlichen Wohnhäuser haben verglaste *(glazed)* Fenster, außerdem Kamine *(fireplace)* und Kachelöfen *(tiled stove)*, was mehr Wohnkomfort und die Entwicklung eines Wohnstils ermöglicht.

Werkzeuge

In der weiteren Entwicklung spalten sich Tischler/Schreiner *(cabinet-maker)* als Beruf von den Zimmerleuten *(carpenter)* ab und betreiben eigene Werkstätten.

Um 1320 entsteht die erste Sägemühle *(sawmill)*. Bretter können jetzt in beliebigen, gleichbleibenden Dicken mit der Gattersäge *(gang saw)* geschnitten werden. Es gibt jetzt neben Zirkel, Stechbeitel und Bohrwerkzeugen den Hobel, auch Profilhobel und Handsägen sind bekannt.

Verbindungen

Gleichmäßig gesägte Bretter und die Werkzeuge machen neue Konstruktionen und andere Gestaltung möglich; Rahmen *(frames)* und Füllungen *(panels)*, Stollen und Rahmen, die das Arbeiten des Holzes *(wood movement)* berücksichtigen. Größere Flächen können gefertigt werden.

Weitere Holzverbindungen wie Zinken *(dovetail joint)*, Grate *(dovetail housings)*, Schlitz und Zapfen *(bridle joint)*, Nut und Feder *(loose-tongue-and-groove joint)*, Dübel (Holznagel) *(dowel (treenail)* sowie einfaches Furnieren werden entwickelt. Voraussetzung ist die Entwicklung von Glutinleim *(animal glue)* aus Tierhäuten und Pergamentresten.

Bei allen Möbeln häufig verwendetes Ornament: Maßwerk *(tracery)* aus der Kirchenarchitektur (Abb. 1).

1 Stollentruhe mit architektonischer Gliederung (Lüneburg, 2. Hälfte 15. Jh.)

Möbel
Noch immer Truhen, aber aufwendiger mit vorspringendem Sockel *(pedestal)*, oft reich geschnitzte *(carved)*

2 Schrank wie aus zwei Truhen (Südtirol, um 1460)

3 Kastentisch und Scherenstuhl (Fuggerstube in Schloss Tratzberg)

Füllungen; jetzt auch Schränke, die wie zwei Truhen übereinander anmuten (Abb. 2), kleine Türen in Rahmen-Konstruktion; Baldachin- der Kastenbetten; Scherenstuhl, Stühle in Stollen-Rahmen-Konstruktion, ohne Polsterung *(upholstery)*; Weiterentwicklung des Tischs wegen mehr sitzender Tätigkeit: Wangentisch mit Gratleisten, oft Trittbretter, später Kastentische mit aufklappbarer Platte und Schubkästen (Abb. 3).

4.2.3 Renaissance

Renaissance heißt „Wiedergeburt" *(rebirth)*: man orientiert sich an römisch-antiken Vorbildern, die in Italien noch vorhanden sind.

Handel und Gewerbe wachsen, Bürger werden mächtiger. Die Hanse wird gegründet, reiche Handelsfamilien wie die Fugger in Augsburg gewinnen Einfluss und Selbstbewusstsein. Erfindungen (Buchdruck *(printing)*) und Entdeckungen (Amerika) werden gemacht. Das Denken der Menschen wird von der Kirche (Luther, Kopernikus, Galilei) unabhängiger.

Architektur
Rustika-Mauerwerk (Abb. 4) im Sockelbereich und an Rundbögen, Säulen, Giebelfassaden mit Sprenggiebeln, Voluten, Kugeln. Ornamente wie Eierstab, Zahnschnitt, Triglyphen; Balustraden.

4 Rathaus in Celle (1579 vollendet)

Möbel
Architekturimitationen sind typisch. Möbelarten sind die Gleichen wie in der Gotik, die Ornamentdetails ändern sich. Gestaltungselemente und deren Anordnung (S. 133, Abb. 1) stammen aus der Architektur: Schrankfronten wie Palastfassaden, antike Architekturornamente als reiner, sinnentleerter Schmuck. Perspektivische Raumbilder als Marketerien oder Intarsien. Viel Reliefschnitzerei *(style)* in der Spätrenaissance auf Möbelfronten: Medaillons, Ranken, allegorische Figuren.

1 Neapolitanischer Kabinettschrank mit Fassadenarchitektur (um 1600)

Konstruktionen

Im Wesentlichen Rahmenkonstruktionen. Größere Flächen werden furniert oder mit Marketerien bzw. Intarsien *(marquetry, inlay)* versehen (Abb. 2).

4.2.4 Barock

Das Selbstbewusstsein der Fürsten wächst sich seit Mitte des 17. Jahrhunderts zu extremem Repräsentationsbedürfnis aus, besonders in Frankreich (absolutes Königtum, Ludwig XIV., Schloss Versailles als Vorbild).

2 Der Spiegelsaal im Schloss Versailles bei Paris (1624/1682)

Das Repräsentationsbedürfnis auch bei Bürgern und Kirche ist wichtiges Motiv für Architektur, Möbel, Lebensführung. Die Auftraggeber haben gesteigerte Ansprüche, die technischen Möglichkeiten und Fertigkeiten in Bau- und Kunsthandwerk werden vervollkommnet.

Architektur

Formal: Symmetrie der Baukörper, Fassadengliederung durch Säulen über die gesamte Gebäudehöhe, nicht mehr nur Stockwerkshöhe; Mittel- und Eckrisalite, Mansarddach (nach dem Baumeister Ludwigs XIV. so genannt); üppige Portalanlagen; Zwiebeltürme, bes. bei süddeutschen Kirchbauten.

Möbel und Innenräume

Repräsentationsaufgaben wachsen, zu gestalten sind daher Thronsäle, Festsäle, Galerien, Treppenhäuser. Das Bürgertum versucht sich im Rahmen seiner Möglichkeiten anzupassen; in reichen Kaufmannsstädten (Hamburg, Lübeck, Frankfurt, Köln, Basel) entstanden z. B. Schränke *(wardrobe)* von bodenständigem Prunk: Hamburger/Danziger Schapp (Abb. 4), Frankfurter Schrank.

3 Danziger Schapp, furniert, intarsiert und geschnitzt (Anfang 18. Jh.)

Die **Kommode** *(chest of drawers)*, aus der Truhe entwickelt, hat zumeist zwei oder drei Schubkästen, keine Türen. In Frankreich reich mit Marketerien versehen (Boulle). Sitzmöbel: Sessel *(arm chair)* mit großer Rückenlehne *(back rest)*, gepolstert und mit Gobelin oder Stickerei bezogen, häufig mit Fransen versehen; Stollenfüße mit oft gekreuzten Stegen, Verbindung der Rückenlehne mit vorderen Stollen durch geschwungene Armlehnen, häufig mit Voluten. Tische: rücken auch als Konsoltische (S. 134, Abb. 1) an die Wand.

1 Konsoltisch aus Frankreich (um 1715)

Konstruktionen

Neben Plattenkonstruktionen und Absperrtechnik werden alle heute bekannten Techniken bereits beherrscht. Furnier- und Intarsienarbeiten verbergen jedoch die Konstruktion mit kostbaren Werkstoffen wie teuren Hölzern, z. B. Palisander, Ebenholz, Rosenholz, aber auch Perlmutt *(mother of pearl)*, Elfenbein *(ivory)*, Schildpatt *(tortoiseshell)*, Metallen – „Boulle-Technik" – (Abb. 2) sowie Schnitzerei. Beliebt sind auch reine Lackoberflächen nach chinesischen Vorbildern.

2 Schrank von André-Charles Boulle mit Marketerien in Metall (ca. 1700)

Ornamente

Bandel-, Ranken-, volutenartiges Rollwerk wie bei Stuck. Breit gegliederte Profile mit Verkröpfungen.

4.2.5 Rokoko

Wahrscheinlich als Reaktion auf das steife, repräsentative Hochbarock ist die Lebensart beim Adel jetzt lebensfroh, oberflächlich, höfisch verfeinert und wird auch vom Bürgertum übernommen. Theater, Bälle, Hang zu Romantik in Literatur und Musik (Haydn, Mozart) kommen in Mode.

Architektur

Rokoko-Typisches v. a. in der Innenarchitektur; die Linien sind eleganter, leichter, geschwungener als im Hochbarock: das Muschelwerkdekor (*frz. Rocaille, „Rokoko"*) ist zentrales Ornament der Zeit (Abb. 3), der Stuckateur *(plasterer)* wichtigster Handwerker, neben Stuck auch für Stuckmarmor und Vergoldungen. Deckenfresken mit Illusionsmalerei schmücken Kirchen; Wieskirche (Abb. 4), Ottobeuren, Birnau, sowie Schlösser; Wiener Schloss (Schönbrunn), Bruchsal, Pommersfelden usw.

3 Rokoko-Kommode mit Bronzen in Rocailleform

4 Wieskirche bei Steingaden in Oberbayern (18. Jh.)

Möbelgestaltung

Gerade hier Veränderung des Aussehens: Harte, gekröpfte Linien des Hochbarock werden von eleganten Schwüngen abgelöst, auch Füße und Zargen mit weichen Linien verbunden (S. 135, Abb. 1).

1 Rokoko-Sofa, Grafik von Jean-Charles de la Fosse (um 1780)

Konstruktionen

Intarsiertes Möbel mit kleinen Furnierstücken (Furnier muss noch von Hand gesägt werden), bei bürgerlichen Möbeln häufig Nussbaum mit Pflaume. Schnitzereien, Zierbeschläge aus Messing oder Bronze, oft in Rocailleform. Polierte Marmorplatten auf Kommoden. Geschnitzte Rahmenmöbel: Bedürfnis, die Konstruktion zu verdecken, führt (z. B. bei Eichenmöbeln) zu geschickten Profilen und übergreifender Rocailleschnitzerei (bes. im westdt. Raum; „Aachen-Lütticher Barock").

Möbel

Die Kommode bekommt einen Aufsatz mit typischem Rokokogesims und ersetzt als Repräsentationsmöbel den Schrank, häufig mit kleiner Tür im Oberteil, seitlich kleinen Schubkästen und im Mittelteil schräger Schreibklappe als Sekretärfach. Neu: der zierliche Schreibtisch *(bureau)* (Abb. 2), das Bureau. Sitzmöbel: Die betonte Abkehr der steifen Förmlichkeit des Barock führt zu Chaiselongue oder Ohrensessel *(wing chair)* mit kaum geraden Linien. Mitte der Vorderzarge mit Schnitzerei betont (Blume oder Rocaille).

2 „Bureau de Dame"

4.2.6 Klassizismus – Empire, Biedermeier

Übergang Frühklassizismus/Zopfstil mit neuen Möbelarten: Beistell-, Näh-, Spieltischchen; Schreibtisch mit Schminktisch; flacher Schreibtisch mit Schubkästen; Zylinderbureau (Abb. 3), alles mit vielen Fächern und Geheimmechanismen, z. B. von Abraham und David Roentgen, die auch ein perfektes europaweites Vertriebssystem aufgebaut haben.

3 Zylinderbureau, aus der Roentgenmanufaktur Neuwied (1780/85)

Der Engländer Thomas Chippendale (1718–1779) gibt mehrere Vorlagenbücher mit Möbelformen heraus, auch mit gotischen und chinesischen Formenelementen und selbst entwickelten schlichten, sachlichen Entwürfen. Weitere Vorlagenbücher stammen von den Entwerfern George Hepplewhite und Thomas Sheraton, beide bauen mit sichtbarer Konstruktion. Sie haben große Bedeutung für die Entwicklung des Biedermeier.

4 Chippendale: Entwürfe für Stühle mit chinesischer Anmutung

Neben ästhetischen Gründen für die Abkehr von überschwänglichen Formen haben auch der neue Geist der vernunftbetonten **Aufklärung** *(enlightenment)* sowie die wachsende Kritik an absolutistischen Herrschaftsformen (Französische Revolution 1789–1795) Einfluss. Die Ausgrabungen der römischen Städte Pompeji und Herculaneum lösen eine „Antiken-Welle" aus.

Nach einer kurzen Übergangsphase (Directoire) folgt als Nachahmungsstil der Antike (Abb. 1) und als Hochzeit des Klassizismus das **Empire** – von Napoleon verbreitet, der sich zum Herrscher des französischen Reiches – Imperiums – erklärt („empire" bedeutet hier Kaiserreich).

1 Empirebett (1820/30)

Nach der politischen Niederlage Napoleons 1815 wollen Machthaber absolutistische Verhältnisse wieder herstellen („Restauration"), das politische und kulturelle Selbstbewusstsein der Bürger aber ist gestärkt. In Deutschland konzentrieren sie sich auf das Privatleben im häuslichen Kreis in gemütlichen Wohnhäusern, eingerichtet im Stil des **Biedermeier**. Formenvorlagen bieten die englischen Möbelentwerfer und das Empire.

Das gebildete Bürgertum widmet sich Kunst, Literatur und Musik der Zeitgenossen Goethe, Schiller, Hölderlin, Brüder Grimm, Beethoven, Schubert, Caspar David Friedrich. Damit einher geht das Interesse an der eigenen kulturellen Vergangenheit (Romantik, eine neue Bauaufgabe sind Museen für das wiederentdeckte Kulturgut) mit neuem Zugang zu Romanik und Gotik.

Architektur

Sie bezieht sich nicht nur auf die römische Architektur wie in der Renaissance, sondern auch auf griechische Tempelfassaden, Kolonnadenhallen; bei bürgerlichen Gebäuden zumindest in Details. Die Gedenkstätte Walhalla (Abb. 2) wurde ganz im Stil eines griechischen Tempels gebaut.

2 Walhalla bei Regensburg (1830–1842)

Möbel

Wachsende Bedeutung bekommen die einfacheren bürgerlichen Wohnmöbel oder „Familienmöbel" wie Kommoden, große runde Tische, Stühle, Sofas in Sitzgruppen, Schreibtische, Sekretäre und Nähtischchen (Abb. 3). Aus den neu kolonialisierten Gebieten Mittelamerikas und Afrikas kommen das jetzt bevorzugte Mahagoni (Struktur häufig gestalterisch eingesetzt, z. B. „Pyramidenmahagoni") und Ebenholz. Als Ersatz dienen Nussbaum oder Kirschbaum und schwarz gebeizter Birnbaum.

3 Nähtischchen in Mahagoni

Konstruktion und Gestaltung

Glatte *(smooth)* Möbelflächen, ggf. mit lebhaften *(vivid)* Furnierbildern, werden bevorzugt. Die Plattenbauweise ist noch nicht bekannt und technisch nicht möglich, daher werden große Flächen in Rahmen-Füllungs-Konstruktion mit bündigen Oberkanten hergestellt; in der Zeit der Ofenheizung mit höherer Luftfeuchtigkeit in den Räumen ist das noch möglich. Die Oberflächen sind mit Schellack poliert oder gewachst.

Raumausstattung

Fußböden mit Nadelholzparkett *(softwood parquet flooring)*, Wände mit Papiertapete, als Wanddekoration Porträts Bekannter und Verwandter, auch als Scherenschnitte, romantische Landschaftsbilder, Wandspiegel im querfurnierten Rahmen mit schwarzen quadratischen Eckplatten, Vorhänge mit Volants (Abb. 4).

4 Biedermeierwohnraum

Ab diesem Zeitraum gibt es keinen bestimmenden, einheitlichen Stil mehr im Sinne der vorangegangenen Epochen, es gibt ein Nebeneinander verschiedener Weltsichten – **Pluralismus**.

Dies hat mehrere Gründe:
- Das Industriezeitalter *(industrial age)* beginnt im 19. Jahrhundert. Die Menschen ziehen aus den Dörfern in die Städte, diese wachsen bis hin zu den Satellitenstädten am Stadtrand. Die Bevölkerungsstruktur durchmischt sich und neue Gesellschaftsschichten entstehen (mittellose Arbeiter, wohlhabende Unternehmer). Alle haben unterschiedliche Bedürfnisse und Vorstellungen im Bereich der Gestaltung. Die Güterproduktion verlagert sich vom Handwerk zur Industrie.
- Die Naturwissenschaften und mit ihnen die Technik entwickeln sich gleichfalls in lebhaftem Tempo und beeinflussen neben den Produktionsmöglichkeiten auch Bedürfnisse (Elektronik, Computer usw.)
- Die industrielle Wirtschaft wächst rasant, wird international, die Regierungen werden abhängig. Daraus erwachsen Spannungen und Kriege. Dennoch beherrschen die wirtschaftlichen Fragen das Zusammenleben immer mehr, andere Wertmaßstäbe, z. B. die der Kirchen, verlieren bis heute an Wichtigkeit.

Das **Geld** wird der bedeutendste Wertmaßstab.

4.2.7 Historismus

Das große Interesse an der eigenen Kulturgeschichte in der Zeit des Biedermeier gilt besonders den „deutschen Stilen" Romanik und Gotik – so werden nun z. B. auch bis jetzt unvollendet gebliebene Bauwerke der Epochen fertiggestellt wie der Kölner Dom oder das Ulmer Münster –, aber auch Renaissance (Abb. 1) und Barock werden für die Übernahme von Stildetails wiederentdeckt. Die sind jetzt aber bedeutungsloser Schmuck.

Die schnell voranschreitende Industrialisierung und die wachsenden Städte fordern viele Bauaufgaben mit gestalterischen Möglichkeiten. So werden Mietshäuser *(tenement buildings)* gebraucht, repräsentative Villen für das Besitzbürgertum, Rathäuser, Museen, Schulen, Theater, Gerichte, auch Kirchen für die neuen Stadtteile: Hier wird historistisch gebaut, also mit Übernahme der alten Stilformen (S. 138, Abb. 1). Gleichzeitig entstehen Ingenieurbauten wie der Eiffelturm (1889) oder manche Industriebauten.

Möbel

Es gibt die ersten Holzbearbeitungsmaschinen *(woodworking machines)*, auch Schäl- und Messermaschinen *(rotary lathe, slicing woodworking machines)* für

1 Neo-Renaissance-Arbeitszimmer mit geschnitzter Wandvertäfelung, Eckregal und Bücherborden

die Herstellung dünner Furniere, und Möbelfabriken. Diese erweiterten technischen Möglichkeiten erlauben rationelleres Arbeiten und damit kostengünstigeres Herstellen von Möbeln (Abb. 2), was für die Bewohner der Stadterweiterungsgebiete auch notwendig ist.

2 Die „gute Stube" einer Arbeiterfamilie (um 1890)

Viele Möbel unterscheiden sich nur im Dekor. Zulieferer für die Möbelfabriken werden Schnitzereibetriebe, die Ornamente auf Vorrat liefern.

Möglichst stilreine Möbel bleiben allerdings „schick", später ironisch z. B. als „Gelsenkirchener Barock" bezeichnet.

1 Haustür im Renaissance-Stil (um 1890)

4.2.8 Arts and Crafts

Die fast ausschließlich industrielle Produktion führt zum Verlust der eigenen gestalterischen Identität und zum Aufkommen sozialer Missstände. Eine erste Gegenbewegung hierzu entwickelt sich in England. Formuliert hat dies z. B. William Morris, der als Sozialpolitiker und Unternehmer wieder an vorindustrielle Traditionen anknüpft. Die neuen Formen sollen sich vor allem aus den handwerklichen Konstruktionen (Abb. 2) und dem Fertigungsprozess ergeben.

2 Armlehnstuhl von Morris & Company

Andere Strömungen suchen nicht gegen, sondern mit der industriellen Fertigung andere gestalterische Wege zu gehen [▶ 4.2.9].

4.2.9 Shaker-Möbel und Bugholzmöbel von Thonet

Diese beiden Gestaltungsrichtungen haben gemeinsam, dass sie die industrielle Produktion bewusst fördern wollen.

Die **Shaker** in Nordamerika setzen auf Reduzieren der Formen, Verzicht auf Ornamente, Betonen der Funktion, ausgewogene Proportion und einleuchtende Vollholzverbindungen, „ehrliches" *(honest)* Mobiliar. Sie erreichen überzeugende Ergebnisse, die auch in Europa bekannt werden.

Die **Gebrüder Thonet** haben ähnlichen Erfolg mit kostengünstigen und stabilen Möbeln aus gebogenem Holz, „Bugholz" *(bentwood)*. Sie stellen aus vorgefertigten Formteilen elegante Stühle mit logischer Linienführung her. Bekanntestes Beispiel ist der „Stuhl Nr. 14", der Wiener Kaffeehausstuhl aus dem Firmenkatalog Nr. 14 mit Sitz *(seat)* aus Sperrholz *(plywood)*, oder Peddigrohr *(wicker)* (Abb. 3).

3 Der Klassiker: Stuhl „Nr. 14" von Michael Thonet und Söhnen, gebogenes Buchenholz (1859/60)

4.2.10 Jugendstil

Nach den gesellschaftlichen Änderungen als Abkehr von der historistischen Formensprache suchen Künstler, Kunsthandwerker, Handwerker und Architekten neue gestalterische Ansätze: manche überschwänglich-floral, manche streng, manche nur zaghaft, manche phantasievoll-kreativ. Sie sprechen allerdings nur einen kleinen Teil der Oberschicht an und halten sich auch nur wenige Jahre. Charakteristisch ist der Wille, ein Gebäude als Gesamtkunstwerk *(total artwork)* (S. 139, Abb. 1 und 2) zu gestalten, mit Mobiliar, Textilien *(textiles)*, Besteck *(cutlery)* bis hin zur Kleidung *(clothing)* der Bewohner.

1 Erkerzimmer im Jugendstil (Paris um 1899)

2 Henry van de Velde, Schreibtisch (1899)

4.2.11 Funktionalismus

Schon um die Jahrhundertwende setzen Möbelbauer, z. B. die Wiener Werkstätten (unter Josef Hoffmann und Koloman Moser), auf konstruktiv und gestalterisch klare Produkte, sachlich zweckmäßig *(utilitarian)* und ohne oder mit sehr zurückhaltenden Ornamenten (Abb. 3). Wesentlich für die Gestaltung sind Funktionalität, Proportion und Werkstoffgerechtigkeit (Adolf Loos).

3 Stuhl „Paimio" von Alvar Aalto (ca. 1932)

In der Architektur setzen dies vorbildlich z. B. Walter Gropius und Peter Behrens um, an Industriebauten wie der AEG-Turbinenfabrik in Berlin oder der Schuhleistenfabrik Fagus-Werk in Alfeld (Abb. 4).

4 Fagus-Werk in Alfeld (ab 1911)

Im **Deutschen Werkbund** schließen sich schließlich progressive Künstler und Handwerker (z. B. Hermann Muthesius, Bruno Paul, Walter Gropius, Henry van de Velde) zusammen, um alle Gestaltungsbereiche im Sinne der neuen Ästhetik mit Blick auf Materialgerechtigkeit, Zweckmäßigkeit und Nachhaltigkeit *(sustainability)* zu reformieren (Abb. 5).

5 Preisbuch „Deutsches Hausgerät" der Deutschen Werkstätten, Dresden-Hellerau, 1912

Nach der drastischen Unterbrechung durch den Ersten Weltkrieg entsteht der Plan, die Gestalter gezielt grundlegend zu schulen. Der Leiter der Weimarer Kunstgewerbeschule, Architekt Gropius, sammelt zu diesem Zweck vom Funktionalismus überzeugte Lehrer von internationalem Rang um sich. Diese sollen im von Gropius so genannten **„Bauhaus"** an das mittelalterliche Bauhüttenprinzip anknüpfen.

Ziel dieser Schule ist die Suche nach logischen Gesetzmäßigkeiten, die eine Gebrauchsform bestimmen. Daraus werden Gestaltungs- und Konstruktionsgrundsätze abgeleitet.

Das Bauhaus (1919–1933) hat die Ideen des Deutschen Werkbundes populär gemacht, die erst nach dem Zweiten Weltkrieg breitere Wirkung haben sollten. 1933 schließen die Nationalsozialisten das Bauhaus aus politischen Gründen.

Die heute übliche Arbeitsweise wird am Bauhaus erstmals angewendet.

Marcel Breuer, am Bauhaus für Möbelbau zuständig, experimentiert mit Stahlrohr *(steel tube)* und Formteilen *(preforms)* aus laminiertem Furnier und ist damit richtungsweisend für die weitere Entwicklung der Möbelkultur. Heute sind Stahlrohrsessel wie z. B. sein „Wassily" (Abb. 1) aus vernickeltem, kaltgebogenem Stahlrohr und Eisengarnstoff oder der Freischwinger *(cantilever chair)* Klassiker.

1 B3 Wassily, von Marcel Breuer (1925)

4.2.12 Nach dem Zweiten Weltkrieg

Probleme dieser Zeit sind
- Katastrophale Kriegsschäden,
- riesige soziale und wirtschaftliche Probleme, u. a. durch Flüchtlingsströme,
- großer Bedarf an Wohnraum und öffentlichen Gebäuden aller Art,
- Material und wirtschaftliche Existenzsicherung.

Gestaltungsthemen treten zunächst in den Hintergrund.

„Deutsches Wirtschaftswunder"
Mit der Währungsreform (1948), der Gründung der Bundesrepublik Deutschland (1949) und ausländischen Wiederaufbaukrediten beginnt der Aufschwung in vielen Bereichen; im Krieg zerstörte Industrieanlagen können modern und effektiv wirtschaftend wiederaufgebaut werden.

In der gestalterischen Orientierungslosigkeit nach zwölfjährigem Abgeschnittensein vom internationalen Kulturleben – viele führende Gestalter waren während der NS-Zeit ins Ausland emigriert –, gleichzeitig aber großem Baubedarf wirken am ehesten Prinzipien der Bauhaustradition:
- „Zweckmäßigkeitsarchitektur" für viele dichte Siedlungen und Hochhausstrukturen (u. a. inspiriert von Le Corbusier, Frankreich),
- „organhaftes Bauen" nach der inneren Logik des Gebäudes, die den Grundriss bestimmt (Hugo Häring und Hans Scharoun),
- Konstruktion als Gestaltungsprinzip: Viele neue Formen und Konzepte sind möglich durch die Entwicklung von Stahl- und Spannbetonbau *(prestressed concrete)* wie bei der Berliner Philharmonie (Abb. 2).

2 Berliner Philharmonie von Scharoun (1956–1963)

Auch hinsichtlich der Gestaltung von **Möbeln** herrscht Orientierungslosigkeit. Es gibt einen Trend weg vom Einzel- hin zum Einbaumöbel *(built-in furniture)* (Abb. 3) [▶ 7.3]: Schrank- und Regalwände, Einbauküchen, Phonomöbel oder Sitzgarnituren. Dazu kommen neue Werkstoffe, wie z. B. Span- und Faserplatten, Formteile aus synthetischen Werkstoffen, Oberflächenbeschichtung aus Polyester oder Polyurethanlacken.

3 Regalsystem von Finn Juhl, ca. 1960

Typisch und populär sind frei gestaltete Tischplattenformen wie die „Nierenform" *(kidney shape)*, schräg angesetzte Beine, Oberflächenbeschichtungen aus den neuen, bunten, glänzenden Schichtstoffplatten *(high-pressure laminates)*, die Kombination von hellen (Esche, Ahorn) mit dunklen Hölzern (Nussbaum, Palisander).

Gute Entwürfe für industriell gefertigte Möbel sind z. B. der Klappstuhl von Egon Eiermann sowie der Sessel aus Kunststoffschalen mit Lederpolstern von Dieter Rams (Abb. 1). Erst in den Sechzigerjahren setzen sich hier klare Designkonzepte durch.

1 Sessel 620 von Dieter Rams (1962)

Skandinavien

Aus Skandinavien kommen die ersten Anstöße zur Weiterentwicklung der Möbelkultur nach Deutschland. Die eher sachlich-schlichte *(plain and simple)* Möbelgestaltung hatte hier seit der Zeit des Biedermeier Tradition. Darauf aufbauend können Architekten wie Alvar Aalto neue Formen entwickeln, ohne so radikal zu sein wie das Bauhaus zu gleicher Zeit. Bei Sitzmöbeln werden Zargen, Stollen, Armlehnen und Rückenlehnenteile mit Profilen geformt, die sich am menschlichen Körper orientieren. Dübel-, Zapfen- und Federverbindungen dürfen sichtbar sein, die Oberfläche soll möglichst natürlich wirken, also nicht mit sichtbarem Lack behandelt. Häufig wird Teakholz (Abb. 2) in Verbindung mit anderen natürlichen Werkstoffen wie Leder, Segeltuch *(sailcloth)* oder Rohrgeflecht *(wickerwork)* verarbeitet. Aber auch aus Kunststoffen werden überzeugende Entwürfe hergestellt wie der „Schwan" von Arne Jacobsen (Abb. 3).

2 Schreibtisch aus Teakholz von Arne Vodder (Dänemark 1960)

3 „Schwan" von Arne Jacobsen (1958)

Amerika (USA)

Hier gibt es keinen charakteristischen Stil im Sinne Skandinaviens, aber einige herausragende Einzelleistungen: der „Lounge Chair" (Abb. 4) aus Palisanderschichtholz, Aluminiumgestell und Lederauflage (1956), der „Aluminium Chair" (1958) von Charles und Ray Eames, der Tulpenstuhl von Eero Saarinen (1956) oder der aus Gitterstahl geformte Sessel von Harry Bertoia (1952).

4 Lounge Chair von Charles und Ray Eames (1956)

Italien

Ähnliches gilt für Italien, wo Gio Ponti mit dem Stuhl „Superleggera" (Abb. 5) aus lackierter Esche und Spanischem Rohr einen „Prototypen" entwirft.

5 Superleggera Nr. 699 von Gio Ponti (1951–1957)

4.2.13 Seit den 1960er-Jahren

Die zweite Hälfte des 20. Jahrhunderts ist sehr stark geprägt von den (internationalen) Entwicklungen in Politik, Wirtschaft und Kultur. Gestaltung als Ausdruck oder Reaktion auf diese Veränderungen hat sehr vielfältige Formen.

Es wird weiter den klaren Bauhaus-Prinzipien gefolgt und rebellisch-chaotisch oder wieder eklektizistisch (mit Rückgriff auf die Stilmittel aller früheren Epochen) entworfen. Diese Prinzipien laufen parallel als Teile des Gesamtbilds der Lebenswelt.

Funktionalismus und Rationalismus
Orientiert an den Bauhaus-Idealen ist die Funktion des zu gestaltenden Objekts maßgebend, andererseits die klare, schnörkellose, „rationale" Form und eine „Ehrlichkeit der Werkstoffe".

Als **Aufbewahrungsmöbel** lösen streng kubische Regal- und Schrankwände *(wall units)* das einzelne Korpusmöbel ab. Beschläge sollen nicht mehr sichtbar sein, das Topfscharnier *(concealed hinges)* [▶ 5.1.8] wird aus fertigungstechnischen Gründen entwickelt. Gestaltung der Flächen ist nur möglich über Furnierbilder (Teak, Eiche, Palisander), farbige Lackierungen oder die Fugenanordnung.

Als flexiblere Möbel, gerade für Mietwohnungen oder häufige Umzüge entstehen **Systemmöbel** [▶ 5.2] mit Modulen, die seither fester Bestandteil von Einrichtungsprogrammen sind.

Ein frühes Beispiel ist das skandinavische System „String" von Nisse Strinning, bei dem an die Wand geschraubte „Leitern" *(ladder)* (Abb. 1) das Raster *(grid)* für einhängbare Regalböden oder Korpusse bilden.

1 Regalsystem String von Nisse Strinning (1949)

Wirkliche Individualität und Originalität ist mit diesen Möbeln nur bedingt darstellbar, weshalb auf Accessoires wie Stühle der Bauhaus-Zeit oder ältere skandinavische Entwürfe zurückgegriffen wird.

Es entwickelt sich eine Form von **Nostalgie**: Für ein individuelles und subjektiv „gemütliches" *(cosy and comfortable)* Einrichten wird häufig auf alte Möbel, z. B. Erbstücke, zurückgegriffen, die jetzt eine große Aufwertung erfahren. Besonders Biedermeiermöbel mit ihrem zurückhaltenden Dekor, das dem allgemeinen Sachlichkeitsanspruch nicht zuwiderläuft, und ihrer auch emotional ansprechenden Individualität sind sehr beliebt. Auch „Bauernmöbel" *(country furniture)* aus abgelaugtem Nadelholz bekommen neues Ansehen. Das Geschäft mit der Möbelrestaurierung wächst. Bis heute werden bei der Einrichtung gerne modernste mit alten oder antiken Möbeln kombiniert.

Das **handwerklich gefertigte Möbel** wird nie völlig verdrängt. Auch wenn es wirtschaftlich längst nicht mehr konkurrenzfähig *(competetive)* mit Industriemöbeln ist, gibt es Interessenten für das individuelle, wenn auch teurere Möbel. Schon bald löst man sich von den traditionellen Formen der Dreißiger- und Vierzigerjahre (Spannagel 1891 – 1957), imitiert aber auch nicht die Industriemöbel. Es wird versucht, im Rahmen des Handwerks funktional, material- und konstruktionsgerecht, aber auch formal ästhetisch zu fertigen. Gestaltungsmittel sind effektvolle Holzauswahl, Konstruktion und sichtbare Verbindungen, seit den Achtzigerjahren auch Werkstoffkombinationen mit Edelstahl, Kunststoff, Naturstein oder Beton (Abb. 2).

2 Schreibtisch aus unterschiedlichen Werkstoffen
(Nussbaum, Edelstahl und Leder)

Pop-Art
Einen weiteren effektvollen Kontrast entwerfen Gestalter besonders in Italien, inspiriert von den Pop-Art-Künstlern in den USA, die Alltagsgegenstände *(everyday-life objects)* zu Kunstobjekten *(objects of art)* erheben *(elevate)*. Die Designergruppe „Alchimia" will mit ironischen Entwürfen wie dem aufblasbaren Sessel „Blow" (1967) (Abb. 1), dem lippenförmigen Sofa „Bocca" (1971) oder dem „wackeligen" Tisch (Ettore Sottsass, 1979, später gründet er „Memphis") provozieren. Sie entwickeln sich allerdings zu Verkaufsschlagern, z. B. in den protestbewegten späten Sechzigerjahren.

1 **„Blow" von Jonathan De Pas u. a. aus transparenter PVC-Folie** (1967)

„High-Tech"
Zeitalter der Raumfahrt/Science-Fiction: Die Vorstellungswelt der Menschen hat sich durch die weiterhin rasante Entwicklung von Wissenschaft und Technik grundlegend verändert.

In der **Architektur** wird die neue Technologie genutzt, um nun auch flexible Elemente wie Skelettsysteme, räumliche Schalen oder Spannseilkonstruktionen wie beim Münchener Olympiastadion von Günter Behnisch und Carlo Weber vorstellbar zu machen (Abb. 2).

2 **Olympiastadion München** (1968–1972)

Für **Möbel** im High-Tech-Zeitalter gilt:
- Auch hier Übernahme von Formen und Werkstoffen aus Industrie- und Maschinenbau wie Metall (Sessel aus Stahlblech, Ron Arad 1986), Lochblechen, Metallgussteilen, Kunststoffelementen wie z. B. Acrylglas.
- Technologische Lösungen im Möbelbau wie Einstellbarkeit *(adjustability)* in der Höhe *(height)*, technologisch betonte Formen wie Gelenkpunkte *(joints)*, Umwandlung von Druck- in Zugbeanspruchung wie beim mit Stahlseil *(steel rope)* und Seilspanner verspannten Stahlblechregal von Wolfgang Laubersheimer (Abb. 3).

3 **Regal von Wolfgang Laubersheimer** (1984)

4.2.14 Seit 1980, Postmoderne und Neoklassizismus

Der Begriff bezeichnet allgemein alle Strömungen nach der Moderne, in der Architektur v. a. die formalistischen Tendenzen. Seit den Sechzigerjahren werden bevorzugt wieder klassizistische Formen als Dekor übernommen, ohne funktionalen oder konstruktiven Sinn, wie Säulen, Giebeldreiecke, Kegel- oder Pyramidenformen, Fassaden aus Naturstein mit antikisierenden Fugenbildern (z. B. Neue Staatsgalerie Stuttgart, Stirling 1977–1984).

Entsprechung beim Möbelbau, hier auch besonders beim Industriemöbel, z. B. Übernahme von Gestaltungselementen wie kubischen Formen *(cubic shapes)* am Korpus, Sockel und Kranz, Biedermeierelementen wie schwarz oder farbig gebeizte Teile zu hellen Hölzern, Glas und Sprossen.

4.2.15 Seit 1990, Dekonstruktivismus

(deconstructivism)

Bisherige Versuche des Entkommens vor dem berechnenden Rationalismus: mit antiken Möbeln („heile Welt"), traditionellem Handwerk, Provokationen (Pop-Art) oder manieristischer Postmoderne.

Jetzt: Versuch der Erschütterung der Welt, der vermeintlich sicher funktionierenden Konstruktionen (in Architektur wie Gesellschaft). Statik und funktioneller Sinn werden außer Kraft gesetzt. Beispiele sind Bauten von COOP Himmelblau oder von Frank O. Gehry das Vitra-Design-Museum 1988/89, Weil am Rhein (Abb. 1), das Guggenheim-Museum 1991–1997, Bilbao, das MARTa 2005, Herford, sowie von Daniel Libeskind das Jüdische Museum, Berlin 1989/99.

1 Vitra-Design-Museum (1989)

Möbel

Hier sind die Effekte nicht so groß wie bei Bauwerken, denn die Möbel der Pop-Kultur verfolgten schon die gleiche Idee (Abb. 2).

2 Optische Instabilität durch Hell-dunkel-Kontrast

Nüchterner Minimalismus

Die klare, schlichte, abstrakte Gestaltung ist ihrerseits zu einem Formalismus geworden (Abb. 3), also einer Überbetonung des rein Äußerlichen, mit hohem ästhetischen Anspruch. Der zeigt sich in klaren kubischen Formen und in der Verwendung edelster Werkstoffe; zum Ende des 20. Jahrhunderts wohl die tonangebende Gestaltungsrichtung.

3 Küche aus Holz, Lack, Granit und satiniertem Glas

Aufgaben zu 4

1. Welche Einflüsse gab und gibt es grundsätzlich auf die Möbelgestaltung in den unterschiedlichen Epochen?
2. Warum können Beginn und Ende von Stilepochen nicht auf das Jahr genau bestimmt werden?
3. Wie ist die Wohnsituation der Menschen in der Romanik? Was bedeutet der Begriff „mobil" bezüglich der romanischen Möbel?
4. Welche wesentliche Erfindung in der Gotik ermöglichte neue Konstruktionen und damit auch Gestaltung?
5. Beschreiben Sie Architekturelemente in Gotik und Renaissance, die auf die Möbelgestaltung Einfluss hatten.
6. Beschreiben Sie die Boulle-Technik im Barock. Welche Rolle spielt die Möbelkonstruktion?
7. Welche Bedeutung kommt der bürgerlichen Schicht im Biedermeier zu? Mit welchen Folgen für die Möbelgestaltung?
8. Erläutern Sie den Begriff „Pluralismus" im Zusammenhang mit dem Industriezeitalter.
9. Welche gestalterischen Gegenbewegungen rief die industrielle Produktion hervor?
10. Auf welche gestalterischen Traditionen wurde sich nach dem Zweiten Weltkrieg besonnen?
11. In der zweiten Hälfte des 20. Jahrhunderts gab es große politische und kulturelle Veränderungen in der Gesellschaft. Wie reagierten die Gestalter?

English Tasks

12. List the building styles and name at least one typical design element.
13. Name the types of wood joints that were used in the Gothic period.
14. Describe the technique that the Thonet brothers used so successfully.

5 Möbel

Der Begriff Möbel *(furniture)* geht auf mobilis – *lat. bewegliches Hab und Gut* – zurück.

Im heutigen Verständnis bezieht der Begriff Möbel neben beweglichen Einzelmöbeln auch unbewegliche Einbaumöbel oder Raumteiler ein.

Möbel erfüllen vielfältige **Aufgaben**:
- als Ablege- und Arbeitsfläche (Schreib- und Esstische, Hobel- und Werkbänke),
- zum Aufbewahren und Verstauen (Kisten, Truhen, Kommoden, Schränke),
- als Ruhestätte (Hocker, Stühle, Bänke, Betten),
- zur Raumgestaltung und Repräsentation.

Laut DIN 68880 können die Möbel unter folgenden Gesichtspunkten geordnet werden (Tab. 1 bis 3 und S. 146, Tab. 1).

Tab. 1 Möbel nach ihrer Funktion *(function)*

Benennung	Definition
Behältnismöbel *(storage furniture)*	Korpusmöbel zum Aufbewahren von Gütern
Kleinmöbel *(occasional furniture)*	Möbel zur Ergänzung bestehender Möbelsortimente, z. B. Garderobenständer, Schuhschrank, Servierwagen, „Stummer Diener“
Liegemöbel *(furniture for lying)*	Möbel mit gepolsterter oder ungepolsterter Fläche zum Liegen, das in Abmessung und Form der Körperhaltung des Menschen beim Liegen angepasst ist
Bett *(bed)*	Liegemöbel, das vorwiegend zum Schlafen dient
Liege *(studio couch)*	Liegemöbel ohne Rückenlehne für eine Person, bei dem weder gepolsterte noch ungepolsterte Teile über die Liegefläche hinausragen
Sitzmöbel *(furniture for seating)*	gepolstertes oder ungepolstertes Möbel, das in Abmessung und Form der Körperhaltung des Menschen beim Sitzen angepasst ist
Bank *(bench)*	Sitzmöbel mit oder ohne Rückenlehne für mindestens 2 Personen, dessen Seitenansicht der eines Stuhls entspricht
Hocker *(stool)*	Sitzmöbel ohne Rückenlehne für eine Person
Sessel *(easy chair)*	Sitzmöbel mit oder ohne Armstützen für eine Person, dessen Sitzfläche und Rückenlehne gepolstert sind
Sofa *(settee)*	Sitzmöbel für mindestens 2 Personen, dessen Sitzfläche und Rückenlehne gepolstert sind

Tab. 1 Fortsetzung

Benennung	Definition
Stuhl *(chair)*	Sitzmöbel mit Rückenlehne mit oder ohne Armstützen, für eine Person
Liegestuhl *(reclining-chair)*	stuhlartiges Sitzmöbel mit verlängerter Rückenlehne zum Lagern des Körpers in halb gestreckter Haltung

Tab. 2 Möbel nach der Verwendung *(usage)* **im Raum**

Benennung	Definition
Einzelmöbel *(individual furniture)*	Möbel, dessen Gestaltung das von anderen Möbeln unabhängige Aufstellen erfordert
Systemmöbel *(system furniture)*	Möbel aus Elementen, die sich zu verschiedenen Kombinationen zusammensetzen lassen
An-/Aufbaumöbel *(combination furniture)*	Systemmöbel, dessen Gestaltung das horizontale und/oder vertikale Aneinanderreihen gleichartiger Elemente zu einer Einheit ermöglicht
Einbaumöbel *(built-in furniture)*	Systemmöbel, das mit Gebäudeteilen verbunden wird und nur in Verbindung mit diesen verwendungsfähig ist
Endlosschrank *(endless cupboard)*	Systemmöbel, das in der Breite nach einem vorgegebenen Rastermaß beliebig veränderbar ist
Raumteiler *(partition)*	Systemmöbel, das eine Wand zwischen zwei Räumen ersetzt

Tab. 3 Möbel nach der Konstruktion *(construction)*

Benennung	Definition
Korpusmöbel *(carcass furniture)*	Möbel, das mindestens seitlich, unten und oben flächig begrenzt ist
Kommode *(chest of drawers)*	einteiliges Korpusmöbel, dessen Frontfläche durch Schubladen gegliedert ist
Schrank *(cupboard)*	Korpusmöbel, dessen Frontfläche durch Türen, Klappen, Schubladen oder mit diesen kombinierten Fächern gegliedert ist
Sekretär *(writing-desk)*	Schrank mit Schreibfläche
Tonmöbel *(audio furniture)*	Korpusmöbel zur Aufnahme von Rundfunk- und Fernsehempfängern sowie Tonwiedergabegeräten, z. B. CD- und DVD-Player
Truhe *(cehest)*	einteiliges Korpusmöbel, dessen obere Abdeckung klappbar, verschiebbar oder abnehmbar ist
Regal *(shelf)*	Möbel mit offener Frontfläche ohne oder mit Rückwand, das waagerecht gegliedert ist und senkrecht unterteilt sein kann
Tisch *(table)*	Möbel mit waager. angeordneter, auf einem Gestell ruhender Platte

Tab. 1 Möbel nach dem Werkstoff *(material)* **oder der Ausführung** *(design)*

Benennung	Definition
Holzmöbel *(wooden furniture)*	Möbel, dessen überwiegende Teile aus Holz oder Holzwerkstoffen bestehen
Korbmöbel *(wickerwork furniture)*	Möbel aus natürlichen oder künstlichen Flechtwerkstoffen
Kunststoffmöbel *(plastics furniture)*	Möbel, dessen überwiegende Teile durchgehend aus Kunststoff bestehen
Metallmöbel *(metal furniture)*	Möbel, dessen überwiegende Teile durchgehend aus Metall bestehen
Polstermöbel *(upholstered furniture)*	Sitz- und/oder Liegemöbel, dessen Sitz- und/oder Liege- bzw. Rückenflächen mit elastischem Werkstoff versehen sind

5.1 Einzelmöbel *(individual furniture)*

5.1.1 Konstruktionen und Bauweisen *(construction and design)*

Grundkonstruktionen *(basic construction)* sind:
- Gestellmöbel *(frame furniture)* wie Stühle und Bänke,
- Korpusmöbel *(carcass furniture)* wie Truhen und Schränke.

Aus den Grundkonstruktionen können folgende weitere Möbelbauweisen abgeleitet werden:
- Brettbau,
- Rahmenbau,
- Stollenbau,
- Plattenbau.

Meist sind Möbel Kombinationen aus unterschiedlichen Konstruktionen und Bauweisen (Abb. 1).

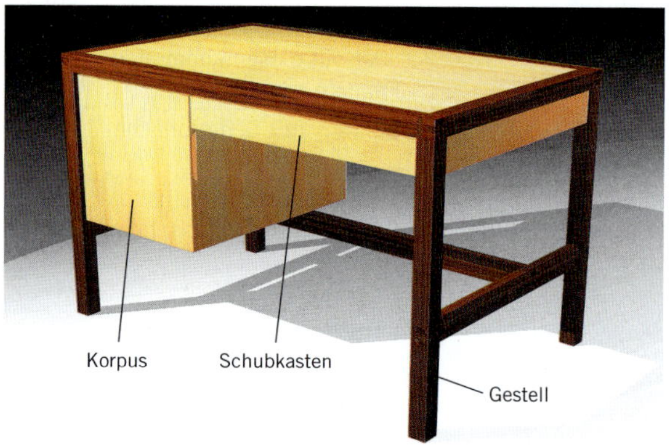

1 Unterschiedliche Konstruktionen am Schreibtisch

Brettbau *(board construction)*
Der Brettbau (Abb. 2) ist die älteste Konstruktion bei Korpusmöbeln.

Vollholzbretter, unverleimt oder verleimt, werden mit Verbindungen [▶ GK 11.2] wie Nut und Feder, Grate, Fingerzapfen oder Zinken gefügt, die die Schwindung/Quellung [▶ GK 4.8.2] des Holzes berücksichtigen.

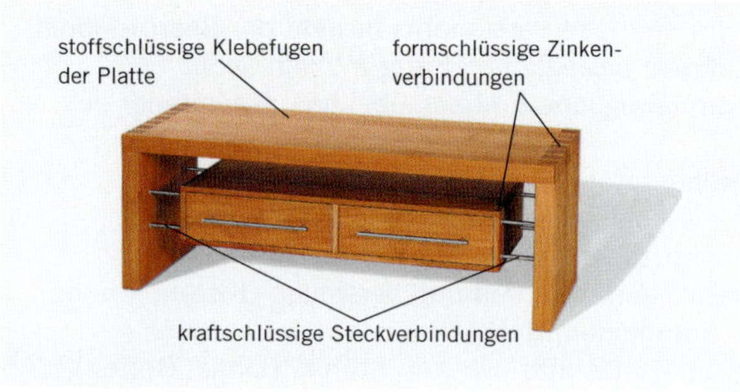

2 Bank in Brettbauweise

Anwendung findet die Brettbauweise bei Korpusmöbeln wie Truhen und Regalen oder Möbeln wie Bänken oder Tischen in Wangenbauweise.

Rahmenbau *(framework construction)*
Der Rahmenbau (Abb. 3) ist eine Weiterentwicklung zur Fertigung größerer Möbelflächen.

Der Rahmen nimmt eine Füllung [▶ GK 11.2.5] in einem Falz oder einer Nut auf und hält diese plan.

Auch bei Vollholzfüllungen bleibt das Außenmaß des Rahmens fast konstant. Eine in den Falz in Längsrichtung toleranzfrei eingepasste Vollholzfüllung hält den Rahmen winkelstabil. Füllungen aus Holzwerkstoffen werden umlaufend toleranzfrei eingepasst.

Die Rahmenecken [▶ GK 11.2.5] sind mit Schlitz und Zapfen oder Dübeln verbunden.

3 Schrank in Rahmenbauweise

Anwendung findet die Rahmenbauweise bei Korpusmöbeln wie Schränken sowie bei Gestellmöbeln ohne Füllungen wie Hockern und Bänken.

Stollenbau *(gallery construction)*
Bei der Stollenbauweise (Abb. 1) verbinden senkrechte Stollen und waagerechte Zargen oder Stege die Seiten miteinander. Diese können aus Platten oder Rahmenkonstruktionen bestehen. Die Verbindungen [▶ GK 11.2.7] sind Dübel oder Presszapfen, verkeilt oder unverkeilt sowie mit und ohne Nutzapfen.

1 Stehpult in Stollenbauweise

In Stollenbauweise werden z. B. Hocker, Stühle oder Tische gefertigt (Abb. 1).

Plattenbau *(panel construction)*
Im Plattenbau werden rohe oder beschichtete Holzwerkstoffe verarbeitet. Meist sind die Schmalflächen mit Kanten aus Kunststoffen, Furnieren oder Vollholzanleimern beschichtet. Die Fertigung ist häufig kostengünstiger als mit Vollholz durch geringeren Verschnitt und weniger Arbeitsschritte. Meist kann die Schwindung/Quellung bei Holzwerkstoffen unberücksichtigt bleiben. Verbindungsmittel [▶ GK 11.3] sind vornehmlich Dübel und Formfedern.

2 Anrichte in Plattenbauweise

Anwendung findet der Plattenbau hauptsächlich bei Korpusmöbeln wie Regalen, Schränken oder Einbauschränken. Wegen der hohen Formstabilität in der Fläche wird die Plattenbauweise auch zur Fertigung von Einzelementen wie Tischplatten oder Schranktüren verwendet (Abb. 2).

5.1.2 Gestellmöbel

Typische Gestellmöbel sind Möbel in Rahmen- oder Stollenbauweise ohne Füllung.

Grundelemente *(basic elements)*
Beispiele sind Konstruktionen mit senkrechten Stollen, waagerechten Zargen oder Stegen wie bei Hockern, Stühlen, Tisch- oder Fußgestellen.

Die Stollen reichen i. d. R. bis zum Boden und bilden die Möbelfüße. Häufig schließt eine Nutzfläche (Sitz- oder Tischplatte) oder ein Korpus das Möbel oben ab. Breite Zargen (Abb. 3) schaffen eine ausreichende Winkelstabilität [▶ 8.7.4]. Schmale Zargen müssen dagegen durch Stege oder Sprossen (Abb. 4) verstärkt werden. In Tischzargen können Schubkästen untergebracht werden.

3 Stollen- und Zargenausbildung an einem Tisch

4 Schmale Zargen und Stege eines Stuhls

Verbindungselemente *(fastening elements)*
Verbindungen (Abb. 1 und 2) zwischen Stollen, Stegen und Zargen können gestemmt (z. B. Zapfen) oder gedübelt [▶ GK 11.2.5] sein.

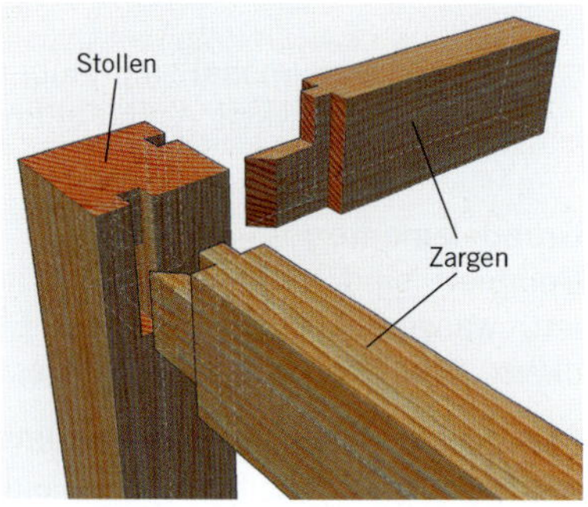

1 Stollen-Zargen-Verbindung mit schräg angeschnittenem Presszapfen und mit Nutzapfen

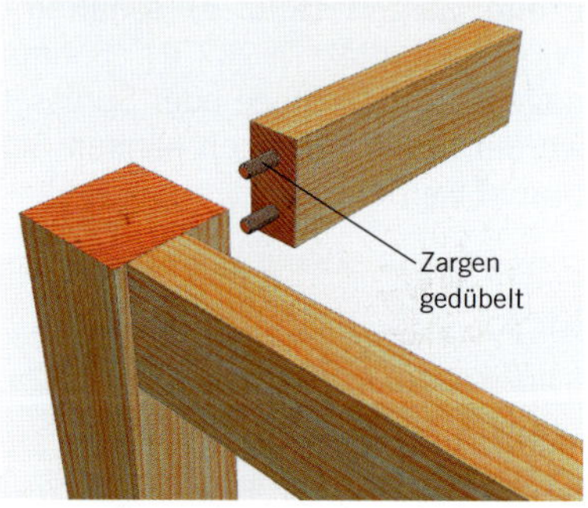

2 Gedübelte Stollen-Zargen-Verbindung

Auch lösbare Verbindungen werden angewendet. Besonders bei rustikalen Wangenmöbeln werden Stollen mit Zargen oder Stegen mithilfe verkeilter Stegzapfen verbunden (Abb. 3).

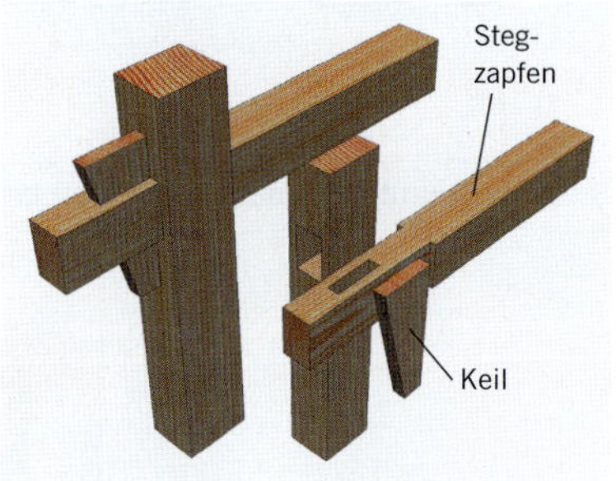

3 Verkeilter Stegzapfen

Neben Schraubverbindungen [▶ GK 11.4.2] finden z. B. bei Betten Beschläge zum Einhängen (Abb. 4) Anwendung.

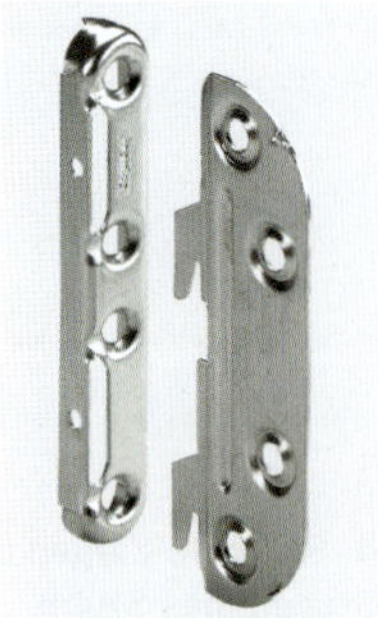

4 Bettbeschlag *(bed fitting)*

5.1.3 Korpusmöbel *(corpus furniture)*

Typische Korpusmöbel sind Möbel in Rahmen- oder Stollenbauweise mit Füllung oder in Plattenbauweise.

Korpusmöbel (Abb. 5) bestehen i. d. R. aus dem **Korpus** mit den festen Elementen:
- Außenseiten (rechts und links),
- Ober- und Unterboden *(top and bottom panel)*,
- Rückwand *(rear panel)*.

Der **Innenraum** *(interior space)* des Korpus kann mit folgenden Elementen unterteilt sein:
- Mittelseiten *(center panels)*,
- Konstruktions- und Einlegeböden,
- Systeme wie Laufrahmen *(drawer runners)* für Schubkästen oder Auszüge.

Die **Vorderseite** oder Front *(front panel)* des Korpus wird meist durch bewegliche Elemente *(movable elements)* geprägt wie
- Türen und Klappen *(doors and flaps)*,
- Schubkästen und Auszüge *(drawers and pullouts)*.

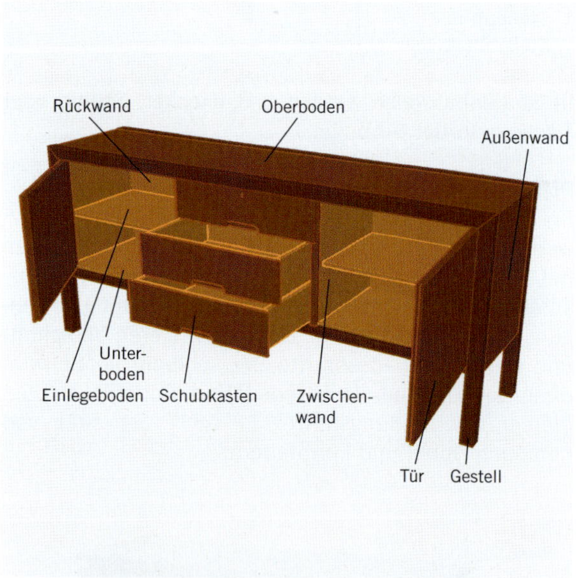

5 Elemente eines Korpusmöbels

Die **Seiten** (Abb. 5) verlaufen senkrecht.

- Außenseiten aus Vollholz oder Holzwerkstoffen schließen rechts und links den Korpus ab. Sie sind z. T. spiegelbildlich strukturiert und enthalten die Elemente für unlösbare und lösbare Verbindungen.
- Mittelseiten unterteilen den Korpusinnenraum in senkrechter Richtung. Sie sind unlösbar oder lösbar mit dem Ober- und Unterboden verbunden. Weitere senkrechte Elemente sind Lisenen oder Beistöße.

Die **Böden** (S. 148, Abb. 5) verlaufen waagerecht.

- Ober- und Unterboden, aus Vollholz oder Holzwerkstoffen, bilden oben und unten den Abschluss des Korpus.
  - Ein Oberboden kann als Deckplatte kombiniert mit einer Traverse oder Zinkleiste konstruiert sein.
  - Der Unterboden kann als Rahmenkonstruktion mit Staubboden ausgebildet sein.
- Feste Konstruktionsböden und höhenverstellbare Einlegeböden unterteilen den Korpusinnenraum in waagerechter Richtung.

Verbindungselemente für Korpusse *(connecting fittings for carcasses)* sind:

- unlösbare Verbindungen *(non-detachable joinings)* [▶ GK 11.4.3] wie Zinken/Schwalbenschwanz-, Grat- und Fingerzapfenverbindungen, Formfedern und Dübel,
- Verbindungsbeschläge lt. DIN 68856-1 aus Stahl, Zinkguss oder PVC für lösbare Verbindungen *(detachable joinings)* für
  - Konstruktionsböden wie Exzenterbeschläge und Schrankverbinder (Abb. 1) oder
  - Bodenträger für Einlegeböden (Abb. 2).

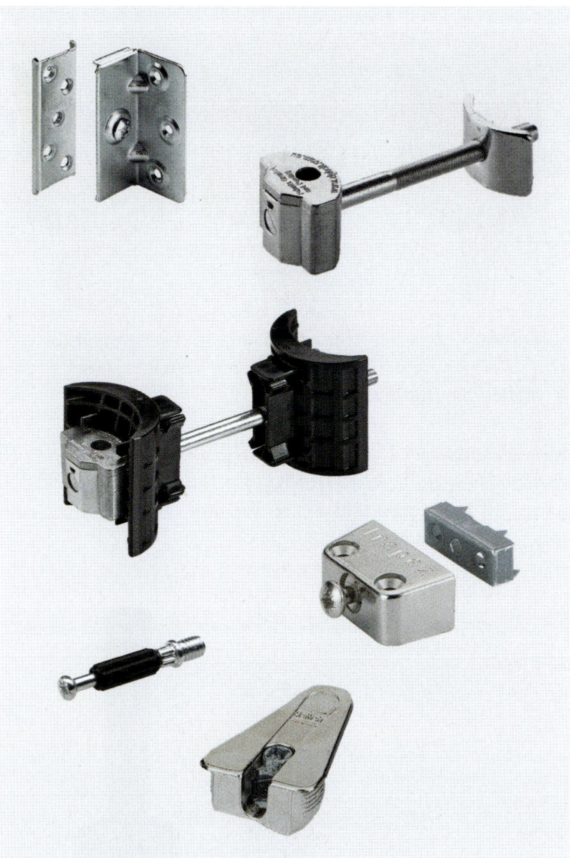

1 Korpus-Verbindungsbeschläge

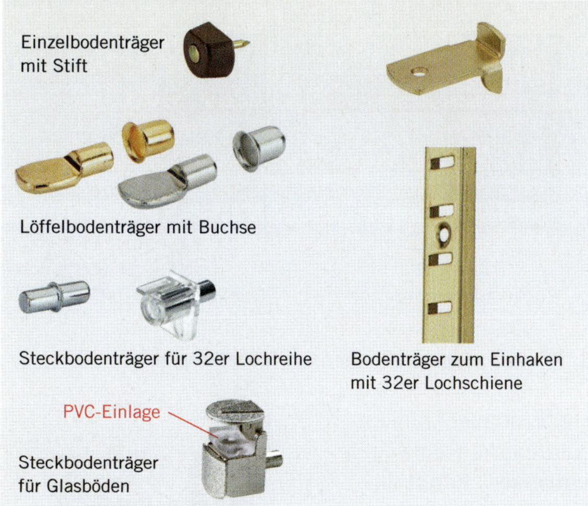

2 Bodenträgerbeschläge

Kleinere Korpusse, z. B. Küchenoberschränke, können im **Faltverfahren** *(folding technique)* (Abb. 3) über die C-Fertigung zusammengefügt werden. Zunächst werden gefräste Nuten an der Plattenaußenseite mit elastomerem Kunststoff verfüllt. Danach wird an der Platteninnenseite eine V-Nut bis zur Verfüllung gefräst, sodass ein „Faltscharnier“ *(folding hinge)* entsteht. Das entstandene Eckprofil wird nach dem Zusammenfalten mit Kunststoff verfüllt, wobei eine „form-stoffschlüssige“ Verbindung entsteht.

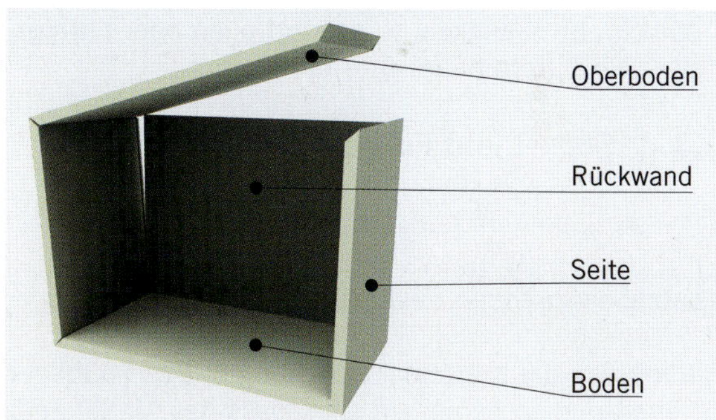

3 Korpusfertigung im Faltverfahren

Rückwand *(rear panel)*

Die Rückwand schließt den Möbelkorpus an der Rückseite ab (S. 150, Abb. 1) und gibt dem Korpus als statisches Element die notwendige Steifigkeit und Winkelstabilität [▶ 8.2].

Um die Funktionsfähigkeit der Türen, Schubkästen und Auszüge zu sichern, wird sie in einem Falz tolerantfrei eingepasst und mit Stiften, Klammern oder Schrauben fixiert. Bei kleineren Möbeln wird die Rückwand in eine umlaufende Nut des Korpus, aus fertigungstechnischen Gründen mit Toleranz, eingesetzt.

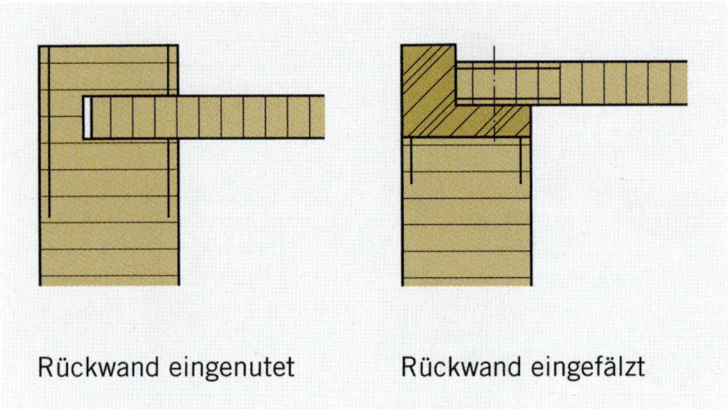

1 Rückwandkonstruktionen am Möbelkorpus

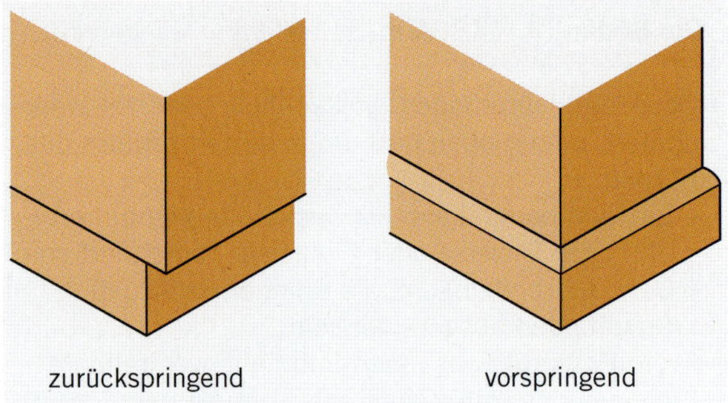

3 Sockelkonstruktionen

Bei Einbauschränken werden die Rückwände entweder stumpf aufliegend geschraubt oder gestiftet sowie mit **Rückwandverbindern** *(rear panel connectors)* (Abb. 2) befestigt.

2 Rückwandverbinder

Als **Werkstoffe für Rückwände** dienen
- Vollhölzer, wegen der Schwindung/Quellung vornehmlich als Rahmen-Füllung-Konstruktionen,
- Holzwerkstoffe aus Furniersperrholz, Spanplatten, MDF- und HB-Faserplatten unbeschichtet oder beschichtet mit Lacken, Kunststofffolien oder Furnieren. Die Dicken betragen 4 bis 8 mm.

5.1.4 Sockel und Fußgestelle

Sockel, Füße und Fußgestelle tragen den Korpus mit seiner Eigenmasse und der Masse der aufzubewahrenden Gegenstände.

Sie müssen die Kräfte der Belastung in den Fußboden ableiten und so bemessen sein, dass das Möbel auch bei geöffneten Türen oder ausgezogenen Schubkästen sicher steht.

Sockel *(base)*
Sockel, vor- oder rückspringend, aus Vollholz oder Holzwerkstoffen beeinflussen die Gestalt des Möbels (Abb. 3). Bei einigen Möbeln werden sie als Schubkästen ausgeführt. Sie müssen unempfindlich gegen Stöße und Schmutz sowie in Nassräumen oder Küchen vor Feuchtigkeit geschützt sein.

Möbelfüße und Fußgestelle *(adjustable legs)*
Möbelfüße, Stollen oder Fußgestelle erhöhen den Korpus zum bequemeren Eingriff, besonders in bewegliche Elemente. Zudem wird er bei der Reinigung des Raumbodens geschützt. Auch auf die Gestaltung hat die Unterkonstruktion Einfluss. Ein mit Füßen oder Gestell vom Boden abgehobener Korpus wirkt optisch leichter als auf einem Sockel. Die Formen müssen der Gestalt des Korpus angepasst sein.

Möbelfüße werden einzeln oder als eigenständiges Fußgestell, bestehend aus Stollen und Zargen, am Unterboden des Korpus befestigt (Abb. 4).

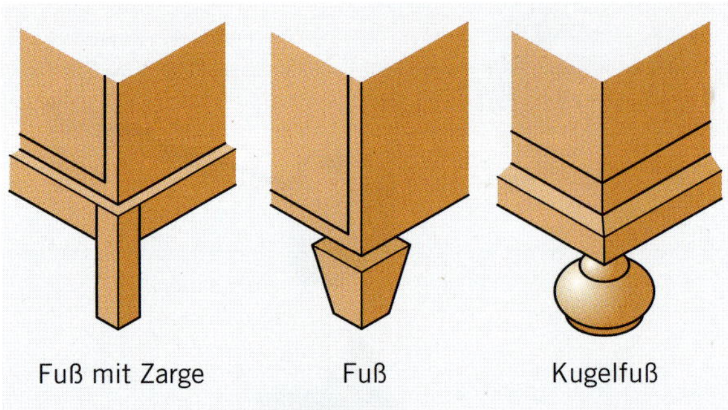

4 Möbelfüße und Fußgestell

Mit höhenverstellbaren Sockelfußbeschlägen *(fittings for height adjustable levelling feet)* nach DIN 68856-5 (Abb. 5) kann das Möbel „in Waage“ ausgerichtet werden.

5 Höhenverstellbare Sockelfußbeschläge

5.1.5 Möbeltüren

Möbeltüren *(furniture doors)* sind bewegliche Möbelelemente zum Verschließen des Korpus. Sie haben vornehmlich die Aufgabe, aufbewahrte Gegenstände vor Zugriff, Staub, Licht usw. zu schützen. Darüber hinaus bestimmen sie maßgeblich die Gestalt einer Möbelfront. Unterschieden werden

- Drehflügeltüren *(revolving doors)*
- Klappen *(flaps)* [▶ **5.1.13**],
- Schiebetüren *(sliding doors)* [▶ **5.1.14**],
- Rollläden *(roller shutters)* [▶ **5.1.15**].

5.1.6 Drehflügeltüren *(revolving doors)*

Drehflügeltüren werden einseitig, um eine senkrechte Achse drehbar, angeschlagen.

Sie sind die gängigste Form, Möbel mit Türen zu verschließen. Beschläge zum Anschlagen sind Hänge und Scharniere. Verschlossen werden sie mit Schlössern und Schnäppern.

Die Position der Drehflügeltür zum Korpus bestimmt die **Drehrichtung**. Nach DIN SPEC 1134 werden unterschieden (Abb. 1):

- Rechtsflügel, Anschlag rechts, Verschluss links,
- Linksflügel, Anschlag links, Verschluss rechts.

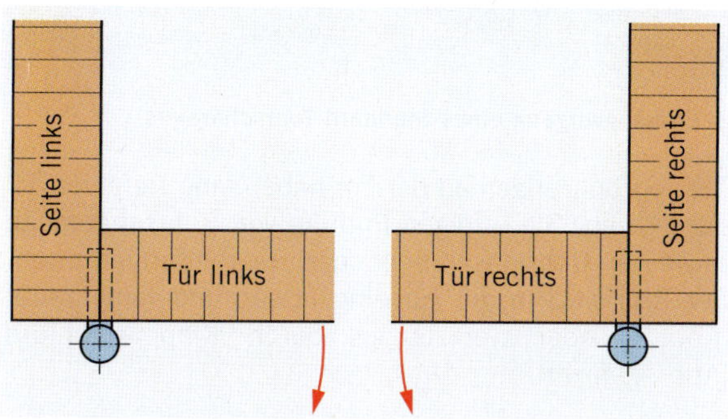

1 Links- und Rechtsflügeltür

Nach der **Anschlagart** *(type of mounting)* werden unterschieden:

- aufliegende Türen *(offset doors)*,
- einliegende Türen *(inset doors)*,
- gefälzte Türen *(rebated doors)*.

Aufliegende Drehflügeltüren sind stumpf vor den Korpusseiten angeschlagen (Abb. 2).

In der Vorderansicht bilden sie eine rahmenlose Fläche. Aufliegende Türen sind nicht staubdicht, da sie einen gewissen Spielraum zur Korpuskante benötigen, um die Drehbewegung der Türen nicht zu behindern. Der Mangel kann durch Beistöße oder elastische Dichtungsprofile beseitigt werden.

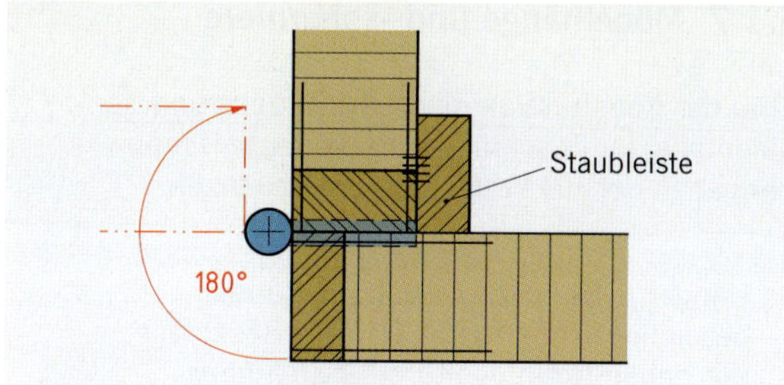

2 Aufliegende Linksflügeltür

Einliegende Drehflügeltüren sind zwischen den Korpusseiten angeschlagen (Abb. 3).

In der Vorderansicht wird umlaufend eine sichtbare Fuge zwischen Korpuskante und Tür gebildet. Die Türen können, bezogen auf die Korpusvorderkanten, vor- und zurückspringen oder bündig sein. Den Anschlag und Nullpunkt der Türen bilden senkrechte Beistöße und waagerechte Traversen sowie gefälzte Unterböden bzw. zurückspringende, geleimte Einlegeböden.

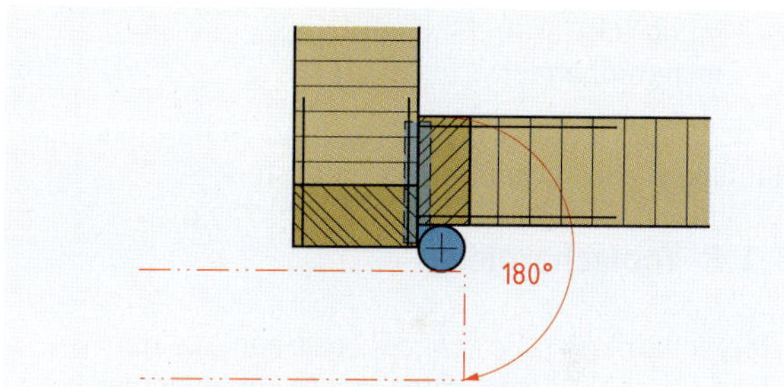

3 Einliegende Linksflügeltür mit Nullpunkt

Gefälzte Drehflügeltüren liegen mit den Falznacken an den Korpusvorderkanten an (Abb. 4), die den Nullpunkt der Türen bilden.

Gefälzte Flügeltüren sind wesentlich staubdichter als aufliegende Türen. Falzbreite und Nackenhöhe sind von den verwendeten Hängen oder Scharnieren abhängig. Je nach Gestalt erhalten die Falznacken unterschiedliche Profile [▶ **GK TZ 2.2**].

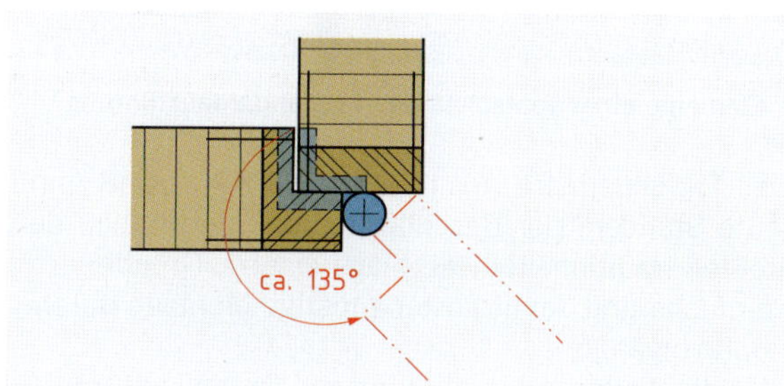

4 Gefälzte Flügeltür

5.1.7 Möbelhänge und -scharniere

Bei der Konstruktion eines Werkstücks und der Montage der Beschläge sind die technischen Angaben der Hersteller zugrunde zu legen.

- **Hänge** *(joint hinges)*, auch als Bänder bezeichnet, sind i.d.R. teilbare Beschläge, mit denen Drehflügeltüren aushängbar angeschlagen werden.
- **Scharniere** *(hinges)* sind i.d.R. unteilbare Beschläge, bei denen die Drehflügeltüren nicht aushängbar sind.

Die Zuordnung von Hängen und Scharnieren ist häufig nicht eindeutig. Unterschieden werden:

- Topfscharniere
  - Standard-Topfscharniere,
  - spezielle Topfscharniere,
- Hänge mit Lappen (Zylinderbänder),
- Scharniere und Stangenscharniere,
- besondere Bänder und Scharniere
  - Zapfenbänder,
  - Einbohrbänder und -scharniere,
  - Einstemmbänder.

In der Folge werden die Hänge und Scharniere nach Häufigkeit der Anwendungen dargestellt.

5.1.8 Topfscharniere

Topfscharniere *(cup hinges)* bestehen aus dem Topf *(cup)* mit dem Gelenkarm sowie aus einer Montageplatte *(mounting plate)* (Abb. 1).

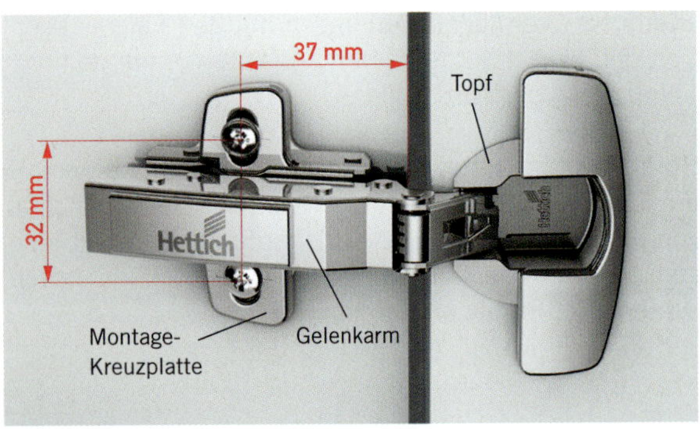

1 Elemente eines Topfscharniers in Standardausführung

Die Topfscharniere nach DIN CEN/TR 15588 sind heute Standard der Beschlagstechnik und haben den Großteil traditioneller Beschläge ersetzt. Gründe:

- einfache und damit kostengünstige Montage durch Bohrvorgänge,
- Möglichkeiten der Justierung von Drehflügeltüren und Klappen in allen Richtungen,
- Standardisierung durch Ausrichtung auf Rastersysteme (z.B. System 32 [▶ 8.2.2]),
- steigende Qualität und Vielfalt der Ausführungen für unterschiedliche Anschlagsituationen.

Topfscharniere mit **Topfdurchmesser** von

- 35 mm sind für Möbeltüren im Wohn- und Schlafbereich sowie in Küchen geeignet;
- 26 mm sind für Kleinschränke wie Bad- und Kosmetikschränkchen entwickelt worden.

Mehrgelenk-Topfscharniere *(multi-pivot cup hinges)*
Die Drehfunktion erfolgt über mehrere Drehpunkte. An die Korpusseiten werden Montageplatten geschraubt. Bei Kreuzplatten (Abb. 1) beträgt das Achsmaß der Bohrungen 32 mm, abgeleitet vom 32er-Lochreihen-Rastersystem [▶ 5.2.2]. Das Standardmaß zu den Seitenkanten bei aufliegenden Türen und Rückwänden beträgt 37 mm.

Montage eines Topfscharniers
(mounting of a cup hinge)
In der Standardausführung sind sie meist werkzeuglos per „Klickvorgang" teilbar (Abb. 2).

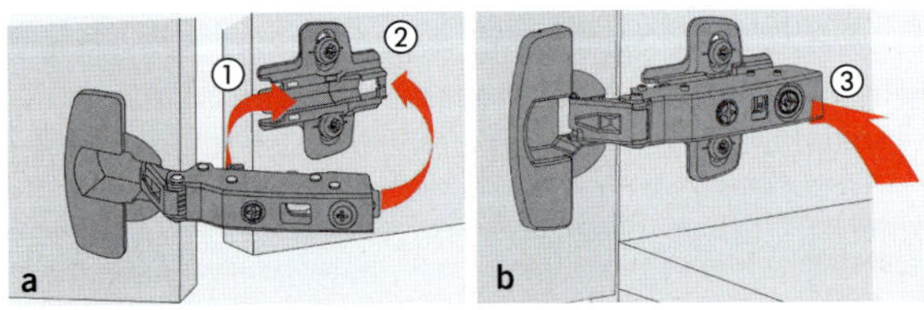

2 Einhängvorgang eines Standard-Topfscharniers

Die Topfbohrungen an der Tür haben eine Tiefe von 12 bis 14 mm. Sie erfolgen mithilfe von Bohrschablonen sowie an Bohrmaschinen oder Bearbeitungszentren. Der Topf wird in die Tür eingelassen und verschraubt (Abb. 3) oder werkzeuglos durch Klappverschluss (Abb. 4) fixiert.

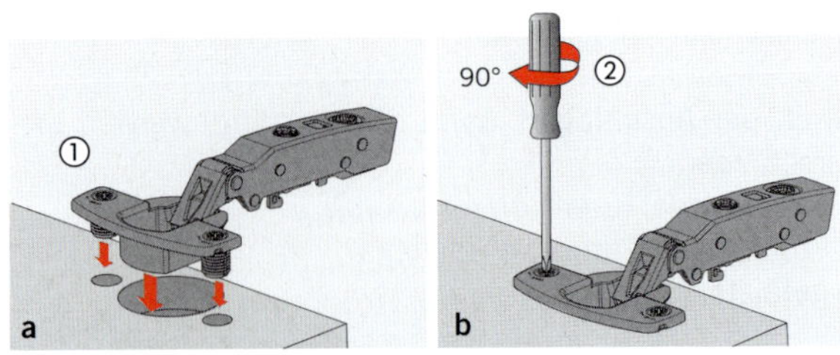

3 Topfschraniermontage durch Schrauben

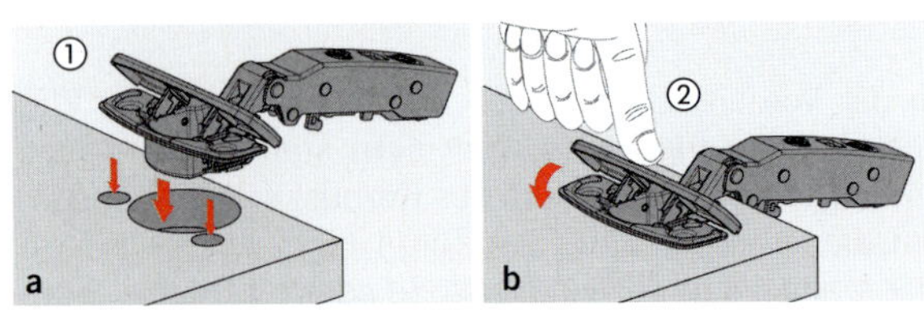

4 Topfscharniermontage durch Klappverschluss

Die **Justierung** *(adjustment)* erfolgt in drei Richtungen über Stellschrauben an Montageplatte und Gelenkarm (Abb. 1). Die Auflage kann durch Distanzplatten (Abb. 2) zusätzlich variiert werden.

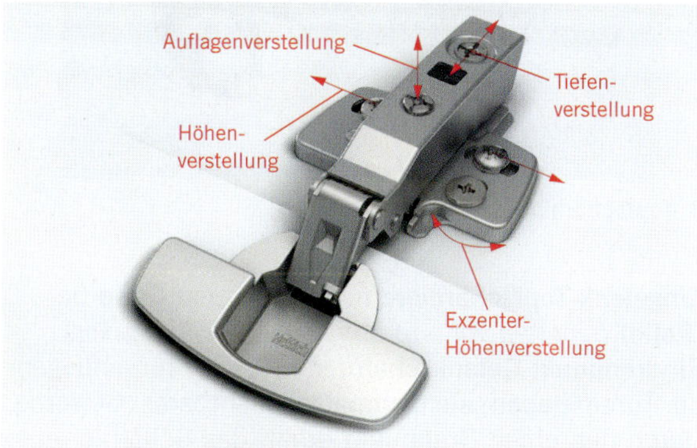

1 Justierungen des Topfscharniers

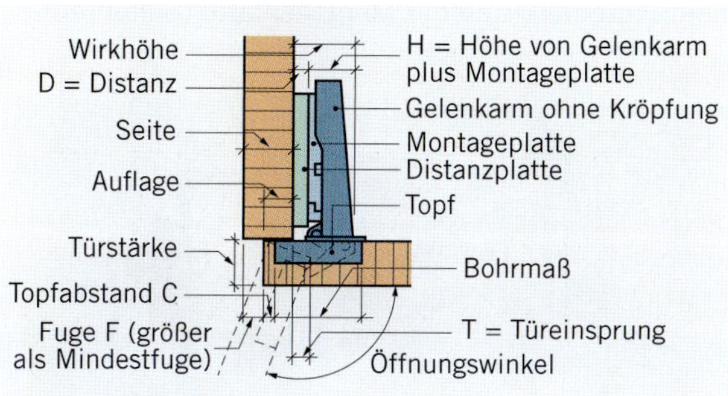

2 Topfscharnier mit Distanzplatte

Montagemaße und **-anleitungen** zu den Beschlägen können bei den Herstellern aus den Online- und Printmedien abgefragt werden (Bezeichnungen und Abkürzungen sind produktbezogen).

Beispiel

- Der **Topfabstand** kann 3 bis 10 mm betragen und darf das angegebene Maß nicht überschreiten (Klemmen der Türkante an der Korpusseite).
- Das **Türauflagemaß** gibt an, wie weit die Tür an der Vorderkante der Seite aufliegt. Es ergibt sich aus der Summe von Topfauflagemaß und Topfabstand.
- Die **Mindestfuge** ist von der Tür- und Seitendicke abhängig. Sie ist einzuhalten, damit die Türkante nicht sperrt.
- Die **Topftiefe** beträgt 11 bis 13 mm.
- Der **Öffnungswinkel** beträgt bei rechtwinkligen Korpuskanten i. d. R. 92° bis 110°. Bei nicht rechtwinkligem Korpus ist er unterschiedlich.
- Der **Türeinsprung** ist der Versatz der geöffneten Tür, der Einbauten wie Schubkästen berücksichtigt.

Die **Anzahl der Topfscharniere pro Tür** ist vom Werkstoff, der Masse und den Maßen der Tür abhängig (Anwenderdiagramm (Abb. 3) des Beschlagsherstellers).

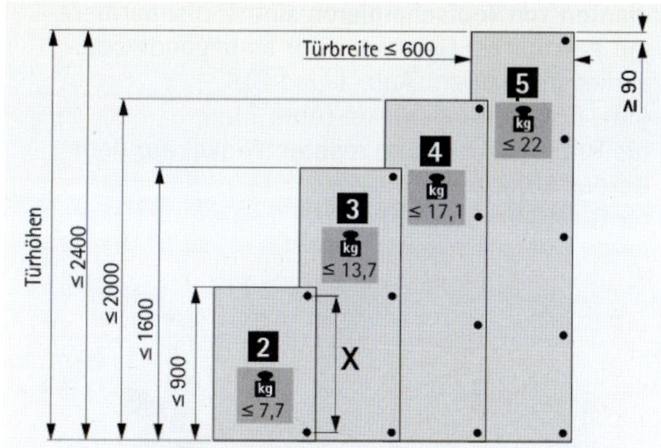

3 Diagramm für die Anzahl der Topfscharniere pro Tür
– Richtwerte für Türen aus Spanplatte, Dicke 19 mm, Dichte 750 kg/m³

Beispiel

Wie viel Topfscharniere werden für das Anschlagen der Schranktür mit den Maßen 580/2160 mm benötigt?
V (Tür) = 0,580 m · 2,160 m · 0,019 m = **0,024 m³**
m (Tür) = $750\ \frac{kg}{m^3} \cdot 0{,}024\ m^3$ = **18 kg**
⇒ Es werden vier Topfscharniere benötigt.

Arten von Topfscharnieren

Die Anschlagart von **Standard-Topfscharnieren** mit Gelenkarm ohne Kröpfung ist aufliegend, der Öffnungswinkel beträgt 110° (Abb. 4).

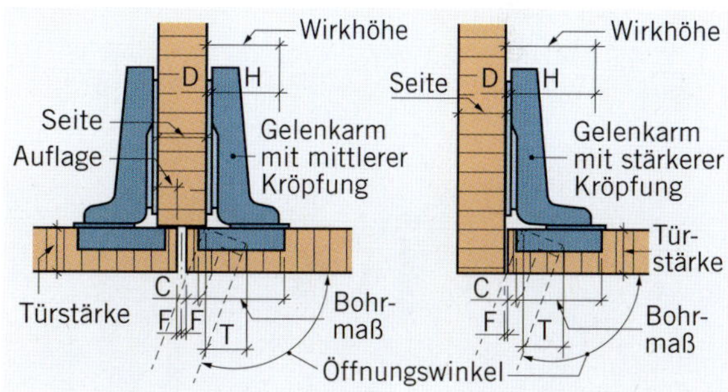

4 Anschlag und Öffnungswinkel beim Standard-Topfscharnier

Die Topfscharniere sind meist mit Schließfunktion und Dämpfung (Abb. 5) ausgestattet.

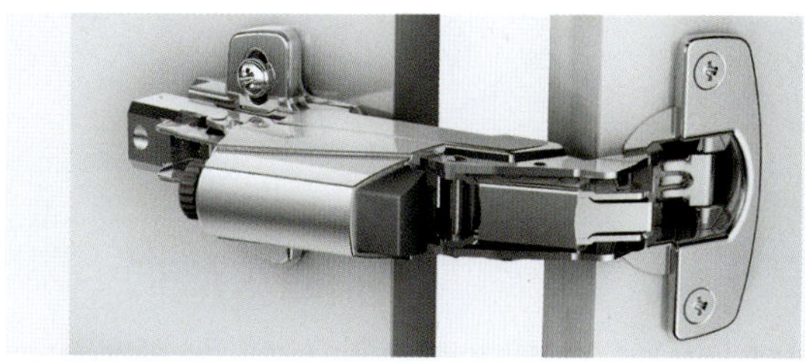

5 Topfscharnier mit Geräuschdämpfung

Varianten von Topfscharnieren sind Topfscharniere
- mit gekröpftem Gelenkarm für einliegende oder aufliegende Türen (Abb. 1 und 2),
- mit 165° Öffnungswinkel (Abb. 3),
- für Türen, die nicht im rechten Winkel auf dem Korpus aufliegen (Abb. 4),
- für Glastüren (Abb. 5).

1 Topfscharnier mit gekröpftem Gelenkarm

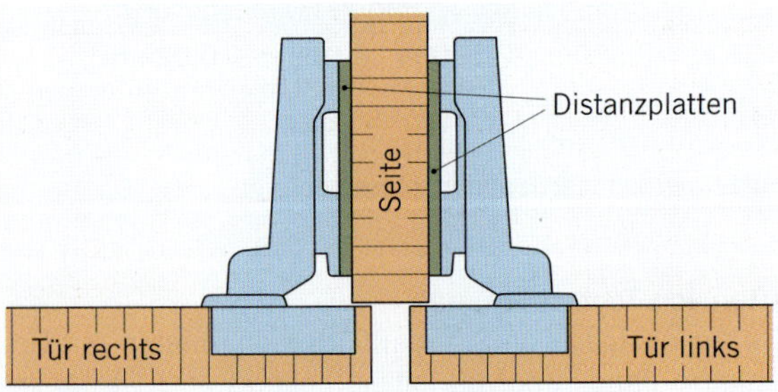

2 Anwendungen von Topfscharnieren mit gekröpftem Gelenkarm

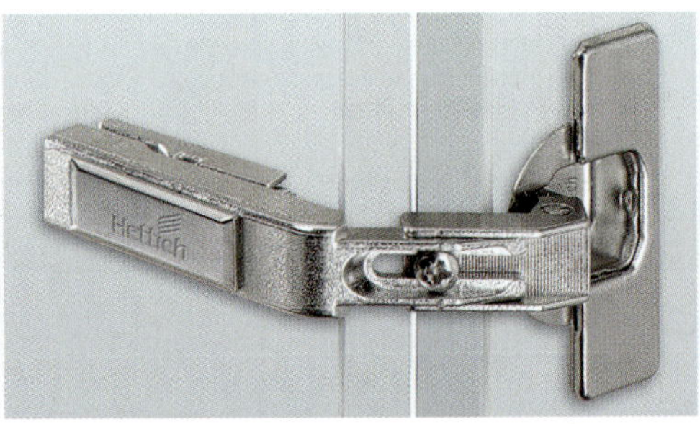

3 Topfscharnier mit 165° Öffnungswinkel

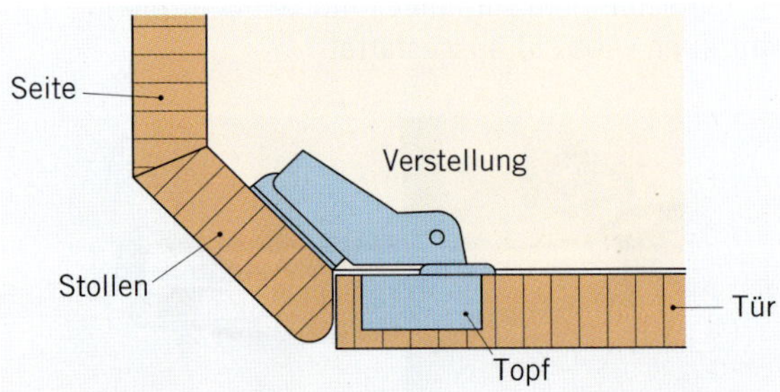

4 Anwendung von Topfscharnieren für Türen, die nicht im rechten Winkel aufliegen

5 Topfscharnier für Glastüren

Eingelenk-Topfscharniere mit sichtbarem Gewerbe (Rolle) *(single-pivot cup hinges with visible pivot)*
Eindrehpunkt-Gelenkscharniere (Abb. 6) für aufliegende Türen haben ein schmales, sichtbares Gewerbe. Durch den einen Drehpunkt erhält das Scharnier eine hohe Präzision und Standfestigkeit. Die Höhenjustierung erfolgt mit Exzenter-Stellschrauben am Topfelement (Türenteil) und der Montageplatte (Seitenteil).

6 Eingelenkscharnier mit außen liegendem Gewerbe

Eindrehpunkt-Topfscharniere für Stilmöbel mit gefälzten Türen haben ein Ziergewerbe (Abb. 7), ähnlich Häng Form D [▶ 8.1.8]. Die Justierung entspricht der an Standard-Topfscharnieren.

7 Topfscharnier mit Ziergewerbe

5.1.9 Hänge mit Lappen *(butt hinges)*

Hänge und Scharniere nach DIN CEN/TR 15588 werden abhängig von Werkstoff und Ausführung der Oberfläche gekennzeichnet (S. 155, Tab.1).

Tab. 1 Kennzeichnung von Werkstoff und Oberfläche an Scharnieren und Hängen

	Kurzbuchstabe	Oberflächenart
CuZn (Kupfer-Zink-Legierung)	**P**	poliert (an nach dem Einbau sichtbaren Flächen)
	H	galvanischer Nickel-Chrom-Überzug, hochglänzend
	M	galvanischer Nickel-Chrom-Überzug, matt

Beispiel für die Kennzeichnung eines Scharniers in technischen Zeichnungen für Stumpftüren, Form E, 70 mm Höhe, in Stahl, matt:
DIN 81402 – E70 – St – M

Hänge aus Messing (CuZn) oder Stahl (St) bestehen aus einem oberen Lappen mit Bohrung und einem unteren Lappen mit Stift (Abb. 1).

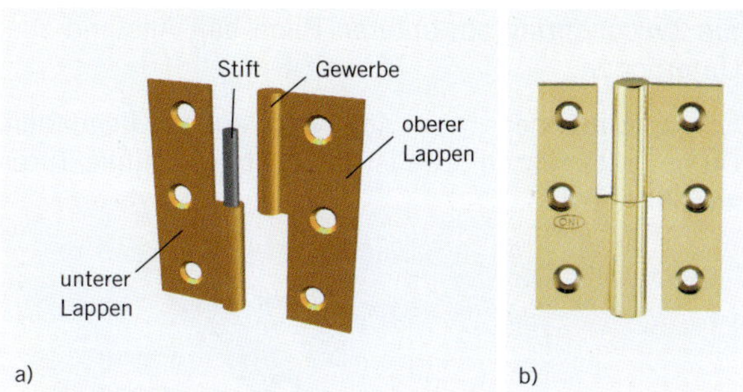

1 Teile eines Hängs (Zylinderbandes)

Das Zentrum des **Gewerbes** (der Rolle) ist der **Drehpunkt**. Für die verschiedenen Anschlagarten wird der Drehpunkt seitlich in unterschiedliche Positionen durch **Kröpfung** (Abwinkeln) eines oder beider Lappen verlagert.

DIN 81402 unterscheidet Hänge, abhängig von der Anschlagart, nach **Formen**, die mit den in Praxis und Handel gebräuchlichen Unterscheidungen der Kröpfungen nicht übereinstimmen.

- **Form A** für Stumpftüren, beide Lappen gerade

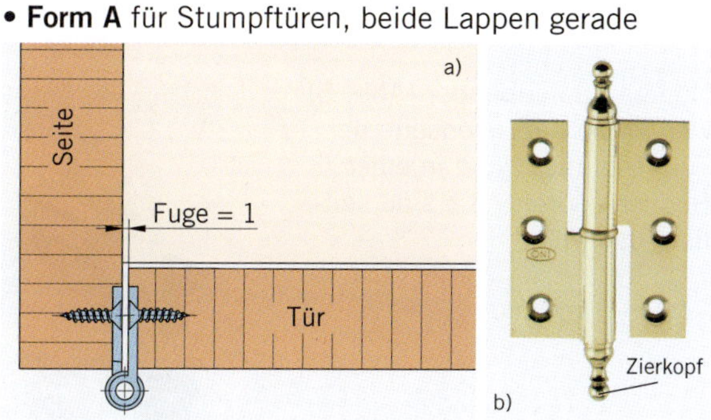

2 Häng Form A

- **Form B** für vorstehende Türen, oberer Lappen gekröpft, unterer Lappen gerade
- **Form C** – Kröpfung B – für einliegende Türen, unterer Lappen gerade, oberer Lappen gekröpft

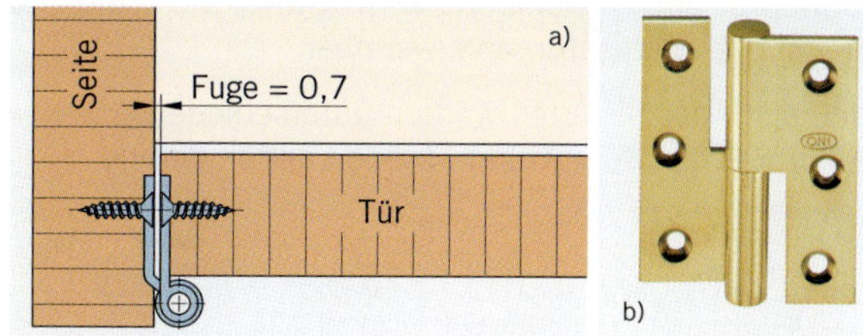

3 Häng Form C

- **Form D** – Kröpfung D – für gefälzte Türen, beide Lappen gekröpft

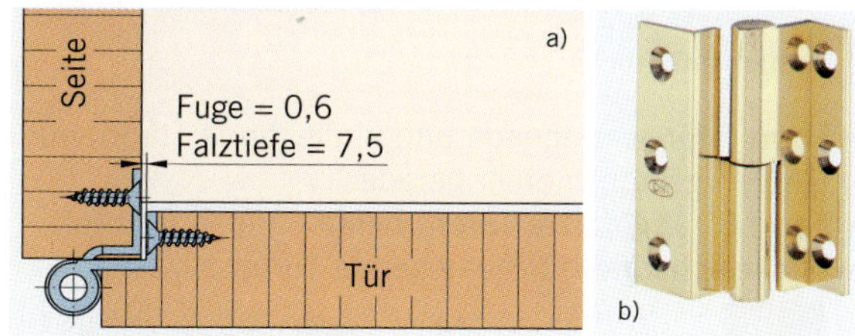

4 Häng Form D

- **Winkelband** (nicht genormt) – Kröpfung L – für aufl. Türen, unterer Lappen abgewinkelt, oberer gerade

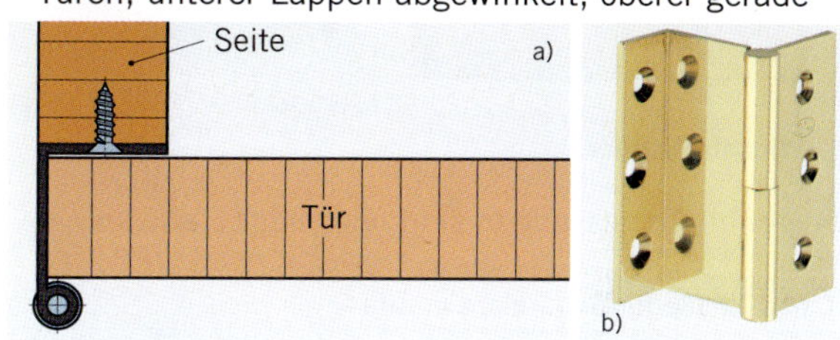

5 Winkelband

Tab. 2 Maße für Hänge (* außerhalb der Norm)

Form	Maße in mm (nach DIN 81402)				
	Lappenhöhe	Öffn.-breite	Lappendicke	Ø-Gewerbe	Kröpfung
A	40	30	1,5	5	gerade
	50	40	1,8	5	
	60	50	2,2	6	
B	40	30	1,5	6	3,5
C	50	36	1,8	6	3,5
D	50	36	1,8	6	7,5
L*	50	36	1,8	6	–

Beispiel für die Kennzeichnung eines Hängs in technischen Zeichnungen, Form D für gefälzte Linksflügeltüren von 60 mm Höhe, in Messing, poliert:
Häng DIN 81402 – DL60 – CuZn – P

Es gibt auch Hänge mit Gewerben von 8 und 11 mm Ø und Lappenhöhen von 60 und 80 mm.

5.1.10 Scharniere und Stangenscharniere

Scharniere nach DIN 81402 aus Messing oder Stahl bestehen aus zwei Lappen mit einem mehrgliedrigen Gewerbe und durchlaufendem Stift. Sie sind für Rechts- und Linkstüren verwendbar.

Je nach Anschlagarten werden unterschieden:

- **Form E** für Stumpftüren, beide Lappen gerade

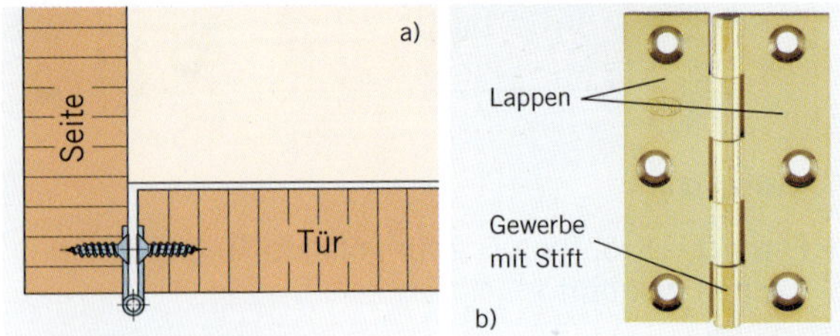

1 Scharnier Form E

- **Form F** für vorstehende und einliegende Türen, ein Lappen gekröpft, einer gerade
- **Form G** für gefälzte Türen, beide Lappen gekröpft
- **Winkelscharnier** für aufliegende Türen

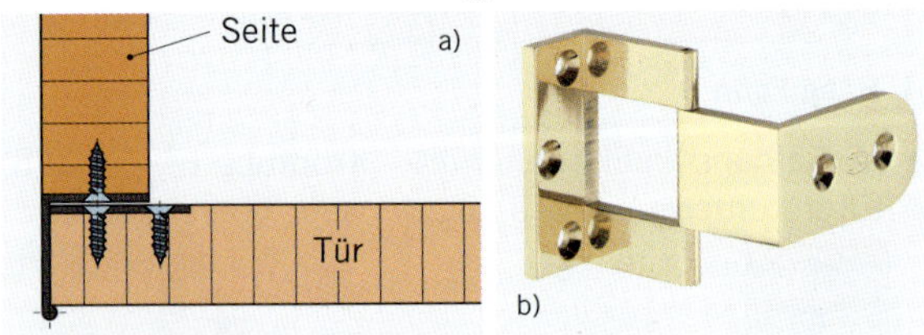

2 Winkelscharnier

Folgende Abmessungen sind festgelegt (Tab. 1):

Tab. 1 Maße für Scharniere in mm

Form	Lappen-höhe	Lappen-breite	Lappen-dicke	Ø Gewerbe	Ø Schrau-benlöcher
E	20	16	1,3	3,5	4
	25	20	1,5	4,0	
	35	20	1,5	4,0	
	40	20	1,5	4,0	
		30	1,5	4,0	
		40	1,8	4,5	
	50	30	1,8	4,5	6
		40	1,8	4,5	
		50	2,0	5,0	
	60	40	2,25	5,5	
		50	2,0	5,0	
	80	50	2,5	6,5	
		60	2,5	6,0	

Beispiel für die Kennzeichnung eines Scharniers in technischen Zeichnungen, Form E für Stumpftüren von 80 mm Höhe, Stahl, matt:

Scharnier DIN 81402 – E80 – St – M

Stangenscharniere (Klavierbänder) *(piano hinges)* sind verlängerte Scharniere Form E für Stumpftüren (Abb. 3) mit bis zu 3500 mm Länge.

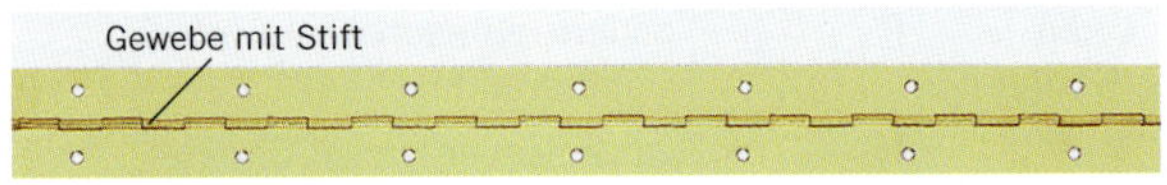

3 Stangenscharnier

Hänge werden bei der Montage auf Lappendicke eingelassen. Scharniere werden häufig auch nur stumpf aufgeschraubt.

Besondere Bänder und Scharniere

Zapfenbänder *(cup hinges)* sind in der Front verdeckt und werden für rechte und linke einliegende Türen verwendet. Sie bestehen aus einem Lochteil für den Ober- und Unterboden des Korpus sowie dem Zapfenteil für die obere und untere Schmalfläche der Tür (Abb. 4 a). Ein Zwischenring am unteren Band hält Abstand zum Unterboden.

Eckzapfenbänder (Abb. 4 b) mit außen liegendem Drehpunkt müssen jeweils für rechte und linke Türen gewählt werden.

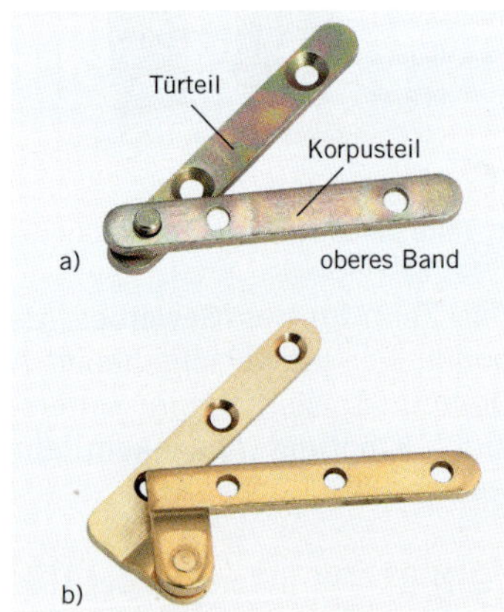

4 Unterschiedliche traditionelle Zapfenbänder

Zapfenbänder werden mithilfe einer Anschlaglehre angeschlagen. Der Drehpunkt wird in der Teilschnittzeichnung ermittelt [▶ LF 1.4.2].

Neuere Zapfenbänder (Abb. 5) werden an die Innenseite der Tür geschraubt und in einer Buchse gedreht. Sie sind seitlich justierbar.

5 Aufschraubbare Zapfenbänder

Spezialscharniere zum Einbohren oder Einfräsen (Abb. 1 und 2), vornehmlich für einliegende Türen, werden in die aufrechten Schmalflächen eingelassen und sind weitgehend unsichtbar.

1 **Spezialscharnier zum Einbohren**

2 **Spezialscharnier zum Einfräsen**

Einbohrbänder mit Einbohrzapfen *(drill-in hinges)* (Abb. 3) sind für rechte und linke gefälzte Türen anwendbar. Sie bestehen häufig aus drei Elementen. Die Bohrlöcher werden mit einer Bohrlehre (Abb. 4) gesetzt. Der Gewindezapfen des Korpusteils wird eingeschlagen. Das Türteil kann durch Heraus-/Einschrauben des Zapfens justiert werden.

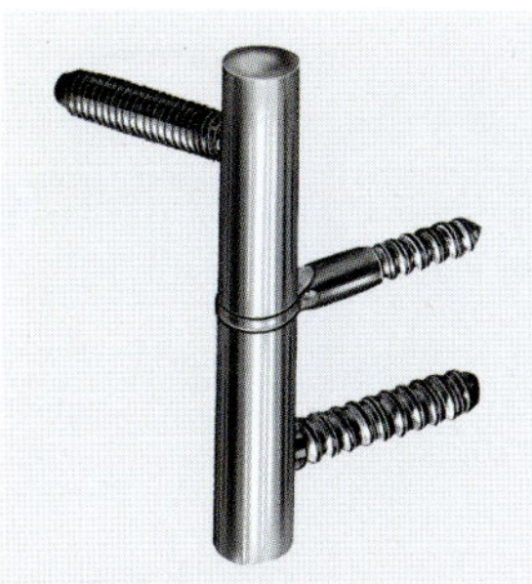

3 **Einbohrband**

4 **Bohrlehre** *(drilling jig)*

5.1.11 Möbelschlösser *(furniture locks)*

Möbeltüren, Klappen, Schubkästen und Auszüge sind mit unterschiedlichen Schließsystemen *(locking systems)* nach DIN SPEC 1134 zu verschließen. Dazu gehören

- Schlösser,
- Riegel- und Schnappverschlüsse [▶ 5.1.12].

Schlösser *(locks)* mit Schlüsseln *(keys)* verschließen Möbel gegen Zugriff. Die im Möbelbau verwendeten **Riegelschlösser** *(dead locks)* nach DIN CEN/TR 15588 (Abb. 5) bestehen aus Elementen, die auch auf andere Schlossarten übertragbar sind:

- Schlosskasten,
- Riegel,
- Stulp,
- Dorn,
- Zuhaltungen,
- Schließblech.

Der Abstand vom Zentrum des Dorns zur Vorderkante des Stulps ist das **Dornmaß** *(backset)*.

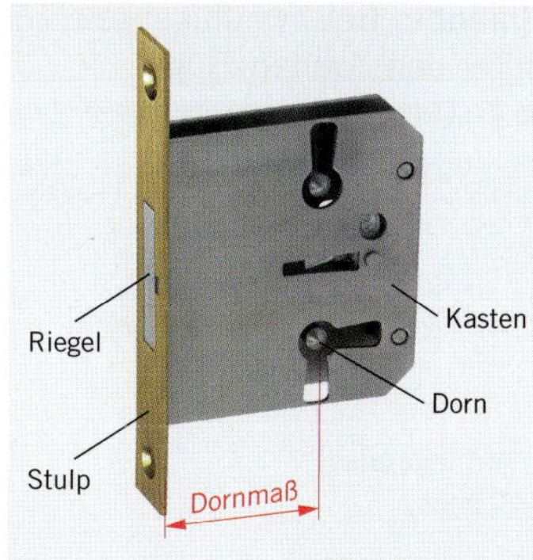

5 **Elemente und Dornmaß am Möbelschloss**

Möbelschlösser haben allgemein Dornmaße von 15 bis 50 mm (in 5-mm-Stufen). Bei Rahmentüren sollte aus gestalterischen Gründen das Zentrum des Dorns an der Außenseite mittig der Rahmenholzbreite (Abb. 6) angeordnet werden.

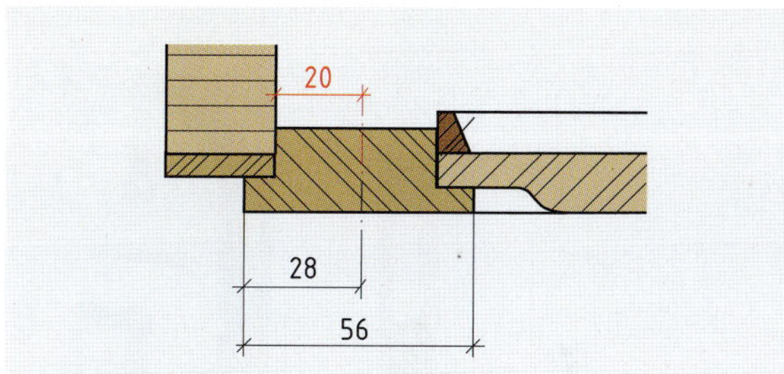

6 **Dornmaß und Rahmenholzbreite**

Berechnungsbeispiel

Wie viel mm muss die Rahmenholzbreite betragen? • Dornmaß des Schlosses = 15 mm • Falznackenhöhe = 8 mm
Breite Rahmenholz = (15 mm + 8 mm) · 2 = **46 mm**

Schlossarten

Bezogen auf die Montage an der Tür werden drei Grundtypen unterschieden:

- aufliegende Schlösser,
- einlassbare Schlösser,
- einsteckbare Schlösser.

Die meisten Möbelschlösser können durch Wenden senkrecht als Rechts- oder Linksschloss sowie waagerecht als Klappen- und Schubkastenschloss verwendet werden.

Aufliegende Schlösser *(surface mounted locks)* (Abb. 1) werden auf die Innenseite einer Tür geschraubt. Das winklige Schließblech *(striker plate)* wird bei einflügeligen Türen an die Korpusseite geschraubt. Bei zweiflügeligen Türen greift der Riegel hinter den zweiten Flügel.

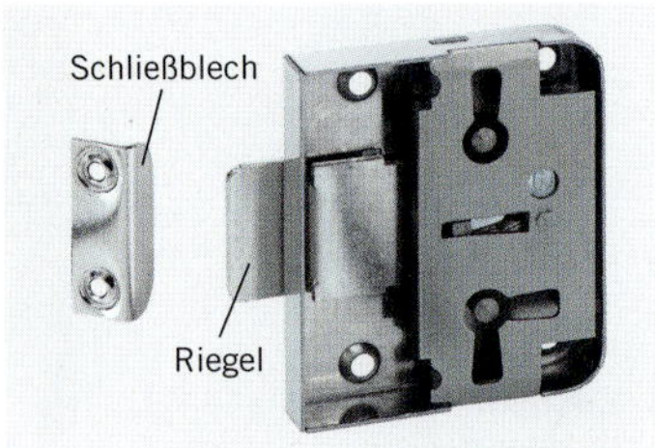

1 Aufliegendes Schloss

Einlassbare Schlösser *(insert type locks)* (Abb. 2) werden an der Türinnenseite mit der Türfläche bündig eingelassen. Der Riegel greift bei einflügeligen Türen in eine an der Korpusseite eingelassene Schließtasche mit Schließblech. Bei zwei Flügeln wird die Schließtasche mit abgewinkeltem Schließblech in die Schmalfläche des zweiten Flügels eingelassen.

2 Einlassbares Schloss

Einsteckbare Schlösser *(mortise type locks)* (Abb. 3) werden an der Schmalfläche der Tür in eine ausgestemmte oder langlochgefräste Schlosstasche eingesteckt. Bei einflügeligen Türen greift der Riegel in das eingelassene Schließblech an der Korpusseite, bei zwei Flügeln an der Schmalfläche des zweiten Flügels.

3 Einsteckbares Schloss

Die **Schlüssellöcher** werden mit Schlüsselbuchsen (Abb. 4 a) oder Rosetten (Abb. 4 b) zum Einlassen gegen Verschleiß abgeschlossen.

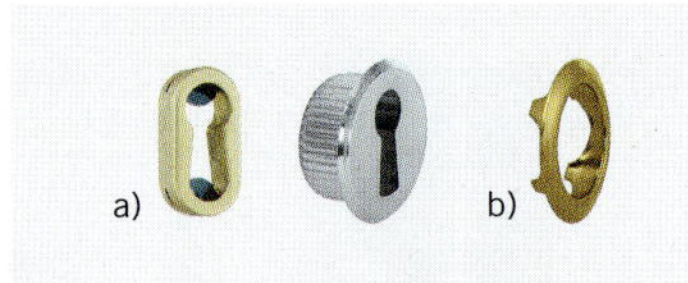

4 Schlüsselbuchse und Rosette für Schließzylinder

Schließarten von Schlössern

Nutbartschlösser haben eine Zuhaltung *(plate)*, die den Riegel blockiert. Um die Blockade aufzuheben und den Riegel vorzutreiben, muss ein Nutbartschlüssel *(grooved bit key)* (Abb. 5 a) verwendet werden, dessen Bart *(bit)* dem Profil des Schlüssellochs entspricht.

Zuhaltungsschlösser haben mehrere Zuhaltungen (3 bis 4 Plättchen) in unterschiedlicher Größe, die den Riegel blockieren. Die Schlösser sind deshalb sicherer als Nutbartschlösser. Zum Aufheben der Blockade und zum Vortrieb des Riegels wird ein Zuhaltungsbartschlüssel *(tumbler key)* mit einem Bart benötigt, dessen Einschnitte der Anzahl und Größe der Zuhaltungen (Abb. 5 b) entsprechen.

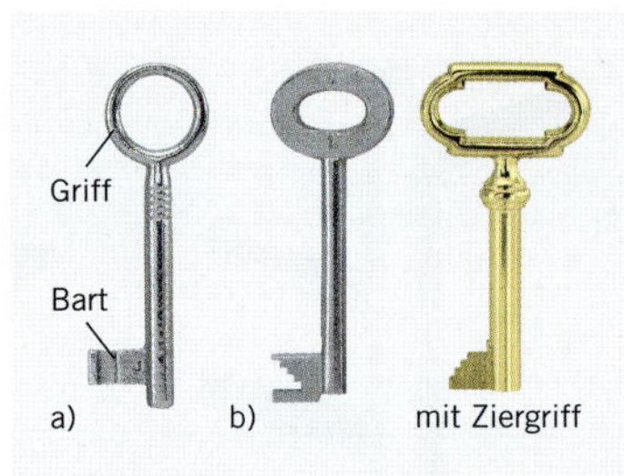

5 Schlüssel für Nutbart- und Zuhaltungsschlösser

Zylinderschlösser *(locks with cylinder)* sind wesentlich sicherer als Zuhaltungsschlösser. Sie bestehen aus einem Schloss mit vorgesetztem Schließzylinder mit Stiftzuhaltungen. Mit einem Zylinderschlüssel *(cylinder key)* und dem Schließzylinder (Abb. 6) wird die Blockade aufgehoben und der Riegel angetrieben.

6 Zylinderschloss mit Schlüssel

Stangenschlösser

Stangenschlösser *(bar locks)* werden vornehmlich bei mehrflügeligen Türen als Mittelverschluss verwendet und sind meist für Rechts- und Linkstüren einsetzbar. Unterschieden werden

- Drehstangenschlösser,
- Schubstangenschlösser.

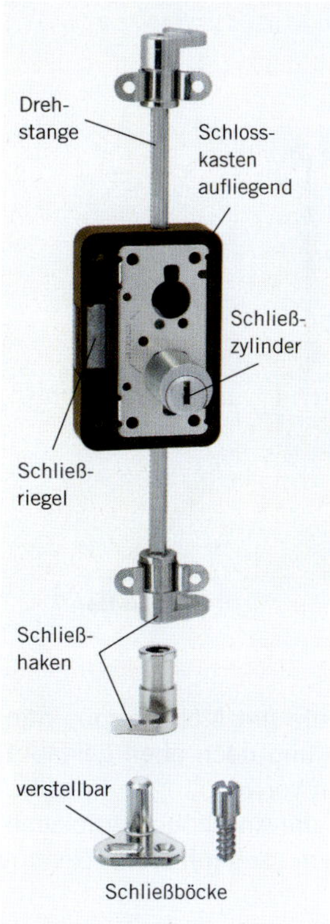

1 Drehstangenschloss

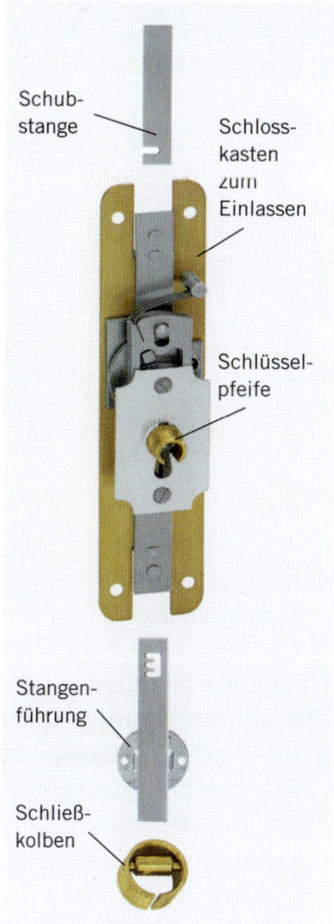

2 Schubstangenschloss

Drehstangenschlösser *(espagnolette locks)* bestehen aus dem Schlosskasten und Drehstangen (Abb. 1). Mit Dreipunkteverriegelung aus mittigem Schließriegel und Schließhaken an den Stangenenden sind sie besonders zum Verschließen hoher Schranktüren geeignet. Die Haken an den Stangenenden greifen um Schließböcke am Ober- und Unterboden.

Schubstangenschlösser *(shooting bar locks)* haben dagegen Schubstangen, die in Schließkloben oder Schließbleche (Abb. 2) im Ober- und Unterboden geschoben werden. Aus Gestaltungsgründen werden die Schubstangen mit einer Zierleiste verdeckt.

5.1.12 Riegel- und Schnappverschlüsse

Schubriegel

Zweiflügelige Türen benötigen Mittelverschlüsse, die sie am Ober- und Unterboden halten. Dazu kann ein Schubriegel (Abb. 3a) aufgeschraubt oder ein Kantenriegel (Abb. 3b) in die Schmalfläche der Tür eingelassen werden. Eine Schlagleiste, mit der gleichzeitig die Mittelfuge verdeckt wird, dient als Mittelanschlag (Abb. 4).

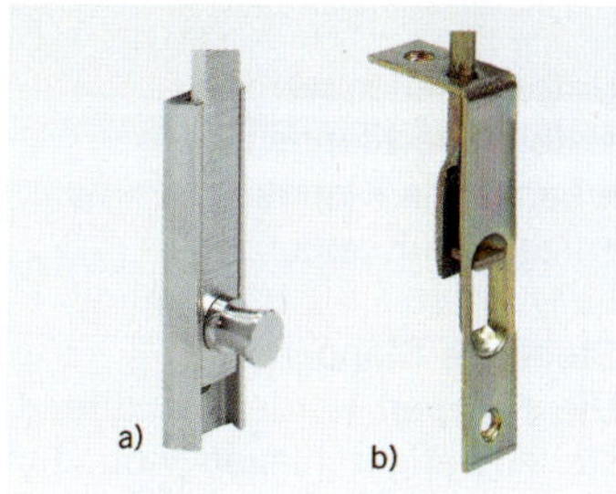

3 Schub- und Kantenriegel

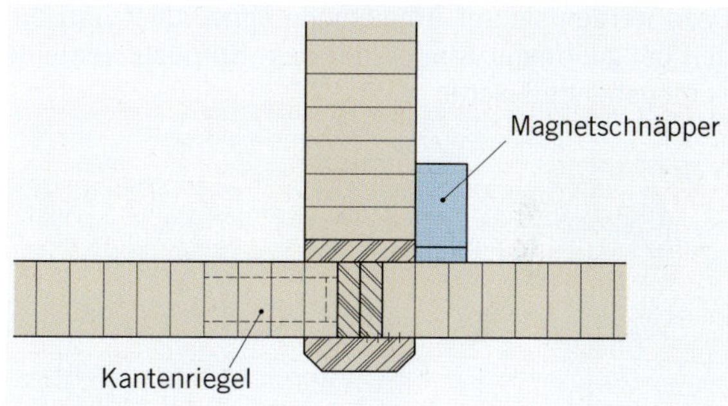

4 Mittelanschlag

Schnappverschlüsse

Türen können alternativ mit Schnappverschlüssen *(snap locks)* mit Dauermagnet (Abb. 5) oder Kugel (Abb. 6) geschlossen werden.

5 Magnetschnäpper

6 Kugelschnäpper

Mit Druckfederverschlüssen (Abb. 7) können Türen, Klappen und Schubkästen grifflos auf Druck geschlossen und geöffnet werden.

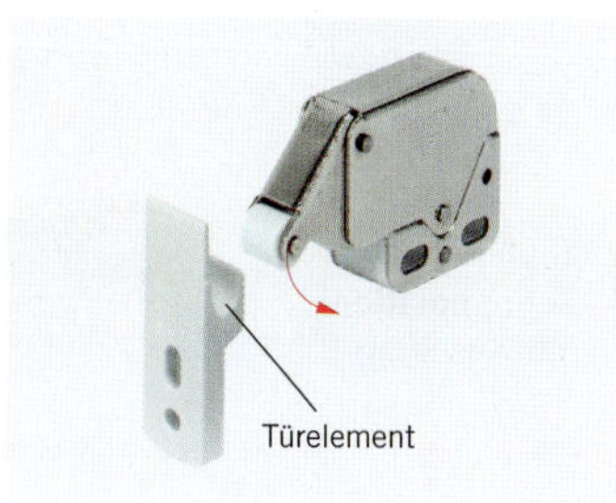

7 Druckfederverschluss

5.1.13 Klappen für Möbel

Klappen werden um eine waagerecht liegende Achse einseitig drehbar angeschlagen.

Unterschieden werden
- stehende Klappen,
- hängende Klappen,
- liegende Klappen.

Stehende Klappen
Die Klappen werden an ihrer Unterkante am Korpus stehend angeschlagen (Abb. 1). Sie können einliegend oder stumpf aufliegend konstruiert sein und dienen nach unten geklappt als Ablage oder Arbeitsfläche. Dazu werden sie auf Arbeitshöhe angeordnet und bilden bei geöffneter Klappe mit dem Korpusboden eine durchgehende Fläche.

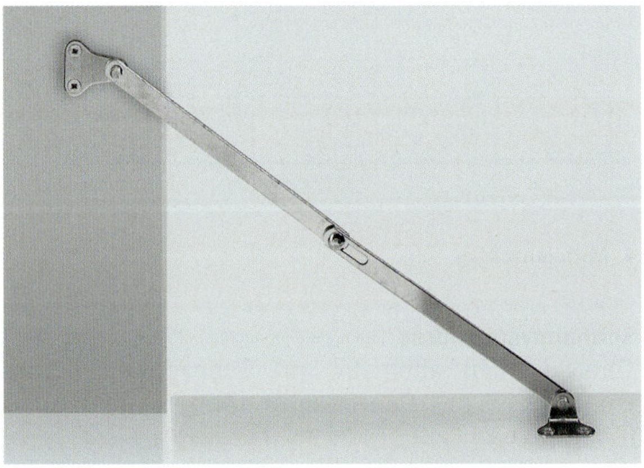

1 Stehende Klappe mit Scheren für Schreibfläche

Für die Funktionsfähigkeit der stehenden Klappen werden spezielle **Beschläge** verwendet, mit denen Klappen und Korpusböden auf einer Ebene gehalten werden. Dazu gehören
- stabile Zapfenbänder mit Anschlag (Abb. 2),
- Klappen-Einbohrscharniere (Abb. 3),
- Klappenhalter ohne Bremsfunktion wie Scheren (Abb. 5) oder mit Bremsfunktion (Abb. 4).

Die **Verschlüsse** an Klappen sind abhängig vom Anschlag der Aufschraub- oder Einsteckschlösser.

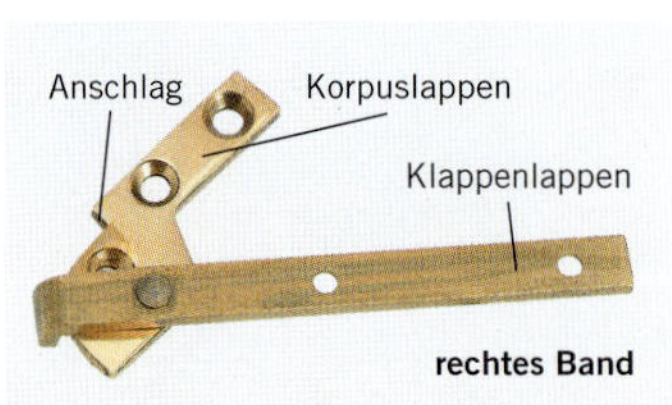

2 Zapfenband für Schreibplatten mit Anschlag

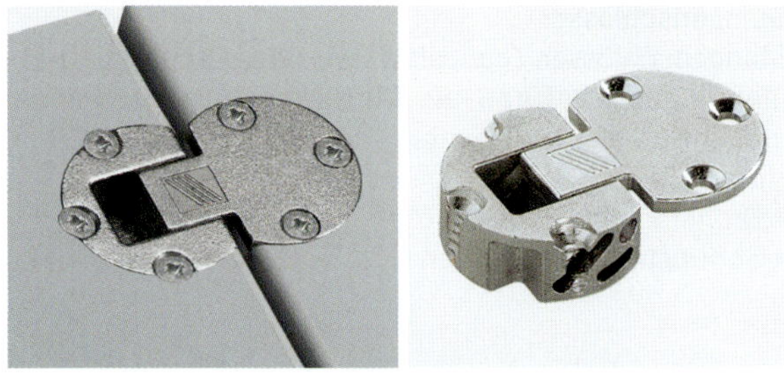

3 Klappen-Einbohrscharnier

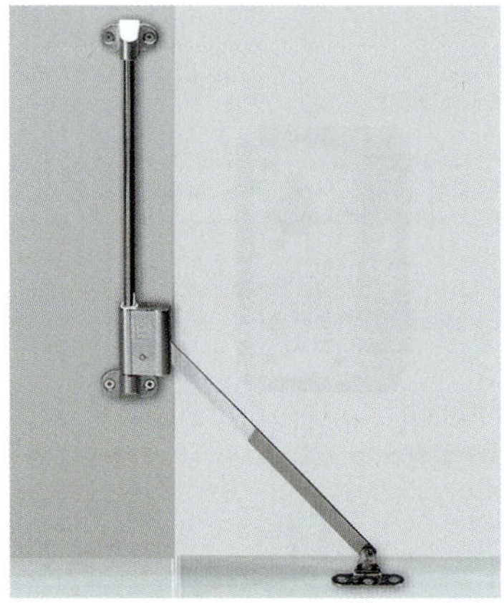

4 Klappenhalter mit Bremsfunktion

Hängende Klappen
Sie werden an ihrer Oberkante am Möbelkorpus hängend (Abb. 5) angeschlagen und nach oben geklappt. Sie finden bei Oberschränken Verwendung, z. B. in Küchen. Bei der Planung muss die Kopfhöhe berücksichtigt werden und der Griff auch im geöffneten Zustand erreichbar sein.

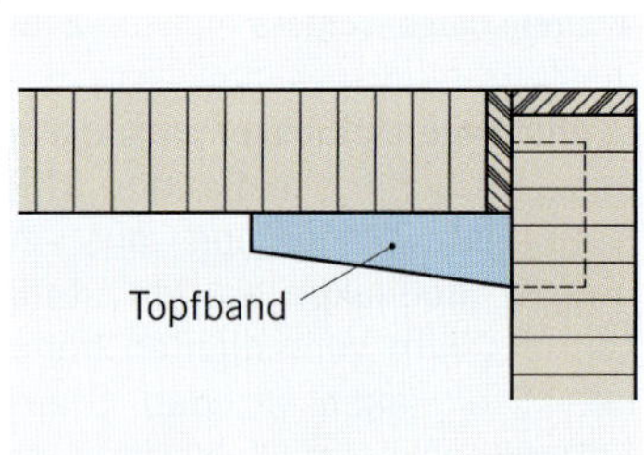

5 Hängende Klappe

Die Klappen können einliegend, stumpf aufliegend oder gefälzt sein. Angeschlagen werden sie vornehmlich mit Topfscharnieren, Hängen oder Scharnieren. Beim Anschlagen mit Hängen wird jeweils ein rechtes und linkes benötigt, damit sich die Klappe nicht unabsichtlich aushängt.

Um die Klappen geöffnet zu halten, werden **Klappenstützen** in unterschiedlicher Ausführung verwendet (S. 161, Abb. 1 und 2).

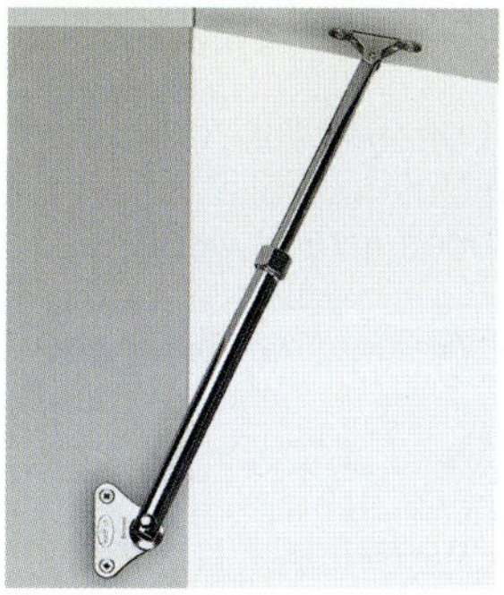

1 Klappenstützen mit pneumatischem Druckzylinder

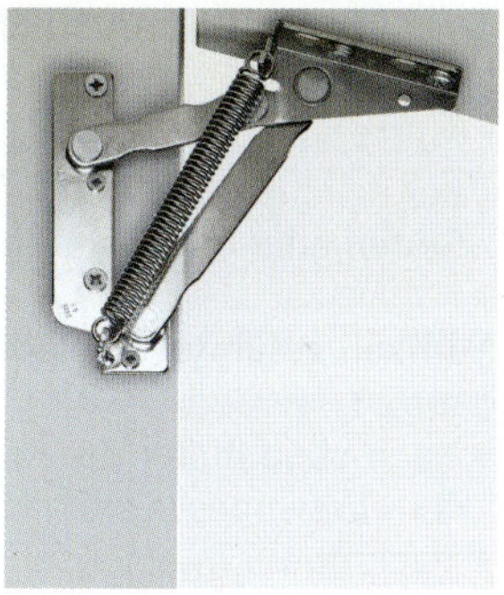

2 Klappenstützen mit Druckfeder

Mit einem **Hochschwenkbeschlag** werden Klappen vom Korpus verschwenkt (Abb. 3), wodurch die Schranköffnung vollständig freigegeben wird.

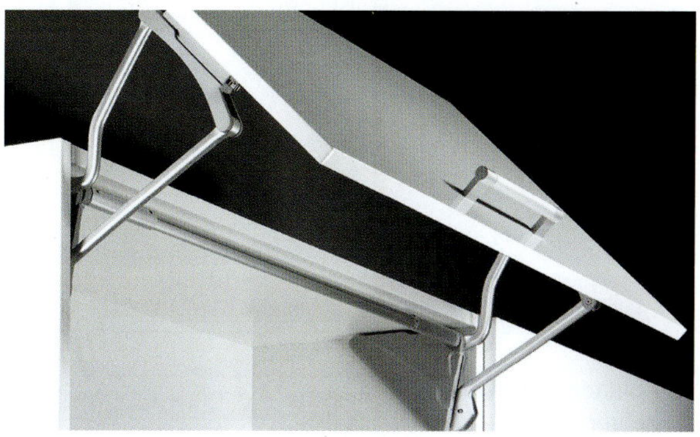

3 Klappen-Hochschwenk-Beschlag

Die **Verschlüsse** sind meist in die Klappenstützbeschläge integriert.

Liegende Klappen
Die Klappen liegen waagerecht oder schräg auf dem Korpus und sind nach oben zu öffnen. Sie werden mit geraden Scharnieren oder Stangenscharnieren sichtbar angeschlagen und finden z. B. bei Truhen und Bettkästen Verwendung. Klappenscheren oder pneumatische Klappenstützen halten sie geöffnet. Die Zuhaltung erfolgt durch die Eigenmasse der Klappe oder Aufschraubschlösser.

Montagemaße und -anleitungen zu den Beschlägen sind aus Katalogen der Hersteller über Online- und Printmedien abzufragen.

5.1.14 Schiebetüren für Möbel

Schiebetüren *(sliding doors)* (Abb. 4) werden innerhalb oder vor der Möbelfront seitlich verschoben.

Nach der Öffnungsrichtung werden laut DIN 68851
- Rechtsschiebetüren nach links,
- Linksschiebetüren nach rechts geschoben.

Da Schiebetüren in geöffnetem Zustand keinen Raum vor dem Möbel einnehmen, finden sie besonders in engen Räumen wie Schlaf-, Badezimmern oder Küchen Verwendung.

Damit zwischen den Türen keine sichtbare Lücke entsteht, überschneiden sich diese im Mittelbereich (Abb. 4). Deshalb ist bei der Gestaltung zu beachten, dass i. d. R. die Türen in der Front auch im geschlossenen Zustand zueinander versetzt sind.

Üblicherweise geben Möbel mit Schiebetüren den Innenraum nie ganz frei. Die **Staubdichtheit** wird verbessert, indem die Türen in eine Nut in der Korpusseite geführt und die Fuge in der Überschneidung mit keilförmigen Staubleisten abgedeckt wird (Abb. 4).

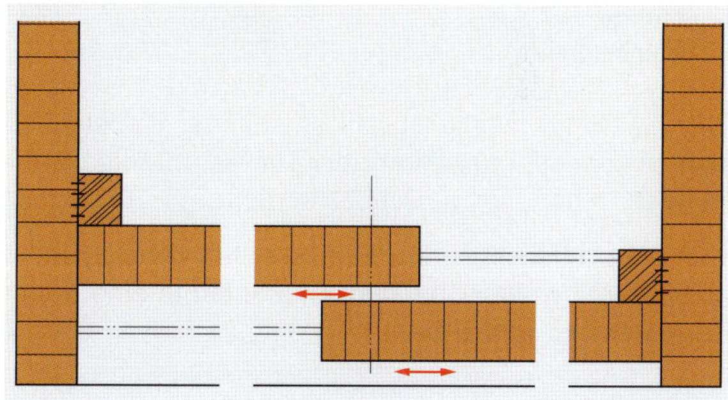

4 Schiebetüren – Horizontalschnitt

Schiebetüren können stehend oder hängend geführt sein. Schwerere Türen laufen mithilfe von Führungsbeschlägen nach DIN CEN/TR 15709.

Stehend geführte Schiebetüren
Stehend geführte Schiebetüren (Abb. 5) gleiten in Kunststoffschienen mit Nutprofil im Ober- und Unterboden. Leichtere Türen laufen mithilfe an der Türeninnenseite oben und unten montierten Gleitern oder Kunststoffrollen.

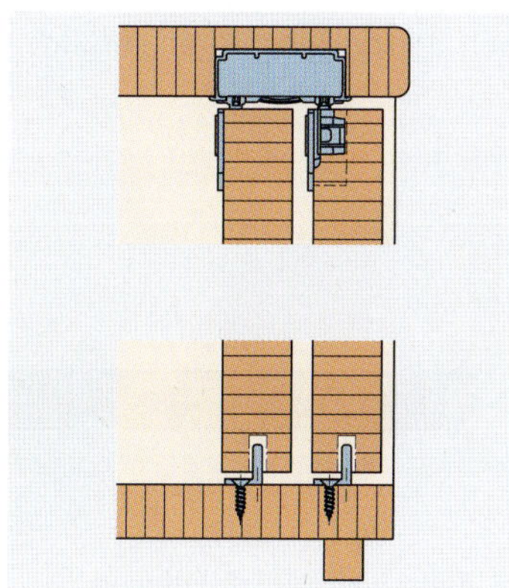

5 Stehend geführte Schiebetüren

Hängend geführte Schiebetüren

Hohe schmale Türen werden hängend geführt (Abb. 1), damit sie bei seitlicher Bewegung nicht verkanten. Sie gleiten oder rollen je nach Gewicht in Laufschienen, die am oder unter dem Oberboden montiert sind. Im unteren Bereich werden sie mithilfe von Führungsschienen oder Führungsnocken senkrecht in Position gehalten.

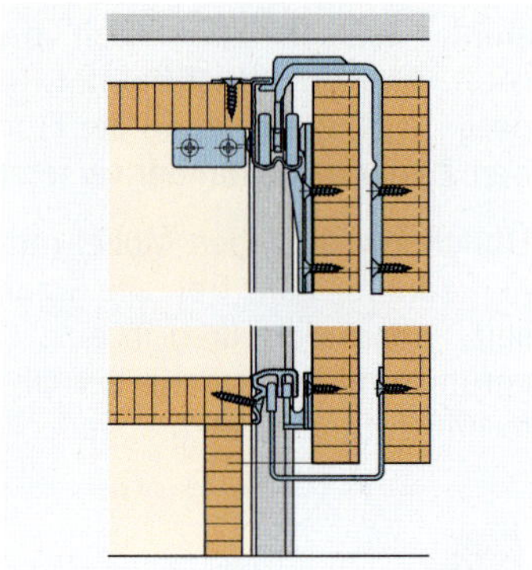

1 Hängend geführte Schiebetüren

Um die Türen möglichst nah aneinander vorbeischieben zu können, müssen mit der Tür fast bündige **Griffmulden** [▶ 8.1.18] verwendet werden.

Zum Verschließen dienen **Schlösser mit Druckzylinder** *(push turn cylinder)*, bei dem ein Zapfen in eine Buchse geschoben wird (Abb. 2).

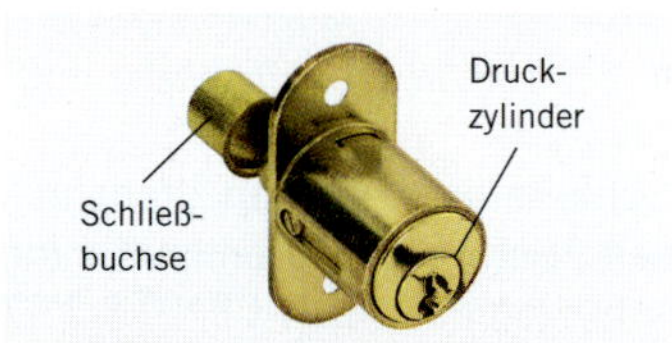

2 Druckzylinder-Schiebetürschloss

Faltschiebetüren *(folding doors)*

Faltschiebetüren sind eine Kombination aus Drehflügel- und Schiebetüren (Abb. 3). Die einzelnen Türenelemente sind mit Scharnieren verbunden. Beim Faltvorgang zum Öffnen der Türen werden sie in Laufschienen am Ober- und Unterboden rollend mithilfe von Spezialbeschlägen geführt.

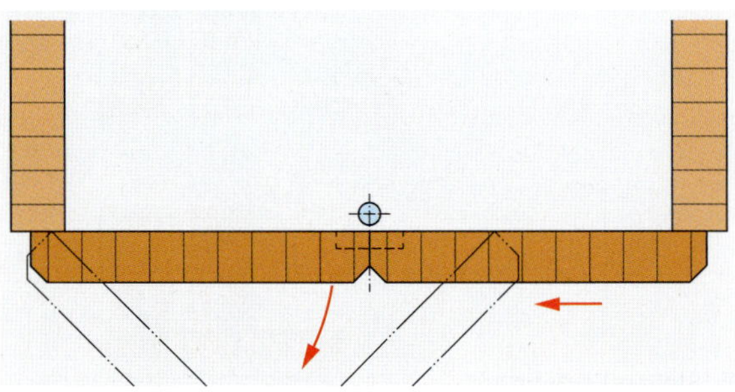

3 Faltschiebetür mit Führung

5.1.15 Rollläden für Möbel

Rollläden *(tambour doors)* bestehen aus beweglichen Stäben, die in Nuten vertikal in Seiten oder horizontal in Böden geführt werden.

Vertikal geführte Rollläden *(vertical tambour doors)* (Abb. 4) werden

- nach oben hinter die Rückwand geschoben, damit ihre Eigenmasse sie nach oben zieht,
- nach unten in einer schneckenförmigen Nut unter dem Zwischenboden aufgerollt, da sie wegen ihrer Eigenmasse sonst auf halber Strecke stehen blieben. Die Radien der „Schnecke" dürfen wegen der Lauffähigkeit nicht zu klein gewählt werden.

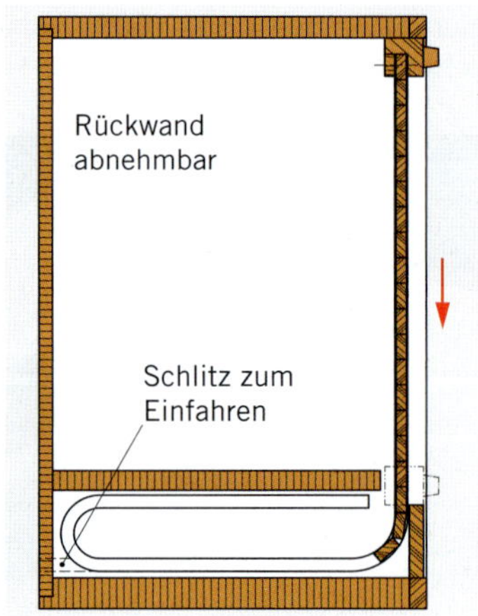

4 Rollladen vertikal geführt

Horizontal zur Seite geführte Rollläden *(horizontal tambour doors)* werden in schneckenförmige Nuten hinter einer Zwischenwand (Abb. 5) geschoben.

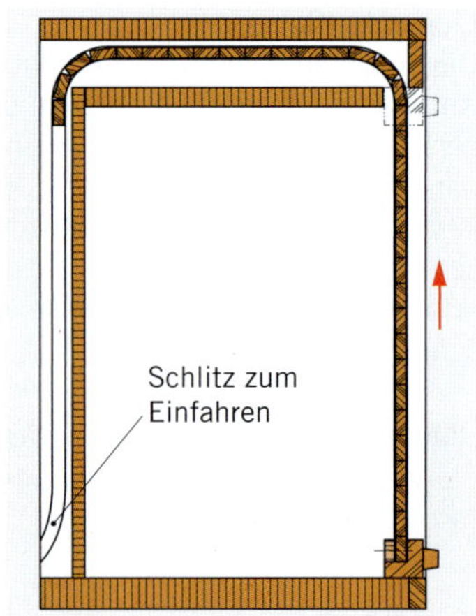

5 Rollladen horizontal geführt

Die Stäbe aus Vollholz (S. 163, Abb. 1 a) oder Furniersperrholz sind auf Textilbahnen aus Drell oder Jute geklebt. Stäbe aus Aluminium oder Kunststoff sind durch ihre Profile (S. 163, Abb. 1 b) miteinander verbunden.

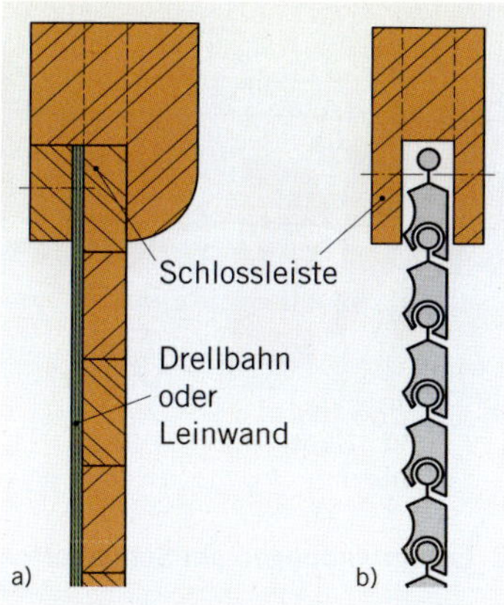

1 Rollladenstäbe aus Vollholz und Kunststoff

Abgeschlossen werden die Rollläden mit einer **Griffleiste**, in die auch ein Schloss eingestemmt werden kann. Um einen Abriss der Griffleiste bei ruckartigem Abstoppen zu verhindern, müssen besonders längere, schwerere Rollläden beim Einschieben am Ende mit Sperren (Stoppklötzen) in der Führungsnut abgestoppt werden.

Zusätzlich ermöglichen spezielle Beschläge eine einfache Bedienung und das abgestufte Öffnen in unterschiedlichen Höhen.

Schlösser für Rollläden
Für Rollladenschränke sind Schlösser mit Hakenriegel *(hook bolt)* (Abb. 2) und Flügelriegel *(wing bolt)* (Abb. 3) notwendig, die Türen auf Zugbeanspruchung verschließen.

Die dargestellten Schlösser sind auch zum Verschließen von Schiebetüren geeignet.

2 Schloss mit Hakenriegel

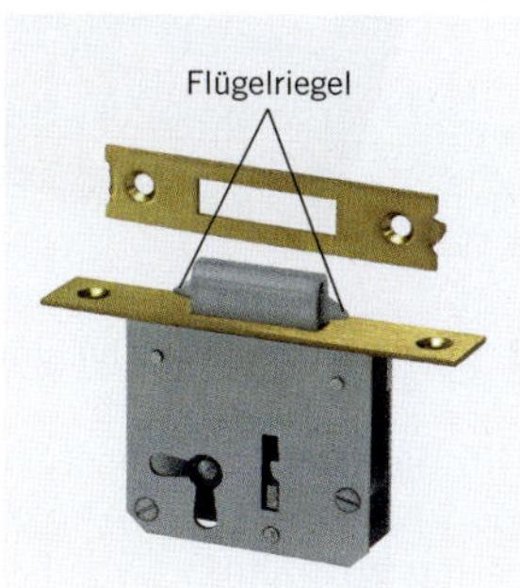

3 Schloss mit Flügelriegel

5.1.16 Schubkästen

Schubkästen *(drawers)*, auch als Schubladen bezeichnet, sind bewegliche Möbelelemente, die waagerecht aus dem Korpus herausgezogen werden, sodass ein bequemer Eingriff von oben möglich ist.

Beispielhaft dafür ist die Kommode *(lat. commodus = bequem)*, eine Weiterentwicklung der Truhe mit Schubkästen (Abb. 4).

4 Kommode mit offenem Fach

Je nach Möbelkonstruktion sind Schubkästen
- in der Möbelfront oder
- hinter der Tür

angeordnet.

Bei innen liegenden Schubkästen ist es wichtig, dass sie sich herausziehen lassen, auch wenn die davorliegende Tür des Möbels nur um 90° geöffnet ist.

Elemente der Schubkästen in Standardausführung sind (Abb. 5)
- Seiten (rechts und links),
- Vorderstück (mit und ohne Aufdopplung),
- Hinterstück und
- Schubkastenboden.

Schubkastenführungen

Schubkastenführungen bestimmen die Konstruktion und Maße der Schubkastenelemente.

Unterschieden werden Schubkastenführungen
- gleitend mit
  - Laufrahmen oder
  - Nutleisten,
- mechanisch mit
  - Rollen- oder
  - Kugelführung.

Werkstoffe
Die Schubkästen und Auszüge können aus Vollholz, Holzwerkstoff sowie aus Kunststoff oder Metall gefertigt werden.

Holzschubkästen und -laufrahmen werden meist aus **Hartholz** (z. B. Buche) gefertigt, um den Abrieb gering zu halten.
Zudem ist eine glatte Oberfläche durch die höhere Dichte gegeben.

5.1.17 Schubkästen aufliegend mit Laufrahmen geführt

Mit Laufrahmen geführte Schubkästen (Abb. 1) aus Holz gelten als „klassische“ Konstruktion. Sie ist fertigungstechnisch die aufwendigste.

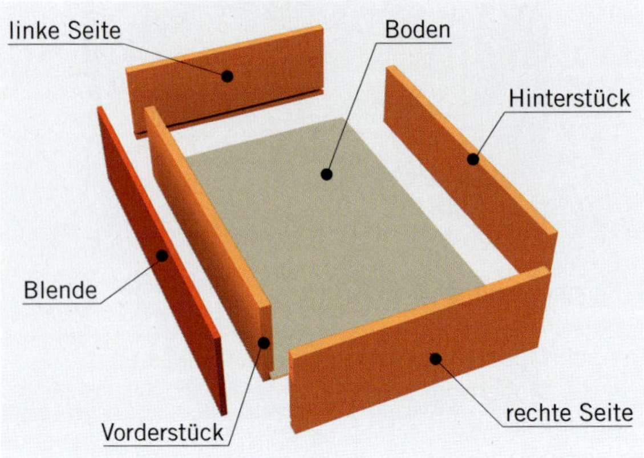

1 Elemente des Schubkastens

Elemente des Schubkastens
Konstruktion und Maße der einzelnen Elemente sind unterschiedlich. Seiten und Vorderstück haben meist gleiche Dicke und Höhe.

Die rechte und linke **Seite** sind spiegelbildlich für die Aufnahme des Schubkastenbodens an der Innenfläche durchgehend genutet (Abb. 1).

Das **Vorderstück** ist für den Schubkastenboden an der Innenfläche genutet und kann an der Außenfläche unterschiedlich ausgeführt sein (Abb. 1):
- Bei in der Möbelfront sichtbaren Schubkästen kann das Vorderstück gefälzt sowie einliegend vorstehend, bündig oder zurückstehend sein.
- Häufig wird eine Blende aus Vollholz oder Holzwerkstoff aufgedoppelt, mit der die Verbindungselemente verdeckt werden.
- Das Vorderstück oder die Blende kann schlicht glatt oder mit Profilen gestaltet sein.

Das **Hinterstück** hat eine geringere Höhe. Die Unterkante beginnt an der oberen Wange der Bodennut und endet geringfügig unterhalb der Oberkanten der Seiten. Damit sind die oberen und unteren Laufflächen durchgehend und es bildet sich beim Einschub des Kastens kein Luftstau.

Der **Schubkastenboden** schließt den Kasten nach unten ab. Er wird zur Winkelstabilität und Aussteifung des Kastens toleranzfrei in die Bodennut eingepasst und an das Hinterstück geschraubt.

Seiten, Vorder- und Hinterstück können mit **Eckverbindungen** [▶ GK 11.2.3] wie Zinken, Nut und Federn, Formfedern oder Dübeln (Abb. 2) verbunden werden.

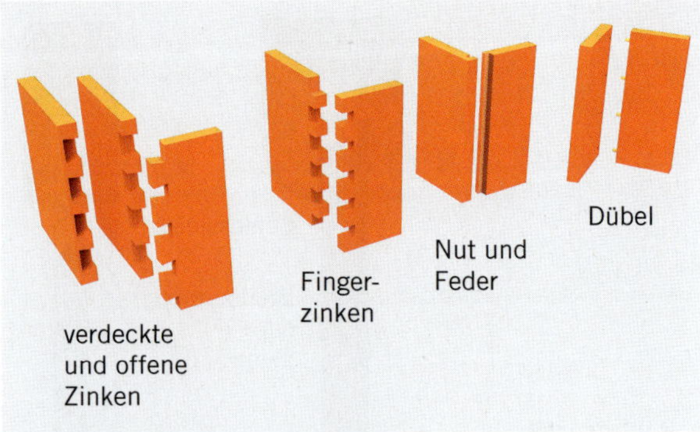

2 Eckverbindungen am Schubkasten

Bei **Zinkenverbindungen** ist die Teilung so zu wählen, dass ein Schwalbenschwanz die Bodennut der Seiten verdeckt [▶ LF 1.4.2].

Elemente des Laufrahmens
Die Laufrahmen bestehen aus (Abb. 3)
- Laufleisten (untere Führung),
- Kippleisten (obere Führung),
- Streichleisten (seitliche Führung) und
- Stoppklötzen (Begrenzung der Einschubtiefe).

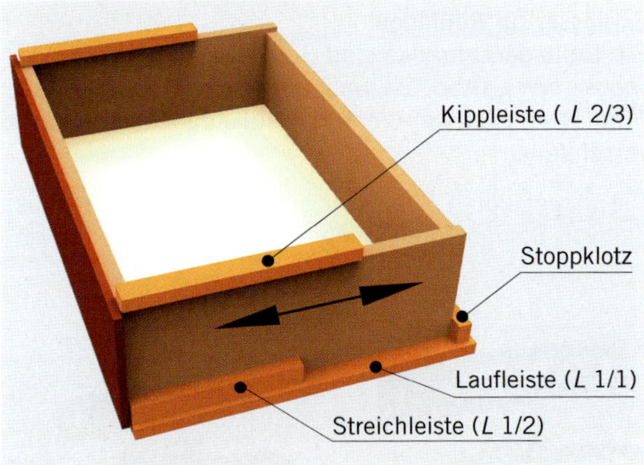

3 Elemente der Laufrahmenführung

Um die **Reibung** zwischen Schubkasten und Laufrahmen [▶ 5.3.3] beim Auszug und Einschub möglichst gering zu halten, haben sich aus Erfahrung folgende „Faustregeln“ für die Praxis ergeben:

- Die Länge der Kippleisten sollte nur ca. $\frac{2}{3}$,
- die Länge der Streichleisten sollte nur ca. $\frac{1}{3}$

der Schubkastentiefe betragen.

Um ein **Verkanten** [▶ 5.3.3] zu vermeiden, sollte die Toleranz in der Passung in Breite und Höhe zwischen Schubkasten und Laufrahmen nur ca. 0,5 mm (z. B. Furnierdicke) insgesamt betragen.

Zusätzlich ist durch glatte Oberflächen und geeignete Gleitmittel (z. B. Stearin, Vaseline) die Lauffähigkeit zu gewährleisten.

Die Schubkästen dürfen nicht am Vorderstück bzw. an der Blende abgestoppt werden, da sich diese durch die Restbeschleunigung beim Einschub des Kastens gelöst oder zerstört würde.

Die Einschubtiefe der Schubkästen wird mithilfe von Stoppklötzen am Ende der Laufleisten begrenzt. Um beim Einschub einen „Paukeneffekt" durch Resonanz der Rückwand zu vermeiden, dürfen die Stoppklötze keinen direkten Kontakt zu dieser haben.

5.1.18 Schubkästen hängend mit Nutleisten geführt

Mit Nutleisten geführte Schubkästen (Abb. 1) sind eine weitere Entwicklung traditioneller Schubkastenkonstruktionen. Fertigungstechnisch sind sie weniger aufwendig.

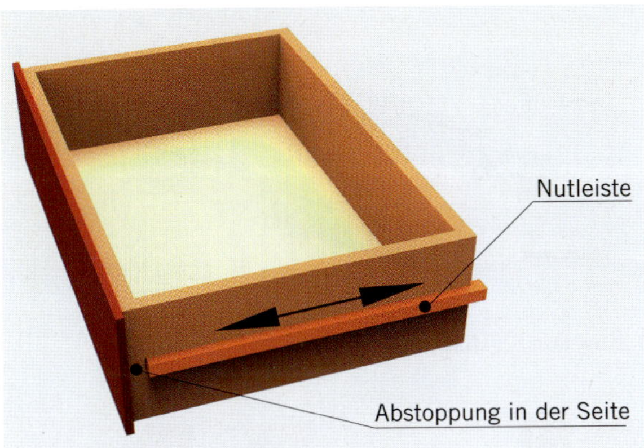

1 Schubkasten mit Nutleistenführung

Seiten, Vorder- und Hinterstück haben gleiche Dicke und Höhe (Abb. 1).

Rechte und linke **Seite** sind spiegelbildlich für die Aufnahme des Schubkastenbodens an der Innenfläche durchgehend gefälzt.

Für die Nutleistenführung sind sie an der Außenfläche genutet. Die Führungsnut wird vor dem Vorderstück ausgesetzt und senkrecht ausgestemmt, wodurch ein Abstopppunkt in der Führungsnut innerhalb der Schubkastenseite entsteht, der einen Stoppklotz überflüssig macht.

Auch Schubkästen mit Nutleistenführung dürfen nicht am Vorderstück oder an der Blende abgestoppt werden.

Vorder- und **Hinterstück** sind gleichfalls an der Innenfläche für den Schubkastenboden gefälzt. Vorderstücke oder Blenden können entsprechend der Schubkästen mit Laufrahmenführung erfolgen.

Der **Schubkastenboden** wird zur Winkelstabilität und Aussteifung des Schubkastens toleranzfrei in die Fälze eingepasst und umlaufend geschraubt.

Die **Nutleisten** (Abb. 2) können als einfache Leisten oder Falzleisten ausgeführt sein. Sie haben die gleiche Länge wie die Führungsnut. Die Laufflächen sollten in Breite und Dicke gegenüber der Führungsnut eine Toleranz von ca. 0,3 mm für eine gute Laufeigenschaft aufweisen.

Nutleisten aus Kunststoffprofilen haben wegen ihrer Oberfläche eine Eigengleitwirkung.

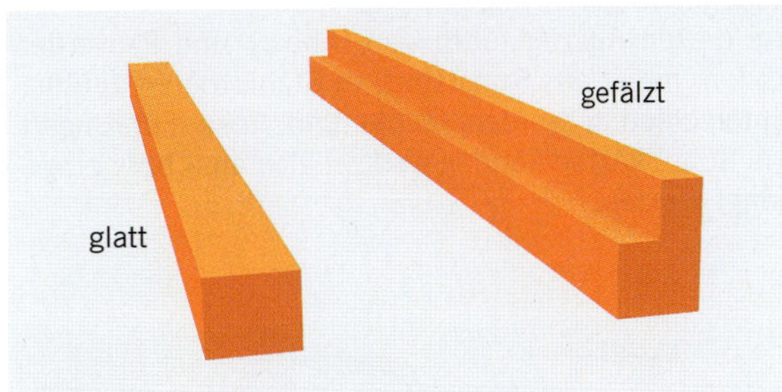

2 Unterschiedliche Nutleisten am Schubkasten

Aufgrund der eingefälzten Schubkastenböden und des Wegfalls der Stoppklötze weisen mit Nutleisten geführte Schubkästen mehr Raum auf.

5.1.19 Schubkästen mit mechanischen Auszugsführungen

Mit Laufrahmen oder Nutleistenführung geführte Schubkästen können bis max. $\frac{3}{4}$ der Schubkastenlänge aus dem Möbelkorpus gezogen werden, wodurch der Eingriff nur teilweise möglich ist. Zudem ist die Lauffähigkeit bei Schubkästen mit ungünstiger Proportion (breiter als tief) oder bei schwer beladenen Schubkästen eingeschränkt.

Mechanische Auszugsführungen *(mechanical drawer runners)* (S. 166, Abb. 1 bis 4) erhöhen die **Lauffähigkeit** der Schubkästen deutlich.

Die von der Beschlagsindustrie entwickelten mechanischen Schubkastenführungen haben häufig, ähnlich wie Topfscharniere, die traditionellen Schubkastenführungen ersetzt.

Gründe sind:
- Leichtläufigkeit durch Rollen- oder Kugelauszugsführung,
- stetig steigende Qualität und Vielfalt der Ausführungen für unterschiedliche Situationen wie Teil- und Vollauszug sowie Durchschub,

- bedienungsfreundliche Handhabung, z. T. mit Selbsteinzug- oder Abbremsfunktion, mit der Schubkästen, z. B. bei Besteckkästen, grifflos und geräuscharm (integriertes „Silent System“) heraus- und hereinbewegt werden,
- Standardisierung von Konstruktion und Fertigung durch Ausrichtung auf Rastersysteme.

Auszüge werden in unterschiedlichen **Ausführungen** angeboten:

- als Teil- oder Einfachauszug (mit Auszug $\frac{2}{3}$ bis $\frac{3}{4}$ der Schubkastenlänge),
- als Vollauszug (mit Auszug in ganzer Schubkastenlänge) und
- als Durchschub (z. B. bei Raumteilern).

Rollenauszugsführungen *(roller runners)*
Bei diesen Auszugsführungen (Abb. 1 und 2) werden Rollen, meist aus Kunststoff, in Stahlprofilen geführt. Unterschieden werden rechte und linke Führungen. Die Schubkästen können werkzeuglos aus- bzw. eingehängt werden.

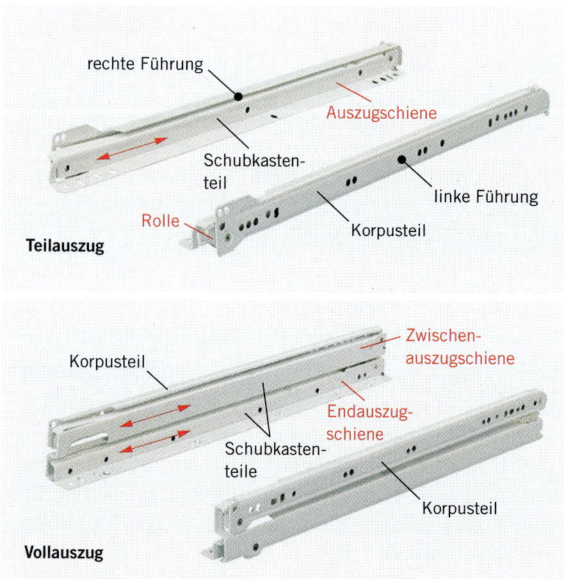

1 Rollenauszugsführungen

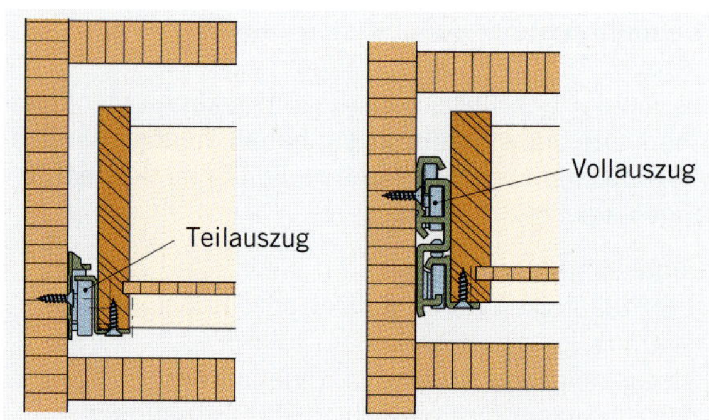

2 Montagebeispiele bei Rollenauszugsführungen

Kugelauszugsführungen *(ball-bearing runners)*
Bei diesen Auszugsführungen werden Stahlkugeln statt Rollen geführt. Sie haben einen sehr präzisen Lauf. Die Konstruktionen sind unterschiedlich.

Kugelauszugsführungen mit **zwei Kugelreihen** (Abb. 3 und 4) sind relativ flach und können seitlich oder unterhalb der Schubkästen, stumpf oder in eine Nut eingelassen, montiert werden. Die Kästen können mithilfe einer Entriegelung aus den Führungen werkzeuglos herausgehoben werden.

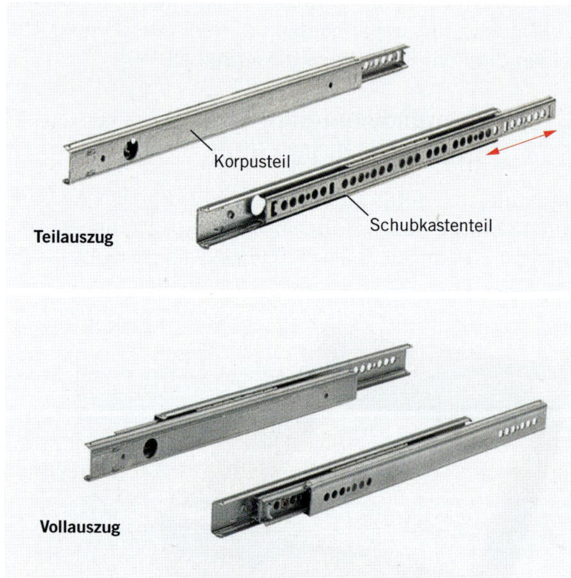

3 Kugelauszugsführungen

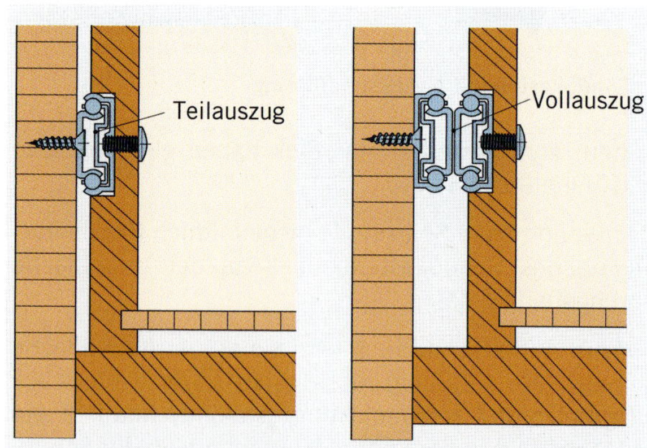

4 Montagebeispiele bei Kugelauszugsführungen

Kugelauszugsführungen mit **vier Kugelreihen** („Quadro-System“) werden unterhalb der Schubkastenböden montiert (S. 167, Abb. 1 und 2). Die Kästen können mithilfe von Aufschiebhilfen hereingeschoben und mit Schnappverschlüssen aus den Führungen werkzeuglos herausgehoben werden. Bei diesen Führungssystemen kann auch die Höhenjustierung werkzeuglos erfolgen.

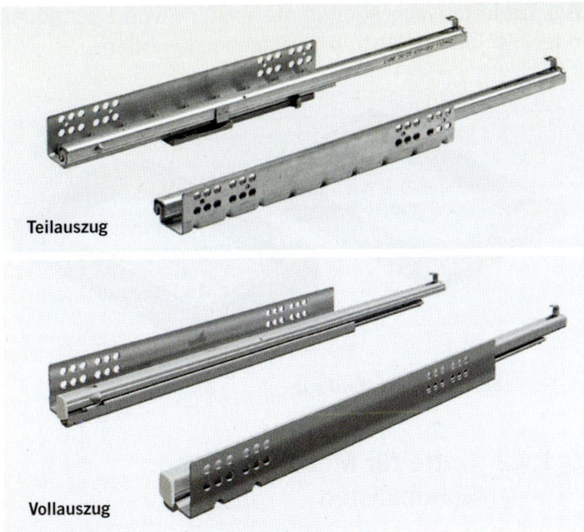

1 Quadro-Kugelauszugsführungen

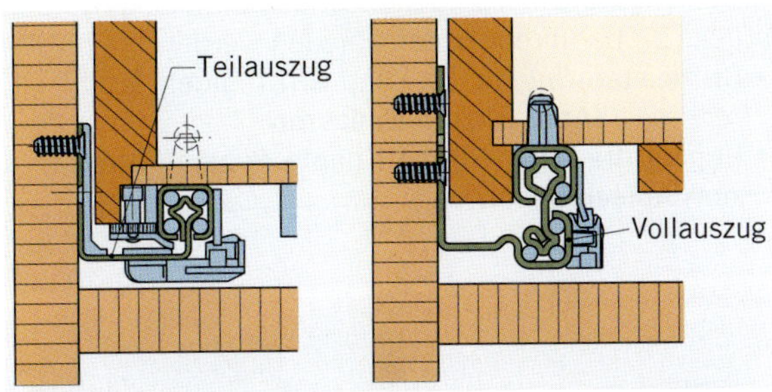

2 Montagebeispiele bei Quadro-Kugelauszugsführungen

Je nach Auszugsführung muss bei der Konstruktion des Schubkastens seitlich oder unterhalb ein Raumverlust berücksichtigt werden.

Montagemaße und -anleitungen zu den Auszügen sind aus Katalogen der Hersteller über Online- und Printmedien abzufragen.

Elementе der Schubkästen
Die Kästen sind aus Vollholz, Holzwerkstoff sowie aus Kunststoff oder Metall. Seiten, Vorder- und Hinterstück haben meist gleiche Dicke und Höhe. Eckverbindungen der Seiten sind Zinken, Nut und Feder sowie Formfedern oder Dübel. Die Schubkastenböden werden eingefälzt, eingenutet oder direkt stumpf aufliegend geschraubt (Abb. 3).

Fertigschubkästen und Halbfertigprodukte
Fertigschubkästen aus Holz (Abb. 3) oder die Schubkastenfertigung aus Halbfertigprodukten wie Kunststoff- und Metallprofilen (Abb. 4) werden aus Kostengründen auch bei handwerklicher Fertigung verwendet. Je nach Anbieter können auch Sonderanfertigungen nach Maß geliefert werden.

3 Fertigschubkasten aus Holz mit Kugelführung

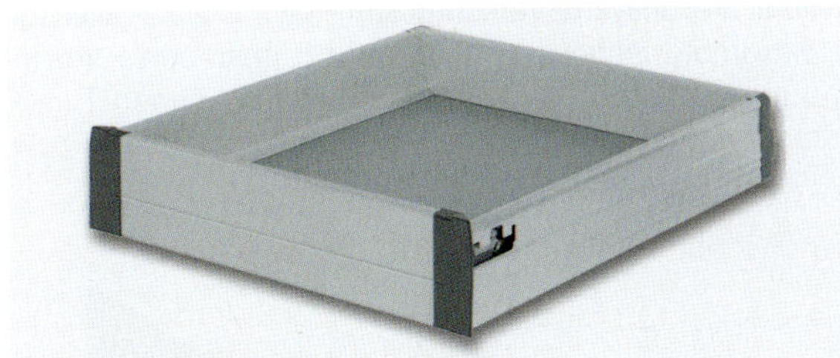

4 Fertigschubkasten aus Stahlprofilen

Schubkästen aus kunststoffbeschichteten Spanplatten können auch im Faltverfahren gefertigt werden. Aus der „Meterware" werden die Seiten auf Länge mit einer V-Nut bis zur äußeren Beschichtung so geschnitten, dass ein „Faltscharnier" entsteht. Die Schnittflächen werden beim Zusammenfalten mit Klebstoff zusammengefügt (Abb. 5).

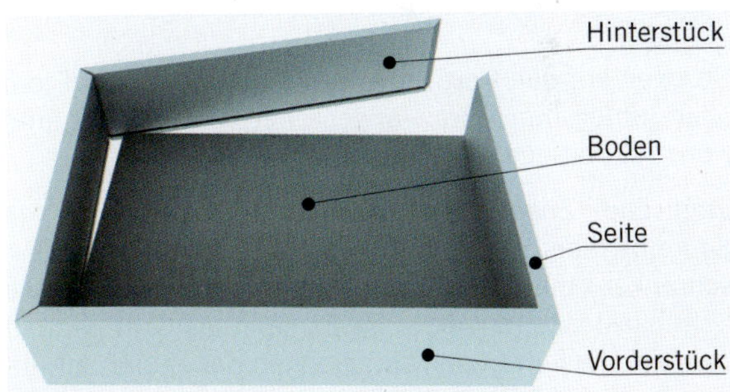

5 Schubkastenfertigung im Faltverfahren

5.1.20 Schlösser für Schubkästen
(locks for drawers)

Schubkästen können mit **Standardschlössern** wie aufliegenden Schlössern, Einlass- und Einsteckschlössern [▶ 5.1.11] verschlossen werden.

Bei Schubkastengruppen in Schreibtischen oder Büroschränken sind **schließbare Zentralverriegelungen** *(lockable central locking systems)* (S. 168, Abb. 1) sinnvoll. Auszugssperren *(anti-tilt blocks)* verhindern ein Kippen des Möbels [▶ 8.2.1] bei mehreren, gleichzeitig ausgezogenen Schubkästen.

1 Schließbare Zentralverriegelung für Schubkästen

Neben Druckfederverschlüssen [▶ 5.1.12] werden elektromotorische und elektronisch gesteuerte Verriegelungen (Abb. 2) eingesetzt. Mit ihnen können Türen, Klappen und Schubkästen grifflos geschlossen bzw. geöffnet werden.

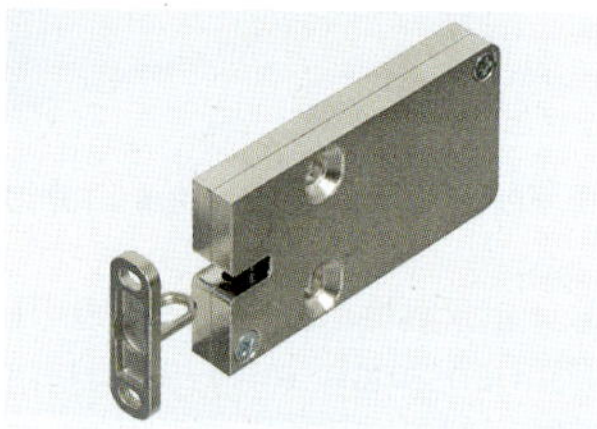

2 Elektromotorische Verriegelung (für Netzanschluss)

5.1.21 Auszüge

Auszüge *(pullouts)* werden wie Schubkästen waagerecht aus dem Korpus herausgezogen.

Bezogen auf den Korpus können Auszüge, in der Front oder hinter den Türen angeordnet, die Gestalt und Konstruktion eines Möbels bestimmen.

Englische Züge sind Innenschubkästen (z. B. in Schreibtischen oder Wäscheschubkästen in Kleiderschränken) mit einem schmaleren Vorderstück als die Schubkastenseiten (Abb. 3). Es kann als Griff genutzt werden. Die Führungen entsprechen denen der Schubkästen [▶ 5.1.17 bis 5.1.19].

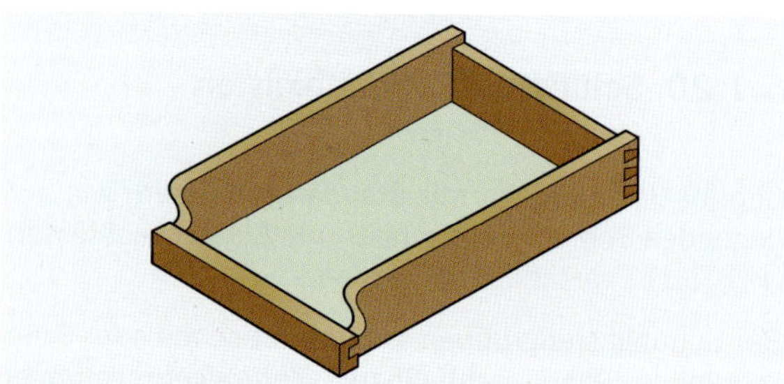

3 Englischer Zug

Schieber oder **Tablare** können im herausgezogenen Zustand auch als Ablage dienen (Abb. 4 a).

Als **Tablettauszug** können sie anstelle von Fachböden oder als Tablett (Abb. 4 b) eingesetzt werden.

4 Schieber und Tablettauszug

5.1.22 Griffe für Möbeltüren und Schubkästen

Griffe *(handles)* aus Holz, Kunststoff oder Metall sind zum Öffnen und Schließen von Möbeltüren und Schubkästen, ohne die Türflächen und Schubkastenvorderstücke zu berühren. Unterschieden werden

- Griffleisten *(handle bar)* und Griffmulden *(grip recesses)* (Abb. 5) zum **Einlassen**,
- Bügelgriffe (Abb. 6) und Knöpfe *(knobs)* (Abb. 7) zum **Aufschrauben**.

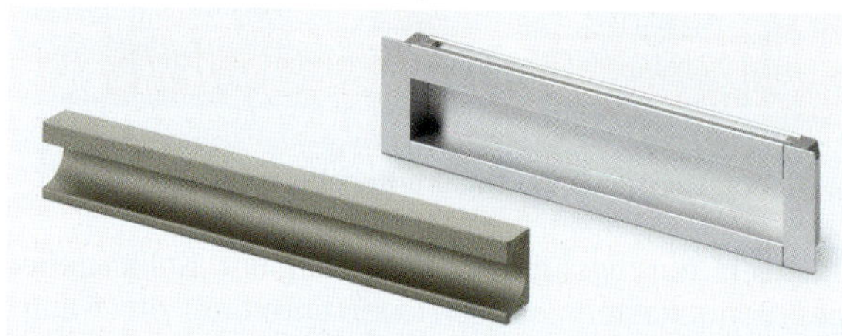

5 Griffleisten und Griffmulden (Beispiele)

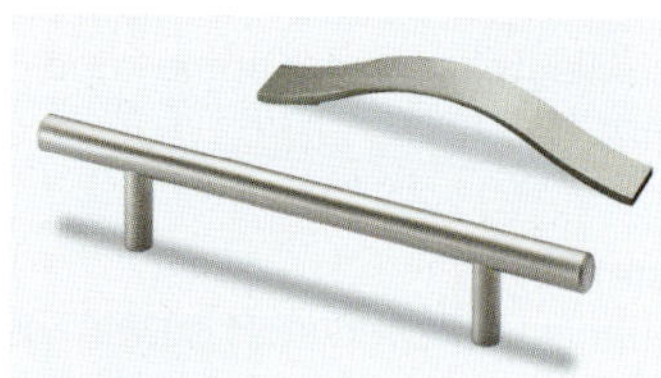

6 Bügelgriffe (Beispiele)

7 Knöpfe (Beispiele)

Bei Türen und Schubkästen mit Schlössern dienen häufig die Schlüssel als Griffe.

Die Wahl der Beschläge beeinflusst die optische Wirkung der Möbelfront entscheidend. Häufig wird bei der Festlegung der Griffe in der Höhe eine Teilung nach dem Goldenen Schnitt [▶ GK M 2.2.4] angewendet.

Bei in der Höhe positionierten Griffen ist zu beachten, dass eine **„optische Mitte"** nicht mit der rechnerisch ermittelten übereinstimmt.

5.2 Systemmöbel *(system furniture)*

Systemmöbel sind nach DIN 68880 Möbel aus Elementen, die sich zu verschiedenen Kombinationen zusammensetzen lassen.

Darunter werden z. B. alle Möbel verstanden, die entweder in Bezug auf den gestalterischen Aspekt und/oder aufgrund der Konstruktions- und Fertigungsweise einem gemeinsamen **Grundprinzip**, einem **System** folgen.

In Tischlereien ist der konstruktive und fertigungstechnische Ansatz sehr bedeutsam.

- Zum einen sind für diese Systemmöbel vielfältige **Verbindungsbeschläge** [▶ 5.1.3] im Handel erhältlich, die insbesondere durch den hohen Bedienungskomfort für den Nutzer des Möbels sehr angenehm sind.
- Im Bereich der Fertigung stellen sich die Beschläge als einfach in der **Montage** dar und bieten vielfach die Möglichkeit, Bauteile und ganze Möbel schnell und einfach auszurichten.
- Zum anderen ermöglicht die Planung eines Möbels nach einem System eine schnellere **Auftragsbearbeitung** vom Kundengespräch bis zur Montage beim Kunden sowie eine Vereinfachung der Arbeitsvorbereitung und Kostenrechnung [▶ 18.2], da nicht jedes Werkstück neu gedacht und berechnet werden muss.

5.2.1 Rastersysteme *(modular system)*

Häufig liegt den Systemmöbeln ein **Raster** *(grid)* zugrunde, welches die möglichen Höhen, Breiten und Tiefen eines Möbels angibt.

Die Raster sind auf die ergonomischen Bedürfnisse [▶ 5.4.6], die Vorgaben aus den entsprechenden Normen (DIN 33402-2) sowie auf die Maße der unterzubringenden Gegenstände abgestimmt.

Systemmöbel werden i. d. R. als **zerlegbare Möbel** *(demountable furniture)* geplant, sodass ein einfacher Transport im Kleintransporter oder PKW möglich ist. Die Einzelelemente können auch durch enge Treppenhäuser bewegt werden und die Endmontage ist beim Kunden schnell und zuverlässig zu erledigen.

Ein wesentliches Merkmal von Systemmöbeln ist eine beliebig große Vielzahl an **Kombinations-** und **Erweiterungsmöglichkeiten**.

Nach DIN 68880 werden zwei **Konstruktionssysteme** unterschieden:

- An- und Aufbaumöbel, deren Gestaltung das horizontale und/oder vertikale Aneinanderreihen gleichartiger, eigenständiger Elemente zu einer Einheit ermöglicht (Abb. 1);
- Endlosschränke *(endless cabinet)*, die in der Breite nach einem vorgegebenen Rastermaß beliebig veränderbar sind (Abb. 2). Die An- und Aufbauelemente können nur an ein vorhandenes Grundelement *(base element)* angefügt werden.

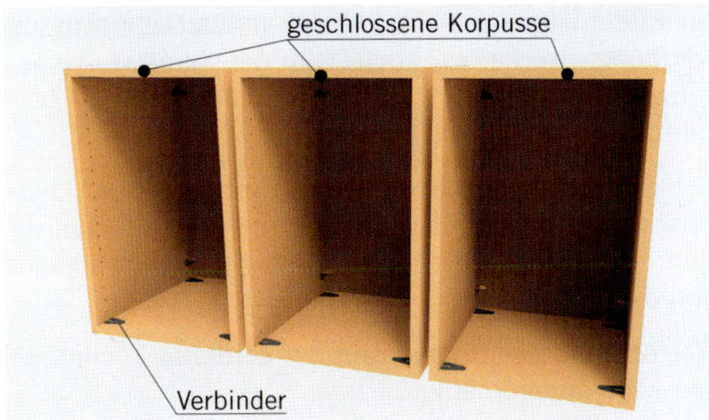

1 Korpuselemente eines An- und Aufbaumöbels

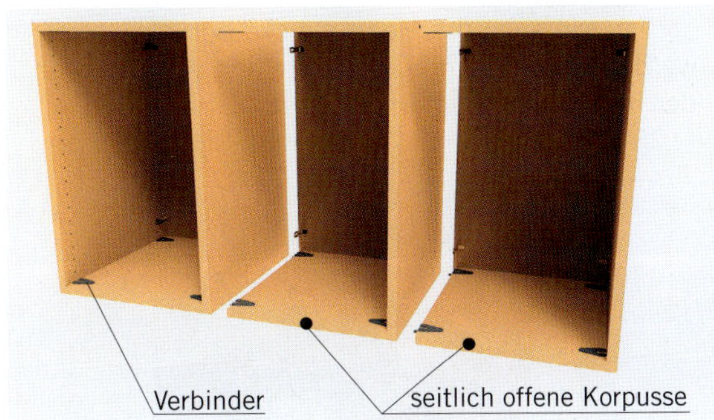

2 Korpuselemente eines Endlosmöbels

Die Rastersysteme bezeichnen das **Achsmaß** der Bohrungen bei Lochreihen in mm.

Gebräuchliche Raster sind
- System 32,
- System 25 und
- System 20.

Sie dienen als Planungshilfen bei allen Rasterkonstruktionen, denen Lochreihen zugrunde liegen.

Die meisten Beschläge und Beschlagssysteme im Möbelbau, z. B. Verbindungsbeschläge [▶ 5.1.3] für Korpusseiten, -böden und Rückwände sowie Topfscharniere [▶ 5.1.8 und 5.1.13] und Schubkastenführungen [▶ 5.1.19], sind auf die Rasterkonstruktionen abgestimmt und können in den Bohrlöchern der Lochreihen verschraubt werden.

Bei der Wahl der Beschläge sind die Vorgaben der Hersteller zu beachten, da die Maße z. T. unterschiedlich sind. Die Montagemaße sind aus den Online- und Printmedien abzufragen.

5.2.2 System 32

System 32 ist das am meisten angewendete Rastersystem bei Möbelkorpussen.

Entstanden bei der Entwicklung von Lochreihenbohrautomaten [▶ 2.3] für die industrielle Korpusfertigung, wurde es auch von der handwerklichen Einzelfertigung und von der Fertigung an CNC-Bearbeitungszentren [▶ 3] übernommen.

Die Grundeinheiten bilden beim System 32 die Lochreihen an der Korpusinnenseite, bei der die Bohrungen, meist ∅ = 5 mm, durchgängig den Achsabstand von 32 mm haben.

Der Abstand der Bohrachsen der **vorderen Lochreihen** beträgt standardmäßig 37 mm.

- Bei aufliegenden Türen wird der Abstand von der vorderen Seitenkante gemessen (Abb. 1).
- Bei einliegenden Türen müssen sowohl der Rücksprung wie auch die Materialdicke berücksichtigt werden. Der Abstand der Lochreihen wird hier von der Innenfläche der Tür gemessen.

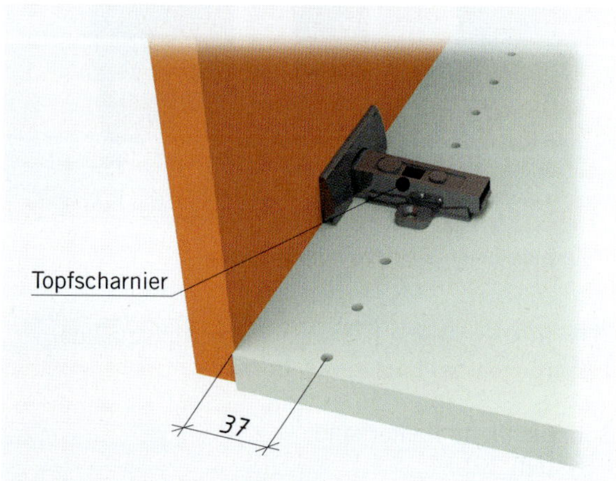

1 Korpusseite mit aufliegender Tür

Die Bohrachsen der **hinteren Lochreihe** sollten in einem Abstand von x · 32 mm zur vorderen Lochreihe gesetzt werden, da z. B. die Befestigungspunkte von Rollen- und Kugelauszugsführungen für Schubkästen gleichfalls im 32er-Raster angeordnet sind. Dadurch können Schubkästen ohne zusätzliche Bohrungen beliebig positioniert werden.

Beispiel

Die Breite der Korpusseite beträgt 530 mm. Wie groß ist der Abstand der hinteren Lochreihe zur hinteren Kante der Korpusseite?
1. Schritt: 530 – 37 mm = 493 mm 2. Schritt: 493 : 32 mm ≈ 15 Bohrlöcher ⇒ Abstand = 493 mm – 14 · 32 mm = **45 mm**

Nur bei der Verwendung von **Rückwandverbindern** muss ein entsprechender Abstand, häufig auch 37 mm, bei aufliegenden Rückwänden zur hinteren Seitenkante sowie bei eingefälzten Rückwänden bis zur Innenfläche der Rückwand (Abb. 2) eingehalten werden.

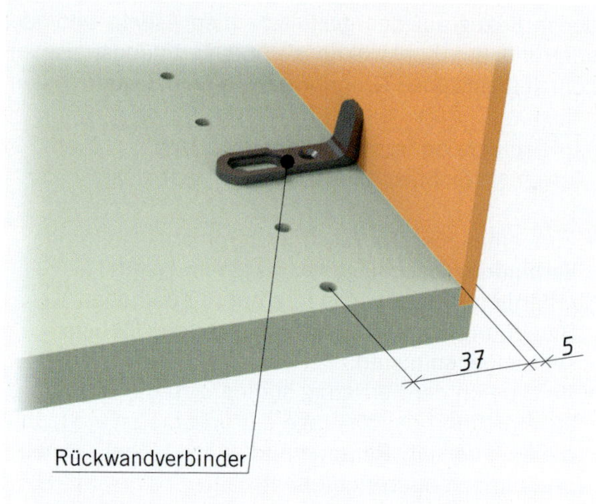

2 Korpusseite mit eingefälzter Rückwand und Rückwandverbinder

Damit für Serien oder größere Einzelaufträge möglichst wenig verschiedene Korpuselemente gefertigt und vorgehalten werden müssen, sollten diese **vereinheitlicht** sein, so z. B.:

- Korpusseiten für rechts und links,
- Korpusböden als Ober- und Unterboden (evtl. auch als Mittelboden),
- Türelemente für Rechts- und Linksanschlag.

Sind Ober- und Unterboden bündig mit den Korpusseiten geplant und mit Systembeschlägen verbunden, beginnt bzw. endet die Lochreihe mit der halben Plattendicke an der Unterkante der Korpusseiten.

Bei konsequenter Anwendung werden für einen Schrank nur vier verschiedene Bauelemente benötigt: Korpusseiten, Böden, Türen und Rückwand.

Die Umsetzung ist jedoch weitgehend auf die Verarbeitung von Holzwerkstoffen mit **19 mm Dicke** begrenzt. Zudem kann der Korpus nur bestimmte **Höhenmaße** annehmen, die sich aus der Anzahl der Bohrachsmaße sowie je einer halben Plattendicke unten und oben ergeben.

Beispiele

Für einen ca. 2 m hohen Korpus ergibt sich daher:
h (Höhe Seite) = x · 32 mm + 2 · 9,5 mm entweder ⇒ ***h*** = 61 · 32 mm + 2 · 9,5 mm = **1971 mm** oder ⇒ ***h*** = 62 · 32 mm + 2 · 9,5 mm = **2003 mm**

5.3 Möbelstatik *(statics of furniture)*

Auf Möbel wirken Kräfte, die zu inneren Spannungen und damit zur Verformung oder zum Bruch führen können.

Ein statischer Nachweis ist für Möbel i. d. R. nicht erforderlich, die Gebrauchstauglichkeit muss aber gewährleistet sein.

Wie stark sich Möbel verformen, hängt neben der Konstruktion auch vom Werkstoff ab.

Das **E-Modul** ist der Kennwert des Werkstoffs für die Durchbiegung.

Spielt die maximale Belastung eine Rolle, ist die **Festigkeit** des Werkstoffs ausschlaggebend.

5.3.1 Standsicherheit von Möbeln *(stability of furniture)*

Bei „normaler" Nutzung sollte z. B. ein Möbel nicht umkippen. Die Gefahr des Kippens lässt sich mithilfe der **Momentengleichung** [▶ M 2.1.3] rechnerisch nachvollziehen.

$$M_{re\,(rechts)} = M_{li\,(links)}$$

Dies soll an zwei Beispielen verdeutlicht werden.

Beispiel 1:
An einem runden **Säulentisch** (Abb. 1) geht die Gefahr des Kippens von einer Kraft F_1 durch Abstützen an der Tischkante durch Personen oder Gegenstände aus. Gesucht ist die erforderliche Kraft, die das Kippen auslöst.

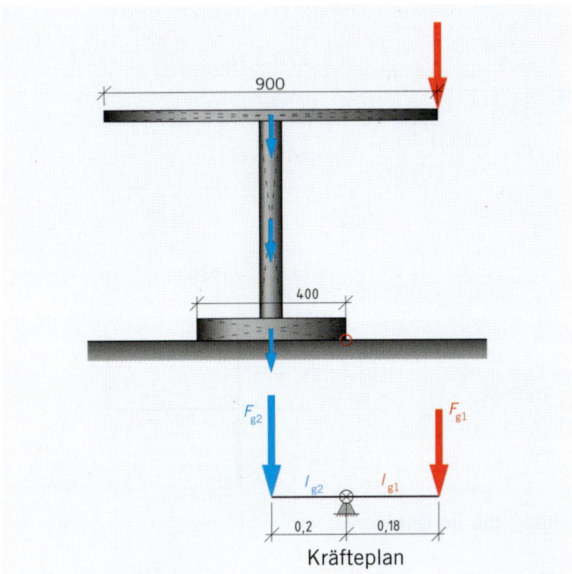

1 Kräfte am Säulentisch

Berechnung

Mit welcher Kraft F_1 kann die Kante der Tischplatte höchstens vertikal belastet werden, ohne zu kippen?

Gewichtskraft Platte	F_{g1} = 200 N
Gewichtskraft Säule	F_{g2} = 60 N
Gewichtskraft Fuß	F_{g3} = 200 N
• ∑ Gewichtskraft	F_g = 460 N
• Hebellänge	l_1 = 0,25 m
• Hebellänge	l_g = 0,2 m

gesucht: Kraft F_1

Momentengleichung

$M_{re} = M_{li}$

$\Rightarrow F_g \cdot l_g = F_1 \cdot l_1$

$\Leftrightarrow F_1 = \dfrac{F_g \cdot l_g}{l_1}$

$\Rightarrow \boldsymbol{F_1} = \dfrac{460\ \text{N} \cdot 0{,}25\ \text{m}}{0{,}2\text{m}} = \mathbf{575\ N}$

Die Beurteilung, ob diese Kraft die Gebrauchstauglichkeit des Möbels einschränkt, lässt sich pauschal nicht beantworten.

Ein kleiner Beistelltisch kann z. B. optisch durch Transparenz oder eine filigrane Konstruktion bereits eine geringe Standfestigkeit signalisieren.

Von einem großen, massiven Esstisch wird dagegen erwartet, dass man sich auf seine Kante setzen kann.

Soll der Tisch standsicherer werden, kann dies durch die Erhöhung der Masse oder einen vergrößerten Standfußdurchmesser geschehen.

Für die Standsicherheit ist es unerheblich, ob die Erhöhung der Masse in der Platte, der Säule oder im Standfuß erfolgt, da die Gewichtskräfte auf der gleichen Wirkungslinie (Abb. 1) liegen.

Kommt es zum Kippen, ist die Auswirkung entscheidend von der Verteilung der einzelnen Massen bez. ihrer Größe abhängig:
- Bei einer besonders massenreichen Platte erfolgt der Aufschlag mit großer Energie.
- Bei einem massenreichen Fuß hat das wenig Auswirkung. Deshalb wird ein Fuß mit großer Masse (z. B. Grauguss, Stein, Betonfüllung) zur Verbesserung der Standsicherheit bevorzugt.

Beispiel 2:
Auch Auszüge können Möbel zum Kippen bringen. Im Beispiel wird ein ausgefahrener schwerer **Auszug mit Hängeregistern** (S. 172, Abb. 1) betrachtet.

Hat ein voll beladener Auszug mit dem Schwerpunkt *S* eine Masse von 30 kg, entsprechend ca. 300 N, so muss die Masse des Restkorpus > 27 kg betragen.

Sind die oberen Schubkästen nur leicht beladen, muss der Korpus entsprechend schwer sein. Die Kippgefahr steigt, sobald mehrere Schubkästen gleichzeitig ausgezogen werden.

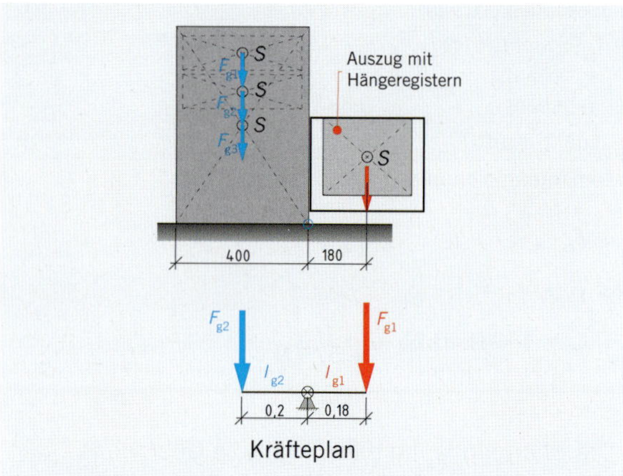

1 Kräfte an einem ausgefahrenen Auszug

Bei schweren Auszügen kann ein Umkippen des Möbels gefährlich sein.

Höhere Möbel sind deshalb mit Auszugsperren auszurüsten, die den gleichzeitigen Auszug mehrerer Kästen verhindern. Andere Schutzmaßnahmen sind das Verankern des Korpus am Baukörper oder unterste Auszüge mit Stützrollen zu versehen.

5.3.2 Kräfte an Drehflügeltüren

Die Gewichtskraft einer Drehflügeltür kann nicht direkt abgeleitet werden. Die **Drehbeschläge** müssen die Belastungen auf den Korpus oder Rahmen übertragen.

Am Beispiel einer Drehflügeltür werden die auf die Hänge übertragenen Kräfte ermittelt.

- Die **Gewichtskraft des Türblatts** wird im Schwerpunkt S angesetzt. Als Drehpunkt wird das untere Häng angenommen.
- Zur Berechnung des **Drehmoments** wird die Gewichtskraft F_g (Abb. 2) in ihrer Wirkungslinie so weit verschoben, bis sie auf die wirksame, rechtwinklige Hebellänge l_g trifft.
- Das **Gegendrehmoment** wird durch die Horizontalkraft F_h mit der Hebellänge l_h bestimmt, die dem Abstand der Hänge entspricht. Wie im Kräfteplan (Abb. 2) verdeutlicht, muss das untere Häng dann jeweils die Gegenkräfte zur Gewichtskraft und zur Horizontalkraft aufnehmen.

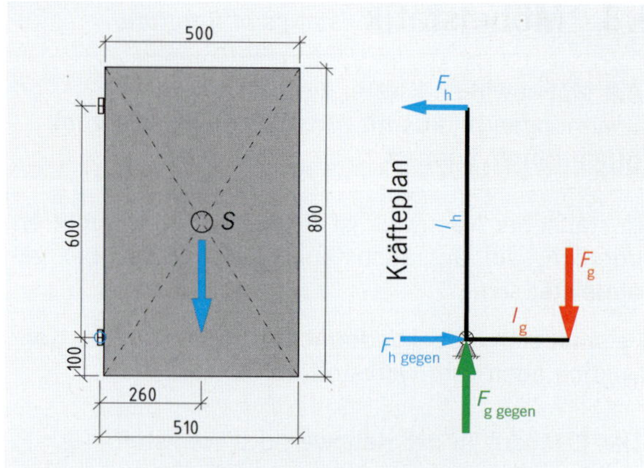

2 Kräfte an der Drehflügeltür im Hochformat

Wird die gleiche Tür bei den gleichen Abständen der Hänge von der oberen und der unteren Türkante vom Hochformat in das **Querformat** geschwenkt (Abb. 3), erhöht sich die Beanspruchung der Hänge deutlich. Ursache sind die vergrößerte Hebellänge l_g wegen des größeren Schwerpunktabstands und der geringere Hebelabstand l_h, mit dem das obere Häng das Gegendrehmoment bilden muss.

Berechnungen

Welche horizontalen und vertikalen Kräfte werden bei der Drehtür auf die Hänge übertragen?
- Gewichtskraft = Horizontalkraft F_g = 400 N
- Hebellänge lt. Kräfteplänen (Abb. 2 und 3)

Momentengleichung

$M_{re} = M_{li}$

$\Rightarrow F_g \cdot l_g = F_h \cdot l_h$

$\Leftrightarrow F_h = \frac{F_g \cdot l_g}{l_h}$

1. gesucht: Vertikalkräfte der Tür im Hochformat

$\Rightarrow \mathbf{F_h} = \frac{400\ \text{N} \cdot 0{,}26\ \text{m}}{0{,}6\ \text{m}} = \mathbf{173{,}\overline{3}\ N}$

2. gesucht: Vertikalkräfte der Tür im Querformat

$\Rightarrow \mathbf{F_h} = \frac{400\ \text{N} \cdot 0{,}41\ \text{m}}{0{,}3\ \text{m}} = \mathbf{546{,}\overline{6}\ N}$

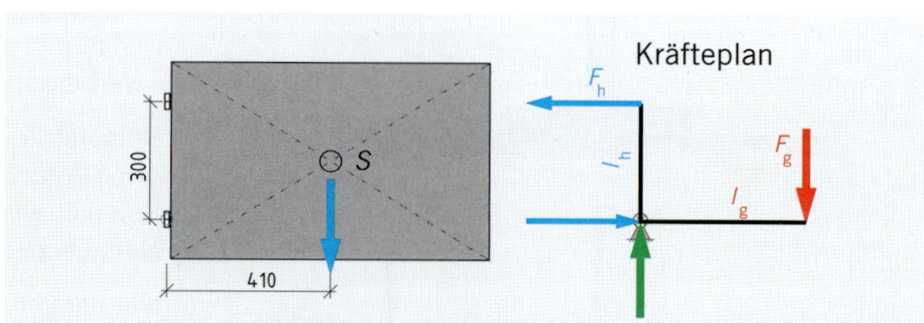

3 Kräfte an der Drehflügeltür im Querformat

Möbeldrehbeschläge [▶ 8.5.2] sind für „gängige" Größen und Belastungen ausgelegt. Genaue Angaben, welche horizontalen und vertikalen Lasten ein Drehbeschlag über den Lebenszeitraum eines Möbels verträgt, werden nur in Ausnahmefällen zu finden sein.

Ob die Drehbeschläge ausreichend dimensioniert sind, hängt von folgenden Faktoren ab:

- Größe und Ausrichtung der Türen,
- flächenbezogene Masse,
- Abstand der Hänge von der oberen und unteren Kante eines Türflügels,
- vorgesehener Einsatzbereich und Befestigung der Drehbeschläge,
- Betätigungshäufigkeit und zusätzliche Kräfte durch die Bedienung wie Zuschlagen und Überdehnung.

Ein **zusätzliches Häng** (Abb. 1), mittig zwischen zwei Beschlägen angeordnet, nimmt keine wesentlichen Horizontallasten auf, da es sich im Drehpunkt der anzunehmenden Verformungen befindet. Ein drittes Häng, in der Nähe des oberen angeordnet, ist dann sinnvoll, wenn die Hänge sich bei Zugbelastung stärker verformen oder weniger fest sind als bei Druckbelastung.

Bei hohen Innen- und Außentüren wird auch deshalb ein drittes Häng montiert, um eine Verformung des Türflügels zu verhindern.

Grundsätzlich sollten nur **zwei** ausreichend kräftige Drehbeschläge verwendet werden.

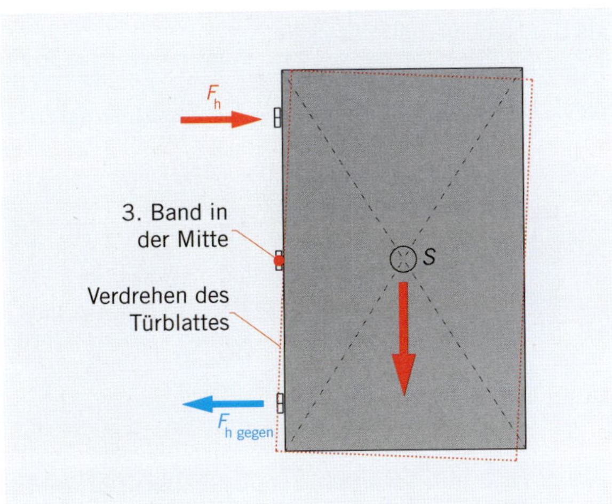

1 Drehflügeltür mit drei Hängen

Die **Vertikallasten** werden auf jenes Häng übertragen, welches als Erstes beim Einsetzen aufliegt. Das ist meist bei starren Beschlagskonstruktionen ohne Justiermöglichkeiten wegen der nicht planbaren Fertigungstoleranzen der Fall. Hier muss häufig ein Häng allein sämtliche Vertikallasten aufnehmen können.

Mit justierbaren und weniger steifen Gelenkkonstruktionen wie Topfscharnieren [▶ 8.5.2] können die Vertikallasten gleichmäßiger auf sämtliche Beschläge verteilt werden.

5.3.3 Aus- und Einzugskräfte an Schubkästen

Im Möbelbau werden häufig unterschiedliche Führungen auch aus Holz (Oberfläche geschliffen und gewachst) gefertigt. Wie leichtgängig diese sind, kann mithilfe der **Reibungsgleichung** [▶ M] berechnet werden.

$$F_R = \mu_G \cdot F_N \Leftrightarrow \mu_G = \frac{F_R}{F_N}$$

Untere und obere Führung

Am Beispiel eines klassisch geführten Schubkastens mit Lauf-, Kipp- und Streichleisten soll die horizontale Kraft ermittelt werden, die notwendig ist, ihn bis zu $\frac{4}{5}$ herauszuziehen.

Die **Auszugskraft** für den Beispielschubkasten im Vertikalschnitt (Abb. 2) mit gleichmäßiger Beladung wird mit der Reibungsgleichung bis zu einem Auszug von 250 mm bestimmt.

Bei einer Gewichtskraft von 100 N und der Gleitreibungszahl 0,25 beträgt die Auszugskraft 25 N.

Wird der Schubkasten weiter herausgezogen, erhöht sich die notwendige Auszugskraft stetig, da sich der Kasten über die vordere Kante der Laufleiste zu drehen beginnt und die hintere Kante der Schubkastenseite sich an der Kippleiste abstützt.

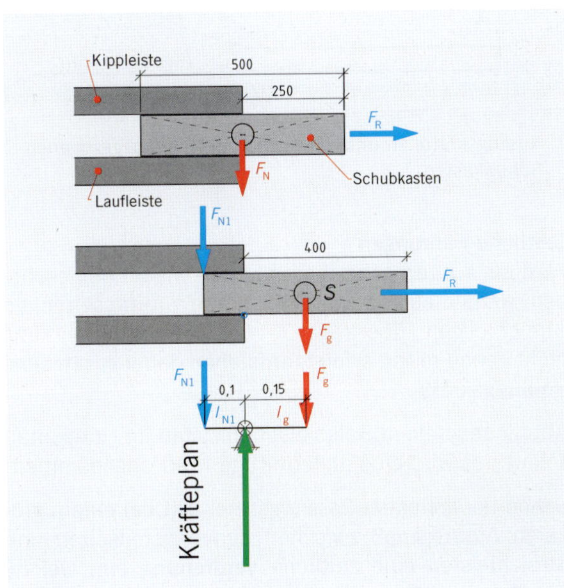

2 Auszugskräfte am Schubkasten

Vergleichsberechnungen

Wie groß ist die Auszugskraft jeweils bei einem Auszug von unter 250 mm und bei 400 mm?

- Gewichtskraft Schubkasten $F_g = 100\ \text{N}$
- Hebellänge $l_g = 0{,}15\ \text{m}$
- Hebellänge $l_N = 0{,}1\ \text{m}$
- Gleitreibungskoeffizient $\mu_G = 0{,}25$

gesucht: Kraft F_R bei Auszug bis 250 mm

Reibungsgleichung

$F_R = \mu_G \cdot F_N$

$\Rightarrow \mathbf{F_R} = 0{,}25 \cdot 100\ \text{N} = \mathbf{25\ N}$

gesucht: Kraft F_R bei Auszug bis 400 mm

$F_g \cdot l_g = F_{N_1} \cdot l_{N_1}$

$\Leftrightarrow F_{N_1} = \frac{F_g \cdot l_g}{l_{N_1}}$

$\Rightarrow F_{N_1} = \frac{100\ \text{N} \cdot 0{,}15\ \text{m}}{0{,}1\ \text{m}} = 150\ \text{N}$

$F_{N_2} = F_{N_1} + F_g$

$\Rightarrow F_{N_2} = 150\ \text{N} + 100\ \text{N} = 250\ \text{N}$

$F_{N_{ges}} = F_{N_1} + F_{N_2}$

$\Rightarrow F_{N_{ges}} = 150\ \text{N} + 250\ \text{N} = 400\ \text{N}$

$F_R = \mu_G \cdot F_{N_{ges}}$

$\Rightarrow \mathbf{F_R} = 0{,}25 \cdot 400\ \text{N} = \mathbf{100\ N}$

Die zusätzlichen Normalkräfte aus dem Drehmoment gehen dabei als Faktor in die Reibungsgleichung ein und bewirken einen deutlichen Anstieg der Auszugskraft (Abb. 1).

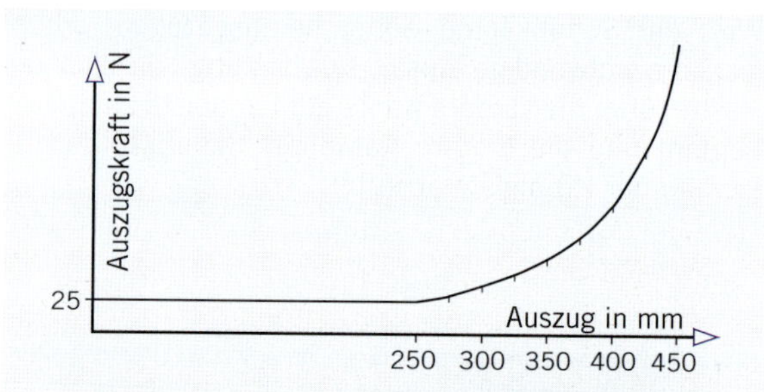

1 Auszugskräfte an unterschiedlich weit herausgezogenen Schubkästen

Seitliche Führungen

Wird ein ausgezogener Schubkasten wieder eingeschoben, werden auch horizontale Kräfte auf die seitlichen Streichleisten übertragen. Wenn die Kraftwirkung nicht genau mittig erfolgt, entstehen dabei zusätzliche Reibungskräfte.

Abb. 2 zeigt einen Beispielschubkasten im Horizontalschnitt; es wird eine außermittige Kraft angenommen.

Schon bei geringem Passungsspiel tritt bei einem größeren Auszugsmaß zwischen Schubkastenseiten und Streichleisten eine seitliche **Verdrehung** ein, welche die Hebelverhältnisse ungünstig beeinflusst. Je nach Reibungskoeffizient und Auszugsgeometrie entsteht eine **Selbsthemmung**, die das Einschieben behindert bzw. unmöglich macht.

Eine steigende Einschubkraft führt daher nur zur **Verformung** von Schubkasten und Korpusseiten, ohne die Reibung zu überwinden.

Folgende Überlegungen sollen dies verdeutlichen:

- Ein Schubkasten gleitet, sobald die Einschubkraft F_1 so groß wird wie die zu überwindende Reibungskraft F_R.
- F_R ist vom Reibungskoeffizienten μ_G abhängig und steht im festen Verhältnis zur Normalkraft F_N.
- Da F_1 und F_R nicht auf einer Wirkungslinie liegen (Abb. 2), wird ein Moment erzeugt, bei dem Kräfte quer zur Führung entstehen, die als Normalkräfte F_N die Reibung beeinflussen.
- Wird F_1 erhöht, vergrößert sich die Normalkraft wegen der hier angenommenen Hebelverhältnisse um den Faktor 0,4 m/0,1 m = 4.
- Da auf beiden Flanken die gleiche Normalkraft entsteht (Kraft = Gegenkraft), sind die Normalkräfte F_N um den Faktor 8 größer als F_1.
- Wegen des angenommenen Reibungskoeffizienten von 0,25 ist die Normalkraft F_N um den Faktor 1/0,25 = 4 größer als die zu überwindende Reibungskraft F_R.
- Damit wird die Reibungskraft F_R stets größer (Faktor 2) als die Kraft F_1. Ein Gleiten ist damit nicht mehr möglich. Eine Selbsthemmung und damit ein Verkanten des Kastens ist die Folge.

Die Reibung (bzw. das Verhältnis) sollte daher kleiner als die Hebelverhältnisse sein:

$$\mu = \frac{F_R}{F_N} < \frac{l_N}{2 \cdot l_1}$$

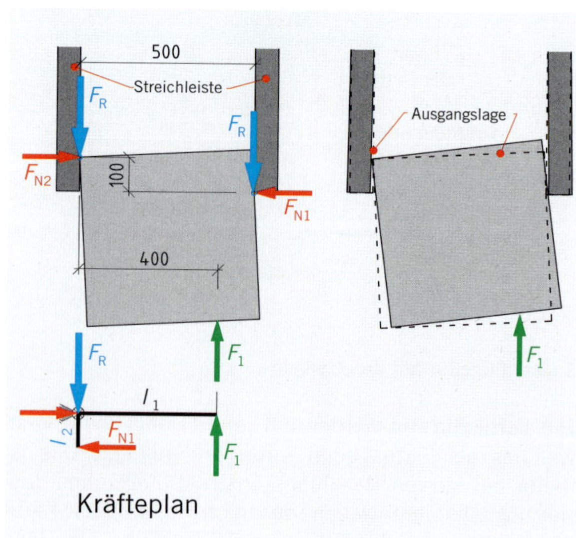

2 Seitliche Einschubkräfte am Schubkasten

Deshalb sollte
- die Toleranz bei der Einpassung zwischen Schubkasten und Streichleisten max. 0,5 mm insgesamt betragen, um ein Verkanten zu vermeiden,
- das Verhältnis von Schubkastentiefe zur Schubkastenbreite nicht zu ungünstig sein,
- durch glatte Oberflächen und geeignete Schmierung (z. B. mit Stearin) der Reibungskoeffizient möglichst gering gehalten werden.

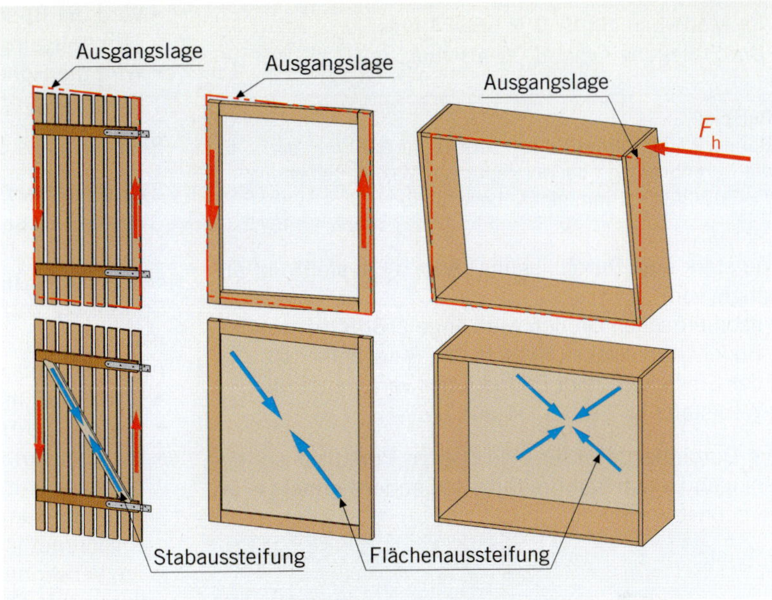

1 Kräfte und Kraftableitung an Rahmen und Korpussen

5.3.4 Kräfte an Korpussen und Gestellen

Im Möbelbau werden häufig rechteckige Konstruktionen bei Rahmen, Stollen und Korpussen angewendet.

Angreifende horizontale oder vertikale Kräfte können die Möbelelemente zu einem Parallelogramm verformen (Abb. 1).

Wie stark eine Verformung ausfällt, hängt von der Steifigkeit der Werkstoffe und den Verbindungen ab. Schlanke Rahmen und Standardschrankbeschläge in Verbindung mit Standardholzwerkstoffen würden starke, nicht mehr gebrauchstaugliche Verformungen erfahren.

Flächenaussteifungen über Platten und Diagonalen

Aus diesem Grund müssen die Konstruktionen ausgesteift werden.

Das kann geschehen durch (Abb. 1)
- diagonale Verstrebung an Toren, Türen oder z. B. an der Rückseite von Regalen,
- aussteifende Platten wie Rückwände, Füllungen, Verglasungen (sog. Scheibenwirkung) an Regalen, Schränken, Rahmentüren und Fenstern. Es genügen vergleichsweise dünne Platten, die in Plattenebenen gut diagonale Kräfte übertragen können.

Schränke mit Mittelseiten müssen so konstruiert werden, dass die auf die Mittelseiten wirkenden Kräfte über Plattenaussteifungen auf die Schrankseiten übertragen werden (Abb. 2).

Auf diese Weise können Biegebelastungen des Unterbodens vermieden werden, der andernfalls übermäßig kräftig konstruiert werden müsste.

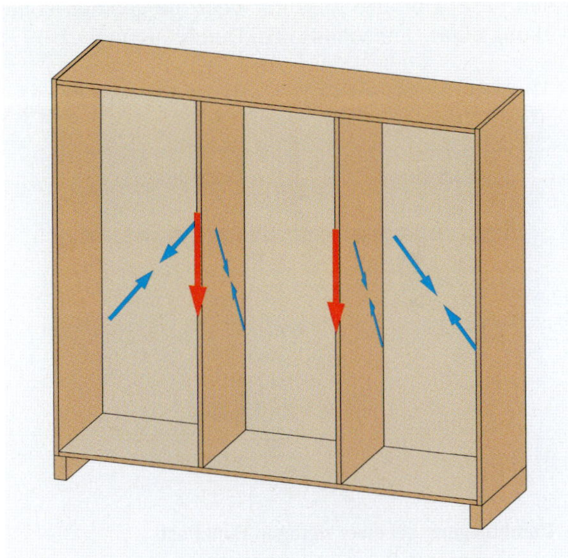

2 Kraftableitung am Korpus mit Mittelseiten

5.3.5 Auf Biegung beanspruchte Platten und Leisten

Auf Holzbauteile wirkende Kräfte oder Momente können diese durch Durchbiegung verformen.

Während Verformungen durch reine Zug- und Druckbelastungen optisch nicht zu erkennen sind, können Durchbiegungen durch Biegebelastungen das Erscheinungsbild und z. T. auch die Funktion eines Werkstücks erheblich stören.

Im Möbelbau gilt lt. DIN 68874 eine Durchbiegung *f* von *l*/200 als zulässig.

Beispiel:
Bei der Länge *l* eines Einlegebodens von 800 mm darf die Durchbiegung *f* bei der geplanten Maximalbelastung *f* = 800/200 = 4 mm nicht überschreiten.

Wie stark eine Durchbiegung (Abb. 1) ausfällt, ist abhängig von
- geometrischen Größen wie Länge *l*, Breite *b* des Bodens und Dicke (Höhe *h*) des Biegebalkens,
- der Steifigkeit, dem E-Modul des verarbeiteten Werkstoffs [▶ GK 4.12.4 und 6].

Die Durchbiegung *f* für eine mittige Punktlast auf gelenkigen Lagern kann mithilfe folgender **Formel** [▶ M] berechnet werden:

$$f = \frac{l^3 \cdot F}{48 \cdot E \cdot J}$$

Das **Trägheitsmoment *J*** beschreibt die Massenverteilung im Querschnitt in Bezug auf den Abstand zur neutralen Fase, gibt also Auskunft über die geometrische Wirkung eines Querschnitts bei Durchbiegung.

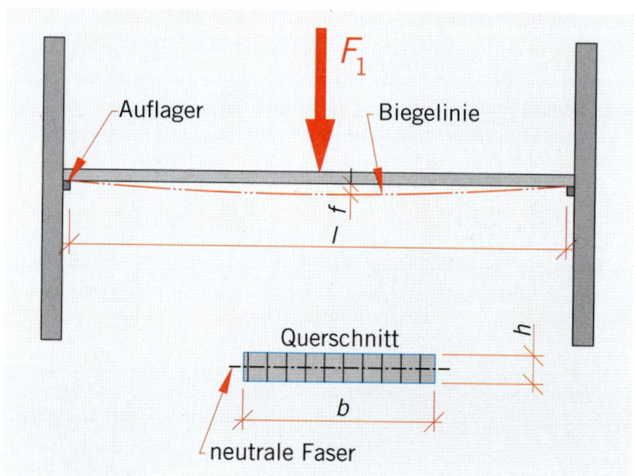

1 Durchbiegung bei einer mittigen Punktlast

Bei Rechteckquerschnitten wird sie berechnet mit:

$$J = \frac{b \cdot h^3}{12}$$

Durch Einsetzen gilt:

$$\Rightarrow f = \frac{l^3 \cdot F}{48 \cdot E \cdot \frac{b \cdot h^3}{12}} = \frac{l^3 \cdot F \cdot 12}{48 \cdot E \cdot b \cdot h^3} = \frac{l^3 \cdot F}{4 \cdot E \cdot b \cdot h^3}$$

Aus der Formel lässt sich schließen:
- Wird die Kraft verdoppelt, verdoppelt sich die Durchbiegung.
- Wird die Länge verdoppelt, verachtfacht sich die Durchbiegung.
- Wird die Breite verdoppelt, halbiert sich die Durchbiegung.
- Wird die Höhe verdoppelt, reduziert sich die Durchbiegung auf $\frac{1}{8}$.

Bezüglich des eingesetzten **Werkstoffs** gilt:

Wird ein Werkstoff mit doppeltem E-Modul verwendet, halbiert sich die Durchbiegung.

Soll z. B. die Biegesteifigkeit einer mit Eiche furnierten Spanplatte verbessert werden, können folgende Maßnahmen bez. der Querschnitts- oder Werkstoffänderung getroffen werden:
- Breite 400 mm,
- Vorder- und Hinterkanten gleich ausbilden.
- Bei Werkstoffkombinationen wird deutlich, dass ein Werkstoff mit einem hohen E-Modul besonders dann wirksam ist, wenn dieser möglichst weit außen angeordnet ist.
- Die Verwendung von Dickfurnieren macht sich z. B. durch eine Verringerung der Durchbiegung um Faktor 2,2 bemerkbar (Tab. 1).

Tab. 1 Auswirkung des E-Moduls auf die Durchbiegung

Werkstoffe, Dicken in mm	Querschnitt	E-Modul in N/mm²	Verbesserung um Faktor
Spanplatte 19, Eiche furniert 0,5	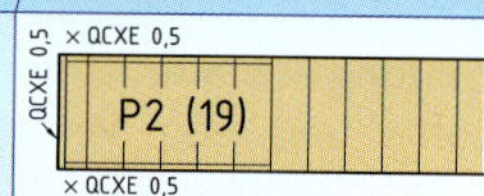	Eiche 13000	Referenz 1
Spanplatte 19 roh	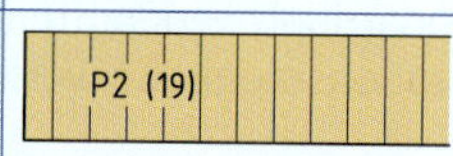	Spanplatte 2000	0,5
Spanplatte 19, Eiche furniert 1,5	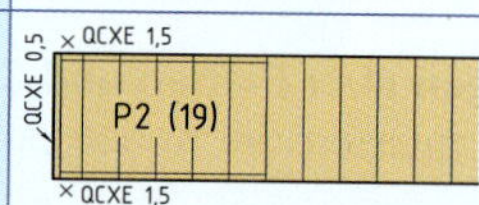	Eiche 13000	2,2
Stäbchenplatte 19, Eiche furniert 0,5	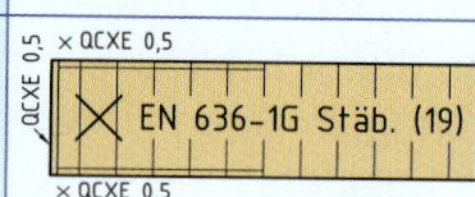	Stäbchenplatte 4000	1,9
aufgeleimte Leisten	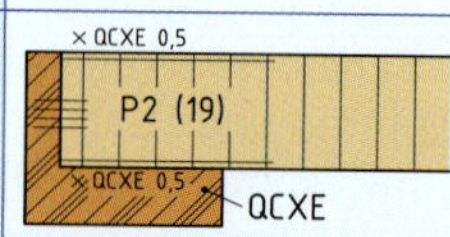	Eiche 13000	2,2
Eichenvollholz 20	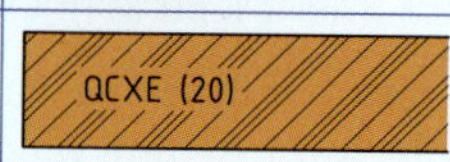	Eiche 13000	3,1
Eingeklebtes Aluminiumprofil	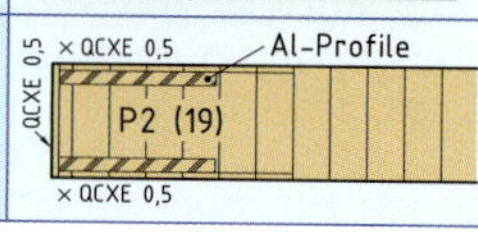	Alu 70000	4,0

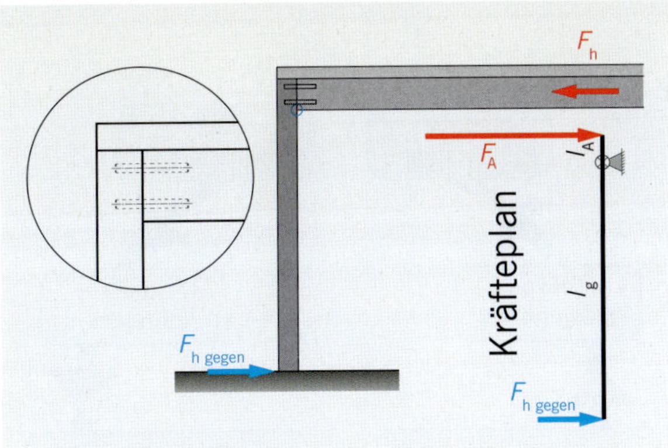

1 **Biegebelastung an einer gedübelten Stollen-Zargen-Verbindung**

5.3.6 Biegebelastung bei Verbindungen an Gestellen

Viele Gestellkonstruktionen müssen aus Gestaltungsgründen, z. B. bei Tischzargen und Stuhlverbindungen, ohne Aussteifungen durch Diagonale Verstrebungen oder Plattenaussteifungen auskommen. Dies hat zur Folge, dass die Verbindungen stark auf Biegung belastet werden und Möbelelemente sich stark verformen.

Das Beispiel einer **Stollen-Zargen-Verbindung** an einem Tisch (Abb. 1) zeigt, dass die Dübel starken **Zugkräften** ausgesetzt sind.

Bei einer angenommenen Horizontalkraft F_h von 100 N auf den Stollen, Länge l_g 0,66 m unterhalb und Länge l_A 0,07 m oberhalb des Drehpunkts wird durch die Hebelverstärkung eine Auszugskraft F_A erzeugt.

Berechnung

$$F_A \cdot l_A = F_h \cdot l_g \Leftrightarrow F_A = \frac{F_h \cdot l_g}{l_A}$$

$$F_A = \frac{100\ \text{N} \cdot 0{,}66\ \text{m}}{0{,}07\ \text{m}} \approx 943\ \text{N}$$

Dieser relativ hohen Auszugskraft können die Dübel auf Dauer nur widerstehen, wenn eine **Verleimung** mit guter Benetzung zwischen Dübel und Bohrwandung gewährleistet ist durch

- passgenaue Bohrungsradien und -tiefen,
- gute Leimverteilung z. B. durch Riffelung des Dübels,
- genau dosierte Leimangabe und
- ausreichenden Pressdruck während der Verleimung.

Die gleichen Voraussetzungen gelten auch bei einer **Zapfenverbindung**, bei der eine gute Verleimung wesentlich ist. Dies muss erreicht werden durch ein präzises **Passungsspiel**.

- Bei einer Presspassung wird der Leimfilm auf den Flanken häufig zu dünn, da beim Einschieben der Leim zur Seite geschoben wird.
- Bei zu großem Passungsspiel kann sich der notwendige Flankendruck nicht aufbauen.
- Doppelzapfen erhöhen zwar die Leimfläche, sind aber in der notwendigen Präzision nur mit aufeinander abgestimmten Werkzeugsätzen [▶ GK 8.3.1] herzustellen.

Eine gute Verleimung ergeben auf Gehrung gearbeitete Minizinken durch angeschrägte Flanken und hohe Präzision der Werkzeuge. Die sehr haltbaren **Gehrungsverbindungen** kommen jedoch aus konstruktiven und gestalterischen Gründen seltener zum Einsatz.

Durch eine höhere Zarge und damit günstigere Hebelverhältnisse verringern sich die Zugkräfte in der Verbindung unabhängig von der Verbindungskonstruktion.

Wegen der großen Belastungen durch Momente gilt bei Verbindungen an Gestellen:

Biegebelastete Verbindungen müssen besonders präzise konstruiert und verarbeitet werden.

5.4 Möbelgestaltung *(design of furniture)*

Gestaltung im Möbelbau ist Formfinden und Formgeben von der ersten Ideensuche bis zur detailgenauen Planung und Durchführung.

Der größte Teil unserer Umgebung ist – bewusst oder unbewusst – gestaltet [▶ 7.1]. Tischlerinnen und Tischler tragen einen Teil der Verantwortung für die Gestalt eines Werkstücks.

Tischlerinnen und Tischler lernen das Gestalten, um ein Bewusstsein für die gute Gestalt eines Möbels zu entwickeln.

Die Frage steht im Raum, ob alles Gestalten subjektive Geschmackssache ist oder ob es **objektive Qualitätsmerkmale, Kriterien und Regeln für eine gute Gestaltung** gibt, an denen sich Gestaltende orientieren können.

Hierzu gibt es erprobte Vorüberlegungen und Hilfen wie den Goldenen Schnitt **[▶ GK M 2.2.4]** **[▶ GK TZ 2.2]** oder das Proportionsschema von Le Corbusier **[▶ 7.1]**.

Gestaltungsentscheidungen, wie auch Kaufentscheidungen oder Auftragszusagen, werden i. d. R. individuell nach der persönlichen Wahrnehmung von Gestalter und Kunde getroffen. Es gibt aber durchaus nachvollziehbare Merkmale, die beim Entwurf eines Möbels berücksichtigt werden können. Es sind die sogenannten Grundlagen der Gestaltung, über die in der Gesellschaft weitgehend Einigkeit herrscht **[▶ 5.4.2 bis 5.4.6]**.

Dies sollte dem Gestalter ebenso bewusst sein wie Grundlagen der sinnlichen Wahrnehmung:
- Warum und wie reagieren Menschen auf Möbel und ihre Gestalt?
- Warum spricht das eine Möbel sie an, das andere aber nicht?

Gestaltung beruht nicht auf persönlichem Geschmack, sondern kann gelernt werden. Das besagen die Thesen der Gesellschaft für Kreativität e. V.:

These 1: „Jeder Mensch hat kreative Fähigkeiten; sie sind in Art und Ausmaß unterschiedlich."
These 5: „Kreativität ist entwicklungsfähig und kann durch Einsicht, Erleben und Üben wie jede Fähigkeit gefördert werden."

In der industriellen, arbeitsteiligen Serienfertigung wird das Einzelmöbel nicht von einem Mitarbeiter auf einen Benutzer angepasst; für beide geht die Identifikation mit dem Werkstück verloren. Haben jedoch Kunde und Handwerker den Wunsch und die Möglichkeiten – finanziell, handwerklich –, können sie sich individuell mit der Gestalt auseinandersetzen. Das Ergebnis ist für beide zufriedenstellender und durchaus ein Verkaufsargument für eine Tischlerei.

5.4.1 Handlungszyklus zur Gestaltung

In der Folge wird ein Handlungszyklus (Abb. 1) entwickelt, der helfen soll, ein Möbel zu gestalten:
- Ziel formulieren,
- Ideen finden,
- Entscheidung treffen,
- den ausgewählten Entwurf darstellen,
- auf Realisierbarkeit des Möbels und Erfüllbarkeit der Kriterien prüfen,
- Entwurf präsentieren,
- bewerten, ggf. verändern.

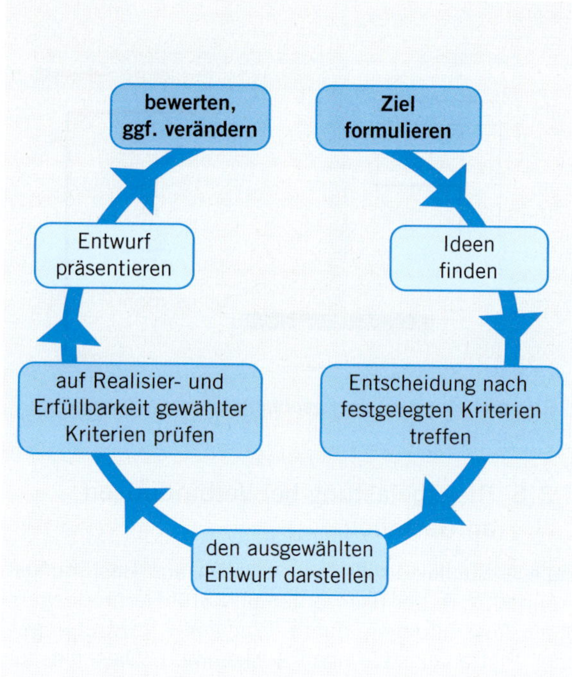

1 Handlungszyklus bei der Möbelgestaltung

Ziel formulieren

Das **Ziel** wird möglichst konkret je nach Auftragssituation allein (z. B. bei Gesellenstücken und Wettbewerben) oder mit dem Auftraggeber (Auftragsbeschreibung, Anforderungen) erarbeitet und formuliert.

Der Gestaltende sammelt **Informationen**, prüft und forscht nach Grundlagen und Hintergründen, die das Möbel betreffen:
- Wie ist der Bedarf der Zielgruppe, des Kunden? Wie sind die Anforderungen des Wettbewerbs oder des Gesellenstücks?
- Welche Hintergründe sind hilfreich, z. B. die Kulturgeschichte einer Teezubereitung für den Entwurf eines Teemöbels (Informationen dazu im Internet oder in Bibliotheken)?
- Welche anderen Gestaltungslösungen, z. B. von Vorbildern, gab es, auch aus anderen Epochen? Wie ist die Tradition (Informationen dazu z. B. durch Betrachten von Vergleichsmöbeln im Internet, Bibliotheken, Museen, Ausstellungen und Messen)?
- Wie arbeiten die Kollegen und Mitbewerber? Wird in diesem Fall eher Anpassung oder Abheben von den Wettbewerbern gewünscht? Was könnte Wettbewerbsvorteile bringen?
- Gibt es Terminvorgaben?

Ideen finden
Die Ideenfindung ist häufig ein schwieriger Prozess, da viele sich für unkreativ halten oder von Bildern im Kopf besetzt sind.

Es gibt keinen Königsweg, der hier beschrieben werden kann.

Hilfestellungen können sein:
- Zu Beginn weniger über das Möbel als „Gesamtkunstwerk" nachzudenken – Gestalten von außen her –, als zunächst darüber, welche Aufgaben das Möbel erfüllen und was es leisten soll. Dazu gehören z. B. Überlegungen zu Funktionen oder Größen und Formaten von Gegenständen – **Gestalten von innen her**.
- Den Kopf mithilfe einer Kreativtechnik wie dem **Brainstorming** [▶ GK 3.3] „frei" zu bekommen. Hierbei werden allein oder in einer Gruppe in kurzer Zeit frei Ideen zum Thema ohne Kritik geäußert, aufgegriffen, kombiniert, gesammelt und dann sortiert und bewertet.
- Kreativtechnik.

Kreativtechnik 6-3-5
Die Technik funktioniert am besten in Gruppen. Sie eignet sich zu Beginn eines Gestaltungsprozesses, wenn innerhalb kurzer Zeit zunächst unkommentiert viele Ideen entwickelt werden sollen.
- 6-3-5 steht für idealerweise 6 Teilnehmer, 3 Ausgangsideen, 5 Weitergaben.
- Hierfür werden Arbeitsblätter mit 3 Spalten und 6 Zeilen vorbereitet. Jeder Teilnehmer bekommt ein Blatt und füllt die 3 Felder der ersten Zeile in kurzer Zeit (3–5 Minuten) mit Ideen.
- Anschließend werden alle Blätter an die Nachbarn weitergegeben, die die Ideen weiterentwickeln oder neue notieren, und so weiter, bis jedes Blatt die Runde gemacht hat.

Vorteile sind, dass alle Teilnehmer aktiv werden, für sich selbst überlegen, aber auch von den Gedanken der anderen inspiriert werden können.
Es entstehen viele Vorschläge, die weiter bearbeitet werden können.
Entstehende Missverständnisse durch Unverständlichkeiten und Undeutlichkeiten machen weiterführende Kommunikation [▶ GK 3.2] notwendig.

Es folgen **Diskussion**, **Auswertung** und **Bewertung**.

Konkrete Ideen können z. B. in Skizzen, Metaplänen und Mind-Maps [▶ GK 3.3] festgehalten werden, die dann auch verändert, verworfen oder weiterentwickelt werden dürfen.

Auch können unterschiedliche Varianten entstehen, Probleme erkannt und gelöst werden.

Vielleicht lassen sich schon Konstruktionsmöglichkeiten, Werkstoffe und Beschläge einbeziehen.

Kreativ sein bedeutet auch, Wissen und Erfahrung mit Fantasie, Intuition (Eingebung) und auch Experimentierfreudigkeit zu verknüpfen.

Um Ideen zu finden, sind daher auch andere Herangehensweisen möglich, z. B. Inspiration durch Naturwerkstoffe – vielleicht auch zunächst Betasten mit verbundenen Augen – oder direkt im Team mit unterschiedlichen Werkstoffen mit dem Experimentieren und Bauen beginnen, ohne zu zeichnen.

Entscheidung treffen
Kap. 5.4.2 bis 5.4.6 bieten Fragen, Hilfen und Anleitungen, mit denen ein Gestaltungsentwurf sachlich beurteilt werden kann, ohne dem persönlichen Geschmack die Entscheidung zu überlassen.

Ausführlich bearbeitet sind in diesen Kapiteln die Themen Gestaltungsgrundlagen, Umgebungsbezug und Geschichte als theoretische Hintergründe, Funktion und Gebrauch, Nachhaltigkeit und Emotionen.

Selten werden bei einem Möbel alle behandelten Kriterien bedeutsam sein. Für ein Kinderzimmermöbel beispielsweise werden gesundheitliche Unbedenklichkeit und Sicherheit vor Verletzungen eine andere Rolle spielen als bei einem Esszimmertisch.

Gut gestaltete, hochwertige Möbel haben einen hohen Gebrauchswert, genießen große Wertschätzung und sind ein sehr gutes Verkaufsargument.

Darstellungen des Entwurfs *(presentation of draft)*
Eine aussagekräftige Darstellung des Entwurfs macht dem Entwerfenden selbst ggf. Unstimmigkeiten deutlich und ist die Grundlage eines Gesprächs mit dem Kunden. **Mittel** können sein:

- Zeichnungen, maßstabsgerechte Ansichten und Perspektiven [▶ GK TZ 1.2.3];
- Modelle (S. 180, Abb. 1), mit deren Hilfe sich Proportionen gut darstellen lassen. Farbliches Anlegen verdeutlicht auch hier den Gesamteindruck;
- Funktionsmodelle, die, maßstabsgerecht ausgeführt, hilfreich beim Entwickeln von Detaillösungen, z. B. eines Türbeschlags, sein können;
- CAD-3-D-Programme [▶ GK TZ 1.1.2 und 3.1.2], mit denen rechnergestützt Objekte dargestellt und von allen Seiten betrachtet werden können.

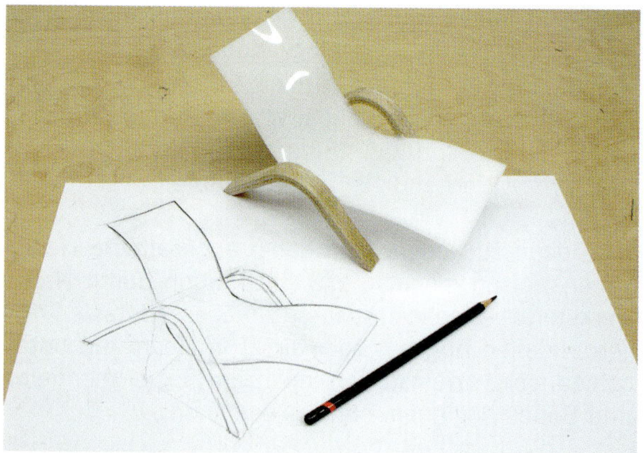

1 Maßstabgerechtes Modell

Auf Realisierbarkeit prüfen
Dabei handelt es sich um einen Abgleich mit der Zielformulierung bzw. dem Auftrag [▶ 5.4.1], bei dem der Entwurf für das aktuelle Möbel auf Erfüllen der in Kap. 5.4.2 bis 5.4.6 genannten Kriterien überprüft wird:
- Wurden alle Punkte – Gestaltungsgrundlagen, Umgebung, Geschichte und Emotionen, Funktion und Gebrauch oder Nachhaltigkeit – je nach Prioritätenliste berücksichtigt?
- Sind alle technischen Möglichkeiten der Fertigung gegeben?

Den Entwurf präsentieren
Die Präsentation ist je nach Adressat unterschiedlich [▶ GK 3.4]:
- Bei **Kunden** muss der sinnliche Eindruck des Möbels vermittelt und die Funktion verdeutlicht werden. Hier sind auch Auftreten und Gesprächsführung von großer Bedeutung.
- Bei einem **Wettbewerb** muss das von der Ausschreibung geforderte Material (Zeichnungen, Modelle, Beschreibungen usw.) überzeugen.
- Für einen **Prüfungsausschuss** müssen die Vorgaben der Ausbildungs- und Prüfungsordnungen der Kammern [▶ GK 1.1.4 und 1.2.2] berücksichtigt werden, i. d. R. Ansichtszeichnungen im Maßstab 1 : 10 mit Gesamtmaßen sowie Fertigungszeichnungen mit allen relevanten Informationen für die Fertigung [▶ GK TZ 4.1] eines Möbels, z. B. Teilschnittzeichnungen im Maßstab 1 : 1 mit Fertigungsmaßen der Details.

5.4.2 Kriterium Gestaltungsgrundlagen der äußeren Form *(criteria of basic composition principles of the exterior form)*

Symmetrie/Asymmetrie
Ein symmetrisch gestaltetes Möbel (Abb. 2) kann eher statisch und ruhig, aber auch langweilig wirken, während ein asymmetrisch gestaltetes Möbel (Abb. 3) eher bewegt und spannungsreich wirken kann.

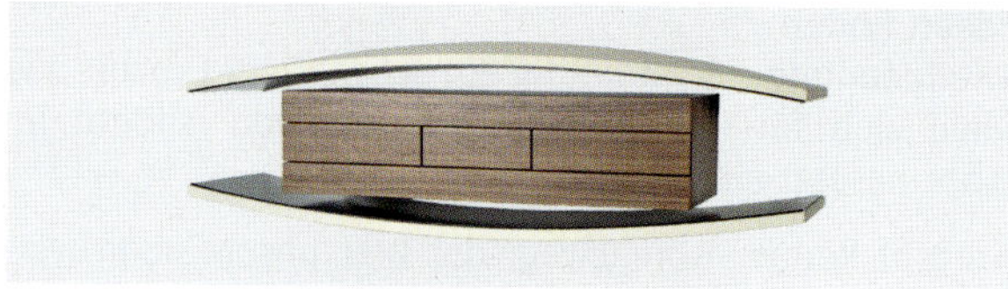

2 Symmetrisch gestaltetes Möbel

3 Asymmetrisch gestaltetes Möbel

Stabil/Instabil *(stable/instable)*
Ausrichtung: Unsere Sehgewohnheit und Erfahrung sagen: Horizontale und Vertikale im rechten Winkel wirken stabil. Die Horizontalen (Abb. 4 und S. 181, Abb. 1) drücken eher Ruhe aus, während die Vertikalen im rechten Winkel stützend und aufstrebend stabil wirken. Bei den schräg verlaufenden Linien (Abb. 5 und S. 181, Abb. 2) gleitet die Schwerkraft nach rechts weg und erzeugt einen gewollten instabilen Eindruck des Umkippens.

4 Stabil wirkendes Möbel

5 Optisch instabil wirkendes Möbel

Gleichgewicht
Eine Ausgewogenheit der Massen (Abb. 1), bei einem Möbel farblich abgesetzte Flächen, z. B. Türen, Schubkästen, bewirkt optische Stabilität; ein optisches „Übergewicht" auf einer Seite bewirkt Instabilität (Abb. 2), aber auch eine gewollte Spannung.

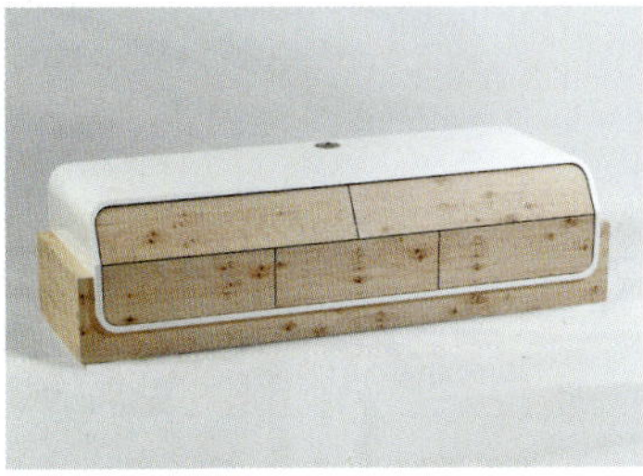

1 Ausgewogen wirkendes Möbel

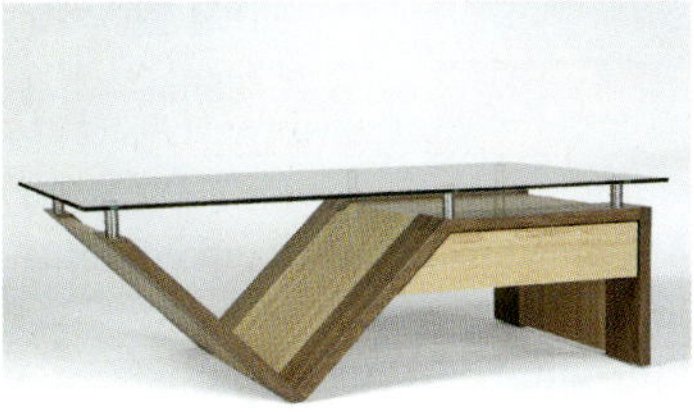

2 Optisch unausgewogen wirkendes Möbel

Proportionen *(proportions)*
Unterschiedliche Maßverhältnisse können eine spannungsreiche oder harmonische Wirkung erzielen. Harmonisch wirken Proportionen wie der Goldene Schnitt oder die Harmonische Teilung.

Der **Goldene Schnitt** gilt in unserer Kultur seit der Antike traditionell als maßgebliche, ideale Proportion (Abb. 3), bei der der kleinere Abschnitt einer Fläche im gleichen Verhältnis zum größeren Abschnitt steht wie der größere Abschnitt zur Gesamtfläche **[▶ GK M 2.2.4]** **[▶ GK TZ 2.2]**.

3 Eine im Maßverhältnis des Goldenen Schnitts aufgeteilte Fläche

Heute ist der Goldene Schnitt in den Hintergrund getreten, weil auch andere Größenverhältnisse Harmonie oder Spannung in der Gestaltung bewirken können.

Bei der **Harmonischen Teilung** (Abb. 4) steht dagegen der größte Abschnitt einer Fläche zum kleinsten Abschnitt im gleichen Verhältnis wie die Gesamtfläche zum mittelgroßen Abschnitt.

4 Eine im Maßverhältnis der Harmonischen Teilung strukturierte Fläche

5.4.3 Oberfläche, Farbe und Profilierung

(surface, colour and profiling)

Struktur und Textur *(structure and texture)*
Die Struktur des Werkstoffs (z. B. Porigkeit des Holzes), die Textur seiner Oberfläche (z. B. Faserbild einer Spanplatte) und die Art der Oberflächenbearbeitung (Sägen, Hobeln, Schleifen) werden gesehen und können befühlt werden.

5 Holztextur

6 Textur einer Grobspanplatte

7 Unterschiedliche Bearbeitungsstrukturen

Die Oberfläche kann die Wirkungen der äußeren Form eines Möbels unterstützen, aber auch abschwächen.

Farbwirkung *(colour effect)*
Die Wirkungen der Farben, ihre psychologischen und symbolischen Hintergründe, sind ein sehr umfangreicher, vielschichtiger Themenbereich, von dem hier einige Beispiele genannt werden, die auf **Kontrasten** [▶ 7.1.5] beruhen:
- Farbe-an-sich-Kontrast (Buntkontrast) mit einer sehr kraftvollen, „lauten" Wirkung (Abb. 1),
- Hell-dunkel-Kontrast als grundlegender Gegensatz von Farben (Abb. 2),
- Warm-kalt-Kontrast, der im Zusammenspiel mit den warmen Holztönen eingesetzt werden kann, um diese damit zu betonen (Abb. 3).

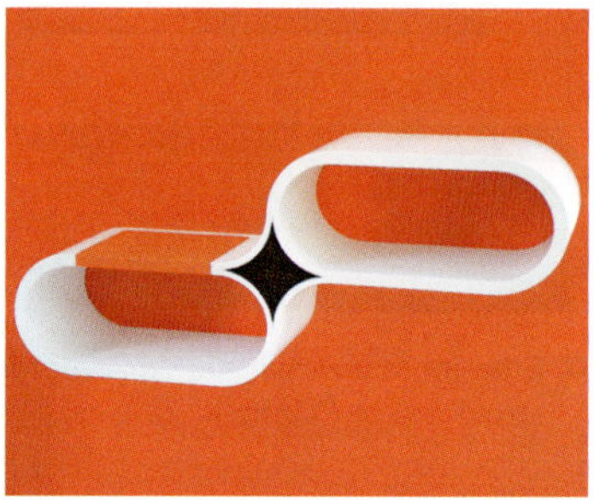
1 Möbelfront in Farbe-an-sich-Kontrast

2 Möbelfront in Hell-dunkel-Kontrast

3 Möbelfront in Warm-kalt-Kontrast

Profile *(profiles)*
Eine Möglichkeit, Möbel zu gestalten, ist die Profilierung von Rahmenkanten oder Füllungen sowie die Verwendung von Profilleisten, sog. Kehlstößen, als Schmuckelemente. Die Bildung erhabener und zurückspringender Flächen mit verschiedenen Formen kann ein Möbelstück durch Licht- und Schatteneffekte positiv beleben oder negativ überladen. Plattenkanten können durch Profile filigraner erscheinen.

Elemente von Profilen (Abb. 4) sind geometrische Figuren [▶ GK TZ 2.2] wie
- Geraden:
  - Platten (horizontal oder vertikal),
  - Fasen (unterschiedlicher Neigung),
- Bögen (kreis- oder ellipsenförmig):
  - Stäbe,
  - Hohlkehlen,
  - Karniese.

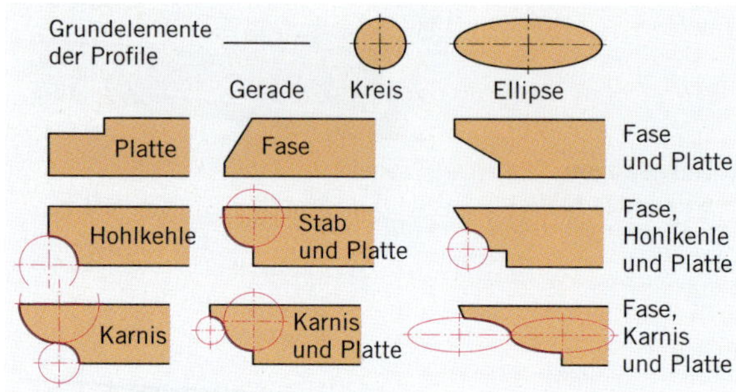

4 Unterschiedliche Standardprofile

Formale Konsequenz

Ein einmal gewähltes Konstruktionsprinzip sollte bei Möbeln durchgängig angewendet werden.

Andererseits kann aber auch die Konstruktion selbst Gestaltungsmittel sein, z. B. die aufliegende oder einliegende Tür [▶ 5.1.6].

5.4.4 Kriterium Umgebung, Geschichte und Emotionen *(criteria of environment, history and emotions)*

Vor dem ersten Entwurfsprozess sollten folgende Fragen beantwortet werden.

Umgebung
Bei der künftigen Umgebung, in der das Möbel stehen wird, sind Größe, Form und Stil von Raumdecke, Fußboden, Wänden und anderen Einrichtungsgegenständen sowie Licht und atmosphärische Gesamtwirkung zu berücksichtigen:

Soll sich das Möbel hier anpassen oder einen Kontrapunkt bilden?

Geschichte und Hintergrund
Bei einem Auftragsmöbel sind auch die Geschichte und der Hintergrund des Kunden zu beachten:
- Wie wichtig ist der familiäre Einfluss auf den Gestaltungswunsch?
- Welche Bedeutung haben gesellschaftliche Konventionen?
- Welche Rolle spielen hier Kultur- und Designgeschichte [▶ 4]?

Emotionen
Ist eine persönliche Gefühlsbindung aufgrund von Erfahrungen oder Erinnerungen mit dem Möbel möglich?

- **Ästhetische Funktion:**
  Es sollen positive Emotionen geweckt werden, die individuell unterschiedlich sein können.
  Ein Entwurf kann einerseits „zu originell" sein, sodass er verwirrend und anstrengend wirkt, andererseits kann er „zu banal" sein und damit Langweiligkeit und Plattheit ausstrahlen.
- **Sinnbildliche Funktion:**
  Passt der Entwurf gesellschaftlich zum sozialen Status und Prestigewunsch des Auftraggebers, ist er also entsprechend repräsentativ oder bescheiden, kulturell „zeitgeistig" oder nostalgisch?

Beim Herausarbeiten eigener Gestaltungsprinzipien kann es hilfreich sein, sich der Geschichte der Gestaltung über bekannte Künstler und deren Stilrichtung, Gestaltungsgrundsätze und Produkte anzunähern. Die Recherche kann dazu wegen eventueller Urheberrechtsverletzungen sinnvoll sein.

Andererseits wird vielleicht die Nachahmung eines bestimmten Stils gewünscht.

5.4.5 Kriterium Funktion und Gebrauch, Ergonomie und Maßgebung

(criteria of function and use, ergonomics and dimensioning)

Funktion und Gebrauch
Mit Fragen zur Funktion und zum Gebrauch kann ein erstes Kundengespräch begonnen werden:

- Was soll das Möbel können und welchen Zweck soll es erfüllen?
- Welche Gegenstände sollen untergebracht und welche Arbeiten unterstützt werden?
- Soll die Form diesen Gebrauchsanforderungen folgen, oder soll die Form selbst im Vordergrund stehen?
- Wie wurde diese Funktion hier zuvor erfüllt? Gibt es Vergleichsmöbel, auf die sich bezogen werden kann/soll?

Ergonomie
Ergonomie befasst sich mit der Gesetzmäßigkeit menschlicher bzw. automatisierter Arbeit, bei der Maße wie Sitzhöhe, Höhe der Arbeitsfläche, Platzbedarf oder Reichweite bei Oberschränken nach wissenschaftlichen Erkenntnissen ermittelt werden.

Die Maße des menschlichen Körpers *(human body dimensions)*, sog. **anthropometrische Maße**, sind als Maßverhältnisse (Abb. 1) in DIN 33402-2 festgehalten. Die Maße sind z. B. bei der Planung von Küchenoberschränken wichtig und besonders beim Entwurf von Arbeitsmöbeln hilfreich.

Ein Möbel muss sich in seinen Abmessungen nach dem Menschen richten und nicht der Mensch nach dem Möbel.

In der Folge sind einige anthropometrische Maße nach DIN 33402-2 der Arbeits- und Lebensbedingungen von Menschen, Altersgruppen 18 bis 65, aufgeführt (Abb. 1 und 2 sowie S. 184, Abb. 1 und 2).

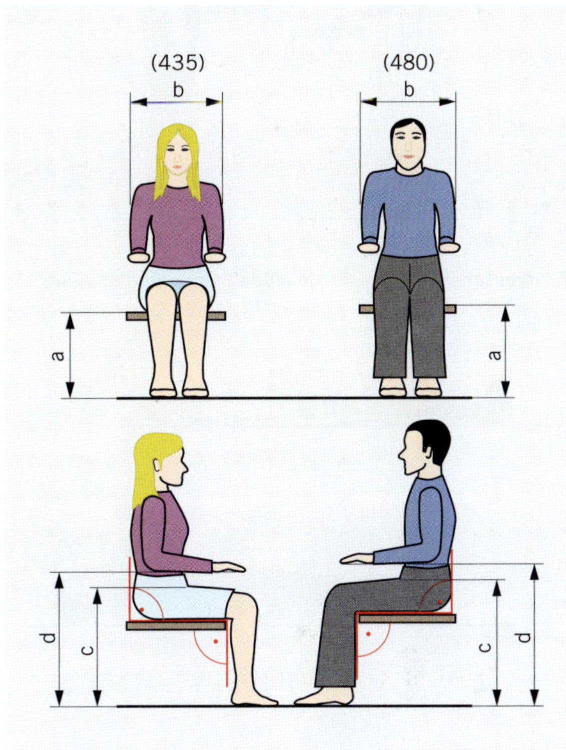

1 Wichtige Breiten- und Höhenmaße bei sitzenden Frauen und Männern

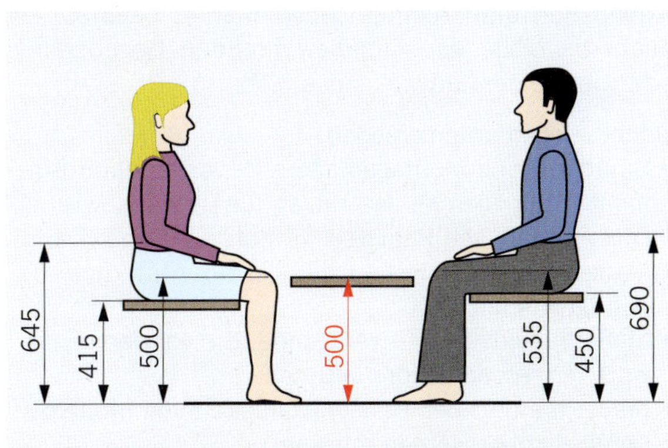

2 Durchschnittshöhen für sitzende Frauen und Männer

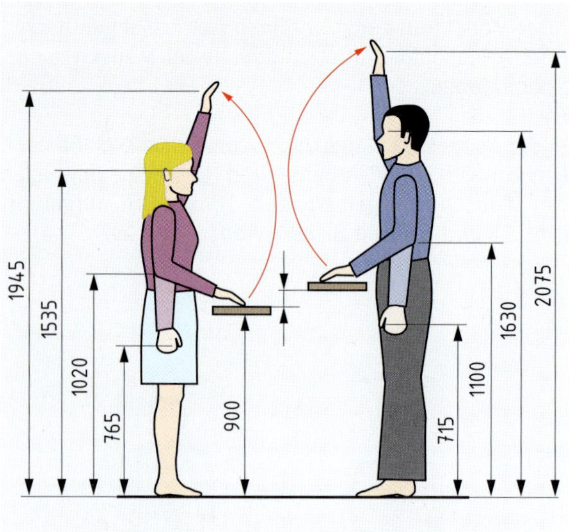

1 Durchschnittshöhen für stehende Frauen und Männer

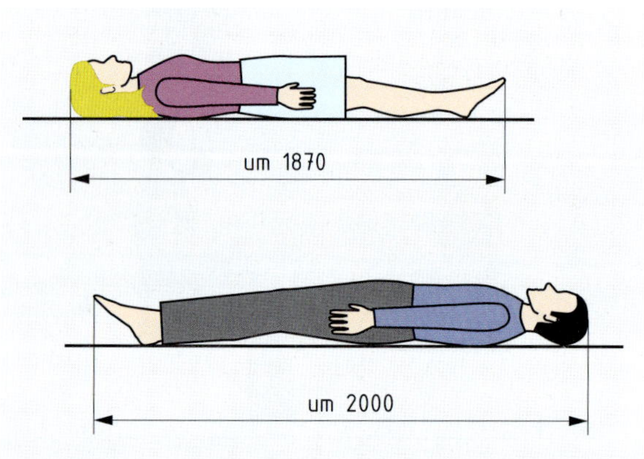

2 Durchschnittslängen für liegende Frauen und Männer

Maßgebung
Neben den anthropometrischen Maßen beeinflussen auch die Maße der aufzubewahrenden Gegenstände oder Geräte den Entwurf eines Möbels.

Dabei werden unterschieden:
- Standard- und Montagemaße z. B. von Küchen-Einbaugeräten oder von Matratzen für Betten sowie DIN-Formate von Papieren für Schreibtische. Die Maße können aus Katalogen oder über Internet abgefragt werden.
- Maße individueller Gegenstände, die vor dem Entwurf vermessen werden müssen.
- Maße, die bez. der Transportfähigkeit von Möbeln berücksichtigt werden müssen:
  - wie das Möbel aus der Werkstatt zum Aufstellort kommt, dabei z. B. die Maße des Lieferwagens oder die eines engen Treppenhauses,
  - wie die Abmessungen sich auch für Kunden bei zukünftigen Umzügen auswirken können.

5.4.6 Kriterium Nachhaltigkeit, Umweltverträglichkeit, Wirtschaftlichkeit

(criteria of sustainability, environmental compatibility and economic efficiency)

Die Fertigung eines Werkstücks kann die Umwelt verändern und belasten.

Um die Belastungen möglichst gering zu halten,
- sollten **Werkstoffe**
  - aus regenerierbaren Systemen stammen, die ihren Bestand sichern,
  - von bestandsgefährdeten Pflanzen nicht verarbeitet werden,
  - bevorzugt werden, die wegen kurzer Transportwege regional verfügbar sind,
  - ggf. umweltverträglich zu entsorgen sein.
- sollte der Einsatz und Ausstoß von Schadstoffen möglichst gering sein und möglichst wenig Abfall anfallen.
- sollte beim Entwurf der Einzelteile eine zuschnittgerechte Formgebung ohne zu hohen Verschnitt gewählt werden.
- sollten **Konstruktionen**
  - werkstoffgerecht und funktionell sein und die Haltbarkeit und Reparaturfreundlichkeit des Möbels befördern,
  - so ausfallen, dass Einzelteile einfach demontierbar und alle Details gut zugänglich sind,
  - so gewählt sein, dass beim Recycling ggf. Einzelteile weiterverwendet werden können.

Nicht nur die mangelnde Qualität eines Möbels ist die Ursache für sog. Wegwerfmöbel.

Häufig sind Stil- und Modeerscheinungen Gründe dafür, dass man ein Möbel bald „nicht mehr sehen" kann, weil es zu sehr dem jeweils aktuellen Geschmack folgte und deshalb entsorgt wird.

Aufgaben zu 5.1
1. Nennen Sie Aufgaben, die Möbel erfüllen, und nach welchen Kriterien sie unterschieden werden.
2. Erläutern Sie die Konstruktionen Brett-, Rahmen-, Stollen- und Plattenbauweise von Korpusmöbeln.
3. Welcher Vorteil von Rahmenbaukonstruktionen besteht gegenüber Brettbaukonstruktionen?
4. Für welche Möbelarten ist die Gestellmöbelkonstruktion besonders geeignet?
5. Aus welchen Elementen besteht ein Möbelkorpus und welche Funktionen erfüllen sie?
6. Nennen Sie unterschiedliche Verbindungselemente und -beschläge für Korpusse.
7. Welche Aufgaben haben Sockel und Fußgestelle von Möbeln und welche Konstruktionen gibt es?
8. Nennen Sie die unterschiedlichen Konstruktionen von Möbeltüren.

9. Erklären Sie die Begriffe „rechte" und „linke" Drehflügeltür.
10. Erläutern Sie mithilfe von Handskizzen die Anschlagart von „aufliegenden", „einliegenden" und „gefälzten" Drehflügeltüren.
11. Erläutern Sie den Unterschied von Hängen und Scharnieren und geben Sie Beispiele an.
12. Beschreiben Sie den Aufbau von Topfscharnieren.
13. Wie kann die Anzahl von Topfscharnieren für eine Drehflügeltür ermittelt werden?
14. Benennen Sie die unterschiedlichen Varianten von Topfscharnieren bez. ihrer Anwendungen.
15. Benennen Sie die Formen von Hängen bez. der unterschiedlichen Anschlagarten.
16. Skizzieren Sie eine aufliegende, einliegende und gefälzte Rahmentür mit Füllung und suchen Sie dazu passende Hänge und Scharniere aus.
17. Erläutern Sie das Prinzip der Zapfenbänder.
18. Beschreiben Sie den Aufbau von Riegelschlössern für Möbel.
19. Welche Bedeutung hat das Dornmaß für die Gestaltung und Konstruktion einer Tür in Rahmenbauweise?
20. Erläutern Sie die Unterschiede von „aufliegenden", „einlassbaren" und „einsteckbaren" Schlössern.
21. Welcher Unterschied besteht zwischen Nutbart- und Zuhaltungsschlössern?
22. Was macht die Besonderheit von Zylinderschlössern aus?
23. Welche Formen von Stangenschlössern gibt es und wo finden sie Verwendung?
24. Geben Sie die unterschiedlichen Anschlagsmöglichkeiten von Fensterbeschlägen an.
25. Benennen Sie Beispiele von Verschlüssen ohne Schlüssel.
26. Welche Klappen werden im Möbelbau verwendet und welche Beschläge kommen hier zum Einsatz?
27. Welche Konstruktionsformen von Schiebetüren im Möbelbau werden angewendet und welche Unterschiede gegenüber Drehflügeltüren gibt es?
28. Beschreiben Sie die Funktionsweise von Rollläden und geben Sie die verschiedenen Varianten an.
29. Welche Aufgaben haben Schubkästen und aus welchen Elementen bestehen sie?
30. Welche Schubkastenführungen gibt es und aus welchen Elementen bestehen diese?
31. Erläutern Sie die Funktionsweise mechanischer Auszugsführungen und die Konstruktion der unterschiedlichen Typen.
32. Erläutern Sie die unterschiedlichen Schließsysteme von Schubkästen und deren Verwendung.
33. Was wird mit dem Begriff „Englischer Zug" bezeichnet?
34. Nennen Sie verschiedene Griffsysteme.

Aufgaben zu 5.2

35. Erläutern Sie den Begriff „Systemmöbel" und deren Grundprinzipien.
36. Wodurch unterscheiden sich An- bzw. Aufbaumöbel von Endlosmöbeln?
37. Was wird unter einem „Rastersystem" bei Möbelkonstruktionen verstanden und welche Raster werden angewendet?
38. Erläutern Sie die Bedeutung des Systems 32.

Aufgaben zu 5.3

39. Berechnen Sie die Kraft, mit der die Tischplattenkante eines Säulentisches max. vertikal belastet werden kann, ohne dass er kippt.
    - Gewichtskräfte insges. $F_g = 520$ N
    - Hebelkräfte $l_1 = 0{,}32$ m
    - Hebelkräfte $l_g = 0{,}18$ m
40. Welche konstruktiven Möglichkeiten verhindern die Kippgefahr bei einem Korpus mit ausgezogenen Schubkästen?
41. Begründen Sie, evtl. mithilfe einer Beispielberechnung, weshalb sich die Beanspruchung der Hänge einer Tür im Hochformat erhöht, wenn sie ins Querformat geschwenkt wird.
42. Erläutern Sie, wann ein zusätzliches Häng zwischen zwei Hängen sinnvoll sein kann.
43. Weshalb erhöht sich die Auszugskraft eines Schubkastens, sobald er weiter herausgezogen wird?
44. Begründen Sie, weshalb das Passungsspiel zwischen Schubkastenseiten möglichst gering gehalten werden sollte.
45. Welche Möglichkeiten gibt es, die Gewichtskräfte eines Möbelkorpus abzuleiten, um die Verformung möglichst gering zu halten?
46. Welche Bedeutung hat das E-Modul der Werkstoffe für die Durchbiegung von Einlegeböden aus Vollholz und Holzwerkstoffen?
47. Nennen Sie Maßnahmen, mit denen die Festigkeit biegebelasteter Verbindungen, z. B. einer Zargen-Stollen-Verbindung, erhöht wird.

Aufgaben zu 5.4

48. Erläutern Sie die inhaltliche Aussage des Begriffs „Möbelgestaltung".
49. Beschreiben Sie den Handlungszyklus eines Gestaltungsvorgangs.
50. Erläutern Sie Kriterien, die bei der Gestaltung eines Möbels zu berücksichtigen sind.
51. Nennen Sie die unterschiedlichen Möglichkeiten der Darstellung und Präsentation von Möbelentwürfen.

English Tasks

52. Describe the individual elements of a furniture carcass.
53. What kind of furniture doors are available and what devices are used for hanging them?
54. Name the functions of drawers as well as of their drawer guides.
55. What fittings are used for hanging offset doors?
56. What kinds of system furniture do you know?
57. Describe the function of the back wall of a furniture carcass.
58. What options can be taken to reduce the deflection of shelf-boards?
59. Name aspects concerning the design of furniture.

6 Maßordnung im Hochbau

Die Maßordnung im Hochbau ist lt. DIN 4172 Grundlage für die Abmessungen von Gebäuden und Bauteilen.

6.1 Maßsystem

Baurichtmaße – BR

Rohbau-Richtmaße – RR – *(carcass dimensions)* sind lt. DIN 4172 zunächst theoretische Maße, die jedoch die Grundlage für die Baumaße in der Praxis bilden.

Rohbau-Richtmaße werden aus dem Vielfachen *(multiple)* des Grundmoduls $\frac{1}{8}$**-meter** = 12,5 cm, kurz **am** – Oktameter-System – (Abb. 1), abgeleitet.

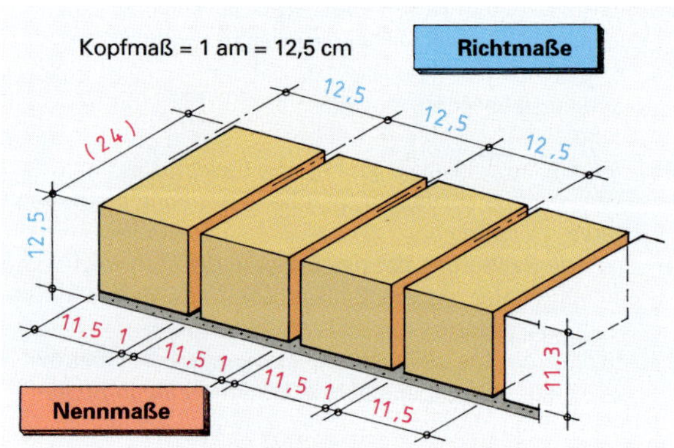

1 Rohbau-Richtmaß aus „am" als Kopfmaß

Aus dem Maßsystem sind die Maße für Mauerziegel *(bricks)* ohne Mörtelfuge *(mortar joint)* im Dünnformat DF, Normalformat NF und Dickformat DF abgeleitet (Abb. 2).

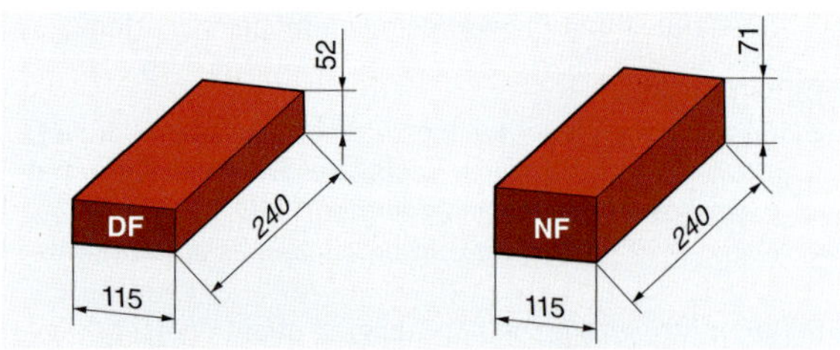

2 Mauerziegel in unterschiedlichen Formaten

Nennmaße – NM – *(nominal dimensions)* sind Sollmaße zur Kennzeichnung von Größe und Lage von Bauteilen, die i.d.R. auch in Bauzeichnungen angegeben werden (Abb. 3). Bei Bauarten

- **mit** Fugen werden die NM aus den RR durch Abzug oder Zuschlag der Fugen abgeleitet,
- **ohne** Fugen entsprechen die NM den RR.

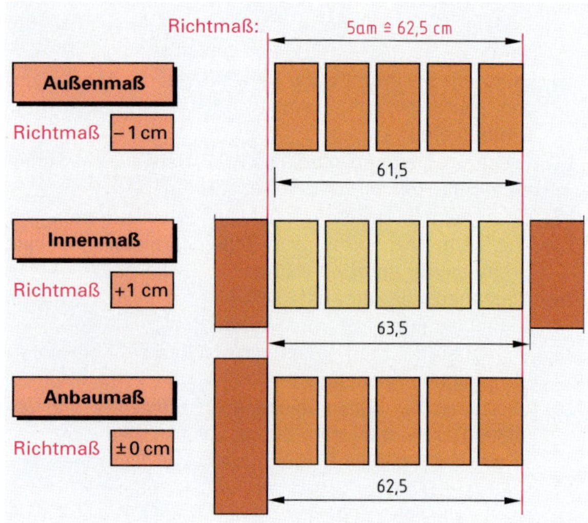

3 Anwendung unterschiedlicher Mauer-Nennmaße

Maßangaben in Bauzeichnungen

Maße in Bauzeichnungen werden i. d. R. nach DIN 1356 in folgenden Einheiten angegeben (Abb. 4 und 5):

- < 1 m in cm und
- > 1 m in m.
- Millimetermaße mm werden als Hochzahl angegeben.

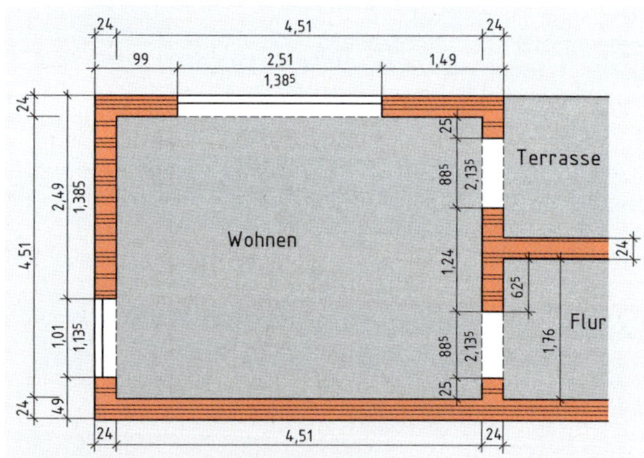

4 Maßangaben im Horizontalschnitt

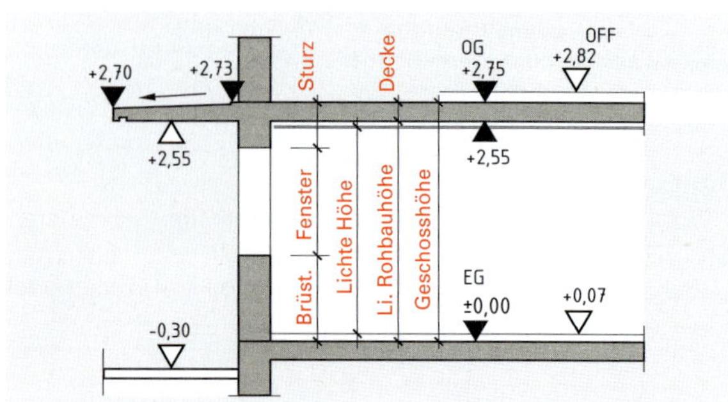

5 Höhenmaßangaben im Vertikalschnitt

Breite und Höhe von Wandöffnungen und Bauteilen werden wie folgt angegeben (Abb. 1):

Breite/Höhe oder $\frac{\text{Breite}}{\text{Höhe}}$

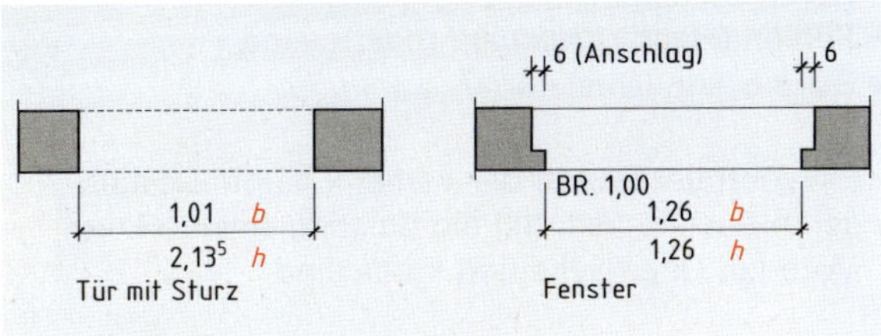

1 Maßeintragungen von Wandöffnungen

Für die Fertigung in der Holztechnik müssen die Maßangaben der Bauzeichnungen in **mm** umgerechnet werden.

Beispiele

87^5 cm = 875 mm $1{,}37^5$ m = 1375 mm

Breite und Höhe von Wandöffnungen (Tab. 1) können durch **Kennnummern** angegeben werden.

Beispiel

RR = Kennnummer × am (125 mm)
875 mm = 7 × am

Tab. 1 RR für Wandöffnungen (nach DIN 18100)

Kennnummer	Rohbau-Richtmaße in mm		Vorzugsgrößen für
	Breite	Höhe	
6 × 16	750	2000	einflügelige Türen
7 × 15	875	1875	
7 × 16	875	2000	
8 × 16	1000	2000	
14 × 16	1750	2000	zweiflügelige Türen
16 × 18	2000	2000	
16 × 18	2000	2250	
9 × 10	1125	1250	Fenster allgemein
9 × 11	1125	1375	
9 × 12	1125	1500	
4 × 7	500	875	Fensterbänder zweiflügelige Türen
5 × 8	625	1000	

Normgrößen

Durch die Maßordnung können Fenster und Türen in Normgrößen *(standard size)* für den Wohnungsbau preisgünstig in Serie gefertigt werden.

Beispiel

Fenster – Kennnummer 13 × 11
• Innenmaß-Breite = 13 × am = 1625 mm • Innenmaß-Höhe = 11 × am = 1375 mm ⇒ RR = 1625/1375 oder $\frac{1625}{1375}$

6.2 Maßnehmen am Bau

Die durch Berechnung ermittelten Nennmaße (Sollmaße) in Bauzeichnungen weichen meist von den tatsächlichen *(actual)* Maßen am Rohbau ab. Bauzeichnungen tragen deshalb den Vermerk:

Maße sind am Bau zu überprüfen!

Durch den Vermerk übernehmen die Zulieferunternehmen des Bau- und Baunebengewerbes die Garantie und Haftung für genaue Passungen von Fenstern, Türen u. a. Einbauten.

Alle für die Montage von Bauteilen wichtigen Maße müssen mithilfe der **gemessenen** Maße (Istmaße) am Bauwerk überprüft werden.

Zusätzlich müssen Winkelmaße sowie Ausrichtungen in Waage und Lot überprüft werden.

Am Rohbau ohne Fußboden orientieren sich die Höhemaße am **Meterriss** *(meter mark)* an den Wänden, der von der Bauleitung mit einem Nivelliergerät *(levelling instrument)* für die jeweilige Etage festgelegt wird. Ausgehend vom Meterriss, wird der **Nullpunkt OFF** für die **O**berfläche des **f**ertigen **F**ußbodens festgelegt.

Aufgaben zu 6

1. Erläutern Sie das System der Maßordnung am Hochbau.
2. Wodurch unterscheiden sich Nennmaße von Rohbau-Richtmaßen?
3. Erläutern Sie das Prinzip der Kennnummern von Wandöffnungen und welche Bedeutung sie für die Praxis haben.
4. Nennen Sie die Unterschiede der Maßangaben in Bauzeichnungen und in technischen Zeichnungen der Holztechnik.
5. Weshalb müssen Maße am Bau überprüft werden?
6. Welche Bedeutung hat der Meterriss an Bauwerken und wie wird er bestimmt?

English Tasks

7. Name the differences between outer, inner and extension measurements.
8. Name the measuring tools that are needed to take the measurements of a building. Give examples what the measuring instruments can be used for [▶ GK 7.1.2–7.1.4].

7 Innenausbau *(interior finish)*

7.1 Innenraumgestaltung *(interior design)*

Der Einfluss des Tischler- und Schreinerhandwerks bei der Gestaltung von Bauwerken und Gütern des täglichen Gebrauchs war zu jeder Zeit prägend. Die gestalterische Tätigkeit bezieht sich nicht nur auf die Gestaltung einzelner Produkte wie Möbel [▶ 5.4], sondern umfasst auch die Gestaltung von Innenräumen.

Gestaltung meint die Fähigkeit, eigene Vorstellungen im Sinne der Formfindung und Formgebung von Räumen in ihrer Gesamtheit immer wieder neu umzusetzen.

Die Gestaltung erfüllt sowohl individuelle als auch gesellschaftliche Aufgaben.

Nach Joseph Beuys wird der Mensch gesellschaftsverändernd aktiv, wenn er kreativ gestaltend tätig wird und seine geistige Leistung schöpferisch hervorbringt.

„Jeder Mensch ist ein Künstler“ [▶ 5.4].

In dieser These geht er auf die Verantwortung jedes Einzelnen ein, die Gesellschaft durch sein kreatives Tun weiter zu entwickeln. In diesem erweiterten, anthropologischen Kunstbegriff der „Sozialen Plastik“ geht er davon aus, dass in jedem Menschen Spiritualität, Kreativität, Phantasie und Offenheit vorhanden sind, die anerkannt, ausgebildet und gefördert werden müssen.

7.1.1 Funktionen *(functions)*

Die Erzeugnisse des Tischlerhandwerks müssen unterschiedlichsten Funktionen gerecht werden.

Drei Funktionen dieses komplexen Themas können zur Veranschaulichung näher betrachtet werden:
- Funktionalität,
- Ästhetik und
- Symbolik.

Funktionalität *(functionality)*
Die Produkte sollen die Anforderungen eines Auftraggebers bzw. Nutzers erfüllen und einen hohen **Nutzwert** *(value)* bieten. Als Teil ihrer Umgebung *(environment)* (Innen-, Grenz-, Außenraum) müssen sie einen hohen **Gebrauchswert** *(practical value)* [▶ 5.4.2] erfüllen und hohe **Funktionalität** aufweisen, die bis ins Detail durchdacht ist. Bedingungen dafür sind:
- durchdachte Konstruktionen *(smart designs)*,
- geeignete Werkstoffe *(suitable materials)*,
- Langlebigkeit *(longevity)*,
- ökologische Aspekte *(ecological aspects)*.

Ästhetik *(aesthetics)*
Produkte werden vom Nutzer ästhetisch (sinnlich) wahrgenommen. Der Vorgang bezieht sich auf das
- Sehen (Optik) *(seeing) (optical appearance)*,
- Riechen (Olfaktorik) *(smelling) (olfactory)*,
- Hören (Akustik) *(listening) (acoustics)*,
- Fühlen (Haptik) *(feeling) (haptic)* und
- Schmecken (Gustatorik) *(smelling)*.

Ein zentraler Begriff der Ästhetik ist die **Gestalt**, deren Ausdrucksmittel die Gestaltelemente Form, Material, Oberfläche und Farbe sind.

- **Form** *(shape)* wird bestimmt durch Formqualität *(quality of shape)* (z. B. Richtung, Primär- und Sekundärform, Proportionen, Klang) und Formquantität (z. B. Größe, Anzahl der Elemente),
- **Werkstoffe** *(material)* (Holz, Metall, Kunststoff usw.),
- **Oberfläche** *(surface)* (glatt, rau, warm, kalt, matt, glänzend),
- **Farbe** *(colour)* (aktiv-kräftig, passiv-neutral).

Die **Gestaltmerkmale** *(features of design)* (Abb. 1) beschreiben das Spannungsfeld der ästhetischen Wahrnehmung.

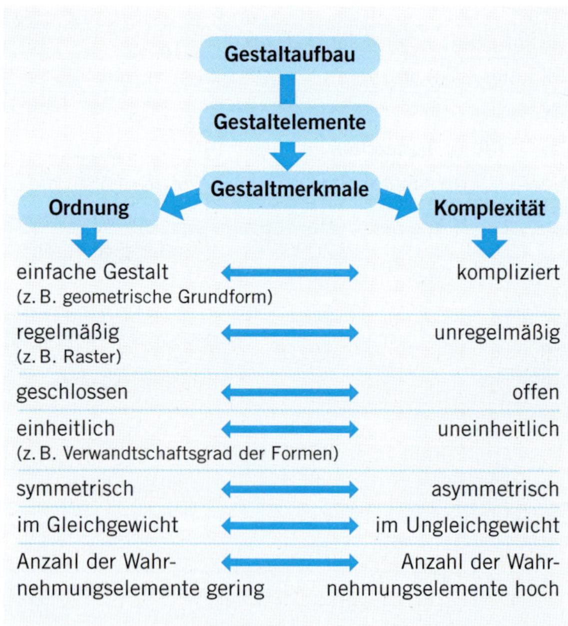

1 Struktur eines Gestaltaufbaus

Symbolik *(symbolism)*
Wird ein Produkt eng an einem Kundenwunsch angelehnt gestaltet, identifiziert sich der Besitzer damit. Dabei gibt es indirekt Hinweise auf soziokulturelle Hintergründe des Kunden. Drei Ebenen können helfen, die Betrachtung zu strukturieren:

- Der **Zeitgeist** *(zeitgeist)* drückt die kulturelle und zivilisatorische Grundlage der heutigen Gesellschaft aus. Dieser kann bejaht, hinterfragt oder abgelehnt werden. Dem Einfluss zu entrinnen, gelingt nicht.
- Eine **Gruppenzugehörigkeit** *(belonging to a group)* kann in bestimmten, für die Gruppe typischen Produkten versinnbildlicht werden. Drückt sich in einem Produkt der Wunsch nach Aufstieg in eine höhere soziale Schicht aus, wird von einem **Prestigeprodukt** *(prestige product)* gesprochen.
- Eine **Gefühlsbindung** *(emotional relationship)* kann bei handwerklich hergestellten Produkten am ehesten erreicht werden, da sie **Unikat-Charakter** *(unique character)* besitzen.

7.1.2 Proportionen

Der Gesamteindruck *(overall impression)* eines Produkts wird maßgeblich durch seine Proportionen bestimmt.

Sie bestimmen die Maßverhältnisse zwischen veränderbaren Größen innerhalb eines Ganzen, wobei sich die Frage ergibt, ob Proportionen auf der Grundlage mathematischer Gesetzmäßigkeiten ausgedrückt und berechnet werden können.

Möglichkeiten, die Verhältnisse mehrerer Größen zu bestimmen, ergeben sich z. B. aus einer
- **arithmetischen Folge** ⟨3, 6, 9, 12, ...⟩ oder
- **geometrischen Folge** ⟨2, 4, 8, 16, ...⟩.

Der italienische Mathematiker Leonardo da Pisa, genannt Fibonacci, hat Anfang des 13. Jahrhunderts eine Zahlenfolge entwickelt, bei der sich die jeweilige Nachfolgerzahl durch Addition ihrer beiden Vorgänger ergibt: ⟨0, 1, 2, 3, 5, 8, 13, 21 ...⟩.

Goldener Schnitt *(golden ratio)*
Aus dem Quotient **89/144** errechnet sich die Zahl **0,618**, mit der sich eine hinreichend genaue Berechnung des **Goldenen Schnitts** [▶ GK M 2.2.4] ergibt, der seit der Antike traditionell als maßgebliche, ideale Proportion [▶ 5.4.2] gilt.

Beim Goldenen Schnitt verhält sich der kleinere Abschnitt ***m*** (Minor) zum größeren ***M*** (Major), wie der größere zur Gesamtstrecke ***m* + *M***.

$$\frac{\text{Minor}}{\text{Major}} = \frac{\text{Major}}{\text{Minor} + \text{Major}} \Rightarrow \frac{m}{M} = \frac{M}{m + M}$$

Mit dem Faktor 0,618 lässt sich jeweils der Major einer Strecke errechnen.

Zeichnerisch kann die Streckenteilung nach dem Goldenen Schnitt in drei Schrittfolgen ermittelt werden [▶ GK TZ 2.2] (Abb. 1).

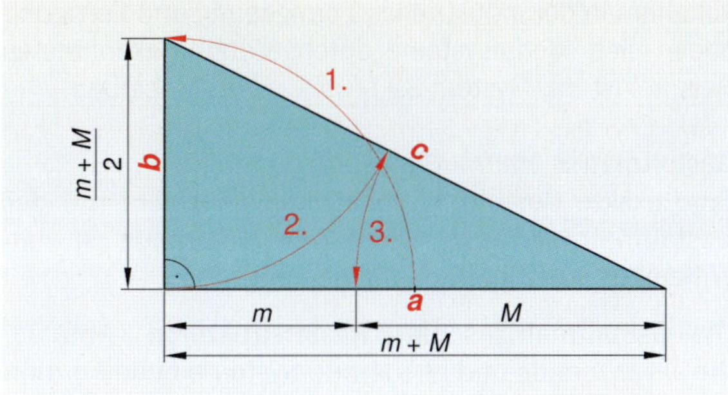

1 Streckenteilung nach dem Goldenen Schnitt

Der Goldene Schnitt kann in der Natur und folglich auch beim Menschen bis ins kleinste Detail nachgewiesen werden, wie Arbeiten von Leonardo da Vinci (1452–1519) und Albrecht Dürer (1471–1528) dokumentieren. Er wird vielfach eingesetzt, z. B. in der Baukunst, bei Möbeln [▶ 5.4.2] und vielen Gebrauchsformen.

Obwohl der Goldene Schnitt eine reine Streckenteilung ist, wird er auch als Flächeneinteilung angewendet.

Heute wird der Goldene Schnitt oft als veraltet angesehen. Häufiger werden proportionale Verhältnisse *(proportional ratios)* angewendet, die eine dynamischere, spannungsreichere Gliederung *(more dynamic and exciting structure)* aufweisen.

Proportionssystem nach Le Corbusier
Mit seiner roten und blauen Reihe im „Modulor" (Abb. 2) hat Le Corbusier (1887–1965) ein Proportionssystem *(system of proportion)* entwickelt, mit dem er versuchte, die Proportionen des Menschen auf die Maßverhältnisse der Architektur zu übertragen.

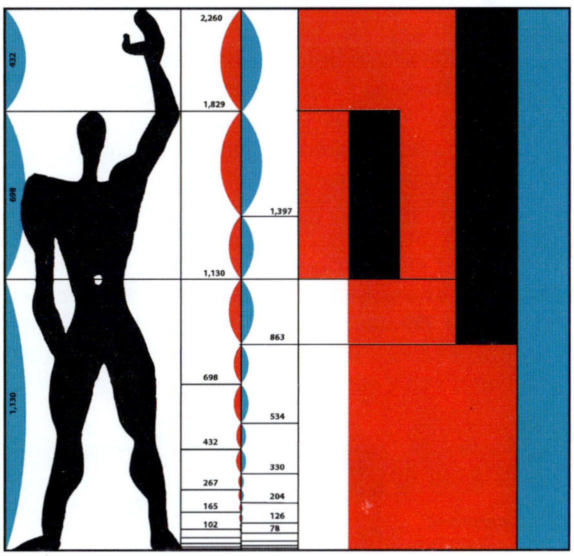

2 Proportionssystem nach Le Corbusier

Vor allem in der industriellen Formgebung und Fertigung haben sich Modulsysteme durchgesetzt. Bekanntestes Beispiel ist das System 32 [▶ 5.2.2] im Möbelbau.

Gestaltmatrix *(matrix of shape)*
Eine exakte Gestaltungsgesetzmäßigkeit wird mit der Gestaltmatrix erreicht. Diese Arbeitsmethode ist vom Willen zur Vereinheitlichung geprägt.

Die Gestaltmatrizes sind **Rasterstrukturen** (Abb. 1), die als ordnende und gliedernde Systeme neue Formen hervorbringen, selbst aber in ihrer Ursprungsform nicht in Erscheinungen treten.

Eine weiterentwickelte Stufe stellt die **Kreisformmatrix** (Abb. 2) dar, die im Zusammenspiel mit den Rasterstrukturen zu neuen Gestaltformen findet. Dabei überlagern sich mehrere Strukturen und ergeben vielfältige Gestaltvarianten (Gestaltungsmethodologie).

Die Entscheidung für eine matrixorientierte Primärgestalt oder Formensprache (z. B. Rundungen) führt zu einer harmonischen Gesamtkomposition. Sie kann durch eine gegensätzliche **Sekundärform** (z. B. eckige Formen) kontrapunktisch dynamisiert werden (assoziative Figurenbildung).

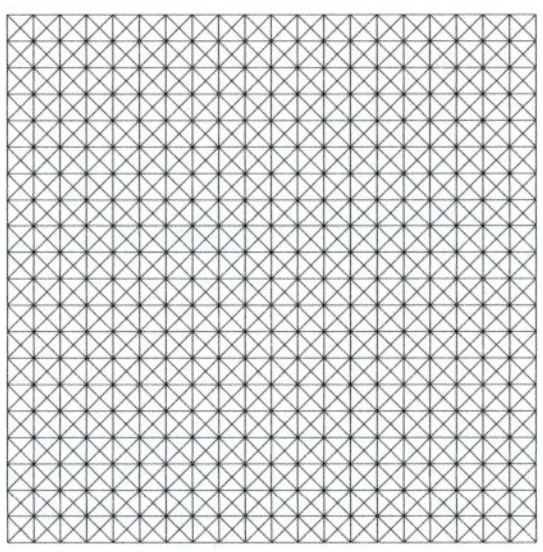

1 Gestaltmatrix mit Rasterstruktur

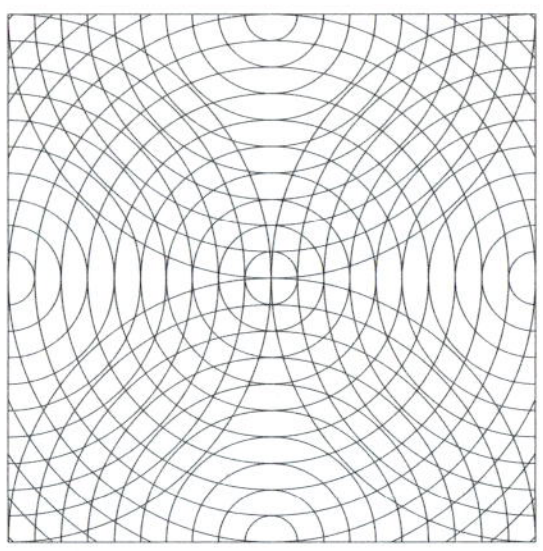

2 Kreisformmatrix

Bei Gestaltmatrizen besteht jedoch die Gefahr eines strukturellen Formalismus.

Diesem kann jedoch durch Anleihen aus anderen Gestaltungsprinzipien entgegengewirkt werden.

Form
Die Form ist ein wichtiges Gestaltelement. Harmonische Formbeziehungen entstehen durch die **Wechselwirkung der Formanordnung** *(interaction of arrangement of shape)*. Wirkung und Ausdruck werden bestimmt durch Unterscheidungsmerkmale:

3 Schwerpunkt *(centre of gravity)*

4 Optische Mitte *(optical centre)*

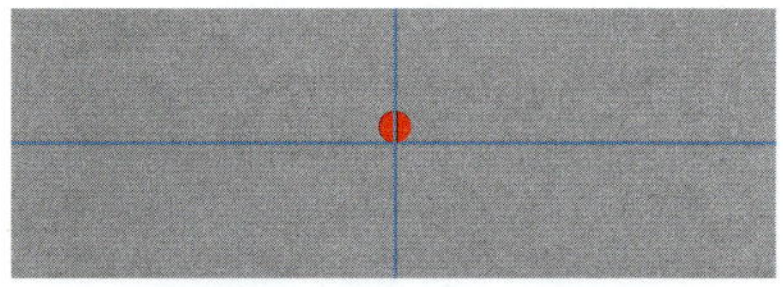

5 Proportionen *(proportions)*

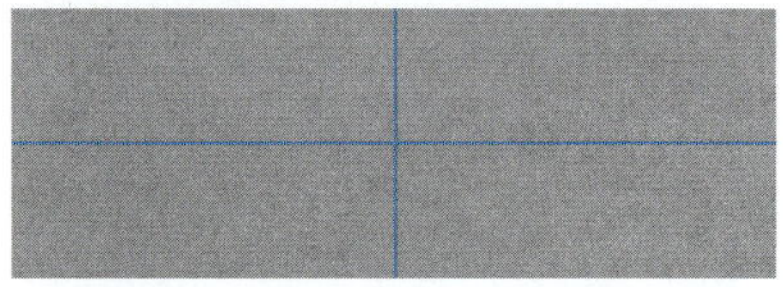

6 Goldener Schnitt *(golden ratio)*

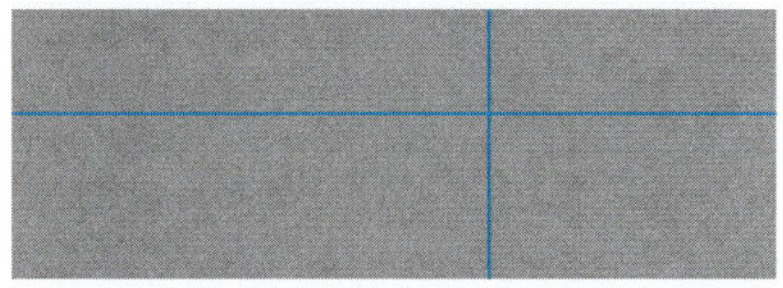

7 Kontrast *(contrast)*

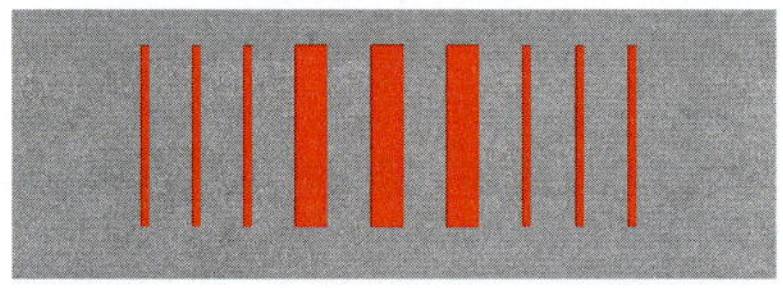

8 Rhythmus *(rhythm)*

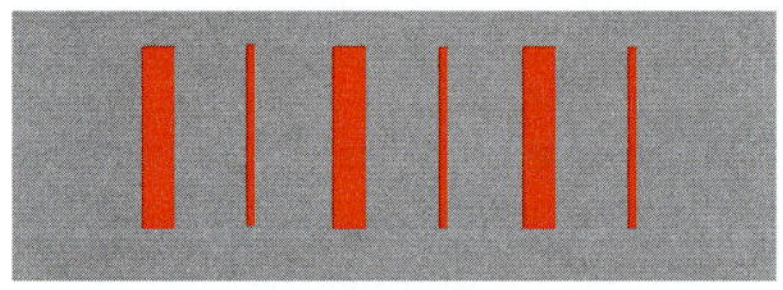

9 Dynamik *(dynamic)*

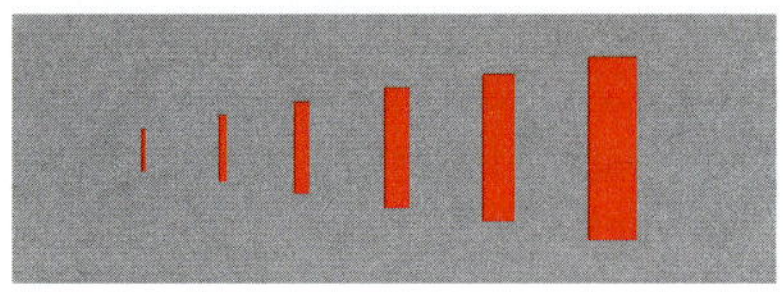

7.1.3 Ordnung – Komplexität *(order – complexity)*

Die Beziehung zwischen den Gestaltelementen kann mit den Begriffen Ordnung und Komplexität beschrieben werden.

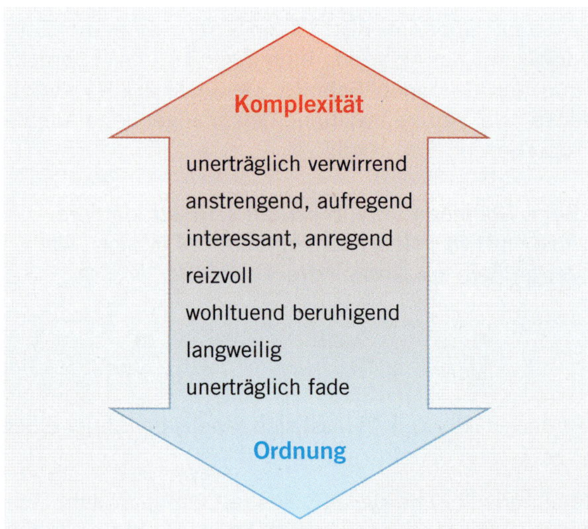

10 Wahrnehmung von Gestaltelementen

Bei der Wahrnehmungsskala (S. 190, Abb. 10) bilden sich in der mittleren Zone Begriffe heraus, die für die Wahrnehmung besonders attraktiv sind.

7.1.4 Werkstoffe und Oberfläche

Werkstoffe *(material)*
Neben Vollholz, das in vielen Tischlereien nicht mehr zu den überwiegend verarbeiteten Werkstoffen gehört, kommen die unterschiedlichsten Holzwerkstoffe sowie auch Glas, Kunststoffe, Metalle u. v. m. zum Einsatz.

Für den Gestaltungsprozess ist die von den Werkstoffen ausgehende **Materialsprache** *(language of material)* interessant.

So finden sich in der Literatur vielfältige Deutungen über die Symbolik der unterschiedlichen Holzarten und Metalle. Metallen wird z. B. eine größere Hygiene zugesprochen als Vollhölzern oder Kunststoffen, was sich jedoch bei genauerer Analyse nicht ohne Weiteres bestätigen lässt.

Oberfläche *(surface)*
Fingerkuppen, die über eine „Holz"-Oberfläche gleiten, prüfen, ob das Gesehene mit dem Gefühlten im Einklang steht.

Diese gewonnene **haptische** Erfahrung gibt wichtige Informationen zur Struktur einer Oberfläche.

Am häufigsten werden glatte Oberflächen hergestellt, die lackiert, geölt oder gewachst die äußerste Schicht bilden.

Übliche **Glanzgrade**, die damit erreicht werden können, sind
- glänzend *(high-gloss)*,
- seidenmatt *(satin-finish)* oder
- matt *(matt)*.

Oberflächen, die eine **rustikale** Anmutung darstellen sollen, können durch unterschiedliche Verfahren und Werkzeuge [▶ 16.3] strukturiert werden. Dem Trend, dreidimensionale Oberflächen in der Innenraumgestaltung einzusetzen, folgen u. a. auch Furnierhersteller, die eine große Palette unterschiedlicher **Prägeplatten** anbieten.

7.1.5 Farben *(colours)*

Trifft Licht (elektromagnetische Strahlungsenergie) auf eine Oberfläche, wird es reflektiert. Wir nehmen das reflektierte Licht als unterschiedlich lange Lichtwellen auf. Jede Wellenlänge erscheint dem menschlichen Auge als Farbe [▶ 5.4.3]. Wahrnehmbar ist ein Wellenlängenbereich von ca. 380 bis 780 nm.

Die **Wahrnehmung** der Farbe *(perception of colour)* erfolgt in verschiedenen Bereichen:
- physikalisch *(physical)*,
- physiologisch *(physiological)* und
- psychologisch *(psychological)*.

Um Farben zu sehen, benötigen unsere Augen eine bestimmte Helligkeit. Auf der Netzhaut angeordnet sind Stäbchen, die auf **Helligkeit** *(brightness)* reagieren, und Zapfen, die der **Farbwahrnehmung** dienen. Um Farbe als Gestaltungsmittel anzuwenden, sind einige Grundlagen zur Farblehre von Nutzen.

Farbkreis

Die **Grund-** oder **Primärfarben** *(basic- or primary colours)* Gelb, Rot und Blau gelten als reine Farben, die keine Mischanteile haben.

Ein markantes Beispiel der Anwendung der Primärfarben ist Gerrit Rietvelds (1888–1964) „Rot-Blau-Stuhl". Erst ca. fünf Jahre nach dem Bau der Erstausführung erhielt der Rot-Blau-Stuhl unter dem Einfluss der Künstlergruppe De Stijl und des Malers Piet Mondrian (1872–1944) seine charakteristische Farbgebung in den Primärfarben und Schwarz (Abb. 1).

1 **Rot-Blau-Stuhl** (Gerrit Rietveld, um 1923)

Werden Farben z. B. aus Aquarellfarben gemischt, wird von subtraktiver Farbmischung gesprochen.

Dabei entstehen **Sekundärfarben**:
- Gelb und Rot zu Orange,
- Rot und Blau zu Violett,
- Blau und Gelb zu Grün.

Mit der Zerlegung in **Tertiärfarben** kann ein zwölfteiliger **Farbkreis** (S. 192, Abb. 1) erzeugt werden.

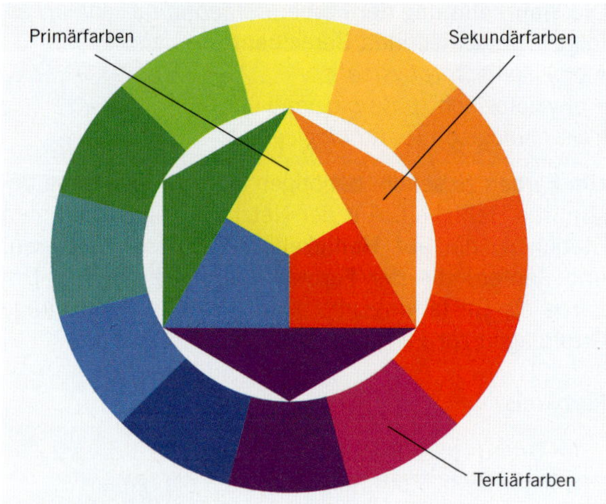

1 Zwölfteiliger Farbkreis *(twelve-part color sphere)* (Johannes Itten, 1961)

Farbkontraste

Johannes Itten (1888–1967), ein Schweizer Maler und Kunstpädagoge, behandelt in den sieben Farbkontrasten die wichtigsten Aspekte der Wirkung von Farben, die sich in hohem Maße gegenseitig beeinflussen und voneinander abhängig sind.

- **Farbe-an-sich-Kontrast** *(colour-as-such-contrast)*
  Die Grundfarben Gelb, Rot und Blau bilden den einfachsten Kontrast. Variationen entstehen durch das Hinzufügen von Schwarz und Weiß (Abb. 2).

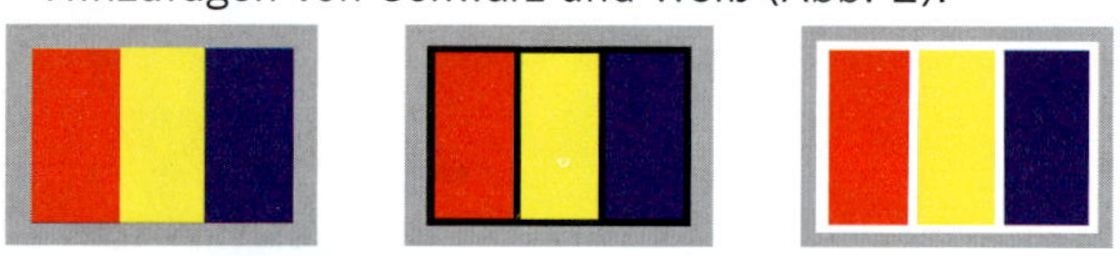

2 Farbe-an-sich-Kontrast

- **Hell-dunkel-Kontrast** *(bright-dark-contrast)*
  Spannung wird durch unterschiedliche Hell-Dunkel-Anteile erzeugt (Abb. 3). Schwarz-Weiß bildet das größte Ausdrucksmittel.

3 Hell-dunkel-Kontrast

- **Warm-kalt-Kontrast** *(warm-cold-contrast)*
  Dieser Kontrast gilt als der ausdrucksstärkste. Mit Feuer und Sonne werden Rot, Orange und Gelb als warme Farbtöne verbunden. Blaue und grünblaue Töne werden in Bezug auf Wasser und Eis als kalt empfunden (Abb. 4, S. 194, Abb. 5).

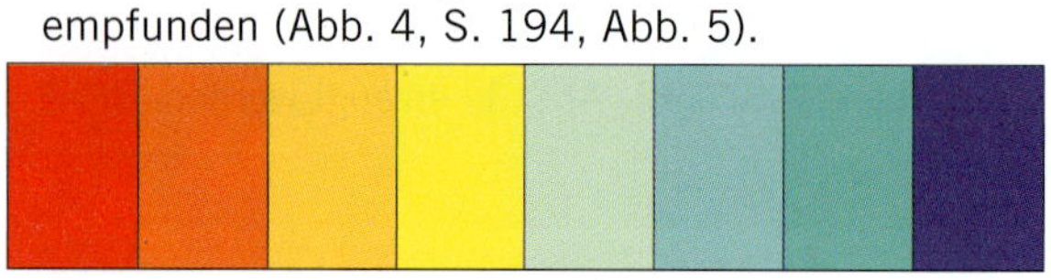

4 Warm-kalt-Kontrast

- **Komplementärkontrast** *(complementary contrast)*
  Als Komplementärfarbe *(complementary colour)* wird die Ergänzungsfarbe bezeichnet, die im Farbkreis (Abb. 1) genau gegenüberliegt.
- **Qualitätskontrast** *(quality contrast)*
  Der Qualitätskontrast beschreibt den Gegensatz von reinen, gesättigten Farben zu getrübten Farben *(clean, saturated and turbid colours)* (Abb. 5).

5 Qualitätskontrast

- **Quantitätskontrast** *(quantity contrast)*
  Der Quantitätskontrast beschreibt das Verhältnis der kontrastierenden Flächengrößen (Abb. 6).

6 Quantitätskontrast

- **Simultankontrast** *(simultaneous contrast)*
  Dieser Kontrast beschreibt die Wechselwirkung nebeneinanderliegender Farbflächen (Abb. 7).

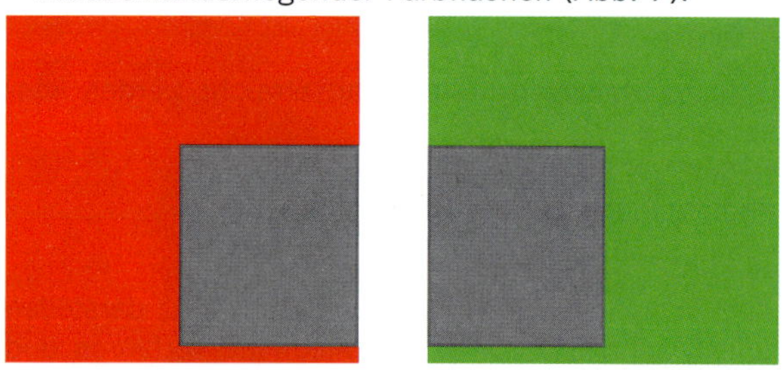

7 Simultankontrast

Farben in der Raumgestaltung
(colours and interior decoration)

Farben wirken auf vielfältige Weise.

> Farben verändern in Räumen scheinbare Größen, Entfernungen, Temperaturempfindungen, Wohlgefühle u. v. m. (S. 193, Abb. 1).

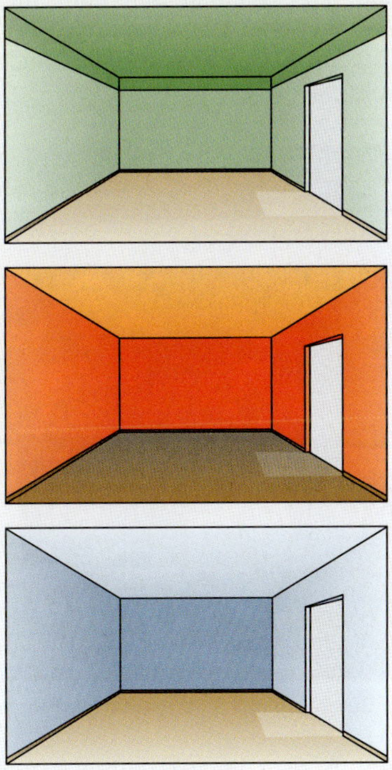

1 Auswirkung der Farbgestaltung in Räumen

7.1.6 Gestaltungsprozesse *(design processes)*

Bei gestalterischen Prozessen ist es hilfreich, eine Systematik einzuhalten [▶ 5.4.1].

Ideen finden *(idea)*

Der Gestaltungsprozess beginnt mit dem Kundenauftrag, der Idee.

Objekte, auch Innenräume, dienen einer bestimmten Gebrauchsfunktion, die im Vordergrund des Lösungsansatzes stehen sollte, um die Konzentration nicht zu stark auf die Produkte an sich zu lenken.

Konzipieren *(planning)*
Ideenskizzen *(sketched ideas)* veranschaulichen den Entwurfsprozess. Um innovativen Lösungen Raum zu geben, ist es wichtig, endgültige Festlegungen hinauszuschieben.

Entwerfen *(designing)*
Sind grundsätzliche Entscheidungen gefallen, werden die Produkte entworfen und Rückkopplungen zur Aufgabenstellung getroffen.

Realisieren *(realise)*
Sind alle Details durchgearbeitet, die Gesamtgestalt optimiert und an der Aufgabenstellung überprüft, können die Pläne zur Fertigung ergänzt sowie Materiallisten und an betriebliche Bedingungen angepasste Ablaufpläne erstellt werden. Anschließend werden die Produkte produziert.

Bewerten *(evaluation)*
Um zu überprüfen, inwieweit die in diesem Kapitel beschrieben Gestaltungsaspekte in ein entwickeltes Produkt eingeflossen sind, sollte es nach folgenden Kriterien überprüft und bewertet werden:

- Ist die Anforderungsliste (Briefing) vollständig umgesetzt worden (Zielgruppe, Auftraggeber bzw. Nutzer)?
- Sind mehrere Entwürfe oder Ideen dem Kunden präsentiert worden (Zielsetzung)?
- Sind proportionsunterstützende Modelle (Goldener Schnitt, Kreismatrix usw.) erkennbar eingesetzt worden?
- Welchen Stellenwert erreichen die praktischen, ästhetischen oder symbolischen Funktionen?
- Ist die Umsetzung einer gezielten Materialsprache erkennbar (Materialauswahl, ökologische Aspekte usw.)?
- Liegt ein Farbkonzept vor (z. B. durchdachte Holzauswahl), in dem auch Farbkontraste gezielt eingesetzt werden?
- Fügt sich die gewählte Oberfläche (Struktur, Glanz usw.) in das Gesamtkonzept ein?
- Unterstützen die gewählten Detaillösungen das Gesamtkonzept?
- Wie kann das Produkt dem Kunden präsentiert werden?
- Ist es gelungen, eine hohe Gefühlsbindung an das Produkt zu erreichen?
- Bewerten Sie den Preis für ein handwerklich gefertigtes Objekt (Kosten-Nutzen-Verhältnis).

7.1.7 Gestaltungsbeispiele *(design examples)*

Abb. 2 zeigt den Verkaufsraum einer Bäckerei mit geschwungenem Verkaufstresen, mit frischen, verkaufsfördernden Farben des umgebenden Raums.

2 Verkaufsraum mit geschwungenem Tresen
(sales room with curved counter)

Abb. 1 zeigt den Verkaufsraum eines Schmuckgeschäfts mit kubischem Verkaufstresen. Holzauswahl des Tresens und die umgebende Farbigkeit treffen sich.

1 Verkaufsraum mit kubischem Tresen
(sales room with cubic counter)

Der Empfangsraum einer Arztpraxis (Abb. 2) wird vom Empfangstresen mit „runder Front" geprägt, einer Kombination von Holz und Schleiflack.

2 Empfangsraum mit Tresen *(reception room with counter)*

Zur Planung ist die Kreismatrix hilfreich (Abb. 3).

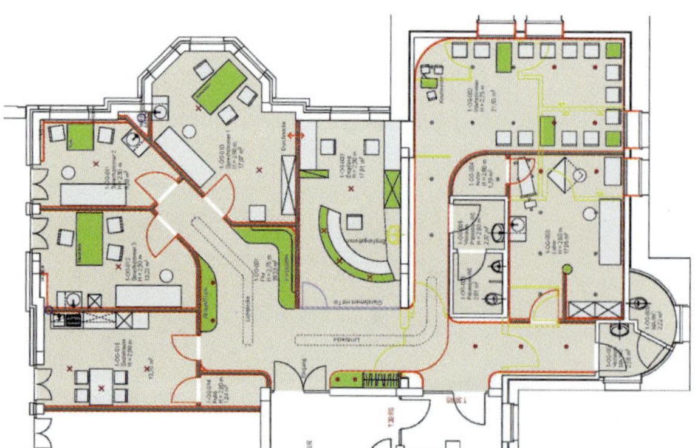

3 Grundrissplanung einer Arztpraxis nach einem Matrixsystem *(floor plan of a doctor's surgery according to a matrix system)*

Abb. 4 zeigt einen Büroraum mit streng gegliederter Schrankwand. Der warme Holzton trifft auf die blaue Türanlage. Gemeinsamkeiten finden sich in den Details der Griffe.

4 Büroraum mit Schrankwand *(office with wall-to-wall unit)*

Abb. 5 zeigt Wandkorpusse in kühlen Farben. Unter dem Aspekt der Materialsprache finden Grün und Blau in der Kombination mit „kühlem" Stahl hier eine kühle Antwort.

5 Wandkorpusse

7.2 Fußböden aus Vollholz und Holzwerkstoffen *(floors made of solid wood and wood-based products)*

Fußböden beeinflussen neben Wand- und Deckenverkleidungen unser Raumempfinden.

7.2.1 Aufbau von Fußböden

Der konstruktive Aufbau der Fußböden *(structure of floors)* wird von baulichen Gegebenheiten und bauphysikalischen Gesichtspunkten bestimmt.

Grundsätzlich bestehen Fußböden aus einem **Fußbodenbelag** und einer **Unterkonstruktion** *(underlayment)*, auf der der Fußbodenbelag ruht.

Um Trittschall [▶ 10.3] zu dämmen, müssen Fußböden **schwimmend** (Abb. 1 und 2), ohne Verbindung zum Baukörper, verlegt werden.

Fußböden können auf Stahlbeton- (Abb. 1) oder Holzbalkendecken (Abb. 2) lagern.

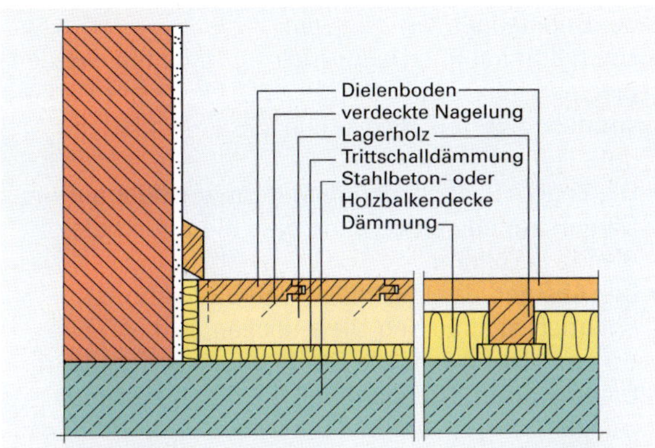

1 Dielenfußboden auf Lagerhölzern auf einer Stahlbetondecke schwimmend verlegt

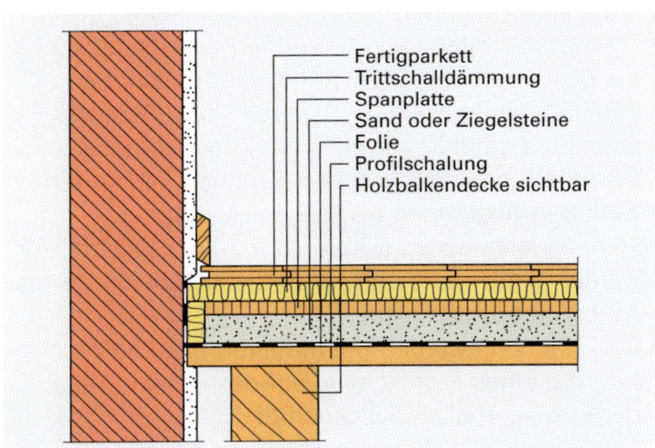

2 Aufbau eines Parkettfußbodens auf einer Holzbalkendecke schwimmend verlegt

Für die Dämmung *(insulation)* (z. B. Trittschalldämmung) werden unterschiedliche **Dämmstoffe** *(insulation materials)* verlegt. Dazu gehören:

- Naturdämmstoffe wie Hanf, Holzfaser, Holzwolle, Kork, Kokosfaser und Schafwolle,
- expandierte Dämmschäume wie Polystyrol-Hartschaum,
- anorganische Dämmstoffe wie Trockenschüttungen (z. B. Blähton oder Perlitgestein).

7.2.2 Arten von Fußbodenbelägen *(types of floor coverings)*

Die Fußbodenbeläge *(flooring materials)* werden vom Fußbodenaufbau sowie von wirtschaftlichen und gestalterischen Gesichtspunkten bestimmt.

Unterschieden werden
- Dielenböden *(boardfloors)*,
- Parkettböden *(parquet flooring)*,
- Laminatböden *(laminate flooring)*.

Weiter werden unterschieden:
- einschichtige Fußbodenbeläge aus Vollhölzern,
- mehrschichtige Fußbodenbeläge im Verbund mit
  - Vollholz und/oder Holzwerkstoffen,
  - Kork-, Linoleum- oder Kunststoffbelägen.

7.2.3 Dielenböden

Dielenböden *(boardfloors)* bestehen aus bis zu 6 m langen, mit Nut und Feder gespundeten **Hobeldielen** *(planed boards)* (Abb. 1), auch als **Landhausdielen** bezeichnet. Verarbeitet werden vornehmlich Nadelhölzer wie Douglasie, Fichte, Kiefer, Lärche (Abb. 3), Pitch- oder Redpine, aber auch Laubhölzer wie Ahorn, Buche oder Eiche.

3 Dielenboden mit Hobeldielen Lärche

Nadelhölzer arbeiten aufgrund der geringeren Rohdichte [▶ GK 4.12.1] i. d. R. deutlich weniger als Laubhölzer, sind jedoch weicher.

Für Vollholz gilt der Gebrauchsfeuchtebereich für geschlossene Räume nach DIN 68100. Die VOB legt eine Holzeinbaufeuchte von 6 bis 12 % zugrunde, während Innenausbauteile in Vollholz lt. VOB eine **Gebrauchsfeuchte** ω *(required moisture)* nach DIN 18355 von 10 % aufweisen müssen.

Marktübliche **Abmessungen** von Hobeldielen sind
- Dicken von 19 bis 28 mm (auch bis 70 mm),
- Profilbreiten *(width of profiles)* von 121 bis 188 mm (aber auch 95 bis 280 mm).

Dielen mit **stehenden** Jahrringen *(standing annual rings)* [▶ GK 4.8.5] werfen sich kaum und sind besonders geeignet.

In der Menge der Dielen werden hauptsächlich Seitenbretter mit **liegenden** Jahrringen *(lying annual rings)* verarbeitet. Beim Sortieren der Hobeldielen ist zu beachten, ob die **rechte** oder die **linke** Brettseite [▶ GK 4.8.5] für die Fußbodenoberfläche geeigneter ist.

Die Erfahrung zeigt, dass besonders bei Nadelhölzern sich die kürzeren Jahrringe der rechten Brettseite bei Dauerdruckbelastung (Trittbelastung) ablösen (Abb. 1) und Splitter entstehen können.

1 Verhalten der Brettseiten bei Trittbelastung

Bei Hobeldielen mit liegenden Jahrringen sollten stets die **linken Brettseiten** zur Fußbodenoberfläche zeigen.

Die Hobeldielen können auf den Lagerhölzern sichtbar oder verdeckt befestigt werden (Abb. 2):
- Bei **sichtbarer** Befestigung können mehrere Dielen gleichzeitig verlegt, zusammengepresst und ca. 20 mm neben den Fugen in der Flucht genagelt werden. Sichtbare Nägel werden versenkt und mit Holzkitt abgedeckt (Abb. 2 a).
- **Verdeckt** befestigte Dielen werden einzeln verlegt, angepresst und durch die Feder leicht schräg genagelt bzw. geschraubt (Abb. 2 b).

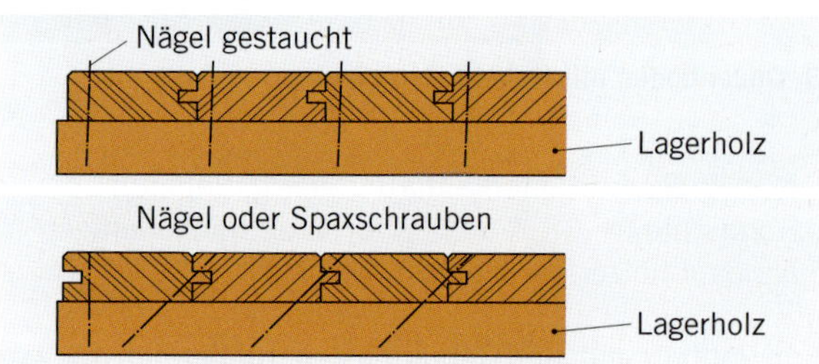

2 Sichtbar und verdeckt genagelte Hobeldielen

Um die Übertragung des Trittschalls vom Fußboden zur Wand zu vermeiden und dem Fußbodenbelag Spielraum bezüglich der Schwindung und Quellung [▶ GK 4.8.2] zu geben, muss ein Abstand von 10 bis 20 mm zur Wand eingehalten werden. Die Lücke zur Wand wird mit Fußleisten verdeckt (Abb. 2).

Unterkonstruktion mit Lagerhölzern
(sub-structure with sleepers)
Die Unterkonstruktion der Dielenböden wird in Trockenbauweise [▶ 7.4.1] erstellt. Sie besteht aus parallel verlaufenden Lagerhölzern, die mittels Dämmstreifen auf der Rohdecke bzw. dem Rohboden schwimmend verlegt werden (S. 195, Abb. 1).

Die **Ausrichtung** der Lagerhölzer erfolgt grundsätzlich **quer** zur Richtung des Bodenbelags *(aligning of sleepers should be placed transversely to the direction of flooring).*

Verlegen und Ausrichten der Lagerhölzer *(laying and aligning of sleepers)*:
- Zunächst wird die Verlegefläche mit einer Folie oder Ölpappe als Feuchtesperre ausgelegt, um den Dielenboden vor aufsteigender Baufeuchte, besonders bei Betonböden, zu schützen.
- Um die Schallübertragung gering zu halten, werden die Lagerhölzer über die gesamte Länge mit Dämmstreifen, z. B. aus Kokos- oder SB-Faserplatten, unterlegt.
- Die Lagerhölzer werden parallel zueinander auf die Dämmstreifen gelegt, ohne dass die Enden die Wände berühren.
- Der Abstand der Lagerhölzer (S. 197, Abb. 1) orientiert sich an den Dielendicken, z. B. 40 bis 60 cm. Häufig wird die Breite der zu verlegenden Dämmmatten, Standardmaß 62,5 cm, zugrunde gelegt.
- In der Länge werden die Lagerhölzer versetzt gestoßen und mit der Richtschnur ausgefluchtet.
- Zwischen den Enden der Lagerhölzer und den Wänden müssen ca. 20 mm Abstand sein.
- Die wandseitigen Lagerhölzer, mit jeweils ca. 20 bis 40 mm Abstand zur Wand, werden auf die entsprechende Höhe, bezogen auf den Meterriss zzgl. Dielendicke, mithilfe von unterlegten Hartfaserplättchen oder entgegengerichtet verleimten Keilen in Abständen in Waage ausgerichtet.
- Je nach Höhe (z. B. 60 bis 70 mm) der Lagerhölzer werden die Unterlegungen in Abständen von 25 bis 50 cm mit Leim fixiert.
- Anschließend werden die mittleren Lagerhölzer mithilfe eines Richtscheits auf das Höhenniveau der Endlagerhölzer ausgerichtet.

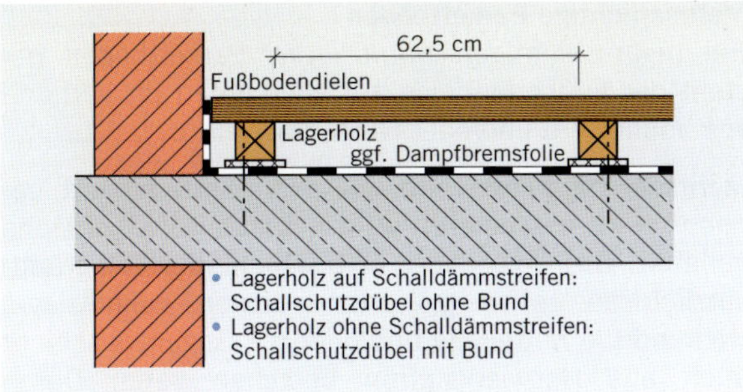

1 Anordnung der Lagerhölzer eines Dielenbodens

7.2.4 Parkettböden

Einschichtige Parkettböden

Bei einschichtigen Parkettböden *(single layer parquet flooring)* besteht der Fußbodenbelag meist aus kleinformatigen Elementen, z. B. 500 × 70 × 25 mm (L × B × D), aus unterschiedlichen **harten Laubhölzern**.

Trotz annähernd gleicher Rohdichte kann das **Stehvermögen** *(stability)* der Hölzer, z. B. von Eiche und Rotbuche, sehr unterschiedlich sein. Grund ist das Verhältnis der Schwindmaße in tangentialer und radialer Richtung [▶ GK 4.8.3].

Da dies Verhältnis z. B. bei Eiche günstiger ist als bei Rotbuche, wird Eiche in der Anwendung gegenüber der Rotbuche bevorzugt empfohlen.

Zu den einschichtigen Parkettböden zählen
- Stabparkett *(block parquet)*,
- Lamparkett,
- Mosaikparkett *(mosaic parquet)*,
- Hochkantlamellenparkett *(on edge laminate parquet)*,
- Hirnholzparkett *(end-grain wood parquet)*.

Stabparkett *(block parquet)* besteht aus 14 bis 22 mm dicken und bis zu 80 mm breiten Vollholzelementen.

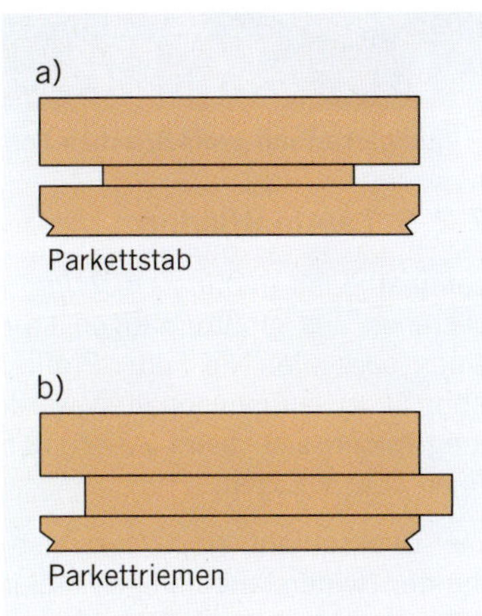

2 Stabparkett-elemente

Unterschieden werden Parkettstäbe und Parkettriemen:
- **Stäbe** besitzen eine umlaufende Nut und werden beim Verlegen durch Fremdfedern aus Querholz verbunden (Abb. 2 a).
- **Riemen** verfügen über angefräste Nuten und Federn (Abb. 2 b).

Durch unterschiedliche Anordnung entstehen Verlegemuster *(floor design)* (Abb. 3 bis 6), die auf den Untergrund geklebt oder genagelt werden.

3 Schiffsverband

4 Englischer Verband

5 Parallelverband

6 Fischgrätmuster

Beim **Lamparkett** aus 10 bis 12 mm dicken Vollholzelementen haben die Stäbe glatte Schmalflächen ohne Nut und Feder (Abb. 7). Sie eignen sich deshalb besonders zum Ausbessern von Parkettböden.

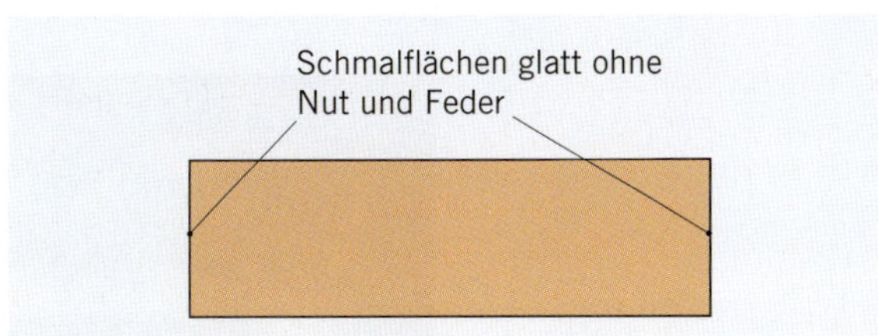

7 Lamparkett

Mosaikparkett *(mosaic parquet)* besteht aus einzelnen, kleinteiligen Lamellen aus Laubhölzern, i. d. R. in Abmessungen von 160 × 22,8 × 8 mm. Sie werden als Block, 160 × 160 mm, auf der Unterseite durch ein Klebenetz zusammengehalten und mit dem Untergrund verklebt. Häufig vorkommende Muster sind Würfel- oder Flechtmuster (S. 198, Abb. 1 und 2).

1 Würfelmuster

2 Flechtmuster mit Einlage

Hochkantlamellenparkett *(on edge laminate parquet)*, auch als Industrieparkettboden bezeichnet, besteht aus hochkant gestellten Holzlamellen (Abb. 3) in Abmessungen wie die Stäbchen von Mosaikparkettböden. Sie werden als Block in 25 mm Dicke auf den Untergrund geklebt. Hochkantlamellenparkettböden aus Harthölzern wie Buche sind sehr widerstandsfähig und finden deshalb Anwendung in gewerblichen oder in öffentlichen Räumen, z. B. Büros und Kindergärten.

3 Hochkantlamellenparkett im Parallelverband

Bei **Hirnholzparkettböden** *(end-grain wood parquet flooring)* bilden die Vollholzelemente von 10 oder 18 mm Dicke mit der Hirnholzseite die Fußbodenoberfläche. Sie werden im Block ähnlich wie Mosaikparkett als Würfel verlegt (Abb. 4). Wegen ihrer hohen Strapazierfähigkeit finden sie besonders Anwendung in Werkstätten, aber auch in Schulräumen oder Kindergärten.

4 Hirnholzparkettboden in Würfelmuster

Parkettböden können auch bei mit **Heizungsschleifen** versehenen, beheizten Estrichen verlegt werden. Der Wärmedurchlasswiderstand sollte gering gehalten werden, damit die Wärme aus den Heizelementen besser nach oben zur Fußbodenoberfläche gelangen kann.

Mehrschichtige Parkettböden

Bei mehrschichtigen *(multi-layer)* Parkettböden besteht der Fußbodenbelag aus Elementen im Verbund von Vollhölzern und/oder Holzwerkstoffen.

Mehrschichtparkett (Abb. 5), auch **Fertigparkett** genannt, wird mit bereits fertig behandelter Oberfläche geliefert. Die Deck- oder Nutzschicht besteht grundsätzlich aus einer ≥ 2,5 mm dicken Vollholzlage, während die Mittellage und/oder die Gegenzugschicht auch aus Holzwerkstoffen bestehen kann. Durch den Absperreffekt, z. B. durch Furniersperrholz [▶ GK 6.7.6], ist es besonders formstabil und maßhaltig. Die Parkettelemente werden in unterschiedlichen Ausführungen (Tab. 1) in 1200 bzw. 2400 mm Länge und 100 bzw. 240 mm Breite angeboten.

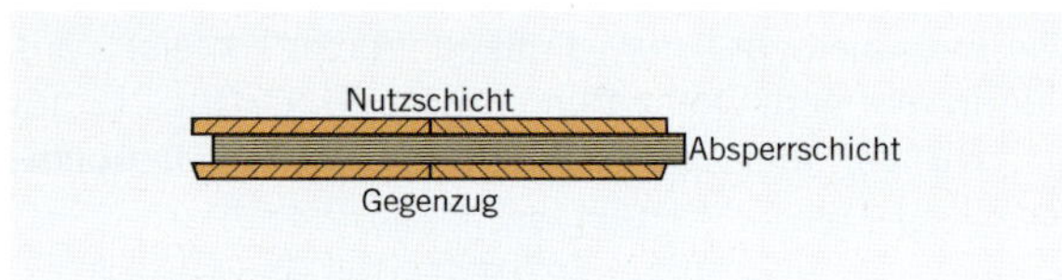

5 Mehrschichtparkett (dreilagig)

Tab. 1 Mehrschichtparkettarten

Mehrschichtparkett	Gesamtdicke	Deckschicht
Zweischichtparkett	10 bis 11 mm	4 bis 5 mm
Dreischichtparkett	10 bis 22 mm	3 bis 4 mm

Tafelparkett stellt ein besonderes Beispiel des Mehrschichtparketts mit Intarsien dar (Abb. 6).

6 Tafelparkett mit geometrischen Formen gestaltet

7.2.5 Laminatböden

Laminatböden *(laminate flooring)* nach DIN EN 13329 bestehen aus großformatigen Laminatplatten, die mit einem speziellen Nut-Feder-Profil, **„Klickprofil"** (S. 199, Abb. 1), zusammengehalten werden. Je nach Ausführung bilden sich beim Zusammenfügen der Elemente Haar- oder V-Fugen.

Die **Deckschicht** *(top layer)* ist eine durchsichtige, dünne, widerstandsfähige Melaminharzschicht, die eine darunterliegende Dekorfolie schützt.

1 Fußbodenplatte mit Klickprofil

Als **Trägerplatten** *(carrier boards)* für Fußbodenlaminat dienen MDF.LA, MDF.HLS *(**m**edium **d**ensity **f**iberboard)* [▶ GK 6.10.2] ($\varrho \geq 600$ kg/m³) oder HDF *(**h**igh **d**ensity **f**iberboard)* ($\varrho \geq 850$ kg/m³). Um ein Verziehen der Elemente zu verhindern, sind auf der Rückseite Gegenzugpapiere aufgebracht.

Die **Abmessungen** von Laminatbodenelementen (Tab. 1) sind unterschiedlich und nicht genormt. Sie können bei den jeweiligen Anbietern abgerufen werden.

Tab. 1 Abmessungen von Laminatböden

Marktübliche Abmessungen in mm (je nach Anbieter)		
Längen	**Breiten**	**Dicken**
2000, 1285	192	10
1287, 1285, 632	327, 325, 242, 140	8
1380, 1285	192, 193	7
1380, 1292	193	6

7.2.6 Unterkonstruktionen von Parkett- und Laminatböden

Die Unterkonstruktionen *(underlayments)* der Parkett- und Laminatböden sind sehr unterschiedlich.

Parkettbodenhölzer werden hauptsächlich auf den Estrichboden **geklebt** (Abb. 2). Als Klebstoff werden Dispersions- und Polyurethankleber verwendet. Der Boden wird nach dem Verlegen und Verkleben sowie der notwendigen Trocknungszeit vollflächig geschliffen [▶ LF 4.6.4].

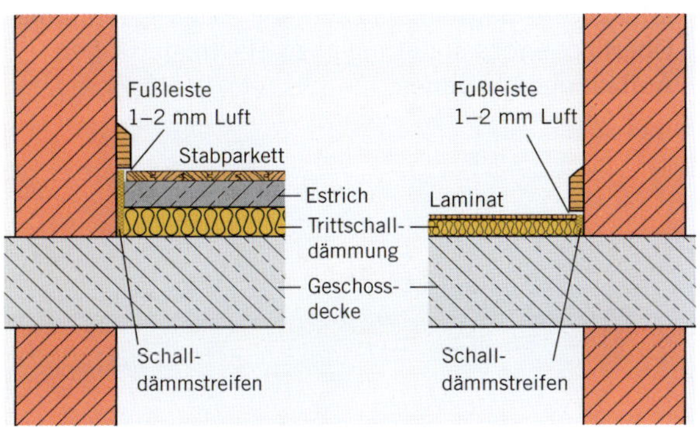

2 Aufbau eines Parkettfußbodens auf Estrich

Laminatböden werden i. d. R. schwimmend auf einer Dampfbremsfolie und einer Trittschalldämmung **trocken** verlegt. Bei nicht planen Untergründen neigen schwimmend verlegte Laminate jedoch zu Trittgeräuschen, falls sich Luftschichten gebildet haben.

> Wegen der hohen Dichte erzeugen Laminatböden bei nicht ausreichend wärmegedämmten Unterkonstruktionen leicht ein **Kälteempfinden**.

Bei **Sanierungsarbeiten** *(rehabilitation works)* eignen sich besonders Elemente von **Trockenestrich**. Diese bestehen aus zwei miteinander verklebten Gipsfaserplatten mit einer Größe von 500 × 1500 mm und besitzen eine umlaufende Falz für die Verklebung beim Verlegen.

Möglich sind auch Trockenestrichelemente mit **Kaschierung**, sodass die Wirkung bezüglich des Wärmedurchgangs und des Trittschalls weiter verbessert werden kann. Nach der Verarbeitung entsteht eine zusammenhängende Trockenestrichfläche, auf die der Holzboden aufgebracht wird.

Auch **Verbundelemente** aus zementgebundenen Holzwolleplatten sind einsetzbar, die oberseitig mit einer Gipsplatte verklebt sind.

7.2.7 Beanspruchung von Bodenbelägen

Laminatbodenbeläge werden bezüglich ihrer Anforderungen an Verwendungsbereiche und Nutzungsintensität nach DIN EN ISO 10874 klassifiziert (Abb. 3) für
- Wohnräume,
- öffentlich und gewerblich genutzte Räume und
- Räume in der Leichtindustrie.

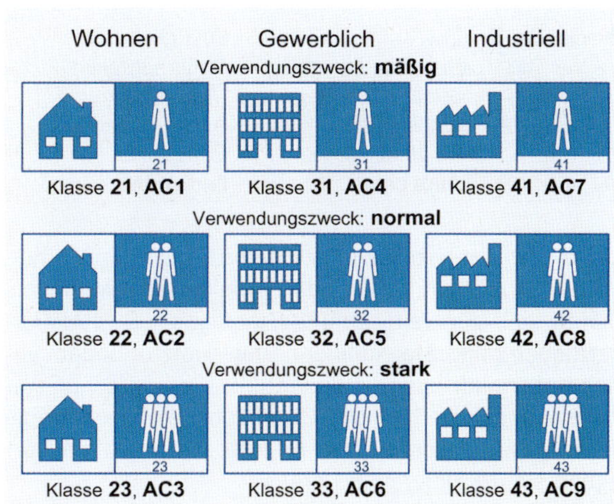

3 Klassifizierung von Laminatbodenbelägen

Je nach Einsatzgebiet sind Fußbodenbeläge z. T. extremen chemischen und physikalischen **Beanspruchungen** *(stress)* ausgesetzt, z. B. durch

- Abrieb *(abrasion)* (z. B. bei Schrittbelastung),
- Feuchtigkeit *(moisture),* Chemikalien *(chemicals),*
- Lichteinwirkung *(exposure to light)* (z. B. Verfärbung),
- Hitzeeinwirkung *(impact of heat)* (z. B. Brand).

Die Fußbodenbeläge können aus sehr unterschiedlichen **Werkstoffen** bestehen:

- textile Stoffe und faserige Naturstoffe,
- Vollholz (z. B. Parkett) und Holzwerkstoffe,
- Linoleum oder Kunststoffe,
- Fliesen, Steinplatten.

Als Kunststoffe kommen Plastomere, insbesondere PVC und Polyolefine (PE, PP), zum Einsatz.

7.2.8 Oberflächenbeschichtung von Holzfußböden

Holzfußböden *(wooden floors)* können je nach Beanspruchung und Gestaltung mit verschiedenen Oberflächenbeschichtungen geschützt werden.

Bei der Wahl der Oberflächenbeschichtung (Tab. 1) *(surface coating)* sind der Einsatzbereich und der entstehende Raumeindruck entscheidend.

Tab. 1 Abwägungen bei der Wahl der Beschichtung von Holzfußböden

	Lacke	Öle/Wachse
Vorteile	• hohe Festigkeit und Dauerhaftigkeit	• einfache Verarbeitung, besonders bei der Nachpflege • natürliche Holztextur
Nachteile	• aufwendige Verarbeitung, besonders bei der Nachpflege • bei lösemittelhaltigen Gebinden Emissionen	• Festigkeit und Dauerhaftigkeit (Abrieb) geringer • Allergien bei Emissionen bestimmter Öle

Lacke auf Wasserbasis oder lösemittelhaltige Gebinde [▶ GK 14.2.3] auf Ein- oder Zweikomponentenbasis bieten sich zur Versiegelung *(sealing)*, z. B. von Parkettböden, an. Sie schützen den Holzfußboden vor Schmutz, eindringender Feuchtigkeit, chemischen Angriffen und verleihen der Oberfläche die notwendige Härte gegen mechanische Angriffe. Je nach Lackart heben sie die Holztextur heraus.

Öle und Wachse [▶ GK 14.2.2] ergeben offenporige, matte und seidenglänzende Oberflächen, die ein feuchteregulierendes Raumklima ermöglichen. Sie können den natürlichen Charakter von Oberflächen verstärken. Der Schutz der Holzfußböden vor eindringender Feuchtigkeit und chemischen Angriffen ist geringer als bei Lacken.

7.2.9 Auswahlkriterien für Fußböden

(selection criteria for floors)

Nach welchen Kriterien ein Fußboden ausgewählt wird, hängt von den Anforderungen im jeweiligen Einsatzbereich ab.

Zu den Auswahlkriterien gehören:

- Wirkung der verschiedenen Holzarten sowie der Verlegestruktur auf die Raumgestaltung,
- Aufbau bauseitiger Untergründe, z. B. Holzbalken oder Stahlbeton,
- Härte der Bodenoberfläche (siehe Brinellhärte),
- Abrieb- bzw. Verschleißfestigkeit der Bodenoberfläche,
- Elastizität, die dem Gehkomfort dient, insbesondere mit federnder Unterkonstruktion, z. B. bei Sporthallen,
- Rutsch- und Gleitsicherheit, bei Wohnräumen ist ein begrenztes Gleitvermögen zugelassen,
- Trittsicherheit in öffentlichen Räumen wie Schulen, Krankenhäusern laut Arbeitsstättenverordnung (ArbstättVO),
- schalltechnisches Verhalten wie Körperschallübertragung, Raumakustik, z. B. Reflektieren des Schalls bei harten Oberflächen wie Parkettböden,
- Brandverhalten: Holzfußböden werden i. d. R., jeweils auch mit Versiegelungen, aufgrund der Flammausbreitung als schwer bis normal entflammbar klassifiziert (lt. DIN 4102-4 – B1, B2 – und DIN EN 1315 – B, D, C, D –).
- Wärmeleitfähigkeit: Holzfußböden können je nach Holzart eine wohlige Fußwärme vermitteln, λ 0,10 bis 0,20 W/(mK),
- Elektrische Leitfähigkeit: Vollholzfußböden sind relativ gute Isolatoren, es kann aber durch bestimmte Oberflächenbeschichtungen zu elektrostatischen Aufladungen kommen.

7.3 Wand- und Deckenverkleidungen

Die **optische** Wirkung eines Raums [▶ 7.1] wird wesentlich von Elementen wie Wand und Decke beeinflusst.

Diese lassen sich sehr unterschiedlich gestalten, sodass ein jeweils anderer Raumeindruck entstehen kann.

Wand- und Deckenverkleidungen *(lining of wall and ceiling)* dienen aber nicht allein der optischen Wirkung.
- Die Räume zwischen Wand bzw. Decke und den Beplankungen dienen auch der Unterbringung von **Installations-** und **Klimakanälen** oder Strahlern.
- Eine wesentliche Rolle spielt die **Schalldämmung** [▶ 11].
  - In Büros und Kaufhäusern z. B. soll vor allem der **Lärm** durch **Schallabsorption** gemindert werden.
  - In Konzertsälen ist es dagegen notwendig, dass der Ton die Zuhörer direkt erreicht. Hierbei kommt es auch auf die **Schallreflexion** (Nachhallzeit T) an, die für einen optimalen Klanggenuss sorgt.
  - Einen weiteren schalltechnischen Faktor stellt die sogenannte **Schalltransmission** durch Baustoffe dar, die bei Wand-, Decken- und Bodenausführungen ebenfalls eine besondere Rolle spielen kann.

Wand- und Deckenverkleidungen werden meist in **Trockenbauweise** [▶ 7.4.1] gefertigt und montiert.

7.3.1 Wandverkleidungen

Wandverkleidungen *(wall linings)* werden als nicht tragende *(non-loadbearing)* Bauelemente an der Wand montiert.

Sie bestehen grundsätzlich aus einer
- Unterkonstruktion *(underlayment)*, die direkt an der Wand befestigt wird,
- Beplankung *(panelling)*, häufig als Vorsatzschale, die, auf die Unterkonstruktion montiert, den optischen Eindruck maßgeblich bestimmt.

7.3.2 Unterkonstruktionen von Wandverkleidungen

Die Unterkonstruktion der Wandverkleidung hat vornehmlich die Aufgabe, Wandunebenheiten auszugleichen und der Beplankung bzw. Vorsatzschale einen sicheren Halt zu geben.

Der Raum zwischen Wand und Beplankung *(space between wall and panelling)* (Abb. 1) wird vornehmlich genutzt zur
- **Wärmedämmung** *(heat insulation)*,
- **Schalldämmung** *(sound insulation)*,
- **Installation** von
  - Kabelsystemen und Elektroanschlüssen,
  - Klimakanälen,
  - wandhängenden Elementen (z. B. Waschbecken, Boiler oder WC-Becken). Im Zusammenhang mit der Beplankung bestimmt die Unterkonstruktion die statischen Eigenschaften einer Wandverkleidung;
- zum **Brandschutz** *(fire protection)*.

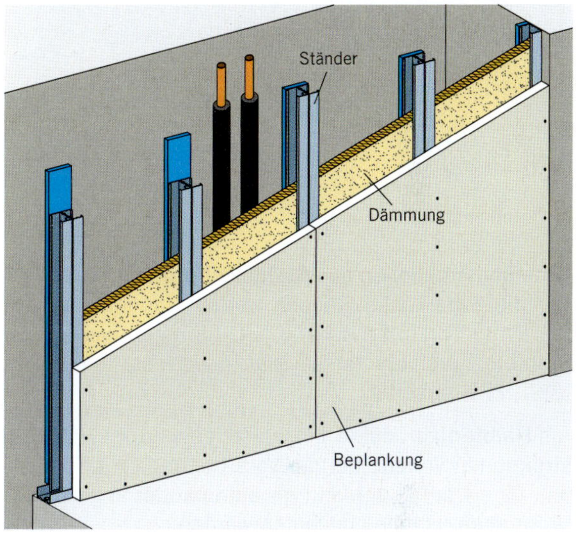

1 Raum zwischen Wand und Beplankung

Bei der thermischen Leistungsfähigkeit heutiger Außenwände [▶ 9.5.9] kann in der Regel auf eine Hinterlüftung der Wandverkleidung verzichtet werden.

Arten von Unterkonstruktionen

Zur Auswahl stehen Unterkonstruktionen aus
- Holz und
- Stahlblechprofilen.

Unterkonstruktionen aus Holz

Unterkonstruktionen aus Holz [▶ 7.4.4] bestehen aus Kanthölzern oder Latten, zum Teil in standardisierten Maßen (S. 213, Tab. 2), auf denen die Wandvorsatzschalen befestigt werden.

Anforderungen an Unterkonstruktionen aus Holz:
- trockene Wände,
- Einhaltung bauphysikalischer Anforderungen zum sicheren Tragen der Vorsatzschalen;
- gehobelte statt gesägte Montagehölzer verwenden;

- die Holzfeuchte sollte $\omega \leq 10\,\%$ betragen;
- die Montagehölzer sollten gegen Schimmel- und Insektenbefall imprägniert sein.

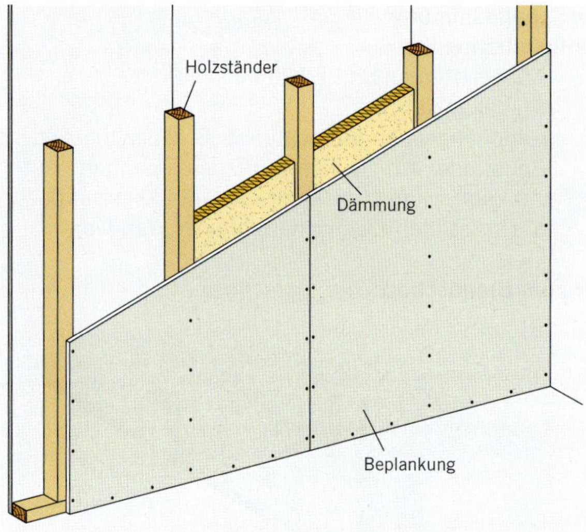

1 Unterkonstruktion aus Holz

Unterkonstruktionen aus Stahlblechprofilen
Für die Unterkonstruktionen werden zunehmend Metallrahmen *(metal frames)* aus U-förmigen, verzinkten Stahlblechprofilen *(steel plate sections)* [▶ 7.4.5] (Abb. 2) verarbeitet.

Als **Halbfertigprodukte** weisen sie gegenüber Holzkonstruktionen Vorteile bei der Verarbeitung [▶ LF 5.5.4] auf, da sie auf dem Markt als aufeinander abgestimmte Rahmensysteme angeboten werden.

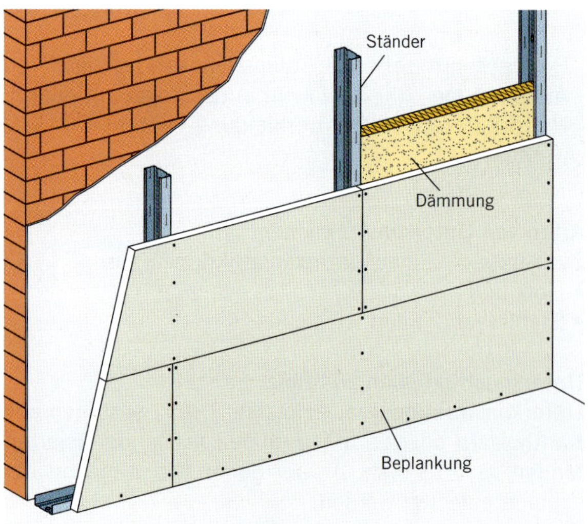

2 Unterkonstruktion aus Stahlblechprofilen

Dämmschichten
In die Unterkonstruktion kann vor oder zwischen den Ständern eine Dämmschicht *(insulation layer)* (Abb. 3) mit unterschiedlichen Aufgaben eingefügt werden.

Dazu gehören
- Wärmedämmung,
- Schalldämmung.

3 Schalldämmschicht in einer Stahlunterkonstruktion

Grundsätzlich sollte bei Verkleidungen auf Unterkonstruktionen an Außenwänden eine Dämmschicht aus **Wärmedämmstoffen** [▶ 7.4.10] eingefügt werden. Hierbei sind im Besonderen die bauphysikalischen Eigenschaften zu berücksichtigen [▶ 9.2.4].

7.3.3 Beplankungen von Wandverkleidungen

Beplankung und Vorsatzschalen bestimmen maßgeblich den optischen Eindruck von Räumen.

Im Zusammenhang mit der Unterkonstruktion beeinflussen Beplankungen und Vorsatzschalen die **statischen** Eigenschaften der Wandverkleidung.

Als Beplankungen kommen zum Einsatz:
- Verbretterungen,
- Vorsatzschalen (Rahmen-Füllung-Konstruktion),
- Vorsatzschalen flächig aus
  - Holzwerkstoffplatten oder
  - Gipsplatten [▶ 7.4].

Verbretterungen
Verbretterungen *(claddings)* mit Profilbrettern *(profiled boards)* [▶ 7.3.7] an Wänden in Innenräumen werden seltener ausgeführt, da sie nicht mehr den heutigen Vorstellungen der Wandgestaltung entsprechen.

Die Befestigung erfolgt auf Unterkonstruktionen aus Holz.

Vorsatzschalen in Rahmen-Füllung-Konstruktion *(frame-filling-construction)*
Aus gestalterischen Gründen werden Vorsatzschalen besonders in historischen Räumen auch als Rahmen mit Füllung (Abb. 1) ausgeführt. Häufig wurden sie auch mit Heizkörperverkleidungen *(lining of radiation)* kombiniert, die aus energetischen Gründen nicht mehr zeitgemäß sind.

1 Vorsatzschale als Rahmenkonstruktion

In Räumen älterer Gebäude sind noch Vorsatzschalen in halbhoher oder niedriger Ausführung anzutreffen. Sie wurden meist durch Verbretterung oder als Rahmenkonstruktion erstellt, wodurch die Räume niedriger und wohnlicher wirken sollten.

7.3.4 Vorsatzschalen (Paneele)
(facing walls as laminated panels)

Vorsatzschalen aus Holzwerkstoffen
Als Vorsatzschale im Innenbereich werden Platten aus unterschiedlichen Holzwerkstoffen [▶ GK 6] verwendet, z. B. Furniersperrhölzer wie **Multiplexplatten** [▶ GK 6.7.6] (Abb. 2).

Neben dem optischen Eindruck können die Vorsatzschalen in Räumlichkeiten mit erhöhtem Lärmpegel, z. B. durch Schüler in Klassenräumen, die Schallabsorption [▶ 11.2] übernehmen.

Die einzelnen Wandelemente können durch ihren speziellen Plattenaufbau schalltechnische Anforderungen erfüllen. Zum Einsatz kommen Platten, die den Schall absorbieren, wie gelochte Furniersperrhölzer (Multiplex) mit einer **Vliesbeschichtung** (Abb. 3) auf der Rückseite.

2 Vorsatzschale aus gelochter Multiplexplatte

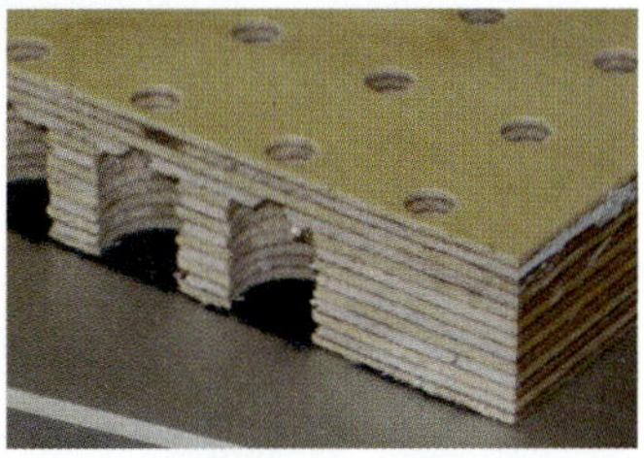

3 Schallabsorbierende Platte aus gelochtem Multiplex

Bei Bedarf können hinter den Vorsatzschalen auch **Einbauschränke** *(fixed furniture)* [▶ 7.5] (Abb. 4) untergebracht werden. Hierzu sind größere Abstände zwischen Wand und Vorsatzschalen mit metallischen Verbindungselementen erforderlich (S. 204, Abb. 1). Bei dieser Konstruktion können gleichzeitig elektrische Kabelführungen oder Klimakanäle Platz finden.

4 Vorsatzschalen als Kombination aus Wandverkleidung und Einbauschränken

1 Metallkonstruktion mit vorgesetzten Metallständern für Multiplex-beplankung

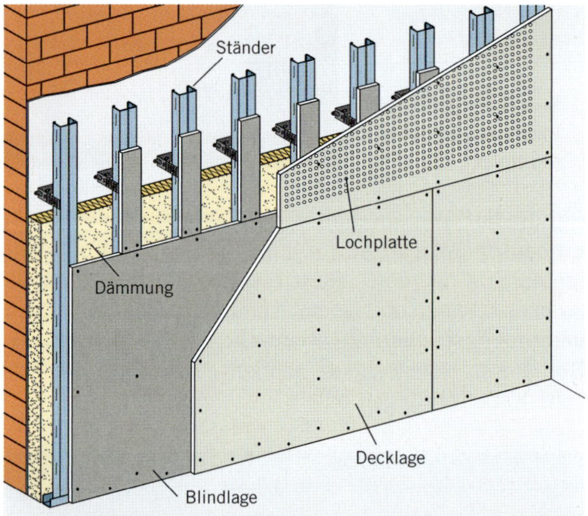

2 Befestigung der Vorsatzschalen auf der Unterkonstruktion

3 Wandausführung zur Schallreflexion mit integrierter Lichtleiste

4 Effekt bei integrierter Lichterführung abends

Die Befestigung der Vorsatzschalen an der Unterkonstruktion erfolgt mithilfe von Metallbeschlägen, die in das Ständerwerk eingehängt oder geschraubt (Abb. 2) werden. Durch die schwingende Ausführung (Masse-Feder-System) können die Vorsatzschalen dem Schall entgegenwirken.

Bei den mit größerem Abstand ausgeführten Verkleidungskonstruktionen ergeben sich z. B. für Säle und Vortragsräume zusätzliche Möglichkeiten der Einbeziehung von Lichterführung.

Hierbei können spezielle Effekte erzeugt werden, die bei gängigen Ausführungen nicht möglich wären (Abb. 3 und 4).

Vorsatzschalen aus Gipsplatten

(facing walls made from gypsum boards)

Bei der Verwendung von Gipsplatten [▶ 7.4.7] nach DIN EN 520 auf einer Unterkonstruktion sollte ein Abstand der Holz- oder Stahlständer von ≤ 625 mm (vgl. Plattenmaße) eingehalten werden. Unebenheiten können mit Distanzklötzchen ausgeglichen werden. Die aufzubringenden Gipsplatten mit den Maßen von ≥ 2000 × 1245 mm und Dicken von 12,5 oder 15 mm werden mithilfe von **Schnellbauschrauben** in Abständen von ≤ 250 mm befestigt. Die jeweilige Fugenbreite sollte 5 ≤ 7 mm betragen. Bei zweilagiger Beplankung kann die innere Blindlage ohne Verspachtelung stumpf gestoßen werden. Die Befestigung der Platten erfolgt mithilfe von Schnellbauschrauben, Stahldrahtklammern ≥ 1,5 × 10 × 45 mm oder Sondernägeln [▶ 7.4.12].

Gipsplatten können an Innenwänden (S. 205, Abb. 1 a) aber auch direkt mithilfe eines **Klebemörtels** auf die Wand (S. 205, Abb. 1 b) aufgebracht werden.

Die Fugen werden später mit einem Dehnungsband versehen, verspachtelt und nachgeschliffen.

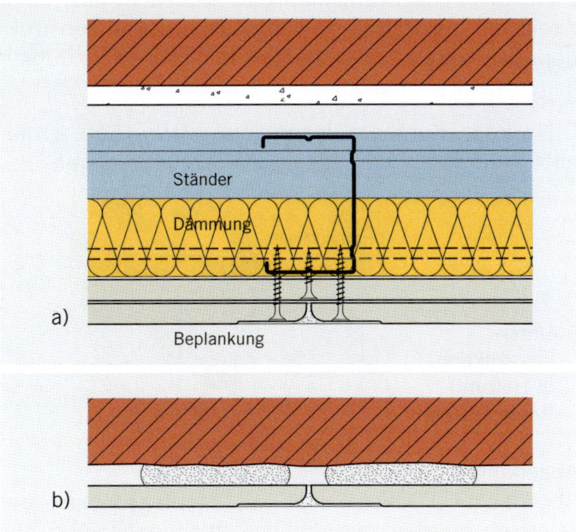

1 Gipsplatten an Innenwänden

Vorsatzschalen mit Verbundplatten

(facing walls made from composite panels)

Bei Verbundplatten ist der Plattenwerkstoff fest mit einem Dämmstoff verklebt und wird direkt auf dem bestehenden Mauerwerk befestigt. Die Luftzirkulation zwischen Verbundplatte und Mauerwerk muss unterbunden sein, da sonst die Gefahr von Tauwasserbildung besteht. Bei Ausbildung von Wandecken (Abb. 2) müssen die Verbundplatten abgesetzt werden.

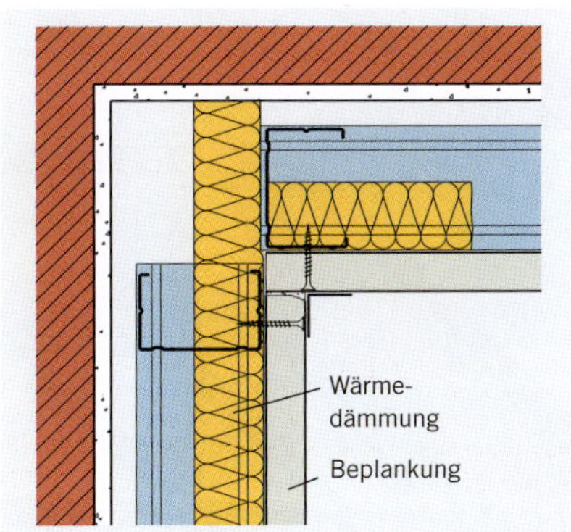

2 Ausbildung an einer Innenecke

Innenverkleidungen an Außenwänden

(internal wall panel lining of exterior walls)

Aus bauphysikalischer Sicht weist die nachträglich angebrachte Außendämmung gegenüber der Innendämmung große Vorteile auf.

Aus baukonstruktiver oder baurechtlicher Sicht lässt es sich manchmal nicht vermeiden, dass Innendämmungen, z. B. in der Altbausanierung und in denkmalgeschützten Bauten, eingesetzt werden müssen. Innendämmungen (Abb. 3) werden auch eingesetzt, wenn Räume möglichst schnell und kurzzeitig aufgeheizt werden sollen.

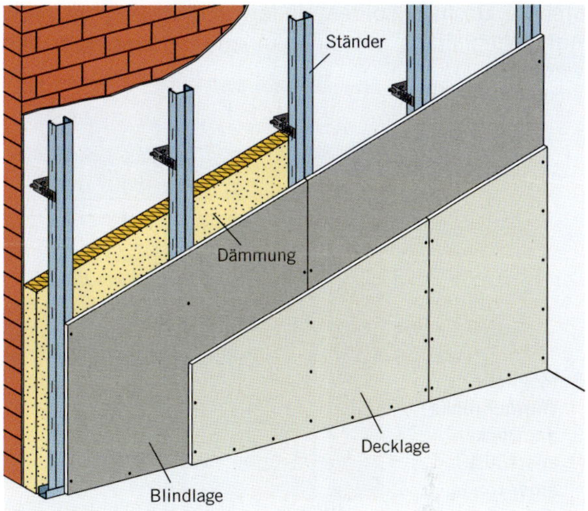

3 Innendämmung an einer Außenwand

Wärmedämmverbundsysteme (WDVS) *(internal composite thermal insulation systems)* (Abb. 4) finden an Neubauten und bei nachträglicher Dämmung älterer Gebäude Anwendung.

Bei zunehmender Dicke der Innendämmschicht kann sich der Taupunktbereich [▶ 9.2.4], besonders im Winter, in die Außenwand verlagern, wodurch die wärmespeichernde Wirkung verloren geht. Dabei kann es in der Übergangsschicht von der Dämmung zur tragenden Wand zu Feuchtigkeitsbildung kommen.

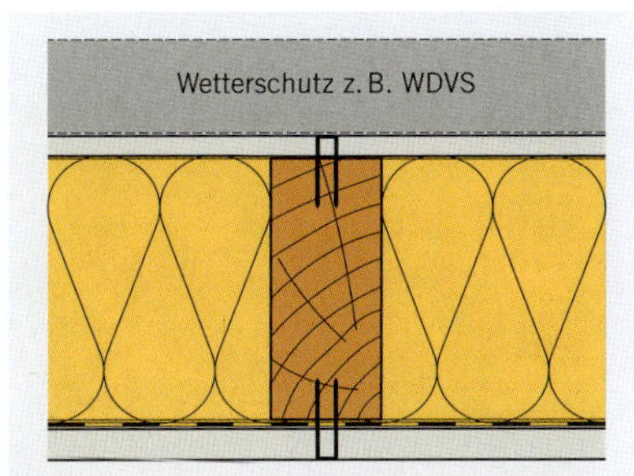

4 Dämmschicht an der Außenwand

Besonders in Bädern, Schlafzimmern und Küchen sollten aus diesem Grund vorzugsweise diffusionsdichte Werkstoffe bzw. Dämmwerkstoffe mit hohen Diffusionswiderständen eingesetzt werden.

Für den direkten Wandauftrag, insbesondere bei Außenwänden zur Verbesserung der Wärme- und der Schalldämmung, können werksseitig beschichtete Gipsplatten von 9,5 oder 12,5 mm Dicke mit einer 20 bis 50 mm dicken Mineralfaser- oder Polystyroldämmschicht (Abb. 4) verwendet werden.

Decken- und Bodenanschluss

Bei der Dämmung der Außenwand von innen können jedoch am Decken- und Bodenanschluss *(ceiling and floor connections)* (Abb. 1) auch Wärmebrücken entstehen. Deshalb sollten Böden und Decken je nach Aufbau ebenfalls mit einer Innendämmung versehen werden.

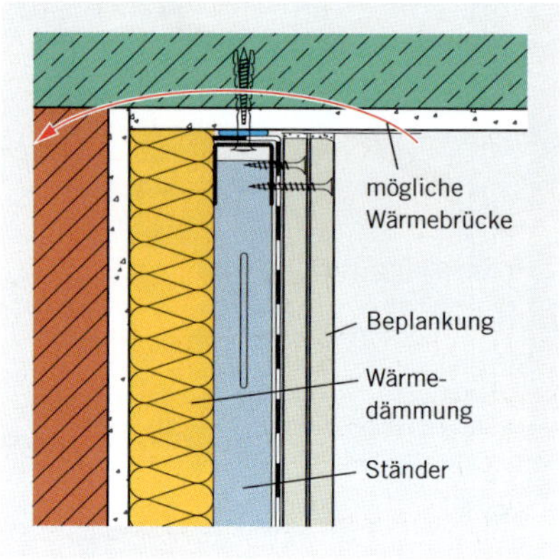

1 Mögliche Wärmebrücke am Deckenanschluss einer Innendämmung

7.3.5 Deckenverkleidungen

Deckenverkleidungen *(ceiling lining)* bestehen wie Wandverkleidungen aus einer
- Unterkonstruktion und einer
- Beplankung.

Bei **abgehängten** *(suspended)* Decken lassen sich Funktionselemente wie großformatige Lüftungsrohre (Abb. 2) zwischen Rohdecke und Deckenverkleidung unterbringen.

2 Abgehängte Lamellendecke mit Spannabhängern für die Profilelemente

Zudem können in abgehängten Decken elektrische Geräte wie Lampen, Scheinwerfer und Strahler integriert werden.

7.3.6 Unterkonstruktionen von Decken

Unterkonstruktionen an der Rohdecke

Einfache Deckenverkleidungen bestehen aus einer direkt mit der Rohdecke verbundenen Unterkonstruktion. Die Unterkonstruktion ist mit speziellen Dübeln an der Decke verankert.

Oft werden **Konterlattungen** *(cross-lath)* (Abb. 3) genutzt, um daran die Deckenschalen zu montieren.

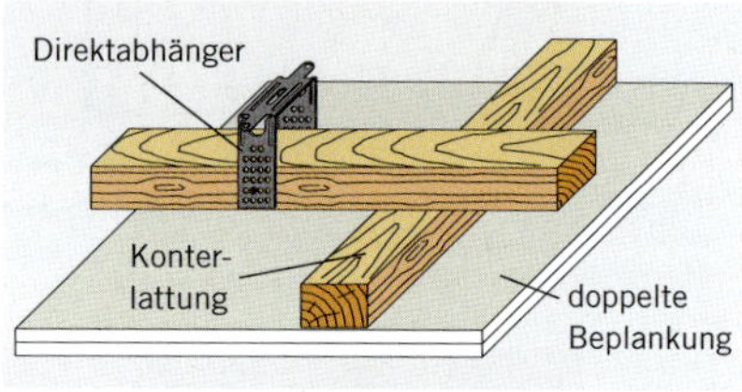

3 Unterkonstruktion in Holz mit Konterlattung

Abgehängte Decken

Abgehängte Decken, auch als **Montagedecken** bezeichnet, werden mithilfe von Abhängsystemen aus Holz (Abb. 4a) oder Stahlprofilen (Abb. 4b) unter einer vorhandenen Decke abgehängt.

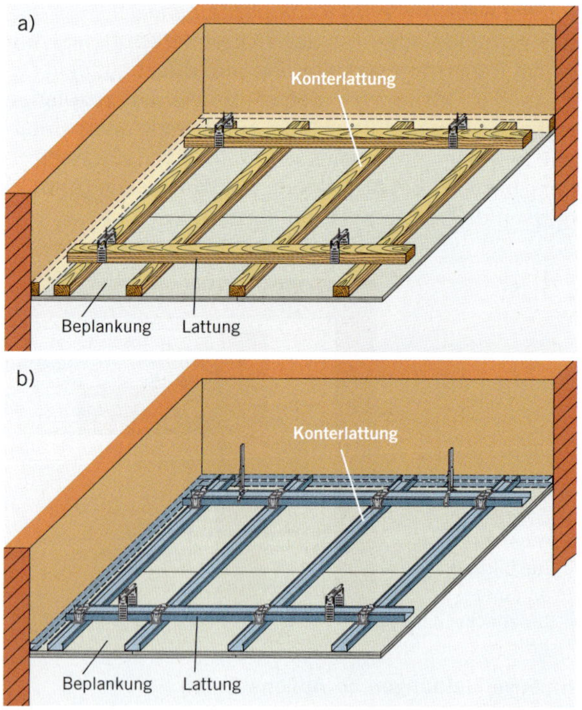

4 Unterkonstruktionen einer abgehängten Decke

Der Raum zwischen Rohdecke und Verkleidung kann z. B. zur Kabelführung, als Klimakanal oder zur Wasserzuführung von Sprinkleranlagen genutzt werden. Am Übergang zur Wand kann die Deckenverkleidung als **Schattenfuge** *(shadow gap)* ausgeführt werden (S. 207, Abb. 1).

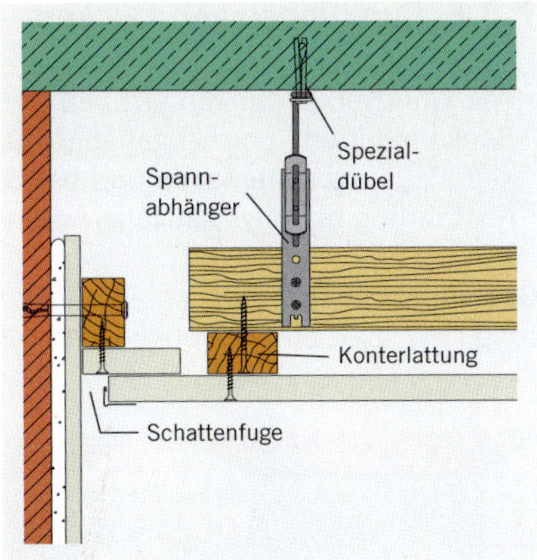

1 Abgehängte Decke mit Schattenfugenbildung

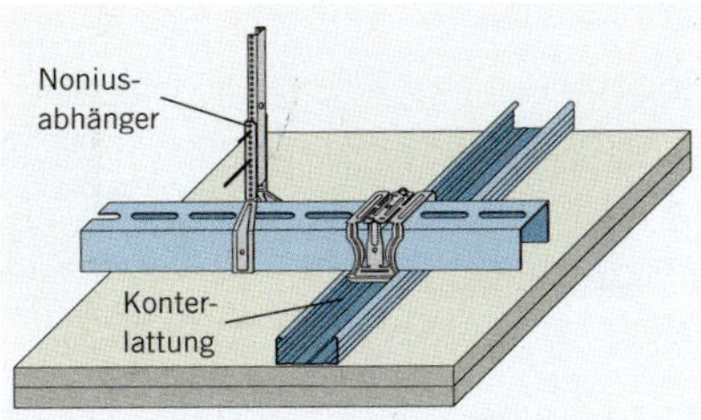

2 Abgehängte Decke zweilagig beplankt

Verbindungsmittel *(fastening devices)*
Die **Dübel** *(dowel)* (Abb. 1) müssen zur Verankerung im jeweiligen Untergrund eine bauaufsichtliche Zulassung haben. Das Gleiche gilt für **Abhängelemente** mit
- Höhenverstellung durch Lochraster in **Stufen** *(height adjustment of a hole-grid in steps)*:
  - Direktabhänger (S. 206, Abb. 3),
  - Ankerhänger;
- **stufenloser** *(continuous)* Höhenverstellung:
  - Spannabhänger (Abb. 1),
  - Noniusabhänger nahezu stufenlos (Abb. 2),
  - Hakendrähte.

Detaillierte Angaben zu den technischen Daten und den unterschiedlichen Anwendungen der Abhängsysteme können über das Internet oder aus den Katalogen der Hersteller abgerufen werden.

7.3.7 Beplankungen von Decken

Beplankungen sind wie bei Wandverkleidungen
- Verbretterungen *(cladding)*,
- Verkleidungen als Kassetten *(lining of panelled celling)*,
- Verkleidungen flächig aus
  - Holzwerkstoffplatten oder
  - Gipsplatten [▶ 7.4.7].

Häufig kommen auch **textile Bespannungen** statt der Beplankungen zur Anwendung oder es wird als Gestaltungseffekt vollständig auf sie verzichtet.

Die Verwendung von **3-D-Reliefplatten** ist eine weitere Entwicklung moderner Decken- und Wandverkleidung. Sie werden mithilfe mehrachsiger CNC-Bearbeitungszentren mit speziellen Fräswerkzeugen gefertigt und zeichnen sich durch außergewöhnliche bzw. individuelle Oberflächenreliefs aus.

Die verwendeten Werkstoffe können Vollholz, MDF-Platten, Sperrhölzer (z. B. Multiplexplatten) oder Faserbeton sein.

Verbretterungen
Bei den Verbretterungen erfolgt die Befestigung an der Unterkonstruktion aus Vollholz mithilfe einfacher Drahtstifte. Verbretterungen, die später deckend gestrichen werden, können direkt genagelt werden.

Die Befestigung
- **gespundeter** Profilbretter mit natürlichen Federn (Abb. 3 a) oder
- **genuteter** Bretter mit eingeschobenen Fremdfedern (Abb. 3 b)

kann gleichfalls mit Drahtstiften erfolgen.

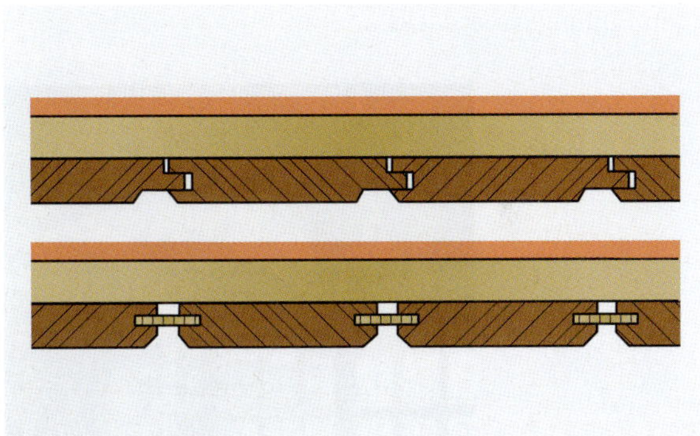

3 Verbretterungen als Deckenbeplankung

Die Drahtstifte können bei Profilbrettern **verdeckt** schräg durch die Nutwange (S. 208, Abb. 1 a) genagelt werden.

Zur Befestigung sind aber auch **Nutklammern** verwendbar (S. 208, Abb. 1 b), die, in die Nut geschoben, gleichfalls verdeckt genagelt werden.

Beidseitig genutete Bretter mit eingeschobenen Fremdfedern werden mit verdeckt genagelten **Fugenkrallen** befestigt (S. 208, Abb. 1 c), die in die Nuten greifen und gleichzeitig die Fugenbreite der Bretter festlegen.

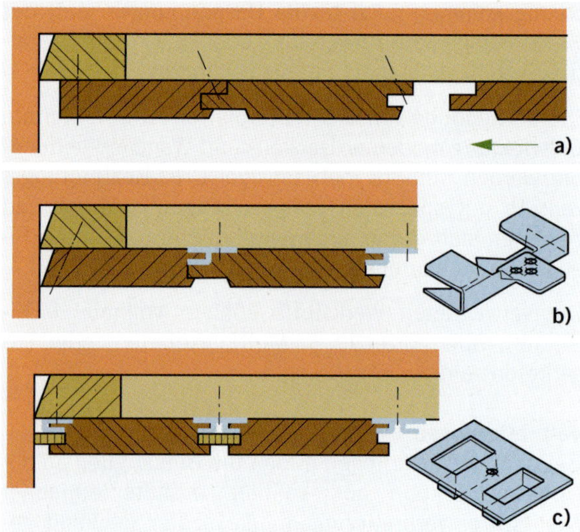

1 Befestigungen von Verbretterungen

Kassettendecken

Kassettendecken *(panelled celling)* sind hauptsächlich in historischen Räumen anzutreffen (Abb. 2). Sie bestehen häufig aus kreuzförmig angeordneten Balken oder Trägern, die mit **Holzschalen** (Abb. 3) verkleidet sind. Die Zwischenräume werden mit unterschiedlichen Füllungen verdeckt.

2 Kassettendecke (Ausschnitt)

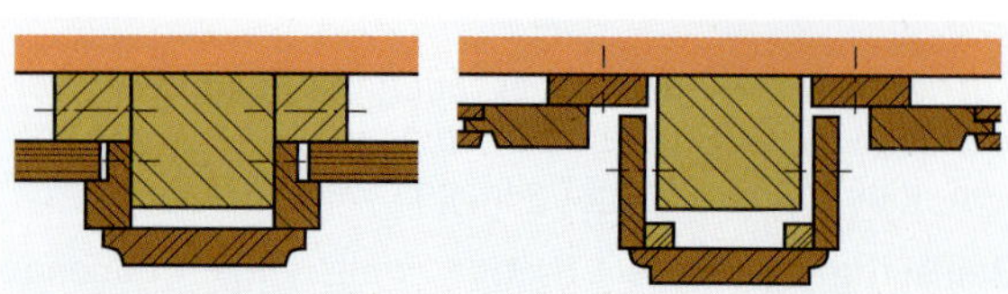

3 Balken mit Holzschalen verkleidet

Verkleidung aus Holzwerkstoff- oder Gipsplatten

Die Anwendungen der Holzwerkstoffplatten oder Gipsplatten *(wood-based or gypsum boards)* als Deckenverkleidung sind der Anwendung als Vorsatzschale an Wandverkleidungen [▶ 7.3.4] ähnlich.

7.3.8 Funktionen von Decken

Wie Wandverkleidungen erfüllen direkt an der Decke montierte oder abgehängte Deckenverkleidungen **gestalterische** und bei entsprechender Ausführung **bauphysikalische** Anforderungen.

Gestalterische Aspekte spielen bei der Raumgestaltung [▶ 7.1.4] eine wichtige Rolle (Abb. 4).

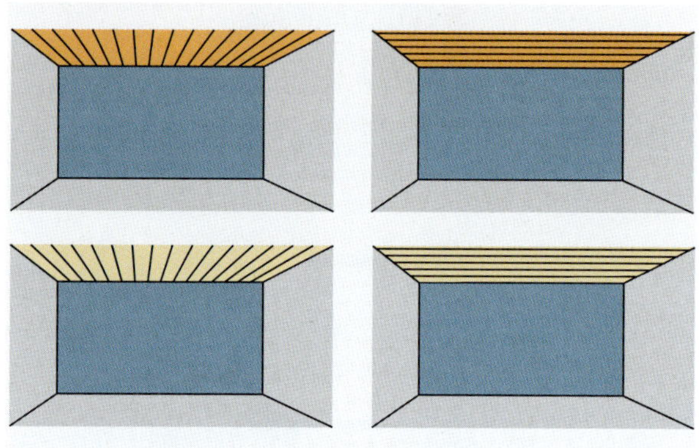

4 Optische Wirkung von Deckenverkleidungen

Mögliche optische Wirkungen *(optical effects)*:
- Längs laufende Decken lassen einen Raum tiefer wirken, quer laufende Decken lassen ihn breiter wirken.
- Dunkle Decken können gedrungen, helle dagegen befreiend wirken.

Bauphysikalische Anforderungen *(requirements for building physics)* sind:
- Schallschutz *(sound proofing)*,
- Wärme- bzw. Feuchteschutz *(moisture protection)*,
- Brandschutz *(fire protection)*.

Schallschutz

In Werkstätten, in denen i.d.R. der Schall absorbiert werden soll, können z.B. Schallschluckplatten montiert werden.

Dagegen müssen z.B. in Konzertsälen oder Klassenräumen Schallabsorption und Schallreflexion für eine ideale Hörakustik kombiniert werden.
- Zur **Schallabsorption** (Schallschluckung) müssen die Deckenelemente die Schallenergie aufnehmen und die Nachhallzeit verringern.
- Bei der **Schallreflexion** muss die Raumakustik für eine möglichst gleichmäßige und direkte Schallübertragung durch geometrische Formen verbessert werden.

Als Plattenwerkstoffe für die Reflexion *(reflection)* des Schalls werden Elemente mit harten und geschlossenen Oberflächen, für die Schallabsorption eher weiche und offenporige Oberflächen eingesetzt.

Als **Plattenabsorber** vorwiegend für niedrige Frequenzen (niedrige Tonhöhen) werden gelochte Gipsplatten (Abb. 1), Nut-und-Feder-Vertäfelungen, Spanplatten oder auch Furnierplatten eingesetzt.

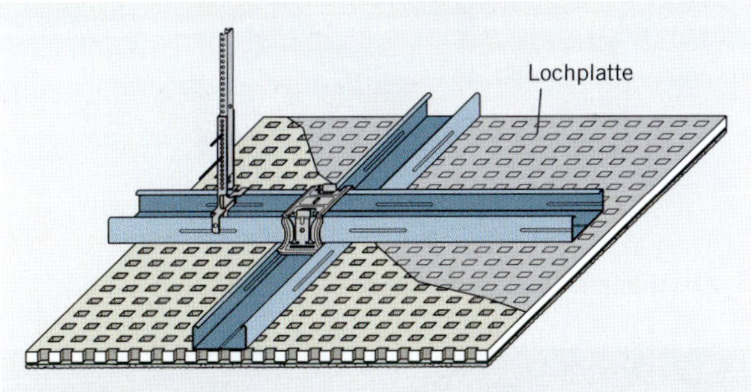

1 Gelochte Gipsplatten einer abgehängten Decke als Schallabsorber

Lochabsorber, wie gelochte oder geschlitzte Platten und Leichtpaneele werden vorwiegend bei elastisch abgehängten Decken beim Auftreten von mittleren Frequenzen eingesetzt.

Beide Systeme bestehen aus einer Art **Massefedersystem**, wobei die Plattenverkleidung die schwingende Masse und der Lufthohlraum die Feder darstellt. Für hohe Frequenzen (hohe Töne) setzt man Stoffe mit porösen Oberflächen wie z. B. Mineralwollplatten, Schaumstoff-Akustikplatten oder Weichfaserlochplatten ein.

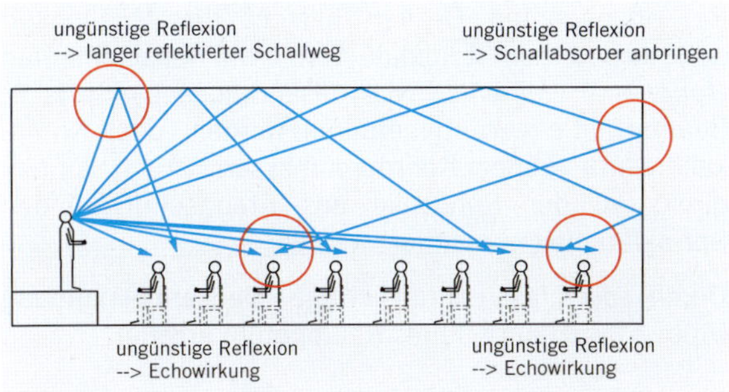

2 Schallwege in einem Vortrags- oder Klassenraum

In Kirchen ist es besonders wichtig, die Schallwege *(soundpaths)* zu kontrollieren, da eine Vielzahl reflektierender Flächen besteht. Der Schall wird vom Altar in den Kirchenraum (Abb. 3) transportiert. Im hinteren Teil der Kirche (hier nicht dargestellt) befindet sich eine Empore mit Orgel. Damit der Schall der Orgelmusik in den Kirchenraum transportiert wird, ist die Decke als **Faltwerk** ausgeführt.

3 Aufsteigendes Faltwerk als Deckenkonstruktion

In besonderen Bereichen wie in Kaufhäusern oder Theatern werden hohe Anforderungen an den Schallschutz gestellt. Hierbei kommen als Vorsatzschalen spezielle Akustikplatten zum Einsatz, die den Schall weiter verringern. Diese sind i. d. R. abgehängt und daher schwingend montiert.

Auch in **Werkstattbereichen** muss der Schall reduziert werden. Aus diesem Grund werden zum einen unter den Maschinenfüßen schwingende Puffer montiert, zum anderen werden an den Decken Schallschlucker bzw. Schallabsorber (Abb. 4) angebracht. Zum Einsatz kommen hierbei z. B. magnesitgebundene, fein strukturierte Holzwolleplatten.

4 Schallabsorber (Akustikdämmplatte) an der Decke einer Holzwerkstatt

Wärmedämmung

Bei Decken, die nach oben an den Außenbereich grenzen, kann ähnlich wie bei der Außenwandmontage eine Wärmedämmschicht eingefügt werden (S. 210, Abb. 1).

Diese kann direkt unter der Decke befestigt werden oder aber auf den Vorsatzschalen liegen. Vielfach bieten Hersteller auch Kombinationen an, bei denen Wärmedämmstoff und Gipsplatte eine Einheit bilden (Abb. 2).

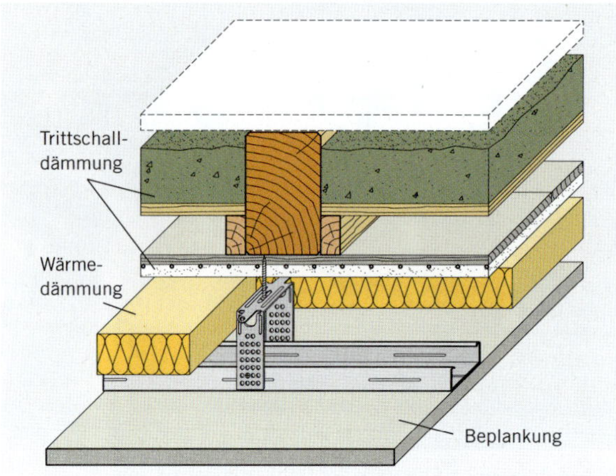

1 Deckenaufbau mit Wärme- und Trittschalldämmung *(ceiling structure with thermal and impact sound insulation)*

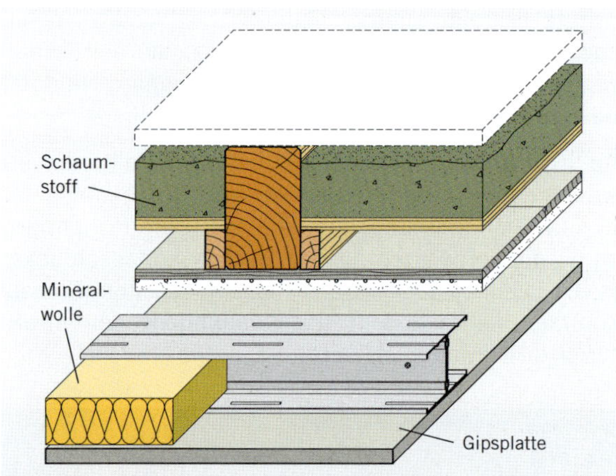

2 Deckenaufbau mit Wärmedämmstoff und Gipsplatte

Brandschutz

Bei Deckenkonstruktionen in öffentlichen Bauten oder auch in Kaufhäusern ist auf einen ausreichenden Brandschutz (Abb. 3) zu achten. Hierbei sind die jeweiligen Landesbauordnungen zugrunde zu legen. Generell sind Brandmeldeanlagen zu montieren. Diese können bei abgehängten, durchlässigen Decken ebenfalls direkt auf der Rohdecke montiert werden.

Decken mit integrierten Lichtelementen

(ceilings with integrated lighting elements)

Für besondere Zwecke wie z. B. Lichteffekte in Eingangshallen, Restaurants oder privaten Wohnbereichen können Lichter bzw. auch LEDs in abgehängte Decken (Abb. 4) eingelassen werden.

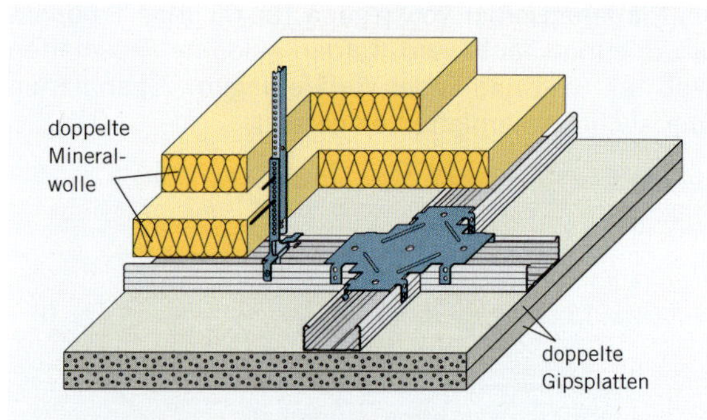

3 Abgehängte Brandschutzdecke

4 Decke mit integrierten Deckenleuchten

Aufnahme von Funktionselementen

Bei abgehängten Decken besteht die Möglichkeit des versteckten Einbaus von Funktionselementen *(functional elements)*, wie Präsentationsobjekte (z. B. Beamer), die heruntergefahren werden, oder Klimakanäle mit großen Rohrdurchmessern. Auch können direkt an der Rohdecke aus Brandschutzgründen Sprinkleranlagen montiert werden.

Durch die fast durchsichtige **Deckenbespannung** (Abb. 5) wird ein offenes Raumgefühl erzeugt.

5 Deckenbespannung mit Lichtelementen und Klimakanälen

7.4 Leichte Trennwände

Leichte Trennwände *(lightweight partition walls)* sind nach DIN 4103 **nichttragende, raumbegrenzende** Elemente des Innenausbaus mit raumabschließender Funktion.

Sie werden vornehmlich in Trockenbauweise erstellt und montiert.

7.4.1 Trockenbauweise

Trockenbauweise *(dry construction)* ist eine Bauform, die vornehmlich in bereits vorhandenen Gebäuden angewendet wird. Dabei werden Konstruktionen, hauptsächlich aus industriell vorgefertigten Halbzeugen, mit mechanischen Mitteln (z. B. Schrauben) **trocken** zusammengefügt.

Das bedeutet:

Es werden **keine wasserhaltigen** Baustoffe wie Mörtel, Beton, Putz und Estrich verarbeitet. Ausnahmen bilden einige feuchte Werkstoffe wie Spachtelmassen oder Fliesenklebstoffe bei der Bearbeitung der Oberflächen.

Der Trockenbau bietet sowohl Vor- als auch Nachteile *(advantages and disadvantages)*, die bei der Bauplanung berücksichtigt und gegeneinander abgewogen werden müssen (Tab. 1).

Tab. 1 Vor- und Nachteile der Trockenbauweise gegenüber herkömmlicher Bauweise

Vorteile	Nachteile
• keine zusätzliche Baufeuchte • geringere Baumassen • hohe Maßgenauigkeit und hoher Anteil an Vorfertigung • günstigere Zeitplanung bei Fertigungsablauf und Terminvorgaben • hohe Flexibilität bei Veränderung der Konstruktionen und nachträglichen Baumaßnahmen • Anpassungsfähigkeit an Anforderungen des – Wärme-, – Schall- und – Brandschutzes • einfache Integration haustechnischer Installationen • Gestaltungsvielfalt	• aufwendige Planung und Arbeitsvorbereitung • häufig mechanisch geringer beanspruchbare Konstruktionen und Werkstoffe • häufig feuchtigkeitsempfindliche Werkstoffe (nachteilig in Nassräumen) • meist höhere Werkstoffkosten • Sonderanfertigung bei Vorfertigungen aufwendig und kostenintensiv • hohe Transportkosten bei zentralen Produktionsstandorten von Vorfertigungen

Die Trockenbauweise wird bei verschiedenen Systemen (Tab. 2) angewendet.

Tab. 2 Beispiele von Trockenbauanwendungen

Trockenbausysteme	Art der Anwendung
Bodensysteme	Trockenunterböden [▶ 7.2.3], Doppelböden
Wandsysteme	Wandverkleidungen [▶ 7.3.1], leichte Trennwände
Deckensysteme	Deckenverkleidung [▶ 7.3.2], Unterdecken

Die sach- und fachgerechte Wahl geeigneter Konstruktionen und Werkstoffe hat im Trockenbau eine hohe Bedeutung. Die Entscheidung für oder gegen bestimmte Werkstoffe beeinflusst sämtliche Bereiche, in denen **Anforderungen an Trockenbausysteme** gestellt werden. Dazu gehören:

- Wärmeschutz/Feuchteschutz *(thermal protection/ moisture protection)*: Wie behaglich wirkt der Raum? Wo könnte sich Tauwasser bilden?
- Brandschutz *(fire protection)*: Wie gut schützen Konstruktionen gegen Feuer?
- Schallschutz *(sound proofing)*: Wie gut ist die Raumakustik, wie laut Geräusche aus Nebenräumen zu hören?
- Ökologie *(ecology)*: Wie umweltverträglich sind die verarbeiteten Werkstoffe?
- Gestaltung *(design)*: Welche Form oder Oberfläche ist gewünscht?

7.4.2 Aufbau und Konstruktion leichter Trennwände

Leichte Trennwände bestehen aus (Abb. 1)

- **Ständerwerk** *(frame work)* als Unterkonstruktion aus Holz mit Ständern, Riegeln und Schwellen oder aus Stahlprofilen,
- **Beplankung** *(panelling)* als Bekleidung, aus unterschiedlichen Holz- oder Holzwerkstoff-, häufig aber Gipsplatten, die kraft- oder formschlüssig auf der Unterkonstruktion befestigt werden,
- **Dämmung** mit Dämmstoffen *(thermal insulation products)* meist im Hohlraum zwischen den Ständern.

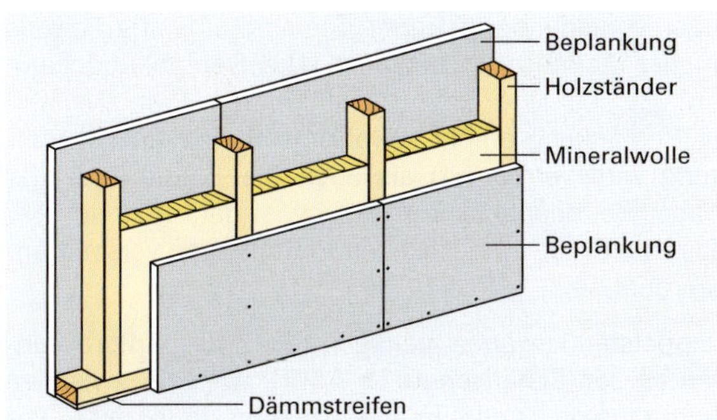

1 Aufbau einer leichten Trennwand mit Ständerwerk aus Holzständern

Je nach Konstruktion werden unterschieden:
- **Montagewände** in Ständerbauweise *(post-and-beam construction)*, auch **Ständerwände** genannt, die ihre Standsicherheit durch die Verankerung an bestehende Wände, Decken und Böden erhalten, ausgeführt als
  - Einfachständerwände,
  - Doppelständerwände;
- **Elementwände:** leichte Trennwände aus industriell vorgefertigten Elementen, die nach Bedarf leicht versetzt werden können.

Einfachständerwände

Die Einfachständerwand *(single stud frame)* (Abb. 1) besteht aus einem einreihigen Ständerwerk und beidseitig einlagiger Beplankung an den Wandaußenseiten. Durch die einfache Bauweise nimmt eine Einfachständerwand wenig Raum in Anspruch und ist in kurzer Zeit zu errichten. Sie wird in Bereichen eingesetzt, in denen keine besonderen Anforderungen an die Konstruktion gestellt werden.

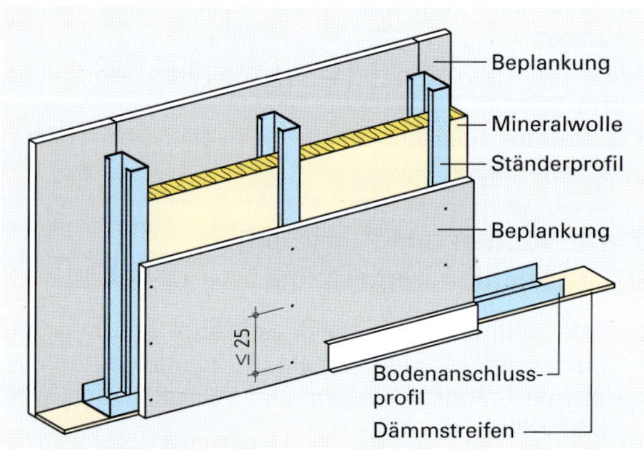

1 Einfachständerwand mit Stahlprofilen, einlagig beplankt

Doppelständerwände

Eine Doppelständerwand *(double stud frame)* (Abb. 2) besteht aus zweireihig angeordneten Ständerwerken. Die beiden parallel liegenden Ständerwerke sind versetzt angeordnet und durch weich federnde Zwischenlagen voneinander getrennt. Sie sind einseitig, jeweils an der Außenseite, beplankt. Die Beplankung kann einlagig oder mehrlagig ausgeführt sein. Eine zweilagige Beplankung erhöht sowohl die Steifigkeit (Rissbildung wird verhindert) als auch die Eigenmasse der Wand. Bei doppelter Beplankung ist darauf zu achten, dass die Stöße der jeweiligen Plattenlagen versetzt angeordnet sind.

Doppelständerwände genügen erhöhten Anforderungen an den **Schallschutz** [▶ 10.3], wie z. B. zwischen Wohnräumen und Treppenhäusern gefordert. Für Schallschutzanforderungen (z. B. > 42 dB) und Brandschutzanforderungen (z. B. F 60-A/F 90-A) muss die Beplankung doppellagig ausgeführt und Werkstoffe gewählt werden, die den Baustoffklassen A1 und A2 nach DIN EN 13501-1 und DIN 4102-1 als nicht brennbar zugeordnet sind [▶ 11.2].

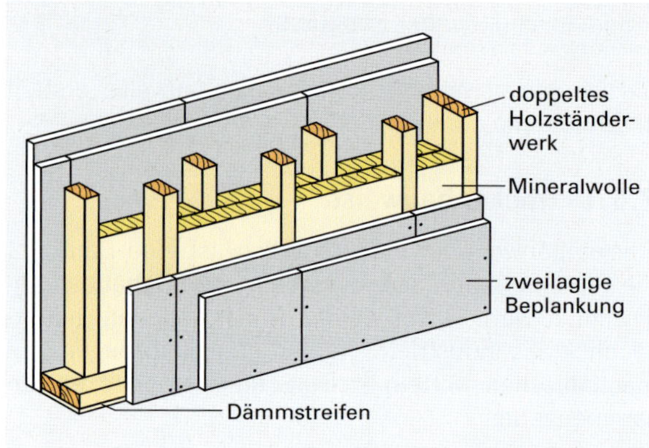

2 Doppelständerwand mit Holzständern, zweilagig beplankt

7.4.3 Bauphysikalische und statische Anforderungen *(building physics and static requirements)*

Bauphysikalische Anforderungen

Anforderungen an den Wärme- und Feuchteschutz [▶ 9.5] werden hauptsächlich an Bauteile in offenen Räumen oder im Freien gestellt. In geschlossenen Räumen ist Wärmeschutz und Feuchteschutz vornehmlich bei der Innendämmung von Außenwänden oder bei Nass-/Feuchträumen zu berücksichtigen.

Im Trockenbau gelten für die fachgerechte Ausführung leichter Trennwände im Innenausbau mit besonderen Ansprüchen an den Wärme-, Schall- und Brandschutz grundsätzlich folgende Anforderungen zum **Prinzip der Abschottung**:
- Anschlüsse an Wand, Boden und Decke *(connections to wall, ground and ceiling)* müssen so ausgeführt werden, dass sie den Raumabschluss sicherstellen,
- dichte Stoß- und Montagefugen innerhalb und zwischen der Beplankung,
- Beplankung ein- oder mehrlagig montiert.

Folgende **konstruktive Elemente** von Trennwänden müssen besonders sorgfältig geplant werden:
- Anschlüsse an Böden, Wände und Decken,
- aufrecht und quer verlaufende Stöße der Einzelelemente,
- Wanddurchbrüche *(wall opening)*, z. B. für Türen, durchgeführte Strom- und Wasserleitungen und Fenster.

Tab. 1 (S. 213) zeigt, welche Prinzipien bei der Auswahl geeigneter Werkstoffe und Wandkonstruktionen zu berücksichtigen sind.

Tab. 1 Faktoren für Werkstoffe und Wandkonstruktionen bez. bauphysikalischer Anforderungen

Anforderungsbereich	Systembestandteile		
	Beplankung	**Dämmung**	**Unterkonstruktion**
Brandschutz (DIN 4102)	Werkstoffdicke und -art, Dichtigkeit der Anschlüsse und Fugen	Werkstoffart nicht brennbar	Werkstoffart nicht brennbar
Schallschutz (DIN 4109)	biegeweich bei möglichst hoher Eigenmasse, Anschlüsse und Schalen entkoppeln	schallabsorbierend	Doppelständerwerk entkoppelt, Abstand zwischen Schalen und Ständer möglichst groß, weich federnde Verbindung an Bauteilen
Wärme-/ Feuchteschutz (DIN 4108)	Wärmebrücken vermeiden, luft- und winddichte Anschlüsse und Fugen	Werkstoffdicke, Dämmstoff passend zuschneiden	Wärmebrücken vermeiden
	als wärmedämmend gelten Werkstoffe mit Wärmedurchgangswiderstand $\lambda < 0{,}1$ W/(mK)		

Statisch-konstruktive Anforderungen

Die statisch-konstruktiven Anforderungen *(static-constructive requirements)* an Wandsysteme im Trockenbau beziehen sich auf die Stabilität von Bauteilen und Anschlüssen, die den üblichen **mechanischen Belastungen** *(mechanical stress)* der Raumnutzung standhalten müssen. Dazu gehören:

- Stoßlasten, z. B. durch sich anlehnende Menschen,
- leichte Konsollasten, z. B. durch angehängte Regale, aufschlagende Türen.

> Bei einer leichten Trennwand ohne weitere Verstärkung darf nach DIN 4103 die zulässige **Konsollast P = 0,4 kN/lfm** bei einem Abstand von ≤ **300 mm** betragen.

Da Standsicherheit und Belastbarkeit der Wandsysteme im Trockenbau begrenzt sind, sind je nach Einbaubereich für die Konstruktionen maximal zulässige Wandhöhen und Wandlängen vorgegeben (S. 215, Tab. 1).

7.4.4 Unterkonstruktion aus Holz

> Die Unterkonstruktion bestimmt im Zusammenspiel mit der Beplankung die **statischen** Eigenschaften einer Wand in Trockenbauweise.

Zur Auswahl stehen

- Holz und
- standardisierte Stahlblechprofile.

Eine **Unterkonstruktion aus Holz** *(underlayment made of wood)* mit Ständern, Riegeln und Schwellen kann gewählt werden, wenn keine besonderen Anforderungen an Schallschutz und Brandschutz gestellt werden. Nach DIN 18181 muss das Holz mindestens der **Sortierklasse S10** nach DIN 4074-1 [▶ GK 4.16.2] entsprechen. Die Holzfeuchte darf $\omega \leq$ **20 %** betragen. Im Handel werden, bezüglich der Anwendungsbereiche für Unterkonstruktionen von Wänden und Wandvorsatzschalen, Kanthölzer und Latten in **standardisierten Maßen** *(standardized dimensions)* (Tab. 2) angeboten.

Tab. 2 Handelsübliche Holzquerschnitte für Ständerwerke

Querschnitt	Maße in mm		Anwendungsbereich
	Breite	**Höhe**	
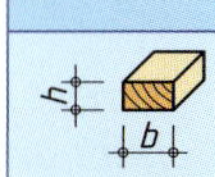	48 50 60	24 30 40	Unterkonstruktion für Wandvorsatzschalen
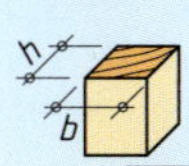	60 80 100	60 80 100	Ständerunterkonstruktion für leichte Trennwände und Wandvorsatzschalen
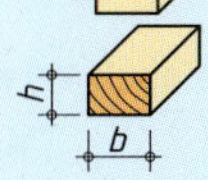	60 80 100	40 60 80	Boden- und Deckenanschlüsse für leichte Trennwände und Wandvorsatzschalen

Die Ständer *(uprights)*, Riegel *(beams)* und Schwellen *(top plates)* des Ständerwerks werden ohne Zapfen oder Dübel mithilfe von genagelten oder geschraubten Balkenschuhen oder Winkeln zusammengehalten (Abb. 1).

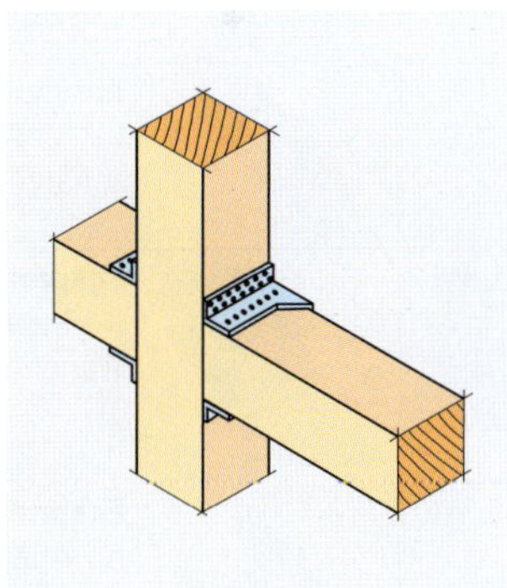

1 Ständer und Riegel mit Balkenschuhen verbunden

7.4.5 Unterkonstruktion aus Stahlblechprofilen

Unterkonstruktionen aus Stahlblechprofilen *(steel plate sections)* werden in der Praxis immer häufiger gewählt, da sie Vorteile gegenüber Holzständern aufweisen, z. B. beim Brandschutz und Schallschutz. Sie bestehen aus dünnen, verzinkten und im Querschnitt U-förmig abgekanteten Stahlblechprofilen. Die Stege und Deckenprofile sind mit rinnenförmigen Vertiefungen, sog. Sicken (S. 214, Abb. 1), ausgesteift.

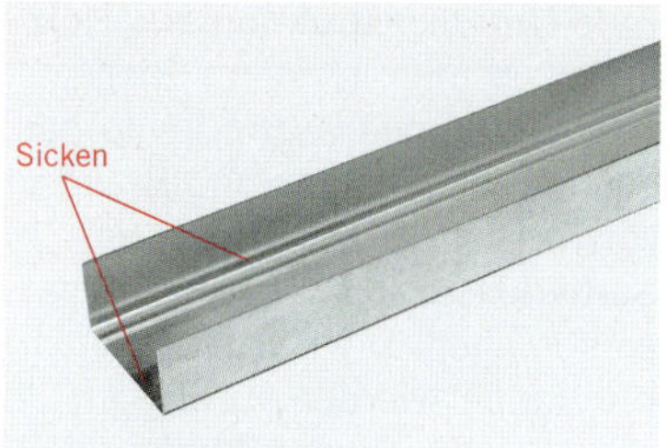

1 Gefaltete Gipsplattenecke

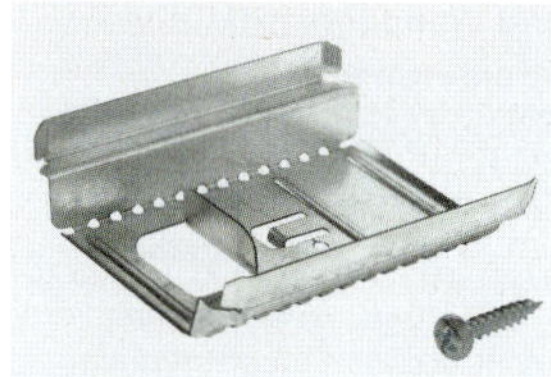

2 Längsverbinder mit Blechschraube

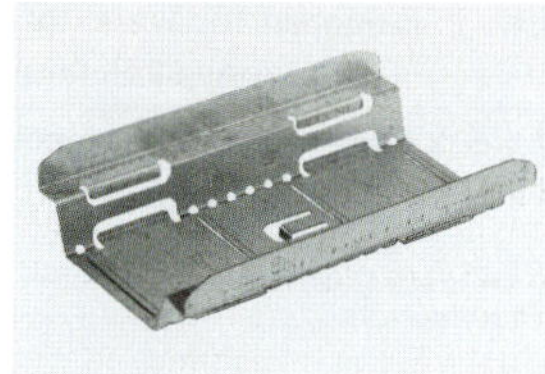

3 Multiverbinder

Für unterschiedliche Anwendungsbereiche werden **standardisierte Stahlprofile** *(standardized steel profiles)* nach DIN 18182-1 angeboten, die sich in Form und Abmessungen (Tab. 1) unterscheiden.

Die Profile werden mit Verbindern zusammengeschraubt (Abb. 2 und 3).

Neben Blechschrauben *(self-tapping screws)* [▶ GK 15.8.1] werden Alublindnieten *(aluminium blind rivetings)* [▶ GK 15.9.1] zur Verbindung von Stahlprofilen der Unterkonstruktion genutzt.

Die Auswahl geeigneter Profile (Tab. 1) ist abhängig von der

- Höhe und Länge eines Bauteils,
- Konstruktion der Wand (Einfach-, Doppelständerwand sowie Dicke der Beplankung).
- Bezogen auf die Raumnutzung mit unterschiedlichen statisch-konstruktiven Anforderungen für leichte Trennwände, werden nach DIN 4103 die **Einbaubereiche 1** und **2** unterschieden.

Entsprechend der Anwendung sind die Stahlprofile nach DIN 18182-1 gekennzeichnet (Tab 1).

Tab. 1 Abmessungen standardisierter Stahlprofile nach Verwendung nach DIN 18182-1:2007-12

Art		**Verwendung**	**Kurzzeichen**	**Breite *b*** [mm]	**Höhe *h*** [mm]	**Blechstärke** [mm]
CW	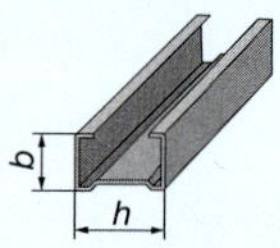	**Ständerprofil** für Montagewände und Vorsatzschalen, Höhe *h* passt in UW-Profil des Typs mit gleicher Nr.	**CW 50**	50,0	48,8	0,6
			CW 75	50,0	73,8	0,6
			CW 100	50,0	98,8	0,6
UW	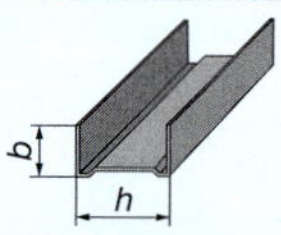	**Anschlussprofil** an Böden/Decken für Montagewände und Vorsatzschalen $h = h_{\text{CW-Profil}} + 2$ Blechstärken	**UW 50**	40,0	50,0	0,6
			UW 75	40,0	75,0	0,6
			UW 100	40,0	100,0	0,6
UA	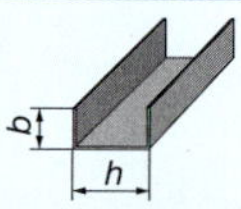	**Aussteifungsprofil** für Montagewände und Vorsatzschalen	**UA 50**	40,0	48,8	2,0
			UA 75	40,0	73,8	2,0
			UA 100	40,0	98,8	2,0
L Wi	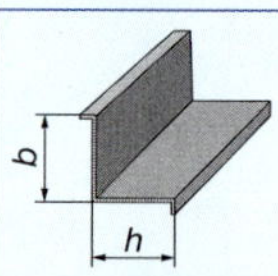	**Eckprofil (L)** für **Innenecken (Wi)** von Wänden	**L Wi 60**	60,0	60,0	0,6
L Wa	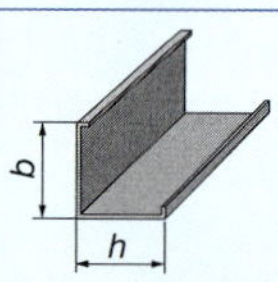	**Eckprofil (L)** für **Außenecken (Wa)** von Wänden	**L Wa 60**	60,0	60,0	0,6
CD	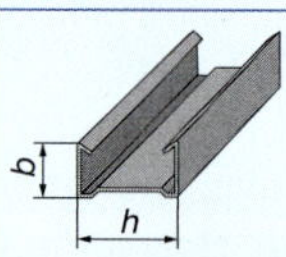	**Profile für Unterdecken**	**CD 60**	27,0	60,0	0,6
UD	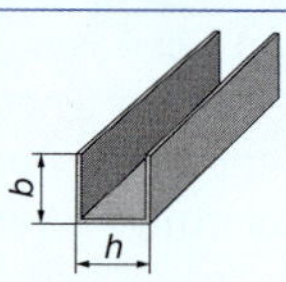	**Wandanschlussprofil für Unterdecken**	**UD 28**	27,0	28,0	0,6

Tab. 1 Zulässige Wandhöhen von Gipsplatten-Montagewänden aus Stahlprofilen nach DIN 18183-1:2009-05

Wand-Art	**Wand-Kurzzeichen**	**max. Wandhöhe** in m	
		Einbaubereich 1	**Einbaubereich 2**
Einfachständerwände einfach beplankt	**CW 50/75**	3,00	2,60
	CW 75/100	4,50	3,75
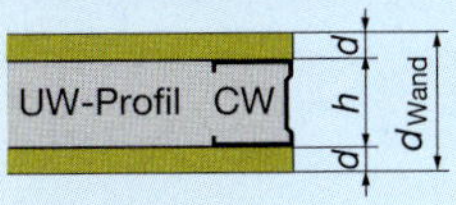 	**CW 100/125**	5,00	4,25
	Beispiel: CW 50/75: h = 50 mm, d = 12,5 mm → d_{Wand} = 75 mm		
doppelt beplankt	**CW 50/100**	4,00	2,60
	CW 75/125	5,50	3,75
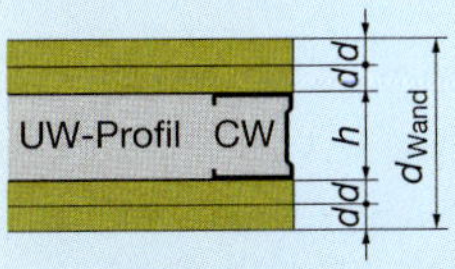 	**CW 100/150**	6,50	5,75
	Beispiel: CW 50/100: h = 50 mm, d = 12,5 mm $(1 \times h) + (4 \times d) \rightarrow d_{Wand}$ = 100 mm		
Doppelständerwände doppelt beplankt	**CW 50+50/155**	4,00	2,60
	CW 75+75/205	6,00	2,60
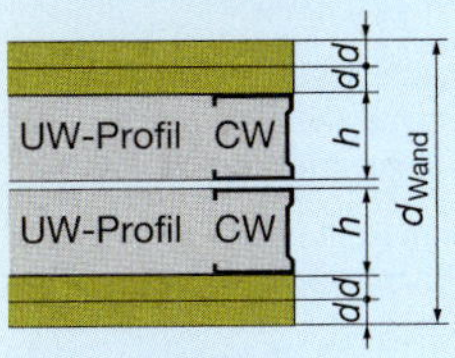 	**CW 100+100/255**	6,50	6,00
	Beispiel: CW 50+50/155: h = 50 mm, d = 12,5 mm, 5 mm Luft zwischen Ständern $(2 \times h) + (4 \times d)$ + 5 mm Luft → d_{Wand} = 155 mm		
Vorsatzschalen einfach beplankt	**V-CW 75/87,5**	3,00	2,50
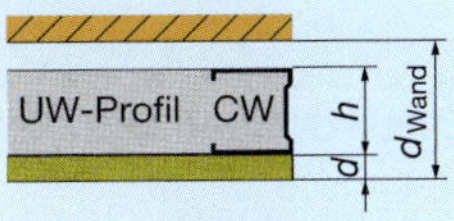 	**V-CW 100/112,5**	4,00	3,00
doppelt beplankt	**V-CW 50/75**	2,60	–
	V-CW 75/100	3,50	2,75
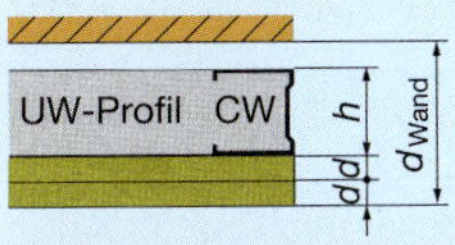 	**V-CW 100/125**	4,25	3,50
	Beispiel: V-CW 50/87,5: h = 50 mm, d = 12,5 mm, 25 mm Luft zur Wand $(1 \times h) + (1 \times d)$ + 25 mm Luft → d_{Wand} = 87,5 mm		

- **Einbaubereich 1:** Bereiche mit geringer Menschenansammlung wie Wohnungen, Einfamilienhäuser, Hotels und Büroräume einschließlich deren Flure
- **Einbaubereich 2:** Bereiche mit großer Menschenansammlung wie Versammlungs-, Schulungs- und Verkaufsräume; Wände zwischen Räumen, deren Fußböden ≥ 1 m Höhenunterschied haben
- Die Abmessungen gelten bei Beplankung mit GK-Platten für eine max. Durchbiegung f = 1/500.
- Die erste Ziffer gilt für h des verwendeten Profils, die zweite Ziffer für die Dicke der Wand d_{Wand}.

Beispiel der Bezeichnung eines Stahlblechprofils:
Profil DIN 18182 – CW 75 × 50 × 06 – Z 100
Profil nach Norm C Wandprofil CW 75, mit der Flanschbreite 50 mm, Blechdicke 06 mm und einer Schutzüberzugsauflage von 100 g/m² zweiseitig aus Zink (Z 100)

7.4.6 Beplankungen *(panelling)*

Bei der Entscheidung für die Konstruktion einer leichten Montagewand spielt die Wahl der Beplankung eine wesentliche Rolle.

Die Eigenschaften der Oberfläche einer Wand beeinflussen z. B. unmittelbar das Raumklima und damit die Behaglichkeit eines Raums.

Für die Beplankung leichter Trennwände stehen verschiedene Plattenwerkstoffe zur Verfügung:

- **Bauplatten** *(panels)* [▶ 15]:
  - gipsgebunden,
  - zementgebunden;
- **Platten aus Holzwerkstoff** *(panels made of wood-based products)* [▶ GK 6]:
  - Furnierplatten,
  - OSB-Platten,
  - Span- oder Faserplatten.

Bei der **Auswahl einer passenden Beplankung** sind folgende Punkte zu beachten:
- mechanische Eigenschaften *(mechanical properties)*
  - Welche Biege- und Stoßfestigkeit ist erforderlich?
  - Wie druckfest muss die Oberfläche sein?
- bauphysikalische Eigenschaften *(building-physical characteristics)*
  - Ist Brand- und/oder Schallschutz erforderlich?
  - Welcher Feuchte ist die Oberfläche ausgesetzt?
  - Ist ein Feuchtigkeitsausgleich notwendig?
- Oberflächen *(surface)*
  - Welcher Werkstoff erfüllt die gestalterischen Ansprüche?
  - Wie soll die Oberfläche weiter bearbeitet werden (verspachteln, tapezieren usw.)?
- Handhabung *(handling)*
  - Lässt sich der gewählte Werkstoff gut verarbeiten?
  - Welche Verbindungsmittel werden benötigt?

7.4.7 Gipsplatten

Gipsgebundene Platten sind am verbreitetsten und durch das chemisch eingebundene Kristallwasser besonders im Brandschutz [▶ 11] von Bedeutung. Die Porosität der Bauplatten begründet ihre feuchtigkeitsregulierende Eigenschaft, die das Raumklima [▶ 9] positiv beeinflusst.

Gipsplatten, auch als **Gipskartonplatten** *(gypsum plasterboards)* bezeichnet, bestehen aus einem Gipskern, der mit einer Deckschicht aus Karton fest ummantelt ist (Abb. 1).

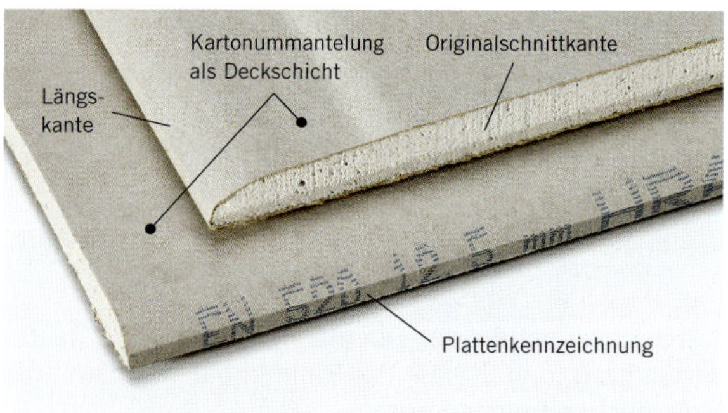

1 Aufbau einer Gipsplatte mit halbrund abgeflachter Kante (HRAK)

Aufbau *(structure)* **und Arten von Gipsplatten**
Die Stabilität der Platten entsteht durch die feste Verklebung der beiden Grundwerkstoffe:
- Der harte **Gipskern** widersteht Schlag- und Stoßbelastungen und kann Zusätze enthalten, die der Platte besondere Eigenschaften verleihen, z. B. Glasfasern im Gipskern bei Feuerschutzplatten.
- Der **Karton** *(board)* hält die Platte biegesteif (z. B. Aufnahme von Zugkräften). Die Kartonoberflächen können je nach Verwendungszweck variieren. Die vom Karton umfassten Längskanten haben nach DIN 18180 unterschiedliche Formen, je nach Anwendung (Abb. 2):
  - volle Kante **(VK)**,
  - abgeflachte Kante **(AK)**,
  - runde Kante **(RK)**,
  - halbrunde Kante **(HRK)**,
  - halbrund abgeflachte Kante **(HRAK)**.

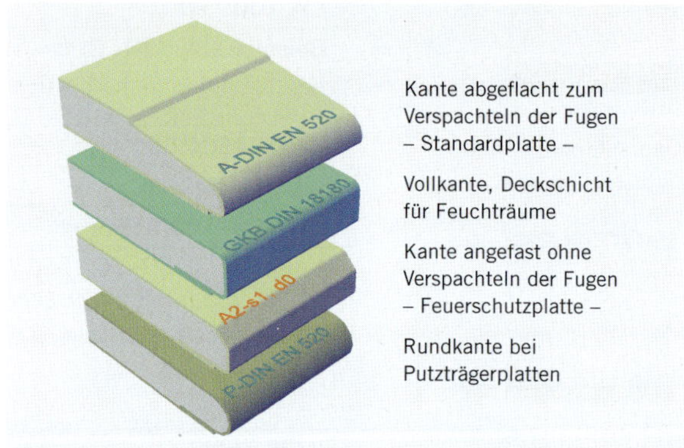

2 Verschiedene Ausführungen der Längskanten von Gipsplatten

Die an DIN EN 520 angepasste DIN 18180 unterscheidet folgende Arten *(types)* von Gipsplatten (Tab. 1):

Tab. 1 Arten von Gipsplatten/Gipskartonplatten nach DIN 18180

Kurz-zeichen	Bezeichnung und Verwendung	Kartonfarbe (Aufschrift)
GKB	Gips-Bauplatten (Wandtrockenputz) zur Beplankung von Wänden und Decken.	weißgrau (blau)
GKBI	imprägnierte Gips-Bauplatten mit chemischen Zusätzen in Deckschicht und Gipskern, die geringere Mengen Wasser aufnehmen und schneller trocknen, für Feucht- und Nassräume und als Untergrund für Fliesen	grün (blau)
GKF	Gips-Feuerschutzplatten, frei von brennbaren Stoffen, enthalten einen stabilisierenden Faserzusatz	weißgrau (rot)
GKFI	imprägnierte Gips-Feuerschutzplatten verbinden die Eigenschaften von Feuerschutzbauplatten mit der Widerstandsfähigkeit gegen Wasser	grün (rot)
GKP	Gips-Putzträgerplatten als Putzträger auf Unterkonstruktionen	grau (blau)

Gipsplatten werden nach ihren Leistungsmerkmalen in Typen eingeteilt (S. 217, Tab. 1).

Tab. 1 Gipsplattentypen nach ihren Leistungsmerkmalen

Typ	**Leistungsmerkmale** nach DIN EN 520
Typ A	Standardplatte
Typ D	mit definierter Dichte
Typ F	mit verbessertem Gefügezusammenhalt bei hohen Temperaturen
Typ H (1, 2, 3)	mit reduzierter Wasseraufnahmefähigkeit (in Deutschland H2)
Typ I	mit erhöhter Oberflächenhärte
Typ P	Putzträgerplatte
Typ R	mit erhöhter Festigkeit
Typ E	für Beplankungen von Außenwandelementen

Gelochte, **schallschluckende** Gipsplatten *(perforated and sound absorbing gypsum boards)* (Abb. 1) werden für Decken- und Wandverkleidungen verwendet.

1 Gelochte Gipsplatte

Das **Brandverhalten** von Gipsplatten wird nach DIN EN 13501-1 eingestuft. GKB-Platten sind schwer entflammbar (Euroklasse C) und GKF-Platten nicht brennbar (Euroklasse A2-s1) [▶ 11]. Im Brandfall gibt es keine/geringe Rauchentwicklung und der Werkstoff löst sich nicht brennend ab.

Neben den Gipsplatten nach DIN EN 520 gibt es eine Vielzahl von werksmäßig bearbeiteten Platten für **Spezialanwendungen**.

Kennzeichnung *(standardization)* **von Gipsplatten**

An einer farbigen CE-Kennzeichnung (Abb. 2) sind Plattenart, Verwendung sowie Leistungsmerkmale und das Herstellungsdatum abzulesen.

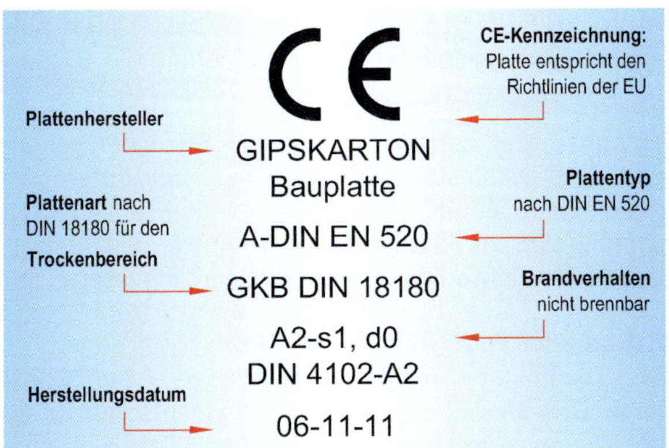

2 CE-Kennzeichnungsbeispiel an Gipsplatten

Abmessungen von Gipsplatten

Für die verschiedenen Anwendungen werden Gipsplatten in unterschiedlichen Abmessungen *(dimensions)* angeboten (Tab. 2).

Tab. 2 Handelsübliche Gipsplattenabmessungen (Auszug)

Längskante	Maße in mm			nach DIN EN 520	nach DIN 18180
	Dicke	Länge	Breite		
AK	6	1200	2400, 3000	**A**	**GKB**
RK	9,5	600, 1250	2000, 2600 2500, 2600	**A**	**GKB**
HRK	10	600	2000, 2600	**A**	**GKB**
RK	12,5	600	2000, 2600	**A**	**GKB**
RK	12,5	600	2000, 2600	**H2**	**GKBI**
HRAK	12,5	1250	2000, 2600, 2750, 3000	**A**	**GKB**
HRAK	12,5	1250	2000, 2500, 3000	**H2**	**GKBI**
HRAK	15	1250	2000	**DFH2**	**GKFI**
HRAK	18	1250	2000	**DFR**	**GKF**
HRAK	20	625	2000	**DFR**	**GKF**
HRAK	25	625	2000	**DFH2R**	**GKFI**

Verarbeitung von *(processing of)* **Gipsplatten**

Gipsplatten lassen sich nach dem Anritzen der Kartonschicht mit dem Messer leicht brechen. Sie können gesägt, gefräst und gebohrt werden.

Nach dem Aufbringen der Gipsplatten auf das Ständerwerk werden diese an den Stößen verspachtelt.

Für die Oberflächenwirkung ist die **Verspachtelung** der Stoßfugen entscheidend. Sie wird in den Qualitätsstufen Q1 bis Q4 (Tab. 3) unterschieden.

Tab. 3 Qualitätsstufen für die Verspachtelung

Qualität	Bearbeitung
Q1	Füllen der Stoßfugen, Spachteln der sichtbaren Verbindungsteile (Grundverspachtelung)
Q2	Q1 + Nachspachteln der Fugenbereiche (Standardverspachtelung)
Q3	Q2 + breites Ausspachteln der Fugenbereiche, scharfes Abziehen der übrigen Plattenoberfläche (Sonderverspachtelung mit hohen Ansprüchen)
Q4	Q2 + Spachteln der gesamten Oberfläche (Sonderverspachtelung mit höchsten Ansprüchen)

7.4.8 Gipsfaserplatten

Gipsfaserplatten *(gypsum fiberboards)* bestehen aus Stuckgips (wasserabweisend getränkt) und Papierfasern (Cellulose). Durch den Anteil von bis zu 20 % an Cellulosefasern erhalten Gipsfaserplatten eine **höhere Festigkeit**. Sie sind dadurch widerstandsfähiger gegenüber Stoßbelastung und Abrieb. Nachteilig wirkt sich der Celluloseanteil bei Feuchtigkeit aus, der das Quell-/Schwindverhalten der Platte verstärkt.

Im Handel werden Gipsfaserplatten als **Spezialprodukte** für verschiedene Anwendungszwecke in den Bereichen Schallschutz, Brandschutz und mechanische Belastung angeboten. Sie werden wie Gipsplatten mit dem Ständerwerk verschraubt, wobei ein Schraubenabstand von 250 mm empfohlen wird.

7.4.9 Holzwerkstoffplatten

Holzwerkstoffplatten *(wood-based boards)* [▶ GK 6] sind im Trockenbau als Beplankung von leichten Trennwänden weniger verbreitet, da sie gegenüber gipsgebundenen Platten **Nachteile** aufweisen:
- teurer als Gipsplatten,
- höhere Masse,
- Bearbeitung aufwendiger,
- normal entflammbar (Euroklasse D-s2,d0/D_{FL}-s1),
- Quellung/Schwindung bei Feuchtigkeitsschwankungen.

Ausnahme bildet der hochwertige Innenausbau mit Holz. Hier werden z. B. furnierte Holzwerkstoffe bei Wandvorsatzschalen verarbeitet. Für den Ausbau werden verschiedene Holzwerkstoffe verwendet. Sie werden jeweils nach ihren mechanischen und bauphysikalischen Eigenschaften ausgewählt. Dazu zählen:
- Furnierplatten (z. B. Multiplex) [▶ GK 6.7.6],
- OSB-Platten [▶ GK 6.8],
- Span- [▶ GK 6.9] und Faserplatten [▶ GK 6.10].

7.4.10 Dämmstoffe für leichte Trennwände

Bei Innenwänden zur Raumtrennung herrschen häufig nur geringe Temperaturunterschiede.

An leichten Trennwänden erfüllen Dämmstoffe *(insulating materials)* vornehmlich Anforderungen des Schall- und Brandschutzes.

Für die **Schallabsorption** bzw. **-dämpfung** [▶ 10] in den Hohlräumen sind, wie bei Wand- und Deckenverkleidungen, offenzellige Dämmstoffe wie Faserdämmstoffe geeignet.

Für den **Brandschutz** [▶ 11] sind Eigenschaften der Dämmstoffe wie Brennbarkeit (Euroklassen nach DIN EN 13501-1), Verhalten im Brandfall (Abtropfen/Rauchentwicklung), Stehvermögen und Schmelzpunkt für die Auswahl maßgeblich.

Mineralwolle (MW)
Mineralwolle *(mineral wool)* nach DIN EN 13162 ist der am meisten eingesetzte Dämmstoff.

Die Bezeichnung steht zusammenfassend für die anorganischen Faserdämmstoffe **Steinwolle** *(rock wool)* und **Glaswolle** *(glass wool)*. Sie unterscheiden sich in ihren Grundstoffen Glas und Gestein, haben aber ähnliche Eigenschaften. In beiden Fällen werden aus dem Ausgangswerkstoff dünne Fasern hergestellt, die mit Bindemitteln zu festeren Platten, Filzen oder leichten, flexiblen Matten verarbeitet werden, auch als Rollen erhältlich. Glaswolle ist an der gelblichen Farbe von Steinwolle zu unterscheiden, die meist grau-oliv gefärbt ist.

Die **Eigenschaften** *(properties)* von **Mineralwolle**, die durch die Fadenstruktur, den Grundstoff und die zugegebenen chemischen Hilfsmittel entstehen, sind:
- gut wärme- und schalldämmend,
- nicht brennbar (Euroklasse A1, A2-s1,d0),
- resistent gegen Schimmel und Ungezieferbefall,
- diffusionsoffen gegenüber Wasserdampf.

Steinwolle und Glaswolle unterscheiden sich im Grad der Flexibilität. Glaswolle ist leicht formbar und eignet sich besonders für Hohlraumdämmung zwischen Ständern. Sie wird mit leichtem Übermaß zugeschnitten und ohne zusätzliche Verbindung eingeklemmt.

Auf Basis regelmäßiger, neutraler Qualitätsprüfungen vergibt die Gütegemeinschaft Mineralwolle das **RAL-Gütezeichen Erzeugnisse aus Mineralwolle** an Unternehmen, die sich zur Einhaltung der Güte- und Prüfbestimmungen verpflichtet haben. Das RAL-Gütezeichen bescheinigt dem privaten Bauherren wie dem professionellen Verarbeiter die gleichbleibend hohe Qualität und gesundheitliche Unbedenklichkeit dieses Dämmstoffs.

Mineralschaumplatten
Platten aus Mineralschaum *(mineral foam)* sind durch eine geringe Dichte und eine hohe Porosität gekennzeichnet und haben deshalb eine geringe Wärmeleitfähigkeit. Aufgrund ihrer Druckempfindlichkeit werden sie in der Regel verputzt oder verspachtelt.

Expandiertes Polystyrol (EPS)
Expandiertes Polystyrol *(expanded polystyrene)* (EPS) nach DIN EN 13163 [▶ GK 13.2.6] besteht aus aufgeblähten (expandierten) Polystyrolperlen, die zu Platten und Blöcken verpresst werden.

Es wird unter dem Markennamen „Styropor“ gehandelt. EPS-Dämmstoffe werden wegen ihrer guten wärmedämmenden und wasserabweisenden Eigenschaften vornehmlich im Fassadenbereich für Wärmedämmverbundsysteme, weniger gegen Luftschall eingesetzt.

Extrudierter Polystyrolschaum (XPS)
XPS-Dämmstoffe *(extruded polystyrene foam)* (XPS) nach DIN EN 13164 [▶ GK 13.2.6] entsprechen in der Zusammensetzung EPS, das durch Extrusion eine geschlossenzellige Oberfläche der Schaumplatten er-

hält und wasserundurchlässig und fester ist. In geschlossenen Räumen werden XPS-Dämmstoffe zur Innendämmung von Wänden verwendet.

Holzfaserdämmstoffe (WF)
Bei der Herstellung von Holzfaserdämmstoffen (Abb. 1) *(wood fibre)* nach DIN EN 13171 werden lange Nadelholzfasern mit Bindemitteln zu Platten in verschiedenen Größen und Dichten verpresst. Sie besitzen gute wärme- und schalldämmende Eigenschaften und sind gegenüber Schimmelpilzen und Schädlingsbefall beständig. Nachteilig ist die Hygroskopizität, die sich bei Holzfaserplatten auf die Formstabilität auswirken kann.

Polyurethan-Hartschaum (PU)
Polyurethan-Hartschaum *(rigid polyurethane foam)* nach DIN EN 13165 [▶ GK 13.2.5] mit oder ohne Kaschierung wird in vorgefertigten Wärmedämmsystemen und Mehrschichtplatten eingesetzt.

Schaumglas (CG)
Schaumglas *(cellular glass)* nach DIN EN 13167, ein fester Dämmstoff aus geschäumtem Glas mit einer geschlossenzelligen Struktur, wird auch in vorgefertigten Wärmedämmsystemen und Mehrschichtplatten angewendet. Der Kern besteht entweder aus einer Schaumglasplatte oder einer Anzahl von Schaumglasplatten, die werkseitig verklebt werden.

Schafwolle
Schafwolle *(sheep wool)* (Abb. 2) muss gegen biologischen Befall (z. B. durch Kleidermotten) behandelt werden. Häufig werden Polyesterfasern beigemengt. Anwendung findet sie in leichten Trennwänden sowie bei der Innenraumdämmung von Wänden und Decken.

1 Holzfaserdämmstoff

2 Schafwolle als Dämmstoff

Expandierter Kork (ICB)
Expandierter Kork *(expanded cork)* (S. 220, Abb. 1) nach DIN EN 13170 wird aus natürlichem Korkwerkstoff hergestellt, für Dämmplatten meist aus harzreichem Kork von Ästen. Das mechanisch zerkleinerte Granulat wird in einem Druckbehälter unter Luftabschluss und zugeführtem Wasserdampf bei ca. 370 °C und 1 bar thermisch behandelt und gebacken.

Tab. 1 Eigenschaften und Anwendungsbereiche *(areas of application)* **ausgewählter Dämmstoffe**

Dämmstoff	Einsatzbereich nach Eigenschaften						Anwendungsbeispiele
	Euroklasse DIN EN 3501-1	ϱ kg/m³	λ W/mK	Schalldämmung		Ökologie	
				Luft-	Tritt-		
Mineralwolle (MW)	A1, A2-s1, d0	10–200	0,03–0,05	++	++	○/–	leichte Trennwände, Trittschalldämmung, Akustikdecken
Mineralschaumplatten	A2	101–130	≈ 0,042	+	○	○/–	Innendämmung Feuchtraum, Altbausanierung
Expandiertes Polystyrol (EPS)	E-s2, d2	10–50	0,03–0,05	––	–/+	○/–	WDVS, Trittschalldämmung, Innendämmung Wand/Decke
Extrudierter Polystyrolschaum (XPS)	E-s2, d2	20–65	0,026–0,04	––	––	○/–	Außendämmung (ungeschützt) Dach/Wand/Boden, Innendämmung Wand/Decke
Polyurethan-Hartschaum (PU)	E	28–55	0,02–0,045	––	––	○/–	WDVS (gegen UV-Strahlung/Bewitterung geschützt), Bodendämmung ohne Trittschallanforderungen
Schaumglas (CG)	A2	100–165	0,04–0,06	–	––	○/–	Innendämmung Wand/Decke/Boden, leichte Trennwände, Außendämmung (geschützt)
Holzfaserdämmstoff (WF)	B-s1, d0	140–300	0,032–0,06	+	+	++	Trittschalldämmung, leichte Trennwände, Innenraumdämmung Wand/Decke/Boden, Fachwerk
Schafwolle, Hanffaser	E	20–25	≈ 0,04	+	○	++	Hohlraumdämmung von Außenfassaden, Dächern sowie Innenraumdämmung Wand/Decke
Expandierter Kork (ICB)	E	80–200	0,04–0,055	––	––	++	Hohlraumdämmung, Außendämmung, Fugen, Fachwerk
Zelluloseflocken	E/C	35–100	0,04–0,045	+	––	+	Einblasdämmung für Hohlraumdämmung, Innenraumdämmung Wand/Decke

++ = sehr gut, + = gut, ○ = mittel, – = ungünstig, –– = sehr ungünstig, (○/– muss recycelt werden)

Er wird sowohl zur Wärmedämmung als auch zum Schallschutz genutzt.

Zelluloseflocken
Zelluloseflocken bestehen aus mechanisch zermahlenem Altpapier. Für den Brandschutz und zum Schutz vor Schimmelbildung werden sie mit Borsalzen vermischt. Zelluloseflocken werden hauptsächlich im Einblasverfahren als „Zelluloseschüttung“ für Hohlraumdämmungen verwendet.

1 Expandierter Kork

2 Zelluloseflocken

Tab. 1 (S. 219) gibt eine Übersicht über die jeweils speziellen Vor- und Nachteile der gebräuchlichen Dämmstoffe und ihre Eigenschaften.

Arbeits- und Gesundheitsschutz
Eine fachgerechte Konstruktion, bei welcher der Dämmstoff abgeschlossen im Bauteilinneren liegt, gilt wohnbiologisch als unbedenklich.

Aufgrund ihrer chemischen Zusammensetzung und faserigen Struktur können Dämmstoffe jedoch gesundheitlich und ökologisch bedenklich sein.

Bei der Verarbeitung faseriger Dämmstoffe mit Staubentwicklung beim Schneiden oder Sägen sind **Arbeitsschutzmaßnahmen** wie Tragen von Atemschutz, Schutzbrille, geschlossener Arbeitskleidung und Schutzhandschuhen zu beachten.

7.4.11 Verbindungsmittel an leichten Trennwänden

Zur Verbindung der Unterkonstruktionen an umgebende Bauteile können **Dübel** *(dowels)* und **Wandanker** *(wall anchors)* verwendet werden.

Für die Verbindung der Beplankung auf der Unterkonstruktion stehen spezielle Verbindungsmittel *(fastening devices)* (Tab. 1) zur Verfügung.

Tab. 1 Verbindungsmittel für Vorsatzschalen im Trockenbau

	Befestigungsmittel	Plattenart, Unterkonstr.
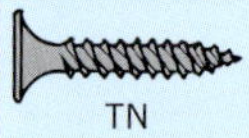 TN 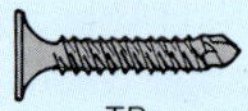 TB	Schnellbauschrauben (z. B. nach DIN 18182-2) Korrosionsschutz durch Phosphat- oder Zinkschicht • mit Trompetenkopf und reduzierter Spitze • mit Trompetenkopf und Bohrspitze	nahezu alle Plattenarten, Gipsplatten, faserverstärkte Gipsplatten und Gipsvliesplatten auf Holz oder Metallprofilen bis 0,7 mm Blechdicke für Befestigung auf Metallprofilen mit Blechdicken bis zu 2,25 mm
	Spanplattenschrauben • verzinkt, mit Senkkopf und Kreuzschlitz	außer Holzwerkstoffplatten auch Fibersilicatplatten auf Holzunterkonstruktion
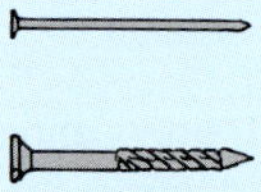	Nägel, Stahl verzinkt • glatt, Spitze darf beharzt sein • Profiliert (Schraub- oder Rillennägel)	nahezu alle Platten auf Holzunterkonstruktion, für Wandkonstruktionen und Unterdecken (nur profilierte Nägel)
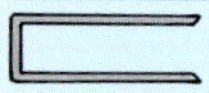	Stahlklammern, verzinkt und mit beharzten Spitzen, maschinelle Verarbeitung	nahezu alle Platten auf Holzunterkonstruktion, für Wand- und Decken konstruktionen
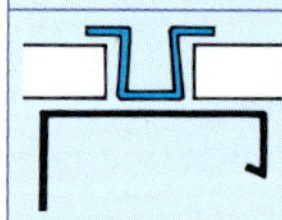	Klemmprofile Ausführungen sind herstellerabhängig	in der Regel für die Klemm-Montage von Platten mit fertiger Oberfläche bei Wandkonstruktionen

Statt mit mechanischen Verbindungsmitteln können die Beplankungen mit Klebstoffen verbunden werden.

Die Entscheidung für geeignete Verbindungsmittel hängt von der Art der Unterkonstruktion sowie von den umgebenden Bauteilen und dem Werkstoff der Beplankung ab.

7.4.12 Anschlüsse von leichten Trennwänden

Bei Trennwänden bestimmen die verschiedenen Anforderungen die Konstruktion der Anschlüsse *(connections)*.

Für die Auswahl des geeigneten Wandaufbaus sind neben den allgemeinen Grundprinzipien nach DIN-Normen die **konstruktiven Vorgaben** der jeweiligen Hersteller von Wandsystemen zwingend zu beachten.

Grundprinzipien bei Anschlüssen an Wand, Decke und Boden sind:
- **Schallschutz** *(sound proofing)*
  Vermeidung von Schallbrücken über flankierende Bauteile. Dies wird durch Trennfugen in den Untergründen, Trennung der Bauteile oder weich federnde Verbindung von Ständerwerk und Anschlüssen erreicht.

- **Brandschutz** *(fire protection)*
  Abdichtung von Anschlussfugen und Durchbrüchen von Installationen (z. B. für Steckdosen, Leitungen) mit nicht brennbaren Werkstoffen.
- **Feuchteschutz** *(moisture proofing)*
  Vermeidung von Tauwasserbildung durch dampfdichte Konstruktionen und Dampfbremsen.
- **Wärmeschutz** *(heat protection)*
  Vermeidung von Wärmebrücken durch luft- und winddichte Anschlussfugen.

Bei Wand-, Decken- und Fußbodenanschlüssen sind jeweils besondere Details zu beachten, um erhöhten Anforderungen zu genügen.

Wandanschlüsse *(wall connections)*
T-förmige Wand-Wand-Anschlüsse *(T-shaped wall-to-wall connections)* der Trennwände können sowohl an massiven Wänden des Baukörpers als auch an anderen leichten Trennwänden erfolgen.

- Für mittlere Anforderungen an den Schallschutz genügt es, wenn die Beplankung der flankierenden Wand mit einer Trennfuge (Abb. 1) versehen wird.
- Für eine höhere Schalldämmung muss die Trennwand mit LW-Inneneckprofilen so konstruiert werden, dass die Vorsatzschalen der Wand den Schall nicht an flankierende Bauteile weiterleiten (Abb. 2).

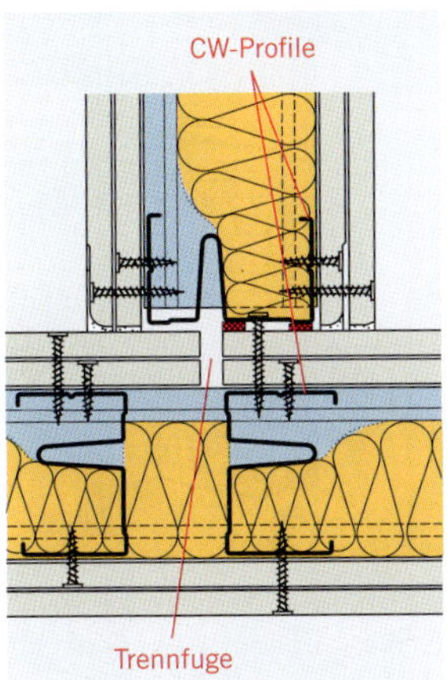

1 T-Wand-Anschluss für mittlere Schallschutzanforderungen

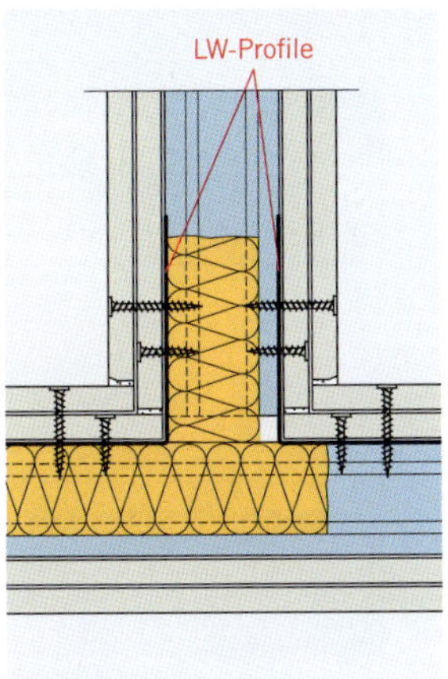

2 T-Wand-Anschluss für höhere Schallschutzanforderungen

L-förmige freistehende **Wandecken** *(wall corners)* werden am einfachsten ausgeführt, indem ein zusätzliches CW-Profil in die Ecke gestellt wird.

Erhöhte Schallschutzanforderungen werden nur erreicht, wenn der Schall nicht über die Beplankung und Ständer weitergeleitet wird (Abb. 3a). Spezielle LW-Inneneckprofile (Abb. 3b) stellen sicher, dass die Vorsatzschalen der Trennwand entkoppelt sind und Dämmstoffe in den Hohlräumen durchgehend angeordnet werden können.

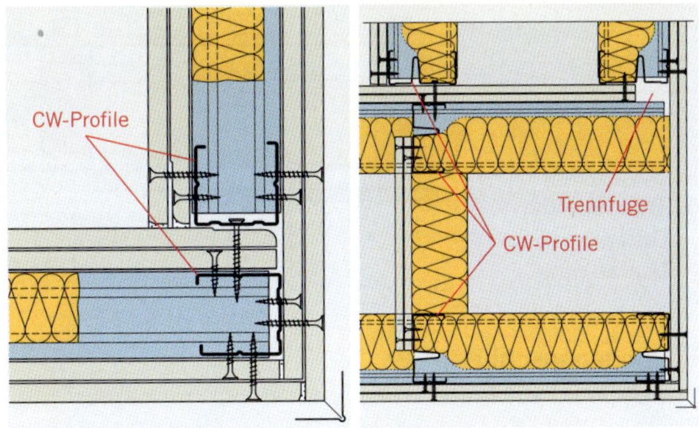

3 Aufbau L-förmiger Wandecken

Deckenanschlüsse *(ceiling-to-wall connections)*
Arten der Anschlüsse der Trennwände zur Decke:

- Bei einem **starren** *(rigid)* Anschluss (Abb. 4a) wird die Unterkonstruktion mit der angrenzenden Decke oder der Wand fest verdübelt. Die Beplankung reicht bis an angrenzende Bauteile.
- Bei einem **gleitenden** *(flexible)* Deckenanschluss (Abb. 4b) mit einer Durchbiegung von >10 mm soll die montierte Trennwand diese ausgleichen. Dies wird mit um ca. 15 mm verkürzten Ständern erreicht, die in das Deckenanschlussprofil gleitend greifen. Aus Schall- und Brandschutzgründen wird das Deckenanschlussprofil mit einer Schicht aus Gipsplattenstreifen unter die Decke geschraubt. Um die Beweglichkeit der Wand zu erhalten, überlappt die Beplankung unverschraubt die Gipsplattenstreifen gleitend um ca. 20 mm, wobei zur Decke eine **Schattennut** *(wide shadow joint)* entsteht.

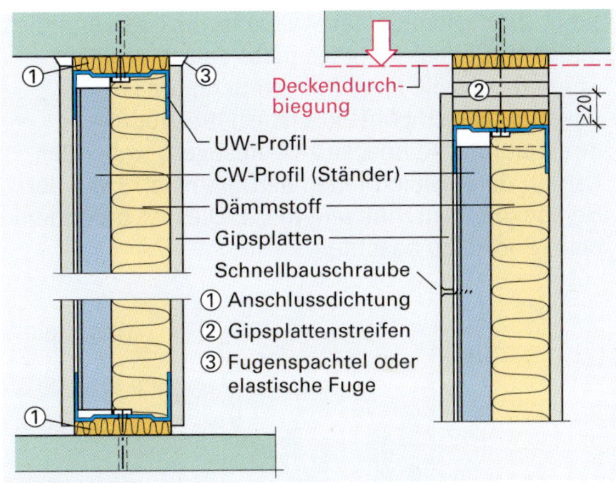

4 Starrer und gleitender Boden-/Deckenanschluss

Bei hohen Anforderungen an Schall- und Brandschutz ist es sinnvoll, wenn die Trennwand direkt an die Rohbaudecke anschließt. Läuft die Beplankung der flankierenden Decke durch, kann eine Trennfuge in der Deckenbeplankung die Weiterleitung von Schall abmindern (S. 222, Abb. 1).

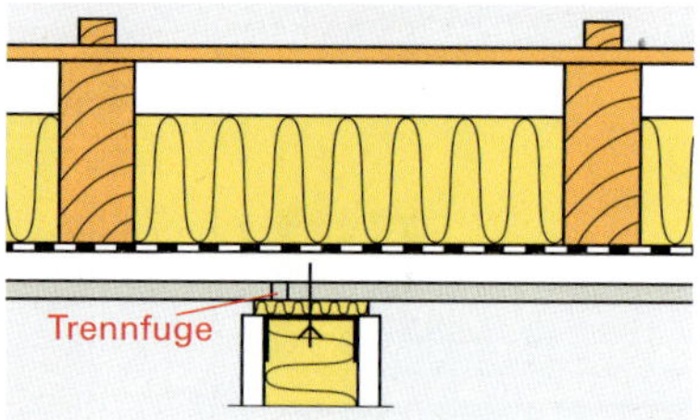

1 **Trennung der Deckenbeplankung**

Fußbodenanschlüsse

Fußbodenanschlüsse *(floor-to-wall connections)* der Trennwände können auf dem Estrich (Abb. 2) oder direkt auf der Rohdecke (Abb. 3) erfolgen.

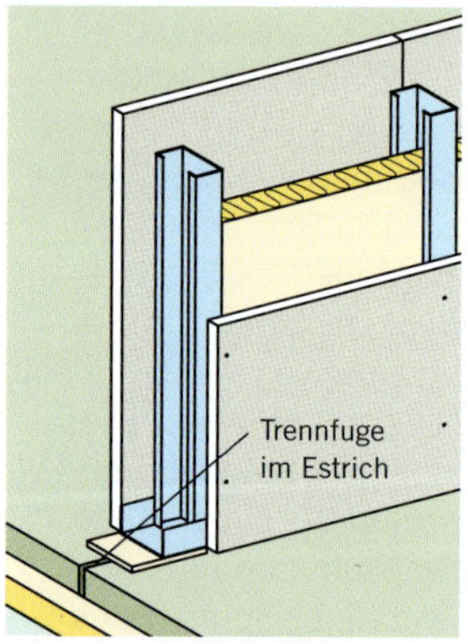

2 **Fußbodenanschluss auf dem Estrich**

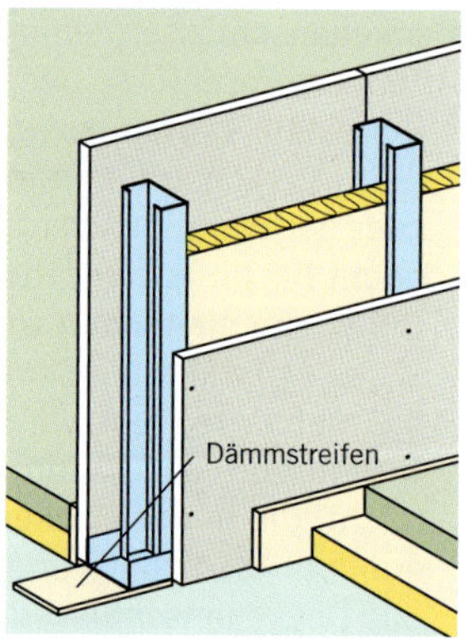

3 **Fußbodenanschluss auf der Rohdecke**

Bei durchlaufend schwimmendem Estrich ist die Schallübertragung über den Boden sehr hoch.

- Eine akustisch wirksame **Trennfuge** *(separation joint)* (Abb. 2) im Bereich des Wandanschlusses kann dies mindern. Bei der Montage muss darauf geachtet werden, dass die Fuge frei von Schmutz ist.
- Schalltechnisch günstiger ist es, die Trennwand direkt auf der Rohdecke zu befestigen, wobei der Estrich durch weich federnde Dämmstoffe von der Beplankung getrennt sein muss. Dies ist besonders beim Sockel zu beachten.

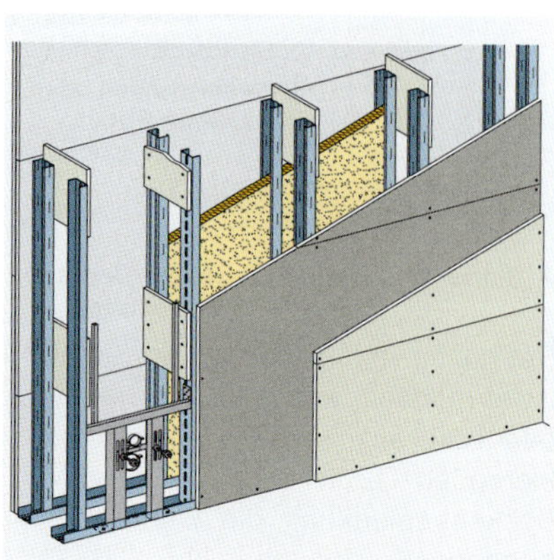

4 **Installationswand**

Installationswände *(installation or plumbing walls)*

In Bad- und Küchenräumen sind Sanitärinstallationen wie Waschbecken, wandhängende WC-Becken oder Boiler erforderlich. Die Einbauelemente werden an zusätzlichen **Tragständern** oder **Traversen** befestigt, die, zwischen den Wandständer montiert, die Last direkt auf den Fußboden ableiten (Abb. 4).

7.4.13 Wandöffnungen

Für Wandöffnungen *(wall openings)* werden Wandsysteme mit **Stahlunterkonstruktion** (Abb. 5) als fertige Zargenbausätze mit speziellen Aussteifungsprofilen (UA-Profilen), Steckwinkeln und Winkellaschen angeboten. Sie sind in ihren Maßen so ausgelegt, dass sie die zusätzlichen Lasten durch Türen auffangen. Die UA-Profile sind dabei rechts und links neben der Türöffnung angeordnet und werden mit den Winkellaschen an Boden und Decke verschraubt. Der Deckenanschluss ist über Langlöcher gleitend montiert, um Durchbiegung zu ermöglichen.

Neben den standardisierten Bausätzen ist es bei leichten Türen möglich, Metallzargen *(metal door frame)* aus CW-Profilen herzustellen, die mit **eingeschobenen Holzlatten** (Abb. 6) verstärkt sind.

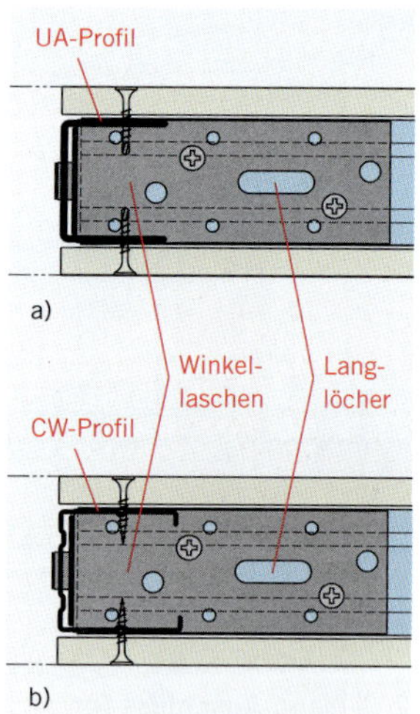

5 **Stahlprofile für Wandöffnungen**

6 **Stahlzarge mit eingeschobenen Holzlatten**

7.4.14 Entsorgung *(disposal)*

Bei der Errichtung leichter Trennwände fallen Werkstoffreste an, die entsorgt werden müssen. Die Gewerbeabfallverordnung und das Kreislaufwirtschaftsgesetz gelten bundesweit für den gewerblichen Bereich, ergänzt durch Gesetze der Bundesländer. Ziel ist die Umsetzung einer abfallarmen Kreislaufwirtschaft (ressourcenschonend), welche die Abfälle vorrangig vermeidet oder stofflich oder energetisch verwertet.

7.5 Innentüren

Türen haben die Aufgabe, Räume voneinander zu trennen und sie zu verschließen.

Unterschieden werden
- **Innentüren** *(interior doors)* zur Trennung geschlossener Innenräume mit klimatisch ähnlichen Bedingungen,
- **Außentüren** *(exterior doors)* [▶ 13] zur Trennung geschlossener Räume von offenen Räumen mit klimatisch unterschiedlichen Bedingungen.

Elemente von Türen
Türen bestehen grundsätzlich aus dem
- an der Wand fest verankerten **Türrahmen** *(door frame)*, der das Verbindungselement zwischen Wand und Türflügel bildet,
- beweglichen **Türflügel**, auch als **Türblatt** *(door leaf)* bezeichnet, mit dem die Wandöffnung verschlossen wird und Räume voneinander getrennt werden.

7.5.1 Arten von Innentüren

Innentüren werden unterschieden nach
- **dem Verwendungszweck:**
  - Wohnungsabschlusstüren, Zimmertüren, WC- und Badezimmertüren sowie Kellertüren,
  - Sondertüren für Schall-, Brand- und Strahlenschutz oder einbruchhemmende Türen;
- **Art der Türrahmen:**
  - Blend- oder Blockrahmen- sowie Zargentüren,
  - Futtertüren mit Bekleidung;
- **Konstruktion der Türflügel:**
  - gefälzte oder ungefälzte (stumpf einschlagende) Türen,
  - Latten-, Bretter-, Rahmen- und Sperrtüren,
  - Glastüren;
- **Anzahl und Art der Türflügel:**
  - ein-, zwei- oder mehrflügelige Türen,
  - Stand- und Gehflügel;
- **der Bewegungsrichtung der Türflügel:**
  - Drehflügeltüren mit Links- oder Rechtsflügel,
  - Links- oder Rechtsschiebetüren,
  - Pendeltüren,
  - Drehkreuztüren,
  - Falt- und Harmonikatüren.

Drehtüren
Drehtüren bzw. Drehflügeltüren sind die häufigste Ausführung von Innentüren. Wie bei Möbeltüren [▶ 5.1.6] wird der Türflügel einseitig an den Türrahmen geschlagen und dreht sich um die Achse an der Anschlagkante (Abb. 1).

Befindet sich der Anschlag von der Öffnungsfläche betrachtet
- rechts, wird sie als Rechtstür (DIN rechts **R**),
- links, wird sie als Linkstür (DIN links **L**)

bezeichnet.

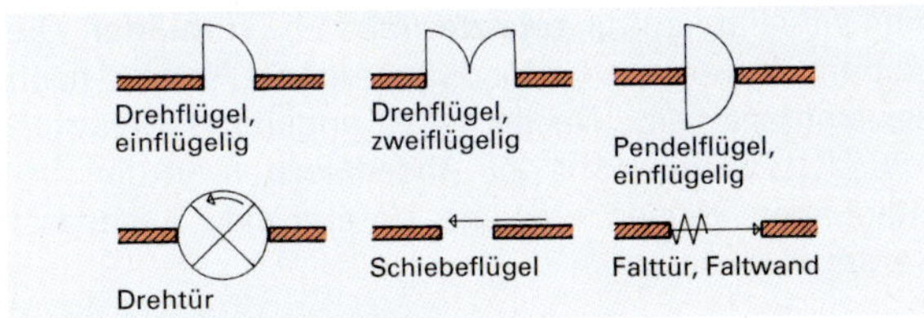

1 Öffnungsrichtungen von Drehtüren nach DIN 107

Die Bezeichnungen aller zugehörigen Teile wie Rechts-/Linksflügel, Rechts-/Linksschloss oder Rechts-/Linksband richten sich nach DIN 107 und erhalten den Kennbuchstaben R oder L.

In Bauzeichnungen werden die Türarten mit entsprechenden Symbolen nach DIN 1356-1 gekennzeichnet (Abb. 2).

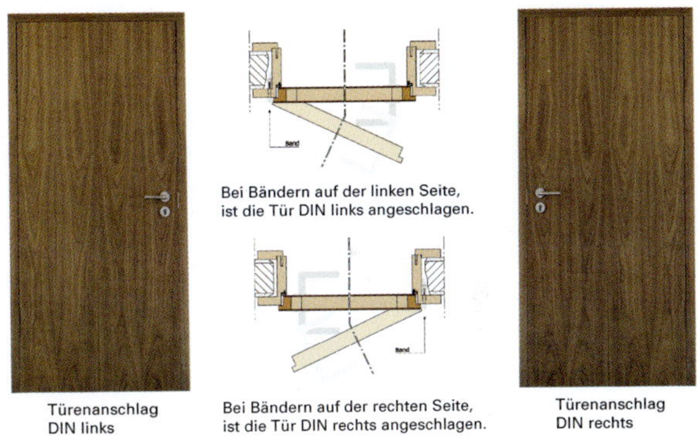

2 Symbole zur Kennzeichnung von Türen in Bauzeichnungen nach DIN 1356-1

7.5.2 Türrahmen von Innentüren

Türrahmen werden nach Art der Werkstoffe und Konstruktionen unterschieden.

Werkstoffe für Türrahmen im Innenbereich sind hauptsächlich
- Vollholz und Holzwerkstoffe,
- Metall sowie
- Kunststoffe, meist für Dämm- und Dichtstoffe.

7.5.3 Türrahmen aus Holz und Holzwerkstoffen

Bei Rahmen aus Holz und Holzwerkstoffen werden vier Grundkonstruktionen unterschieden, die durch unterschiedliche Formen und Oberflächen in Kombination mit Wandverkleidungen und Türblättern beliebige Gestaltungsvarianten eröffnen.

Unterschieden werden Futterrahmen mit Bekleidung, Zargenrahmen, Blendrahmen und Blockrahmen.

Futterrahmen mit Bekleidung
Türrahmen aus Türfutter *(jamb lining)* und Bekleidung *(architrave)* (Abb. 1) sind die klassischen Innentürrahmen vornehmlich für **gefälzte** *(rebated)* **Türblätter**. Die Laibungen werden vollständig überdeckt, sodass nach der Montage keine Nacharbeiten anderer Gewerke erforderlich werden. Mit den Abdeckleisten an den Bekleidungen können unebene Untergründe angepasst werden.

Genormte, industriell **vorgefertigte** *(prefabricated)* **Futter** ermöglichen eine kostengünstige Verarbeitung. Die Falzbekleidung für den Anschlag ist mit dem Futter fest verbunden, während die Zierbekleidung bei der Montage in eine Nut im Futter geschoben wird.

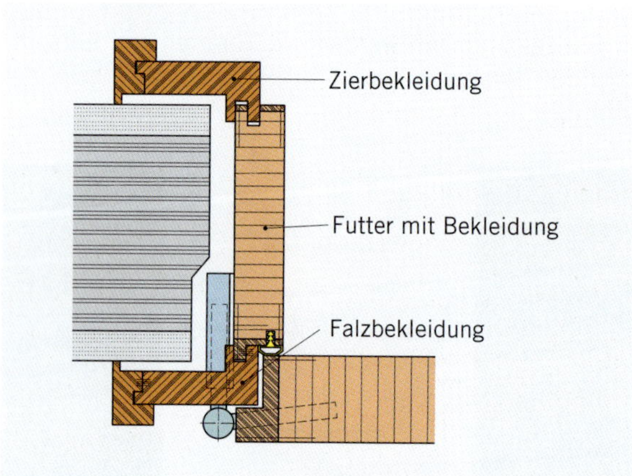

1 Futterrahmen mit Bekleidungen

Zargenrahmen
Zargenrahmen *(flat door jambs)* (Abb. 2) ermöglichen eine Gestaltung mit betont sparsamer Linienführung und ebenen Flächen. Sie werden meist für **stumpfe** *(inset)* **Innentüren** im Objektbereich verwendet. Die Sauberkeit der bauseitigen Ausführung der Wandöffnung ist hier sehr hoch anzusetzen und muss durch Baubegehung vor der Montage überprüft werden.

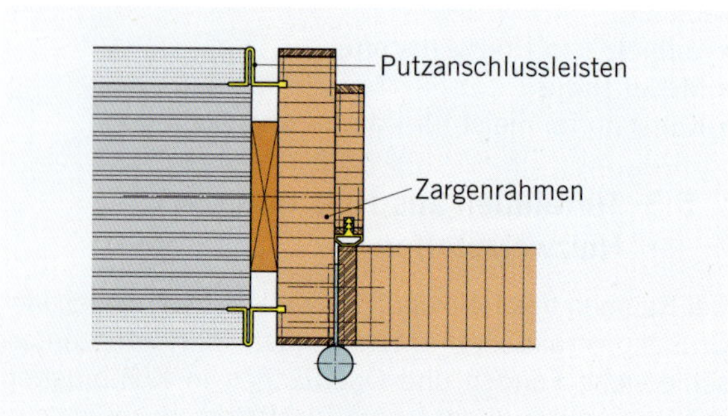

2 Zargenrahmen auf Putzanschlussleisten

Blendrahmen
Blendrahmen *(frames)* (Abb. 3) werden bei Maueranschlägen *(wall recesses)* verwendet, vor allem bei Wohnungsabschluss- oder Außentüren [▶ 13.4]. Das lichte Durchgangsmaß der Maueröffnung [▶ 6.1] bleibt nahezu erhalten. Die Rahmenbreite wird durch Maße des Anschlags bestimmt.

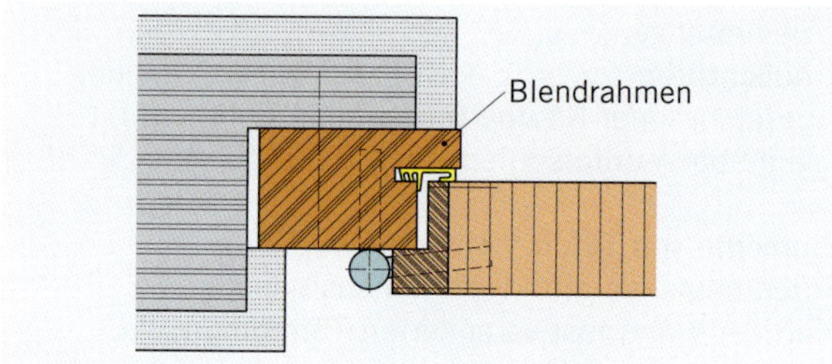

3 Blendrahmen

Blockrahmen
Blockrahmen *(block frame)* (Abb. 4) werden überwiegend für **Außentüren** [▶ 13.4] verwendet. Sie haben einen annähernd quadratischen Querschnitt. Dabei wird das lichte Maß der Wandöffnung deutlich verkleinert. Die Konstruktion mit einem Grundrahmen, der an der Laibung befestigt wird, ermöglicht eine einfache Montage mit kaum sichtbaren Verbindungsmitteln. Die Blockrahmen sind durch die relativ große Tiefe für Mehrfachfälze zum Wärme- und Schallschutz besonders geeignet.

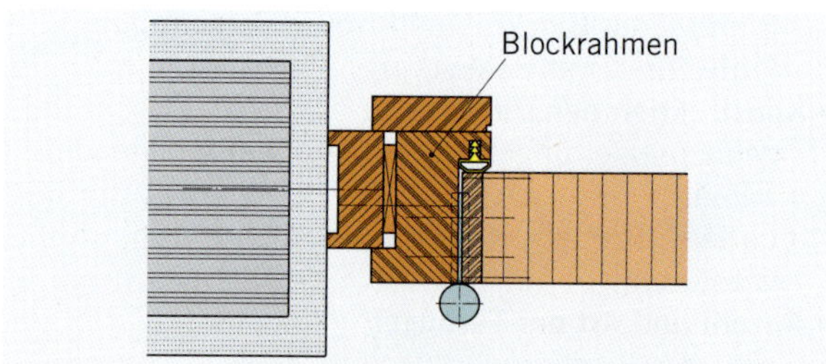

4 Blockrahmen mit Grundrahmen

Alternativ können an Blendrahmen Futter angesetzt oder Zargenrahmen mit Nut und Feder an Wandverkleidungen verbunden werden.

7.5.4 Stahlzargen

Stahlzargen *(steel door frames)* nach DIN 18111 orientieren sich an Wandöffnungen nach DIN 18100, abgeleitet vom Maßsystem am Hochbau [▶ 6.1].

Unterschieden werden
- **Standardzargen** für gefälzte Türen
  - an Mauerwerkswänden (lt. DIN 18111-1),
  - in Ständerwerkswänden (lt. DIN 18111-2),
- **Sonderzargen** für gefälzte und ungefälzte Türblätter (lt. DIN 18111-3).

Stahlzargen für Mauerwerke werden üblicherweise bauseitig eingeputzt.

Nach DIN 18111-4 sind Stahlzargen für Mauerwerke mit Mörtel oder Zweikomponenten-Montageschäumen voll zu hinterfüllen.

Angeboten werden

- **Umfassungszargen** (Abb. 1), die Mauerlaibungen vollständig oder teilweise abdecken,
- **Eckzargen** (Abb. 2), die eine Abkantung zur Mauerlaibung bilden.

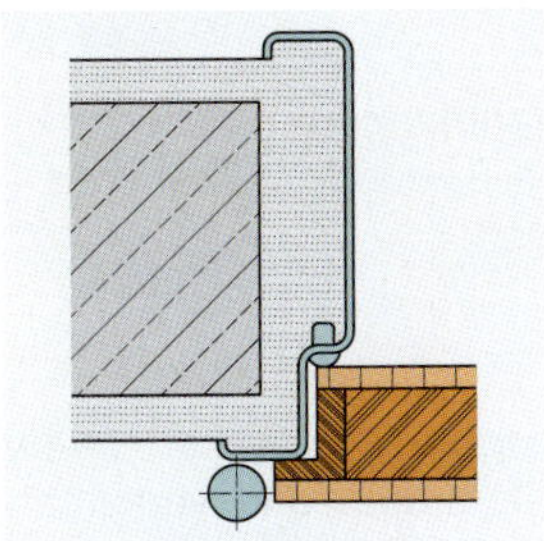

1 Umfassungszarge

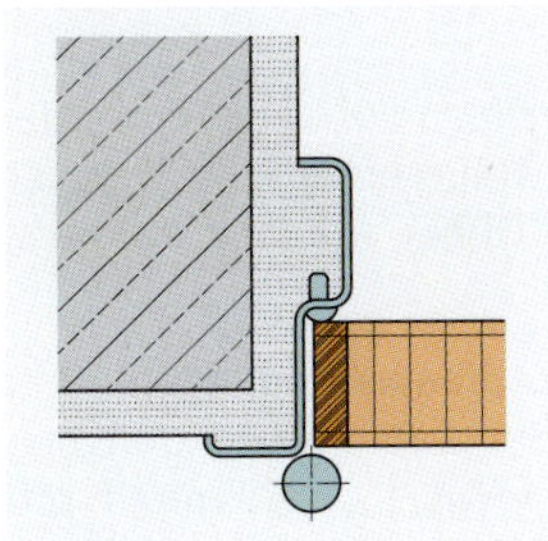

2 Eckzarge

Bei Umfassungszargen (Abb. 3) muss neben der Orientierung der Breiten- und Höhenmaße an den Rohbaurichtmaßen auch die fertige Wanddicke für die „Maulweite" berücksichtigt werden.

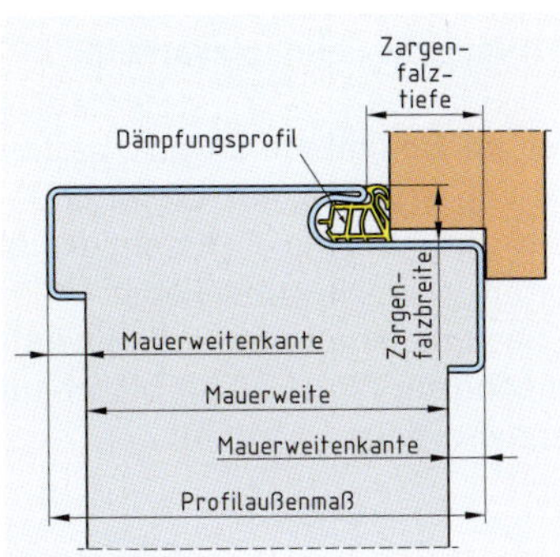

3 Umfassungs-Stahlzarge

Stahlzargen werden nach Kennziffern bestellt und montagebereit geliefert. Die Endlackierung kann im eingebauten Zustand erfolgen.

7.5.5 Türflügel von Innentüren

Türflügel bzw. Türblätter werden vom Türrahmen getragen. Abhängig von ihrer Konstruktion werden unterschieden:

- Lattentüren, Brettertüren *(ledged and braced doors)*,
- Rahmentüren *(framed doors)* und
- Sperrtüren *(flush doors)*.

Die Wahl des geeigneten Türflügels hängt von den Anforderungen und den entstehenden Kosten ab.

Heute werden als Innentüren überwiegend Rahmen- und Sperrtürblätter verwendet, da sie alle Anforderungen bei variablen Gestaltungsmöglichkeiten erfüllen. Die Ausführungen unterscheiden sich durch die Wahl der Vollhölzer oder Holzwerkstoffe sowie der Beschläge. Bei Spezialtüren wie Einbruch-, Rauch- und Strahlenschutztüren kommen weitere Werkstoffe hinzu.

7.5.6 Latten- und Brettertüren

Lattentüren

Aus Latten *(slats)* hergestellte Türflügel werden als einfache, geringer belastbare und kostengünstigste Abtrennung von Räumen eingesetzt. Sie sind luft- und lichtdurchlässig und deshalb in unbelüfteten, ungedämmten Kellerräumen oder unausgebauten Dachböden einsetzbar. Die Konstruktion besteht meist aus Dachlatten (24/48 mm), die auf zwei Querriegel *(ledges)* genagelt bzw. geschraubt werden (Abb. 4). Um das Blatt winkelstabil zu halten, werden die Kräfte mithilfe einer **diagonalen Strebe** *(brace)* [▶ 5.3.4] mit Stirnversatz zwischen den Querriegeln auf den Türrahmen abgeleitet.

Brettertüren

Die Türflügel werden meist aus Profilbrettern *(moulded boards)* mit Nut und Feder *(tongue and groove)* gefertigt (Abb. 5). Dabei entstehen licht- und blickundurchlässige Türblätter. Auch hier werden die Kräfte mit einer diagonal gesetzten Strebe zwischen den eingegrateten oder aufgeschraubten Querriegeln abgeleitet (Abb. 6).

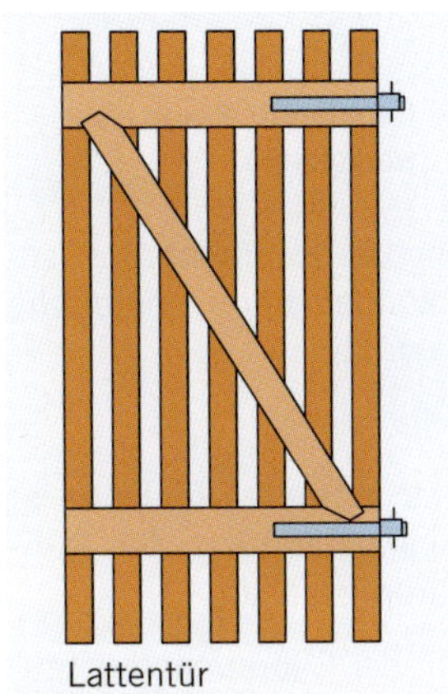

4 Konstruktion einer Lattentür

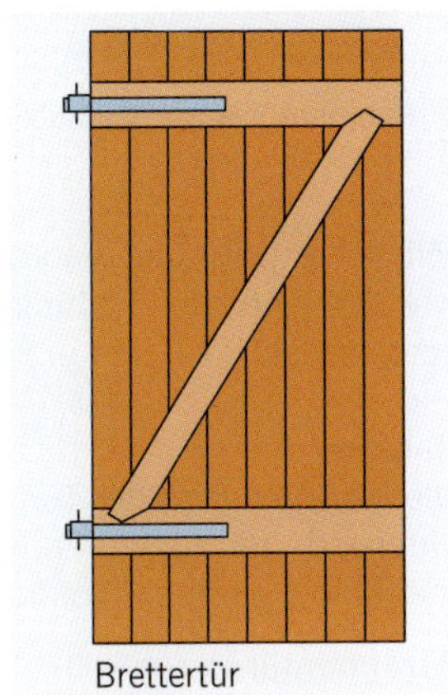

5 Konstruktion einer Brettertür

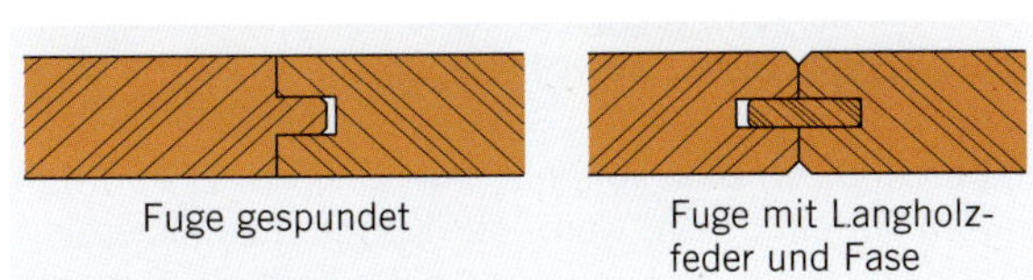

6 Profilbretter für Brettertüren

Türflügel mit senkrechten Vollholzbrettern sind wegen der Schwindung [▶ GK 4.8.2] zwar in der Höhe, nicht aber in der Breite maßhaltig.

Wegen ihres robusten, rustikalen Aussehens werden Brettertüren vornehmlich als Eingangstüren oder -tore in ländlichen Bauwerken und weniger im Wohnungsbau verwendet.

7.5.7 Rahmentüren mit Füllungen

Rahmentüren aus Vollholz (Abb. 1) oder Holzwerkstoffen (Abb. 2) sind eine Weiterentwicklung der Brettertüren. Sie bestehen aus

- dem Rahmen aus senkrechten und waagerechten Rahmenhölzern *(stiles and rails)*, auch Friese genannt,
- einer oder mehreren eingefügten Füllungen *(panels)*.

1 Rahmentür R aus Vollholz

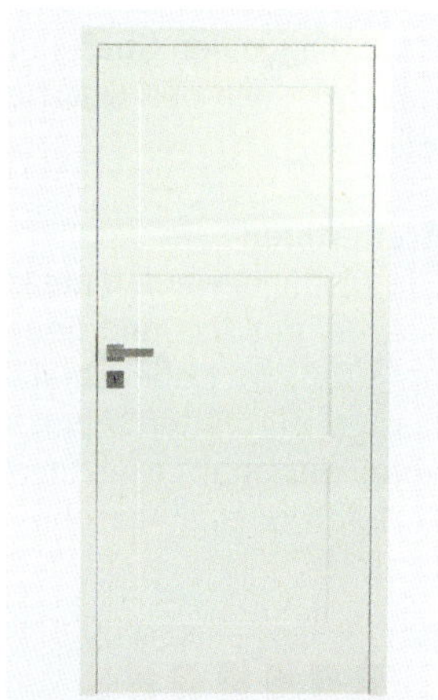

2 Rahmentür R aus Holzwerkstoffen

Mit der Anzahl und Anordnung der Rahmenhölzer sowie der Wahl der Füllungen können unterschiedliche gestalterische Effekte erzielt werden.

Rahmen

Die Maßhaltigkeit der Türblätter in Breite und Höhe ist aufgrund der umlaufenden Längsrichtung der Rahmenhölzer auch bei Vollholztüren gegeben.

Für Innentüren aus Vollholz gilt der Gebrauchsfeuchtebereich für geschlossene Räume nach DIN 68100.

Die **Gebrauchsfeuchte** ω der Vollhölzer für Innentüren ohne Verbindung zur Außenluft darf nach DIN 18355 bis zu **10 %** betragen.

Rahmenhölzer aus Vollholz mit Breiten ≥ 100 mm dürfen verleimt sein, wenn der Kunde dies akzeptiert oder es sich um deckende Anstriche handelt. Sie sollten grundsätzlich stehende Jahrringe haben.

Heute werden zunehmend Rahmenhölzer von Rahmentüren aus mehrlagigen **Leimholzplatten** *(edge-laminated boards)* gefertigt, da sie sich besonders durch ihr gutes Stehvermögen und einen geringeren Schnittverlust auszeichnen.

Standarddicke der Innentüren ist 40 mm.

Rahmenverbindungen

Vollhölzer müssen nach DIN 18355 so miteinander verbunden werden, dass sie bei Schwankungen der Luftfeuchte quellen/schwinden können, ohne dass die Verbindungen beeinträchtigt werden.

Nach DIN 18355 werden Rahmenhölzer bei Rahmentüren fachgerecht, z. B. durch Zapfen oder Dübel, miteinander verbunden.

Zapfenverbindungen

Bei Zapfenverbindungen *(mortise and tenon joints)* [▶ GK 11.2.5] mit durchgestemmten und verkeilten **Presszapfen** *(wedged tenons)* und unverleimten **Nutzapfen** *(haunched tenons)* können Rahmenhölzer bei hoher Festigkeit gleichzeitig arbeiten. Wegen der sehr zeitaufwendigen Fertigung finden diese Verbindungen vornehmlich an historischen Außenrahmentüren [▶ 13.6.1] Verwendung.

Rahmenhölzer werden zunehmend aus 3- oder 4-lagigen **Leimholzkanteln** [▶ 12.5.2] gefertigt.

Ist im **Bodenbereich** aus gestalterischen und technischen Gründen ein breiterer Fries vorgesehen, kann ein zusätzliches Rahmenholz mit einem Kopplungsprofil, z. B. Nut und Feder (Abb. 3), mit dem unteren Fries ungeleimt verbunden werden, sodass beide Rahmenhölzer eine Einheit bilden und unabhängig voneinander arbeiten können.

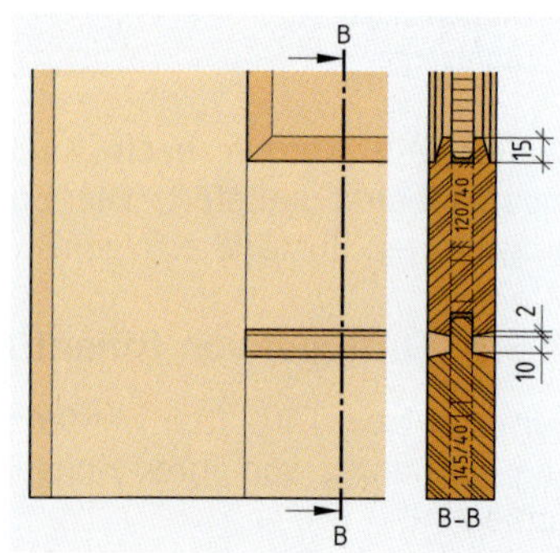

3 Unterer Fries einer Rahmentür

Mittelfriese werden meist verdeckt gezapft oder gedübelt. Werden sie in Schlosshöhe angeordnet, darf die Verbindung nicht durch die Ausfräsung der Schlosstasche geschwächt werden.

Dübelverbindungen

Dübelverbindungen *(dowel joints)* [▶ GK 11.2.5] haben vergleichbar hohe Festigkeitswerte wie Zapfenverbindungen. Da die Zapfen wegfallen, wird bei dieser Verbindungsart Material eingespart.

Aufgrund der ausgereiften Bohrtechnik mit Lochreihenbohrmaschinen *(dowel-hole boring machines)* [▶ GK 8.8] oder der CNC-Technik [▶ 3.1] werden Rahmenhölzer ein- oder mehrreihig gedübelt (Abb. 1).

1 Horizontalschnitt durch eine einreihig gedübelte Rahmenholzverbindung mit Nutzapfen

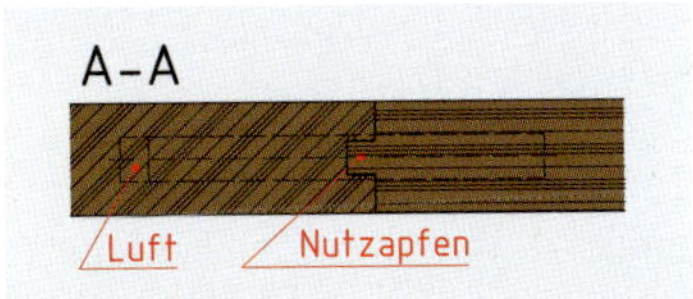

Anzahl und Achsmaße der Dübel einer Reihe werden weitgehend vom **Raster** *(grid)* (Abb. 2) der eingesetzten Maschinen [▶ GK 8.8] bestimmt.

An der Langlochbohrmaschine *(slot mortiser)* mit Rasterlineal können Raster von 16, 22, 25 und 32 mm gewählt werden. Friese aus Holzwerkstoffen können bei beliebiger Breite durchgehend gedübelt werden. Auch hier bestimmen meist Rastermaße oder das Programm eines CNC-Bearbeitungszentrums [▶ 3.2] die Achsmaße.

Im aufrechten Rahmenholz muss die Dübelbohrung 10 mm tiefer ausfallen (Abb. 2), damit es arbeiten kann.

Bei der Montage werden die Dübel zunächst in das waagerechte Rahmenholz geleimt, bevor das Türblatt insgesamt verleimt wird.

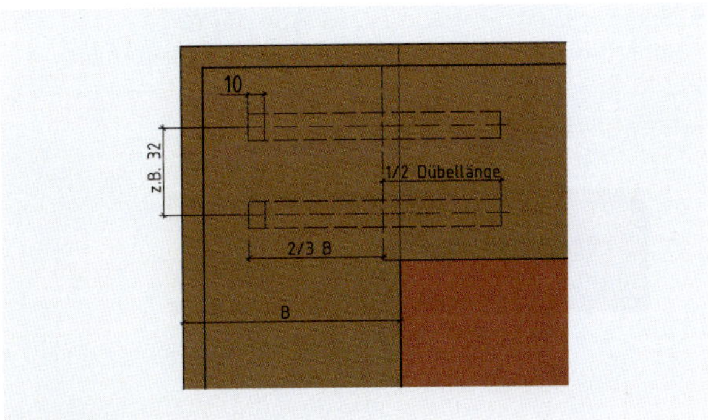

2 Vorderansicht einer gedübelten Rahmenholzverbindung mit Nutzapfen

Marktübliche **Riffeldübel** *(fluted dowels)*, Form B [▶ GK 11.4.3] (Tab. 1), nach DIN 68150-1 aus Buche oder Esche ermöglichen eine maßgenaue, toleranzfreie „Rundumjustierung" der Rahmenverbindungen.

Tab. 1 Dübelstandardgrößen nach DIN 68150-1 (Auszug)

∅ in mm	**Länge in mm**						**Holzart**
	50	**60**	**80**	**100**	**120**	**150**	
8	•						Buche (FASY)
10	•	•					
12	•	•					
12			•	•	•		Esche (FXEX)
16				•	•	•	

Beim Verleimen muss der Rahmen plan aufliegen und ausgerichtet sein, da ein windschief verleimtes Türblatt nicht korrigierbar ist.

Füllungen

Unterschieden werden
- Vollholzfüllungen (Abb. 3) und
- Füllungen aus Holzwerkstoffen.

Nach DIN 18355 müssen Füllungen aus Vollholz so befestigt werden, dass keine Schäden durch klima- und werkstoffbedingte Maßänderungen entstehen.

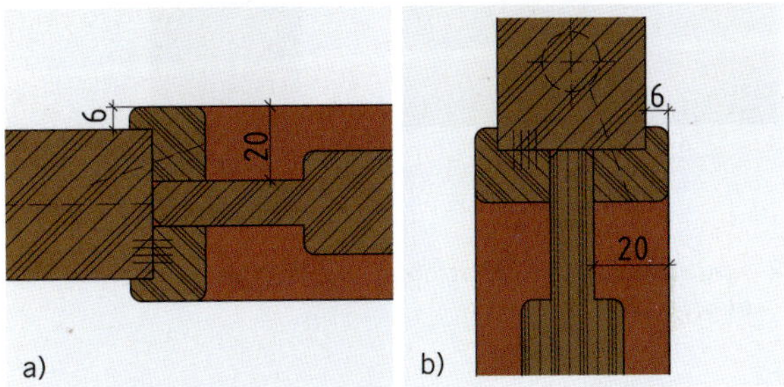

3 Horizontal- und Vertikalschnitt durch eine Rahmentür mit Vollholzfüllung

Damit müssen **Vollholzfüllungen**
- innerhalb des Rahmens quer zur Wuchsrichtung [▶ GK 4.8.2] mit Luft zum Rahmen eingefügt werden (Abb. 3 a), damit sie arbeiten können, ohne die Außenmaße des Türflügels zu verändern;
- parallel zur Wuchsrichtung stramm (ohne Luft) eingepasst werden (Abb. 3 b), um dem Rahmen die nötige Winkelstabilität zu geben.

Eingelegte und eingefälzte Füllungen

Im fertig verleimten Rahmen werden
- stumpf eingelegte Füllungen beidseitig mit Falzleisten *(fillets)* (S. 228, Abb. 1 a) gesichert;
- eingefälzte Füllungen an den Falznacken gelegt und an der Gegenseite mit Falzleisten gesichert (S. 228, Abb. 1 b).

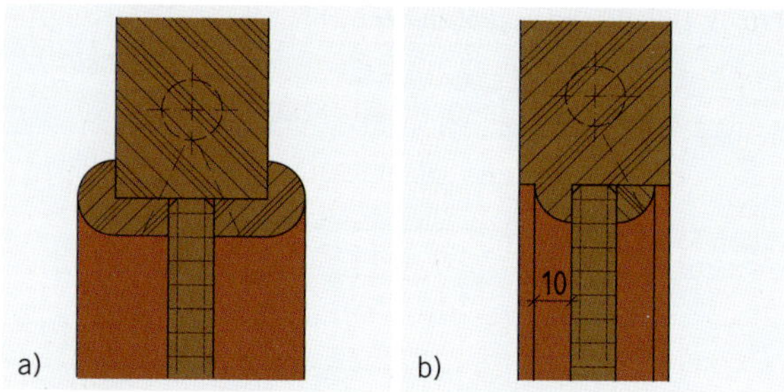

1 **Vertikalschnitte durch eine Rahmentür mit eingelegter oder eingefälzter Füllung**

Eingenutete Füllungen

Eingenutete *(grooved)* Füllungen (Abb. 2) werden beim Verleimen des Rahmens mit eingelegt. Damit die Brüstungen der Rahmenhölzer dicht werden, müssen die Füllungen umlaufend Luft zum Rahmen haben. Die Füllungen müssen endbehandelt *(prefinished)* sein, damit später durch Schwindung keine unbehandelten Streifen sichtbar werden.

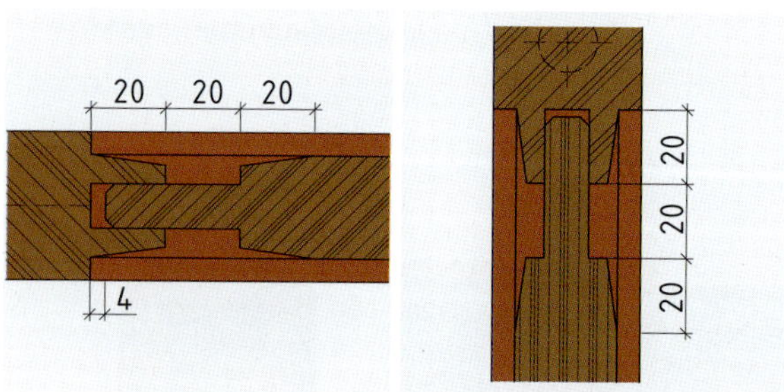

2 **Horizontal- und Vertikalschnitt durch eine Rahmentür mit eingenuteter Füllung**

Glasfüllungen

Glasfüllungen (Abb. 3 und 4) werden im Rahmen wie stumpf eingelegte oder eingefälzte Füllungen mit Glasleisten gesichert, damit sie bei einem Bruch ausgewechselt werden können.

3 **Rahmentüren mit Vollholz- und Glasfüllungen**

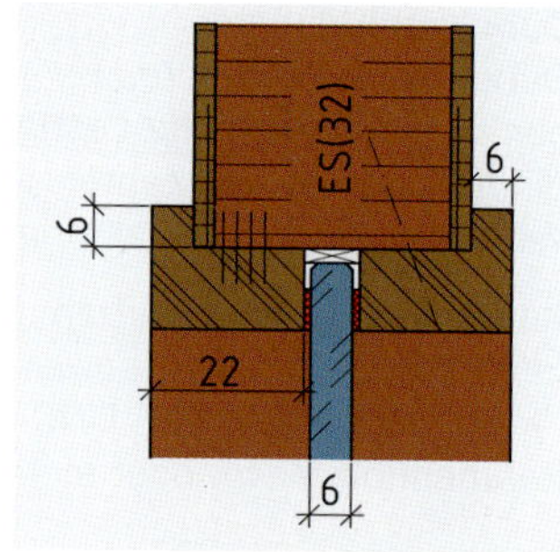

4 **Vertikalschnitt durch eine Rahmentür mit Glasfüllung**

7.5.8 Sperrtüren

Türblätter von Sperrtüren (Abb. 5 und 6) bestehen aus einem Rahmen, einer Einlage *(core)* und beidseitigen Decklagen *(facings)* (Abb. 7). DIN 68706-1 legt Begriffe und Maße dazu fest.

5 **Sperrtür L**
(durch Nuten gegliedert)

6 **Sperrtür R**
(flächig quer furniert)

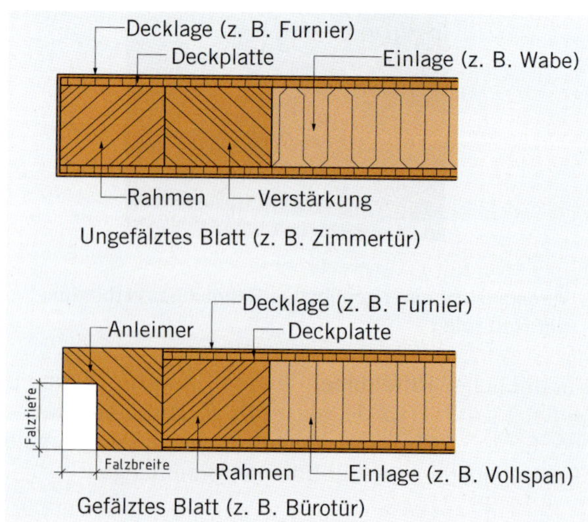

7 **Bezeichnungen an Sperrtürblättern**

Durch die Wahl unterschiedlicher Konstruktionen, Werkstoffe und Maße können sie allen Anforderungen gerecht hergestellt werden.

Damit Sperrtürblätter sich nicht werfen, sind sie im Querschnitt symmetrisch aufgebaut.

Rahmen

Häufig entsteht das Rahmenbild wie bei Rahmentüren durch einen Lichtausschnitt, der aus einer Trägerplatte herausgeschnitten wird.

Der Rahmen umschließt die Einlage und ist mit den Decklagen mindestens in der Beanspruchungsgruppe D2 verleimt. Bei leichten Türblättern sind Rahmenverstärkungen aus Vollholz im Bereich der Bänder und Schlösser durchgehend oder punktuell eingeleimt.

Die **Schmalflächen** können stumpf oder gefälzt ausgeführt werden. **Anleimer** *(edge)* können den Rahmen an den Schmalflächen verdecken. Sichtbare Anleimer dürfen in der Länge nicht, verdeckte nur mithilfe von Keilzinken gestoßen werden. Statt mit Anleimern können die Schmalflächen auch nur mit Furnier beschichtet werden, was sich besonders bei der Materialeinsparung „edler" Holzarten anbietet.

Die **Breitflächen** können unbeschichtet oder furniert sein. Alle sichtbaren Flächen müssen rissfrei sein.

Einlagen

Die Einlagen bestimmen u.a. die technischen Eigenschaften des Türblatts [▶ GK 6.9]. Für einfache Zimmertüren ohne Lichtausschnitt werden **Wabenplatten** [▶ GK 6.11] (Abb. 1a) verwendet, wegen ihrer guten statischen Eigenschaften jedoch vornehmlich **Strangpress-Röhrenspanplatten** (Abb. 1b). Wohnungsabschlusstüren bestehen aufgrund ihrer besonderen Anforderungen aus **Strangpress-Vollspanplatten** [▶ GK 6.9.3] (Abb. 2a).

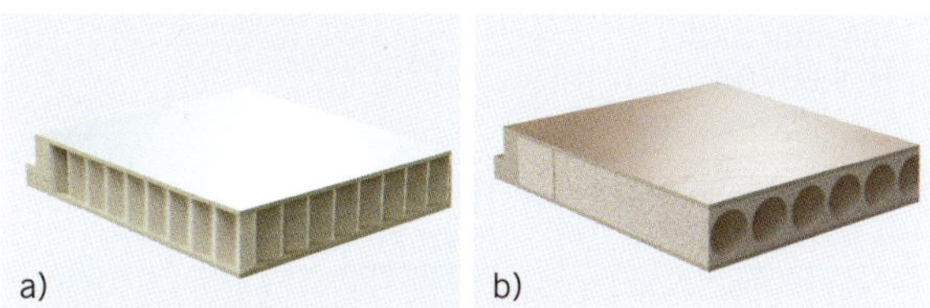

a) b)

1 Teilschnitte durch Türblätter mit Einlagen

Polyurethanschaummittellagen [▶ GK 6.11.2 und GK 13.2.6] bewirken durch die kleinen Lufteinschlüsse eine gute Wärmedämmung.

Deckplatten

Sie bestehen i.d.R. aus Holzwerkstoffen wie MDF oder Furniersperrholz [▶ GK 6.7.5 und GK 6.10] und gleichen unterschiedliches Schwindverhalten des Rahmens und der Einlage aus. Die Deckplatten erhalten als **Decklagen** Furniere (Abb. 2a) oder dekorative Schichtpressstoffplatten (Abb. 2b). Die verwendeten Deckfurniere können gestürzt oder geschoben angeordnet werden, sie müssen fugen- und rissfrei sein und sie dürfen Fehler der Deckplatten nicht durchscheinen lassen. Die Flächen bieten vielfältige Gestaltungsmöglichkeiten. Es können Profilleisten *(moldings)* aufgesetzt werden, um eine Rahmenwirkung zu erzielen, oder kleinere Deckplatten, die wie überschobene Füllungen wirken. Eine symmetrische Anordnung dieser Gestaltungselemente ist erforderlich, um ein gleichmäßiges Schwindverhalten zu gewährleisten.

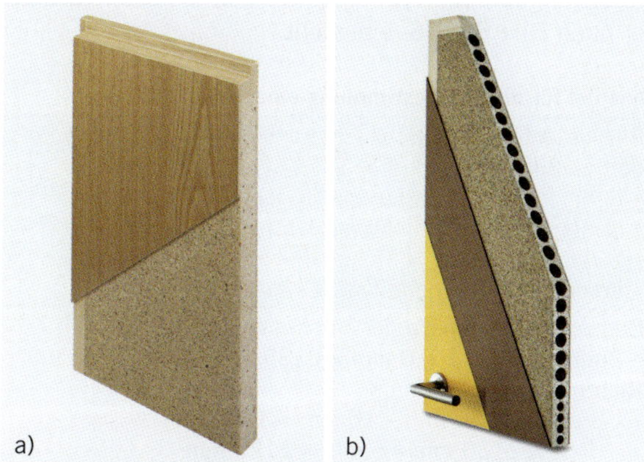

a) b)

2 Teilschnitte durch Türblätter mit Decklagen

Die Türblätter werden häufig zugekauft und in Aufbau und Eigenschaften genau vom Hersteller beschrieben.

7.5.9 Maßfestlegungen bei Drehflügeltüren

Vorzugsmaße

Auf der Grundlage der Maßordnung im Hochbau ergeben sich aus dem Vielfachen eines Achtelmeters *(eights of a meter)* [▶ 6.1] Vorzugsmaße *(prefered dimensions)* für Innentüren. Durch die Festlegungen vereinfacht sich die Kombination von vorgefertigten Zargen und Türblättern.

Die Vorzugsmaße errechnen sich aus den **Rohbaurichtmaßen** *(modular dimensions)* [▶ 6.1] bei

- gefälzten Türen: 15 mm in der Breite und der Höhe,
- stumpf einschlagenden Türen: 41 mm in der Breite und 28 mm in der Höhe.

Die **Nennmaße** der Öffnung sind nach DIN 18100 10 mm in der Breite und 5 mm in der Höhe größer als das jeweilige Richtmaß. Daraus lassen sich Kennnummer und Türblattaußenmaße für einflügelige, stumpf einschlagende und gefälzte Sperrtüren ableiten und errechnen (S. 230, Tab. 1).

Tab. 1 Wandöffnungen und Typmaße von Innentürblättern nach DIN 68706-1 (Auszug)

Typmaße für Türblätter: Breite × Höhe in mm			
Kenn-nummer	**Rohbau-richtmaß**	**als Türblattaußenmaß**	
		gefälzt	**stumpf einschlagend**
5 × 16	625 × 2000	610 × 1985	584 × 1972
7 × 15	875 × 1875	860 × 1860	834 × 1847
7 × 16	875 × 2000	860 × 1985	834 × 1972
8 × 16	1000 × 2000	985 × 1985	959 × 1972
8 × 17	1000 × 2125	985 × 2110	959 × 2097
9 × 17	1125 × 2125	1110 × 2110	1084 × 2097

Durch Angabe des Typmaßes werden die Sperrtürblätter nach DIN 68706-1 bestellt.

Beispiel für die Maßbestimmung einer gefälzten Tür

Bezugskante für die Höhe ist grundsätzlich die Oberkante Fertigfußboden (OFF) [▶ 6.1].
- Nennmaß Breite = Richtmaß + 10 mm
- Nennmaß Höhe = Richtmaß + 5 mm
- Türblattaußenmaß = Richtmaß – 15 mm
- Kennnummer = Richtmaß : 125 mm

Gemessen: **Nennmaße** der Türöffnung
- Breite × Höhe: 1010 mm × 2135 mm

Richtmaße der Türöffnung:
⇒ Breite = 1010 mm – 10 mm = **1000 mm**
⇒ Höhe = 2130 mm – 5 mm = **2125 mm**

Kennnummer der Türöffnung:
Breite = 1000 mm : 125 mm = 8
Höhe = 2125 mm : 125 mm = 17
⇒ **8 × 17**

Türblattaußenmaße:
⇒ Breite = 1000 mm – 15 mm = **985 mm**
⇒ Höhe = 2125 mm – 15 mm = **2110 mm**

Ergebnis: 8 × 17 ⇒ **985 mm/2110 mm**

Mit Angabe der Typmaße werden die Normzargen *(standard frames)* (Tab. 2) zugeordnet.

Tab. 2 Wandöffnungen und Maße der zugehörigen Normzargen nach DIN 68706-2 (Auszug)

Typmaße für Normzargen: Breite × Höhe in mm		
Rohbau-richtmaß	**Zargenmaß für gefälzte und stumpf einschlagende Türen im Falz gemessen**	**Wanddicke**
625 × 2000	591 × 1983	80, 100, 125, 145, 165, 205, 240, 270, 300, 330, 360
875 × 1875	841 × 1858	
875 × 2000	841 × 1983	
1000 × 2000	966 × 2108	
1000 × 2125	966 × 2108	
1125 × 2125	1091 × 2108	

Anwendungsbeispiel:
Türblatt gefälzt DIN 68706-1, 985 × 2110, DIN links, Mahagoni, lackiert
Türzarge DIN 68706-2, 966 × 2108 × 145, DIN links, Mahagoni, lackiert
Bestellangaben der zugehörigen mahagonifurnierten Normzarge mit transparenter Lackierung (das dritte Maß gibt die Wanddicke an)

Ausschnittmaße

Im Zusammenhang mit den Vorzugsmaßen sind die Ausschnittmaße bestimmt.

Lichtausschnitte *(vision panels)* ergeben nach DIN 18101 einen dreiseitigen Fries mit der Breite von 160 mm bei gefälzten und 147 mm bei ungefälzten Türen und einer Sockelhöhe von 400 mm (Abb. 1 und Tab. 3). Gerundete Ecken ($r \leq 10$ mm) dürfen hinterschnitten werden.

Es entstehen so Ansichten wie bei den Rahmentüren [▶ LF 6.2.3]. Bei Türen mit großem Lichtausschnitt sind qualitative Unterschiede daran zu erkennen, ob das Deckfurnier dem nachempfundenen Friesverlauf entspricht oder das Furnier auch an den waagerechten Friesen senkrecht durchfurniert ist, was bei Vollholzkonstruktionen ungewöhnlich wäre.

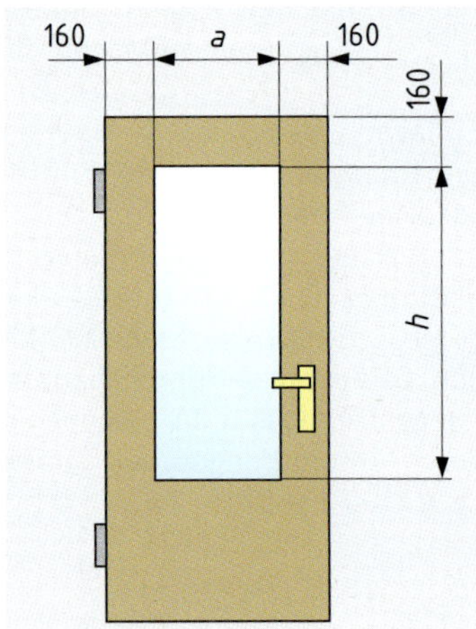

1 Rahmenbildung durch Lichtausschnitt einer Innentür nach DIN 68706-1

Tab. 3 Ausschnittmaße von Türblättern nach DIN 68706-1 (Auszug)

Maße: Breite × Höhe in mm		
Türblattaußenmaß für Türblätter		**Ausschnittmaß**
gefälzt	**stumpf einschlagend**	
860 × 1860	834 × 1847	540 × 1300
860 × 1985	834 × 1972	540 × 1425
985 × 1985	959 × 1972	665 × 1425
985 × 2110	959 × 2097	665 × 1550
1110 × 2110	1084 × 2097	790 × 1550

Die notwendige Luft zwischen Flügel und Rahmen gibt der jeweilige Beschlag vor.

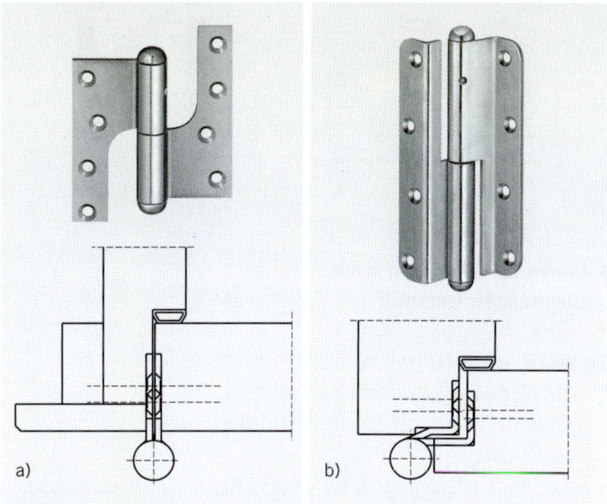

1 Aufsatzbänder für ungefälzte und gefälzte Linkstüren

Einstemmbänder, sog. **Fitschen**, bestehen aus einem Oberlappen sowie einem Unterlappen mit festem Stift. Die Lappen werden in eine gestemmte Tasche gesteckt und mit „Fitschenstiften“ oder Schrauben gesichert (Abb. 2). Fitschen werden nach DIN Rechts und DIN Links unterschieden.

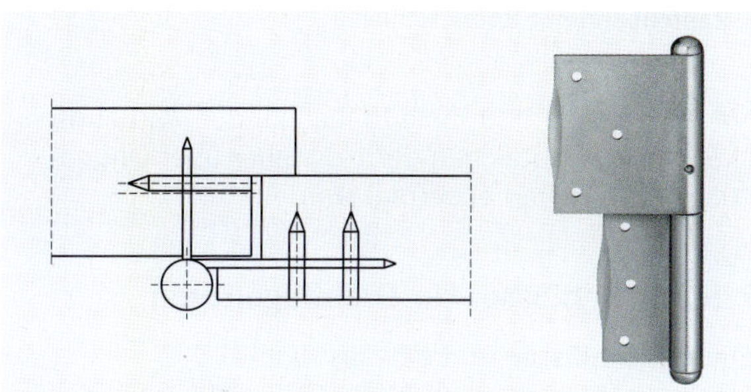

2 Fitschenband für eine gefälzte Linkstür

Wegen der aufwendigen Einstemmarbeit mit einem Fitscheneisen oder einer Fitschenstemmmaschine sowie wegen der sichtbaren Befestigungsstifte oder -schrauben auf dem Türblatt werden Fitschen vorrangig für gefälzte historische Türen verwendet.

Lappenbänder für Aluminium- oder Stahlzargen (Abb. 3) bestehen aus einem Lappen zum bündigen Einlassen in den Flügelfalz sowie einem Lappen zum Einstecken in die Tasche der Zarge, in der er durch Schrauben gesichert wird.

Einbohrbänder *(drill-in hinges)*
Einbohrbänder gibt es in zwei- und dreiteiliger Ausführung. Sie eignen sich für gefälzte und ungefälzte Türen sowie für Rechts- und Linksanschlag.

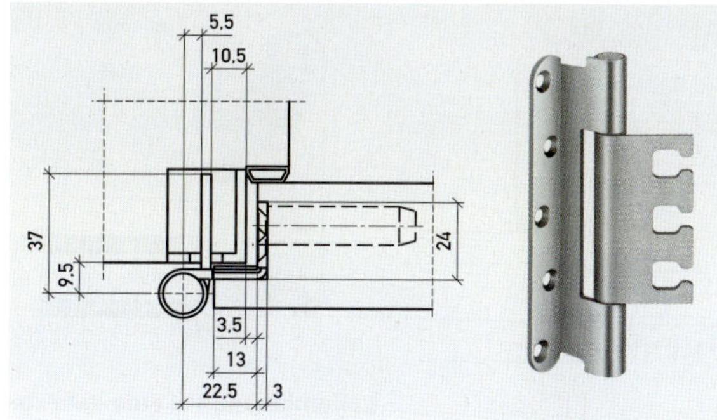

3 Lappenband für eine gefälzte Linkstür

Durch Verwendung von **Bohrlehren** *(drilling jigs)* (Abb. 4) mit entsprechenden Bohrhülsen und Bohrwerkzeugen ist ein sehr rationelles Anschlagen von Einbohrbändern möglich.

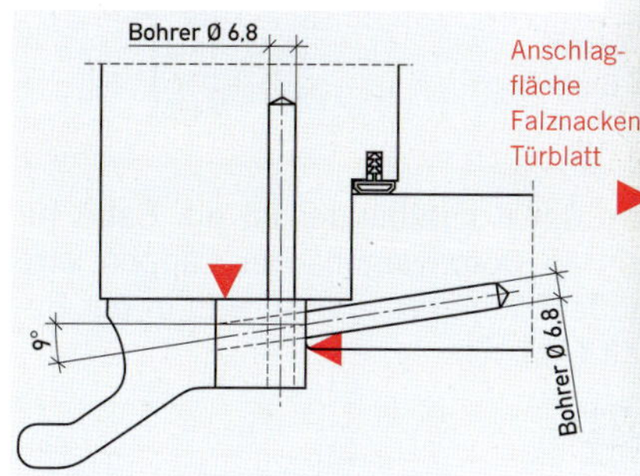

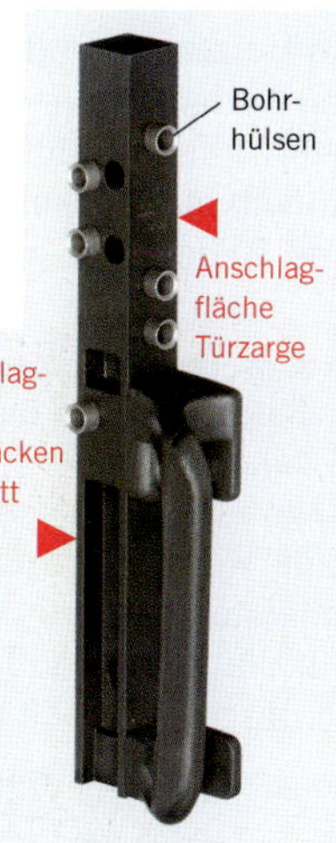

4 Bohrlehre für Einbohrbänder

Bänder mit **Gewinde-Einbohrzapfen** werden über das Eindrehen justiert (Abb. 5).

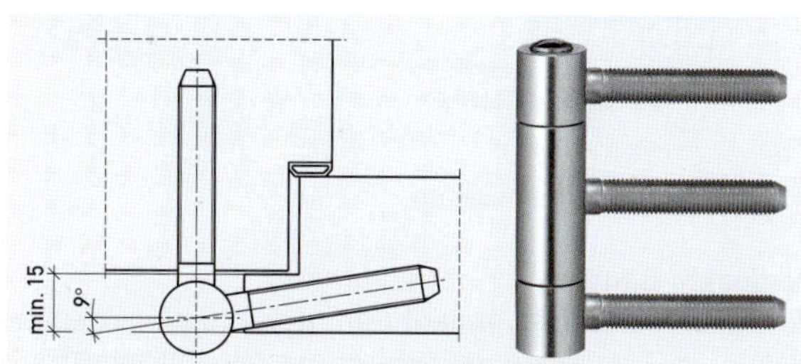

5 Einbohrband für eine gefälzte Innentür

Bei Bändern mit glatten Einbohrzapfen am Türzargenteil werden diese wie Fitschen eingeschlagen und mit Stiften oder Schrauben gesichert.

Kombibänder
Sie bestehen aus Einbohr- und Aufsatzteil. Bei dem Band in Abb. 1 (S. 234) wird der Aufsatzlappen in den Falz des Türblatts eingelassen und geschraubt. Es besitzt eine **Steigung** im Gewerbe, die das Türblatt beim Öffnen anhebt und wieder selbstständig schließt.

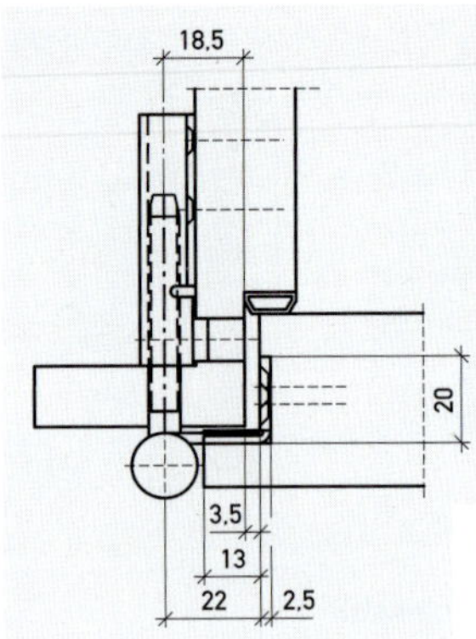

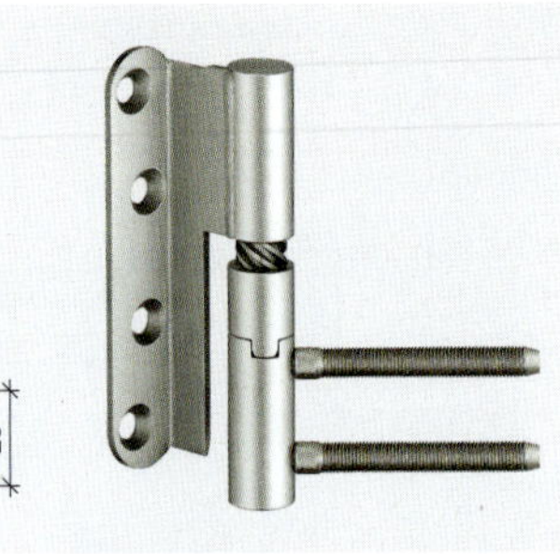

1 Kombiband für eine gefälzte Linkstür (mit Steigung zur Selbstschließung)

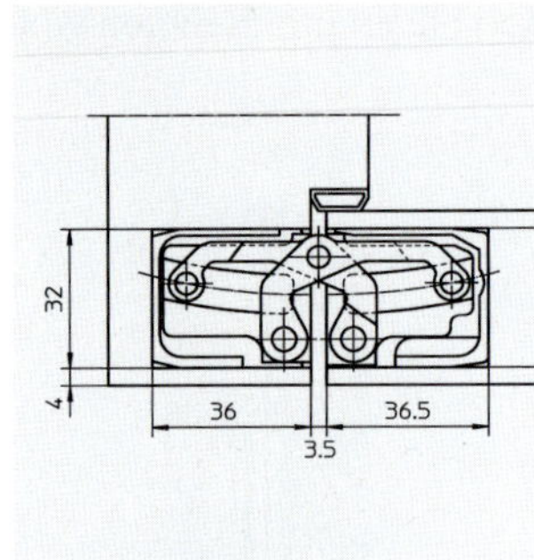

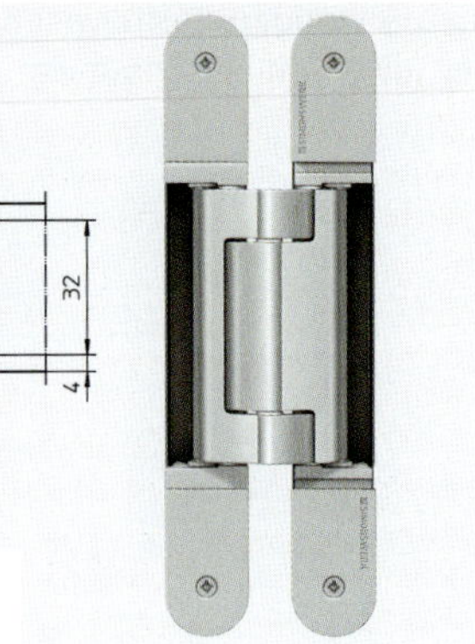

4 Verdecktes Band an einer ungefälzten Innentür

An Holzzargen mit dünneren Futtern können die Einbohrzapfen mithilfe von **Aufschraubtaschen** (Abb. 1 und 2) befestigt werden.

2 Aufschraubtasche zur Befestigung von Einbohrbändern

Eine weitere Form der Kombibänder ist ein Band für gefälzte Holztüren an **Betonzargen**. Der Lappen wird auf die Türblattaußenfläche geschraubt und in der Betonzarge verdübelt (Abb. 3).

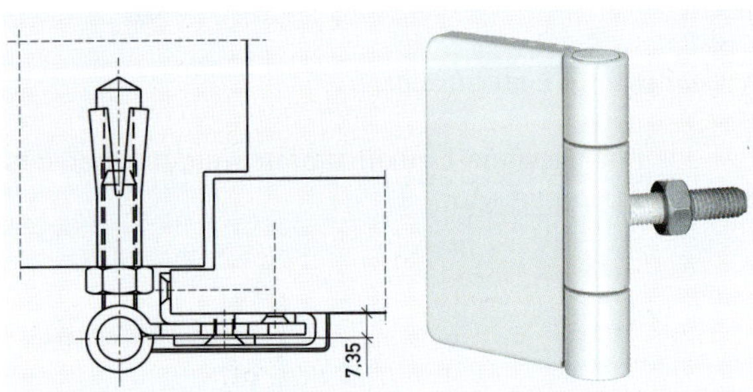

3 Kombiband für Betonzargen

Verdeckte Bänder *(concealed hinges)*
Für **flächenbündige Innentüren** gewinnen verdeckte Bänder in Türzarge und Türblatt aus Gestaltungsgründen zunehmend an Bedeutung.

Sie eignen sich sowohl für ungefälzte (Abb. 4) als auch für gefälzte Türen sowie für Rechts- und Linksanschlag. Die Bänder können sehr rationell am CNC-Bearbeitungszentrum, an der Langlochbohrmaschine oder mithilfe einer Handoberfräse angeschlagen werden.

In drei Ebenen justierbare Bänder ermöglichen eine Höhen- und Seitenverstellung sowie in der Tiefe die Verstellung des Anpressdrucks.

Spezialbänder *(special purpose hinges)*
Zu den Spezialbändern zählen z. B.
- Zapfenbänder mit Bodenschließer *(door bottom seal)* (Abb. 5),
- Bänder für Glastüren (S. 238, Abb. 2) [▶ 7.5.13].

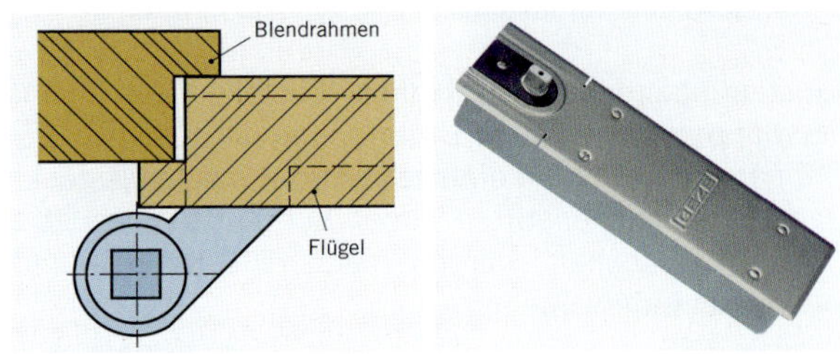

5 Zapfenband mit Bodenschließer

Montagemaße und -anleitungen zu den Türbändern können aus Katalogen der Hersteller über Online- und Printmedien abgefragt werden.

7.5.11 Schlösser für Drehflügeltüren

Einsteckschlösser *(mortice sash locks)*
Einsteckschlösser nach DIN 18251-1 sind die häufigste Form der Verriegelung von Innentüren. Sie werden unterschieden in
- Schlösser für gefälzte und ungefälzte Türflügel,
- Rechtsschlösser R und Linksschlösser L.

Einsteckschlösser bestehen aus verschiedenen **Grundelementen** (S. 235, Abb. 1):
- Schlosskasten *(case)* (geschlossen) zur Aufnahme der Funktionselemente,
- Stulp *(forend)*, gerundet oder gerade, für gefälzte oder ungefälzte Türflügel, der im Falzgrund oder in der Schmalfläche bündig eingelassen wird,
- Falle *(latch)*, die per Federdruck in das Schließblech „einschnappt“,
- Nuss *(centre)* mit Vierkant, mit dem die Falle zurückbewegt wird,
- Riegel *(deadlock)*, der nur mithilfe eines Schlüssels bewegt werden kann,

- Zuhaltungen, Sperren im Schloss, die den Riegel gegen unberechtigtes Verschieben sichern und die durch die Form des Schlüsselbarts angehoben werden, um den Riegel zu bewegen,
- Wechsel, der das Zurückziehen der Falle mithilfe eines Schlüssels ermöglicht.

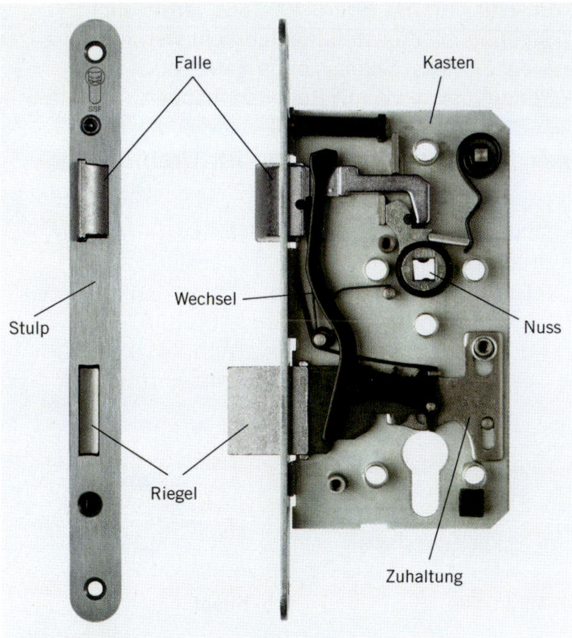

1 Grundelemente eines Einsteck-Zylinderschlosses nach DIN 18251-1 (Schlosskasten geöffnet)

Maßangaben für den Schlosseinbau

Tab. 1 nennt Maßangaben für den Schlosseinbau.

Tab. 1 Abmessungen von Einsteckschlössern nach DIN 18251-1

Abmessungen		Maßangaben in mm
Entfernung	(Abb. 1)	72, 78 (bei Badschlössern)
Dornmaß *(back set)*		40, 55, 60, 65, 70, 80, 100
Stulpbreite		20, 24 (i.d.R. 3 mm Dicke)
Schlosskastenbreite		15 (i.d.R.)

Sicherungsarten von Türschlössern

Je nach Sicherungsart [▶ 5.1.11] werden nach DIN 18251-1 unterschieden:

- **Buntbartbartschlösser BB** mit **einer** Zuhaltung. Die Form des Buntbarts muss der Form der Schlüssellochung entsprechen (Abb. 2 a).
- **Zuhaltungsschlösser ZH** mit mehreren Zuhaltungsplättchen (Abb. 2 b und 3), die mit einem gestuften Schlüsselbart angehoben werden, um den Riegel zu bewegen. Die stufigen Einschnitte des Schlüsselbarts müssen den Zuhaltungen in Form und Größe entsprechen.
- **Zylinderschlösser PZ** (Abb. 1) sind für den Einbau von Schließzylindern bestimmt. Sie werden vorrangig in Wohnungsabschluss- und Außentüren sowie bei größeren Schließanlagen eingesetzt. Sie sind i. d. R. mit einem Wechsel W (Abb. 1) ausgerüstet.

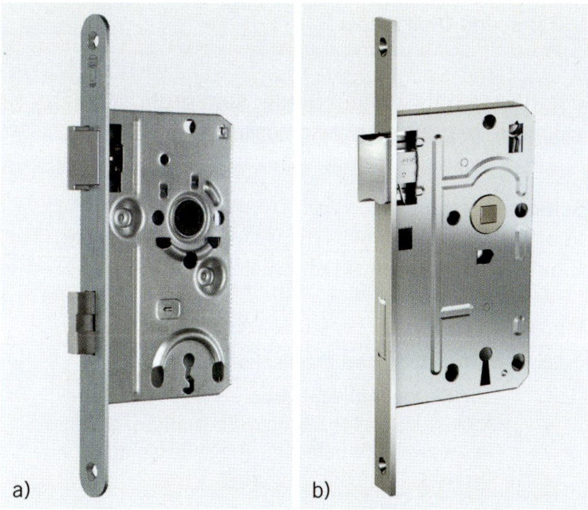

2 Schlösser mit unterschiedlichen Sicherungsarten

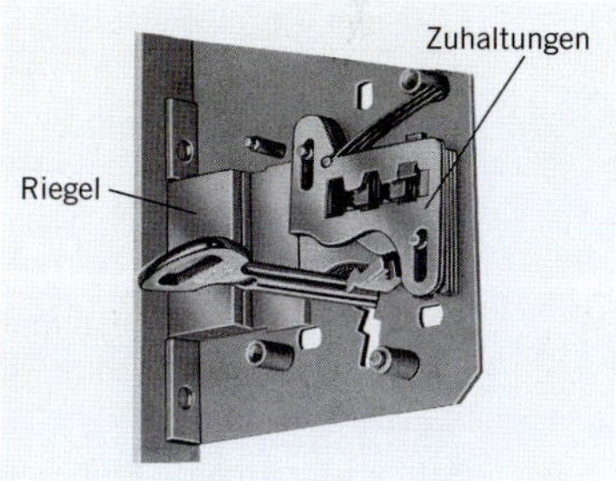

3 Zuhaltungen mit Schlüssel

Schließzylinder *(locking cyclinders)*

Schließzylinder sind austauschbare Elemente eines Zylinderschlosses. Sie bestehen aus mehreren Stiftzuhaltungen [▶ 5.1.11] (Abb. 4) mit Stiftfedern. Eine Drehung des Zylinderkerns im Zylindergehäuse ist nur möglich, wenn der zugehörige Schlüssel bis zum Anschlag in den Schlüsselkanal eingeführt wird. Vielfältige Profile gewährleisten eine hohe Sicherheit.

Abhängig von ihrer Form werden **Profilzylinder** nach DIN 18252 (Abb. 4) sowie **Rund-** und **Ovalzylinder** (S. 236, Abb. 1) angeboten.

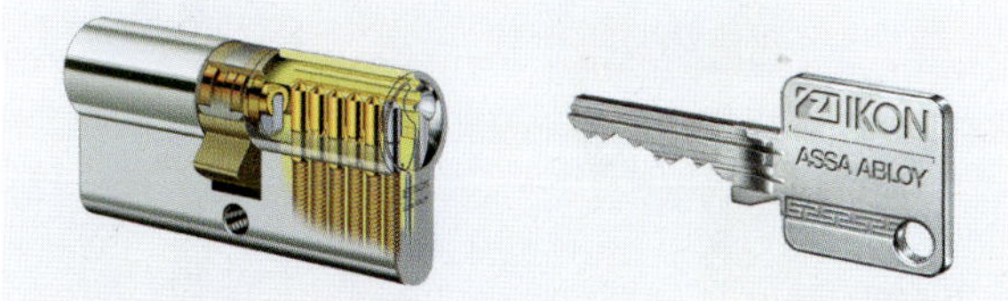

4 Profilzylinder mit Stiftzuhaltungen und Schlüssel

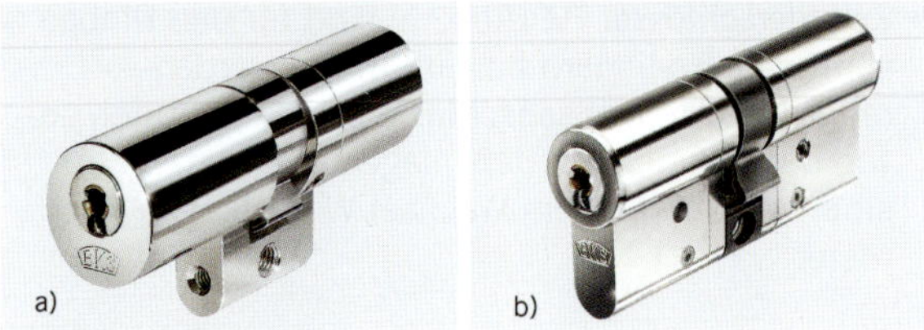

1 Rund- und Ovalzylinder

Schlösser mit Schließzylinder sind grundsätzlich sicherer als Zuhaltungsschlösser.

Schlossklassen *(lock class)*
Je nach Verwendung und Eigenschaften werden Türschlösser in Klassen unterschieden (Tab. 1).

Tab. 1 Schlossklassen nach DIN 18251-1

Klasse	Verwendung und Eigenschaften
1	**Leichte Innentürschlösser:** Schloss als Buntbart- oder Badschloss, Schlossdecke zweifach befestigt, Riegelausschluss ohne Wechsel, Dornmaß 55 mm
2	**Innentürschlösser:** Schloss als Buntbart-, Zuhaltungs-, Zylinder- oder Badschloss, Schlossdecke mind. zweifach befestigt, statische Riegelbelastung 2 kN, Dornmaß 55 mm
3	**Objektschlösser** (z. B. für Wohnungsabschlusstüren und öffentliche Bauten): Zylinderschloss, statische Riegelbelastung 6 kN, Riegelgegenkraft 2 kN, Schlossdecke mind. dreifach befestigt
4	**Schloss für Einbruchhemmung:** Zylinderschloss, statische Riegelbelastung 10 kN, Riegelgegenkraft 4 kN
5	**Schloss für erhöhte Einbruchhemmung:** Zylinderschloss, statische Riegelbelastung 10 kN, Riegelgegenkraft 6 kN

Einsteckschloss – Bezeichnungsbeispiel:
Schloss DIN 18251-1-PZ-3-65-20-W-L
Zylinderschloss (PZ) lt. Norm, Klasse 3, Dornmaß 65 mm, Stulpbreite 20 mm, Wechsel (W), Linksschloss (L)

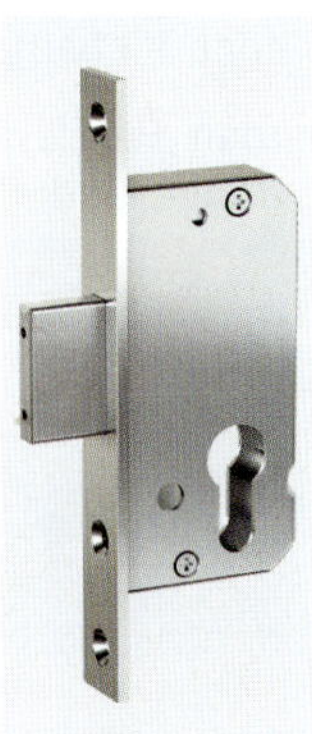

2 Riegelschloss

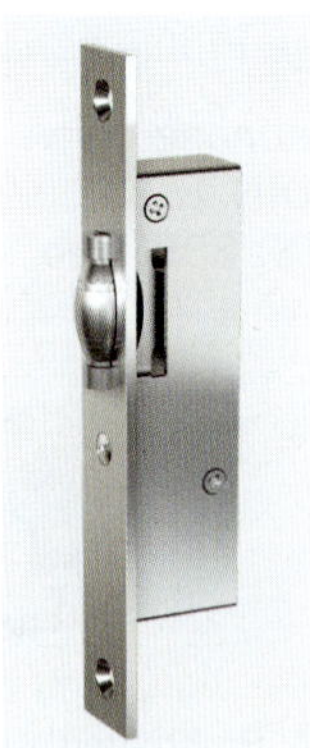

3 Pendeltürschloss

Weitere Türschlossarten
Weitere Einsteckschlösser nach DIN 18251-1 sind
- Badschloss, bei dem der Riegel durch Drehen eines Vierkantstiftes bewegt wird,
- Fallenschloss, Schloss ohne Riegel,
- Fluchttürfunktion, Einrichtung im Schloss, über die Falle und Riegel nur durch Betätigung des Beschlags (z. B. Türdrücker) aus verriegelter Stellung in Offenstellung gebracht werden,
- Riegelschloss, Schloss ohne Falle (Abb. 2),
- Pendeltürschloss mit Rollenschnäpper (Abb. 3).

7.5.12 Drückerbeschläge für Drehflügel

Dazu gehören
- **Schließbleche** *(strike plates)* für die Türrahmen,
- **Drückergarnituren** *(handle set)* bestehend aus
  - Türdrücker *(handle)* (Abb. 4) bzw. drehbarem oder fest stehendem Knopf *(knob)* (Abb. 5),
  - Schlüsselschild *(key plate)* (Abb. 6) bzw. Drücker- bzw. Schlüsselrosette *(escutcheon)* (Abb. 7).

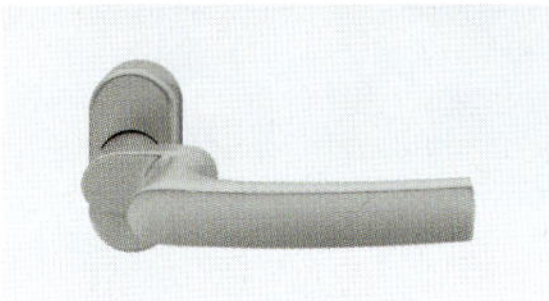

4 Türdrücker

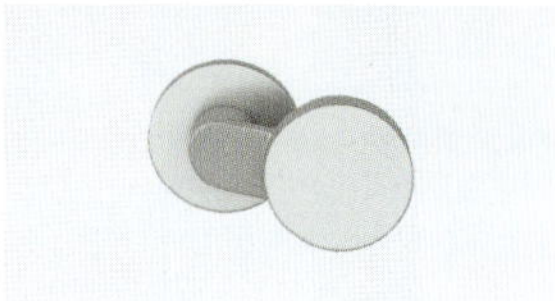

5 Knopf

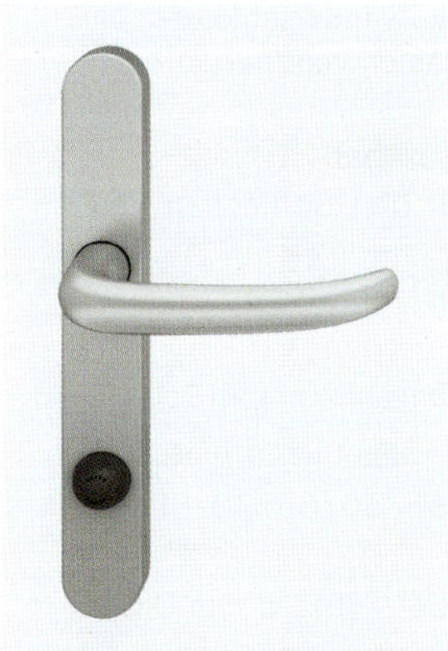

6 Lang-Schlüsselschild

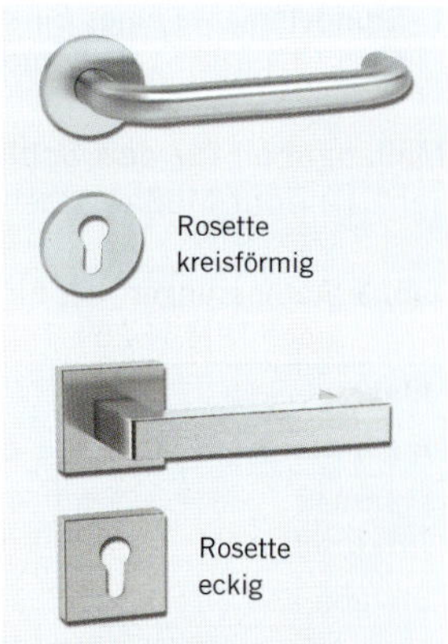

7 Drücker- und Schlüsselrosetten

Elektronische Ver-/Entriegelungssysteme

Elektronische Schließsysteme (Abb. 6) werden zunehmend eingesetzt.

Bei diesen Systemen erfolgt die Ver- bzw. Entriegelung auf Knopfdruck mithilfe von **Transpondern** oder **Chipkarten** anstatt mit Schlüsseln. Vorteil dieser Anlagen ist die Verwaltung mehrerer Schlösser mit gegliederter Benutzerberechtigung, die bei Bedarf wieder aufgehoben werden kann.

7.5.13 Pendeltüren *(swing doors)*

Ein- und zweiflügelige Pendeltüren schlagen nach beiden Seiten auf und schließen selbsttätig, weshalb sie für den zügigen Durchgangsverkehr, z. B. zwischen Gastraum und Küche in Gaststätten, geeignet sind. Mithilfe von Pendeltürschlössern mit Rollenschnäpper (S. 236, Abb. 3) werden die Pendeltürflügel in Ruhestellung gehalten.

7.5.14 Schiebetüren *(sliding doors)*

Schiebetüren (Abb. 1) werden hängend an einer **Laufschiene** *(running rail)* (Abb. 2) im oberen und im unteren Bereich in einer **Laufnut** *(running groove)* geführt. Sie haben den Vorteil, dass sie in der geöffneten Position keinen Raum verstellen. Sie bestehen aus einem oder mehreren unterschiedlich gestalteten Türblättern, die vor einer Wand oder in Mauertaschen, z. B. hinter Schränken oder Wandverkleidungen, geschoben werden.

1 Schiebetür vor einer Wand

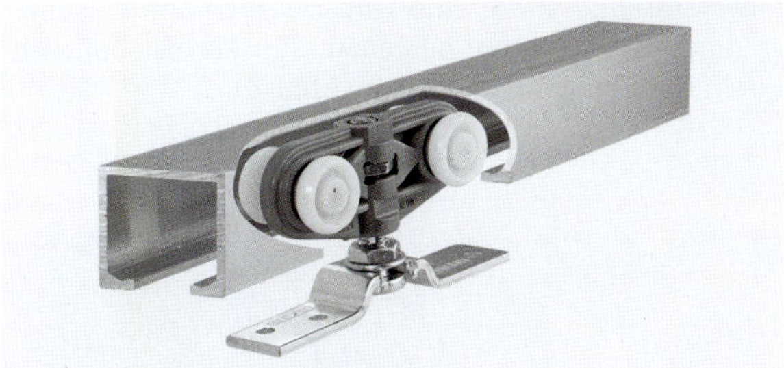

2 Obere Laufschienensysteme einer Schiebetür

Als **Türrahmen** werden meist Futter verwendet, die auf der Einschubseite als „Halbfutter" mit Zwischenspalt gestaltet sind, in dem das Türblatt geführt wird. Häufig wird aus Gestaltungsgründen auf den Türrahmen verzichtet.

Die **Beschläge** zum Schließen und Bewegen von Schiebetüren sind Schlösser (Abb. 3) mit Zirkelriegel oder Hakenfalle und Griffmuscheln.

3 Türschlösser und Griffmuschel für Schiebetüren

7.5.15 Falt- und Harmonikatüren *(folding and harmonica doors)*

Falt- und Harmonikatüren aus Holz, Holzwerkstoffen oder Kunststoffen dienen zur Unterteilung größerer Räume. Sie bestehen aus mehreren, gleich breiten Türblättern, von denen i. d. R. jedes zweite hängend an **Laufschienen**, ähnlich wie Schiebetüren (Abb. 2), geführt wird.

Die einzelnen Türblätter sind mit Aufsatz- oder verdeckten Türbändern verbunden. Die **Beschläge** zum Schließen und Bewegen entsprechen denen für Schiebetüren (Abb. 3).

Beim ein- oder beidseitigen Öffnen werden die seitlich verschobenen Türblätter gefaltet. Die Blätter von Harmonikatüren haben nur halbe Breite und werden mittig beidseitig aufgefaltet.

In Bauzeichnungen werden Falt- und Harmonikatüren durch folgende Symbole nach DIN 1356-1 gekennzeichnet (Abb. 4):

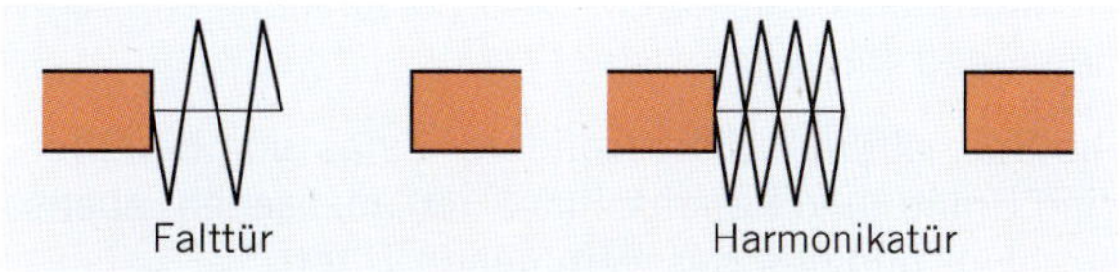

4 Kennzeichnung von Falt- und Harmonikatüren in Bauzeichnungen nach DIN 1356-1

Häufig werden zugekaufte, industriell gefertigte Falt- und Harmonikatüren in Normgrößen montiert.

7.5.16 Ganzglastüren *(glass doors)*

Vorgefertigte Ganzglas-Türflügel aus **bruchsicherem ESG** oder **VSG** [▶ GK 16.3.3] werden direkt in Wandöffnungen oder in Türrahmen unterschiedlicher Konstruktionen eingesetzt.

Aufgrund der inneren Spannung und wegen der Splittergefahr dürfen Ganzglastüren nicht nachbearbeitet und bei der Montage nicht hart auf einer Ecke abgesetzt werden.

Ganzglastüren werden mit speziellen Beschlägen angeschlagen und verriegelt (Abb. 1 und 2).

1 Aufschraub-Türschloss für Ganzglastüren

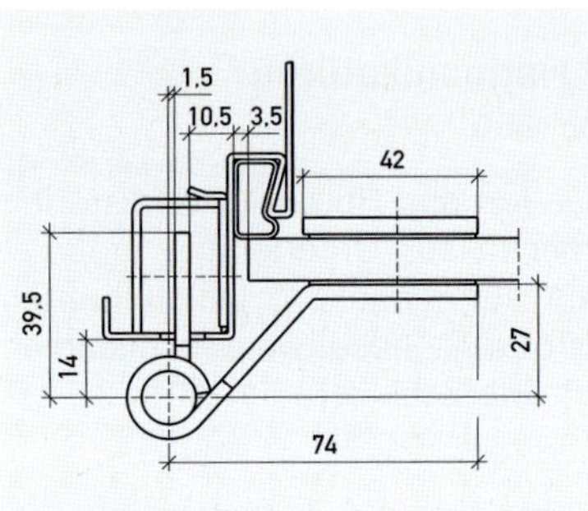

2 Türband für Glastüren

7.5.17 Technische Anforderungen

Die technischen Anforderungen an Innentüren werden von den Bedingungen am Einsatzort bestimmt.

Bezogen auf den Einsatzort sind es hauptsächlich mechanische und konstruktive Anforderungen.

Zeitgemäße Innentüren sollen i.d.R. wärme- und schalldämmend *(heat- and sound-insulating)* sein, Wohnungsabschlusstüren sind zusätzlich einbruchhemmend *(burglar-resistant)*.

Als Spezialtüren, die besonderer Zulassung bedürfen, sind Brand- und Rauchschutztüren anzusehen, ebenso strahlen- und beschusshemmende Türen.

Zunehmend werden barrierefreie Zugänge geschaffen, die mit dem Türelement die gesamte Raumgeometrie in den Blick nehmen.

Klimatische Anforderungen
Türen trennen unterschiedliche Klimabereiche.

Je größer der klimatische Unterschied der angrenzenden Räume ist, desto größer ist die Beanspruchung durch unterschiedliche Holzausgleichsfeuchten, die sich einstellen.

Das Türblatt kann durch unterschiedliche Schwindung der Innen- und Außenseite Schüsseln bilden, wobei die Ebenheit der Türfläche ≤ 4 mm im Durchschnitt abweichen darf. Die Bewertung erfolgt in drei Klimaklassen bzw. -kategorien (Tab. 1).

Tab. 1 Klimakategorien von Türen

Kategorie	Klimanennwerte einwirkend auf	
	Fläche 1 (Öffnungsfläche)	Fläche 2 (Schließfläche)
I	23°, 30 % φ ($\omega_{gl} \approx 7{,}5\,\%$)	18°, 50 % φ ($\omega_{gl} \approx 11\,\%$)
II	23°, 30 % φ ($\omega_{gl} \approx 7{,}5\,\%$)	13°, 65 % φ ($\omega_{gl} \approx 13{,}2\,\%$)
III	23°, 30 % φ ($\omega_{gl} \approx 7{,}5\,\%$)	3°, 85 % φ ($\omega_{gl} \approx 16\,\%$)

Anforderungen an Nass- und Feuchtraumtüren
Die RAL-RG 426 unterscheidet Feuchtraum- und Nassraumtüren.

Feuchtraumtüren *(damp room doors)* werden gelegentlich Spritzwasser und überhöhter Luftfeuchte ausgesetzt, z. B. in Hotelzimmern oder Wohnungsbädern. Für Feuchträume sind Holzwerkstoffmittellagen mit HPL-Deckschichten geeignet; die Kanten können mit Folien beschichtet sein.

Bei Maßänderungen eines rundum beschichteten Türblatts muss die Versiegelung erneuert werden.

Nassraumtüren *(wet room doors)* sind dagegen häufiger und lang anhaltender Nässeeinwirkung bei hoher relativer Luftfeuchtigkeit ($\varphi > 80\,\%$) und Kondenswasserbildung ausgesetzt, z. B. in Hallen- oder Schwimmbädern von Kliniken. Diese Türen haben i.d.R. eine Kunststoffmittellage und Kunststoffrahmen mit Metallverstärkung sowie eine HPL-Deckschicht. Beschläge und Metallzargen bestehen aus korrosionsfreiem Edelmetall oder Kunststoffen (Abb. 3).

3 Vertikalschnitt durch eine Tür für Nassräume

Schallschutzanforderungen

Der Schallschutz im Hochbau [▶ 10.1] nach DIN 4109 ist die Grundlage für die Schallschutzanforderungen von Türen.

Für die Bewertung der **Schalldämmfähigkeit** von Türen hat sich in der Praxis die Richtlinie des VDI bewährt. Sie unterscheidet 5 **Schallschutzklassen (SSK)**; die Klassen 4 und 5 werden bautechnisch nicht gefordert und daher als Sonderkonstruktionen am Bau bewertet (Tab. 1).

Bei Wohnungsabschlusstüren wird unterschieden, ob sie an Aufenthaltsräume oder Dielen angrenzen.

Tab. 1 Schallschutzklassen von Türsystemen nach VDI 3728

Schallschutz-klasse	R'_w* in db	R_w** in db	Einbauhinweise
0	20 > 24	≥ 27	–
1	25 > 29	≥ 32	beigeputzt
2	30 > 34	≥ 37	versiegelt
3	35 > 39	≥ 42	Zargenhinterfüllung
4	40 > 44	≥ 47	Herstellereinbau-vorschriften
5	45 > 49	–	

* bewertetes, vom eingebauten Türsystem gefordertes Schalldämmmaß

** im Labor an Normprüfständen nach DIN 52210 ermitteltes Schalldämmmaß

Schallschutztüren

Beim Schallschutz ist darauf zu achten, dass kein direkter Schalldurchgang durch Anschlussfugen oder Beschläge erfolgt. Dazu muss das Türblatt an einer Dichtung umlaufend anliegen. Dies wird mit Bodendichtungen bei einer fugenfreien Montage erreicht.

Der Schallschutz kann durch verschiedene Maßnahmen (Tab. 2, Abb. 1 und 2) erhöht werden, die auch miteinander kombinierbar sind.

Maßnahmen zur Erhöhung des Schallschutzes:
- **mehrere Dichtungsebenen** *(sealing levels)* durch zusätzliche Dichtungsprofile und Fälze (Abb. 1);
- **aufliegende Bodendichtungen** *(door bottom seals)* (Abb. 2);
- **Erhöhung der Flächenmasse** *(mass)* des Türblatts durch Hohlraumfüllung mit Quarzsand bei Röhrenspanplatten, die Verwendung schwerer Plattenwerkstoffe oder vollflächige Aufdopplungen;
- **zweischaliger Aufbau** *(double-layer construction)* durch beidseitig an den Blattrahmen befestigte Platten, an die zusätzlich nach innen schwere Werkstoffe wie Blech oder Bitumenbahn befestigt werden;
- **bewegliche Elemente** *(moveable elements)* im Türblatt, die Schall in Bewegungsenergie umsetzen, z. B. mehrere hintereinanderliegende Platten, die durch Nägel oder punktweise Verleimung verbunden sind;
- **Anordnung zweier** hintereinanderliegender eigenständiger **Türblätter** in der Wandöffnung (wird das Türblatt der Tab. 2 mit 32 dB als Doppeltürkonstruktion zweimal montiert, ergibt sich ein Schalldämmmaß von 52 dB).

Tab. 2 Schalldämmfähigkeit unterschiedlicher Sperrtürblätter

Sperrtürblätter mit Doppelrahmen, 2 schweren Aufschraubbändern und PZ-Schloss			
Mittellage	**starre Mittellage**	**Mittellage beweglich**	**kleinzelliger Kunststoff**
	32 mm Strangpress-vollspan	3 · 10,6 mm Strangpress-vollspan	32 mm Spezial-PUR (60 mm)
Deck-schicht	4,5 mm MDF	4,5 mm MDF	4,5 mm MDF
Gesamt-dicke	42 mm	42 mm	42 mm (70 mm)
Zargen-dichtung	2 Lippen	2 Lippen	2 Lippen + Hohlkammer
Boden-dichtung	1 Auflauf	1 Auflauf	1 Auflauf + Absenk-D.
Flächen-gewicht	26 kg/m²	28 kg/m²	23 kg/m² (30,2 kg/m²)
R_w	32 dB	36 dB	38 dB (42 dB)

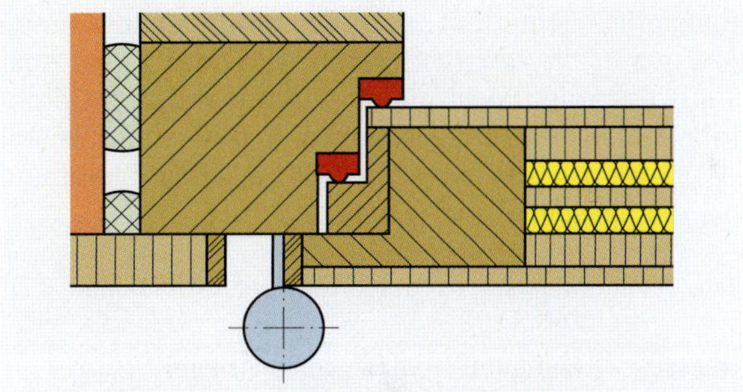

1 Schallschutztür mit Doppelfalz und -dichtung

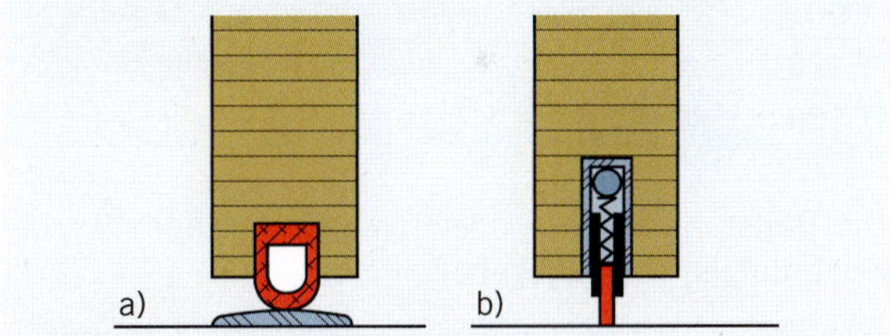

2 Unterschiedliche Bodendichtungen

Montagehinweise für schalldämmende Türen:
- Türrahmen müssen mit Schaum und Mineralfaser vollständig hinterfüllt werden.
- Anschlussfugen des Rahmens zur Wand und zum Boden müssen versiegelt werden.
- Komprimierbare Dichtungsbänder gewährleisten Dichtigkeit zwischen Futter und Wand.
- Die umlaufenden Dichtungen im Falz müssen im geschlossenen Zustand angepresst sein.
- Absenkbare Bodendichtungen müssen so eingestellt werden, dass sie auf eine feste, fugenfreie Unterlage drücken.

- Bei schweren Türblättern ist der Türrahmen mechanisch zu befestigen.
- Besonders bei Funktionstüren ist die Montageanleitung des Herstellers einzuhalten.

Brandschutzanforderungen

Als Grundlage gilt das Brandverhalten von Baustoffen und Bauteilen [▶ 11] nach DIN EN 13501-1 und DIN 4102. Die Landesbauordnungen verwenden z.T. abweichende Begrifflichkeiten und beschreiben zusätzliche Anforderungen.

Türen werden im eingebauten Zustand bewertet. Als bauseitige Elemente dürfen nur zertifizierte Produkte mit Übereinstimmungskennzeichen, auch **Ü-Zeichen** [▶ GK 4.14.3] genannt, oder **CE-Kennzeichen** eingebaut werden. Damit wird die Konstruktion gemäß einer amtlich geprüften Mustertür zugesichert. Die Montage ist nach der vorgegebenen Anleitung durchzuführen.

Feuerwiderstandsklassen von Holzbauteilen

Die Zertifizierung bezieht sich auf die Anforderungen nach der Brennbarkeit der überwiegend verwendeten Baustoffe, unterteilt in Feuerwiderstandsklassen *(classes of fire resistance)* (Tab. 1). Diese geben Auskunft über die Dauer, die ein Türelement dem Durchtritt von Flammen („Flash-Over") Widerstand leistet [▶ 11.2], d.h. wie lange eine Tür bedienbar bleibt und die raumabschließende Funktion erfüllt.

Tab. 1 Feuerwiderstandsklassen von Türkonstruktionen
nach DIN 4102

Klasse	Zeit (min)	Bauordnungsbegriff
T 30	≥ 30 min	feuerhemmend
T 60	≥ 60 min	
T 90	≥ 90 min	feuerbeständig
T 120	≥ 120 min	
T 180	≥ 180 min	

Die Baustoffklassen A oder B werden in den Kurzbezeichnungen mit angegeben.

Beispiel:
T 30-B oder **T 90-A**
Widerstand 30 min bis zum „Flash-Over",
schwer entflammbar,
Widerstand 90 min bis zum „Flash-Over", nicht brennbar

Zertifizierung und Kennzeichnung sind erforderlich.

Rauchschutztüren

Bei Bränden ist die **Erstickungsgefahr** häufig größer als die Feuergefahr.

Die Anforderungen für Rauchschutztüren regelt DIN 18095. Dem Rauchschutz kommt aufgrund der Fugen eine besondere Bedeutung zu. Die Türblätter sind an den Kanten mit **Expansionsstreifen** ausgestattet, die im Brandfall die Fugen abdichten (Abb. 1). Rauchschutztüren müssen selbsttätig schließen und dürfen nur einen bestimmten Luftvolumenstrom durchlassen (Tab. 2).

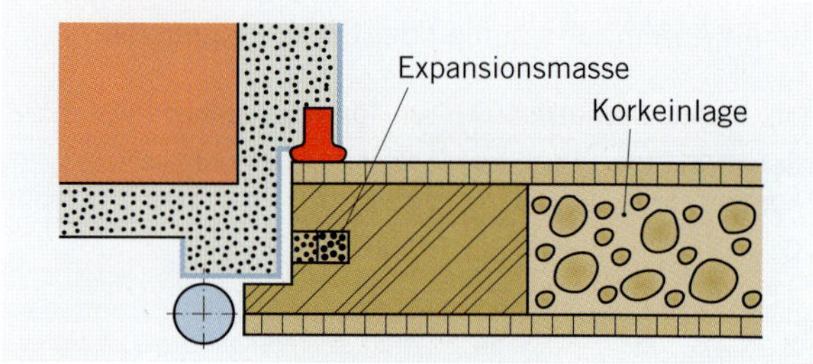

1 Rauchschutztür mit Expansionsstreifen

Tab. 2 Anforderungen an Rauchschutztüren
nach DIN 18095

Die Leckrate nach DIN 18095 gibt Auskunft über den maximalen Durchlass des Luftvolumenstroms bei 50 Pa Druckunterschied und 200 °C.	
max. Volumenstrom	**Türelement**
9 m^3/h	einflügelig
13 m^3/h	zweiflügelig
50 m^3/h	mit 3 m Breite und 3 m Höhe

Die Türen werden nach der zuständigen DIN, der Eigenschaft als Rauchschutztür RS und der Flügelanzahl gekennzeichnet.

Beispiel:
Tür DIN 18095 – RS – 1
Rauchschutztür, nach DIN, einflügelig

Anforderungen an die Barrierefreiheit

Barrierefreie Zugänge gewinnen aufgrund gestiegener Ansprüche an das behinderten- und altersgerechte Bauen zunehmend an Bedeutung.

Grundlage ist die DIN 18040-2 barrierefreies Bauen *(construction of accessible buildings)*.

Danach gilt:
- Türen müssen deutlich wahrnehmbar, leicht zu öffnen und zu schließen sowie sicher zu passieren sein. Innerhalb der Wohnung müssen sie ausreichend breit für die Nutzung von Gehhilfen oder Rollstühlen sein.
- Untere Türanschläge und Schwellen sind nicht zulässig. Sind sie technisch unbedingt notwendig, dürfen sie nur ≤ 2 cm sein.
- Drehflügeltüren dürfen nicht in Sanitärräume schlagen, um ein Blockieren der Tür zu vermeiden; sie müssen von außen zu entriegeln sein.

- Drückergarnituren müssen für motorisch eingeschränkte, blinde und sehbehinderte Menschen greifgünstig sein, z. B. durch bogen- oder U-förmige Griffe, senkrechte Bügel bei Schiebetüren (keine Drehgriffe oder eingelassenen Griffe).

Auch die **geometrischen Anforderungen** an barrierefreie Türen sind nach DIN 18040-2 festgelegt (Tab. 1, Abb. 1 und 2).

Tab. 1 Geometrische Anforderungen an Türen

Komponente	Geometrie (*Oberfläche Fertigfußboden)	Maße in cm
alle Türen (z. B. Drehflügel- und Schiebetüren)		
Durchgang	lichte Breite	≥ 90
	lichte Höhe über OFF	≥ 205
	Drehflügelöffnung ≥ 90°	
Laibung	Tiefe für Rollstuhlfahrer	≤ 26
Drücker, Griffe	Abstand zu Bau- und Ausrüstungselementen	≥ 50
Beschilderung	Höhe über OFF	120–140
manuell bedienbare Türen		
Drücker	Mitte Drückernuss über OFF	85 (≤ 105)
Griff waagerecht	Höhe Achse über OFF	
Griff senkrecht	Greifhöhe über OFF	
automatische Türsysteme		
Taster	Höhe Tastermitte über OFF	85

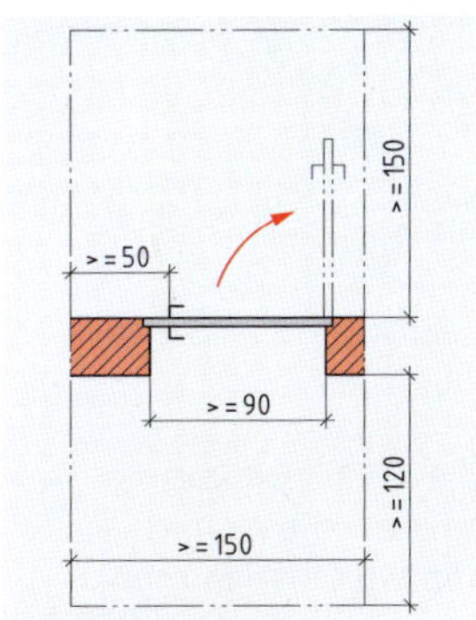

1 Geometrische Daten für Drehflügeltüren

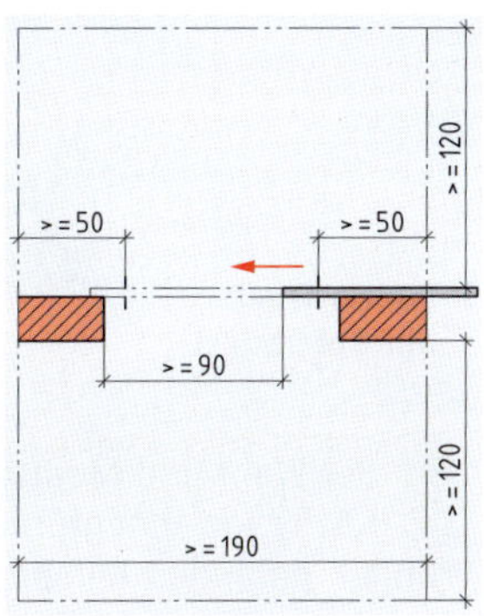

2 Geometrische Daten für Schiebetüren

7.5.18 Spezialtüren

Durchschusshemmende Türen

Durchschusshemmende Türen *(doors for bullet resistance)*, z. B. in Räumen von Geldinstituten, werden nach DIN EN 1522 in Klassen FB 1 bis FB 7 in steigender Durchschusshemmung eingeteilt (Tab. 2).

Bei Beschuss sollen Kugeln im Material stecken bleiben. An Sperrtürblättern wird die Eigenschaft bis FB 4 durch Mittellagen aus **Kunstharzpressholz** (Panzerholz) [▶ GK 6.7.6] erfüllt.

Tab. 2 Klassifizierung und Anforderungen bei Faustfeuerwaffen und Büchsen nach DIN EN 1522 (Auszug)

Klasse	Waffe	Kaliber in mm	Munition	Beschuss aus m	Beschuss *v* m/s
FB 1	Büchse	5 bis 6	Blei (rund)	10 ± 0,5	≈ 360
FB 2	Faust-feuer-waffe	≈ 9	Vollmantel Kupfer oder Stahl (Geschosskern unterschiedlich)	5 ± 0,5	≈ 400
FB 3					≈ 430
FB 4		≈ 9			≈ 430
		≈ 11			≈ 440
FB 5	Büchse	≈ 6		10 ± 0,5	≈ 950
FB 6		≈ 6			≈ 950
		≈ 8			≈ 830
FB 7		≈ 8			≈ 820

Verglasungen an den Türen müssen nach EN 1063 einer Klasse BR1 bis BR7 in Übereinstimmung mit den Widerstandsklassen der Tab. 2 entsprechen.

Strahlenschutztüren

Strahlenschutztüren *(radiation protection doors)* nach DIN 6834-1 mit **Bleieinlagen** (Abb. 3) werden z. B. für medizinisch genutzte Räume verwendet, die häufig mit Bleiglasscheiben nach DIN 6841 ausgestattet sind. Drücker- und Schlossöffnungen müssen versetzt angeordnet sein, damit keine Strahlung durchdringen kann.

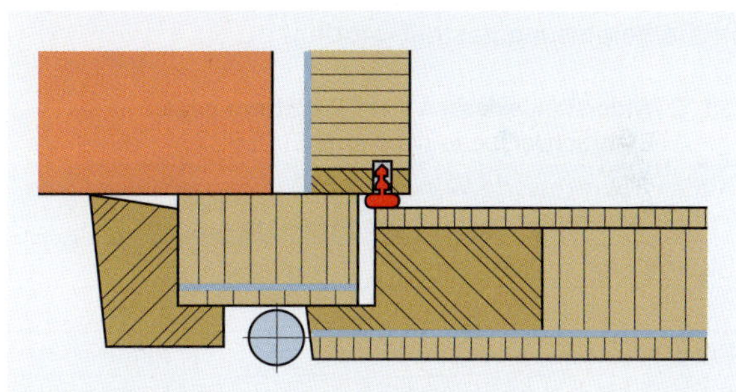
3 Strahlenschutztür mit Bleieinlage

7.5.19 Einbruchhemmung an Wohnungsabschlusstüren

Maßnahmen zur Einbruchhemmung an Wohnungsabschlusstüren sind in DIN EN 1627 festgelegt und klassifiziert.

Mechanische Anforderungen

Die mechanische Widerstandsfähigkeit einer Tür gegen Einbruchversuche und unsachgemäße Behandlung wird durch mechanische Belastungsprüfungen getestet:

- statische Belastung (nach DIN EN 1628),
- dynamische Belastung (nach DIN EN 1629),
- manuelle Einbruchversuche (nach DIN EN 1630).

Die statische Belastung simuliert einen Einbruchversuch durch Aufhebeln und Drücken besonders im Bereich der Beschläge (Tab. 1).

Tab. 1 Mechanische Beanspruchung von Türen

Fallhöhe für die dynamische Prüfung mit einem Reifen mit der Masse von 50 kg				
Klasse	**RC 1**	**RC 2**	**RC 3**	**RC 4–6**
Fallhöhe in mm	450	450	750	–

Neben den technischen Prüfungsverfahren wird der Versuch unternommen, die Tür gewaltsam durch Personen zu öffnen. Der manuelle Einbruchversuch erfolgt durch Angriff mit festgelegten Werkzeugsätzen. Die Einteilung in Beanspruchungsklassen ermöglicht die Zertifizierung von Serienerzeugnissen und gewährleistet die Einschätzung der Belastung einer Tür. Die Prüfungen beziehen sich dabei auf Rahmen, Türblätter und die Beschläge. Anbohren, Abdrehen, Abschlagen, Abreißen und Ziehen des Zylinders stellen die Belastungen dar.

Um Einbruchversuchen standzuhalten, müssen alle Teile der Tür gut aufeinander abgestimmt sein. Zur Beurteilung von vollständigen Türelementen in eingebautem Zustand werden nach DIN EN 1627 sechs **Widerstandsklassen RC** *(resistance classes)* unterschieden (Tab. 2). **N** bedeutet dabei, dass keine Anforderungen an die Verglasung gestellt werden.

Tab. 2 Widerstandsklassen von Türblättern gegen Einbruchversuche nach DIN EN 1627

Klasse	**Eingesetzte Werkzeuge bei manuellem Einbruchversuch**	**Widerstandszeit**
RC 1 N	keine Werkzeuge	–
RC 2 N	Zange, Schraubendreher, Keile	3 min
RC 3	zusätzlich mit Kuhfuß	5 min
RC 4	Axt, Hammer, Akku-Bohrmaschine	10 min
RC 5	Stich-, Säbelsäge, Winkelschleifer	15 min
RC 6	leistungsfähige Elektrowerkzeuge	20 min

Beispiel:
DIN EN 1627 – RC 3
Einbruchhemmende Tür, nach DIN, Widerstandsklasse 3

Bei den Klassen 1 bis 3 wird von Gelegenheitstätern ausgegangen, bei den Klassen 4 bis 6 von erfahrenen Tätern. Hält die Tür in dem geforderten Widerstandszeitraum stand, kann sie entsprechend zertifiziert werden.

Sicherheitsgläser zum Einbruchschutz
Verbundsicherheitsgläser – VSG – *(laminated safety glass)* nach DIN EN ISO 12543 [▶ GK 16.3.3] erhöhen den Aufwand beim Einbruch. Die aus mehreren Schichten Glas und Kunststofffolien wie Polyvinylbutyral (PVB) bestehenden Gläser sind schwerer zu zerstören.

Beschläge
Wohnungsabschlusstüren werden wie Außentüren [▶ 13.11] mit Drückergarnituren mit Knöpfen oder Griffen an der Außenseite und Drückern an der Innenseite bewegt [▶ 13.10.3].

Die **erhöhten Anforderungen** an die Beschläge für einbruchhemmende Wohnungsabschlusstüren entsprechen denen von Außentüren [▶ 14.11]:
- Wechselschlösser mit Schließzylinder, häufig auch mit Mehrfachverriegelungen;
- verstärkte und von innen verschraubte Schlüsselschilder und Rosetten;
- Anbohrschutz für Profilzylinder, bei dem die Aussparungen für Nuss und Schlüssel mit Schlüsselschildern oder Rosetten verdeckt werden;
- der Zylinder muss so gewählt werden, dass er nicht über das Schlüsselschild des Türflügels herausragt, um ein Abbrechen des Zylinders mit einer Zange zu verhindern.

Die Einbruchhemmung kann durch Bodenschlösser oder mit Panzerriegeln über die ganze Türflügelbreite (Abb. 1) erhöht werden.

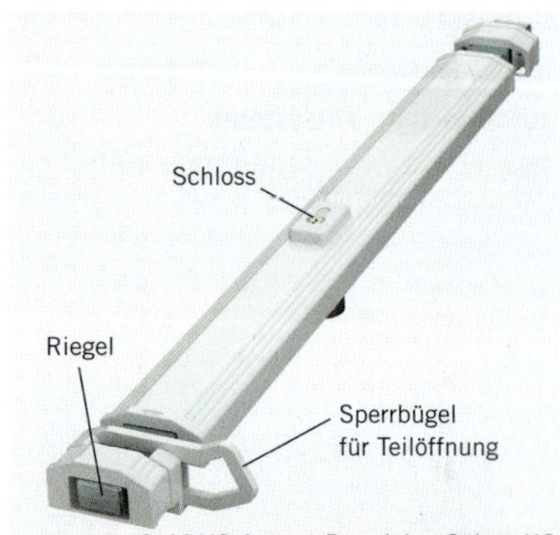

1 Panzerriegel mit Sperrbügel

Bei der Wahl und Montage [▶ LF 6.5.2 und LF 6.5.3] von Innentüren müssen die Anforderungen nach den entsprechenden DIN-Normen, Bestimmungen und Bedingungen, z. B. der VOB, sorgfältig geprüft und beachtet werden.

Unternehmen der Herstellung und des Vertriebs von Innentüren, die für besondere Güte und Qualität ihrer Leistungen gegenüber den Kunden stehen, werden von der Gütegemeinschaft Innentüren e. V. mit dem **RAL-Gütezeichen Innentüren** ausgezeichnet. Regelmäßige, unabhängige Prüfungen garantieren die Einhaltung der hohen Gütekriterien.

RAL GÜTEZEICHEN Innentüren

7.6 Einbaumöbel

Einbaumöbel *(built-in furniture)* sind laut DIN 68880 Systemmöbel *(modular furniture)*, die mit Gebäudeteilen verbunden und nur in Verbindung mit diesen verwendungsfähig sind.

Einbaumöbel befinden sich bevorzugt in Büros, Fluren, Küchen und Schlafzimmern. Sie reichen meist bis zur Decke und sind ein- oder beidseitig zugänglich.

Unterschieden werden
- Wandschränke,
- Schrankwände und
- Raumteiler.

7.6.1 Arten von Einbaumöbeln

Wandschränke
Ein Wandschrank *(wall cabinet)* (Abb. 1) deckt einen Teil einer Wandfläche ab und ist fest mit der Wand verbunden.

Aufgebaut ist der Wandschrank
- als Frontrahmen mit Türen, Böden befinden sich zwischen dem Mauerwerk (z. B. Garderobenschrank), oder
- als hängender oder stehender Vollschrank (z. B. Küchenmöbel).

1 Wandschrank

Konstruktion *(construction)*:
Wandschränke bestehen i. d. R. aus verschiedenen transportablen Korpuselementen, die stehend oder liegend auf eine Wandfläche montiert sind. Diese werden vor Ort mit Schrankverbindern montiert.

Schrankwände
Eine Schrankwand *(built-in furniture)* (Abb. 2) belegt die gesamte Wandfläche *(wall-to-wall unit)*. Sie wird meist als Schrankgerüst ausgeführt, auf dem anschließend die Frontfläche, z. B. Türen, Schubkästen, montiert wird. Eine Schrankwand kann einseitig oder beidseitig zugänglich sein. Schrankwände gehören z. B. häufig zur Inneneinrichtung von Schlafzimmern.

2 Schrankwand (eingebaut)

Konstruktion:
Schrankwände (Abb. 2) bestehen aus
- einfachen Seiten, die mit Regalböden verbunden werden und anschließend einen Frontrahmen mit einer oder mehreren Türen erhalten, oder
- mehreren kleineren Korpuselementen, die verschraubt oder mit Konstruktionsböden verbunden werden.

Raumteiler
Raumteiler *(room divider)* (Abb. 3) übernehmen die Aufgabe von Raumwänden und sind i. d. R. von beiden Seiten zugänglich *(can usually be accessed from both sides)*. Sie trennen einen großen Raum in unterschiedliche Bereiche, z. B. Wohn- und Essbereich, Küchen- und Essbereich.

3 Raumteiler

Konstruktion:
Die Gestaltungselemente können sich z. B. zwischen raumhohen Stollen befinden, die an Boden und Decke befestigt sind. Durch das Verschrauben von kleinen Schränken erhält der Raumteiler seine Stabilität.

7.6.2 Gestaltung von Einbaumöbeln

Die **Front** von Einbaumöbeln bestimmt die Raumwirkung [▶ 7.1.4]. Daher sollte die Aufteilung und Ausrichtung der Front sowie der Werkstoff auf den Zweck und die Gestaltung *(design)* des Raums abgestimmt werden:
- Helle, glatte Flächen wirken neutral.
- Horizontal laufende Maserung lässt den Raum breiter erscheinen.
- Vertikal laufende Maserung lässt den Raum höher und schmaler erscheinen.
- Starke Maserung auf großen Flächen wirkt eher unruhig.

Bei der Gestaltung von Einbaumöbeln sind die Anforderungen der VOB einzuhalten.

7.6.3 Maße von Einbaumöbeln

Bei der Konstruktion von Einbaumöbeln müssen die **anthropometrischen Maße** *(dimensions)* nach DIN 33402 [▶ 5.4.5] sowie die Maße der unterzubringenden Gegenstände berücksichtigt werden.

Orientierungsgrößen an Einbaumöbeln *(guidelines concerning built-in furniture)***:**
- Anrichthöhen sollen die Höhe eines Esstischs haben (i. d. R. 720 bis 820 mm).
- Schreibklappen sollten die Höhe eines Schreibtischs haben (i. d. R. 720 mm).
- Eine Barschrankklappe sollte die Höhe eines Sideboards [▶ LF 1.2.3] oder einer Küchenarbeitsplatte [▶ 7.7.3] haben (800 bis 900 mm).
- Schreib- und Barschrankklappen sollten ≤ 550 mm in den Raum ragen.
- Böden, auf denen Gegenstände bewegt werden, sollen nicht höher als 1700 mm angeordnet sein.
- Die Lage der Schubkästen sollte so geplant werden, dass die Schubkästen gut einsehbar sind (≤ 1350 mm).
- Der oberste Griff sollte die Höhe ≤ 2000 mm haben.
- Die Höhe des Schlüsselschilds und Türgriffs sollte sich an der von Zimmertüren (1050 mm) orientieren.
- Nach VOB muss die Dicke von Rückwänden aus Furniersperrholz ≥ 6 mm oder aus Flachpressplatten ≥ 8 mm betragen.
- Einlegeböden dürfen bei einer Belastung nur 1/250 ihrer Länge durchbiegen. Befindet sich unter dem Einlegeboden (Fläche: < 0,25 m^2) ein Schubkasten, eine Tür oder eine Klappe, darf der Einlegeboden nur 1/300 seiner Länge durchbiegen.
- Weitere Maße von Gegenständen [▶ 5.4.3].

7.6.4 Bauphysikalische Aspekte
(requirements for building physics)

Nach DIN 18355 VOB/C (Tischlerarbeiten) gehört es zu den Aufgaben eines Tischlereiunternehmens, u. a. die Baufeuchte zu prüfen und eventuelle Bedenken dem Kunden mitzuteilen.

Hinter Einbaumöbeln, die direkt an einer Außenwand stehen, fällt die Temperatur ab, weil sie (z. B. durch eng geschichtete Kleidungsstücke) wie eine Innendämmung wirken.

An schlecht gedämmten Außenwänden, wie an unsanierten Häusern der 50er-Jahre [▶ 9.5.8], kann das **Tauwasser** zur Feuchtigkeitsbildung an der Wand führen.

Um Tauwasser und Schimmelbildung zu vermeiden, muss die Feuchtigkeit durch **Konvektion** der Raumluft abgeführt werden.

Bei Einbauschränken vor Außenwänden und Wänden vor Feuchträumen ist nach VOB/C eine ausreichende **Hinterlüftung** *(sufficient ventilation)* [▶ 7.6.6] vorzusehen.

Bei Niedrigenergiehäusern sind jedoch auch an tieferen Wäscheschränken ohne Hinterlüftung **keine** Schäden zu erwarten.

Da bei Innenwänden i. d. R. keine größeren Temperaturunterschiede zwischen den Räumen bestehen, kann auch hier auf eine Hinterlüftung verzichtet werden.

Um allergieauslösende Verstaubungen in den Hohlräumen zwischen Einbaumöbel und Baukörper zu verhindern, sollten hier **geschlossene Abdeckungen** [▶ 7.6.6] ohne Abstände und Lüftungsschlitze gewählt werden.

Der Abstand von Holzteilen eines Einbauschranks bis zum **Rauchrohr** eines Kamins (S. 245, Abb. 1) muss ≥ 200 mm betragen, woraus ein Abstand der Holzteile des Einbauschranks zur Schornsteinwange von ≥ 50 mm folgt.

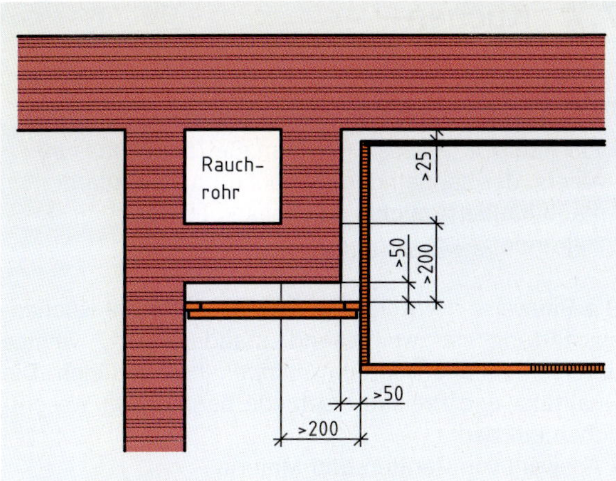

1 Abstände von Holzteilen eines Einbauschranks zum Kamin

7.6.5 Befestigungsmöglichkeiten

(mounting options)

Einbaumöbel können an Raumwänden befestigt bzw. aufgehängt werden.

> Damit sich Elemente des Schranks auch bei schwerem Inhalt nicht aus der Verankerung lösen, müssen die Dübelsysteme *(anchor systems)* (Tab. 1) mit dem Verankerungsgrund *(base material)* abgestimmt werden [▶ 7.6.6].

Tab. 1 Dübelsysteme für Einbaumöbel in Abhängigkeit vom Verankerungsgrund

Verankerungsgrund	Dübelsystem	Funktionsweise
Beton, Vollziegel	**Spreizdübel** 	**Kraftschluss:** Durch das Andrehen der Schraube presst sich der Dübel gegen die Bohrlochwand.
Plattenwerkstoffe (Span-, MDF-, Gipsplatten usw.)	**Universaldübel** 	**Formschluss:** Durch das Andrehen der Schraube spreizt sich der Dübel hinter der Plattenwand auf.
lose oder porige Gefüge	**Injektionsanker** 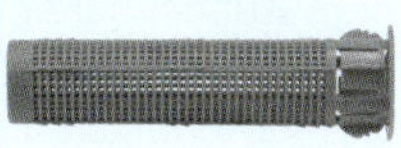	

7.6.6 Wand-, Decken- und Bodenabschlüsse

Die Aufgaben von Wand-, Decken- und Bodenabschlüssen sind:

- einen sauberen Abschluss des Einbauschranks zu Wand, Decke und Boden herzustellen und eine gestalterische Wirkung zu erzeugen,
- Unebenheiten des Einbauraums auszugleichen,
- Staubbildung in den Hohlräumen zwischen Einbaumöbeln und Wänden, Decken und Fußböden zu vermeiden,
- wenn erforderlich, die Konvektion der Raumluft zu gewährleisten.

Zur **Hinterlüftung** von geschlossenen Schränken mit Kleidung ist ein Abstand zwischen Außenwand und Möbelkorpus von ≥ 5 cm erforderlich. Die Konvektionsströmung darf nicht durch zu geringe Öffnungsquerschnitte im Sockelbereich und am oberen Anschluss eingeschränkt werden.

> Der **Abstand** zwischen Schrank und Fußboden bzw. Decke sollte ≥ 25 mm, **Lüftungsschlitze** oben und unten sollten ≥ 250 cm²/m betragen.

Mit einfach gestalteten Verdeckungen an Wand-, Decken- und Fußbodenabschlüssen werden i. d. R. die gestalterischen und wirtschaftlichen Anforderungen gut erfüllt. Die Verdeckungen werden in der Werkstatt angefertigt und vor Ort angepasst.

Wandabschlüsse

Bei Wandabschlüssen *(wall finishing)* sind keine Lüftungsschlitze erforderlich, da die Konvektion der Raumluft vertikal von oben nach unten erfolgt. Die Verdeckung kann ausgeführt werden mit

- zurückspringender Passleiste (Abb. 2 a) zwischen Schrankseite und Wand, mit einem Magnet- oder Kunststoffschnäpper (Abb. 2 b) montiert,
- flächenbündig angeschnittener Passleiste (Abb. 3).

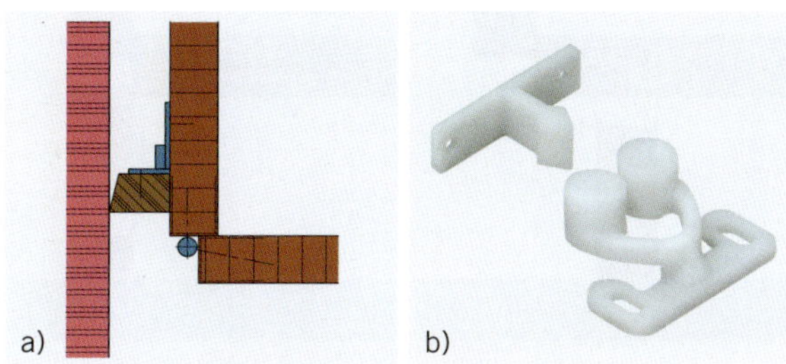

2 Zurückspringender Wandabschluss

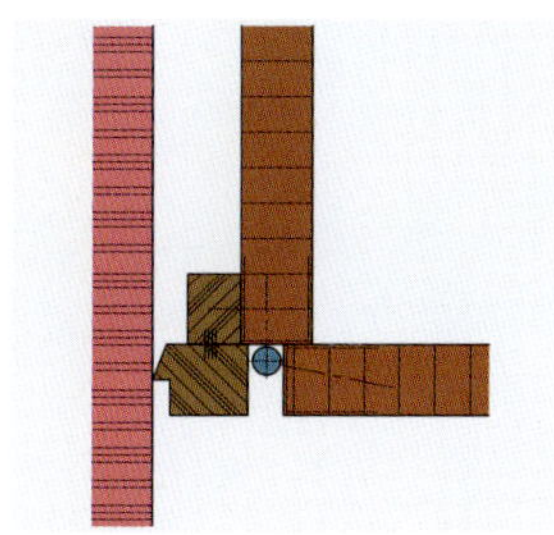

3 Türbündiger Wandabschluss

Deckenabschlüsse
Auch der Deckenabschluss *(ceiling connection)*, der von innen am Korpus befestigt wird, kann unterschiedlich ausgeführt werden:
- zurückspringend mit Lüftungsschlitzen (Abb. 1 a),
- türbündig geschlossen mit Schattennut (Abb. 1 b).

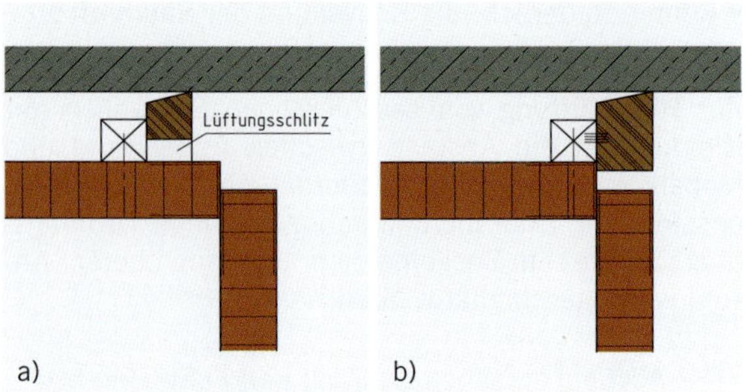

1 Verschiedene Deckenabschlüsse

Bodenabschlüsse
Der Bodenabschluss *(floor connection)* kann ausgeführt werden als
- Sockel, zurückspringend (Abb. 2 a) an den Unterboden gedübelt, oder
- Sockelblende (Abb. 2 b), mithilfe von Kunststoffschnäppern vorgesetzt.

Falls erforderlich, müssen auch die Bodenabschlüsse mit Lüftungsschlitzen versehen werden. Hinter den Vorsatzblenden können auch **Sockelhöhenversteller** [▶ 7.7.10] zum Ausrichten des Unterbodens montiert werden.

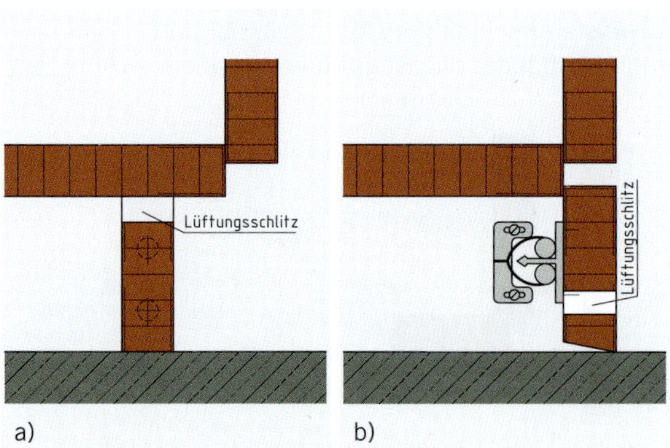

2 Verschiedene Bodenabschlüsse

7.7 Küchen

Im **Küchenbau** *(kitchen manufacturing)* müssen Arbeitsabläufe mit Funktionen bei der Zubereitung von Speisen *(dishes)*, Körpermaße *(body measurements)* der handelnden Personen und Standardmaße handelsüblicher Küchengeräte *(fake)* zugrunde gelegt werden.

Die Bauweise der Korpusse *(carcases)* für die Küchenausstattung ist weitgehend standardisiert, wenige unterschiedliche Bauteile *(components)* genügen. Die Qualitäts- und Preisunterschiede beruhen im Wesentlichen auf der
- Auswahl von Geräten und Material,
- Formgestaltung von Küchenfront *(kitchen front)* und Arbeitsplatten *(work top)*,
- Funktionsausstattung in den Korpussen.

7.7.1 Bezeichnungen nach der Grundrissform

Küchen werden gemäß DIN 66354 nach ihrer Grundrissform als 1- und 2-zeilige sowie L-, U- oder G-Küche bezeichnet, unabhängig davon, ob sie zusätzlich eine „Kochinsel" besitzen.

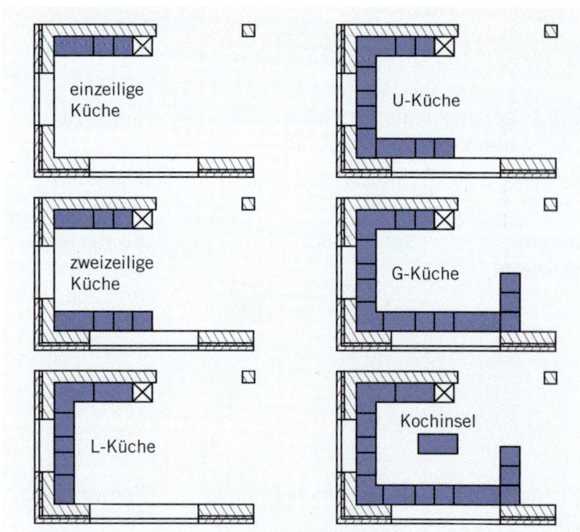

1 Grundrissformen von Küchen

Einzeilige Küchen *(single-wall kitchens)* werden meist in Appartements mit einem Küchenbereich von ≤ 240 cm Breite verwendet. Sie sind i. d. R. nur mit einer kleinen Arbeitsfläche mit den notwendigsten Geräten ausgestattet, da Kochfeld und Einbauspüle in der knappen Arbeitsplattenlänge einen großen Anteil einnehmen.

Zweizeilige Küchen *(galley kitchens)* werden überwiegend in Mietwohnungen *(rented apartments)* verwendet. Die „Gerätestrecke" mit Anschlüssen für Gas,

Wasser und Strom ist i. d. R. an einer der beiden Wände installiert, was wichtig für das Aufmaß ist. Der Raum sollte ≥ **240 cm** Breite aufweisen, damit bei geöffneten Türen und Auszügen genügend Lauffläche bleibt.

Bei zweizeiligen sowie U- und G-Küchen sollte die **Durchgangsbreite** zwischen den Schrankzeilen ≥ **120 cm** betragen, damit Türen und Auszüge sich nicht gegenseitig behindern.

L-Küchen *(L-shaped kitchens)* werden in kleinen Räumen von **< 240 cm** Breite verwendet oder wenn z. B. ein Esstisch an einer Wand stehen soll.

U-Küchen *(U-shaped kitchens)* nutzen den ganzen Raum aus. Problematisch sind jedoch die Innenecken. Eine optimale Ausnutzung des Eckschranks (ohne Stauraumverlust) ist durch eine spezielle Mechanik möglich. Das „Arbeitsdreieck" *(work triangle)* [▶ 7.7.5] ist dabei sorgfältig zu planen.

G-Küchen *(G-shaped kitchens)* bieten sich für offene („amerikanische") Küchen an. Die in den Raum ragende Zeile trennt den Küchenbereich vom übrigen Raum optisch ab und erlaubt einen kleinen Essplatz am Tresen.

Kochinseln *(kitchen islands)* bestehen aus einem zentralen Herd *(stove)* mit Topf-, Werkzeuglager und Ablageflächen. Sie erlauben mehreren Personen gleichzeitig Speisen zuzubereiten. Zwischen Kochinsel und umlaufenden Küchenelementen ist ein Abstand von ≥ **240 cm** erforderlich.

7.7.2 Bezeichnungen der Korpusse und Geräte

Die Korpusse von Küchen unterliegen i. d. R. einem **Modulsystem** *(modular system)*. Sie werden je nach Funktion zu einer Einheit zusammengefügt (Abb. 1).

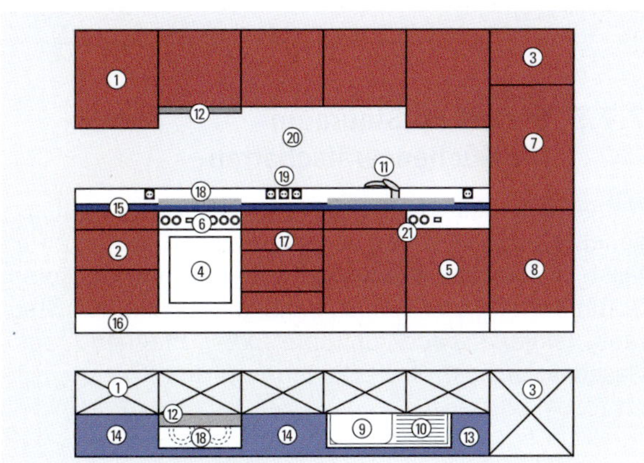

1 Zuordnung der Bezeichnungen von Küchenelementen

Korpus-Grundtypen
Es werden drei Grundtypen unterschieden:
- Oberschränke ① *(wall unit)* oberhalb der Arbeitsplatte an Wänden meist als Hängeschränke montiert;
- Unterschränke ② *(base unit)* unterhalb von Arbeitsplatten auf dem Fußboden stehend;
- Hochschränke ③ *(tall unit)* vom Fußboden bis an die Oberkante der Oberschränke.

Korpusse nach Funktion und Ausstattung
- **Standardschränke** *(standard unit)* haben eine Möbeltür und Einlegeböden für Geschirr, Töpfe und div. Behälter.
- **Schubkastenschränke** *(drawer unit)* haben entweder über der niedrigeren Tür einen Schubkasten oder mehrere Auszüge ② ⑰ über die gesamte Schrankhöhe.
- **Geräteschränke** *(appliance unit)*, meist Geräte-Unterschränke, haben einen Korpus für die Aufnahme von Gas-, Elektro-Koch-Back-Herden ④ oder Geschirrspülmaschinen ⑤. Es kann aber auch nur eine Schaltleiste ⑥ *(control panel)*, z. B. am Kochfeld ⑱ *(stove top)* unterhalb der Arbeitsplatte, eingesetzt und die Backeinheit *(oven)* oder eine Mikrowelle *(microwave oven)* in einem Hochschrank untergebracht werden.
- **Spülenschränke** *(sink base units)* haben Raum unter den Spülbecken ⑨ *(sinks)* und dem Siphon *(odor trap)* des Wasserablaufs, der für Einbaumülleimer *(built-in waste bins)* und Putzmittel *(cleaning agents)* genutzt werden kann. Unter der Abtropffläche ⑩ *(drain board)* lässt sich eine Unterbau-Geschirrspülmaschine mit Dekorrahmen bzw. einer angepassten Türfront integrieren.

Stand- und Einbauküchengeräte
Die als Stand- oder Einbaugeräte (S. 248, Tab. 1) ausgeführten Standard-Küchengeräte sind:
- **Gas-, Elektro-Koch-Back-Herde** ⑫ *(gas, electric stove)*;
- **Geschirrspülmaschinen** ⑤ *(dishwasher)*;
- **Mikrowellenherde**.
- **Kühl- und Gefrierschränke** ⑦ ⑧ *(refrigerator, freezer)* werden meist in Hochschränken integriert. Die Geräte können einen Dekorrahmen haben. Die Türen der Hochschränke können auch mit einem speziellen Beschlag an die Kühl- und Gefrierschranktüren gekoppelt sein.
- **Dunstabzugshauben** ⑫ *(extractor hood)* können in Oberschränken installiert werden. Abzugshauben mit Abführung der gefilterten Abluft nach draußen sind effektiver als Umluftgeräte, die Luft wieder in die Küche zurückleiten. Praktisch sind Fettfilter, die in der Geschirrspülmaschine gereinigt werden können.

Tab. 1 Standard-Küchengeräte – Zuordnung nach Aufstell-/Einbaumöglichkeit

Standgeräte in Arbeitsplattenhöhe	**Unterbaugeräte** unter der Platte	**Einbaugeräte** in Korpussen
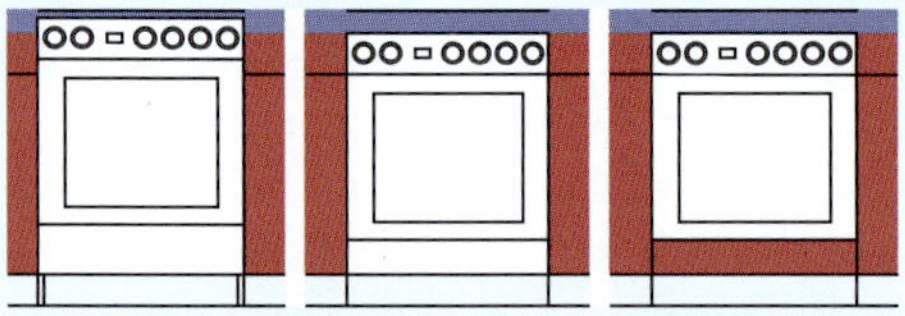		
Standherd Geschirrspüler	**Unterbauherd Unterbau-geschirrspüler**	**Einbauherd Einbau-kühlschrank**
Weitere Einbaumöglichkeiten für Herd und Kochfeld mit eigener Front, Dekorplatte mit Einbaurahmen und hinter Türen		
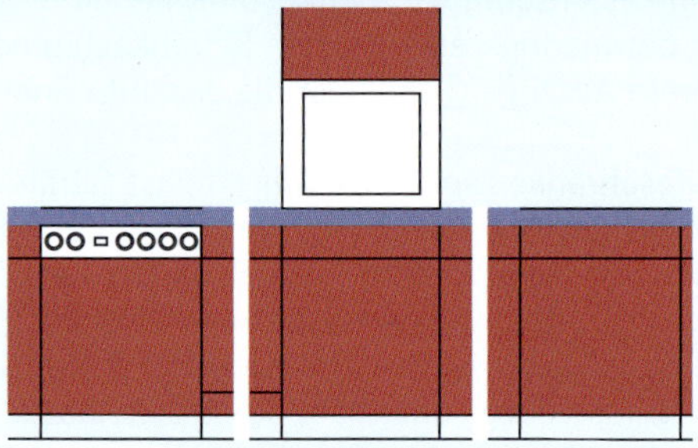		
Kochfeld inkl. externer Schaltleiste	**externer Backherd** im Hochschrank	**autarkes Kochfeld** (Schaltung oben)

7.7.3 Planungsgrundlagen

Damit die einzelnen Küchenmodule funktionsgerecht aufgestellt werden, müssen erfasst werden:

- bauseitige Gegebenheiten,
- Raummaße (Tab. 2),
- Bedarf an Stauraum und Ablagen für Küchengeräte und Gegenstände (S. 249, Tab. 1),
- gerätebezogene Maße (S. 249, Tab. 2),
- ergonomische Höhenmaße (S. 251, Tab. 2),
- Platzbedarf für Arbeitsabläufe, z. B. bei der Zubereitung von Speisen (S. 250, Tab. 3).

7.7.4 Bauseitige Gegebenheiten und raumbezogene Maße

Bauseitige Gegebenheiten sind:

- Wand- und Fußbodenaufbau,
- Art von Türen, Türrahmen und Fenstern sowie Öffnungsrichtungen,
- Anschlüsse *(connections)* und Leitungen *(wires and pipes)* zur Versorgung mit Wasser, Elektrizität und/oder Gas,
- Lichtverhältnisse *(lighting conditions)* und Beleuchtung,
- Standorte und Befestigungen für Küchengeräte *(kitchen appliances)*,
- Heizungsanlagen *(heating systems)*.

Tab. 2 Raumbezogene Maße

Bereich	**Zu prüfende Maße**	
Grundriss	Länge und Breite des Raums, Wanddurchbrüche, Vor- und Rücksprünge	
	Wände und Maßbandkante. Muss die Küchenarbeitsplatte breiter gewählt werden (Standardtiefe 60 cm)?	
	Winkel der Wände zueinander	
	Fußleistenmaße	
	ggf. Lage von Fußbodenheizungen	
Fliesen	Höhe/Breite Fliesenspiegel, -größe, Farbe	
Durchgänge	Lage der Türen, Öffnungsmaße, lichte Höhe/Breite, Sturzhöhe über der Tür (genug Öffnungsbreite z. B. zur Anlieferung von Geräten?)	
	Dicke und Breite von Türfutter und Bekleidung	
	Lage von Lichtschaltern/Steckdosen neben der Tür, Stromkabelverlauf (lt. Leitungssucher)	
Fenster	Lage, Höhe der Brüstung im Küchenmöbelbereich	
	Höhe der Flügel, Öffnungsrichtung links/rechts	
	Wenn Heizkörper vor dem Fenster im Küchenmöbelbereich, wie groß?	
	Maße von Rollladenkästen, Gurten, Bedieneinheiten sowie von Rollos, Jalousien im Küchenmöbelbereich	
Abzug	Lage, Abzüge für Dunstabzugshauben nutzbar?	
Wasser-anschlüsse	Warmwasser zentral aufbereitet oder Durchlauferhitzer/Speicher in der Küche, Leistung (kW)/Wassermenge?	
	genaue Lage (auch Höhe) und ∅ des • Abwasseranschlusses, • Kalt- und Warmwasseranschlusses, ∅ ($\frac{1}{2}$ oder $\frac{3}{4}$)	Wasser wo und wie abstellbar?
Gas	ggf. Lage des Gasanschlusses	
	ggf. Lage einer Gastherme	
Elektro-anschlüsse	Verlauf von Elektroleitungen, auf oder unter dem Putz?	Wo ist der Sicherungskasten? Wie sind die Stromkreise abgesichert (Ampère-Zahl)?
	Position, Größe der Lichtschalter und Steckdosen sowie der Beleuchtung	
	Lage des Herdanschlusses und Kabelverlauf – 5 Kabel: 1 PE (gelb-grün), 1 N (blau), L1, L2, L3 (schwarz und/oder braun)	
Heizung	ggf. Lage der Schläuche der Fußbodenheizung	
	falls keine Fußbodenheizung vorhanden, Lage aller Heizkörper und Heizungsrohre im Küchenbereich	
	ggf. Lage eines Kohleofens in der Küche	

7.7.5 Bedarf an Stauraum für Küchengerätschaften

Neben den baulichen Gegebenheiten und raumbezogenen Maßen wird der Bedarf an Schrankvolumen erfasst. Neben den Küchengeräten wie Herd/Backofen, Spülmaschine und Kühlschrank geht es um den Stauraum *(storage space)* für Töpfe *(pots)*, Pfannen *(pans)*, Geschirr *(dishes)*, Bestecke *(cutlery)* und Kochutensilien *(cooking utensils)*.

Die Menge der zu verstauenden Gegenstände und Geräte (Tab. 1) hängt von der Anzahl der Personen ab, die täglich bekocht werden sollen.

Tab. 1 Zu verstauende Gegenstände und Geräte – Maßbeispiele zur Stauraumermittlung

Gegenstand	Stück	Maße in cm		
		Breite	Tiefe	Höhe
Getränkekiste	1	40	30	29
Saftkarton, Milch	1	10	7	17
Weinflasche	10	∅ 7		30 bis 35
Vorbereiten/Garen				
Wasserkocher	1	25	20	40
Handmixer	1	20	20	15
Kaffeemaschine, Mixer, Küchenmaschine, Toaster	je 1	30	25	40
Messerblock mit Messern	1	12	20	36
Schnellkochtopf 5 l	1	∅ 21		12
Topf groß	2	∅ 24		14
Topf klein	3	∅ 16		10
Milchtopf	1	∅ 16		17
Pfannen gestapelt	3	∅ 30, m. Stiel 45		15
Wok	1	∅ 35		14
Bräter	1	40	25	25
Pizzablech Etagere	1	34	34	12
Fonduetopf	1	20	26	16
Springform	1	∅ 30		10
Tortenform	1	∅ 30		3
Teigschüssel groß	1	∅ 32		24
Schüsselsatz 5-fach	1	∅ 25 max.		22
Salatschleuder	1	∅ 22		26
Sieb/Seiher	2	∅ 25		24
Nudelrolle	1	∅ 6,5		44
Servieren/Speisen				
Teller (flach)	12	∅ 27		1
Teller (tief)	12	∅ 27		2,5
Schälchen	24	∅ 14		6
kleine Teller	24	∅ 20		1
Holzbrettchen	10	∅ 25		2
Kaffeetassen	12	∅ 9		7
Untertassen	12	∅ 12		1
Kekssteller	12	∅ 20		1
Teetassen	12	∅ 15		1
Untertassen	12	∅ 12		1
Eierbecher	6	∅ 12		6
Terrinen/Schüsseln	5	∅ 30		6
Platten	3	22	35	1
Saftgläser groß	12	∅ 7		13
Saftgläser klein	12	∅ 7		8,5
Biergläser	12	∅ 8		17
Weißweingläser	12	∅ 8,5		24
Rotweingläser	12	∅ 8,5		24

Tab. 1 (Fortsetzung)

Gegenstand	Stück	Maße in cm		
		Breite	Tiefe	Höhe
Champagnerschalen	12	∅ 10		14
Cognacgläser	12	∅ 8,5		15
Schnapsgläser	12	∅ 5		5,5
Bestecke		**Längenmaße in cm**		
Tranchiermesser/-gabel	2	34		
Messer	12	23		
Fischmesser	12	22		
Salatbesteck	2	28		
Löffel zum Vorlegen	4	24		
Löffel groß	12	20		
Löffel klein	24	14		
Gabeln zum Vorlegen	2	24		
Gabeln	12	20		
Kuchengabeln	12	14		

7.7.6 Produkt- und gerätebezogene Maße

DIN EN 1116 regelt die Koordinationsmaße für Einbauschränke und Geräte *(coordinating sizes for kitchen furniture and kitchen appliances)* von Küchenmöbeln *(kitchen furniture)*.

Genormte Breitenmaße

Küchenschränke haben eine Standardbreite *(standard width)* von **600 mm** (Tab. 2) und eine Standarddicke *(standard thickness)* der Schrankseiten von **19 mm**.

Tab. 2 Breitenmaße von Korpussen und Geräten nach DIN EN 1116

Korpusbreite innen w_1 in mm	Geräterahmenbreite außen w_2 in mm	Korpusbreite außen w_3 in mm
≥ 460	495 (+0/–10)	500 (schmal)
≥ 560	**595 (+0/–10)**	**600**
≥ 660	695 (+0/–10)	700
≥ 760	795 (+0/–10)	800
≥ 860	895 (amerikanisch)	900

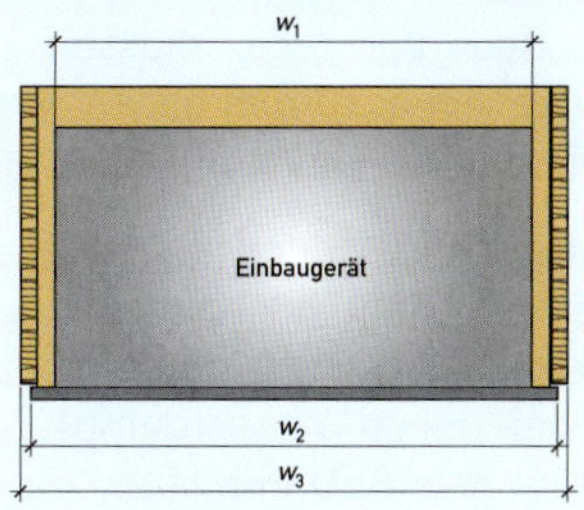

Standardmaße sind fett gedruckt.

Die Planung von Küchen orientiert sich an dieser Korpusbreite, da Einbaugeräte i. d. R. darauf abgestimmt sind. Ausnahmen bilden **Spülbecken** sowie amerikanische Backöfen (bis 900 mm).

Die Standardbreite erlaubt die Planung nach einem Modulsystem und ermöglicht
- den universellen Geräteeinbau,
- die Verwendung gleichartiger Bauteile,
- die Senkung der Kosten.

An den Enden einer Küchenzeile können andere Schrankbreiten gewählt werden. Die Norm legt dafür **Rasterschritte** *(grid intervals)* von 100 mm (± 50 mm) fest; Schrankbreiten von 500 oder 400 mm sind möglich.

Genormte Höhen- und Tiefenmaße

Die **Höhenmaße** orientieren sich an der Höhe der Arbeitsfläche, Standardhöhe **850 mm**.

Diese Höhe ist im Normalfall für alle Einbaugeräte in den Unterschränken ausreichend.

Küchengeräte (Tab. 1) sollten möglichst universell in jeder Küche einbaufähig sein.

Tab. 1 Höhen von Einbaugeräten für Korpusse (lichte Korpushöhe nach DIN EN 1116)

Bei Schrankbreite w_3 = 500 mm	
Backherd	**950** mm
Mikrowelle	**330**, **360**, **420** mm
Bei Schrankbreite w_3 = 600 mm (Standardbreite)	
Unterbaugeräte allgemein (h_2)	770, **820**, 870, 920 mm
Standard-Einbaubackofen	**380** bis **450**, **590** mm
Schaltkasten für Geräte	**68** bis **135** mm
Einbaukühlschränke	880, 1080, **1220**, 1380 mm
Einbaugefrierschränke	1440 mm
Einbau-Kühl-Gefrier-Schränke	**1020**, **1220**, **1450**, 1580 bis 1780 mm
Mikrowelle, Kaffeemaschine, TV-Gerät usw.	**330**, **360**, 420, 450 mm
Bei Schrankbreite w_3 = 900 mm (Standardbreite)	
amerikanischer Backofen	**590** mm

Standardmaße sind fett gedruckt.

Arbeitsplatten *(counter tops)* müssen nach DIN EN 1116 eine Dicke von ≥ **30 mm** haben, wenn Einbaugeräte wie Kochfelder oder Kochmulde verwendet werden.

Der Abstand *(distance)* der Unterkante *(bottom)* der Oberschränke zur Arbeitsfläche *(working surface)* beträgt ≥ **500 mm**. Zu Kochfeldern, Kochmulden und Spülbecken, bei denen Wasserdampf *(water vapour)* entsteht, beträgt er ≥ **650 mm** (Tab. 2).

Die Planung der **Tiefenmaße** ist vor allem von der Gerätenutzung abhängig (Tab. 2).

Damit handelsübliche *(customary)* Geräte verwendet werden können, gelten Vorgaben nach DIN EN 1116.

Tab. 2 Höhen- und Tiefenmaße nach DIN EN 1116 für Rastermaß (*b*/*h*/*t*) von 100 mm ± 50 mm

Höhenmaße allgemein	
h_1	**Arbeitsplattenhöhe:** 800, **850**, 900 oder 950 mm
d	**Dicke von Arbeitsplatten:** ≥ **30 mm** für Kochfeld/Spüle
h_2	**Höhe Unterbaugerät** (h_1 – d): (Tab. 1)
C	**Höhe Oberschränke:** allgemein ≥ **500 mm**, über Herden, Spülen ≥ **650 mm**
Tiefenmaße allgemein	
Unterschränke:	
l_1	**Plattenbreite** i. d. R. **600 mm**
l_2	**Plattenüberstand** ≥ **30 mm**
l_3	**Plattenüberstand** (mit Tür)
A	**lichte Korpustiefe** ≥ **550 mm**
Oberschränke:	
l_4	**Schranktiefe Oberschränke** ≤ **400 mm** (350 ohne Tür)
B	**lichte Korpustiefe Oberschränke**

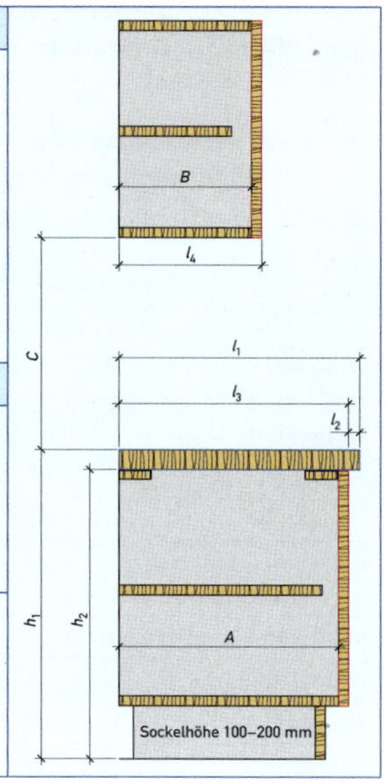

Standardmaße sind fett gedruckt.

Maße von Arbeitsflächen und Spülen

Um ausreichend Platz zu bieten, sollten Arbeitsflächen inkl. Kanten und Wandanschluss eine **Tiefe** von ≥ **600 mm** (S. 251, Tab. 1) haben.

Bezogen auf die nach DIN EN 1116 empfohlenen Arbeitsflächentiefen liegt die Breite handelsüblicher **Arbeitsplatten** bei 600 mm. Für Eckunterschränke *(corner base unit)* und Kochinseln werden jedoch breitere Platten bis 900 mm angeboten.

Die Breitenmaße von Arbeitsflächen (Tab. 3) sind Mindestmaße, die bei Familienküchen eher größer eingeplant werden sollten.

Tab. 3 Arbeitsflächen und Spülen nach DIN 66354

Bauteil	Verwendung	Außenbreite w_3 in mm
Arbeits- und Abstellflächen (Mindestmaß)	**Abstellflächen** neben Herd	**300**
	kleine Arbeitsfläche	300
	normal große Arbeitsfläche	**600**
	große Arbeitsfläche	**1200**
Spülen	Spüle, 1 Becken ohne Abtropffläche	500
	$1\frac{1}{2}$ Becken ohne Abtropffläche **1 Becken mit Abtropffläche**	800
	2 Becken ohne Abtropffläche	900
	2 Becken mit Abtropffläche	**1200**
	nur Abtropffläche	300

Standardmaße sind fett gedruckt.

Das Breitenmaß entspricht der erforderlichen Länge der Arbeitsplatte.

Damit die Arbeitsplatten möglichst fugenlos *(seamless)* über die gesamte Länge einer Küchenzeile reichen, müssen bereits bei der Planung die verfügbaren Abmessungen von Platten unterschiedlicher Anbieter berücksichtigt werden.

Arbeitsplatten werden in unterschiedlichen Werkstoffen und Abmessungen verarbeitet (Tab. 1).

Tab. 1 Handelsübliche Maße von Arbeitsplatten in mm

Vollholz (Buche und Birke)	
Länge	**2400**, **3000**
Breite	**600** (Standard), **900**
Dicke	**28** (Standard), **40**, **50**
HPL und CPL	
Länge	**4100** (Standard), **3300** (AirMaxx)
Breite	**600** (Standard), **900** (Duropal), **920** (Egger), **1200** (Duropal)
Dicke	(28), **38** (Egger, Getalit), **39** (Duropal), **39** (AirMaxx)
Mineralkunststoff	
Länge	**2490**, **3000**, **3300** (LG: HI Mac), **2490**, **3658** (Corian, Staron)
Breite	**760** (Corian, Staron, LG: HI Mac), **910**, **930** (LG: HI Mac)
Dicke	**3**, **6**, **9**, **12** (alle Anbieter)
Granit	Abmessungen je nach Anbieter unterschiedlich
Marmor	
Beton	

7.7.7 Ergonomische Höhenmaße

Die ideale **Arbeitshöhe** *(working height)* ist bei den Menschen individuell sehr unterschiedlich.

Tab. 2 Ergonomische Höhenmaße

normale Arbeitsplattenhöhe	Ellenbogenhöhe – 100 bis 150 mm
Höhe Herdoberfläche	normale Arbeitsplattenhöhe – 100 bis 150 mm
Höhe Oberkante Spüle	normale Arbeitsplattenhöhe + 100 bis 150 mm

Körperhöhe	**h_1 Arbeitsplatte**	**h_1 – 100 mm Höhe Kochfeld**	**h_1 + 100 mm Oberkante Spüle**	**Reichhöhe Oberschränke**
1,35 m	700 mm	650 mm	800 mm	1490 mm
1,45 m	800 mm	700 mm	900 mm	1590 mm
1,55 m	**850 mm**	**750 mm**	**950 mm**	**1690 mm**
1,65 m	**900 mm**	**800 mm**	**1000 mm**	**1800 mm**
1,75 m	950 mm	850 mm	1050 mm	1910 mm
1,85 m	1050 mm	950 mm	1150 mm	2000 mm
1,95 m	1100 mm	1000 mm	1200 mm	2110 mm
2,00 m	1100 mm	1000 mm	1200 mm	2200 mm

Standardmaße sind fett gedruckt.

Besonders bei der Planung von Küchen müssen die **ergonomischen Vorgaben** *(ergonomic specifications)* zur menschlichen Arbeit berücksichtigt werden (Abb. 1). Richtwerte für Arbeitshöhen orientieren sich an Durchschnittswerten der anthropometrischen *(anthropmetric)* Maßverhältnisse nach DIN 33402-2, die nach ergonomischen Gesichtspunkten [▶ 5.4.5] umgesetzt werden müssen. Entsprechend sind nach DIN EN 1116 die Maße vorgegeben (Tab. 2).

Für **Topfoberkanten** muss der Ellenbogen *(elbow)* normalerweise angehoben werden, während das Rühren bei abgesenkten Herdoberflächen angenehmer ist.

Der Topf steht jedoch beim Reinigen im Spülbecken deutlich tiefer, wobei in einem erhöhten Spülbecken die Körperhaltung beim Abwaschen wesentlich günstiger ist.

Bei den **Oberschränken** muss die Reichhöhe *(reach height)* so ausgelegt werden, dass ein bequemer Eingriff über dem obersten Einlegeboden *(shelf)* möglich ist.

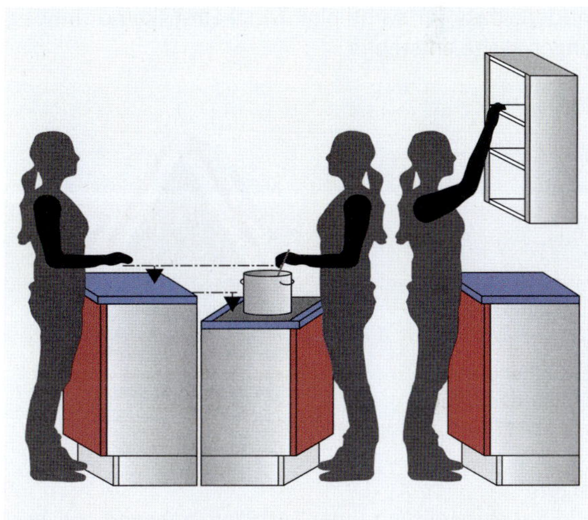

1 Ergonomische Höhenmaße

Die **Niveauunterschiede** *(difference in level)* zwischen Arbeitsfläche, Herd und Spüle (Abb. 1) lassen sich nur sinnvoll planen, wenn die Bereiche jeweils getrennt werden können. Dies ist am besten in U- und G-Küchen sowie in Küchen mit Kochinsel möglich.

7.7.8 Arbeitsabläufe und Funktionsbereiche

Küchen sind Arbeitsräume, in denen die funktionalen Arbeitsabläufe die Anordnung *(arrangement)* der benötigten Schrankinhalte und Geräte bestimmen *(determine)*.

In falsch geplanten Küchen können die einzelnen Arbeitswege zu den Schränken und Geräten die doppelte bis dreifache Länge (S. 252, Abb. 1) von optimal strukturierten Küchen ausmachen.

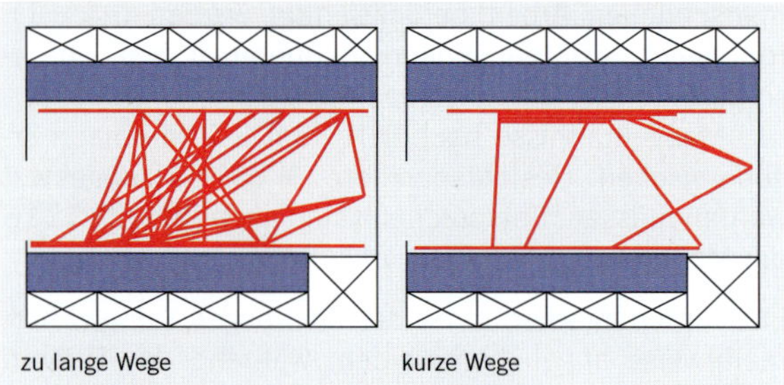

1 Unterschiedliche Länge der Arbeitswege

Bei der Planung von Küchen werden drei **Funktionsbereiche** unterschieden:
- Lagern *(storing)* und Vorbereiten *(preparing)*,
- Garen *(cooking)*,
- Servieren *(serving)* und Spülen *(washing the dishes)*.

Die Funktionsbereiche können in einem **„Arbeitsdreieck“** *(work triangle)* (Abb. 3) so zueinander angeordnet werden, dass für sämtliche Tätigkeiten keine unnötig langen Wege entstehen.

2 Küchenplanung über das Arbeitsdreieck

Lagern
Alle zur Zubereitung einer Mahlzeit notwendigen Vorräte benötigen geeignete Stauräume:
- **Gefrierschrank** zur längeren Aufbewahrung verderblicher Lebensmittel *(perishable foods)*, zur Lagerung von Eis und zum Tiefkühlen bestimmter Getränke;
- **Kühlschrank** für den täglichen Bedarf an verderblichen Lebensmitteln. Eine fünfköpfige Familie, die täglich kocht, benötigt ca. 180 Liter;
- **Trockenvorratslager** für Lebensmittel, die ungekühlt haltbar sind (Trockenvorräte, *dry foods*). Eine fünfköpfige Familie benötigt ungefähr einen Hochschrank in Standardbreite.

Vorbereiten
- **Spülbecken** dienen dem Waschen von Lebensmitteln und dem schnellen Reinigen von Küchenmessern *(kitchen knives)*, deren Stahl in der Geschirrspülmaschine angegriffen würde.
- **Mülleimer** und Spülbecken werden im Bereich „Entsorgen“ benötigt und sollten zwischen den beiden Bereichen geplant werden.
- **Arbeitsflächen** sollten möglichst groß geplant werden, weil sie neben dem Zerkleinern und Formen auch Platz für Kleingeräte und Werkzeuge bieten müssen, ebenso für dauerhaft auf der Platte platzierte Kleingeräte.
- **Gewürze, Backzutaten** *(baking ingredients)* usw. sind Trockenvorräte, die nahe der Arbeitsfläche und Kochstelle platziert sein sollten.

Garen
- Dieser Bereich benötigt neben einer **Kochmulde** *(cooktop)* (Herdplatten) oder einem **Kochfeld** *(hob)* (Glaskeramikfläche) einen **Backofen** *(oven)*. Links und rechts davon sollten hitzebeständige *(heat-resistant)* Abstellflächen eingeplant werden.
- **Mikrowellengeräte** werden häufig auf der Arbeitsplatte stehend, aber auch in einem Schrank installiert verwendet.
- **Gelegentlich verwendete Geräte** wie Brotbackautomaten, Toaster, Waffeleisen und Kleingrills stehen je nach Häufigkeit der Nutzung in einem Schrank dieses Bereichs oder auf der Abstellfläche, die dann größer geplant werden muss.
- **Kochgeschirre** *(cookware)* wie große und kleine Töpfe, Pfannen, Backbleche, Dampfdrucktöpfe, Mikrowellenschalen und Abdeckhaube, Bräter lagern in Unterschränken mit viel Stauraum.
- **Kochwerkzeuge** *(cooking utensils)* wie Messer, Kochlöffel und Kellen lassen sich auf der Abstellfläche am Herd oder mit Halteleisten an der Wand planen. **Gewürze** *(spices)* werden ebenfalls hier gebraucht.
- **Kaffeemaschinen** und **Wasserkocher** *(kettle)* lassen sich auch dem Bereich „Servieren“ zuordnen.

Servieren
Hier werden vornehmlich Schüsseln *(bowls)* und Platten *(serving plates)* sowie Kellen und Anlegegabeln benötigt. Bei Küchen ohne Essplatz lassen sich Teller, Schalen, Tassen, Gläser und Bestecke *(cutlery)* extern in einer Anrichte *(serving cabinet)* am Esstisch *(dining table)* unterbringen.

Spülen, Entsorgen, Verwerten
- Die **Reinigung** *(cleaning)* der verwendeten Gegenstände findet im Spülbecken und Geschirrspüler statt.
- Gleichzeitig muss die **Entsorgung** *(waste disposal)* von Müll und die Verpackung verwertbarer Lebensmittelreste berücksichtigt werden. Hierzu wird Stauraum für Vorratsbehälter, Folien und Gefriertüten benötigt.
- Pfandflaschen, Altglas und Altpapier sollten ebenfalls hier gelagert werden.

7.7.9 Planung über den Grundriss

Die Anordnung der Funktionsbereiche [▶ 7.7.8] und der Platzbedarf [▶ 7.7.6] können zuerst im Grundriss geplant werden.

Dies ist mit unterschiedlichen Methoden möglich:
- **Zeichnerisch** in einem maßstabsgerechten Grundriss *(true to scale groundplan)*. Dazu werden die maßstäblich gezeichneten und ausgeschnittenen Symbole der Geräte und Schränke auf dem Grundriss so lange verschoben, bis alle Abläufe im Arbeitsdreieck optimiert sind.
- Mit einem **3-D-Küchenplaner** *(3D kitchen planner)* werden der Grundriss erstellt und die Geräte und Schränke angeordnet. Die räumliche Wirkung ist sofort kontrollierbar (3-D-Planer sind im Internet kostenlos herunterzuladen).

Für die zeichnerische Planung von Schränken und Geräten gibt es allgemein übliche **Symbole** (abweichende Maße in Rasterschritten von 100 ± 50 mm):

Unterschrank
Standard-Korpustiefe l_3 = 600 mm
Standardbreite w_1 = 600 mm

Hochschrank
Standard-Korpustiefe l_3 = 600 mm
Standardbreite: w_1 = 600 mm

Oberschrank
Standard-Korpustiefe $l_4 \leq$ 400 mm
Standardbreite: w_1 = 600 mm

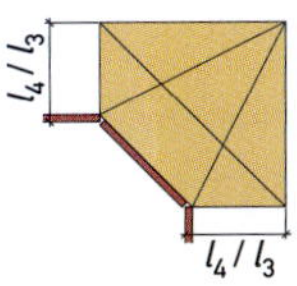

Eck-Oberschrank
Standard-Korpustiefe $l_4 \leq$ 400 mm
Standardbreite: w_1 = 600 mm

Tab. 1 Symbole für Großgeräte allgemein

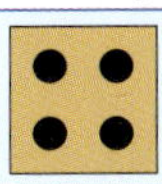	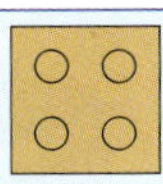	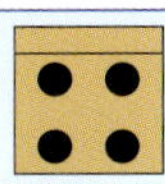	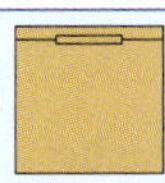	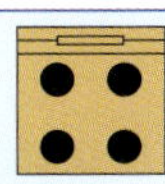
E-Herd (schwarze Scheiben)	**Gasherd** (Kreise)	**E-Herd + Dunstabzug**	**Einbaubackofen**	**E-Herd + Dunstabzug + Einbaubackofen**
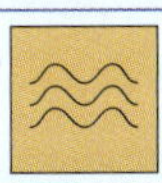	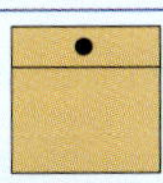	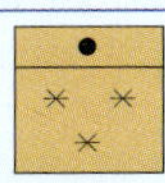	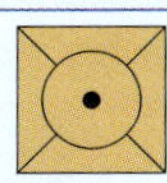	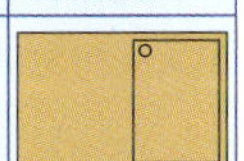
Einbaumikrowelle	**Kühlgerät, Kühl-Gefrier-Kombination**	**Gefrierschrank**	**Geschirrspüler**	**Spüle + Abtropffläche** Breite ≥ 900 mm

Standardmaße: Tiefe l_3 = 600 mm, Breite w_1 = 600 mm

7.7.10 Ausstattung und Beschlagsysteme im Küchenbau

Backöfen und Mikrowellen sind häufig nicht an die übrige Frontgestaltung anzupassen, da ihre Tür mit Edelstahl oder einfarbig beschichtet ist. Unterbaugeräte *(under counter built-in appliances)* haben oft an der Tür einen **Dekorrahmen** mit **Dekorplatte** *(panel)* aus Furniersperrholz oder Hartfaserplatte, deren Beschichtung der Möbelfront angepasst ist. Sie kann auch als Rahmen-Füllung-Profil ausgebildet sein (Abb. 1). Damit sie vom Dekorrahmen gehalten wird, darf nach DIN EN 1116 der Rand nur ≤ 4 mm dick sein.

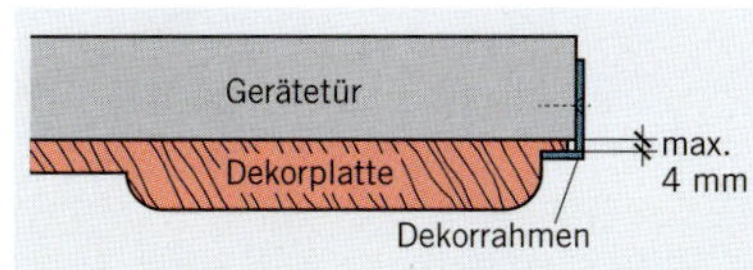

1 Dekorrahmen mit Dekorplatte aufgesetzt

Einbaukühl- und -gefrierschränke werden ebenfalls hinter den Möbeltüren der Korpusse eingebaut. Die Türen der Geräte und die der Schränke müssen miteinander gleitend gekoppelt werden, weil sie jeweils an verschiedenen Drehpunkten angeschlagen sind. Hierfür gibt es spezielle **Schlepp-** oder **Koppelbeschläge** (Abb. 2).

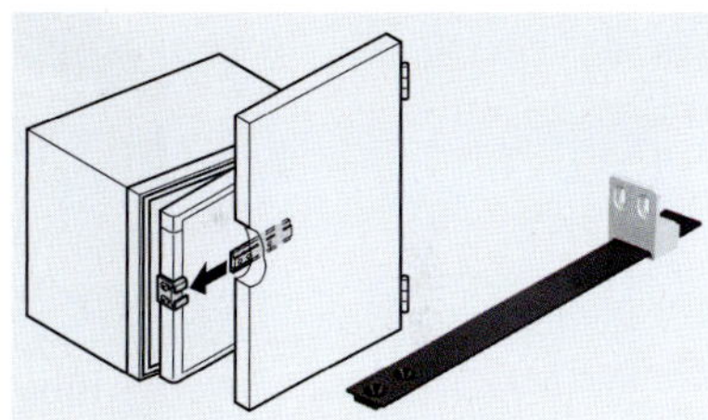

2 Tür mit Koppelbeschlag

Einbaugeräte wie Kühl- und Gefrierschränke, Mikrowellen und Backherde produzieren Wärme, die abgeleitet werden muss. Bei Kühl-Gefrier-Kombinationen in Hochschränken kann diese Wärme hinter dem Korpus nach oben abgeleitet werden. In Unterschränken muss sie hingegen über eingelassene **Lüftungsgitter** *(ventilation grills)* (Abb. 3) im Sockel und in der Arbeitsplatte abgeleitet werden.

3 Lüftungsgitter aus Aluminium zum Einlassen

Für das waagerechte Ausrichten *(aligning)* und Nivellieren *(levelling)* der Hoch- und Unterschränke können hinter den abnehmbaren Sockelblenden **höhenverstellbare Stützen** *(legs)* (S. 254, Abb. 1) montiert werden.

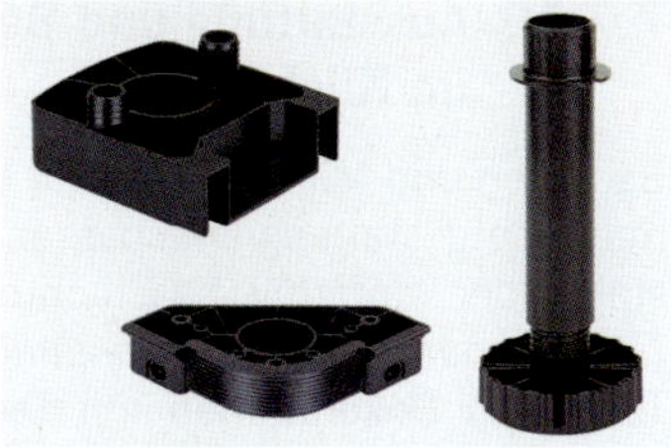

1 Korpusstütze höhenverstellbar

Unter Spülen können **Geschirrtücher** *(kitchen towels)* untergebracht werden, die mit entsprechenden Beschlägen (Abb. 2) griffbereit auszufahren sind.

2 Geschirrtuchhalter ausfahrbar

Für die **Abfallentsorgung**, i.d.R. unter Spülen, werden heute Systeme zur Abfalltrennung *(waste separation)* (Abb. 3) verwendet, die beim Öffnen der Tür ausfahren.

3 Abfallbehälter zur Abfalltrennung

Die Hersteller von Beschlägen bieten eine Vielzahl unterschiedlicher Führungssysteme und Halbfertigprodukte für den **Stauraum** in Küchen an.

Neben den klassischen Besteckkästen *(cutlery trays)* (Abb. 4) sind besonders **Auszüge** *(pullouts)* für Töpfe, Pfannen und Kochwerkzeuge von Bedeutung, aus denen die Utensilien bequem von oben entnommen werden können (Abb. 5).

4 Auszug für Bestecke

Um die Benutzung der Auszüge mit z.T. schweren Gegenständen und Geräten zu erleichtern, können **mechanische** oder **elektromechanische Öffnungsunterstützungen** *(electric opening support)* verwendet werden, die durch leichte Berührung *(touch to open function)* mit Hand, Hüfte oder Knie in Bewegung gesetzt werden. Das Abbremsen erfolgt i.d.R. gedämpft, um den Lärm beim Abstoppen zu mindern.

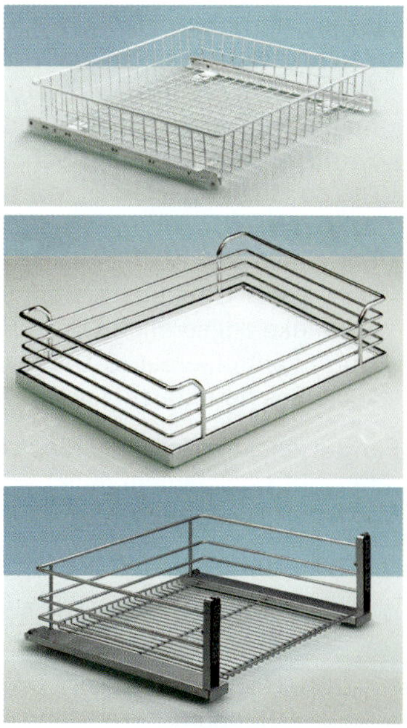

5 Auszüge in unterschiedlichen Ausführungen für Töpfe, Pfannen und Geräte

Mit **Auszugsystemen** für **Hochschränke** können schmale Gegenstände und Geräte hochkant (Abb. 6) verstaut werden.

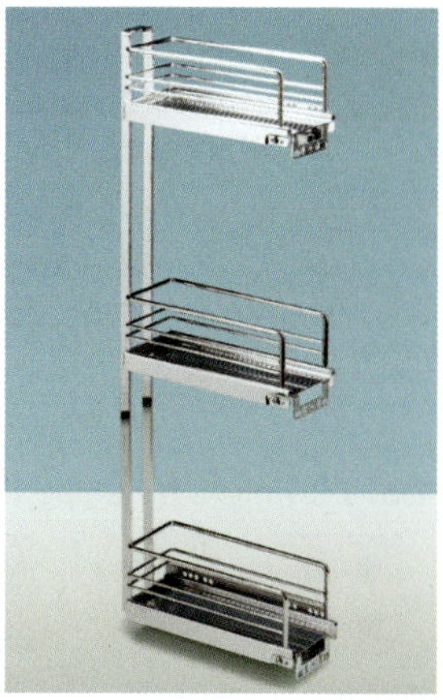

6 Auszugsystem für Hochschränke

Eckschrank-Drehbeschläge *(carousel fittings)* (Abb. 7) können den Stauraumverlust bei der Ausnutzung von Eckschränken bis zu 70% verringern.

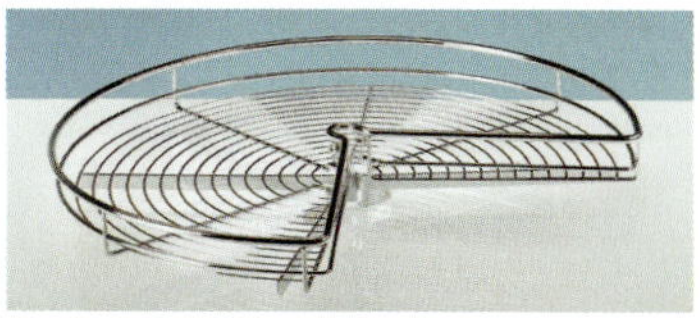

7 Dreiviertel-Eckschrank-Drehbeschlag

Aufwendigere **Eckschrankauszugbeschläge** können den Stauraumverlust bis zu 95% verringern.

Für eine angemessene Beleuchtung sorgen **Lichtleisten** *(light strips)* und **Spotlampen** (Abb. 1).

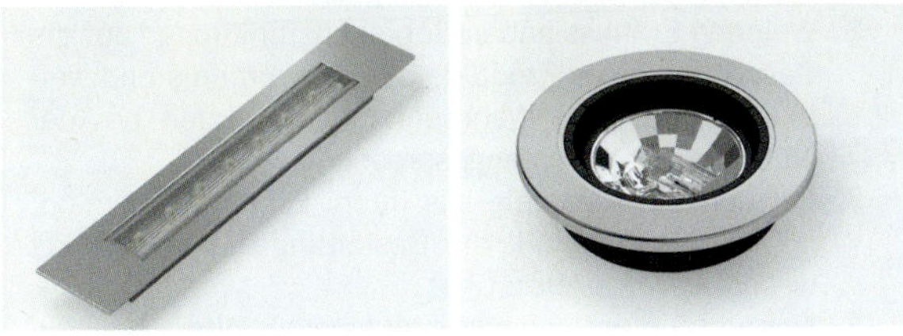

1 Unterschiedliche Beleuchtungen

7.7.11 Gebrauchstauglichkeit

Die Gebrauchstauglichkeit *(usability)* einer Küchenausstattung wird an folgenden Beispielen dargestellt:
- Gebrauchstauglichkeit allgemein (Tab. 1),
- Biegesteifigkeit von Böden und Arbeitsplatten,
- Anforderungen an Küchenoberflächen.

Tab. 1 Gebrauchstauglichkeit allgemein nach DIN 68930

Schlösser Beschläge	• müssen leicht zu bedienen sein • Zuhaltekraft im verschlossenen Zustand ≥ 200 N
Klappen, Türen, Auszüge	dürfen sich nicht selbsttätig öffnen/ schließen (Ausnahme: Schließhilfen)
Eckkarussell/ Halbkreis-drehböden	• Bewegungskraft ≤ 30 N, tangential gemessen • Öffnungs- und Schließkraft ≤ 50 N, rechtwinklig zur Front gemessen

Damit Einlegeböden nicht unter ihrer Last durchbiegen und Arbeitsplatten nicht verkratzen, sind Mindestanforderungen vorgeschrieben.

Durchbiegung

Für die Bemessung der Biegesteifigkeit *(bending stiffness)* von Böden und Arbeitsplatten gilt DIN 68874 (Tab. 2). Die Böden dürfen sich unter Last (Tab. 3) höchstens um 1/100 ihrer Länge durchbiegen. Das sind bei einem Standardschrank mit 600 mm Außenbreite 5,8 mm.

Tab. 2 Gebrauchstauglichkeit Durchbiegung nach DIN 68874

Böden, Bodenträger	Beanspruchungs-gruppe L 50	Durchbiegung allgemein ≤ 1/100 der Stützweite (gemessen an der Vorderkante)
Arbeitsplatten	Beanspruchungs-gruppe L 75	

Für die Standardbelastbarkeit L 50 wird ein Einlegeboden mit 100 kg/m² belastet. In 600 mm breiten Schränken haben sich 19 mm dicke Flachpressspanplatten *(chipboards)* bewährt.

Eine gängige melaminharzbeschichtete *(melamine coated)* Flachpressspanplatte für die allgemeine Verwendung im Feuchtbereich, Fertigdicke 19 mm, Nennbelastbarkeit 50 kg/m², ist wie folgt gekennzeichnet:

MFB P3 19 L 50

Tab. 3 Typische Flächenlasten nach DIN 68874

Gruppe – Beispiele	**N/mm²**	**kg/m²**	**Nenn-belastung**	**Prüflast**
L 25 Tassen, Töpfe, Kannen	0,0002 bis 0,0008	20 bis 80	25 kg/m²	50 kg/m²
L 50 dicke Gläser, Becher	0,0005	50	50 kg/m²	100 kg/m²
L 75 normal große Bücher	0,0007 bis 0,0013	70 bis 130	75 kg/m²	150 kg/m²
L 125 Teller, Papierstapel	0,0009 bis 0,0015	90 bis 150	125 kg/m²	250 kg/m²

Anforderungen an Küchenoberflächen

Die verschiedenen **Beanspruchungsarten** *(types of stress)* haben Kennziffern zwischen 1 und 8. Beanspruchungsarten 4 bis 6 sind nicht mehr erforderlich.

Die erforderlichen **Mindestbeständigkeiten** sind mit Buchstaben von A bis E gekennzeichnet. A ist dabei die höchstmögliche Beständigkeit (Tab. 4).

Tab. 4 Klassifizierung von Beständigkeiten nach DIN 68930 (2009-11)

Bean-spru-chung	**Beanspruchungsart und deren Kennziffer**				
	1	**2**	**3**	**7**	**8**
	che-misch	**Abrieb**	**Ver-kratzen**	**Hitze trocken**	**Hitze feucht**
hoch	1A, 1B	2B	4A	7A	8A
mittel	1C	2C	4B	7B	8B
niedrig	1D	2D 2E	4C 4D, 4E	7C	8C

> **Beispiel:**
> **DIN 68930 – 1B – 2B – 4B – 7B – 8A**
> (1) chemisch hoch belastbar – (2) hoch abriebfest – (4) hoch kratzfest – (7) hoch belastbar durch trockene Hitze – (8) hoch belastbar durch feuchte Hitze (entspricht HPL/CPL HGS o. S333)

Die Mindestanforderungen sind werkstoffabhängig festgelegt (S. 256, Tab. 1 und 2). Da Holzöl und Wachs weniger widerstandsfähig sind als zulässig, wurde kein Grenzwert festgelegt.

Tab. 1 Mindestanforderungen an Oberflächen

Ziffer der Kategorie		1	2	3	7	8
Plattenwerkstoff		Beanspruchung				
		chemisch	Abrieb	Verkratzen	Hitze trocken	Hitze feucht
HPL und CPL	Arbeitsflächen	1B	2B	4B	7B	8A
	sonstige	1C	2D	4C	7C	8B
MFB	Arbeitsflächen	1B	2B	4B	7B	8A
	sonstige	1C	2E	4E	7C	8C
Holz/Furn. lack.	Arbeitsflächen	1C	2E	4E	7C	8B
	sonstige	1C	2E	4E	7C	8C

Tab. 2 Beständigkeit von Oberflächenwerkstoffen für Küchenoberflächen laut Herstellerangaben

Plattenwerkstoff		Belastungsart				
		1	2	4	7	8
		chemisch	Abrieb	Verkratzen	Hitze trocken	Hitze feucht
HPL und CPL	S444	1A	2A	4A	7B	8A
	S333	1B	2B	4B	7B	8A
	S222	1C	2C	4C	7B	8B
MFB		1B	2B	4B-4C (1)	7B	8A
Mineralkunststoff		1A	2C	4C	7B	8A
Granit		1A	2A	2A	7A	8A
Marmor		1B-1C	2A	4B-4C	7A	8A
Edelstahl		1A-1B	2A	4A-4B	7A	8A
Emaille		1A	2A	4A	7A	8A
PVC-Folie		1B-1C	2C	4D-4E	7C	8B
Lacke, Wachse, Öle						
PUR 2 K Lösemittel		1B	2A	4A	7B	8A
PUR 1 K Wasser		1B	2B	4B	7B	8A
Glanz UP		1B	2A	4D	7D (1)(2)	8B
SH	Melamin	1A-1B	2B	4A	7C	8A
	Urethan	1B	2B	4A	7C	8A
Alkydharz Wasser		1B-1C	2C	4C	7B	8A
Acryllack Wasser		1B-1C	2C	4C	7B	8A
CN-Lack		1C (*)	2C	4C	7D (1)(2)	8C (1)
Wachse		1C-1D	2C-2D	4C-4E	7C	8C
Öle		1C-1D	2D	4D-4E	7C	8C

(*) CN-Copolymerisate auch 1B
(1) für Küchenarbeitsflächen unzulässig
(2) für „sonstige" Flächen in Küchen unzulässig

Naturstein, Edelstahl, Emaille (wenig stoßfest), Mineralkunststoff, PVC, Wachse, Öle zulässig, da hierfür keine Grenzwerte festgelegt sind

Aufgaben zu 7.1

1. Welche Bedingungen müssen erfüllt sein, um ein kundengerechtes Produkt zu gestalten?
2. Welchen Einfluss haben Gebrauchsfunktionen auf die Gestaltung eines Produkts bzw. Innenraums und welche ästhetischen Wahrnehmungen werden bei der Nutzung desselben angesprochen?
3. Nennen Sie Beispiele aus Ihrem Erfahrungsbereich, in der die Symbolik die Gestaltung eines Produkts wesentlich beeinflusst hat.
4. Nennen Sie unterschiedliche Möglichkeiten, Maßverhältnisse (Proportionen) eines Produkts rechnerisch zu bestimmen.
5. In einem Innenraum, lichte Höhe 3,00 m, soll der größere Wandbereich mit einer Vertäfelung verkleidet werden. Der Goldene Schnitt soll zur Anwendung kommen. Welche Höhe errechnen Sie?
6. Für diesen Raum soll ein geschwungener Empfangstresen gestaltet werden. Wie ist Ihre Vorgehensweise und welche Matrixsysteme können zur Unterstützung herangezogen werden?
7. Welche Farben haben keine Mischanteile?
8. Für eine Farbberatung möchten Sie mit Ihrem Kunden den Komplementärkontrast erörtern. Wie können Sie Komplementärfarben ermitteln und welche Bedeutung hat dieser Kontrast?
9. Welche Farben wählen Sie, wenn Sie einem kleineren Raum Größe und Frische verleihen möchten?
10. Ihr Entwurf soll dem Kunden vorgestellt werden. Erläutern Sie die Form Ihrer gewählten Präsentation.

English Tasks

11. Which design aspects can be adapted for a handycraft product?
12. How can a designer succeed in developing a product so that a close emotional relationship can be achieved by a customer?
13. Which choice do you have to modify your colour concept by selecting various material? Give examples.

Aufgaben zu 7.2

14. Beschreiben Sie die unterschiedlichen Arten von Holzfußböden.
15. Aus welchen Gründen sollten Fußböden schwimmend verlegt werden?
16. Welche Rolle spielt die Luftfeuchtigkeit beim Verlegen von Holzfußböden?
17. Erläutern Sie den konstruktiven Aufbau eines Dielenbodens auf Lagerhölzern.
18. Nennen Sie Parkettarten und beschreiben Sie deren Unterschiede.
19. Beschreiben Sie den Fußbodenaufbau eines verlegten Parkettbodens.
20. Begründen Sie, weshalb bei einem Parkettboden zur Wand ein Abstand gehalten werden muss.
21. Beschreiben Sie den Aufbau eines verlegten Laminatbodens.
22. Welches sind die Vor- und Nachteile der Beschichtung von Parkettböden mit Lacksystemen?

English Tasks

23. Describe the construction of a wooden floor.
24. Which optical impression do you get when treating a parquet floor with oil?
25. Give five selection criteria for choice of floors.

Aufgaben zu 7.3

26. Nennen Sie fünf Aspekte, die beim Einbau einer Wandverkleidung eine Rolle spielen.
27. Welche Anforderungen werden bezüglich der Unterkonstruktion von Wandverkleidungen gestellt?
28. Beschreiben Sie Möglichkeiten zur Schallreduzierung bei Wandverkleidungen.
29. Erläutern Sie die Wirkungsweise der Innendämmung bei nachträglichen Dämmmaßnahmen.
30. Erläutern Sie die unterschiedlichen Abhängsysteme von Decken.
31. Beschreiben Sie die Möglichkeiten zur Schallreduzierung in Klassenräumen.
32. Nennen Sie drei unterschiedliche Systeme zur Befestigung von Profilbrettern.
33. Wie unterscheidet sich die optische Wirkung von quer und längs laufenden Deckenprofilen?
34. Beschreiben Sie den Aufbau einer wärmegedämmten Deckenverkleidung.
35. Wonach richten sich die Maßnahmen bei der Deckenmontage bezüglich des Brandschutzes?

English Tasks

36. Translate the following words into English: Wandverkleidung, Deckenverkleidung, Aufhängungssystem, Schallschutz, Wärmeschutz, Brandschutz.
37. Explain the effects on people who look at boards which are fixed in a horizontal and in a vertical way.

Aufgaben zu 7.4

38. Erläutern Sie den Begriff „Trockenbauweise" und nennen Sie Vor- und Nachteile.
39. Geben Sie Beispiele der Anwendung sowie Anforderungen an Konstruktion und Werkstoffe von Trockenbausystemen an.
40. Nennen Sie die Elemente und skizzieren Sie den grundsätzlichen Aufbau einer leichten Trennwand.
41. Erläutern Sie die bauphysikalischen Anforderungen an eine leichte Trennwand.
42. Stellen Sie die Vor- und Nachteile einer Metall- und einer Holzkonstruktion gegenüber und benennen Sie jeweils typische Anwendungsbereiche.
43 Beschreiben Sie einige Stahlprofile für Ständerwerke und deren Anwendung.
44. Erläutern Sie den Aufbau von Gipsplatten und die unterschiedliche Ausbildung der Längskanten.
45. Nennen Sie die unterschiedlichen Gipsplattenarten und deren jeweilige Verwendung.
46. Erläutern Sie die Einbaubereiche von Gipsplatten-Montagewänden aus Stahlprofilen.
47. Zeichnen Sie in einer Teilschnittzeichnung die unterschiedlichen T-förmigen Anschlüsse zweier leichter Trennwände.
48. Zeichnen Sie in einer Teilschnittzeichnung die unterschiedlichen L-förmigen Eckverbindungen zweier leichter Trennwände.
49. Fertigen Sie eine Skizze für einen gleitenden Deckenanschluss.
50. Informieren Sie sich über die Verwertung der anfallenden Abfallfraktionen in Ihrer Stadt und erstellen Sie dazu eine Übersicht.
51. Welche Aufgaben haben Installationswände?
52. Nach welchen Qualitätskriterien werden gespachtelte Wände beurteilt und welche Möglichkeiten der Oberflächenbehandlung gibt es?

English Tasks

53. Name different kinds of insulation material and their respective applications.
54. Which options do you know to fix shelves and hanging cabinets onto mounting walls?
55. Explain in which way a wall opening can be integrated into a wall with a steel substructure.

Aufgaben zu 7.5

56. Erläutern Sie die Begriffe „Rechts-" und „Linkstür".
57. Nennen Sie vier Arten von Türrahmen und erläutern Sie ihre Aufgaben.
58. Beschreiben Sie die konstruktiven Merkmale der unterschiedlichen Türrahmen.
59. Nennen Sie die unterschiedlichen Arten von Türflügeln bzw. Türblättern.
60. Erläutern Sie die richtige Anordnung der Diagonalstrebe an Latten- und Brettertüren.
61. Beschreiben Sie den Aufbau einer Rahmentür mit Füllungen in Vollholz und Holzwerkstoffen.
62. Nennen Sie mögliche Eckverbindungen für Rahmentüren, vergleichen Sie die Konstruktionen und nennen Sie die Vor- und Nachteile.
63. Welche Ausführungen von Türfüllungen gibt es und welche Merkmale unterscheiden sie?
64. Welche Werkstoffe kommen beim Aufbau einer Sperrtür zum Einsatz?
65. Wovon sind die Normgrößen der Sperrtüren abgeleitet?
66. Erläutern Sie die Rechts- und Linksbezeichnungen von Türbändern und Schlössern.
67. Erläutern Sie die konstruktiven Unterschiede der Bänder für Innentüren.
68. Welche Bedeutung haben die Bandbezugslinien (BBL) für Türen nach DIN 18268?
69. Beschreiben Sie die verschiedenen Funktionselemente von Schlössern für Innentüren.
70. Nennen Sie die gebräuchlichen Schlossarten in der Reihenfolge ihrer Sicherungsqualität.
71. Beschreiben Sie die inhaltlichen Unterschiede der Klassen von Türschlössern.
72. Erläutern Sie die Funktionsweise elektronischer Schließsysteme und nennen Sie Einsatzbeispiele.
73. Welche Besonderheiten sind bei Konstruktion und Montage von Schiebetüren zu beachten?
74. Beschreiben Sie die Funktionsweise von Falt- und Harmonikatüren.
75. Welche Möglichkeiten gibt es, die Schalldämmungen von Türen zu verbessern?
76. Welche Bedeutung haben Schallschutzklassen von Türsystemen?
77. Beschreiben Sie das Grundprinzip von Rauchschutztüren.

78. Worin besteht das Prinzip von Strahlenschutztüren und wo werden diese Türen eingesetzt?
79. Nennen Sie Merkmale für barrierefreie Zugänge.
80. Welche Maßnahmen dienen der Erhöhung der Sicherheit einbruchhemmender Wohnungsabschlusstüren?

English Tasks

81. Name functions of a door.
82. Describe construction details of different types of door frames.
83. Name the information you need to order locks.
84. List 4 different types of hinges used for interior doors.

Aufgaben zu 7.6

85. Nennen Sie Vor- und Nachteile von Einbaumöbeln und begründen Sie diese.
86. Erläutern Sie die konstruktiven Möglichkeiten eines Einbauschranks in einer Raumnische.
87. Aus welchen Werkstoffen sollen Rückwände bei Einbaumöbeln nach VOB gefertigt werden?
88. Altbauten haben häufig Außenwände mit schlechter Wärmedämmung. Worauf ist bei der Montage von Einbaumöbeln zu achten?
89. Welchen Abstand soll die Rückwand bei einem gefüllten Einbaukleiderschrank an einer Altbauaußenwand mit schlechter Wärmedämmung haben?
90. Wie groß muss der Abstand von Holzteilen eines Einbauschranks bis zum Rauchrohr eines Kamins sein?
91. Begründen Sie, weshalb keine Lüftungsschlitze bei vertikal verlaufenden Wandanschlüssen vorgesehen sind.
92. In einem 94 m² großen Raum soll ein Raumteiler aufgestellt werden.
    Wie gehen Sie vor, wenn Sie den Raumteiler im Abstand von 4400 mm (lt. Skizze) aufstellen?

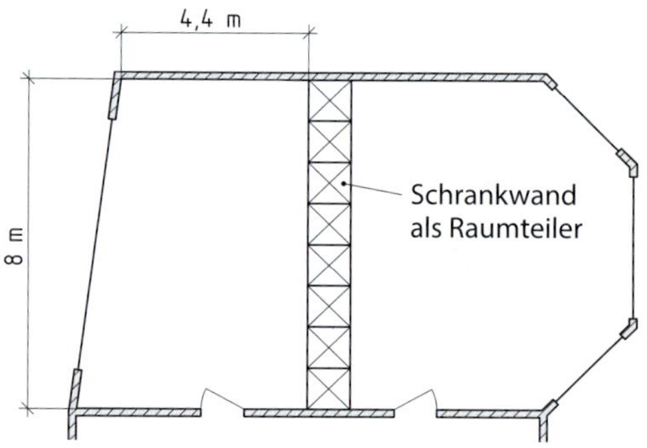

English Tasks

93. Describe the differences between wall cabinets, build-in furnitures and room dividers. Make a list.
94. In which way is the construction of a wardrobe used as a built-in furniture different to a free standing cupboard?
95. Which constructions concerning floor connections would you choose? Give examples.

Aufgaben zu 7.7

96. Nennen sie den erforderlichen Zwischenraum zwischen zwei Schrankzeilen.
97. Nennen Sie die drei Funktionsbereiche des Arbeitsdreiecks mit jeweils drei Ausstattungsbeispielen.
98. Planen Sie für einen Single-Haushalt die Mindestausstattung eines Topfschranks mit Werkzeugschublade.
99. Erläutern Sie einem Kunden, weshalb die Einbauspüle zwischen zwei Positionen des Arbeitsdreiecks angeordnet wird.
100. Abbildungen von Küchenmöbeln in Katalogen werden vor allem für die Bildästhetik zusammengestellt. Schlagen Sie in einer solchen Abbildung Verbesserungen in der Anordnung der Ausstattung vor.
101. Begründen Sie, weshalb Ablage- und Arbeitsflächen möglichst groß geplant werden sollten.
102. Nennen Sie das lichte Höhenmaß, das ein Standardbackofen für 600 mm breite Korpusse benötigt.
103. Nennen Sie die ergonomischen Idealhöhen, ausgehend von der Ellenbogenhöhe, für
    a) Arbeitsflächen,
    b) Herdoberflächen und
    c) Oberkante Spülen.
104. Nennen Sie die erforderliche Mindestdicke einer Arbeitsplatte, wenn darin ein Kochfeld eingebaut wird.
105. Nennen Sie Beschlagsysteme, die im Küchenbau eingesetzt werden, und erläutern Sie deren Funktion.

English Tasks

106. List the minimum amount of built-in appliances for a two-person household.
107. Explain why it is good to have only few different widths of cabinets.
108. Name the minimum distance between worktop and stove and wall cabinets.

8 Treppen

Wenn die Haustür eines mehrstöckigen Gebäudes geöffnet wird, fällt in der Regel zuerst die Treppe zu den Obergeschossen auf (Abb. 1).

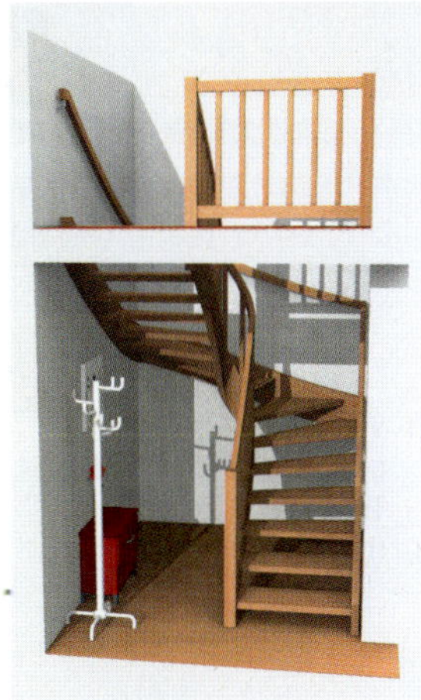

1 Halbgewendelte, halbgestemmte Treppe

8.1 Bauweisen, Grundbegriffe

Ein Treppenlauf ist nach DIN EN 14076 eine kontinuierliche Reihe von Treppenstufen zwischen zwei Ebenen. Er umfasst nach DIN 18065 die gesamte Konstruktion einschließlich Wangen und Handlauf zwischen zwei Ebenen (Geschossdecken, Podeste).

8.1.1 Treppentypen nach Tragkonstruktion

Wangentreppen

Wangentreppen *(stringer stairs)* (Abb. 2) sind die häufigste Bauweise. Sie haben als Tragkonstruktion eine zur Wand zeigende **Wand-** und eine raumseitige **Frei-** bzw. **Lichtwange** (S. 261, Abb. 2), in die die Stufen eingelassen werden. Unterschieden werden:

Gestemmte Treppen haben **Setzstufen** *(risers)*, die mit der unteren Stufe verschraubt sind. Die Setzstufe hindert die darüberliegende Stufe am Durchbiegen. Gestemmte Treppen knarren am wenigsten und können nachjustiert werden, indem die Setzstufen unten gelöst, hochgedrückt und neu verschraubt werden.

Halbgestemmte Treppen wirken im Raum transparenter und leichter, weil sie den Blick durch den Treppenlauf zulassen. Sie sind aber anfälliger für Knarren: Die Biegesteifigkeit der Stufen ist ausschließlich von ihrer Dicke und vom E-Modul des Stufenwerkstoffs [▶ GK 4.12.4] abhängig.

Bei **eingeschnittenen Treppen** werden die Aussparungen für die Stufen über die gesamte Wangenbreite eingeschnitten und dann ausgestemmt.

Eingeschobene Treppen haben Aussparungen, die hinten geschlossen (gestemmt) und vorne eingeschnitten (offen) sind.

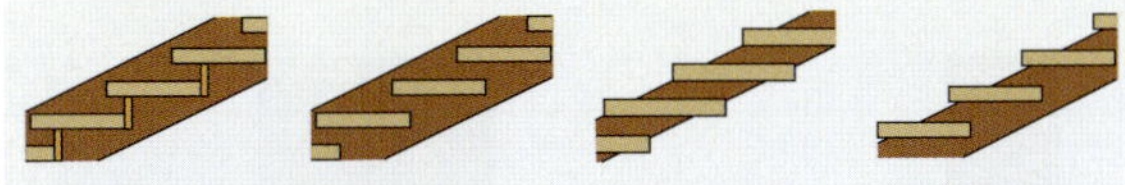

2 Wangentreppen

Treppen mit Tragholmen (Treppenbalken)

Anders als bei seitlichen Wangen liegen hier die Treppenstufen in Laufrichtung auf ein oder zwei tragenden Holmen als breitere Tragbalken (Abb. 3).

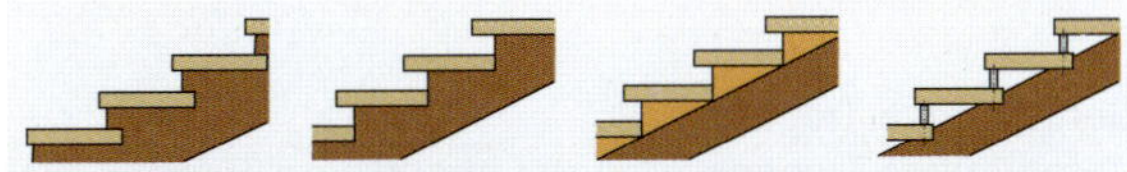

3 Treppen mit Tragholmen

Andere Bauweisen

Die Standsicherheit (Statik) folgender Treppen (Abb. 4) muss rechnerisch überprüft werden:

Bei **abgehängten Treppen** hängen die Stufen an Seilen oder Zugstäben, die oben an einem Handlauf oder an der Geschossdecke befestigt sind.

Faltwerktreppen sind biegesteif miteinander verleimte Tritt- und dickere Setzstufen.

Wandverdeckte Stahlkonstruktionen sind Tragsysteme, die z. B. durch eine Trockenbauwand verdeckt werden. Die vorgebohrten Stufen werden auf aus der Wand ragenden Stahlstäben aufgesetzt.

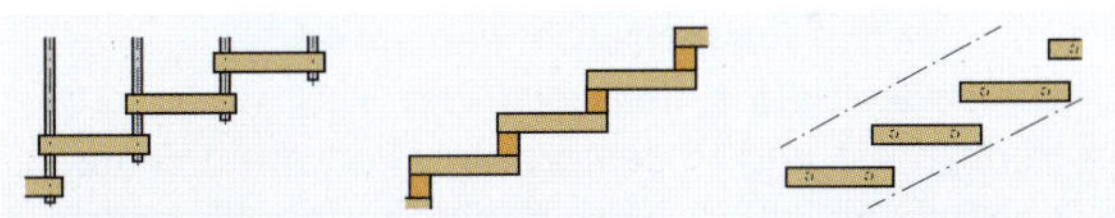

4 Weitere Treppenbauweisen

8.1.2 Treppentypen nach Laufführung

Anzahl der Läufe

Nach der Anzahl der Läufe zwischen zwei Geschossebenen oder zwischen einer Geschossebene und einem Podest werden ein- oder mehrläufige Treppen (S. 260, Abb. 1) unterschieden:

Einläufige Treppen *(single-flight stairs)* (S. 260, Abb. 1 a) gibt es vor allem in modernen Einfamilienhäusern, deren Geschosshöhe anders als bei Altbauten häufig < 3 m beträgt.

Zweiläufige Treppen *(double-flight stairs)* (S. 260, Abb. 1 b) gibt es vor allem in Treppenhäusern von Mehrfamilienhäusern, da dort die Wohnetagen deutlich höher sind.

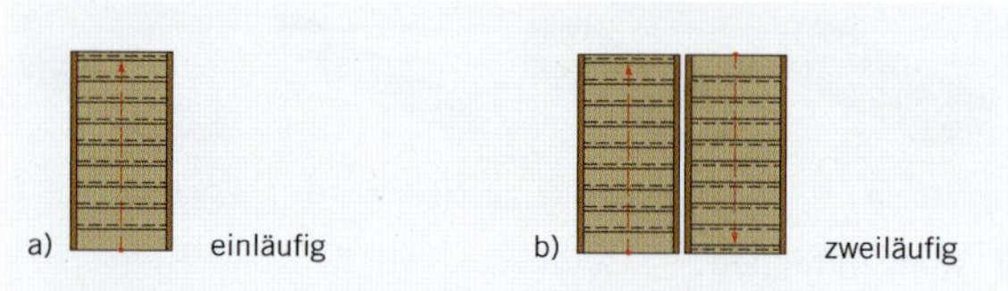

1 Anzahl der Treppenläufe

Außer in Einfamilienhäusern mit höchstens zwei Wohnetagen ist nach der 17. Stufe (18 Steigungen) ein **Zwischenpodest** vorgeschrieben.

Geradläufige Treppen
Geradläufige Treppen *(straight stairs)* sind Treppen, bei denen der gesamte Treppenlauf aus gleichförmigen, rechtwinkligen Stufen besteht. Wenn die Läufe sehr lang sind, muss ein Zwischenpodest eingebaut werden. Die Treppen werden als **Podesttreppen** *(platform stairs)* oder **Winkeltreppen** bezeichnet (Abb. 2).

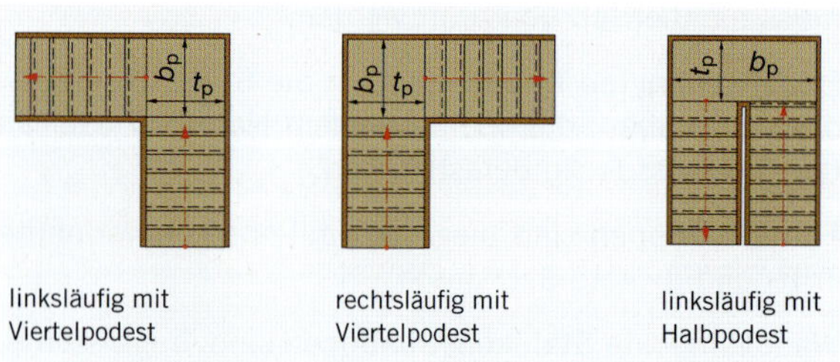

2 Podesttreppen

- Die **Podestbreite b_p** wird in Richtung der anliegenden Austrittsstufe gemessen.
- Die **Podesttiefe t_p** liegt dazu um 90°.
- Podesttiefe und Podestbreite sollen mindestens so groß sein wie die Breite der Treppenläufe in Handlaufhöhe (nutzbare Laufbreite).
- Für Gebäude gilt allgemein $t_p \geq 3{,}5\,a$, bei Wohngebäuden mit bis zu 2 Wohnungen oder innerhalb von Wohnungen $t_p \geq 2{,}5\,a$.

Gewundene und gewendelte Treppen
Gewendelte und gewundene Treppen haben Stufen, deren Vorder- und Hinterkante keilförmig verlaufen.

Gewendelte Treppen *(winding staircases)* bestehen aus einem geraden Lauf sowie einem Abschnitt (Wendelung), bei dem die Laufrichtung im Bogen geführt wird. Sie werden i.d.R. in Einfamilienhäusern eingesetzt.

Durch die Wendelung sind sie nicht so lang wie geradläufige Treppen, benötigen aber mehr Platz in der Breite. Da sie ohne Zwischenpodest auskommen, sind sie in ihren Gesamtmaßen kompakt, ohne den Laufkomfort einzuschränken.

3 Viertelgewendelte Treppe (rechtsläufig)

4 Halbgewendelte Treppe (linksläufig)

Nach Laufrichtung und Größe dieses Bogens werden unterschieden:
- **viertelgewendelte Treppe** (Abb. 3), bei der die Wendelung einen Viertelkreis um 90° beschreibt (rechts- oder linksläufig),
- **halbgewendelte Treppe** (Abb. 4), bei der die Wendelung einen Halbkreis um 180° beschreibt (rechts- oder linksläufig).

Gewundene Treppen *(curved staircases)* (Abb. 5) haben keinen geradläufigen Abschnitt. Sie benötigen einen sehr großen Raum (Eingangshalle). Dafür sind sie aber besonders repräsentativ.

Spindeltreppen *(spiral stairs)* (Abb. 5) sind besonders als Nebentreppen, z. B. in Maisonettewohnungen oder bei Galerien, geeignet.

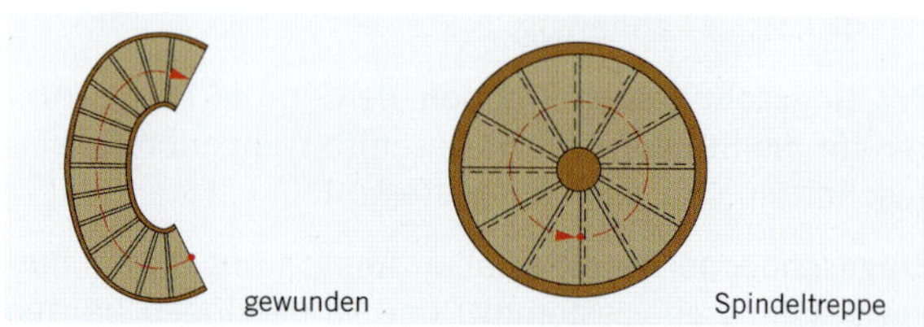

5 Gewundene und Spindeltreppe

8.1.3 Treppenstufen nach Einsatzgebiet

Die **Antrittstufe** *(bottom step)* ist die erste, die **Austrittstufe** *(top step)* die letzte Trittstufe (Abb. 2).

Gerade Stufen *(straight steps)* in geradläufigen, abschnittweise in gewendelten Treppen haben parallele Vorder- und Hinterkanten (Abb. 1 a).

An **Raumspartreppen** wechseln sich die Stufen für den linken und rechten Fuß ab (Abb. 1 b).

Bei **verzogenen Stufen** *(wound steps)* an gewendelten Treppen werden die Auftrittsbreiten an der Innenseite der Wendelung stetig schmaler (Abb. 1 c).

Die **Eckstufe** *(kite winder)* (Zwickeltritt, Spickeltritt), die symmetrisch in der Diagonalen der Laufecken liegen sollte, hat die schmalste Auftrittbreite am Eckpfosten bzw. Krümmling (Abb. 1 d) [▶ 8.3.2].

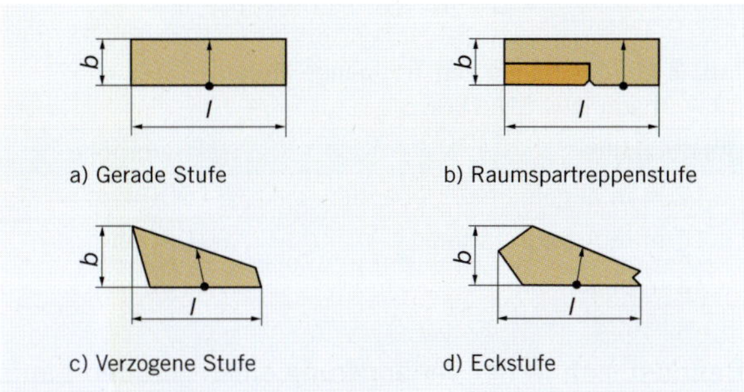

1 Treppenstufen nach Einsatzgebiet

8.1.4 Maßbezeichnungen

- Das **Treppenloch** (Treppenöffnung) ist eine Aussparung in der oberen Geschossdecke.
- Das **Treppenauge** *(stairwell)* ist die lichte Öffnung zwischen Treppenläufen und Absätzen, z. B. bei halb- und vollgewendelten Treppen in Treppenhäusern, die von den Freiwangen begrenzt wird.
- Die **Geschosshöhe *H*** *(height between floors)* ist das lotrechte Maß zwischen den fertigen Fußbodenoberflächen (OFF) der Geschossebenen.
- Die **Treppenraumlänge *l*** ist das horizontale Lichtmaß von Wand zu Wand in Lauflinienrichtung.
- Die **Lauflänge L_G** *(fligh length)* ergibt sich aus der Anzahl der Auftritte von Vorderkante Antrittstufe bis Vorderkante Austrittstufe. Sie wird waagerecht (im Grundriss) gemessen.
- Die **Laufbreite b_l** *(fligh width)* ist die Außenbreite der gesamten Treppe einschließlich Wangen und Handlauf.
- Die **nutzbare Laufbreite** ist das Lichtmaß in Handlaufhöhe, z. B. zwischen einer Wand und der Innenfläche des Handlaufs.
- Der **Neigungswinkel** ∀ des Treppenlaufs gibt an, wie steil die Treppe ist. Das Maß ergibt sich aus dem Steigungsmaß der Stufen (arc tan (s/a) in °).

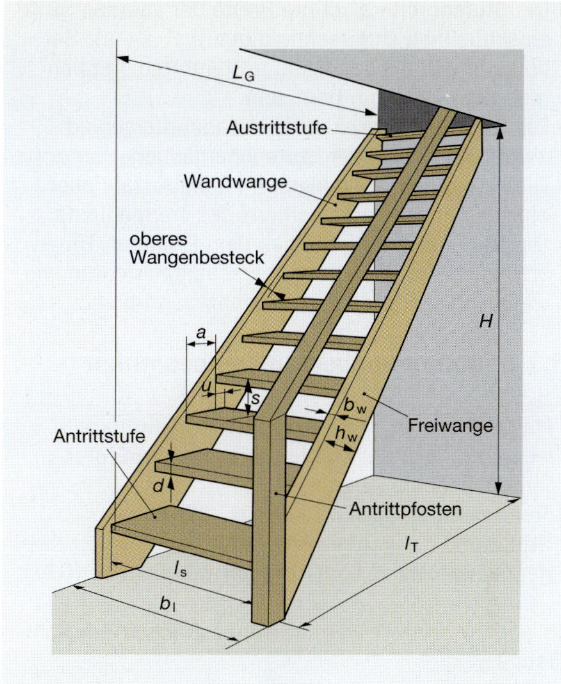

2 Maße und Begriffe an Treppen

Maße an den Treppenwangen

- Die **Stützweite l_T** der Wange *(string)* ist für die statische Berechnung ein wichtiges waagerechtes Maß, von Mitte des unteren Auflagers bis zum senkrechten Anschlag oben an der Wand gemessen.
- Die **Wangenbreite h_W** entspricht der Bohlenbreite der Wange und wird rechtwinklig zur oberen Schmalseite gemessen.
- Die **Wangendicke b_W** entspricht der Bohlendicke in der Draufsicht.
- Das **Wangenbesteck** *(area between top edge of string and front edge of step)* (≥ 40 mm) liegt bei eingelassenen Stufen parallel zur Faserrichtung zwischen Wangenoberkante und Stufenvorderkante.

Maße an den Treppenstufen

- Die **Stufenlänge *l*** ist die Länge eines die Treppenstufe *(step)* umspannenden Rechtecks. Sie wird parallel zur Vorderkante gemessen.
- Die **Stützweite l_s** ist die statisch wirksame Stufenlänge, bei Wangentreppen ist es das Lichtmaß zwischen den Wangen.
- Die **Gesamtstufenbreite *b*** ist die Breite des die Stufe umspannenden Rechtecks bei verzogenen Stufen. Sie wird quer zur Vorderkante gemessen.
- Der **Auftritt *a*** ist die in der Draufsicht sichtbare Breite der Stufe, also ohne Unterschneidung.
- Die **Unterschneidung *u*** ist eine Breite in der Draufsicht, die von der Vorderkante der nächsthöheren Stufe bis zur Hinterkante reicht. Bei offenen Treppen beträgt sie ≥ 30 mm.

- Die **Stufenbreite a_s** ist die Breite der geraden Stufe einschließlich Unterschneidung ($a_s = a + u$). Bei baurechtlich notwendigen, gestemmten Treppen muss $a_s \geq 260$ mm breit sein.
- Die **Steigung *s*** *(rise)* ist der Höhenunterschied aufeinanderfolgender Stufenoberflächen.
- Die **Anzahl der Steigungen *n*** ist die Anzahl aller einzelnen Höhenunterschiede des Treppenlaufs.
- Die **Stufendicke *d*** ist neben dem E-Modul (Biegesteifigkeit des Werkstoffs) entscheidend dafür, wie viel sich die Stufe beim Begehen durchbiegt.

8.1.5 Anforderungen an Treppenstufen

Halbgestemmte Wangentreppen knarren *(creak)*, wenn durch zu starke Durchbiegung die Stufen in ihren Wangentaschen reiben.
Treppenstufen dürfen sich max. 1/300 der Stützweite l_s durchbiegen. In der Baustatik ist dies der **Grenzzustand der Gebrauchstauglichkeit (GZT)**.

Je nach Werkstoff werden **Mindestdicken** empfohlen (Tab. 1).

Tab. 1 Empfohlene Dicken von Treppenstufen aus Vollholz

Stützweite l_s in mm	800	900	1000	1100	1200
$d \geq$ in mm	40	45	45	50	55
Stufen aus Tischlerplatte EN 636					
Decklage in mm	2,3	3	4	5	6
+ Trägerplatte in mm	44	44	44	44	44
+ Decklage in mm	2,3	3	4	5	6
Σ = Plattendicke	$d \geq 48{,}6$	$d \geq 50$	$d \geq 52$	$d \geq 54$	$d \geq 56$

Treppenstufen müssen dabei D3-verleimt werden. **Vollhölzer** werden mit Kronenfuge (Keilzinken) gefügt. Nach VOB-C müssen Stufen aus Nadel-Vollhölzern nach DIN 68365 mindestens der Güteklasse I, Stufen aus Laub-Vollhölzern nach DIN 68368 der Güteklasse II entsprechen. **Furniersperrholz EN 636** muss beidseitig mit Hartholzfurnier von ≥ 2,3 mm Dicke oder bei einer weicheren Holzart von ≥ 5 mm Dicke furniert sein. Eine Furniervorderkante muss ≥ 6 mm dick sein.

Die **Abriebbeständigkeit** ist neben der Oberflächenbeschichtung abhängig von der Brinellhärte des Stufenwerkstoffs. Die Härte steigt an
- bei Nadelholzstufen: Kiefer, Lärche, Pitch Pine, Red Pine, Douglasie,
- bei Laubholzstufen: Birke, Meranti, Ahorn, Iroko, Ulme, Kirschbaum, Rotbuche, Eiche, Esche, Wengé, Nussbaum.

8.2 Sicherheitsbestimmungen

Absturzsicherung

Ab einer Höhe von 1 m über tieferen Flächen ist eine Absturzsicherung vorgeschrieben.

Meist ist dies ein Treppengeländer *(railing)*. Dafür gelten die in Tab. 2 genannten Mindesthöhen.

Tab. 2 Mindesthöhen von Treppengeländern
nach DIN EN 18065

Absturzhöhe	Geländerhöhe
≤ 12 m in allgemeinen Gebäuden	≥ 900 mm
≤ 12 m in Arbeitsstätten	≥ 1000 mm
> 12 m allgemein	≥ 1100 mm

Befindet sich in der Verlängerung eines geraden Laufs ein Fenster, muss dieses eine **Sicherheitsverglasung** haben.

Baurechtlich notwendige Treppen sind Treppen, die den ersten Rettungsweg ermöglichen müssen.

Baurechtlich notwendige Treppen müssen den Transport einer Krankentrage nach DIN EN 18065 ermöglichen (Abb. 1).

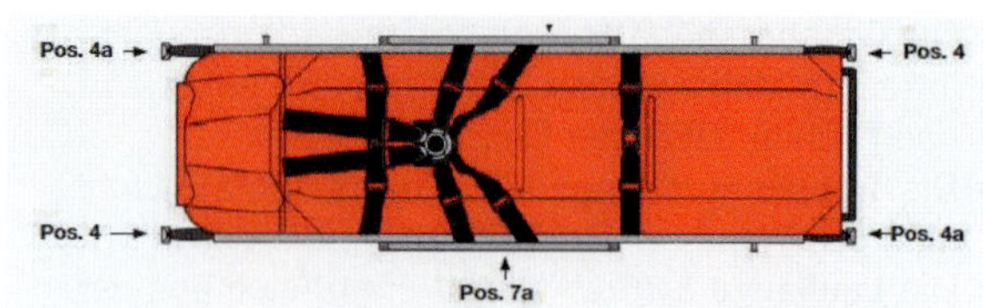

1 Krankentrage – Maße

Sicherheit für Kleinkinder

Der **lichte Abstand** von **Geländerelementen** muss in jeder Richtung ≤ **120 mm** betragen.

Die Geländer sind so zu gestalten, dass ein Überklettern (z. B. durch senkrechte Stäbe oder Scheiben) erschwert wird. Bei Geländern neben dem Treppenlauf oder Podest muss das Maß zwischen Geländer und Stufe/Podest ≤ **60 mm** betragen.

Der **lichte Stufenabstand** *(step clearance)* offener Treppen darf in allgemeinen Gebäuden ≤ 120 mm betragen. Der Zwischenraum kann durch dickere Stufen oder durch eine „Baurechtleiste" unter den Stufen verkleinert werden. Beides verringert die Durchbiegung der Treppenstufe.

1 Kinderschutztür

Nach DIN 18065 müssen Kleinkinder wirksam am unbeaufsichtigten Betreten der Treppe gehindert werden. Geeignet sind z. B. verriegelbare **Kinderschutztüren** (Abb. 1).

8.3 Treppenplanung

Eine gute Treppe lässt sich mit geschlossenen Augen normal begehen. Manche Treppen kann man nur hochrennen oder mit Trippelschritten benutzen. Andere Treppen wie Dresdens berühmte Freitreppe, die von den Brühlschen Terrassen zur Augustusstraße herunterführt, zwingen zum majestätischen Schreiten.

Grund ist das jeweilige **Steigungsverhältnis** *(rise-to-tread ratio)* der Treppe und das **Schrittmaß** *(stride length)*, das von der Körpergröße des jeweiligen Benutzers abhängig ist (Abb. 2).

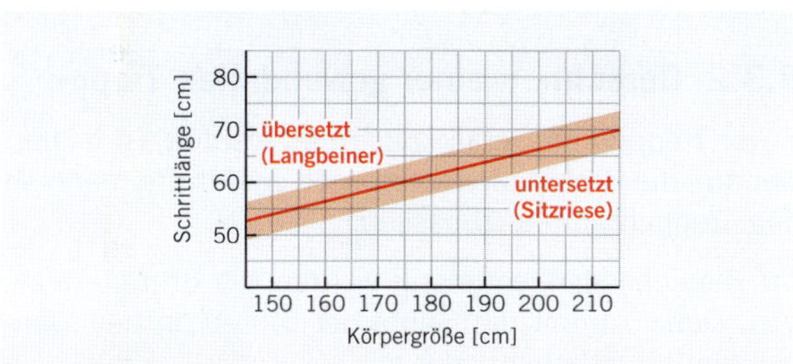

2 Schrittmaß in Abhängigkeit zur Körpergröße

Bei normal proportionierten Menschen ist die Körpermitte etwa in der Höhe des Schambeins. Ihr Schrittmaß beträgt ca. 1/2,7 der Körpergröße.

Man bezeichnet Menschen mit
- sehr langen Beinen und kürzerem Oberkörper als „übersetzt",
- sehr langem Oberkörper und kürzeren Beinen als „untersetzt".

8.3.1 Grundmaße von Treppen

Gleichgültig ob eine geradläufige, eine Winkeltreppe oder eine gewendelte Treppe geplant werden soll, zunächst muss ermittelt werden, wie viel einzelne Steigungen *(rises)* die Treppe haben wird. Dazu muss festgelegt werden, wie hoch jede Stufe werden soll.

Für das Maß der Steigung s gibt es Richtwerte (Tab. 1).

Tab. 1 Richtwerte für Steigungen *s*

Ort der Treppe	Steigung *s*
im Freien	140 bis 160 mm
in Schulen	150 bis 170 mm
in Mehrfamilienhäusern	170 bis 180 mm
in Einfamilienhäusern	170 bis 190 mm
zu Kellern, Dachböden	190 bis 200 mm

Allgemein wird mit $s = 170$ mm geschätzt. Dieser Wert gehört zum als **ideales Stufenmaß** bezeichneten Maßverhältnis von $a : s = 290 : 170$ (Abb. 3).

Schritt 1: **Steigungszahl *n* festlegen**
zunächst geschätzt $s = 170$ mm; $\boldsymbol{n} \approx \frac{H\,(\text{mm})}{s}$
Schritt 2: **Berechnung der Steigungszahl *n***
Annahme: $H = 500$ mm $\boldsymbol{n} \approx \frac{H\,(\text{mm})}{170\text{ mm}} \Rightarrow n = \frac{500\text{ mm}}{170\text{ mm}} = 2{,}94 \Rightarrow$ **3 Steigungen**

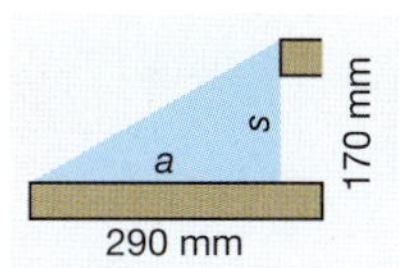

3 Ideales Stufenmaß

Da alle Stufen gleich hoch sein müssen, muss n eine natürliche Zahl ergeben, im Beispiel 2 oder 3 Steigungen. Wird festgelegt, dass die 500 mm hohe Treppe mit nur 2 Steigungen auskommen soll, würde die Treppe bei geringerer Länge steiler werden. Fällt die Entscheidung aber für 3 Steigungen, würde die Treppe zwar länger, aber dafür auch bequemer (Abb. 4).

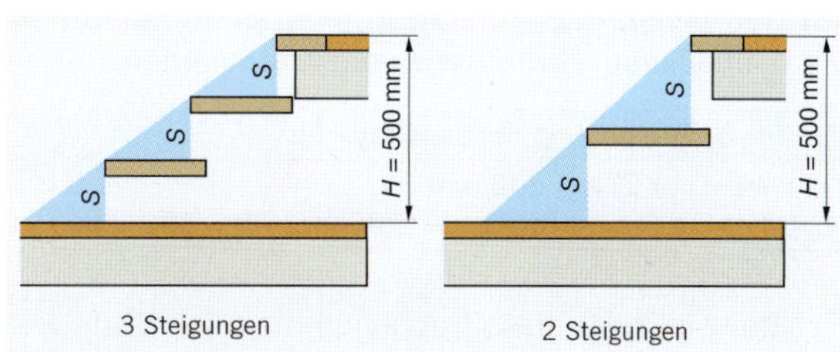

4 Steilheit und Länge der Treppe in Abhängigkeit von der Steigungszahl

Da $n = 2{,}9$ zudem fast 3 ergibt, liegt s anschließend näher am Idealmaß.

Schritt 3: **Berechnung der Steigung *s*** (Stufenhöhe)
$\boldsymbol{s}\,(\text{mm}) \approx \frac{H\,(\text{mm})}{n} \Rightarrow s = \frac{500\text{ mm}}{3} =$ **167 mm**

s muss bei baurechtlich notwendigen Treppen zu Wohnräumen nach DIN 18065 ≥ 140 mm und ≤ 200 mm hoch sein.

Die Bedingung ist mit 167 mm erfüllt.

Die Auftrittbreite a der Stufe muss zusammen mit der Stufenhöhe dem menschlichen Schrittmaß entsprechen (Abb 1). Traditionell wird mit einer Schrittmaßlänge von 630 mm geplant. Ideal ist es aber, das durchschnittliche Schrittmaß der Benutzer genau zu berechnen.

Schritt 4: **Berechnung der Auftrittbreite *a* nach der Schrittmaßregel**
a (mm) = Schrittmaß (mm) – 2 · *s* (mm) ⇒ *a* = 630 mm – 2 · 167 mm = **296 mm**

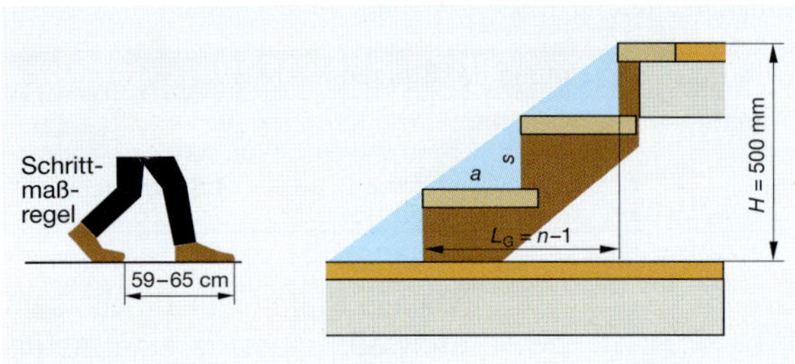

1 Auftrittbreite *a* nach Schrittmaß

a muss bei baurechtlich notwendigen Treppen zu Wohnräumen nach DIN 18065 ≥ 230 mm und ≤ 370 mm hoch sein.

Die Bedingung ist mit 296 mm erfüllt.

Mit der Anzahl der Stufen und ihrer Breite kann nun die Lauflänge im Grundriss L_G ermittelt werden.

Schritt 5: **Berechnung der Lauflänge L_G**
Vorgaben: *n* = 3; *a* = 296 mm L_G (mm) = *a* (mm) · (*n* – 1) ⇒ 296 mm · 2 = **592 mm**

Das Beispiel zeigt, dass Treppen immer eine Stufe weniger als Steigungen haben. Die Lauflänge L_G beginnt mit einer Steigung an der Vorderkante der Antrittstufe, die Austrittstufe zählt nicht mit.

Die Höhe *H* muss am Bau genau gemessen werden, damit die Treppe später passt. Tab. 1 liefert Richtwerte, die sich bewährt haben.

Tab. 1 Maßbeispiele für Wohnhaustreppen

H in m	L_G in mm	*n*	*s* in mm	*a* in mm
2,25	2970	12	188	270
2,50	3640	14	179	280
2,75	4350	16	172	290
3,00	4500	18	188	300

Tab. 2 nennt die nach DIN 18065 vorgeschriebenen Treppenmaße.

Tab. 2 Vorgeschriebene Treppenmaße (DIN 18065)

Gebäudetyp	**Wohngebäude mit max. 2 Wohnungen**					
Nutzung	**nutzbare Laufbreite**	**∀ (*)**	***s* in mm**		***a* in mm**	
			min.	**max.**	**min.**	**max.**
baurechtlich notwendig	≥ 800 mm	21°–41°	140	200	230	370
baurechtlich nicht notwendig	≥ 500 mm	21°–45°	140	210	210	370
Gebäudetyp	**sonstige Gebäude allgemein**					
Nutzung	**nutzbare Laufbreite**	**∀ (*)**	***s* in mm**		***a* in mm**	
			min.	**max.**	**min.**	**max.**
baurechtlich notwendig	≥ 1000 mm	21°–36°	140	190	260	370
baurechtlich nicht notwendig	≥ 500 mm	21°–45°	140	210	210	370

(*) Neigungswinkel ∀ = arc tan der in DIN 18065 (Bild A.1) angegebenen Steigungsverhältnisse (*s*/*a*) in mm
unterster Wert: arc tan (s_{min}/a_{max});
oberster Wert: arc tan (s_{max}/a_{min})

Lauflänge L_G an Raummaße anpassen (**)
Auftrittbreite *a* um 1 mm verringern: L_G (mm) = (*a* (mm) – 1 mm) · (*n* – 1) Lauflinie in den Raum krümmen (Wendelung) ⇒ Treppe wird kürzer und breiter

(**) DIN 18065 unterscheidet Vorschriften für „Gebäude im Allgemeinen" von „Wohngebäuden mit mindestens 2 Wohnungen oder innerhalb von Wohnungen".

8.3.2 Berechnen einer gewendelten Treppe

Bevor Treppen im Detail konstruiert werden, ist es notwendig, die Grobmaße rechnerisch zu ermitteln und an den Treppenraum anzupassen.

Im Bereich der Wendelung werden die Stufen verzogen. Dabei nimmt die Breite der Stufen an den Wangen kontinuierlich zu oder ab.

Die **Lauflinie** muss jedoch **stetig** sein und darf **keine Knickpunkte** aufweisen.

Bei gewendelten Treppen kann sie außermittig mit ≥ **1/10 Stufenbreite** Abstand zu Wangen liegen.

Durch die Veränderung der Stufenbreiten beschreiben die Wangen zur Ecke hin einen Bogen. Die traditionelle Konstruktionsweise und die von Treppenprogrammen unterscheiden sich darin, wie der benötigte Platz berechnet wird.

Traditionelle symmetrische Konstruktion

Traditionell werden gewendelte Treppen so geplant, dass der obere und der untere Wangenbogen im Bereich der verzogenen Stufen zueinander punktsymmetrisch sind. Damit haben sie den **„harmonischen Schwung"** *(sweep)* (S. 265, Abb. 1).

a) harmonisch

b) nicht harmonisch

Die Bögen der Außenwangen sind in der Ecke punktsymmetrisch.

Der Bogen der oberen Außenwange verläuft flacher als der Bogen der unteren.

1 Treppenverläufe

> Der harmonische Schwung ist ein Qualitätsmerkmal des traditionellen Treppenbaus, bei dem die Bögen der jeweils oberen und unteren Wangen punktsymmetrisch verlaufen.

Ein harmonischer Schwung gelingt nur, wenn die Eckstufe exakt symmetrisch unter 45° in der Diagonalen der Außenecke liegt und nach oben und unten die gleiche Anzahl an Stufen verzogen wird (Abb. 2).

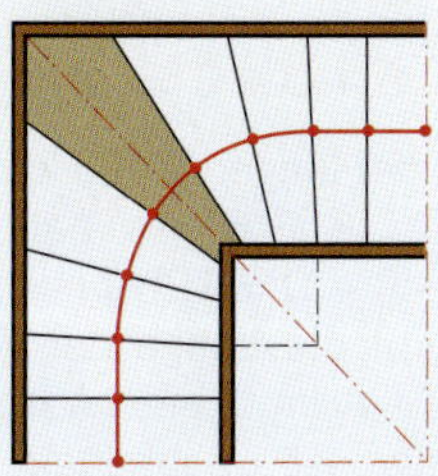

2 Harmonischer Schwung

Berechnungsbeispiel:
Zur Berechnung der Grundmaße wird die Treppe in Abschnitte unterteilt, die jeweils in vollen Auftrittsbreiten bemessen werden:

- A Bereich der geraden Stufen,
- B+C+D Bereich der verzogenen Stufen,
- C Radius des Lauflinienbogens,
- D $\frac{1}{2}$ lichtes Stufenmaß.

Die Größen in Tab. 1 werden vorher festgelegt.

Tab. 1 Festzulegende Größen bei Treppen

Formelzeichen	Bedeutung	Beispiel
u	Untertritt	30 mm
a	Auftrittbreite	280 mm
n	Anzahl Steigungen s	16 Stck.
(n_{-1})	Anzahl der Stufen (ohne Austrittstufe)	15 Stck.
n_{verz}	Anzahl zu verziehender Stufen (*)	9 Stck.
n_{Rad}	Anzahl Stufen im Lauflinienbogen (*)	5 Stck.
l_s	lichter Wangenabstand	900 mm
d_w	Wangendicke	50 mm

(*) Formelzeichen nicht genormt

Berechnung mit symmetrischem Aufbau der Treppe

gewählt: n_{verz} und n_{Rad}

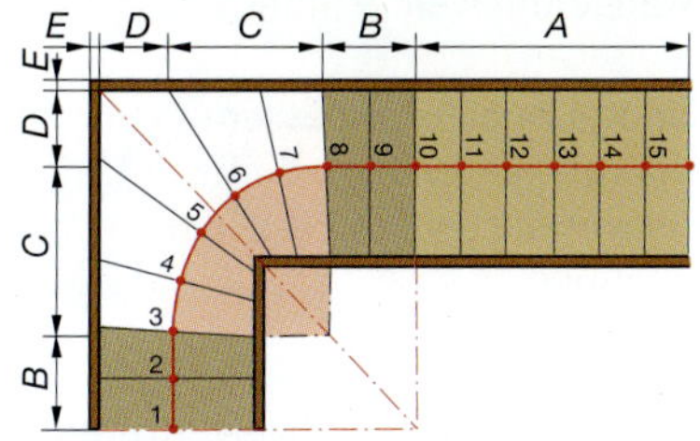

Abschnitt	Bedeutung der Formel	Maße in mm
lange Seite der Treppe		
u	Unterschneidung am Austritt (nicht abgebildet) $u \geq 30$ mm	30,0
+ A	gerade Stufen a $(n_{-1} - n_{verz})\,a$	1680,0
+ B	zu verziehende Stufen ohne Lauflinienradius $(n_{-1} - n_{verz})\frac{a}{2}$	560,0
+ C	Radius der Lauflinie $\dfrac{0{,}5 \cdot a}{\sin \dfrac{45}{n_{Rad}}}$	891,3
+ D	$\frac{1}{2}\,l_s$ Lauflinienabstand zur Wange	450,0
+ E	d_w Wangendicke	50,0
Gesamtlänge der langen Seite		**3661,3**
kurze Seite der Treppe		
E	d_w Wangendicke	50,0
+ D	$\frac{1}{2}\,l_s$ Lauflinienabstand zur Wange	450,0
+ C	$\dfrac{0{,}5 \cdot a}{\sin \dfrac{45}{n_{Rad}}}$	891,3
+ B	$(n_{-1} - n_{verz})\,a$	560,0
+ 4 cm	Wangenbesteck (nicht in der Zeichnung)	40,0
Gesamtlänge der kurzen Seite		**1991,3**

Anpassen des Treppengrundrisses an den Raum
Um die Außenmaße der Treppe an den Raum anzupassen, gibt es drei Möglichkeiten:

1. **Grobeinstellung:** Wird die Anzahl der verzogenen Stufen um jeweils 2 Auftritte symmetrisch erhöht, wird die lange Seite um 1 a länger, die kurze Seite um a kürzer.
2. **Mittelfeine Einstellung:** Werden mehr Stufen in den Lauflinienradius genommen, verlängern sich die obere und die untere Wange um wenige cm. Dabei muss darauf geachtet werden, dass die Anzahl der Stufen immer nur symmetrisch (jeweils 2 Auftritte) verändert werden kann.

3. **Feineinstellung:** Wird die Auftrittsbreite *a* um je 1 mm verbreitert, verlängern sich die obere und die untere Wange um wenige mm.

Treppen an Raummaße anpassen:
- Maßverhältnis lange/kurze Seite: n_{verz}
- Treppe insgesamt größer oder kleiner: n_{Rad}
- Feineinstellung: *a*

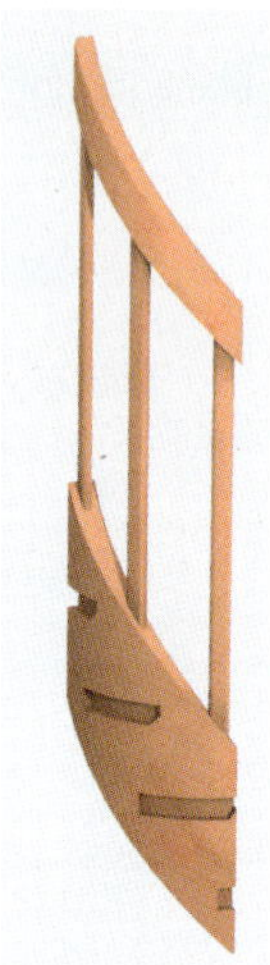

1 Krümmling

Der aufwendigere Krümmling *(string wreath)* ist ein bogenförmiges Wangenelement, das in der Innenecke gewendelter Treppen statt eines Eckpfostens *(corner newel post)* verwendet wird.

In der Draufsicht verläuft der Krümmling parallel zum Lauflinienbogen. Dadurch werden im Laufbereich der Treppenwendelung größere Auftrittbreiten ermöglicht.

Bei größeren Lauflinienradien n_{Rad} rutscht die Lauflinie immer mehr in Richtung Innenecke. Ohne Krümmling bliebe nicht genug Breite für den Laufweg.

Bei engen Lauflinienradien (3–5 Stufen) können **Eckpfosten** verwendet werden.
Größere Lauflinienradien (> 5 Stufen) erfordern in der Innenecke einen **Krümmling**.

Asymmetrische Konstruktion mit Treppenprogrammen
Treppenprogramme sind für die genaue Raumausnutzung optimiert. Der Lauflinienradius hält dabei stets gleichen Abstand zum inneren Eckpfosten bzw. zum Krümmling.

Dadurch beginnt und endet der Lauflinienradius aber selten an den Stufenvorderkanten. Die Eckstufe liegt daher nicht symmetrisch in der Diagonalen der Treppenaußenecke.

Das liegt daran, dass Treppenprogramme den Lauflinienradius nicht als Vielfaches der Auftrittbreite *a* bemessen. Die Vorwahl des Radius ermöglicht aber, mit vorgefertigten Schablonen für Treppenkrümmlinge zu arbeiten.

Die Lauflinienlänge L_G beträgt insgesamt 4290 mm. Abb. 1 aus einem Treppenprogramm zeigt einen vorgewählten Lauflinienradius C mit 700 mm. Dieser Wert ist unabhängig von einer bestimmten Anzahl Auftritte.

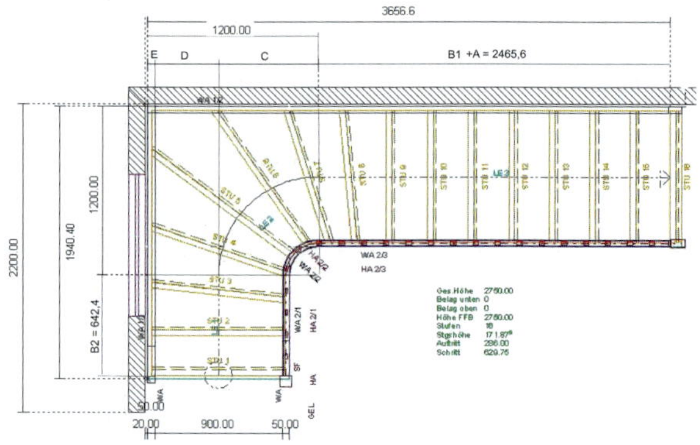

2 Asymmetrische Treppenkonstruktion

Zusammen mit dem Lichtmaß der halben Laufbreite D = 450 mm und der Wangendicke E = 50 mm ergibt sich eine Gesamtlänge und Gesamtbreite in der Ecke von E + D + C = 1200 mm.

An der langen Wand kann die Treppe eine Gesamtlänge von 3656,6 mm haben. Von dieser Länge werden E + C + D = 1200 mm für die Ecke abgezogen. Dies ergibt die Länge der geraden Lauflinie *(walking line)* B1 + A im oberen Abschnitt: 2456,6 mm. Auch diese Länge ist unabhängig von einer bestimmten Anzahl Auftritte.

Berechnung mit asymmetrischem Aufbau der Treppe

Ermittelt: Lauflinienlänge L_G = 4290 mm **gewählt:** Radius Lauflinie r = 700 mm		
Schritt 1	**lange Seite der Treppe**	**Beispiel [mm]**
A bis E	verfügbare Wandlänge	3656,6
– E	d_w Wangendicke	50,0
– D	$\frac{1}{2}$ l_s Lauflinienabstand zur Wange (Beispiel: l_s = 900mm)	450,0
– C	gewählter Radius	700,0
= B1 + A	**gerader Laufteil + verzogene Stufen**	**2456,6**
Schritt 2	**verbleibende Lauflinienlänge B2**	**Beispiel [mm]**
$L_G = (n - 1) \cdot a$		4290,0
– (B1+A)	gerader Laufteil + verzogene Stufen	2456,6
– Bogen	C im Bogenmaß $r \cdot \pi : 2$	1099,6
= B2	**Rest der Lauflinie im Antrittsbereich**	**733,8**
Schritt 3	**kurze Seite der Treppe**	**Beispiel [mm]**
E + D	halbe Stufenbreite + Wange	500,0
+ C	gewählter Radius	700,0
+ B2	Lauflinie im Antrittsbereich	733,8
Gesamtlänge der kurzen Seite		**1933,9**

Erst jetzt werden auf der Lauflinie die Auftrittbreiten *a* eingeteilt. Anschließend werden die Stufen verzogen, dabei kann auch eine gerade Anzahl Stufen verzogen werden.

Computer-Treppenprogramme
- nutzen den Raum optimal,
- senken Planungskosten (Zeitbedarf),
- erzeugen CAD-Konstruktionsunterlagen,
- liefern Schablonen für Wangen und Stufen,
- können Treppendaten direkt an CNC-Bearbeitungszentren übergeben und CNC-Programme generieren.

Symmetrische Wangenformen (harmonischer Schwung) sind jedoch nur sehr aufwendig erzeugbar.

8.4 Fertigung von Treppen

8.4.1 Traditionelle Methoden

Anreißen von Wangen und Stufen
Das traditionell handwerkliche Anreißen *(marking)* ebener Wangenelemente mit Eckpfosten und Stufen ist in [▶ LF 7] beschrieben.

Anreißen von Krümmlingen
Zuerst wird der Krümmling in der **Draufsicht** gezeichnet und über Winkel in gleichmäßig breite Sektoren (A–1, 1–m, m–2, 2–B) eingeteilt (Abb. 1).

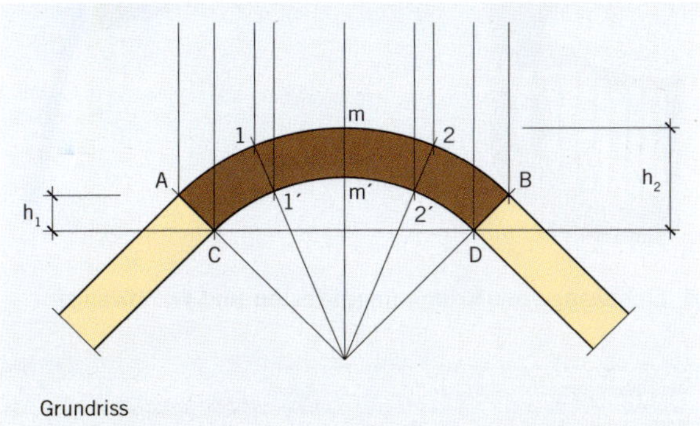

1 Krümmling in der Draufsicht

Der Umfang der stufenseitigen Fläche (A–B) wird über die Kreisumfangsformel ausgerechnet.

Für die **Abwicklung** des Krümmlings wird ein Rechteck in der Breite des errechneten Umfangs konstruiert. Dann wird die Fläche innerhalb der seitlichen Begrenzung A–B in ebenso viele gleich breite Sektoren eingeteilt wie zuvor die Draufsicht (Abb. 2).

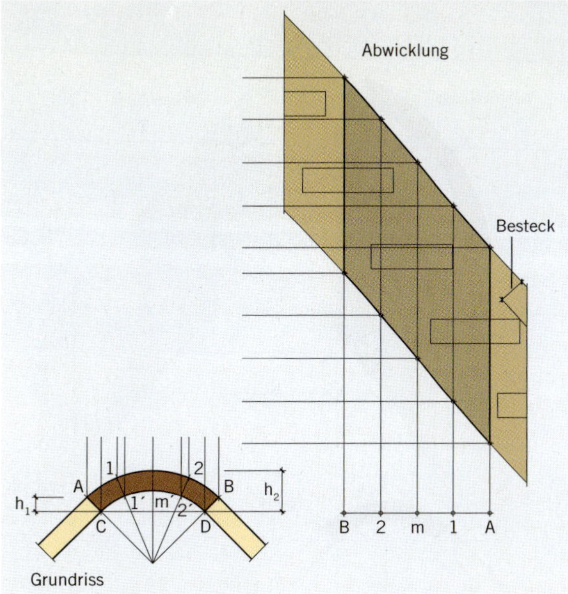

2 Abwicklung des Krümmlings

Die aufrechte Linie m ist die Diagonalachse der Eckstufe.

Über die Steigungshöhen werden die Stufen und das Wangenbesteck eingezeichnet und über das Wangenbesteck der Schwung konstruiert (Abb. 3). Dabei muss das untere Besteck so korrigiert werden, dass die Wange überall gleich breit bleibt. Die untere Form wird der oberen angeglichen.

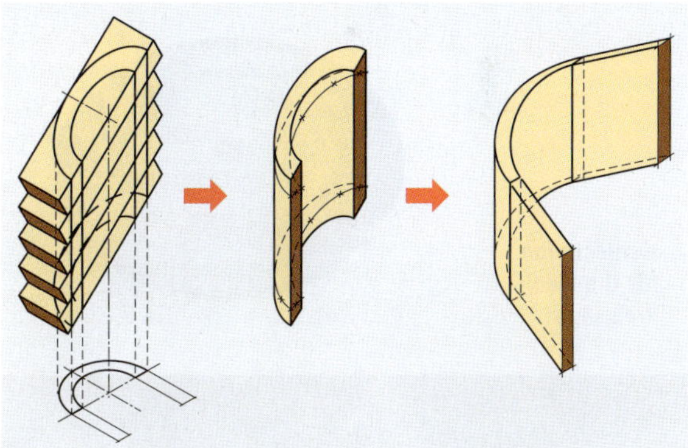

3 Konstruieren des „Schwungs"

Anschließend wird die **Verstreckungsschablone** angerissen (S. 268, Abb. 1). Sie wird später auf die obere Schmalkante des Krümmlings gelegt, die in Laufrichtung ansteigt. Dadurch entspricht die obere Schmalfläche nicht der Draufsicht.

Dazu wird zunächst die Ansicht ermittelt und die Steigungslinie durch die Punkte A und B eingetragen. Aus dem Grundriss werden die Maße h1 und h2 übertragen, anschließend die übrigen Punkte.

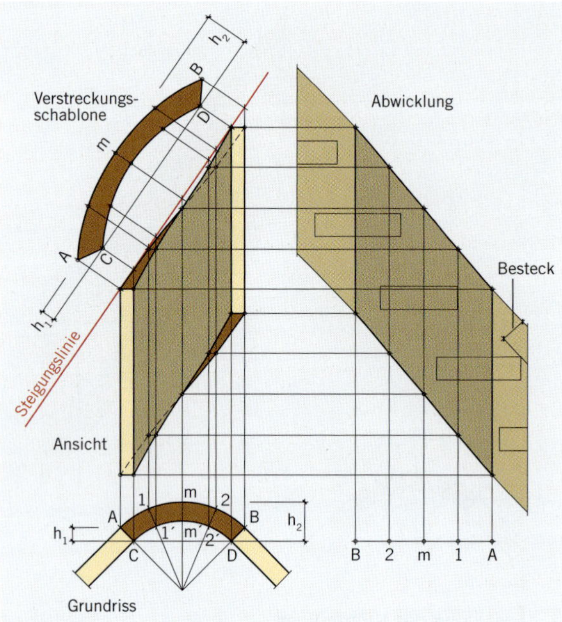

1 Anreißen der Verstreckungsschablone

Fertigen des Krümmlings
Die **Hohlkehle** des Krümmlings wird konventionell an der Tischkreissäge [▶ GK 8.5.1] mithilfe einer speziellen **Kehlfrässcheibe** (Abb. 2) und einer angepassten Maschinentischeinlage gefertigt. Das Werkstück wird an einem Anschlag schräg über das Werkzeug geführt (Abb. 3). Die Breite der Hohlkehle wird je nach Zuführwinkel bestimmt.

2 Kehlscheibe für die Tischkreissäge

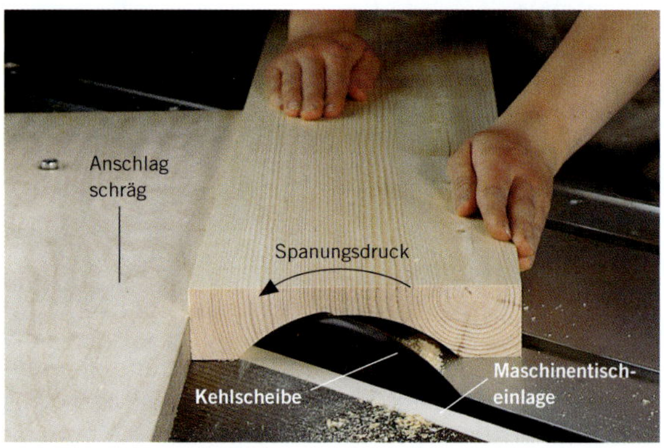

3 Fertigung der Hohlkehle an der Tischkreissäge

Die Fertigung des **Außenprofils** erfolgt anschließend an der Tischfräsmaschine [▶ GK 8.7] mit einem entsprechenden Profilwerkzeug und der notwendigen Vorrichtung [▶ 1.2].

Fertigen der Wangen, Pfosten und Stufen
Die konventionelle Fertigung ebener Wangenelemente, der Eckpfosten und Stufen ist ausführlich in [▶ LF 7.4 bis 7.5] behandelt.

8.4.2 Fertigung mit CAD/CAM-Technik

Eine viertelgewendelte *(quarter-turn)* Treppe ist noch mit einigermaßen vertretbaren Kosten handwerklich traditionell zu fertigen. Die konkurrenzlose Leistungsfähigkeit moderner Computertechnik zeigt sich spätestens dann, wenn mit **Krümmlingen** geplant wird, die bei halbgewendelten *(half-turn)* Treppen die Freiwangen (Abb. 4 a) verbinden, während gleichzeitig die Wandwange (Abb. 4 b) ebene Elemente hat.

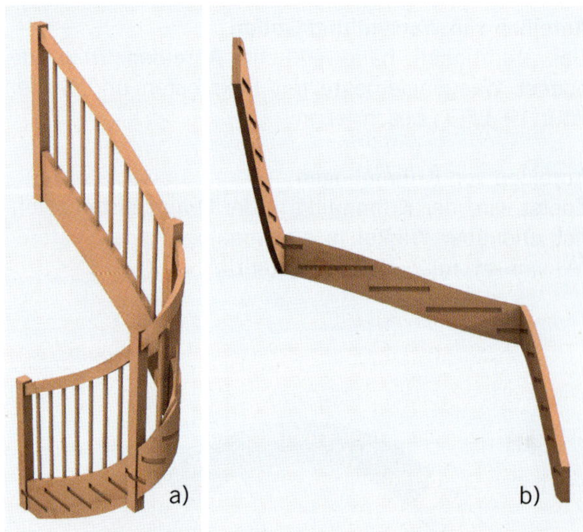

4 Lichtwange mit Krümmling, Pfosten und Wandwange

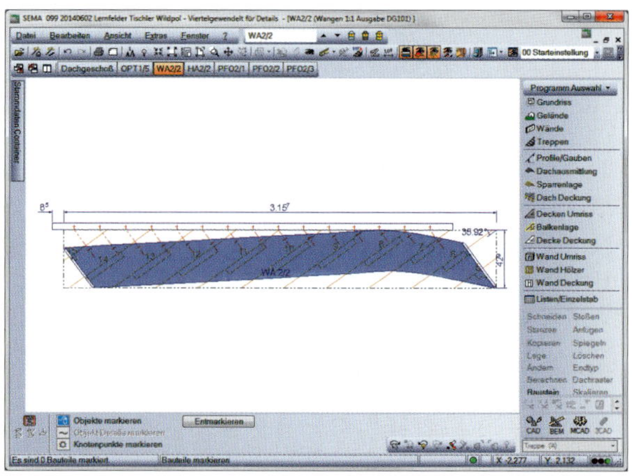

5 Treppenwange im CAD-Treppenprogramm

Aus Treppenprogrammen können mit CAD-Unterstützung **Papierschablonen** *(paper templates)* für Stufen und Wangen erzeugt werden.

Die **CAD-Grafik** eines geraden Wangenteils mit Taschen für Trittstufen einer halbgestemmten Treppe (S. 268, Abb. 5) wird dazu im Maßstab 1 : 1 ausgedruckt (geplottet).

Steht ein CNC-Bearbeitungszentrum nicht zur Verfügung, ist das Anreißen von Krümmlingen mit einer Papierschablone (Abb. 1) besonders einfach. Sie enthält bereits alle Verstreckungsmaße.

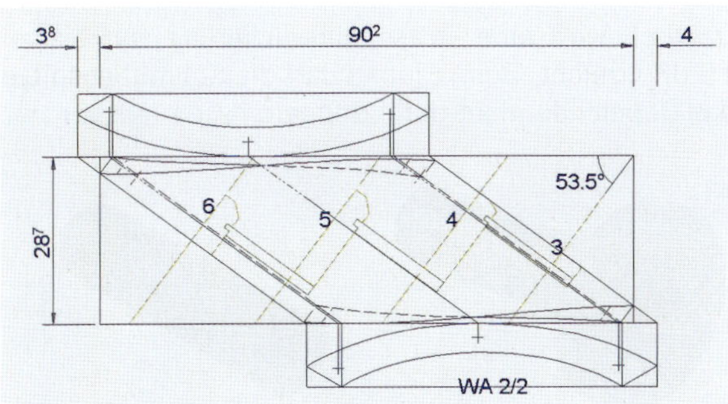

1 CAD: Abwicklung eines Krümmlings

Übergabe der Daten an die CNC-Bearbeitung

Alle erforderlichen Maße können aber auch elektronisch an CNC-Bearbeitungszentren übergeben werden. Die Fertigung erfolgt dann über die Programme.

Stufenformen (Abb. 2 und 3) können mit Laserlicht auf die Rohlinge projiziert und so im Nesting-Verfahren [▶ 3.1.3] auf Format zugeschnitten (gefräst) werden.

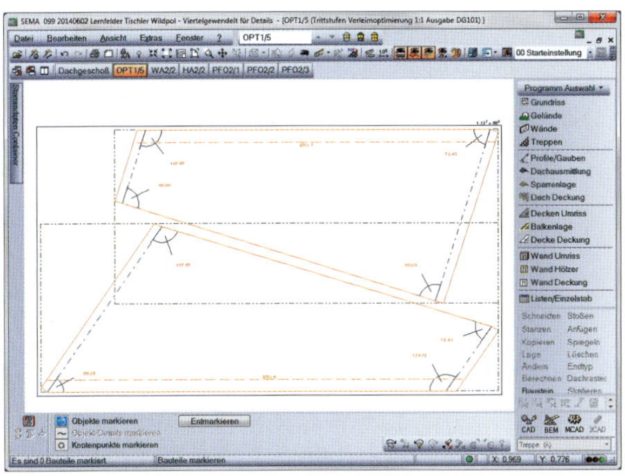

2 Stufenformen für den Zuschnitt

3 CNC: Fertigung einer verzogenen Stufe

CNC-Bearbeitungszentren führen die Oberflächenbearbeitung von Krümmlingen und das Ausfräsen der Wangentaschen (Abb. 4) und Verbindungen der Treppenelemente programmgesteuert durch.

4 CNC-Fertigung der Wangentaschen am Krümmling

8.5 Treppenbeschläge

Wangenverbinder

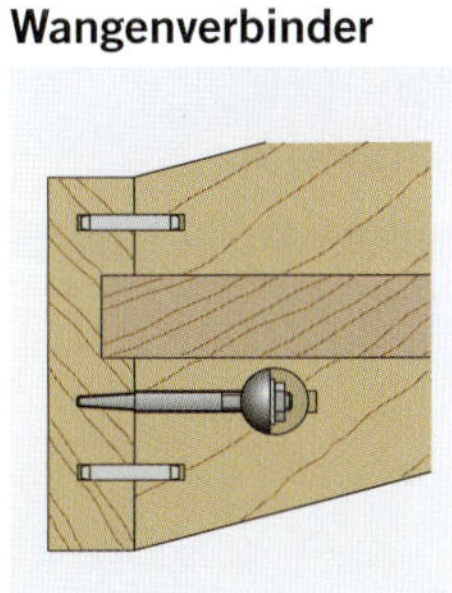

5 Wangeneckverbinder

Wangeneckverbinder *(string corner joints)* (Abb. 5) werden mit Spannschrauben verbunden. Zusätzlich werden zwei bis drei 16 mm dicke Holzdübel eingesetzt. Insbesondere für den Anschluss von Krümmlingen sollten Spannschrauben verwendet werden, die auf beiden Seiten Spannmuttern haben.

Spannschrauben für Stufen

Die Stufen von Wangentreppen mit bis zu 18 Steigungen müssen alle 3–4 Stufen durch Spannschrauben *(tensioning screws)* gesichert werden (Abb. 1). Der Schaft- oder Bolzendurchmesser beträgt 10 bis 13 mm. Im sichtbaren Bereich der Wangen werden die Schraubenlöcher durch Holzkappen in der gleichen Holzart abgedeckt.

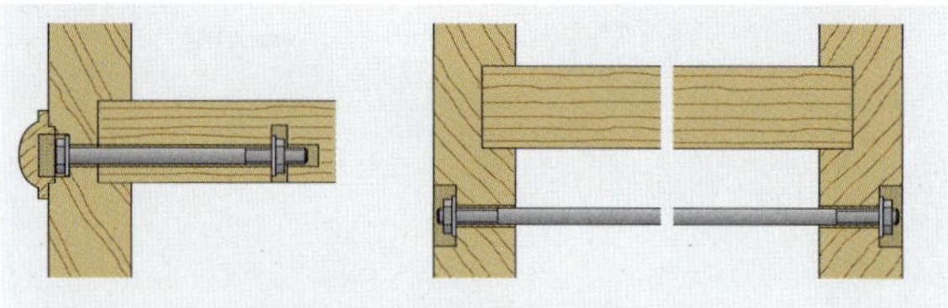

1 Spannschrauben für Stufen

Befestigung der Wangen

Im Fußbereich müssen Treppenwangen davor gesichert werden, dass der untere Lauf, der oben gegen die Geschossdecke lehnt, weggleitet.

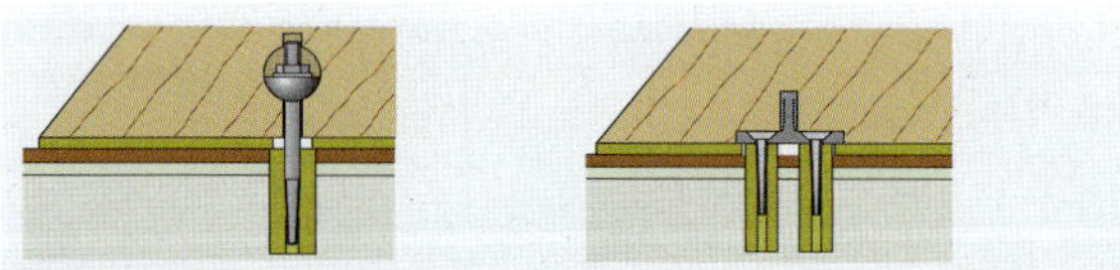

2 Beschläge zur Befestigung der Wangen

Abb. 2a zeigt eine Spannschraube, die im Fußboden eingelassen wird. Das obere Ende wird in eine Bohrung der Wange eingeführt und seitlich durch eine Bohrung in der Wangenfläche verschraubt. Wesentlich einfacher ist der T-förmige Haltebeschlag (Abb. 2b) anzuwenden.

Im oberen Bereich müssen Treppenläufe nur gegen seitliches Verrutschen gesichert werden (Abb. 3).

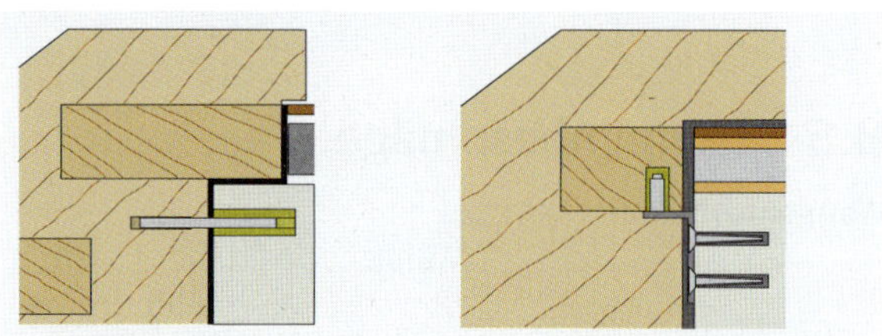

3 Sicherung gegen seitliches Verrutschen

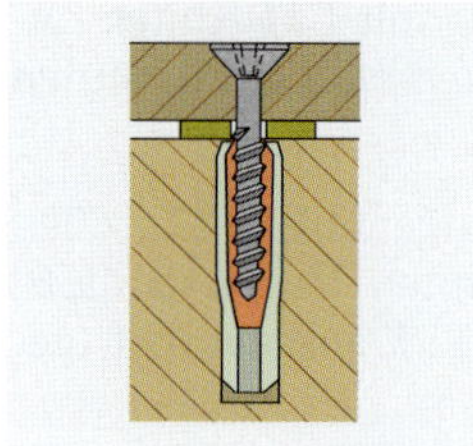

4 Schallschutzdübel zur Trittschallreduzierung

Um die Übertragung von Trittschall zwischen Geschossdecke und schwimmendem Fußbodenaufbau zu dämpfen, sollten **Schallschutzdübel** *(sound absorption dowels)* eingesetzt werden (Abb. 4 und 5). Sie bestehen aus einer dauerhaften inneren Polyamidschale (Nylon), die von einer dauerelastischen äußeren Kautschukhülle (Gummi) umgeben ist.

Dadurch wird eine Trittschallreduzierung von bis zu 15 dB erreicht. Beim Einbau darf die Schraubenspitze das Dübelende nicht durchdringen.

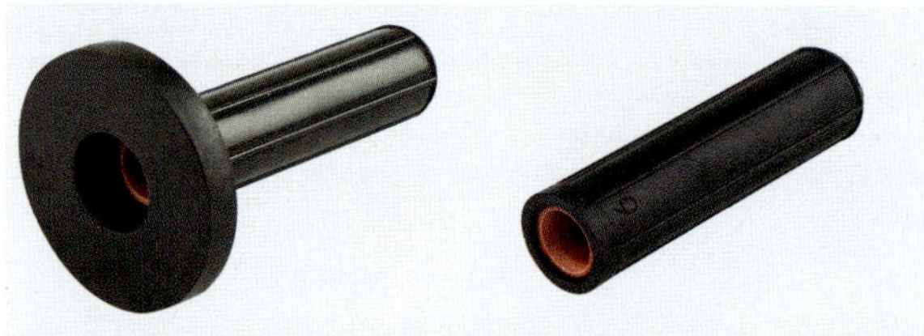

5 Arten von Schallschutzdübeln

Aufgaben zu 8

1. Was steckt inhaltlich hinter dem Begriff Schrittmaßregel?
2. Nennen Sie die Formel für die Lauflinienlänge.
3. Erläutern Sie mit Skizzen folgende Maßangaben: H, L_G, L_s, l_T, s, a, u, d.
4. Erläutern Sie folgende Begriffe: Antrittspfosten, eingeschnittene Treppe, verzogene Stufe, Setzstufe, eingeschobene Treppe.
5. Berechnen Sie die Anzahl der Stufen, die Höhe der Steigung und die Lauflinienlänge für eine geradläufige Treppe: $H = 2{,}50$ m.
6. Erklären Sie einem Kunden, weshalb Stufen aus Eichenholz besser geeignet sind als Stufen aus Kiefernholz.
7. Erklären Sie einem Kunden Unterschiede zwischen einer traditionell symmetrisch geplanten Treppe und einer mit einem Treppenprogramm geplanten.
8. Konstruieren Sie traditionell symmetrisch eine rechtsläufig viertelgewendelte Treppe mit einem Krümmling an einer 4,00 m langen Wand mit einer Geschosshöhe von 2,75 m.

English Tasks

9. Name the formula for the ideal step dimensions.
10. Explain the following terms: half-turn staircase with anti-clockwise flight, quarter-turn platform staircase with clockwise flight, spiral step.
11. Give reasons to a customer why steps with a polyurethane paint coating are more durable than waxed steps.

9 Wärme- und Feuchteschutz

Der Wärme- und Feuchteschutz *(thermal protection and dampproofing)* von Gebäuden, der Schallschutz und der Brandschutz sind Bereiche der **Bauphysik** (Tab. 1).

Tab. 1 Bereiche der Bauphysik

Wärmeschutz	Sommerlicher Wärmeschutz	Nach DIN 4108	Nach der Energie-einsparverordnung EnEV
	Winterlicher Wärmeschutz		
Feuchteschutz	Regenschutz	Außenhaut, Vordach usw.	
	Schutz vor Grundwasser	Außenabdichtung, Wanne, Dränage usw.	
	Tauwasser-schutz	an der Oberfläche von Bauteilen	
		im Inneren von Bauteilen durch Diffusion	
		im Inneren von Bauteilen durch Konvektion	
Schallschutz	Luftschallschutz		
	Körperschallschutz		
	Trittschallschutz		
Brandschutz	Brandverhalten von Baustoffen/-teilen		
	Brandausbreitung, Fluchtwege		

Wärmeschutz und Feuchteschutz sind voneinander abhängig und werden darum in diesem Kapitel im Zusammenhang betrachtet.

9.1 Rahmenbedingungen des Wärme- und Feuchteschutzes

9.1.1 Ziele

Der Wärme- und Feuchteschutz hat folgende Ziele:
- **Energieeinsparung** *(energy conservation)*, da der weltweite Vorrat an fossilen Brennstoffen begrenzt ist. Auch Brennstoffe wie Holzpellets und Holzschnitzel wachsen nur begrenzt nach.
- **Umweltschutz**, da beim Verbrennen fossiler Brennstoffe schädliche Stoffe entstehen und die Umwelt belasten.
- **Schonung der Bausubstanz**, da nicht fachgerechte Ausführungen von Bauarbeiten durch starke Wärmespannungen in Bauteilen Risse und Undichtigkeiten verursachen.
- **Raumbehaglichkeit/gesundes Raumklima**, da ungünstige Strahlungsverhältnisse und Luftbewegungen die Raumbehaglichkeit und damit die menschliche Gesundheit, aber auch Lagerbedingungen für empfindliche Waren wesentlich beeinflussen.

9.1.2 Normen und Verordnungen

Die Anforderungen an den Wärmeschutz von Gebäuden zum ständigen Aufenthalt von Menschen sind u. a. in der DIN 4108 „Wärmeschutz im Hochbau“ und in der Energieeinsparverordnung EnEV geregelt.

- Die **DIN 4108** befasst sich als **bautechnische Bestimmung** mit Mindestanforderungen an den Wärmeschutz von Außenbauteilen, bauphysikalischen Zusammenhängen sowie mit Materialkennwerten.
- Die **EnEV** Energieeinsparverordnung legt als **rechtliche Bestimmung** die Anforderungen für einen energiesparenden Wärmeschutz im Rahmen der Wirtschaftlichkeit fest.

9.1.3 Wärmeschutz-Einflussgrößen

Die Außenhülle eines beheizten Gebäudes ist im Winter die Grenzfläche zwischen warmer Innenluft und kalter Außenluft. Durch diese Hüllfläche *(outer shell surface)* geht kontinuierlich Wärmeenergie verloren. Der Transport durch alle Hüllflächen (Dach, Wand, Fenster, Decke zum unbeheizten Keller usw.) wird als **Transmissionswärmeverlust** *(transmission heat loss)* bezeichnet.

Der Austausch von warmer Innenluft durch kalte Außenluft ist für das Wohlbefinden der Menschen erforderlich. Dieser **Lüftungswärmeverlust** *(ventilation heat loss)* wird durch bewusstes Lüften, z. B. Fensterlüftung, aber auch durch Undichtigkeiten in der Gebäudehülle verursacht.

Damit die Lufttemperatur konstant bleibt, müssen diese Verluste ausgeglichen werden.

Wärmeverluste werden unterschieden in Transmissions- und Lüftungswärmeverluste.

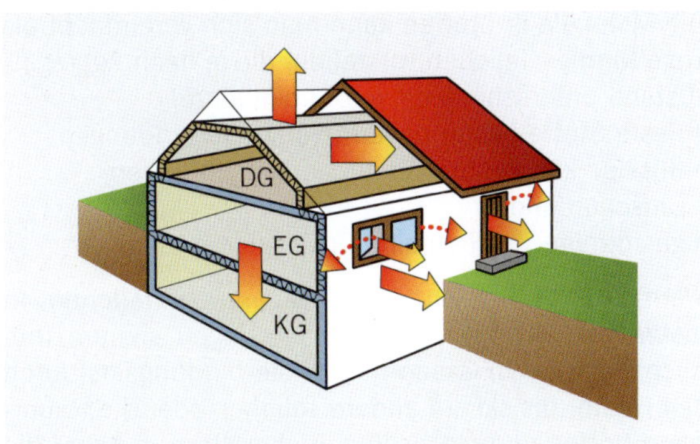

1 Transmissions- und Lüftungswärmeverlust

Der Wärmeschutz ist von verschiedenen Einflüssen abhängig, die sich je nach Jahreszeit ändern.

Winterlicher Wärmeschutz:
- Transmissionswärmeverluste
  - Wärmedämmfähigkeit *(heat insulating property)* und Anteil der einzelnen Bauteile an der Hülle
  - Temperaturniveau der einzelnen Räume
- Lüftungswärmeverluste
  - Dichtheit *(imperviousness)* der Gebäudehülle
  - Lüftungsverhalten
  - Vorhandensein und Art der Lüftungsanlagen
- solare Gewinne durch Fenster
  - Gesamtenergiedurchlassgrad *(total degree of thermal permeability)* der Gläser
  - Ausrichtung und Flächenanteil der Gläser
- Nutzerverhalten

Sommerlicher Wärmeschutz:
- Verschattungseinrichtungen wie Markisen und Jalousien, Schatten spendender Bewuchs
- Gesamtenergiedurchlassgrad der Gläser
- Ausrichtung und Flächenanteil der Gläser
- Wärmespeicherfähigkeit *(heat storage capacity)* raumumschließender Bauteile wie Wände, Decken, Böden

9.2 Grundlagen des Wärme- und Feuchteschutzes

9.2.1 Wärme

Wärme ist eine Form von **Energie**. Physikalisch betrachtet ist Wärme mit der Bewegungsenergie der Atome und Moleküle eines Stoffs gleichzusetzen (brownsche Molekularbewegung).

Erwärmt sich ein Körper, wird die Bewegungsenergie der Atome und Moleküle erhöht. Kühlt sich ein Körper ab, nimmt die Bewegungsenergie ab, d. h., Wärme wird abgegeben.

Teilchenmodell
Die Moleküle in Stoffen kann man sich vereinfacht als kugelförmige Teilchen vorstellen, die je nach Aggregatzustand unterschiedlich verbunden sind:
- Feste Stoffe haben unverrückbare Verbindungen,
- flüssige können die Bindungen gegen andere tauschen und
- gasförmige Teilchen sind unverbunden.

Wärme ist die Schwingung/Bewegung der Teilchen. In festen und flüssigen Stoffen schwingen sie um ihre Ausgangslage. In Gasen fliegen sie bindungslos durch den Raum, bis sie auf andere Teilchen oder die Raumwand treffen und elastisch zurückprallen. Je höher die Temperatur, desto stärker die Schwingung bzw. desto höher die Geschwindigkeit der Teilchen. Mit diesem Modell lassen sich Wärmeübertragungs- und Feuchtetransportmechanismen erklären (Abb. 1).

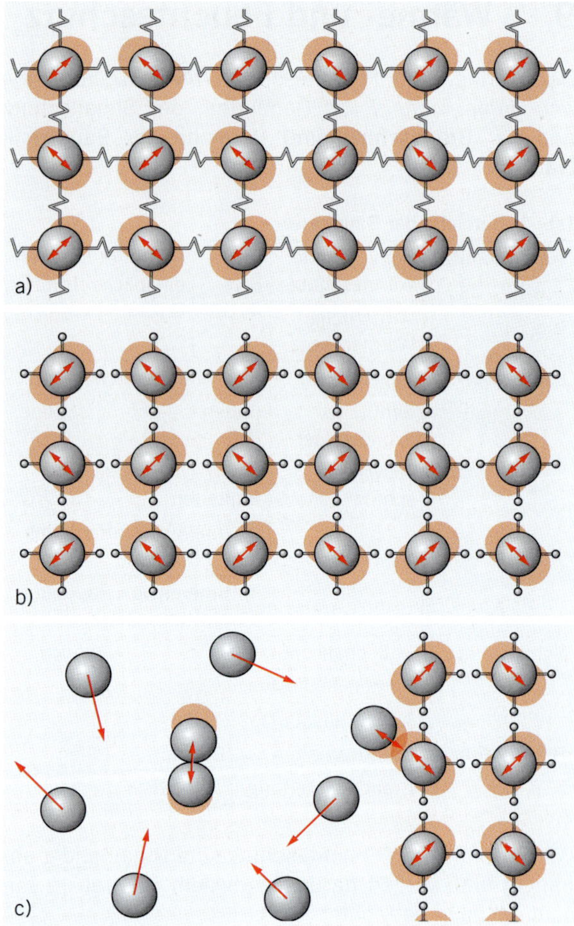

1 Wärmeübertragung bei (a) festen, (b) flüssigen und (c) gasförmigen Stoffen

Wärmeerzeugung
Wärme kann durch Umwandlung von Energie *(conversion of energy)* auf verschiedene Art erzeugt werden (S. 273, Abb. 1):
- **aus mechanischer Energie:**
  Durch Reibung zwischen zwei Körpern entsteht Wärme; z. B. werden Schneiden und Späne während des Spanungsvorgangs warm. Durch Lageenergie (potenzielle Energie) bei Stauseen und durch bewegte Luftmassen (kinetische Energie) bei Windenergieanlagen wird mechanische in elektrische Energie umgewandelt.
- **aus chemischer Energie:**
  Durch Verbrennung (Oxidation) wird Wärme erzeugt, z. B. beim Verbrennen von Holz, Kohle, Öl, Gas.
- **aus elektrischer Energie:**
  Durch einen Widerstand im elektrischen Leiter entsteht Wärme, z. B. Durchlauferhitzer, Wasserkocher. Da elektrische Energie besonders aufwendig in der Erzeugung ist, sollten große Wärmemengen nicht elektrisch erzeugt werden (z. B. Nachtspeicherheizung).

- **aus Strahlungsenergie:**
  Durch Sonnenstrahlen, die Gebäudeflächen erwärmen, z. B. Wände, Fenster, Dachflächen. Solarkollektoren können Sonneneinstrahlung in Wärme oder elektrische Energie umwandeln.
- **aus Kernenergie:**
  Durch Kernspaltung großer Atome (z. B. Uran 235) wird Wärme frei und betreibt Generatoren zur Stromerzeugung.

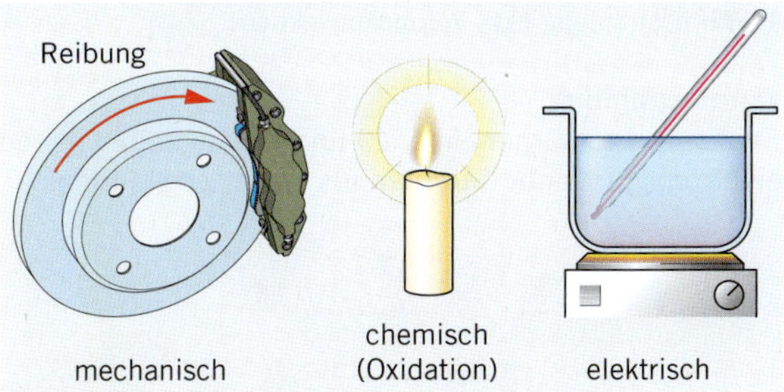

1 Entstehung von Wärme

9.2.2 Temperatur Θ

Die Temperatur Θ (sprich *„Theta"*) beschreibt den **Wärmezustand** eines Körpers. Sie zeigt den Grad der Erwärmung in der Einheit **°C** (Grad Celsius) oder **K** (Kelvin) an.

Während die Temperatur theoretisch unendlich hoch sein kann, ist die niedrigste Temperatur, die erreicht werden kann, −273,15 °C. Sie wird absoluter Nullpunkt genannt. Die Teilchen schwingen nicht mehr, sie sind bewegungslos.

- Die **Celsius**skala geht vom Gefrierpunkt des Wassers bei 0 °C aus. Der Siedepunkt des Wassers liegt bei normalem Luftdruck bei 100 °C.
- Die **Kelvin**skala geht vom absoluten Nullpunkt bei −273,15 °C aus, hat aber den gleichen Skalenabstand wie die Celsiusskala.

0 °C = 273,15 K

Wenn Temperaturunterschiede bezeichnet werden sollen, wird ausschließlich die Einheit Kelvin verwendet.

Die Teilung der Temperaturskala und damit die Einheit der Temperatur ist bei Grad Celsius und Kelvin gleich. Bei der Temperaturangabe in Kelvin entfällt die Bezeichnung „Grad" (Abb. 2).

Temperaturmessgeräte sind:

- Flüssigkeitsthermometer (z. B. mit Alkohol oder Quecksilber), einsetzbar im Bereich von −39 °C bis +200 °C,
- elektrische Thermometer (z. B. mit Bimetall oder Thermoelement), die Messergebnisse präzise in kürzester Zeit angeben,
- Strahlungsmessgeräte, die die Temperatur exakt über größere Entfernungen angeben, ohne den Prüfkörper direkt zu berühren.

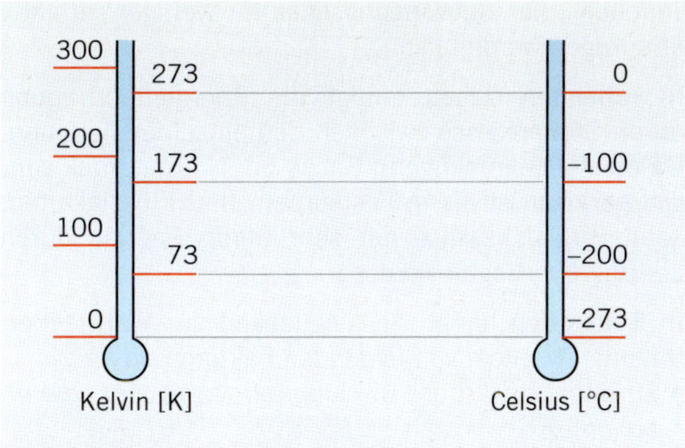

2 Temperaturskala, Vergleich Kelvin und Grad Celsius

9.2.3 Wärmeübertragung

Wärme wird auf verschiedene Arten übertragen *(heat is transferred)*:

- Wärmeleitung,
- Wärmeströmung bzw. Wärmekonvektion,
- Wärmestrahlung.

Wärmeleitung

Mithilfe des Teilchenmodells lässt sich die Wärmeleitung *(heat conduction)* in **Festkörpern** gut erläutern (Abb. 3):

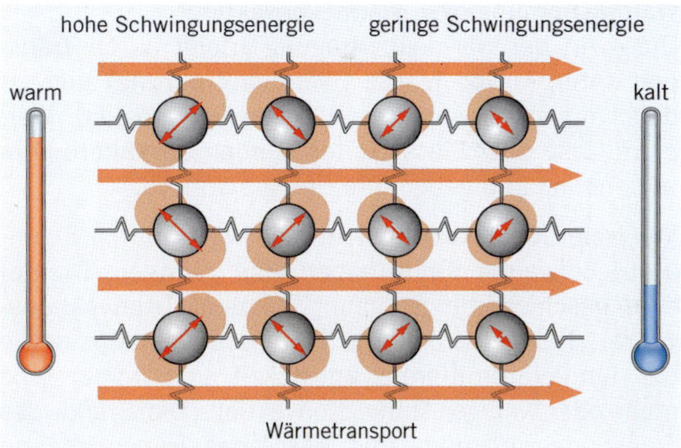

3 Wärmeleitung in Festkörpern

Ist es auf der linken Seite wärmer, schwingen die Teilchen folglich hier auch schneller. Die rechte Seite hat aufgrund der geringen Temperatur eine geringere Schwingung. Die stärker schwingenden Teilchen geben ihre Energie aufgrund der Bindung an die jeweils benachbarten Teilchen weiter. Dabei bleiben die Teilchen an ihrem Platz. Daraus folgt ein kontinuierlicher Wärmeenergietransport von der wärmeren zur kälteren Seite. Das Schwingungsniveau und damit die Temperatur in der Schicht sinkt gleichmäßig von links nach rechts.

In **ruhenden Flüssigkeiten** erfolgt die Wärmeübertragung *(heat transfer)* im Prinzip gleich, der Wärmetransport *(heat transmission)* ist allerdings geringer, da aufgrund der schwächeren Bindungen zwischen den Teilchen die Schwingungsenergie weniger effektiv übertragen werden kann.

In **ruhenden Gasen** erfolgt die Energieübertragung durch Stoßprozesse zwischen den einzelnen Teilchen. Da die Teilchenmenge in Gasen bei Normaldruck sehr viel geringer ist als in Festkörpern und Flüssigkeiten, kann vergleichsweise nur sehr wenig Energie durch Leitung übertragen werden.

In **Baustoffen** hängt die Möglichkeit zur Wärmeübertragung vor allem von folgenden Faktoren ab:

- Struktur und Art der Bindung *(structure and type of bonding)*:
  Durch regelmäßige Strukturen wie bei Kristallen ist die Wärmeübertragung besser als durch unregelmäßige, z. B. bei glasigen Stoffen.
- Elektrische Leitfähigkeit:
  Metalle, die auch elektrisch leitfähig *(conductive)* sind, haben frei bewegliche Elektronen, die über viele Teilchenschichten hinweg besonders effektiv Bewegungsenergie übertragen können. Daher sind Kupfer und Aluminium besonders gute Wärmeleiter.
- Porengefüge *(pore structure)*:
  Je mehr „ruhende“ Gaseinschlüsse in einem Baustoff vorhanden sind, desto schlechter der Wärmetransport, da stehende Gase (meist Luft) schlechte Wärmeleiter sind.

Wärmeströmung bzw. Wärmekonvektion

Diese Art der Wärmeübertragung erfolgt durch **Transport** (Abb. 1) von Masse (Wärmemitführung) und ist daher nur bei Gasen und Flüssigkeiten möglich. Wärmere Gase oder Flüssigkeiten werden an kältere Orte verschoben und geben ihre Energie dort ab.

Von **freier Konvektion** spricht man, wenn durch Eigenauftrieb (warme Stoffe haben eine geringere Dichte) eine geschlossene Strömung entsteht (Konvektionswalze). Je nach Größe und Form des Volumens sowie der Temperaturdifferenz entwickelt sich immer eine mehr oder weniger starke Konvektion. Die Stärke des Transports wird durch die Masse des Transports und die Wärmeaufnahmefähigkeit [▶ 9.2.5] des Mediums bestimmt.

Heizkörper geben den größten Teil der Energie durch Wärmeströmung *(convective flow of heat)* ab. Für den Heizkreislauf wird Wasser benutzt, da es eine hohe Wärmekapazität besitzt.

Durch Leckagen *(leakages)* in der Außenhülle wird bei Winddruck oder durch thermischen Auftrieb Luft durch die Bauteile transportiert. Das führt zu unkontrollierten **Lüftungswärmeverlusten** oder zu unangenehmen **Zugerscheinungen**.

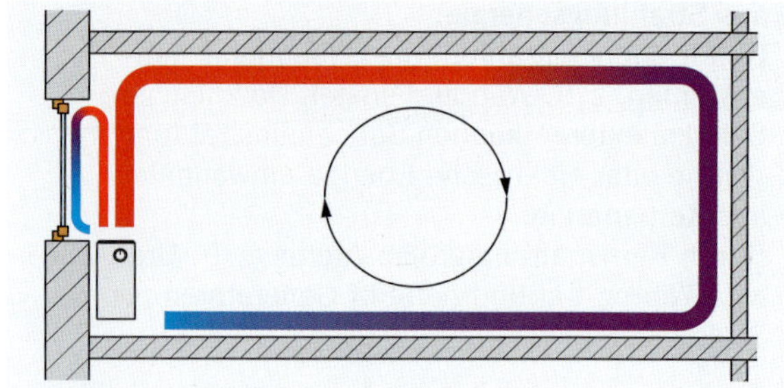

1 Wärmeströmung bzw. Wärmekonvektion

Wärmestrahlung

Erwärmte Festkörper (Abb. 2) und Flüssigkeiten geben **elektromagnetische Strahlen** als Wärmestrahlung ab.

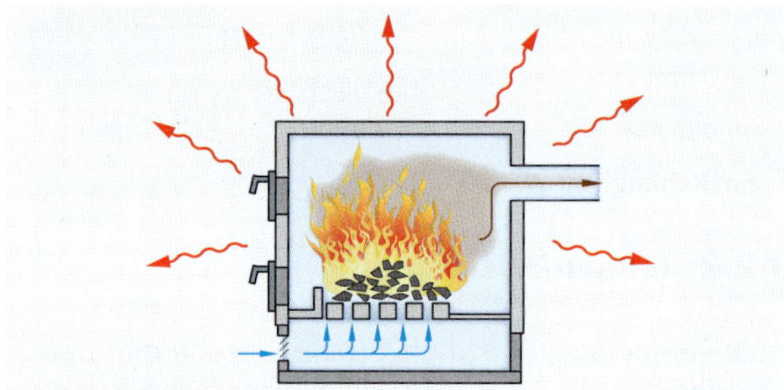

2 Wärmestrahlung

Da sie auch Strahlung aufnehmen und reflektieren, stehen alle Oberflächen, die über transparente Gase oder auch Vakuum „im Sichtkontakt“ stehen, in ständigem Strahlungsaustausch miteinander. Je höher die Oberflächentemperatur, desto höher die Strahlungsintensität *(radiation intensity)*. Darüber hinaus wird die Strahlung mit zunehmender Temperatur kurzwelliger.

Bei Raumtemperatur wird ausschließlich nicht sichtbare Strahlung im Infrarotbereich abgegeben. Ab ca. 800 K wird auch Strahlung im sichtbaren Bereich abgegeben (z. B. rot glühender Stahl). Die Sonne ist ein Temperaturstrahler mit der hohen Oberflächentemperatur von 5700 K. Daher wird in großer Intensität auch sichtbare Strahlung in den verschiedenen Farbanteilen abgegeben.

> Befinden sich Oberflächen mit unterschiedlichen Temperaturen im **Strahlungsaustausch** („Sichtkontakt“), wird Wärmeenergie transportiert (S. 275, Abb. 1).

Je nach Material ist die Fähigkeit zur Strahlungsaufnahme und -abgabe *(absorption and emission of radiation)* unterschiedlich. Als Maßstab dazu dient der sogenannte **schwarze Körper** (eine rußgeschwärzte Oberfläche kommt dem sehr nahe), der das theoretische und temperaturabhängige Maximum der Strahlung erreicht.

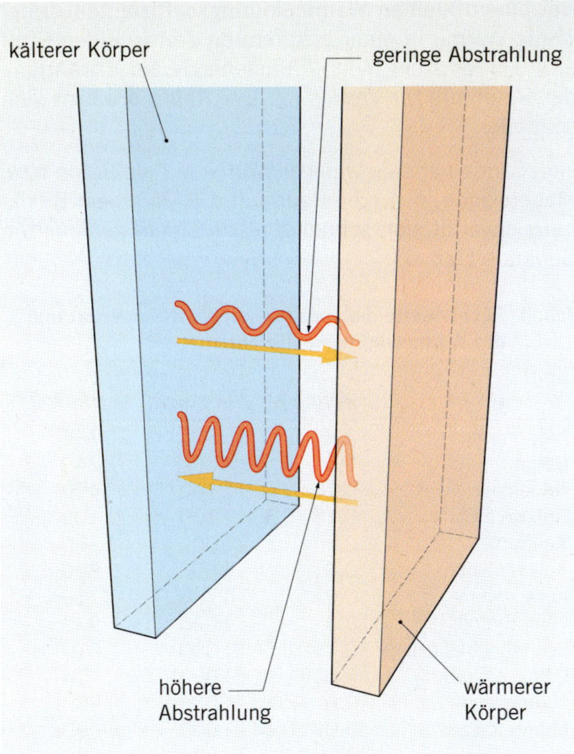

1 Strahlungsintensität verschieden warmer Oberflächen

Der **Emissionsgrad** ε (epsilon) wird als Materialkennwert benutzt und gibt an, wie viel Wärmestrahlung im Vergleich zum schwarzen Körper aufgenommen und abgegeben wird.

Tab. 1 Emissionsgrad verschiedener Materialien

Emissionsgrad	ε
Schwarzer Körper	1
Holz roh	0,94
Beton, Mauerwerk	0,93
Stahl angerostet	0,6
Stahl geschliffen	0,2
Aluminium hoch poliert	0,04

Die Strahlungsaufnahme und -abgabe der meisten Baustoffe ist etwas geringer als die des schwarzen Körpers, nämlich $\varepsilon = 0{,}85 - 0{,}95$. **Polierte Metalloberflächen** haben einen sehr niedrigen Emissionsgrad. Daher reflektieren sie den größten Teil der Strahlung. Da auch sichtbares Licht von ihnen reflektiert wird, können diese als Spiegel benutzt werden. Hinter Heizkörpern kann es also sinnvoll sein, reflektierende Schichten anzubringen.

Die **Farbe der Baustoffe** ist für die Abgabe von Wärmestrahlung meist unerheblich, da die Farbe nur Rückschlüsse auf das Spektrum im sichtbaren Bereich zulässt. Nur metallische Zusätze können das Wärmestrahlungsverhalten verändern.

Bei Bestrahlung mit Sonnenlicht (auch indirekt) reflektieren helle Baustoffe jedoch einen großen Teil der Energie, während dunkle Baustoffe wegen der großen Absorption von der Sonne zum Teil stark aufgeheizt werden (Abb. 2).

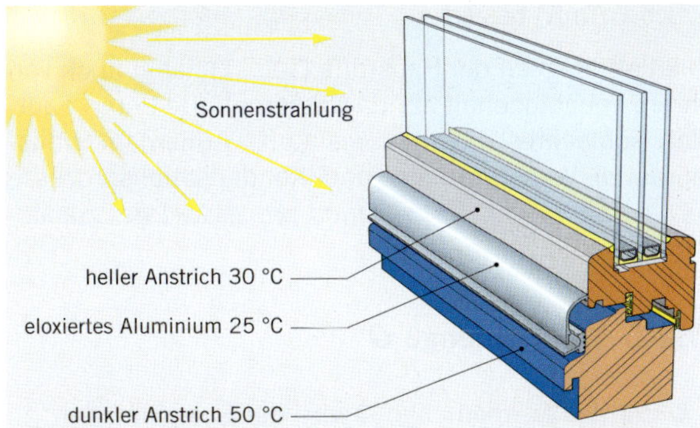

2 Dunkle Fensterrahmen absorbieren einen großen Teil der Strahlung und erwärmen sich dadurch sehr stark

9.2.4 Wärmeleitfähigkeit λ

Die Wärmeleitfähigkeit *(thermal conductivity)* ist eine Materialkenngröße und beschreibt das Vermögen, Wärmeenergie durch Leitung bei einer Temperaturdifferenz weiterzugeben.

Die Wärmeleitfähigkeit λ (sprich *„klein Lambda“*) gibt die **Wärmemenge** in Ws an, die durch eine 1 m dicke Schicht eines Stoffes in 1 Sekunde (1 s) durch eine 1 m^2 große Fläche bei einer Temperaturdifferenz beider Oberflächen von 1 K hindurchgeht. Einheit: $Wsm/(sm^2K)$ = **W/(mK)**

Je kleiner der λ-Wert, desto größer ist die Dämmung.

Die Wärmeleitfähigkeiten von Baustoffen unterscheiden sich deutlich:

- **Metalle**
  Sie sind sehr gute Wärmeleiter, wenn sie elektrisch leitfähig sind, da die freien Elektronen Wärme effektiv übertragen können.
  - Stahl 50 W/(mK)
  - Aluminium 160 W/(mK)
  - Kupfer 380 W/(mK)
- **Dämmstoffe**
  Die Wärmedämmeigenschaften *(heat insulation properties)* beruhen fast immer auf dem Einfluss von eingeschlossener, möglichst ruhender, also unbewegter Luft. Die Wärmeleitfähigkeit von Luft beträgt 0,002 W/(mK). Eine geringe Konvektion in den Hohlräumen wird durch kleine, kugelförmige Kammern erreicht, die durch dünnwandiges, wenig leitfähiges Material gebildet werden.
  - Mineralwolle 0,032–0,04 W/(mK)
  - Polystyrolschaumplatte 0,03–0,04 W/(mK)

- **Mineralische Baustoffe**
  Sie sind mittlere Wärmeleiter. Ihre Leitfähigkeit hängt von der Dichte und der Stoffstruktur ab. Glas als amorpher Baustoff *(amorphous building material)* hat eine Leitfähigkeit *(conductivity)* von 2 W/(mK), während Quarzit als Kristall eine Leitfähigkeit von 3,5 W/(mK) besitzt.

Die Leitfähigkeit der Baustoffe (Tab. 1) hängt auch von ihrem Feuchtegehalt ab, da wassergefüllte Poren deutlich schlechter dämmen als Luft. Außerdem transportieren Verdampfungs- und Kondensationsprozesse *(evaporation and condensation processes)* viel zusätzliche Wärme.

9.2.5 Wärmemenge *Q*

Unter der Wärmemenge ***Q*** wird die **Energiemenge** verstanden, die durch den Wärmestrom *Φ* (J/s = W) in einer Sekunde (1 s) von einem Körper aufgenommen oder abgegeben wird.
Einheit: **J** (Joule)

Nach Joule entspricht jede Wärmemenge einer bestimmten mechanischen Arbeit. Die physikalischen Größen Arbeit *(work)*, Energie und Wärmemenge *(heat quantity)* entsprechen sich demzufolge in ihren Einheiten:

Wärmemenge: 1 Nm = 1 Ws = 1 J

Die Wärmemenge, die pro Zeiteinheit transportiert wird, nennt sich **Wärmestrom *Φ***.
Einheit: **W** (Watt) = **J/s**

9.2.6 Spezifische Wärmekapazität *c*

Unter der spezifischen Wärmekapazität ***c*** (Tab. 1) wird die Wärmemenge in Ws verstanden, die erforderlich ist, um die Temperatur der Masse von 1 kg eines Stoffes um 1 Kelvin (1 K) zu erhöhen.
Einheit: **Ws/(kgK) = J/(kgK)**

9.2.7 Wärmeeindringkoeffizient *b*

Der Wärmeeindringkoeffizient ***b*** gibt an, welche Wärmemenge in J pro m^2 und K und einer Wurzel-Sekunde ($s^{0,5}$) in einen Stoff eindringen kann.
Einheit: **J/(m^2K$s^{0,5}$) = Ws/(m^2K$s^{0,5}$)**

Bei einem **großen Wärmeeindringkoeffizienten** *(high heat penetration coefficient)* dringt viel Wärme in einer bestimmten Zeit in den Stoff ein, d. h. es steht nur wenig Wärmeenergie zur Erwärmung der Luft zur Verfügung. Der Raum **erwärmt sich langsam**.

Bei einem **kleinen Wärmeeindringkoeffizienten** dringt wenig Wärme in einer bestimmten Zeit in einen Stoff ein, d. h. es steht mehr Wärmeenergie zur Erwärmung der Raumluft zur Verfügung. Der Raum **erwärmt sich schneller**.

Holzwände nehmen weniger Wärme auf als Beton bzw. Mauerwände, d. h., die Raumluft z. B. in einem Blockhaus erwärmt sich schneller als in einem gemauerten Gebäude (Tab. 1).

Tab. 1 Rechenwerte der spezifischen Wärmekapazität und des Wärmeeindringkoeffizienten

Stoff	*λ* in W/(mK)	*c* in J/(kgK)	*b* in J/(m^2K$s^{0,5}$)
Aluminium	236	800	20786
Beton	1,5	1000	2240
Nadelholz	0,13	2100	400
Holzwerkstoffe	0,15–0,3	2100	400
Kalkputz	0,7	1000	1250
Kalksandstein	0,8	1000	990
Kork	0,05	1700	160
Leichtbeton	0,8	1000	930
Leichthochlochziegel	0,25–0,5	1000	510
Luft („stehend“)	0,025	1000	14
Mauerziegel	0,6–1,0	1000	900
Mineralfasern	0,03–0,04	1000	30
Porenbeton	0,1–0,3	1000	340
Stahl	45	400	13735
Schaumkunststoffe	0,025–0,5	1500	35
Wasser (ruhend)	0,6	4200	1630
Zementestrich	1,4	1000	1670

9.2.8 Wärmespeicherfähigkeit

Die Wärmespeicherfähigkeit ist für den Wärmeschutz der jeweiligen Jahreszeit entsprechend von großer Bedeutung.

Im **Sommer** nehmen die raumumschließenden Bauteile tagsüber einen Anteil der Wärmeenergie auf und geben sie abends und nachts an die kühler werdende Raumluft ab.

Im **Winter** nehmen die raumumschließenden Bauteile Wärme auf und geben diese nach dem Abschalten der Heizung an die Raumluft ab. Durch die Wärmespeicherung in Außenwänden werden Zugerscheinungen in Wandnähe vermieden. Zudem wird durch die warme Wand das Behaglichkeitsgefühl *(sense of well-being)* im Raum gesteigert.

Die Wärmespeicherfähigkeit *(heat storage capacity)* nimmt zu, je größer die
- flächenbezogene Masse (kg/m^2) der Bauteile ist,
- spezifische Wärmekapazität der Baustoffe ist,
- Temperaturdifferenz zwischen Bauteilen und Raumluft ist.

Grundsätzlich sollten Außenbauteile eine hohe Wärmedämmung besitzen. Innenbauteile sollten eine hohe Wärmespeicherfähigkeit und eine gute Schalldämmung haben.

Die speicherbare Wärmeenergiemenge *(amount of storable heat energy)* wird nach der Formel berechnet:

$$Q = m' \cdot c \cdot \Delta\Theta \text{ in J/m}^2$$

- m' = flächenbezogene Masse in kg/m²,
- c = spezifische Wärmekapazität in J/kgK,
- $\Delta\Theta$ = Temperaturdifferenz in °C oder K.

9.2.9 Wärmedehnung Δl

Die Wärmedehnung **Δl** (sprich „delta" *l*) gibt das Verhalten der Stoffe bei Temperaturänderungen wieder:
- Wärme dehnt die Körper aus,
- Kälte zieht sie zusammen.

Einheit: **m**

Bei der Verarbeitung von Bauteilen aus verschiedenen Werkstoffen muss die unterschiedliche Wärmedehnung (Tab. 1), z. B. bei Holz-Aluminium-Fenstern, konstruktiv berücksichtigt werden.

$$\Delta l = \alpha \cdot \Delta\Theta \cdot l_0$$

- Wärmedehnzahl α (1/K), auch Temperaturdehnzahl, gibt an, wie viel sich ein Stoff von 1 m Länge bei Erwärmung um 1 K ausdehnt
- Temperaturdifferenz $\Delta\Theta$ (K)
- Länge l_0 vor der Temperaturänderung (m)

Tab. 1 Temperaturdehnzahlen von Baustoffen

Temperaturdehnzahlen	α in 1/K
Holz in Faserrichtung	$3 \cdot 10^{-6}$
Aluminium	$23{,}8 \cdot 10^{-6}$
Mauerwerk/Mauerziegel	$6 \cdot 10^{-6}$
Hart-PVC	$80 \cdot 10^{-6}$
Beton, Klinkermauerwerk	$10 \cdot 10^{-6}$

9.3 Rechengrößen zum Wärmeschutz im Hochbau

9.3.1 Vom Baustoff zum Bauteil

Bauteile *(construction components)* sind häufig aus **Baustoff**schichten *(layers of building materials)* mit unterschiedlichen Dicken zusammengesetzt. Diese grenzen an die gasförmige Innen- und Außenluft, über die in der Heizperiode Wärme auf- bzw. abgegeben wird. Die Kenntnis der Wärmeleitfähigkeit des einzelnen Baustoffs allein reicht zur Beurteilung des ganzen Bauteils nicht aus.

Für den Nachweis des Wärmschutzes wird u. a. der Transmissionswärmeverlust durch alle Bauteile der Gebäudehüllfläche für eine klimatisch durchschnittliche Heizperiode berechnet. Für jedes Bauteil ist daher ein Kennwert notwendig, der seine Dämmfähigkeit beschreibt. Kennwerte, die einen Wärmetransport quantifizieren, werden (Wärme-)Koeffizienten genannt.

Die Wärmeleitfähigkeit λ ist bereits ein Koeffizient, allerdings auf die Dicke von 1 m bezogen. Um die Leistungsfähigkeit **einer** Schicht des Bauteils anzugeben, wird die Leitfähigkeit durch die konkrete Dicke **dieser** Schicht dividiert. Damit erhält man den Wärmedurchlasskoeffizienten Λ *(thermal diffusivity coefficient)*.

Wärmedurchlasskoeffizient Λ

Die Wärmedurchlasszahl = Wärmedurchlasskoeffizient Λ (sprich „groß Lambda") gibt die Wärmemenge in Ws an, die durch die Schichtdicke *d* (in mm) eines Baustoffs in 1 s durch eine 1 m² große Fläche bei einem Temperaturunterschied von 1 K beider Bauteiloberflächen hindurchgeht.
Einheit: **W/(m²K)**

$$\Lambda = \lambda / d \text{ in W/(mK/m)}$$

Die einzelnen Baustoffschichten eines Bauteils müssen nun in ihrer Wirkung als ein Koeffizient zusammengefasst werden. Dass dies durch einfache Addition nicht möglich ist, zeigt folgende **beispielhafte Überlegung**:

Ein Bauteil besteht aus einer Schicht mineralischen Mauerwerks und einer gleich dicken Dämmstoffschicht. Der Dämmstoff leitet im Vergleich zum Mauerwerk um den Faktor 10 schlechter: Der Durchlasskoeffizient der Dämmstoffschicht ist also um den Faktor 10 kleiner. Werden beide Schichten kombiniert, muss sich ein Koeffizient ergeben, der etwas geringer als der der Dämmstoffschicht allein ausfällt, da das Mauerwerk die Dämmfähigkeit der Dämmstoffschicht ein wenig verbessert.

Folgende **Rechenoperation** führt zu dem gewünschten Ergebnis: Die Kehrwerte der Koeffizienten λ/d werden berechnet und addiert. Der Kehrwert dieser Summe ist der gesuchte Koeffizient.

Da für die Addition die **Kehrwerte** der einzelnen Wärmedurchlasskoeffizienten Λ benötigt werden, wird dieser für eine einzelne Schicht **Wärmedurchlasswiderstand *R*** *(thermal resistance)* = $1/\Lambda$ genannt.

Wärmedurchlasswiderstand *R*

Der Wärmedurchlasswiderstand ***R*** gibt an, wie groß der Widerstand eines Bauteils ist, Wärme durchzulassen. Je größer der Wärmedurchlasswiderstand eines Bauteils ist, desto größer ist seine Wärmedämmwirkung.
Einheit: **m²K/W**

R ist der Kehrwert von $\Lambda = \lambda / d$, also $\mathbf{1/\Lambda = d/\lambda}$

Die Einzelwiderstände der einzelnen Bauteilschichten werden einfach zum Gesamtwiderstand R_T (engl. *total*) addiert. Der Kehrwert des Gesamtwiderstands ist dann wieder ein Koeffizient.

$$R = \frac{\text{Schichtendicke der einzelnen Schichten (in m)}}{\text{Wärmeleitfähigkeit der jeweiligen Schicht}}$$

$$R = d_1/\lambda_1 + d_2/\lambda_2 + d_3/\lambda_3 + \ldots + d_n/\lambda_n \text{ in m}^2\text{K/W}$$

Wärmeübergangswiderstand R_S

Die warme **Innenluft** bildet bei der konvektiven Wärmeübertragung von Heizkörpern *(radiators)* zu Außenbauteilen eine Konvektionswalze mit abfallender Luftströmung an der Oberfläche des Außenbauteils aus. Die Luft gibt Wärme an die Oberfläche ab, kühlt dabei ab und verstärkt dadurch den thermischen Abtrieb. Dabei bildet sich ein Strömungsmuster *(current pattern)* aus, bei dem sich die Strömungsgeschwindigkeit *(flow rate)* mit abnehmendem Abstand zur Oberfläche verringert. Unmittelbar vor der Oberfläche ist die Geschwindigkeit nahe Null. Dieses **„stehende" Luftpolster** wirkt wie eine zusätzliche Dämmschicht.

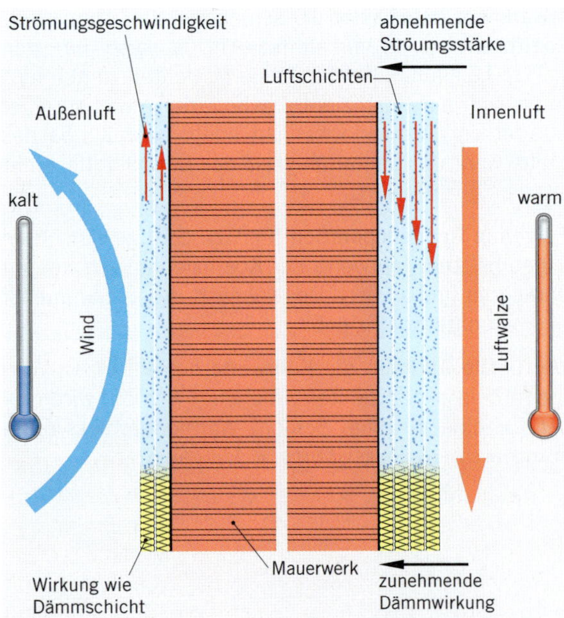

1 „Stehende" Luft als Ursache für den Wärmeübergang

Auf der **Außenseite** findet der gleiche Prozess, nur aufsteigend statt, da die Außenoberfläche die Außenluft erwärmt und diese aufsteigt. Die zusätzlichen Luftbewegungen durch Wind können hier allerdings die erwärmte Luft schneller forttragen. Daher ist das Luftpolster außen geringer (Abb. 1).

Der Dämmfähigkeit dieser Übergangsschichten *(transition layers)* kann mit dem Wärmeübergangskoeffizienten *h* ein rechnerischer Wert als Koeffizient zugeordnet werden. Dieser geht als Anteil in die Gesamtrechnung mit ein.

Der **Wärmeübergangskoeffizient *h*** gibt die Wärmemenge in Ws an, die pro Sekunde s zwischen 1 m² Oberfläche eines festen Stoffs und der ihn berührenden Luft ausgetauscht wird, wenn zwischen Stoffoberfläche und Luft ein Temperaturunterschied von 1 K besteht.

Der Wärmeübergangskoeffizient ist abhängig von
- der Lufttemperatur,
- der Luftbewegung,
- der Glätte der Wandoberflächen,
- der Lage der Bauteile in der Wand,
- dem Konstruktionsaufbau der Bauteile (ein- bzw. mehrschichtig).

Die Wärmeübertragung an den Bauteiloberflächen erfolgt durch Strahlung h_s und durch Konvektion h_k, während die Wärme in dem Bauteil selbst durch Wärmeleitung übertragen wird.

Daher muss auch hier mit den **Widerständen** der Luftgrenzschichten (Kehrwerten $R = 1/h$) beim Übergang der Wärme von der Raumluft an die Wandoberflächen innen sowie beim Übergang der Wärme von der Wandoberfläche außen an die Luft gerechnet werden.

Analog zum Wärmedurchlasswiderstand *R* wird der Kehrwert der Wärmeübergangszahl *h*, also 1/*h*, als **Wärmeübergangswiderstand R_S** bezeichnet (*R* = *resistance*, Index S = *surface*/Oberfläche).
Einheit: (1/W/m²K) = **m²K/W**

Die DIN 4108-4, DIN EN ISO 6946 sowie DIN EN ISO 13370 legen die Wärmeübergangswiderstände R_{si} für **innen** und R_{se} für **außen** je nach Bauteil fest (S. 279, Tab. 1) (Index i für innen = intern, Index e für außen = extern).

Luftgrenzschichten für senkrechtes Außenbauteil – **Innenseiten**:

$$R_{si} = 1/h_i = 1/8 \sim \mathbf{0{,}13\ m^2K/W}$$

Luftgrenzschichten für senkrechtes Außenbauteil – **Außenseiten**:

$$R_{se} = 1/h_e = 1/23 \sim \mathbf{0{,}04\ m^2K/W}$$

Tab. 1 Rechenwerte der Wärmeübergangszahlen bzw. Wärmeübergangswiderstände (DIN 4108 – Auszug)

Bauteil	Wärmeübergangs-				
	Koeffizienten		Widerstände		
	h_i	h_e	R_{si}	R_{se}	$R_{si} + R_{se}$
	$\frac{W}{m^2K}$	$\frac{W}{m^2K}$	$\frac{m^2K}{W}$	$\frac{m^2K}{W}$	
Außenwand, nicht hinterlüftet	8	23	0,13	0,04	0,17
Außenwand, hinterlüftete Außenhaut	8	12	0,13	0,08	0,21
Decke oder Dachschräge, nicht belüftet	8	23	0,13	0,04	0,17
Decke oder Dachschräge, belüftet	8	12	0,13	0,08	0,21

Wärmedurchgangswiderstand R_T

Der **Gesamtwiderstand R_T** eines Bauteils gegen die Wärmewanderung von einem Raum zum anderen ergibt sich aus der Summe der gesamten Wärmedurchlasswiderstände R der Bauteilschichten – von Oberfläche innen zu Oberfläche außen – und den Wärmeübergangswiderständen R_{si} und R_{se}.
Einheit: **m²K/W**

Der sich aus der Summe der drei Rechengrößen ergebende Wärmedurchgangswiderstand R_T wird mit folgender Formel berechnet:

$$R_T = R_{se} + R + R_{si} \text{ in m}^2\text{K/W}$$
$$R_T = 1/h_e + R + 1/h_i$$
$$R_T = 1/h_e + d_1/\lambda_1 + d_2/\lambda_2 + d_3/\lambda_3 \ldots + d_n/\lambda_n + 1/h_i$$

Je größer der Wärmedurchgangswiderstand R_T ist, desto größer ist die Wärmedämmung und desto geringer ist der Energieverbrauch (energy consumption).

9.3.2 Wärmedurchgangskoeffizient *U* – *U*-Wert

Der Wärmedurchgangskoeffizient ***U*** (Wärmedurchgangszahl) gibt an, welche Wärmemenge in Ws in einer Sekunde s durch 1 m² eines Bauteils mit der Dicke *d* (in mm) hindurchgeht, wenn zwischen Raumluft und Außenluft eine Temperaturdifferenz von 1 K besteht.
Einheit: **W/(m²K)**

Er wird durch den Kehrwert des Wärmedurchgangswiderstands R_T gebildet ($U = 1/R_T$).

Der Kehrwert $1/R_T$ des Wärmedurchgangswiderstands R_T gibt also den Wärmedurchgang durch ein Bauteil inklusive der Luftgrenzschichten an.

Im Winter geht der Wärmetransport von innen nach außen, im Sommer von außen nach innen.

Der ***U*-Wert** ist im Wärmeschutz die wichtigste bauphysikalische Größe.

Je kleiner der *U*-Wert, desto besser ist die Wärmedämmung und umso geringer der Transmissionswärmeverlust.

Zur Berechnung **einschichtiger Bauteile** *(single-layer components)* (S. 280, Abb. 1) dient die Formel:

$$U = 1/R_T$$
$$U = 1/(R_{se} + R + R_{si}) \text{ in m}^2\text{K/W}$$

Bei **mehrschichtigen Bauteilen** *(multilayer components)* (S. 280, Abb. 2) gilt die Formel:

$$U = 1/(R_{se} + R_1 + R_2 + R_3 \ldots + R_n + R_{si})$$
$$U = 1/(R_{se} + d_1/\lambda_1 + d_2/\lambda_2 + d_3/\lambda_3 \ldots + d_n/\lambda_n + R_{si})$$

Zur Berechnung des ***U*-Werts** werden nach DIN 4108 die Wärmeübergangswiderstände

- $1/h_i = R_{si} = 0{,}13$ W/(m²K) und
- $1/h_e = R_{se} = 0{,}04$ W/(m²K)

angesetzt.

Die Summe aus R_{si} und R_{se} wird bei nicht hinterlüfteten Außenwänden mit 0,17 W/(m²K) als konstante Größe in die Formel eingesetzt.

$$U = 1/(R_{se} + R + R_{si})$$
$$U = 1/(0{,}17 + R) \text{ in m}^2\text{K/W}$$

9.3.3 Temperaturprofil

Die Temperaturen an den Schichtgrenzen *(layer boundaries)* lassen sich als Temperaturgrafik darstellen. Diese wird als Temperaturprofil bezeichnet. Diese Darstellung macht die Leistungsfähigkeit der einzelnen Bauteilschichten auf einen Blick deutlich und zeigt die äußere und die raumseitige Oberflächentemperatur an.

Temperaturprofile werden im sogenannten **stationären Zustand** *(steady-state)* ermittelt. Das bedeutet, dass eine konstante Innen- und Außentemperatur angenommen wird. In der Realität ist besonders die Außentemperatur relevanten tageszeitlichen Schwankungen unterworfen, die zusammen mit der Wärmekapazität jeder Einzelschicht einen komplexen Temperaturverlauf erzeugen, der sich ständig ändert.

Diese **dynamischen** Schwankungen haben auf wärme- und feuchtetechnische Untersuchungen aber meist geringe Auswirkungen *(minor effects)*. Daher wird üblicherweise der stationäre Zustand angenommen, da dann die rechnerische Analyse vergleichsweise einfach möglich ist.

Innerhalb eines **einschichtigen Bauteils** zeigt sich ein linearer Temperaturabfall *(linear temperature decrease)* (Abb. 1), da die Schwingungsenergie kontinuierlich abnimmt.

Auch ein homogenes Bauteil ist bereits „mehrschichtig", da neben dem Bauteil selbst auch immer die Übergangswiderstände der inneren und äußeren Luftschichten thermisch relevant sind. Da diese als konstante Widerstände angenommen werden und die Temperatur bis zur Oberfläche innen bzw. außen im Verhältnis von R_{si} zu R_{ges} bzw. R_{se} zur Außenluft abfällt, stellt sich je nach Wärmedurchlasswiderstand des Bauteils eine unterschiedliche raumseitige und äußere Oberflächentemperatur *(interior and exterior surface temperature)* ein.

Je geringer der *U*-Wert eines Bauteils, desto niedriger ist im Winter die Oberflächentemperatur auf der Raumseite.

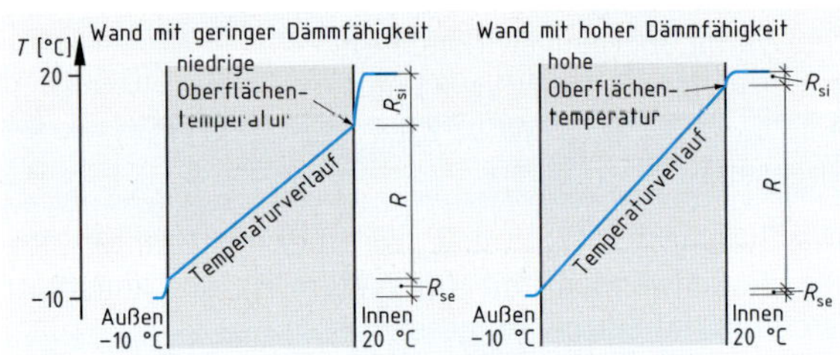

1 Wärmedurchgang durch einschichtiges Bauteil

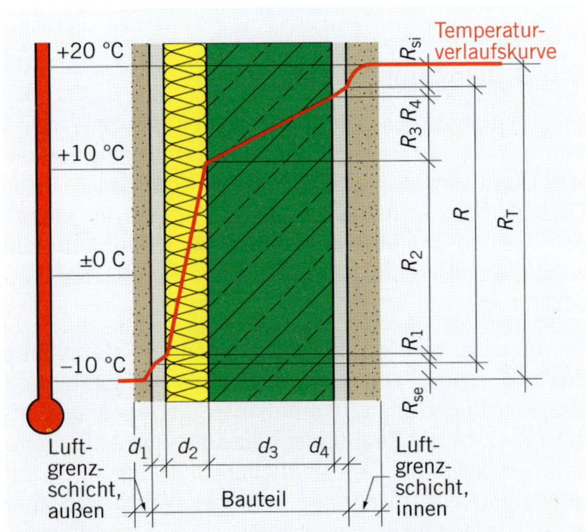

2 Wärmedurchgang durch mehrschichtiges Bauteil

Bei **mehrschichtigen Bauteilen** unterscheiden sich die Wärmedurchlasswiderstände der Einzelschichten. Dadurch entstehen typische Knickstellen an den Schichtgrenzen (Abb. 2).

Je geringer die Leitfähigkeit einer Schicht, desto steiler verläuft der Temperaturabfall, da der Wärmedurchlasswiderstand der Schicht relativ zur Schichtdicke dann groß ausfällt.

Berechnung der Oberflächentemperatur und der Temperaturen an den Schichtgrenzen

Die Oberflächentemperatur sowie die Temperaturen der Schichtgrenzen in Bauteilen können mit der **Wärmestromdichte *q*** berechnet werden. Der Wärmestrom Φ (sprich *Phi*) in *W* wird bezogen auf die Bauteilfläche *A* (in m²).

Die Wärmemenge *Q*, die eine Fläche *A* durchströmt, wird als **Wärmestromdichte *q*** bezeichnet.
$q = Q/A$ **(W/m²)**

Die Wärmestromdichte *(heat flow density)* hängt vom *U*-Wert und der Temperaturdifferenz zwischen Raumluft und Außenluft ab ($\Delta\Theta = \Theta_i - \Theta_e$ in K):

$$q = U \cdot (\Theta_i - \Theta_e)\ Q/A\ (\mathrm{W/m^2})$$

Die Temperaturverteilung über den Querschnitt eines ein- oder mehrschichtigen Bauteils kann berechnet werden. Besteht ein Bauteil aus mehreren Schichten, fließt durch jede Schicht die gleiche Wärmestromdichte *q*. Deshalb gelten die Zusammenhänge:

Bauteil-Innenoberfläche:	$\Theta_{si} = \Theta_i - R_{si} \cdot q$
Bauteil-Außenoberfläche:	$\Theta_{se} = \Theta_i - R_{se} \cdot q$

Trennflächen zwischen den einzelnen Schichten:	$\Theta_1 = \Theta_{si} - R_1 \cdot q$ $\Theta_2 = \Theta_1 - R_2 \cdot q$ $\Theta_3 = \Theta_2 - R_3 \cdot q$ … $\Theta_n = \Theta_{n-1} - R_n \cdot q$

9.3.4 Wärmebrücken

Wärmebrücken sind örtliche **Schwachstellen** in der wärmegedämmten Umfassungsfläche. Häufig treten sie an Bauteilübergängen, Ecken und Durchdringungen auf.

Die folgende Abbildung zeigt die typische Wärmebrücke *(thermal bridge)* einer auskragenden Balkonkonstruktion (S. 281, Abb. 1).

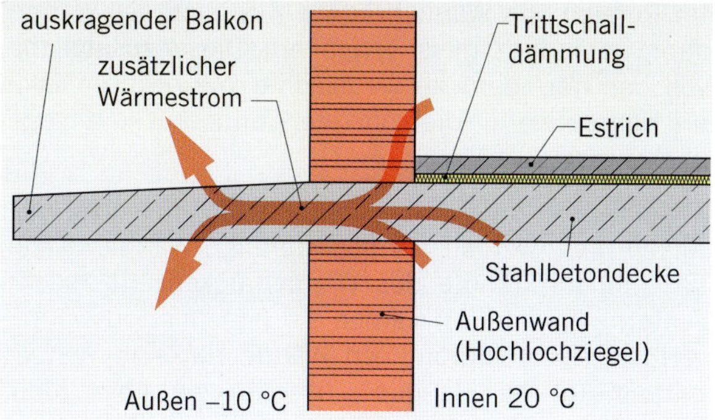

1 Beispiel einer typischen Wärmebrücke

Über die durchlaufende Betondecke wird ein großer Wärmestrom (zusätzlich zum erfassten Wärmestrom durch die Wand) von innen nach außen geleitet. Rechnerisch ist aber zunächst nur der Transmissionswärmeverlust durch die Wand (*U*-Wert, Fläche, Temperaturdifferenz, Zeit) erfasst.

Dieser **zusätzliche Wärmestrom** kann mithilfe spezieller Computerprogramme, die die Wärmeströmung durch die Querschnittsgeometrie einer Konstruktion simulieren, numerisch erfasst werden. Zur Anschauung werden mit diesen Programmen häufig **Isothermendarstellungen** erstellt, die zur weiteren Analyse benutzt werden können.

Isothermen sind Kurven oder Linien, die Punkte mit gleichen Temperaturen in der Schnittdarstellung verbinden.

Wärmebrücken können linienförmig oder punktförmig vorliegen. Erstere sind weitaus relevanter und werden hier daher ausschließlich betrachtet.

Abb. 2 zeigt den Anschluss von zwei verschiedenen Wandstücken. Der linke, dickere Teil besteht aus Beton, der rechte ist dünner und ist aus Ziegeln gefertigt. Damit ist die thermische Leistungsfähigkeit (*U*-Werte) beider Wandstücke ähnlich.

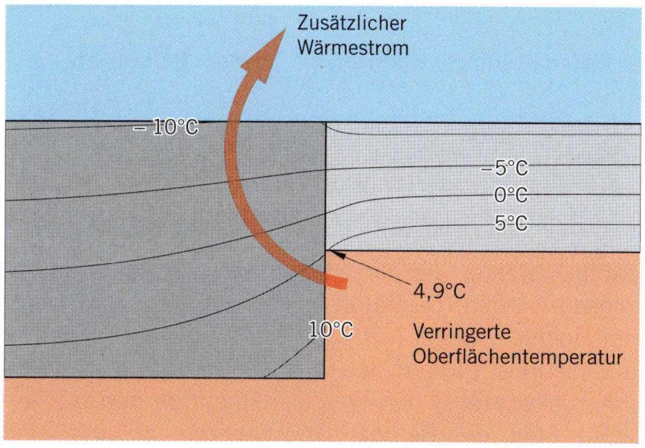

2 Isothermen und Wärmebrücke im Anschlussbereich

Erst wenn diese Wandstücke aneinandergrenzen, wird sich ein **zusätzlicher Wärmestrom** einstellen, da an der neu entstehenden Laibungsfläche *(reveal surface)* über den besser leitenden Beton auf relativ kurzem Weg Wärme nach außen abgeleitet wird. In dessen Folge wird viel Wärme von der inneren Oberfläche im Eckbereich Laibung/Ziegelwand auf die Ziegelaußenwand im Anschlussbereich abgeleitet.

Während innen im Übergangsbereich die **Temperatur sinkt**, steigt sie auf der Außenfläche. Betrachtet man in der Isothermendarstellung (Abb. 2) die ungestörten *(undisturbed)* Wandbereiche ganz links und rechts, wird deutlich, dass beide Wandteile monolithisch ausgebildet sind, da die Isothermen sich gleichmäßig verteilen. Im Anschlussbereich müssen die Isothermen zusammenlaufen: Dabei werden außen die Isothermen aus dem Bauteil „herauslaufen", da hier ja eine relativ höhere Oberflächentemperatur herrscht. Innen macht sich der starke Temperaturabfall an der Laibungsecke durch ein „Austreten" der Isothermen bemerkbar. Hier sinkt die Oberflächentemperatur ab.

Wärmebrücken verursachen also
- zusätzliche Wärmeverluste, die als Wärmebrückenverlustkoeffizient Ψ Berücksichtigung finden, und
- innen niedrige Oberflächentemperaturen, die als Temperaturfaktor $f_{R,si}$ einfließen.

Diese beiden Faktoren stellen die Kenngrößen der Wärmebrücken dar.

9.3.5 Kenngrößen der Wärmebrücken

Temperaturfaktor $f_{R,si}$

Die Oberflächentemperatur auf der Raumseite spielt eine große Rolle beim Entstehen *(formation)* von Tauwasser *(condensation water)* und Schimmel *(mold)* im Bereich von Wärmebrücken [▶ 9.5.4]. Vielfach ist gerade im Bereich von Bauteilanschlüssen die Konvektion der Innenluft durch eine ungünstige Strömungsgeometrie eingeschränkt. Dies erhöht den inneren Übergangswiderstand *(interior transition resistance)* und lässt die Oberflächentemperatur weiter absinken. Daher wird der innere Übergangswiderstand R_{si} bei der Ermittlung der inneren Oberflächentemperatur pauschal mit einem erhöhten Wert von 0,25 m²K/W angenommen. Um dies deutlich zu machen, wird der Temperaturfaktor *(temperature factor)* auch als $f_{R,si\,0,25}$ bezeichnet.

Mit dem **Temperaturfaktor *f*** wird der Einfluss von Raumtemperatur Θ_i und Außentemperatur Θ_e auf die innere Oberflächentemperatur Θ_{si} zum Ausdruck gebracht. Der Wert des Temperaturfaktors *f* kann zwischen 0 und 1 liegen.

- ***f* = 0** bedeutet: Die raumseitige Oberflächentemperatur ist gleich der Außentemperatur.
- ***f* = 1** bedeutet: Die raumseitige Oberflächentemperatur ist gleich der Raumtemperatur.
- ***f* = 0,5** bedeutet: Die raumseitige Oberflächentemperatur liegt genau zwischen der Außen- und der Raumtemperatur.

Der Temperaturfaktor f_{Rsi} wird nach folgender Formel berechnet:

$$f_{Rsi} = (\Theta_{si} - \Theta_e)/(\Theta_i - \Theta_e)$$

- Θ_{si} = raumseitige Oberflächentemperatur des Bauteils
- Θ_i = Raumtemperatur
- Θ_e = Außentemperatur (Vorzeichen berücksichtigen!)

Berechnungsbeispiel

- niedrigste raumseitige Oberflächentemperatur im Bereich einer Wärmebrücke Θ_{si} = 12,6 °C
- Rauminnentemperatur Θ_i = 20 °C
- Außentemperatur Θ_e = −5 °C

Anwendung der Formel für den Temperaturfaktor f_{Rsi}:
f_{Rsi} = (12,6 − (−5))/(20 − (−5)) = 17,6/25 = **0,704**

Die niedrigste Temperatur in Abhängigkeit von der Außen- und Innentemperatur, die auf der inneren Oberfläche zulässig ist, ist in DIN 4108 geregelt:

> Der **Temperaturfaktor f_{Rsi}** muss im Bereich von Wärmebrücken an jeder Stelle größer oder gleich 0,7 sein.
> $f \geq 0{,}7$

Glas- und Fensterrahmenflächen sind davon ausgenommen, da davon ausgegangen wird, dass entstehendes Tauwasser problemlos abgewischt werden kann und sich hier kein Schimmel bildet.

Über Thermografie (Abb. 1) können Temperaturunterschiede auf der Oberfläche und damit Wärmebrücken durch Farbabstufungen sichtbar gemacht werden.

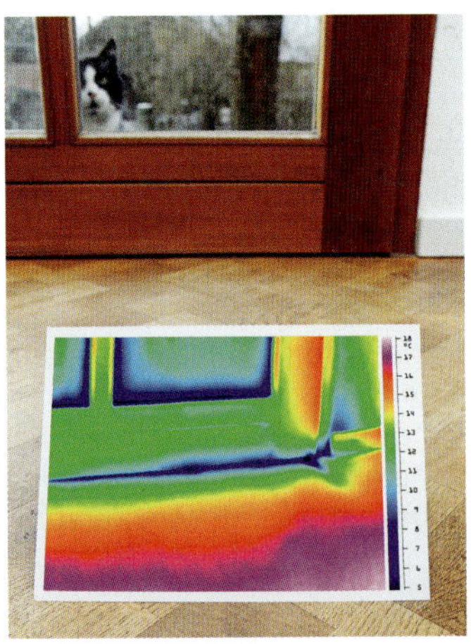

1 Raumseitiges Wärmebild

Wärmebrückenverlustkoeffizient Ψ

Der Wärmestrom *(heat flow)* durch ein ungestörtes Bauteil ist einfach mit dessen *U*-Wert, der Fläche und der Temperaturdifferenz zu ermitteln.

Im Bereich von Wärmebrücken wird sich der Wärmestrom verändern, meist vergrößern. Dieser **zusätzliche**, von der Wärmebrücke verursachte Wärmestrom kann als Kenngröße für die konkrete Wärmebrücke angegeben werden.

Einzelne Störungen wie Durchdringungen *(bores)* oder Anker *(ties)* werden als **punktförmige** Wärmebrücken bezeichnet. Mithilfe des **Wärmebrückenverlustkoeffizienten χ** (sprich Chi) werden die Transmissionswärmeverluste der punktförmigen Wärmebrücke in W/K ermittelt. In der Baupraxis werden sie aber meist vernachlässigt.

Bei Wärmebrücken an Kanten, Wandecken oder Übergängen handelt es sich um **linienförmige** Wärmebrücken, deren Wärmeverlust pro m Länge bei einer Temperaturdifferenz von 1 K als **Wärmebrückenverlustkoeffizient Ψ** (sprich Psi) eingeht.

> Der Wärmebrückenverlustkoeffizient **Ψ** – kurz **Ψ-Wert** – erfasst den durch die Wärmebrücke verursachten zusätzlichen Wärmestrom.
> Einheit: **W/(mK)**

> Wärmebrücken können geometrisch, konstruktiv oder materialbedingt sein.

Materialbedingte Wärmebrücken entstehen, wenn in einem Bereich höher leitfähiges Material eingesetzt wird.

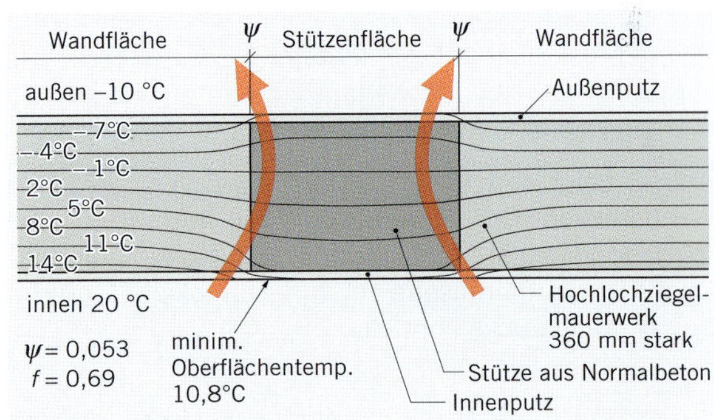

2 Materialbedingte Wärmebrücke an einer Betonstütze

Im dargestellten Beispiel (Abb. 2) fließt ein hoher Wärmestrom über die Betonstütze nach außen.

Dieser ist jedoch i. d. R. bereits über die Stützenfläche und dessen *U*-Wert erfasst. Zusätzlich wirken Anschlusseffekte, die als Wärmebrückenverluste ausgewiesen werden: Da Beton besser die Wärme leitet als der Hochlochziegel *(vertically perforated brick)*, nimmt der Wärmestrom auf der Innenseite (Beginn des Wärmebrückenpfeils) den Weg (senkrecht zu den Isothermen) über die Betonstütze *(concrete column)* und stellt einen zusätzlichen Wärmestrom (roter Pfeil) dar.

Bei materialbedingten Schwachstellen, die nicht hauptsächlich als verminderter U-Wert eingehen können, z. B. bei eingemauerten Stahlprofilen, wird der gesamte zusätzliche Wärmestrom einem Ψ-Wert zugeordnet.

Geometrisch bedingte Wärmebrücken entstehen z. B. bei Gebäudeecken. Im dargestellten Beispiel (Abb. 1) steht der kleineren Wandfläche innen eine relativ große Wandfläche außen gegenüber. Daher verteilt sich ein vergrößerter Wärmestrom von der Ecke auf die größere Außenfläche. Die Oberflächentemperatur direkt in der Ecke ist darum deutlich verringert, auch wegen der eingeschränkten Konvektion und des damit höheren Übergangswiderstands innen. Der f-Wert ist niedriger als 0,7, daher besteht die Gefahr von Tauwasser- und/oder Schimmelbildung.

Der Ψ-Wert fällt, obwohl eine Schwachstelle bei der Außenecke vorliegt, negativ aus. Grund dafür ist der normativ gesetzte „Außenmaßbezug" *(external dimension reference)*. Dieser schreibt vor, dass die äußere Wandfläche für die Ermittlung der Transmissionswärmeverluste angesetzt wird. Da Ψ-Werte gewissermaßen als Korrektur für die flächige Ermittlung dienen, muss dieser hier negativ ausfallen, da über die Ecksituation mit kleineren Innenflächen ein geringerer Wärmestrom fließt als durch eine normale Wandfläche, wo sich Innen- und Außenfläche entsprechen.

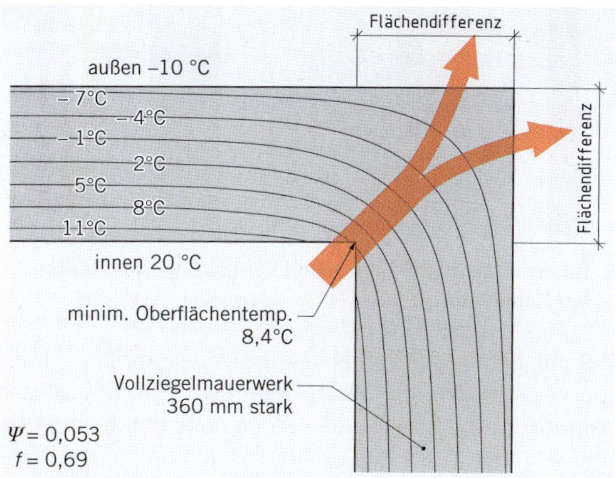

1 Wärmebrücke an einer Raumecke

Konstruktiv bedingte Wärmebrücken entstehen, wenn Außenbauteile mit unterschiedlicher Schichtung oder Dicke aufeinandertreffen. Häufig stellen sie gleichzeitig eine geometrische Wärmebrücke dar. Abb. 2 zeigt typische Beispiele.

Weitere Beispiele sind:
- Ortgang- und Traufenanschlüsse,
- durchgehende Decken,
- Rollladenkästen,
- Außentüren- und Fensteranschlüsse [▶ 12.9.4].

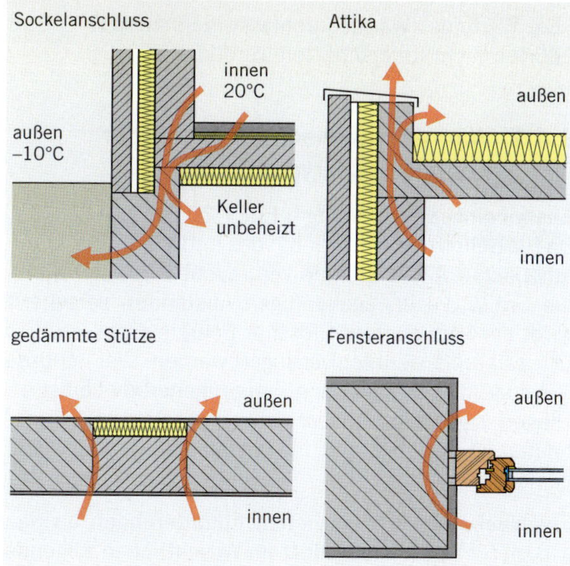

2 Beispiele für konstruktiv bedingte Wärmebrücken

Für die **Ermittlung von Wärmebrücken** stehen verschiedene Verfahren zur Verfügung:
- Für einfache Anschlüsse wie Mauerecken kann eine rechnerische Abschätzung über eine Abminderungsformel vorgenommen werden.
- In Wärmebrückenkatalogen liegen für die meisten üblichen Anschlüsse mit verschiedenen Dimensionen und Baustoffen Ψ-Werte vor. Fenster- oder Haustürkonstruktionen sind aber so vielfältig, dass dort keine Entsprechung gefunden werden kann.
- Eine genaue, für alle Anschlüsse geeignete Ermittlung wird mit Wärmebrückenprogrammen vorgenommen, die auch eine detaillierte Analyse mit der Möglichkeit zur Optimierung ermöglichen.

9.4 Wärmeschutznachweis

9.4.1 Wärmeschutznachweis nach DIN 4108

Die DIN 4108 – Wärmeschutz im Hochbau – befasst sich als bautechnische Bestimmung mit **Mindestanforderungen an den Wärmeschutz** von Außenbauteilen, bauphysikalischen Zusammenhängen sowie Materialwerten.

Als anerkannte Regel der Technik soll sie
- durch ein hygienisches Raumklima *(hygienic indoor climate)* die Gesundheit der Bewohner gewährleisten,
- durch wetterbedingte Feuchteeinwirkung entstehende Bauschäden *(structural damage resulting from outside humidity (weather))* vermeiden.

Hierfür sind in Tabellen Werte vorgegeben.

Die Werte des **Wärmedurchlasswiderstands *R*** dürfen nicht unterschritten werden.

9.4.2 Wärmeschutznachweis nach der Energieeinsparverordnung

Energieeinsparverordnung – EnEV 2014
Da für Beheizung eines Gebäudes und Warmwasser ein erheblicher Anteil Energie verbraucht wird, soll durch die EnEV, die in regelmäßigen Abständen verschärft wird, der Verbrauch von fossiler Energie *(consumption of fossil fuels)* deutlich verringert werden. Ziel ist, dass Gebäude ihre Energie langfristig regenerativ selbst erzeugen *(regenerative heat recovery)* sollen. Für Neubauten ist das ab 2020, für Bestandsbauten ab 2050 geplant.

Für **Neubauten** gibt es neben Anforderungen an den sommerlichen Wärmeschutz im Wesentlichen folgende Anforderungen *(requirements)*:

- Der **Transmissionswärmeverlust** bezogen auf 1 m^2 Umfassungsfläche (mittlerer *U*-Wert) darf bestimmte Werte nicht überschreiten. Ein frei stehendes Wohngebäude darf einen Wert von $H' = 0{,}40$ W/(m^2K) nicht überschreiten.
- Der **Primärenergiebedarf** darf nicht höher sein als bei einem definierten Referenzgebäude.
- Der **sommerliche Wärmeschutz** des Hauses entspricht den Vorgaben der Verordnung.

Von der Bilanzierung zum Primärenergiebedarf
Den größten Teil seiner Wärmeenergie verliert ein Gebäude meist wegen des Wärmeenergieverlustes durch die Bauteile der umfassenden Gebäudehülle. Mithilfe der Bauteil-*U*-Werte und unter Einbeziehung der einzelnen Bauteilflächen sowie der Klimadaten einer durchschnittlichen Heizperiode lässt sich der voraussichtliche **Transmissionswärmeverlust** vergleichsweise genau berechnen. Der Energieverlust durch die **Belüftung** wird je nach Lüftungsart pauschal nach dem Wohnungsvolumen festgesetzt und mit einer festgelegten Luftwechselrate *(air change rate)* verrechnet. Der Wärmebedarf *(heat requirement)* für die Erzeugung von **Warmwasser** wird mithilfe der Wohnfläche und eines festgelegten Faktors errechnet.

Ein Gebäude kann auch Energie passiv gewinnen *(recover)* (Abb. 1). Das geschieht durch Sonnenzustrahlung – **solare Gewinne** – und durch den Wärmeverlust von elektrischen Geräten und Bewohnern – **interne Gewinne**. Solare Gewinne werden vorwiegend über Fensterflächen *(window areas)* gewonnen. Da auf der Südseite ein größeres Strahlungsangebot herrscht, werden die verschiedenen Fensterflächenanteile je nach Ausrichtung *(orientation)* unterschiedlich berücksichtigt. Interne Gewinne werden wieder pauschal über die Wohnfläche *(living area)* berechnet.

Verluste und Gewinne werden in der **Bilanzierung** verrechnet *(draw an energy balance)*. Den verbleibenden Wärmebedarf muss die Heizungsanlage aufbringen, um die Gebäudetemperatur zu halten (Abb. 2).

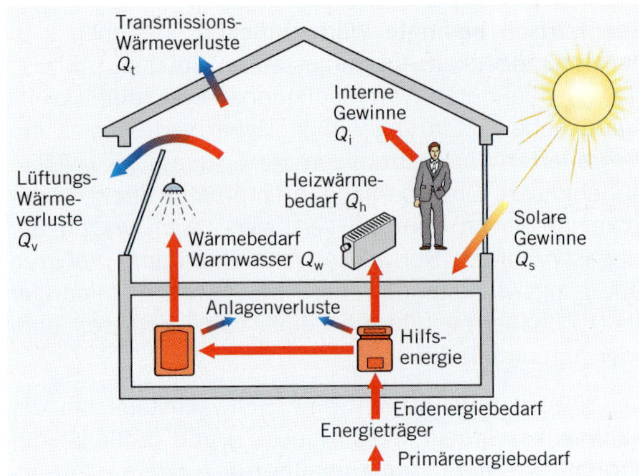

1 Energieverluste und Wärmegewinne

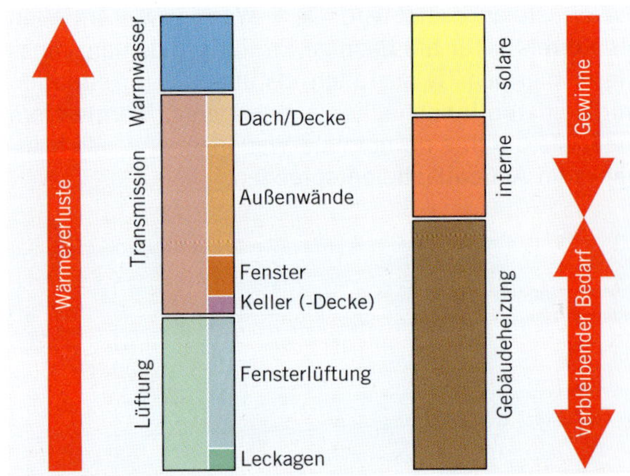

2 Bilanzierung der Gewinne und Verluste: typische Anteile bei Neubauten

Bei der Erzeugung von Heizwärme *(generation of thermal heat)* kann die **Heizungsanlage** nur mit einem begrenzten Wirkungsgrad *(efficiency)* bei Erzeugung und Verteilung arbeiten, da immer auch nicht nutzbare Abwärme anfällt. Weiterhin wird für Pumpen und Steuerungen *(control systems)* meist elektrische **Hilfsenergie** benötigt.

Werden **regenerativ** (erneuerbar *(renewable)*, z. B. durch Sonnenkollektoren *(solar collectors)*) erzeugte Energieanteile eingespeist, können diese verrechnet werden (S. 285, Abb. 1).

Auch ist es erheblich, mit welchem **Energieträger** *(energy source)* (Öl, Gas, Strom) die Heizwärme erzeugt wird. Bei der Stromerzeugung *(power generation)* in Kraftwerken sowie bei der Stromverteilung *(power distribution)* fallen z. B. Verluste an.

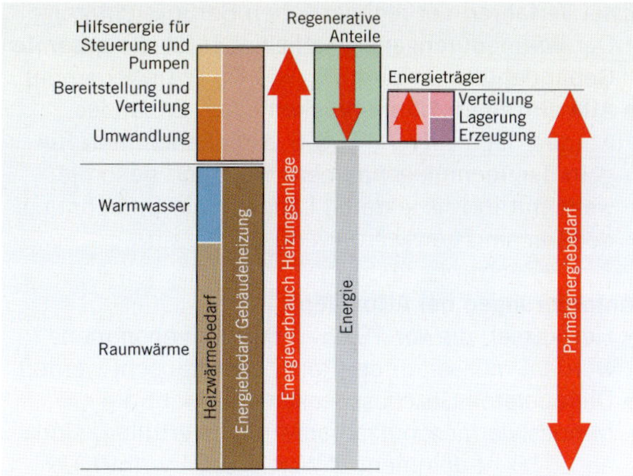

1 Mögliche Einflussgrößen auf den Primärenergiebedarf

Unter Berücksichtigung dieser Einflüsse wird der **Primärenergiebedarf** in der EnEV als Faktor festgelegt, mit der die Endenergie verrechnet wird (Tab. 1).

Tab. 1 Primärenergiefaktoren der Energieträger

Energieträger	Primärenergiefaktor nach EnEV
Heizöl	1,1
Erdgas	1,1
Holz	0,2
Strom	2,6 (Ab 2016: 1,8)

Für die Erzeugung und Verteilung von **Heizöl** oder **Gas** wird Energie benötigt, und zwar ca. 10 % der beinhalteten Energie zusätzlich. Daher wird diesen Energieträgern ein Faktor von 1,1 zugewiesen. Die Endenergie ist mit diesem Faktor zu multiplizieren.

Strom hat einen besonders hohen Faktor, da bei der Erzeugung im Kraftwerk wegen der hohen Umwandlungsverluste sehr viel fossile Energie benötigt wird. Der gegenwärtige Strommix aus regenerativen und fossilen Trägern wurde dabei berücksichtigt. Außerdem fallen Verteilungsverluste im Stromnetz an. Wegen steigender regenerativer Anteile wird ab 2016 mit einem Faktor von 1,8 gerechnet.

Da bei der Nutzung von **Holz** davon ausgegangen wird, dass die Menge zeitgleich nachwächst, werden nur Energieanteile durch Verarbeitung *(processing)*, Trocknung und Transport eingerechnet.

Um eine deutliche Senkung des Energiebedarfs zu erreichen, ist die optimale Abstimmung *(optimization)* aller Einflussfaktoren *(parameters)* erforderlich.

Wichtige Begriffe der EnEV

Heizwärmebedarf Q_n *(thermal heat demand)* ist die Wärmemenge, die von dem Heizsystem (Heizkörper) und dem Gebäude (Raum) bereitgestellt werden muss, um eine bestimmte Raumtemperatur zu erhalten.

Heizenergiebedarf Q_h *(heating energy demand)* ist die Energiemenge, die zur Beheizung des Gebäudes unter Berücksichtigung des Heizwärmebedarfs und -verlustes des Heizungssystems bereitgestellt werden muss.

Endenergiebedarf Q_E *(ultimate energy demand)* ist die Energiemenge, die zur Beheizung des Gebäudes unter Berücksichtigung des Heizwärmebedarfs und des Verlustes des Heizungssystems sowie des Bedarfs für Warmwasser und das Warmwasserbereitungssystem aufzubringen ist.

Primärenergiebedarf Q_P *(primary energy demand)* ist die Energiemenge, die zur Deckung des Endenergiebedarfs benötigt wird, inkl. der zusätzlichen Energiemenge, die bei der Gewinnung, Umwandlung und Verteilung der jeweils eingesetzten Brennstoffe benötigt wird.

Hauptbewertungsgröße ist der **Jahres-Primärenergiebedarf Q_P** (Abb. 1):

- **Nutzungsenergie** (Heizenergie) ist die Energie, die vom Verbraucher genutzt wird, z. B. Licht, Wärme, Bewegung.
- **Endenergie** ist die Energie, die vom Verbraucher bezogen und bezahlt wird, z. B. Strom, Erdöl, Erdgas, Kohle, Holz.
- **Primärenergie** ist in der Natur vorkommende Energie (Öl, Gas, Kohle, Sonne, Wind, Pflanzen).

Referenzverfahren

Ein neu zu errichtendes Wohngebäude darf nicht mehr Primärenergie verbrauchen als ein Vergleichshaus (Referenzgebäude) gleicher Größe und Ausrichtung, welches u. a. die in Tab. 2 genannten Bedingungen erfüllt.

Tab. 2 Referenzgebäude nach EnEV, Tab. 1, Anl. 1

Zeile		Referenzausführung	
		Eigenschaft	**Wert**
1.1	Außenwand	*U*-Wert	0,28 W/(m²K)
1.2	Außenwand gegen Erdreich	*U*-Wert	0,35 W/(m²K)
1.3	Dach	*U*-Wert	0,20 W/(m²K)
1.4	Fenster, Fenstertüren	*U*-Wert *g*-Wert Glas	1,30 W/(m²K) $g = 0{,}6$
1.7	Außentüren	*U*-Wert	1,80 W/(m²K)
2	Bauteile s. o.	Wärmebrückenzuschlag	0,05 W/(mK)
3	Luftdichtheit der Hülle	n 50	mit Dichtheitsprüfung bzw. Kategorie I
Es ist keine Sonnenschutzvorrichtung vorgesehen. Die Heizanlage ist mit Heizöl betrieben, befindet sich in der Gebäudehülle und arbeitet mit niedrigen Vorlauftemperaturen. Die Warmwasseraufbereitung übernimmt die Heizanlage; solar unterstützt. Der Luftwechsel erfolgt über eine bedarfsgerecht gesteuerte Abluftanlage.			

Das bedeutet nicht, dass die Bauteile und die technische Ausstattung so ausgeführt sein müssen wie die Referenzausführung. Beim zu errichtenden Gebäude dürfen z. B. auch Bauteile mit niedrigeren Werten verbaut werden, wenn der dadurch vergrößerte Primärenergieverbrauch durch energetisch bessere Bauteile oder eine veränderte technische Ausstattung kompensiert werden kann. So ist es z. B. möglich, höhere Transmissionswärmeverluste durch einen regenerativen Energieträger, wie eine solare Unterstützung oder eine Pelletsheizung, auszugleichen.

Teil der EnEV 2014 ist eine Verschärfung der primärenergetischen Anforderungen um 25 %, die ab 2016 in Kraft tritt.

Der höchstzulässige Jahres-Primärenergiebedarf aus der Berechnung mit dem Referenzverfahren muss somit ab 2016 mit dem Faktor 0,75 multipliziert werden.

Außerdem dürfen je nach Haustyp bestimmte Transmissionswärmeverluste pro m² Umfassungsfläche (mittlerer *U*-Wert) nicht überschritten werden (für ein frei stehendes Wohngebäude z. B. < 0,4 W/(m²K).

Anforderungen bei baulichen Änderungen oder Erweiterungen von Gebäuden:
Werden bauliche Veränderungen *(structural alterations)* in einer bestimmten Größenordnung bei einem Altbau vorgenommen, müssen

- **entweder** die *U*-Werte aus der Tabelle für das Referenzgebäude (S. 285, Tab. 2) eingehalten werden
- **oder** es ist nachzuweisen, dass das Gebäude den Primärenergiebedarf des entsprechenden Referenzgebäudes um nicht mehr als 40 % überschreitet.

Normen zum Rechenverfahren
Die genaue Berechnung des Primärenergiebedarfs kann entweder nach DIN V 18599 oder nach DIN V 4701-10 erfolgen. Für den Energievergleich zwischen Referenzhaus und Neubau muss jeweils das gleiche Verfahren angewendet werden.

Berücksichtigung der Wärmebrücken in der EnEV

Nach der EnEV 2014 ist der Einfluss konstruktiv bedingter Wärmebrücken auf den Jahresheizenergiebedarf so gering wie möglich zu halten. Der Einfluss von Wärmebrücken ist bei der Berechnung der Transmissionswärmeverluste und des Jahres-Primärenergiebedarfs zu berücksichtigen.

Die Transmissionswärmeverluste über Wärmebrücken müssen durch geeignete Konstruktionen der Hüllfläche beschränkt bleiben. Konstruktionsskizzen der wichtigsten Bauteilanschlüsse sind in DIN 4108, Beiblatt 2, vorgegeben und verbindlich.

Zwei Verfahren der rechnerischen Berücksichtigung:

- Der **Wärmedurchgangskoeffizient** ***U*** für die **gesamte Gebäudehülle** wird um U_{WB} = 0,05 W/(m²K) erhöht.
- **Alle einzelnen Wärmebrücken** eines Gebäudes werden nach DIN V 4108-6 und anerkannten Regeln der Technik genau berechnet und gehen jeweils mit ihrer konkreten Länge in die Berechnung der Transmissionswärmeverluste mit ein.

Anforderungen bei Altbauten

- Heizkessel, die vor 1985 in Betrieb genommen wurden, müssen in der Regel ausgetauscht werden.
- Die obersten Geschossdecken, die nicht die Mindestwärmeschutzanforderungen erfüllen, sind ab 2016 zu dämmen: *U*-Wert ≤ 0,24 W/(m²K). Alternativ ist das Dach darüber zu dämmen.
- Frei verlaufende Heizleitungen sind zu dämmen.

Werden Teile der Außenhüllen erneuert, gelten die Werte des Referenzverfahrens (S. 285, Tab. 2) als höchstzulässige *U*-Werte. Alternativ ist nachzuweisen, dass das sanierte Gebäude die Neubau-Anforderungen der EnEV um höchstens 40 % überschreitet.

Energieausweis

Bei Verkauf oder Neuvermietung muss dem Käufer bzw. Mieter ein Energieausweis *(energy performance certificate)* vorgelegt werden (EnEV, § 16).

Dieser Energieausweis ist ein **Bedarfsausweis** *(requirement certificate)*, für den der Bedarf des Gebäudes an Primär- und Endenergie nach EnEV berechnet wird.

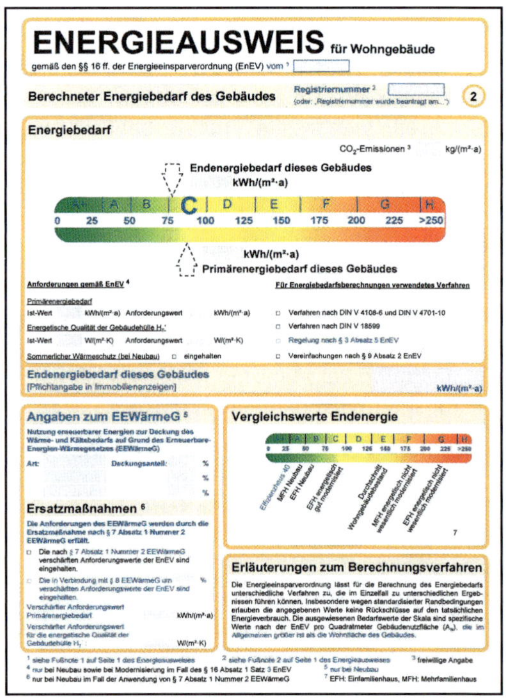

Einschränkungen der EnEV

- Die **Kompaktheit** *(compactness)* **eines Gebäudes** wird durch das Verhältnis von Oberflächen zu Volumen gekennzeichnet. Gebäude mit ungünstigen A/V-Verhältnissen werden im Referenzverfahren nicht entsprechend schlechter gestellt.
- Die **Lüftungs- und Warmwasserverluste** *(ventilation and hot water losses)* können nur pauschal erfasst werden, da die konkrete Nutzung eines Gebäudes sehr unterschiedlich ist.
- Die **Optimierung der solaren Gewinne** *(optimization of solar energy recovered)* durch Ausrichtung und Größe der Fenster erfährt im Referenzverfahren keine Beschränkung.
- Das **Nutzerverhalten** *(user behaviour)* hat erheblichen Einfluss durch die Wahl der gewünschten Raumtemperatur, die Lüftungsgewohnheiten und den Umgang mit der Haustechnik.

Der tatsächliche Verbrauch eines Gebäudes kann daher von dem berechneten erheblich abweichen.

Für einen energetischen Vergleich von verschiedenen Gebäuden sind die Rechnungen aus der EnEV und dem Energieausweis gut geeignet.

9.5 Feuchteschutz an Gebäuden

9.5.1 Arten von Feuchte

Baufeuchte kann diverse Ursachen haben, die entsprechende Schutzmaßnahmen erfordern.

Wasserdampf:

- Tauwasser an der Bauteiloberfläche
  Baufeuchteschutz: Bauteile mit Mindestwärmedurchlasswiderstand *R* gem. DIN 4108.
- Tauwasser im Bauteilinneren
  Baufeuchteschutz: mehrschichtige Bauteile aus geeigneten Baustoffen, folgerichtig angeordnet. Tauwasserkonvektion vermeiden durch luftdichte Bauteile und Anschlüsse.

Bodenfeuchte:

- Drückendes Wasser, Grundwasser
  Baufeuchteschutz: z. B. Außenwände im Erdreich als Wanne ausbilden.
- Nicht drückendes Wasser, Erdfeuchte
  Baufeuchteschutz: z. B. äußere Sperrschichten, Sperrbeton.

Niederschläge:

- Regen, Schnee, Hagel
  Baufeuchteschutz: geeignete Konstruktionen (z. B. Stülpschalung) (weatherboarding), wetterfeste *(weatherproof)* Außenwerkstoffe (z. B. Vorsatzschalen *(face concrete formwork)*, Beschichtungen *(laminations)*, Anstriche *(coats)*), Außenbauteile als Wetterschutz (z. B. Vordächer *(canopies)*, Dachüberstand *(roof overhang)*).

9.5.2 Aggregatzustände von Wasser

Wasser kann drei Aggregatzustände annehmen: fest, flüssig und gasförmig (Abb. 1).

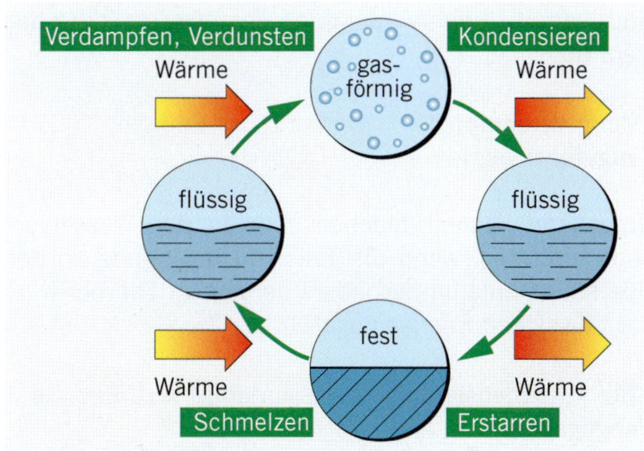

1 Aggregatzustände des Wassers

Wasser im Teilchenmodell

Wassermoleküle, hier als „Teilchen" bezeichnet, haben je nach Temperatur und Umgebungsdruck einen bestimmten Aggregatzustand oder in Gasen eine bestimmte Konzentration. Ursache dafür ist die **Schwingungsenergie** *(oscillation energy)* der Teilchen. Bei Temperaturen unter 0 °C kommt Wasser nur fest und gasförmig vor. Hier sind die Teilchen fest in einem Kristallgitter gebunden. Wird die Schwingung der Teilchen stärker, wird genau bei 0 °C ein Schwingungsniveau erreicht, bei dem die Teilchen das Gitter verlassen und ein Zustand mit schwachen Bindungen *(weak bonding state)* vorliegt – Wasser wird flüssig. Bei einer Temperatur zwischen 0 °C und 100 °C kann Wasser flüssig und gasförmig vorliegen. Dabei findet an der Wasseroberfläche ein ständiger Wechsel von flüssig zu dampfförmig – verdampfen – und umgekehrt – kondensieren – statt (Abb. 2).

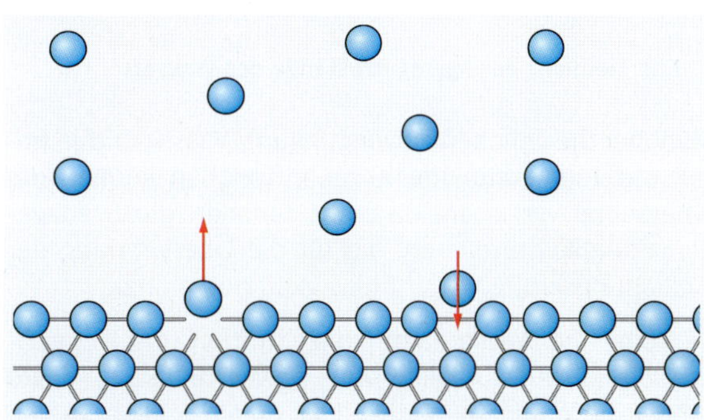

2 Verdampfen und Kondensieren des Wassers

Ursache des Verdampfens ist die zufällige Verteilung der Teilchengeschwindigkeit im Flüssigkeitsverband. So kommt es vor, dass einige Teilchen an der Oberfläche gerade so schnell sind, dass sie den Verband verlassen können. Da nur jeweils die schnellsten Teilchen die Flüssigkeitsoberfläche verlassen, verliert die Flüssigkeit Schwingungsenergie – sie wird kälter. Diesen Effekt nutzt unser Körper, um seine Temperatur zu senken: Durch Schwitzen wird Flüssigkeit auf unsere Haut verteilt. Beim Verdampfen des Wassers kühlt die Haut ab.

Beim **Verdampfen** von Wasser muss Energie **zugeführt** werden.

Umgekehrt können Teilchen dann in den Wasserverband eintreten, wenn die Teilchenschwingung an der Oberfläche zufällig besonders gering ist. Hierbei wird der Flüssigkeit Energie zugeführt.

Beim **Kondensieren** von Wasserdampf wird Energie **abgegeben**.

Auch beim Schmelzen und Erstarren muss Energie zugeführt bzw. abgeben werden (Abb. 1).

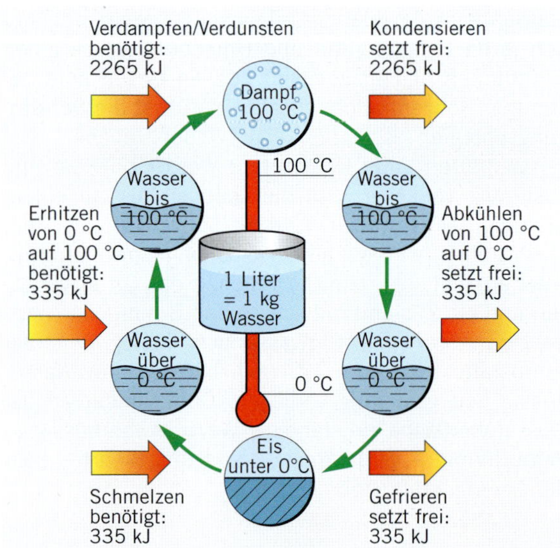

1 Energiebilanz der Aggregatzustände des Wassers

Je höher die Teilchenschwingung im Wasser und je höher die Temperatur, desto mehr Teilchen können die Oberfläche verlassen, da mehr Teilchen die Grenzgeschwindigkeit erreichen, die für die Überwindung der Anziehungskräfte in der Flüssigkeit ausreichen.

Je höher die Wasserdampfkonzentration und je geringer die Geschwindigkeit der Wassermoleküle, desto größer die Wahrscheinlichkeit für eine Rückkehr in den Flüssigkeitsverband.

Daher stellt sich je nach Temperatur eine maximale Konzentration von Wasserdampfmolekülen *(maximum concentration of water vapour molecules)* in der Luft ein.

Der maximal mögliche Wasserdampfgehalt in der Luft steigt mit der Temperatur.
Warme Luft kann **mehr Wasserdampf** aufnehmen als kalte.

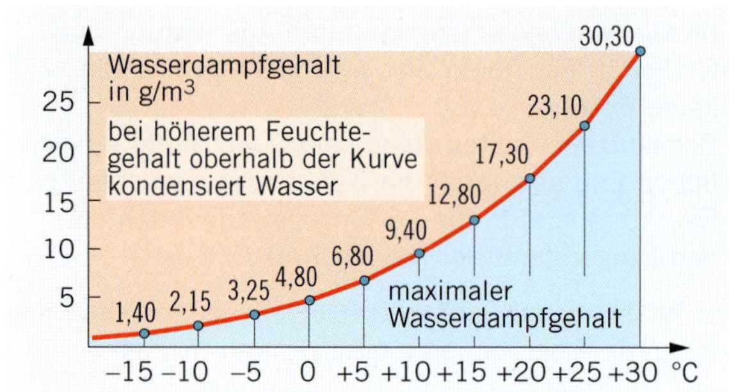

2 Maximaler Feuchtegehalt der Luft bei unterschiedlichen Temperaturen

Maximale Luftfeuchte (maximaler Dampfgehalt) ist der höchstmögliche Feuchtigkeitsgehalt der Luft. Sie wird auch als Sättigungsmenge *(saturation level)* bezeichnet, da hierbei die Luft mit Wasserdampf gesättigt ist, d. h. keine Feuchtigkeit mehr aufnehmen kann.

Kühlt gesättigter Wasserdampf ab, wird der Wasserdampf, der nicht mehr gebunden werden kann, als **Tauwasser** abgegeben.

Bei einer Temperatur von 100 °C ist der entstehende Dampfdruck genau so hoch wie der Luftdruck. Daher verdampft das Wasser nicht nur über die Oberfläche, sondern es bilden sich im Innern Wasserdampfgasblasen, die nach oben steigen. Das Wasser siedet (kocht).

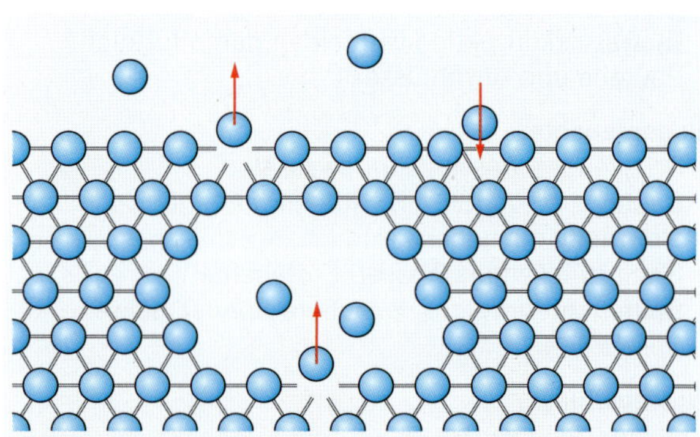

3 Sieden von Wasser bei 100 °C

Wasser **siedet** bei **100 °C** und kann als Flüssigkeit bei Normaldruck keine höhere Temperatur erreichen.

9.5.3 Luftfeuchtigkeit

Für die Angabe der Luftfeuchte sind zwei Größen üblich:

- **Absolute Luftfeuchte** *(absolute air humidity)* ist die tatsächlich in der Luft gespeicherte Wasserdampfmenge in g/m³. Sie ist abhängig von der Lufttemperatur.
- **Relative Luftfeuchte φ** (sprich: klein Phi) *(relative air humidity)* ist das Verhältnis von absolut vorhandener Luftfeuchte zu maximal möglicher Luftfeuchte. Sie gibt an, wie viel Prozent von der Sättigungsmenge momentan in der Luft enthalten sind, in Abhängigkeit von der Temperatur Θ (Theta) (Abb. 1).

$$\varphi \text{ in } \% = \frac{\text{absolute Luftfeuchte (g/m}^3\text{)}}{\text{maximale Luftfeuchte (g/m}^3\text{)}} \cdot 100\,\%$$

In der Praxis ist meist die relative Luftfeuchte relevanter, da viele Materialien im Feuchteaustausch mit der Luft stehen. Deren Ausgleichsfeuchtigkeit *(equalizing potential)* ist hauptsächlich von der relativen Luftfeuchte abhängig.

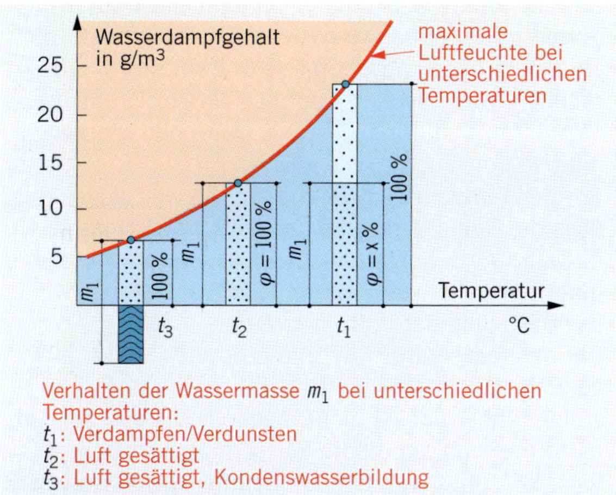

1 Relative Luftfeuchte

Relative Luftfeuchte außen

Ist in einem geschlossenen Luftvolumen genügend Feuchtigkeit in Form von flüssigem Wasser vorhanden, wird die Luftfeuchte immer auf ihre Sättigungsfeuchte steigen.

Warum ist dann in wasserreichen Gebieten die Luftfeuchte draußen nicht immer gleich 100 %?

Dies hat mit Entfeuchtungsprozessen *(dehumidification processes)* durch Temperaturänderungen und Druckänderungen zu tun. Nachts kühlt die Luft ab, erreicht die Sättigungsfeuchte und gibt mit zunehmender Abkühlung Wasser als Kondensat ab [▶ 9.5.4]. Folge ist Wasserbildung an den Oberflächen (Tau), Bildung feiner schwebender Wassertropfen (Nebel) oder Regen, wenn Tropfen größer werden und hinabfallen. Tagsüber erwärmt sich die Luft – die relative Luftfeuchte sinkt.

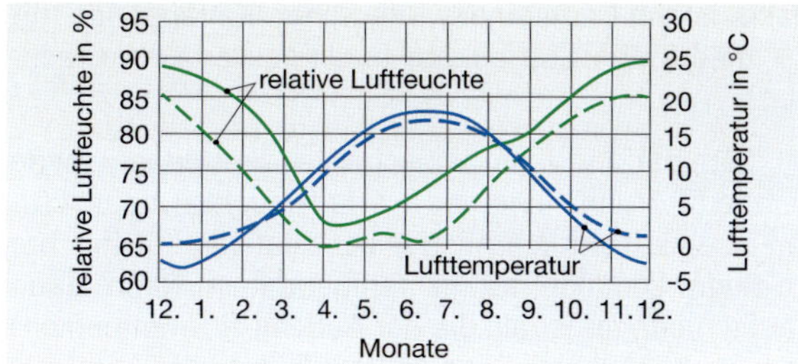

2 Durchschnittliche rel. Luftfeuchte im Jahresverlauf

Relative Luftfeuchte innen

Auch im Inneren von Wohnräumen würde sich ohne Lüftung die Luftfeuchte der Sättigungsfeuchte annähern, da die Bewohner eines Gebäudes ständig Wasserdampf produzieren.

Der Feuchtegehalt *(moisture content)* der **Raumluft** in g/h richtet sich vor allem nach der Art der **Raumnutzung** (Tab. 1) und dem Volumen.

Tab. 1 Entstehung von Luftfeuchte in Räumen

Raumnutzung	Feuchtegehalt in g/h
Zimmerpflanzen	5 bis 20
Atemluft des Menschen	20 bis 70
Kochen, Braten, Backen	50 bis 500
Wäschetrocknung	50 bis 500
Baden, Duschen	500 bis 800

Die relative Luftfeuchte sollte in Wohnräumen aus Gründen der Gesundheit und der Behaglichkeit 40 bis 60 % betragen.

Die Nutzer eines Gebäudes müssen folglich die Luft ständig austauschen *(ensure regular air exchange)*, um eine günstige Raumfeuchte zu gewährleisten. Die Luftfeuchte in Innenräumen ist von Wettereinflüssen, die typischen jahreszeitlichen Schwankungen unterliegen, abhängig (Abb. 1).

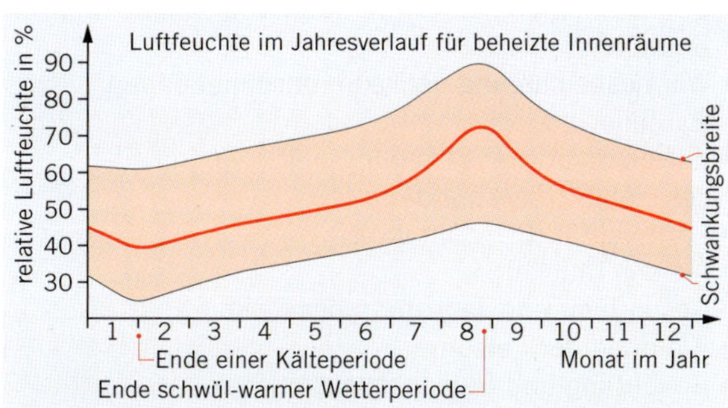

3 Luftfeuchte im Jahresverlauf für beheizte Innenräume unter Berücksichtigung typischer Wetterphänomene

Im **Winter** ist die relative Luftfeuchte in Räumen meist niedriger, da von außen durch Lüftung kältere und damit trockenere Luft zugeführt wird. Bei der Erwärmung im Raum sinkt die relative Luftfeuchte im Raum stark. Daher ist am Ende einer winterlichen Kälteperiode mit der niedrigsten Luftfeuchte im Jahresverlauf zu rechnen.

Im **Sommer** kann es bei schwüler Wetterlage (hohe Temperatur und hohe relative Luftfeuchte) beim Lüften zu einem starken Anstieg der relativen Luftfeuchte im Raum kommen, da die Temperatur im Raum dann häufig niedriger ist als die der Außenluft (Sommerkondensation möglich). Dann sollte nur in den frühen Morgenstunden gelüftet werden.

Je nach Wohnungsgröße, Nutzung, Lüftungsverhalten und Feuchtespeicherfähigkeit *(moisture storage capacity)* der Baustoffe ist eine **große Schwankungsbreite** in der Wohnungsluftfeuchte im Jahresverlauf möglich.

Die relative Luftfeuchte im Wohnraum muss durch **angepasstes Lüftungsverhalten** – je nach Jahreszeit und Wetterbedingungen, durch Fensterlüftung oder raumlufttechnische Anlagen – reguliert werden.

Befindet sich die relative Luftfeuchte über einen längeren Zeitraum über 70 %, können besonders im Winter Schäden durch Tauwasserbildung und Schimmel entstehen.

Behaglichkeit

Ob sich ein Mensch in einem Raum „wohl" oder „behaglich" fühlt, wird u. a. besonders von der Raumtemperatur und der relativen Luftfeuchtigkeit beeinflusst (Abb. 1). Auf Temperaturänderungen reagiert der Mensch sehr empfindlich. Änderungen der Luftfeuchtigkeit im Bereich von 35–65 % bei Temperaturen um 20 °C werden kaum wahrgenommen. Auch Einrichtungsgegenstände (Mobiliar, Bücher, Textilien) werden vom Raumklima beeinflusst.

Neben der Raumlufttemperatur und der relativen Raumluftfeuchte beeinflussen auch die folgenden Faktoren die Behaglichkeit:

- Oberflächentemperatur der raumumschließenden Bauteile,
- Wärmespeicherung der raumumschließenden Bauteile,
- Luftbewegungen (Strömungsgeschwindigkeit, „es zieht" *(there's a draught)*),
- Luftqualität (CO_2-Gehalt usw.),
- Art der Tätigkeit,
- Gesundheit und Tagesform der Person,
- Kleidung der Person,
- Belichtung und Beleuchtung,
- Schallschutz.

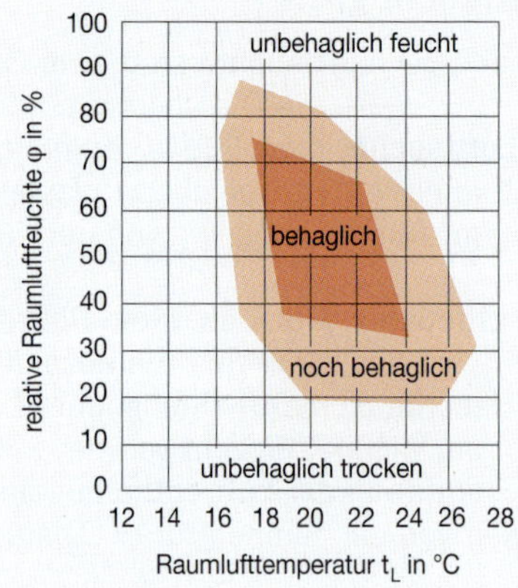

1 Behaglichkeitsgefühl in Abhängigkeit von Temperatur und relativer Luftfeuchte

9.5.4 Tauwasserbildung und -vermeidung

Die von der Luft speicherbare Wassermasse in Dampfform ist von der Temperatur abhängig.

- Bei der **Temperatur t_1** ist in der Luft die Wassermasse m_1 enthalten. Bei dieser Temperatur könnte sie eine größere Wassermasse in Dampfform aufnehmen. Sie speichert aber nur Wasserdampf *(water vapour)* zu dem Prozentsatz x. Dann beträgt die relative Luftfeuchte also x%.
- Bei der **Temperatur t_2** ist die Luft so weit abgekühlt, dass die Speicherreserve für mehr Wassermasse in Dampfform aufgebraucht ist. Die relative Luftfeuchte ist hier von x% auf 100 % angestiegen. Die Sättigung der Luft ist erreicht.
- Bei der **Temperatur t_3** ist die Luft noch weiter abgekühlt. Die relative Luftfeuchte würde über 100 % steigen, aber das ist nicht möglich. Die von der Luft nicht mehr aufnehmbare Wassermasse in Dampfform fällt unterhalb der Temperatur t_2 in Form von Wasser aus.

Kühlt Wasserdampf ab, kondensiert er. Das ausfallende Wasser wird als **Tauwasser** oder **Kondenswasser** bezeichnet.

Unter dem **Taupunkt – Taupunkttemperatur –** (S. 291, Abb. 1) wird die Temperatur verstanden, bei der die Luft durch Abkühlung ihren Sättigungsgrad (100 % Luftfeuchte) erreicht und beginnt, Wasser auszuscheiden **(Kondensatbildung)**.

Zur **Vermeidung von Tauwasserbildung** auf der Bauteiloberfläche darf die Temperatur der raumseitigen Oberfläche die Taupunkttemperatur der Raumluft nicht unterschreiten!

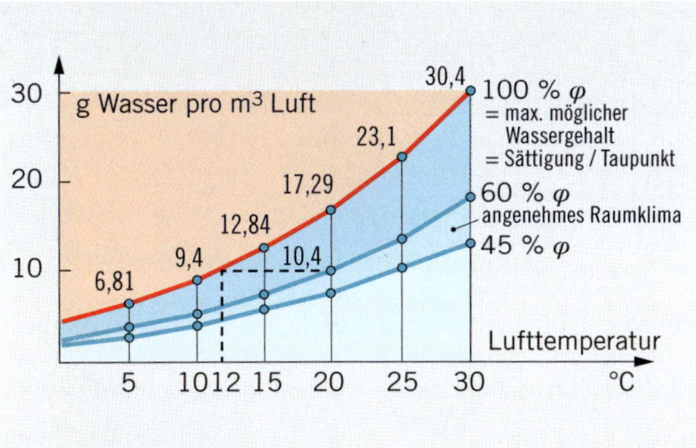

1 Taupunkt-Diagramm

Ablesebeispiel (Abb. 1)
Bei einer Lufttemperatur von **+20 °C** und einer **relativen Luftfeuchte** φ von **60 %** liegt der Taupunkt bei **+12 °C**.

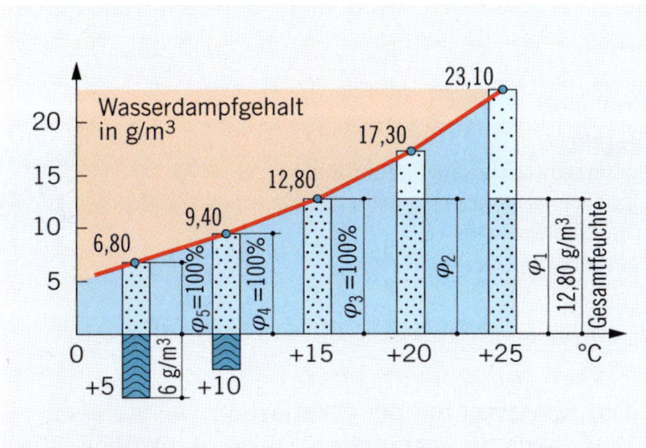

2 Relative Luftfeuchte bei einem Gesamtfeuchtegehalt von 12,8 g/m³ sowie bei 25, 20, 15, 10 und 5 °C

Ablesebeispiel (Abb. 2)
Die Luft enthält bei +25 °C 12,8 g/m³ Wasser in Dampfform. Bis zur Sättigung kann sie noch 23,1 g/m³ – 12,8 g/m³ = **10,3 g/m³** Wasser in Dampfform speichern.

$$\frac{\text{relative Luftfeuchte}}{\text{Sättigungsfeuchte}} = \frac{\text{vorhandene Feuchte}}{\text{maximale Feuchte}}$$

$$\Rightarrow \quad \varphi_1/100\,\% = \frac{12{,}8\ \text{g/m}^3}{23{,}1\ \text{g/m}^3}$$
$$\Leftrightarrow \quad \boldsymbol{\varphi_1 = 55{,}41\,\%}$$

Bei Abkühlung der Luft auf +20 °C kann sie nur noch 17,3 g/m³ speichern, ihre Speicherreserve *(residual storage capacity)* hat sich von 10,3 g/m³ (23,1 – 12,8) auf 4,5 g/m³ (17,3 – 12,8) reduziert.

Die relative Luftfeuchte aber hat sich erhöht auf:

$$\Rightarrow \quad \varphi_2/100\,\% = \frac{12{,}8\ \text{g/m}^3}{17{,}3\ \text{g/m}^3}$$
$$\Leftrightarrow \quad \boldsymbol{\varphi_2 = 74\,\%}$$

Bei Abkühlung der Luft auf +15 °C ist der absolute Feuchtegehalt noch 12,8 g/m³, aber die Speicherreserve der Luft ist aufgebraucht, sodass die relative Luftfeuchte auf 100 % ansteigt.

$$\Rightarrow \quad \varphi_3/100\,\% = \frac{12{,}8\ \text{g/m}^3}{12{,}8\ \text{g/m}^3}$$
$$\Leftrightarrow \quad \boldsymbol{\varphi_3 = 100\,\%}$$

Bei weiterer Abkühlung der Luft unter 15 °C kann sie keine Feuchtigkeit mehr aufnehmen, da sie bei 100 % bereits ihren Sättigungsgrad erreicht hat und die maximale Speicherfähigkeit der Luft erschöpft ist.

Bei einer Temperatur von +5 °C entstehen 12,8 g/m³ – 6,8 g/m³ = **6 g/m³ Kondensat**, da die Luft nur 6,8 g/m³ Wasser in Dampfform speichern kann.

$$\Rightarrow \quad \varphi_4/100\,\% = \frac{12{,}8\ \text{g/m}^3}{6{,}8\ \text{g/m}^3}$$
$$\Leftrightarrow \quad \boldsymbol{\varphi_4 = 188{,}2\,\% > 100\,\%!}$$

Da die relative Luftfeuchte nicht mehr als 100 % betragen kann, fällt eine Überschussfeuchte *(excess humidity)* von 12,8 g/m³ – 6,8 g/m³ = 6 g/m³ in flüssiger Form als Tau-/Kondenswasser an.

Vermeidung von Tauwasser an der Bauteiloberfläche
Oberflächen der Bausubstanz sollten nicht über einen längeren Zeitraum durch die Bildung von Tauwasser mit Feuchtigkeit belastet werden, weil
- die Dämmfähigkeit sinkt,
- durch Salzbildung Massivwände zerstört werden können,
- Holzbauteile durch Pilzbefall angegriffen *(attacked by fungi)* werden können,
- Schimmel entstehen kann.

An Oberflächen wie Fensterrahmen und -scheiben darf jedoch Tauwasser entstehen, da an diesen Flächen das Tauwasser durch Abwischen leicht entfernt werden kann. Eine kurzfristige Tauwasserbildung, z. B. beim Duschen, ist dann unkritisch, wenn die Bauteile schnell wieder trocknen können.

Zur Vermeidung von Tauwasser an der inneren Bauteiloberfläche ist eine **Mindestoberflächentemperatur** *(minimum surface temperature)* erforderlich, die von der vorhandenen Raumtemperatur und relativen Luftfeuchte abhängt. Diese muss über der Taupunkttemperatur liegen. Um die Mindestoberflächentemperatur zu erreichen, wird eine entsprechend dicke **Wärmedämmung** benötigt, außerdem müssen **Wärmebrücken** vermieden werden [▶ 9.3.4].

Tab. 1 Taupunkttemperaturen φ_s in Abhängigkeit von Temperatur und relativer Luftfeuchte

Lufttemperatur Θ in °C	Taupunkttemperatur Θ_s in °C bei einer relativen Luftfeuchte φ in % von														bei 100 % max. Feuchtegehalt in g/m³
	30 %	35 %	40 %	45 %	50 %	55 %	60 %	65 %	70 %	75 %	80 %	85 %	bis	100 %	
+30	10,5	12,9	14,9	16,8	18,4	20,0	21,4	22,7	23,9	25,1	26,2	27,2		30,0	30,3
+25	6,2	8,5	10,5	12,2	13,9	15,3	16,7	18,0	19,1	20,3	21,3	22,3		25,0	23,1
+20	1,9	4,1	6,0	7,7	9,3	10,7	12,0	13,2	14,4	15,4	16,4	17,4		20,0	17,3
+15	-2,2	-0,3	1,5	3,2	4,7	6,1	7,3	8,5	9,6	10,6	11,6	12,5		15,0	12,8
+10	-6,0	-4,2	-2,6	-1,2	0,1	1,4	2,6	3,7	4,8	5,8	6,7	7,6		10,0	9,4
Raumklima	zu trocken	trocken		normal feucht			feucht			zu feucht		zu nass			

Ablesebeispiel:
- In einem Raum herrscht eine Temperatur von +20 °C sowie eine relative Luftfeuchtigkeit von 55 %. Das Raumklima ist besonders behaglich.
- Die Taupunkttemperatur liegt bei 10,7 °C, das heißt, das Wasser kondensiert, sobald diese Temperatur unterschritten wird, z. B. sich der Raum über Nacht auf +10 °C abkühlt.

Empfehlung zum Lüften feuchter Räume (z. B. im Keller):
Im Winter warme feuchte Raumluft durch großzügiges Lüften nach außen entweichen lassen, trockene kalte Außenluft strömt in den Raum, wird aufgeheizt und die relative Luftfeuchte ist so gering, dass feuchte Wände gut austrocknen können.

Auf einer Bauteiloberfläche bildet sich nur dann **Tauwasser**, wenn die **Taupunkttemperatur Θ_s unterschritten** wird.

Dies ist der Fall, wenn
- die Oberflächentemperatur Θ_{si} niedrig ist, z. B. an den Fensterscheiben oder an schlecht wärmedämmenden Bauteilen wie Beton;
- die Wasserdampfmenge bei gleichbleibender Temperatur den Sättigungsgrad übersteigt, z. B. beim Duschen, Waschen, Kochen.

Wird ein **„Normklima“** (in der DIN 4108 geregelt) von 20 °C und einer relativen Luftfeuchte von 50 % zugrunde gelegt, ist ab einer Oberflächentemperatur Θ_{si} unter 9,3 °C mit Tauwasser zu rechnen.

Schimmelpilzbildung

Grundlage einer Schimmelpilzbildung an Oberflächen ist eine erhöhte Bauteilfeuchtigkeit und das Vorhandensein von Nährstoffen, die von dem Pilz abgebaut werden können. Eine Oberflächenfeuchtigkeit, die ein Schimmelpilzwachstum ermöglicht, kann bereits bei einer **relativen Luftfeuchte** von **über 85 %** auftreten, wenn diese über einen längeren Zeitraum besteht. Bei einem angesetzten „Normklima“ ist bei einer Oberflächentemperatur Θ_{si} < 12,6 °C mit einer Luftfeuchte von über 85 % und damit mit Schimmelpilzbildung zu rechnen. Daher sollte die Oberflächentemperatur diesen Wert auch bei Wärmebrücken und eingeschränkter Konvektion höchstens kurzzeitig unterschreiten.

Bei einer Außentemperatur von −5 °C, die über einen längeren Zeitraum nur selten unterschritten wird, lässt sich daraus der **Temperaturfaktor $f_{R,si}$ von 0,7** berechnen, der nach DIN 4108 nicht unterschritten werden darf.

Rechnung

gegeben:
raumseitige Oberflächentemperatur Θ_{si} = 12,6 °C
Rauminnentemperatur Θ_i = 20 °C
Außentemperatur Θ_e = −5 °C
gesucht: Temperaturfaktor f_{Rsi}

Lösung:
$f_{Rsi} = (12{,}5 - (-5))/(20 - (-5)) = 17{,}5/25 = 0{,}7$

Um Tauwasser auf der Oberfläche zu vermeiden, muss auch an ungünstigen Stellen wie Wärmebrücken der **Temperaturfaktor $f_{R,si}$ ≥ 0,7** sein.

An ungestörten Bauteiloberflächen ist bei mäßiger Luftfeuchte nur bei sehr geringen Dämmstandards mit kritischen Oberflächentemperaturen zu rechnen. An zeitgemäßen Außenwandkonstruktionen *(exterior wall structures)* fällt Tauwasser nur an ungünstigen Stellen mit Wärmebrücken und/oder eingeschränkter Konvektion an.

Tauwassergefahr und Schimmelpilzgefahr hinter Einbauten
Hinter Schränken, Regalen, Anrichten, die direkt an der Außenwand stehen, fällt die Temperatur ab, weil diese Möbel wie eine **Innendämmung** wirken (Abb. 1). Entsprechend ihrer Dämmwirkung (eng geschichtete Kleidungsstücke dämmen gut) im Verhältnis zur Dämmwirkung der Wand erfolgt der Temperaturabfall. An schlecht gedämmten Außenwänden kann das Tauwasser sogar gefrieren.

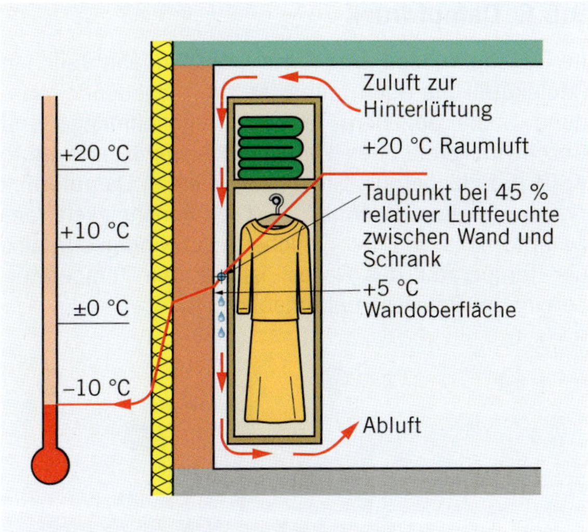

1 Vermeidung von Tauwasserbildung

Zur **Hinterlüftung** *(rear ventilation)* ist ein Abstand zwischen Außenwand und Möbelkorpus von ca. 5 cm erforderlich, um Tauwasser und Schimmelbildung zu vermeiden. Dieser Lüftungsquerschnitt ist erforderlich, um eine ausreichende Wärmemenge hinter den Schrank zu transportieren und somit die Oberflächentemperatur der Wand anzuheben. Der Lufttransport geschieht selbsttätig durch **Konvektion**, da durch die Abkühlung der Luft hinter dem Schrank deren Dichte geringer wird und die Luft somit absinkt. Die Konvektionsströmung darf nicht durch zu geringe Öffnungsquerschnitte im Sockelbereich und am oberen Anschluss eingeschränkt werden.

In Abhängigkeit von der thermischen Leistungsfähigkeit des Einbauschranks und der Außenwand kann möglicherweise auf eine Hinterlüftung verzichtet werden. In einem unsanierten 50er- oder 60er-Jahre-Haus *(house not subjected to redevelopment)* können sogar hinter Bildern an der Außenwand Schäden entstehen, während in einem Niedrigenergiehaus *(energy-efficient house)* auch ein tiefer Wäscheschrank ohne Hinterlüftung keine Schäden verursacht.

Eine Hinterlüftung kann z. B. bei Küchenunterschränken wegen der notwendigen **Lüftungsgitter** störend sein. Wenn der *U*-Wert der Wand ca. 0,4 W/(m²K) unterschreitet und keine Schwachstellen durch Wärmebrücken vorliegen, kann meist auf eine Hinterlüftung verzichtet werden.

Vermeidung von Tauwasser durch Konvektion
Durch **Leckagen** in der luftdichten *(airtight)* Ebene eines Außenbauteils kann warme und damit absolut feuchte Luft in den Baukörper eindringen. Dort kühlt sie ab, und bei Unterschreiten der Taupunkttemperatur entsteht Tauwasser (Abb. 2). Die dabei entstehende Tauwassermenge kann sehr groß werden, das Schadensrisiko ist entsprechend hoch. Während durch Diffusion [▶ 9.5.7] pro Tag und m² nur wenige g Feuchtigkeit in die Konstruktion gelangen können, kann bei entsprechenden Windverhältnissen durch eine Fuge mit einer Breite von 1 mm und einer Länge von 1 m bis zu 800 g Tauwasser ausfallen. Dies kann zu massiver Durchfeuchtung des Bauteils und zu Schimmelpilzbildung im Bauteil führen.

Daher müssen Leckagen durch undichte Bauteile und Bauteilanschlüsse unbedingt vermieden werden.

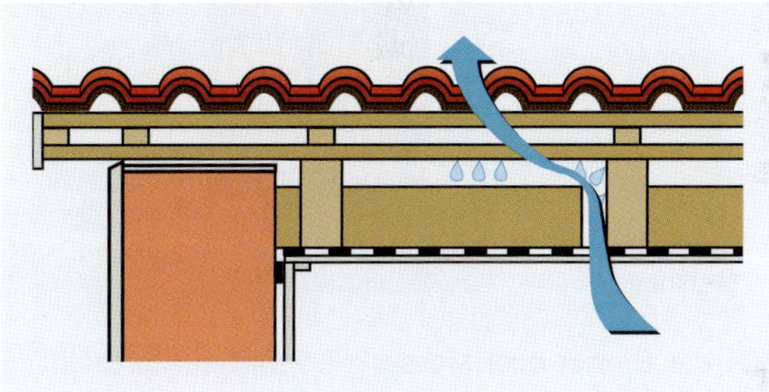

2 Tauwasser infolge von Konvektion

9.5.5 Luftdichtheit der Gebäudehülle

Ist ein Gebäude nicht luftdicht, bestehen folgende Gefahren:

- Tauwasserbildung im Bauteil,
- ungesteuerte, weil besonders von der Windstärke abhängige Lüftungswärmeverluste.

Auch die **EnEV** fordert aus Gründen der Energieeinsparung:

> Die wärmeübertragende Umfassungsfläche eines Gebäudes muss dauerhaft luftdicht nach den gängigen Regeln der Technik abgedichtet werden.

Physikalisch tatsächlich luftdicht lässt sich ein übliches Gebäude nicht herstellen, da luftdichte Ebenen und deren Abschlüsse immer auch mehr oder weniger große Leckagen aufweisen. Die „gängigen Regeln der Technik“ *(standard rules of technology)* weisen also auf erprobte Verfahren zur Ausbildung und Abdichtung hin, die zwingend angewandt werden müssen und den Luftstrom durch Leckagen stark einschränken können.

Die Funktion der Luftdichtheit *(airtightness)* wird im Bauteil immer einer bestimmten Schicht zugewiesen. Bei Massivbauten ist dies die Putzschicht, im Holzbau meist eine harte Holzwerkstoffplatte *(hard wooden panel)* oder Folien *(plastic sheets)*. Alle Übergänge *(transition areas)* müssen sorgfältig geplant und mit geeigneten Dichtstoffen abgedichtet werden.

Gebäudedichtheit – Messung der Luftdichtheit
Im Rahmen der Energieeinsparung am Bau kann die Luftdurchlässigkeit *(air permeability)* bzw. Luftdichtheit durch ein Messverfahren n_{50} oder **Blower-Door-Test** festgestellt werden (Abb. 1).

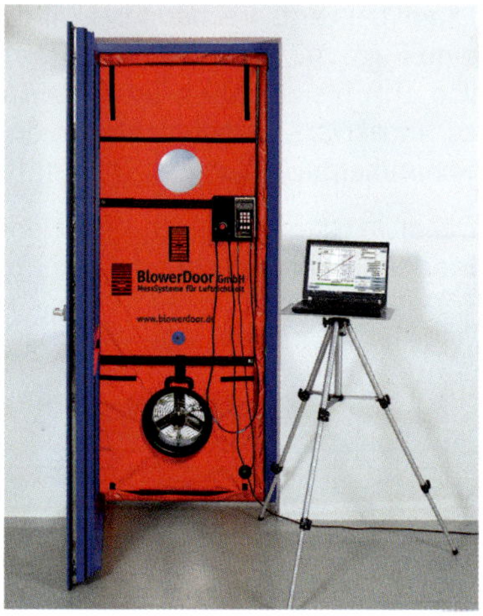

1 **Blower-Door-Messung**

Bei der Blower-Door-Messung erzeugt ein luftdicht in eine Außentür eingebauter Ventilator bei geschlossenen Fenstern und Außentüren einen Unter- oder Überdruck, der auf 50 Pa eingestellt wird.

Die Druckdifferenz von 50 Pa entspricht dem Druck einer Wassersäule von 5 mm Höhe und simuliert den Staudruck des Windes bei 9 m/s, d. h. 30 km/h bzw. Windstärke 5. Der Volumenstrom *(volume flow)*, der notwendig ist, die Druckdifferenz aufrechtzuerhalten, wird gemessen und mit dem Gebäudevolumen zur **Luftwechselrate** *(ventilation rate)* verrechnet.

Je geringer diese Luftwechselrate (Tab. 1), desto geringer ist die Gefahr von Bauschäden und desto geringer sind die Wärmeverluste durch Leckagen. Besondere Auswirkungen hat die Luftwechselrate außerdem auf die Effizienz von Lüftungsanlagen. Daher sind dann die Anforderungen höher.

Tab. 1 Maximale Luftwechselrate n_{50} bei einer Druckdifferenz von 50 Pa in einer Stunde (nach EnEV)

Gebäude	n_{50}
ohne raumlufttechnische Anlage	3,0
mit ventilatorgestützter Lüftung	1
bei Passivhäusern	0,6

Erreicht eine Messung nicht die geforderten Werte, muss nach Fehlstellen/Leckagen der Luftdichtigkeit bei Fensteranschlüssen *(window connections)*, Dachanschlüssen, -durchdringungen *(permeation spots)* usw. gesucht werden. Um diese Fehlstellen auch beseitigen zu können, sollte die Überprüfung nach Herstellung aller Dichtungsmaßnahmen *(sealing measures)* ohne den Einbau von Verkleidungen und nachfolgenden Beplankungen erfolgen. Der Bauablauf muss darauf abgestimmt werden.

9.5.6 Dampfdruck

Im Teilchenmodell sind Gase ungebundene Teilchen (Moleküle), die auch immer an die umgebende Wandung Stöße abgeben. Je nach Teilchenmenge und Geschwindigkeit üben viele Teilchen eine bestimmte Kraft pro Fläche aus. Sie erzeugen einen Dampfdruck *(vapour pressure)* (Abb. 2). Die Abhängigkeit des Dampfdrucks von der Teilchengeschwindigkeit, also der Temperatur des Gases, ist für den Temperaturbereich im Bauwesen unerheblich.

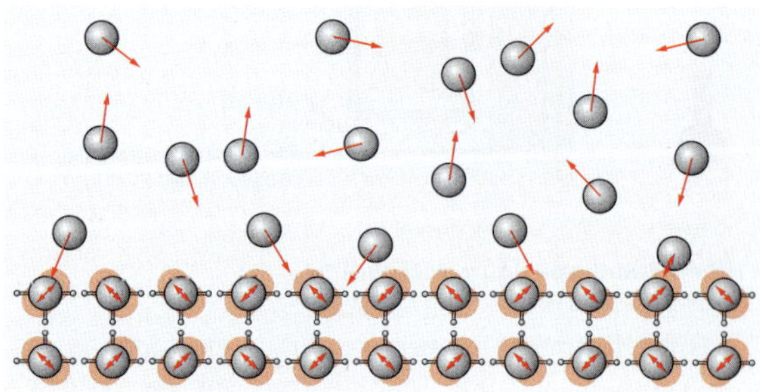

2 **Erzeugung des Dampfdrucks**

Je größer die Teilchenmenge in Gasen, desto größer ihr Dampfdruck.

Auch Luft hat eine Masse, die jedoch sehr gering ist. Ein dm^3 Luft (1 Liter) wiegt 1,293 g, 1 m^3 Luft wiegt 1,293 kg. Die Luft, die die Erde umgibt, übt auf die Erdoberfläche einen Druck aus. Der Druck der uns umgebenden Lufthülle (Atmosphäre) beträgt 1 kg/m^2. Der Druck der erdumgebenden Lufthülle wird in Bar (bar), Pascal (Pa) oder Newton pro Quadratmillimeter (N/mm^2) ausgedrückt.

$$1\ \text{Pa} = 1\ \text{N/m}^2$$

$$1\ \text{bar} = 100\,000\ \text{Pa} = 100\,000\ \text{N/m}^2 = 0{,}1\ \text{N/mm}^2$$

In der Luft befinden sich verschiedene Gase. Hauptsächlich Stickstoff-, Sauerstoff- und Wasserdampfmoleküle. Je nach Konzentration der Gase kann man jedem Gas einen Teildruck, den **Partialdruck**, zuordnen. Die Wasserdampfmenge lässt sich in guter Näherung mit dem **Partialdruck des Wassers** beschreiben.

Beim Verdunsten *(evaporation)* oder Verdampfen *(vapourization)* von Wasser vermischt sich der Wasserdampf mit den anderen Gasen in der Luft. Dies führt je nach Temperatur zu unterschiedlicher relativer Luftfeuchte. Der **Wasserdampfdruck** ist dem Luftdruck überlagert.

Der Dampfdruck ist bei einer relativen Luftfeuchte von 100 % am größten **(Wasserdampfsättigungspunkt p_s)** (Abb. 1).

Bei einer relativen Luftfeuchte unter 100 % ist auch der Wasserdampfdruck niedriger (**Wasserdampfteildruck p** bzw. **Wasserdampfpartialdruck p**). Er kann nach folgender Formel berechnet werden:

$$p = \varphi \cdot p_s \text{ in Pa}$$

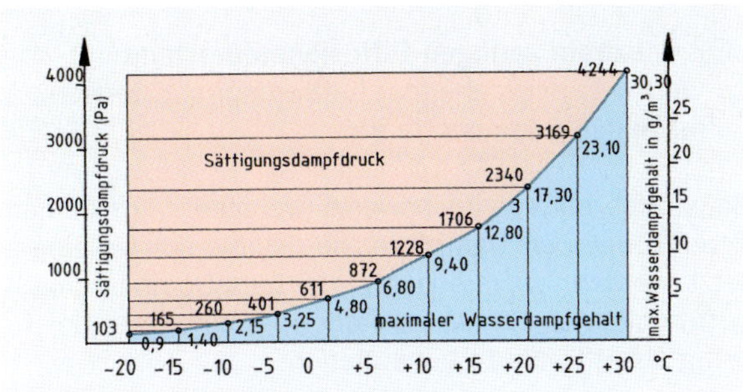

1 Diagramm zum Wasserdampfsättigungsdruck p_s
Für genauere Berechnungen muss aus der DIN 4108-3 die ausführliche Tabelle A.2 benutzt werden.

9.5.7 Wasserdampfdiffusion

Da alle Gasteilchen in ständiger Bewegung sind, werden sich in einem Gasvolumen die Konzentrationen verschiedener Gase ausgleichen. Dieses Phänomen wird als **Diffusion** *(diffusion)* bezeichnet.

Wasserdampf verteilt sich im Raum durch Diffusion und **Konvektion** *(convection)*. Das ist möglich, weil leichtere Wassergasteile schwerere Sauerstoff- oder Stickstoffteilchen verdrängen. Dadurch sinkt die Dichte feuchterer Luft; es entwickelt sich ein Auftrieb.

Da Bauteile meist mehr oder weniger große Poren besitzen, also diffusionsoffen sind, kann Wasserdampf auch durch Bauteile hindurch diffundieren (Abb. 2). Besonders im Winter sind die Dampfdrücke auf beiden Seiten eines Bauteils (z. B. bei einer Außenwand: p_i innen und p_e außen) unterschiedlich. Hier kommt es aufgrund der Diffusion zum Feuchtetransport von innen nach außen. Der unterschiedliche Wasserdampfteildruck ist also der Motor der **Wasserdampfdiffusion**.

Beispiel

Normklima nach DIN 4108

gegeben:

innen:	**außen:**
Temperatur = 20 °C	Temperatur = –10 °C
φ = 50 %	φ = 80 %

gesucht:
Wasserdampfpartialdruck innen p_i und außen p_e
Dampfdruckdifferenz Δp

Lösung:
Aus dem Diagramm wird abgelesen:

$\Theta_i = 20\,°C \Rightarrow p_{si} = 2340$ Pa	$\Theta_e = -10\,°C \Rightarrow p_{se} = 260$ Pa
$p = \varphi \cdot p_{si}$	$p = \varphi \cdot p_{se}$
$p_i = 50/100 \cdot 2340$ Pa	$p_e = 80/100 \cdot 260$ Pa
p_i = **1170 Pa**	p_e = **208 Pa**

$\Rightarrow \Delta p = 1404$ Pa – 610 Pa = **962 Pa**

So wie für den Wärmetransport ein Temperaturgefälle erforderlich ist, geschieht der **Feuchtetransport** durch ein **Feuchteungleichgewicht** *(moisture imbalance)*, das den Ausgleich anstrebt.

Der Feuchtigkeitsstrom im Winter zwischen der Raumluft und der Außenluft durch Diffusion spielt zur Raumentfeuchtung keine wesentliche Rolle.

Auch bei diffusionsoffenen Konstruktionen muss die Raumfeuchte durch Lüften reguliert werden.

Alle Baustoffe (außer Dampfsperren) haben eine Porenstruktur, die so groß ist, dass die sehr kleinen Wasserdampfmoleküle passieren können. Die Wasserdampfkonzentration nimmt dabei ab.

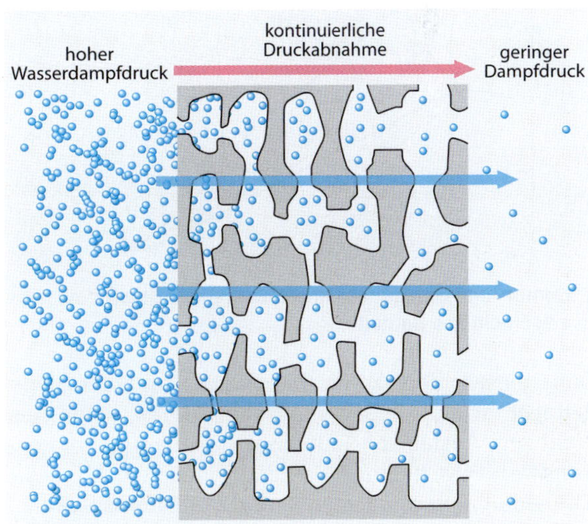

2 Modellvorstellung: Diffusion durch poriges Gefüge

Bei **einschichtigen** *(single-layer)* **Bauteilen** sinkt der Dampfdruck im Winter **kontinuierlich** durch das Bauteil von innen nach außen (Abb. 1).

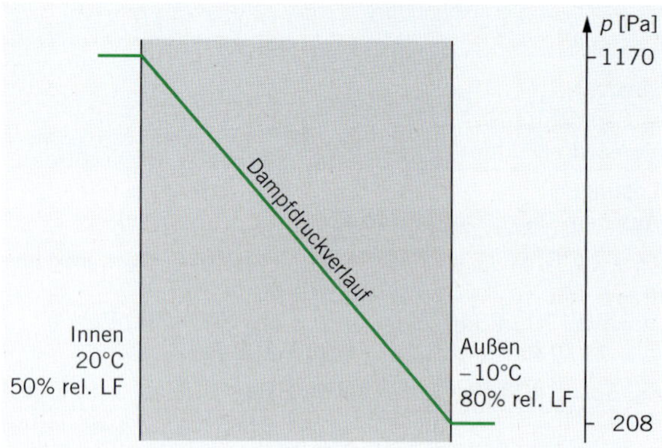

1 Dampfdruckverlauf mit kontinuierlichem Druckabfall

Da der **Sättigungsdampfdruck** nur von der Temperatur abhängig ist, kann dieser mithilfe von Tabellenwerten bestimmt werden. Der Dampfdruck- und der Temperaturverlauf sind daher ähnlich. Aufgrund des nichtlinearen Zusammenhangs zwischen Temperatur und Dampfdruck weist der Dampfdruckverlauf einen verzerrten Verlauf *(progression)* mit Krümmungen auf. Ein Diagramm mit Dampf- und Sättigungsdampfdruckverlauf dient zur weiteren Analyse (Abb. 2).

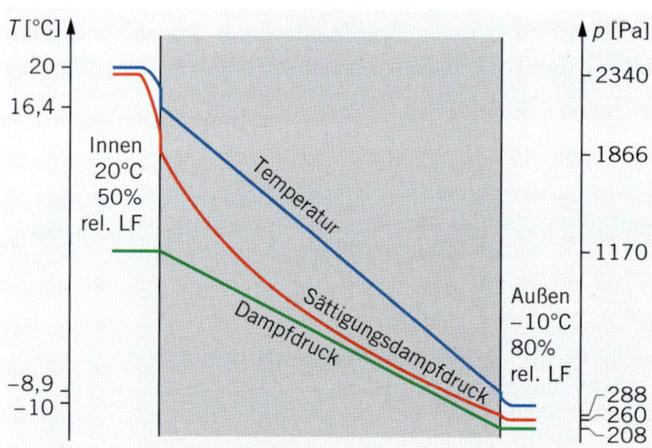

2 Dampf- und Sättigungsdampfdruckverlauf durch ein einschichtiges Bauteil

Da in diesem Beispiel der Dampfdruck an jeder Stelle **geringer** ist als der Sättigungsdampfdruck, kommt es **nicht** zum **Ausfall von Tauwasser** *(precipitation of condensate)*. Einschichtige Bauteile mit einem Mindestwärmedurchlasswiderstand sind daher tauwasserfrei.

In der Baupraxis sind jedoch **mehrschichtige Bauteile** die Regel. Hier hängt der Verlauf des Dampfdrucks von der Dichtheit der einzelnen Schichten ab.

Daher ist die Kenntnis bezüglich des Diffusionsverhaltens der einzelnen Baustoffe unerlässlich.

9.5.8 Wasserdampfdiffusionswiderstand μ (μ-Wert)

Der **μ-Wert** – Wasserdampfdiffusionswiderstand μ, sprich *„mü"* – gibt an, wie viel höher der Widerstand eines Stoffes gegen Wasserdampfdiffusion ist als der von ruhender Luft gleicher Schichtdicke. Einheit: **dimensionslos**

Es handelt sich um einen stoffspezifischen Kennwert – eine dimensionslose Verhältniszahl.

Offenzellige *(highly porous)* Dämmstoffe (z. B. Mineralwolle) sind besonders diffusionsoffen *(encourage diffusion)*. Hier sorgt nur die stehende Luft für einen Diffusionswiderstand. Daher besitzen sie den geringstmöglichen Widerstand von 1.

Einen **extrem geringen Diffusionswiderstand** mit μ-Wert = 1, der stehender Luft entspricht, weisen **offenzellige** Dämmstoffe auf.

Baustoffe mit vergleichsweise wenigen und kleinen Poren können als Dampfbremse *(vapour barrier)* eingesetzt werden. Da sie auch die Luftströmung durch Luftdruckunterschiede verhindern, können sie gleichzeitig als luftdichte Ebene dienen.

Dampfbremsen sind Dichtungsstoffe, die aber nicht völlig dampfdicht sind – der μ-Wert liegt bei 0,5 bis 1,5.

Besonders diffusionsdicht *(diffusion resistant)* sind Stoffe, die weitgehend porenlos sind. Da Wasserdampfmoleküle sehr klein (1/10 000 000 (10^{-7}) mm) sind, können auch sehr kleine Poren eine Wasserdampfdiffusion zulassen. Als absolut wasserdampfdicht gelten Glas, Schaumglas und alle Metalle. Im Baubereich werden vor allem Aluminiumfolien als Dampfsperren eingesetzt.

Dampfsperren sind Baustoffe, die keine Poren haben, durch die ein Wasserdampfmolekül hindurchgelangt – μ-Wert = ∞.

Trockene Baustoffe setzen einströmendem Wasserdampf einen höheren Widerstand entgegen als feuchte. Deshalb werden in Tabellen jeweils ein kleinerer und ein größerer μ-Wert angegeben (S. 297, Tab. 1).

9.5.9 Äquivalente Luftschichtdicke s_d

Da beim Dampfdurchgang durch ein Bauteil die konkrete Dicke jeder Schicht Einfluss hat, ist das Produkt aus **μ-Wert** und der Schichtdicke ***d*** von Bedeutung.

Wird die Durchlässigkeit eines **Baustoffs** gegenüber Wasserdampf durch den μ-Wert angegeben, wird die Durchlässigkeit eines **Bauteils** durch die **diffusionsäquivalente Luftschichtdicke s_d** in m bestimmt. Sie entspricht dem μ-fachen der Bauteildicke und wird mit folgender Formel berechnet:

$s_d = \mu \cdot d$ in m
s_d = äquivalente Luftschichtdicke

Die äquivalente Luftschichtdicke s_d bringt zum Ausdruck, dass diese Schicht dem Wasserdampf einen gleich großen Widerstand entgegensetzt wie eine Luftschicht mit der Dicke d (Tab. 1).

Je größer die äquivalente Luftschichtdicke, desto größer ist der Diffusionswiderstand bzw. desto geringer ist die Diffusionsfähigkeit.

Tab. 1 Beispiele für s_d-Werte

Werkstoff	μ trocken	μ feucht	d in m	$s_{d\,(trocken)}$ in m
Holz	50	20	0,06	3
Mineralwolle	1	1	0,20	0,2
Gipskartonplatte	10	3	0,0125	0,1
Beton	100	60	0,20	20,0
PE-Folie	100 000	100 000	0,0005	50,0
Bitumenbahn	80 000	80 000	0,003	240,0

Hersteller bieten Dampfbremsen mit **feuchtevariablen** bzw. **feuchteadaptiven s_d-Werten** an, die im Winter Diffusionsdichte, im Sommer Diffusionsoffenheit bewirken. Je feuchter die Raumluft im Sommer, desto diffusionsoffener; je trockener die Raumluft im Winter, desto diffusionsdichter sind diese Dampfbremsschichten (Tab. 2).

Tab. 2 Bezeichnung der Dichtheit von Bauteilschichten

Bezeichnung mit s_d-Werten	Beispiel mit μ-Werten
diffusionsoffen $s_d < 0{,}5$ m	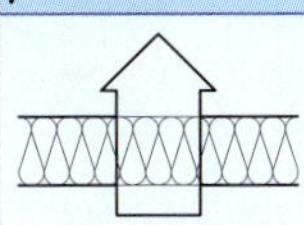
diffusionshemmend $0{,}5\ m < s_d < 1500$ m	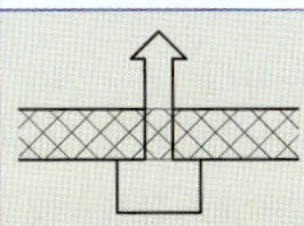
diffusionsdicht $s_d > 1500$ m	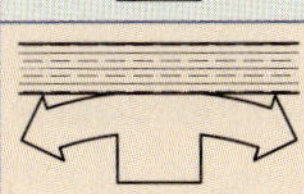

9.5.10 Diffusionsverhalten mehrschichtiger Bauteile

Sind Bauteile aus mehreren Schichten zusammengesetzt, verläuft der Wasserdampfdruck entsprechend ihrer Diffusionswiderstände. Wie bei einschichtigen Bauteilen dient zur Beurteilung der Dampfdruck- und Sättigungsdampfdruckverlauf. Zunächst sollen einfache Bauteile mit innerer oder äußerer Sperrschicht (diffusionsdicht) betrachtet werden (Abb. 1).

Da der Druckabfall nur an der Sperrschicht erfolgt, ist jeweils vor und hinter der Sperrschicht der Dampfdruck des Innen- bzw. des Außenklimas.

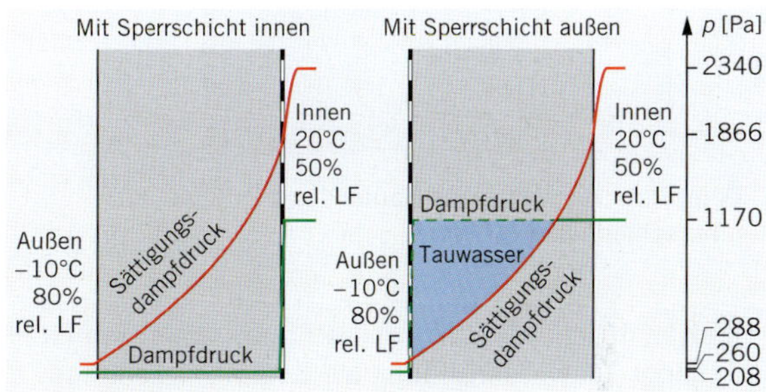

1 Dampfdruckabfall an Sperrschichten

Ist die Lage der Sperrschicht innen, wird sich im Bauteil der Dampfdruck des Außenklimas einstellen. Da die Temperatur höher ist als die Außentemperatur, ist der Sättigungsdampfdruck stets größer als der Dampfdruck. Tauwasser kann sich folglich nicht bilden. Die sich daraus ergebende geringe relative Luftfeuchte sorgt bei sorptionsfähigen Bauteilen für eine geringe Bauteilfeuchtigkeit.

Bei Konstruktionen mit **raumseitigen Sperrschichten** ist mit **keiner Tauwasserbildung** durch Diffusion im Bauteil zu rechnen.

Diese Konstruktionen scheinen daher ein guter Weg zu sein, die Baukonstruktion schadensfrei zu halten. In der Baupraxis werden Konstruktionen mit innerer Sperrschicht allerdings zunehmend weniger eingesetzt. Ein Grund ist die Anfälligkeit der Sperrschicht für **Beschädigung** *(performance affected by damage)*, sodass relativ viel Tauwasser durch Konvektion anfallen kann. Im Sommer wird die Austrocknung *(drying-out)* erschwert, da wegen der Sperrschicht eine Verdunstung nur nach außen erfolgen kann. Außerdem steht das Bauteil nicht mehr als Feuchtepuffer für den Innenraum zur Verfügung.

Ist die Sperrschicht **außen** angebracht, wird im Bauteil der innere Dampfdruck herrschen. Hier kommt es zu einem **Tauwasseranfall**, da der Sättigungsdampfdruck definitionsgemäß nicht geringer als der Dampfdruck werden kann.

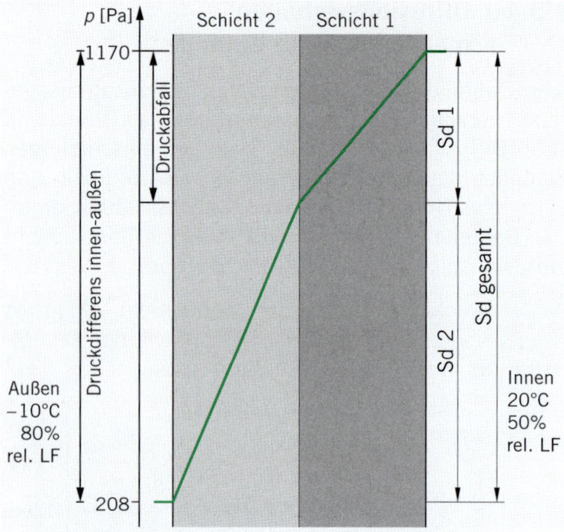

1 Dampfdruckverlauf eines Bauteils mit 2 Schichten unterschiedlicher s_d-Werte

Bei Konstruktionen mit **äußeren Sperrschichten** ist mit einer **Tauwasserbildung** im Bauteil zu rechnen.

Der Dampfdruckverlauf von Bauteilen ohne diffusionsdichte Sperrschichten richtet sich nach dem s_d-Wert der jeweiligen Einzelschichten im Verhältnis zum Gesamt-s_d-Wert.

In Abb. 1 hat Schicht 1 einen im Vergleich zur Schicht 2 halb so großen s_d-Wert ($s_d1 = 2 \cdot s_d2$). Entsprechend diesem Verhältnis ist der Druckabfall in Schicht 1 nur halb so groß wie in Schicht 2.

9.5.11 Dampfdruckverlauf von ausgewählten Baukonstruktionen

Wärmedämmverbundsystem

Bei einer Außenwand mit Wärmedämmverbundsystem (WDVS) wird auf eine tragende Wand (z. B. aus Kalksandsteinen) eine **Dämmschicht** aus Dämmplatten (z. B. Kunststoffschaumplatten oder Mineralwolleplatten) durch Kleben und/oder Dübeln aufgebracht. Darauf wird ein zweilagiger spezieller **Außenputz mit Armierungsgewebe** *(reinforcement fabric)* aufgebracht.

Im Beispiel (Abb. 2) ist der Abfall des Dampfdrucks gleichmäßig ausgebildet, da die s_d-Werte von Kalksandsteinschicht und Polystyroldämmplatte ähnlich groß sind. Im Bereich des Übergangs Dämmstoff/Außenputz kommen sich Dampfdruck und Sättigungsdampfdruck nahe. Ob auch Tauwasser ausfällt, hängt maßgeblich vom s_d-Wert der Putzschicht ab. Auch diffusionshemmende Anstriche können sich hier negativ auswirken. Bei einer Tauwasserbildung so weit außen kann es bei Frost zur Ablösung des Putzes kommen.

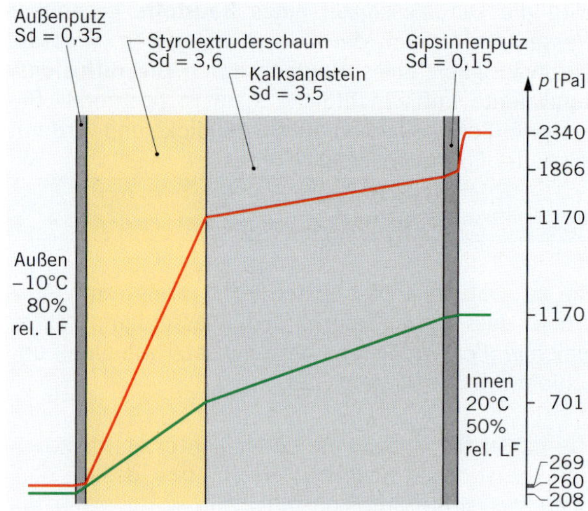

2 Dampfdruckverlauf einer Außenwand mit WDVS

Zweischaliges Mauerwerk

Ein Verbund aus tragendem Hintermauerwerk (z. B. aus Hochlochziegeln) mit einer dünneren Vormauerschale ist besonders schlagregensicher *(resistant to driving rain)*, weil die belüftete Luftschicht Feuchtigkeit vom Hintermauerwerk *(backing masonry)* abhält. In den letzten Jahrzehnten wurde meist zusätzlich eine Dämmschicht im Zwischenraum aufgebracht (Abb. 3).

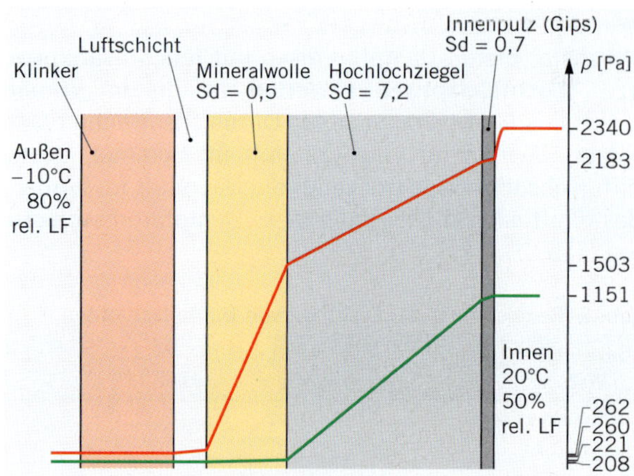

3 Dampfdruckverlauf einer zweischaligen Außenwand

Wegen der Hinterlüftung der Vorhangschale *(curtain wall)* (Außendampfdruck in der Lüftungsebene) ist diese Konstruktion meist tauwasserfrei.

Wand in Holzrahmenbauweise

Im Holzrahmenbau *(wood frame construction)* werden häufig diffusionsoffene Konstruktionen ohne spezifische Sperrfolien *(barrier sheets)* eingesetzt. Die OSB-Platte bildet die luftdichte und dampfhemmende Ebene und muss daher an den Bauteilstößen *(joints)* und -übergängen abgedichtet werden. Voraussetzung ist eine hochdiffusionsoffene äußere Beplankung *(planking)*. Hier können spezielle Holzweichfaserplatten oder sogenannte DWD-Platten (ebenfalls aus Holzfasern) eingesetzt werden. Die Außenverkleidung besteht aus einer Boden-Deckel-Schalung und ist hinterlüftet (Abb. 1).

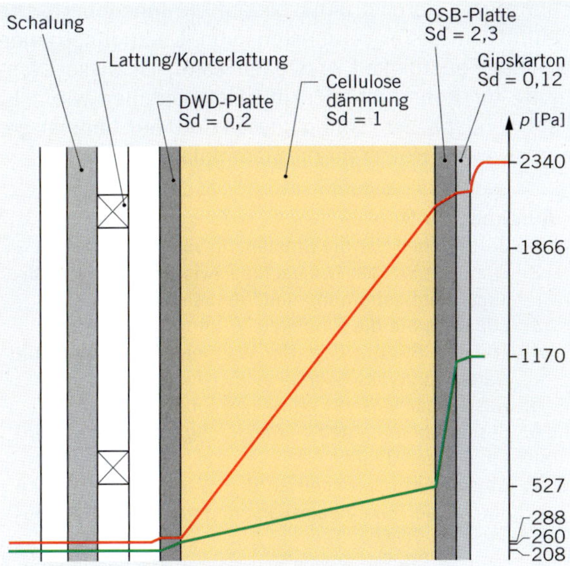

1 Dampfdruckverlauf einer Holzbauaußenwand

Konstruktionen, deren innere Beplankungen wesentlich dichter sind als die äußeren (innerer s_d-Wert mindestens 10-mal größer als der äußere), sind, wie das Glaser-Diagramm zeigt, tauwasserfrei und unkritisch.

9.5.12 Begrenzung von Tauwasser im Inneren von Bauteilen

Im Winter kann Feuchtigkeit als **Tauwasser** durch Dampfdiffusion in Außenbauteilen (wie Außenwände, gedämmte Haustüren, Dächer) auftreten. Im Sommer kann Feuchtigkeit **verdunsten**.

Hierbei sind folgende Fragen abzuklären:
- An welcher Stelle tritt Tauwasser auf?
- Ist die Menge der im Bauteil zeitweise vorhandenen Feuchtigkeit so groß, dass Baustoffe dauerhaft geschädigt werden (Holzfäule, Pilzbefall, Korrosion)?
- Zu einer Anreicherung von Wasser kommt es dann, wenn die im Winter angefallene Tauwassermenge größer ist als die Verdunstungsmenge im Sommer. Kann die im Winter gebildete Kondensatmenge im Sommer wieder vollständig ausdiffundieren?
- Durchfeuchtete Dämmstoffe sind wirkungslos. Ist die Kondensatmenge so groß, dass die Wärmedämmeigenschaften erheblich gemindert werden?
- Erfüllt die Konstruktion nicht diese Anforderungen, muss der Schichtenaufbau, z. B. durch eine zusätzliche Dampfbremse, verändert werden.
- Für bestimmte Schichten wie Holz und Holzwerkstoffe ist die maximale Tauwassermenge begrenzt.

Verfahren zur Bestimmung des Taupunkts *(dew point)* und der Taupunkttemperatur sind z. B. bei der Montage von Fenstern, Außentüren und raumseitigen Wandverkleidungen an Außenwänden von Bedeutung, da es sich hier um einen sehr sensiblen Bereich der Bauphysik mit der Problematik der Tauwasserbildung im Inneren von Bauteilen handelt.

Tauwasserberechnungen lassen sich mit dem **„Glaser-Verfahren"** – Teil der DIN 4108-3 – durchführen.

Das Verfahren nach H. Glaser ermöglicht sowohl die **Kondensationsstelle** als auch die **Kondensatmenge** zu bestimmen.

Die Auswertung erfolgt in mehreren Schritten:
- Bewertung der **Tauperiode** (Winter):
  - Ermittlung der Kondensationsstelle,
  - Berechnung der Kondensatmenge;
- Bewertung der **Verdunstungsperiode** (Sommer):
  - Ermittlung der Verdunstungsmenge,
  - ggf. Vergrößern des s_d-Wertes einer Schicht.

9.5.13 Innendämmungen

Werden auf der Raumseite Innendämmungen *(interior insulations)* angebracht, muss besonders sorgfältig geplant werden. Nach dem Grundsatz „innen dichter als außen" müssten also Sperrschichten angebracht werden, da Dämmstoffe selbst meist eher diffusionsoffen sind. In der Vergangenheit wurden dafür meist relativ dampfdichte Alu- oder PE-Folien eingesetzt. Nach dem Glaser-Verfahren ist dann nicht mit einer Tauwasserbildung im Bauteil zu rechnen (S. 297, Abb. 1). Dabei sind aber mögliche Feuchteeinträge durch Konvektion (unzureichende Abdichtung oder Beschädigung der Dichtbahnen *(sealing strips)*), Baufeuchte, Schlagregen und Wasserschäden *(water damages)* durch undichte Leitungen nicht berücksichtigt.

Daher ist zu beobachten, dass bei dieser Ausführung ein Schadensrisiko bleibt, da die Konstruktion wegen der Sperrschichten nach innen zur Austrocknung im Sommer sehr wenig Wasserdampf abgeben kann.

Bei Innendämmungen kommt es im Anschlussbereich von Innenwänden, Böden und Decken zu **Wärmebrücken**, da diese Bauteile die Dämmhülle durchbrechen.

Innendämmung mit Calciumsilicatplatten

In der Baupraxis haben sich zunehmend diffusionsoffene Innendämmungen ohne Sperrschicht etabliert. Ein typischer Vertreter dieser Innendämmungen ist die Calciumsilicatplatte *(calcium silicate panel)* (Abb. 1)

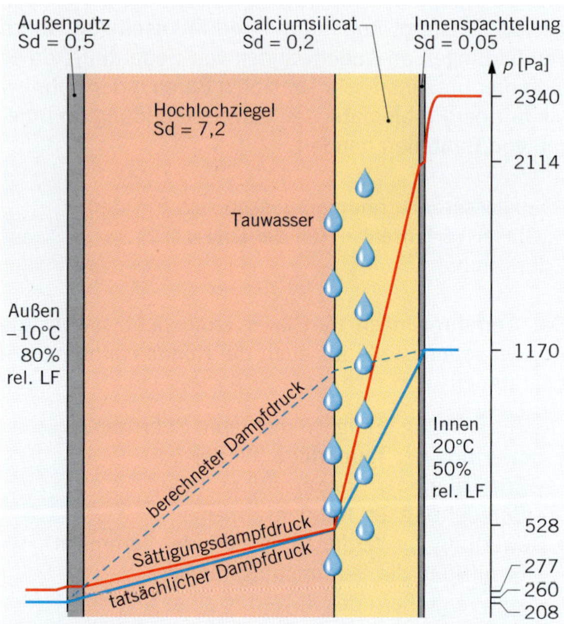

1 Innendämmung einer Außenwand mit diffusionsoffener Dämmschicht

Im Glaser-Diagramm wird deutlich, dass der berechnete Dampfdruck erheblich höher ist als der Sättigungsdampfdruck. Da der Dampfdruck aber nicht höher sein kann als der Sättigungsdampfdruck *(saturation vapour pressure)*, wird Tauwasser in erheblichen Mengen anfallen. Der tatsächliche Dampfdruckverlauf stellt sich wie skizziert ein (Abb. 1). Die Kondensationsstelle ist im Bereich der Dämmplatte und an der Schichtgrenze. Nach dem Glaser-Verfahren wäre die anfallende Tauwassermenge unzulässig hoch.

Trotzdem haben sich diese Konstruktionen auch für problematische Einsatzgebiete als tauglich erwiesen. Der Grund ist die Eigenschaft des Dämmsystems, die als „kapillaraktiv" *(capillary-active)* bezeichnet wird. Gemeint ist damit die Eigenschaft der Platte, Tauwasser gut schadensfrei zu speichern und kapillar zu verteilen. Dabei wird Tauwasser durch die feine, unterbrechungsfreie Porenstruktur bis auf die Innenoberfläche geführt, auf der es verdunsten kann. Da im Innern eine erhöhte Feuchtigkeit entstehen kann, ist diese Dämmung für Konstruktionen mit Holzbauteilen wie z. B. Fachwerk *(timber frame construction)* nur bedingt geeignet, wenn Hölzer an die Dämmplatte angrenzen.

Aufgaben zu 9

1. Beschreiben Sie die Entstehung von Wärme.
2. Erläutern Sie den Unterschied zwischen Wärmestrahlung, Wärmeströmung und Wärmeleitung.
3. Erläutern Sie die Einheiten °C und K.
4. Erklären Sie die Begriffe: Wärmeleitfähigkeit λ und Wärmedurchlasswiderstand R.
5. Was ist der U-Wert und welche Einheit hat er?
6. Beschreiben Sie den Wärmedurchgang durch ein einschichtiges Bauteil.
7. Welche Anforderungen an den Wärmeschutz werden durch die Energieeinsparverordnung EnEV formuliert?
8. Nennen Sie die Nachweisverfahren für den Wärmeschutz und erläutern Sie die Unterschiede.
9. Erklären Sie den Unterschied von absoluter, maximaler und relativer Luftfeuchte.
10. Erläutern Sie die Entstehung der Tauwasserbildung sowie die Begriffe Taupunkt und Taupunkttemperatur.
11. Erläutern Sie den Begriff der Wärmebrücken und deren Bedeutung.
12. Unterscheiden Sie Tauwasser und Kondenswasser.
13. Beschreiben Sie den Vorgang der Dampfdiffusion.
14. Welcher Unterschied besteht zwischen einer Dampfbremse und einer Dampfsperre?
15. Erläutern Sie das Glaser-Verfahren und nennen Sie Beispiele der Anwendung des Diffusionsdiagramms.
16. Erläutern Sie, weshalb Wärmedämmschichten nicht durchfeuchtet werden dürfen.
17. Nennen Sie Wege des Wärmeverlustes von Fenstern und erläutern Sie die Unterschiede.

English Tasks

18. Explain the process of heat transfer.
19. Explain under which circumstances the formation of condensation in a structural component is uncritical.

10 Schallschutz

10.1 Wahrnehmung und Wirkung von Schall auf den Menschen

Schall *(sound)* ist physikalisch betrachtet eine Schwingung der Luft, die wir über unsere Ohren (Abb. 1) fein abgestuft in Stärke und Tonhöhe wahrnehmen.

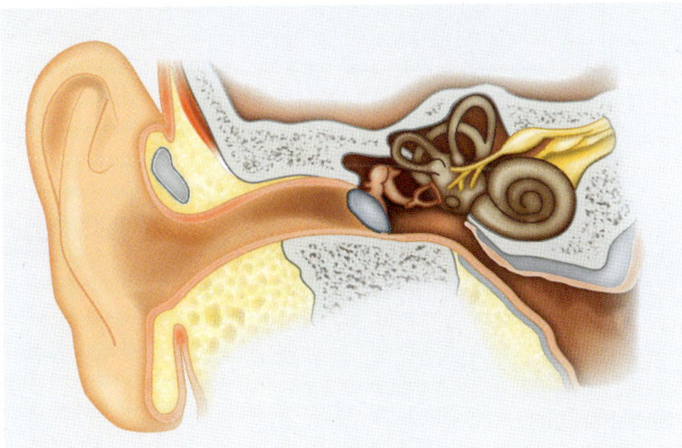

1 Darstellung des menschlichen Ohrs

Dadurch können wir z. B. Sprache verstehen oder Musik hören.

- **Schwache** Luftschwingungen *(air vibrations)* nehmen wir als **leise** Töne wahr.
- **Starke** Schwingungen wirken auf uns als **laut** und können bei zunehmender Größe schmerzhaft sein.

Wenn wir Schall als Störung empfinden, wird dieser unabhängig von Tonhöhe *(pitch)* und Lautstärke als Lärm *(noise)* bezeichnet.

Lärm kann unser Wohlbefinden beeinträchtigen und bei großer Intensität *(intensity)* das Gehör schädigen, was in vielen Fällen Schallschutzmaßnahmen erforderlich macht.

10.2 Physikalische Grundlagen

10.2.1 Entstehung und Ausbreitung von Schall

Wird eine Stimmgabel mechanisch angestoßen, wird sie in eine rasche, gleichmäßige Schwingung versetzt. Dabei wird die unmittelbar angrenzende Luft an der auslenkenden Gabelschneide (Abb. 2) **verdichtet**. Dieser Überdruckbereich pflanzt sich mit einer konstanten Geschwindigkeit kugelförmig im Raum fort, ähnlich wie bei Ausbreitung einer Wasserwelle, wenn ein Stein ins Wasser geworfen wird (Abb. 3).

Beim Zurückschwingen entsteht eine **Luftverdünnung**.

Die gleichförmige Schwingung der Gabelschneide lässt in der Luft ein regelmäßiges Muster aus Zonen mit verdichteter und verdünnter Luft entstehen, das sich kontinuierlich ausbreitet und schließlich vom Ohr wahrgenommen wird.

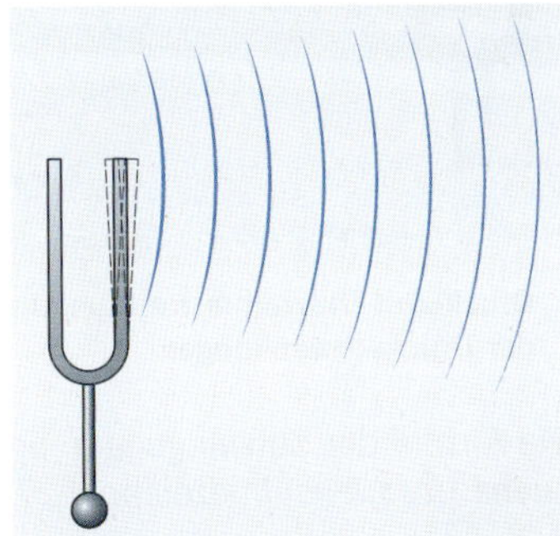

2 Schallwellen an der schwingenden Stimmgabelschneide

3 Ausbreitung einer Wasserwelle

Wellenlänge, Amplitude, Frequenz

Die Stärke der Druckschwankungen im räumlichen Verlauf lässt sich in einem Diagramm (S. 302, Abb. 1) darstellen. Die gleichmäßige Schwingung der Stimmgabel erzeugt eine **sinusförmige Struktur**, im Wassermodell entspricht dies einer Momentaufnahme der Wasserhöhe.

Der räumliche Abstand von einer maximalen Verdichtung zur nächsten (im Wasserwellenmodell von einem Wellenberg zum nächsten) wird als **Wellenlänge** *(wavelength)* bezeichnet.

Um ein Schallereignis genau zu beschreiben, werden die Druckschwankungen für einen Ort im zeitlichen Verlauf als Graph dargestellt.

Der maximale Anstieg des Drucks wird als **Amplitude** *(amplitude)* bezeichnet. Im Wassermodell wäre das die Wasserhöhe, die zum Beispiel mit einem festen Peilstab in einem gleichmäßigen Zeitraster gemessen und in eine Grafik übertragen wird.

In diesen Druck-Zeit-Diagrammen (S. 302, Abb. 1) lassen sich bei gleichmäßigen Schwingungen zum Beispiel Tonhöhen und Lautstärken *(sound volume)* gut unterscheiden.

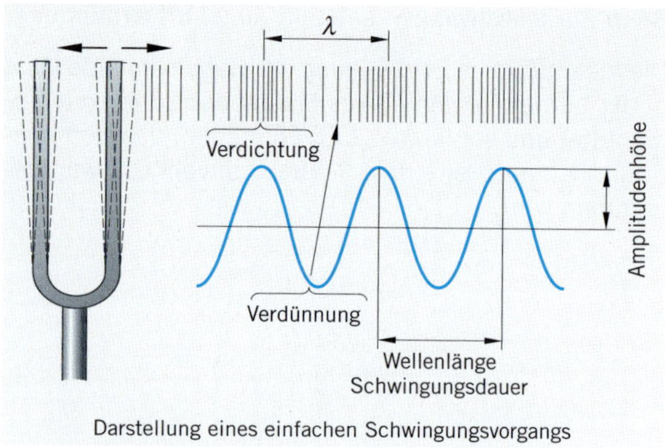

1 Druck-Zeit-Diagramm zur Darstellung der Stärke der Druckschwankungen

Die Anzahl der Schwingungen pro Minute wird als **Frequenz** *(frequency)* bezeichnet.

Der Kammerton a zum Beispiel, der zur Stimmung von Musikinstrumenten benutzt wird, hat eine Frequenz von 440 Hz, das Druckmaximum wird also 440/s (Abb. 2).

> Die Frequenz *f* ist die Anzahl der Schwingungen in der Sekunde, gemessen in Hz (Hertz).

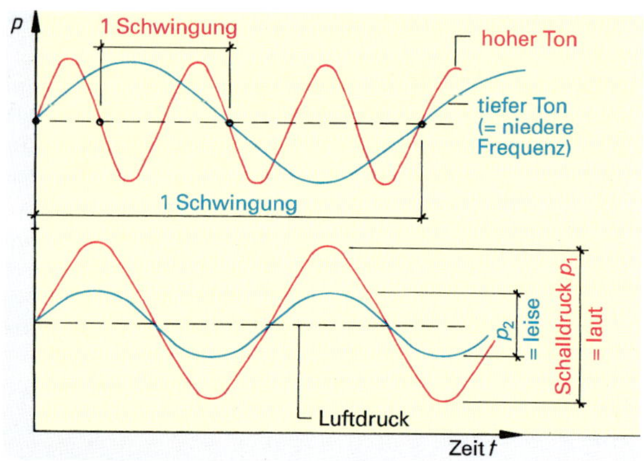

2 Tonhöhe und Schalldruck

Verschiedene Arten von Schallschwingungen ergeben im Diagramm jeweils ein typisches Muster (Abb. 3).

10.2.2 Menschlicher Hörbereich und Frequenzen von Unterhaltung und Gebäudebereich

Die verschiedenen Frequenzen wirken auf Menschen und Tiere unterschiedlich (Abb. 4).

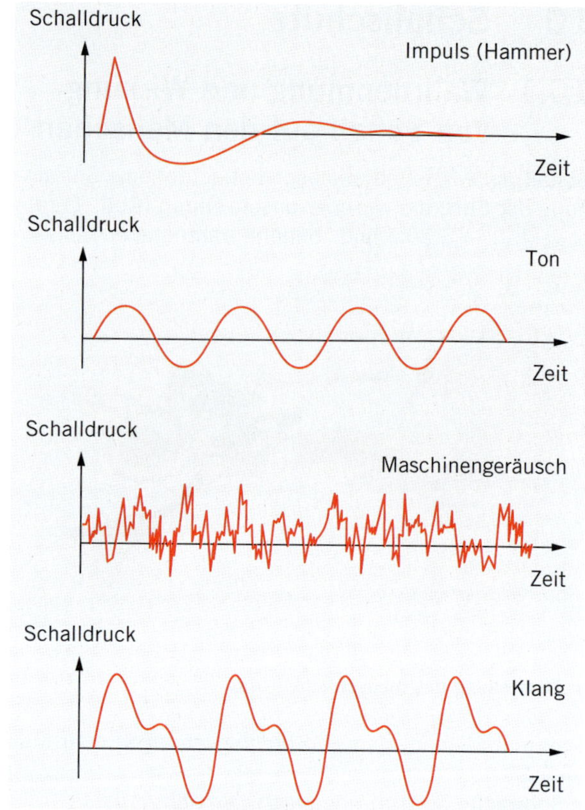

3 Arten von Schallschwingungen

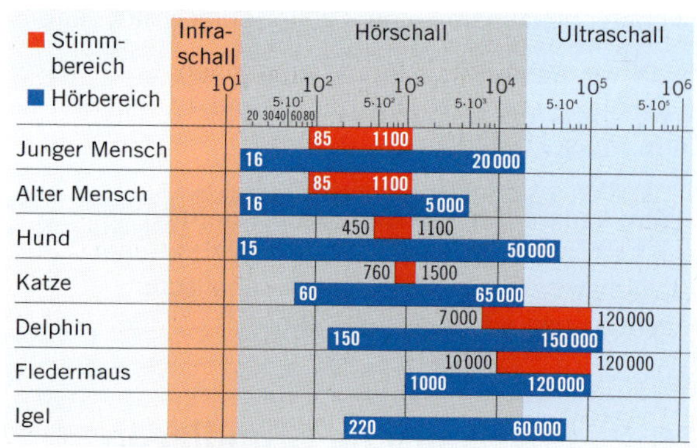

4 Verschiedene Frequenzen

Schalldruck und Schalldruckpegel

Die Druckschwankungen um den statischen Luftdruck der Umgebung werden als **Schalldruck *p*** *(acoustic pressure)* angegeben. Er ist der Quotient aus wirkender Kraft und einwirkender Fläche:

$$\text{Schalldruck} = \frac{\text{(wirkende) Kraft}}{\text{(einwirkende) Fläche}};\; p = \frac{F}{A}$$

Menschen können sehr unterschiedlich laute Schalldrücke wahrnehmen. Dabei erfolgt die **subjektive Wahrnehmung** nicht geradlinig:

- Der doppelte Schalldruck wird nicht doppelt so laut empfunden.
- Zur menschlichen Wahrnehmung passt näherungsweise ein 10er-logarithmisches System, deren Ausgangsbasis die menschliche Hörschwelle ist. Dies bedeutet, dass bei einer Erhöhung des Schalldrucks um den Faktor 10 der zugehörige logarithmische Zahlenwert nur um 1 erhöht wird. Bei einem 100-fachen Schalldruck ist der Zahlenwert 2.

Die **Maßeinheit** dieses Systems ist das **Bel (B)**, nach Alexander Graham Bell, britisch-amerikanischer Sprechtherapeut (1847 bis 1922). Um präzisere Zahlenwerte zu erhalten, werden diese mit dem Faktor 10 (mathematisch dem Einheitenvorsatz dezi) multipliziert. Hieraus ist die Einheit **Dezibel (dB)** **[▶ GK 2.2.1 und GK 8.1.2]** abgeleitet.

Die Größe wird als **Schalldruckpegel *L*** *(acoustic pressure)*, kurz **Schallpegel** (Abb. 2), bezeichnet.

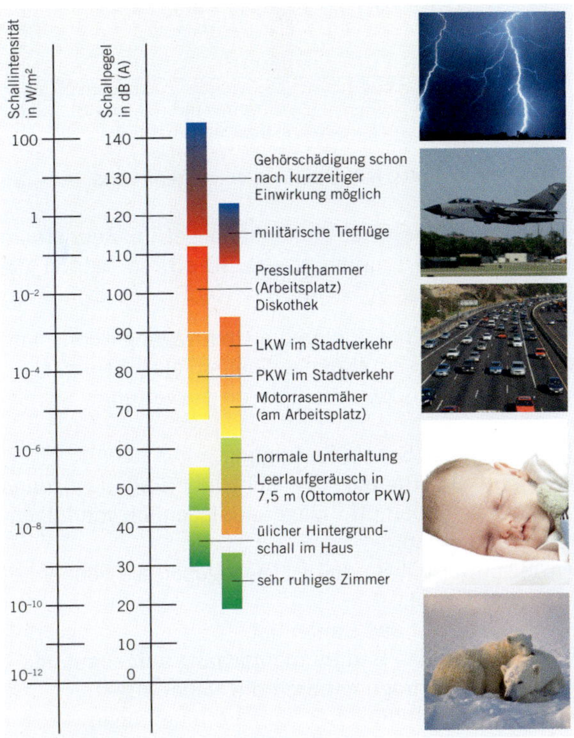

1 Schallintensität und Schallpegel

Bei der Verdopplung zweier Schallquellen, z. B. wenn eine zweite, gleichartige Maschine zugeschaltet wird, verdoppelt sich zwar der Schalldruck, im logarithmischen System wird der Schalldruckpegel jedoch um 3 dB erhöht. Für lautere Schalldruckpegel empfindet der Mensch erst bei einer Erhöhung um 10 dB subjektiv eine Verdopplung. Also erst die Zuschaltung von 9 weiteren Maschinen empfindet der Mensch als doppelt so laut.

Umgekehrt muss der Schalldruck um den Faktor 10 verringert werden, wenn eine subjektive Halbierung der Lautstärke erreicht werden soll.

Definition:

$$L = 20 \lg \left(\frac{p}{p_0}\right) = 10 \lg \left(\frac{p^2}{p_0^2}\right)$$

Bewerteter Schallpegel

Für tiefe Frequenzen ist das menschliche Ohr weniger empfindlich als für hohe. Dies kann bei der Angabe des Schallpegels mithilfe einer **Bewertungskurve** (Abb. 2) berücksichtigt werden.

Meist wird die genormte Bewertungskurve A verwendet. Diese mindert tiefe Frequenzen wesentlich ab. Um dies deutlich zu machen, wird die Einheit **dB (A)** verwendet.

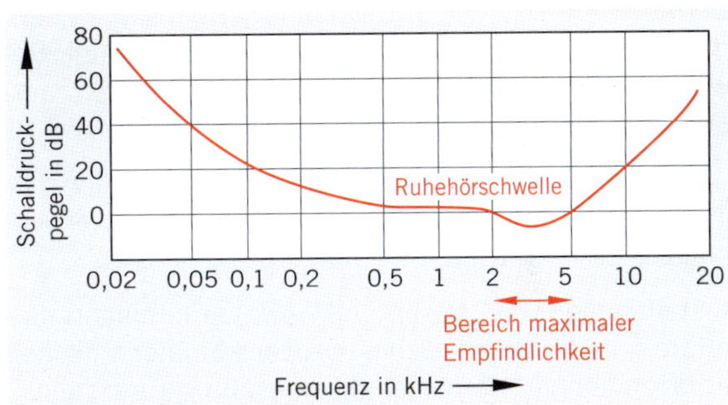

2 Frequenzabhängige Hörschwelle, bewerteter Schalldruckpegel L_A mit der Einheit dB (A)

10.3 Körper- und Trittschall

Trifft ein **Luftschall** *(airborne sound)* z. B. auf eine Wand, wird diese ebenfalls in Schwingungen versetzt. Im angrenzenden Raum wird die schwingende Oberfläche wieder einen Luftschall erzeugen (S. 304, Abb. 1). Wegen ihrer Schwingfähigkeit können auch luftdichte Bauteile Übertragungen von Schall aus dem angrenzenden Raum nicht vollständig verhindern, sondern nur dämpfen.

Dieser Vorgang wird als **Luftschalldämmung** bezeichnet.

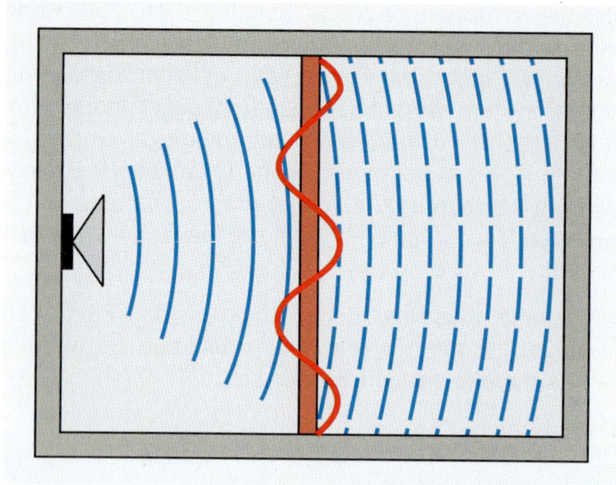

1 Durch Luftschall in Schwingungen versetzte Wand

Feste Körper und Flüssigkeiten können durch einen mechanischen Impuls, z. B. durch Anstoßen, auch direkt zur Schwingung angeregt werden.

Diese Schwingung wird als **Körperschall** bezeichnet.

In schlecht dämpfenden Systemen, z. B. Wasserleitungen, können große Strecken zurückgelegt werden.

Eine besondere Form des Körperschalls *(structure-borne sound)* ist der **Trittschall** *(footfall sound)*, der durch Begehen von Böden oder andere stoßartige Bewegungen, z. B. Verrücken von Möbeln auf Böden, entsteht.

Zur Beurteilung von Konstruktionen hinsichtlich der Trittschalldämpfung wird ein genormtes Hammerwerk eingesetzt.

Installationen von Wasser- und Abwasserleitungen, Sanitäreinrichtungen, Heizungen oder klimatechnischen Anlagen können **Körperschallgeräusche** verursachen.

Geräte sollten stets elastisch gelagert sein oder auf schwimmenden Estrich gestellt werden.

10.4 Schallschutz im Hochbau

Für den Schallschutz *(sound protection)* im Bauwesen sind folgende Aspekte von besonderer Bedeutung:
- Schall zu dämpfen und zu lenken, um Lautstärken zu verringern oder die Verständlichkeit und das Hörerlebnis zu verbessern,
- Schallquellen außerhalb des Gebäudes zu dämmen,
- Schallpegel von Quellen innerhalb der eigenen und besonders angrenzender Wohnungen zu verringern.

10.4.1 Persönlicher Schallschutz

Bei starkem Lärm, z. B. in Maschinenräumen, sind Schallschutzmaßnahmen erforderlich. Der Bereich ist als „Lärmbereich" zu kennzeichnen und es ist persönlicher **Gehörschutz** *(hearing protectors)* zu tragen [▶ GK 2.2.1].

Außerdem ist bei Überschreitung eines Grenzwerts vom Arbeitgeber ein Lärmminderungsprogramm aufzustellen.

10.4.2 Schalldämmung von Bauteilen

Die Schalldämmung *(sound insulation properties)* von Bauteilen wird aus der **Schallpegeldifferenz** zwischen Senderaum und Empfangsraum ermittelt (Abb. 2).

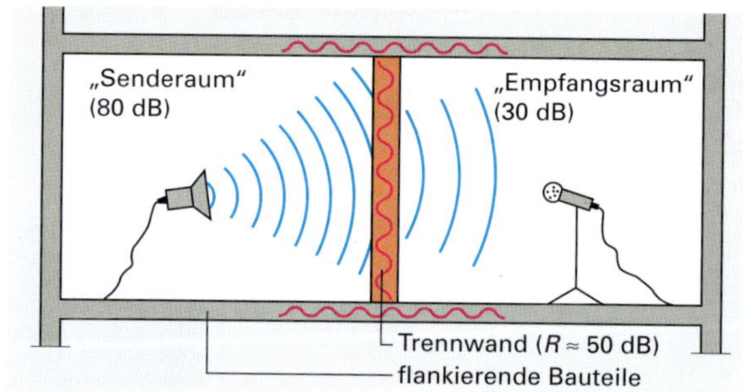

2 Prüfen der Luftschalldämmung einer Trennwand

Beträgt zum Beispiel der Schallpegel im Senderaum 80 dB und im Empfangsraum 30 dB, so beträgt die Schalldämmung R'_W = 80 dB – 30 dB = 50 dB.

In diesen Wert fließt auch die Übertragung durch flankierende Bauteile (Kennzeichnung als „Strich": R') ein. Der Index $_W$ kennzeichnet die Bewertung.

Dämpfung der Schallübertragung

Wie gut ein Bauteil die Schallübertragung *(sound transmission)* dämpft, hängt hauptsächlich von folgenden Faktoren ab:
- wie schwer ein Bauteil ist, angegeben als flächenbezogene Masse,
- wie biegesteif das Bauteil ist,
- ob und wie das Bauteil mehrschalig aufgebaut ist,
- von der Übertragung durch die Nebenwege,
- von Undichtheiten, z. B. durch offene Fugen,
- von der Frequenz der Schallquelle.

Massivwände
Sollen bei **einschaligen** Massivwänden gute Schalldämmwerte erzielt werden, ist eine hohe flächenbezogene Masse erforderlich.

Mauerwerk mit hoher Rohdichte, z. B. aus Kalksandstein oder Beton, kann bei ausreichender Dicke auch als Wohnungstrennwand eingesetzt werden.

Haustrennwände mit noch höheren Anforderungen werden im Massivbau meist **zweischalig** ausgeführt, um die erhöhten Anforderungen zu erfüllen. Dabei wird zwischen den Schalen ein weicher Dämmstoff wie z. B. Mineralwolle lückenlos eingefügt.

Wände im Holz- und Trockenbau
Obwohl im Holz- und Trockenbau [▶ 7.4] meist leichte und dünne Baustoffe eingesetzt werden (Tab. 1), ist auch hier eine gute Schalldämmung erreichbar.

Tab. 1 Einflussfaktoren bei der Dämmung von Ständerwerken

Einflussfaktor	besser	schlechter
Ständer	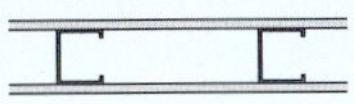	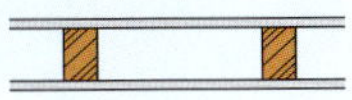
Ständerabstand	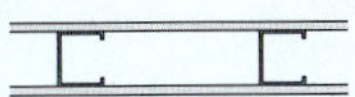	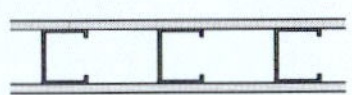
Schalenabstand	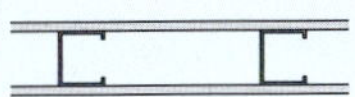	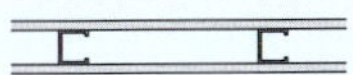
Doppelständer	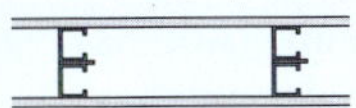	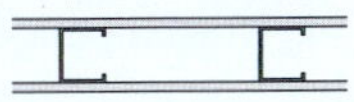
mehrlagige Beplankung	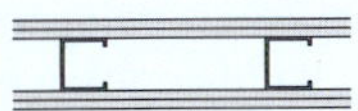	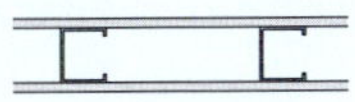
Hohlraumbedämpfung	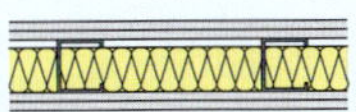	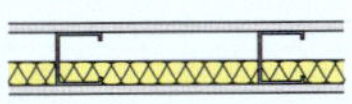

Möglich wird das durch eine **akustische Entkopplung** der beiden Schalen.

Die akustische Entkopplung kann zum Beispiel durch federnd wirkende Metall-C-Profile [▶ 7.4.5] oder nicht verbundene Doppelständer [▶ 7.4.2] erreicht werden.

Eine ausreichende Luftschalldämpfung im Hohlraum ist erforderlich, damit die Schwingungen einer Schale nicht auf die andere übertragen werden. Dazu werden poröse Dämmstoffe [▶ 7.4.10] eingesetzt, z. B. Mineralwollplatten oder Platten aus Hanf- oder Flachsfasern.

Für eine gute Schalldämmung sollten die Schalen (Beplankungen) [▶ 7.4.6] selbst möglichst schwer sein. Dabei ist ein zweilagiger Aufbau schalltechnisch günstiger als ein einlagiger Aufbau gleicher Dicke, da die doppelten Beplankungen biegeweicher sind und die Schwingungsenergie durch Reibung zwischen den Beplankungen abgebaut werden kann.

Türen und Fenster
Türen und Fenster sind häufig die Schwachstellen einer Bauteilgrenzfläche, da es hier besonders aufwendig ist, eine gute Schalldämmung zu erreichen. Ist die Schalldämmung dieser Bauteile um mehr als 10 dB schlechter als die der angrenzenden Bauteile, erreicht die Schalldämmung der Bauteilgrenzfläche keine deutlich höheren Werte als die der eingebauten Türen oder Fenster.

Bei **Türblättern** führt der Einbau von Schalen (hier die beiden Beplankungen) mit einer relativ hohen flächenbezogenen Masse zu ungünstig großen Gewichten. Die Trennung der Schalen ist konstruktiv schwierig und mindert die Steifigkeit des Türblatts. Zudem ist der Abstand der Schalen begrenzt.

Ein verbesserter Schallschutz kann mit Schalen erreicht werden, die aus mehreren dünnen Lagen bestehen, die nur punktweise verbunden sind und somit über Reibung zwischen den Lagen dämpfend wirken.

Zusätzlich können spezielle schwere, biegeweiche Schalldämmplatten *(sound insulation panels)* eingefügt werden, bei denen kleine Stahlstücke in einer Kunststofffolie eingebettet sind (Abb. 1).

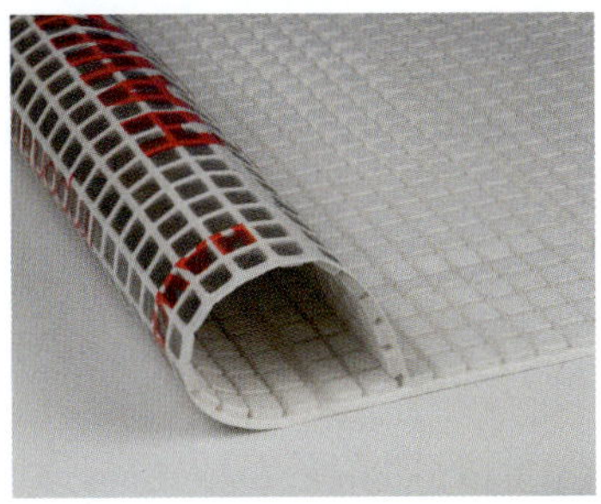

1 Beschwerungsfolie mit Stahlwürfeln

Bei Türen können **Schallnebenwege** *(secondary sound channels)* wie durchgehender Estrich, das Fehlen der Schwellendichtung, schlecht anliegende obere und seitliche Dichtungen oder eine mangelhafte Zargendämmung die Schalldämmung stark vermindern [▶ 7.5.17].

Verglasungen
Die Gläser von Mehrscheibenisoliergläsern sollten bei mäßigen Anforderungen innen und außen unterschiedlich dick gewählt werden. Für besseren Schallschutz sind Verbundgläser zu wählen, die durch eine zähweiche Verbindung stark dämpfend wirken [▶ 12.11].

10.4.3 Trittschalldämmung

Zur Ermittlung des Trittschallpegels erzeugt ein genormtes Hammerwerk auf einer Decke Körperschall. Im darunterliegenden Raum wird der Schallpegel gemessen (Abb. 1).

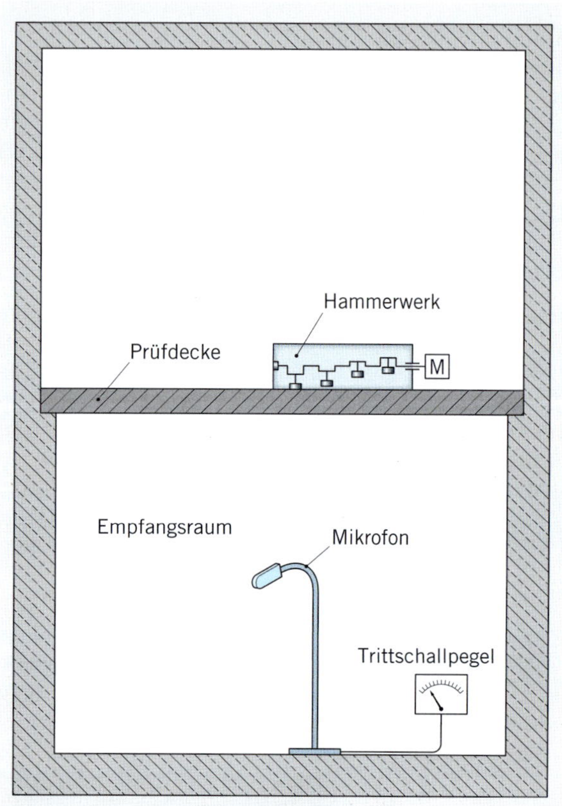

1 Aufbau eines Prüfstands zur Ermittlung des Trittschallpegels einer Decke

Dieser Schallpegel wird als **Normtrittschallpegel** $L'_{n,w}$ angegeben:
L' = Schallnebenwege sind mit erfasst,
L_n = kennzeichnet den Normtrittschallpegel,
L_w = schließt die Bewertung mit ein.

Je niedriger der Trittschallpegel, desto besser die Trittschalldämmung.

Eine einfache Stahlbetondecke von 120 mm Dicke erreicht z. B. einen Trittschallpegel von 77 dB, eine schalltechnisch gut konstruierte Decke 45 dB.

Gute Trittschalldämpfungen werden erreicht durch
- Einbau eines schwimmenden Estrichs (Abb. 2),
- federnde Entkopplung der unteren Beplankung bei Holzbalkendecken,
- große flächenbezogene Masse.

Im Massivbau (Abb. 2) ist der **schwimmende Estrich** [▶ 7.2.1] für den Wohnungsbau die Regelkonstruktion. Der Dämmstoff ist biegeweich. Darauf ist der Estrich aus Beton mit einer Mindestdicke von 5 cm weich federnd, eben „schwimmend" gelagert. Seitlich verhindert ein Randstreifen einen Kontakt zum Mauerwerk. Durch diesen abgekoppelten Aufbau wird der Trittschallpegel effektiv gemindert.

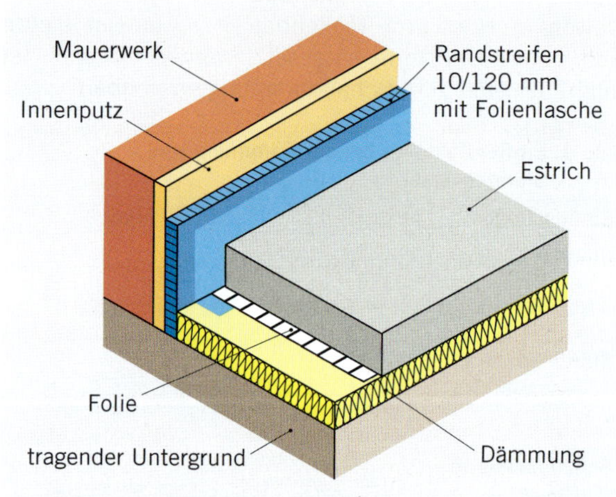

2 Estrich auf einer Dämmschicht

Bei **Holzbalkendecken** (Abb. 3) [▶ 7.3.7] wird die Masse durch Beschwerungen z. B. aus Betonplatten oder Schüttungen wie Sand erhöht. Ein schwimmender Estrich oder ein weich gelagerter Trockenestrich verbessern die Trittschalldämmung erheblich.

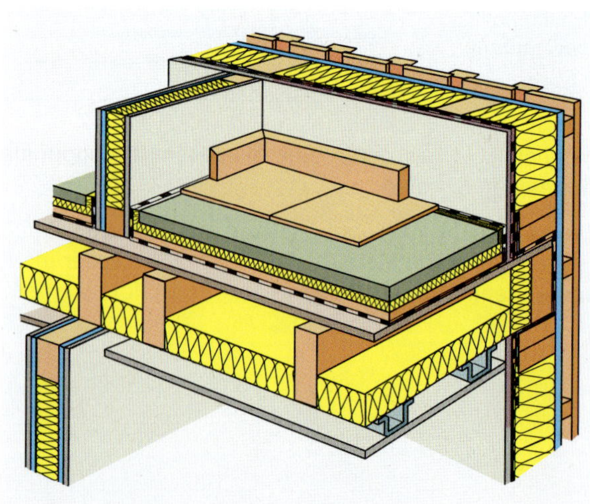

3 Dämmschicht einer Holzbalkendecke

Durch eine **elastisch** aufgehängte Deckenunterbeplankung, bestehend aus z. B. Gipsplatten und mit Metall-Federschienen ausgeführt, ist eine weiter verbesserte Trittschalldämmung möglich. Die Hohlräume werden mit porösen Dämmstoffen gefüllt, um Luftschallanregungen innerhalb der Konstruktion zu verhindern.

10.5 Anforderungen an den Schallschutz

Die Mindestanforderungen des Schallschutzes regelt die DIN 4109. Darin sind für Mehrfamilienhäuser und Doppelhäuser Mindestwerte für den Luftschallschutz und den Trittschallschutz festgelegt (Tab. 1).

Tab. 1 Erforderliche Luft- und Trittschalldämmung nach DIN 4109 (Auszug)

Bauteile		**Anforderungen**	
		erf. R'_w dB	**erf. $L'_{n,w}$ dB**
Geschosshäuser mit Wohnungen und Arbeitsräumen			
Decken	Wohnungstrenndecken und Decken zwischen fremden Arbeitsräumen	54	53
Treppen	Treppenläufe und Treppenpodeste		58
Wände	Wohnungstrennwände und Wände zwischen fremden Arbeitsräumen	53	
Türen	Türen, die von Hausfluren in Wohnungsflure führen	27	
	Türen, die von Hausfluren unmittelbar in Aufenthaltsräume führen	37	
Einfamilien-Doppelhäuser und Einfamilien-Reihenhäuser			
Decken	Decken		48
Wände	Haustrennwände	57	

Bei **frei stehenden Einfamilienhäusern** sind keine Anforderungen für die innere Schallübertragung festgelegt.

Sind Lärmquellen *(noise sources)* von außen, z. B. durch Verkehr oder Gewerbebetriebe, vorhanden, sind bestimmte Schallpegel im Raum einzuhalten.

So sollte in Unterrichts- und Arbeitsräumen sowie tagsüber in Wohn- und Schlafräumen ein Pegel von 35 dB, nachts 25 dB in Wohn- und Schlafräumen nicht überschritten werden. Je nach Außenlärmpegel werden in der DIN 4109 Anforderungen an die Luftschalldämmung von Außenbauteilen gestellt.

Dieser **Mindestschallschutz** wird häufig subjektiv als nicht ausreichend empfunden, da vor allem bei einem sehr leisen Schallpegel im Empfängerraum unter Umständen schon eine mäßige Lärmquelle als störend empfunden werden kann.

- So bleibt bei einem Schalldämmmaß *(sound reduction index)* von zum Beispiel 53 dB eine mäßig laute Unterhaltung von 55 dB wahrnehmbar.
- Laute Musik von 90 dB wird hier zwar zur leisen Musik gedämpft, häufig sind aber die tiefen Frequenzen als Basswummern tonangebend.

Der Grund dafür ist eine stark verringerte Schalldämmung von tiefen Frequenzen, die bei den meisten üblichen Bauteilkonstruktionen ausgeprägt auftritt.

Dieser Sachverhalt ist auch im rechtlichen Sinne strittig. So wird von Gerichten die Auffassung vertreten, dass der Mindestschallschutz nach DIN 4109 unter Umständen nicht ausreicht, wenn zum Beispiel die Wohnlage als besonders ruhig beworben wird.

Deshalb werden häufig **höhere Anforderungen** festgelegt.

Vorschläge für einen erhöhten Schallschutz finden sich im Beiblatt 2 der DIN 4109 oder auch in der VDI-Richtlinie 4100. Hier werden auch Vorschläge für Einfamilienhäuser gemacht.

10.5.1 Einhaltung der Anforderungen

Soll z. B. eine Trennwand mit einer vorgegebenen Anforderung an den Schallschutz geplant werden, sollten für diese Konstruktion Schallschutzdaten vorliegen.

Für häufig verwendete Konstruktionen sind **Schalldämmwerte** in der DIN 4109 aufgelistet.

Die Hersteller von Wand- und Deckenbaustoffen bieten gleichfalls Daten von geprüften Konstruktionen an.

10.5.2 Akustische Qualität in Räumen

Eine Schallquelle im Raum ist vom Zuhörer nicht nur auf direktem Wege zu hören. Ein erheblicher Anteil der Schallleistung wird durch **Reflexion** des Schalls (S. 308, Abb. 1) an den Innenoberflächen wie Wänden, Böden, Decken an den Empfänger indirekt weitergeleitet.

Dabei finden auch vielfache Reflexionen an den Oberflächen statt, sodass ein Schallimpuls lange Wege im Raum zurücklegen kann, bis er schließlich nicht mehr wahrgenommen wird.

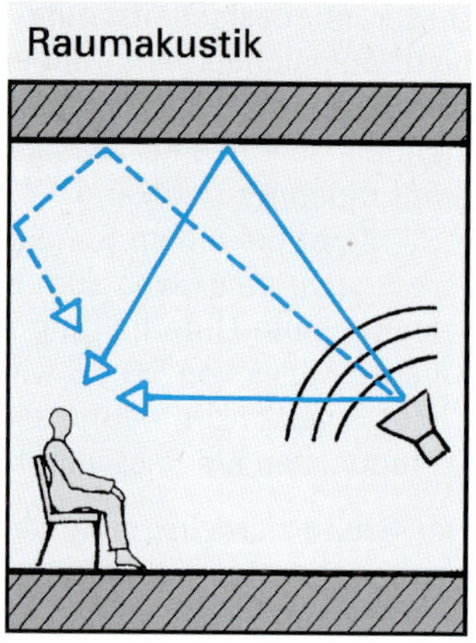

1 Schallausbreitung durch Reflexion an den Innenoberflächen des Raums

Die Zeit, bis ein Schallimpuls um 60 dB im Raum abgenommen hat, wird **Nachhallzeit *T*** *(reverberation time)* genannt.

Je nach Nutzung eines Raums sollten die Nachhallzeiten unterschiedlich sein:

- In Räumen, bei denen es auf ein niedriges Schallniveau ankommt, zum Beispiel in Wohnräumen oder Großraumbüros, sollte die Nachhallzeit < 0,5 s sein.
- In Konzertsälen sollte die Nachhallzeit > 1 s sein, um einen vollen, voluminösen Klang zu erreichen. In Vortragsräumen sollte die Nachhallzeit ca. 1 s betragen.

Die Nachhallzeit hängt im Wesentlichen vom Raumvolumen, der Größe der Oberflächen und deren Schallschluckfähigkeit ab (Abb. 2).

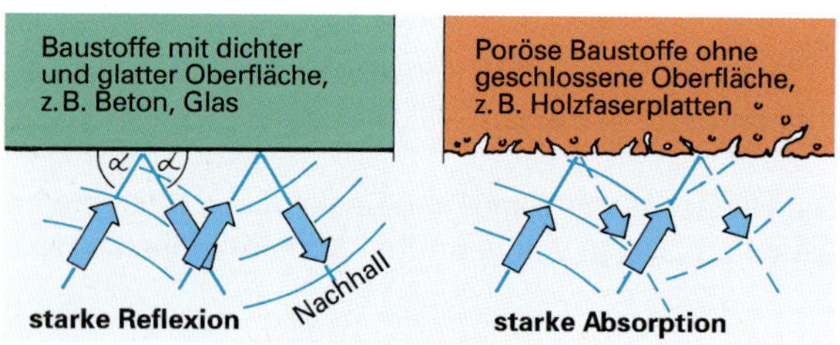

2 Reflexion und Absorption des Schalls

Harte, steife Oberflächen reflektieren den Schall zum großen Teil, während poröse, biegeweiche Baustoffe die Schallenergie zum Teil aufnehmen. Der Schall wird hier zum großen Teil absorbiert.

Durch eine planvolle Einbindung von Verkleidungen und **Raumakustikelementen**, die die Schallreflexion *(acoustic reflection)* und die Schallabsorption *(sound absorption)* beeinflussen, kann die Raumakustik *(room acoustics)* für die Nutzung gezielt angepasst werden.

10.5.3 Schallabsorptionsgrad

An den großen Oberflächen offenporiger Baustoffe wird durch Reibung der schwindenden Luftmoleküle der Schall gedämpft.

Der **Schallabsorptionsgrad α** drückt den Anteil der Absorption aus.

Der Absorptionsgrad ist stark von der Frequenz abhängig:

- Poröse Schallschlucker (Abb. 3) dämpfen eher **hohe** Frequenzen.
- Poröse Dämmstoffe hinter geschlitzten oder gelochten Verkleidungen sowie geschlitzte Akustikplatten *(acoustic panels)* (Abb. 3) werden zur Dämpfung **mittlerer** Frequenzen eingesetzt.
- Elastisch aufgehängte Platten mit größerem Abstand zur Wandkonstruktion (Abb. 4) werden zur Dämpfung **tiefer Töne** verwendet.

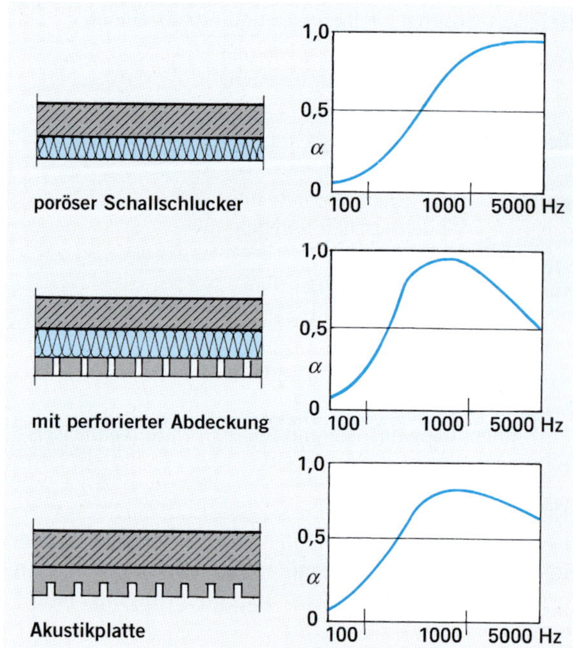

3 Poröse Schallschlucker und Schallabsorptionsgrad α

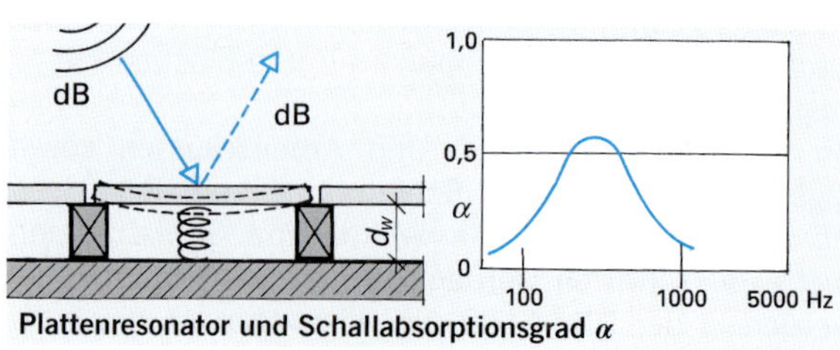

4 Elastisch aufgehängte Platten

10.5.4 Schalllenkung

Um die Nachhallzeiten und das Hörerlebnis anzupassen, werden **schallharte Bauelemente** (Beton, Trockenbauplatten, Glas, Metall) eingebaut oder aufgehängt. Über ihre Ausrichtung kann bei gegebenem Ort der Schallquelle (z. B. Bühne) die Schallausbreitung gezielt beeinflusst werden.

Verkleidungen mit **ungeordneter (diffuser) Reflexion** (Abb. 1) verhindern einen ungünstigen Halleffekt, welcher z. B. bei parallelen Seitenwänden zu beobachten ist.

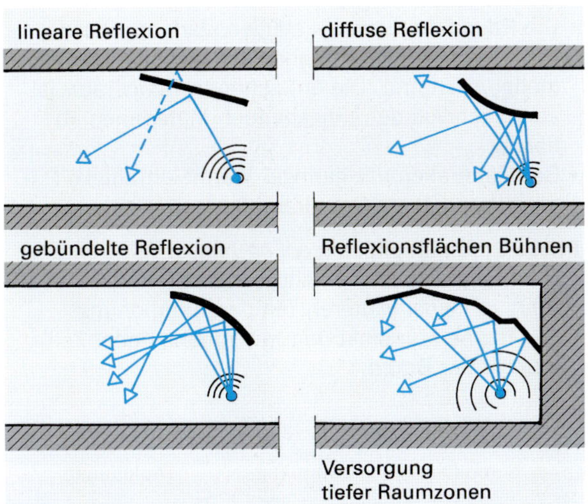

1 Unterschiedliche Reflexionen des Schalls

Aufgaben zu 10

1. Beschreiben Sie, wie die mechanische Schwingung, z. B. der Stimmgabel, als Ton vom Menschen wahrgenommen werden kann.
2. Erklären Sie die Begriffe Wellenlänge und Amplitude.
3. Was unterscheidet ein Geräusch von einem Klang?
4. Beschreiben Sie die Größe „Schalldruckpegel" und nennen Sie deren Einheit.
5. Erläutern Sie, wie die menschliche relative Unempfindlichkeit für tiefe Töne bei der Ausweisung von Lärmquellen berücksichtigt wird.
6. Erläutern Sie den Unterschied zwischen einer Schallabsorption und der Schallreflexion.
7. Wovon hängt die Nachhallzeit im Wesentlichen ab?
8. Erläutern Sie die Aussagen der Kennzeichnungen R'_w und $L'_{n,w}$ im Einzelnen.
9. Durch welche konstruktiven Maßnahmen kann bei Holzbalkendecken die Trittschalldämmung verbessert werden?
10. Erläutern Sie, warum es sinnvoll sein kann, Verkleidungen mit einem hohen Schallabsorptionsgrad α an Rauminnenwänden anzubringen.

English Tasks

11. What is the sound pressure level of a normal conversation?
12. What is the difference between structure-borne sound and footfall sound?
13. By which structural measures is it possible to improve the sound insulation value of drywalls?

11 Brandschutz im Hochbau

Zum **Brandschutz** *(fire resistance)* gehören Maßnahmen zum Schutz der Menschen und Umwelt vor der Entstehung und Ausbreitung eines Brands und der Entwicklung von Rauch.
Im **Brandfall** steht die Rettung von Personen und Tieren in Kombination mit der Brandbekämpfung im Vordergrund.

Unterschieden werden (Abb. 1)
- vorbeugender Brandschutz bzw. Brandverhütung,
- abwehrender Brandschutz.

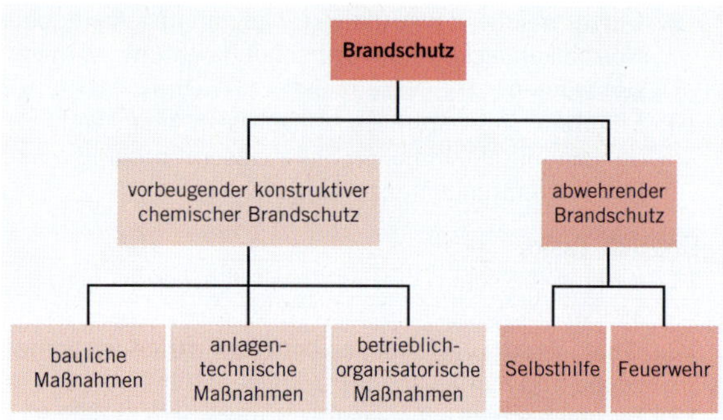

1 Organisation des Brandschutzes im Hochbau

Grundlage für den baulichen Brandschutz bilden neben nationalen/europäischen Normen die **Musterbauordnung** (MBO), die sich an den Landesbauordnungen orientiert, sowie die **Industriebaurichtlinie** (IndBauR). Sie nennen Mindestanforderungen *(minimum standards)* an den Brandschutz:
- Feuerwiderstandsfähigkeit der Bauteile *(fire resistance of components)*,
- Brennbarkeit von Baustoffen *(flammability of construction material)*,
- Tragfähigkeit *(load-bearing capacity)* von Baustoffen im Brandfall,
- Größe der Brandabschnitte *(size of fire zones)* bzw. Brandbekämpfungsabschnitte,
- Anordnung, Lage und Länge der Rettungswege.

11.1 Brandverlauf bei Holz

Der Brandverlauf bei Holz *(fire progress of wood)* erfolgt nach dem Zünden des Feuers in 3 Phasen:

Phase 1: Brandentwicklung – Schwelbrand
(fire development – smoldering fire)
- Ausbreitung des Brandherds und Erhitzung der Raumluft bis zum Feuerüberschlag „Flash-Over“ auf die Brandlast (Art und Menge der brennbaren Materialien im Raum).
- Am Brand ist nun die gesamte Oberfläche der brennbaren Materialien in einem geschlossenen Raum beteiligt.
- Dicht gelagerte Brandlasten können lange Brandentwicklungsphasen haben, während bei Flüssigkeiten der Flash-Over schnell erfolgen kann.

Phase 2: Erwärmungsphase *(heating phase)*
- Die Raumtemperaturen steigen stark an. Diese Phase wird im Wesentlichen von der Sauerstoffmenge bestimmt. Die entstehende Temperatur ist aber auch von den umgebenden Materialien abhängig.
- Bei Materialien mit geringer Wärmeleitfähigkeit entstehen höhere Brandraumtemperaturen.

Phase 3: Abkühlphase *(cooling phase)*
- Die Energiemenge des abbrennenden Materials führt zu keiner weiteren Temperaturerhöhung. Die Temperatur sinkt und mit zunehmender Zeit erlischt der Brand.

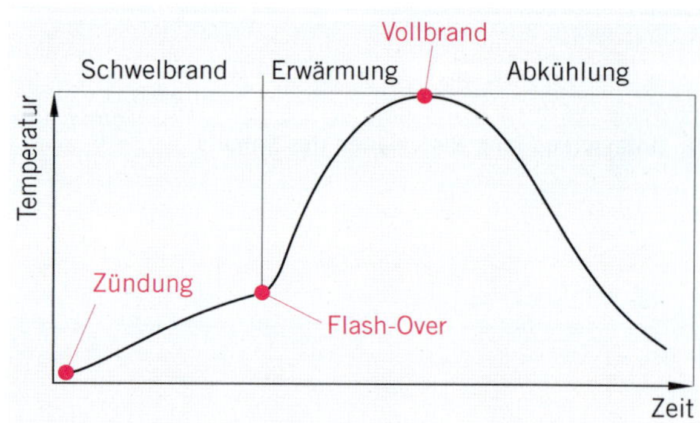

2 Brandverlauf beim Holz

11.2 Klassifizierungen der Baustoffe nach ihrem Brandverhalten

Baustoffe werden nach ihrem Brandverhalten *(behaviour in fire)* laut DIN EN 13501-1 in Euroklassen und laut DIN 4102-1 in Baustoffklassen *(classes of building products)* eingeteilt (S. 311, Tab. 1).

Tab. 1 Gegenüberstellung DIN EN 13501-1 und DIN 4102-1

Brandverhalten	Euroklasse nach DIN EN 13501-1 Zeit bis zum „Flash-Over"		Baustoffklasse nach DIN 4102-1
nicht brennbar	A1	kein „Flash-Over" Brennwert ≤ 2 MJ/kg	A1
	A2		A2
schwer entflammbar	B	kein „Flash-Over"	B1
	C	10 bis 20 min	
normal entflammbar	D	2 bis 10 min	B2
	E	0 bis 2 min	
leicht entflammbar	F	keine Leistung festgestellt	B3

Zusatzanforderungen:

- **„Flash-Over"** (Feuerüberschlag, der die gesamte Oberfläche des brennbaren Materials im Raum erfasst)
- **Rauchentwicklung s** *(smoke)*:
  s1 gering, **s2** mittel, **s3** hoch.
- **brennbares Abtropfen/Abfallen d** *(droplets)*:
  d0 kein Abtropfen innerhalb 600 s,
  d1 Nachbrennzeit 10 s innerhalb 600 s,
  d2 nicht feststellbar

Tab. 2 Brandverhalten unterschiedlicher Baustoffe nach DIN 4102-1

Baustoffklasse	Beispiele		
A1	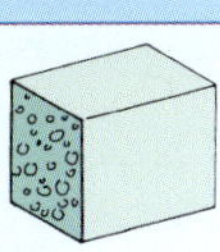 **Beton**	 **Mauerwerk**	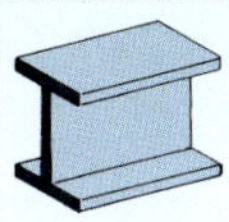 **Stahl**
	allgemein: Gips, Kalk, Zement, Steine, Glas, Metall, Calcium-Silicat-Platten		
A2	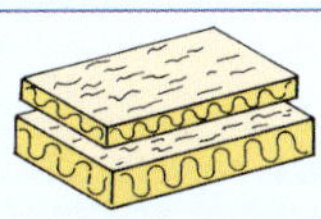 **Mineral-Dämmwolle**	 **Gips-Feuerschutzplatten DF**	
B1	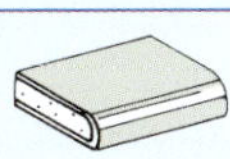 **Gipsplatten**	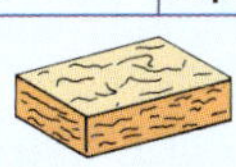 **Spanplatten**	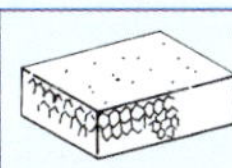 **Polystyrol PSWU**
	allgemein: Gipskarton, PS-Hartschaum, Spanplatten, PVC-Hart		
B2	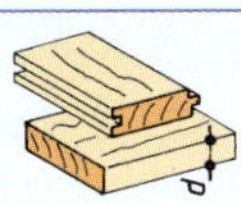 **Holz $d \geq 2$ mm**	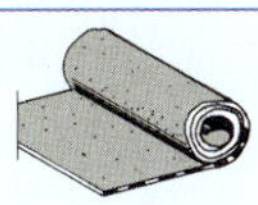 **Dachpappe**	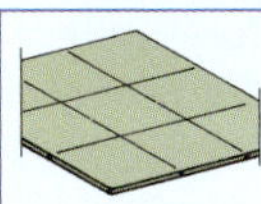 **PVC Fußbodenbeläge**
	allgemein: Vollholz, Holzwerkstoffe mit $\varrho \geq 400$ kg/m³ und $d \geq 2$ mm sowie mit $\varrho \geq 230$ kg/m³ und $d > 5$ mm		

Tab. 2 Brandverhalten unterschiedlicher Baustoffe nach DIN 4102-1 – Fortsetzung

Baustoffklasse	Beispiele		
B3	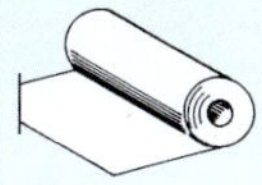 **Papiere**	 **Holzwolle**	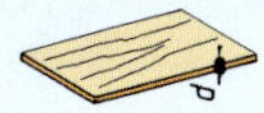 **Holz, Holzwerkstoffe $d < 2$ mm**
	allgemein: Vollholz ≤ 2 mm, Holzwolle, Stroh		

Werkstoffe aus Holz gehören abhängig von der Rohdichte und Dicke zu normal entflammbaren *(normally inflammable)* bis leicht entflammbaren *(easily inflammable)* Baustoffen.

Eine Vielzahl von Baustoffen besitzt die Eigenschaft, bei hohen Temperaturen zu tropfen. Dies kann zu Sekundärbränden auch in Nebenräumen führen.

Auch entwickeln viele Baustoffe Rauch und giftige Gase. Eine Rettung kann durch die Sichtbehinderung stark beeinträchtigt oder gar unmöglich werden.

Die europäische Klassifizierung berücksichtigt diese Aspekte und wird in zunehmendem Maße eingeführt. Sie macht Angaben zu **Brandparallelerscheinungen** wie Rauchentwicklung *(developing of smoke)* und Tropfen (Tab. 3 und 4).

Tab. 3 Rauchverhalten von Baustoffen nach DIN EN 13501-1

Klasse	**SMOGRA** (smoke growth rate)	**$TSP_{600\,s}$** (gesamte innerhalb von 600 s freigesetzte Rauchmenge)
s1	3300	50
s2	180	200
s3	Produkt nicht geprüft oder entspricht nicht s1 oder s2	

Tab. 4 Abtropfverhalten *(dribbling behaviour)* **von Baustoffen** nach DIN EN 13501-1

Klasse	Merkmale
d1	kein Abfallen oder Abtropfen von brennenden Partikeln innerhalb von 600 s
d2	kein Abfallen oder Abtropfen von brennenden Partikeln länger als 10 s innerhalb von 600 s
d3	Wenn d1 oder d2 nicht erfüllt werden

Tab. 1 (S. 312) nennt die Anforderungen für die Zuordnung von Baustoffen zu den Euro-Klassen A1 bis F.

Tab. 1 Anforderungen für die Zulassung von Baustoffen nach DIN EN 13501-1

	Beflammungsdauer [s] Flächen-, ggf. Kantenbeflammung	**Dauer der vertikalen Flammausbreitung** [s] bis Höhe max. 150 mm	**FIGRA Fire Growth Rate** Wärmefreisetzungsrate	**$THR_{600 s}$** freigesetzte Gesamtwärme innerhalb 600 s	**PCS** Bruttogesamtwärme (Brennwert)	**weitere Kriterien**
A1	–	–	≤ 50 W/s	–	≤ 2,0 MJ/kg	ΔT ≤ 30 °C Δm ≤ 50 % t_f ≤ 0 s
A2	30 s	innerhalb von 60 s	≤ 120 W/s (FIGRA 0,2 MJ = THR Schwellenwert 0,2 MJ)	≤ 7,5 MJ	≤ 3,0 MJ/kg	ΔT ≤ 50 °C Δm ≤ 50 % t_f ≤ 20 s
B	30 s	innerhalb von 60 s	≤ 120 W/s (FIGRA 0,2 MJ = THR Schwellenwert 0,2 MJ)	≤ 7,5 MJ	–	keine seitliche Flammenausbreitung ***(LFS)*** bis zur Kante der Probe
C	30 s	innerhalb von 60 s	≤ 250 W/s (FIGRA 0,4 MJ = THR Schwellenwert 0,4 MJ)	≤ 15 MJ	–	keine seitliche Flammenausbreitung ***(LFS)*** bis zur Kante der Probe
D	30 s	innerhalb von 60 s	≤ 750 W/s (FIGRA 0,4 MJ = THR Schwellenwert 0,4 MJ)	–	–	–
E	15 s	innerhalb von 20 s	–	–	–	–
F	keine Anforderungen bzw. wenn ein Bauprodukt nicht die Klasse E erreicht					

ΔT Temperaturanstieg Δm Gewichtsverlust
t_f Dauer der anhaltenden Entflammung

Tab. 2 Vergleich der Baustoffklassen nach DIN 4102 und DIN EN 13501

Bauaufsichtliche Benennungen	**Klasse nach DIN 4102-1**	**Europäische Klasse nach DIN EN 13501-1**	**Zusatzanforderung: kein Rauch**	**Zusatzanforderung: kein brennendes Abfallen/Abtropfen**
Nicht brennbar	A1	A1	×	×
	A2	A2-s1 d0	×	×
Schwer entflammbar	B1	B, C-s1 d0	×	
		B, C-s3 d0		×
		B, C-s1 d2	×	
		B, C-s3 d2		
Normal entflammbar	B2	D-s3 d0 E		×
		D-s3 d2		
		E-d2		
Leicht entflammbar	B3	F		

Tab. 3 zeigt die Zuordnung von Plattenwerkstoffen zu den europäischen Klassen.

Tab. 3 Plattenwerkstoffe nach DIN EN 13501 – Beispiele

Plattentyp	**Kurzzeichen**	**Klasse**	**Fußbodenplatten, -beläge** ohne Abtropfverhalten	**Brandschutzklasse nach DIN 4102**
Sperrhölzer	EN 636 – Arten und „Multiplex“	D-s2, d0	D_{Fl}-s1	B2
Flachpressplatten	P1 bis P7	D-s2, d0	D_{Fl}-s1	B2 (ab 4 mm/400 kg/m³)
OSB	OSB/1 bis OSB/3	D-s2, d0	D_{Fl}-s1	B2
mitteldichte Faserplatten	MDF, MDF-Arten	D-s2, d0	D_{Fl}-s1	B2
mittelharte Faserplatten	MB, MB-Arten	D-s2, d0	D_{Fl}-s1	B2
	MBL	E, nach Prüfung	E_{Fl}	–
Hartfaserplatten	HB, HB-Arten	D-s2, d0	D_{Fl}-s1	B2
poröse Faserplatten	SB, SB-Arten	E, nach Prüfung	E_{Fl}	B3
Strangpressplatten	ES, ESL, ET, ETL	–	–	–
zementgebundene Spanplatten	EN 634-1 und 634-2	B-s2, d0	D_{Fl}-s1	B1
Vollholz	–	D	–	B2, B1
Flammschutz-Gipsplatten	GKF, GKFI	A2	–	A1
normale Wände aus Gipsplatten	GKB, GKBI, GKP	C	–	A3, A4

Die **Feuerwiderstandsklassen** *(fire resistance classes)* nach **DIN 4102** gelten aber weiterhin:

- **F** für tragende Bauteile (Wände, Decken, Treppen) bzw. Baustoffe allgemein,
- **W** für nicht tragende Außenwände *(non-load-bearing exterior walls)* (z. B. raumhohe, raumabschließende Außenwände, die im Brandfall nur durch ihre Eigenlast beansprucht werden),
- **T** für Türen,
- **G** für feuerwiderstandsfähige Verglasungen.

Tab. 4 Feuerwiderstandsklassen nach DIN 4102

Feuerwiderstandsklasse	**Feuerwiderstandsdauer**
F 30, W 30, T 30, G 30	≥ 30 min
F 60, W 60, T 60, G 60	≥ 60 min
F 90, W 90, T 90, G 90	≥ 90 min
F 120, W 120, T 120, G 120	≥ 120 min
F 180, W 180, T 180, G 180	≥ 180 min

Innerhalb der jeweiligen Prüfdauer müssen die tragenden Bauteile ihren statischen Erfordernissen entsprechen.

Die auf Durchbiegung beanspruchten Bauteile dürfen innerhalb der Prüfdauer eine festgelegte Durchbiegungsgeschwindigkeit nicht überschreiten.

Als **Kennzeichnung** für einen Baustoff oder ein Bauteil erfolgt die Angabe z. B. F 90-A. Das Bauteil gehört der Feuerwiderstandsklasse F 90 an, ist feuerbeständig, muss mindestens 90 min den Durchgang des Feuers verhindern und besteht aus nicht brennbaren Baustoffen.

Möglich ist auch eine Kennzeichnung in Form von **F 60-AB**. Dies entspricht der Feuerwiderstandsklasse F 60, das Produkt ist hoch feuerhemmend und besteht in den wesentlichen Teilen aus nicht brennbaren Baustoffen.

Bei den Feuerwiderstandsklassen F und G für Verglasungen **(Brandschutzverglasungen)** muss die jeweilige Verglasung einschließlich der Halterung und der Befestigung bei einem Brandversuch ihre Raumabschlussfunktion behalten.

Es dürfen auf der dem Feuer abgewandten Seite keine Flammen auftreten.

Bei den **F-Verglasungen** gilt zusätzlich:
- Ein angehaltener Wattebausch darf sich nicht entzünden;
- die vom Feuer abgewandte Oberfläche darf sich um nicht mehr als 140 K (Mittelwert) bzw. 180 K (höchster Einzelwert) erwärmen.

Um die charakteristischen Leistungseigenschaften *(performances)* fassen zu können, wurden auf europäischer Ebene in der DIN EN 13501 Codes zur **klassifizierten Leistungsart** festgelegt:

R *(resistance)* – **Tragfähigkeit:** Fähigkeit des Bauteils,
- unter festgelegten mechanischen Einwirkungen
- einer Brandbeanspruchung auf einer oder mehreren Seiten
- ohne Verluste der Standsicherheit
- für eine Dauer zu wiederstehen.

E *(étanchéité)* – **Raumabschluss:** Fähigkeit eines Bauteils mit raumtrennender Funktion,
- der Beanspruchung eines nur an einer Seite angreifenden Feuers so zu widerstehen, dass
- ein Feuerdurchtritt zur unbeflammten Seite als Ergebnis des Durchtritts von Flammen oder heißer Gase verhindert wird.

M *(mechanical)* – **mechanische Beanspruchung:** Fähigkeit eines Bauteils,
- einer Stoßbeanspruchung zu widerstehen,
- wenn im Brandfall der Tragfähigkeitsverlust eines anderen Bauteils eine Stoßbeanspruchung auf das betroffene Bauteil verursacht.

C *(closing)* – **selbstschließend:** Fähigkeit einer geöffneten Feuerschutztür oder eines Fensters, vollständig zu schließen. Der Abschluss muss
- den Widerstand einer etwaigen Falle
- ohne zusätzliche manuelle Einwirkung entweder
- durch gespeicherte Energie oder
- durch elektrischen Strom, der im Falle eines Stromversagens durch gespeicherte Energie abgesichert wird,
- vollständig überwinden.

I *(isolation)* – **Wärmedämmung:** Fähigkeit eines Bauteils,
- einer einseitigen Brandbeanspruchung
- ohne die Übertragung von Feuer
- als Ergebnis einer signifikanten Übertragung von Wärme
- von der vom Feuer zugekehrten Seite
- zu der vom Feuer abgewandten Seite
- zu widerstehen.

W *(watt;* neu: *radiation)* – **Wärmestrahlung:** Fähigkeit eines Bauteils,
- einer nur einseitigen Brandbeanspruchung so zu widerstehen, dass
- die Wahrscheinlichkeit einer Brandübertragung
- als Ergebnis signifikanter abgestrahlter Wärme
- entweder durch das Bauteil oder
- von der vom Feuer abgekehrten Oberfläche des Bauteils
- auf angrenzende Materialien reduziert wird.

S *(smoke)* – **Rauchdichtheit:** Fähigkeit eines Bauteils,
- den Durchtritt von Gas oder Rauch
- von einer Seite des Bauteils zur anderen
- zu verringern oder auszuschließen.

K – **Brandschutzfunktion:** Fähigkeit einer Wand- oder Deckenbekleidung,
- das dahinterliegende Material vor Entzündung, Verkohlung und anderen Schäden für eine festgelegte Zeit zu schützen.

Tab. 1 Übersicht zu den Leistungseigenschaften und dem Feuerwiderstandsverhalten

tragende Bauteile		nicht tragende Bauteile	
R tt	**Klassifizierungszeit**, während der das Kriterium **Tragfähigkeit** erfüllt wird	**E tt**	**Klassifizierungszeit**, während der das Kriterium **Raumabschluss** erfüllt wird
RE tt	**Klassifizierungszeit**, während der beide Kriterien **Tragfähigkeit** und **Raumabschluss** erfüllt werden	**EI tt**	**Klassifizierungszeit**, während der beide Kriterien **Raumabschluss** und **Wärmedämmung** erfüllt werden
REI tt	**Klassifizierungszeit**, während der alle Kriterien **Tragfähigkeit**, **Raumabschluss** und **Wärmedämmung** erfüllt werden	**EIM**	**Klassifizierungszeit**, während der beide Kriterien **Raumabschluss**, **Wärmedämmung** und **mechanische Beanspruchung** erfüllt werden
REM tt	**Klassifizierungszeit**, während der alle Kriterien **Tragfähigkeit**, **Raumabschluss** und **mechanische Beanspruchung** erfüllt werden	**EW**	**Klassifizierungszeit**, während der beide Kriterien **Raumabschluss** und **Wärmestrahlung** erfüllt werden
REW tt	**Klassifizierungszeit**, während der alle Kriterien **Tragfähigkeit**, **Raumabschluss** und **Wärmestrahlung** erfüllt werden		

tt = **Zeitangabe** [min], in der die Bedingung erfüllt wird; üblich sind **15, 20, 30, 45, 60, 90, 120, 180, 240, 360 min**

Beispiele:
- **RE 60** erfüllt 60 Minuten (tt) lang die Bedingungen R (Tragfähigkeit) und E (Raumabschluss)
- **R 60** erfüllt 60 Minuten (tt) lang nur die Bedingungen R (Tragfähigkeit)
- **REW 30** erfüllt 30 Minuten (tt) lang die Bedingungen R (Tragfähigkeit), E (Raumabschluss) und W (Wärmestrahlung)

Zusätzlich hat die Angabe des **Feuerwiderstandsverhaltens** *(fire resistance behaviour)* zu erfolgen (S. 313, Tab. 1), wobei die Buchstaben die charakteristischen Leistungseigenschaften beschreiben.

Tab. 1 Mögliche Zusatzangaben

i → o i ← o i ↔ o (in – out)	Richtung der klassifizierten Feuerwiderstanddauer	Nicht tragende Außenwände, Installationsschächte/-kanäle, Lüftungsanlagen/-klappen
a → b a ← b a ↔ b (above – below)	Richtung der klassifizierten Feuerwiderstanddauer	Unterdecken
v_o, h_o (vertical, horizontal)	für vertikalen/horizontalen Einbau klassifiziert	Lüftungsleitungen/-klappen

Tab. 2 Anforderungen der Musterbauordnung – Vergleich DIN 4102 und DIN EN 13501

Benennung/Anforderung nach MBO	Feuerwiderstandsklasse nach DIN 4102-2	Feuerwiderstandsklasse nach DIN EN 13501-2
feuerhemmend	**F 30-B**, F 30-AB, F 30-A	REI 30, EI 30
feuerhemmend und in den tragenden Teilen aus nicht brennbaren Baustoffen	**F 30-AB**, F 30-A	REI 30, EI 30
feuerhemmend und aus nicht brennbaren Baustoffen	**F 30-A**	REI 30, EI 30
hoch feuerhemmend	**F 60-BA**, F 60-A	REI 60, EI 60
feuerbeständig	**F 90-AB**, F 90-A	REI 90, EI 90
feuerbeständig und aus nicht brennbaren Baustoffen	**F 90-A**	REI 90, EI 90
Brandwand	Brandwand nach DIN 4102-3 oder nach Einstufung in DIN 4102-4	REI-M 30, EI-M 30

11.3 Konstruktiver Brandschutz

Tragende und nicht tragende Holzkonstruktionen sind nur sehr schwer in Brand zu setzen. Holz entzündet sich bei großen Querschnitten oder einseitiger Brandbeanspruchung schlecht und behält dank seiner geringen Wärmeleitung und der hitzeisolierenden Holzkohlenschicht beinahe normale Temperaturen im Kernbereich. Dadurch behält das Holz im Brandfall, im Gegensatz zu Stahl (weich werdend) oder Beton (plötzlicher Bruch), über längere Zeit seine **Tragkraft** (Abb. 1).

Zudem unterscheidet sich Holz von anderen Materialien in seiner **Abbrandgeschwindigkeit** von ca. 0,5 bis 1 mm/min. Die Werte variieren von widerstandsfähigem Nadel- bis Laubholz. So hält z. B. ein tragender Balken aus Kiefernholz mit einer Breite von 200 mm und einer beaufschlagten Sicherheit von 10 % (= 20 mm) dem Feuer bei einseitigem Feuerangriff mindestens 40 Minuten stand.

1 Verbleibender tragender Teil nach Abbrand bei Schichtholz

Tab. 3 Abbrandraten β_n für Bauholz

Produkt	β_n in mm/min
Nadelholz ≥ 290 kg/m³ und ≥ 35 mm	0,8
Brettschichtholz ≥ 290 kg/m³	0,7
Laubholz ≤ 290 kg/m³ < 450 kg/m³	0,7
Laubholz ≥ 450 kg/m³ und Eiche	0,5
Furnierschichtholz	0,7
Sperrholz	1,0

Zum **konstruktiven Brandschutz** *(constructive fire resistance)* gehören insbesondere
- glatte, rissfreie Holzoberflächen,
- möglichst abgerundete Kantenausbildungen,
- Brandschutzbemessung,
- Einsatz mindestens feuerhemmender Baustoffe.

11.3.1 Brandschutzbemessung
(fire protection design)

Auf die Bemessung aus brandschutztechnischer Sicht wirken folgende Einflussfaktoren:
- Brandschutzbeanspruchung,
- verwendete Baustoffe,
- statisches System *(static system)*,
- Bauteilabmessungen *(dimensions of components)*,
- Belastungsgrad der Baustoffe infolge äußerer Lasten *(stress level of construction material due to external loads)*
- bauliche Konstruktion,
- Anordnung von Bekleidungen *(positioning of panelling)*.

Um Bauteile für den Brandschutz auszulegen, ist es notwendig, die Brandeinwirkungsrichtung (Brandbeanspruchung) zu bestimmen. Nach der rein statischen Bestimmung erfolgt anschließend eine zusätzliche Brandschutzauslegung, die zu erweiterten Querschnitten führt.

Tab. 1 Darstellung unterschiedlicher Brandeinwirkungen

Bezeichnung		Brand-einwirkung	Stütze/Träger	Wand	Decke
R	tragend, nicht brandab-schnitts-bildend	gleich-zeitig von mehreren Seiten	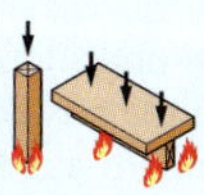		
EI	nicht tragend, brandab-schnitts-bildend	von einer Seite			
REI	tragend, brandab-schnitts-bildend	von einer Seite			

11.3.2 Beispiele für brandschutztechnische Ausführungen

Stützen
Bei einer Vollholzstütze muss aus brandschutztechnischer Sicht notwendigerweise eine Erhöhung des Querschnitts erfolgen. Diese Beplankung kann je nach Bedarf mit zusätzlichem Holz oder unterschiedlichen Holzwerkstoffplatten ausgeführt werden. Stützen sind idealerweise rundherum fugendicht mit einer Feuerschutzplatte zu ummanteln (Abb. 1).

Tab. 2 Mindestbreite *b* unbekleideter Stützen und Balken aus Vollholz (Nadelholz) bei vierseitiger Brandbeanspruchung für F 30-B

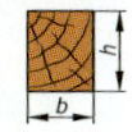

Statische Beanspruchung		Mindestbreite *b* in mm bei einem Seitenverhältnis *h/b* 1,0					2,0				
Druck $\frac{\sigma_D}{zul\ \sigma_k}$	Biegung $\frac{\sigma_B}{zul\ \sigma_B}$	und einem Abstützungsabstand *s* bzw. einer Knicklänge s_k in m									
		2,0	3,0	4,0	5,0	6,0	2,0	3,0	4,0	5,0	6,0
1,0	0	187	204	219	229	237	161	179	193	202	204
0,8	0	164	179	189	196	196	143	158	167	170	170
	0,2	182	197	209	217	222	154	170	180	187	187
0,6	0	143	155	161	161	161	126	137	142	142	142
	0,4	177	189	198	204	205	146	159	167	169	169
0,4	0	123	131	133	133	133	110	116	116	116	116
	0,6	172	180	186	190	190	138	147	152	152	152
0,2	0	102	105	105	105	105	91	92	92	92	92
	0,8	166	171	174	175	175	127	132	134	135	138
0	0,2	86	86	86	86	87	80	80	80	82	84
	1,0	160	160	160	160	160	113	113	118	123	128

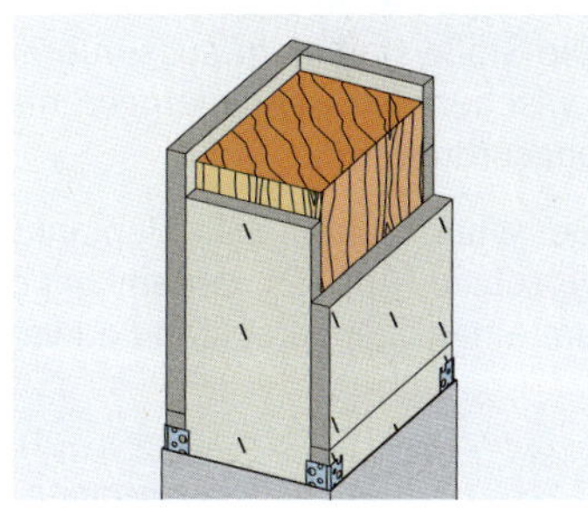

1 Vierseitig mit Platten beplankte Vollholzstütze F 90

Auch Balken und Stützen lassen sich brandschutztechnisch ausführen. Hierbei werden **Mindestdicken** für die Beplankung vorgegeben (Tab. 3 sowie S. 316, Abb. 1).

Tab. 3 Mindestdicken *d* der Bekleidung von Stützen und Balken bei brandschutztechnischer Ausführung nach DIN 4102

	Feuerwiderstandsklasse	
	F 30-B	F 60-B
Bei dreiseitiger Bekleidung (S.316, Abb. 1 a, b) mit		
• Gipskarton-Feuerschutzplatten (GKF) nach DIN 18180	12,5 mm	2 × 12,5 mm
• Sperrholz nach DIN 68705 Teil 3	19 mm	
• Sperrholz nach DIN 68705 Teil 5	15 mm	
• Spanplatten nach DIN 68763	19 mm	
• gespundeten Brettern aus Nadelholz nach DIN 4072	24 mm	
Stützen (vierseitige Bekleidung) bei Verwendung von Wandbauplatten aus Gips mit Rohdichten von ≥ 0,6 kg/dm³ (S. 316, Abb. 1 c)	50 mm	50 mm

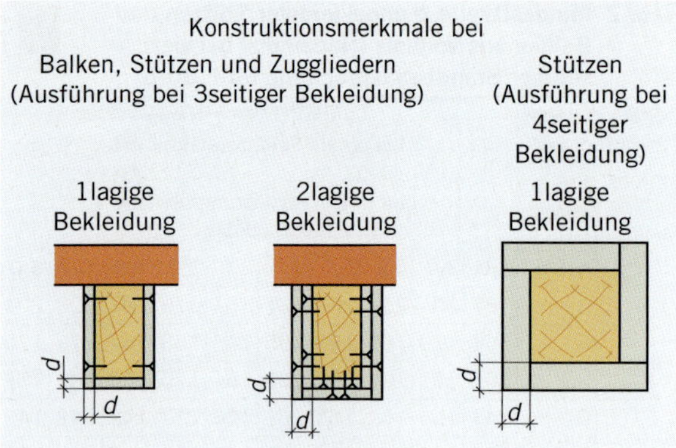

1 Bekleidete Balken und Stützen

Nicht tragende Trennwand aus Gipsbauplatten

Wird auf einer Baustelle die Ausführung einer nicht tragenden Trennwand aus Gipsplatten *(non-bearing partition wall made of gypsum plasterboards)* gefordert, muss diese geschlossene Flächen besitzen und mit **Gips-Feuerschutzplatten** (GKF) beplankt werden. Die Stöße sind dicht auszuführen und zu verspachteln. Zwischen den Beplankungen muss eine Dämmschicht angeordnet sein.

Bei einer mehrlagigen Beplankung sind die Stöße zu versetzen (Abb. 2), bei einlagigen sind sie mindestens um einen Ständerabstand zu versetzen.

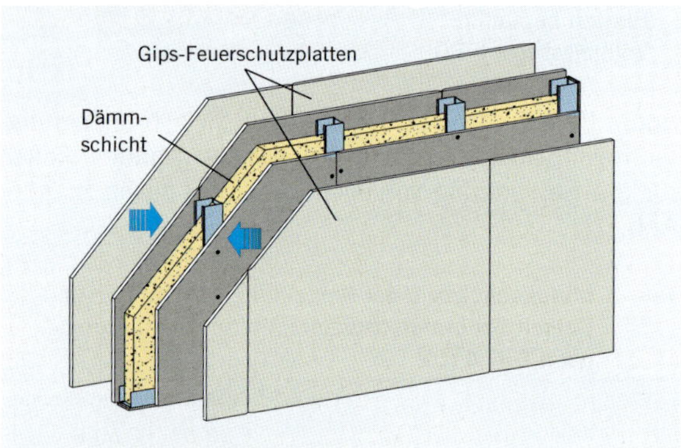

2 Versetzt angeordnete Platten *(boards laid with offsets)*

Die Fugen sowie Schraubenköpfe u.Ä. müssen verspachtelt werden.

Die **Dämmstoffe** müssen der Baustoffklasse A angehören und einen Schmelzpunkt ≥ 1000 °C besitzen.

Die **Anschlüsse** (Abb. 3) sollten aus Dichtungsstreifen der Baustoffklasse A bestehen. Unter bestimmten Bedingungen können sie der Baustoffklasse B angehören (siehe DIN 4102).

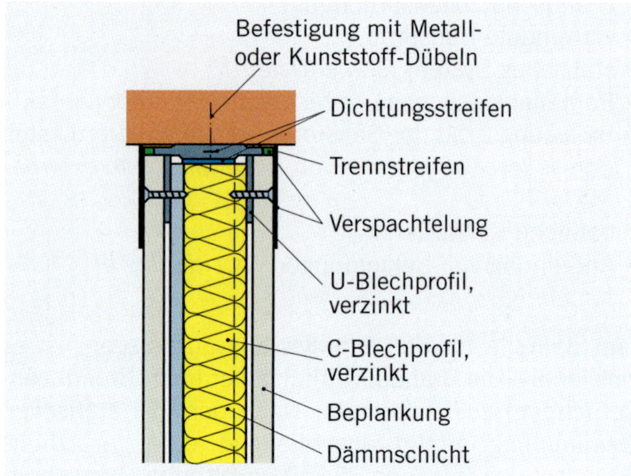

3 Ausbildung der Anschlüsse an Massivbauteile

Die Beplankung bei Wänden aus Gipsplatten kann ein- oder zweilagig erfolgen. Die vom Planer vorgegebene Feuerwiderstandsklasse bestimmt die konstruktive Ausführung (Tab. 1 und S. 317, Tab. 1).

Tab. 1 Mindestbeplankungsdicken nicht tragender 1- oder 2-schaliger Wände aus Gips-Feuerschutzplatten (GKF) mit Ständern aus Holz

	Feuerwiderstandsklasse				
	F 30-B	F 60-B	F 90-B	F 120-B	F 180-B
Mindestbeplankungsdicke d in mm	12,5	2 × 12,5	2 × 12,5		
Mindestdämmschichtdicke D in mm/Mindestrohdichte ϱ in kg/m³	40/30	40/40	80/100		

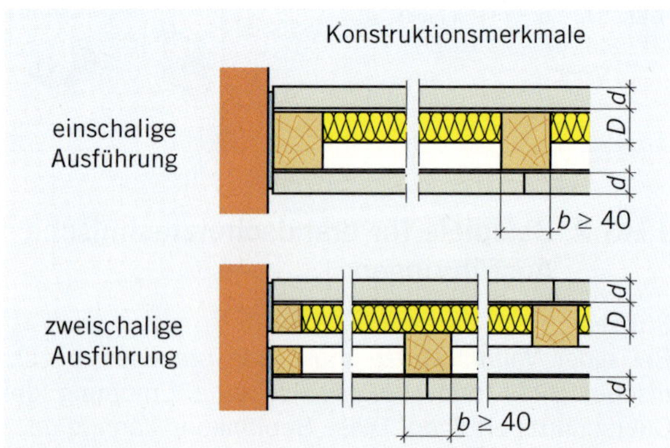

4 Beplankung von Wänden aus GKF – Ständer aus Holz

Tab. 1 Mindestbeplankungsdicken nicht tragender 1- oder 2-schaliger Wände aus Gips-Feuerschutzplatten mit Ständern aus Stahlblechprofilen

	Feuerwiderstandsklasse				
	F 30-A	**F 60-A**	**F 90-A**	**F 120-A**	**F 180-A**
Mindestbeplankungsdicke *d* in mm	12,5	2 × 12,5	15 + 12,5	2 × 18	
Mindestdämmschichtdicke *D* in mm/Mindestrohdichte *ρ* in kg/m³	40/30	40/40	40/40	40/40	
oder alternativ zu den Zeilen 1 und 2 für ≥ F 90-A					
Mindestbeplankungsdicke *d* in mm			2 × 12,5	2 × 15	3 × 12,5
Mindestdämmschichtdicke *D* in mm/Mindestrohdichte *ρ* in kg/m³			80/30 oder 60/50 oder 40/100	80/50 oder 60/100	80/50 oder 60/100

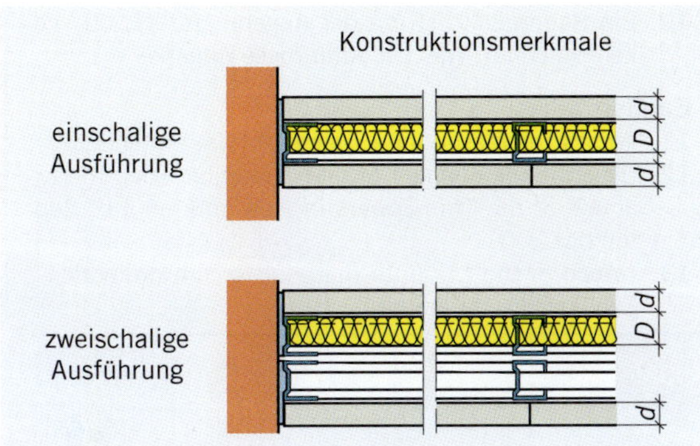

1 Beplankung von Wänden aus GKF – Ständer aus Stahlblechprofilen

Weitere **Risikobereiche** aus brandschutztechnischer Sicht bilden Fugenausbildungen (Abb. 2) und Hohlräume *(hollow spaces)* (Abb. 3) bzw. Undichtigkeiten (Abb. 4).

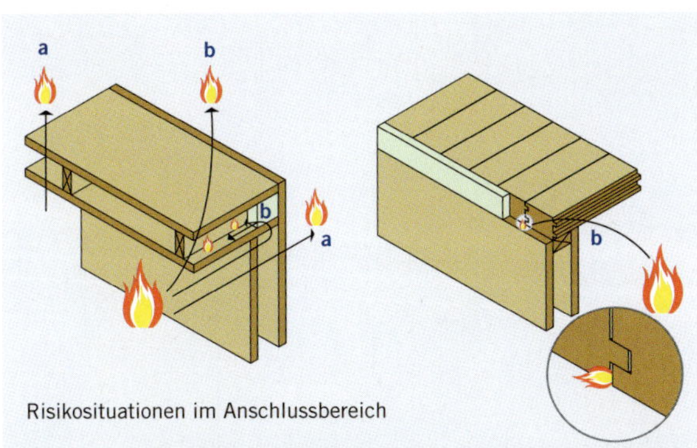

2 Feuer im Anschlussbereich *(connection area)* **durch Fugen**
a) Feuer dringt durch Bauteil in angrenzenden Raum
b) Feuer dringt durch Schwachstellen in den Anschlussbereich (mit möglicher Lösungsmaßnahme)

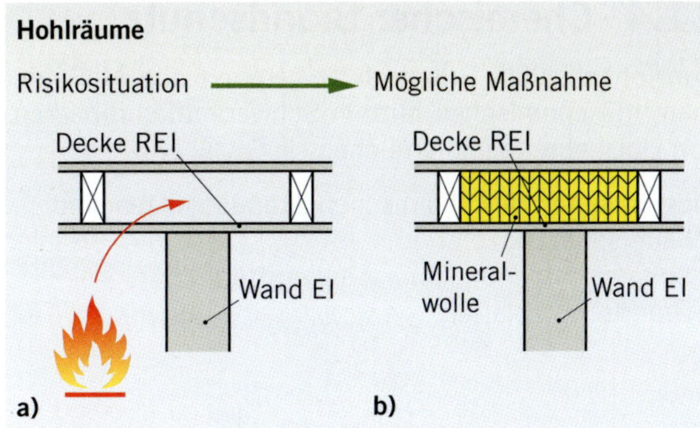

3 Feuer im Anschlussbereich durch Hohlräume
a) Feuer dringt durch Hohlraum in den Nebenraum
b) Mögliche Brandschutzmaßnahme durch Dämmstoff (Schmelzpunkt über 1000 °C)

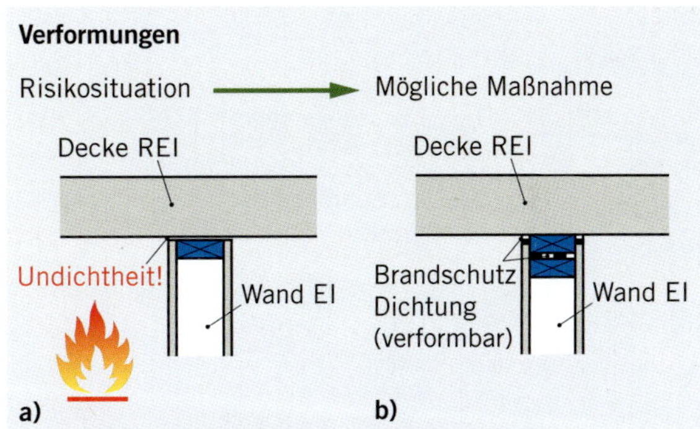

4 Feuer im Anschlussbereich im Abdichtungsbereich
a) Feuer dringt durch Undichtigkeiten (Verformung aufgrund von Hitze) in den Nebenraum
b) Mögliche Brandschutzmaßnahme durch verformbare Dichtung

11.3.3 Brandwände

Wände zur Trennung von Brandabschnitten werden als Brandwände *(fire protection walls)* bezeichnet. Sie sollen die Ausbreitung von Feuer auf weitere Gebäudeabschnitte oder weitere Gebäude verhindern. Sie müssen bei mittiger und außermittiger Belastung mindestens die Feuerwiderstandsklasse F 90 besitzen. Höherwertige Ausführungen entsprechen der Klasse F 120 oder F 180.

11.4 Chemischer Brandschutz

Zum chemischen Brandschutz gehören alle Maßnahmen, mit chemischen Mitteln Schwerentflammbarkeit von Holzbauteilen zu erreichen [▶ GK 4.13.2].

Möglichkeiten des chemischen Brandschutzes sind
- Feuerschutzsalze,
- Schaum bildende Feuerschutzmittel,
- Brandschutzplatten.

Aufgaben zu 11

1. Nennen Sie mindestens drei Maßnahmen im Rahmen eines Brandschutzkonzeptes.
2. In welchen Bereichen des Bauwesens spielt der Brandschutz eine bedeutende Rolle?
3. Für welche konstruktiven Brandschutzmaßnahmen sind besonders Tischler und Holzmechaniker zuständig?
4. Wo können Sie sich über gesetzliche Vorgaben zum Brandschutz informieren?
5. Erläutern Sie den Begriff „vorbeugender Brandschutz".
6. Worin unterscheiden sich die Werkstoffe Stahl, Beton und Holz im Brandfall?
7. Nennen Sie Maßnahmen, mit denen für Holzbauteile die Widerstandszeit im Brandfall erhöht werden kann.
8. Wärmedämmstoffe sind brennbar oder nicht brennbar. Erläutern Sie dies an Beispielen.
9. Der Architekt fordert den Einbau eines Bauteils „F 60 AB". Was bedeutet diese Vorgabe für die Ausführung?
10. Ein Bauprodukt ist mit der Angabe „A2-s1, d0" gekennzeichnet. Was bedeutet diese Angabe?

English Tasks

11. What's the reason for a concept of fire protection?
12. Describe the concept of fire protection using the example of the Twin Towers in New York on 11th September 2001.
13. "Wood is the favourite material for fire protection." Explain this statement.

12 Fenster

12.1 Aufgaben der Fenster

Fenster erfüllen vielfältige Aufgaben:
- Gliederung von Gebäudefassaden *(facades of the building)*,
- Einlass von Licht und Sonnenstrahlen *(sun rays)* in das Gebäude,
- Sichtverbindung zur Außenwelt,
- Belüftung *(ventilation)* von Innenräumen,
- Schutz vor *(protection against)* Lärm, Wind, Regen, Schnee, Kälte, Hitze, UV-Strahlen, Staub, Insekten,
- Flucht- und Rettungswege *(emergency exits)* im Katastrophenfall,
- Schutz vor Einbruch *(break-in)*.

12.2 Fenster als Fassadenelemente

Fenster *(windows)* sind ein architektonisches Gestaltungsmittel (Abb. 1), das den Charakter eines Gebäudes prägt und ihm ein Gesicht gibt.

1 Fassadengerechte Fenstergestaltung
(Chilehaus, Kontorhaus in Hamburg, erbaut 1922–1924)

Waren Fenster zunächst kleinflächige Elemente, können mit modernen Verfahren der Fensterglashersteller großflächige Fenster gefertigt werden.

Unterschieden werden:
- Lochfassaden,
- Fassaden mit gegliederten Fensterelementen,
- Pfosten-Riegel-Fassaden.

12.2.1 Lochfassaden

Lochfassaden werden durch Fensterausschnitte (Abb. 2) gegliedert. Proportionen und Abstände der Ausschnitte bestimmen die Fassadengestalt.

2 Gebäudefassade in Lochfassadenanordnung

Lochfassaden werden ausgeführt mit
- gegliederten Fenstern durch Riegel, Pfosten und/oder Sprossen (Abb. 3),
- ungegliederten Fenstern ohne Riegel, Pfosten und Sprossen (Abb. 4).

3 Gegliedertes Fenster einer Lochfassade

4 Ungegliedertes Fenster einer Lochfassade

12.2.2 Fassaden mit gegliederten Fensterelementen

Fassaden mit gegliederten Fensterelementen werden durch Fensterelemente mit Pfosten, Riegeln und/oder Sprossen in ihrer Gestaltung bestimmt. Werden mehrere Fensterelemente waagerecht (S. 320, Abb. 1) oder senkrecht (S. 320, Abb. 2) gekoppelt, lassen sich große Fassadenteile erstellen.

1 Gebäudefassade mit waagerecht gekoppelten Fensterelementen

2 Fensterelemente senkrecht gekoppelt

12.2.3 Pfosten-Riegel-Fassade

Bei Pfosten-Riegel-Fassaden werden zwischen den senkrechten Pfosten waagerechte Riegel eingefügt (Abb. 3 und 4).

Auf dieser Tragstruktur sind Befestigungs- und Abdeckprofile befestigt, mit denen sich Glaselemente verspannen lassen (Abb. 4). Auch zu öffnende Fensterelemente lassen sich über entsprechende Blendrahmenprofile integrieren.

Pfosten-Riegel-Fassaden tragen häufig keine Lasten *(loads)* aus dem Bauwerk, sondern sind so bemessen, dass Eigenlasten, Windlasten und die Lasten aus der Benutzung zuverlässig abgeleitet werden und keine unzulässigen Verformungen entstehen.

3 Gebäudefassade in Pfosten-Riegel-Anordnung

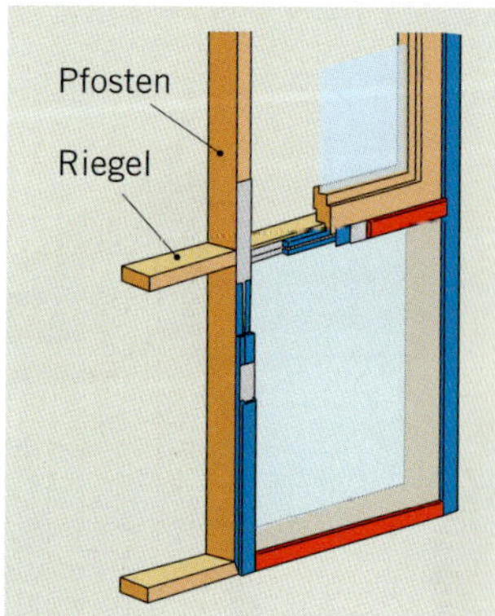

4 Fensterelement in Pfosten-Riegel-Konstruktion

12.3 Begriffe am Fenster

Begriffe und Unterscheidungen an Fenstern und Fenstertüren sind laut DIN 68121 geregelt.

12.3.1 Grundelemente von Fenstern und Fenstertüren

Fenster und Fenstertüren bestehen in der Regel aus (S. 321, Abb. 1)

- Blendrahmen *(frame)* und
- Flügelrahmen *(casement frame)*.

Elemente am Blendrahmen

Blendrahmen bilden den Teil an Fenstern und Fenstertüren, der mit dem Baukörper fest verbunden ist. An ihm sind die Flügel beweglich angebracht.

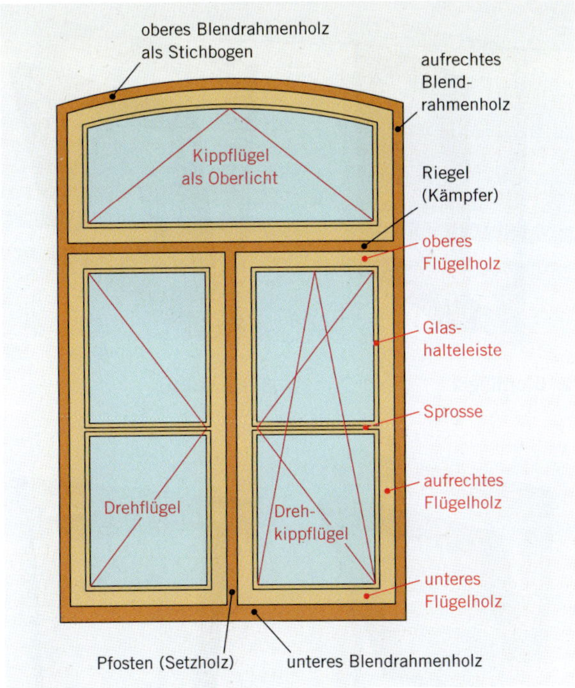

1 Elemente und Bezeichnungen am Fenster

Blendrahmen bestehen aus den **Einzelelementen**:
- aufrechte Blendrahmenhölzer *(jambs)*, die mit der Laibung des Mauer- oder Ständerwerks verbunden sind und das Fenster in der Breite begrenzen;
- oberes Blendrahmenholz *(head)*, das sich unterhalb des Sturzes einer Maueröffnung befindet;
- unteres Blendrahmenholz – Sohlbankstück *(base rail)*, das sich über der Fensterbank (z. B. Sohlbank) *(window sill)* einer Maueröffnung befindet. Das untere und das obere Blendrahmenholz begrenzen das Fenster in der Höhe.

Weitere Einzelelemente sind
- Pfosten – Setzhölzer *(transoms)*, die den Blendrahmen in horizontaler Richtung unterteilen;
- Riegel – Kämpfer *(mullions)*, die den Blendrahmen in vertikaler Richtung unterteilen.

Elemente am Flügelrahmen aus Holz

Die Flügelrahmen (Abb. 1) sind die beweglichen Teile von Fenstern und Fenstertüren mit der Verglasung.

Flügelrahmen bestehen aus den **Einzelelementen**:
- aufrechte Flügelrahmenhölzer *(stiles)*, die den Flügel in seiner Breite begrenzen;
- oberes Flügelrahmenholz *(top rail)*, das den Flügel in der Höhe begrenzt;
- unteres Flügelholz *(bottom rail)*, das den unteren Teil des Flügels bildet, z. B. als Wetterschenkel *(weatherboard)*.

Weitere Einzelelemente der Flügelrahmen sind
- Sprossen *(muntins)*, die den Flügel in Breite und Höhe für Einzelscheiben *(single panes)* untergliedern;
- Glashalteleisten *(beadings)*, die den Glasscheiben *(panes)* im Flügel Halt geben.

An Kunststoff- und Aluminiumfenstern gelten die Unterscheidungen und Begriffe in ähnlicher Weise wie bei den Holzfenstern.

12.3.2 Fensterformen

Form und Gliederung der Fensterelemente müssen sich an den architektonischen Gegebenheiten eines Hauses orientieren.

Dies gilt besonders bei der Restaurierung historischer Bauten (S. 319, Abb. 1), bei der sichere Kenntnisse über Baustile von Bedeutung sind.

Fenster haben folgende **Grundformen**:
- Rechteckfenster (Abb. 2),
- Schrägfenster (Abb. 3), symmetrisch und asymmetrisch, in Dreieck- und Mehreckform,
- Bogenfenster mit Stichbogen (Abb. 4), Rundbogen (Abb. 5) oder Korbbogen.

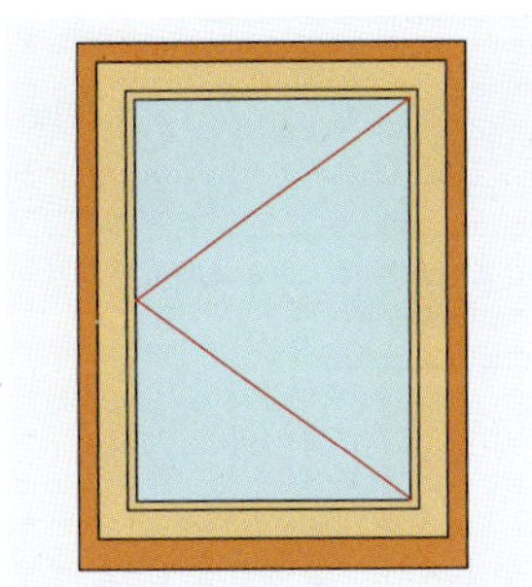

2 Rechteckfenster

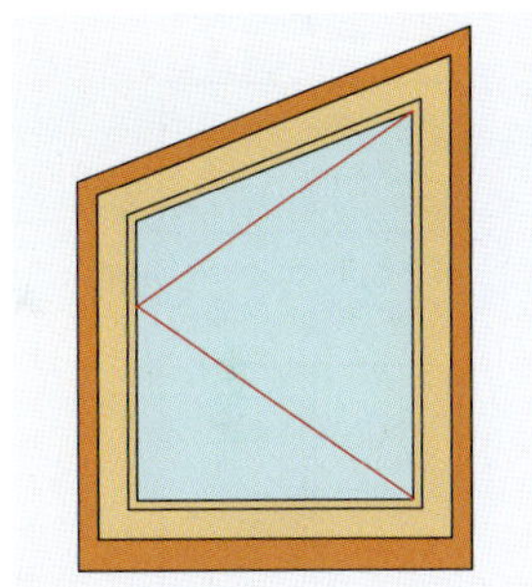

3 Schrägfenster

4 Stichbogenfenster

5 Rundbogenfenster

In vielen Fällen sind die Fenster Mischformen aus Rechteck-, Schräg- und Bogenfensterelementen.

12.3.3 Öffnungs- und Anschlagarten

Anschlag- und Öffnungsarten der Flügel werden durch **Sinnbilder** nach DIN 1356-1 (Abb. 1 bis 7) verdeutlicht:

- Nach innen *(inward)* zu öffnende Flügel werden durch Dreiecke mit Volllinien gekennzeichnet.
- Nach außen *(outward)* zu öffnende Flügel werden durch Dreiecke mit gestrichelten Linien gekennzeichnet.

Fenster und Fenstertüren werden dabei stets von der Rauminnenseite dargestellt.

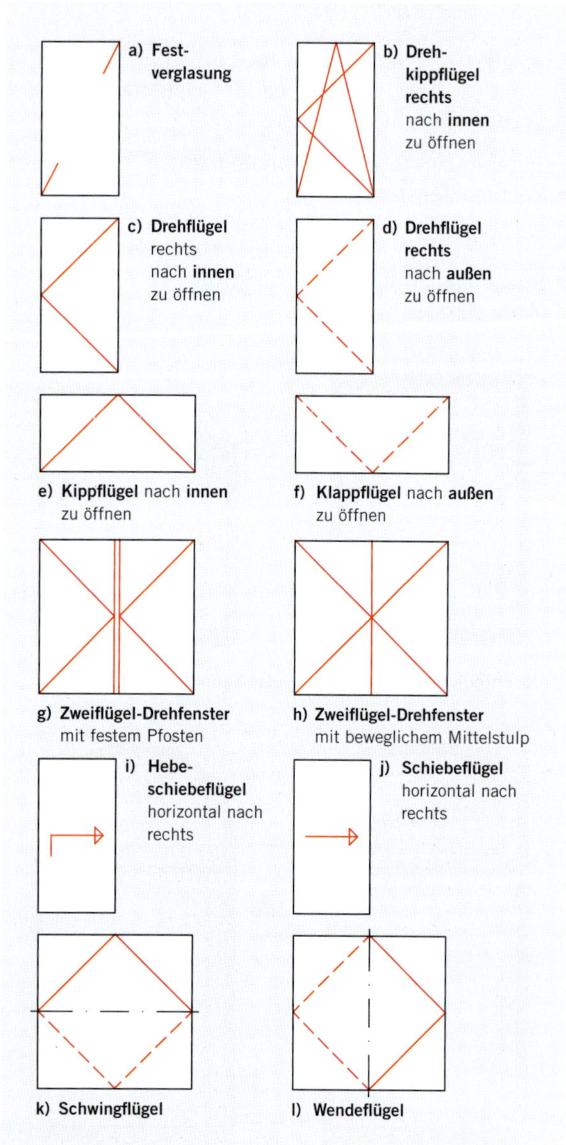

1 Sinnbilder nach DIN 1356-1

2 Drehflügel

3 Kippflügel

4 Schwingflügel

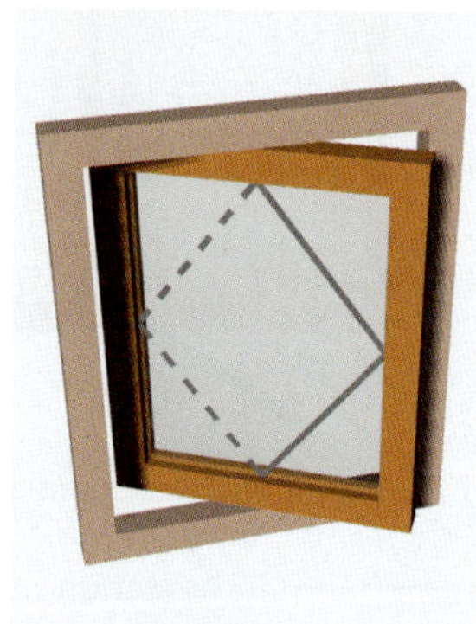

5 Wendeflügel

6 Hebeschiebeflügel

7 Drehflügel am Kastendoppelfenster

Mit den Bezeichnungen **„links"** und **„rechts"** legt DIN 107 wie im Möbel- und Innenausbau die Anschlag- und Öffnungsrichtung für Fenster, Türen sowie Türumrahmungen, Schlösser und Beschläge fest (Abb. 1).

- Rechte *(right hand)* Flügel werden an der rechten Seite angeschlagen und nach rechts geöffnet.
- Linke *(left hand)* Flügel werden an der linken Seite angeschlagen und nach links geöffnet.

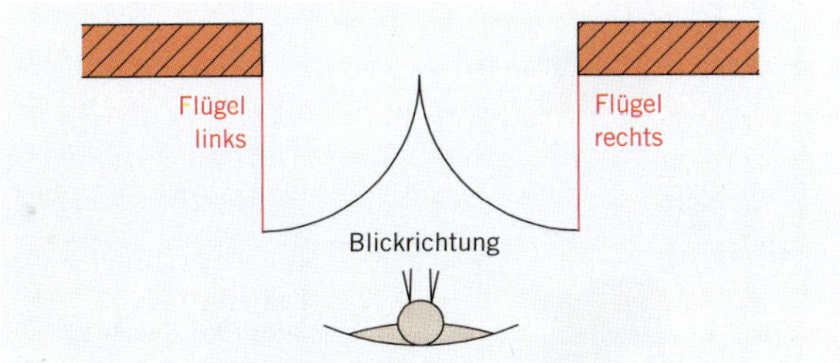

1 Links-/Rechts-Bezeichnung nach DIN 107

12.3.4 Arten von Fenstern und Fenstertüren

Die Bauarten von Fenstern und Fenstertüren beschreiben und unterscheiden ihre Bau- und Konstruktionsmerkmale (nach DIN 68121-1).

Unterschieden werden:
- Einfachfenster und Einfachfenstertüren,
- Verbundfenster und Verbundfenstertüren,
- Doppelfenster und Doppelfenstertüren,
- Kastenfenster und Kastenfenstertüren.

Einfachfenster und **-türen** (Abb. 2a) sind Fenster/-türen mit der Verglasung
- Einscheiben- oder
- Mehrscheiben-Isolierglas.

Verbundfenster und **-türen** (Abb. 2b) sind Fenster/-türen mit Innen- und Außenflügeln, die miteinander verbunden sind und eine gemeinsame Drehachse besitzen.

Doppelfenster und **-türen** sind Fenster/-türen mit Innen- und Außenflügeln und zwei hintereinanderliegenden Glasebenen (Abb. 2c).

Kastenfenster (auch Kastendoppelfenster genannt) und **Kastenfenstertüren** sind Fenster/-türen mit Innen- und Außenflügeln (Abb. 2d) mit jeweils eigener Drehachse.

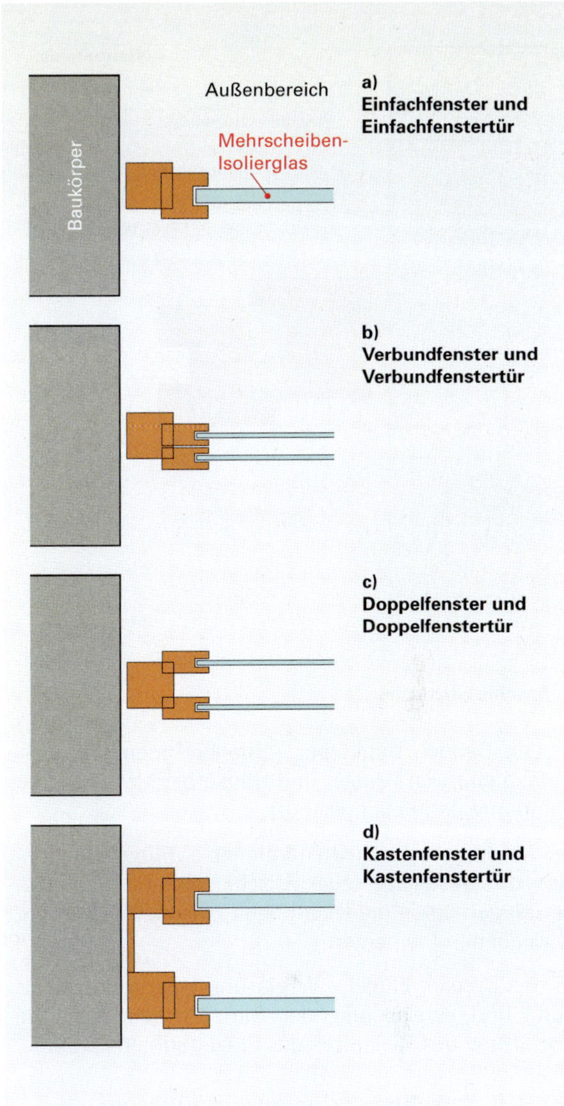

2 Fensterarten

12.3.5 Einbausituation von Fenstern

Die Anschlussbereiche bezeichnen Schnittstellen und Übergänge der unterschiedlichen Fensterelemente in der Einbausituation.

Dazu gehören (S. 324, Abb. 1):
- Baukörper – Blendrahmen,
- Blendrahmen – Flügel,
- Flügel – Verglasung.

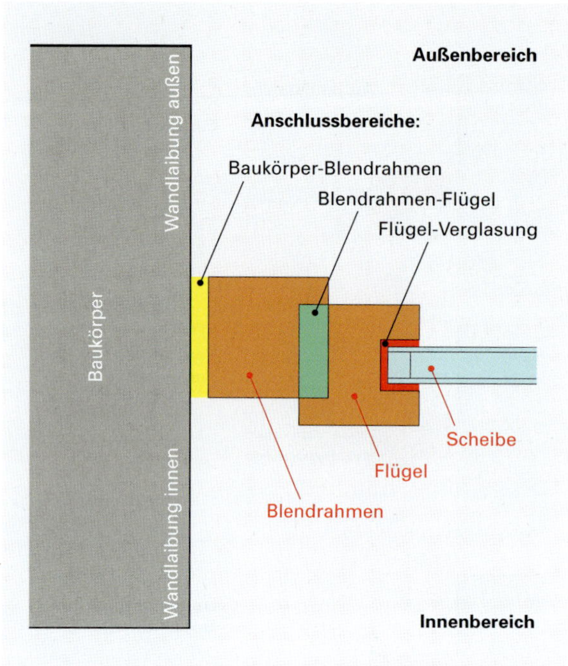

1 Anschlussbereiche

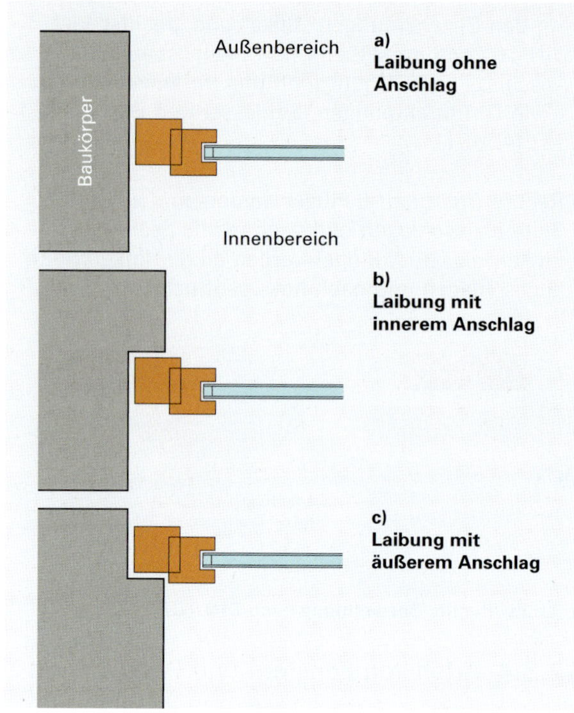

2 Anschlagarten am Baukörper

In den Bereich **Baukörper – Blendrahmen** fallen die Befestigung von Fenster und Baukörper sowie Wärmedämmung und Feuchteschutz.

Im Anschlussbereich **Blendrahmen – Flügel** befinden sich die Beschläge (zum Anschlagen und Schließen der Flügel) sowie die Dichtungen zwischen festen und beweglichen Elementen.

In den Bereich **Flügel – Verglasung** fallen die Befestigung und Versiegelung der Glasscheiben sowie die Entlüftung des Glasfalzes des Flügelrahmens.

12.3.6 Anschlussarten zum Baukörper

Anschlussarten sind von der Art des Wandaufbaus abhängig und haben Auswirkung auf die Ausführung des Blendrahmens, die Gestalt der Fassade und die Wärmedämmung.

Der **Wandaufbau** des Mauerwerks ist
- einschalig oder
- zweischalig.

Der **Anschluss** der Fenster und Fenstertüren zum Baukörper *(structural shell)* ist, abhängig von der Ausführung der Laibung, unterschiedlich:
- ohne Anschlag – die Wandlaibung ist glatt (Abb. 2a),
- mit innerem Anschlag – die Wandlaibung ist innen gefälzt (Abb. 2b),
- mit äußerem Anschlag – die Wandlaibung ist außen gefälzt (Abb. 2c).

12.3.7 Kurzzeichen der Verglasungen

Die Kurzzeichen (nach DIN 68121-1) beschreiben und unterscheiden Fenster und Fenstertüren nach Art ihrer Verglasungseinheiten (Abb. 3).

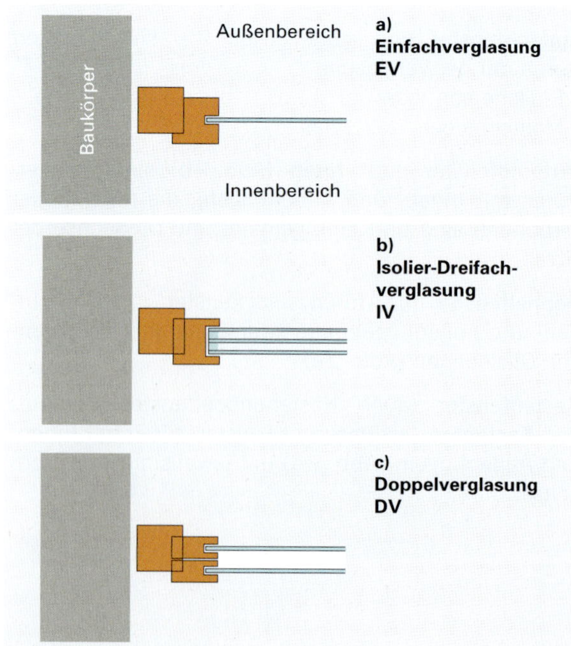

3 Arten der Verglasungseinheiten

Danach bedeutet das Kurzzeichen
- **EV** = Einfachfenster und Einfachfenstertüren mit Einscheibenglas (S. 324, Abb. 3 a),
- **IV** = Einfachfenster und Einfachfenstertüren mit Mehrscheiben-Isolierglas (S. 324, Abb. 3 b),
- **DV** = Verbundfenster und Verbundfenstertüren mit Einscheibenglas und/oder Mehrscheiben-Isolierglas (S. 324, Abb. 3 c).

Normbezeichnungen
Kennzeichnungsbeispiel eines **Einfachfensters** mit Flügel zum Einbau von Mehrscheiben-Isolierglas *(multiple pane insulating glass),* mit der Profil-Nenndicke von 90 mm und einer Profilbreite von 78 mm sowie mit zwei Falzdichtungen:

Holzfenster DIN 68121 IV 90 – 78 – 2

Benennung
Norm-Hauptnummer
Kennzeichen des Profils
Profilbreiten
Anzahl der Dichtungen

Kennzeichnungsbeispiel eines **Verbundfensters** mit miteinander verbundenen Innen- und Außenflügeln, mit der Profil-Nenndicke 68 mm und der Profil-Nennbreite 78 mm für den Innenflügel, der Profil-Nenndicke 40 mm und der Profil-Nennbreite 45 mm für den Außenflügel sowie mit einer Falzdichtung:

Holzfenster DIN 68121 DV 68/78-40/45 – 1

Benennung
Norm-Hauptnummer
Kennzeichen der Profile
Anzahl der Dichtungen

12.4 Fensterrahmen

Die Ausbildung der Rahmen von Fenstern und Fenstertüren bestimmt wesentlich deren Güte.

Die Rahmen von Fenstern und Fenstertüren werden aus unterschiedlichen **Werkstoffen** und Werkstoffkombinationen gefertigt:
- Vollholz *(solid wood)* oder Leimholzkanteln *(laminated scantlings)* (Abb. 1),
- Kunststoff *(plastic)* [▶ 12.6] (Abb. 2),
- Aluminium *(aluminium)*.

Aus technologischen Gründen werden in der Fensterfertigung bei der Rahmenausbildung immer häufiger **Kombinationen unterschiedlicher Werkstoffe** wie Holz mit Aluminium (Abb. 3) verwendet.

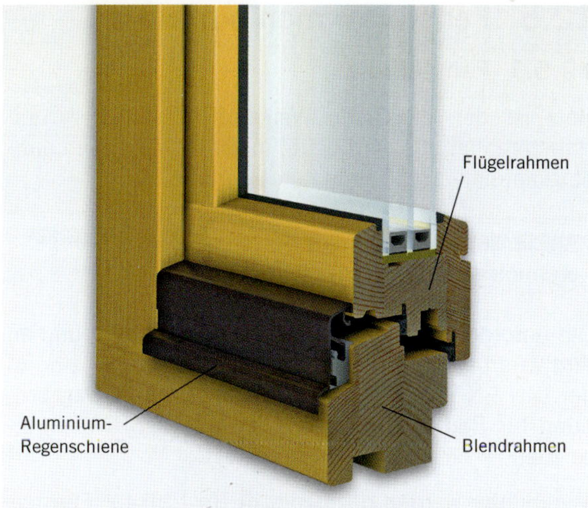

1 Fensterrahmenprofile aus 3-lagigen Leimholzkanteln

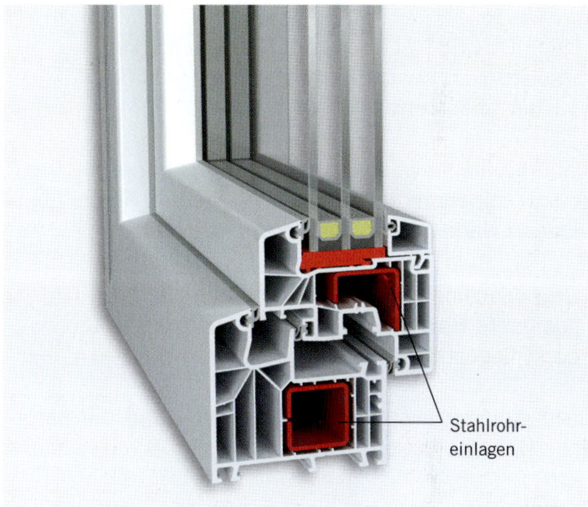

2 Fensterrahmenprofile aus Kunststoffprofilen

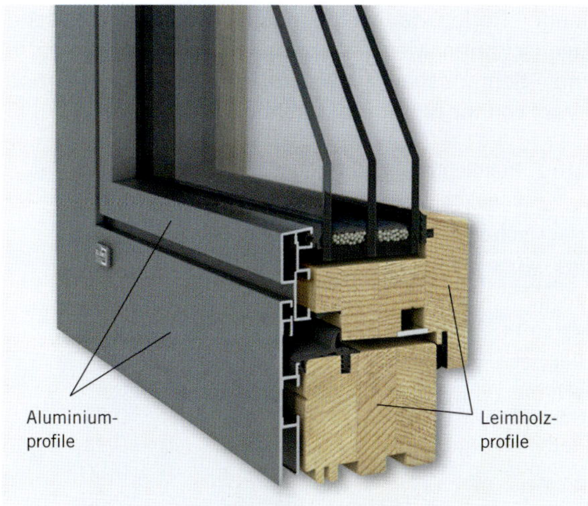

3 Fensterrahmenprofil mit Aluminiumaußenrahmen und Leimholzprofil

12.5 Fensterrahmen aus Holz

12.5.1 Fensterholz

Holz ist der klassische Werkstoff im Fenster- und Haustürenbau. Es wird heute meist in Form von Leimholzkanteln – sog. Laminaten – verarbeitet.

An die zu verarbeitenden Hölzer werden vielfältige technologische Anforderungen gestellt.

Die Anforderungen an die **Qualität** von Hölzern und an ihre Verarbeitung für Fenster und Fenstertüren sind in der DIN EN 942, der VOB (Vergabe- und Vertragsordnung für Bauleistungen) sowie nach dem RAL-Gütezeichen [▶ GK 4.17.1] niedergelegt.

Merkblätter werden dazu vom **ift** (**I**nstitut für **F**enster**t**echnik e.V. Rosenheim) und vom **VFF** (**V**erband der **F**enster- und **F**assadenhersteller e.V.) herausgegeben.

Nach DIN 68121 muss die **Holzfeuchtigkeit** *(moisture content)* für Fenster und Haustüren 11 bis 15 % betragen.

Während die Verwendung tropischer Laubhölzer *(hardwoods)* zunehmend zurückgeht, werden heute überwiegend Nadelhölzer *(softwoods)* eingesetzt.

Grundsätzlich muss eine für den Fensterbau geeignete Holzart Eigenschaften aufweisen, die den **Pflegeaufwand** in Grenzen halten.

Dazu gehören ausreichende Festigkeit und die natürliche Dauerhaftigkeit.

Festigkeit
Bei der Bewertung der Festigkeit einer Holzart spielt die **Rohdichte** *(bulk density)* (Tab. 1) eine entscheidende Rolle, da viele mechanisch-technologische Eigenschaften wie Biegefestigkeit *(bending strength)* und Schraubenauszugwiderstand *(screw retention force)* von ihr unmittelbar abhängen.

Tab. 1 Rohdichten ϱ unterschiedlicher Hölzer für den Fensterbau (ermittelt bei 15 % Holzfeuchte)

Nadelhölzer		Laubhölzer	
Holzart	**g/cm³**	**Holzart**	**g/cm³**
Fichte	0,46	Light Meranti	0,55
Kiefer (Kern)	0,52	Sapelli	0,65
Douglasie	0,55		
Lärche	0,60	Teakholz	0,68
Pitch Pine	0,67	Dark Meranti	0,71
Red Pine	0,67	Eiche	0,71
		Robinie	0,80
		Merbau	0,80

Bei zu geringer Rohdichte besteht die Gefahr, dass die natürliche Dauerhaftigkeit für den Fensterbau nicht ausreicht.

Festgelegt sind daher folgende Rohdichteuntergrenzen:
- für Nadelhölzer ≥ 0,35 g/cm³,
- für Laubhölzer ≥ 0,45 g/cm³.

Dauerhaftigkeit

Die Dauerhaftigkeit *(resilience)* [GK 4.12.6] beschreibt die Widerstandsfähigkeit des ungeschützten Kernholzes gegen holzzerstörende Pilze *(wooddestroying fungi)*.

Bäume mit starker Verkernung sind i.d.R. dauerhafter (z.B. Eiche, Mahagoni oder Robinie) als solche mit geringer oder keiner Verkernung, da Inhaltsstoffe wie Fette, Öle, Harze und Gerbstoffe die natürliche Dauerhaftigkeit erhöhen. DIN EN 530 klassifiziert Vollhölzer und Leimholzkanteln in **Dauerhaftigkeitsklassen** (Tab. 2).

Tab. 2 Dauerhaftigkeitsklassen von Holzarten

Klasse	Dauerhaftigkeit*	Holzart
1	sehr dauerhaft	Afzelia, Iroko, Merbau, Teak
1 bis 2	sehr dauerhaft bis dauerhaft	Robinie
2	dauerhaft	Angelique, Bongossi, Mahagoni
2 bis 3	dauerhaft bis mäßig dauerhaft	Dark Red Meranti, Sipo, Western Red Cedar, Weißeiche
3	mäßig dauerhaft	Khaya, Kirschbaum, Nussbaum, Sapelli
3 bis 4	mäßig bis wenig dauerhaft	Douglasie, Kiefer, Lärche, Light Pitch Pine, Light Red Meranti
4	wenig dauerhaft	Fichte, Roteiche, Tanne
5**	nicht dauerhaft	Abachi, Ahorn, Birke, Buche, Esche, Hainbuche, Koto, Pappel

* Dauerhaftigkeit des Kernholzes
** Für den Außen- und Fassadenbereich nicht geeignet

Bei Fenstern aus Hölzern der Dauerhaftigkeitsklassen 3 und 4 mit mäßiger oder wenig Dauerhaftigkeit gewinnt der **vorbeugende chemische Holzschutz** eine vorrangige Bedeutung.

Splintholz *(sapwood)* gehört grundsätzlich zur Klasse 5 und ist i.d.R. für Fenster nicht geeignet.

Auch thermisch modifizierte Hölzer *(thermally modified wood)* [▶ GK 4.11] sind aufgrund reduzierter Festigkeit für Fenster nicht geeignet.

Das entscheidende Merkmal der Eignung einer Holzart für den Fenster- und Haustürenbau ist seine **Bewährung** in der Anwendung am Bau.

Als bewährt gilt eine Holzart nach 15-jährigem erfolgreichem Einsatz.

Weitere Anforderungen
Nach DIN 68360-1 sind weitere Anforderungen an Vollhölzer und Leimholzkanteln für Fenster und Haustüren:
- gleichmäßiges Wachstum,
- geringe Astigkeit,
- gutes Stehvermögen,
- gute Bearbeitbarkeit,
- niedrige Feuchteangleichung,
- gute Verträglichkeit für deckende und nicht deckende Oberflächenbeschichtungen.

Das Holz muss frei von holzzerstörenden Pilzen und Insekten sowie von Markröhren sein.

Zulässig sind:
- geringe Bläue im Anfangsstadium, soweit sie bei nicht deckender Oberflächenbehandlung weitgehend ausgeglichen werden kann;
- Splint bei annähernd gleichen Eigenschaften des Kernholzes und wenn der Profilquerschnitt (z. B. bei Kiefernholz) aus mind. 50 % Kernholz besteht;
- Längsrisse und Harzgallen ≤ 5 mm Breite, sofern sie dauerhaft ausgebessert werden;
- nicht ausgebesserte fest verwachsene Äste und Punktäste, ∅ ≤ 5 mm;
- mit Querholzdübeln, ∅ ≤ 25 mm, ausgedübelte Äste.

Unzulässig sind:
- Insektenfraßstellen (ausgenommen einzelne Fraßgänge von Frischholzinsekten, ∅ ≤ 2 mm);
- Splint bei deutlich unterschiedlichen Eigenschaften vom Kernholz (z. B. bei Eichenholz);
- Drehwuchs und Faserneigung, wenn die Abweichung des Faserverlaufs ≥ 2 cm/m beträgt;
- Querrisse (z. B. Fallrisse durch Stauchungen).

12.5.2 Leimholzkanteln *(laminated scantlings)*

Bei Fenstern und Haustüren hat sich mithilfe der Lamelliertechnik die Verarbeitung von Leimholzkanteln durchgesetzt (Abb. 1 und 2).

Leimholzkanteln zeichnen sich gegenüber der Stammware durch entsprechende **Vorteile** aus:
- gutes Stehvermögen *(dimensional stability)* durch geordnete, in der Länge keilverzinkte, verklebte Holzschichten,
- ausgesuchte astreine, harzgallen- und rissfreie *(free of knots, pitch pockets and cracks)* Schichten,
- geringer Verschnitt *(waste)* durch an Fensterprofile angepasste Querschnitte.

1 3-lagige Leimholzrohkanteln für Fenster und Haustüren
(aus Nadel- und Laubhölzern)

2 3-lagige Fensterrahmenprofile

Die Holzschichten müssen den **Gütebedingungen** der DIN EN 942 entsprechen. Danach muss der
- Aufbau symmetrisch (Abb. 1 und 2) sein und aus der gleichen Holzart und angenäherten Rohdichte bestehen;
- Anteil des Kernholzes *(heartwood)* ≥ 50 % des Profilquerschnitts betragen;
- Klebstoff *(adhesive)* der Beanspruchungsgruppe D4 nach DIN EN 204 entsprechen.

Bei Fenstern mit transparenter *(transparent)* Oberflächenbeschichtung müssen Kanteln mit durchgehenden Deckschichten verwendet werden.

Holzfensterprofile in Sandwichausführung

Eine Weiterentwicklung der Fensterkanteln sind Fensterrahmenprofile in Sandwichausführung, um den Transmissionswärmeverlust durch die Fenster- und Türrahmen deutlich zu verringern.

Dies wird durch eine wechselnde **Schichtung** von Lagen aus Vollholz und Dämmstoffen *(insulating material)* erreicht. Als Dämmstoffe finden sowohl natürliche Stoffe wie Kork *(cork)* (Abb. 1) als auch synthetische Dämmschäume *(insulating foam)* (Abb. 2) Verwendung.

1 Sandwich-Holzprofil mit Korklagen

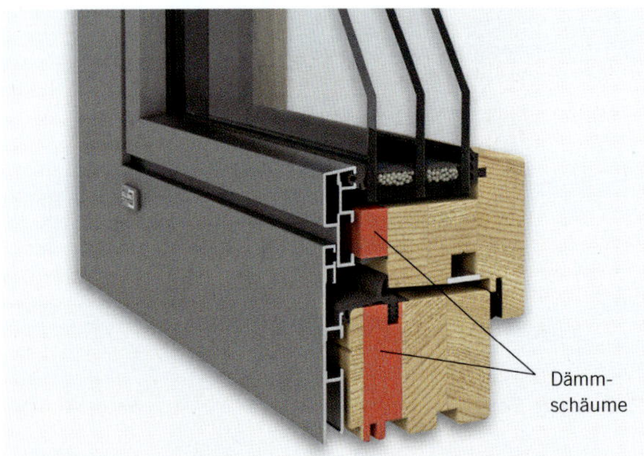

2 Holz-Aluminium-Fenster mit Sandwich-Holzprofil mit Dämmschaumlage

Wegen der guten Dämmwerte werden Fenster und Türen in Sandwichausführung bei Niedrigenergie- *(low-energy)* und Passivhäusern *(passive houses)* eingesetzt.

Holzfensterprofile in Hohlkörperausführung

Die Verwendung von Hohlkörpern (Abb. 3) mit Lufteinschlüssen bei Holzfensterprofilen ist eine andere Form zur Verringerung des U_f-Werts. Dabei wird zusätzlich die Masse der Fensterrahmen deutlich verringert.

3 Hohlkörper aus Fichtenholz für Fensterprofile

12.5.3 Fensterrahmenprofile

Maße für Rahmenquerschnitte

Die Dickenmaße des Querschnitts der Fensterhölzer gelten bei einem Feuchtigkeitsgehalt von 11 bis 15 % bezogen auf das Darrgewicht.

Die zulässigen Abweichungen in der Profildicke betragen nach DIN 68121 (Tab. 1 und 2):

Tab. 1 Profildicken für Einfachfenster in mm

Profil-Kurzzeichen	Mindestdicke (unteres Grenzmaß)	Nenndicke
IV 56	55	56
IV 63	62	63
IV 68	66	68
IV 78	76	78
IV 92	90	92

Tab. 2 Profildicken für Verbundfenster in mm

Profil-Kurzzeichen	Innenflügel		Außenflügel	
	Mindest-dicke*	Nenn-dicke	Mindest-dicke*	Nenn-dicke
DV 44/78-32	42	44	30	32
DV 44/78-44	42	44	42	44
DV 56/78-36	54	56	34	36

* Mindestdicke = unteres Grenzmaß

Bei den weiteren Bearbeitungsmaßen und Profilen ist eine Toleranz von ± 0,5 mm zulässig, die sich auf die entsprechenden Bezugsebenen bezieht.

Die Konstruktionsmaße sind laut DIN 68121 abgestimmt für
- Querprofile wie Zapfen, Schlitze, Brüstungen,
- Längsprofile wie Fälze und Nuten für Dichtungen, Beschläge und Verglasungen.

Rahmenprofile

Die unterschiedlichen Fensterprofile werden durch die Fertigung mit dem einzusetzenden Werkzeugsystem [▶ 16] bestimmt.

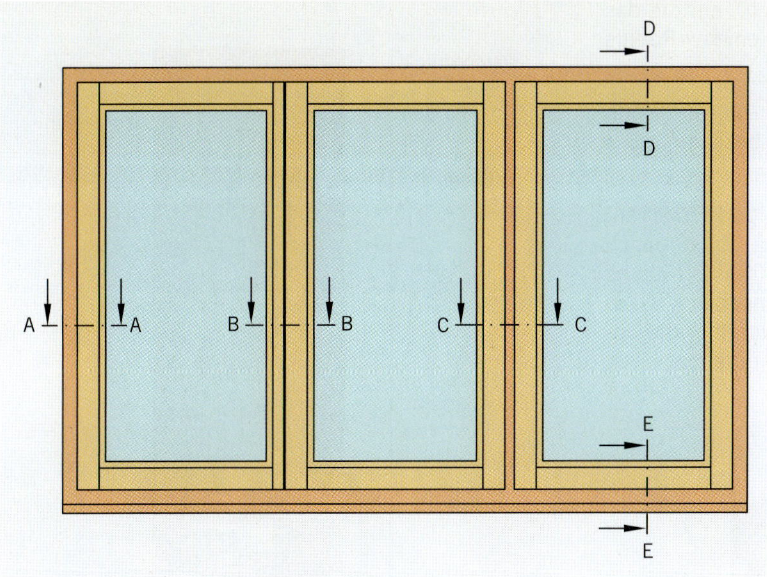

1 Fenster Profil IV 90 mit 3 Flügeln

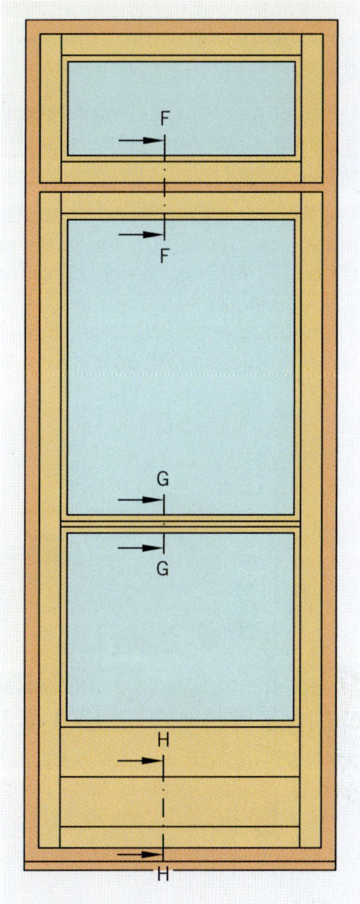

2 Fenstertür Profil IV 90 mit Oberlicht

12.5.4 Konstruktionsmerkmale

In der DIN 68121 sind die allgemeinen Grundsätze für die Konstruktion und Formgebung der Rahmenprofile für Fenster und Fenstertüren aus Holz festgelegt.

Die Grundsätze gelten auch bei Abweichungen von Profilmaßen und Öffnungsarten, für Schwing- oder Schiebefenster sowie für Fenster mit Festverglasung.

Die einzelnen Details der Fensterkonstruktionen und Formgebung werden in der Folge am **Beispiel eines Fensters mit dem Profil IV 90** (Werksystem Dufix, Leitz) dargestellt und erläutert.

Es werden unterschieden:
- Rahmenhölzer aufrecht als
  - Rahmen seitlich, Schnitt A-A (Abb. 1),
  - Stulpausführung, Schnitt B-B (Abb. 1),
  - Pfosten, Schnitt C-C (Abb. 1),
- Rahmenhölzer quer als
  - Rahmen oben, Schnitt D-D (Abb. 1),
  - Rahmen unten, Schnitt E-E (Abb. 1),
  - Riegel, Schnitt F-F (Abb. 2),
  - Füllungen, Schnitt H-H (Abb. 2),
- Sprossen, Schnitt G-G (Abb. 2).

Längsprofile an Querhölzern
Die Falzausbildungen *(rebate shapes)* zwischen Blend- und Flügelrahmen müssen ein **Spiel** ≥ 4 mm gewährleisten (Abb. 3). Für eingelassene Schließplatten und zur Aufnahme verdeckter Scheren, z. B. für Kipp- und Drehkippflügel, muss das Spiel am oberen Blendrahmenholz im Beschlagfalz ≥ 11 mm betragen. Häufig haben Blendrahmen umlaufend einen Beschlagfalz mit einem Spiel ≥ 11 mm **(Eurofalz)** zwischen Blend- und Flügelrahmen zum Aufschrauben der Schließplatten (S. 328, Abb. 1 und 2).

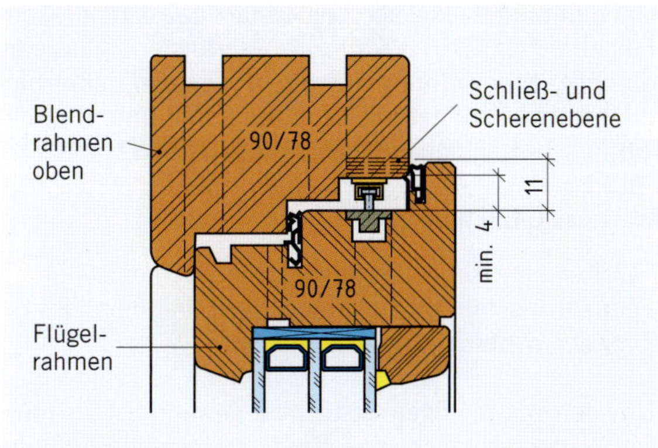

3 Mindestspiel zwischen Blendrahmen und Flügelrahmen

Alle Kanten auf der Witterungsseite (d. h., auf die das Freiluftklima einwirkt) müssen mit einem Radius R ≥ 2 mm gerundet werden (Abb. 1).

Dies gilt nicht für die **Wasserabreißnut**, die eine Breite ≥ 7 mm und eine Höhe von 5 mm besitzen muss (Abb. 1).

Die **Ablaufneigung** des unteren Blend- und Flügelrahmenholzes muss auf der Außenseite ≥ 15° betragen (Abb. 1). Ist mit einer erhöhten Tauwasserbildung *(condensation water)* auf der Innenraumseite (z. B. bei Feuchträumen) zu rechnen, müssen auch hier die unteren Profile eine Ablaufneigung ≥ 15° erhalten.

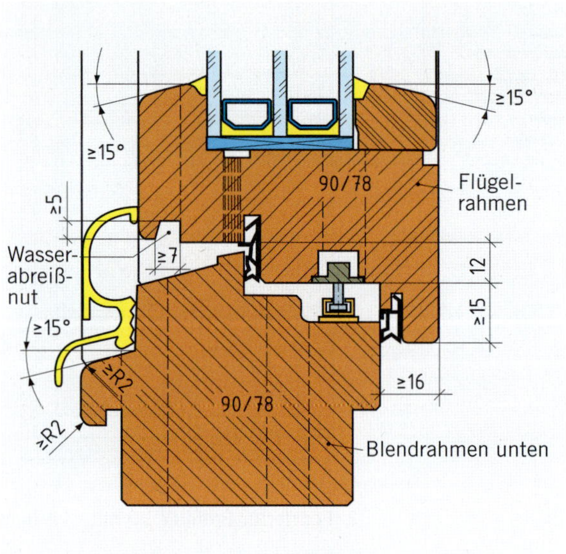

1 Fensterprofil IV 90, Querhölzer unten

Das untere Querholz des Flügelrahmens einer **Fenstertür** darf ungeteilt bis zu einer Breite von 140 mm ausgeführt werden. In der geteilten Ausführung müssen die Querhölzer in der Fuge zusätzlich abgedichtet werden (Abb. 2).

Entlüftungsnut im Glasfalz

Um den Dampfausgleich im Glasfalz *(glass rebate)* des Flügelrahmens [▶ 12.5.7] zu gewährleisten, muss eine durchgehende Öffnungsnut *(groove)* an den Eckverbindungen oben vor der Mitteldichtung und unten vor der Wetterschutzschiene vorhanden sein (Abb. 1 und 2).

Wetterschutzschienen

> Wetterschutzschienen (auch „Regenschienen" genannt) schützen die unteren Blendrahmenhölzer vor der Witterung (Abb. 2 und 3).

Um den notwendigen Schutz zu gewährleisten, müssen Wetterschutzschienen *(rain bar)* folgende **Anforderungen** erfüllen:

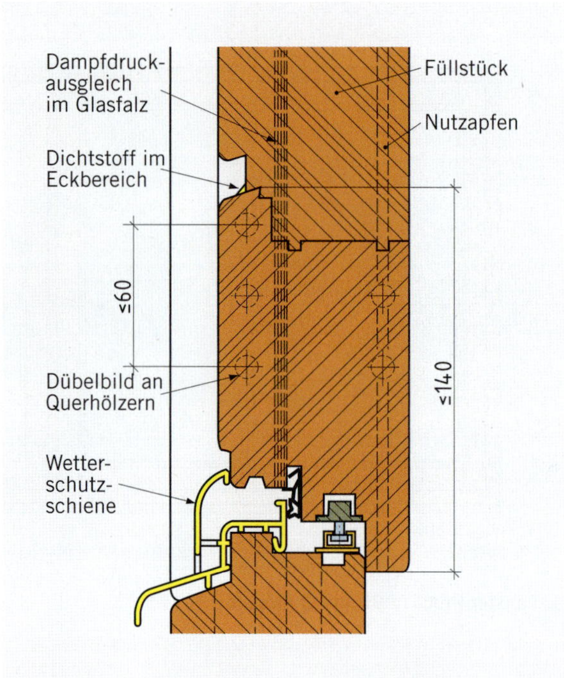

2 Fenstertürprofil IV 90, Querhölzer unten

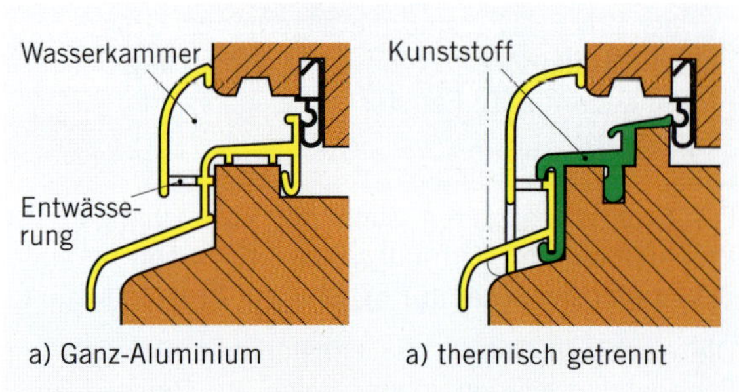

3 Unterschiedliche Wetterschutzschienen

- Sie müssen aus witterungsbeständigem Werkstoff (z. B. Aluminium oder/und Kunststoff) bestehen und durch Schrauben oder Klemmverbindungen (z. B. Tannenbaumprofil) befestigt werden.
- Die Wetterschutzschienen sind seitlich zum Blendrahmen mit Endkappen oder mit elastischen Dichtstoffen abzudichten.
- Sie müssen mit einer Wasserkammer (Abb. 3 a) ausgestattet sein, um Regenwasser aufnehmen und über Entwässerungsschlitze nach außen abführen zu können.

Wärmegedämmte Wetterschutzschienen sind zweigeteilt aufgebaut, „thermisch getrennt". Der äußere Teil besteht aus Aluminium, der innere Teil aus Kunststoff (Abb. 3 b). Mit diesem Aufbau wird die Wärmedämmung im unteren Dichtungsbereich erhöht und die Bildung von Tauwasser an der Wetterschutzschiene verringert.

Der Abstand von der oberen Kante der Wetterschutzschiene zur Mitteldichtung (Abb. 1) bildet die räumliche Trennung von Regen- und Windsperre. Er muss ≥ 17 mm betragen.

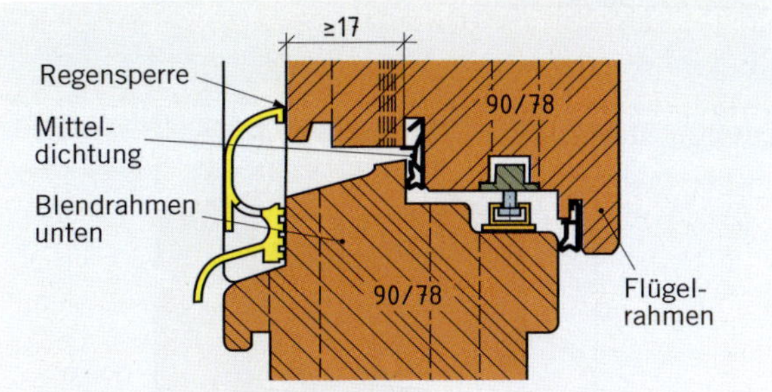

1 Räumliche Trennung von Regen- und Windsperre

Dichtungen *(seals)*

Als **Windsperre** muss eine umlaufend geschlossene Mitteldichtung zwischen Blend- und Flügelrahmen vorhanden sein, die mit der Wetterschutzschiene abschließt. Sie kann in Form einer Flügelfalzdichtung (Abb. 1 und 2) oder als Blendrahmendichtung angeordnet werden.

Schallschutzfenster haben zur Lärmminderung eine zweite, von der Mitteldichtung möglichst weit entfernt angeordnete Dichtung. Standard sind Überschlagdichtungen (Abb. 2) am Falznacken.

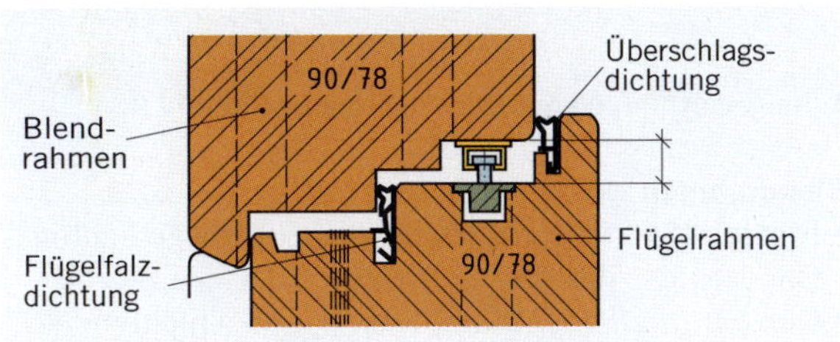

2 Fensterrahmen Profil IV 90 mit 2 Dichtungen

Längsprofile an aufrechten Rahmenhölzern

Die Falz- und Nutenausbildungen der aufrechten Blend- und Flügelrahmenhölzer (Abb. 3) entsprechen häufig denen der oberen Querhölzer.

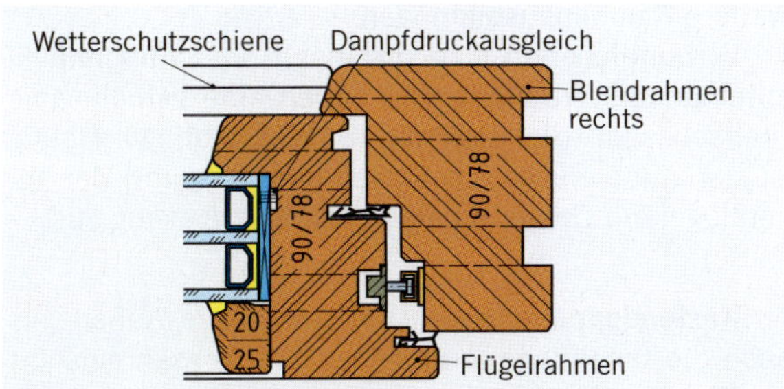

3 Fensterprofil IV 90, aufrechte Rahmenhölzer

Bei dem abgebildeten Beispiel wird in der Beschlagebene zwischen Blend- und Flügelrahmen ein Spiel von umlaufend 12 mm eingehalten.

Bei Fenstern und Fenstertüren mit zwei und mehr Flügeln kann der Mittelanschluss der Flügel ohne fest stehenden Pfosten in **Stulpausführung** gefertigt werden (Abb. 4).

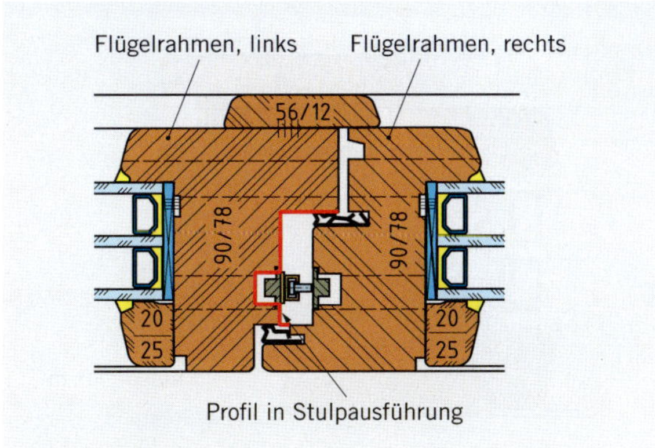

4 Mittelanschluss der Flügel in Stulpausführung

Rahmenverbindungen *(frame joints)*

Nach den Vorgaben der DIN 68121 müssen die Rahmenverbindungen dauerhaft dicht sein und die Formstabilität (Winkel, Flächen) von Blendrahmen und Flügeln gewährleisten.

Die Rahmenverbindungen entstehen durch Querprofilierung der Blend- und Flügelrahmen mit Schlitz und Zapfen *(bridle joint)* (Abb. 5) sowie durch Dübeln *(dowel)* (S. 332, Abb. 1) oder Verbindungsbeschläge *(joint fittings)*.

Schlitz-und-Zapfen-Verbindungen gewährleisten eine hohe Formstabilität, sind aber fertigungstechnisch aufwendig. Gefertigt werden sie als Doppelzapfen mit drei Wangen, bei denen die Querhölzer an den Blendrahmen und an den Flügeln die aufrechten Rahmenhölzer durchlaufen.

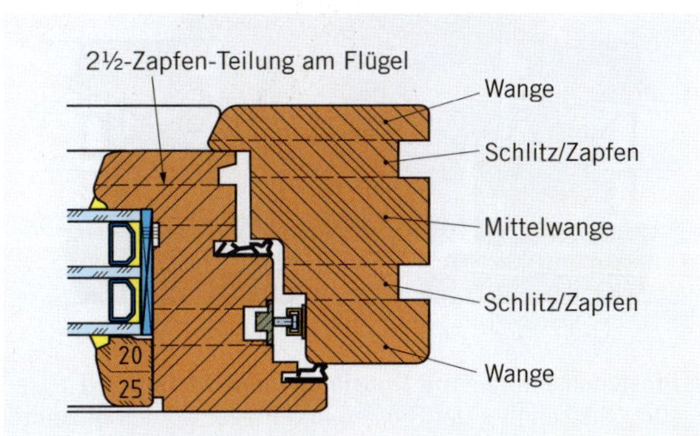

5 Schlitz-und-Zapfen-Verbindung

Dübelverbindungen haben sich an Eckverbindungen der Blendrahmen und bei Mittelverbindungen an Blend- und Flügelrahmen durchgesetzt. Sie werden auch an Flügelrahmen in Sandwichausführung angewendet (Abb. 1). Die Anordnung der Dübel (Abb. 1 und 2) bestimmt die Formstabilität der Verbindungen. Die Dichtigkeit wird durch Profile und Gegenprofile der Brüstungen erreicht.

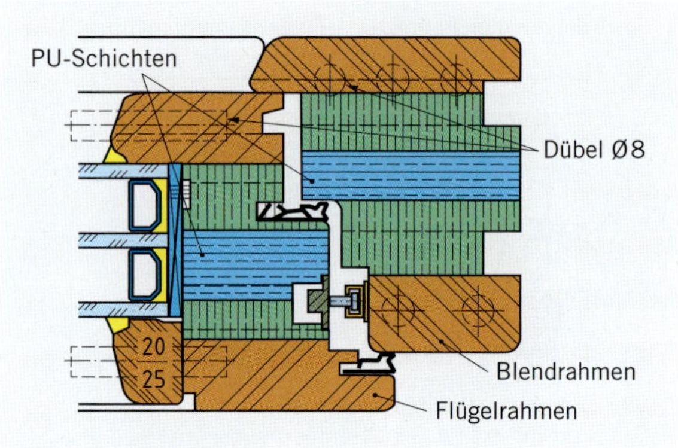

1 Dübelverbindung

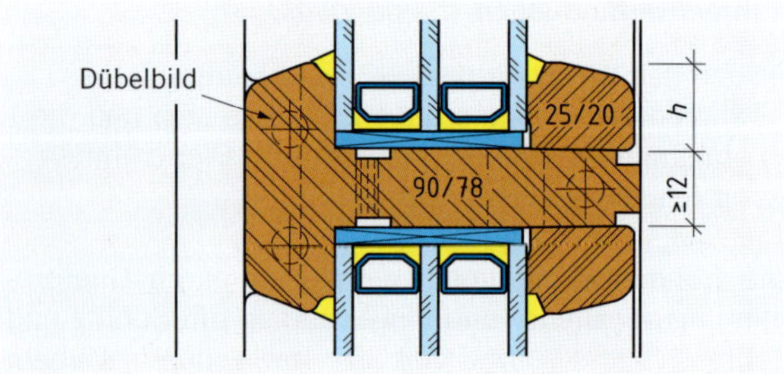

2 Sprossenausführung mit Dübelbild am Profil IV 90

Die Wahl der Verbindungen ist von technologischen und fertigungstechnischen Entscheidungen abhängig.

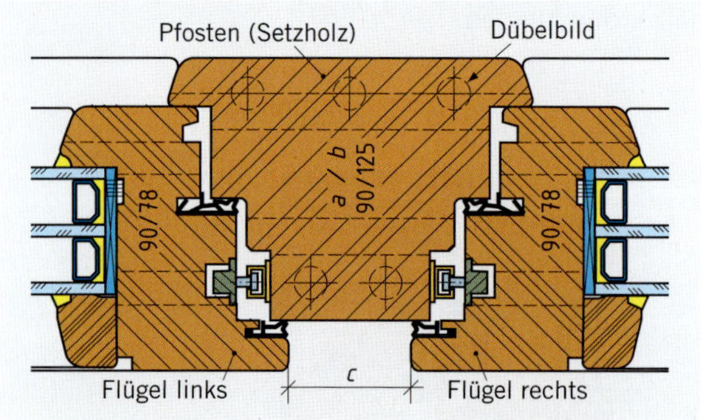

3 Pfostenausführung mit Dübelanordnung Profil IV 90
(Die Querschnitte der Pfosten und Riegel werden in Breite *a* und Dicke *b* durch die mechanischen Beanspruchungen, der Abstand *c* von der Art der Beschläge bestimmt.)

Rahmenhölzer zur Gliederung von Blend- und Flügelrahmen

Die Gliederung von Blend- und Flügelrahmen erfolgt nach gestalterischen und technologischen Gesichtspunkten.

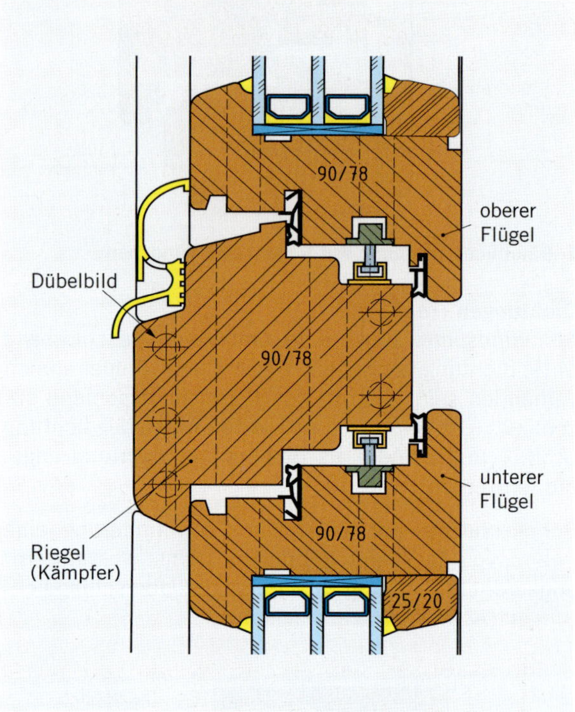

4 Riegelausführung mit Dübelanordnung Profil IV 90

Blendrahmen werden unterteilt mit
- Pfosten (Setzhölzern) *(transoms)* zur waagerechten Gliederung (Abb. 3),
- Riegeln *(mullions)* (Kämpfern) zur senkrechten Gliederung (Abb. 4).

Flügel werden unterteilt mit
- Sprossen *(muntins)* zur waagerechten und senkrechten Gliederung (Abb. 2),
- Füllstücken *(glazing bars)* zur waagerechten Gliederung von Fenstertürflügeln (S. 329, Abb. 2).

Weitere Rahmenausbildungen

An **Verbundfenstern** sind die Innen- und Außenflügel miteinander verbunden und haben eine gemeinsame Drehachse am Blendrahmen (S. 333, Abb. 1). Häufig ist der Außenflügel mit Einscheibenglas und der Innenflügel mit Doppelscheiben-Isolierverglasung ausgestattet.

An **Kastendoppelfenstern** sind sowohl die Außen- als auch die Innenflügel an eigenen Drehachsen gelagert (S. 333, Abb. 2). Die beiden Blendrahmen sind durch ein Futter miteinander verbunden.

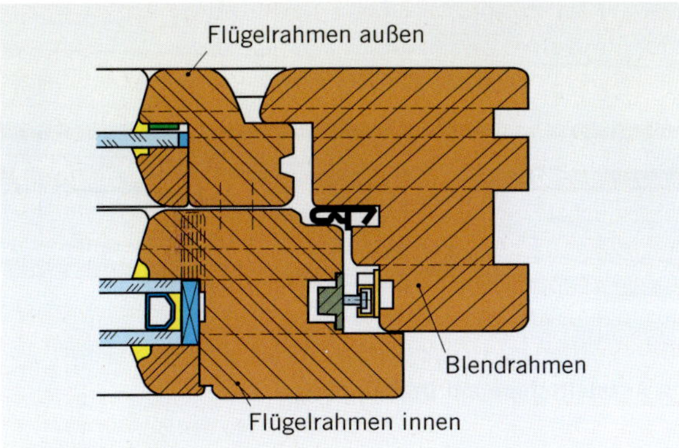

1 Fenster mit Verbundflügelrahmen

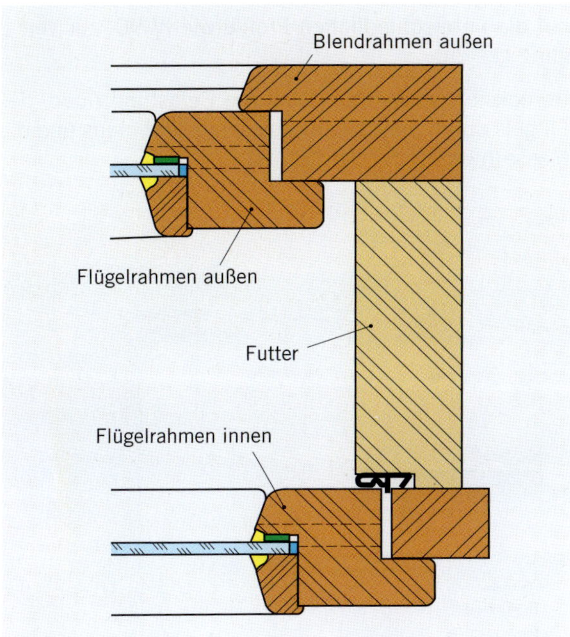

2 Flügel- und Blendrahmen am Kastendoppelfenster

12.5.5 Fensterbeschläge *(window hardware)*

Fensterbeschläge dienen der Verbindung der Flügelrahmen mit dem Blendrahmen sowie der Öffnung und Verriegelung der Flügel.

Je nach Anschlagarten [▶ 12.3.3] gibt es unterschiedliche Beschläge für
- Drehflügel – für rechts und links,
- Drehkippflügel – für rechts und links,
- Kippflügel und Klappflügel,
- Schwingflügel und Wendeflügel,
- Schiebe- und Hebeschiebeflügel.

Ein Fensterbeschlag ist ein System verschiedener Funktionselemente, die am Beispiel eines Drehkippflügel-Beschlags dargestellt werden.

Beschlag für Drehkippflügel
Drehkippflügel sind heute Standard, bei dem alle Funktionselemente, bis auf die Eckbänder, im Falzraum des Flügel- und Blendrahmens angeordnet sind (Abb. 3). Die Mehrfachfunktion verbindet die Vorteile des Drehflügels (z. B. bedienungsfreundliches Fensterreinigen) mit denen des Kippflügels (z. B. zugfreies Raumlüften).

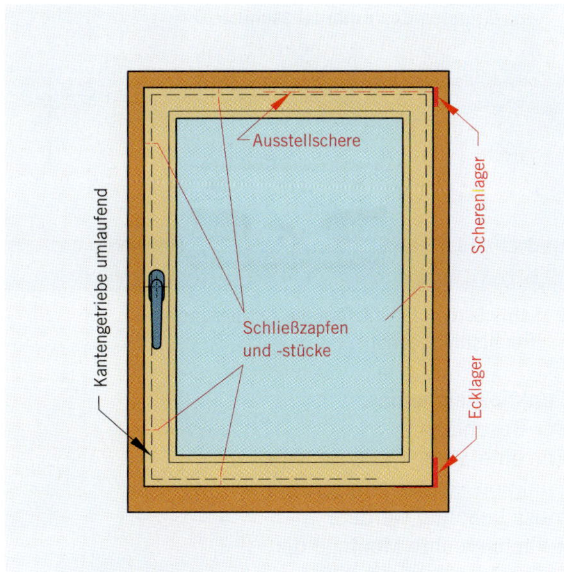

3 Anordnung der Beschlagelemente an einem Drehkippfenster

Zu den Funktionselementen zählen
- **Flügelrahmen-Beschlagelemente** (Abb. 3) wie
  - Drehgriff *(handle)* mit Vierkant,
  - Kantengetriebe mit Schließzapfen,
  - Stulp- und Eckenumlenkgetriebe,
  - Getriebe mit Schloss,
  - Eck- oder Falzbänder (höhenverstellbar).
- **Blendrahmen-Beschlagelemente** wie
  - Ausstellscheren mit Lager,
  - Zweitschere (bei Bedarf),
  - Kipp- und Ecklager,
  - Schließstücke,
  - Niveausperren und Auflaufböcke.

Die **Kanten- und Eckenumlenkgetriebe** bilden eine Einheit (S. 334, Abb. 4). Durch sie werden die Schließzapfen (S. 334, Abb. 1) in den Schließstücken (S. 334, Abb. 2) sowie die Ausstellschere ver- bzw. entriegelt *(un-/locked)*. Um ein Aushaken des Flügels von außen zu erschweren und den Einbruchsschutz zu erhöhen, sind die Schließzapfen (S. 334, Abb. 1) pilzförmig ausgebildet.

Die **Ausstellschere** (S. 334, Abb. 3) begrenzt die Flügelöffnung in Kippstellung. Sie benötigt am oberen Blendrahmenholz ein Spiel ≥ 11 mm.

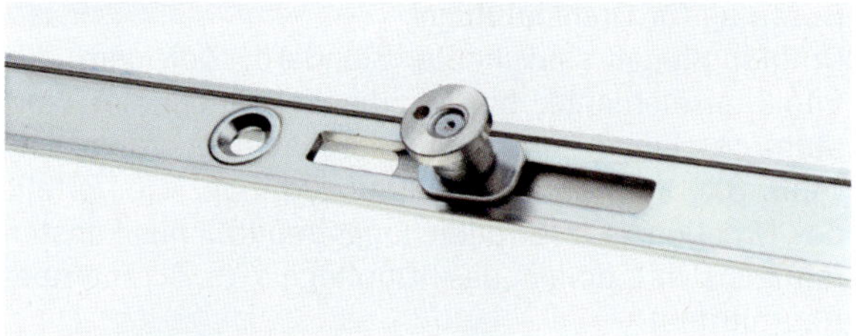

1 Kantengetriebe mit Schließzapfen in Pilzform
(aus Gründen des Einbruchsschutzes)

2 Schließstück für pilzförmige Schließzapfen
(Rechtslinksversion)

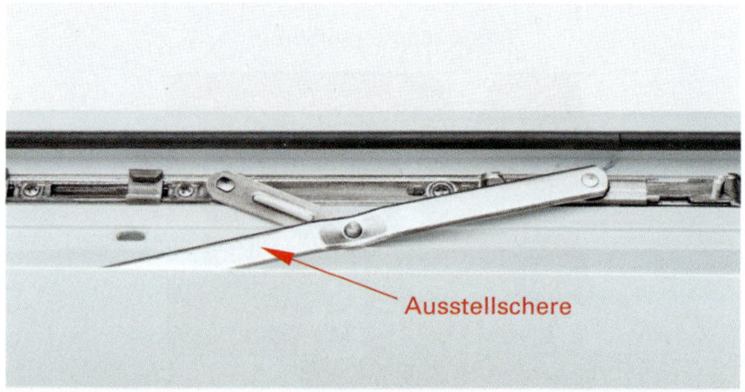

3 Ausstellschere am Drehkippflügel

Die **Anwendungsdiagramme** (S. 335, Abb. 1) für die Beschläge werden von den Beschlagherstellern in den Beschlagbroschüren (z. B. per Download), abgestimmt auf die unterschiedlichen Profile wie IV 90, zur Verfügung gestellt.

Berücksichtigt werden dabei die Belastung *(load)* des Flügels durch die Eigenmasse seines Rahmens und die Masse *(weight)* der Verglasung.

Funktionssicherheit der Beschläge
Für eine stetige und sichere Funktion eines Beschlags muss beachtet werden:

- Fachgerechte Montage der Beschlagelemente laut Angaben der Einbauanleitung des Herstellers.
- Fachgerechte Montage der Elemente beim Einbau der Fenster.
- Der Fensterhersteller hat die Wartungs- und Bedienungsanleitung sowie ggf. die Produkthaftungsrichtlinien dem Benutzer auszuhändigen.
- Der Gesamtbeschlag darf nur aus dem System eines Herstellers bestehen.

Gewährleistungen *(warranty)* für Funktionsstörungen oder Beschädigungen werden von den Beschlagherstellern nur dann übernommen, wenn die Montagevorschriften und die Begrenzung der Flügelaußenmaße laut Anwendungsdiagramm beachtet werden.

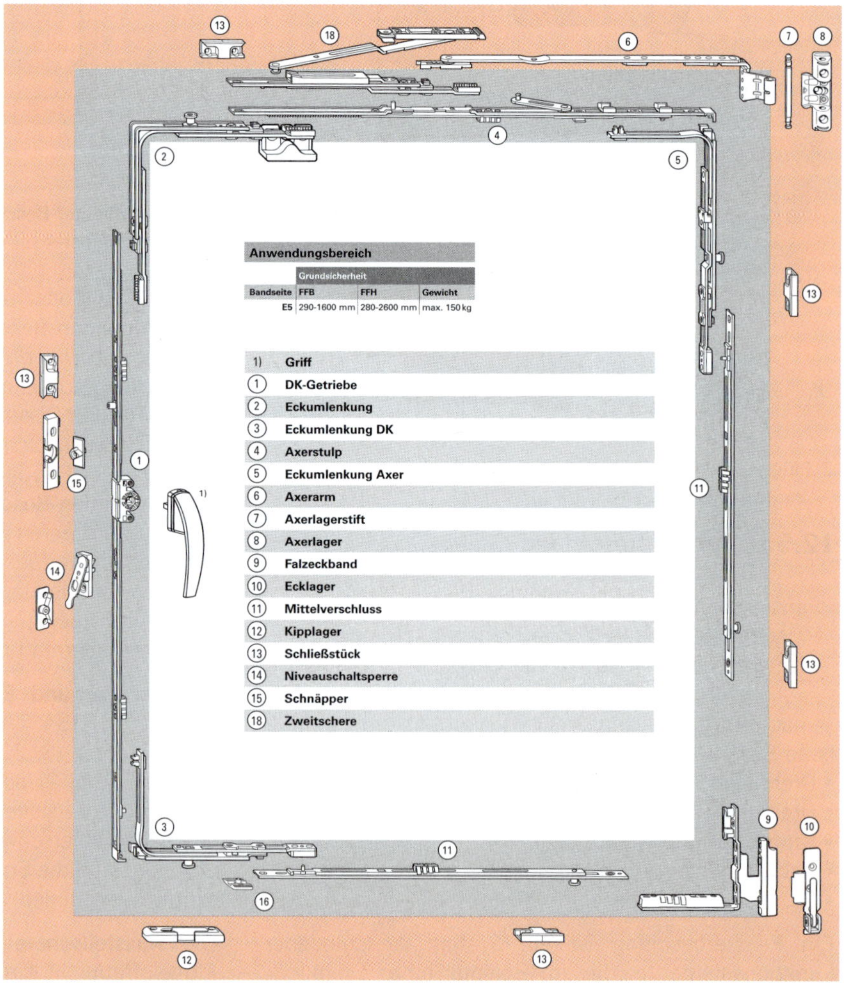

4 Drehkippbeschlag (Beispiel aus einem Beschlagkatalog)

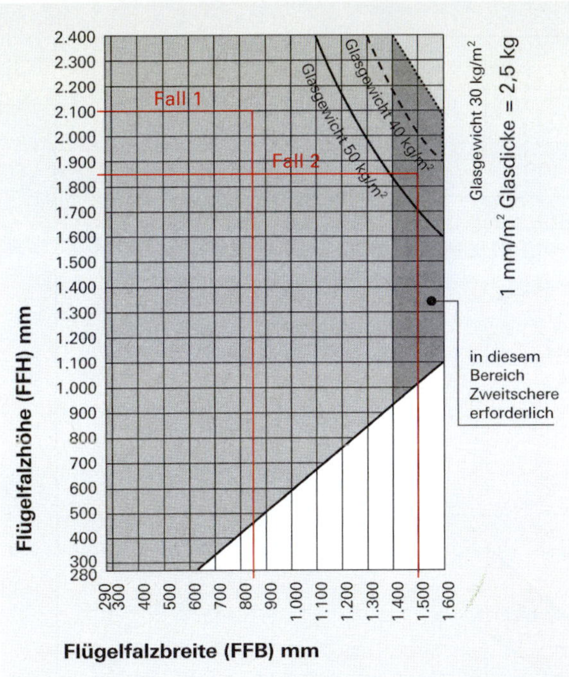

1 Anwendungsdiagramm für Fensterflügel mit zulässiger Gesamtmasse von 130 kg
(Glasmasse ist im Diagramm als Glasgewicht bezeichnet)

Ablesebeispiele

Fall 1:
Die Flügelfalzbreite FFB misst 850 mm, die Flügelfalzhöhe FFH 2100 mm.
⇒ Der Flügelrahmen darf eine Gesamtmasse von 130 kg, die Verglasung eine Masse von 50 kg nicht überschreiten.

Fall 2:
Die Flügelfalzbreite FFB misst 1500 mm, die Flügelfalzhöhe FFH 1850 mm.
⇒ Der Flügelrahmen darf auch hier die Gesamtmasse von 130 kg, die Verglasung jedoch die Masse von 40 kg nicht überschreiten. Das Format macht in diesem Fall eine Zweitschere erforderlich.

Die **Ausreißkräfte** *(extraction force)* für sicherheitsrelevante Beschlagelemente wie Scheren- und Ecklager müssen die Werte der Tab. 1 erreichen.

Tab. 1 Zugkraftwerte* abhängig von der Flügelmasse

Flügelmasse in kg	Zugkraft in N*
60	1650
70	1900
80	2200
90	2450
100	2700
120	3000

* Werte der Durchführungsbestimmungen zur Befestigung für Drehkippbeschläge lt. RAL-RG 607/3

Bei Holzfenstern werden die Werte durch hochwertige Schrauben in den vom Beschlaghersteller vorgegebenen Abmessungen erreicht.

Zur Befestigung der Beschlagelemente sind galvanisch blank verzinkte Fensterbauschrauben aus Stahl 39/41 zu verwenden.

Weitere Vorgaben sind:
- Aus Korrosionsschutz dürfen keine säurevernetzten Dichtstoffe verwendet werden.
- Die Richtlinien zum Verklotzen [▶ 12.6] der Glasscheiben müssen eingehalten werden.

Griff *(handle)*
Der Griff ist häufig gegen Einbruch verschließbar. Durch die Stellung der bedienerfreundlichen Eingriffversion (Abb. 2) werden die verschiedenen Funktionen bestimmt:
- Schließen (Griff senkrecht nach unten);
- Öffnen in Drehfunktion (Griff waagerecht). Durch 90°-Drehung des Griffs wird die Verriegelung des Flügels aufgehoben und er kann als Drehflügel geöffnet werden;
- Öffnen in Kippfunktion (Griff senkrecht nach oben). Nach dem Schließen des Flügels und einer 180°-Drehung lässt sich der Flügel als Kippflügel öffnen;
- Aushaken (Griff schräg nach oben). Für Wartungs- und Reparaturarbeiten kann der Flügelrahmen unter 135° ausgehakt werden.

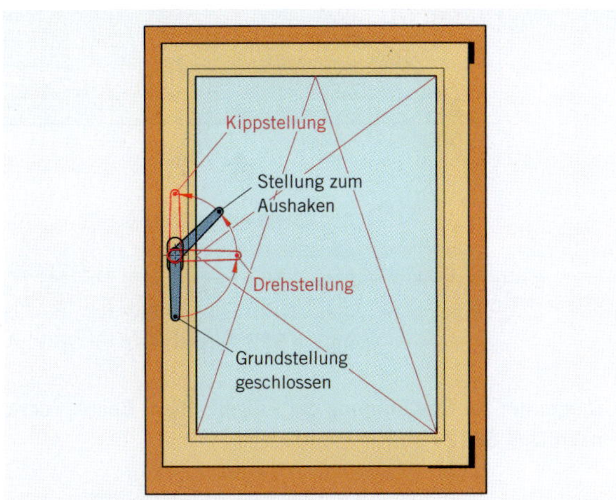

2 Stellungen des Drehgriffs für Drehkippfenster

12.5.6 Flügelabmessungen

Die Abmessungen der Flügel sind entscheidend für die Konstruktion und Dimensionierung von Fenstern und Fenstertüren, um die anfallenden Kräfte *(forces)* berücksichtigen zu können.

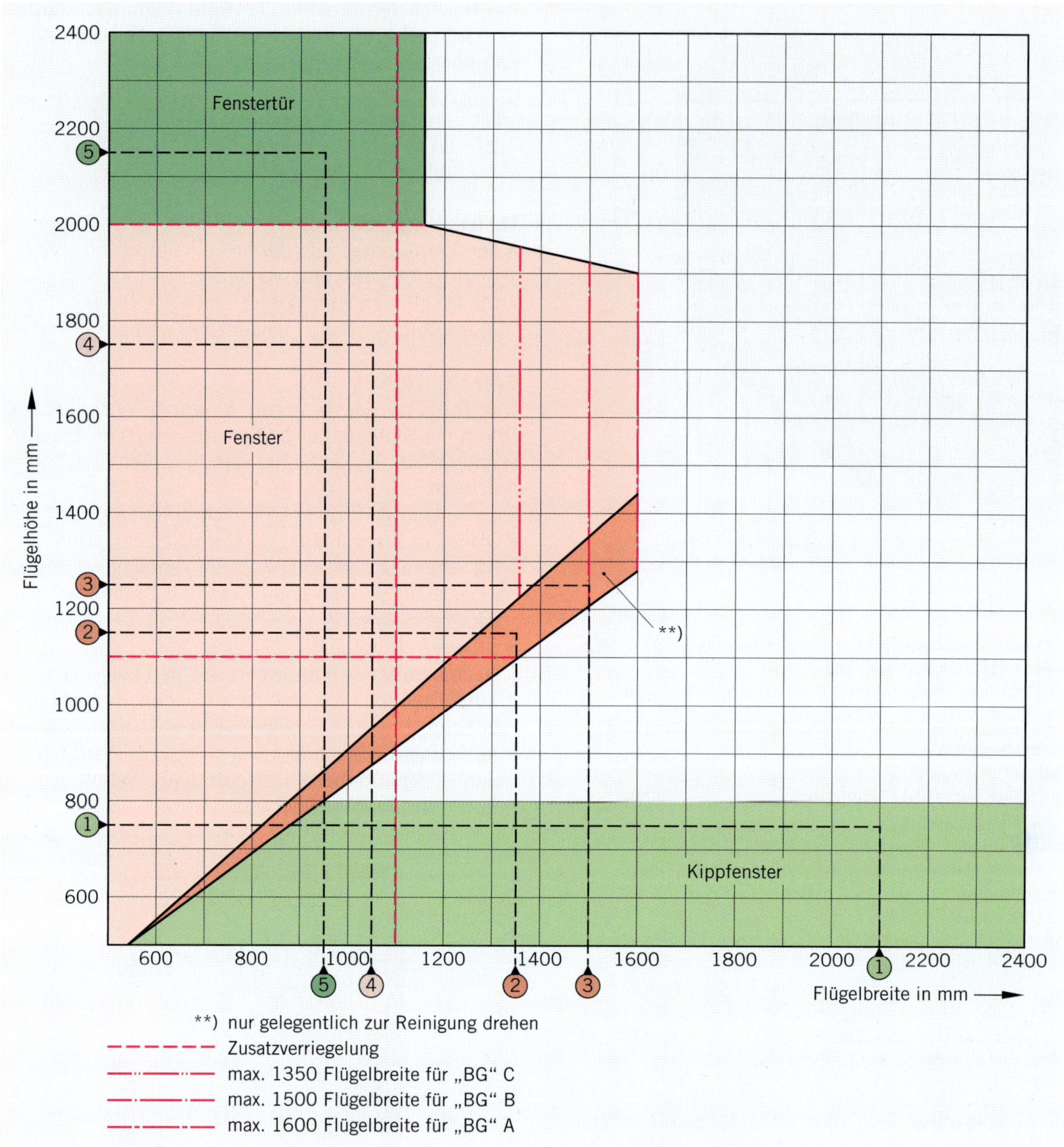

1 Diagramm zur Bestimmung der Flügelgrößen, Beanspruchungsgruppen und Anwendungsbereiche für das Profil IV 92 nach DIN 68121

Ablesebeispiele

Beispiel Nr.	Profil Dicke/Breite	Flügelbreite in mm	Flügelhöhe in mm	Benennung	Beanspruchungsgruppe (BG)	Zusatzverriegelung in der Breite	Zusatzverriegelung in der Höhe
①	92/92 mm	2150	750	Kippfenster	–	2	–
②	92/92 mm	1350	1150	als Drehflügel nur zur Reinigung zu benutzen	B	1	–
③	92/92 mm	1500	1250		A	1	1
④	92/92 mm	1050	1750	Drehkippfenster	B	–	1
⑤	92/92 mm	950	2150	Fenstertür	C	–	2

Tab. 1 Maximale Fensterformate nach DIN 68121

BG	Ausführung	Maximale Flügelformate (mm)	Einfachfenster und Einfachfenstertüren									Verbundfenster und Verbundfenstertüren		
			IV 56/78	IV 56/92	IV 63/78	IV 63/92	IV 68/78	IV 68/92	IV 78/78	IV 78/92	IV 92/92	DV 32/44 -51/78	DV 44/44 -51/78	DV 36/56 -65/92
A	Drehkipp-fenster	Breite/ Höhe	1400/1500 1300/1560	1400/1500 1300/1700	1450/1600 1350/1680	1450/1600 1350/1730	1550/1650 1450/1730	1550/1650 450/1730	1600/1750 1500/1780	1600/1750 1500/1800	1600/1900 1500/1920	1300/1500 1200/1650	1400/1500 1300/1620	1400/1500 1300/1700
	Drehkipp-fenster[1]	Breite/ Höhe	1400/1250 1300/1180		1450/1320 1350/1240		1550/1410 1450/1330		1600/1450 1500/1360			1300/1170 1200/1080	1400/1260 1300/1180	
B	Drehkipp-fenster	Breite/ Höhe	1300/1560 1150/1680	1300/1700 1150/2000	1350/1680 1200/1820	1350/1730 1200/1930	1450/1730 1300/1800	1450/1730 1300/1860	1500/1780 1350/1850	1500/1800 1350/1880	1500/1920 1350/1950	1200/1650 1050/1920	1300/1620 1150/1820	1300/1700 1150/2000
	Drehkipp-fenster[1]	Breite/ Höhe	1300/1180 1150/1050		1350/1240 1200/1090		1450/1330 1300/1180		1500/1360 1350/1230			1200/1080 1050/950	1300/1180 1150/1050	
C	Drehkipp-fenster	Breite/ Höhe	1150/1680 1000/1800	1150/2000	1200/1820 1000/2000	1200/1930 1150/2000	1300/1800 1000/2000	1300/1860 1150/2000	1350/1850 1000/2000	1350/1880 1150/2000	1350/1950 1150/2000	1050/1920 1000/2000	1150/1820 1000/2000	1150/2000
	Drehkipp-fenster[1]	Breite/ Höhe	1150/1050		1200/1090		1300/1180		1350/1230			1050/950	1150/1050	
	Fenster-türen	Breite/ Höhe	1000/2300	1150/2300	1000/2400	1150/2400	1150/2400	1150/2400	1000/2400	1150/2400	1150/2400	1000/2300	1000/2300	1150/2300
	Kippfenster	Breite/ Höhe	800/2400											

BG = Beanspruchungsgruppen
[1] Drehkippflügelfenster, die nur gelegentlich als Drehflügel benutzt werden dürfen

Ablesebeispiel
Es soll ein Drehkippflügel-Einfachfenster mit der Flügelgröße von 1450 mm Breite und 1600 mm Höhe der Beanspruchungsgruppe B (Gebäudehöhe bis 20 m) hergestellt werden.

Ergebnis
Als Fensterprofil muss mindestens das Profil IV 68/78 gewählt werden. Der Fensterflügel erhält in der Breite und Höhe je eine Zusatzverriegelung.

Die maximalen Flügelabmessungen der Fenster- und Fenstertürflügel sind abhängig von
- der Beanspruchungsgruppe,
- dem Profilquerschnitt,
- der Öffnungsart.

So sind z. B. die größten Flügelbreiten für Dreh- und Drehkippflügel durch Beanspruchungsgruppen A, B und C begrenzt (S. 337, Tab. 1). Zusätzlich werden lt. DIN 68121 Vorgaben für maximale Flügelabmessungen und Zusatzverriegelungen gemacht. Dabei werden Querschnitte und Anwendungsbereiche der Fensterprofile berücksichtigt.

Größendiagramm für Flügel

Die Flügelabmessungen und Anwendungsbereiche für z. B. ein Fensterprofil IV 92 ergeben sich aus dem Diagramm 1, S. 336 und Tab. 1, S. 337. Die Festlegung der maximalen Flügelgröße erfolgt in m², die des Formats in „Breite/Höhe".

12.5.7 Glasfalz *(glass rebate)*

Glasfalzprofile und Sprossen an Flügeln werden nach DIN 18545-1 ausgeführt.

Flügelrahmen müssen so dimensioniert sein, dass sie Glasscheiben *(window panes)* aufnehmen können. Sie werden meist durch Glashalteleisten *(bead)* gehalten, die i. d. R. bei Fenstern und Fenstertüren raumseitig angeordnet sind (Abb. 1).

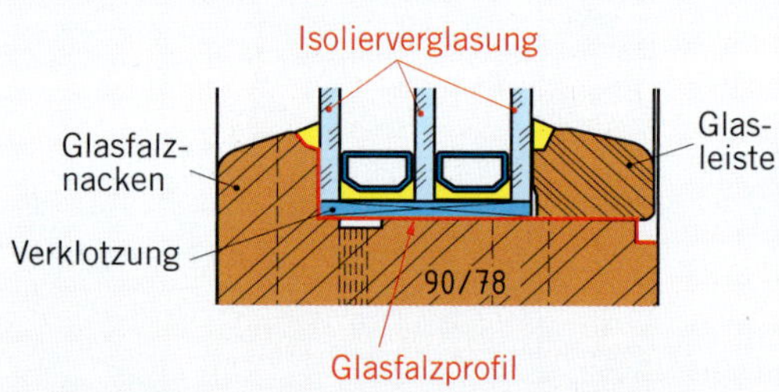

1 Glasfalzprofil am Flügelrahmen

Die **Glasfalzhöhe *h*** (Abb. 2, Tab. 1) wird nach der Kantenlänge einer Verglasungseinheit bemessen.

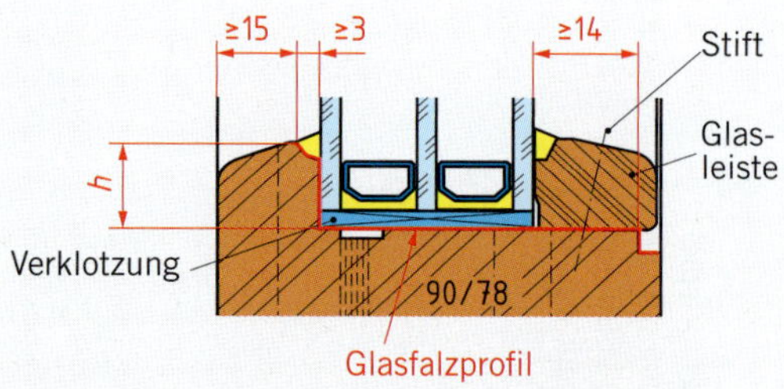

2 Abmessungen am Glasfalzprofil nach DIN 18545-1

Tab. 1 Glasfalzmindesthöhen nach DIN 18545-1 in mm

Längste Seite einer Verglasungseinheit	Glasfalzhöhe *h* bei	
	Einfachglas	Mehrscheiben-Isolierglas*
≤ 1000	10	18
> 1000 ≤ 3500	12	18
> 3500	15	20

* Bei Isolierglas mit der Kantenlänge bis 500 mm darf bei schmalen Sprossen *h* auf 14 mm reduziert werden.

Glashalteleisten können genagelt oder geklammert werden, wenn die Auflagebreite ≥ 14 mm (Abb. 2) beträgt. Sie kann auf 12 mm verringert werden, wenn vorgebohrt und geschraubt wird.

Glasfalzentlüftung

Nach DIN 18545-3 ist die Verglasung mit
- mit Dichtstoff ausgefülltem Falzraum Va oder
- dichtstofffreiem Falzraum Vf möglich.

Am dichtstofffreien Falzraum muss eine durchgehende Glasfalzentlüftung *(glass rebate ventilation)* (Abb. 3) [▶ 12.5.4] am Flügelrahmen hin zum Außenraum vorgesehen werden, um die Bildung von Kondenswasser zu verhindern.

An Holzfenstern kann die Entfeuchtung über die Rahmeneckverbindungen erfolgen.

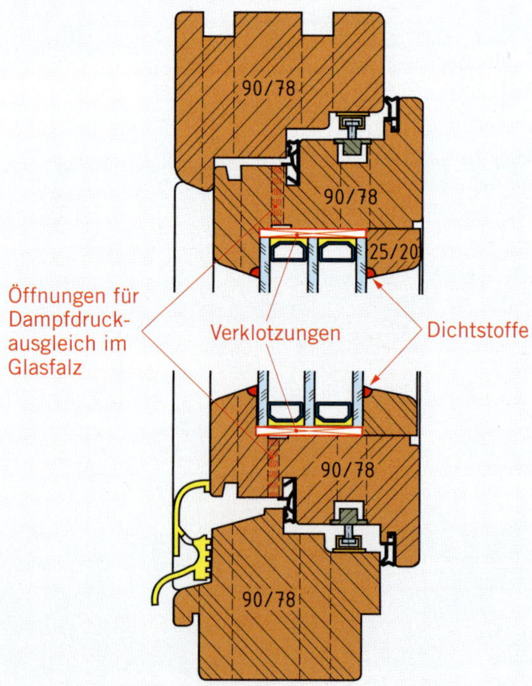

3 Glasfalzentlüftungen am Flügelrahmen

12.5.8 Sprossenbildung

Sprossen dienen der senkrechten und waagerechten Untergliederung der Flügel aus gestalterischen und technologischen Gründen.

Glasteilende Sprossen sind **„echte Sprossen"** *(structural muntins)*, die Verglasungen im Flügel trennen (Abb. 1 und 2).

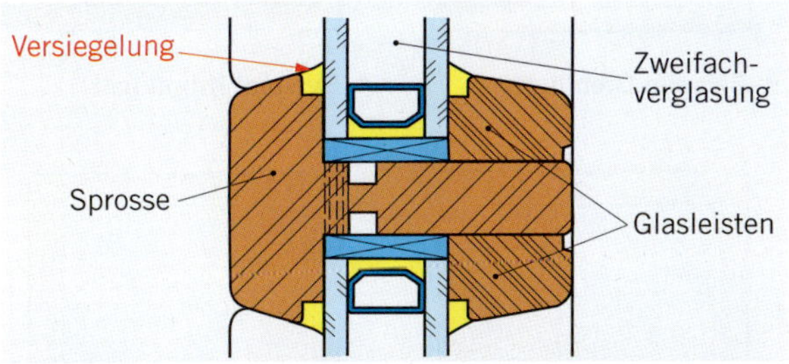

1 Querschnitt einer „echten" Sprosse aus Vollholz

2 Echte Sprossen aus Vollholz

Aufgeklebte *(glued-on)* **Sprossen** werden aus Gestaltungsgründen außen und/oder innen auf die durchgehenden Isolierglasscheiben aufgesetzt (Abb. 3), oft als „Kreuzsprosse" (Abb. 4). Um ein einheitliches Bild im Bereich der Sprossen und Ränder zu erhalten, werden häufig zusätzliche **Stege** als Abstandhalter zwischen den Glasscheiben eingelegt. Um Wärmebrücken zu vermeiden, werden heute vornehmlich Kunststoffstege verwendet.

3 Aufgeklebte Sprossen außen und innen aus Vollholz mit Kunststoffsteg

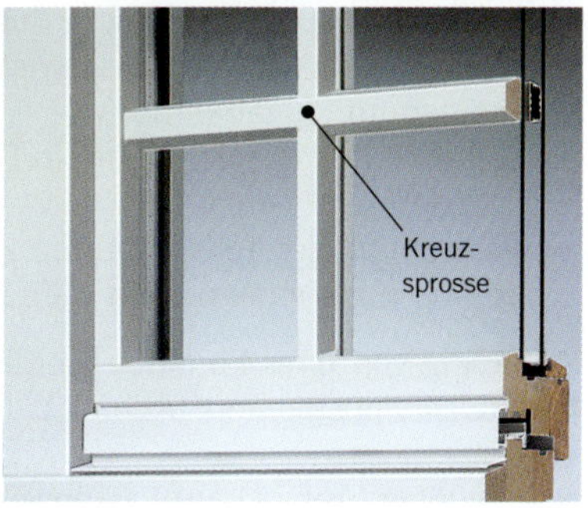

4 Einseitig außen aufgeklebte Sprossen aus Vollholz mit Steg

Vorsatzsprossen bestehen aus einem eigenständigen Sprossenrahmen (Abb. 5). Der mit speziellen Beschlägen auf dem Flügel montierte Rahmen kann zum Scheibenputzen geöffnet werden. Die Größen der Vorsatzrahmen sind jedoch aus konstruktiven Gründen begrenzt.

5 Vorgesetzter Sprossenrahmen aus Vollholz

Zwischen den Scheiben **eingelegte Sprossen** sind innerhalb der Isolierglasscheiben angebracht (Abb. 6). Diese Sprossen werden aus Gestaltungsgründen verwendet. Die Glasscheiben können in voller Fläche ohne Behinderung geputzt werden.

6 Eingelegte Sprossen aus Kunststoff zwischen den Scheiben

12.5.9 Verklotzen der Glasscheiben

Das Verklotzen *(using glazing blocks)* (S. 340, Abb. 1) der Glasscheiben soll die Winkelstabilität durch „Scheibenwirkung" des beweglichen Flügelrahmens gewährleisten und ein Verformen verhindern.

Dies wird im Einzelnen erreicht durch
- Verteilen und Ableiten der Gewichtskräfte der Glasscheiben im Flügelrahmen,
- Positionierung der Scheiben im Flügelrahmen bei der Montage,
- Bestimmung der unveränderten Lage der Glasscheiben im Flügelrahmen auch während des Gebrauchs.

Abhängig von ihrer Funktion werden die Klötze *(glazing blocks)* positioniert (Abb. 1 bis 8) und unterschieden in
- **Tragklötze** (Abb. 1) zur Lastenverteilung und
- **Distanzklötze** (Abb. 1), etwas dünner als die Tragklötze, die den Abstand zwischen Glaskanten und Glasfalzgrund konstant halten.

Wird der Dampfdruckausgleich *(vapor pressure equalization)* durch Klötze behindert, sind **Klotzbrücken** mit einem Durchlass von mind. 8 × 4 mm zu verwenden.

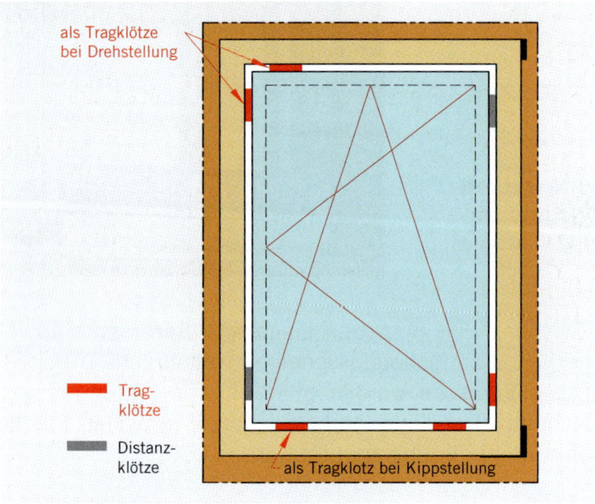

1 Verklotzungsbeispiel am Drehkippflügel

Die Klötze bestehen aus Kunststoff oder imprägniertem Vollholz und werden, farblich unterschieden, in verschiedenen Dicken (Abb. 2) eingesetzt.

2 Klötze aus imprägnierter Buche

Im dichtstofffreien Falzraum müssen die Klötze dauerhaft am Flügelrahmen befestigt werden.

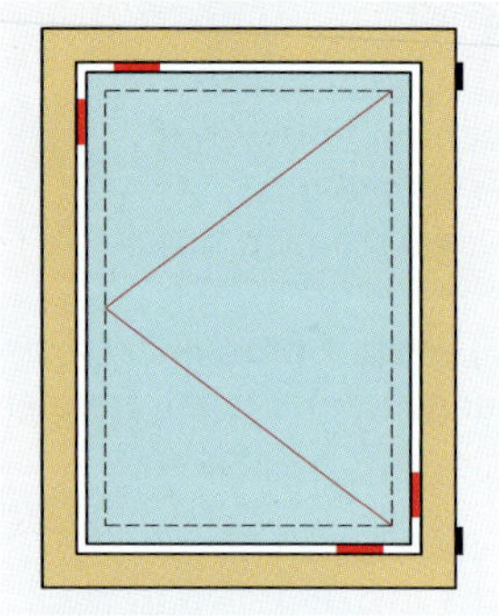

3 Beispiel Drehflügel

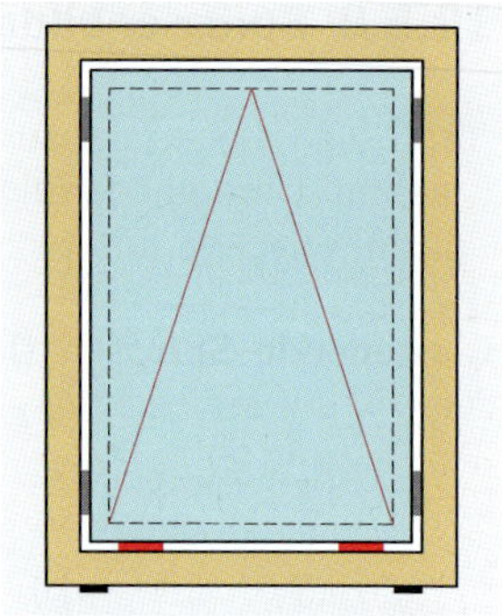

4 Beispiel Kippflügel

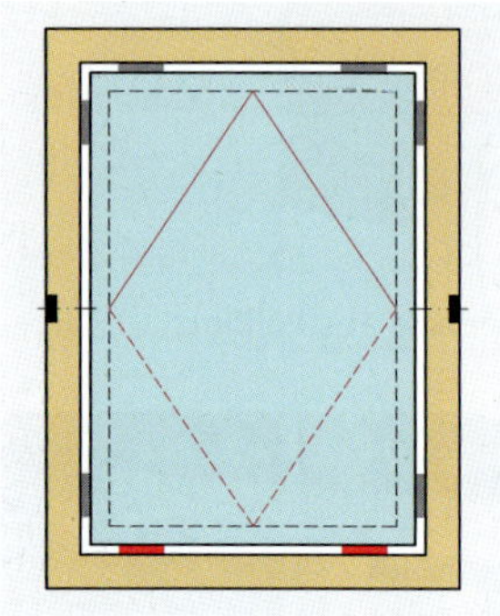

5 Beispiel Schwingflügel

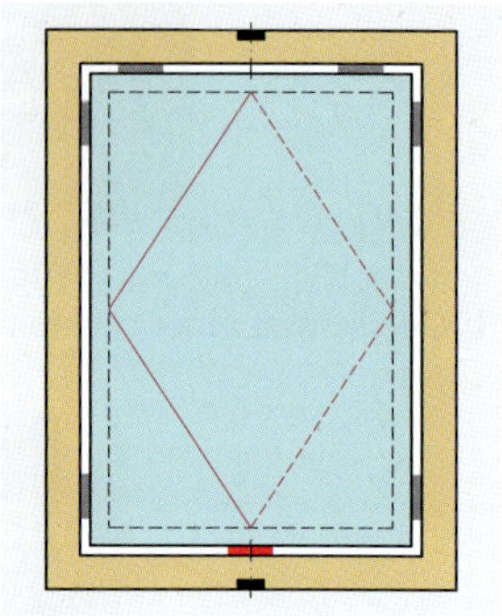

6 Beispiel Wendeflügel

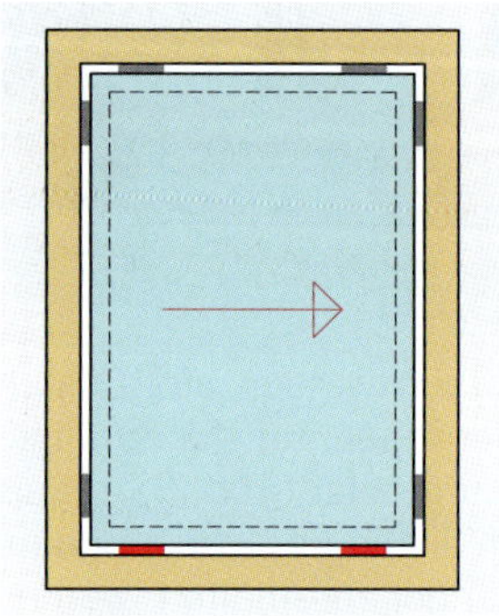

7 Beispiel Schiebeflügel

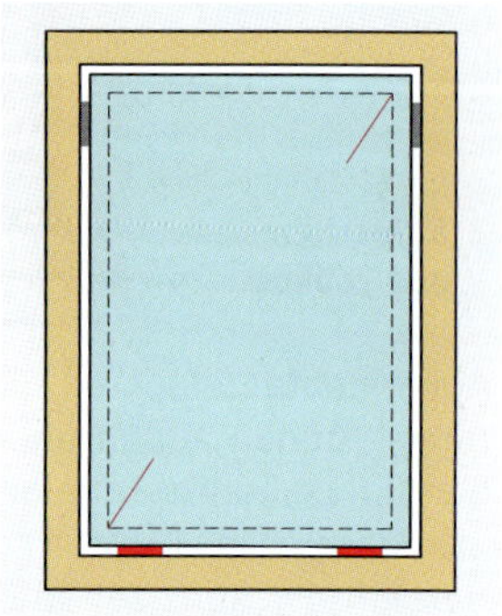

8 Beispiel Festverglasung

Werkstoff, Imprägnierung und Einfärbung der Klötze müssen mit dem Isolierglasrandverbund, dem Dichtstoff und der Folie bei Sicherheitsverbundglas **verträglich** sein.

Weiter ist zu beachten:

Die Klötze müssen so gestaltet sein, dass die Kanten der Scheiben den Flügelrahmen an **keiner** Stelle berühren. Deshalb
- sollten die Klötze oder Klotzbrücken eine Länge von 80 bis 100 mm haben;
- sollte der Abstand der Klötze zu den Glasscheibenecken ca. eine Klotzlänge betragen (im Einzelfall kann er bis auf 20 mm verringert werden, wenn das Glasbruchrisiko dadurch nicht erhöht wird);

- kann bei großflächigen, frei stehenden Scheiben ein Abstand von ca. 250 mm, unabhängig vom Rahmenwerkstoff, eingehalten werden;
- muss eine Verglasungseinheit über die gesamte Scheibendicke aufliegen;
- sollten bei Weichverglasung die Klötze 2 mm breiter als die Dicke der Isolierglasscheibe sein.

Nach dem Verklotzen muss der Flügel sich einwandfrei öffnen und schließen lassen.

12.5.10 Verglasung von Holzfenstern

Bei Holzfenstern müssen vor der Verglasung Glasfalz und Glashalteleisten grundiert und mit dem ersten Zwischenanstrich versehen sein.

Bei Verglasungen *(glazing)* im Glasfalz von Holzfenstern werden unterschieden:

- **Weichverglasung mit beidseitigem Vorlegeband** (Abb. 1). Die Vorlegebandbreite *b* muss eine Haftfläche ≥ 5 mm für die elastische Glasabdichtung gewährleisten. Um den Dampfdruckausgleich nicht zu behindern, muss es ca. 5 mm über dem Glasfalzgrund enden.

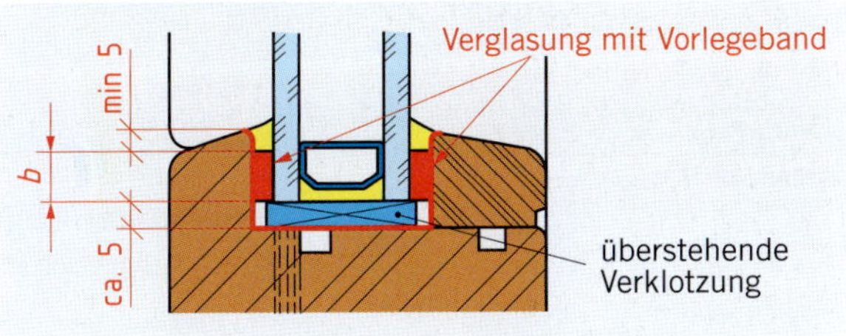

1 Weichverglasung beidseitig mit Vorlegeband

- **Hartverglasung ohne Vorlegeband** (Abb. 2), die mit einer konstanten Glasfalzgeometrie eine Dreiflankenhaftung ergibt. Um Druckkräfte auf die Glaskanten abzufangen, sollte der Abstand zwischen Glasfalzanschlag, Glashalteleiste und Glas 0,5 bis 1 mm betragen.

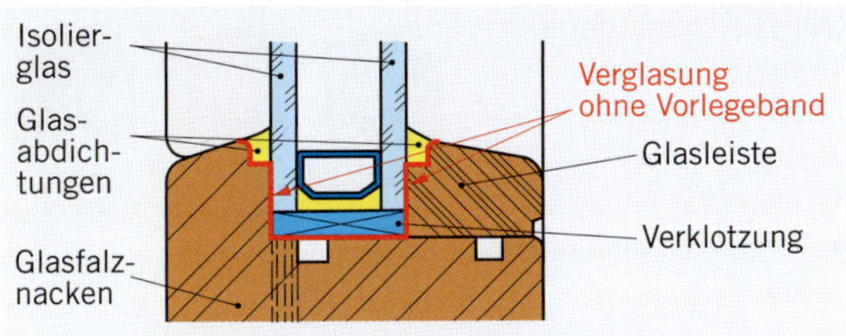

2 Hartverglasung ohne Vorlegeband

Glasabdichtungen *(seals)*

Glasabdichtungen haben die Aufgabe, zwischen Flügelrahmen und Glasscheibe eine dichte, elastische und dauerhafte Verbindung herzustellen.

Es werden unterschieden:

- Nassverglasungen mit Dichtstoffen,
- Trockenverglasungen mit Dichtungsprofilen, die vornehmlich bei Fensterprofilen aus Kunststoff und Aluminium [▶ 12.6 und 12.7] eingesetzt werden.

Glasabdichtung mit Dichtstoffen

Die Beanspruchungen der Dichtstoffe sind unterschiedlich. Die Einflüsse können

- mechanisch (Abb. 3) oder
- chemisch oder physikalisch (Abb. 4) sein.

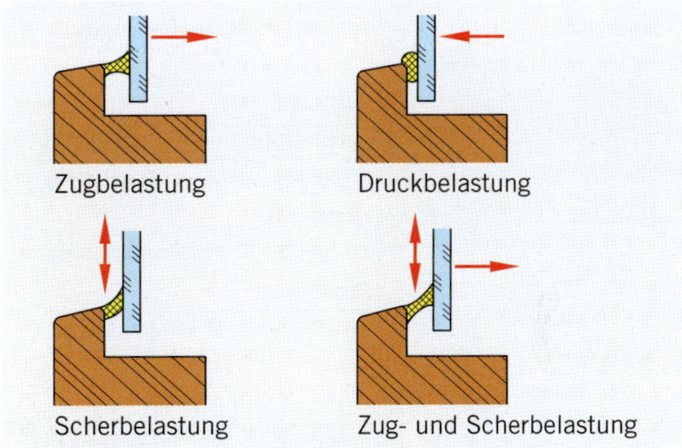

3 Mechanische Belastungen der Glasabdichtungen

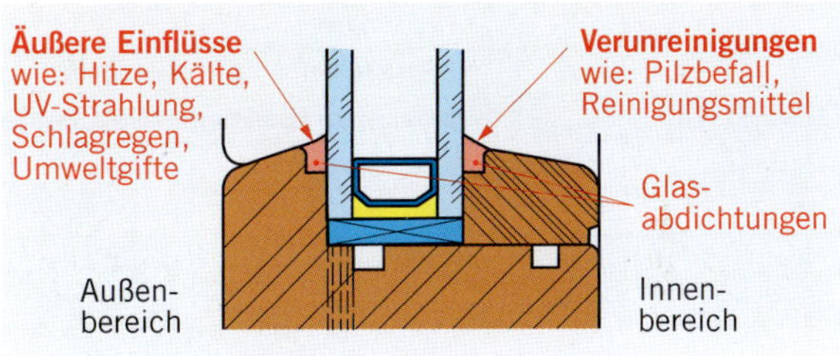

4 Chemische/physikalische Belastungen der Glasabdichtungen

Beanspruchungsgruppen

Ein Lösen der Dichtstoffe vom Glas oder Flügelrahmen kann zu dauerhaften Schäden am Fenster selbst führen.

Wegen der Beanspruchungen müssen Dichtstoffe alterungsbeständig *(age-resistant)* und unempfindlich *(hard-wearing)* gegen Witterungseinflüsse sein und dürfen keine aggressiven oder giftigen Bestandteile enthalten.

Das Institut für Fenstertechnik e. V. Rosenheim ift hat in Abstimmung mit der DIN 18545 Richtlinien „zur Ermittlung der Beanspruchungsgruppe *(stress group)* zur Verglasung von Fenstern“ erstellt. Danach werden Beanspruchungsgruppen 1 bis 5 für die erforderlichen Verglasungssysteme Va 1 bis Va 5 sowie Vf 3 bis Vf 5 festgelegt (S. 342, Tab. 1).

Tab. 1 Beanspruchungsgruppen zur Verglasung von Fenstern (nach DIN 18545-3, Ausgabe 1/03)

Beanspruchungsgruppe		1	2	3	4	5
Verglasungssysteme nach DIN 18545-3 Schematische Darstellung		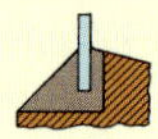	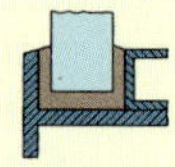	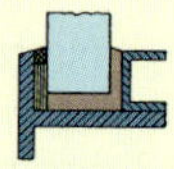	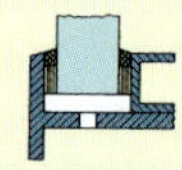	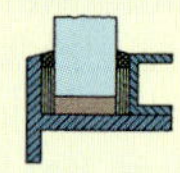
Kurzzeichen		Va 1	Va 2	Va 3 / Vf 3	Va 4 / Vf 4	Va 5 / Vf 5
Beanspruchung aus:						
Bedienung		**Zuordnung über die Öffnungsart**				
		Festverglasung, Dreh- und Drehkippfenster		Schwing- und Hebefenster, Fenster mit vergleichbarer Beanspruchung		
Umgebungseinwirkung		**Zuordnung von der Raumseite**				
					Feuchtigkeit, mech. Beschädigung	
Scheibengröße		**Zuordnung über Rahmenmaterial, Kantenlänge und Dichtstoffvorlage**				
Rahmenmaterial	Dichtstoffvorl.					
Aluminium Aluminium – Holz Stahl	3 mm	Farbton hell	Kantenlänge:	bis 0,80 m	bis 1,00 m	bis 1,50 m
		Farbton dunkel		bis 0,80 m	bis 1,00 m	bis 1,50 m
	4 mm	Farbton hell	Kantenlänge:	bis 1,50 m	bis 2,00 m	bis 2,50 m
		Farbton dunkel		bis 1,25 m	bis 1,50 m	bis 2,00 m
	5 mm	Farbton hell	Kantenlänge:	bis 1,75 m	bis 2,25 m	bis 3,00 m
		Farbton dunkel		bis 1,50 m	bis 2,00 m	bis 2,75 m
Holz	3 mm	Kantenlänge bis 0,80 m	bis 1,00 m	bis 1,50 m	bis 1,75 m	bis 2,00 m
	4 mm			bis 1,75 m	bis 2,50 m	bis 3,00 m
	5 mm			bis 2,00 m	bis 3,00 m	bis 4,00 m
Kunststoff	4 mm	Farbton hell	Kantenlänge:	bis 0,80 m	bis 1,00 m	bis 1,50 m
		Farbton dunkel		bis 0,80 m	bis 1,00 m	bis 1,50 m
	5 mm	Farbton hell	Kantenlänge:	bis 1,50 m	bis 2,00 m	bis 2,50 m
		Farbton dunkel		bis 1,25 m	bis 1,50 m	bis 2,00 m
	6 mm	Farbton dunkel	Kantenlänge:	bis 1,50 m	bis 2,00 m	bis 2,50 m
Scheibengröße		**Belastung der Glasauflage in Abhängigkeit von der Gebäudehöhe**				
Gebäudehöhe	Lastaufnahme	Scheibengr. bis 0,5 m^2	bis 0,8 m^2	bis 1,8 m^2	bis 6,0 m^2	bis 9,0 m^2
8 m	0,60 kN/m^2	Belast. bis 0,16 kN/m^2	bis 0,22 kN/m^2	bis 0,35 kN/m^2	bis 0,70 kN/m^2	bis 0,90 kN/m^2
20 m	0,96 kN/m^2	bis 0,25 kN/m^2	bis 0,35 kN/m^2	bis 0,55 kN/m^2	bis 1,10 kN/m^2	bis 1,40 kN/m^2
100 m	1,32 kN/m^2	bis 0,35 kN/m^2	bis 0,50 kN/m^2	bis 0,75 kN/m^2	bis 1,50 kN/m^2	bis 1,90 kN/m^2

Die Beanspruchungsgruppe wird ermittelt aus
- Bedienung und Öffnungsart,
- raumseitiger Umgebungseinwirkung (z. B. Klimaanlage, Feuchträume, Blumenfenster, dem Publikumsverkehr zugängliche Fenster),
- Scheibengröße (bei Kunststoff- und Metallfenstern auch Rahmen hell oder dunkel).

Anwendungsbeispiel (lt. Tab. 1)
Gegebene Fenstergröße: 1,2 × 1,8 m
- Öffnungsart — Drehkipp = Gruppe 1
- raumseitige Belastung — über normal = Gruppe 2
- Beanspruchung aus
  - Rahmenwerkstoff — Alu – Holz
  - Farbton — hell = Gruppe 4
  - Dichtstoffvorlage — 4 mm
  - größte Kantenlänge — 1,8 m

⇒ Die höchste ermittelte Gruppe ist Gruppe 4.

In **Gruppe 1** werden Dichtstoffe wie **Leinölkitt** *(putty)* verwendet, die nach der Verarbeitung aushärten.

Der Glasfalz benötigt einen deckenden Anstrich [▶ 12.5.12], da Leinölkitt nur auf porenfreien Oberflächen haftet. Gegen Risse und Ablösungen muss die Kittfase (Abb. 1) nach dem Trocknen einen Anstrich erhalten.

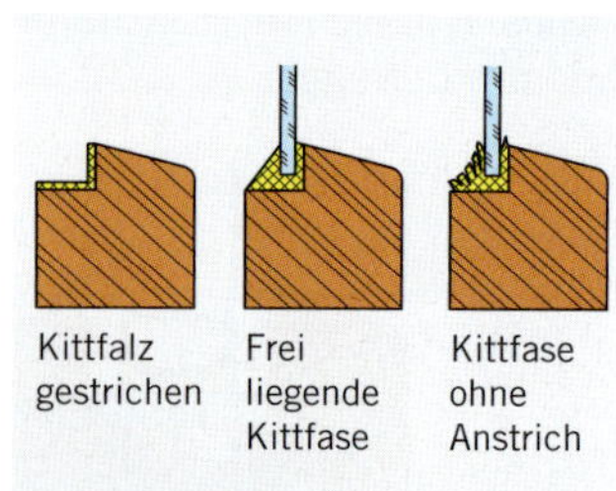

1 Verglasung mit Leinölkitt

Leinölkitt ist nur bei Verglasungen der Beanspruchungsgruppe 1 anwendbar.

In **Gruppe 2** werden **plastische Dichtstoffe** eingesetzt, die sich nach ihrer Verarbeitung über einen längeren Zeitraum plastisch verhalten. Sie verformen sich bei äußerer Einwirkung und stellen sich nach deren Auf-

Tab. 1 Verglasungssysteme (nach DIN 18545-3)

Beanspruchungsgruppe		1	2	3	4	5
Verglasungssysteme mit ausgefülltem Falzraum (Va)						
Kurzzeichen		Va 1	Va 2	Va 3	Va 4	Va 5
Werkstoffunabhängige schematische Darstellung		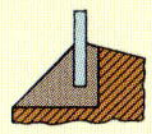	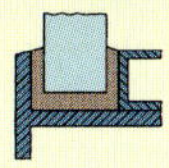	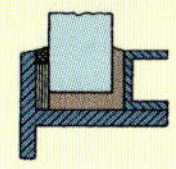	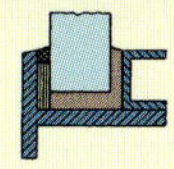	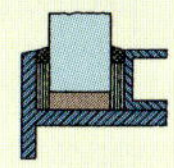
Dichtstoffgruppe nach DIN 18545-2	für Falzraum	A¹)	B	B	B	B
	für Versiegelung	–	–	C	D	E
Verglasungssysteme mit dichtstofffreiem Falzraum (Vf)						
Kurzzeichen				Vf 3	Vf 4	Vf 5
Werkstoffunabhängige schematische Darstellung		²)	²)	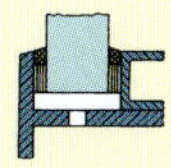	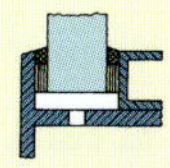	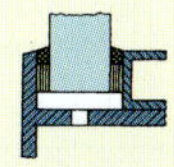
Dichtstoffgruppe nach DIN 18545-2	für Versiegelung			C	D	E

¹) Für das Verglasungssystem Va 1 dürfen auch Dichtstoffe der Gruppe B eingesetzt werden, wenn diese vom Hersteller empfohlen werden.
²) Für Beanspruchungsgruppen 1 und 2 sind Verglasungssysteme mit dichtstofffreiem Falzraum nicht möglich.

hebung nicht zurück. Winddruck oder Erschütterungen können die Dichtstoffe verformen und vom Glas bzw. Flügelrahmen lösen.

Plastische Dichtstoffe können im Außenbereich nur bei Verglasungen der Beanspruchungsgruppe 2 eingesetzt werden.

In den **Gruppen 3, 4 und 5** werden **elastische Dichtstoffe** verwendet, die sich unter Krafteinwirkung verformen lassen und nach deren Aufhebung in die ursprüngliche Form zurückkehren. Verarbeitet werden sie als spritzbare Masse. Nach der Verarbeitung erreichen sie einen gummiartigen, dauerelastischen Endzustand. Ihr Rückstellvermögen liegt zwischen 5 und 60%. Elastische Dichtungsmassen zum Versiegeln (Abb. 1) bestehen hauptsächlich aus Silicon-Kautschuk.

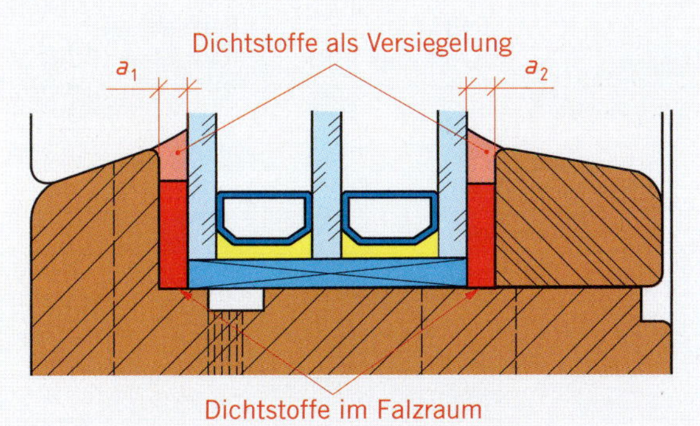

1 Verglasung mit synthetischen Dichtstoffen

Dauerelastische Dichtstoffe können bei Verglasungen für die Beanspruchungsgruppen 3 bis 5 eingesetzt werden.

Verglasungssysteme

Die Verglasungssysteme werden lt. DIN 18545-3 folgendermaßen unterschieden in

- Va 1, mit freier Dichtstofffase,
- Va 2 bis Va 5, mit Glashalteleisten und ausgefülltem Falzraum,
- Vf 3 bis Vf 5, mit Glashalteleisten und dichtstofffreiem Falzraum.

Dabei bedeuten:
– **V** Verglasungssystem
– **a** ausgefüllter Falzraum
– **f** dichtstofffreier Falzraum
– **1** bis **5** Beanspruchungsgruppe

Das Verglasungssystem wird mithilfe einer Tabelle (Tab. 1) ermittelt.

Anwendungsbeispiel
Vorgabe: ermittelte Beanspruchungsgruppe 4,
⇒ gewählt: Verglasungssystem Vf 4, Dichtstoff D

Dichtstoffe

Dichtstoffe sind nach DIN 18545-2 in fünf Dichtstoffgruppen A bis E (S. 344, Tab. 1) geordnet und werden im plastischen Zustand verarbeitet.

Die Dichtstoffvorlagen (Abb. 1) sind von der längsten Seite einer Verglasungseinheit und dem Rahmenwerkstoff abhängig. Die Dicken sind entsprechend den Werten (S. 344, Tab. 2) abgestimmt.

Tab. 1 Anforderungen für Dichtstoffe (Auszug aus DIN 18545-2)

Zeile	Eigenschaften		Anforderungen für Dichtstoffgruppen				
			A	B	C	D	E
1	**Rückstellvermögen** in % bei Dehnung um %		–	–	≥ 5 bei 50	≥ 60 bei 60	≥ 60 bei 100
2	**Haft- und Dehnverhalten** nach Einwirkung von Wärme, Wasser und künstlichem Licht durch Glas: kein Adhäsions- oder Kohäsionsriss bei Dehnung um %		–	5	50	60	100
3	**Zugverhalten unter Vorspannung** nach dem Tauchen in Wasser: kein Adhäsions- oder Kohäsionsriss bei Dehnung um %		–	5	50	60	100
4	**Zugverhalten unter Vorspannung:** kein Adhäsions- oder Kohäsionsriss bei Dehnung um %		–	5	50	60	100
5	**Zugverhalten**, Dehnung um %	bei: 23 °C	–	–	≤ 0,6	≤ 0,5	≤ 0,4
		bei: –20 °C			≤ 0,9	≤ 0,6	≤ 0,6
6	**Volumenveränderung** in %		≤ 5	≤ 5	≤ 15	≤ 10	≤ 10
7	**Rückstellvermögen** in mm		≤ 3	≤ 3	≤ 3	≤ 3	≤ 3
8	**Schlierenbildung und Abrieb** von Verglasungsdichtstoffen in % (lt. ift-Richtlinien)		–	–	≤ 0,6	≤ 0,6	≤ 0,6

Tab. 2 Mindestdicken der Dichtstoffvorlagen (DIN 18545-1)

Längste Seite einer Verglasungseinheit in mm	Werkstoff des Rahmens				
	Holz	Oberflächen in			
		Kunststoff		Metall	
		hell	dunkel	hell	dunkel
	$a_1 = a_2$* in mm				
≤ 1500	3	4	4	3	3
1500 ≤ 2000	3	5	5	4	4
2000 ≤ 2500	4	5	5	4	5
2500 ≤ 2750	4	–	–	5	5
2750 ≤ 3000	4	–	–	5	5
3000 ≤ 4000	5	–	–	–	–

* Die innere Dichtstoffdicke a_2 kann um 1 mm dünner sein, wogegen die größte Dicke ≤ 6 mm sein sollte. Weiter ist zu beachten, ob die Rahmenoberflächen hell oder dunkel sind. Die Angaben der Isolierglashersteller sind zu beachten.

Anstrichverträglichkeit von Dichtstoffen

Die Anstrichverträglichkeit *(coating compatibility)* ist eine zusätzliche wichtige Eigenschaft der Dichtstoffe.

Ein Dichtstoff gilt als anstrichverträglich, wenn zwischen Dichtstoff und Anstrich keine schädigenden Wechselwirkungen auftreten.

Unterschieden wird die Verträglichkeit der Dichtstoffe (Tab. 3) mit dem
- vorhandenen und ausgehärteten Anstrich,
- nachfolgenden Anstrich.

Der nachfolgende Anstrich darf lt. DIN 18545-2 den Dichtstoff nur maximal 1 mm überdecken, auch wenn die Anstrichverträglichkeit zwischen dem Dichtstoff und dem Anstrich gegeben ist.

Angaben der Hersteller sind zu beachten.

Glasabdichtung mit Dichtungsprofilen

Dichtungsprofile werden bei Trockenverglasungen *(dry glazing)* als Abdichtung ohne zusätzliche Dichtstoffe verwendet. Sie werden vornehmlich bei Fensterprofilen aus Kunststoff (S. 345, Abb. 1) und Metall verwendet.

Tab. 3 Anstrichverträglichkeit von Dichtstoffen (Auszug)

Dichtstoffart	Silicon-Kautschuk (SI)			Polysulfid-Kautschuk (SR)	Polyurethan-Kautschuk (PUR)
	sauer	neutral	alkalisch		
Anstrichart	Verträglichkeit mit vorhandenem und ausgehärtetem Anstrich				
Alkydharzlasur	ja	ja	ja	ja	ja
Alkydharzlack	ja	ja	nein	ja	nein
Dispersionslasur	ja	ja	nein	nein	ja
Dispersionslack	ja	ja	ja	nein	ja
Anstrichart	Verträglichkeit mit nachträglichem Anstrich				
Alkydharzlasur	nein	ja	nein	ja	ja
Alkydharzlack	nein	ja	nein	ja	nein
Dispersionslasur	nein	nein	nein	nein	ja
Dispersionslack	nein	nein	nein	nein	ja

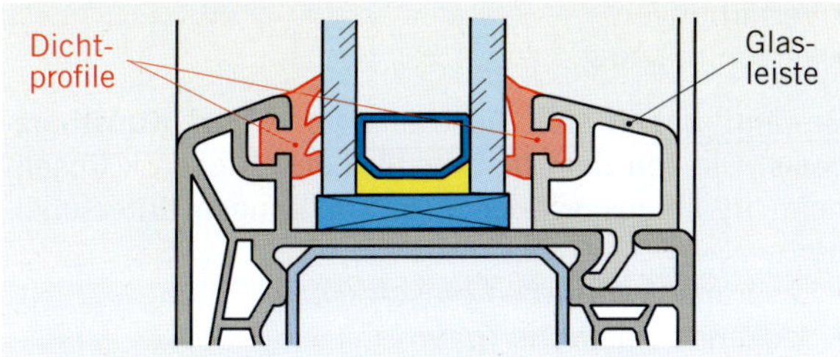

1 Trockenverglasung mit Dichtprofilen an einem Kunststofffensterrahmen

Die Dichtungsprofile bestehen aus unterschiedlichen elastischen **Kunststoffen**:
- EPDM-Profile aus Ethylen-Propylen-Terpolymer-Kautschuk,
- CR-Profile aus Polychloropren-Kautschuk,
- Q-Profile aus Silicon-Kautschuk.

12.5.11 Werkstoffschutz an Holzfenstern

Holzfenster und Holzfenstertüren müssen vor biologischen Schädlingen sowie vor chemisch-physikalischen Angriffen vorbeugend geschützt werden. Unterschieden werden
- konstruktiver Holzschutz (DIN 68800-2),
- chemischer Holzschutz (DIN 68800-3 bis 4).

Konstruktiver Holzschutz

Konstruktiver Holzschutz an Holzfenstern und Fenstertüren ist gegeben, wenn
- nur Farbkernhölzer verarbeitet werden, in denen fungizide und insektizide Inhaltstoffe von Natur aus vorhanden sind und die einen Splintholzanteil von < 10 % besitzen;
- die Brüstungsfugen an der Außenseite der Blend- und Flügelrahmenverbindungen gerundet und waagerecht ausgebildet sind (Abb. 2) sowie zusätzlich mit Dichtstoffen versiegelt werden;
- die Profile von Fenstern und Haustüren so ausgebildet sind, dass auftretendes Regenwasser auch bei ungünstigen Windverhältnissen unmittelbar und kontrolliert z. B. durch Fasengefälle ≥ 15° abgeleitet wird (Abb. 3);
- die Glasfälze so ausgeführt sind, dass eine Kondenswasserbildung verhindert wird (Abb. 3);
- durch ausreichenden Abstand die Bildung von Wasser- und Feuchtigkeitsnestern durch Kapillarwirkung in Längsfugen vermieden wird (Abb. 3);
- Übergänge von Flügelrahmen zu Füllungen durch dauerelastische Dichtstoffe versiegelt werden (Abb. 3);
- der Oberflächenschutz durch ein komplettes Anstrichsystem gewährleistet ist.

In den Normen wird ausdrücklich vorrangig der konstruktive Holzschutz gefordert!

2 Konstruktiver Holzschutz am Fenster

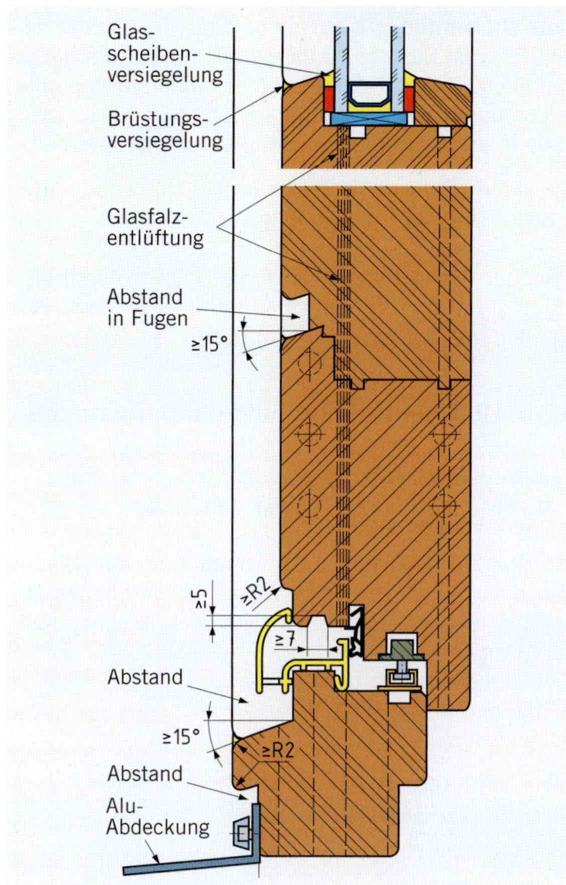

3 Konstruktiver Holzschutz an Fenstertürprofilen

Chemischer Holzschutz

Chemischer Holzschutz *(wood preservation)* wird notwendig, wenn konstruktive Maßnahmen nicht ausreichen. Nicht tragende, maßhaltige Hölzer für Fenster und Außentüren unterliegen lt. DIN 68800 Gebrauchsklasse 3 [▶ GS 4.14.3] (S. 346, Tab. 1). Bei dauerhaft wirkendem Oberflächenschutz durch ein Anstrichsystem *(coating system)* (S. 346, Tab. 2) gilt auch Klasse 2.

Tab. 1 Gebrauchsklassen von Fenstern und Außentüren (Auszug)

Gebrauchsklasse	Anforderungen an das Holzschutzmittel	Prüfprädikat (Kurzzeichen)
2	**i**nsekten**v**orbeugend	Iv
	pilzwidrig	P
3	**i**nsekten**v**orbeugend	Iv
	pilzwidrig	P
	witterungsbeständig	W

Der Schutz muss jedoch alle Stellen des Rahmens (inkl. Glasfälze und Ausfräsungen für Beschläge) erfassen. In der Regel besteht keine Gefahr durch Insekten, weshalb auf insektiziden Schutz verzichtet werden kann.

Holzschutzmittel müssen ein gültiges Prüfzeichen des Instituts für Bautechnik in Berlin tragen. Da sie gesundheitsgefährdende *(hazardous)* Substanzen enthalten, müssen die Verarbeitungsrichtlinien *(processing guidelines)* der Hersteller genau eingehalten werden.

Die **Verarbeitung** der Imprägnier- und Holzschutzmittel erfolgt i. d. R. im Tauchverfahren.

Bei der Verarbeitung chemischer Holzschutzmittel sind grundsätzlich Schutzhandschuhe, Schutzbrillen und Schutzmasken zu tragen.

12.5.12 Oberflächenschutz durch Anstriche

Holzfensterkonstruktionen benötigen unabhängig von der Holzart einen Oberflächenschutz.

Der Oberflächenschutz erfolgt durch Anstriche, die neben dem Schutz des Holzes auch der farblichen Gestaltung der Fensterrahmen dienen. Anstrichsysteme schützen gegen
- Feuchtigkeitseintritt,
- Pilz- und Insektenbefall,
- Verfärbungen,
- Verschmutzung.

Bewährt haben sich Anstrichsysteme auf **Kunstharzbasis**. Die von dem Institut für Fenstertechnik Rosenheim ift herausgegebenen Empfehlungen unterscheiden
- Lasuranstriche *(wood preserver)*,
- deckende Anstriche *(paint)*.

Neben Lasuranstrichen und deckenden Anstrichen werden Abhängigkeiten unterschieden nach
- Holzartgruppe,
- Klimaeinwirkung,
- Farbton des Anstrichs und
- Beanspruchungsgruppe – A bis C (Tab. 2).

Holzartgruppen	
I	harzreiche Nadelhölzer, z. B. Douglasie, Kiefer
II	harzarme Nadelhölzer, z. B. Fichte, Redwood
III	Laubhölzer, z. B. Afzelia, Eiche, Meranti, Sipo

Lasuranstriche
Holzschutzlasuren sind „offenporig" transparent und werden verwendet, um den natürlichen Charakter des Holzes zu erhalten.

Um das Holz vor UV-Strahlung *(ultraviolet radiation)* zu schützen, müssen Lasuren einen Mindestanteil an **Pigmenten** enthalten. Ohne Schutz wäre die Folge einerseits die Zerstörung der Holzfasern unter dem Anstrich und andererseits die Ablösung des Anstrichfilms vom Holzrahmen.

Lasuren haben folgende **Eigenschaften**:
- Sie eignen sich für alle Holzarten,
- können farblich auf unterschiedliche Holzarten (wie Kiefer, Lärche, Meranti oder Teak) abgestimmt werden,
- sind einfach zu verarbeiten,
- behindern nicht den Feuchtigkeitsausgleich,
- die Nachbehandlung ist einfach.

Tab. 2 Anstrichgruppen für Holzfenster und Holztüren

Oberflächenschutz durch Anstriche		Lasuranstrich			Deckender Anstrich		
Holzartgruppe		**I**	**II**	**III**	**I**	**II**	**III**
Klimaeinwirkung	**Farbton**	**Beanspruchungsgruppe**					
Außenklima (Fenster und Türen sind gegen Regen- und Sonneneinwirkung geschützt)	frei wählbar	A	A	A	C	C	C
Freiluftklima (Regen, Sonne und Wind wirken unmittelbar auf Fenster und Türen; Gebäudehöhe bis drei Geschosse)	hell	–	–	–	C	C	C
	mittel	B	B	B	C	C	C
	dunkel	B	B	B	C	C	C
Freiluftklima (Gebäudehöhe über drei Geschosse)	hell	–	–	–	C	C	C
	mittel	–	B	B	C	C	C
	dunkel	–	B	B	–	C	C

Deckende Anstriche
Deckende Anstriche sind i. d. R. Lackfarben auf **Alkydharzbasis**. Für Fensterrahmen sind weiße deckende Anstriche am günstigsten, da sie Sonneneinstrahlungen reflektieren und Oberflächentemperaturen in Grenzen halten. Bei farbigen und dunklen deckenden Anstrichen ergeben sich häufig erhöhte Oberflächentemperaturen, die zur Rissbildung an der Holzoberfläche und zur Ablösung des Lackfilms führen können.

Die **Eigenschaften** deckender Anstriche sind
- lange Haltbarkeit bei sachgerechter Verarbeitung;
- Oberflächenfeuchtigkeit kann bei einem unbeschädigten Lackfilm nicht in das Holz eindringen;
- dunkle Anstriche sind temperaturempfindlicher als helle und absorbieren stärker die Temperaturen der Sonneneinstrahlung.

Anstrichschäden an Holzfenstern
Schäden *(damages)* in Anstrichsystemen haben im Wesentlichen folgende Ursachen:

Hoher Feuchtegehalt der Rahmenhölzer:
Die Holzfeuchte darf 15 % nicht überschreiten, da Lackschichten deckender Anstriche durch den Dampfdruck zerstört werden und der Lackfilm sich ablöst.

An der Außenseite des Fensters müssen deckende Anstriche dampfdiffusionsoffener als auf der Innenseite sein, damit der Dampfdruckausgleich nach außen erfolgt.

Offenporige Oberflächen lassen dagegen einen Dampfausgleich zu.

Konstruktionsmängel:
- Scharfe Kanten *(edges)* verhindern die Bildung eines geschlossenen Lackfilms, weshalb die Profilkanten mit R ≥ 2 mm gerundet [▶ 12.5.4] sein müssen.
- Versiegelungen zwischen Glasscheibe und Flügelrahmen [▶ 12.5.10], die anstrichunverträglich sind und Lackfilme abstoßen. Der Lackfilm darf sie nur max. 1 mm überdecken.

Um Schäden zu vermeiden, ist es wichtig, die vorgeschriebenen Schichtdicken (lt. Hersteller) der Anstrichstoffe einzuhalten.

Lacksysteme ohne Pigmente (farblos) sind ungeeignet, da das Holz im Laufe der Zeit vergraut und sich der Lackfilm ablösen kann.

12.5.13 Fertigung von Holzfenstern
(manufacturing wood windows)

Der Fertigungsablauf entspricht dem im Projekt [▶ LF 8.4.1]. Unterschiede liegen bei dem Einsatz der zur Verfügung stehenden Betriebsmittel. Firmen, die sich auf die Fertigung von Fenstern und -türen spezialisiert haben, setzen **EDV-gesteuerte Fertigungsstraßen** ein. Die einzelnen Maschinensegmente werden mit den Daten der Profile (z. B. IV 78 oder 90) eingerichtet und über den Zentralrechner gesteuert.

Aufgrund ihrer Leistungsfähigkeit bieten diese Firmen sowohl Serien- als auch Einzelprodukte an. Häufig sind sie Zulieferer für Firmen mit einem anderen Produktprogramm (z. B. Innenausbau), die bei einem Gesamtobjekt auch Fenster anbieten.

In der automatisierten Fenster- und Türenfertigung werden die Rahmenverbindungen häufig an CNC-Bearbeitungszentren *(CNC center)* in Stationärbearbeitung gefertigt.

Im **Durchlaufverfahren** kommen folgende Maschinen zum Einsatz [▶ 2.2.10]:
- Kappsägemaschine *(chopsaw)* zum Ablängen,
- Zapfenschneid- bzw. Schlitzmaschine *(tenoner)*,
- Vierseitenhobelmaschine „Kehlautomat" *(four sider)*,
- Bohrautomat *(boring machine)*,
- Breitbandschleifautomat *(wide-belt sander)*.

Bei der Bearbeitung der Rahmenprofile werden unterschiedliche Profilwerkzeuge (Abb. 1) auf gesteuerte Hubspindeln gespannt und je nach Bearbeitung in Position „getaktet".

1 Spindel mit Werkzeugen für Quer- und Längsprofile

12.6 Fensterrahmen aus Kunststoff

(window frames from plastic)

Fenster aus Kunststoffprofilen haben heute einen Marktanteil von über 60 %. Ein wesentlicher Grund ist die kostengünstigere Fertigung gegenüber Fenstern aus Holz und Metall.

Weitere **Vorteile** der Kunststofffenster sind:
- günstige Fertigungszeiten,
- Witterungsfestigkeit *(weather resistance)* ohne Nachbehandlung und Konservierung,
- Korrosionsbeständigkeit *(corrosion resistance)* gegenüber normalen Umwelteinflüssen wie Abgasen, Reinigern oder saurem Regen,
- glatte *(smooth)*, pflegeleichte *(easy to clean)* und nahezu wartungsfreie Oberflächen *(low-maintenance surfaces)*,
- gute Wärmedämm- und Schalldämmwerte *(heat and sound insulation values)* durch geschlossene Kammern *(chambers)* und eingebrachte Dämmstoffe,
- Langlebigkeit *(durability)* aufgrund weiterentwickelter Werkstoffe.

Durch die stetige Entwicklung der Verarbeitungs- und Fertigungstechniken können Kunststofffenster in jeder Art (Drehkippfenster oder Schiebefenster), Größe, Farbgebung oder Stilform gefertigt werden.

Nachteile an Kunststofffenstern entstehen durch
- ein geringes Elastizitätsmodul *(modulus of elasticity)*: Gefahr des Durchbiegens durch Gewichtskraft der Glasscheiben und Winddruck; bei größeren Abmessungen müssen Verstärkungsprofile *(reinforcing profiles)* aus verzinktem Stahl oder Aluminium eingefügt werden;
- einen hohen Wärmeausdehnungskoeffizienten *(thermal expansion coefficient)*: Die Rahmenprofile können sich z. B. bei 1 m Länge und einer Temperaturdifferenz von −20 bis +40 °C um etwa 4,5 mm ausdehnen;
- Sonneneinstrahlung:
  - starkes Aufheizen bei dunklen Profilen: Die Werkstofftemperatur sollte 65 °C nicht überschreiten, da die Festigkeit bei erhöhter Temperatur abnimmt;
  - UV-Strahlung *(UV-radiation)*: Durch UV-Licht können weiße Kunststofffenster vergilben und farbige verblassen.

12.6.1 Fensterrahmenprofil

Kunststofffensterprofile (Abb. 1) sind aus Gründen der Statik und Wärmedämmung **Mehrkammersysteme**. Unterschieden werden
- Hauptkammern, in denen Verstärkungsprofile positioniert werden;
- abgeschlossene Nebenkammern, die der statischen Verstärkung des Gesamtprofils, der Wärme- und Schalldämmung sowie der Aufnahme zusätzlicher Dichtstoffe dienen;
- Entwässerungskammern, die eingedrungenes Wasser im Glas- oder Blendrahmenfalz (z. B. bei Kippstellung des Flügels) auffangen und über Schlitze oder Bohrungen ableiten.

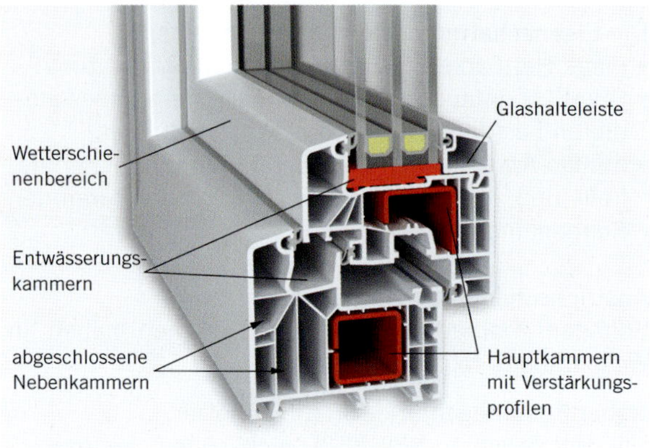

1 Mehrkammer-Kunststofffensterprofil

12.6.2 Werkstoff

Die Fensterrahmenprofile bestehen aus **PVC-U** (Polyvinylchlorid), einem plastomeren Kunststoff [▶ GK 13.2.7]. Bestandteile sind bis zu 75 % PVC und ca. 25 % Beimengungen wie Schlagzähkomponente, Farbpigmente, Stabilisatoren (z. B. auf Ca/Zn-Basis) sowie Gleitmittel. Damit im Brandfall keine erhöhten Dioxinwerte auftreten, muss der Kunststoff schwer entflammbar, selbstlöschend und nicht brandfördernd sein.

Hergestellt werden sie mithilfe eines **Extruders** *(extruder machine)* (Abb. 2). Darin wird mit einer Schnecke, ähnlich einem Fleischwolf, erhitztes Kunststoffgranulat zu einer dickflüssigen Masse verdichtet. Diese wird über mehrere Heiz- und Kühlzonen durch eine Auslassdüse zu einer homogenen Form gepresst und erstarrt als Fensterrahmenprofil.

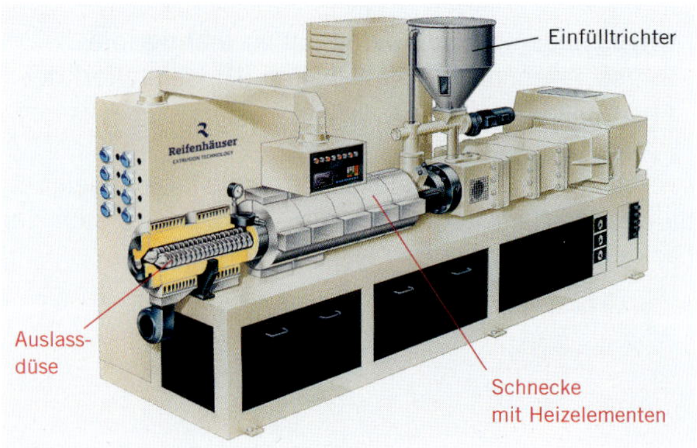

2 Funktionsprinzip eines Extruders

12.6.3 Fertigung eines Fensters mit Kunststoffrahmen

Plastomere Kunststoffe [▶ GK 13.2.3] sind bei zu niedriger Temperatur für die spanende Bearbeitung zu spröde.

Rahmenprofile aus Kunststoff müssen bei Temperaturen von ≥ 17 °C bearbeitet werden.

Zuschnitt der Profile *(profiles)*
Der Zuschnitt erfolgt meist an Doppelgehrungskappsägen mit HW-bestückten Wechsel- oder Hohl-Dachzahn-Sägeblättern [▶ GK 8.5.2]. Um ein Splittern zu vermeiden, müssen Sägeblätter mit Zahnteilung t 10 ≤ 15 mm und schwach positivem Spanwinkel γ 8 ≤ 10° (Abb. 1) gewählt werden.

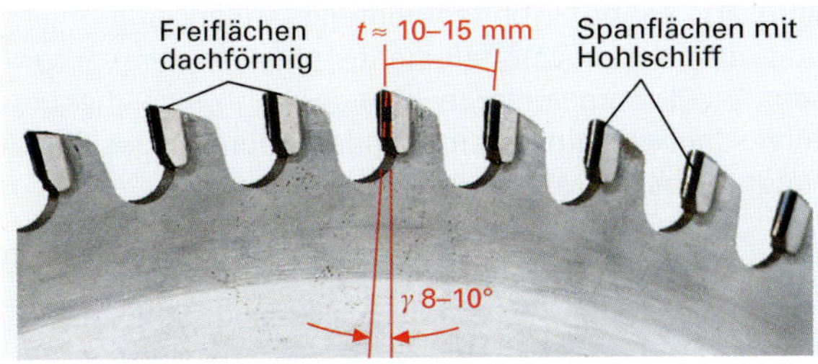

1 HW-bestücktes Sägeblatt mit Hohl-Dachzähnen

Wegen des Abbrands beim Schweißen müssen beim Zuschnitt 2,5 mm je Gehrung zum Außenmaß addiert werden.

Vor dem Schweißen der Ecken werden in die Hauptkammern der Profile die Verstärkungen eingeschoben. Zwischen Verstärkungen und Ecken sind 10 mm Abstand einzuhalten.

Schweißen der Eckverbindungen
(welding the corner joints)
Das Verschweißen erfolgt an Schweißanlagen (Abb. 2) mit Führungs- und Spannvorrichtungen am Maschinentisch sowie beheizten, teflonbeschichteten Schweißspiegeln.

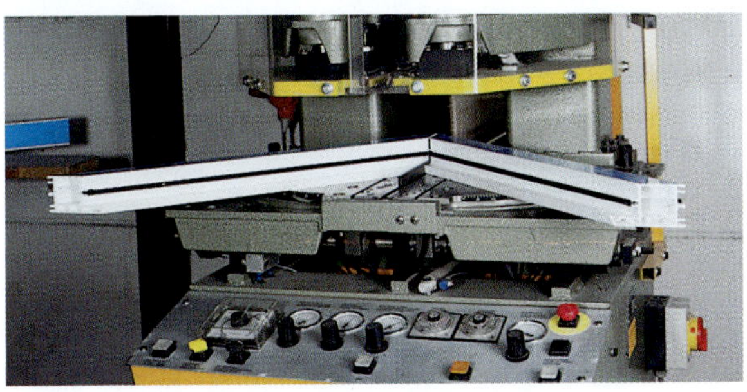

2 Schweißanlage für Kunststofffensterprofile

Da Verschmutzungen und Feuchtigkeitsaufnahme die Festigkeit der Schweißnaht beeinträchtigen können, sollten die Eckverbindungen möglichst bald nach dem Zuschnitt verschweißt werden. Zu beachten ist:
- Schweißtemperatur 230 bis 245 °C,
- Anschmelzzeit ca. 30 bis 40 s,
- Schweißdruck 2 bis 3 bar,
- Auskühlzeit ca. 40 s.

Verschweißte Rahmen müssen so gestapelt werden, dass sie nicht „windschief" liegen. Die „Schweißraupen" (Abb. 3) dürfen nicht gedrückt werden, um Einfallstellen zu vermeiden.

3 Rahmenecke mit „Schweißraupen"

Nachbearbeitung der Eckverbindungen
Bevor die Schweißraupen entfernt werden können, müssen die Rahmenecken ca. 1 Stunde auskühlen, um die Festigkeit der Schweißnaht nicht zu beeinträchtigen. Die Schweißraupen an den Rahmenecken werden abgefräst, wobei eine feine, sichtbare Nut entsteht (Abb. 4).

4 Rahmenecke mit gefräster Nut

Beschlagmontage an Kunststofffenstern
(fitting hardware in plastic windows)
Bei der Beschlagmontage bestehen gegenüber Holzfenstern nur geringe Unterschiede, da ähnliche, handelsübliche Beschläge verwendet werden. Die Positionierung der Bohrungen und Ausfräsungen wird mithilfe von Anschlaglehren und Schablonen vorgenommen.

Im Kunststofffensterbau werden **selbstbohrende Schrauben** *(self-drilling screws)* [▶ GK 15.8.1] (Abb. 1) verwendet. Tragende Beschläge sollten durch zwei Profilwandungen befestigt werden.

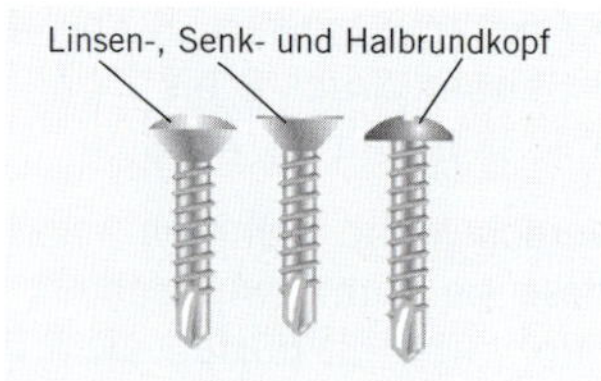

1 Selbstbohrende Schrauben

Die **Glashalteleiste** mit Dichtungsprofilen (Abb. 2) wird durch Eindrücken des Glashalteleistenfußes in eine Nut des Flügelprofils trocken befestigt, wobei die Glashalteleiste auf ganzer Länge einrastet. Durch Glashalteleisten unterschiedlicher Breite können alle Fensterarten wahlweise mit Einfach- oder Mehrfach-Isolierglas versehen werden.

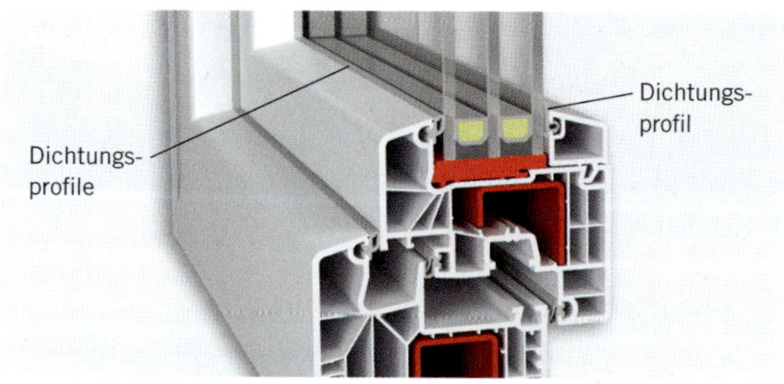

2 Trockenverglasung mit Dichtungsprofilen

12.7 Fensterrahmen aus Metall

Metalle gehören zu den klassischen Werkstoffen im Fenster- und Haustürenbau. Fenster aus Metall sind für die Gestaltung großflächiger Fensterfassaden mit schmalen *(slim)* Fensterprofilen geeignet. Sie finden besonders bei Festverglasungen in Pfosten-Riegel-Konstruktionen [▶ 12.2.3] (Abb. 3) Verwendung.

3 Pfosten-Riegel-Andruckprofile in Aluminium

Metallfenstersysteme werden verarbeitet aus
- Aluminiumlegierungen *(aluminium alloy)* und
- Stahl/Edelstahl *(steel, stainless steel)*.

12.7.1 Fenster aus Aluminiumlegierungen

Für den Fensterbau werden Aluminiumlegierungen [▶ GK 15.4.2] aus Aluminium, Magnesium und Silicium verwendet. Die Legierungen haben für den Fensterbau folgende positive **Eigenschaften**:
- hohe Festigkeit bei relativ geringer Masse,
- glatte und fast wartungsfreie Oberflächen,
- gute unterschiedliche Farbgebung,
- leichtes Bearbeiten des Werkstoffs,
- Korrosionsbeständigkeit bei normalen Bedingungen.

12.7.2 Fensterrahmenprofile

Aluminiumfensterprofile sind zweiteilig aufgebaut (Abb. 4). Beide Profilrahmenteile außen und innen sind durch Kunststoffelemente miteinander verbunden. Die Dämmelemente können wahlweise manuell eingeschoben, eingeklemmt oder während des Fertigungsverfahrens eingebracht werden.

Durch **thermische Trennung** *(thermal break)* und Dämmschäume wird die hohe Wärmeleitfähigkeit der Aluminiumprofile bis auf Passivhausstandard, $U_w \leq 0{,}8$ W/(m²K), reduziert.

4 Aluminiumfensterprofil mit thermischer Trennung und Dämmschaumeinlagerungen

Die Teilung der Rahmenprofile ermöglicht eine unterschiedliche Oberflächenveredlung des äußeren und inneren Profilrahmens. Sie erfolgt entweder durch Eloxalverfahren [▶ GK 15.4.2] oder durch Einbrennlack. Die Farbgebungen können innen und außen unterschiedlich sein.

12.7.3 Fertigung von Aluminiumfenstern

Für die Bearbeitung von Aluminiumprofilen ist i. d. R. ein spezieller Maschinenpark erforderlich.

Zuschnitt der Profile
Der Zuschnitt erfolgt auf der Gehrungskappsäge *(miter saw)* mit mechanischem Vorschub und pneumatischen Spannvorrichtungen. Es werden HW-bestückte Sägeblätter mit Wechselzähnen (γ schwach positiv oder negativ $-5 \leq +8°$) und großem, gerundetem Spanraum verwendet. Eine Sprühvorrichtung für Kühlmittel verhindert beim Schneiden des Aluminiumprofils übermäßiges Erhitzen.

Verbinden der Ecken
Eloxierte Aluminiumprofile werden an den Gehrungen mit Eckwinkeln verschraubt. Mit Zweikomponentenkleber werden die Ecken zusätzlich verklebt und damit im Gehrungsbereich abgedichtet.

Nicht eloxierte Aluminiumprofile können auch nach dem Abbrennstumpfschweißverfahren (ähnlich dem Verschweißen von PVC-Ecken) an den Ecken verbunden werden. Die Rahmenecken werden nach dem Schweißen „verputzt". Anschließend erfolgt das Eloxieren des zusammenmontierten Rahmens.

Aluminiumfenster müssen bis zum Bauabschluss geschützt werden (z. B. durch selbstklebende Folien oder Klebestreifen), da sie gegenüber Chemikalien wie Zement und Kalk empfindlich sind.

Beschläge
Die Beschläge und deren Montage können denen der Kunststofffenster entsprechen. Es gibt aber auch spezielle Beschläge, z. B. um die Traglasten der Flügel zu erhöhen.

12.7.4 Fenster

Fenster aus Edelstahl [▶ GK 15.4.2] haben ein ähnliches Erscheinungsbild wie Aluminiumfenster, weisen sich jedoch durch besondere Eigenschaften aus, die besonders für Pfosten-Riegel-Konstruktionen günstig sind:
- optimale statische Eigenschaften der Profile,
- sehr schlanke Profile auch bei großflächigen Fensterelementen,
- deutlich geringere Wärmeleitfähigkeit *(thermal conductivity)* als die von Aluminium,
- gute Eigenschaften bezüglich des Einbruchschutzes.

12.7.5 Aluminium-Holz-Fenster

An Aluminium-Holz-Fenstern werden in Verbundbauweise *(composite construction)* die positiven Eigenschaften von Aluminium und Holz genutzt. Vor die tragende Holzrahmenkonstruktion wird außen eine Aluminiumprofilschale gesetzt, die das Holz vor Witterungseinflüssen schützt (Abb. 1).

Wegen der unterschiedlichen Wärmeausdehnung *(thermal expansion)* sind die Aluminiumprofile gleitend (beweglich) durch Kunststoffelemente an den Rahmen aus Holzlaminaten befestigt. Die Bildung von Kondenswasser wird durch Hinterlüftung der Aluminiumprofile verhindert.

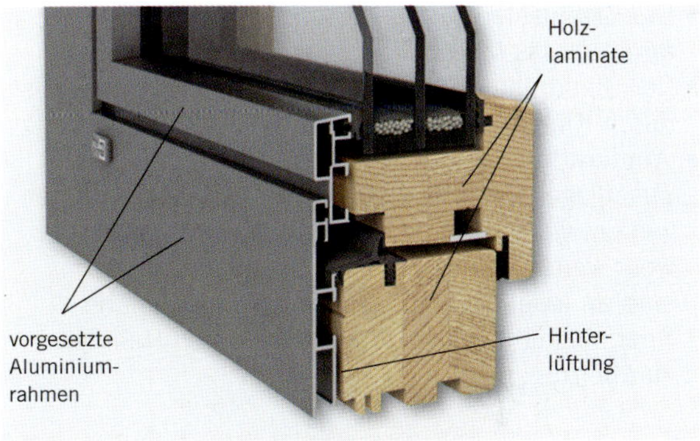

1 Aufbau eines Aluminium-Holz-Fensters

12.8 Kräfte am Fenster

Auf ein eingebautes Fenster wirken verschiedene Kräfte (Abb. 2), die über einen langen Zeitraum zuverlässig abgeleitet werden müssen.

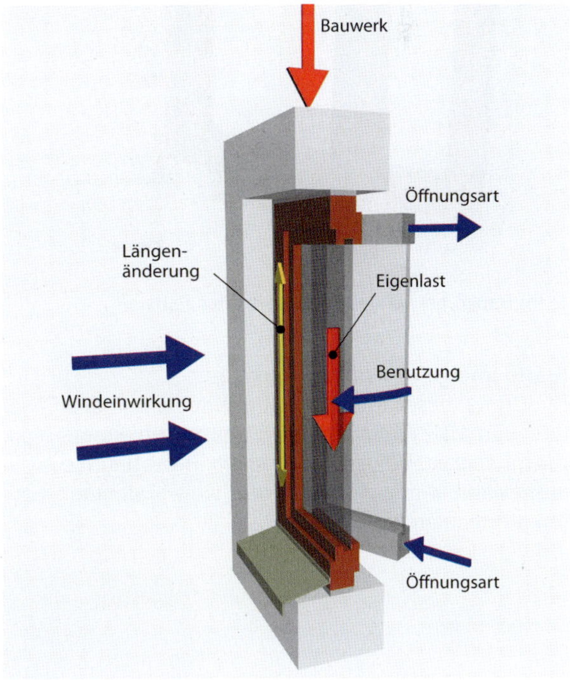

2 Kräfte am Fenster

Unterschieden werden Kräfte
- infolge von Windeinwirkung,
- infolge der Eigenlasten,
- aus dem Bauwerk,
- aufgrund der Öffnungsart,
- bei der Benutzung,
- infolge von Längenänderungen.

Durch **mechanische Verankerung** des Fensters im Mauerwerk werden die unterschiedlichen Kräfte in den Baukörper abgeleitet (Abb. 1):
- Die Eigenlasten werden durch die unteren **Klötze** direkt in das Mauerwerk abgeleitet.
- Der Blendrahmen wird beim Öffnen des Drehflügels durch **Klötze** rechts unten und links oben abgestützt.
- Windkräfte und andere Kräfte (z. B. beim Zuschlagen des Flügels), die auf den Blendrahmen wirken, werden durch **Blechlaschen** an das Mauerwerk weitergeleitet. Rahmenlängenänderungen sind an jeder Stelle möglich, ohne zusätzliche Spannungen aus dem Bauwerk auf den Rahmen zu übertragen.

1 Im Baukörper verklotztes, verankertes Fenster

Kräfte infolge von Windeinwirkung
Die Größe dieser Kräfte steigt mit der Größe des Fensters und der Fassadenhöhe. Bei Sturm können die Kräfte sehr stark werden, weshalb Befestigungsmittel ausgewählt werden müssen, die die anfallenden Lasten aufnehmen können.

Beschläge, die Blendrahmen mit dem Mauerwerk verbinden, müssen, wie die Beschläge für Blend- und Flügelrahmen, so ausgelegt sein und montiert werden, dass die Blend- und Flügelrahmen auch bei bauseitigen Belastungen nicht verformt werden können.

Kräftebeispiel
Die Blechlaschen können in horizontaler Richtung gut belastet werden. Ein Mindestabstand zwischen diesen Befestigungspunkten verhindert eine Verformung (Abb. 1).

Kräfte infolge der Eigenlasten
Als Eigenlasten werden Gewichtskräfte aus Rahmen und Glas bezeichnet. Hohe Gewichtskräfte treten vor allem bei Sonderverglasungen auf, die dicke oder mehrere Glasscheiben benötigen.

Kräftebeispiel
Steht ein tragfähiges Mauerwerk unter dem Blendrahmen zur Verfügung, können die Eigenlasten über Klötze unter den aufrechten Blendrahmenstücken abgeleitet werden (Abb. 1).

Kräfte aus dem Bauwerk
Die Rohbauöffnungen können sich aufgrund von statischen Bauwerkskräften und Kriechvorgängen verringern. Deshalb sind veränderbare Fugen zwischen Bauwerk und Fenster einzuplanen, damit die Rahmen sich nicht durch Bauwerkkräfte verformen können.

Kräftebeispiel
Durch den Einsatz von Blechlaschen und eine sinnvolle Platzierung der Klötze kann sich die Fugenbreite ändern (Abb. 1).

Kräfte aufgrund der Öffnungsart
Abhängig von der jeweiligen Öffnungsart fallen die Kräfte sehr unterschiedlich aus. So wird z. B. bei einem Drehfenster die Gewichtskraft des Flügels über einseitig angebrachte Drehbeschläge an den Blendrahmen abgeleitet. Die auftretenden Drehmomente könnten den Blendrahmen rautenförmig verformen.

Die Verformung darf jedoch nur gering ausfallen, um das leichtgängige Öffnen des Flügels zu gewährleisten.

Kräftebeispiel
Die Klötze rechts unten sowie links oben stützen den Blendrahmen beim Öffnen des Drehflügels (Abb. 1).

Kräfte bei der Benutzung

Während des normalen Öffnens und Schließens treten nur geringe Horizontalkräfte auf. Durch ein Zuschlagen des Flügelrahmens bei Zugluft können sich diese Kräfte jedoch sehr stark erhöhen.

> **Kräftebeispiel**
> Die Blechlaschen können in horizontaler Richtung gut belastet werden (S. 352, Abb. 1).

Kräfte infolge von Längenänderungen

Längenänderungen treten auf bei
- Metall- und Kunststoffprofilen aufgrund von Temperaturänderungen,
- Holzfenstern aufgrund von Quellung bzw. Schwindung der Querholzanteile.

Können die Fugen wegen zu geringer Größe oder zu steifer Füllung die Änderungen nicht ermöglichen, können Spannungen auftreten, die zu Verformung der Rahmen führen.

> **Kräftebeispiel**
> Durch eine Verformung der Blechlaschen ist die Fugenbreite veränderlich. Werden die Klötze nicht direkt gegenüberliegend eingeordnet, treten keine Spannungen auf (S. 352, Abb. 1).

12.9 Anschluss Fenster und Baukörper

> Beim Anschluss eines Fensters an den Baukörper (Abb. 1) werden sehr unterschiedliche Bauelemente verbunden.

Äußere Dichtung
Verbindet das Fenster mit der regenabweisenden Schicht der Wand (Außenputz, Vormauerwerk, Verbretterung).

Dämmung
Wird zwischen innerer und äußerer Dichtung platziert. Die Dämmung ist notwendig, um die Oberflächentemperatur im Bereich der inneren Dichtung hoch zu halten.

Innere Dichtung
Verbindet das Fenster mit der Wandschicht, welche die Luftdichtheit sicherstellt (z. B. Innenputz, um Dampfbremsen zu halten).

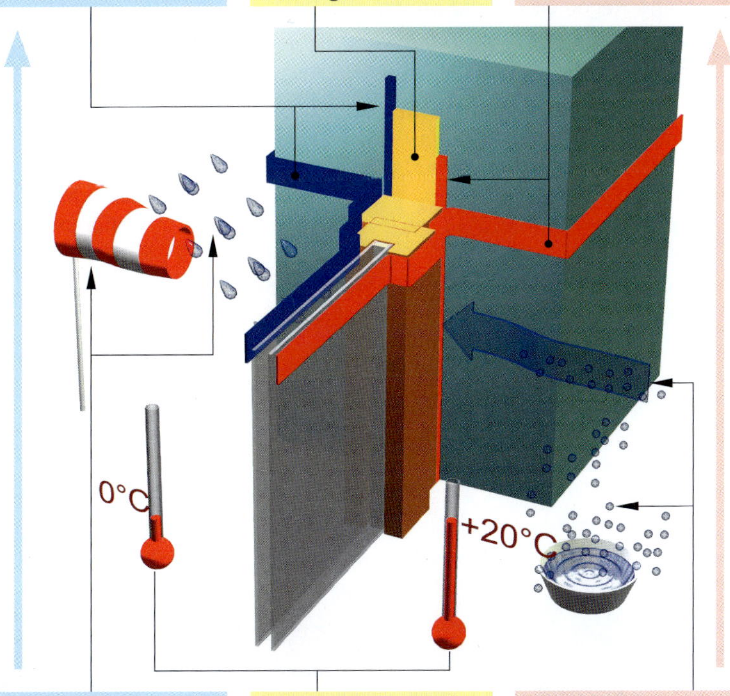

Wind und Regen
Treten beide Ereignisse gleichzeitig auf, wird von Schlagregen gesprochen. Die Oberflächen und die Dichtebenen sollten so beschaffen sein, dass ein Eindringen von Feuchtigkeit verhindert oder auf ein so geringes Maß begrenzt wird, dass eine Austrocknung möglich ist.

Temperaturdifferenzen
Je größer die Temperaturdifferenz, desto größer der Wärmeverlust und die Gefahr einer Tauwasser- und Schimmelbildung auf der Oberfläche innen. Außerdem sorgt sie für thermische Spannungen in den Baustoffen.

Wasserdampf
Selbst bei ausreichender Lüftung ist innen die absolute Wasserdampfmenge größer als außen. Um Tauwasser im Innern der Konstruktion zu vermeiden, muss die Abfolge der Schichten nach ihrem Diffusionsverhalten beachtet werden. Die Anschlussbereiche müssen luftdicht ausgeführt sein, um das Eindringen von Warmluft zu verhindern.

1 Einflüsse auf die Fuge Wand/Fenster und ihr konstruktiver Aufbau

Das recht dünne Fenster mit relativ ungünstigen Dämmwerten wird an eine relativ dicke Wand mit eher guten Dämmwerten angeschlossen. Hierbei entstehen geometrische und werkstoffbedingte **Wärmebrücken** [▶ 16.▮]. Als Folge stellen sich verringerte Oberflächentemperaturen und ein erhöhter Wärmestrom *(heat flow)* ein.

Diese **„thermischen Störungen"** sind abhängig von
- Gestaltungsfragen (z. B. zwingende Vorgaben beim Altbau),
- Wandaufbau (Außen- oder Innendämmung, Werkstoffe, einschalig oder mehrschalig usw.),
- Rahmensystemen (Dicke der Blendrahmen, thermisch optimierte Rahmen, Wärmeleitfähigkeit des Rahmens, z. B. sehr hoch bei Aluminium),
- Dichtungs- und Befestigungselementen,
- Rollladenkästen (S. 367, Abb. 1) innen- oder außen liegend.

12.9.1 Einflussfaktoren und Anforderungen

Die Elemente Fenster und Baukörper müssen so konstruiert werden, dass sie den äußeren und inneren Einflüssen standhalten.

Einflüsse auf die Fuge sind:
- Wind und Regen *(wind and rain)*,
- Temperaturdifferenzen *(differences in temperature)*,
- Wasserdampf *(water vapour)*.

Der konstruktive Fugenaufbau (S. 353, Abb. 1) muss folgende **Anforderungen** erfüllen:
- äußere Dichtung *(outer sealing)*,
- Dämmung *(insulation)*,
- innere Dichtung *(inner sealing)*.

Um den verschiedenen Anforderungen gerecht zu werden, müssen die Anschlusskonstruktionen sorgfältig geplant werden.

Eine Optimierung der Vielfalt möglicher Anschlüsse ist mithilfe spezieller Rechnerprogramme möglich, welche die Wärmeströme berechnen und darstellen können.

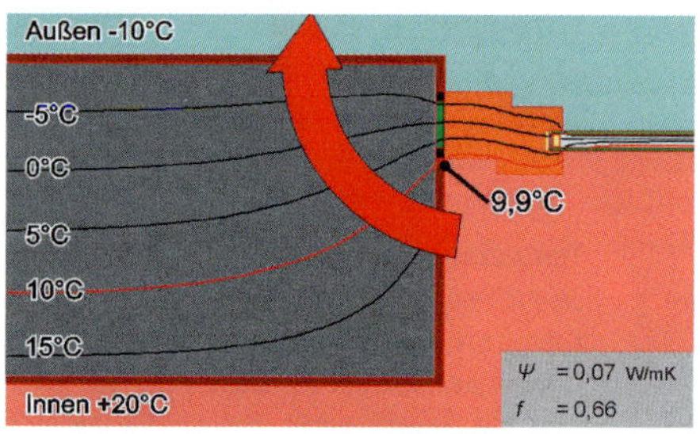

1 Fensterposition außen

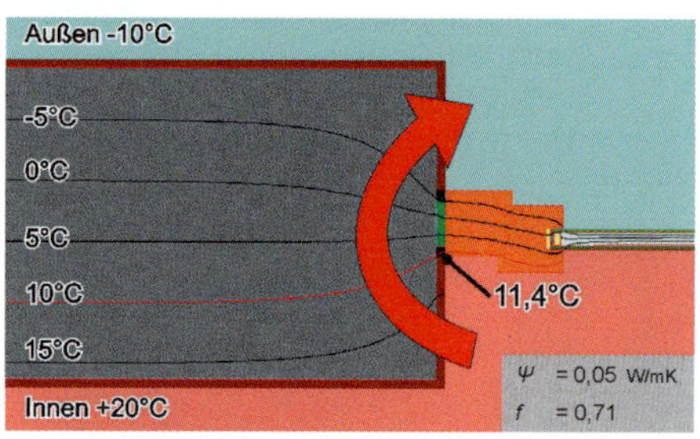

2 Fensterposition mittig

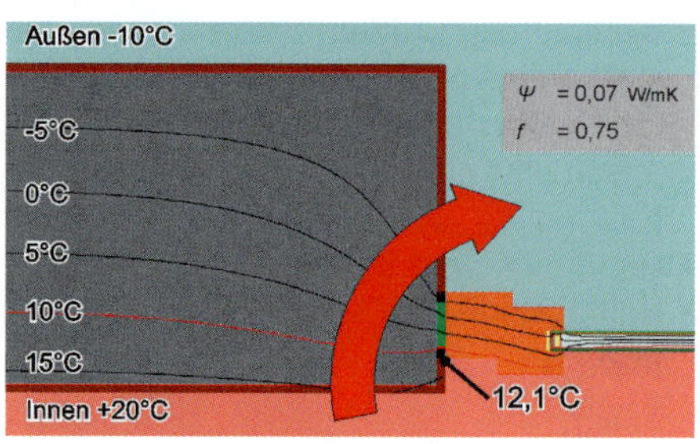

3 Fensterposition innen

Der **Temperaturverlauf** (Abb. 1 bis 3 und S. 355, Abb. 1 und 2) innerhalb einer Konstruktion kann durch **Isothermen** (Temperaturlinien) *(isotherm)* [▶ 12.9.2] genau dargestellt werden.

Mithilfe der Isothermen können die Oberflächentemperaturen an der kältesten Stelle *(coldest spot)* in der Laibung ermittelt werden.

Um Tauwasser *(condensation water)* zu vermeiden, muss nach der Umrechnung der Wert des Temperaturfaktors $f > 0,7$ sein [▶ 16.▮].

Da die Fensteroberfläche selbst keinen Nährboden für Schimmelpilze bietet, ist sie von dieser Forderung ausgenommen.

Durch den Abgleich des Gesamtwärmestroms mit der konventionellen Rechnung durch *U*-Wert und Fläche werden die Wärmebrückenverlustkoeffizienten Ψ errechnet sowie mit deren Hilfe die Höhe der Wärmebrücke ermittelt.

12.9.2 Arten des Wandaufbaus

Die **Wirkungsweise von Wärmebrücken** *(thermal bridges)* im Anschluss Fenster/Wand wird an den folgenden typischen Wandsystemen erläutert:

Monolithische Mauerwerke

Monolithische Mauerwerke haben einen einschichtigen *(single-layer)* Aufbau. Der Wandbaustoff ist mit einem Innen- und einem Außenputz versehen.

Bei **Neubauten** kommen nur Baustoffe mit geringer Wärmeleitfähigkeit wie Hochlochziegel oder Porenbeton zum Einsatz.

Der **Fensteranschluss** kann sowohl mit als auch ohne Anschlag erfolgen. Aus statischen Gründen werden im Sturzbereich häufig Fertigstürze mit Stahlbetonanteilen eingesetzt, die sich wärmetechnisch ungünstiger als die seitlichen Anschlüsse verhalten.

Grundsätzlich ist der Fensteranschluss am monolithischen Mauerwerk eine problematische Konstruktion, da die Temperaturverteilung gleichmäßig über den ganzen Wandquerschnitt erfolgt und das Fenster im Vergleich zur Wand ein sehr dünnes Bauelement darstellt.

Die Abbildungen 1 bis 3 verdeutlichen mithilfe des Verlaufs der Isothermen die wärmetechnischen Auswirkungen der verschiedenen **Fensterpositionen** im Wandquerschnitt **ohne Anschlag**:
- Während im Querschnitt der Wand die Isothermen gleichmäßig verteilt sind, schnüren sie sich im Fensterquerschnitt mit einem großen Übergangsbereich zusammen.

- Über die Laibungsflächen fließt ein zusätzlicher Wärmestrom über verkürztem Wege nach außen (rote Pfeile).
- Die Wärmebrückenbildung ist bei allen drei Fensterpositionen groß. Vergleichsweise günstig verhält sich die Konstruktion bei der mittigen Fensterposition, da hier der Wärmestrom den relativ längeren Weg zurücklegen muss.

Die Oberflächentemperaturen im gefährdeten **Laibungsbereich** verhalten sich unterschiedlich:

- Die äußere Fensterposition führt im inneren Laibungsbereich zu starken Isothermenverschwenkungen der warmen Isothermen mit der Folge ungünstiger Oberflächentemperaturen.
- Der errechnete *f*-Wert unterschreitet den Wert von 0,7, wodurch die Gefahr von Tauwasser- und Schimmelpilzbildung sehr hoch ist.
- Der Fensteranschluss mit mittiger Position erreicht knapp den geforderten Wert, während bei der inneren Position die Isothermen mit hoher Temperatur nicht verschwenken und vergleichsweise günstige Oberflächentemperaturen haben.
- Wegen der weniger stark ausgeprägten Wärmebrücke wird daher häufig die mittige Fensterposition empfohlen.

Zweischalige Mauerwerke

Bei zweischaligen *(double layer)* Mauerwerken ist das tragende innere Mauerwerk (Hintermauerwerk) von dem nicht tragenden äußeren Verblendmauerwerk (Vormauerwerk) getrennt, sodass keine Feuchtigkeit durch Schlagregen in das innere Mauerwerk dringen kann.

- Bei Altbauten sind Vor- und Hintermauerwerk meist nur durch eine **Luftschicht** getrennt.
- Bei Neubauten wird immer auch eine **Dämmstoffschicht** zwischen den Mauern eingebracht. Häufig wird zusätzlich eine hinterlüftende Luftschicht eingeplant.

Wird ein **Dämmstoff** eingesetzt, konzentrieren sich die Isothermen in diesem Bereich (Abb. 1). Daher ist es sinnvoll, die Fenster in diesem Bereich der Wärmedämmung zu platzieren, um ein Verschwenken der Isothermen und damit eine Wärmebrücke zu verhindern. Um den Anschluss des Fensters zu erleichtern und Beschädigungen vorzubeugen, wird ein harter Dämmstoffstreifen (z. B. Polystyrolschaum) eingeklebt. Die Befestigung und Abdichtung ist jedoch aufwendig (in der Abbildung nicht dargestellt), da eine Verbindung zur Vormauerschale geschaffen werden muss.

An einigen Konstruktionen ist die Lücke zwischen Hinter- und Vormauerwerk verkleinert (Abb. 2), um die Befestigung und Abdichtung zu erleichtern. Dies wird mit einer Verbreiterung des Hinter- oder Vormauerwerks erreicht. Wichtig ist, dass kein thermischer Kurzschluss durch eine leitfähige Verbindung von Vor- und Hintermauerwerk erzeugt wird. Abb. 2 zeigt, dass zwar durch einen 20 mm dicken Dämmstoffstreifen der Wärmebrückenverlustkoeffizient ansteigt, die Oberflächentemperatur aber dadurch nicht bedeutend verändert wird.

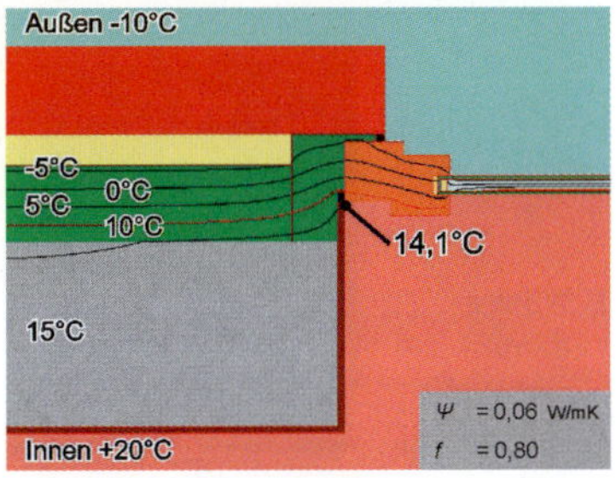

1 Fenster in der Dämmebene

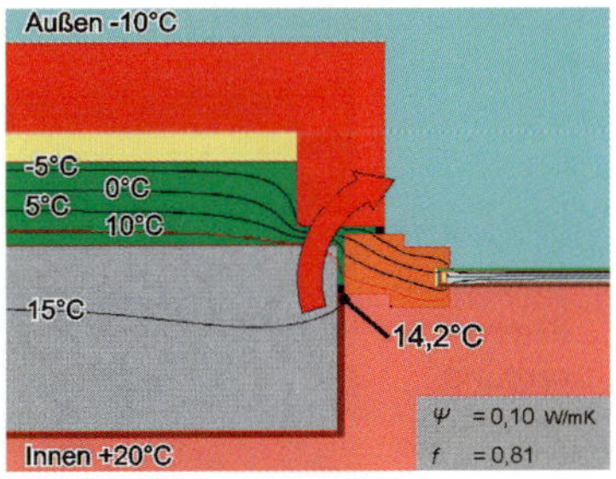

2 Kleine Lücke zwischen Vor- und Hintermauerwerk

Wärmedämmverbundsysteme (WDVS)

Wärmedämmverbundsysteme *(composite insulation systems)* werden besonders zur Sanierung monolithischer Wände eingesetzt.

Beim Wärmedämmverbundsystem wird außen am tragenden Mauerwerk ein Dämmstoff befestigt, der mit einem gewebeverstärkten diffusionsoffenen Putzsystem versehen ist.

Das Putzsystem aus Mineralfaser, Polystyrolschaum und Holzfasern kann, z. T. mit Klinkerriemchen beklebt, konstruktiv den Anschlag für Fenster bilden (S. 356, Abb. 1). Dabei verschwenken die Isothermen. Die auftretende Wärmebrückenwirkung wird jedoch durch die zusätzliche Überdeckung des Blendrahmens mit Dämmstoff ausgeglichen. Bei sehr dicken Dämmschichten oder hochdämmenden Rahmen ist die Anordnung des Fensters in der Dämmebene wichtig. Bei Sanierungen wird jedoch in den meisten Fällen die ursprüngliche Position eines Fensters nicht verändert (S. 356, Abb. 2).

Das WDVS muss mit **Dämmstreifen** thermisch am Blendrahmen angeschlossen werden. Sind diese zu dünn gewählt oder wird auf sie verzichtet, sind große Wärmebrücken die Folge.

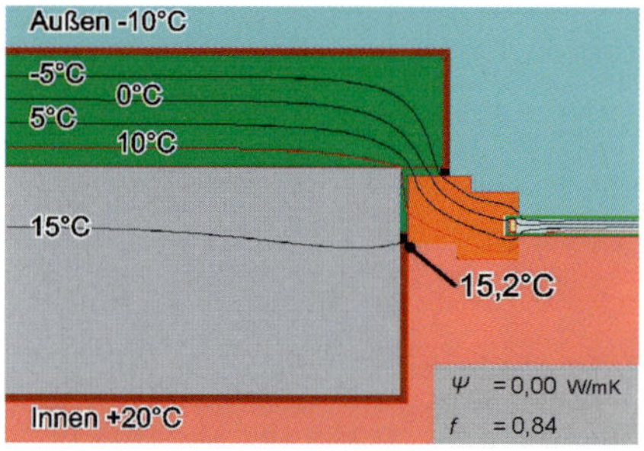

1 **Wärmedämmverbundsystem mit Anschlag**

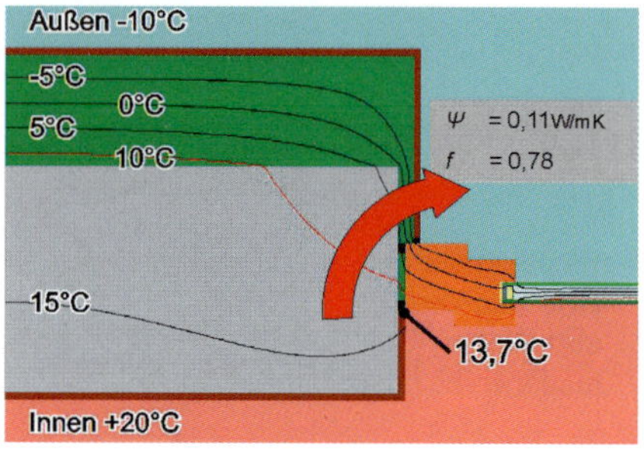

2 **Wärmedämmverbundsystem im Sanierungsfall**

12.9.3 Elemente zur Dichtung, Dämmung und Befestigung

Dichtungselemente

Dichtungselemente dienen der Abdichtung der Fugen zwischen Fenster und Bauwerk.

Zu den Dichtungselementen gehören:

- **Kompribänder** *(compribands)* (Abb. 3):
  Eigenschaften/Voraussetzungen:
  - Kompribänder wirken auf Druck.
  - Es gibt sie in diffusionsdichter und diffusionsoffener Ausführung.
  - Die Fugenbreite darf schwanken.
  - Um die Dichtheit zu gewährleisten, müssen die Oberflächen relativ eben sein.

  Die vorkomprimierten Dichtbänder aus imprägniertem Schaumstoff *(foam material)* werden in Rollenform geliefert. Häufig besitzen sie einseitig eine Klebschicht *(adhesive layer)*. Einfacher ist die Handhabung, wenn sie gegen einen Anschlag gedrückt werden können. Das Einbringen in eine bereits montierte Fensterfuge ist wegen der geringen Zeitspanne bis zur Dekomprimierung schwieriger.

- **Dichtstoffe** *(caulks)* (Abb. 4):
  Eigenschaften/Voraussetzungen:
  - Dichtstoffe sind auf Zug und Druck belastbar.
  - Sie sind nicht für alle Oberflächen geeignet.
  - Die Fugenbreite muss relativ konstant und auf die zu erwartenden Änderungen der Fugenbreiten abgestimmt sein.

Die spritzbaren Dichtungen werden hauptsächlich mit Siliconen oder Acrylen ausgeführt. Bevor die Abdichtung hergestellt werden kann, wird ein Vorlegeband aus Schaumstoff eingebracht, das für eine günstigere Geometrie der Dichtstofffuge sorgt. Um genügend Haftung bei Zug zu erreichen, sollten die Oberflächen vorbehandelt werden.

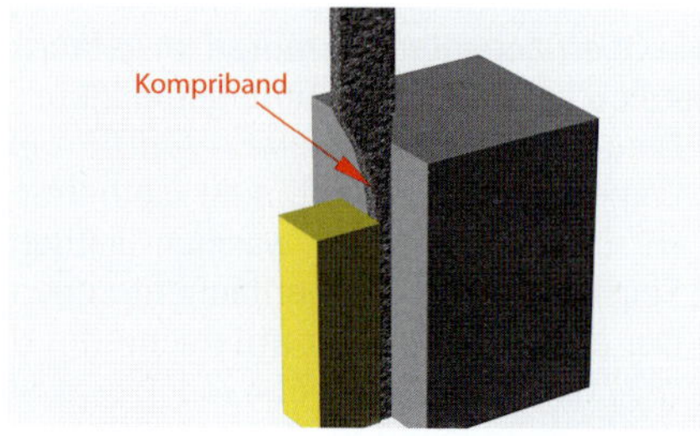

3 **Kompriband**

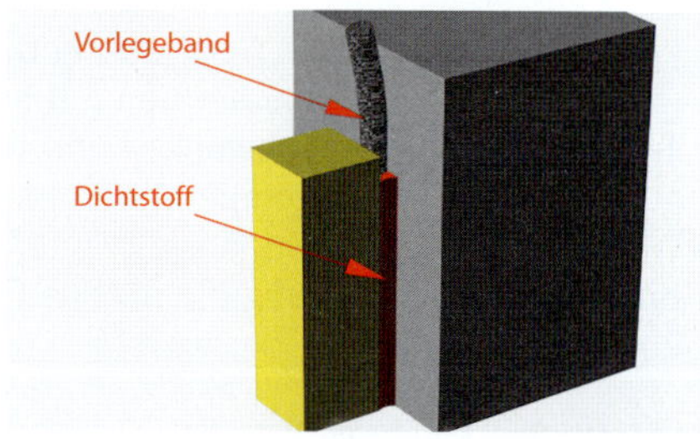

4 **Dichtstoff**

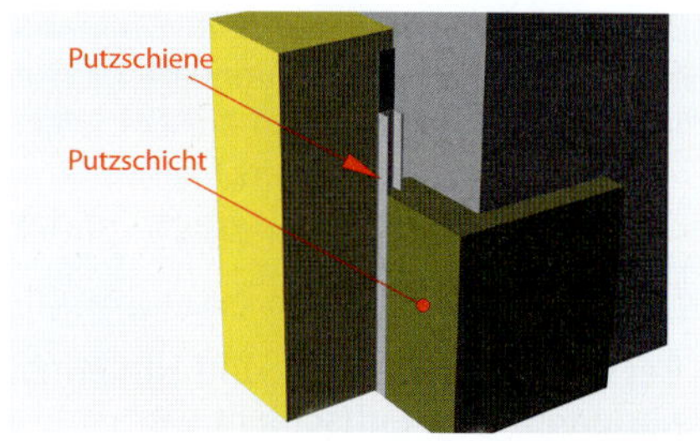

5 **Putzschiene**

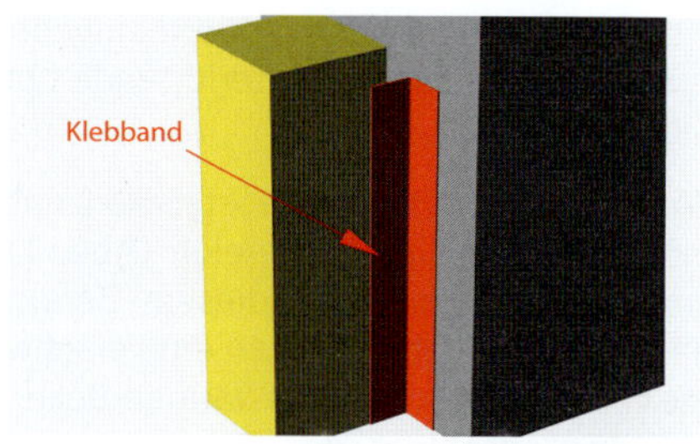

6 **Klebband**

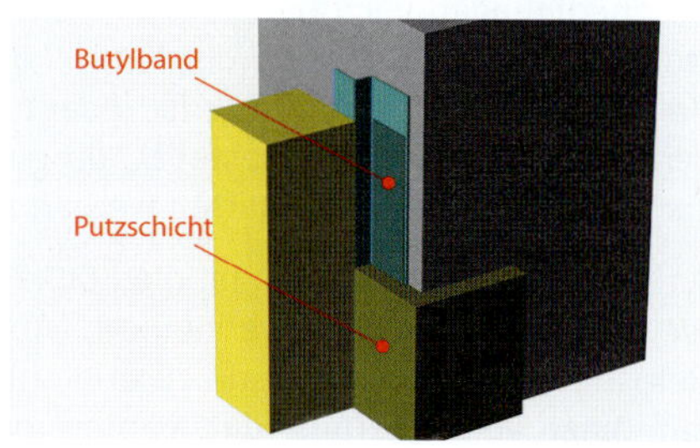

7 **Butyldichtstreifen**

- **Putzschienen** (S. 356, Abb. 5):
  Die Putzschienen *(plaster rail)* mit selbstklebenden Dichtbändern sind bei geringen Fugenbewegungen einsetzbar und bieten einen sauberen Abschluss.
- **Klebbänder** *(adhesive tapes)* (S. 356, Abb. 6):
  Eigenschaften/Voraussetzungen:
  – Klebbänder überbrücken gut.
  – Sie sollten mit einer Schlaufe eingeklebt werden, da die Fugen breiter werden könnten und stark schwankende Fugenbreiten möglich sind.
  – Sie sind in diffusionsdichter und diffusionsoffener Ausführung erhältlich.
  Klebbänder, für den Holzbau entwickelt, eignen sich für die Abdichtung auf Holz und Holzwerkstoffen. Bei mineralischen Untergründen (Putz, Mauerwerk) ist eine Vorbehandlung erforderlich.
- **Butyldichtstreifen** *(butyl sealing strips)* (S. 356, Abb. 7):
  Günstiger sind knetgummiartige Butyldichtstreifen, die speziell für die Fensterabdichtung entwickelt wurden. Zunächst wird der Dichtstreifen mit der Klebschicht an den Blendrahmen geklebt und nach der Dämmung an das Mauerwerk gedrückt. Durch eine Faserkaschierung zur Putzhaftung kann der Streifen überputzt werden.

Dämmungselemente

Zur Wärmedämmung der Fuge eignen sich folgende Werkstoffe:

- stopfbare Faserdämmstoffe wie Mineralwolle *(mineral wool)*, Hanf *(hemp)* oder Flachs *(flax)*,
- Dämmstreifen aus Schaumstoffen,
- Ortschäume *(construction foam)* auf Basis von Polyurethan,
- spritzbare Dämmstoffe wie z. B. Spritzkork.

Die Fugendämmung darf die Veränderungen der Fugenbreiten nicht behindern.

Insbesondere Ortschäume und spritzbare Dämmstoffe können so steif sein, dass häufig Verformungen des Blendrahmens die Folge sind. Daher sollten Ortschäume nur eingesetzt werden, wenn die zu erwartenden Fugenänderungen ohne hohe Rückstellkräfte möglich sind.

Ortschäume eignen sich nicht zur Verankerung und nicht zur Abdichtung.

Befestigungselemente

Blendrahmenschrauben (Abb. 1) *(frame anchor)* bestehen aus einer Gewindeschraube mit angeschraubtem Stahlkeil, der von einer Blechhülse umgeben ist. Bei der Befestigung spreizt der Keil die Blechhülse und sorgt in den meisten Mauersteinen für eine gute Verankerung. Der Blendrahmen wird von der Schraube nur schwach festgeklemmt, sodass er sich auf der Hülse verschieben und so ungünstige Spannungen ausgleichen kann. Für Fenster, bei denen große Längenänderungen des Blendrahmens zu erwarten sind, ist der Spannungsausgleich zwischen den Befestigungspunkten jedoch nur eingeschränkt möglich.

Distanzschrauben (Abb. 2 und 3) besitzen ein Stufengewinde mit gleicher Gewindesteigung. Bei dieser Bauart können Dübelbohrung und -montage durch den Blendrahmen erfolgen. Durch Gewindefixierungen verhindert die Schraube eine Veränderung der Fugendistanz. Diese Verbindungsmittel sind jedoch nicht für Rahmenwerkstoffe und Rahmengrößen geeignet, bei denen Änderungen zur Vermeidung von Spannungen notwendig sind.

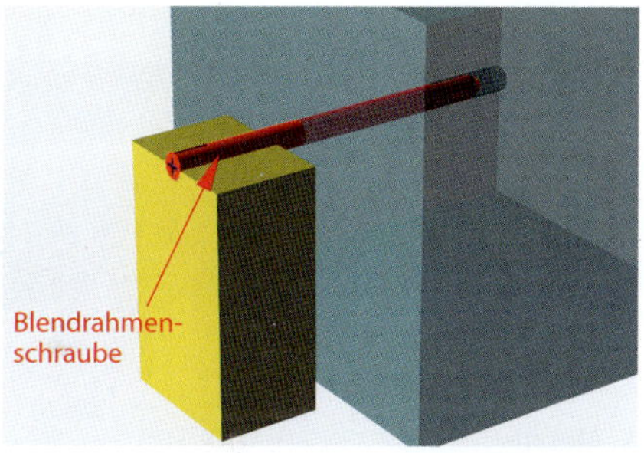

1 Blendrahmenschraube

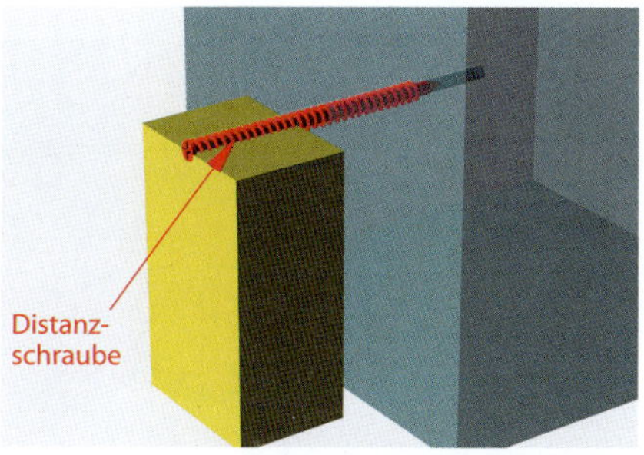

2 Distanzschraube

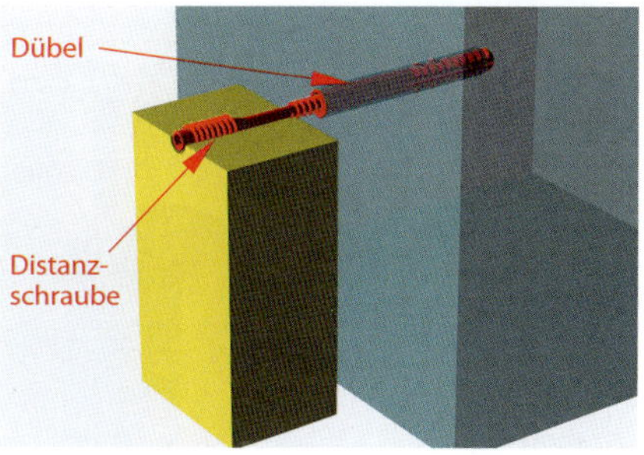

3 Distanzschraube mit Dübel

Metalllaschen (Abb. 1) können aus Lochbändern *(perforated metal band)* geschnitten oder als Halbfertigprodukt (sog. Hessenkrallen) *(frame cramps)* verwendet werden. Bei Letzteren sind häufig Stanzungen vorgesehen, die eine leichte Integration in die Blendrahmenkoppelnuten ermöglichen. Weitere Stanzungen dienen zur gezielten Abwinkelung der Laschen.

Montagezargen (Abb. 2) (sog. Blindzargen) *(subframes)* bestehen aus meist umlaufenden plattenförmigen Elementen. Sie werden besonders dann eingesetzt, wenn an der Blendrahmenebene keine tragfähige Befestigungsmöglichkeit besteht. Zur Abdeckung wird häufig ein Futter eingesetzt. Um die Luftdichtigkeit der Konstruktion zu gewährleisten, werden die Montagezargen im Eckstoß zur Wand und in der Verbindung zum Blendrahmen abgedichtet.

Der besondere Vorteil der **Montagerahmen** (Abb. 3) besteht darin, die Bauteilanschlüsse zunächst am Montagerahmen vorzusehen und erst nach Abschluss der Rohbauarbeiten die eigentliche Fenstermontage durchzuführen. Die Abdichtung zwischen Blendrahmen und Montagerahmen geschieht i.d.R. durch Verleisten.

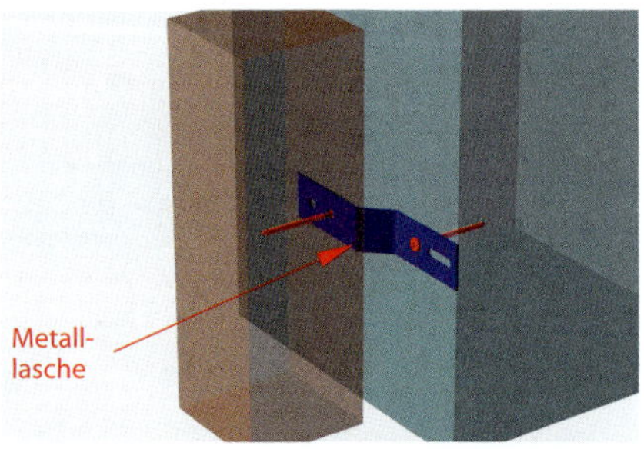

1 Metalllasche

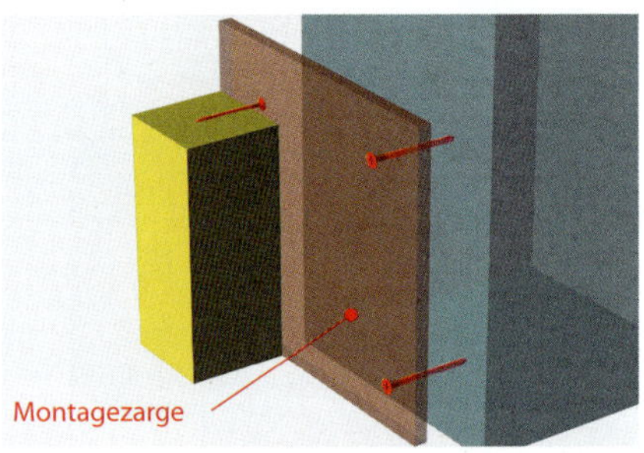

2 Montagezarge

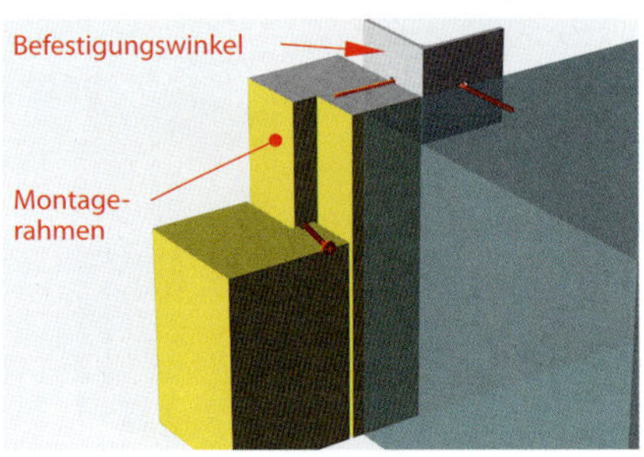

3 Montagerahmen

12.9.4 Fenster-Baukörper-Anschluss

Die konstruktiven Details eines Fenster-Baukörper-Anschlusses werden am Beispiel eines IV-90-Fensters (Abb. 4) dargestellt.

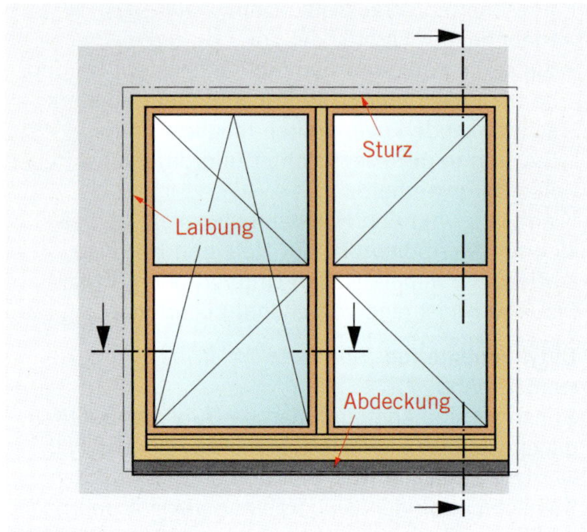

4 Anschluss Fenster/Baukörper (Außenansicht)

Der Wandaufbau (Abb. 5 und S. 359, Abb. 1) ist ein tragendes Mauerwerk aus Kalksandstein mit einem außen aufgebrachten Wärmedämmverbundsystem (WDVS).

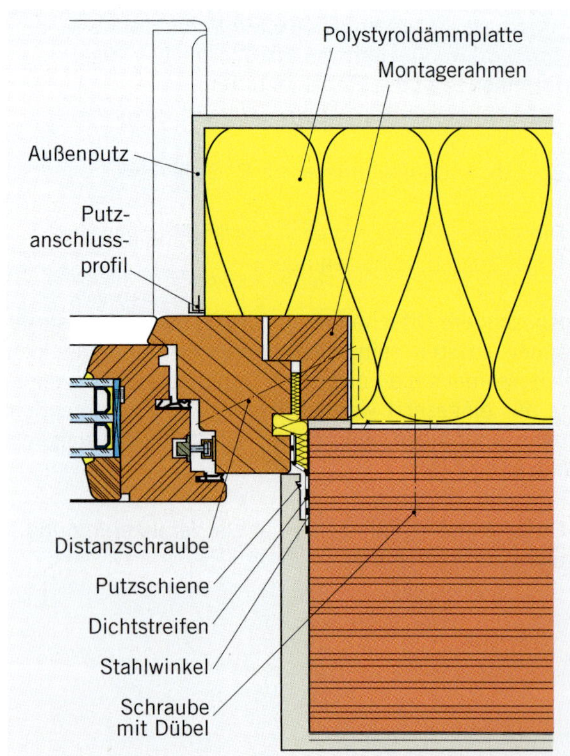

5 Horizontalschnitt A-A Anschluss Fenster/Baukörper

Das WDVS besteht aus geklebten und zusätzlich gedübelten **Polystyroldämmplatten** *(polystyrene foam insulation boards)*, die mit einem darauf abgestimmten mineralischen **Putzsystem** beschichtet sind. Die Putzschicht besteht aus einem Unterputz mit einer Verstärkung aus Glasfasergewebe *(fiberglass fabric)* und dem dekorativen Oberputz.

Da es mit 20 cm relativ dick ist, ist es sinnvoll, das Fensterelement aus optischen und wärmetechnischen Gesichtspunkten in der Dämmebene zu platzieren.

Die Montage erfolgt mithilfe eines gefälzten **Montagerahmens** *(mounting frame)*, der den gleichfalls gefälzten Blendrahmen aufnimmt.

Das Fenster wird vor der Anbringung des WDVS montiert. Theoretisch wäre es daher auch möglich, den Blendrahmen direkt mit Stahlwinkeln zu fixieren. Es hat jedoch den Nachteil, dass das Fenster ohne den Abriss des WDVS nicht getauscht werden kann.

Mithilfe des Montagerahmens können spätere Renovierungen unabhängig voneinander ausgeführt werden.

Die Positionierung des **Befestigungsdübels** *(dowel)* muss wegen des zusätzlichen Montagerahmens weit genug von der Mauerwerkslaibung entfernt erfolgen, damit keine Gefahr besteht, dass Mauersteine beim Bohren abplatzen.

Der Montagerahmen ermöglicht wegen seines geringen Gewichts zudem eine problemlose **Ausrichtung** *(alignment)*, sodass der Blendrahmen nur noch in den Montagerahmen gestellt und verschraubt werden muss.

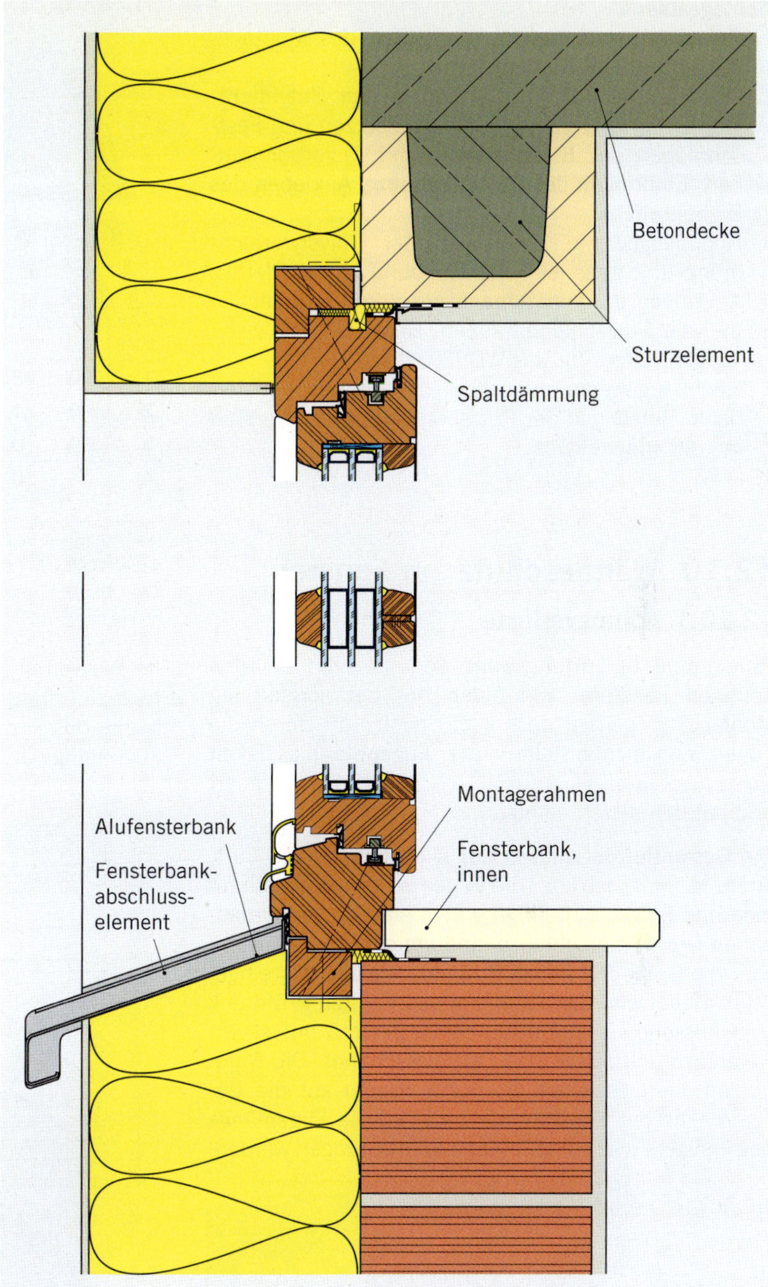

1 Vertikalschnitt B-B Anschluss Fenster/Baukörper

Die **Stahlwinkel** *(steel brackets)* müssen so dimensioniert werden, dass alle Lasten aufgenommen werden können. Besonders bei großen Fensterelementen müssen wegen der hohen Eigenlasten die unteren Stahlwinkel besonders kräftig ausgelegt werden. Die Verwendung von Stahlwinkeln mit Langlöchern erleichtert die exakte Ausrichtung des Montagerahmens.

Montageablauf:

1. Befestigen und exaktes Ausrichten des Montagerahmens an das Mauerwerk.
2. Montage des Fensters: Anbringen der Butyldichtstreifen an den Blendrahmen, Einsetzen und Festschrauben des Blendrahmens mit Distanzschrauben, Einbringen der Spaltdämmung, Ankleben des Dichtstreifens.
3. Hochbaugewerke: Anbringen der Polystyroldämmung (mit genauer Falzausbildung in der Platte), Anbringen der Fensterbank mit deren Endstücken und der Putzschienen außen, Herstellen des zweilagigen Putzes für das WDVS.
4. Hochbaugewerke: Einsetzen der inneren Fensterbank, Befestigen der Putzschienen innen, Herstellen des Innenputzes.

12.10 Wärmeschutz am Fenster

12.10.1 Wärmeverluste

Unkontrollierte Lüftungswärmeverluste sind bei den heutigen Fenstern, verbunden mit der sorgfältigen Montage, so gering, dass kaum noch Luft durch die Fugen entweichen kann. Die **Fugendurchlässigkeit** *(joint permeability)* ist in DIN EN 12207 neu definiert und hat den *a*-Wert ersetzt.

Die **Gesamtluftdurchlässigkeit *Q*** beschreibt den Luftstrom in m³/h, der über die Fugen zwischen Blendrahmen und Flügelrahmen bei einem am Fenster vorhandenen Druckunterschied *p* hindurchgeht. In der Norm wird die Größe **Referenzluftdurchlässigkeit Q_{100}** eingeführt. Dabei wird die bei einem bestimmten Prüfdruck *p* gemessene Gesamtluftdurchlässigkeit *Q* auf einem Referenzdruck *p* von 100 Pa umgerechnet. Die Referenzluftdurchlässigkeit Q_{100} kann sowohl auf die Gesamtfläche des Fensters als auch auf die Fugenlänge des Fensters (wie früher beim *a*-Wert) bezogen werden.

$$Q_{100} = \frac{Q_{\text{gemessen in m}^3\text{/h bei Prüfdruck } p}}{(p/100)^{2/3} \cdot \text{Fensterfläche in m}^2}$$

$$Q_{100} = \frac{Q_{\text{gemessen in m}^3\text{/h bei Prüfdruck } p}}{(p/100)^{2/3} \cdot \text{Fugenlänge in m}}$$

Q Gesamtluftdurchlässigkeit in m³/h
p Luftdruck, bei dem *Q* festgestellt worden ist
Q_{100} Referenzluftdurchlässigkeit, bezogen auf 100 Pa

Aus Tab. 1 ist ersichtlich, dass die Anforderungen an die Luftdurchlässigkeit in den oberen Klassen erheblich angehoben wurden. In der Klasse 0 werden jedoch keine Anforderungen an die Fugendichtigkeit gestellt. Anhand einer **Korrelationstabelle** der DIN EN 12207 (in Tab. 1 enthalten) kann mit vorhandenen Prüfzeugnissen nach der DIN 18055 der Nachweis für eine entsprechende neue Klasse geführt werden.

Tab. 1 Klassen 0 bis 4 nach DIN EN 12207

Klasse nach DIN EN 12207	Forderung an den *a*-Wert in m³/(hm) bei 10 Pa		Referenzluftdurchlässigkeit bei 100 Pa in m³/(hm²)	Referenzluftdurchlässigkeit bei 100 Pa in m³/(hm)	Maximaler Prüfdruck in Pa	Klassifizierung nach DIN 18055 Beanspruchungsgruppen entsprechend Gebäudehöhen
	alt	neu				
0						
1	**2,0**	**2,637**	50	12,50	150	**A** bis 8 m
2	**1,0**	**1,424**	27	6,75	300	**B** bis 20 m
3	**1,0**	**0,474**	9	2,25	600	**C** bis 100 m
4		**0,158**	3	0,75	600	**D** Sonderregelung

Die bisherigen Beanspruchungsgruppen A, B und C werden neu in die Klassen 0 bis 4 eingeteilt. Fenster der alten Beanspruchungsgruppen mit Prüfzeugnis nach DIN 18055 können im Nachhinein den neuen Klassen nach DIN EN 12207 zugeordnet werden.

Im Diagramm (Abb. 1) sind links die Werte für die Referenzluftdurchlässigkeit bezogen auf die Gesamtfläche des Fensters, rechts die Werte bezogen auf die Fugenlänge angegeben.

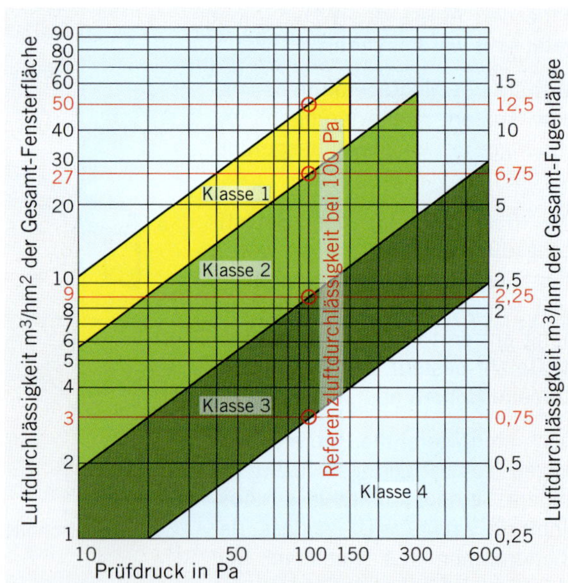

1 Diagramm zum Einordnen der Klassen 1 bis 4 nach DIN EN 12207 (Maximalwerte bezogen auf Fensterflächen und Fugenlängen)

Die **Luftdichtheit** *(air tightness)* (Luftdurchlässigkeit) der Hüllfläche eines Gebäudes und damit auch der Anschlussfugen von Fenstern und Außentüren kann mit dem **„n50-“** oder **„Blower-Door-Test“** am Bau gemessen werden. Ein in eine Außentür luftdicht eingebauter

Ventilator erzeugt dabei nach dem Schließen aller Fenster und Außentüren einen Unterdruck von 50 Pa im Gebäude. Der Druckunterschied zur Außenluft entspricht dabei dem Staudruck des Windes bei 9 m/s und damit einer Geschwindigkeit von ca. 30 km/h.

Undichte Stellen an Fenster-Wand-Anschlüssen können mit einem Thermoanemometer (Luftgeschwindigkeitsmessgerät) oder einer Wärmebildkamera entdeckt werden.

Transmissionswärmeverluste werden in DIN EN ISO 10077-1 mit der Ermittlung des *U*-Werts transparenter Bauteile (Fenster und Türen), mit Ausnahme von Dachflächenfenstern, Vorhang- und Glasfassaden, geregelt.

12.10.2 Wärmedurchgangskoeffizient an Fenstern U_w

Der Wärmedurchgangskoeffizient U_w-Wert (U_{window}) *(heat transfer coefficient)* ist für die wärmetechnische Beurteilung von Fenstern und Außentüren eine entscheidende Größe (Abb. 1).

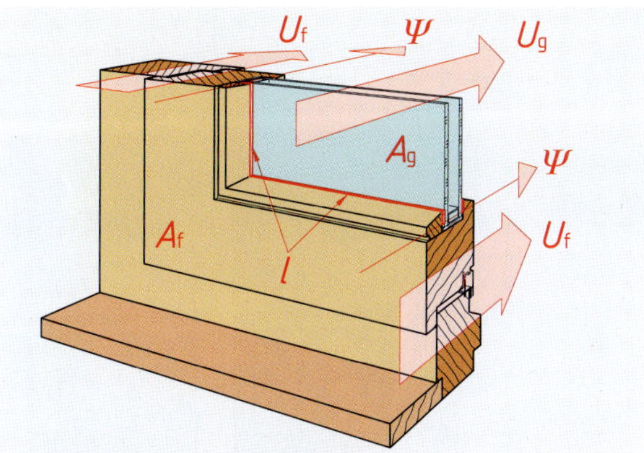

1 *U*-Werte bezogen auf Rahmenfläche A_f und Verglasungsfläche A_g sowie Fugenlänge l

Er resultiert anteilig aus dem
- U_f-Wert für Blend- und Flügelrahmen,
- U_g-Wert für die Verglasung,
- längenbezogenen Wärmebrückenverlustkoeffizienten Ψ (Psi) – früher WBVK – des Verbunds von Glasscheiben und Abstandhaltern sowie gegebenenfalls
- Korrekturwert für Sprossen.

Die Indizes bedeuten:
- *w* (engl. window) für Fenster
- *f* (engl. frame) für Rahmen
- *g* (engl. glazing) für Verglasung

Nach den EnEV-Vorgaben darf das Bauteil Fenster in Wohn- und Arbeitsräumen mit einem U_w-Wert ≤ 1,7 W/(m²K) eingesetzt werden.

U_f-Werte bei Fensterrahmen

Helle, deckend lackierte **Holzfensterrahmen** bestehen überwiegend aus Nadelholz (Fichte, Kiefer, Lärche und Hemlock), dunkle aus Laubholz (Meranti, Afzelia, Sipo und Niangon). Für Holzfenster können lt. DIN EN ISO 10077-1 Pauschalwerte angesetzt werden (Tab. 1). Eine rechnerische Ermittlung aus der Wärmeleitfähigkeit von Holz und seiner Dicke ist nicht zulässig, da es sich um ein komplexes Bauteil mit verspringender Profilierung und Lufteinschlüssen handelt.

Tab. 1 U_f-Werte für Fensterrahmen aus Holz

Rahmen-Nenndicke	Weichholz (Fichte, Kiefer) in W/(m²K)	Hartholz (Eiche, Meranti) in W/(m²K)	Art der Verglasung
Pauschalwerte aus Diagramm lt. DIN EN ISO 10077-1			
68 mm	1,8	2,1	Zweifach-verglasung
95 mm	1,55	1,8	Dreifach-verglasung
Numerische Berechnung nach DIN EN ISO 10077-2			
Profil Leitz 95 mm	1,2	1,8	Dreifach-verglasung

Alternativ können U_f-Werte für Holzfenster mit konkreten Profilen auch mit numerischer Computersoftware DIN EN ISO 10077-2 berechnet werden.

Deutlich bessere Werte können erreicht werden, wenn in das Profil Schichten mit spezifischen **Dämmstoffen** (Sandwich) [▶ 12.5.2] eingeklebt sind. Mit diesem Verfahren werden bei Fensterrahmen U_f-Werte von bis zu 0,7 W/(m²K) erreicht.

Kunststofffensterrahmen mit Mehrkammerprofilen und eingegebenen Dämmstoffen können U_f-Werte von 0,6 W/(m²K) erreichen.

Aluminiumfensterrahmen mit thermisch getrennten Profilen und eingegebenen Dämmstoffen können U_f-Werte von 0,8 W/(m²K) erreichen.

Holz-Aluminium-Fensterrahmen können U_f-Werte von 0,8 W/(m²K) erreichen.

12.10.3 Verglasung

Eine Verglasungseinheit bestand ursprünglich aus Einfach-Flachglasscheiben, die durch Zweit-Flachglasscheiben zur Doppelverglasung, im Rahmenverbund zum Verbundfenster oder Kastenfenster führten. Die Entwicklung der Mehrscheiben-Isoliergläser [▶ GK 16.3.4] führte zur Verbesserung der funktionellen Eigenschaften der Verglasungseinheiten (S. 362, Abb. 1).

Entsprechend der funktionalen Ansprüche wurden
- Wärmeschutzgläser,
- Schallschutzgläser oder
- Multifunktionsgläser entwickelt.

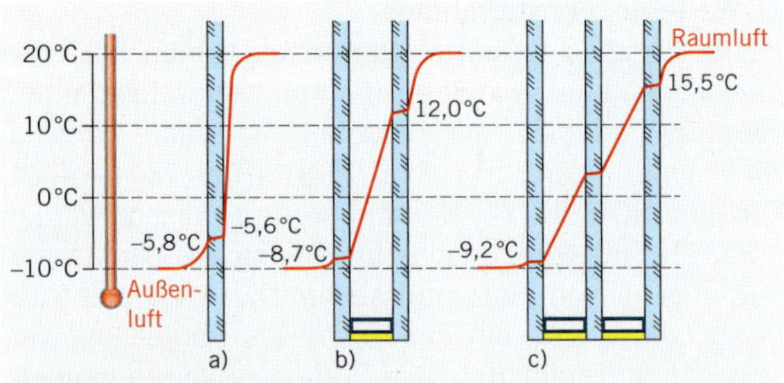

1 Temperaturverlauf bei Einfachglas, Zwei- und Dreischeiben-Isolierglas

Für besondere Zwecke können Verglasungen oder -einheiten hergestellt werden, deren Eigenschaften sich selbsttätig (trop) oder durch Schaltung verändern:

- Fototrope Gläser färben sich dunkler bei höherer Helligkeit.
- Thermotrope Gläser passen sich bei höheren Temperaturen z. B. durch verstärkte Streuung an.
- Elektrochrome Gläser lassen sich durch die Veränderung einer angelegten elektrischen Spannung matt oder durchsichtig schalten.
- Gasochrome Verglasungen lassen sich durch Veränderung der Gaszusammensetzung in ihrer Lichtdurchlässigkeit verändern.
- Durch in Verglasungseinheiten integrierte Lichtlenksysteme können Blendungen verhindert und eine bessere Ausleuchtung in der Raumtiefe erreicht werden.

Mehrscheiben-Isoliergläser (Abb. 2) bestehen aus mindestens zwei Scheiben, die mit Abstandhaltern verklebt sind. Im Scheibenzwischenraum befindet sich eine Füllung aus Schwergasen wie Argon oder seltener Krypton. Ein luft-, gas- und wasserdichter Randverbund aus Metall oder Kunststoff mit Wasserdampf absorbierenden Trockenmitteln *(desiccant)* verhindert einen Gasaustausch und damit die Tauwasserbildung im Scheibenzwischenraum.

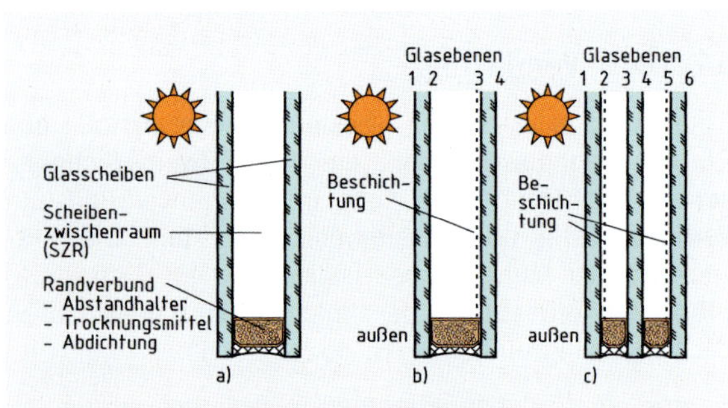

2 a) Standard-Mehrscheiben-Isolierglas, b) Wärmeschutzglas, c) Dreifach-Mehrscheiben-Isolierglas (mit Wärmeschutzbeschichtungen)

Bei zeitgemäßen Mehrscheiben-Isoliergläsern wird der gute Wärmeschutz durch nicht sichtbare, raumseitige Beschichtung *(coating)* mindestens einer Scheibenoberfläche mit Metalloxidschichten erreicht.

Wirkung der Beschichtung:
Werden einfache Floatgläser [▶ GK 16.2.3] verwendet, entfallen zwei Drittel des Energietransports auf den Strahlungsaustausch der beiden Scheiben durch Infrarotstrahlung, auch wenn die Schwergasfüllung mit Argon die Wärmeübertragung durch Konvektion einschränkt.

Wird eine Scheibe zum Zwischenraum mit Metall beschichtet (Abb. 3), wird dieser Strahlungsaustausch stark eingeschränkt. Normale Metallbeschichtungen wirken allerdings auch im sichtbaren Spektrum der Strahlung reflektierend. Das Ergebnis ist ein Spiegel (z. B. Beschichtung mit Silber). Daher dürfen diese Beschichtungen nur im infraroten *(infrared)* Bereich reflektierend wirken; im sichtbaren Bereich sollen sie möglichst viel Licht durchlassen. Sie werden als **selektive Schichten** bezeichnet. Erreicht wird das durch eine exakte Abfolge von Metallen und Oxiden in genau bemessenen, sehr dünnen Schichtdicken.

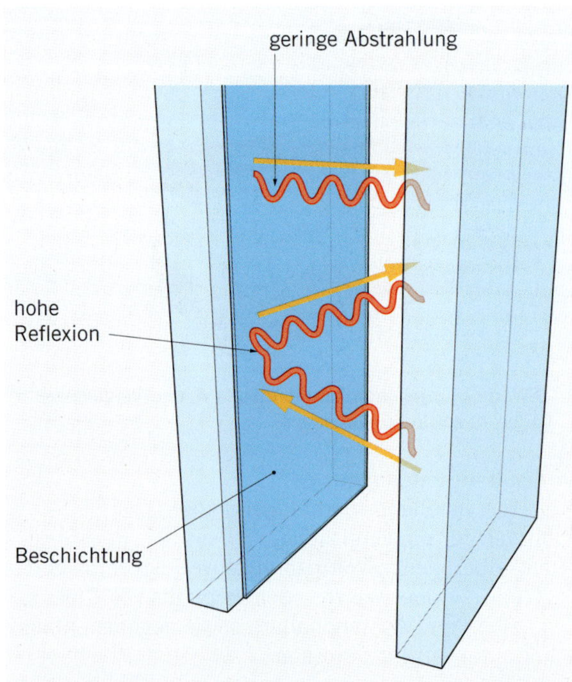

3 Wirkung der Beschichtung eines Mehrscheiben-Isolierglases zum Wärmeschutz

Bis ca. 1990 produziertes Isolierglas war meist unbeschichtet und dessen Zwischenraum mit Luft gefüllt. Durch eine **Schwergasfüllung** mit Edelgasen wird die Übertragung durch Konvektion und damit die Wärmeübertragung durch Ausbildung einer Konvektionswalze verringert. Dabei kommt das Edelgas Argon zunehmend zur Anwendung. Noch wirksamer ist Krypton, jedoch wenig verfügbar und damit teuer.

U_g-Wert bei Verglasungen
Beschichtete Verglasungen erreichen U_g-Werte
- bei Zweifachverglasung 1,0 bis 1,3 W/(m²K),
- bei Dreifachverglasung 0,4 bis 0,8 W/(m²K).

Wegen der erhöhten Anforderungen der EnEV [▶ 16.2.3] besteht ein Trend zu Dreischeiben-Isolierglas.

Kenngrößen von Mehrscheiben-Isolierglas:
- Wärmedurchgangskoeffizient (*U*-Wert),
- Gesamtenergiedurchlassgrad (*g*-Wert),
- Emissivität (ε),
- Lichttransmissionsgrad (τ_l),
- Farbwiedergabe-Index (R_a),
- bewertetes Schalldämmmaß (R_w).

Faktoren, die primär den **Wärmestrom** durch Mehrscheibengläser bestimmen:
- Strahlungsaustausch zwischen den Scheiben,
- Wärmeleitung des Gases,
- Konvektion des Gases,
- Wärmeleitung im Randverbund.

Gesamtenergiedurchlassgrad *g*
(total energy transmittance)
Die verschiedenen Bauteile einer Gebäudehülle verursachen nicht nur Wärmeverluste, die durch den *U*-Wert bestimmt sind. Durch eine möglichst transparente Verglasung werden im Gebäudeinneren auch **Wärmegewinne** erreicht. Während im Winter ein Teil der Wärmeverluste durch solare Wärmegewinne reduziert werden kann, ist im Frühling oder Herbst sogar ein Wärmeenergieüberschuss *(excess thermal energy)* zu erreichen.

Die Eigenschaft der Transparenz des Glases im Bereich der Wellenlänge von 300 bis 2500 nm wird mit dem Gesamtenergiedurchlassgrad *g* (*g*-Wert) ausgedrückt. Der ***g*-Wert** gibt an, wie viel der auf das Glas auftreffenden Strahlungsenergie der Sonne durch das Glas hindurchgeht (Abb. 1).

Je höher der *g*-Wert der Verglasung, desto mehr Energie wird kostengünstig gewonnen.

Die Energiegewinne beim Fenster werden durch Addition der sekundären Wärmeabgabe q_i nach innen mit der direkten Sonnenenergie-Transmission τ_e ermittelt.

g-Wert $= g_i + \tau_e$ (ohne Einheit)

Bei einem *g*-Wert von z. B. 0,65 gelangen 65 % der auf die äußere Glasfläche des Fensters auftreffenden Sonnenenergie in den Raum (Tab. 1).

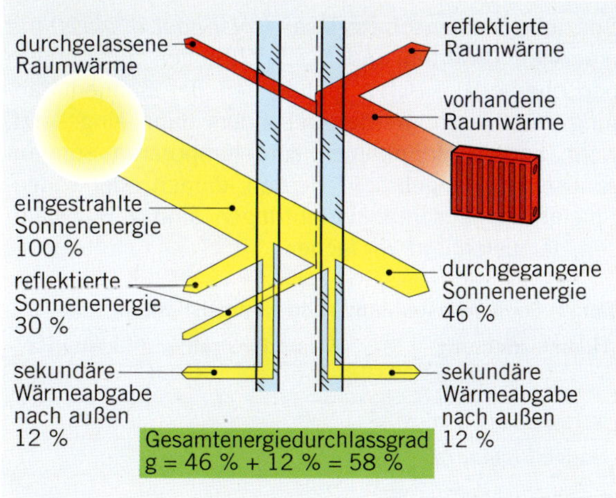

1 Aufteilung der Energiestrahlung an einem isolierverglasten Fenster mit *g* = 58 %

Für die Belichtung des Raums ist der Anteil der sichtbaren Strahlung, die durch die Verglasung geht, maßgeblich. Der **Lichttransmissionsgrad τ** (tau) gibt den sichtbaren, direkt durchgelassenen Strahlungsanteil im Bereich der Wellenlänge von 380 bis 780 mm an.

Während sich die Edelgasfüllungen von Isoliergläsern nicht auf den g-Wert und die Lichttransmission auswirken, hat die Beschichtung dabei deutliche Auswirkungen.

Tab. 1 Typische Werte des Gesamtenergiedurchlassgrads *g* und der Lichttransmission τ

Art der Verglasung	*U*	*g*	τ
Einfachglas	5,8	0,90	0,95
Zweifachisolierglas ohne Beschichtung	3,0	0,80	0,9
Zweifachisolierglas mit Beschichtung	1,1	0,6	0,8
Dreifachisolierglas mit Beschichtung	0,8	0,5	0,7
Sonnenschutzglas zweifach	1,1	0,4	0,7

Mit wärmetechnisch leistungsfähigen Dreifachisoliergläsern (niedrige *U*-Werte) können zwar niedrige Transmissionswärmeverluste erreicht werden, gleichzeitig sinkt jedoch wegen des niedrigen *g*-Werts auch die mögliche solare Ausbeute.

Ist die **Fensterfläche** in Bezug zur Raumgröße eher gering, wie häufiger bei Altbauten, muss die Fensterkonstruktion bezüglich ihres Glasflächenanteils optimiert werden und ein Glas mit hoher Lichttransmission gewählt werden.

Im Sommer kann es bei großen Glasflächenanteilen in der Fassade zu Überhitzungsproblemen kommen.

Spezielle **Sonnenschutzgläser** *(solar control glass)* mit niedrigen *g*-Werten und Beschichtungen auf der Außenscheibe, die einen großen Teil der Sonnenstrahlung reflektieren, werden besonders dann eingesetzt, wenn andere Maßnahmen zum temporären Sonnenschutz nicht angebracht werden können oder sollen. Solche Sonnenschutzeinrichtungen sind z. B. Markisen, Jalousien und Vordächer.

Tab. 1 Sonneneinstrahlung nach Himmelsrichtung

Himmelsrichtung	Solare Einstrahlung I_j kWh/m²a
Südost bis Südwest	270
Nordwest bis Nordost	100
Übrige Richtungen	155
Dachflächenfenster mit Neigungen unter 30°	225
Dachflächenfenster über 30° sind wie senkrechte Fenster zu behandeln	

Randverbund *(edge seal)*
Die Glasscheiben eines Isolierglases müssen mechanisch stabil und diffusionsdicht verbunden werden. Daher kommen meist Metallprofile, die mit den Gläsern verklebt sind, zum Einsatz. Wegen der Wärmeleitfähigkeit der Profile wird zwischen den Scheiben ein thermischer Kurzschluss hergestellt. Die Folge sind verringerte Oberflächentemperaturen auf der Innenseite im Bereich des Randverbunds. Die Größe der Wärmebrücke muss mit dem zugehörigen **Ψ-Wert** (*psi*-Wert) in die Berechnung des U_w-Werts mit einbezogen werden (Abb. 1).

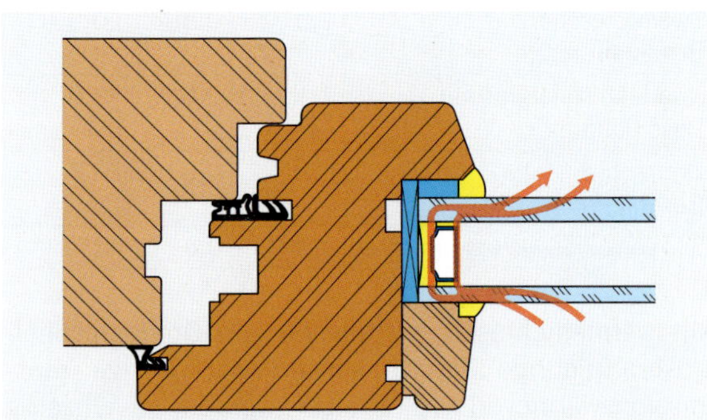

1 Wirkungsweise der Isothermen beim Randverbund einer Dreifachisolierverglasung

Tab. 2 Wärmeleitfähigkeit von Randverbundwerkstoffen

Werkstoff	Wärmeleitfähigkeit λ in W/(mK)	%
Aluminium	200	100
Stahl	60	30
Edelstahl	15	8
Floatglas	1,0	0,4
Kunststoff-Abstandhalter	0,19	0,1

Statt der Aluminiumprofile werden auch dünnwandige Edelstahl- und Kunststoffprofile eingesetzt. Dadurch wird die Temperatur im Randbereich der Verglasung um bis zu 4 °C erhöht. Somit kann die Tauwasser- und Schimmelpilzbildung auf den Dichtstoffen im Randbereich häufig verhindert werden.

Der Wärmebrückenkoeffizient Ψ kann sich durch die **„warme Kante“** um 25 bis 45 % verringern.

Zusätzlich zur „warmen Kante“ kann der Wärmebrückeneffekt des Abstandhalters durch einen **tieferen Glasfalz**, d. h. eine größere Einstandstiefe (z. B. 30 mm) der Verglasung im Rahmen verringert werden. Das hätte eine höhere Oberflächentemperatur auf der Raumseite zur Folge.

Der Wärmeverlust *(heat loss)* durch eine Wärmebrücke im Verglasungsbereich – Glasfalz – berücksichtigt das Zusammenwirken von Verglasungsrand und Rahmenprofil sowie den Einfluss der Abstandhalter. Der Wärmeverlust infolge der Wärmebrücke wird mit dem linearen **Wärmebrückenkoeffizienten Ψ** (Tab. 3) angegeben. Die Ψ-Werte werden jeweils für die Rahmenmaterialien und Abstandshalterkonstruktionen ermittelt.

Tab. 3 Ψ-Werte des Randverbunds im Vergleich

Abstandhalter Typ	Ψ-Werte in W/(mK) für Rahmen aus		
	Metall mit thermischer Trennung	Kunststoff	Holz
3-fach-Standardaufbau mit „Warme-Kante“-Abstandhalter			
TPS aus Polyisobutylen	0,042	0,037	0,037
Edelstahl	0,063	0,048	0,053
Aluminium	0,111	0,075	0,086
2-fach-Standardaufbau mit „Warme-Kante“-Abstandhalter			
TPS aus Polyisobutylen	0,047	0,039	0,03
Edelstahl	0,068	0,051	0,053
Aluminium	0,111	0,077	0,081

(Datenblatt „PSI-Werte Fenster“ des BF (Bundesverband Flachglas) vom April 2008)

Der Einfluss des Wärmebrückenkoeffizienten Ψ auf den U_w-Wert wird in Tab. 1, S. 365 deutlich.

Tab. 1 Einfluss des Wärmebrückenkoeffizienten Ψ auf den U-Wert eines Fensters U_w

Beispiel: Holzfenster 1,28 m · 1,48 m = 1,89 m² U_f = 1,2 W/(m²K) U_g = 0,8 W/(m²K)					
	A_f%	A_g%	l_{fg} m	Abstandhalter Alu Ψ = 0,086 W/(mK)	Abstandhalter TPS Ψ = 0,037 W/(mK)
1-flügelig	33	67	4,53	U_w = 1,14	U_w = 1,02
2-flügelig					
Stulp	41	59	6,72	U_w = 1,27	U_w = 1,09
Oberlicht	46	54	7,7	U_w = 1,33	U_w = 1,14

Berechnung des U_w-Werts laut EN 10077-1:

$$U_w = \frac{U_g \cdot A_g + U_f \cdot A_f + \Psi_{fg} \cdot l_{fg}}{A_g + A_f}$$

U_w [W/(m²K)] Wärmedurchgangskoeffizient Fenster
U_g [W/(m²K)] Wärmedurchgangskoeffizient Verglasung
U_f [W/(m²K)] Wärmedurchgangskoeffizient Rahmen
Ψ_{fg} [W/(mK)] Wärmebrückenkoeffizient Verglasung/Rahmen
l_{fg} [m] Umfangslänge der Glasfälze (sichtbarer Glasrand)
A_g [m²] Verglasungsfläche
A_f [m²] projizierte Rahmenfläche

Beispiel

Fenster 1,23 m · 1,48 m — A = 1,82 (m²)
⇒ (Standardgröße gem. DIN 4108, nach der sich die Tabellenwerte richten) — U_f = 1,2 (W/(m²K)); U_g = 0,8 (W/(m²K))

Rahmenbreite — b_f = 0,11 (m)

Ψ_{fg} (Tabellenwert: üblicher Glaseinbau und Randverbund mit Alu-Abstandhalter) — Ψ_{fg} = 0,086 (W/(mK))

⇒ Verglasung
1,01 m · 1,26 m ⇒ A_g = 1,27 (m²)
⇒ Rahmenfläche (Gesamtfensterfläche abzüglich Verglasung)
= 1,82 m² – 1,27 m² ⇒ A_f = 0,55 (m²)
⇒ Umfang der Verglasung — l_g = 4,54 (m²)

Ermittlung des Wärmedurchgangskoeffizienten U_w:

$$U_w = \frac{0{,}8 \cdot 1{,}27 + 1{,}2 \cdot 0{,}55 + 0{,}086 \cdot 4{,}54}{1{,}27 + 0{,}55} \text{ W/(m}^2\text{K)}$$

U_w = 1,14 W/(m²K)

Tab. 2 Wärmedurchgangskoeffizient von Fenstern U_w

Art der Verglasung	U_g [W/(m²K)]	U_f [W/(m²K)] (für ein Standardfenster mit Rahmenanteil 30 %)								
		1,0	1,4	1,8	2,2	2,6	3,0	3,4	3,8	7,0
Einscheibenverglasung	5,7	4,3	4,4	4,5	4,6	4,8	4,9	5,0	5,1	6,1
Zweischeiben-Isolierverglasung	3,3	2,7	2,8	2,9	3,1	3,2	3,4	3,5	3,6	4,4
	3,1	2,6	2,7	2,8	2,9	3,1	3,2	3,3	3,5	4,3
	2,9	2,4	2,5	2,7	2,8	3,0	3,1	3,2	3,3	4,1
	2,7	2,3	2,4	2,5	2,6	2,8	2,9	3,1	3,2	4,0
	2,5	2,2	2,3	2,4	2,6	2,7	2,8	3,0	3,1	3,9
	2,3	2,1	2,2	2,3	2,4	2,6	2,7	2,8	2,9	3,8
	2,1	1,9	2,0	2,2	2,3	2,4	2,6	2,7	2,8	3,6
	1,9	1,8	1,9	2,0	2,1	2,3	2,4	2,5	2,7	3,5
	1,7	1,6	1,8	1,9	2,0	2,2	2,3	2,4	2,5	3,3
	1,5	1,5	1,6	1,7	1,9	2,0	2,1	2,3	2,4	3,2
	1,3	1,4	1,5	1,6	1,7	1,9	2,0	2,1	2,2	3,1
	1,1	1,2	1,3	1,5	1,6	1,7	1,9	2,0	2,1	2,9
Dreischeiben-Isolierverglasung	2,3	2,0	2,1	2,2	2,4	2,5	2,7	2,8	2,9	3,7
	2,1	1,9	2,0	2,1	2,2	2,4	2,5	2,6	2,8	3,6
	1,9	1,7	1,8	2,0	2,1	2,3	2,4	2,5	2,6	3,4
	1,7	1,6	1,7	1,8	1,9	2,1	2,2	2,4	2,5	3,3
	1,5	1,5	1,6	1,7	1,9	2,0	2,1	2,3	2,4	3,2
	1,3	1,4	1,5	1,6	1,7	1,9	2,0	2,1	2,2	3,1
	1,1	1,2	1,3	1,5	1,6	1,7	1,9	2,0	2,1	2,9
	0,9	1,1	1,2	1,3	1,4	1,6	1,7	1,8	2,0	2,8
	0,7	0,9	1,1	1,2	1,3	1,5	1,6	1,7	1,8	2,6
	0,5	0,8	0,9	1,0	1,2	1,3	1,4	1,6	1,7	2,5

Ablesebeispiel: Bei einem Fenster (Zweischeiben-Isolierverglasung) mit U_g = 1,3 W/(m²K) und U_f = 2,2 W/(m²K)
⇒ **U_w = 1,7 W/(m²K)**

Nach Tabelle F.1 aus EN ISO 10077-1/Rahmenanteil 30 %. Für Rahmenanteil 20 % gibt es dort eine weitere Tabelle F.2.

Tab. 2, S. 365) zeigt die Werte der Wärmedurchgangskoeffizienten *(heat transfer coefficients)* von U_w, U_f und U_g auf und stellt die Zusammenhänge her. Mit zunehmender Flächenteilung steigt auch die Anzahl der Flügel und Sprossen und damit die Länge der Glaskante. Um die umlaufende Länge der Glaskante und den prozentualen Randanteil zu verringern, sollten die Glasscheiben möglichst ungeteilt und quadratisch sein.

Je größer die Glaskantenlänge, desto größer ist der Wärmeverlust.

12.10.4 Temporärer Wärmeschutz

Zeitweise zu bestimmten Tages- bzw. Nachtstunden durchgeführte zusätzliche Wärmeschutzmaßnahmen sind
- raumseitige Vorhänge *(curtains)*, Rollos oder Jalousien zwischen Verglasungen,
- auf der Außenseite der Fenster Rollläden oder Fensterläden *(shutters)*.

Sie tragen einerseits zum Wärmeschutz und andererseits zu einem behaglichen Raumklima bei.

Temporärer Wärmeschutz kann von Hand oder mit elektrischen Antrieben und Programmierungen, zeit- oder temperaturbestimmt gesteuert werden.

Klappläden (Fensterläden) sind traditionelle Elemente zum Schutz von Fenstern und Fenstertüren vor Witterungseinflüssen wie Wind, Sonneneinstrahlung sowie zur Erhöhung des Wärme- und Einbruchschutzes. Häufig dienen sie der Gestaltung von Hausfassaden.

Sie werden aus Vollholz, Aluminium und Kunststoff als geschlossene Konstruktion oder Jalousie gefertigt (Abb. 1).

a) b) c)

1 Beispiel für Klappläden aus Vollholz

Klappläden in **geschlossener Konstruktion** bestehen aus einem Rahmen und Füllungen aus Profilbrettchen (Abb. 1 a) oder abgeplatteten Flächen. Sie bieten einen erhöhten Wärme-, Schall- und Einbruchsschutz.

Jalousieklappläden haben statt Füllungen unter einem Winkel von 45° waagerecht eingenutete Lamellen. Diese können zum Rahmen bündig oder über ihn herausragend eingefügt werden (Abb. 1 b und c). Bei einigen Jalousiefensterläden sind die Lamellen drehbar und können stufenlos in unterschiedliche Winkel geneigt werden. Sie bieten v. a. Regen- und Sichtschutz.

Angeschlagen werden Klappläden, ähnlich wie Drehflügel von Fenstern, mit unterschiedlichen Bandbeschlägen in der Laibung oder vor der Laibung am Mauerwerk. Das Schließen der Läden kann per Handbetrieb oder elektromechanisch, z. T. mit programmierbarer Zeitschaltung, erfolgen.

Schiebeläden werden, ähnlich wie Schiebeflügel von Fenstern, mithilfe von Laufschienen am Mauerwerk vor die Fenster geschoben.

Jalousien *(venetian blind)* (Abb. 2) aus Kunststoff, Aluminium oder Holz bieten einen gewissen Wärme- und Sichtschutz und sind einfacher zu handhaben als Klappläden. Sie bestehen aus einzelnen, im Winkel verstellbaren Lamellen, die an Führungsbändern geführt werden.

2 Jalousielamellen

Rollläden *(roller shutter)* aus Kunststoff, Aluminium, Holz oder Stahl bieten neben dem Wärmeschutz Sicht-, Einbruch-, Sonnen-, Schall- und Insektenschutz.

Je nach **Einbaulage** werden unterschieden:
- Aufbaurollladen (S. 367, Abb. 1), bei dem der vorgefertigte Rollladenkasten als Sturz auf den Blendrahmen gesetzt und als Komplettelement montiert wird. Das Rohbauöffnungsmaß muss um die Höhe des Rollladenkastens größer sein.

- Einbaurollladen bzw. Sturzrollladen, bei dem ein vorgefertigter Rollladenkasten als Sturz bauseitig eingesetzt wird. Der Rollladen wird nach dem Einsetzen des Fensters montiert.
- Vorbaurollladen, bei dem ein Kasten mit dem Rollladen vor dem Fenster montiert wird. Der Rollladenkasten ist von außen sichtbar.

1 Fenster mit Aufbaurollladen

Die Rollläden lassen sich stufenlos arretieren. Durch geringfügiges Anheben der Lamellen aus Kunststoff oder Aluminium ermöglichen Schlitze zwischen den Profilen eine **Dauerbelüftung**.

Tab. 1 zeigt die *U*-Werte verschiedener temporärer Wärmeschutzsysteme in unterschiedlichen Zeiträumen auf.

Tab. 1 *U*-Werte beim Einsatz von Rollläden und Klappläden

Fenster	Rollladen in Holz/ Kunststoff		Klappladen in Holz	
Ohne temporären Wärmeschutz	Bei geschlossenem Rollladen	Durchschnittswert bei Einsatz nachts	Bei geschlossenem Klappladen	Durchschnittswert bei Einsatz nachts
U_w	U_{FA}	$U_{FA,m}$	U_{FA}	$U_{FA,m}$
2,5	1,5	2,0	1,3	1,9
2,0	1,3	1,7	1,1	1,6
1,5	1,1	1,3	1,0	1,3
1,0	0,8	0,9	0,7	0,9

Be- und Entlüftungseinrichtungen

Durch die Forderung nach erhöhten Wärme- und Schallschutzwerten können Entlüftungsprobleme auftreten. Der geringe Fugendurchlasskoeffizient verhindert, dass die Räume mit ausreichender Frischluft *(fresh air)* versorgt werden. Dadurch kann es in den Räumen zur Schwitzwasserbildung *(condensation formation)* kommen, die die Behaglichkeit des Menschen einschränkt.

Ein Mensch benötigt zum Atmen und Leben pro Stunde ca. 25 m³ Frischluft.

Aus diesem Grund muss das Be- und Entlüftungsproblem bereits bei der Fensterplanung mit berücksichtigt werden. Die Industrie bietet heute eine Vielzahl von Be- und Entlüftungsanlagen an, die wärme- und schalldämmend arbeiten. Diese sind so konstruiert, dass sie in die Fensterkonstruktion integriert (Abb. 2) werden können.

2 Wärme- und schallgedämmtes Lüftungssystem

12.11 Schallschutz am Fenster

Unter Schallschutz *(sound protection)* wird die Dämmung der Schallenergie beim Durchgang durch einen Körper bezeichnet. Er ist abhängig von der Art und der Dichte sowie der Dicke eines Stoffs.

Schalldämmende Fenster sollen
- die Übertragung von Außenlärm wie Verkehrs-, Gewerbe-, Fluglärm in Wohnräume verhindern,
- auftretenden Lärm z. B. von Gewerbebetrieben nicht nach außen dringen lassen oder bei verglasten Raumtrennwänden die Lärmübertragung behindern.

Fenster gehören schalltechnisch zu den **Schwachstellen** eines Wandsystems, da sie eine geringe flächenbezogene Masse aufweisen und es sich teilweise um bewegliche Teile handelt. Abhängig vom Lärmpegel gelten die Anforderungen aus DIN 4109 (Tab. 1).

Tab. 1 Erforderliche Mindestwerte der Luftschalldämmung

Außenlärmpegel in dB(A)	Schalldämmwerte für Fenster in dB(A)		
	in Räumen von Krankenhäusern und Sanatorien	in Aufenthaltsräumen von Wohnungen	in Büroräumen
≤ 50	25	25	25
51 = 55	30	25	25
56 = 60	40	30	25
61 = 65	35	35	30
66 = 70	45	40	35
≤ 70	50	45	40

Die **Schalldämmung** bei Fenstern ist im Wesentlichen abhängig von der

- Konstruktion der Fensterrahmen (Einfach-, Verbund-, Kastenfenster sowie Anzahl der Fälze und Dichtungen),
- Verglasung (Glasdicke, Abstand und Anzahl der Scheiben) sowie der Randeinspannung,
- Qualität des Wandanschlusses,
- Bauart von Rollladenkästen,
- Güte der Verarbeitung.

Rahmenkonstruktion

Eine Funktion des Fensters ist die Raumbelüftung. Ein Luftaustausch und damit das Eindringen von Lärm findet auch bei geschlossenem Fenster über die Fälze statt. Die Auswirkungen dieser Fugen auf die Schalldämmung sind beträchtlich. Sie können durch Passgenauigkeit und Anzahl der Fälze und Beschläge sowie durch umlaufende, dauerelastische Dichtungen begrenzt werden. Die Dichtungen mit hohem Rückstellvermögen müssen an den Ecken geschlossen sein.

Verglasung

Bei der Verglasung ist eine große Flächenmasse der Glasscheiben, z. B. durch Dicke (Tab. 2), sowie ein großer Abstand zwischen den Scheiben (Tab. 3) vorteilhaft.

Tab. 2 Schalldämmwerte von Einscheibenglas

Verglasung	Scheibendicke	Bewertetes Schalldämmmaß R_w
Einfachglas	4	30
	6	32
	8	34

Tab. 3 Schalldämmwerte von Mehrscheiben-Isolierglas

Verglasung	Scheibendicke		Scheibenzwischenraum	Bewertetes Schalldämmmaß $R_{w,P}$	
	d_1 mm	d_2 mm	SZR mm	Luftfüllung	Gasfüllung
Isolierglas	4	4	12	31	
	6	4	12	35	37
	8	4	12	36	38
	8	4	16	38	39
	8	4	24		43
Scheiben mit Folienverbund (VSG)	6	8 VSG	14		40
	10	8 VSG	14		41
	6	9 VSG	16		41
Scheiben mit Gießharzverbund (GH) oder Akustik-PVB	6	9 GH	12		43
	8	9 GH	12		45
	6	9 GH	16		45
	8	9 GH	16		46
	6	9 GH	24		47

Ein **asymmetrischer Scheibenaufbau** (Abb. 1) sowie eine Füllung des SZR mit **Schwergasen** wie Argon und Krypton, welche bei Mehrscheiben-Isoliergläsern Standard sind, führen zu verbesserten Schalldämmwerten.

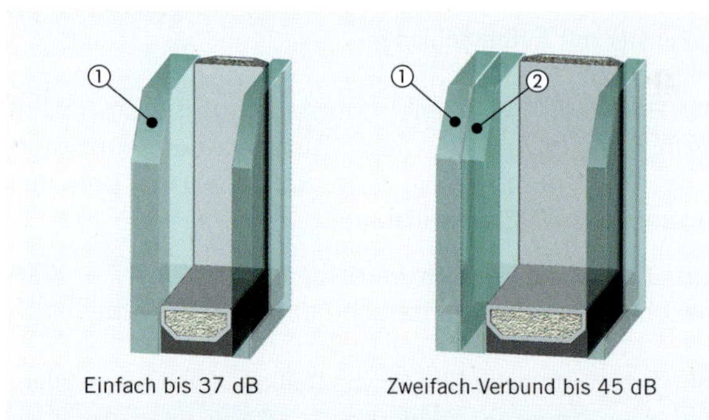

1 Schalldämmscheiben mit asymmetrischem Aufbau

Um Schallübertragungen *(sound transmission)* vom Rahmen auf die Scheibe zu vermeiden, müssen die Scheiben mit **dauerelastischen Dichtstoffen** oder **Dichtungsprofilen** (S. 369, Abb. 1 und 2) in den Falz eingesetzt werden. Damit können die Scheiben bis zu einem bestimmten Grad frei schwingen.

Risse, Löcher und offene Fugen zwischen Blendrahmen und der umgebenden Wand bzw. der Fensterbank ermöglichen einen ungehinderten Schalldurchgang. Daher müssen alle Hohlräume vollständig mit **Dämmstoffen** gefüllt und beidseitig mit **dauerelastischen Werkstoffen** abgedichtet werden.

Schallschutzklassen *(noise reduction classes)*
Beim Kastendoppelfenster kann die Schallübertragung durch eine Schallschluckkammer im Futterbereich (Abb. 2) weiter verringert werden.

Um die Kennzeichnung und Auswahl der Fenster zu erleichtern, sind diese in der VDI-Richtlinie 2719 – Schalldämmung von Fenstern – in Schallschutzklassen (SSK) 0 bis 6 eingeteilt (Tab. 1).

Tab. 1 Schallschutzklassen* lt. VDI-Richtlinie 2719

Schall-schutz-Klasse	R'_w (dB)	erf. $R_{w,P}$ (dB)	Mindestausführung nach DIN 4109 (Beispiele)
1	25 bis 29	≥ 27	Einfachfenster Verglasung ≥ 30 dB
2	30 bis 34	≥ 32	Einfachfenster Verglasung ≥ 32 dB
3	35 bis 39	≥ 37	Einfachfenster Verglasung ≥ 37 dB
4	40 bis 44	≥ 42	Einfachfenster Verglasung ≥ 45 dB 2 Dichtungen
5	45 bis 49	≥ 47	–
6	≥ 50	≥ 52	–

* Ausführungsbeispiele ein- und mehrflügeliger Fenster mit festem Mittelstück

Mit Einfachfenstern (Abb. 1) wird bereits die SSK 5 erreicht, SSK 6 ist nur durch ein Kastendoppelfenster zu erlangen.

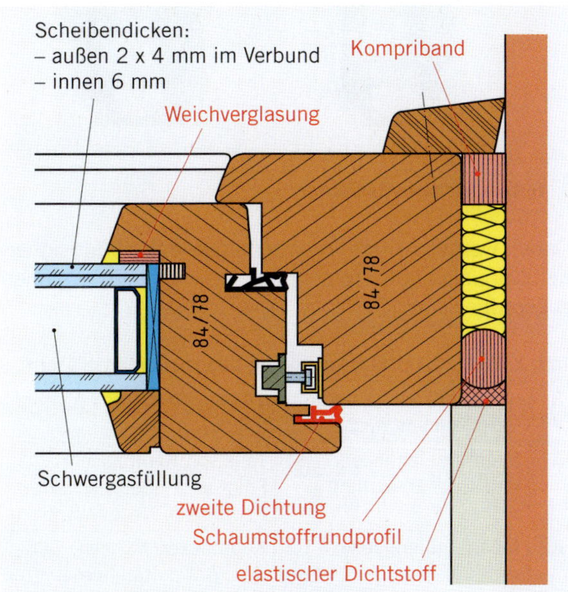

1 Schalldämmendes Einfach-IV-84-Glasfenster $R'_w \geq 42$

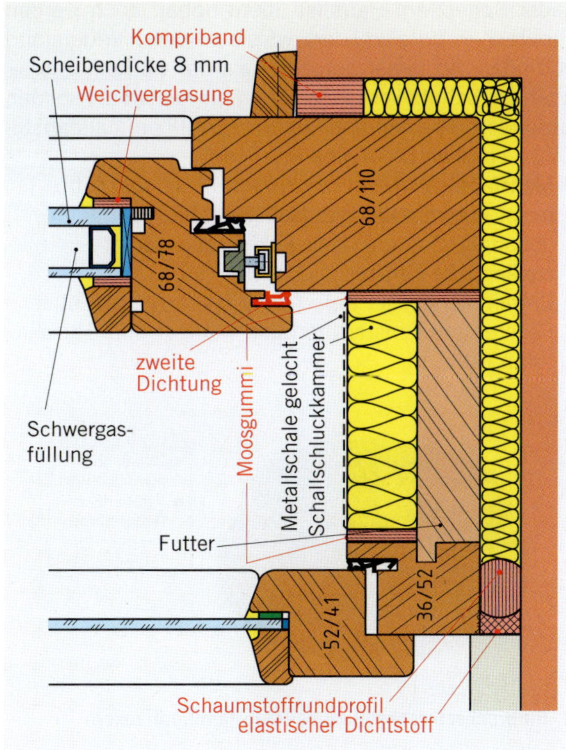

2 Schalldämmendes Kastendoppelfenster $R'_w \geq 52$

Damit ein Fenster im eingebauten Zustand (R'_w) einer Schallschutzklasse entspricht, muss das Fenster im Prüflabor ($R_{w,P}$) mindestens 2 dB über dem unteren Grenzwert liegen (Vorhaltemaß).

Für SSK 5 gilt daher ein erforderliches Schalldämmmaß $R_{w,P} \geq 47$ dB.

Die Schallschutzklassen 1 und 2 erfordern keine Eignungsprüfung. Während für Klassen 3 und 4 häufig Prüfungen vorgenommen werden, ist diese für die Klasse 5 und 6 zwingend erforderlich. Auch bei mäßigem Außenlärm werden häufig schalltechnisch verbesserte Fensterkonstruktionen eingesetzt, um den Wohnkomfort zu erhöhen.

12.12 Einbruchhemmung an Fenstern

Maßnahmen zur Einbruchhemmung *(break-in protection)* an Fenstern und Außentüren dienen der Vorbeugung vor ungebetenen Eindringlingen.

Jeder Schutz am Haus ist überwindbar, doch werden Einbrecher *(burglars)* dort, wo sie größeren Widerstand vorfinden, schneller aufgeben als da, wo kein ausreichender Schutz vorhanden ist. Schwachstellen bilden besonders Fenster und Türen. Laut Kriminalstatistik 2011 erfolgen Einbrüche in

- Mehrfamilienhäuser *(apartment buildings)* (Abb. 1) meist über die Wohnungseingangstür, aber auch, abhängig von den Stockwerken, über leicht zugängliche Fenster und Fenstertüren;
- Einfamilienhäuser *(one family houses)* meist über Fenster und Fenstertüren und weniger über Haustüren (Abb. 2).

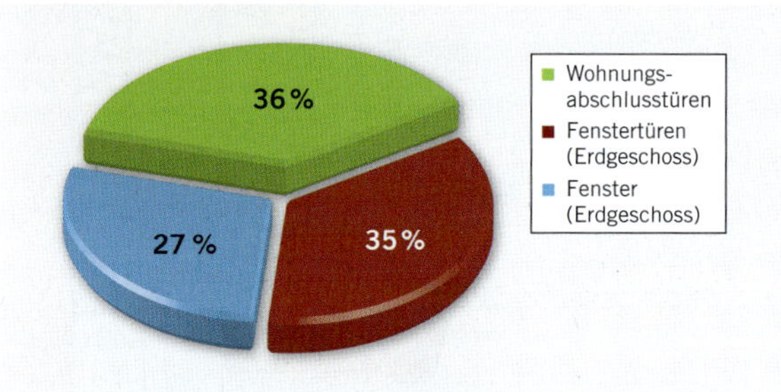

1 Einbruchschwachstellen bei Mehrfamilienhäusern

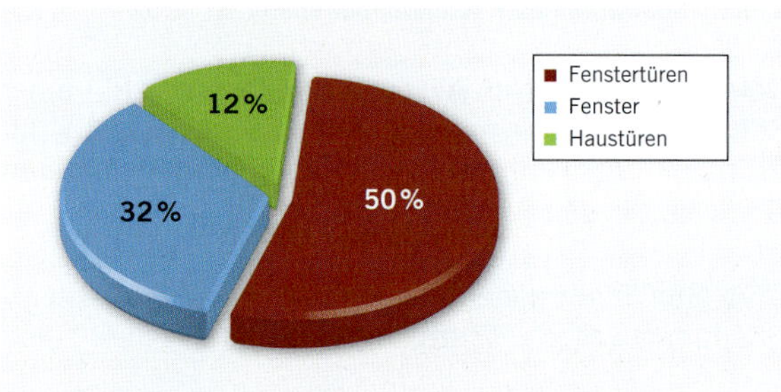

2 Einbruchschwachstellen bei Einfamilienhäusern

Mit der Prüfnorm DIN V ENV 1627 werden Fenster und Türen in Widerstandsklassen gegen Einbruch unterteilt.

Damit sind jedoch keine technisch-konstruktiven Details verbunden, sondern die Anforderungen *(requirements)*, die das jeweilige Bauteil bei einem Einbruch zu überstehen hat (Tab. 1). Für den privaten Bereich empfiehlt die Polizei die Widerstandsklassen WK 2 und WK 3.

Bei Fenstern, Terrassen- und Balkontüren erhöhen **Fensterläden** und **Rollläden** den Aufwand und die Zeit bei einem Einbruchsversuch, wenn sie von innen verriegelt werden.

Tab. 1 Widerstandsklassen nach DIN V ENV 1627

WK	Täterbeschreibung	Widerstandszeit
1	Grundschutz gegen Aufbruchsversuche mit körperlicher Gewalt	keine manuelle Prüfung
2	Gelegenheitstäter mit einfachen Werkzeugen (Schraubendreher, Zange, Keile)	3 min
3	Täter nutzt zusätzlich einen zweiten Schraubendreher und einen Kuhfuß	5 min
4	Erfahrener Täter setzt zusätzlich Säge-, Bohr- und Schlagwerkzeuge ein	10 min
5	Erfahrener Täter setzt zusätzlich elektrische Säge- und Bohrwerkzeuge sowie Winkelschleifer (∅ 125 mm) ein	15 min
6	Erfahrener Täter setzt zusätzlich leistungsfähige elektrische Säge- und Bohrwerkzeuge sowie Winkelschleifer (∅ 230 mm) ein	20 min

Sicherheitsgläser zum Einbruchsschutz

Auch durch **Verbundsicherheitsgläser VSG** *(laminated safety glass)* **[▶ GK 16.3.4]** (Abb. 3) nach DIN EN ISO 12543 wird der Aufwand beim Einbruch erhöht. Diese Gläser sind nicht so leicht zu zerstören, da sie aus mehreren Schichten Glas und Kunststofffolien (z. B. Polyvinylbutyral) bestehen.

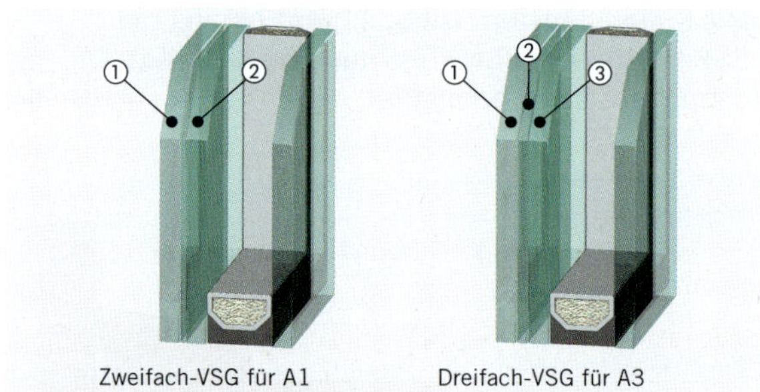

3 Verbundsicherheitsgläser

Dabei werden durchbruchhemmende Verbundsicherheitsverglasungen folgenden Anwendungsbereichen zugeordnet (Tab. 2):

Tab. 2 Widerstandsklassen von Verbundsicherheitsgläsern

Anwendungsbereiche durchbruchhemmender VSG-Verglasungen nach DIN 52290			
A1	Mehrfamilienhäuser in dichter Bebauung	B1	Teile von Kaufhäusern, Foto- und Videogeschäfte, Apotheken, Rechenzentren
A2	Mehrfamilienhäuser	B2	Kaufhäuser, Museen, Galerien, Antiquitätengeschäfte
A3	Wohnhäuser	B3	Kürschner, Juweliere

Fensterbeschläge zur Einbruchsprävention
Verschließbare Beschläge (Abb. 1 und 2) und Pilzbeschläge am Fenstergetriebe (Abb. 3 und 4) erschweren Einbruchsversuche.

1 Fenster-Drehgriff verschließbar

2 Fensterschloss

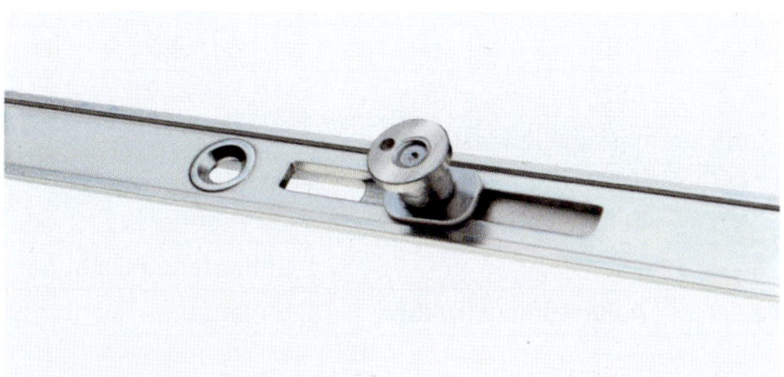

3 Pilzförmiger Schließzapfen

4 Schließstück für pilzförmigen Schließzapfen

12.13 Produktnorm und Zertifizierung

Nach DIN EN 14351-1 ist die Zertifizierung der Leistungseigenschaften von Fenstern, Fenster- und Außentüren [▶ 13.12] vorgeschrieben.

12.13.1 Produktnorm

Die Produktnorm legt europaweit und materialunabhängig Leistungsanforderungen an Fenster, Fenstertüren und Außentüren fest. Planer, Hersteller und Verbraucher erhalten mit der Produktnorm die Grundlage für die Bewertung im Allgemeinen sowie für den konkreten Anwendungsfall.

Die Festlegung der Leistungseigenschaften muss bei der Planung mit besonderer Sorgfalt und unter Berücksichtigung der relevanten nationalen Regelwerke auf der Basis dieser Produktnorm vorgenommen werden.

12.13.2 CE-Klassifizierung

Als bauaufsichtlicher Nachweis dient die CE-Kennzeichnung einschließlich der Angabe der jeweiligen Leistungseigenschaften.

Konformität des Produkts nach den EG-Richtlinien	CE
Prüfprotokoll	200568
Hersteller mit Anschrift	Die Fensterbauer Tischlerstraße 1 20001 Holzstadt
Herstellungsjahr	14
Prüfprotokoll-Gutachter-Reg.-Nr.	200568-PF567108
Produktnorm – Leistungseigenschaften von Fenstern und Außentüren	DIN EN 14351-1(2010-08)

Produktbeschreibung
Fenster IV 90, Dreh-Kipp, Anwendung in Bürogebäuden

Leistungseigenschaften lt. Prüfprotokoll

Widerstandsfähigkeit gegen Windlast	Prüfdruck Klasse 2 Rahmendurchbiegung Klasse B
Dichtigkeit gegen Schlagregen	• ungeschützt (A): Klasse 7A • geschützt (B): *npd
Luftdurchlässigkeit	Klasse 2
Widerstandsfähigkeit gegen Schneelast	*npd
Stoßfestigkeit	450 mm
Brandverhalten:	Euro-Klasse D
Schutz gegen Brand von außen	*npd
Wärmedurchgangskoeffizient	$U_w \leq 1{,}0$ W/m²K
Schallschutz	Klasse III 35–39 dB(A)
Eigenschaften bei Strahlung	• Gesamtenergiedurchlassgrad: 0,55% • Lichttransmissionsgrad: 0,75%

*npd: keine Leistung festgestellt (no performance determined)

> Die CE-Kennzeichnung bestätigt in Form einer Leistungserklärung die Konformität des Produkts mit den entsprechenden EG-Richtlinien. Dadurch kann es europaweit gehandelt werden.

Beispiele von Klassifizierungsmerkmalen

Widerstandsfähigkeit gegen Windlast:
Je nach Windanfall werden in Deutschland Windlastzonen unterschieden (Abb. 1, Tab. 1 und 2).

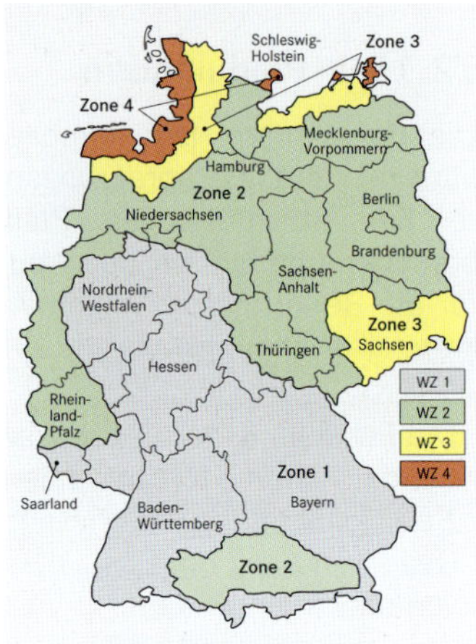

1 Windlastzonen

Tab. 1 Windlastzonen und Geländekategorien

Zone	Basisgeschwindigkeit, Windstärke	Winddruck nach Geländekategorie (nach DIN EN 1991-1-4-NA)	
1	22,5 $V_{b,0}$ (m/s), Windstärke **9**	**IV**	Innerstädtische Gebiete mit mind. 15 % bebauten Flächen, deren Gebäude im Durchschnitt höher als 15 m sind
2	25,0 $V_{b,0}$ (m/s), Windstärke **10**	**III**	Vororte von Städten, Industrie- und Gewerbeflächen oder Häuser in waldreichem Gelände
3	28,5 $V_{b,0}$ (m/s), Windstärke **11**	**II**	Einzelgebäude in landwirtschaftlich geprägtem Gelände mit Hecken und einzelnen Bäumen
4	32,0 $V_{b,0}$ (m/s), Windstärke **12**	**I**	Einzelgebäude an offener See, Binnenseen mit ≥ 5 km freier Fläche, glattes, flaches Land ohne Hindernisse

Tab. 2 Windlastklassifizierung nach Prüfdruck

Windlastklasse nach DIN EN 12210	**Prüfdruck in** kPa = kN/m² * **P1**	**P2** = 0,5 · P1 50 × wiederholt	**P3** = 1,5 · P1
Durchbiegungsklasse (frontale Durchbiegung)	**A** < 1/150	**B** < 1/200	**C** < 1/300
Windlastklasse 1	**A1** 0,40	**B1** 0,20	**C1** 0,60
Windlastklasse 2	**A2** 0,80	**B2** 0,40	**C2** 1,20
Windlastklasse 3	**A3** 1,20	**B3** 0,60	**C3** 1,80
Windlastklasse 4	**A4** 1,60	**B4** 0,80	**C4** 2,40
Windlastklasse 5	**A5** 2,00	**B5** 1,00	**C5** 3,00

* Fenster und Außentüren in Deutschland: Durchbiegungsklasse B (max. 1/200 Rahmenlänge). Der Prüfdruck wird im CE-Kennzeichen in Pa = N/m² ermittelt und angegeben. Die Angabe kPa = 1000 Pa dient dem Vergleich mit der Windlasttabelle.

Dichtheit gegen Schlagregen:
Bei der Dichtheit gegen Schlagregen werden nach DIN EN 12208 die in Tab. 1 genannten Einbauklassen unterschieden.

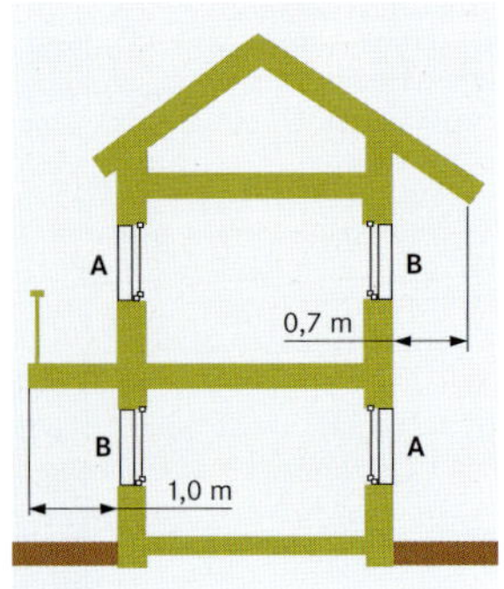

Fenster
- **A** allgemein normale, ungeschützte Einbaulage
- **B** mindestens teilweise geschützte Einbaulage unter Balkonen, Vordächern, tiefen Laibungen o. Ä.

Haustüren
- **B** allgemein, normale Einbaulage

Tab. 1 Dichtheit des gesamten Fensters bzw. der gesamten Haustür gegen Schlagregen

Prüfdruck (kPa)	**Sprühzeit** (min)	**Einbauklasse** A	B	**Prüfdruck** (kPa)	**Sprühzeit** (min)	**Einbauklasse** A	B
0,000	**15**	1A	1B	**0,000**	**40**	6A	6B
0,050	**20**	2A	2B	**0,050**	**45**	7A	7B
0,100	**25**	3A	3B	**0,100**	**50**	8A	–
0,150	**30**	4A	4B	**0,150**	**55**	9A	–

Luftdurchlässigkeit (nach DIN EN 12207)

Klasse	**max. Prüfdruck** (Pa = N/m²)	**Referenzluftdurchlässigkeit** (m³/(hm²)) **der Gesamtfläche bei 100 Pa**	**der Fugenlänge bei 100 Pa**
1	150	50	12,50
2	300	27	6,75
3	600	9	2,25
4	600	3	0,75

Luftdurchlässigkeitsklasse – Richtwert (nicht ausreichend für CE-Deklaration)

2	**Fensterkonstruktion**	ohne Dichtung
3		1 umlaufende Dichtung
2	**Außentürkonstruktion**	1 umlaufende Dichtung

Widerstandsfähigkeit gegen Schneelast:
Diese Angaben sind besonders bei Dachflächenfenstern von Bedeutung, z. B. Glasart und -dicke.

Stoßfestigkeit:
Diese wird über die Fallhöhe aus 200, 300, 450, 700 oder 950 (mm) bestimmt, z. B. bei Glastüren mit Verletzungsgefahr.

Schutz gegen Brand [▶ 11.3]**:**
- von außen,
- Brandverhalten (Klasse): z. B. A1, A2, D, C, B,
- Feuerwiderstandsklassen: z. B. D, E,
- Rauchdichtigkeit und Abtropfverhalten: z. B. bei Kunststofffenstern, s3 d1.

Wärmedurchgangskoeffizient [▶ 12.10.2]**:**
abhängig vom Rahmenwerkstoff und der Verglasung z. B. von Holzfenstern (Tab. 2).

Tab. 2 Wärmedurchgangskoeffizient von Holzfenstern (Beispiele)

Wärmedurchgangskoeffizient von Holzfenstern bei Feuchtegehalt ω um 15 % (DIN EN ISO 10077)			
Typ	U_w-Wert	U_g-Wert	**Rahmenholz**
IV 68	**1,3** W/(m²K)	Zweifachverglasung U_g 1,1 W/(m²K)	**Nadelholz** ϱ um 0,52 g/cm³
IV 80	**1,0** W/(m²K)	Dreifachverglasung 0,4 bis 0,8 W/(m²K)	**Laubholz** ϱ um 0,71 g/cm³
IV 92	**0,8** W/(m²K)		**Sandwich**

Strahlungsaustausch zwischen den Scheiben:
Leistungsklassen:
- Gesamtenergiedurchlassgrad g-Wert,
- Emissivität ε,
- Lichttransmissionsgrad τ_l,
- Farbwiedergabe-Index R_a.

Schallschutz [▶ 12.11]**:**
bewertetes Schalldämmmaß R_w (dB)

Gefährliche Substanzen:
bei Einfluss auf Innenraum, z. B. (chemische) Holzschutzmittel.

Einbruchhemmung:
Klassen 1 bis 6

Bedienkräfte:
Klasse 1 oder 2, nur bei handbetätigten Fenstern oder bei Außentüren mit automatischen Vorrichtungen.

12.13.3 RAL-Gütezeichen

Unternehmen der Herstellung und des Vertriebs von Fenstern und Fenstertüren, die für besondere Güte und Qualität ihrer Leistungen gegenüber den Kunden stehen, werden von der Gütegemeinschaft Fenster und Haustüren e. V. mit dem **RAL-Gütezeichen Fenster** ausgezeichnet. Regelmäßige, unabhängige Prüfungen garantieren die Einhaltung der hohen Gütekriterien.

RAL GÜTEZEICHEN FENSTER

Aufgaben zu 12.1 bis 12.4

1. Nennen Sie wesentliche Aufgaben von Fenstern und Fenstertüren.
2. Beschreiben Sie Gestaltungsmerkmale unterschiedlicher Gebäudefassaden durch Fensterelemente.
3. Aus welchen Elementen bestehen ein Blendrahmen und der Flügel eines Fensters?
4. Welche Fensterformen gibt es?
5. Erklären Sie die Begriffe „rechter“ und „linker“ Flügel.
6. Erläutern Sie die Unterschiede zwischen einem Drehkippflügel und einem Schwingflügel.
7. Erläutern Sie den Aufbau eines Verbundfensters sowie die Unterschiede zwischen einem Verbundfenster und einem Kastendoppelfenster.
8. Welche Anschlussarten am Baukörper gibt es und welche Auswirkungen haben diese für das Fenster?
9. Nennen Sie Arten von Fensterverglasungen und erläutern Sie die Kurzzeichen EV, IV und DV.
10. Welche Werkstoffe sind für die Fertigung von Fenstern und Haustüren geeignet?

Aufgaben zu 12.5

11. Welchen Anforderungen müssen Vollholz und Holzkanteln für Fenster und Haustüren genügen?
12. Erläutern Sie den Aufbau von Fensterrahmen in Sandwichausführung.
13. Nennen Sie Maße gebräuchlicher Rahmenquerschnitte nach DIN 68121.
14. Worin besteht der Unterschied zwischen Quer- und Längsprofilen am Fensterrahmen?
15. Erläutern Sie den Begriff „Eurofalz“.
16. Welche Aufgabe hat die Wetterschutzschiene und welche Anforderungen muss sie erfüllen?
17. Welche Dichtungen am Fensterrahmen gibt es und welche Aufgaben müssen sie erfüllen?
18. Geben Sie die gängigen Rahmenverbindungen an und erläutern Sie die Unterschiede.
19. Mit welchen Elementen können Blendrahmen und Flügel untergliedert werden?
20. Geben Sie die unterschiedlichen Anschlagmöglichkeiten von Fensterbeschlägen an.
21. Aus welchen Elementen besteht ein Standardbeschlag für ein Drehkippfenster?
22. Welche Dichtungen am Fensterrahmen gibt es und welche Aufgaben müssen sie erfüllen?
23. Welche Möglichkeiten der Entfeuchtung verhindern die Gefahr erhöhter Kondenswasserbildung in einem dichtstofffreien Glasfalzraum?
24. Erläutern Sie einige Beispiele der unterschiedlichen Sprossenbildung an Flügelrahmen.
25. Skizzieren und erläutern Sie die Verklotzung einer Glasscheibe am Drehkippflügel.
26. Welchen Belastungen ist die Abdichtung einer Glasscheibe am Flügel ausgesetzt?
27. Welche Dichtstoffarten werden nach ihrer Verformbarkeit unterschieden?
28. Welche Verglasungssysteme gibt es und welche Vorgaben bestimmen die Auswahl?

29. Für die Verglasung ist als höchste Beanspruchungsgruppe BG 3 ermittelt worden. Bestimmen Sie das zu wählende Verglasungssystem lt. Tab. 1 (S. 343) und den entsprechenden Dichtstoff lt. Tab. 1 (S. 344).
30. Erläutern Sie, was unter dem konstruktiven Holzschutz zu verstehen ist, und nennen Sie Elemente dieser Schutzform.
31. Nennen Sie Gründe für den Einsatz chemischer Holzschutzmittel und geben Sie an, was bei ihrer Verarbeitung beachtet werden muss.
32. Welche Anstrichsysteme für Holzfenster gibt es und worin bestehen ihre Unterschiede?
33. Durch welche Ursachen können Schäden im Anstrichsystem auftreten?

Aufgaben zu 12.6

34. Nennen Sie Vor- und Nachteile von Kunststofffenstern.
35. Warum müssen beim Zuschneiden der Kunststofffensterprofile je Gehrungsseite 2,5 mm zugegeben werden?
36. Beschreiben Sie den Schweißvorgang einer Eckverbindung aus PVC-Profilen.
37. Erläutern Sie die Funktionen der Haupt- und Nebenkammern an einem Kunststofffensterprofil.
38. Beschreiben Sie die Montage von Beschlägen und Scheiben bei Kunststofffenstern.

Aufgaben zu 12.7

39. Welche Vor- und Nachteile hat der Werkstoff Aluminium im Fensterbau?
40. Auf welche Weise wird die Wärmedämmung bei Aluminiumfensterprofilen verbessert?
41. Wie werden die Eckverbindungen bei eloxierten und nicht eloxierten Aluminiumfenstern hergestellt?
42. Wovor müssen Aluminiumfenster beim Einbau geschützt werden?
43. Welche Vorteile bietet die Verbundbauweise Aluminium/Holz bei Fenstern?
44. Warum müssen die Aluminiumprofile gleitend auf dem Holzrahmen befestigt werden?
45. Warum ist bei Aluminium-Holz-Fenstern eine Hinterlüftung notwendig?

Aufgaben zu 12.8

46. Nennen Sie die Kräfte, die auf Fenster und Außentüren wirken.
47. Mit welchen Möglichkeiten könnten Fenster gegen einwirkende Kräfte in Maueröffnungen stabilisiert und ausgerichtet werden?
48. Welche Funktion haben Blechlaschen bei der Montage in Maueröffnungen?

Aufgaben 12.9

49. Nennen Sie die Einflüsse auf Fenster-Mauer-Anschlüsse und wie ihnen begegnet werden kann.
50. Welche Bedeutung hat der Isothermenverlauf für die Beurteilung einer Anschlusskonstruktion?
51. Erläutern Sie Aufbau und Konstruktion der unterschiedlichen Wand- und Mauerwerksarten.
52. Welche Dichtungselemente werden im Anschlussbereich Fenster/Baukörper eingesetzt und worin bestehen die Unterschiede?
53. Nennen Sie Beispiele für Dämmungen im Anschlussbereich Fenster/Baukörper.
54. Beschreiben Sie die Möglichkeiten der Befestigung von Fenstern am Baukörper. Worin bestehen die Unterschiede?
55. Erläutern Sie die konstruktiven Details des Fenster-Baukörper-Anschlusses.
56. Beschreiben Sie den Ablauf der Montage von Fenstern am Baukörper.

Aufgaben 12.10

57. Erläutern Sie, welche Wärmeverluste an Fenstern und Außentüren auftreten können.
58. Erläutern Sie den Wärmedurchgangskoeffizienten und geben Sie an, welche Bereiche eines Fensters durch ihn beurteilt werden.
59. Beschreiben Sie den Aufbau einer Zweifach-Isolierverglasung.
60. Welche Eigenschaft wird mit dem Gesamtenergiedurchlassgrad einer Fensterverglasung ausgedrückt?
61. Wodurch unterscheidet sich der Wärmegewinn durch Fenster im Sommer und im Winter?
62. Erläutern Sie, durch welche Möglichkeiten Wärmeverluste im Randverbund einer Verglasung verringert werden können.
63. Weshalb sollte der prozentuale Randanteil einer Verglasung möglichst gering gehalten werden?
64. Erläutern Sie den Begriff „warme Kante“.
65. Welchen U_w-Wert in W/(m²K) erreicht ein Fenster mit einem U_f-Wert von 1,3 W/(m²K) des Rahmens und dem U_g-Wert von 0,9 W/(m²K) der Dreifachverglasung?
66. Welche Möglichkeiten des temporären Wärmeschutzes bei Fenstern gibt es?
67. Begründen Sie die Notwendigkeit von Be- und Entlüftungseinrichtungen.

Aufgaben 12.11

68. Welche Maßnahmen erhöhen den Schallschutz bei Fenstern?
69. Erläutern Sie den Aufbau von schalldämmenden Verglasungen an Fenstern.
70. Was sagen die verschiedenen Schallschutzklassen laut der VDI-Richtlinie 2719 aus?

Aufgaben 12.12

71. Welche Widerstandsklassen werden von der Polizei für den privaten Bereich empfohlen?
72. Nennen Sie Maßnahmen zur Einbruchsprävention an Fenstern und Fenstertüren.

English Tasks

73. Name the parts of window frames and say which machines you use for making these parts.
74. List advantages and disadvantages of the materials wood, plastic, aluminium and steel for windows.

13 Außentüren (Haustüren)

Die Außentür *(exterior door)*, auch Haustür *(front door)* genannt, prägt wie die Fenster die Außenfassade eines Gebäudes (Abb. 1).

1 Eingangstür dem Gebäudestil angepasst

13.1 Anforderungen an Außentüren

Die Anforderungen an Außentüren sind denen der Fenster und Fenstertüren [▶ 12.4.1] ähnlich.

Allgemeine Anforderungen an Außentüren von Wohn-, Geschäftshäusern, Behörden-, Industriegebäuden sind neben der Gestaltung:
- Widerstandsfähigkeit *(resistance)* gegen mechanische Kräfte wie Stoß und Winddruck,
- Schutz *(protection)* vor Regen, Kälte und Lärm,
- Sicherheit *(safety)* gegen Einbrüche,
- Gebrauchsdauerhaftigkeit *(durability)*.

13.2 Gestalt und Elemente der Außentüren

Außentüren (Abb. 2) bestehen wie Innentüren [▶ 7.5] aus dem
- tragenden Türrahmen, der am Bauwerk, gegebenenfalls mit einem verglasten Seitenteil, fest verankert ist,
- beweglichen Türflügel bzw. Türblatt, mit dem der Innenraum des Bauwerks vom Außenraum abgetrennt wird.

2 Hauseingangstürelement

Beim Gestalten einer Außentür müssen Funktion, Werkstoff, Konstruktion, Zubehör und bauliche Gegebenheiten eine Einheit bilden.

Bei Außentüren sind wie bei Wohnungsabschlusstüren von besonderer Bedeutung:
- Gestalt der Türrahmen und des Türflügels,
- Holzart, Farbgebung bzw. Beschichtung,
- Zubehör, z. B. Beschläge, Namensschild.

13.3 Werkstoffe für Außentüren

Der Wert einer Außentür hängt wesentlich von der richtigen Werkstoffauswahl ab.

Außentüren werden gefertigt aus
- Vollholz oder Leimholzkanteln *(scantlings)*,
- Kunststoff,
- Aluminium und Stahl.

13.4 Türrahmen aus Vollholz und Holzwerkstoffen

Türrahmen von Außentüren werden als **Blend-** oder **Blockrahmen** [▶ 7.5.2] wie bei Innentüren ausgebildet. Oft werden zusammengesetzte Profile verwendet.

Die **Anforderungen** an die Türrahmen entsprechen denen von Fenstern [▶ 12.5.4].

- Der Türrahmen muss die Masse und die Stoßbelastungen *(shock load)* des Flügels aufnehmen.
- Der Türrahmen muss den Türflügelaufschlag in einer Ebene umlaufend abdichten *(seal)*.
- Der Bodenabschluss ist durch eine Bodenschiene *(floor rail)* (S. 376, Abb. 1) mit thermischer Trennung *(thermal break)* [▶ 12.5.4] gewährleistet werden.

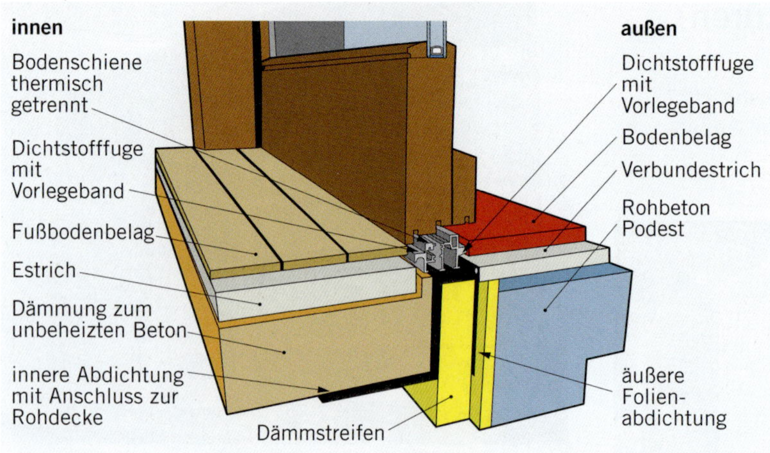

1 Unterer Abschluss einer Außentür mit thermischer Trennung

Die Rahmenhölzer werden mit **Zapfen** oder mehrreihig mit **Dübeln** verbunden. Die Maße der Zapfen oder Dübel richten sich nach den Querschnitten der Rahmenhölzer. Rahmenholzbreiten > 100 mm dürfen nach DIN 18355 verleimt werden, wenn der Kunde dies im Vorfeld akzeptiert, oder bei deckenden Anstrichen.

Um die Maßveränderungen möglichst gering zu halten, sollten **ungeteilte Rahmenhölzer** in einer Breite von ≤ 150 mm ausgeführt werden (Tab 1).

Tab. 1 Abmessungen von Rahmenhölzern

Querschnittsmaße	Dicke in mm	Breite in mm
Blendrahmen	68 bis 92	80 bis 100
Blockrahmen und Flügelrahmen	68 bis 92	100 bis 145

13.5 Außentürflügel aus Vollholz und Holzwerkstoffen

Bei Türflügeln für Außentüren sind folgende **Konstruktionen** üblich:

- Rahmenbauweise mit Füllungen oder aufgedoppelt,
- Plattenbauweise.

Außentüren befinden sich im Gebrauchsfeuchtebereich *(in-service moisture content)* für offene Räume [▶ GK 4.9.4] mit relativer Luftfeuchte φ im Jahresdurchschnitt von 75 %.

Die **Gebrauchsfeuchte** ω der Rahmen aus Vollholz und Holzwerkstoffen für Außentüren, die ständig mit der Außenluft in Verbindung stehen, darf nach DIN 18355 bis 15 % betragen.

Vollholz- und Leimholzkanteln unterliegen den **Gütebedingungen** nach DIN EN 942 wie im Fensterbau [▶ 12.4.1]:

- Witterungsbeständig- und Dauerhaftigkeit *(durability)*, nach DIN EN 350-1 und -2,
- gutes Stehvermögen *(dimensional stability)*,
- Kernholzanteil *(heartwood proportion)* des Profilquerschnitts ≥ 50 %.

Diese Bedingungen erfüllen

- europäische Hölzer wie Kiefer, Lärche oder Eiche,
- überseeische Hölzer wie Afrormosia, Afzelia, Sipo oder Teak.

Die Rahmen in Vollholz sollten bei Außentüren stehende Jahrringe *(standing annual rings)* aufweisen.

Keilzinken *(finger joints)* in den Decklagen von Leimholzkanteln sind nach DIN EN 13307-1 bei transparentem Anstrich nicht zulässig.

Zur **Verklebung** werden wetterbeständige Klebstoffe der Beanspruchungsgruppen D3 oder D4 nach DIN EN 204 [▶ GK 12.2.4] verwendet.

13.6 Rahmentüren mit Füllungen

Flügel von Rahmentüren haben einen sichtbaren Rahmen sowie eine oder mehrere Füllungen (Abb. 2).

Doppelflügeltür mit eingelegten Füllungen Tür mit Glas- und eingenuteten Füllungen

2 Beispiele von Außentüren als Rahmentüren

13.6.1 Rahmenkonstruktionen

Die Festlegung der **Querschnitte** der Rahmenhölzer, auch **Rahmenfriese** genannt, ist eine gestalterische und konstruktive Entscheidung.

In der **Breite** sollen die Flügelrahmen eine stabile Eckverbindung ermöglichen, die Beschläge sicher aufnehmen und zur Gestaltung beitragen. Um Maßveränderungen durch Quellung und Schwindung gering zu halten, gilt auch hier:

- Ungeteilte Rahmenhölzer sollten eine Breite von ≤ 150 mm haben.
- Breitere Rahmenhölzer müssen geteilt und flexibel durch Nut und Feder miteinander verbunden werden (Abb. 1).
- Das Arbeiten in der Breite wird reduziert, wenn möglichst Hölzer mit stehenden Jahrringen [▶ GK 4.8.5] verarbeitet werden.

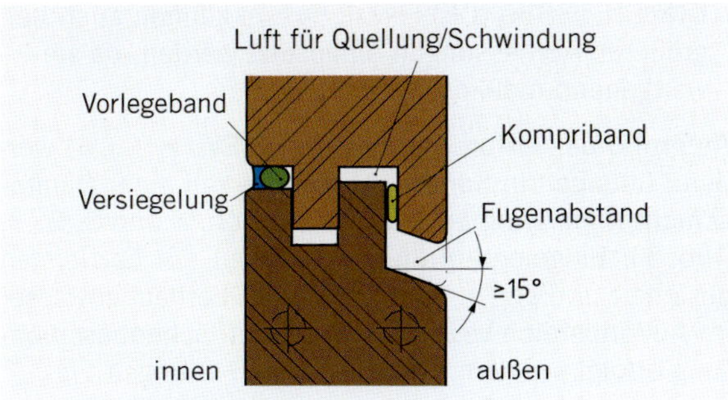

1 Verbindung geteilter Rahmenquerhölzer

Leimholzkanteln [▶ 12.5.2], die als Halbfertigprodukte in unterschiedlichen Holzarten, Schichtungen und Querschnitten angeboten werden, haben sich wie im Fensterbau bewährt. Sie zeichnen sich durch ihr gutes Stehvermögen und geringen Schnittverlust aus. Zudem können Rahmenfriese in größeren Breiten gefertigt werden.

Die **Dicke** der Friese richtet sich u. a. nach Art der Füllungen, z. B. mit Dämmung oder Isolierverglasung.

Rahmenverbindungen

Nach DIN 18355 werden Rahmenhölzer bei Rahmentüren fachgerecht, z. B. durch Zapfen oder Dübel, miteinander verbunden.

Dies ist auch in Kombination mit Konterprofilen *(counter profiles)* möglich.

Zapfenverbindungen

Ein Zapfen über die gesamte Rahmenholzbreite von 150 mm unterliegt einer größeren Maßänderung als z. B. ein Presszapfen von 60 mm.

Die Schwankungen der Gleichgewichtsfeuchten *(equilibrium moisture content EMC)* bei klimatischen Unterschieden zwischen Sommer und Winter sowie zwischen offenen und geschlossenen Räumen können mit ω_1 15 % und ω_2 11 % angenommen werden.

Berechnung: Vergleich der Schwindung der Rahmenholzbreite und des Presszapfens

Berechnung der Schwindungen beim Rahmenholz aus Kiefer mit der Breite b_a = 150 mm mit „liegenden" und „stehenden" Jahrringen.
Berechnung der Schwindungen des Presszapfens mit der Breite b_a = 60 mm bei „liegenden" und „stehenden" Jahrringen.
Differenzielles Schwindmaß q [▶ GK 4.8.5] lt. Tabelle 0,36 %/% in tang. und 0,19 %/% in rad. Richtung.
Die Schwankungen der Gleichgewichtsfeuchten zwischen Sommer ω_1 und Winter ω_2 werden mit 15 % und 11 % angenommen.
Wie groß ist die Differenz b_Δ der Maßänderungen?

$\Delta\omega = (\omega_1 - \omega_2) \Rightarrow 15\,\% - 11\,\% = \mathbf{4\,\%}$

Beispiele:
- Rahmenholz tangential:

$$\Rightarrow b_\Delta \approx \frac{150 \text{ mm} \cdot 0{,}36\,\%/\%}{100\,\%} \cdot 4\,\% = \mathbf{2{,}16\ mm}$$

- Presszapfen tangential:

$$\Rightarrow b_\Delta \approx \frac{60 \text{ mm} \cdot 0{,}36\,\%/\%}{100\,\%} \cdot 4\,\% = \mathbf{0{,}86\ mm}$$

Ergebnis: Der Maßunterschied beträgt **1,3 mm**.

Beispiele:
- Rahmenholz radial:

$$\Rightarrow b_\Delta \approx \frac{150 \text{ mm} \cdot 0{,}19\,\%/\%}{100\,\%} \cdot 4\,\% = \mathbf{1{,}14\ mm}$$

- Presszapfen radial:

$$\Rightarrow b_\Delta \approx \frac{60 \text{ mm} \cdot 0{,}19\,\%/\%}{100\,\%} \cdot 4\,\% = \mathbf{0{,}46\ mm}$$

Ergebnis: Der Maßunterschied beträgt **0,68 mm**.

Zapfenverbindungen mit durchgestemmtem und verkeiltem Presszapfen und Nutzapfen (Abb. 2) [▶ GK 11.2.5] haben eine hohe Festigkeit und sind so gestaltet, dass Rahmenhölzer gleichzeitig arbeiten können.

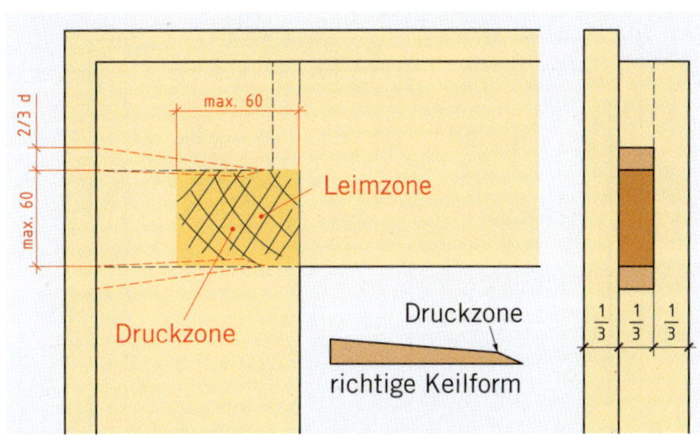

2 Ansicht einer Eckverbindung mit durchgestemmtem, verkeiltem Press- und Nutzapfen

Die Fertigung ist sehr zeitaufwendig, weshalb diese Verbindungsart vornehmlich bei historischen Rahmentüren anzutreffen ist.

Erfahrungswerte für gestemmte, verkeilte Zapfenverbindungen mit Nutzapfen (S. 377, Abb. 2):

- Damit die Schwindung am Presszapfen gering bleibt, sollte seine Breite ≤ 60 mm betragen.
- Der Nutzapfen ist trocken einzulassen, damit das waagerechte Rahmenholz oberhalb der 60 mm arbeiten kann, ohne sich zu verformen.
  Für die Presskeile muss das Zapfenloch nach außen hin länger (konisch) gestemmt sein.
- Damit beim Arbeiten des aufrechten Rahmenholzes sich die Brüstungsfuge nicht öffnet,
  - müssen die von außen eingetriebenen Keile den Druck am inneren Drittel des Zapfens aufgrund ihrer Formgebung ausüben;
  - dürfen die Presskeile und der Presszapfen nur im inneren Drittel geleimt werden;
  - soll die Nutzapfenlänge ≈ 1 mm kürzer als die Nuttiefe des aufrechten Rahmenholzes sein.

Dübelverbindungen

Wegen der Schwindung sollte ein Vollholzrahmen, ähnlich dem Presszapfen, nur auf einer Breite von ca. 60 mm gedübelt werden (Abb. 1). Die Formstabilität des breiteren Rahmenholzes muss auch hier durch einen Nutzapfen gewährleistet werden.

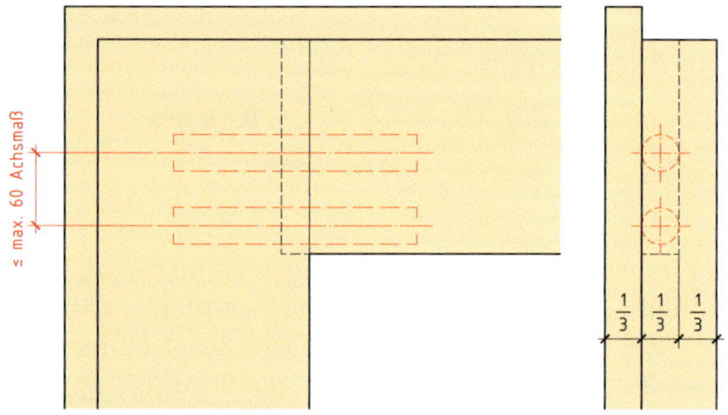

1 Ansicht einer gedübelten Eckverbindung

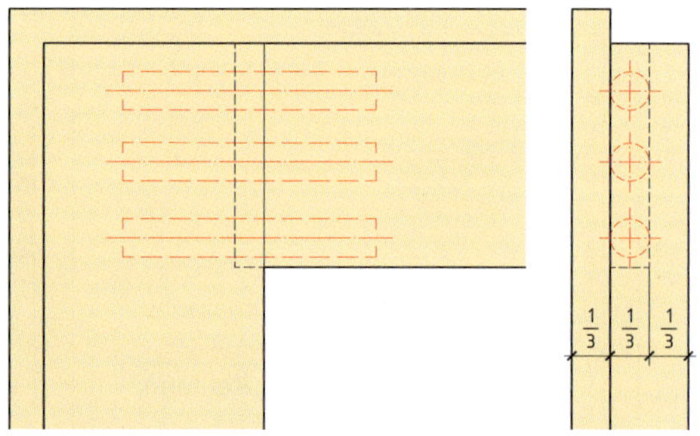

2 Eckverbindung einreihig gedübelt

Rahmenhölzer für Außentürflügel aus Vollholz oder Leimholzkanteln werden wie bei Innentüren ein- oder mehrreihig gedübelt (Abb. 1 und 2).

Rahmenfriese aus Leimholzkanteln *(scantlings)* werden in ganzer Breite gedübelt (Abb. 2).

Anzahl und Achsmaße der Dübel werden häufig vom Maschinenraster (meist 32 mm) bestimmt.

13.6.2 Füllungen

Eingelegte Füllungen

- Abgeplattete Vollholzfüllungen *(solid wood raised panels)* sind die älteste Bauart. Um Maßveränderungen quer zur Faser gering zu halten, müssen sie möglichst kleinflächig gehalten sein.
- Eingelegte *(exterior door)* Füllungen aus wetterbeständig verleimtem Furniersperrholz nach DIN EN 636-3G und 636-3S sowie nach DIN EN 13986 (CE) [▶ GK 6.7.7] können auch bei größeren Abmessungen eingesetzt werden, da sie weitgehend maßkonstant sind.

Aufgrund der Anforderungen der **EnEV** [▶ 9.1.4] werden Füllungen in **Sandwichbauweise** mit einer **Dämmschicht** *(insulating layer)* gefertigt (Abb. 3 und S. 379, Abb. 1). Eingelegte Füllungen werden mit Falzleisten gesichert und gegen eindringendes Oberflächenwasser im Außenbereich versiegelt. Die Oberflächenbeschichtung erfolgt vor dem Einbringen der Füllungen.

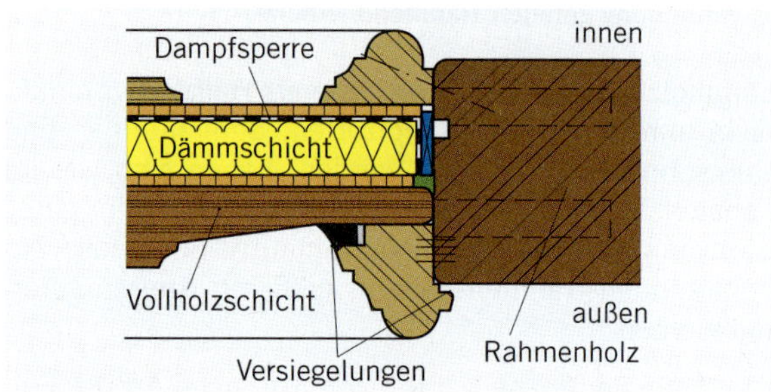

3 Eingelegte Füllung mit Dämmung

Eingenutete und überschobene Füllungen

Diese werden gleichfalls in Kombination mit einer **Dämmschicht** in eine **umlaufende Nut** in die Rahmenhölzer und Stege eingeschoben (Abb. 4). Die Holzfaser sollte waagerecht verlaufen, da die Hirnholzflächen senkrechter Füllungen stärker Wasser aufnehmen.

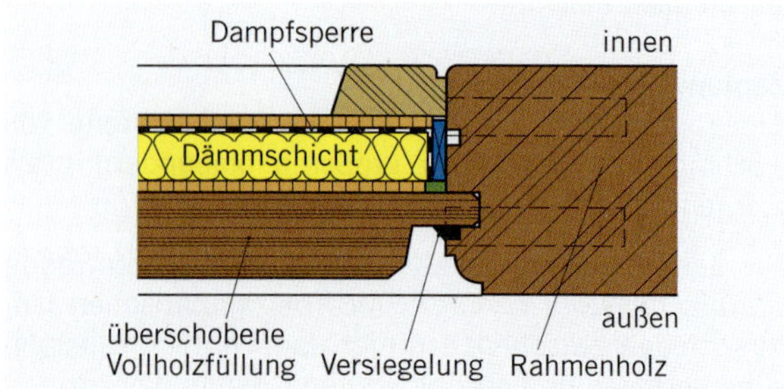

4 Eingenutete Vollholzfüllung mit Dämmung

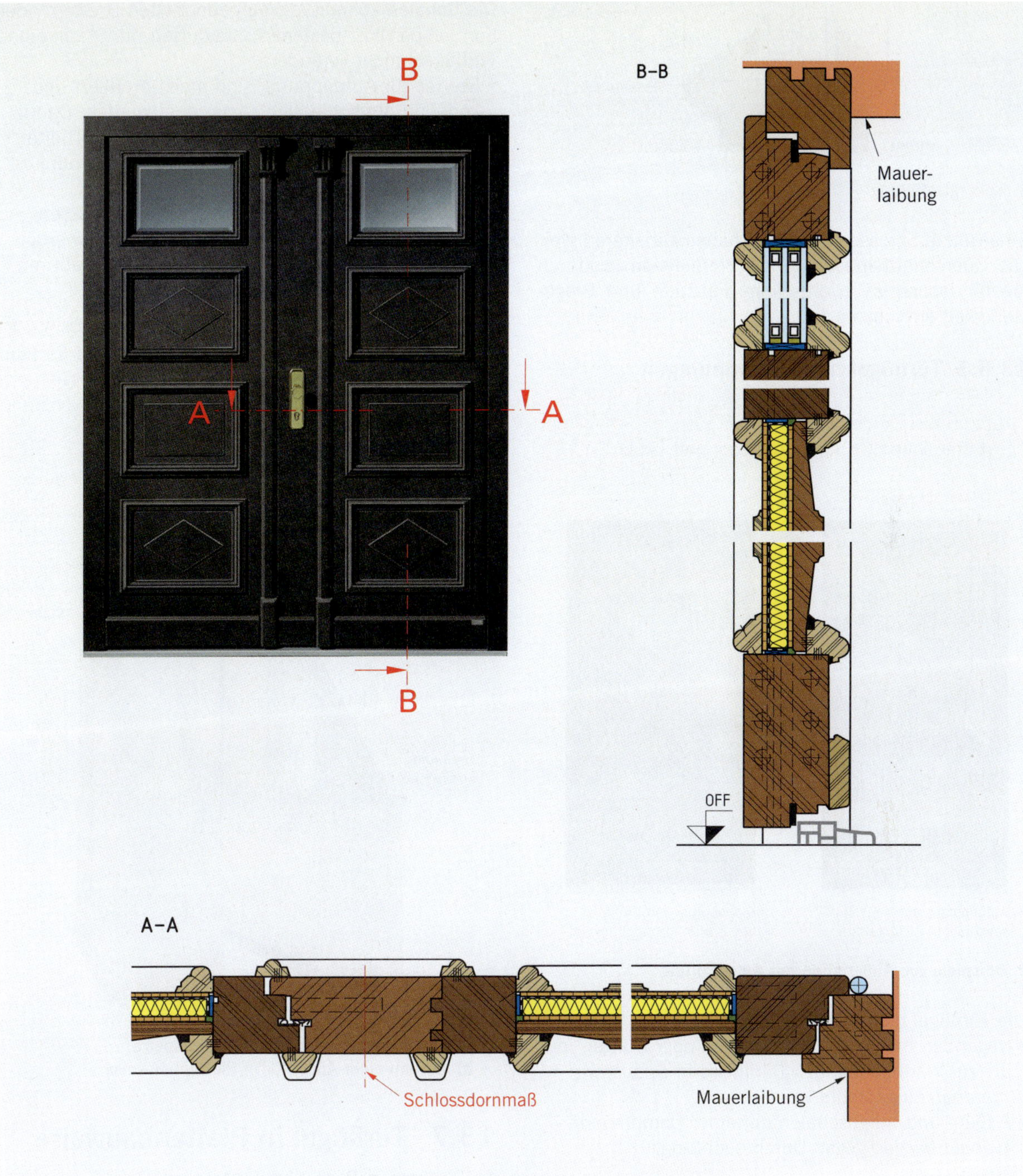

1 Ansicht und Schnitte einer Außentürals Rahmentür mit Füllungen in Sandwichbauweise

Isolierglasfüllungen

Bei Isolierglasfüllungen *(insulated glazing)* müssen Holzdicke und Falztiefe der Isolierverglasung angepasst sein. Bei Dreifachverglasung *(triple glazing)* mit einer Glasdicke von 36 bis 44 mm beträgt die notwendige Rahmenholzdicke mindestens 78 bis 80 mm.

Von innen erfolgt der Einbau mit Glasleisten *(beads)*. Von außen ist wie bei Fensterverglasungen zusätzlich eine Versiegelung *(sealing)* (S. 380, Abb. 1) erforderlich. Statt profilierter Rahmen werden häufig auch eingeklebte Profilleisten verwendet.

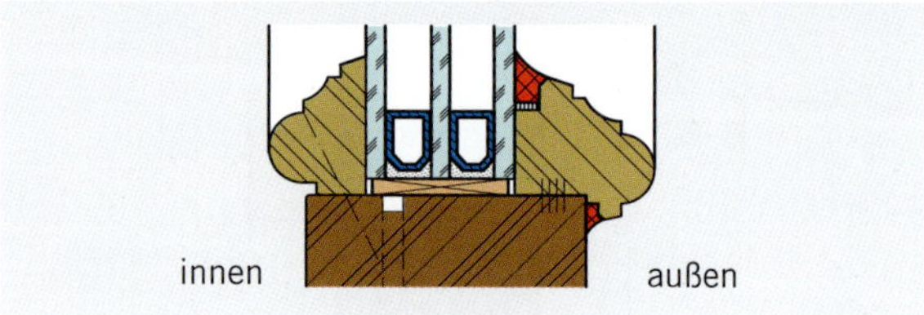

1 Isolierglasfüllung

Eingesetzte Sprossen *(muntins)* haben annähernd gleiche Querschnittsmaße wie die Profilleisten, wodurch die für Isolierglas erforderliche Falztiefe und Biegesteifigkeit erreicht wird.

13.6.3 Türflügel mit Aufdopplungen

Außentüren werden vornehmlich aus gestalterischen Gründen aufgedoppelt (Abb. 2).

2 Beispiele von Außentüren mit Aufdopplung

Die Türflügel bestehen aus (Abb. 3)
- tragenden Elementen wie Rahmen oder Blätter, in die zur Wärmedämmung Dämmstoffe *(insulating material)* eingebracht werden, und
- Außen- und Innenschalen mit einer Dampfsperre *(vapour barrier)* gegen Durchfeuchtung.

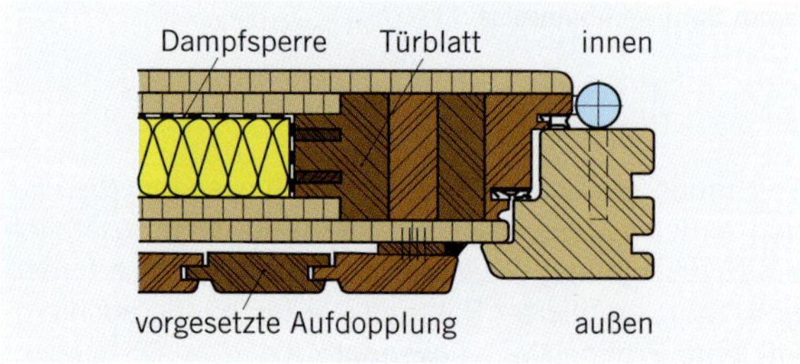

3 Türflügel mit Aufdopplung

Die **Schalen** können aus aufgedoppelten Brettern oder Furniersperrholz bestehen. Sie dürfen die Statik eines Türflügels nicht verändern.
- Bretter zur Aufdopplung sind meist profiliert und können unterschiedlich angeordnet werden. Damit die Aufdopplung aus Vollholz ungehindert arbeiten kann [▶ GK 4.8.2], werden die Bretter nur punktuell geleimt oder verdeckt gestiftet.
- Stäbchen- oder Furniersperrholzschalen müssen wetterfest *(weatherproof)* verklebt sein. Sie werden mit Einhängbeschlägen oder punktuell geklebt mit dem Träger verbunden.

In das Furniersperrholz können **Dampfsperren** [▶ 9.5.8] aus Aluminiumfolien eingebracht werden (Abb. 4a), um eine Durchfeuchtung der Dämmstoffe zu verhindern. Aufgrund guter Dämmwerte setzt sich diese Konstruktion zunehmend durch.

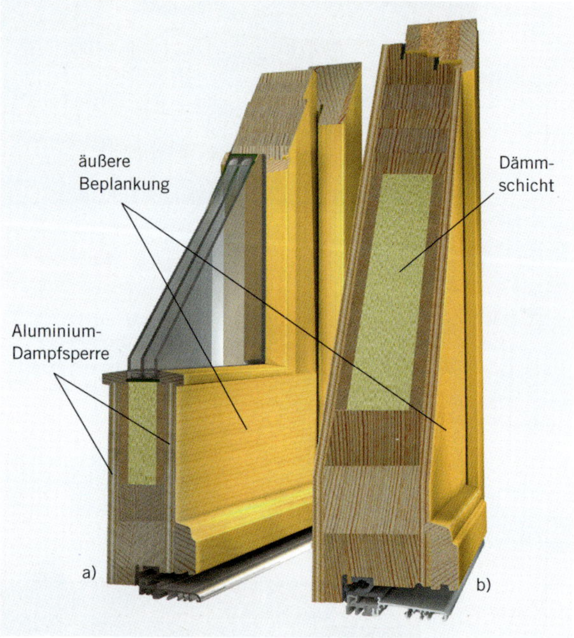

4 a) Außentürkonstruktion mit Dampfsperre
b) Aufbau einer Außentür in Plattenbauweise

13.7 Türflügel in Plattenbauweise

Außentüren in Plattenbauweise sind:
- **Sperrtüren**, die meist aus industriell gefertigten Holzwerkstoffen wie Stäbchensperrholz bestehen und beidseitig mit wetterfestem Furniersperrholz beplankt sind;
- **Hohlraumkonstruktionen** mit Rahmen aus Leimholzkanteln, einer Dämmschicht und beidseitiger Beplankung aus Furniersperrholz (Abb. 4b und S. 381, Abb. 1). Eingebrachte Stahl-, Aluminium- oder Kunststoffrahmen erhöhen das Stehvermögen des Türflügels.

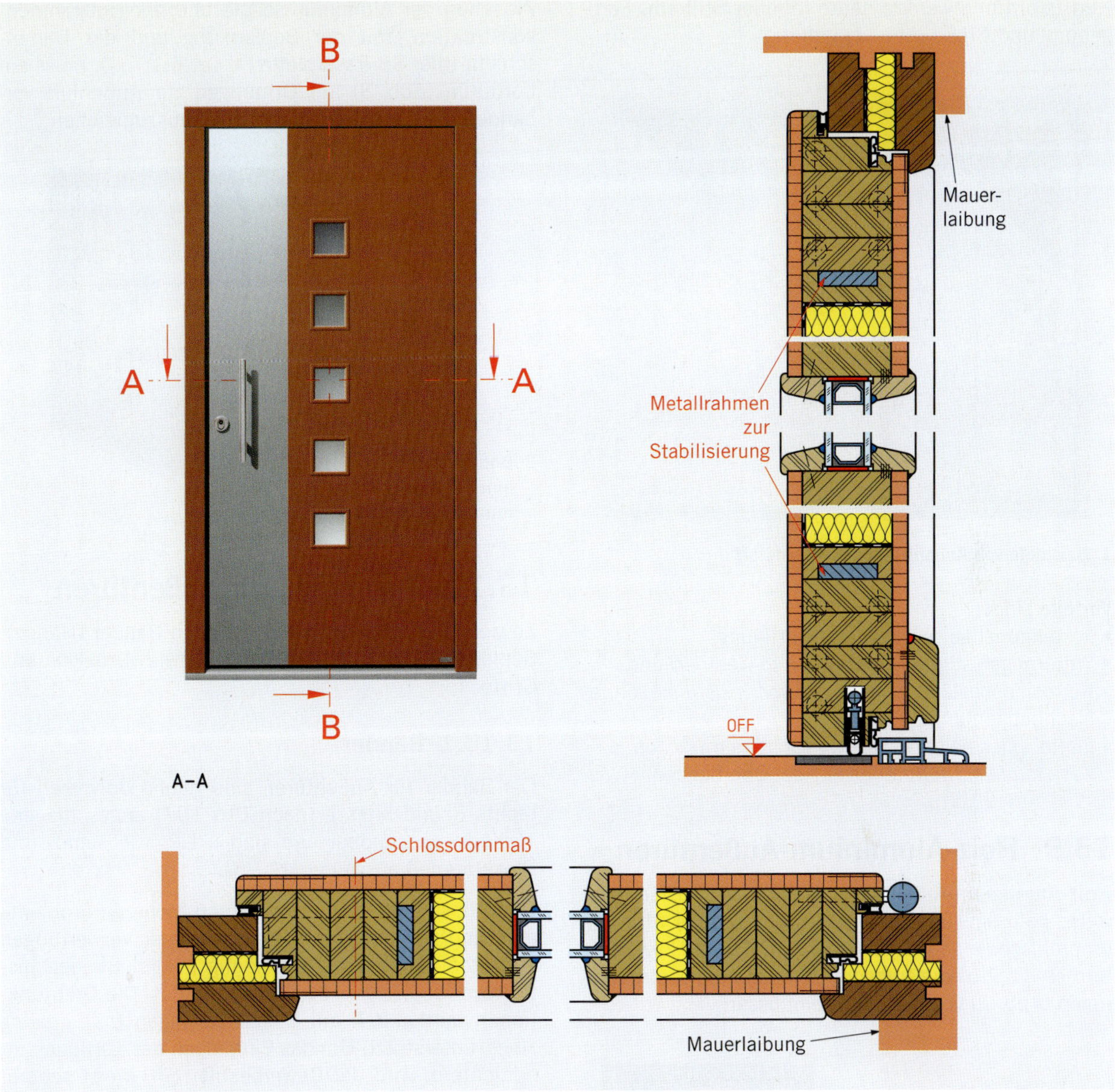

1 Ansicht und Schnitte einer Außentür in Plattenbauweise als Rahmen-Hohlraum-Konstruktion

Die glatten Oberflächen der Türen in Plattenbauweise können lackiert *(varnished)*, mit Schichtpressstoff *(high-pressure laminate)* belegt oder furniert *(furniert)* werden (Abb. 1). Als Gestaltungselemente dienen Flächen- und Farbwirkungen [▶ 7.1.4].

13.8 Außentüren aus Kunststoff

Außentüren aus Kunststoff sind in Konstruktion und Eigenschaften den Kunststofffenstern [▶ 12.6] vergleichbar. Die Rahmenelemente werden aus **stahlrohrverstärkten PVC-Mehrkammerprofilen** *(steel tube reinforced multi-chambered profiles)* (Abb. 2) gearbeitet.

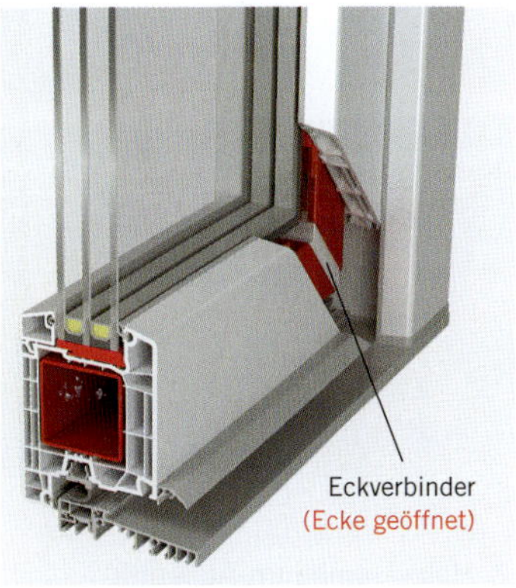

2 Bodenanschluss einer Außentür aus Kunststoff

Kunststofftüren werden heute in jeder Stilform, Farbgebung und Größe (Abb. 1) gefertigt.

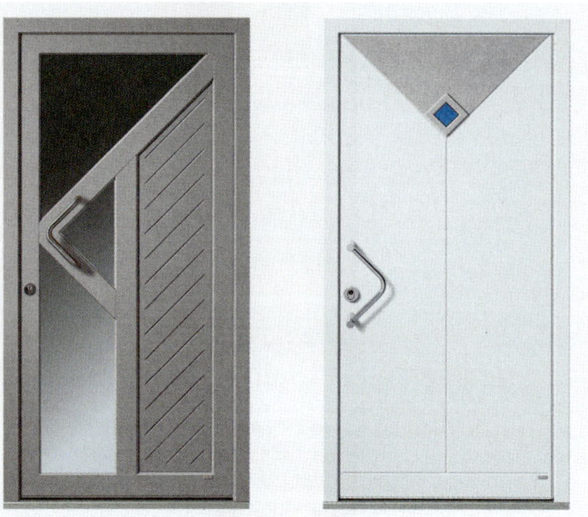

1 Beispiele von Außentüren aus Kunststoff

Vorteile sind:
- kostengünstige *(economical)* Fertigung,
- Witterungsfestigkeit *(resistance to weather)* und Korrosionsbeständigkeit *(corrosion resistance)* ohne Nachbehandlung,
- glatte, pflegeleichte, fast wartungsfreie *(smooth, easy to clean, maintenance free)* Oberflächen.

13.9 Holz-Aluminium-Außentüren

Holz-Aluminium-Außentüren werden in Verbundbauweise gefertigt. Eine von außen aufgesetzte Aluminiumprofilschale schützt wie bei Aluminium-Holz-Fenstern [▶ 12.7.5] die tragende Holzrahmenkonstruktion innen (Abb. 2) vor Witterungseinflüssen.

2 Holz-Aluminium-Außentür

Zwischen der Aluminiumschale und der Holzrahmenkonstruktion, mit der Beplankung und der Dämmschicht (hier SB-Faserplatte [▶ GK 6.10.7]), muss ein Luftraum (Abb. 3) mit Öffnungen zur Außenluft vorhanden sein, um den Dampfdruck auszugleichen.

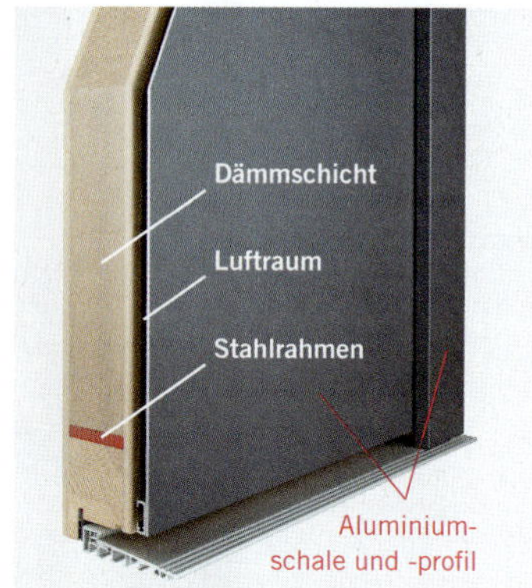

3 Bodenanschluss einer Holz-Aluminium-Außentür

13.10 Beschläge für Außentüren

Zu den Beschlägen *(fittings)* gehören Bänder (Hänge), Schlösser und Schlosszubehör sowie Drücker und Griffe.

13.10.1 Bänder

Die Bänder für Außentüren sind häufig universell für rechts R und links L (nach DIN 107) angeschlagene Türflügel verwendbar und sind i.d.R. für Blend- und Blockrahmen ausgelegt [▶ 7.5].

Da trotz sorgfältiger Fertigung und Montage Probleme aufgrund gewichts- und klimabedingter Verwerfungen auftreten können, werden häufig in drei Ebenen **justierbare** *(adjustable)* Bänder verwendet. Die Drehfunktionen werden z.T. mit Kugellagerringen *(ball bearing rings)* unterstützt. Um das Einhängen des Türflügels zu erleichtern, wird der **Gewerbestift** *(pin)* meist separat eingeführt.

Verwendete **Bandarten** [▶ 7.5.10] sind:
- Lappenbänder zum **Einlassen** und Anschrauben (Abb. 4) für Holztüren

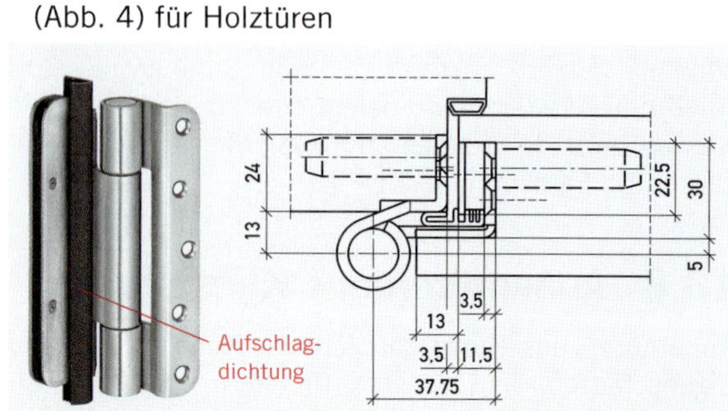

4 Lappenband zum Einlassen (mit Schalldämmung und für Flügelaufschlagdichtung)

- Lappenbänder zum **Einfräsen**, besonders für schwere Außentüren aus Holz (Abb. 1)

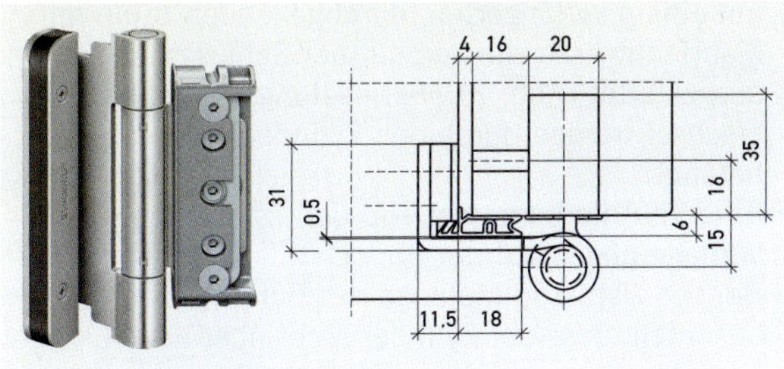

1 Lappenband zum Einfräsen (justierbar in 3 Ebenen)

- Lappenbänder zum **Aufschrauben**, vorrangig für Kunststoffaußentüren (Abb. 2)

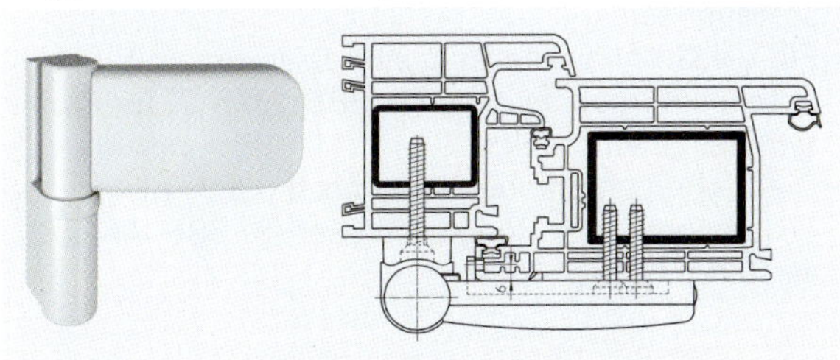

2 Lappenband zum Aufschrauben

- Häufig werden kombinierte **Lappen-Einbohrbänder** (Abb. 3) verwendet. Für den Flügel haben sie Lappen und für die Umrahmung Einbohrzapfen.

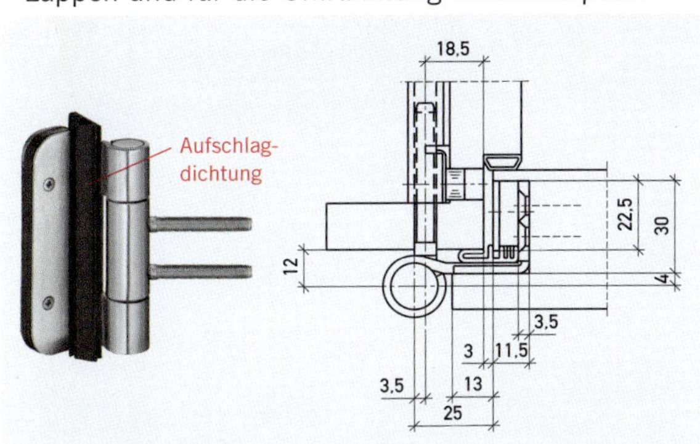

3 Lappen-Einbohrband (mit Schalldämmung und für Flügelaufschlagdichtung)

Die **Anordnung** der Bänder ist für genormte, einflügelige, gefälzte Türen nach DIN 18101 geregelt. Sie ist von den Bandbezugslinien [▶ 7.5.10] (i. d. R. Bandmitte) nach DIN 18268 abhängig. Danach beträgt einheitlich der Abstand

- der oberen Bandbezugslinie 237 ±1 mm vom oberen Türenfalz,
- 1435 ±0,5 mm zwischen oberer und unterer Bandbezugslinie (kann aber auch abhängig von der Türblatthöhe variieren [▶ 7.5.10]).

Bei schweren Außentüren wird ein **drittes Band** 370 mm (Bandmitte) unterhalb der oberen Bandbezugslinie empfohlen.

13.10.2 Schlösser und Zubehör

An Außentüren werden häufig schwere Türschlösser (Abb. 4), meist mit Schließzylinder (Abb. 5), eingesetzt [▶ 7.5.11].

Wichtige **Merkmale** sind

- mehrtourige *(multi-position)* Verriegelung,
- Wechsel [▶ 7.5.11], mit dem die Falle mit Drücker oder Schlüssel bewegt wird;
- die Aussparung am Schlosskasten muss auf die Zylinderform abgestimmt sein.

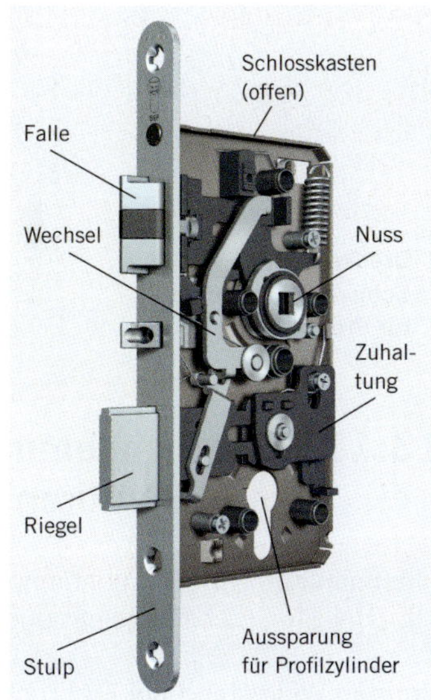

4 Einsteckschloss für eine linke Stumpftür mit Schließzylinder

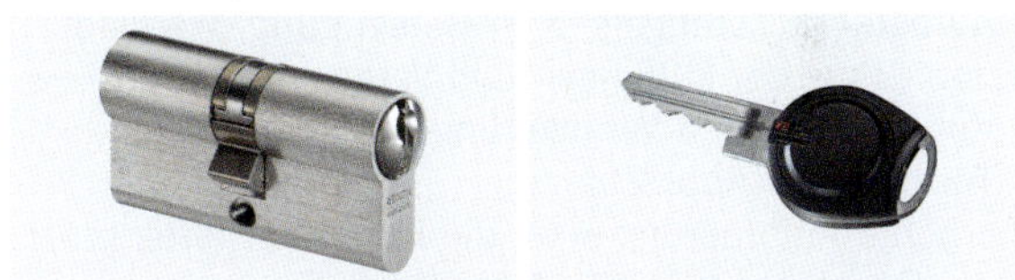

5 Profilzylinder mit Schlüssel

Die technischen Angaben bei der Bestellung eines Schlosses sind in Tab. 1 aufgelistet.

Tab. 1 Technische Angaben für Türschlösser

Angaben zu Funktionen	
Anschlagart	rechts/links
Schließart	Zuhaltungen/Zylinder
Stulp	stumpf/gefälzt
	kantig/abgerundet
Schließzylinder	Profil-/Rundzylinder
Wechsel	ja/nein
Verriegelung mehrtourig	ja/nein
Maßangaben	
Dornmaß	55, 65, 100
Stulpbreite	20, 22, 28

13.10.3 Drücker und Griffe

Außentüren werden wie Wohnungsabschlusstüren [▶ 7.5.12] mit Drückergarnituren mit Knopf *(knob)* oder Griff *(handle)* an der Außenseite und Drücker an der Innenseite (Abb. 1) bewegt. Die Aussparungen für den Schließzylinder und die Nuss werden mit Schlüsselschildern oder Rosetten verdeckt.

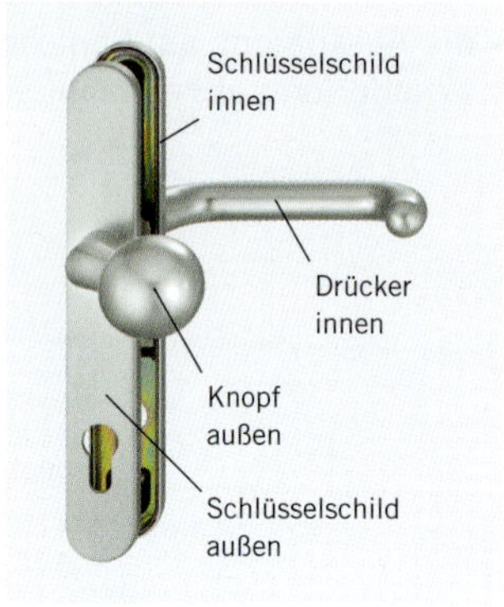

1 Drückergarnitur mit Schlüssel-Langschild für Profilzylinder

Erhöhte Anforderungen an die Beschläge:

- Einbruchhemmende Schlösser für Außentüren sind mit einem verlängerten, durchgehenden Stulp mit Mehrfachverriegelungen auf der Schlossseite ausgestattet (Abb. 3). Verriegelungselemente und Wechsel werden durch den Zylinderschlüssel betätigt.
- Erhöhte Anforderungen erfordern zusätzliche Verriegelungen auf der Bandseite.
- Bei der Wahl und Montage des Schlosses ist zu beachten, dass der Zylinder nicht über den Türflügel herausragt, um ein Abbrechen des Zylinders mit der Zange zu verhindern.
- Schlüsselschilder bzw. Rosetten sollten zusätzlich verstärkt (S. 385, Abb. 1) und von innen verschraubt sein.
- Für die Grundausstattung sind Drückergarnituren mit einem Anbohrschutz (S. 385, Abb. 2) für Profilzylinder zu empfehlen.
- Die Einbruchhemmung kann noch durch zusätzliche Fixierungen, z. B. Bodenschlösser (S. 385, Abb. 3), verstärkt werden.

13.11 Einbruchhemmung an Außentüren

Maßnahmen zur Einbruchhemmung an Türen sind lt. DIN EN 1627 festgelegt und klassifiziert.

Um den Widerstand bei Einbruch *(burglary)* möglichst hoch anzusetzen, sind entscheidend:

- Aufbau des Türflügels, z. B. Befestigung, Werkstoff und Größe der Füllungen und Verglasung,
- Konstruktion und Verankerung *(anchoring)* des Türrahmens (Abb. 2),
- erhöhte Anforderungen an die Festigkeit *(strength)* der Beschläge (S. 385, Abb. 1 und 2).

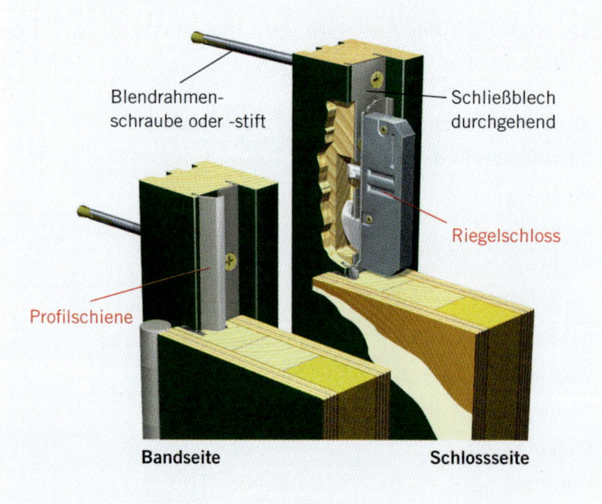

2 Einbruchhemmung am Türrahmen

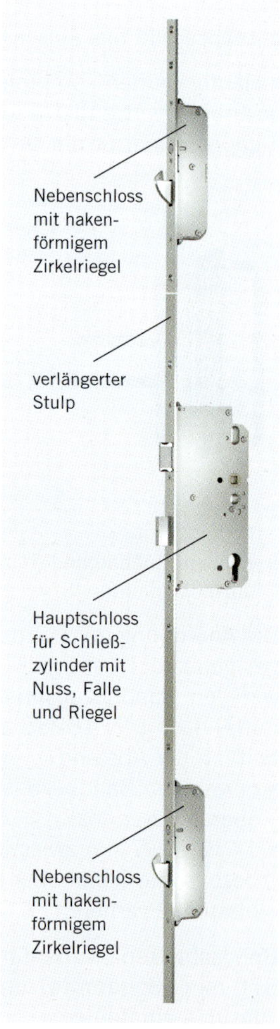

3 Einbruchhemmung durch Außentürschloss mit Mehrfachverriegelung nach DIN 18251-3

Zylinderschlösser sind grundsätzlich sicherer als Zuhaltungsschlösser.

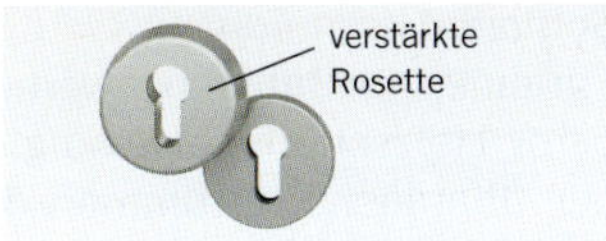

1 Verstärkte Schlüsselrosette

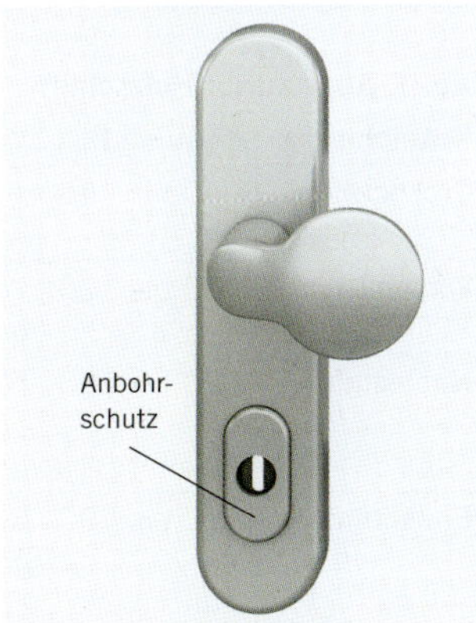

2 Anbohrschutz für Schließzylinder am Schlüsselschild

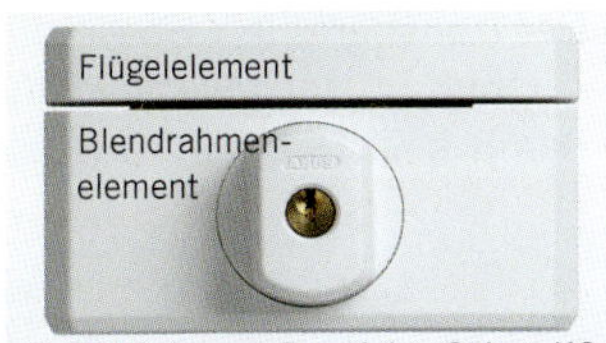

© ABUS August Bremicker Söhne KG

3 Bodenschloss

13.12 Zertifizierung von Außentüren

Die Zertifizierung *(certification)* der Leistungseigenschaften von Außentüren ist nach DIN EN 14351-1 europaweit vorgeschrieben.

Wie bei Fenstern und Fenstertüren [▶ 12.13] erstellt der Hersteller eine EG-Konformitätserklärung über die Leistungseigenschaften des von einer Zertifizierungsstelle geprüften Produkts und ist berechtigt, es mit dem **CE-Kennzeichen** zu versehen.

Unternehmen der Herstellung und des Vertriebs von Haustüren, die für besondere Güte und Qualität ihrer Leistungen gegenüber den Kunden stehen, werden von der Gütegemeinschaft Fenster und Haustüren e. V. mit dem **RAL-Gütezeichen Haustüren** ausgezeichnet. Regelmäßige, unabhängige Prüfungen garantieren die Einhaltung der hohen Gütekriterien.

RAL GÜTEZEICHEN HAUSTÜREN

13.13 Montage von Außentüren

Die Montage der Außentüren im Baukörper erfolgt ähnlich der von Fenstern [▶ 12.3.6].

Montageablauf [▶ LF 8.9]:

- Zunächst wird der Türrahmen in Lot *(plumb)* und Waage *(level)* ausgerichtet. Die Höhe richtet sich nach dem Meterriss und der davon abhängigen Lage der Bodenschiene.
- Die weiteren Schritte, wie z. B. Abdichtung und Befestigung der Umrahmung in der Laibung, werden wie bei der Fenstermontage ausgeführt.

Aufgaben zu 13

1. Welche Holzarten sind für Außentüren besonders geeignet?
2. Nennen Sie weitere Werkstoffe für die Fertigung von Außentüren.
3. Erläutern Sie Aufgaben und Konstruktionsmerkmale von Türrahmen.
4. Welche Ausführungen von Türfüllungen gibt es und durch welche Merkmale unterscheiden sie sich?
5. Weshalb und in welcher Weise müssen Rahmenhölzer mit einer Breite > 150 mm geteilt werden?
6. Erläutern Sie am Beispiel der Teilschnitte (S. 379, Abb. 1) den Aufbau einer wärmegedämmten Türfüllung in Sandwichbauweise.
7. Beschreiben Sie den Aufbau einer Außentür in Plattenbauweise und Hohlraumkonstruktion.
8. Nennen Sie die Grundelemente einer aufgedoppelten Außentür und erläutern Sie die unterschiedlichen Möglichkeiten von Aufdopplungen.
9. Nennen Sie die Bänder für Außentüren und erläutern Sie die Unterschiede.
10. Beschreiben Sie die verschiedenen Funktionselemente von Schlössern für Außentüren.
11. Wie ist ein einbruchhemmendes Außentürschloss konstruiert und was sind weiterführende Maßnahmen zur Verstärkung des Einbruchschutzes?
12. Welche Dämm- und Dichtstoffe sowie Befestigungsmittel werden bei der Montage eines Türrahmens am Baukörper verwendet?

English Tasks

13. List materials and types of wood used for making exterior doors.
14. Describe functions of exterior doors.
15. Compare different kinds of constructions for exterior doors.
16. Describe how to install an exterior door.

14 Oberflächenbehandlung durch Beizen und Beschichten

14.1 Grundlagen

14.1.1 Notwendigkeit der Oberflächenbehandlung

Der Mensch hat das Bestreben, seine Umgebung nach seinen Vorstellungen zu **gestalten**. Insbesondere Farbe und Oberflächenbeschaffenheit *(surface quality)* prägen den Charakter von Objekten. Diese Eigenschaften können mit der Wahl einer geeigneten Oberflächenbehandlung *(surface treatment)* bestimmt und verändert werden.

Darüber hinaus **schützen** Behandlungsmittel den Untergrund vor ungünstigen Einflüssen wie Feuchtigkeit *(moisture)* oder energiereicher Strahlung *(high energy radiation)* (Abb. 1).

1 Verfärbungen an einem Holztor aufgrund fehlender Oberflächenbehandlung

Die Anforderungen an die Behandlung der Oberflächen [▶ GK 14] richten sich nach
- dem Einsatzgebiet,
- dem Untergrund, den Fließmitteln,
- den ökonomischen Voraussetzungen,
- den Möglichkeiten der Reinigung,
- verfahrenstechnischen Aspekten.

14.1.2 Vorbehandlung der Holzoberflächen

Abhängig von der Oberfläche und der gewünschten Oberflächenbehandlung sind einige Vorbehandlungen *(pretreatments)* [▶ GK 14.1] erforderlich. Dazu gehören
- Putzen und Schleifen,
- Entstauben,
- Wässern,
- Entharzen und
- Feinschleifen.

Das Ergebnis einer Oberflächenbehandlung hängt auch von der richtigen Vorbehandlung ab.

Schleifen *(sanding)*
Für eine qualitativ hochwertige Oberfläche ist ein sauberer Holzschliff notwendig. Die Art des Holzes und der Oberfläche bestimmen die Reihenfolge der abgestuften **Körnung** *(grain size)* [▶ GK 7.2.10] des Schleifpapiers (Tab. 1).

Tab. 1 Abgestufter Holzschliff

Bezeichnung	Körnung P	Verwendungszweck
Grobschliff	40 bis 60	grobes Vorschleifen bei Vollholz, Entfernen alter Lacke
Vorschliff	80 bis 120	Vorschleifen maschinengehobelter und furnierter Flächen
Nachschliff	120 bis 180	Feinschleifen von Vollholz und furnierten Flächen, auch nach dem Wässern
Endschliff	220 bis 400	Schleifen gebeizter, grundierter und lackierter Flächen

Bei transparenten Beschichtungen muss grundsätzlich in Holzfaserrichtung geschliffen werden, damit kein Querschliff (Abb. 2) entsteht.

2 Schleifspuren quer und längs zur Holzfaser

Geschliffen wird mit **scharfem** Schleifpapier *(sanding paper)*, da ein mit Holzstaub zugesetztes Schleifpapier die Holzfasern nicht abschleift, sondern herunterdrückt. Bei wasserhaltigen Gebinden wie Beizen oder Wasserlacken würden sich die Fasern wieder aufrichten.

Zum Schleifen können z. B. eingesetzt werden:
- Schleifklotz (von Hand),
- Handbandschleifmaschinen oder
- Schwingschleifmaschinen mit geradliniger Schwingbewegung.

- Schleifmaschine mit Absaugeinrichtung koppeln.
- **Atemschutz** wie Partikelschutzmaske und ggf. Schutzbrille gegen Schleifstaub tragen.
- Schleifmaschine beidhändig führen.

Entstauben

Schleifstaub, der sich auf der Holzoberfläche und in den Gefäßen abgesetzt hat, muss durch Ausbürsten und Absaugen entfernt werden.

Befinden sich Schleifstaubpartikel in den Gefäßen, wird die darunterliegende Fläche nicht gebeizt oder lackiert und es können Grauschleier in den lackierten Oberflächen entstehen (Abb. 1).

1 Beizfehler durch ungenügendes Entstauben

Der Schleifstaub wird in Faserrichtung mit Rosshaar- oder Messingbürsten entfernt. Dann werden die Staubpartikel mit dem Staubsauger abgesaugt.

Wässern *(soaking)*

Gewässert [▶ GK 14.1] wird vor dem Endschliff mit warmem, sauberem Wasser.

Nach dem Feinschliff der getrockneten Oberfläche muss der Schleifstaub abgesaugt werden.

Entfernen von Klebstoffrückständen und Flecken

Nach dem Wässern werden häufig Rückstände und Flecken von Klebstoffen, Fugenpapier oder Inhaltsstoffen sichtbar (Abb. 2), die bei naturbelassenen Flächen dunkle oder bei gebeizten Flächen milchige Flecken hinterlassen.

2 Farbunterschiede bei Leimrückständen

Diese Rückstände bzw. Flecken können jetzt noch vor der Endlackierung durch Ausbürsten und Auswaschen z. B. mit warmem Seifenwasser oder mit einem Lösemittel entfernt werden.

Entharzen *(deresination)*

Harzhaltige Nadelhölzer nehmen i. d. R. Beizen schlecht und/oder nur ungleichmäßig an.

Um ein sauberes Beizbild zu erhalten, müssen die Hölzer vor dem Beizen entharzt werden.

Mittel [▶ GK 14.1.2], die Harzsubstanzen anlösen und aus den Gefäßen herausschwemmen, sind

- Laugen aus Kern-, Schmier- und Holzseife,
- Terpentinöl,
- organische Lösemittel, z. B. Aceton.

14.2 Beizverfahren

Bei Beizverfahren *(staining treatments)* wird der Farbton der Holzoberfläche verändert. Im Gegensatz zum farbigen Lackieren oder Lasieren bilden klassische Beizen *(staining)* keine bzw. nur eine geringe Beschichtung aus.

Schichtbildende **Bindemittelbeizen** sind eine weitere Form von Beizen, die von einigen Herstellern auch als **Kombinationsbeizen** bezeichnet werden.

Beizen können an Holzoberflächen

- den Farbton verändern *(change the colour)*,
- den Farbton angleichen *(make the colour uniform)*,
- Eigenschaften hervorheben *(highlight the features)*,
- Holzalterung und Verfärbungen verzögern *(delay the ageing and discolouring)* bzw. beschleunigen.

Beizen bieten i. d. R. **keinen** Schutz vor mechanischen Angriffen.

Ausnahme bilden Bindemittelbeizen. Gebeizte Flächen bekommen daher i. d. R. noch eine transparente Beschichtung, z. B. eine Lackierung.

Die Farbwirkung der Beizen erfolgt bei

- **Farbstoffbeizen** durch
  - Eindringen löslicher Farbstoffe in die Holzzellstruktur,
  - Anlagerung unlöslicher Farbpigmente an die Holzoberfläche,
- **chemischen Beizen** durch chemische Reaktion farbloser Substanzen mit Holzinhaltsstoffen,
- **Kombinationsbeizen** durch Zusammenspiel (Kombination) verschiedener Vorgänge.

14.2.1 Farbstoffbeizen

Farbstoffbeizen *(coloured stains)* enthalten
- lösliche, synthetische Farbstoffe oder
- fein gemahlene, mineralische und unlösliche Farbpigmente.

Die Farbstoffteilchen lagern sich hauptsächlich auf der Holzoberfläche ab und dringen nur zum geringen Teil ein (Abb. 1).

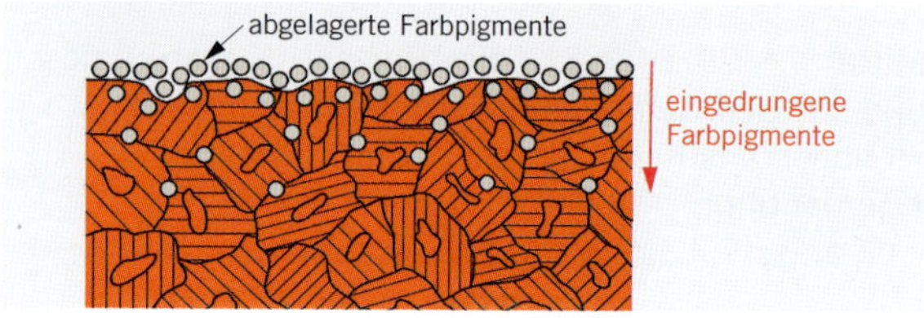

1 Wirkungsweise von Farbstoffbeizen

Farbstoffbeizen werden auf Wasser- und auf Lösemittelbasis *(water- and solvent-based coating)* verarbeitet. Weiter gibt es sie als Öl- und Wachsbeizen.

Farbstoffbeizen auf Wasserbasis
Farbstoffbeizen in Pulver- oder Granulatform werden in heißem Wasser aufgelöst und sind nach dem Erkalten gebrauchsfertig.

Gebrauchsfertige Farbstoffbeizen auf Wasserbasis sind einfach zu verarbeiten und universell besonders auf **Laubhölzern** einsetzbar. Die Farbtöne können auch individuell gemischt werden.

Farbstoffbeizen auf Wasserbasis sind lichtecht und beständig gegen Säuren und Laugen.

Bei **Nadelhölzern** entsteht i.d.R. ein **negatives Beizbild** (Abb. 2), da die großlumigeren Frühholzzellen die Beize stärker aufnehmen als das Spätholz. Insbesondere bei ausgeprägten Fladerungen können negative Beizbilder störend wirken. Radiale Holzbilder werden hingegen kaum beeinträchtigt.

2 Negatives und positives Beizbild auf Nadelholz

Farbstoffbeizen auf Lösemittelbasis
Diese Farbstoffbeizen enthalten als Trägerflüssigkeit leichtflüchtige Lösemittel wie Nitroverdünnung, Spiritus oder Öl. Ihr Eindringvermögen ist besser als das der auf Wasserbasis. Weitere Vorteile sind Nichtaufrauen der Holzoberflächen und kurze Trockenzeit.

Bei der Verarbeitung von Farbstoffbeizen auf Lösemittelbasis **Schutzhandschuhe**, **Atemschutz** sowie **Schutzbrille** tragen. Brandschutz beachten.

Die Beize wird satt aufgetragen. Der Überschuss wird zunächst quer zur Faserrichtung in die Gefäße eingerieben und dann in Faserrichtung vertrieben. Auffälliges Merkmal ist dadurch die Betonung der Gefäße – **Antikbeize** – besonders bei grobporigen Hölzern wie Eiche, aber auch die Betonung von **Rissen** und **Schrammen** (Abb. 3).

3 Schrammen auf einer Holzoberfläche

Öl- und Wachsbeizen
Farbstoffbeizen werden auch als Öl- und Wachsbeizen verarbeitet. Die gebeizten Oberflächen werden gebürstet, sind jedoch gegen Wasser und Abrieb sehr empfindlich.

Bindemittelhaltige Beizen
Bindemittelhaltige Beizen enthalten neben den üblichen Farb- und Füllstoffen noch Bindemittelzusätze wie Paraffin, Stearin, Wachs, Kunstharzlack oder Pulver aus Kunststoffen. Die Bindemittelzusätze umhüllen nach der Trocknung die Farbpigmente und lagern sich in den Gefäßen ab, wodurch die Kratzfestigkeit erhöht wird.

Farbstoffbeizen lassen sich einfach und schnell verarbeiten. Sie sind besonders auf Laubhölzern einsetzbar. Lösemittelbeizen haben dazu sehr kurze Trocknungszeiten *(drying times)* (Tab. 1).

Tab. 1 Trocknungszeiten der Farbstoffbeizen

Farbstoffbeize	staubtrocken	überlackierbar
Wasserbeizen	0,5 bis 1 h	6 bis 12 h
Lösemittelbeizen	10 bis 20 min	1 bis 2 h
Öl- und Wachsbeizen	1 bis 12 h	–

14.2.2 Chemische Beizen

Chemische Beizen *(chemical picklings)* reagieren mit den Inhaltsstoffen (z.B. Gerbsäuren) der Hölzer und verändern dabei deren Oberflächenfarbe.

Das Beizen mit an sich farblosen Chemikalien ist von der Holzart und vom Anteil der reagierenden Inhaltsstoffe abhängig. Verfahren *(processes)* sind Räuchern, Laugen und Doppelbeizen.

Räuchern

Das Räuchern von Eichenholz ist ein sehr altes, trockenes Beizverfahren, bei dem früher die über Pferdeställen gelagerten Holzbohlen den **Ammoniakdämpfen** (NH_3) der Pferde ausgesetzt wurden. Dieser Effekt wird künstlich mit **Salmiakgeistdämpfen** (NH_4OH) in geschlossenen Räumen oder Behältern erzeugt (Abb. 1).

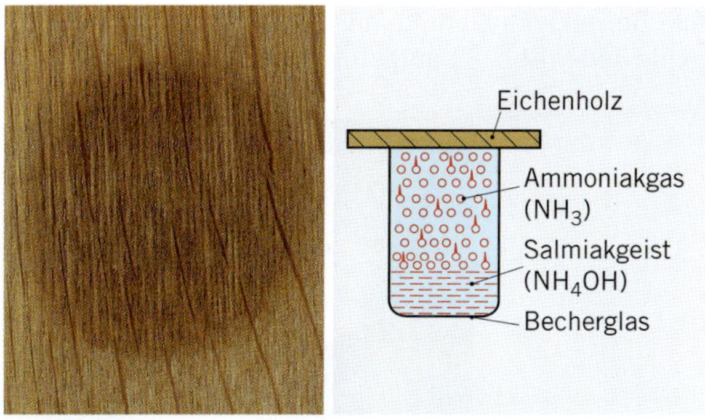

1 Farbveränderung durch Salmiakgeistdämpfe

Eichenholz hat einen relativ hohen Anteil an Gerbsäure, die besonders mit eisenhaltigen Substanzen reagiert und zu Verunreinigungen auf der Holzoberfläche führt (Abb. 2).

2 Verfärbungen auf Eichenholz durch Eisenspuren

Laugen

Laugen mit Natronlauge (NaOH) oder Kalilauge (KOH) ist ein Verfahren, bei dem die Chemikalien in das Holz eindringen und unter Braunfärbung mit der Gerbsäure reagieren (Abb. 3).

3 Gelaugte Eichenoberfläche

Doppelbeizen

Inhaltsstoffarme Hölzer wie Nadelhölzer müssen deshalb zunächst in einem ersten Auftrag durch eine **Vorbeize** mit gerbstoffhaltigen Stoffen (z. B. Tannine, Brenzkatechin) angereichert werden.

Vorgebeizte Holzoberflächen dürfen weder geschliffen noch berührt werden.

Beim zweiten Auftrag auf die abgetrocknete Holzoberfläche reagiert die **Nachbeize** aus Metallsalzlösungen, z. B. Kaliumcarbonat, Natriumcarbonat oder Kupfersulfat, mit den Stoffen der Vorbeize.

Bei dem Verfahren, auch Doppelbeizen benannt, entsteht selbst auf gerbstoffarmen Nadelhölzern ein **positives** Beizbild (Abb. 4).

4 Vor- und nachgebeizte Kiefernoberfläche

Einkomponentenbeize

Auch Einkomponenten-Positiv-Fertigbeizen sind für das Beizen von **Nadelhölzern** geeignet. Die gebrauchsfertige Beize wird auf die Oberfläche aufgetragen und mehrmals verrieben. Damit sich das positive Beizbild entwickelt, darf der Beizüberschuss nicht entfernt werden.

Die Entwicklungszeit kann mehrere Stunden dauern. Das positive Beizbild wird sichtbar, wenn später der Überschuss durch **Bürsten** entfernt wird.

In Tab. 1 werden die unterschiedlichen chemischen Beizverfahren verglichen.

Tab. 1 Chemische Beizverfahren

Holzart	Beizvorgang	Beizmittel
für gerbstoffhaltige Hölzer z. B. Eiche, Rüster, Esche, Nussbaum, Mahagoni	**Räuchern** Farbveränderung durch chemische Reaktion	Salmiakgeist NH_4OH
	Laugen Farbveränderung durch chemische Reaktion	Natronlauge NaOH, Kalilauge KOH
für gerbstoffarme Hölzer z. B. Nadelhölzer	Farbveränderung durch chemische Reaktion	Doppelbeizen mit Vor- und Nachbeize
		Einkomponentenbeizen

14.2.3 Kombinationsbeizen

Kombinationsbeizen *(mixture of various stain products)* vereinen die Wirkungsweisen der Farbstoffbeizen und chemischen Beizen. Sie beinhalten sowohl gelöste Farbstoffe, Pigmente und Bindemittel als auch farbbildende Chemikalien. Dabei geben die Farbstoffe den Farbton und die Farbintensität vor, während die farbbildenden Chemikalien die Holztextur unterstreichen.

Zu den Kombinationsbeizen zählen
- Räucherbeizen, z. B. für Eiche und Esche,
- Edelholzbeizen, z. B. zur Intensivierung und Egalisierung von Nussbaum,
- Wachs- und Metallsalzbeizen, z. B. für Eiche und Esche,
- bindemittelhaltige Beizen,
- Bleichbeizen zum Umbeizen von dunkel auf hell.

14.2.4 Auftragen von Beizen

Vor dem eigentlichen Beizvorgang ist es sinnvoll, eine **Probebeizung** durchzuführen.

Der **Beizton** lässt sich nur dann von einem Werkstück auf das andere übertragen, wenn das Holz aus der gleichen Charge stammt, die Rahmenbedingungen (Temperatur usw.) dieselben sind und die Arbeitsgänge in gleicher Weise durchgeführt worden sind.

Für evtl. **Nachbeizungen** sollte eine Beize immer etwas großzügiger angesetzt werden.

Ist die Probebeizung zur Zufriedenheit ausgefallen, kann mit dem eigentlichen Beizen begonnen werden. **Auftragtechniken** sind Handauftrag, Spritzauftrag, Tauchauftrag und Walzauftrag.

Handauftrag
Vor der Verarbeitung muss das Beizgebinde gut aufgerührt werden, um die Farbstoffteilchen gleichmäßig zu verteilen.

Arbeitsschritte beim Handauftrag
1. Die Beize wird satt längs zur Faserrichtung aufgetragen.
2. Danach wird sie quer zur Faserrichtung quer zur Holzmaserung verteilt und durchgearbeitet.
3. Nach einer Einwirkzeit von 2 bis 4 min wird die Beize mit einem trockenen Vertreiber (breiter Flachpinsel) oder Naturschwamm erst quer und dann in Faserrichtung vertrieben und abgezogen.

Besonders chemische Beizen reagieren stark mit **Metallen**. Metallische Pinselzwingen oder andere metallische Gefäße führen daher sehr leicht zu ungewollten Verfärbungen.

Weitere Arbeitshinweise:
- Senkrechte Flächen stets von unten nach oben beizen, da angetrocknete Läufer zur Zweifachbeizung führen und Flecken ergeben können.
- Hirnholz vor dem Beizen zur Verminderung der Saugfähigkeit leicht wässern.
- Beizüberschüsse nicht in das Beizgefäß zurückgießen, da es besonders bei Doppelbeizen zu chemischen Reaktionen im Beizgefäß kommen kann.
- Beizgeräte nach dem Gebrauch sorgfältig säubern.
- Gebrauchshinweise der Beizhersteller beachten.

Spritzauftrag
Alle Beizen können mit einer Spritzpistole ohne oxidierende Teile (Abb. 1) aufgetragen werden.

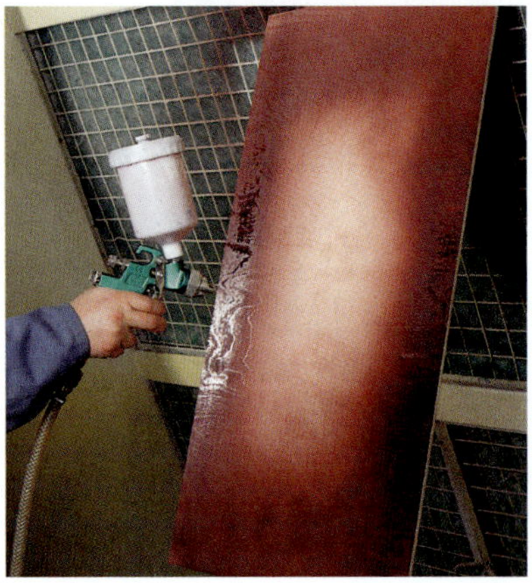

1 Beizauftrag mit der Spritzpistole

Der Beizauftrag mithilfe der Spritzpistole wird jedoch vorwiegend beim Schattieren von Oberflächen, z. B. bei Stilmöbeln, angewendet.

Tauchauftrag
Das Tauchverfahren wird industriell bei größeren Stückzahlen mit kleinen Flächen angewendet. Da sich bei zunehmender Benutzung die Lösemittelkonzentration im Tauchbecken und damit der Beizton verändert, muss die Beize häufig erneuert werden.

Walzauftrag
Der Walzauftrag von Beizen wird vornehmlich in der Möbelindustrie angewendet, in der eine große Anzahl von Flächen in kurzer Zeit gebeizt wird.

14.2.5 Schutz gebeizter Flächen

Beizen liefern i. d. R. nur einen geringen Schutz gegen mechanische (z. B. Verkratzen) und chemische Angriffe (z. B. Lösemittel) oder Feuchtigkeit. Besonders chemische Beizen und Kombinationsbeizen reagieren empfindlich auf Veränderungen.

Zum Schutz müssen gebeizte Flächen zusätzlich mit einem **Lackfilm** überzogen werden.

Bei Oberflächen mit Öl- und Wachsbeizen bilden **Öle** und **Wachse** [▶ GK 14.2.2] einen schützenden Überzug; die Lackierung ist nicht erforderlich.

Die schützenden Beschichtungen können nur auf vollständig getrockneten Beizflächen aufgetragen werden.

Die verschiedenen Beizen benötigen unterschiedliche Trocknungs- und Entwicklungszeiten, die von folgenden Einflüssen bestimmt werden:
- Raum- und Holztemperatur,
- Luftfeuchtigkeit und Luftumwälzung,
- Härte und Saugverhalten des Holzes,
- Auftragmenge der Beize.

Tab. 1 nennt die i.d.R. einzuhaltenden Trocknungs- und Entwicklungszeiten.

Tab. 1 Trocknungs- und Entwicklungszeiten von Beizen

Beizenart		Trocknungs- und Entwicklungszeiten in Werkstätten bei 20 °C
Wasserbeizen		bis zu 6 h
Lösemittelbeizen		bis zu 2 h
Wachsbeizen		bis zu 10 h
Einkomponentenbeizen		bis zu 6 h
Doppelbeizen	Vorbeize	bis zu 6 h
	Nachbeize	bis zu 24 h

14.3 Besondere Behandlungen von Holzoberflächen

14.3.1 Abbeizen

Abbeizen ist das Ablösen alte Lackschichten beim Renovieren und Restaurieren besonderer Holzoberflächen. **Abbeizer** sind lösemittelhaltige Chemikalien, mit denen die Lackschichten angelöst werden. Sie werden mit einem Pinsel aufgetragen. Nach einer bestimmten Einwirkzeit wird der angelöste Lackfilm mit einem Spachtel oder einer Bronzebürste abgeschoben (Abb. 1).

1 Abbeizen mit dem Spachtel

Abbeizer enthalten Methylenchlorid. Beim Arbeiten mit Abbeizern **Schutzhandschuhe**, **Atemschutz** und **Schutzbrille** tragen, um Berührungen mit Augen und Haut zu vermeiden.

14.3.2 Bleichen

Hölzer, die im Naturfarbton verschieden sind, aber zusammen verarbeitet werden sollen, können durch Bleichen in ihrem Farbton angeglichen werden. Beim Bleichen wird der Naturfarbton des Holzes durch chemische Mittel aufgehellt.

Dabei werden zwei Verfahren unterschieden:
- Bleichen durch chemische Reduktion,
- Bleichen durch chemische Oxidation.

Bleichen durch chemische Reduktion
Bei der chemischen Reduktion (Sauerstoffentzug) werden die farbigen Bestandteile des Holzes in lösliche und farblose Verbindungen umgewandelt. Bleichmittel, deren Wirkung auf chemischer Reduktion beruht, sind
- Zitronensäure $C_2H_2COH(COOH)_3$,
- Oxalsäure COOH-COOH,
- Kleesalz COOH-COOK.

Gerbstoffreiche Hölzer wie Eiche, Nussbaum u.a. werden durch Zitronensäure, Oxalsäure oder Kleesalz gebleicht. Dabei wird eine Bleichlösung (z.B. 20 bis 50 g Oxalsäure auf 1 l heißes Wasser) auf die gesamte Fläche mit einem eisenfreien Pinsel aufgetragen. Nach einer Einwirkzeit von ca. 3 bis 5 min wird mit einer Naturfaser- oder Perlonbürste kräftig ausgebürstet und mit sauberem und warmem Wasser nachgewaschen.

Oxalsäure und Kleesalzlösungen sind giftig. Beim Arbeiten **Schutzhandschuhe** und **Schutzbrille** tragen.
Sicherheitsempfehlungen auf den Packungen beachten.

Bleichen durch chemische Oxidation
Bei der chemischen Oxidation (Sauerstoffzufuhr) werden die farbigen Bestandteile des Holzes völlig zerstört. Bleichmittel, deren Wirkung auf chemischer Oxidation beruht, sind
- Wasserstoffperoxid (Wasserstoffsuperoxid) H_2O_2,
- Zyanex (ähnlich dem Wasserstoffperoxid = Handelsname).

Wasserstoffperoxid gilt als Universalbleichmittel für viele Hölzer wie Ahorn, Birke, Kirschbaum oder Buche. Im Handel wird es als 35 %ige stabilisierte Lösung angeboten. Die Stabilisatoren (z.B. Phosphorsäure) haben die Aufgabe, die Verbindung vor einem frühzeitigen Zerfall in Wasser und Sauerstoff zu bewahren. Durch die Einwirkung von Metallen würde eine sehr schnelle Zersetzung des Wasserstoffperoxids stattfinden.

Deshalb dürfen nur metallfreie Auftraggeräte benutzt werden.

Es werden zwei Auftragformen unterschieden:
Mit dem **Untermischverfahren** werden kleinere Objekte gebleicht. Dabei wird Wasserstoffperoxid mit Salmiakgeist gemischt und sofort auf die zu bleichenden Flächen gebracht. Nach kurzer Zeit setzt der Bleichprozess unter Schaumbildung und Wärmeentwicklung ein (Abb. 1).

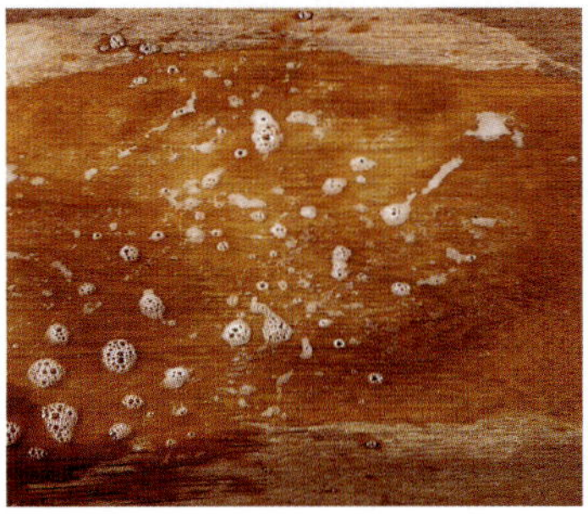

1 Bleichprozess unter Schaumbildung

Das **getrennte Auftragverfahren** wird zum Bleichen größerer Objekte oder mehrerer Flächen angewendet. Zuerst wird Wasserstoffperoxid satt auf die Fläche aufgetragen. Unmittelbar darauf wird Salmiakgeist auf die noch nasse Fläche gebracht und der Bleichprozess beginnt. Je nachdem, wie stark gebleicht werden soll, wird der Salmiakgeist verdünnt oder pur aufgetragen.

Der Bleichprozess durch die chemische Reaktion (Abb. 2) von Wasserstoffperoxid und Salmiakgeist kann bis zu 12 Stunden dauern.

2 Farbunterschiede durch Bleichen (Kirschbaum)

Zyanex übertrifft in der Bleichwirkung alle anderen Bleichmittel. Im Prinzip ist es ebenfalls ein Wasserstoffperoxid. Zum Neutralisieren des Stabilisators wird jedoch Kali- oder Natronlauge verwendet.

Beim Bleichen werden zunächst die Kali- oder Natronlauge und anschließend das Zyanex auf die Fläche aufgebracht.

Mit Wasserstoffperoxid gebleichte Flächen können nicht mit DD-Lack oder PUR-Lack behandelt werden, da die Gefahr der Gelbfärbung besteht.

Wasserstoffperoxid, Zyanex und Salmiakgeist sind stark ätzende Flüssigkeiten. Beim Arbeiten **Schutzhandschuhe** und **Schutzbrille** tragen.
Mit Wasserstoffperoxid getränkte Lappen sind selbstentzündlich.

14.3.3 Füllen der Gefäße mit Kalkweißpaste

Ein besonderer Effekt entsteht durch das Füllen der Gefäße dunkler, grobporiger Hölzer mit Kalkweißpasten (Abb. 3). Die gefüllten Gefäße erscheinen dadurch weiß und verleihen der dunklen Holzfläche einen silbrigen Glanz.

3 Gekalkte Eiche

Nach dem Grundieren der naturbelassenen oder gebeizten Flächen von Eiche oder Esche wird die Kalkweißpaste in die Gefäße eingerieben und anschließend der Überschuss abgewischt, sodass die Gefäße weiß bleiben. Nach dem Trocknen wird die Fläche mit einem Spritzlack beschichtet.

14.3.4 Strukturieren

Das Strukturieren der Holzoberfläche ist eine weitere Form, Holzoberflächen zu gestalten. Ziel ist es, die Oberfläche so zu verändern, dass die Holztextur plastisch oder reliefartig hervortritt.

Zum Strukturieren eignen sich vornehmlich Hölzer mit einer ausgeprägten Fladerzeichnung und deutlichen Härteunterschieden zwischen Früh- und Spätholzzonen, z. B. bei Nadelhölzern wie Tanne und Fichte oder Laubhölzern wie Eiche und Esche.

Techniken des Strukturierens sind:
- **Bürsten** mit harten Stahl- oder Messingbürsten längs oder quer zur Faserrichtung,
- **Brennen** mit einer Lötlampe, die in Faserrichtung geführt wird, wobei die Frühholzzonen stärker angekohlt werden als die Spätholzzonen,
- **Sandstrahlen** mit einem Sandstrahlgebläse, das mit Luftdruck Quarzsand auf die Holzoberfläche schleudert und dabei ähnlich wie beim Bürsten oder Brennen die weichen Frühholzschichten stärker angreift als die harten Spätholzschichten,

- **Laugen**, bei dem mithilfe von Natronlauge (NaOH) die weichen Frühholzschichten chemisch angelöst und nach einer Einwirkzeit von ca. 1 h mit einer Naturfaserbürste und warmem Wasser ausgewaschen werden.

14.4 Beschichtungsstoffe

Für Holz und Holzwerkstoffe werden transparente (nur Innenbereich), lasierende und deckende Beschichtungsstoffe *(coating material)* unterschieden.

Eine Beschichtung besteht i. d. R. aus der
- Imprägnierung bzw. Grundierung,
- evtl. Zwischenbeschichtung und
- Deckbeschichtung.

Grundierungen haben die Aufgabe,
- in die Oberfläche des Holzes einzudringen und zu verdichten sowie die Gefäße zu füllen,
- die natürliche Textur der Holzoberfläche zu glätten,
- zu verhindern, dass Holzinhaltsstoffe aus tiefer liegenden Schichten an die Holzoberfläche gelangen.

Zwischen- und **Deckbeschichtungen** erfolgen häufig mit demselben Beschichtungsstoff.

14.4.1 Aufbau der Beschichtungsstoffe

Beschichtungsstoffe sind nach DIN EN ISO 4618 flüssige, pasten- oder pulverförmige Produkte, die, auf ein Substrat aufgetragen, eine Beschichtung mit schützenden, dekorativen und/oder anderen spezifischen Eigenschaften ergeben.

Der Begriff Beschichtungsstoff schließt Benennungen wie Lack, Anstrichstoff o. Ä. ein.

Der Aufbau der Beschichtungsstoffe richtet sich nach den spezifischen Verarbeitungsbedingungen und den Beanspruchungen, denen der ausgehärtete Beschichtungsfilm ausgesetzt ist. Allgemein können die **Inhaltsstoffe** der Beschichtungsstoffe in vier Hauptgruppen unterteilt werden:
- **Bindemittel** *(binding agents)* sind die Grundlage des ausgehärteten Lackfilms. Ihre Aufgabe besteht darin, die Bestandteile des Beschichtungsstoffs untereinander und mit dem Untergrund zu verkleben.
- **Lösemittel und Verdünnungsmittel** *(solvents and dilutents)* lösen bzw. verdünnen die festen Bestandteile des Beschichtungsstoffs und bestimmen damit wesentlich die spezifischen Verarbeitungseigenschaften.
- **Farbmittel** geben der Beschichtung Farbe und Deckkraft. Energiereiche Strahlung (besonders UV-Strahlung) wird durch Farbmittel in erhöhtem Maße reflektiert.
- **Hilfsmittel (Additive)** sind eine Vielzahl von Stoffen, die eine einheitliche Charakterisierung nicht zulassen. Zu den Additiven gehören z. B. Konservierungsmittel, Cosolventien (Hilfslösemittel), Filmbildehilfsmittel, Dispergiermittel, Entschäumer usw.

14.4.2 Bindemittel

Bindemittel haben die Aufgabe, die nichtflüchtigen Bestandteile einer Beschichtung (Bindemittel, Pigmente, evtl. einige Hilfsmittel) miteinander und mit dem Untergrund möglichst dauerhaft zu verbinden. Um einen geschlossenen Beschichtungsfilm in ausreichender Härte auszubilden, müssen Bindemittel **makromolekular** aufgebaut sein. Die makromolekulare Struktur erhalten die Bindemittel entweder bereits im Herstellungsprozess (physikalisch abbindende Beschichtungsstoffe) oder während des Verarbeitungsprozesses (chemisch abbindende Beschichtungsstoffe).

In jedem Beschichtungsstoff muss ein Bindemittel vorhanden sein. Ausnahmen oder Grenzfälle bilden Beizen und ähnliche Beschichtungsstoffe für manuelle Verarbeitung. Bindemittel können eingeteilt werden in
- synthetische Harze (z. B. Polyurethane, Polyester),
- natürliche Harze (z. B. Kolophonium, Schellack),
- natürliche Öle und Wachse (z. B. Leinöl, Bienenwachs),
- abgewandelte Naturprodukte (z. B. Cellulosenitrat),
- anorganische bzw. mineralische Bindemittel (z. B. Wasserglas, Kalk).

Für die Bearbeitung von Holzoberflächen haben **synthetische Harze** [▶ GK 13.2.7] die größte Bedeutung. Vor dem Hintergrund ökologischer und gestalterischer Aspekte werden verstärkt **Naturstoffe** wie Öle und Wachse und natürliche Harze verarbeitet. Kombinationen der Bindemitteltypen sind nicht selten (z. B. Polyurethan-Acrylharz-Kombinationen). Damit lassen sich Beschichtungsstoffe besser auf das jeweilige Anforderungsspektrum abstimmen.

14.4.3 Löse- und Verdünnungsmittel

Bis auf wenige Ausnahmen (z. B. Pulverlacke) werden Beschichtungsstoffe in **flüssiger Form** verarbeitet.

Die festen Bestandteile des Beschichtungsstoffs sind in erster Linie Bindemittel und Pigmente und müssen i. d. R. vor der Verarbeitung gelöst oder dispergiert werden. Einige chemisch reagierende Beschichtungsstoffe kommen ohne Lösemittel aus.

Häufig werden den Lösemitteln **Verdünnungsmittel** (sog. **Verschnittmittel**) beigefügt. Während Lösemittel in der Lage sind, den Festkörperanteil im Beschichtungsstoff zu lösen, begünstigen Verschnittmittel lediglich die Löseeigenschaften und die Verträglichkeit der einzelnen Bestandteile.

Wichtige **Lösemittelgruppen** (Tab. 1) sind Alkohole (z. B. Ethanol, Butanol), Ketone (z. B. Aceton), Ester (z. B. Ethylacetat, Butylacetat), Kohlenwasserstoffe (z. B. Testbenzin) und komplexe natürliche Verbindungen (z. B. Citrusschalenöle, Terpentin).

Tab. 1 Lösemittel mit Siedepunkt *(boiling point)* **und Verdunstungszahl** *(evaporation rate)*

Lösemittel	Siedepunkt in °C	Verdunstungszahl
Methylacetat	57	2,2
Toluol	110	6,1
Ethanol	78	8,3
Butylacetat	127	12,5
m-Xylol	139	13,5
Butanol	118	33
Testbenzin	130 bis 220	60 bis 70

Für die einwandfreie Ausbildung des Beschichtungsfilms ist es häufig notwendig, ein auf das jeweilige Bindemittel ausgelegtes **Lösemittelgemisch** einzusetzen. Dabei sind die niedrig siedenden Lösemittel dafür verantwortlich, dass der Lack bzw. die Farbe möglichst schnell anzieht, während die höher siedenden Anteile den Verlauf des Beschichtungsstoffs verbessern und eine gleichmäßige Trocknung sicherstellen.

14.4.4 Farbmittel

Der Begriff Farbmittel *(colorants)* bezeichnet nach DIN 55943 und 55945 alle farbgebenden Stoffe, also sowohl lösliche Farbstoffe als auch unlösliche Pigmente.

Pigmente sind pulver- oder blättchenförmige Farbteilchen mit einem Durchmesser von 0,1 bis 5 µm.

Organische Farbstoffe (Abb. 1) werden entweder aus Naturstoffen oder aus synthetischen Stoffen hergestellt. Farbmittel haben neben der optischen Gestaltung vor allem die Aufgabe, den Untergrund vor energiereicher Strahlung zu schützen. Die meisten anorganischen Pigmente sind ausreichend UV-beständig, während organische Farbstoffe häufig durch energiereiche Strahlung veränderbar sind.

1 Ultramarinblau, Pigment aus natürlichem Lapislazuli

14.4.5 Hilfsmittel (Additive)

Additive werden für sehr unterschiedliche Aufgaben innerhalb eines Lacksystems eingesetzt. Es wird unterschieden zwischen Additiven
- zur Herstellung und Stabilisierung des verarbeitungsfähigen Beschichtungsstoffs,
- zur Verbesserung von Verarbeitbarkeit und Filmbildung,
- zur Verbesserung und Regulierung der Filmeigenschaften,
- zum Schutz der Werkstückoberfläche und des Untergrunds.

Dabei können mehrere Aufgaben von der gleichen Gruppe chemischer Verbindungen übernommen werden. Der Anteil der Additive variiert bei konventionellen Lacken und Farben in Größenordnungen von ca. 0,1 bis 1 Vol.-%.

14.4.6 Abbindeprozesse *(setting processes)*

Beschichtungsstoffe müssen die Eigenschaft besitzen, unter bestimmten Voraussetzungen auszuhärten. Beim Übergang vom flüssigen zum festen Zustand ordnen sich die Bindemittel in der Weise an, dass ein **gleichmäßiger Film** [▶ GK 14.2.1] auf der Werkstückoberfläche entsteht.

Das geschieht durch
- Verdunsten des Lösemittels aus einer Lösung oder Dispersion (physikalisch),
- Verdunsten von Wasser aus einer Dispersion unter Verschmelzung der makromolekularen Bindemittel (physikalisch),
- Erhärtung durch Abkühlung *(hardening by means of cooling down)* einer Schmelze (physikalisch),
- chemische Reaktion *(chemical reaction)* (Polymerisation, -kondensation oder -addition).

Physikalische Abbindeprozesse
Zur Aushärtung der Beschichtung ist es notwendig, dass das **Lösemittel** aus dem Beschichtungsstoff entweicht [▶ GK 12.1.2]. Durch Verlassen der niedermolekularen Substanzen rücken die Makromoleküle der Bindemittel enger zusammen, sodass sich verstärkt Nebenbindungen ausbilden. Diese erhöhen die Viskosität und führen schließlich zur Aushärtung des Werkstoffs (S. 395, Abb. 1).

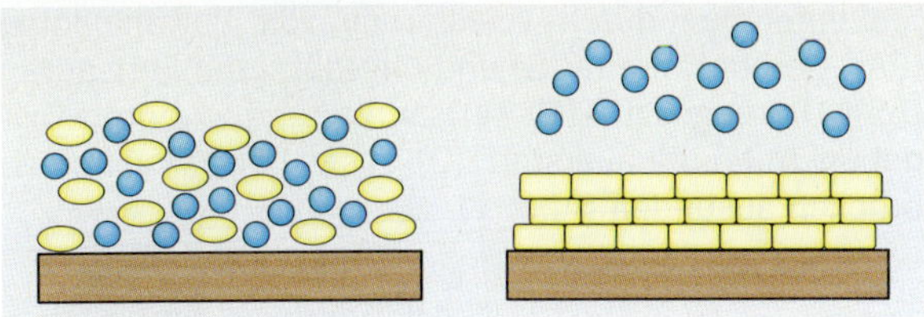

1 **Physikalische Trocknung durch Verdunsten des Lösemittels**

Der Abbindevorgang in **wässrigen Beschichtungssystemen** ist ähnlich. Auch bei Wasserlacken und Dispersionsfarben verdunstet das Lösemittel – Wasser – oder wird z. T. vom Untergrund aufgenommen. Dabei verschmelzen die Bindemittelteilchen zu einer festen Schicht: **„kalter Fluss“** (Abb. 2).

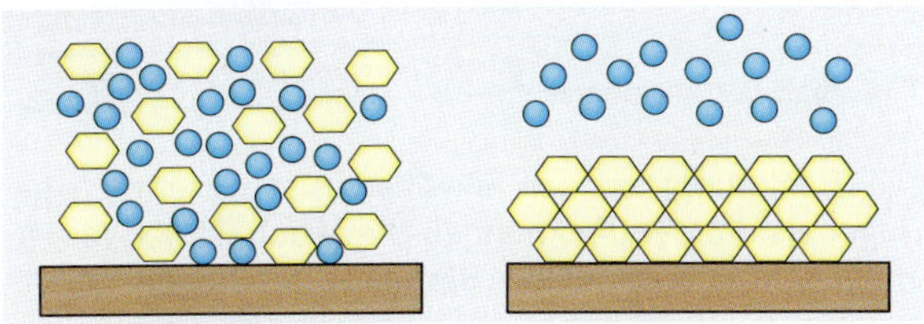

2 **Physikalische Trocknung durch Verdunsten des Lösemittels – Wasser**

Chemische und gemischte Abbindeprozesse

Klassische Polymerreaktionen [▶ GK 13.2.1] sind Polymerisation, -kondensation und -addition.

Bei der **Polymerisation** (Abb. 3) werden Monomere des gleichen Typs mit reaktiven Doppelbindungen mittels Härter und Initiator (z. B. Peroxide als Radikalbildner) zu Makromolekülen vernetzt (z. B. ungesättigte Polyesterlacke).

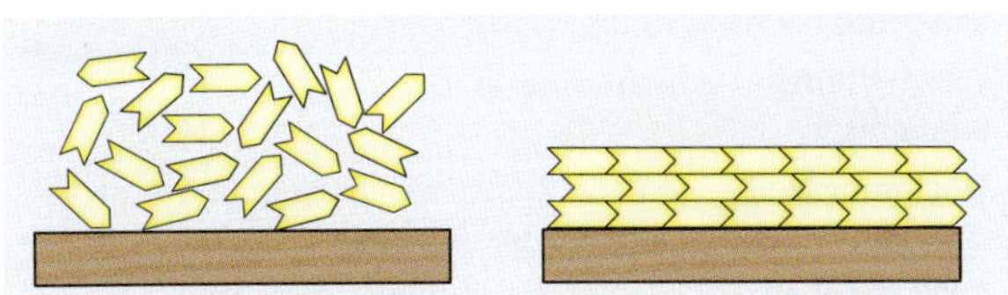

3 **Chemische Aushärtung durch Polymerisation**

Bei der **Polykondensation** (Abb. 4) bilden sich aus reaktiven Monomeren unterschiedlicher Ausprägung (z. B. Polyole, Dicarbonsäuren) Makromoleküle unter Abspaltung von Wasser u. Ä. (z. B. Phenolharzlacke).

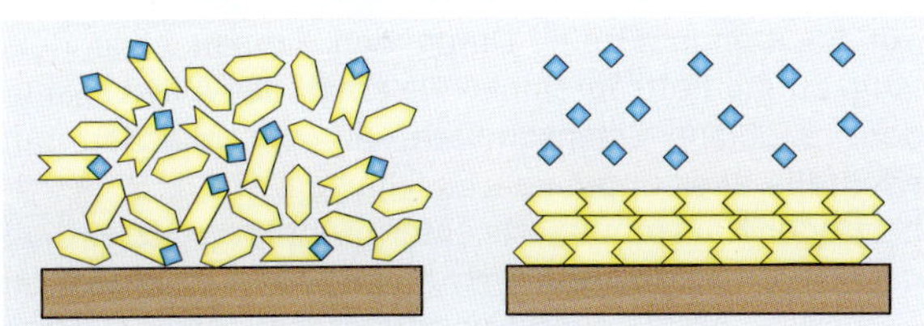

4 **Chemische Aushärtung durch Polykondensation**

Bei der **Polyaddition** (Abb. 5) erfolgt eine Polyreaktion zweier unterschiedlicher Monomerarten (z. B. Polyole, Diisocyanate) ohne Abspaltung niedermolekularer Substanzen (z. B. zweikomponentige Polyurethanharzlacke).

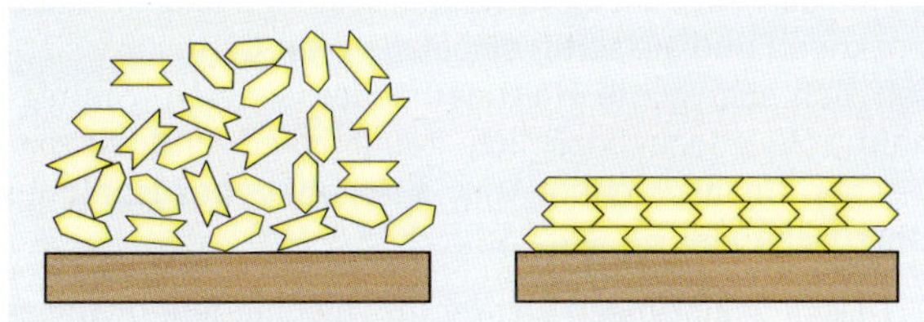

5 **Chemische Aushärtung durch Polyaddition**

Über die Polymerreaktionen hinaus besteht die Möglichkeit, Bindemittelanteile mit Luftbestandteilen oder mit der Feuchtigkeit des Untergrundwerkstoffs reagieren zu lassen. Die wichtigsten **Reaktionen** bez. der Holzbeschichtungsstoffe sind die Aufnahme von

- **Sauerstoff:** Das Bindemittel reagiert mit Luftsauerstoff (oxidative Trocknung, z. B. Leinölfirnis),
- **Wasserdampf:** Vorpolymerisierte Makromoleküle vernetzen sich weiter unter Einbindung von Wassermolekülen aus der Luft oder aus dem Werkstoff (z. B. 1K-Polyurethanharzlack).

Auch Kombinationen chemischer und physikalischer Abbindeprozesse sind möglich, z. B. bei Alkydharzlacken.

14.5 Ausgewählte Beschichtungsstoffe

14.5.1 Cellulosenitratlacke (CN)

Cellulosenitratlacke (CN-Lacke, auch Nitrocelluloselacke genannt) [▶ GK 14.2.2] sind rein physikalisch abbindende Lacke.

Reine CN-Lacke zeichnen sich durch einen relativ niedrigen Bindemittelanteil (Cellulosenitrat) und einen extrem hohen **Lösemittelgehalt** aus, der i. d. R. bei ca. 75 % liegt. Nach dem Verdunsten des Lösemittelanteils bleibt daher nur ein relativ dünner Lackfilm auf der Oberfläche.

Der hohe Lösemittelanteil der CN-Lacke kann bei großen Verarbeitungsmengen zu Konflikten mit den **Emissionsschutzgesetzen** (besonders der Chemikalienrechtlichen Verordnung zur Begrenzung der Emissionen flüchtiger organischer Verbindungen ChemVOCFarbV) führen. Daher werden CN-Lacke häufig mit anderen Bindemitteln gemischt.

CN-Lacke dürfen aufgrund des hohen Lösemittelgehalts nur in gut belüfteten Arbeitsräumen oder Spritzkabinen verarbeitet werden.
Beim Arbeiten **Atemschutz** tragen.

Cellulosenitratlacke sind relativ **kostengünstig**, schnell trocknend und vielseitig einsetzbar. Mit CN-Lacken lassen sich sehr glatte Holzoberflächen erzielen. Sie eignen sich jedoch bezüglich Feuchtigkeit und mechanischer Beanspruchung nur für gering beanspruchte Oberflächen [▶ GK 14.2.2].

CN-Decklackierungen werden in verschiedenen Glanzgraden (matt bis hochglänzend) angeboten. **Aufgetragen** werden sie i. d. R. einmalig im

- Spritzverfahren [▶ GK 14.3.1],
- seltener als Ballenmattierung,
- in Ausnahmefällen im Streichverfahren.

Ausnahmen bilden Polier- oder Schwabbellacke, bei denen ein mehrmaliger Auftrag notwendig ist.

Eine **Decklackierung** *(top coat)* wird nach einem Zwischenschliff (Körnung P 220 bis 280) auf die Grundierung aufgetragen (Tab. 1). Dabei wird die oberste Schicht der Grundierung von den Lösemitteln der Decklackierung angelöst, sodass sich eine feste Verbindung bildet.

Tab. 1 Verarbeitungshinweise für CN-Lacke

Lackeigenschaft	Richtwerte für die Verarbeitung bei 20 °C	
Festkörpergehalt	Grundierung: Decklack:	20 bis 40 % 25 bis 30 %
Viskosität	Grundierung: Decklack:	35 bis 50 DIN-s 20 bis 35 DIN-s
Trocknungszeit	Grundierung: Decklack:	schleiftrocken: 20 bis 30 min stapeltrocken: ca. 1 h stapeltrocken: ca. 2 h
Auftragmenge	Grundierung: Decklack: Einschichtlack:	100 bis 200 g/m² 100 bis 200 g/m² ca. 300 g/m²
Auftragverfahren	Ballenauftrag, Streichen, Spritzen, Tauchen, Gießen, Walzen	

Um den Lösemittelanteil zu reduzieren und die Widerstandsfähigkeit der Lackoberfläche zu erhöhen, können den CN-Lacken verschiedene Kunstharze beigemengt werden. Damit verändern sich jedoch Verarbeitungseigenschaften, z. B. Trocknungszeiten oder Verlaufseigenschaften.

14.5.2 Alkydharzlacke

Alkydharze gehören zu den Polyesterharzen, d. h. zu den Polykondensationsharzen.

Sie entstehen durch Veresterung von Polyalkoholen (PA), Carbonsäuren (CS) und ungesättigten Fettsäuren (FS). Die ungesättigten Fettsäuren können durch Oxidation mit Luftsauerstoff (O) zusätzliche Sauerstoffbrücken ausbilden (Abb. 1).

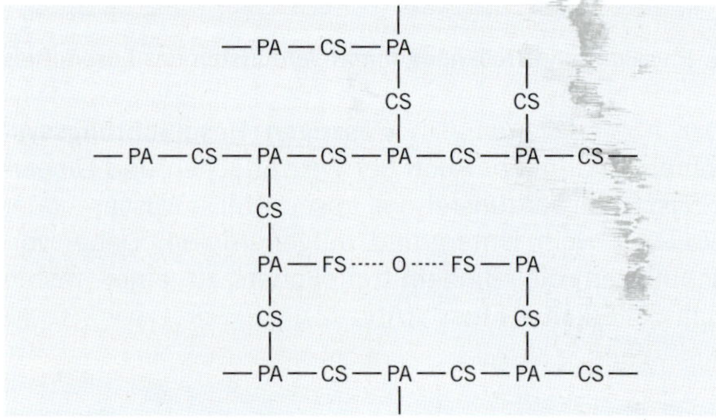

1 Aufbau der Alkydharze

Die **Trocknungszeit** der Alkydharze ist wesentlich geringer als die der trocknenden Öle. Auch ist der Vernetzungsgrad und damit die **Stabilität** des trockenen Beschichtungsfilms höher. Im Gegensatz zu Ölen bilden die Alkydharzlacke eine geschlossene Schicht, deren **Wasserdampfdurchlässigkeit** stark herabgesetzt ist.

Alkydharze sind universell einsetzbare Harze für Holzbeschichtungsstoffe, die sowohl im Innen- als auch im Außenbereich verwendet werden können. Sie werden für Fenster, Haus- und Wohnungseingangstüren, Zimmertüren, Treppen, Gartenmöbel u. v. m. eingesetzt.

Tab. 2 Verarbeitungshinweise für Alkydharzlacke

Lackeigenschaft	Richtwerte für die Verarbeitung bei 20 °C
Festkörpergehalt	35 bis 50 %
Viskosität	50 bis 60 DIN-s
Verarbeitungstemperatur	nicht unter 8 °C
Trocknungszeit	je nach Zusammensetzung und Auftragmenge 1 bis 48 h
Auftragmenge	je nach Zusammensetzung und Anwendungsgebiet 70 bis 500 g/m² pro Arbeitsgang
Auftragverfahren	Streichen, Spritzen, Tauchen, Gießen, Walzen

Der makromolekulare Aufbau der Alkydharze begünstigt vielfältige **Kombinationsmöglichkeiten** mit anderen Lackbindemitteln. Durch den Einbau besonders langkettiger Fettsäuremoleküle erhält das Alkyd besondere unpolare Eigenschaften, die ein Mischen mit ebenfalls eher unpolaren Lackharzen, wie z. B. Acrylharz oder Kautschuk, erleichtern. Andererseits enthält das Alkydharz aber auch Hydroxylgruppen, die sich an Carboxyl-, Amid- oder Epoxidgruppen anderer Harze anlagern.

14.5.3 Verarbeitungsfehler

Abb. 1 zeigt mögliche Verarbeitungsfehler bei der Beschichtung von Oberflächen, besonders beim Auftrag lösemittelhaltiger Lacke im Spritzverfahren [▶ GK 14.3.1].

Raue Lackfläche (sog. Apfelsinenhaut) durch Spritzauftrag bei zu geringer Temperatur

Blasenbildung beim zweiten Lackauftrag durch eingeschlossene Lösemittelgase aus dem ersten Lackauftrag

Rissbildung in der Lackschicht durch zu schnelles Trocknen

1 Beispiele von Verarbeitungsfehlern auf lackierten Oberflächen

14.5.4 Wasserlacke

Wasserlacke [▶ GK 14.2.2] härten meist rein physikalisch aus. Es gibt aber auch Wasserlackrezepturen mit kombinierten physikalisch-chemischen Aushärteprozessen.

In Wasserlacken *(water-based coatings)* ist Wasser das Hauptlösemittel. Wasser ist jedoch **polar** aufgebaut, während die meisten synthetischen Bindemittel (z. B. Acrylat-, Alkyd-, Polyester- und Polyurethanharze) einen **unpolaren** Charakter haben und sich daher nicht mischen lassen würden. Den Wasserlacken werden daher **Hilfslösemittel** (Cosolventien) beigemengt, die das Lacksystem stabilisieren (Tab. 1).

Tab. 1 Verarbeitungshinweise für Wasserlacke

Lackeigenschaft	Richtwerte für die Verarbeitung bei 20 °C
Festkörpergehalt	35 bis 50 %
Viskosität	25 bis 40 DIN-s
Trocknungszeit	ca. 2 bis 4 h (in Abhängigkeit von Temperatur und Luftfeuchtigkeit)
Auftragmenge	100 bis 200 g/m^2
Auftragverfahren	Streichen, Spritzen, Tauchen, Gießen, Walzen

Wasserlacke können weitgehend mit den üblichen Auftragverfahren verarbeitet werden. Wichtig ist, dass Geräte und Anlagen **korrosionsbeständig** sind.

Für die **Verarbeitung** von Wasserlacken gilt:
- Die Trocknungszeit kann sich bei niedrigen Temperaturen oder hoher Luftfeuchtigkeit wesentlich erhöhen.
- Wasserlacke trocknen von oben nach unten. Die Lackoberfläche ist schon nach kurzer Zeit staub- und grifftrocken, die vollständige Durchtrocknung verzögert sich jedoch.
- Wasser kann zum Aufquellen und Aufrauen der Holzoberfläche führen. Ein ausreichender Zwischenschliff nach dem Grundieren ist daher absolut notwendig.
- Wasserlacke sind mit einigen Wasserbeizen unverträglich.
- Die Benetzung harzhaltiger Hölzer kann bei Wasserlacken erschwert sein.

Wasserlacke gelten als **umweltfreundlich** und sind mit dem Umweltzeichen „Der Blaue Engel" gekennzeichnet.

Reste von Wasserlacken dürfen **nicht** in das Abwasser entsorgt werden, da die enthaltenen Feststoffe das Grundwasser belasten würden.

14.5.5 Schellack

Schellack [▶ GK 14.2.2] (Abb. 2) ist ein Lackharz aus dem Sekret der Gummiblattschildlaus, das in Alkohol (Spiritus) gelöst wird.

2 Schellack als Plättchen

Beschichten mit Schellack ist ein sehr altes Verfahren. Durch die hohe Härte und hornartige Elastizität ist Schellack besonders für polierte Flächen verwendbar. Zur Glanzsteigerung werden dem Lack noch natürliche Harze beigegeben. Schellackoberflächen sind jedoch nur bedingt wasserabweisend und nicht alkoholfest. Schellack wird in mehreren Arbeitsgängen mit dem Ballen in Schichten aufgetragen [▶ LF 9.3.2].

14.5.6 Wachslösungen

Wachslösungen [▶ GK 14.2.2] sind in organischen Lösemitteln gelöste tierische, pflanzliche und mineralische Wachse *(waxes)*.

Die Wachslösung wird mit einem Pinsel aufgetragen. Nach einer längeren Trocknungszeit (ca. 4 h) wird die Wachsschicht mit einer Rosshaarbürste in Faserrichtung des Holzes gebürstet, was einen schönen, matten Glanz ergibt.

Die Grundstoffe der Wachse und ihre Eigenschaften sind unterschiedlich (Tab. 1).

Tab. 1 Wachslösungen – Grundstoffe und Eigenschaften

Wachsart	Schmelzpunkt in °C	Lösemittel	natürlicher Farbton
Bienenwachs (tierisch)	62 bis 65	Alkohol, Benzin, Terpentinöl	hellgelb bis braunrot
Paraffin (pflanzlich – Mineralöl)	50 bis 75	Benzin, Benzol, Terpentinöl	weiß bis gelblich
Karnaubawachs (pflanzlich)	80 bis 90	Ether, Alkohol	graubraun
Montanwachs (pflanzlich – Braunkohle)	75 bis 95	Benzol	hell bis dunkelbraun
Zeresin (Erdwachs)	55 bis 85	Benzin, Benzol, Terpentinöl	weiß bis gelblich

Wachsschichten sind sehr empfindlich:
- Sie sind nicht wasser-, kratz-, abrieb- oder grifffest.
- Feuchtigkeit kann in das Holz eindringen und es können Wasserflecken (Abb. 1) entstehen.
- Sie sind gegen Lösemittel, Säuren und Laugen empfindlich.
- Bei starker Erwärmung können die Wachsoberflächen weich werden.

1 Wasserflecken auf gewachster Oberfläche (Nussbaum)

Mit Ölen und Wachsen getränkte Baumwolllappen unterliegen der Selbstentzündung und müssen entsorgt werden.

Aufgaben zu 14

1. Nennen Sie vier wichtige Schutzfunktionen einer Oberflächenbehandlung.
2. Erläutern Sie die Maßnahmen, die der Vorbereitung der Holzoberfläche dienen.
3. Erklären Sie, warum reine Farbstoffbeizen bei vielen Nadelhölzern nur eingeschränkt einsetzbar sind.
4. Erläutern Sie, durch welche chemischen Vorgänge die Farbwirkung der chemischen Beizen hervorgerufen wird.
5. Was wird unter Doppelbeizen verstanden und wie wird es angewendet?
6. Nennen Sie wichtige Vorteile der Kombinationsbeizen gegenüber den Farbstoffbeizen.
7. Warum dürfen beim Beizen keine Gefäße und Auftraggeräte aus Metall verwendet werden?
8. Wann werden reduzierende und wann oxidierende Bleichmittel angewendet?
9. Welche Hölzer eignen sich für strukturierte Holzoberflächen?
10. Fassen Sie die Merkmale der wichtigsten Bestandteile von Beschichtungsstoffen zusammen.
11. Beschreiben Sie den physikalischen Prozess der Abbindung lösemittelhaltiger Beschichtungsstoffe.
12. Erörtern Sie, warum reine Cellulosenitratlacke nur noch eingeschränkt verwendet werden dürfen.
13. Worin besteht der Unterschied zwischen Farbstoffen und Farbpigmenten?
14. Fassen Sie zusammen, welche Hinweise insbesondere bei der Verarbeitung von Wasserlacken beachtet werden müssen.

English Tasks

15. Which are the effects intended by soaking wooden surfaces?
16. Describe how mordant dyes work.
17. How should you go about staining vertical surfaces?
18. What are the functions that solvents in coating materials are supposed to perform?

15 Baustoffe, Bauchemie

Werden Produkte der Holztechnik in ein bestehendes Bauwerk integriert, sind dafür unter anderem auch Kenntnisse über mineralische Baustoffe *(mineral construction materials)* und Bauhilfsstoffe erforderlich.

15.1 Mineralische Baustoffe

15.1.1 Beton

Beton *(concrete)* (Abb. 1) besteht aus einem Bindemittel (Zement, *cement*), Wasser und Gesteinskörnung. Darüber hinaus können Zusatzmittel und Zusatzstoffe hinzugefügt werden.

1 Prüfwürfel einer Betonprobe (Estrichbeton) für Druckprüfung (Maße 9 × 9 × 6 cm)

Zement wird nach DIN EN 197-1 unterschieden in
- CEM I: Portlandzement,
- CEM II: Portlandkompositzement,
- CEM III: Hochofenzement,
- CEM IV: Puzzolanzement,
- CEM V: Kompositzement.

Gesteinskörnung *(mineral aggregate)* sind nach DIN EN 12620
- Sand (Korngröße 0 bis 4 mm),
- Kies (Korngröße 4 bis 32 mm),
- Grobkies (Korngröße 32 bis 45 mm).

Zusatzmittel *(additives)* sind flüssige oder pulverförmige Stoffe, die dem Beton in verhältnismäßig kleinen Mengen, bezogen auf den Zementgehalt, zugegeben werden. Zusatzmittel beeinflussen insbesondere die chemischen und physikalischen Eigenschaften des Betons. Zusatzmittel können sowohl den Aushärteprozess beeinflussen als auch die Eigenschaften des ausgehärteten Betons.

Zusatzmittel sind
- Beschleuniger,
- Fließmittel,
- Porenbildner usw.

Zusatzstoffe *(admixtures)* sind anorganische oder organische Stoffe, welche die Eigenschaften des ausgehärteten Betons verbessern (z. B. Gesteinsmehle, Fasern usw.).

Tab. 1 Festigkeitskennwerte für Normal- und Schwerbeton (DIN EN 1992-1-1)

Betonart	Betondruckfestigkeitsklasse	charakteristische Zylinderdruckfestigkeit f_{ck} in N/mm²	charakteristische Würfeldruckfestigkeit $f_{ck,\,cube}$ in N/mm²	Mittelwert der Zylinderdruckfestigkeit f_{cm} in N/mm²	Mittelwert der zentrischen Zugfestigkeit f_{ctm} in N/mm²
Normal- und Schwerbeton	C12/15	12	15	20	1,6
	C16/20	16	20	24	1,9
	C20/25	20	25	28	2,2
	C25/30	25	30	33	2,6
	C30/37	30	37	38	2,9
	C35/45	35	45	43	3,2
	C40/50	40	50	48	3,5
	C45/55	45	55	53	3,8
	C50/60	50	60	58	4,1

15.1.2 Mörtel

Die wichtigsten Mörtelarten sind:
- **Normalmauermörtel**, der sich gut verarbeiten lässt, lange korrigierbar und i. d. R. mehr als 24 Stunden verarbeitbar ist;
- **Leichtmauermörtel**, dem Leichtzuschläge beigemischt werden, die besonders die Wärmeleitfähigkeit des Mörtels herabsenken;
- **Dünnbettmörtel**; dies sind im klassischen Sinne keine Mörtel, sondern mineralische Kleber, denen zur Haftverbesserung und zur Erhöhung der Festigkeit Kunstharze oder ähnliche Stoffe beigemengt werden. Sie eignen sich vornehmlich für Steine mit hoher Maßgenauigkeit (z. B. Porenbetonsteine);
- Mörtelarten mit besonderen Eigenschaften sind **Schallschutzmörtel** oder **Vormauermörtel**.

Mörtel *(mortar)* wird nach DIN V 18580 in Mörtelgruppen eingeteilt. Diesen werden Mörtelklassen nach DIN EN 998-2 zugeordnet (Tab. 2).

Tab. 2 Zuordnung der Mörtelklassen zu Mörtelgruppen

Mörtelart	Mörtelgruppe	Mörtelklasse
Normalmauermörtel	I	M1
	II	M2,5
	IIa	M5
	III	M10
	IIIa	M20
Leichtmauermörtel	LM21	M5
	LM36	M5
Dünnbettmörtel	DM	M10

Die Ziffer in der Bezeichnung der Mörtelklassen entspricht der Mindestanforderung an die Druckfestigkeit. Demnach muss die Mörtelgruppe **IIa** mit der Mörtelklasse **M 5** eine Mindestdruckfestigkeit von 5 N/mm² aufweisen.

15.1.3 Putze

Putze *(plaster finishes)* sind auf Mauerwerk oder Decken ein- oder mehrlagig aufgebrachte Beläge, die ihre Endfestigkeit erst nach Verfestigung am Baukörper erlangen. **Putze** und **Mörtel** sind in ihrer Zusammensetzung häufig ähnlich. Während Mörtel jedoch die Aufgabe haben, künstliche Steine oder andere zumeist mineralische Baustoffe miteinander zu verbinden, haben Putze in erster Linie die Funktion, den Untergrund vor Feuchtigkeit, Verschmutzung und anderen negativen Einflüssen zu schützen. Darüber hinaus dienen Putze der Gestaltung von Innenräumen und Fassaden (Abb. 1).

1 **Geputzte Außenwand** (mineralischer Oberputz auf Wärmedämmverbundsystem)

Putze bzw. Putzmörtel werden unterschieden in
- mineralische Putze,
- Kunstharzputze und
- Putze für besondere Aufgaben.

Wichtig ist die Unterscheidung zwischen Putzen für den Innen- und für den Außenbereich. Darüber hinaus gibt es Edelputze, Leichtputze, Wärmedämmputze, Putze für Wärmedämmverbundsysteme und viele andere mehr.

Mineralische Putze enthalten keine organischen Bestandteile und sind nicht brennbar. Für mineralische Putze (mit Ausnahme reiner Gipsputze) gilt EN 998-1. Die Norm regelt insbesondere die Anforderungen bezüglich
- **Brandverhalten** [▶ 11], i. d. R. Brandschutzklasse A1 oder A2-s1 d0 nach DIN EN 13501-1 bzw. DIN 4102-1,
- **Wärmeleitfähigkeit** [▶ 9.2.5], $\lambda_1 \leq 0{,}1$ W/(mK) oder $\lambda_2 \leq 0{,}2$ W/(mK),
- **Wasserdampfwiderstand** [▶ 9.5.10], z. B. für Normalputz ein Wasserdampfwiderstandskoeffizient von $\alpha 25$,
- **Haftzugfestigkeit**, z. B. für Normalputz i. d. R. 0,08 N/mm².

Nach EN 998-1 werden folgende **Putzmörtelgruppen** *(plaster finish categories)* unterschieden:
- **P I:** Luftkalkmörtel, Wasserkalkmörtel, Mörtel mit hydraulischem Kalk,
- **P II:** Kalkzementmörtel, Mörtel mit hochhydraulischem Kalk oder mit Putz- und Mauerbinder,
- **P III:** Zementmörtel mit oder ohne Zusatz von Kalkhydrat,
- **P IV:** Gipsmörtel und gipshaltige Mörtel.

Stellvertretend für die Druckfestigkeit *(compressive strength)* eines ausgehärteten Putzes steht die **Prismendruckfestigkeit** (nach 28 Tagen), bei der folgende Klassen unterschieden werden:
- CS I: 0,4 bis 2,5 N/mm²,
- CS II: 1,5 bis 5,0 N/mm²,
- CS III: 3,5 bis 7,5 N/mm²,
- CS IV: ≥ 6,0 N/mm².

15.1.4 Künstliche Steine

Die meistverwendeten Werkstoffe zur Herstellung von künstlichen Steinen *(cast stones)* sind
- Kalksandsteine,
- keramische Steine (z. B. Wandziegel, Dachziegel oder Deckenziegel),
- Porenbetonsteine,
- Gips-Wandbauplatten.

Kalksandsteine

Kalksandsteine *(sand-lime bricks)* (Abb. 2) bestehen nach DIN EN 771-2 vorwiegend aus einer Mischung aus Kalk und natürlichen kieselsäurehaltigen Stoffen (Sand, gebrochenem bzw. ungebrochenem kieselsäurehaltigen Kies oder Gestein oder einem daraus bestehenden Gemisch), die unter Dampfdruck gehärtet wird.

2 **Kalksandstein** (2 DF, Vollstein mit Griffloch)

Unterschieden werden
- Vollsteine,
- Lochsteine,
- Blocksteine und Hohlblocksteine sowie
- Vormauersteine und Verblender.

Kalksandsteine zeichnen sich aus durch
- hohe Alterungsbeständigkeit,
- Beständigkeit gegenüber basischen Chemikalien (z. B. Kalkwasser)

- Beständigkeit gegenüber tierischen und pflanzlichen Schädlingen (z. B. Pilze, Flechten),
- hohe Haftung an üblichen Putzen und Mörteln,
- hohe Wasserdampfdurchlässigkeit (μ 10 bis 20),
- geringe Wasserdurchlässigkeit.

Vormauersteine werden z. B. an Vormauerwerken zweischaliger Außenwände verbaut (Abb. 1).

1 Aufbau einer zweischaligen Außenwand

Während Blocksteine und Hohlblocksteine in unterschiedlichen Maßen angeboten werden, orientieren sich die der Voll- oder Lochsteine nach DIN 4172 an den **klassischen Mauerformaten** als Vielfaches des **Dünnformats DF** *(split)* **[▶ 6.1]** (Tab. 1).

Tab. 1 Kalksandsteinformate der Voll- und Lochsteine nach DIN V 106 (Auszug)

Format-Kurzzeichen	Maße in mm		
	Länge	Breite	Höhe
DF	240	115	52
NF	240	115	71
2 DF	240	115	113
3 DF	240	175	113
4 DF (240)	240 (248)	240	113 (123)
5 DF (300)	240 (248)	300	113 (123)
6 DF (365)	240 (248)	365	113 (123)

Keramische Steine (Ziegel)

Keramische Steine *(ceramic stones)* werden im weichen Zustand geformt und anschließend durch Brennen bei hohen Temperaturen gehärtet. Die größte Gruppe der keramischen Steine sind die **Ziegel** (Abb. 2). Der Rohstoff **Ton** *(clay)* ist je nach Region in der Zusammensetzung unterschiedlich. Hauptbestandteile sind jedoch immer Aluminium-Silicat-Verbindungen.

Ziegel *(bricks)* werden unterteilt in
- Vollziegel und Vormauerziegel bzw. Klinker,
- Hochlochziegel und Leichthochlochziegel,
- hochfeste Ziegel und hochfeste Klinker,
- Keramikklinker,
- Leichtlanglochziegel,
- Planziegel.

2 Ziegelmauerwerk (regelmäßiger Läuferverband)

Im Gegensatz zu Kalksandsteinen ist die Maßgenauigkeit der Ziegel durch den Brennprozess geringer. Die **Ziegelformate** leiten sich vom Normalformat *(standard brick)* NF und Dünnformat ab.

Die **technischen Eigenschaften** der Ziegel wie Wasseraufnahmefähigkeit, Wasserdampfdurchlässigkeit und Frostbeständigkeit sind in erster Linie vom Grad der Härtung (Sinterung) abhängig.

Eigenschaften wie Festigkeitsklassen, Rohdichte und Abmessungen werden bisher noch nach DIN 105 geregelt. Parallel dazu existiert DIN EN 771, die DIN 105 ablösen wird. Danach haben Vollziegel je nach Ausführung eine **Druckfestigkeit** von 4 bis 60 N/mm^2 und eine **Rohdichte** von 1,2 bis 2,4 g/cm^3.

Außer den vielfältigen Formen von Wandziegeln gibt es auch **Decken-** und **Dachziegel** (Abb. 3). Deckenziegel sind großformatige Hohlziegel, die im Verbund mit einem tragenden System (z. B. Betonrippen) für relativ leichte Deckenkonstruktionen eingesetzt werden.

3 Dachziegel (Hohlfalzpfanne auf einem historischen Gebäude)

Porenbetonsteine

Porenbetonsteine *(cellular concrete blocks)* (S. 402, Abb. 1) bestehen in erster Linie aus feinkörnigem Sand, Bindemitteln (Kalk-Zement-Gemisch) und Aluminiumpulver als Porenbildner *(air entraining agent)*.

1 Porenbetonsteine

3 Gips-Wandbauplatten mit Nut und Feder

Die Härtung erfolgt bei ca. 200 °C im Wasserdampf. Porenbetonsteine werden unterschieden in
- Porenbeton-Blocksteine (PB) und
- Porenbeton-Plansteine (PP).

Porenbetonsteine sind Vollsteine mit einer **Rohdichte** von 0,35 bis 0,80 g/cm³.

Trotz niedriger Rohdichte haben Porenbetonsteine eine mittlere **Druckfestigkeit** von 2,5 bis 10,0 N/mm² und können so auch für höhere Gebäude eingesetzt werden. Die Wärmeleitfähigkeit liegt bei 0,08 bis 0,28 W/(mK), der Wasserdampfdiffusionswiderstand zwischen 5 und 10.

Porenbetonsteine werden nach DIN V 4165-100 in unterschiedlichen Maßen angefertigt. Als **Plansteine** werden sie mit Nut und Feder (Abb. 2) angeboten. Es können auch bewehrte Bauteile aus Porenbeton wie Balken, Dach- und Deckenbauteile verarbeitet werden.

2 Porenbetonstein mit Führungsfeder

Porenbeton ist mit den meisten Handwerkzeugen für die Holzbearbeitung zu bearbeiten. So können Bauteile aus Porenbeton unter anderem gebohrt, gesägt und behauen werden. Sie sind sehr maßhaltig und formstabil und werden mit **Dünnbettmörtel** miteinander verklebt.

Gips-Wandbauplatten

Gips-Wandbauplatten *(gypsum wallboards)* nach DIN EN 12859 (Abb. 3) mit und ohne vorgeformte Hohlräume bestehen hauptsächlich aus Calciumsulfat (Gips) und Wasser. Den Platten werden Fasern (z. B. Cellulose) sowie Füll- und Zuschlagstoffe (z. B. Hydrophobierungsmittel) beigemengt. Die Kanten sind als Nut und Feder ausgebildet.

Gips-Wandbauplatten werden ohne Prüfung in die Euroklasse A1 (kein Beitrag zur Brandlast) eingestuft, sofern sie weniger als 1 % organische Stoffe enthalten. Die Platten werden nach DIN EN 12859 in **Wasseraufnahmeklassen** *(water absorption classes)* eingeteilt (Tab. 1).

Tab. 1 Wasseraufnahmeklassen

Kennzeichnung	Wasseraufnahme	Farbe
H 3	keine Anforderung	Natur
H 2	≤ 5 %	bläulich
H 1	≤ 2,5 %	grünlich

Nach DIN EN 12859 werden Gips-Wandbauplatten in drei **Rohdichteklassen** *(bulk density classes)* unterteilt (Tab. 2).

Tab. 2 Rohdichteklassen

Kennzeichnung	Rohdichte in kg/m³	Farbe
D hoch	1100 bis 1500	rötlich
M mittel	800 bis 1100	Natur
L niedrig	600 bis 800	gelblich

Die Gips-Wandbauplatten sind für nicht tragende Innenwände geeignet und werden in den Fugen mit einem Gipskleber nach DIN EN 12860 zu massiven Wänden zusammengesetzt. Kanäle, z. B. für elektrische Leitungen, werden ausgefräst und verspachtelt.

Gebräuchliche **Plattendicken** auf dem deutschen Markt sind 60, 80 und 100 mm. Die Länge darf 1000 mm nicht überschreiten (Vorzugsmaß ist 666 mm), die Höhe beträgt i. d. R. 500 mm.

15.1.5 Natürliche Steine

Als natürliche Steine *(natural stones)* (S. 403, Abb. 1) werden die Werkstoffe bezeichnet, die durch natürliche geologische Vorgänge entstanden und in ihrer Struktur nicht verändert worden sind.

Nach ihrer Entstehung werden unterschieden:
- Erstarrungsgesteine (Magmagesteine),
- Ablagerungsgesteine (Sedimentgesteine),
- Umwandlungsgesteine (metamorphose Gesteine).

1 **Pflasterstein aus Granit** (ca. 8 × 8 cm)

Für Baumaßnahmen verwendete natürliche Steine sollten hart, gleichmäßig, kompakt und glänzend sein. Ihre Bruchflächen sind möglichst gleichmäßig glatt, der Abrieb und die Wasseraufnahme gering. In erster Linie werden natürliche Steine jedoch nach ihrer Farbe und Struktur ausgesucht und eingesetzt.

Im Außenbereich werden Steinplatten wie Granit, Porphyr und Gneis verwendet; im Innenbereich auch Marmor und andere kalkhaltige Werkstoffe.

15.1.6 Mineralische Plattenwerkstoffe

Mineralische Plattenwerkstoffe *(mineral board materials)* bestehen i. d. R. aus einem mineralischen Grundstoff, der durch organische Fasern (z. B. Cellulose) verstärkt wird. Zu den häufigsten mineralischen Plattenwerkstoffen gehören Gipsfaser- und Gipsplatten.

Gipsplatten *(plaster boards)* (Gipskartonplatten) nach DIN EN 520 [▶ 7.4.7] bestehen aus einem Kern aus schnell härtendem Gips, der mit einer Deckschicht aus Karton ummantelt ist (Abb. 2).

2 **Gipsplatten**

Die Platten mit unterschiedlichen Eigenschaften nach DIN 18180 [▶ 7.4.1] werden vornehmlich im **Trockenbau** [▶ 7.4.1] als Trockenputz oder Beplankung in unterschiedlichen Abmessungen (Tab. 1) verarbeitet.

Tab. 1 Handelsübliche Maße von Gipsplatten

Längen	1200, 1500, 1800, 2000, 2400, 2500, 2600, 2750, 3000 mm
Breiten	600, 625, 900, 1200, 1250 mm
Dicken	9,5; 12,5; 15; 18; 25 mm

Gipsfaserplatten *(staff boards)* bestehen aus Gips und Papierfasern. Die beiden Rohstoffe werden gemischt und nach Zugabe von Wasser ohne weitere Bindemittel unter hohem Druck zu Platten gepresst. Die Platten werden getrocknet, mit einem Wasser abweisenden Mittel imprägniert und auf die benötigten Formate zugeschnitten. Im Gegensatz zu Gipskartonplatten haben Gipsfaserplatten daher einen einheitlichen Aufbau.

Tab. 2 Handelsübliche Maße von Gipsfaserplatten

Längen	1500, 2000, 2500, 2540, 2600, 2750, 3000 mm
Breiten	625, 1000, 1250 mm
Dicken	10; 12,5; 15; 18 mm

Gipsfaserplatten werden auch als **Verbundplatten** mit Polystyrol oder Mineralfaserdämmstoff (z. B. als Trockenestrich) verarbeitet.

15.2 Dichtungsmassen und -schäume

Dichtungsmassen und -schäume werden in erster Linie eingesetzt, um einen Luftaustausch innerhalb von Bauteilen zu verhindern und/oder Feuchtigkeit von Bauteilen fernzuhalten.

15.2.1 Dichtungsmassen

Dichtungsmassen *(sealing compounds)* (Abb. 3) können aus drei Grundstoffen bestehen:
- Siliconen,
- Acrylaten,
- weiteren Polymeren.

3 **Fugenabdichtung mit Silicon-Fugenmasse**

Silicone
Bei Siliconen *(silicones)* werden ein- und zweikomponentige Systeme unterschieden:
- **Einkomponentige Systeme** *(single-component systems)* vernetzen sich mit der Feuchtigkeit der umliegenden Bauteile bzw. der Luftfeuchtigkeit.
- **Zweikomponentige Systeme** *(two-component systems)* müssen immer dann verarbeitet werden, wenn nicht genügend Feuchtigkeit zur Verfügung steht.

Silicone sind weitgehend chemikalienbeständig, dauerelastisch (S. 404, Tab. 1) und haben eine sehr gute Flächenhaftung auf den meisten Baustoffen, sind aber häufig nicht überstreichbar.

Da Silicone einen Nährboden für Schimmelpilze und Bakterien bieten, beinhalten viele Produkte fungizide und bakterizide Wirkstoffe.

Acrylate

Fugenmassen *(joint compounds)* aus Acrylaten *(acrylates)* bestehen aus Acrylat-Dispersionen, die ausschließlich physikalisch härten. Acrylate sind überstreichbar und z. T. auch schleifbar. Fugenmassen aus Acrylat-Dichtstoffen sind im Gegensatz zu Siliconen eher matt. Sie haben eine geringere Elastizität als Silicone und sind weniger wasserabweisend (Tab. 1). Stehendes Wasser sollte daher auf Acrylat-Dichtstoffen (z. B. im Badewannen- oder Duschbereich) unbedingt vermieden werden.

Tab. 1 Vergleich von Fugenmassen aus Siliconen und Acrylaten

Eigenschaft	Silicone	Acrylate
dauerelastisch	sehr gut	gut
wasserabweisend	sehr gut	mäßig
überstreichbar	(i. d. R.) nein	ja

Fugenmassen werden auch aus weiteren polymeren Werkstoffen hergestellt. Die Qualität der **Polymere** *(polymers)* ist jedoch sehr unterschiedlich und sollte vor Gebrauch ermittelt werden.

15.2.2 Dichtungsschäume

Dichtungsschäume *(sealing foams)* werden z. B. bei der Montage von Fenster- und Türrahmen sowie zur Fugenabdichtung verwendet (Abb. 1).

1 Fenstermontage und Fugenabdichtung mit 1K-Polyurethan-Ortschaum

Polyurethan-Dichtungsschäume (PUR) nehmen den weitaus größten Marktanteil ein. Sie werden als ein- oder zweikomponentige Schäume angeboten.

Einkomponentige **PUR-Ortschäume** reagieren mit der Feuchtigkeit der umliegenden Bauteile, die bei zu geringer Baufeuchte evtl. mit der Sprühflasche angefeuchtet werden müssen.

PUR-Ortschäume haben eine mit anderen Wärmedämmstoffen vergleichbare Wärmeleitzahl: λ ca. 0,35 W/(mK). Sie haben eine sehr hohe Haftfähigkeit auf fast allen Werkstoffen und härten relativ schnell aus. Sie sind gegenüber Haushaltschemikalien beständig, jedoch nicht UV-beständig.

Ein wichtiger Grundstoff für die Polyurethane ist das 4,4-Methylendiphenyldiisocyanat **(MDI)**, das seit dem 01.12.2010 als „**krebserzeugend** Kategorie 3“ eingestuft wird.

Polyurethanschäume dürfen seitdem nur von fachkundigem Personal verarbeitet werden.

Die **Haftfähigkeit** von PUR-Ortschäumen ist auch an Kleidung oder menschlicher Haut extrem hoch.

Der Kontakt mit dem noch nicht abgebundenen Werkstoff ist daher unbedingt zu vermeiden. Verunreinigungen können mithilfe acetonhaltiger Reinigungsmittel entfernt werden.

Inzwischen werden auch **MDI-freie Ortschäume** auf der Basis spezieller Polymere angeboten. Nach ersten Erkenntnissen sind Expansionsvermögen, Klebkraft und Beständigkeit mit den PUR-Ortschäumen vergleichbar. Ausgehärtete **Polymer-Ortschäume** sind jedoch flexibler. Polymer-Ortschäume haben deshalb eine gute Dämm- und Dichtwirkung, jedoch keine eigene Haltewirkung.

Aufgaben zu 15

1. Erklären Sie die Unterschiede zwischen Zuschlagstoffen und Zusatzmitteln bei der Herstellung von Beton.
2. Erläutern Sie, welche Eigenschaft des Betons aus der Kurzbezeichnung B35 abzulesen ist.
3. Ein Mörtel hat die Kurzbezeichnung „MG III“. Erklären Sie, um welche Art von Mörtel es sich dabei handelt und welche Festigkeit er hat.
4. Nennen Sie die Maße eines Kalksandsteins mit der Bezeichnung „3 DF“.
5. Erklären Sie den Unterschied zwischen einem Vollziegel und einem Leichthochlochziegel.
6. Erläutern Sie wichtige Unterschiede zwischen Kalksandsteinen und Porenbetonsteinen bezüglich Zusammensetzung, Druckfestigkeit und Wärmeleitfähigkeit.
7. Das Vorzugsmaß von Gips-Wandbauplatten in Länge und Breite beträgt 666 × 500 mm. Wie viel Platten werden für 3 m² benötigt?
8. Beschreiben Sie die Unterschiede von Dichtungsmassen und Dichtungsschäumen und nennen Sie die unterschiedlichen Anwendungen.
9. Erörtern Sie Vor- und Nachteile der Siliconfugenmassen gegenüber denen aus Acrylaten.

English Tasks

10. Name four important properties of sand-lime bricks.
11. Name three application areas for plaster boards.
12. What should you bear in mind when working with PUR in-situ foams?

16 Kalkulation und Angebot

16.1 Angebotspreis

16.1.1 Einflussgrößen bei der Preisermittlung

Um Produkte oder Dienstleistungen auf dem Markt anbieten zu können, muss ein Preis bestimmt werden.

Die **Einflussgrößen** bei der Preisermittlung *(variables that influence pricing calculation)* sind:
- Kostensituation,
- Wettbewerbssituation und
- Abnehmersituation.

Unternehmensintern ist es zunächst wichtig, die genauen **Kosten** zu ermitteln, die durch die angebotene Leistung entstehen.

Im Rahmen einer Voll- oder Teilkostenrechnung werden dazu die Fertigungskosten des Produkts ermittelt, auf deren Basis ein Mindestpreis festgelegt wird.

Bei einer **wettbewerbsorientierten Preisgestaltung** werden die Preise der Mitbewerber berücksichtigt.

Der eigene Produktpreis wird entsprechend der gewünschten Positionierung festgelegt:
- Dabei kann der Mitbewerberpreis unterboten werden, um als günstiger Anbieter wahrgenommen zu werden.
- Es kann auch bewusst ein höherer Preis gewählt werden, um beispielsweise die Qualität des eigenen Produkts darzustellen.

Der Abnehmer entscheidet aufgrund des erwarteten Nutzens, wie viel Geld er für das Produkt oder die Leistung ausgeben will.

Diese **Zahlungsbereitschaft** wird in die Kalkulation einbezogen.

Im folgenden Kapitel werden die Grundlagen der Kalkulation anhand des Angebots einer Garderobe mit dem Titel **„Die Welle“** (Abb. 1) veranschaulicht.

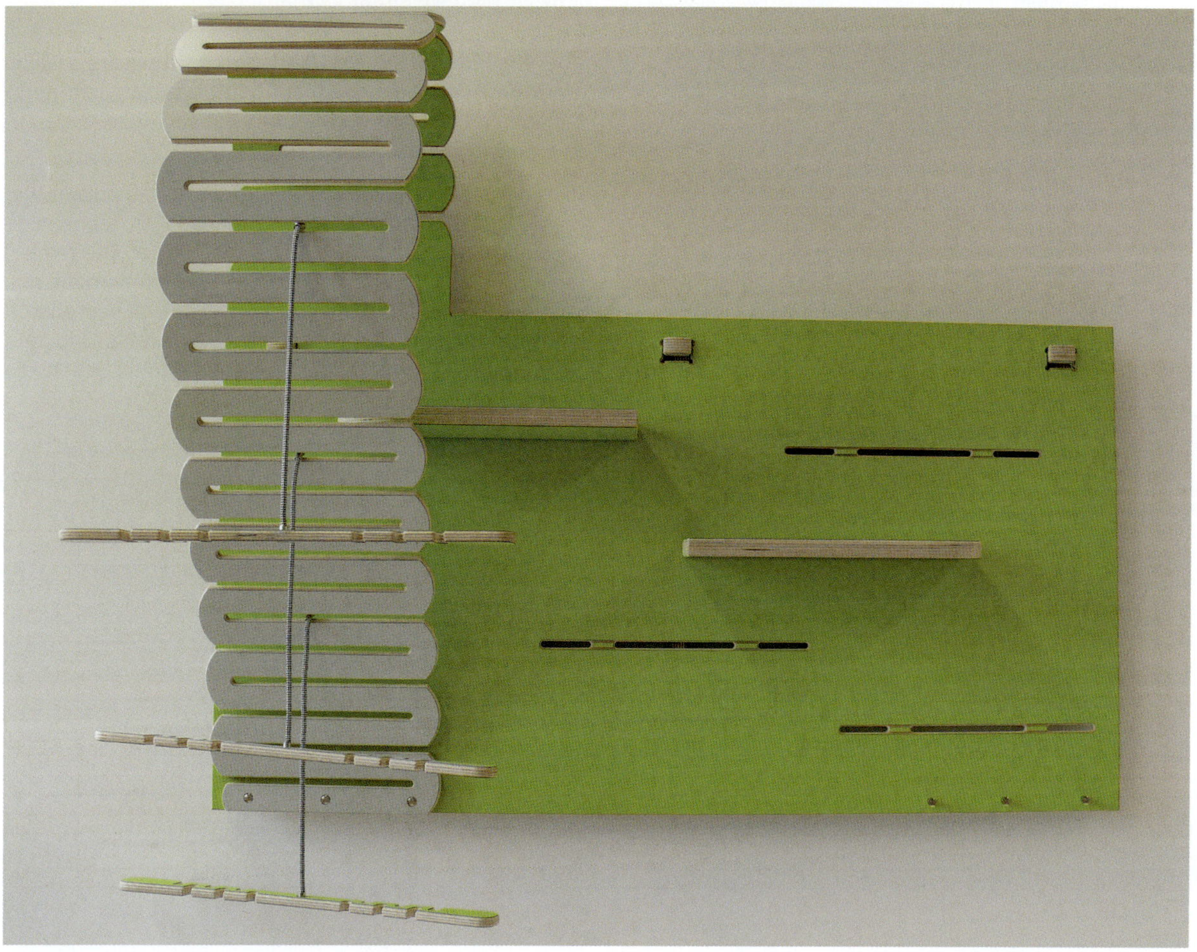

1 Beispielprodukt: Garderobe „Die Welle“

16.1.2 Kalkulationsschema

Im Handwerk ist es notwendig, für einzelne Aufträge eine **Vorkalkulation** auf Basis der Kostensituation des Betriebs durchzuführen, um ein Angebot erstellen zu können. Um den Angebotspreis *(offer price)* eines Produkts zu ermitteln, wird i. d. R. die sog. **Vollkostenrechnung** angewendet.

Das folgende Kalkulationsschema *(calculation scheme)* gibt einen Überblick über den Aufbau der **Angebotspreisermittlung**.

Als Beispiel dient die Angebotskalkulation *(offer calculation)* für die Garderobe.

Die hier dargestellte Kalkulationsmethode wird als **Zuschlagskalkulation** bezeichnet, bei der alle Kosten einer bestimmten Leistung bzw. einem bestimmten Auftrag zugerechnet werden.

	Angebotskalkulation
	Material- bzw. Werkstoffkosten
+	materialabhängige Gemeinkosten
+	Fertigungslöhne (direkt verrechenbare Lohn- und Gehaltskosten)
+	lohnabhängige Gemeinkosten
+	Maschinen- oder Gerätekosten _______ Einsatzstunden à € _______
+	Sonderkosten der Fertigung
=	**Selbstkosten**
+	Gewinn und Wagnis
+	Sonderkosten des Vertriebs
=	**Angebotspreis** (netto)
+	Umsatzsteuer
=	**Angebotspreis** (brutto)

Die einzelnen Bestandteile dieses Kalkulationsschemas werden im Folgenden genauer erläutert.

Bei der Zuschlagskalkulation werden alle anfallenden Kosten in Einzel- oder Gemeinkosten aufgeteilt.

16.1.3 Einzelkosten

Einzelkosten *(direct costs)* sind die Kosten, die einem einzelnen Auftrag direkt zugerechnet werden können.

Sie werden auch **direkt verrechenbare Kosten** genannt. Hauptsächlich bestehen die Einzelkosten aus den Materialkosten und den Fertigungslöhnen, die für den zu kalkulierenden Auftrag anfallen.

Darüber hinaus werden bei Einsatz kostenintensiver Maschinen auch Maschinenkosten direkt verrechnet.

Gelegentlich fallen auch Sonderkosten der Fertigung an, die ebenfalls zu den Einzelkosten zählen.

Materialkosten

Die Material- bzw. Werkstoffkosten *(costs for material)* müssen bereits bei der Kalkulation möglichst exakt berücksichtigt werden.

Sie fließen mit ihrem **Nettobeschaffungspreis**, also dem Preis, den ein Tischlereibetrieb tatsächlich netto an seinen Lieferanten zahlen muss, als Einzelkosten in die Zuschlagskalkulation ein.

Um die Materialkosten zu ermitteln, ist es notwendig, aus den vorliegenden Informationen, z. B. technische Zeichnungen (S. 407, Abb. 1 bis 3) der Garderobe, eine **Stückliste** *(parts list)* (Tab. 1) zu erstellen, die alle zu verarbeitenden Werkstoffe mit den zugeordneten Größenangaben, dem erwarteten Verschnitt und den Einzelpreisen sowie alle zu verarbeitenden Beschläge beinhaltet.

Tab. 1 Stückliste

Projekt :		Garderobe: Die Welle											
Auftrags_Nr:		123456											
Stückzahl		1											
Pos.Nr.:	**Bezeichnung**	**Anzahl**	**Material**	**Länge**	**Breite**	**Dicke**	**m²**	**Verschnitt %**	**Verschnitt m²**	**Rohteil m²**	**Rohteile m²**	**€/m²**	**€**
1.1.1.0	Grundplatte	1	MPX 9mm	1874	1000	8,6	0,88	12,9	0,11	0,99	0,99	9,15	9,06
1.2.1.0	Boden	2	MPX 9mm	310	141	17,6	0,09	33,68	0,024	0,114	0,228	9,15	2,09
1.3.1.0	Bügel	3	MPX 9mm	420	40	8,6	0,02	54,05	0,017	0,037	0,111	9,15	1,02
1.4.1.0	Aufhängung	1	MPX 9mm	900	172	17,6	0,62	22,75	0,05	0,67	0,67	9,15	6,13
1.1.2.0	Grundplatte	2	HPL	1874	1000	0,8	0,88	12,9	0,11	0,99	1,98	13,05	25,84
1.2.2.0	Boden	4	HPL	310	141	0,8	0,09	33,68	0,024	0,114	0,456	13,05	5,95
1.3.2.0	Bügel	6	HPL	420	40	0,8	0,02	54,05	0,017	0,037	0,222	13,05	2,90
1.4.2.0	Aufhängung	2	HPL	900	172	0,8	0,62	22,75	0,05	0,67	1,34	13,05	17,49
												Material Zwischensumme 1	**70,48**
	Beschläge							**Bezugseinheit**		**€/Bezugseinheit**		**Benötigte Einheiten**	**€**
	Schrauben	6	Stück					30 Stück		23,7		6 St.	4,74
	Hülsenmuttern	12	Stück					100 Stück		11,61		12 St	1,39
	Seile	3	Stück					1,00 m		2,4		1,26 lfm	3,02
												Material Zwischensumme 2	**9,15**
												Material 1 + Material 2	**79,63**

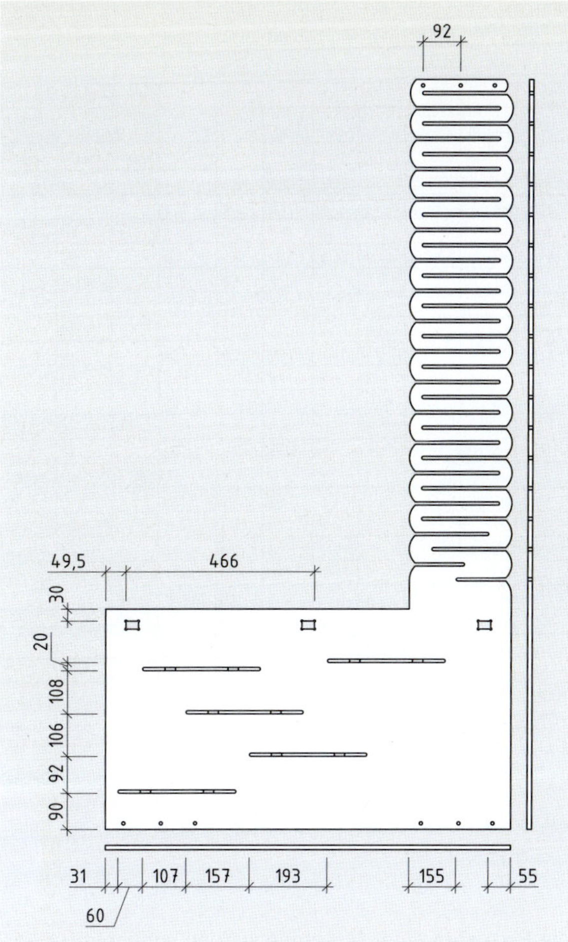

1 Grundplatte

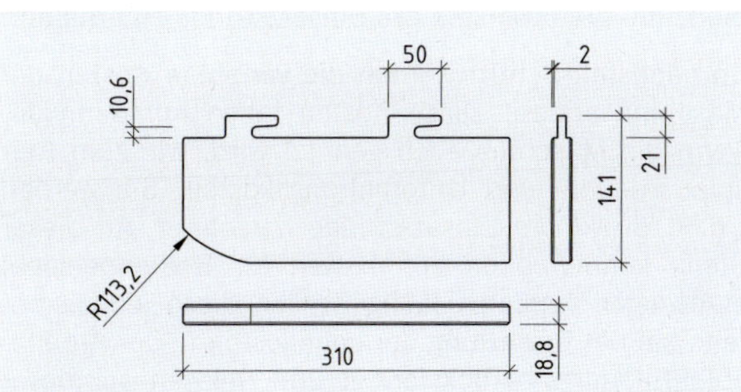

2 Regalboden

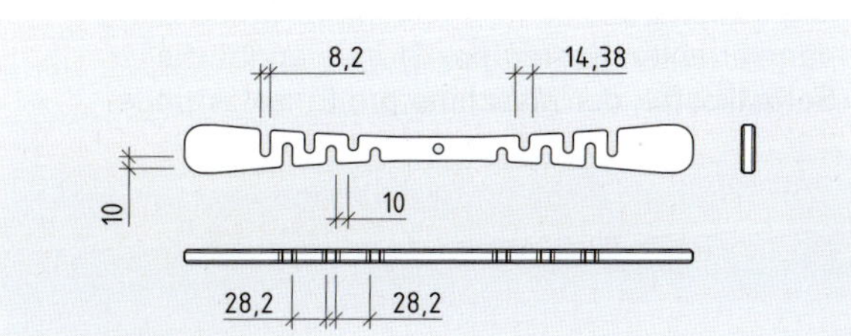

3 Kleiderbügel

Zusätzlich zu den abgebildeten Elementen wird für die Montage der Garderobe noch eine Aufhängung benötigt, die gleichfalls in der Stückliste berücksichtigt wird.

Die Stückliste dient nicht nur der Kalkulation, sondern bei einer späteren Auftragserteilung auch als Instrument der **Arbeitsvorbereitung** *(work preparation)*.

Hilfs- und **Betriebsstoffe** wie Schleifmittel, Abdeckpapier oder Reinigungsmittel sind Materialien, die nur mittelbar verwendet werden. Sie sind gesondert zu erfassen und über die Gemeinkosten zu berechnen.

Fertigungslöhne

Unter Fertigungslöhnen *(production wages)* werden die **direkt verrechenbaren Löhne** verstanden.

Hierbei handelt es sich um Lohnkosten, die unmittelbar einer Leistung oder einem Auftrag zugerechnet werden können. Sie unterscheiden sich von den nicht direkt verrechenbaren Löhnen, die den lohnabhängigen Gemeinkosten [▶ 16.1.4] zugeordnet sind.

Für die Angebotserstellung sind die benötigte Arbeitszeit und die Anzahl der zu beschäftigenden Mitarbeiter zu schätzen. Das geschieht i. d. R. anhand von **Erfahrungswerten**, die der Nachkalkulation früherer Aufträge entnommen werden.

Um die Arbeitszeit möglichst genau kalkulieren zu können, wird ein **Arbeitsverrichtungsplan** *(workflow plan)* (S. 408, Tab. 1) erstellt.

In diesem werden alle Arbeitsschritte (sog. Verrichtungen) zur Fertigung des Werkstücks aufgelistet. Die Dauer einer Verrichtung wird in Minuten geschätzt und in der Spalte T ausgewiesen.

Eine andere Möglichkeit, im Vorfeld die tatsächliche Fertigungsdauer zu ermitteln, ist die **Zeiterfassung**. Dazu wird von häufig wiederkehrenden Aufgaben, zum Beispiel dem Furnieren von Plattenwerkstoffen, die benötigte Arbeitszeit gemessen. Durchschnittliche Werte solcher Arbeiten können auch aus hinterlegten **Zeitwerttabellen** entnommen werden.

Maschinenkosten

Maschinenkosten *(machine costs)* fallen durch den Einsatz kostenintensiver Maschinen an.

Zur genaueren Kalkulation wird ein Maschinenstundensatz zugrunde gelegt.

Bei der Fertigung der Garderobe wird ein CNC-Bearbeitungszentrum eingesetzt.

Tab. 1 Arbeitsverrichtungsplan zur Vorkalkulation

Projekt :	Garderobe: Die Welle
Auftrags_Nr:	123456
Stückzahl	1

Lfd.Nr.	Pos-Nr.	Art der Arbeit	BM	Bez.-Menge	Einheit	Anzahl	tr Faktor	tr (min)	te (min)	ta	T	Vorkalkulation Soll-Minuten BA	MA	CNC
1	1.0.0.0	Zuschnitt MPX Grundplatte	S-FKS	0,88	m²	1	1	5	2,3	2,3	7,3		7,3	
2	1.0.0.0	Zuschnitt MPX Kleinteile	S-FKS	0,3	m²	3	1	5	2	6	11		11	
3	1.0.0.0	Zuschnitt HPL Grundplatte	OF	0,88	m²	2	1	10	3	6	16		16	
4	1.0.0.0	Zuschnitt HPL Kleinteile	OF	0,3	m²	6	1	7	2	12	19		19	
5	1.0.0.0	Kalibrieren MPX	SCH-B	1,18	m²	4	1	7	1,2	4,8	11,8		11,8	
6	1.2.0.0/1.4.0.0	Verleimen Böden/Aufhängung	FU-P	0,24	m²	2	1	5	5	10	15		15	
7	1.0.0.0	Beschichten MPX mit HPL Grundplatte/Böden/Aufhängung/Bügel	FU-P	1,18	m²	3	1	17	8,75	26,25	43,25		43,25	
8	1.0.0.0	Besäumen Grundplatte/Böden/Aufhängung/Bügel	S-FKS	5,3	lfm	4	1	8	7	28	36		36	
9	1.1.0.0	Fräsen Grundplatte Vorderseite	CNC	1	stk	1	1	8	14	14	22			22
10	1.2.0.0	Fräsen Böden Vorderseite	CNC	1	stk	1	1	8	3	3	11			11
11	1.4.0.0	Fräsen Aufhängung	CNC	1	stk	1	1	17	4,3	4,3	21,3			21,3
12	1.3.0.0	Fräsen Bügel Vorderseite	CNC	1	stk	1	1	8	4	4	12			12
13	1.1.0.0	Fräsen Grundplatte Rückseite	CNC	1	stk	1	1	8	4	4	12			12
14	1.3.0.0	Fräsen Bügel Rückseite	CNC	1	stk	3	1	5	0,36	1,08	6,08			6,08
15	1.2.0.0	Fräsen Böden Rückseite	CNC	1	stk	1	1	2	3	3	5			5
16	1.4.0.0	Ausarbeiten Aufhängung	F-OF	1	stk	3	1	2	8	24	26			26
17	1.1.0.0	Schleifen Grundplatte		1	stk	1	1	2	30	30	32	32		
18	1.2.0.0	Schleifen Böden		1	stk	2	1	2	3	6	8	8		
19	1.3.0.0	Schleifen Bügel		1	stk	3	1	5	10	30	35	35		
20	1.4.0.0	Schleifen Aufhängung		1	stk	3	1	5	2	6	11	11		
21	1.4.0.0	Bohren Aufhängung	B-ST	1	stk	3	1	1	2	6	7		7	

Abkürzungen:
tr = Rüstzeit
te = Zeit je Einheit
ta = Ausführungszeit
T = Auftragszeit

BM = Betriebsmittel
BA = Bankraum
MA = Maschinenraum

	T	BA	MA	CNC
Minuten	367,73	86	166,35	115,38
Stunden	6,13	1,43	2,77	1,92
Gesamt				6,12

Maschinenstundensatz

Zur Ermittlung des Maschinenstundensatzes werden die anfallenden Kosten nach folgendem Verfahren kalkuliert:

Zunächst werden die **Fixkosten** der Maschine ermittelt. Das sind die Kosten, die auch dann anfallen, wenn die Maschine nicht produktiv eingesetzt wird. Hierzu zählen z. B.

- kalkulatorische Abschreibungskosten,
- kalkulatorische Zinsen und
- kalkulatorische Raumkosten.

kalkulatorische Abschreibung	$= \dfrac{\text{Wiederbeschaffungskosten}}{\text{Nutzungsdauer der Maschine}}$
kalkulatorische Zinsen	$= \text{Anschaffungskosten} \cdot \text{Zinssatz} \cdot 0{,}5$
Anmerkung: Für die Berechnung der kalkulatorischen Zinsen können alternativ auch die Wiederbeschaffungskosten herangezogen werden. Der Faktor 0,5 dient zur Berücksichtigung der durchschnittlichen Kapitalbindung, da der Wert der Maschine und somit auch das gebundene Kapital im Laufe der Nutzungsjahre sinkt.	
kalkulatorische Raumkosten	$= \text{Flächenbedarf} \cdot \text{Miete/m}^2 \cdot 12 \text{ Monate}$

Die Fixkosten einer Maschine werden zunächst für den Zeitraum eines Jahres ermittelt. Dieser Wert wird durch die Nutzungsdauer der Maschine im Jahr dividiert, um die Fixkosten pro Einsatzstunde zu erhalten.

Im nächsten Schritt werden die **variablen Kosten** der Maschine erfasst. Diese Kosten fallen nur dann an, wenn die Maschine auch genutzt wird, wie zum Beispiel Energie- und Unterhaltungskosten. Sie werden i. d. R. direkt pro Einsatzstunde berechnet. An dieser Stelle können auch Lohnkosten für Bedienpersonal einbezogen werden. Häufig werden diese jedoch bereits bei der Ermittlung der Lohnkosten in der Arbeitsablaufplanung berücksichtigt und müssen an dieser Stelle nicht erneut in die Kalkulation einfließen.

Die Summe aus den Fixkosten pro Stunde und den variablen Kosten pro Stunde ergibt die **Selbstkosten der Maschine pro Einsatzstunde**.

Maschinenkosten	
Fixkosten	
	kalkulatorische Abschreibung
+	kalkulatorische Zinsen
+	kalkulatorische Raumkosten
+	evtl. weitere Fixkosten
=	**Fixkosten pro Jahr**
:	Nutzungsdauer pro Jahr
=	**Fixkosten pro Stunde**
variable Kosten	
	Energiekosten pro Stunde
+	evtl. Personalkosten (wenn nicht anderweitig bereits kalkuliert)
+	evtl. weitere variable Kosten
=	**variable Kosten pro Stunde**
	Fixkosten pro Stunde
+	**variable Kosten pro Stunde**
=	**Maschinenkosten pro Stunde**

Sonderkosten der Fertigung

Sonderkosten der Fertigung *(special costs included in manufacturing costs)* sind dem Auftrag **direkt zuzuordnende Sonderkosten.**

Sie gehören zu den Einzelkosten, da sie direkt verrechenbar sind und dem Auftraggeber direkt in Rechnung gestellt werden können. Anders als die Lohn- und Materialkosten dienen sie jedoch nicht als Basis zur Verrechnung von Gemeinkosten.

Folgende Beispiele können typische Sondereinzelkosten der Fertigung darstellen:
- Entwurfs- und Planungskosten,
- Mietkosten für Maschinen und Geräte, die speziell für diesen Auftrag benötigt werden,
- besondere Versicherungen,
- Nachunternehmerleistungen (z. B. eine Speziallackierung, die durch eine Lackiererei vorgenommen wird),
- Anfahrtskosten.

16.1.4 Gemeinkosten

Während die Werkstoffkosten und die Fertigungslöhne aufgrund der Mengen- bzw. Zeiteinheiten je Auftrag direkt erfasst werden können, ist die Verrechnung der Gemeinkosten *(overhead expenses)* nur unter Anwendung eines prozentualen Zuschlags **(Gemeinkostenzuschlagssatz)** auf der Basis von direkt verrechenbaren Einzelkosten möglich.

Materialabhängige Gemeinkosten

Materialabhängige Gemeinkosten *(material dependent overheads)* sind alle Kosten, die im Rahmen der Materialwirtschaft anfallen, jedoch einem Kunden **nicht direkt** in Rechnung gestellt werden können.

Als Beispiele können hier das Gehalt eines Lagerarbeiters, die Miet- und Nebenkosten für ein Materiallager oder die Verwaltung im Bereich Ein- und Verkauf genannt werden. Diese Kosten werden als prozentualer Zuschlag auf die direkt verrechenbaren Materialkosten aufgeschlagen. Der **Zuschlagssatz** wird nach folgender Formel ermittelt:

Materialgemeinkostenzuschlagssatz

$$= \frac{\text{materialabhängige Gemeinkosten eines Jahres}}{\text{Materialkosten eines Jahres}} \cdot 100\,\%$$

Die Daten für die „materialabhängigen Gemeinkosten eines Jahres" sowie die „Materialkosten eines Jahres" einer Tischlerei können der Kosten- und Leistungsrechnung entnommen werden.

Für die Kalkulation eines einzelnen Auftrags wird dann der errechnete Materialgemeinkostenzuschlagssatz auf die Materialkosten des Auftrags aus der Stückliste aufgeschlagen.

Materialabhängige Gemeinkosten

$$= \frac{\text{Materialkosten des Auftrags} \cdot \text{Materialgemeinkostenzuschlagssatz}}{100\,\%}$$

Lohnabhängige Gemeinkosten

Zu den lohnabhängigen Gemeinkosten zählen die Lohnaufwendungen, die aufgrund gesetzlicher und tariflicher Vereinbarungen zusätzlich zum „Arbeitslohn" zu leisten sind, sowie alle weiteren fertigungsbezogenen Gemeinkosten.

Hierzu zählen z. B.
- Urlaubsgeld,
- Feiertagsentlohnung,
- vermögenswirksame Leistungen,
- Lohnfortzahlung im Krankheitsfall,
- Weihnachtsgeld sowie
- sonstige (freiwillige) Sozialleistungen.

Auch sogenannte unproduktive Löhne, die z. B. zur Pflege und Wartung von Werkstatteinrichtungen, Maschinen und Werkzeugen anfallen, werden über die Gemeinkosten verrechnet. Dieser prozentuale Zuschlagssatz wird wie folgt ermittelt:

Lohngemeinkostenzuschlagssatz

$$= \frac{\text{lohnabhängige Gemeinkosten eines Jahres}}{\text{Lohnkosten eines Jahres}} \cdot 100\,\%$$

Für die Kalkulation des einzelnen Auftrags wird der errechnete Lohngemeinkostenzuschlag (auch Fertigungsgemeinkostenzuschlag) auf die angenommenen direkt verrechenbaren Lohnkosten aufgeschlagen.

Lohnabhängige Gemeinkosten

$$= \frac{\text{Lohnkosten des Auftrags} \cdot \text{Lohngemeinkostenzuschlagssatz}}{100\,\%}$$

16.1.5 Wagnis und Gewinn

Die Vorkalkulation eines Angebots ist eine Vorausberechnung des Preises.

Dieser Preis enthält die Selbstkosten, bestehend aus den Einzelkosten des Auftrags, den Gemeinkosten und den Zusatzkosten. Darüber hinaus enthält der Preis einen prozentualen Aufschlag für Wagnis und Gewinn *(risk and profit)*.

Die Berechnung erfolgt auf Grundlage der vorher errechneten Selbstkosten in Form eines prozentualen Zuschlags.

Die Festlegung der Zuschlagshöhe ist eine **preispolitische** Entscheidung und liegt im Ermessen des Unternehmens.

Bei der Festlegung des Wagnis- und Gewinnzuschlags spielen die wirtschaftliche Situation des Betriebs, die Zahlungsbereitschaft der Abnehmer und die örtlichen Konkurrenzverhältnisse eine entscheidende Rolle.

Wagnis
Der Wagnisanteil des Zuschlags hat die Aufgabe, Unsicherheits- und Zufälligkeitsfaktoren, die bei jeder Preisvorausberechnung gegeben sind, auszugleichen.

Zu den Wagnissen, die ein Unternehmer eingeht, gehören

- Kalkulationsungenauigkeiten,
- Forderungsausfall durch zahlungsunwillige Kunden,
- Produktion von unverkäuflichen Produkten,
- Kostenrisiken aus Reklamationen und Garantieleistungen.

Die Kostenstruktur eines Tischlereibetriebs kann äußerst dynamisch sein.

Der Zuschlag für Wagnis verringert **Verlustgefahren**, die sich aus Marktstörungen oder falschen Unternehmerentscheidungen ergeben können.

Gewinn
Der Gewinn eines Unternehmens wird ebenfalls bei der Preisermittlung über diesen Zuschlag einkalkuliert. Er dient folgenden Zwecken:

- Finanzierung von Investitionen (z. B. zur Betriebsvergrößerung),
- Veränderung der Kapitalstruktur (z. B. zur Erhöhung des Eigenkapitals),
- Gewinnausschüttung an die Gesellschafter.

Der Zuschlag für Wagnis und Gewinn *(additional charge for risk and profit)* schließt das Entgelt für die Unternehmertätigkeit **nicht** ein. Dieses wird über die Gemeinkosten berücksichtigt.

Je nach Marktsituation kann dieser Zuschlag angepasst werden. In Tischlereibetrieben ist ein prozentualer Zuschlag für Gewinn- und Wagnis zwischen 10 und 20 % üblich.

Wagnis und Gewinn

$$= \frac{\text{Selbstkosten} \cdot \text{prozentualer Zuschlag (z. B. 10 \%)}}{100\,\%}$$

16.1.6 Sonderkosten des Vertriebs

Als Sonderkosten des Vertriebs *(extraordinary costs for sales department)* werden z. B. Verpackungs-, Porto- und Frachtkosten sowie Zölle bezeichnet.

Werden sie nicht über die Gemeinkosten abgerechnet, können sie dem Kunden über diese Position direkt in Rechnung gestellt werden. Dies geschieht meist dann, wenn die Kosten in unregelmäßiger Höhe angefallen sind. Auch Provisionen für Vermittler, die jedoch in Tischlereibetrieben eher unüblich sind, zählen gleichfalls zu dieser Kostenkategorie.

16.1.7 Umsatzsteuer

Die Umsatzsteuer *(sales taxe)*, umgangssprachlich auch als **Mehrwertsteuer** (MwSt) *(value added tax: VAT)* bezeichnet, stellt für den Tischlereibetrieb einen sogenannten durchlaufenden Posten dar.

Die Umsatzsteuer wird beim Verkauf eines Produkts oder einer Dienstleistung erhoben und in voller Höhe an den Staat abgeführt. Sie ist ihrer Höhe nach eine der wichtigsten Einnahmequellen des deutschen Staatshaushalts.

Da die Umsatzsteuer in voller Höhe vom Endkunden eines Produkts getragen wird, stellt sie für den Tischlereibetrieb keine Kosten dar. Lediglich der Verwaltungsaufwand für die Berechnung und Abführung der Steuer muss in den Gemeinkosten berücksichtigt werden.

Bei der Angebotskalkulation werden alle Kosten und Zuschläge zunächst als Nettobeträge ohne Umsatzsteuer kalkuliert.

Erst im letzten Schritt der Angebotserstellung wird auf den Nettoangebotspreis die Umsatzsteuer aufgeschlagen.

Bei Leistungen eines Tischlereibetriebs beträgt die Höhe der Umsatzsteuer zzt. **19 %**.

$$\textbf{Bruttoangebotspreis} = \frac{\text{Nettoangebotspreis} \cdot 119\,\%}{100\,\%}$$

Nach § 12 des Umsatzsteuergesetzes (UStG) gibt es in Deutschland neben dem normalen Steuersatz von 19 % für einige Produkte und Dienstleistungen eine **ermäßigte Umsatzsteuer** von 7 %.

Diese gilt z. B. für
- die meisten Lebensmittel,
- Brennholz, Holzabfälle (Sägespäne, auch als Pellets o. Ä.),
- Bücher und Zeitungen,
- Kunstgegenstände.

16.2 Erstellung eines Angebots

(preparation of an offer)

Ein **Angebotsschreiben** erfüllt mehrere Aufgaben:
- Hauptaufgabe ist zunächst, dem Kunden ein Rechtsgeschäft anzubieten und den kalkulierten Angebotspreis bekanntzugeben.
- Darüber hinaus kann das Schreiben Werbezwecke erfüllen, indem die Leistungsfähigkeit des Betriebs oder die Besonderheit des angebotenen Produkts herausgestellt wird.
- Die optische Gestaltung eines solchen Angebotsschreibens sollte an das Corporate Design des Unternehmens angepasst sein.

Dementsprechend beinhaltet ein vollständiges Angebotsschreiben:
- Firmenlogo,
- Absenderadresse des anbietenden Unternehmens,
- Empfängeradresse,
- aktuelles Datum,
- Angebotsnummer für die interne Verwaltung und Zuordnung,
- förmliche Anrede des Kunden,
- Einleitungstext,
- Leistungsbeschreibung (bei längeren Leistungsbeschreibungen wird diese im Anhang beigefügt),
- dazugehörige Nettopreise,
- Umsatzsteuer,
- Bruttoangebotspreis,
- Dauer der Bindung an das Angebot (alternativ der Hinweis „freibleibend"),
- Liefer- und Zahlungsbedingungen (z. B. Liefertermin, Skontogewährung usw.),
- Hinweis auf die allgemeinen Geschäftsbedingungen,
- Abschlusstext,
- Grußformel,
- rechtsverbindliche Unterschrift,
- Hinweis auf evtl. Anlagen.

Anhand des Beispiels der Garderobe „Die Welle" wird im Folgenden ein Angebotsschreiben abgebildet *(sample offer)* (S. 412 und 413).

16.3 Nachkalkulation

Die Nachkalkulation *(post calculation)* eines Auftrags geschieht rückblickend als Kontrolle der Angebotskalkulation [▶ 16.1.2]. Durch eine Überprüfung der tatsächlich benötigten Zeiten, Werkstoffe und Materialien werden **Erfahrungswerte** für spätere Kalkulationen gewonnen.

Um eine Nachkalkulation durchführen zu können, werden Informationen aus der Fertigung benötigt.

Es ist daher notwendig, die Zeiten der einzelnen Arbeitsschritte genau zu dokumentieren.

Dies kann z. B. durch exemplarische Zeitmessungen oder durch eine kontinuierliche Mitschrift der Mitarbeiter in Tagesberichten erfolgen.

Mithilfe der Nachkalkulation werden die **tatsächlich entstandenen** Kosten für Arbeitszeit und Materialverbrauch mit den kalkulierten Kosten verglichen.

In der aufgestellten Nachkalkulation (S. 414, Tab. 1) wird neben der Arbeitszeitschätzung für die Fertigung der Garderobe die real benötigte Zeit dokumentiert.

Am Beispiel ist zu erkennen, dass die kalkulierte Fertigungszeit für die Garderobe zu kurz veranschlagt wurde. Für Folgeaufträge können jetzt die ermittelten Zeiten herangezogen werden, sodass eine genauere Kalkulation erfolgen kann.

Neben Abweichungen in der Produktionszeit kann es auch Differenzen im Werkstoffverbrauch geben. Mithilfe der Nachkalkulation kann z. B. überprüft werden, ob die angenommenen Schnittverluste exakt waren.

Für die Nachkalkulation wird i. d. R. das gleiche Kalkulationsschema [▶ 16.1.2] verwendet, welches bereits im Rahmen der Angebotskalkulation (auch Vorkalkulation *(pre-calculation)* genannt) genutzt wurde.

„Die Holzwerkstatt“
Tischlerei
Musterstraße 17
21035 Hamburg

Frau
Dr. Laura Stern
Berliner Straße 55
23669 Timmendorfer Strand

09.06.2014

Angebot Nr. 1234, Garderobe „Die Welle“

Sehr geehrte Frau Dr. Stern,

wir bedanken uns für Ihre Anfrage und bieten Ihnen hiermit die Fertigung und Montage der Garderobe „Die Welle“ an. Dieses Möbelstück zeichnet sich durch innovatives Design und hohe handwerkliche Qualität aus.
Dank unseres optimierten Produktionsverfahrens können wir Ihnen die Garderobe zu folgenden Konditionen anbieten:

Pos.	**Beschreibung**	**Menge**	**Preis**
1	Garderobe „Die Welle“, Ausführung laut Zeichnung in der Anlage	1	590,00 €
2	Lieferung und Montage	1	100,00 €
		Netto	690,00 €
		MwSt 19 %	131,10 €
		Brutto	**821,10 €**

An dieses Angebot binden wir uns bis zum 17.06.2014.

Die Lieferung und Montage erfolgt zwei Wochen nach Auftragserteilung. Für eine genaue Terminabsprache nehmen wir rechtzeitig Kontakt zu Ihnen auf.

Über eine Auftragserteilung würden wir uns sehr freuen. Eine handwerklich einwandfreie Arbeit und eine zuverlässige Terminlieferung können wir Ihnen bereits heute zusichern.

Mit freundlichen Grüßen

Günter Sperl

(Günter Sperl, Geschäftsführer)

Anlage: Zeichnungen „Die Welle“

1 Angebotsschreiben

"Die Holzwerkstatt"
Tischlerei (Joiner's Shop)
Musterstrasse 17
21035 Hamburg

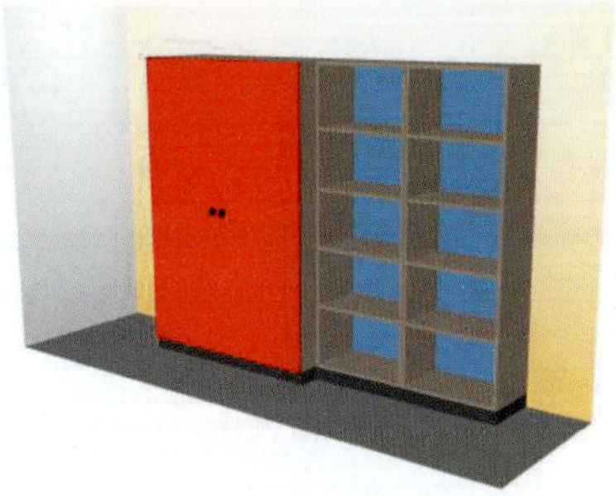

Mr. Mika Heikkinen
Eriksgatan 87
01055 Helsinki
Suomi – Finnland

09-06-2014

Offer no. 1234, "The Wave" hall stand

Dear Mr. Heikkinen,

thank you very much for your inquiry. Please find below our offer for manufacture and assembly of the hall stand called "The Wave". This piece of furniture stands out for its innovative design and excellent workmanship.

Owing to our optimised production process we are able to offer you the hall stand at the following conditions:

Item	description	quantity	price
1	hall stand "The Wave", design as shown in the attached drawings	1	590,00 €
2	delivery and assembly	1	100,00 €
		net	690,00 €
		VAT	131,10 €
		gross	**821,10 €**

This offer is firm subject to acceptance by 17-06-2014.

Delivery and assembly are effected two weeks upon placement of the order. We will get in touch with you before to make arrangements as to the most convenient date and time.

We would be very glad to receive your order and assure you again of perfect workmanship and reliable delivery on the date agreed.

Yours sincerely,

Günter Sperl

(Günter Sperl, managing director)

Attached: drawings of "The Wave"

1 Letter of offer

Tab. 1 Nachkalkulation

Projekt :	Garderobe: Die Welle
Auftrags_Nr:	123456
Stückzahl	1

Lfd.Nr.	Pos-Nr.	Art der Arbeit	BM	Bez.-Menge	Einheit	Anzahl	tr Faktor	tr (min)	te (min)	ta	T	Vorkalkulation Soll-Minuten BA	MA	CNC	Nachkalkulation Ist-Minuten BA	MA	CNC	Differenz
1	1.0.0.0	Zuschnitt MPX Grundplatte	S-FKS	0,88	m²	1	1	5	2,3	2,3	7,3		7,3			6,55		7,65
2	1.0.0.0	Zuschnitt MPX Kleinteile	S-FKS	0,3	m²	3	1	5	2	6	11		11			9,35		1,65
3	1.0.0.0	Zuschnitt HPL Grundplatte	OF	0,88	m²	2	1	10	3	6	16		16			17		–1
4	1.0.0.0	Zuschnitt HPL Kleinteile	OF	0,3	m²	6	1	7	2	12	19		19			21,1		–2,1
5	1.0.0.0	Kalibrieren MPX	SCH-B	1,18	m²	4	1	7	1,2	4,8	11,8		11,8			12,8		–1
6	1.2.0.0/1.4.0.0	Verleimen Böden/Aufhängung	FU-P	0,24	m²	2	1	5	5	10	15		15			13,6		1,4
7	1.0.0.0	Beschichten MPX mit HPL Grundplatte/Böden/Aufhängung/Bügel	FU-P	1,18	m²	3	1	17	8,75	26,25	43,25		43,25			39,5		3,75
8	1.0.0.0	Besäumen Grundplatte/Böden/Aufhängung/Bügel	S-FKS	5,3	lfm	4	1	8	7	28	36		36			37		–1
9	1.1.0.0	Fräsen Grundplatte Vorderseite	CNC	1	stk	1	1	8	14	14	22			22			27	–5
10	1.2.0.0	Fräsen Böden Vorderseite	CNC	1	stk	1	1	8	3	3	11			11			13,2	–2,2
11	1.4.0.0	Fräsen Aufhängung	CNC	1	stk	1	1	17	4,3	4,3	21,3			21,3			24,2	–2,9
12	1.3.0.0	Fräsen Bügel Vorderseite	CNC	1	stk	1	1	8	4	4	12			12			14	–2
13	1.1.0.0	Fräsen Grundplatte Rückseite	CNC	1	stk	1	1	8	4	4	12			12			11,2	0,8
14	1.3.0.0	Fräsen Bügel Rückseite	CNC	1	stk	3	1	5	0,36	1,08	6,08			6,08			8,66	–2,58
15	1.2.0.0	Fräsen Böden Rückseite	CNC	1	stk	1	1	2	3	3	5			5			4,05	0,95
16	1.4.0.0	Ausarbeiten Aufhängung	F-OF	1	stk	3	1	2	8	24	26			26			20	6
17	1.1.0.0	Schleifen Grundplatte		1	stk	1	1	2	30	30	32	32			92			–60
18	1.2.0.0	Schleifen Böden		1	stk	2	1	2	3	6	8	8			10,4			–2,4
19	1.3.0.0	Schleifen Bügel		1	stk	3	1	5	10	30	35	35			42,05			–7,05
20	1.4.0.0	Schleifen Aufhängung		1	stk	3	1	5	2	6	11	11			9,35			1,65
21	1.4.0.0	Bohren Aufhängung	B-ST	1	stk	3	1	1	2	6	7		7			5,05		1,95

Abkürzungen:
tr = Rüstzeit
te = Zeit je Einheit
ta = Ausführungszeit
T = Auftragszeit
BM = Betriebsmittel
BA = Bankraum
MA = Maschinenraum

	T	BA	MA	CNC	BA	MA	CNC	Differenz
Minuten	367,73	86	166,35	115,38	153,8	161,95	122,31	
Stunden	6,13	1,43	2,77	1,92	2,56	2,7	2,04	
Gesamt				6,12			7,3	–1,06

Aufgaben zu 16

1. Geben Sie die drei Einflussfaktoren auf die Preisermittlung an und erläutern Sie diese.
2. Ermitteln Sie den Bruttoangebotspreis für ein Möbelstück unter Verwendung folgender Daten:
   - Drei Gesellen mit einem Stundenlohn von 15,50 € sind jeweils sechs Stunden mit der Erstellung des Möbelstücks beschäftigt.
   - Die Materialkosten betragen 197,35 €. Eine CNC-Maschine kommt 2 Stunden zum Einsatz.
   - Der Maschinenstundensatz beträgt 200,00 €.
   - Der Betrieb kalkuliert mit 30 % Materialgemeinkostenzuschlag, 237 % Zuschlag für lohnabhängige Gemeinkosten und 10 % Zuschlag für Wagnis und Gewinn.
   - Frachtkosten werden in einer Höhe von 35,00 € einkalkuliert.
   - Es gilt der aktuelle Mehrwertsteuersatz.
3. Erläutern Sie den Unterschied zwischen Einzelkosten und Gemeinkosten und geben Sie jeweils ein Beispiel an.
4. Nennen Sie drei kalkulatorische Kostenarten und geben Sie eine Formel zur Berechnung an.
5. Erstellen Sie eine Mindmap, in deren Mittelpunkt der Begriff „Betriebliche Gemeinkosten" steht.
6. Berechnen Sie den Maschinenstundensatz für eine Maschine mit folgenden Werten:
   - Anschaffungskosten: 14 555,00 €,
   - Nutzungsdauer: 8 Jahre,
   - Zinssatz: 6 %,
   - Flächenbedarf: 6 m²,
   - Mietkosten: 8,70 €/m²,
   - Energiekosten: 25 ct/kWh,
   - Energieverbrauch: 4000 Watt/h,
   - Wartungs- und Instandhaltungskosten: 0,10 €/Nutzungs-h,
   - erwartete Einsatzdauer: 700 h/Kalenderjahr.
7. Schreiben Sie einen „Spickzettel", auf dem Sie alle wichtigen Informationen zur Erstellung eines schriftlichen Angebots übersichtlich zusammenfassen. Dazu dürfen Sie neben Stichpunkten, Kurzsätzen oder Tabellen auch Zeichnungen verwenden.

English Tasks

8. Name three examples for the cost type "special production costs".
9. State and comment on three reasons why a subsequent calculation of actual costs may be advisable.
10. Specify the information a parts list usually includes.

1 Mathematische Grundlagen

1.1 Gleichungssysteme mit 2 Variablen

Gleichungssysteme *(system of equations)* entstehen, wenn zu einem Sachverhalt Gleichungen *(equations)* mit mehreren Variablen *(variables)* aufgestellt werden können.

> Lineare Gleichungssysteme bestehen aus einem System von Bestimmungsgleichungen **[▶ GK M 1.6.1]** mit mehreren Variablen.

Zur eindeutigen **Bestimmung** der Variablen
- müssen die Variablen in allen Gleichungen die gleiche Bedeutung haben,
- muss die Anzahl an Gleichungen mindestens der Anzahl an Variablen entsprechen.

Bei 2 Variablen sind es 2 Gleichungen.

Zur Bestimmung der Variablen eines Gleichungssystems gibt es verschiedene **Verfahren** wie das
- Additions-/Subtraktionsverfahren (Kap. 1.1.1),
- Gleichsetzungsverfahren (Kap. 1.1.2) und
- Einsetzungsverfahren (hier nicht näher erläutert).

> Für alle Verfahren wird das sichere Umformen von Gleichungen **[▶ GK M 1.6.2]** vorausgesetzt.

1.1.1 Additions-/Subtraktionsverfahren

Das Verfahren beruht darauf, dass addierte/subtrahierte Gleichungen wieder im Gleichgewicht stehen.

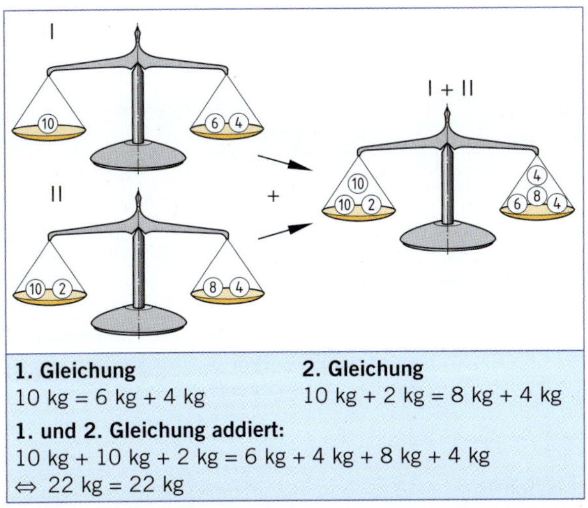

1. Gleichung
10 kg = 6 kg + 4 kg

2. Gleichung
10 kg + 2 kg = 8 kg + 4 kg

1. und 2. Gleichung addiert:
10 kg + 10 kg + 2 kg = 6 kg + 4 kg + 8 kg + 4 kg
⇔ 22 kg = 22 kg

Das Verfahren zielt darauf ab, die Gleichungen miteinander so zu addieren/subtrahieren, dass sich das Gleichungssystem um eine Gleichung und eine Variable verringert.

Die Gleichungen werden mit römischen Zahlen nummeriert (z. B. I oder II). Umgeformte Gleichungen erhalten dazu Buchstaben (z. B. Ia).

> Die **Addition** *(addition)* der Gleichungen bietet sich bei einer Variablen mit **gleicher** Vorzahl und **ungleichem** Vorzeichen an.

Ausgangsgleichungen:		I $2x + 5y = 9$ II $4x - 5y = 3$	
Vorüberlegung:			$5y + (-5y) = 0$
Operationen:		I $2x + 5y = 9$	| I + II
		II $4x - 5y = 3$	
	⇒	III $6x + 0 = 12$	| umformen
	⇔	III $6x = 12$	| :6
	⇔	III $x = \frac{12}{6}$	
Ergebnis:	⇔	$\mathbf{x = 2}$	
Einsetzen:		$x = 2$ in I	
Operationen:	⇒	I $2 \cdot 2 + 5y = 9$	| umformen
	⇔	I $4 + 5y = 9$	| −4
	⇔	I $5y = 9 - 4$	| :5
	⇔	I $y = \frac{5}{5}$	
Ergebnis:		$\mathbf{y = 1}$	
Proben:	in	I $2 \cdot 2 + 5 \cdot 1 = 9$ ⇔ $\mathbf{9 = 9}$	
	in	II $4 \cdot 2 - 5 \cdot 1 = 3$ ⇔ $\mathbf{3 = 3}$	

> Die **Subtraktion** *(subtraction)* der Gleichungen bietet sich bei einer Variablen mit **gleicher** Vorzahl und **gleichem** Vorzeichen an.

Ausgangsgleichungen:		I $2x - 2y = 6$ II $2x + 3y = 1$	
Vorüberlegung:			$2x - 2x = 0$
Operationen:		I $2x - 2y = 6$	| I − II
		II $2x + 3y = 1$	
	⇒	III $0 - 5y = 5$	| umformen
	⇔	III $-5y = 5$	| :(−5)
	⇔	III $y = \frac{5}{-5}$	
Ergebnis:	⇔	$\mathbf{y = -1}$	
Einsetzen:		$y = -1$ in II	
Operationen:	⇒	II $2x + 3(-1) = 1$	| umformen
	⇔	II $2x - 3 = 1$	| +3
	⇔	II $2x = 1 + 3$	| :2
	⇔	II $x = \frac{4}{2}$	
Ergebnis:		$\mathbf{x = 2}$	
Proben:	in	I $2 \cdot 2 - 2(-1) = 6$ ⇔ $\mathbf{6 = 6}$	
	in	II $2 \cdot 2 + 3(-1) = 1$ ⇔ $\mathbf{1 = 1}$	

Sind bei den Gleichungen die **Vorzahlen** beider Variablen **unterschiedlich**, müssen diese zunächst so umgeformt werden, dass eine Variable die gleiche Vorzahl hat. Anschließend erfolgt das Addieren/Subtrahieren der Gleichungen.

Ausgangsgleichungen:			
		I $x + 5y = -1$ II $2x + 7y = 1$	
Festlegung:		Variable x mit gleicher Vorzahl	
Operationen:		I $x + 5y = -1$ II $2x + 7y = 1$	$\mid \cdot 2$
Zwischenergebnis:		Ia $2x + 10y = -2$ II $2x + 7y = 1$	
Vorüberlegung:		$2x - 2x = 0$	
Operationen:		Ia $2x + 10y = -2$ II $2x + 7y = 1$	$\mid$ Ia−II
	$\Rightarrow$	III $0 + 3y = -3$	$\mid$ umformen
	$\Leftrightarrow$	III $3y = -3$	$\mid :3$
	$\Leftrightarrow$	$y = \frac{-3}{3}$	
Ergebnis:	$\Leftrightarrow$	$\mathbf{y = -1}$	
Einsetzen:		$y = -1$ in I	
Operationen:	$\Rightarrow$	I $x + 5(-1) = -1$	$\mid$ umformen
	$\Leftrightarrow$	I $x - 5 = -1$	$\mid +5$
	$\Leftrightarrow$	I $x = 5 - 1$	
Ergebnis:	$\Leftrightarrow$	$\mathbf{x = 4}$	
Proben:	in	I $4 + 5(-1) = -1 \Leftrightarrow \mathbf{-1 = -1}$	
	in	II $2 \cdot 4 + 7(-1) = 1 \Leftrightarrow \mathbf{1 = 1}$	

1.1.2 Gleichsetzungsverfahren

Das Gleichsetzungsverfahren beruht darauf, dass beide Gleichungen auf einer Seite den gleichen Term aufweisen, sodass aufgrund der Gleichheit die Terme der jeweils anderen Seite gleichgesetzt werden können.

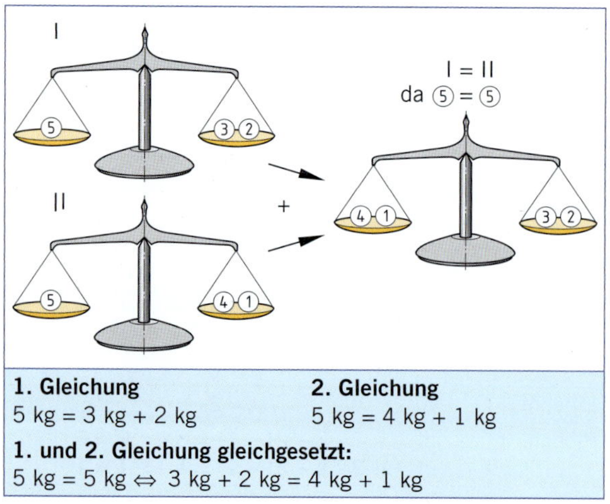

1. Gleichung
5 kg = 3 kg + 2 kg

2. Gleichung
5 kg = 4 kg + 1 kg

1. und 2. Gleichung gleichgesetzt:
5 kg = 5 kg ⇔ 3 kg + 2 kg = 4 kg + 1 kg

Das Verfahren hat das Ziel, das Gleichungssystem durch Gleichsetzen der Gleichungen um eine Gleichung und eine Variable zu verringern.

Ausgangsgleichungen:			
		I $y = 3x - 4$ II $y = -2x + 1$	
Vorüberlegung:		$y = y \Leftrightarrow 3x - 4 = -2x + 1$	
Operationen:		$3x - 4 = -2x + 1$	$\mid +4, +2x$
	$\Leftrightarrow$	$3x + 2x = 1 + 4$	$\mid$ umformen
	$\Leftrightarrow$	$5x = 5$	$\mid :5$
	$\Leftrightarrow$	$x = \frac{5}{5}$	
Ergebnis:	$\Leftrightarrow$	$\mathbf{x = 1}$	
Einsetzen:		$x = 1$ in I	
Operationen:	$\Rightarrow$	I $y = 3 \cdot 1 - 4$	$\mid$ umformen
	$\Leftrightarrow$	I $y = 3 - 4$	
Ergebnis:		$\mathbf{y = -1}$	
Proben:	in	I $-1 = 3 \cdot 1 - 4 \Leftrightarrow \mathbf{-1 = -1}$	
	in	II $-1 = -2 \cdot 1 + 1 \Leftrightarrow \mathbf{-1 = -1}$	

Sind die Terme der Gleichungen auf beiden Seiten unterschiedlich, müssen die Gleichungen zunächst so umgeformt werden, dass eine Variable auf jeweils einer Seite **isoliert** ist, um sie anschließend gleichsetzen zu können.

Ausgangsgleichungen:			
		I $-4x - 2y = 6$ II $3x + y = 4$	
Festlegung:		Gleichungen nach y umformen	
Operationen:		I $-4x - 2y = 6$	$\mid +4x$
	$\Leftrightarrow$	Ia $-2y = 6 + 4x$	$\mid :(-2)$
	$\Leftrightarrow$	Ia $y = \frac{6 + 4x}{-2}$	$\mid$ umformen
	$\Leftrightarrow$	Ia $y = -3 - 2x$	
Operationen:		II $3x + y = 4$	$\mid -3x$
	$\Leftrightarrow$	IIa $y = 4 - 3x$	
Zwischenergebnis:		Ia $y = -3 - 2x$ IIa $y = 4 - 3x$	
Vorüberlegung:		$y = y \Leftrightarrow -3 - 2x = 4 - 3x$	
Operationen:	$\Leftrightarrow$	$-3 - 2x = 4 - 3x$	$\mid +3, +3x$
		$3x - 2x = 4 + 3$	$\mid$ umformen
Ergebnis:	$\Leftrightarrow$	$\mathbf{x = 7}$	
Einsetzen:		$x = 7$ in I	
Operationen:	$\Rightarrow$	I $-4 \cdot 7 - 2y = 6$	$\mid$ umformen
	$\Leftrightarrow$	I $-28 - 2y = 6$	$\mid +28$
	$\Leftrightarrow$	I $-2y = 6 + 28$	$\mid :(-2)$
	$\Leftrightarrow$	I $y = \frac{34}{-2}$	
Ergebnis:	$\Leftrightarrow$	$\mathbf{y = -17}$	
Proben:	in	II $-4 \cdot 7 - 2(-17) = 6 \Leftrightarrow \mathbf{6 = 6}$	
	in	II $3 \cdot 7 + (-17) = 4 \Leftrightarrow \mathbf{4 = 4}$	

Anwendung findet das Gleichsetzungsverfahren vor allem, wenn bei beiden Gleichungen die gleiche Variable bereits auf einer Seite isoliert ist, z. B. bei der Schnittpunktberechnung zweier Geraden.

Übungen zu 1.1

1. Lösen Sie die folgenden Gleichungssysteme mit 2 Variablen und überprüfen Sie die Ergebnisse mit einer Probe:

   a)
   I $2x - 2y = 40$
   II $2x + 3y = 10$

   b)
   I $3x + 3y = 10$
   II $-3x - 3y = -9$

   c)
   I $2x + y = 4$
   II $4x - 3y = -12$

   d)
   I $12x + 8y = 13$
   II $-8x + 2y = 17$

   e)
   I $8x - 3y = 100$
   II $7x + 4y = 167$

   f)
   I $y = 11x - 129$
   II $y = -x + 3$

   g)
   I $y = -3x - 34$
   II $y = -8x - 94$

   h)
   I $y = 14x + 100$
   II $y = -12x - 82$

2. Zwei Mitarbeiter *A* und *B* einer Firma fuhren zur gleichen Zeit los, legten die gleiche Strecke zurück und kamen zur gleichen Zeit wieder bei der Werkstatt an. Aber *B* fuhr doppelt so lange, wie *A* auf seiner Fahrt Mittagspause machte, und *A* fuhr dreimal so lange, wie *B* auf seiner Fahrt Mittagspause machte.
   Wer von beiden war schneller unterwegs?
3. Eine Tischlerei hält für die Montage am Bau Dichtungsschaum in Viererpackungen und Montageschaum in Zweierpackungen vor. Zusammen sind es 37 Packungen. Insgesamt werden 120 Dosen vorgehalten.
   Wie viel Packungen Dichtungsschaum und wie viel Packungen Montageschaum sind im Lager?
4. Bei einer Personalversammlung sind die Gruppe der Angestellten *A* und die der Facharbeiter *B* vertreten. Dabei ergibt sich folgende Situation:
   Würden zwei Facharbeiter in das Angestelltenverhältnis überwechseln, hätten beide Gruppen gleich viele Vertreter. Würde stattdessen ein Angestellter als Facharbeiter tätig, hätte die Gruppe *B* doppelt so viele Vertreter wie *A*.
   Wie viele Mitglieder sitzen in der Personalversammlung?
5. Wird ein Rechteck an der kürzeren Seite um 4 cm verlängert und an der längeren um 7 cm verkürzt, entsteht ein neues Rechteck, dessen Flächeninhalt um 56 cm^2 kleiner ist als das ursprüngliche.
   Wie lang sind die Rechteckseiten, wenn ihr ursprüngliches Verhältnis 5 : 7 war?
6. Werden 3 l einer Spiritusbeize höherer Konzentration mit 5 l einer Spiritusbeize geringerer Konzentration gemischt, entsteht eine 50 %ige Mischung. Werden zu den 3 l der ersten Beize 7 l der zweiten zugesetzt, wird die Mischung 47 %ig.
   Wie viel Prozent enthält jede der beiden Ausgangsbeizen?

1.2 Ungleichungen *(inequalities)*

Lineare Ungleichungen liegen dann vor, wenn der Term der einen Seite kleiner bzw. größer ist als der Term der anderen Seite.

Bezogen auf eine Balkenwaage bedeutet dies, dass diese sich, im Unterschied zu der Gleichung [▶ GK M 1.6], im **Ungleichgewicht** befindet.

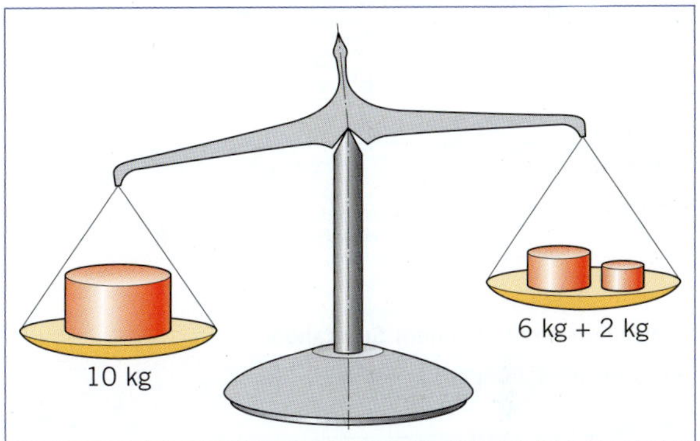

$10\ kg > 6\ kg + 2\ kg \Leftrightarrow 6\ kg + 2\ kg < 10\ kg$
$10\ kg > 8\ kg \Leftrightarrow 8\ kg < 10\ kg$

Das Ungleichgewicht wird mit **Vergleichszeichen** ausgedrückt:

- **< (kleiner als):** linker Term kleiner als rechter, z. B. $5 < 6$; $x < 10$,
- **> (größer als):** linker Term größer als rechter, z. B. $7 > 3$; $x > 4$.

Die Spitze des Vergleichszeichens zeigt dabei immer zum kleineren Term.

Soll verdeutlicht werden, dass entweder die Ungleichheit oder die Gleichheit gilt, werden die Zeichen wie folgt ausgedrückt:

- **≤ (kleiner oder gleich)**, z. B. $x \leq 4 \Leftrightarrow x = 4$ oder $x < 4$,
- **≥ (größer oder gleich)**, z. B. $x \geq 7 \Leftrightarrow x = 7$ oder $x > 7$.

Eine Eigenschaft von Ungleichungen ist die Umkehrung:
Wenn $2 + 6 < 10$ gilt, dann gilt auch $10 > 2 + 6$.

1.2.1 Bestimmungsungleichungen

In Ungleichungen kann der Zahlenwert von Variablen wie bei Gleichungen weitgehend durch **Äquivalenzumformungen** [▶ GK M 1.6] bestimmt werden.

Anders als bei Gleichungen wird bei Ungleichungen nicht nur **ein** Zahlenwert bestimmt, sondern es gehören auch alle Zahlenwerte, die kleiner bzw. größer als die bestimmte Zahl sind, zur Lösung. Es gibt i. d. R. also mehrere Lösungen.

Beispiel:	$x - 5 > 8 \Leftrightarrow x > 13$
Lösung:	alle Zahlen größer als 13, wie 13,1; 13,5; 14; 50; 1000; …

Additionen und Subtraktionen können wie bei Gleichungen ohne Einschränkungen durchgeführt werden.

Addieren mit gleichem Summanden

Ausgangsgleichungen:		$x - 5 > 8$	
Vorüberlegung:			$-5 + 5 = 0$
Operationen:		$x - 5 > 8$	$\mid +5$
	$\Leftrightarrow$	$x - 5 + 5 > 8 + 5$	I umformen
	$\Leftrightarrow$	$x - 0 > 13$	I umformen
Ergebnis:	$\Leftrightarrow$	$\mathbf{x > 13}$	
Proben:	z. B. sei: $x = 14$		
	$\Rightarrow$	$14 - 5 > 8 \Leftrightarrow \mathbf{9 > 8}$	

Subtrahieren mit gleichem Subtrahenden

Ausgangsgleichungen:		$x + 2 < 9$	
Vorüberlegung:			$2 - 2 = 0$
Operationen:		$x + 2 < 9$	$\mid -2$
	$\Leftrightarrow$	$x + 2 - 2 > 9 - 2$	I umformen
	$\Leftrightarrow$	$x - 0 < 7$	I umformen
Ergebnis:	$\Leftrightarrow$	$\mathbf{x < 7}$	
Proben:	z. B. sei: $x = 6$		
	$\Rightarrow$	$6 + 2 < 9 \Leftrightarrow \mathbf{8 < 9}$	

Beim Multiplizieren und Dividieren muss auf das Vorzeichen des Faktors geachtet werden.

> Wird mit einem **negativen Faktor** multipliziert oder dividiert, kehrt sich das Vergleichszeichen um:
> aus < → > und aus > → <.

Multiplizieren mit gleichem Faktor > 0

Ausgangsgleichungen:		$\frac{x}{7} > 6$	
Vorüberlegung:			$\frac{7}{7} = 1$
Operationen:		$\frac{x}{7} > 6$	$\mid \cdot 7$
	$\Leftrightarrow$	$\frac{x \cdot 7}{7} > 6 \cdot 7$	I kürzen
	$\Leftrightarrow$	$\frac{x \cdot \cancel{7}}{\cancel{7}} > 6 \cdot 7$	I umformen
	$\Leftrightarrow$	$x \cdot 1 > 42$	I umformen
Ergebnis:	$\Leftrightarrow$	$\mathbf{x > 42}$	
Proben:	z. B. sei: $x = 49$		
	$\Rightarrow$	$\frac{49}{7} > 6 \Leftrightarrow \mathbf{7 > 6}$	

Multiplizieren mit gleichem Faktor < 0

Ausgangsgleichungen:		$\frac{x}{-7} > 6$	
Vorüberlegung:			$\frac{-7}{-7} = 1$
Operationen:		$\frac{x}{-7} > 6$	$\mid \cdot (-7)$
	$\Leftrightarrow$	$\frac{x \cdot (-7)}{-7} < 6 \cdot (-7)$	I kürzen
	$\Leftrightarrow$	$\frac{x \cdot (\cancel{-7})}{\cancel{-7}} < 6 \cdot (-7)$	I umformen
	$\Leftrightarrow$	$x \cdot 1 < -42$	I umformen
Ergebnis:	$\Leftrightarrow$	$\mathbf{x < -42}$	
Proben:	z. B. sei: $x = -49$		
	$\Rightarrow$	$\frac{-49}{-7} > 6 \Leftrightarrow \mathbf{7 > 6}$	

Dividieren mit gleichem Divisor > 0

Ausgangsgleichungen:		$x \cdot 5 < 35$	
Vorüberlegung:			$\frac{5}{5} = 1$
Operationen:		$x \cdot 5 < 35$	$\mid : 5$
	$\Leftrightarrow$	$\frac{x \cdot 5}{5} < \frac{35}{5}$	I kürzen
	$\Leftrightarrow$	$\frac{x \cdot \cancel{5}}{\cancel{5}} < \frac{35}{5}$	I umformen
		$x \cdot 1 < 5$	I umformen
Ergebnis:	$\Leftrightarrow$	$\mathbf{x < 7}$	
Proben:	z. B. sei: $x = 6$		
	$\Rightarrow$	$6 \cdot 5 < 35 \Leftrightarrow \mathbf{30 < 35}$	

Dividieren mit gleichem Divisor < 0

Ausgangsgleichungen:		$x \cdot (-5) < 35$	
Vorüberlegung:			$\frac{-5}{-5} = 1$
Operationen:		$x \cdot (-5) < 35$	$\mid : (-5)$
	$\Leftrightarrow$	$\frac{x \cdot (-5)}{-5} > \frac{35}{-5}$	I kürzen
	$\Leftrightarrow$	$\frac{x \cdot (\cancel{-5})}{\cancel{-5}} > \frac{35}{-5}$	I umformen
		$x \cdot 1 > -7$	I umformen
Ergebnis:	$\Leftrightarrow$	$\mathbf{x > -7}$	
Proben:	z. B. sei: $x = -6$		
	$\Rightarrow$	$-6 \cdot (-5) < 35 \Leftrightarrow \mathbf{30 < 35}$	

1.2.2 Umsetzung von Angaben aus der Praxis

Ausdrücke in der Praxis müssen für Berechnungen zunächst in die Mathematik übersetzt werden:
- Mindestens bedeutet ≥
- Maximal bedeutet ≤

Beispiel 1
Die Dicke t von Fensterhölzern soll mindestens 45 mm betragen.
Mathematisch ausgedrückt: $t \geq 45$ mm.

Beispiel 2
Auf einem Fräswerkzeug ist n_{max} 10000/min eingraviert.
Mathematisch ausgedrückt: $n \leq 10000$/min

Übungen zu 1.2

1. Bestimmen Sie den Wert für x der folgenden Ungleichungen und überprüfen Sie das Ergebnis mit einer Probe:
   a) $x - 12 > 27$ b) $x + 18 > -9$
   c) $x + 2 < 38$ d) $x - 20 < 5$
   e) $3x < 27$ f) $-8x > 16$
   g) $\frac{x}{4} < 32$ h) $\frac{x}{-6} < 3$
2. Ein Tank eines Betriebsfahrzeugs, der 52 l fasst, ist noch halb voll. Die folgenden Tankstellen der Autobahn sind 85 km, 145 km, 205 km, 226 km bzw. 254 km entfernt.
   An welchen der Tankstellen kann der Fahrer neu auftanken, wenn das Fahrzeug einen Durchschnittsverbrauch von 8 l pro 100 km hat?
3. Eine Tischlerei benötigt für einen Großauftrag 640 OSB-Grobspanplatten.
   Wie viele Platten muss sie mindestens bestellen, wenn für den Verschnitt zusätzlich 8 % zu berücksichtigen sind?
4. Der Anteil an Lösemittel in einem Lackgebinde soll zwischen 12 und 15 % liegen.
   Wie viel l Lösemittel müssen mindestens, wie viel l dürfen höchstens zu 200 l Lack hinzugegossen werden?
5. Eine von einem Händler gelieferte Packung beinhaltet zwischen 215 und 230 Einzelteile.
   Wie viele Einzelteile enthält die Lieferung mindestens, wie viele höchstens, wenn der Händler 448 Packungen angeliefert hat?

1.3 Trigonometrie *(trigonometry)*

Die Trigonometrie (griech. Dreiecksmessung) beschäftigt sich mit der Berechnung **ebener Dreiecke** [▶ GK M 2.4.1].

In der Ebenengeometrie ist das Dreieck *(triangle)* die grundlegende Figur.

1.3.1 Beliebige Dreiecke

Im Allgemeinen werden die Elemente von Dreiecken wie folgt gekennzeichnet (Abb. 1):
- Die **Eckpunkte** eines Dreiecks werden mit großen lateinischen Buchstaben, also ***A***, ***B***, ***C***, in der Reihenfolge gegen den Uhrzeigersinn benannt.
- Die **Seiten** werden mit kleinen lateinischen Buchstaben, also ***a***, ***b***, ***c***, die jeweils dem zugehörigen Eckpunkt gegenüberliegen, benannt.
- Jeweils zwei Seiten schließen einen **Winkel** ein, diese werden mit kleinen griechischen Buchstaben, also α, β, γ, benannt und den entsprechenden Eckpunkten zugeordnet.

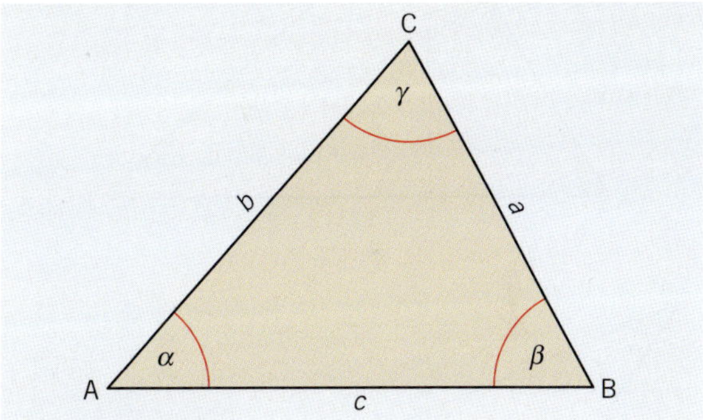

1 Beliebiges Dreieck

Dreiecke können in verschiedene Kategorien eingeteilt werden, die auf ihren drei Seiten und drei Winkeln basieren. Einige mathematische Sätze gelten für alle Dreiecke.

Winkelsummensatz
Die Summe der Innenwinkel α, β und γ eines Dreiecks beträgt immer 180°.

Der Winkelsummensatz wird durch folgende Formel ausgedrückt:

$$\alpha + \beta + \gamma = 180°$$

Aus zwei vorgegebenen Winkeln eines beliebigen Dreiecks kann der dritte Winkel bestimmt werden.

Beispiel

Eine Platte in Form eines Dreiecks hat die Winkel $\alpha = 37°$ und $\beta = 81°$. Wie viel misst der Winkel γ?
$\alpha + \beta + \gamma = 180° \Leftrightarrow \gamma = 180° - \alpha - \beta$ $\Rightarrow \gamma = 180° - 37° - 81° = \mathbf{62°}$

Die Senkrechte (das Lot) von einem Eckpunkt auf seine gegenüberliegende Seite (oder deren Verlängerung) heißt **Höhe *h*** (Abb. 1). Die drei Höhen schneiden sich im **Höhenschnittpunkt *H***, der auch außerhalb des Dreiecks liegen kann.

Jedes beliebige Dreieck wird von jeder Höhe in zwei rechtwinklige Teildreiecke unterteilt.

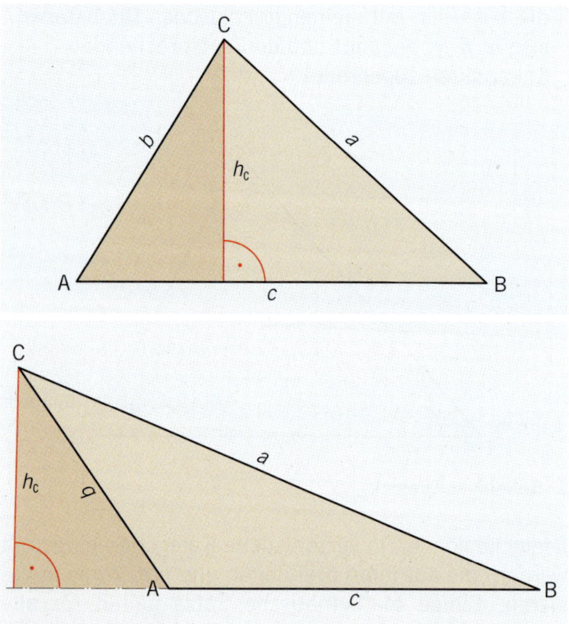

1 Höhen am Dreieck

1.3.2 Rechtwinklige Dreiecke

Dreiecke, in denen ein **Winkel 90°** beträgt, werden rechtwinklige Dreiecke *(right-angled triangles)* genannt.

Im rechtwinkligen Dreieck (Abb. 2)
- wird die dem rechten Winkel, meist γ, gegenüberliegende Seite, meist *c*, **Hypotenuse** genannt.
- Die beiden anderen Seiten sind die **Katheten**. Bezogen auf den Winkel
  - α ist *a* die Gegenkathete und *b* die Ankathete,
  - β ist *a* die Ankathete und *b* die Gegenkathete.

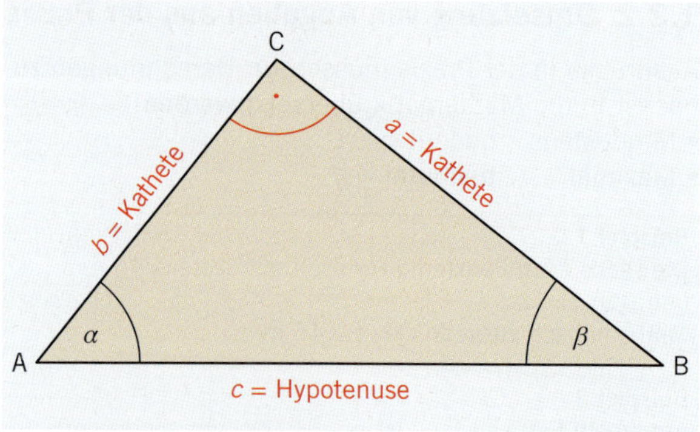

2 Rechtwinkliges Dreieck

Ein für die praktische Anwendung bedeutsamer mathematischer Satz für rechtwinklige Dreiecke ist der Lehrsatz des Pythagoras *(Pythagorean theorem)* **[▶ GK M 2.3.2]**.

Lehrsatz des Pythagoras
An einem rechtwinkligen Dreieck ist die Summe der Flächeninhalte der Quadrate über den Katheten gleich dem Flächeninhalt des Quadrats über der Hypotenuse.

Der Lehrsatz des Pythagoras wird durch folgende Formel ausgedrückt:

$$a^2 + b^2 = c^2$$

Aus zwei vorgegebenen Seitenlängen eines rechtwinkligen Dreiecks kann die dritte Seitenlänge durch Umformung bestimmt werden (Abb. 3).

Beispiel

Eine Platte in Form eines rechtwinkligen Dreiecks hat die Seitenlängen $a = 360$ mm und $c = 840$ mm. Wie viel mm misst die Seitenlänge *b*?
$a^2 + b^2 = c^2 \Leftrightarrow b^2 = c^2 - a^2$ $\Leftrightarrow b = \sqrt{c^2 - a^2}$ $\Rightarrow b = \sqrt{840^2\ \text{mm}^2 - 360^2\ \text{mm}^2} = \sqrt{576\,000\ \text{mm}^2}$ $\Leftrightarrow \mathbf{b = 758{,}9\ mm}$

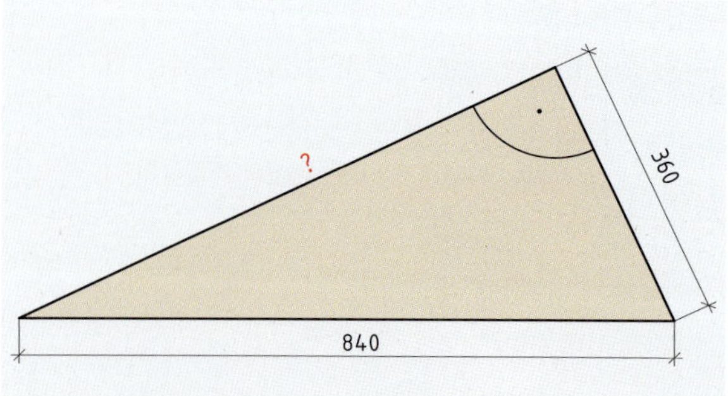

3 Anwendung des Satz des Pythagoras

1.3.3 Trigonometrische Funktionen (Winkelfunktionen)

Rechtwinklige Dreiecke sind eine besondere Form von Dreiecken und Grundlage für trigonometrische Berechnungen.

Mit den trigonometrischen Funktionen können im rechtwinkligen Dreieck die **Seitenverhältnisse** und über die Seitenverhältnisse die von den Seiten eingeschlossenen **Winkel** berechnet werden.

Die Seitenverhältnisse von $a:c$, $b:c$, $a:b$ und $b:a$ sind alle auf den Winkel α bezogen (Abb. 1).

Hieraus ergeben sich folgende Funktionen:

Sinus-Funktion

$$\text{Sinus} = \frac{\text{Gegenkathete}}{\text{Hypotenuse}} \Rightarrow \sin\alpha = \frac{a}{c}$$

Kosinus-Funktion

$$\text{Kosinus} = \frac{\text{Ankathete}}{\text{Hypotenuse}} \Rightarrow \cos\alpha = \frac{b}{c}$$

Tangens-Funktion

$$\text{Tangens} = \frac{\text{Gegenkathete}}{\text{Ankathete}} \Rightarrow \tan\alpha = \frac{a}{b}$$

Kotangens-Funktion

$$\text{Kotangens} = \frac{\text{Ankathete}}{\text{Gegenkathete}} \Rightarrow \cot\alpha = \frac{b}{a}$$

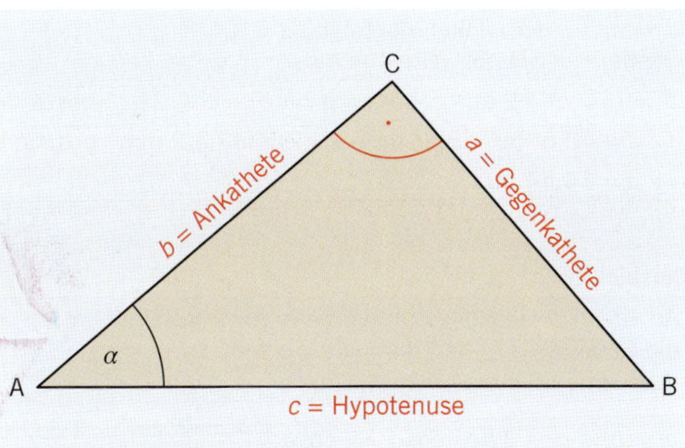

1 Seitenverhältnisse eines rechtwinkligen Dreiecks bezogen auf den Winkel α

Mit den trigonometrischen Funktionen werden Winkel im Bogenmaß berechnet. Die Winkel im Gradmaß müssen über die **inverse** Funktion (Umkehrfunktion), den **Arcus** der Funktion, z. B. arcussin (0,2) ≈ 11,54°, berechnet werden. Im Taschenrechner können die Arcus-Funktionen mit den Symbolen $\sin^{-1}$, $\cos^{-1}$ und $\tan^{-1}$ häufig über die shift- oder 2nd-Taste aufgerufen werden.

Beispiel 1

Eine Platte in Form eines rechtwinkligen Dreiecks hat die Seitenlängen a = 360 mm und c = 840 mm.
Wie viel mm misst der eingeschlossene Winkel α?

$\sin\alpha = \frac{a}{c}$

$\Rightarrow \sin\alpha = \frac{360}{840} = 0{,}429$

$\Rightarrow \sin^{-1}\alpha = 25{,}4° = \boldsymbol{\alpha = 25°24'}$

Beispiel 2

Eine Platte in Form eines rechtwinkligen Dreiecks hat die Seitenlängen c = 630 mm, der eingeschlossene Winkel α misst 33°.
Wie viel mm misst die Seitenlänge c?

$\cos\alpha = \frac{b}{c} \Leftrightarrow b = \cos\alpha \cdot c$

$\Rightarrow \boldsymbol{b} = \cos 33° \cdot 360\ \text{mm} = 0{,}839 \cdot 630\ \text{mm} = \mathbf{528{,}36\ mm}$

Beispiel 3

An einer Platte in Form eines rechtwinkligen Dreiecks misst der eingeschlossene Winkel α 47°, die Seitenlängen misst a = 520 mm.
Wie viel mm misst die Seitenlänge b?

$\tan\alpha = \frac{a}{b} \Leftrightarrow b = \frac{a}{\tan\alpha}$

$\Rightarrow \boldsymbol{b} = \frac{520\ \text{mm}}{\tan 47°} = \frac{520\ \text{mm}}{1{,}072} = \mathbf{484{,}9\ mm}$

Mit dem Winkelsummensatz, Satz des Pythagoras und den Winkelfunktionen gibt es die Möglichkeit, fehlende Winkel und Seitenlängen in rechtwinkligen oder beliebigen Dreiecken, durch die Höhe in rechtwinklige Dreiecke unterteilt, zu berechnen. Oft reicht es, wenn eine Seitenlänge und ein Winkel (außer dem rechten Winkel) oder zwei Seitenlängen bekannt sind.

Mithilfe von **Term-** und **Äquivalenzumformungen** **[▶ GK M 1.6.2 und 1.6.1]** reicht eine der trigonometrischen Funktionen aus, um die fehlenden Seitenlängen und Winkel zu bestimmen.

1.3.4 Sinus- und Kosinussatz

Der Sinus- und der Kosinussatz gelten für jedes beliebige Dreieck (inkl. rechtwinklige Dreiecke) und sind direkt anwendbar.

Sinussatz

Da jedes beliebige Dreieck durch die Höhe in zwei rechtwinklige Teildreiecke zerlegt **[▶ M 1.3.1]** werden kann (S. 422, Abb. 1), besteht die Möglichkeit, die **Höhe** auf zwei verschiedene Arten zu berechnen.

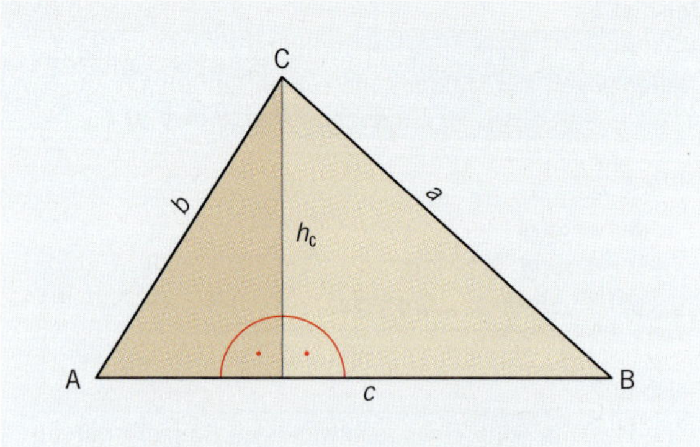

1 Beliebiges Dreieck, mit h_c in zwei rechtwinklige Teildreiecke zerlegt

Aus diesem Sachverhalt kann abgeleitet werden:

Es gilt:

$\sin\alpha = \frac{h_c}{b}$ und $\sin\beta = \frac{h_c}{a}$

Also gilt für die Höhe h_c:
$h_c = \sin\alpha \cdot b$ und $h_c = \sin\beta \cdot a$

Durch Gleichsetzen entsteht:
$h_c = h_c \Leftrightarrow \sin\alpha \cdot b = \sin\beta \cdot a$

Durch Umformen folgt daraus:
$\Rightarrow \frac{a}{\sin\alpha} = \frac{b}{\sin\beta}$

Gleiches gilt entsprechend für die Höhe h_a und h_b.

Der Zusammenhang zwischen den Seiten und dem Sinus ihrer Gegenwinkel wird im Sinussatz zusammengefasst:

Sinussatz
Für jedes Dreieck gilt: Die Verhältnisse der Seiten sind zum Sinus ihrer Gegenwinkel gleich.

$$\frac{a}{\sin\alpha} = \frac{b}{\sin\beta} = \frac{c}{\sin\gamma}$$

Der Sinussatz kann zur Berechnung fehlender Größen im Dreieck bei jedem beliebigen Dreieck angewendet werden, wenn entweder
- zwei Seiten und ein anliegender Winkel oder
- zwei Winkel und eine anliegende Seite

bekannt sind.

Beispiel 1

An einem Dreieck misst die Seitenlänge $a = 240$ mm, der Winkel $\alpha = 58°$ und der Winkel $\beta = 67°$.
Wie viel mm misst die Seitenlänge b?

$\frac{a}{\sin\alpha} = \frac{b}{\sin\beta} \Leftrightarrow b = \frac{a \cdot \sin\beta}{\sin\alpha}$

$\Rightarrow \boldsymbol{b} = \frac{240 \text{ mm} \cdot \sin 67°}{\sin 58°} = \frac{240 \text{ mm} \cdot 0{,}92}{0{,}848} = \mathbf{260{,}38\ mm}$

Beispiel 2

An einem Dreieck misst die Seite $a = 1060$ mm und die Seite $c = 830$ mm, der Winkel α beträgt 64,2°.
Wie viel misst der Winkel γ?

$\frac{a}{\sin\alpha} = \frac{c}{\sin\gamma} \Leftrightarrow \sin\gamma = \frac{c \cdot \sin\alpha}{a}$

$\Rightarrow \sin\gamma = \frac{830 \text{ mm} \cdot \sin 64{,}2°}{1060 \text{ mm}} = \frac{830 \text{ mm} \cdot 0{,}9}{1060 \text{ mm}} = 0{,}71$

$\Leftrightarrow \sin\gamma = 0{,}71 \Rightarrow \boldsymbol{\gamma} = \mathbf{44{,}8°}$

Kosinussatz

Sind von einem beliebigen Dreieck
- drei Seiten oder
- zwei Seiten und der eingeschlossene Winkel

bekannt, können die fehlenden Dreiecksgrößen mit dem Kosinussatz berechnet werden.

Kosinussatz
Für jedes Dreieck gilt: Das Quadrat über einer Dreiecksseite ist gleich der Summe der Quadrate über den beiden anderen Seiten, vermindert um das zweifache Produkt dieser Seiten um den Kosinus des eingeschlossenen Winkels.

Hieraus können folgende Sätze abgeleitet werden:

$$a^2 = b^2 + c^2 - 2\,bc \cdot \cos\alpha$$
$$b^2 = a^2 + c^2 - 2\,ac \cdot \cos\beta$$
$$c^2 = a^2 + b^2 - 2\,ab \cdot \cos\gamma$$

Beispiel 1

An einem Dreieck misst die Seite $b = 2{,}5$ m und die Seite $c = 3{,}2$ m, der Winkel α beträgt 83°.
Bestimmen Sie die Seite a in mm.

$a^2 = b^2 + c^2 - 2\,bc \cdot \cos\alpha \Leftrightarrow a = \sqrt{b^2 + c^2 - 2\,bc \cdot \cos\alpha}$

$\Rightarrow a = \sqrt{2{,}5^2 \text{ m}^2 + 3{,}2^2 \text{ m}^2 - 2 \cdot 2{,}5 \text{ m} \cdot 3.2 \text{ mm} \cdot \cos 83°}$

$\Leftrightarrow \boldsymbol{a} = \mathbf{14{,}54\ m}$

Beispiel 2

An einem Dreieck messen die Seite $a = 2$ m, die Seite $b = 3$ m und die Seite $c = 4$ m.
Bestimmen Sie die Innenwinkel.

$a^2 = b^2 + c^2 - 2\,bc \cdot \cos\alpha \Leftrightarrow \cos\alpha = \frac{a^2 - b^2 - c^2}{-2\,bc}$

$\Rightarrow \cos\alpha = \frac{2^2 \text{ m}^2 - 3^2 \text{ m}^2 - 4^2 \text{ m}^2}{-2 \cdot 3 \text{ m} \cdot 4 \text{ m}} = 0{,}875 \Rightarrow \boldsymbol{\alpha} = \mathbf{28{,}96°}$

$b^2 = a^2 + c^2 - 2\,ac \cdot \cos\beta \Leftrightarrow \cos\beta = \frac{b^2 - a^2 - c^2}{-2\,ac}$

$\Rightarrow \cos\beta = \frac{3^2 \text{ m}^2 - 2^2 \text{ m}^2 - 4^2 \text{ m}^2}{-2 \cdot 2 \text{ m} \cdot 4 \text{ m}} = 0{,}688 \Rightarrow \boldsymbol{\beta} = \mathbf{46{,}57°}$

$\gamma = 180° - 28{,}96° - 46{,}57° = \mathbf{104{,}47°}$

Übungen zu 1.3

1. Bestimmen Sie jeweils die fehlenden Größen der Dreiecke:
a) $a = 119$ mm, $\alpha = 37°$, $\beta = 47°$
b) $c = 380$ mm, $b = 470$ mm, $\beta = 53°20'$
c) $a = 320$ mm, $\beta = 35{,}7°$, $\gamma = 23{,}3°$
d) $a = 80$ cm, $\beta = 104°$, $\gamma = 36°40'$
e) $b = 1225$ cm, $c = 844$ mm, $\alpha = 99°20'$
f) $a = 716$ mm, $b = 916$ mm, $c = 1024$ mm

2. An die Kante einer Balkonblende mit der Höhe 3,80 m über dem Erdboden gemessen soll eine verlängerbare Leiter angelehnt werden. Auf welche Länge *l* muss die Leiter ausgefahren werden, wenn sie aus Sicherheitsgründen einen Neigungswinkel von 72° haben und mindestens 30 cm über die Balkonkante ragen soll?

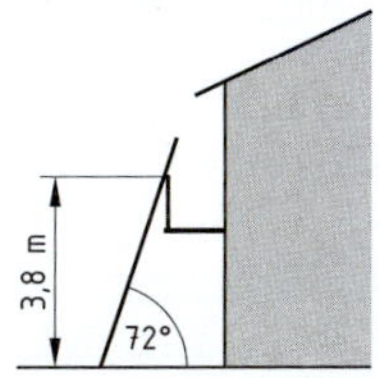

3. Aus einer Furnierplatte sollen mehrere Flächen in Dreiecksform geschnitten werden. Wie muss die Schnittbreite am Parallelanschlag der Formatkreissäge eingestellt werden, wenn die Neigungswinkel $\alpha = 48{,}5°$, $\beta = 84{,}2°$ und die Seitenlänge $a = 708$ mm betragen?

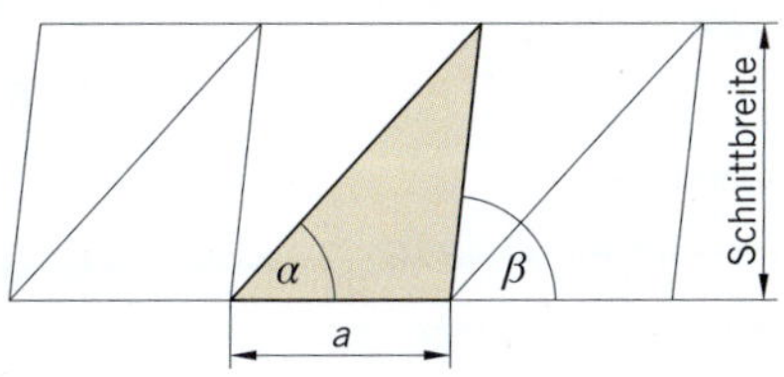

4. Eine dreieckförmige Spanplatte soll mit folgenden Seitenlängen zugeschnitten werden: $a = 863$ mm, $b = 651$ mm und $c = 616$ mm.

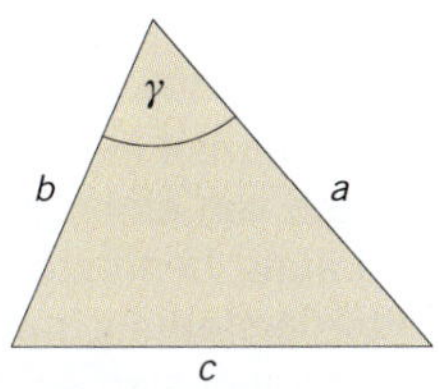

a) Ermitteln Sie die drei Winkel, die am Queranschlag der Formatkreissäge eingestellt werden müssen.
b) Um wie viel mm verändert sich die Seitenlänge *c*, wenn der Winkel $\gamma = 54{,}1°$ misst (siehe Abbildung), die Seitenlängen *a* und *b* aber unverändert bleiben?

5. Ein Forstbeamter will die Höhe einer senkrecht gewachsenen Fichte ermitteln. Er peilt dazu mit einem Winkelmessgerät die Baumspitze unter einem Winkel 25°42' an. Sein Standpunkt ist 21 m zur Fichte entfernt, seine Augenhöhe beträgt 1,62 m. Welche Höhe hat der Baum?

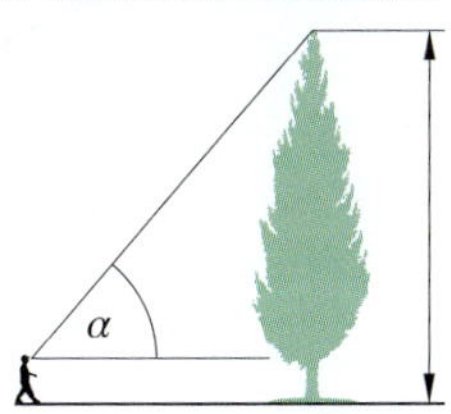

6. Der nebenstehend abgebildete Kinderroller soll nach den angegebenen Maßen gefertigt werden. Der Abstand von der Nabe des Vorderrads bis zum Trittbrett beträgt 10,5 cm. Trittbrett und Lenksäule bilden einen rechten Winkel. Ergänzen Sie die fehlenden Maße für *B*, *b* sowie den Neigungswinkel α.

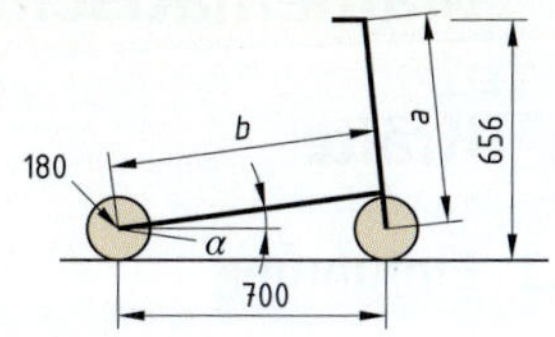

7. Zur Restaurierung der Kirchenfenster mit Kielbogen soll der Durchmesser des kreisrunden Oberlichtfensters 620 mm betragen. Ermitteln Sie das Maß für die Fensterbreite *B* und formulieren Sie eine allgemeine Formel.

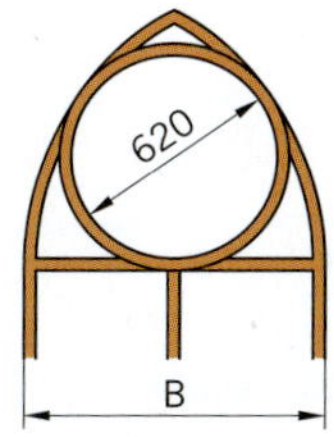

8. Für die Restaurierung der doppelflügeligen Eingangstür im Hauptportal mit einem Kielbogen soll der Radius *R* des kreisrunden Oberlichtfensters ermittelt werden. Der Rundbogen *B* der Portaltür hat einen Radius von 900 mm. Ermitteln Sie den Wert für den Radius *R*. Ermitteln Sie das Maß für die Seitenbreite *B* der Elemente.

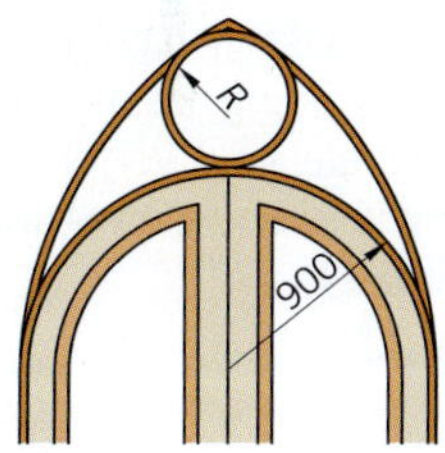

9. In einem Andachtsraum im Kellergewölbe sollen die runden Säulen, ∅ 600 mm, mit im Querschnitt sechseckigen Verkleidungen aus mit Birnbaum furnierten Platten abgedeckt werden. Um die notwendige Hinterlüftung zu gewährleisten, soll der Mindestabstand der im Endmaß 20 mm dicken Platten 30 mm nicht unterschreiten. Ermitteln Sie das Maß für die Seitenbreite *B* laut Abbildung.

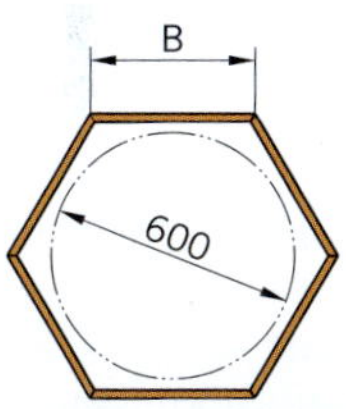

10. Eine einläufige Treppe hat eine Lauflänge von 3700 mm und eine Steigungshöhe von 2800 mm.
a) Wie lang müssen die Wangen werden?
b) Welche Schmiegen müssen an den Wangenenden angeschnitten werden?

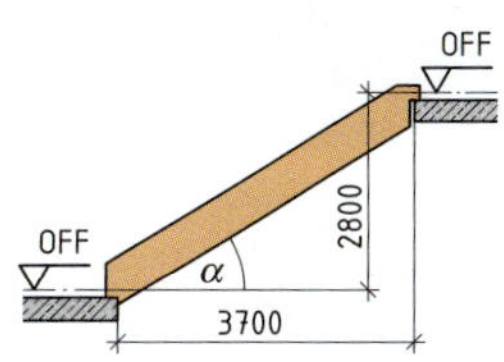

2 Mathematische Anwendungen

2.1 Kräfte

2.1.1 Einführung

Unmittelbare Erfahrungen und einen sinnlichen Zugang zu Kräften *(forces)* haben wir Menschen über die Muskelkraft (Abb. 1). Wir können spüren, wie stark ein Muskel belastet wird, und daraus die Stärke der Kraft abschätzen.

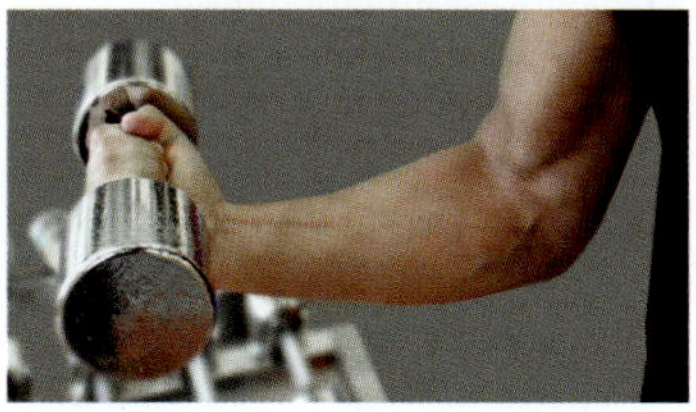

1 4-kg-Hantel

Kräfte lassen sich nicht direkt bestimmen, sondern ihre Wirkung lässt Rückschlüsse auf ihre Stärke zu. Beispiele sind Verformungen von Körpern oder Änderungen von Bewegungen, z. B. Beschleunigungen (Abb. 2).

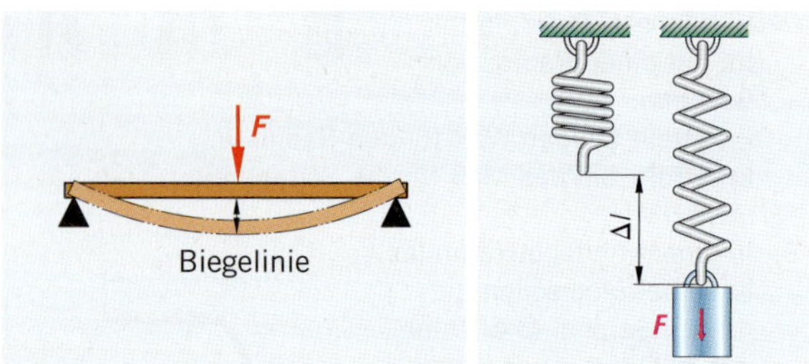

2 Durchbiegen eines Einlegebodens und Federauslenkung

Neben mechanischen Einwirkungen, z. B. durch Körpereinwirkungen oder Gasdruck, können z. B. Kräfte auch durch elektrische oder magnetische Felder oder durch Massenanziehung aufgebaut werden (Abb. 3).

3 Anziehungskräfte durch ein Magnetfeld

Definition

Kraft = Masse · Beschleunigung; $F = m \cdot a$

Die Größe F *(force)* wird in der Einheit **N** (Newton) gemessen (Sir Isaac Newton, 1642 bis 1726, englischer Physiker). Newton definierte die Kraft aus der messbaren Änderung der Geschwindigkeit (a = Beschleunigung) eines Körpers in Abhängigkeit von der Masse.

Ein Sonderfall davon ist die **Erdbeschleunigung**: Wird die Luftreibung vernachlässigt, beschleunigen im freien Fall auf der Erde durch die Gravitation (Erdanziehung) alle Körper gleich stark, und zwar mit einer Beschleunigung von **9,81 m/s²**.

Die Kraft, mit der Massen gegen das Gravitationsfeld gehalten werden F_g (g = Gravitation), berechnet sich wie folgt:

$$F_g = m \cdot g \Rightarrow g = 9{,}81\ \frac{\text{m}}{\text{s}^2}$$

Berechnungen

Eine Tischplatte aus Eichenvollholz hat die Abmessungen 2000 mm · 800 mm · 28 mm.
- Eiche, Dichte $\varrho = 870\ \text{g/dm}^3$
- $g = 9{,}81\ \text{m/s}^2$

Welche Gewichtkraft hat die Platte?

Volumenberechnung:

$\boldsymbol{V} = L \cdot B \cdot H = 20\ \text{dm} \cdot 8\ \text{dm} \cdot 0{,}28\ \text{dm} = \mathbf{44{,}8\ dm^3}$

Massenberechnung:

$\boldsymbol{m} = V \cdot \varrho = 44{,}8\ \text{dm}^3 \cdot 870\ \frac{\text{g}}{\text{dm}^3} = 38\,976\ \text{g} = \mathbf{38{,}9\ kg}$

Gewichtskraftberechnung:

$\boldsymbol{F_g} = m \cdot g = 38{,}9\ \text{kg} \cdot 9{,}81\ \frac{\text{m}}{\text{s}^2} = 382{,}34\ \text{kg}\frac{\text{m}}{\text{s}^2} = \mathbf{382{,}4\ N}$

Kräfte können in verschiedenen Richtungen angreifen, weshalb von einer **gerichteten Größe** gesprochen wird. Die häufig benutzte zeichnerische Darstellung ist die **Vektordarstellung** mit einem Pfeil, der die Kraftrichtung symbolisiert (Abb. 4).

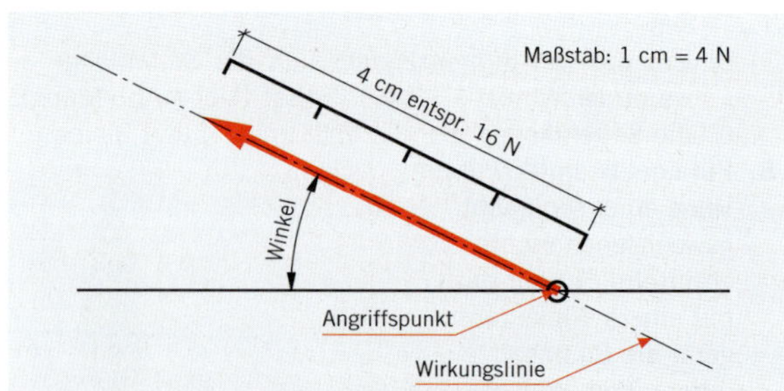

4 Vektordarstellung einer gerichteten Kraft

Die Pfeillänge (Abb. 4) kann die Stärke der Kraft in einem gewählten Maßstab darstellen.

Stahlfedern lassen sich über die gewählte Materialstärke und Bauart gut an unterschiedliche Belastungen anpassen. Daher lassen sich mit ihnen **Federwaagen** (Abb. 1) herstellen, mit denen Kräfte gemessen werden können.

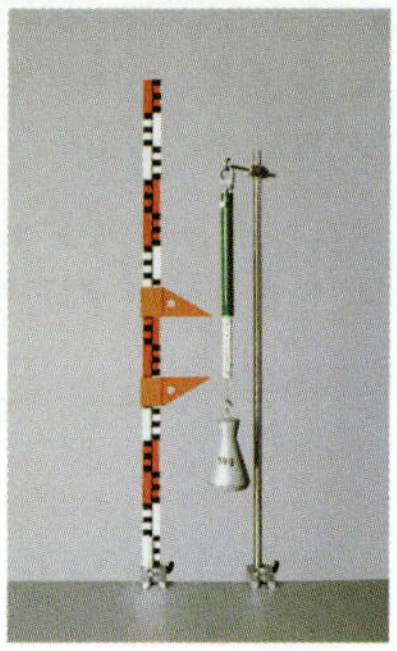

1 Federwaage zur Kraftmessung

> Eine Kraft kann allein nicht wirken; sie hat immer eine **Gegenkraft** zur Folge.

Die Masse des Körpers erzeugt eine Gewichtskraft. Die gleich große Gegenkraft muss der Deckenhaken erzeugen (Abb. 2 a). Im Seil wirkt an jeder Stelle eine Zugkraft von ebenfalls gleicher Größe.

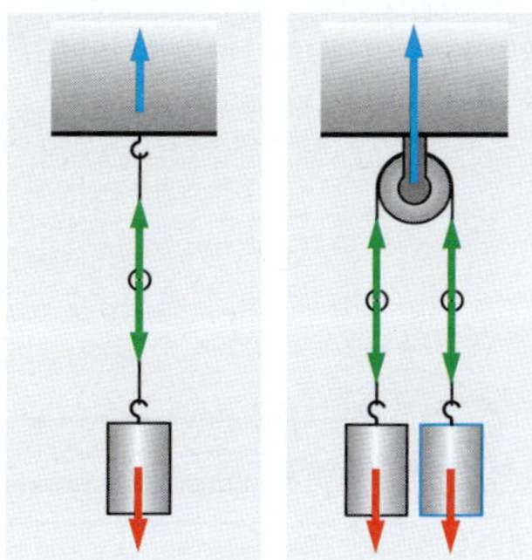

2 Kräfte und Gegenkräfte

Wird das Seil über eine Rolle umgelenkt, bilden die Gewichtskräfte der beiden Körper Kraft und Gegenkraft (Abb. 2 b). Die Zugkraft im Seil ist ebenso groß wie die Gewichtskraft und ist über die ganze Seillänge gleich. Die Deckenrolle wiederum stellt die Gegenkraft zu den beiden Massen dar; sie ist dementsprechend $2 \cdot F_g$ groß.

Addition von Kräften

Abb. 3 zeigt, welche Kräfte beim Tauziehen wirken: Auf der linken und rechten Seite sind die Teilnehmer jeweils verschieden stark, daher erhalten die Kraftpfeile eine dem Verhältnis entsprechende Länge. Vom Betrag her können die Kräfte rechnerisch addiert werden, wenn sie auf **einer** Wirkungslinie liegen und die Richtung durch das entsprechende Vorzeichen (– bzw. +) gekennzeichnet wird. Da die Kräfte auf einer Wirkungslinie (hier die Seilachse) liegen, können die Kräfte entlang dieser Linie frei verschoben werden. Grafisch werden Kräfte hintereinander angeordnet. Als jeweilige Summe wird ein neuer Pfeil mit der summierten Länge eingezeichnet (Abb. 3 a). Eine Darstellung, bei der nur die Kräfte und deren wesentliche Elemente eingezeichnet sind, wird **Kräfteplan** genannt (Abb. 3 b).

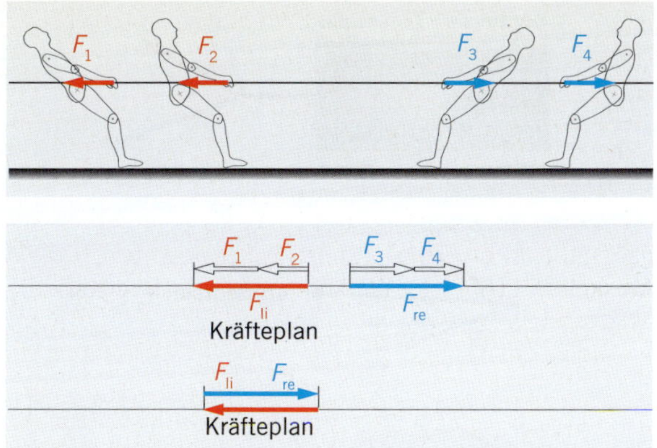

3 Addition von Kräften und Kräfteplan

$$-F_1 + F_2 = F_{\text{links}}; \quad -F_3 + F_4 = F_{\text{rechts}}$$

Ist die Summe der Kräfte auf beiden Seiten gleich groß, findet keine Verschiebung statt. Kraft und Gegenkraft sind dann ausgeglichen. Erst wenn die Summe der Kräfte ≠ **null** ist, wird diese in eine **Bewegung** umgesetzt.

$$-F_{\text{links}} + F_{\text{rechts}} = 0$$

> In der **Statik** sind Kraft und Gegenkraft ausgeglichen.

Anders ausgedrückt: $\sum F = 0$

> Die Summe aller Kräfte ist gleich null.

2.1.2 Kräftezerlegung *(resolution of forces)*

Im Beispiel (S. 426, Abb. 1) wird ein Handwagen von 2 Personen gezogen. Diese laufen nebeneinander, ziehen daher in einem unterschiedlichen Winkel nach außen. Da die beiden Kräfte nicht auf einer Wirkungslinie liegen, können die Kräfte **nicht einfach,** sondern sie können **vektoriell** addiert werden:

Im Kräfteplan werden die Kräfte F_1 und F_2 maßstabsgerecht eingezeichnet. Anschließend wird eine Kraft (hier F_2) so weit verschoben, dass z. B. F_2 an den Kraftpfeil F_1 anschließt. Zwischen dem Pfeilende von F_1 und der Pfeilspitze von F_2 wird die resultierende Kraft F_{ges} eingezeichnet. Mithilfe des Maßstabs kann die Stärke der Kraft ermittelt werden. Die Kräfte F_1, F_2 und F_{ges} bilden ein Dreieck, weshalb vom **Kräftedreieck** (S. 426, Abb. 1) gesprochen wird.

> Da genauso F_1 an F_2 angelegt werden kann, entsteht geometrisch, wenn beide Lösungswege gezeichnet werden, ein Parallelogramm, das **Kräfteparallelogramm** (S. 426, Abb. 1).

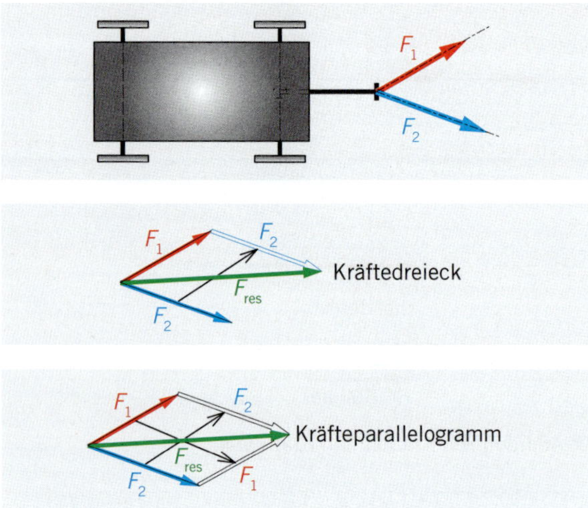

1 Kräftezerlegung

An einem Beispiel einer Seilkonstruktion (Abb. 2) kann gezeigt werden, wie die Gewichtskraft über zwei gespannte, an der Wand befestigte Seile abgeleitet wird. Da Seile flexibel sind, können sie nur auf Zug, genau in Richtung des Seilverlaufs, beansprucht werden. Nach dem maßstabsgerechten (Maßeinheiten in Zeichnungseinheiten ZE umrechnen) Eintrag der Gewichtskraft im Kräfteplan müssen Kraftvektoren konstruiert werden, die als vektorielle Addition genau die Gewichtskraft ergeben. Dies gelingt durch Verschieben bzw. Verlängern der Geometrie der Schrägseile.

Da F_1 an F_2 geometrisch anschließt, kann F_g in F_1 und F_2 zerlegt werden.

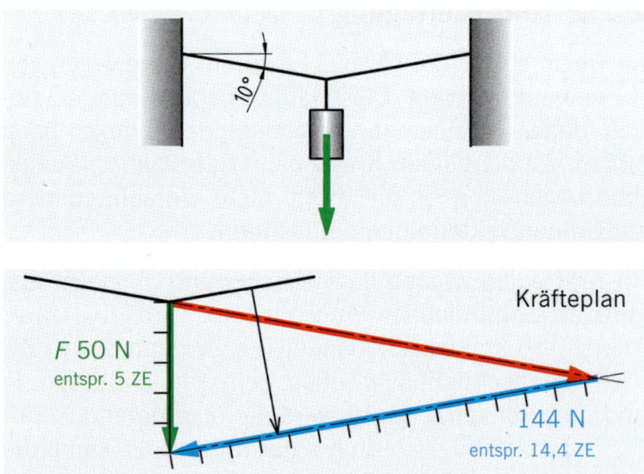

2 Kräftezerlegung an einer Seilkonstruktion

Durch maßstabsgerechtes Auslesen der Längen können die Kräfte F_1 und F_2 ermittelt werden. Aus der Geometrie wird deutlich, dass die Kräfte F_1 und F_2 wesentlich größer sind als F_g, da sie hauptsächlich gegeneinander wirken. Je flacher der Seilwinkel, desto größer wird die Kraft $F_{1/2}$.

Alternativ zur zeichnerischen Bestimmung besteht die Möglichkeit, die Geometrie in einem **CAD-System** zu konstruieren und das Längenmaß abzurufen.

Die Länge der Vektoren kann auch mithilfe der **Sinus-** bzw. **Kosinus-Funktion** [▶ M 1.3.3] berechnet werden.

2.1.3 Drehmoment

Mit einem Schraubenschlüssel kann eine Schraube angezogen werden. Wie fest diese angezogen wird, kann durch die einwirkende Kraft, aber auch durch einen längeren Schraubenschlüssel variiert werden. Das dabei entstehende Drehmoment *M* *(torque)* kann sowohl durch die doppelte Kraft *F* als auch durch die Verdopplung der wirksamen Hebellänge *l* *(lever length)* verdoppelt werden.

Das Produkt aus Kraft und Hebellänge wird daher als **Drehmoment** oder kurz **Moment *M*** definiert.

Die Wirkung ist nur dann maximal, wenn die Kraft senkrecht zum Hebel, also $F \perp l$, steht (Abb. 3).

$$M\,(\text{Nm}) = F\,(\text{N}) \cdot l\,(\text{m})$$

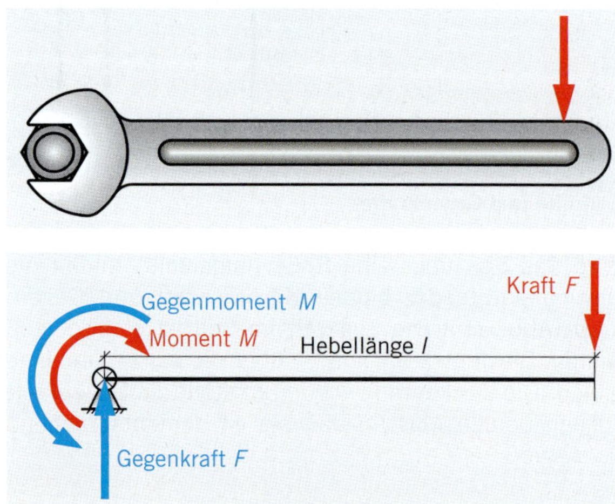

3 Drehmomente am Schraubenschlüssel

Da eine Kraft immer eine Gegenkraft zur Folge hat, wird die vertikale Gegenkraft von der Schraube aufgenommen. Die Kraft mit der Hebellänge erzeugt ein Drehmoment in der Schraubenachse. Ob dies auch zur Drehung der Schraube führt, hängt davon ab, wie schwer sich die Schraube drehen lässt. Die Schraube erzeugt also ein **Gegendrehmoment** und lässt sich so lange drehen, bis das Gegendrehmoment genauso groß wird (steigender Anpressdruck und Reibung) wie das erzeugte Drehmoment.

In der Statik sind Drehmoment und Gegendrehmoment ausgeglichen.

Zweiseitiger Hebel

Eine Wippe ist ein typisches Beispiel für zweiseitige Hebel (Abb. 1).

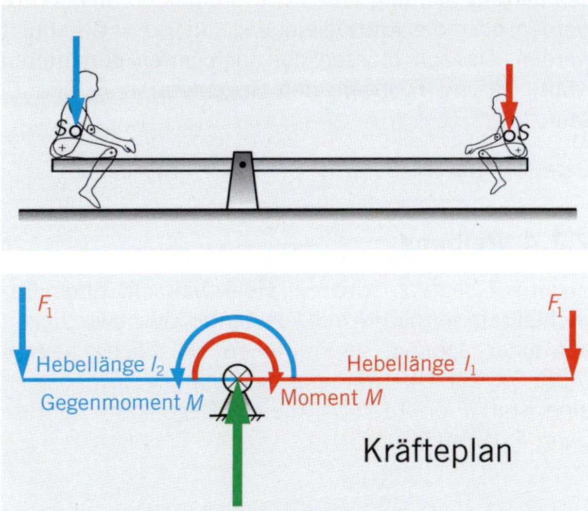

1 Zweiseitiger Hebel an einer Kinderwippe

Die Gewichtskraft der kleineren Person Kraft F_1 erzeugt mit der Hebellänge l_1 ein rechtsdrehendes Moment um die Achse. Soll die Wippe ausgeglichen sein, muss die größere Person das gleiche, entgegengesetzte Moment erzeugen. Das geht nur mit einem bestimmten Abstand vom Drehpunkt, der mithilfe der **Momentengleichung** berechnet werden kann. Die Gewichtskraft der größeren Person erzeugt mit der Hebellänge l_2 das Gegendrehmoment. Die Achse des Lagers wiederum muss für beide Gewichtskräfte die Gegenkraft erzeugen.

Allgemein gilt: $M_{links} = M_{rechts}$

Da rechts- und linksdrehende Momente mit dem Vorzeichen (–) unterschieden werden können, ist die Summe der Momente gleich null.

Anders ausgedrückt: $\sum M = 0$

Beispiel

Gegeben:
- Gewichtskraft Person 1 $F_1 = 400$ N
- Gewichtskraft Person 2 $F_2 = 700$ N
- Hebellänge $l_1 = 3$ m

In welchem Abstand vom Drehpunkt muss sich Person 2 setzen, damit die Wippe ausgeglichen ist?

gesucht: Hebellänge l_2

$M_{li} = M_{re}$

$\Rightarrow F_1 \cdot l_1 = F_2 \cdot l_2 \Leftrightarrow l_2 = \frac{F_1 \cdot l_1}{F_2}$

$\Rightarrow \boldsymbol{l_2} = \frac{400\text{ N} \cdot 3\text{ m}}{700\text{ N}} = \mathbf{1{,}7\ m}$

Was geschieht, wenn die Kraft nicht senkrecht zum Hebel steht?

Im folgenden Beispiel weicht der Hebel um 30° vom rechten Winkel zu der Kraft F ab (Abb. 2). Für die Berechnung des Moments kann also nicht das Produkt aus Kraft und Hebellänge verwendet werden.

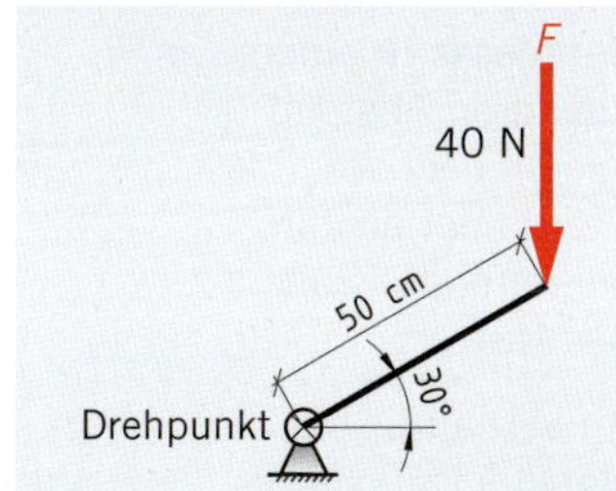

2 Die Kraft setzt um 30° zum Hebel an

Die Bedingung, dass bei der Berechnung die Kraft senkrecht zum Hebel stehen muss, muss erst durch Umformung erfüllt werden. Dafür stehen zwei Lösungswege zur Verfügung:

1. Die einwirkende Kraft muss so in Komponenten zerlegt werden, dass eine Komponente (rot) senkrecht zum Hebel steht, während die andere Komponente parallel zum Hebel wirken muss (Abb. 3).

   Da die Kraft parallel zum Hebel keine Drehwirkung ausübt, ist die Kraft F senkrecht die wirksame Kraft für die rechnerische Momentenwirkung.

   Folglich beträgt das berechnete Moment:

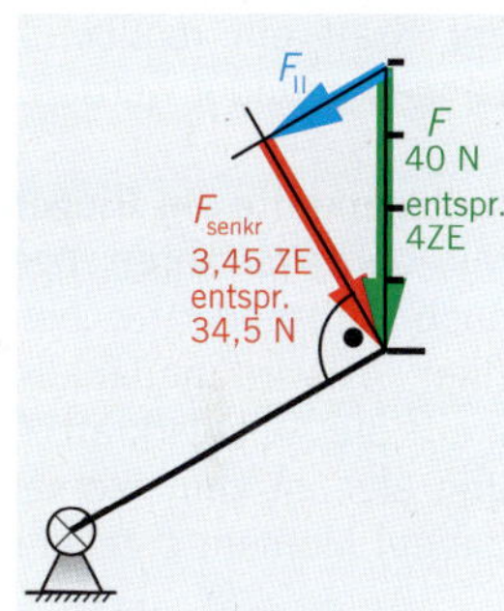

3 Einwirkende Kraft in Komponenten zerlegt

$M = F \cdot l \Rightarrow M = 34{,}5\text{ N} \cdot 0{,}5\text{ m} = 17{,}3\text{ Nm}$

2. Die Kraft kann entlang ihrer Wirkungslinie so weit verschoben werden, bis sich ein neuer, gedachter Hebel (rot = wirksame Hebellänge) einzeichnen lässt, der genau senkrecht zum Hebel steht (Abb. 4).

   Das Moment berechnet sich folgendermaßen:

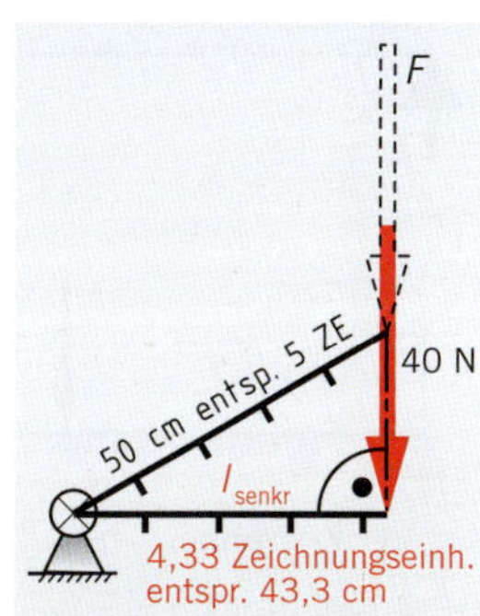

4 Auf ihrer Wirkungslinie verschobene Kraft

$M = F \cdot l \Rightarrow \boldsymbol{M} = 40\text{ N} \cdot 0{,}43\text{ m} = \mathbf{17{,}2\ Nm}$

Einseitiger Hebel
Hebel können zur Verstärkung von Kräften eingesetzt werden. Beispiel ist eine Schubkarre (Abb. 1), bei der der Schwerpunkt der Masse in einem kleineren Abstand zur Drehachse (Rad) liegt als die angreifende Kraft des Nutzers.

Im Verhältnis der Hebellängen verringert sich die notwendige Hubkraft des Nutzers.

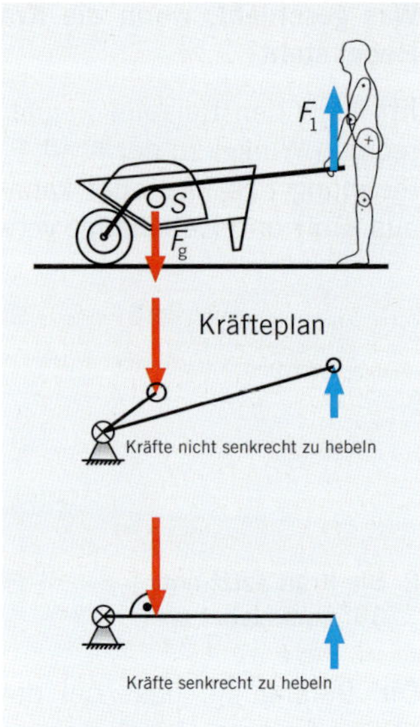

1 Einseitiger Hebel an der Schubkarre

Um die Masse anzuheben, muss allerdings vom Nutzer ein größerer Weg zurückgelegt werden. Da zunächst die Kräfte nicht senkrecht zu den Hebeln stehen, muss im Kräfteplan durch Verschieben der Kraft ein rechtwinkliger Hebel mit veränderten Längen gebildet werden.

Auflagerkräfte am Biegebalken
Mit dem Verfahren des einseitigen Hebels können auch Auflagerkräfte berechnet werden. Ein Auflager (hier *A*) wird gedanklich zum Drehpunkt. Dadurch greift die Auflagerkraft *A* ohne Hebel im Drehpunkt an und erzeugt kein Moment. Es verbleiben drei Kräfte, die ein Moment erzeugen.

Die Kräfte F_1 und F_2 (Abb. 2 a) erzeugen je ein **rechtsdrehendes Moment**.

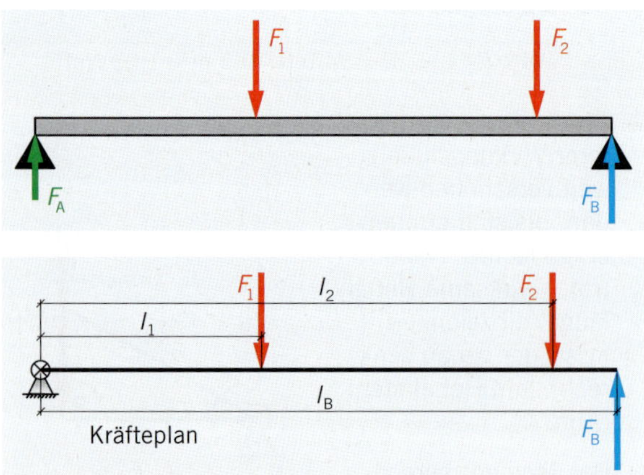

2 Auflagerkräfte am Biegebalken

Damit Momente in der Statik ausgeglichen sind, muss das Auflager *B* mit der Kraft F_B und der Länge l_B ein linksdrehendes Moment bilden (Abb. 2 b), welches gleich dem rechtsdrehenden sein muss.

Um das Auflager *A* zu berechnen, kann entweder die Momentengleichung um den Drehpunkt *B* angewandt werden oder die Kräftegleichung mit $\sum F = 0$ genutzt werden. Danach müssen die nach unten gerichteten Kräfte F_1 und F_2 gleich den Gegenkräften F_A und F_B sein.

Daraus ergibt sich: $B_B = F_1 + F_2 - F_A$

2.1.4 Reibung

In einem Versuch wird ein Holzstück mit einer Gewichtskraft von 10 N mit konstanter Geschwindigkeit auf einer ebenen, geschliffenen Holzfläche bewegt (Abb. 3). Zur Überwindung der Reibung *(friction)* ist eine Kraft *F* erforderlich, die die Gegenkraft zur Reibung F_R darstellt.

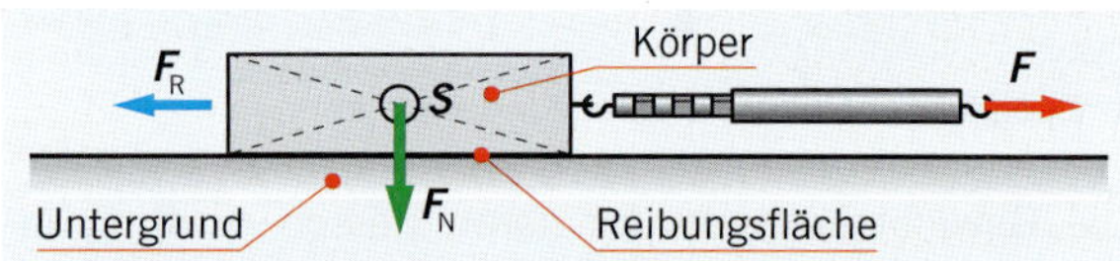

3 Gleitversuch mit einem Holzstück

Bei konstanter Geschwindigkeit sind die Beträge beider Kräfte gleich groß. In dem dargestellten Versuch werden 4 N gemessen.

Allgemein wird
- die Kraft zur Verschiebung parallel zur Reibfläche als **Reibkraft F_R** bezeichnet,
- die Kraft, die senkrecht auf die Reibfläche wirkt, als **Normalkraft F_N** bezeichnet.

Weitere Untersuchungen zeigen:

Die Kraft ist
- **unabhängig** von der Auflagefläche und der Geschwindigkeit,
- proportional **abhängig** von der Normalkraft,
- **abhängig** von den jeweiligen Oberflächenwerkstoffen, deren Rauheit und dem Einsatz von Schmiermitteln.

Daher lässt sich eine **Reibungszahl** bzw. ein **Reibungskoeffizient** als Verhältnis von Normalkraft zur Reibungskraft festlegen, die nur von den beiden reibenden Werkstoffen (Reibpaar) und einer evtl. vorhandenen Schmierung abhängig ist.

Bei den meisten Reibpaarungen lässt sich Folgendes beobachten:

Um die Reibflächen aus der Ruhe (aus der Haftung) aneinander vorbei zu bewegen, ist die Reibkraft zunächst höher als bei gleichförmiger Bewegung (gleiten).

Daher wird zwischen Haft- und Gleitreibung unterschieden.

Formel Gleitreibung:

$$\mu_G = \frac{F_{R,G}}{F_N} \Leftrightarrow F_{R,G} = \mu_G \cdot F_N$$

Formel Haftreibung:

$$\mu_H = \frac{F_{R\,max}}{F_N} \Leftrightarrow F_{R\,max} = \mu_H \cdot F_N$$

Da im Versuch eine konstante Geschwindigkeit angenommen wird, handelt es sich hier um eine Gleitreibung. Daher kann der **Reibungskoeffizient** berechnet werden:

$$\mu_H = \frac{F_R}{F_N}$$

Die Reibungskoeffizienten sind bei den unterschiedlichen Werkstoffen verschieden (Tab. 1).

Tab. 1 Richtwerte für Haftungskoeffizient m_0 und Gleitreibungskoeffizient von Werkstoffen

Reibpaare	Reibungskoeffizienten			
	Haftreibung		Gleitreibung	
	trocken	geschmiert	trocken	geschmiert
Holz auf Metall	0,6…0,7	0,11	0,4…0,5	0,10
Gummi auf Asphalt	0,7…0,8	–	0,5…0,6	–
Holz auf Holz	0,4…0,6	0,16	0,25…0,5	0,08…0,2
Leder auf Metall	0,3…0,5	0,16	0,3	0,15
Grauguss auf Grauguss	0,2…0,3	0,1…0,15	0,15…0,25	0,02…0,1
Stahl auf Bronze	0,18…0,2	0,1…0,2	0,15…0,2	0,05…0,1
Stahl auf Grauguss	0,18…0,2	0,1…0,2	0,15…0,2	0,05…0,1
Stahl auf Stahl	0,15…0,3	0,1…0,12	0,10…0,12	0,04…0,07

Beispielrechnung:

Ein Schrankelement (Abb. 1) soll als Raumteiler verwendet werden. Dieser ist mit Kunststoffgleitern ausgestattet und gleitet auf einer **HPL-Oberfläche** eines Laminats.

Es soll geklärt werden, ob der Schrank bei horizontaler Belastung, Anlehnen oder Schieben des Nutzers, **kippt** oder sich **verschiebt** und bei welcher Belastung dies der Fall ist.

Für die möglichen Fälle Kippen und Schieben sollen jeweils die notwendigen horizontalen Kräfte ermittelt werden. Die Haftreibungszahl zwischen Laminat und Kunststoffgleiter beträgt 0,25. Da der Schrank vornehmlich leichte Teile aufnehmen soll, wird die Gewichtskraft mit 400 N angenommen.

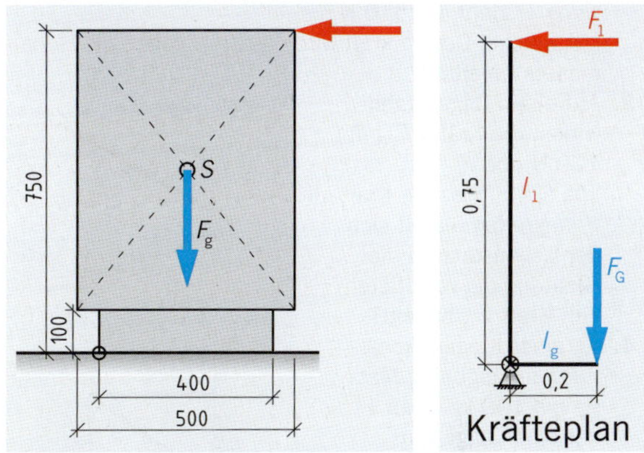

1 Kräfte an einem Raumteiler

Berechnungen

Bei welcher horizontalen Kraft **kippt** der Schrank?
• Gewichtskraft $F_g = 400$ N • Hebellänge $l_g = 0{,}2$ m • Hebellänge $l_1 = 0{,}75$ m
gesucht: Kraft F_1
Momentengleichung $M_{re} = M_{li}$ $\Rightarrow F_g \cdot l_g = F_1 \cdot l_1 \Leftrightarrow F_1 = \frac{F_g \cdot l_g}{l_1}$ $\Rightarrow \mathbf{F_1} = \frac{400\ \text{N} \cdot 0{,}2\ \text{m}}{0{,}75\ \text{m}} = \mathbf{106{,}7\ N}$

Bei welcher horizontalen Kraft tritt eine **Verschiebung** ein?
• Normalkraft $F_N \cdot F_g = 400$ N • Haftreibung $\mu_H = 0{,}25$
gesucht: Kraft $F_{Rmax} = F_1$
Momentengleichung $F_{R\,max} = \mu_H \cdot F_N$ $\Rightarrow \mathbf{F_1} = 0{,}25 \cdot 400\ \text{N} = \mathbf{100\ N}$

Die Berechnung zeigt, dass der Schrank eher verschiebt als kippt. Die erforderliche horizontale Kraft beträgt 100 N. Durch Beschwerung, z. B. mit einer Betonplatte im Sockel, kann die aufzubringende Kraft deutlich erhöht werden. Auch dann verschiebt das Möbel, ohne zu kippen, da in beiden Fällen die Kraft F_1 linear von F_g abhängt.

Übungen zu 2.1

Übungen zu Kräftezerlegung

1. Ein Holzbalken hat eine Masse von 200 kg. Welche Gewichtskraft hat er?
2. Die Einzugs- und Transportwalze einer Dickenhobelmaschine transportiert ein Brett mit einer Kraft von 2,5 kN. Zusätzlich schiebt ein Facharbeiter mit 470 N und ein weiterer zieht mit 510 N. Mit welcher Gesamtkraft wird das Brett gegen die Hobelmesser zugeführt?
3. Auf einen Gegenstand wirken die Kräfte F_1 mit 100 N und F_2. Wie stark muss die Kraft F_2 angreifen, damit sich der Gegenstand in die Richtung der resultierenden Kraft F_{res} bewegt?

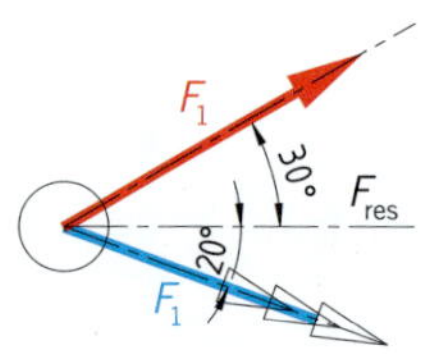

4. An einer Kragarmkonstruktion hängt eine Masse von 100 kg. Stab 1 hat eine Länge von 1500 mm. Ermitteln Sie die Kräfte, die auf Stab 1 und Stab 2 wirken.

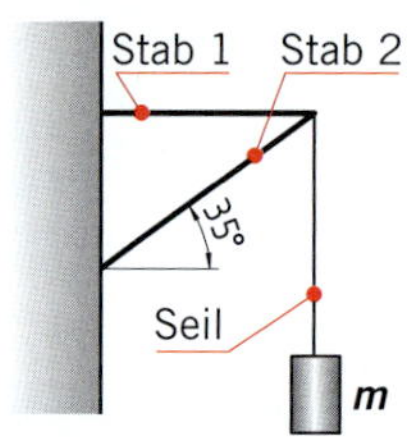

5.

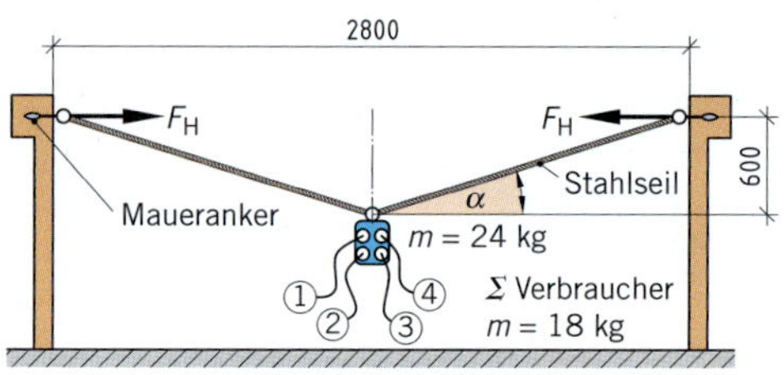

Eine Stromverteilergondel mit vier Steckkontakten hängt an zwei gleich langen Stahlseilen, die an zwei Werkstattwänden befestigt sind.
Die Gondel mit 24 kg Masse wirkt als Kraft senkrecht. Werden alle Steckkontakte benutzt, erhöht sich die Masse um weitere 18 kg.

a) Ermitteln Sie mit einem frei wählbaren Kräftemaßstab, mit welcher Kraft F_H die Steinschrauben der Seilbefestigung beansprucht werden.
b) Berechnen Sie mithilfe des Lehrsatzes des Pythagoras die an den Seilen wirkenden Kräfte.
c) Berechnen Sie mithilfe der Winkelfunktionen den Winkel α.

6. An einer Öse an der Wand wird mit zwei unterschiedlich langen Spannseilen und unter verschiedenen Winkeln belastet. Wie groß ist die resultierende Kraft, die die Öse unter welchem Winkel belastet?
Bestimmen Sie die gesuchten Größen durch Berechnung und mithilfe einer CAD-Zeichnung.

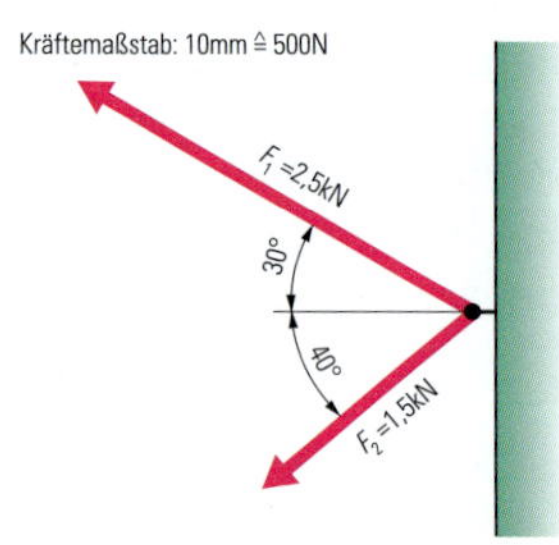

7. Es sollen 28 lufttrockene Fichtebalken von 5,2 m Länge und 12 × 16 cm im Querschnitt mit dem Baukran auf ein oberes Geschoss gehoben werden. Die Ladeplattform hat eine Masse von 280 kg.

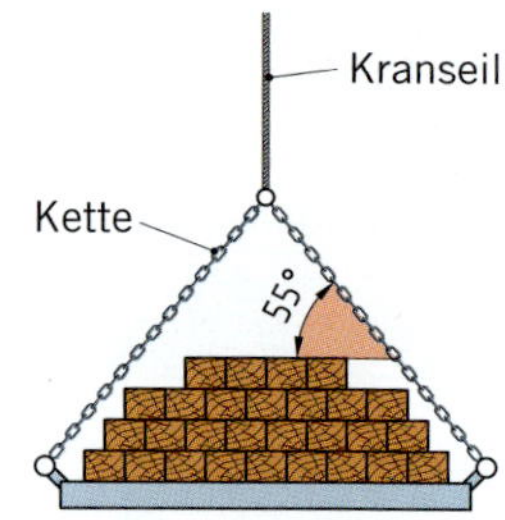

a) Ermitteln Sie die Masse der Fichtebalken.
b) Wie groß ist die Gewichtskraft F am Kranseil?
c) Die Gewichtskraft F wird mit vier Ketten (Horizontalwinkel 60°) auf die Ladeplattform übertragen. Berechnen Sie mithilfe der Winkelfunktionen, welche Kraft an einer Kette wirkt.

8. Eine abgehängte Decke hat folgende Zusatzdaten:

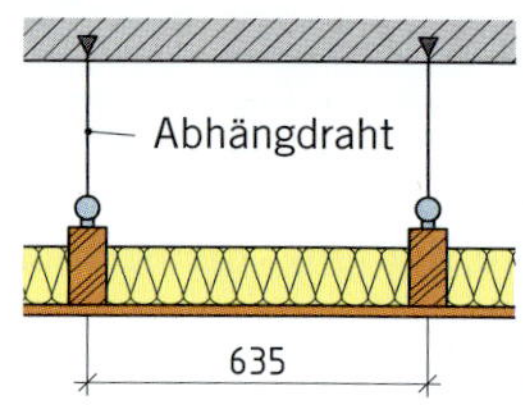

- Fichtenholzbalken mit dem Querschnitt 6 × 12 cm,
- Abstand der Abhängdrähte in Balkenlänge 77 cm,
- Mineralwolle mit 12 cm Dicke,
- Gipsplatten mit 12,5 mm Dicke.

Wie hoch ist die Gewichtskraft, die an einem Draht wirkt?

9. Ermitteln Sie mit einem selbstgewählten Kräftemaßstab die an dem Versatz der Rahmenkonstruktion eines Tores wirkenden Kräfte F_H und F_V. Berechnen Sie den Winkel der Steigung des diagonalen Riegels.

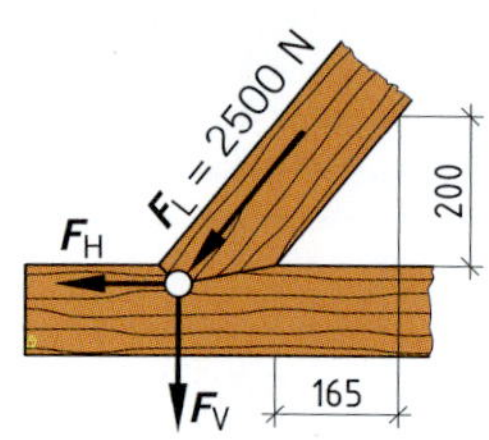

10. An der Unterkonstruktion des Ständerwerks einer leichten Trennwand wirken die Kräfte F_V und F_S. Bestimmen Sie die Größen der Kräfte F_{Vges} und F_H.

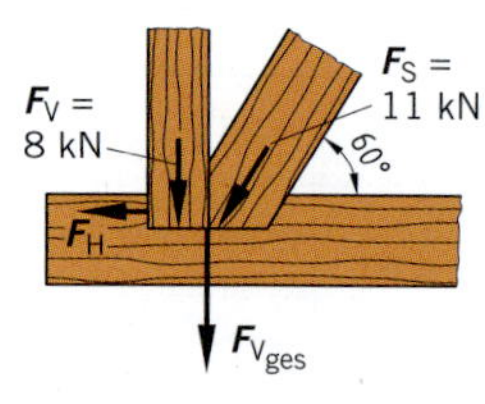

11. Ein zweiseitiger Keil mit dem Keilwinkel von 32° wird zum Spalten eines Holzblocks mit 600 N Schlagkraft eingetrieben. Wie groß sind die Druckkräfte an den Flanken?

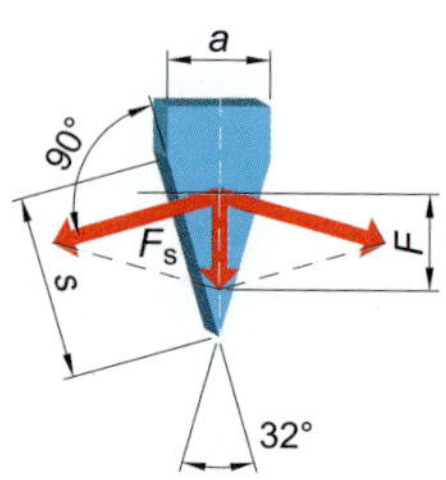

12. Auf dem Werkstattbock lastet Mitte Querholm eine Gewichtskraft von 6,4 kN. Diese verteilt sich je zur Hälfte auf die beiden Holmabschnitte und wird von dort in die beiden Beine abgeleitet.
Bestimmen Sie durch ein Verfahren Ihrer Wahl die Horizontalkräfte F_{Hl} und F_{Hr}, mit denen die Beine an den Stellflächen auseinandergedrückt werden.

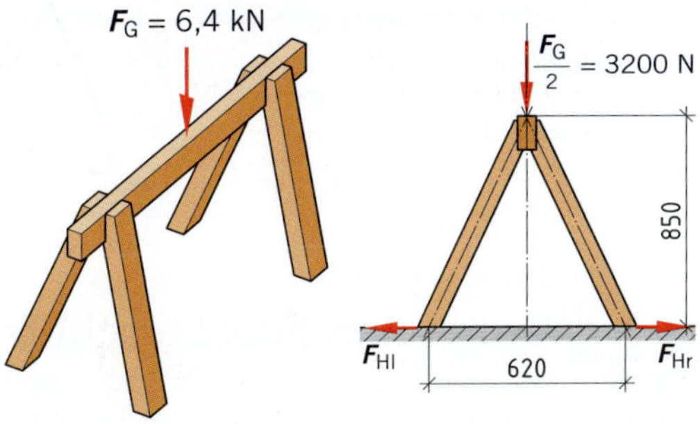

13. Auf das Sprengwerk in einer Dachkonstruktion über einem Eingangstor wird eine Gewichtskraft von F = 150 kN übertragen.
Berechnen Sie die Horizontalkräfte F_{Hl} und F_{Hr} sowie die Vertikalkräfte F_{Vl} und F_{Vr}.

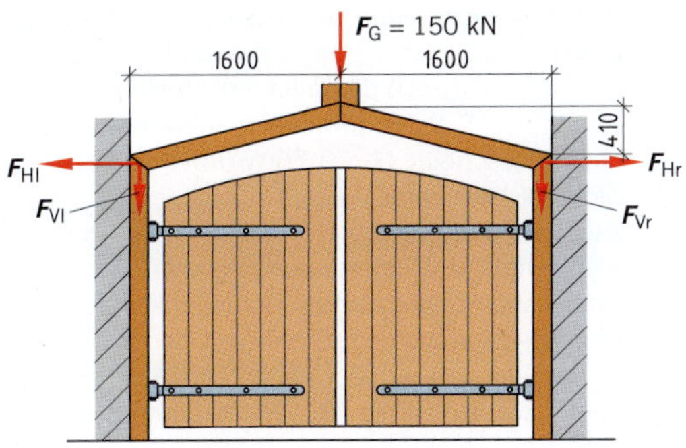

Übungen zu Drehmoment

14. Bei der Reifenpanne eines Lieferwagens wird ein Radmutterschlüssel mit einer Länge von 35 cm waagerecht auf die Radmutter aufgesteckt. Das äußere Ende wird mit der Masse des Fahrers von 70 kg belastet.
Berechnen Sie das Drehmoment, das auf die Radmutter wirkt.
Leider löst sich die Mutter nicht. Wie könnte der Besitzer noch nachhelfen?

15. Die Spannschrauben für die Streifenhobelmesser einer Hobelwelle dürfen aus Sicherheitsgründen nur mit ≤30 Nm festgezogen werden.
Wie lang darf der Hebelarm des Maulschlüssels höchstens sein, wenn die Bedienungsperson per Hand eine Zugkraft von 270 N entwickelt?

Bei den folgenden Aufgaben sollen Reibungsverluste unberücksichtigt bleiben.

16. Einseitiger Hebel:
Bestimmen Sie die fehlenden Größen.

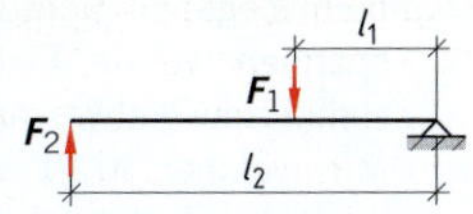

	F_1	F_2	l_1	l_2
a)	1820 N	?	0,65 m	1,90 m
b)	?	550 N	12 cm	105 cm
c)	3500 N	1210 N	?	2,20 m
d)	770 N	305 N	95 mm	?

17. Zweiseitiger Hebel:
Bestimmen Sie die fehlenden Größen.

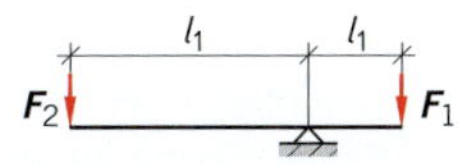

	F_1	F_2	l_1	l_2
a)	36 kN	?	1,80 m	2,35 m
b)	1240 N	826 N	3,42 m	?
c)	?	75 N	95 cm	63 cm
d)	106 N	138 N	?	1110 mm

18. Träger auf zwei Auflagen:
Bestimmen Sie die fehlenden Größen.

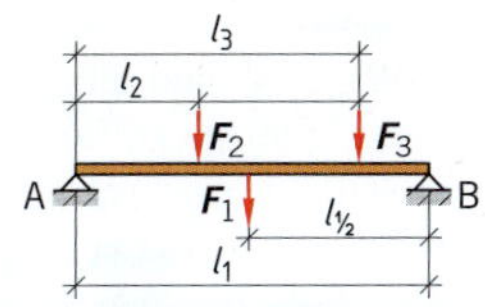

	in N					in m		
	F_1	F_2	F_1	F_2	F_3	l_1	l_2	l_3
a)	?	?	910	6110	5320	4,20	1,80	3,70
b)	3689	5611	1100	?	4700	3,80	1,60	2,90
c)	1459	2736	405	1930	1860	2,60	?	2,40

19. Mit welcher Kraft wird der Nagel von den Schneiden der Kantenzange erfasst, wenn die Schenkelenden mit 250 N zusammengedrückt werden?

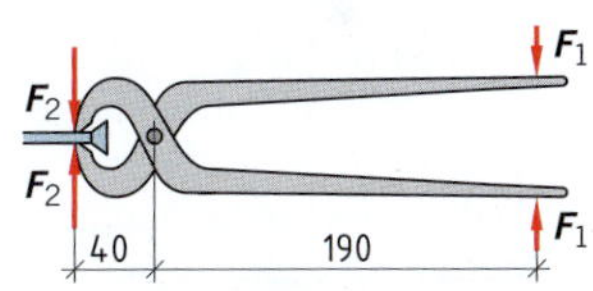

20. Der Druckhebel einer Langbandschleifmaschine soll das Schleifband mit F_2 = 150 N spannen. Wie groß muss das Längenmaß l des Hebels sein?

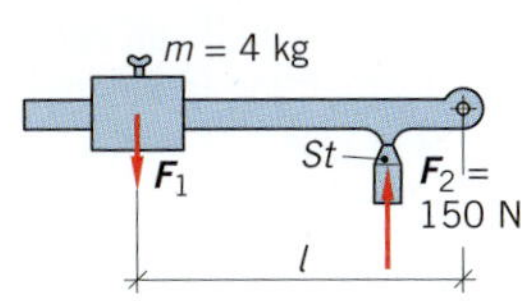

21. Um ein Scheunentor aus den Angeln zu heben, wird ein 1,4 m langes Kantholz mit 20 cm Abstand zum Drehpunkt angesetzt.
Welche Kraft F wird mindestens benötigt, um das Tor anheben zu können?

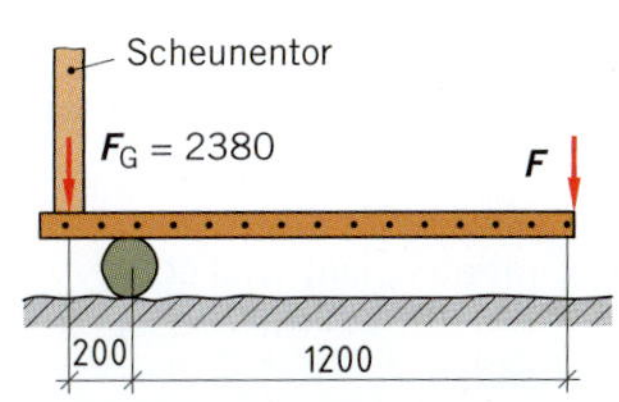

22. Damit an einer Treppe mit Setzstufen die Trittstufen beim Begehen nicht knarren, werden diese zum „Vorspannen“ vor der Fixierung der Setzstufen mit einem Hebel mittig etwas angehoben.
Mit welcher Kraft wird die Trittstufe angehoben, wenn mit 78 kg auf das Kantholz gedrückt wird?

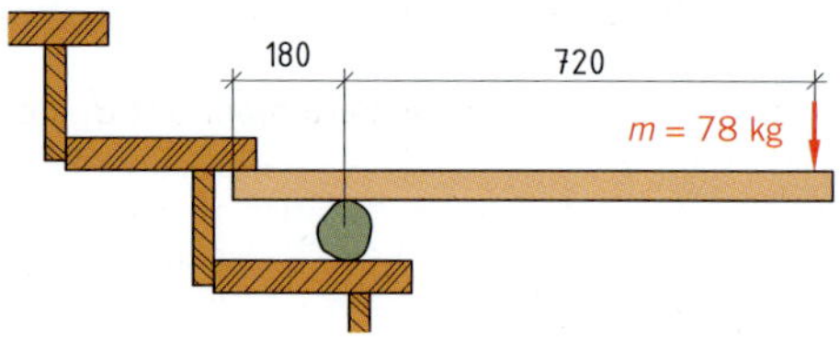

23. Die Außentür hat eine Masse von 87 kg, die mit einer Gewichtskraft von $F_G \approx 870$ N in der Mittellinie der Tür wirkt.
Mit welcher Kraft F_H wird am Lappen des oberen Türbands gezogen?

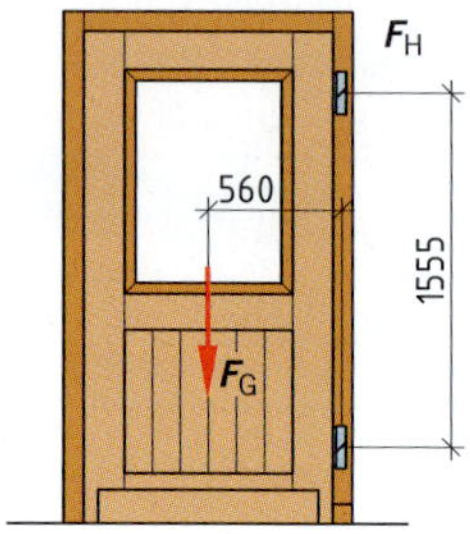

24. Wie groß sind die an den Auflagern A und B wirkenden Auflagerkräfte, die gegen die Auflagerlasten wirken?

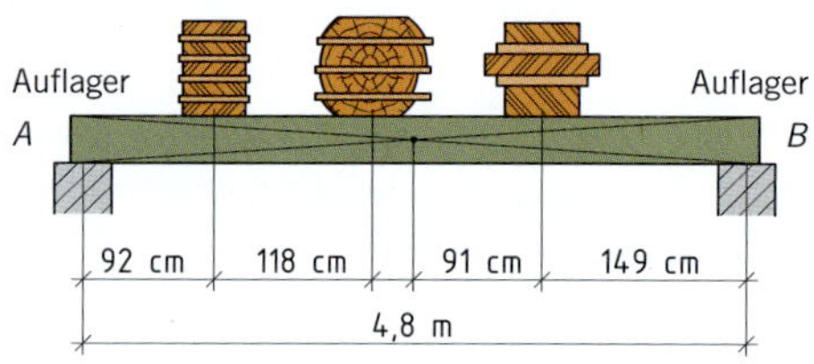

Übungen zu Reibung

25. Ein Tisch mit einer Masse von 30 kg ist mit Kunststofffüßen ausgestattet und steht auf einem Parkettboden. Die Gleitreibungszahl beträgt 0,3, die Haftreibungszahl 0,35.
Welche Horizontalkraft bewirkt ein Verschieben des Tisches?

26. Ein Metallteil soll zur Bearbeitung in einen Schraubstock eingespannt werden.
Wie groß muss die Spannkraft F_N der Spannbacken mindestens sein, wenn die Reibzahl mit $\mu_0 = 0{,}25$ angenommen wird?

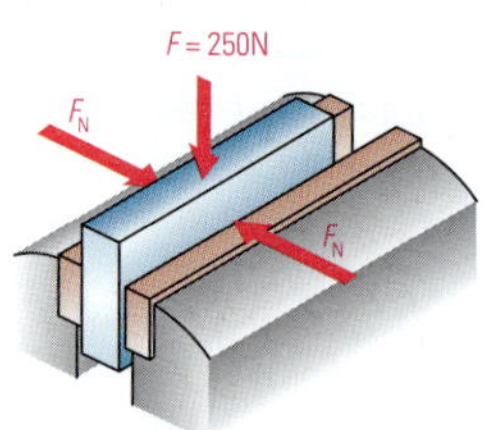

27. Eine Kiste mit der Masse von 20 kg gerät ab einem Winkel von 33° ins Rutschen.
Bestimmen Sie die Reibungszahl.

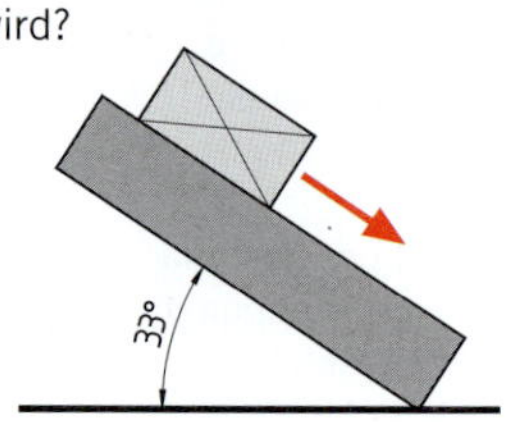

28. Eine Leiter steht an einer Wand und wird an der Pfeilspitze mit der Gewichtskraft F belastet. Der obere Anlagepunkt der Leiter ist mit einer Rollenlagerung ausgeführt.
Würde bei einer angenommenen Haftreibungszahl von $\mu_0 = 0{,}2$ zwischen Boden und Leiter die Leiter ins Rutschen geraten?

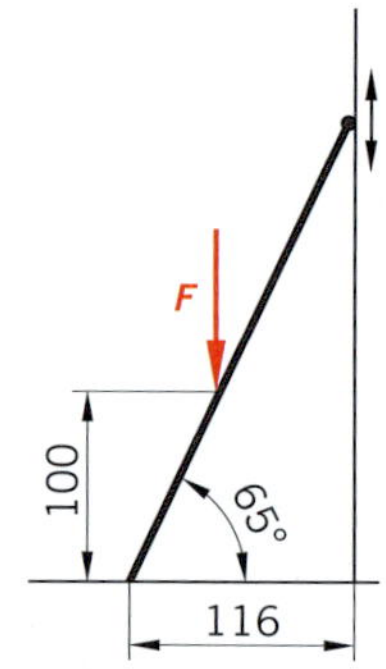

2.2 Wärme- und Feuchteschutz [▶ 6]

1. Berechnen Sie die wärmetechnische Leistungsfähigkeit der folgenden Schichten und sortieren Sie diese nach ihrer Dämmfähigkeit.
- Kork (d = 50 mm, λ = 0,055 W/(mK))
- Holzfaserplatte (d = 40 mm, λ = 0,05 W/(mK))
- Mineralwollplatte (d = 50 mm, λ = 0,04 W/(mK))
- Hochlochziegel (d = 115 mm, λ = 0,24 W/(mK))

2. Wie dick muss eine Betonschicht (λ = 0,24 W/(mK)) gewählt sein, um eine 5 cm dicke Holzfaserplatte (λ = 0,05 W/(mK)) dämmtechnisch zu ersetzen?

3. Berechnen Sie den jeweiligen U-Wert einer 3 mm dicken Glasscheibe (λ = 0,76 W/(mK)) und einer 15 mm dicken Glasscheibe.
Begründen Sie, weshalb sich die verschiedenen U-Werte nicht deutlicher unterscheiden.

4. Der bisher ungedämmte Rollladenkasten über dem Wohnzimmerfenster soll im Zuge der Sanierung eines Einfamilienhauses nachträglich gedämmt werden, um diese Schwachstelle der Wärmedämmung zu verringern.

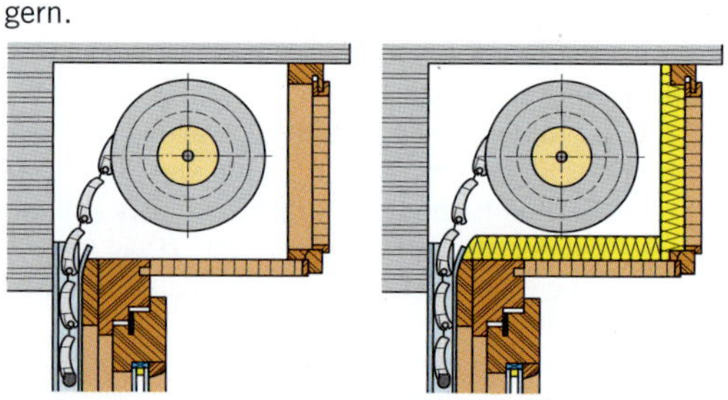

Als Dämmung ist PUR-Hartschaum vom 30 mm Dicke, Wärmeleitgruppe WLG 025, vorgesehen.
Die Kastenseiten bestehen aus 18 mm Furnierplatten, Wärmeleitfähigkeit λ = 0,24 W/(mK).
Berechnen Sie den U-Wert des ungedämmten und des gedämmten Rollladenkastens.
Um wie viel % wird die Wärmedämmung verbessert?

5. Im Wohnraum (20 °C; rel. Luftfeuchte φ um 50 %) wird in einer kalten Winternacht die Heizung ausgeschaltet. Die Temperatur sinkt dabei um 8 °C.
Ermitteln Sie die relative Luftfeuchte nach dem Temperaturabfall (Annahme: Die Luft gibt keine Feuchtigkeit an die Umgebung ab).

6. An einem kalten Wintertag (–10 °C, φ um 80 %) wird die Raumluft vollständig durch Lüften ausgetauscht.
Ermitteln Sie die relative und absolute Luftfeuchte, wenn die Luft auf 20 °C erwärmt wird und die Feuchteaufnahme vernachlässigt wird (Annahme: Die Luft nimmt keine Feuchtigkeit aus der Umgebung auf).

7. Eine Außenwand soll ein Wärmedämmverbundsystem erhalten.

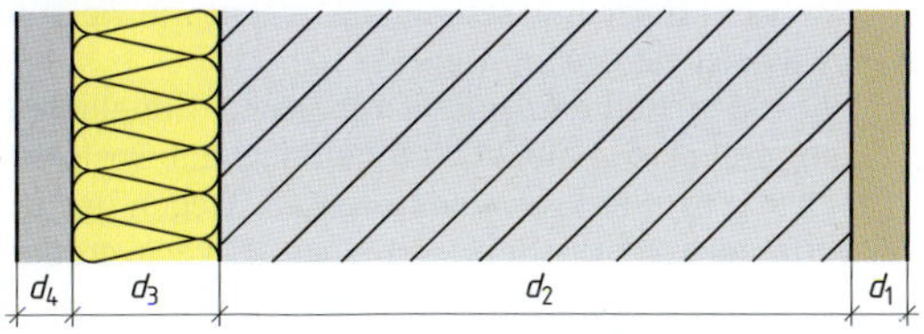

- d_1 = 15 mm Gipsputz (λ = 0,8 W/(mK))
- d_2 = 320 mm Vollziegel (λ = 0,9 W/(mK))
- d_3 = ? mm Mineralwolldämmplatten (λ = 0,032 W/(mK))
- d_4 = 10 mm Außenputz (λ = 0,7 W/(mK))

Welche Dicke muss der Dämmstoff mindestens haben, damit ein *U*-Wert von 0,2 W/(m²K) erreicht wird?

8. Ein 240 mm dickes Vollziegelmauerwerk (λ = 0,9 W/(mK)) eines Altbaus ist innen mit 15 mm Kalkputz (λ = 1 W/(mK)) ausgeführt.
Berechnen Sie den *U*-Wert, die innere Oberflächentemperatur (bei einer Innentemperatur von 20 °C und einer Außentemperatur von –10 °C) und den fRsi-Wert der Wand.
Ab welcher Luftfeuchtigkeit besteht die Gefahr der Tauwasserbildung auf der raumseitigen Oberfläche?

9. Eine Außenwand hat von innen nach außen folgende Schichtung:

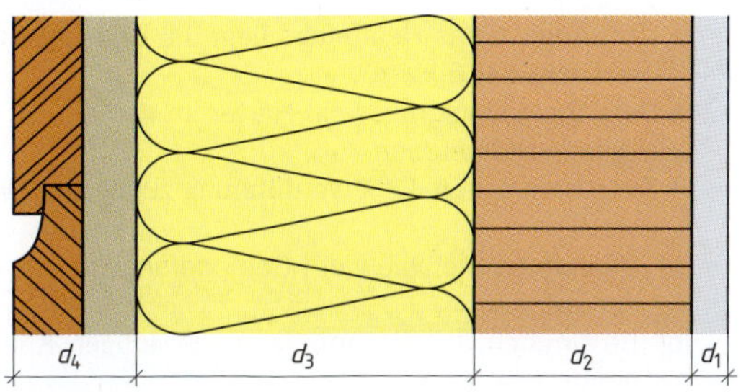

- d_1 = 12,5 mm Gipsplatte (λ = 0,21 W/(mK), μ = 4)
- d_2 = 100 mm massive Holztafelplatten (λ = 0,13 W/(mK), μ = 40)
- d_3 = 150 mm Holzfaserdämmplatte (λ = 0,04 W/(mK), μ = 4)
- d_4 = Lattung, Verkleidung mit Lärchenprofilen

Für die Berechnung von vielschichtigen Bauteilen werden häufig wegen der verbesserten Übersichtlichkeit Tabellen wie die folgende eingesetzt (siehe Tabelle in der rechten Spalte).

a) Erstellen Sie eine Tabelle wie die folgende. Tragen Sie für die einzelnen Schichten die Kenngrößen ein und berechnen Sie die Wärmedurchlasswiderstände sowie die s_d-Werte.
b) Berechnen Sie den Gesamtwiderstand und den *U*-Wert.
c) Berechnen Sie die Temperaturen an den Schichtgrenzen.
d) Zeichnen Sie das Temperaturprofil des Bauteils als Graph.
e) Ermitteln Sie anhand der Temperaturen an der Schichtgrenze den Sättigungsdampfdruck und zeichnen Sie diesen auf einer weiteren Skala in die Abbildung des Temperaturprofils ein.
f) Überlegen Sie, wie das Dampfdruckprofil aussehen müsste und ob die Gefahr von Tauwasserbildung im Bauteil besteht.

1	2	3	4	5	6	7	8
	Bauteildicke	**Wärmeleitzahl**	**Wärmedurchlass-widerstand**	**Wärmedurchgangs-widerstand**	**Wasserdampfdiffusions-widerstandszahl**	**Wasserdampfdiffusion, äquivalente Luftschicht-dicke**	**Temperaturen an Ober- und Trennflächen**
Schichten	d	λ	$R = d/\lambda$	R_T	μ	$s_d = \mu \cdot d$	$Y(\theta)$
	m	W/(mK)	m²k/W	m²k/W		m	°C
angrenzende Luft innen	…	…	…	R_{si} = 0,13	…	…	Y_i =
1.			R_1 =				Y_{si} =
2.			R_2 =				Y_1 =
3.			R_3 =				Y_2 =
4.			R_4 =				Y_3 =
angrenzende Luft außen	…	…	…	R_{Se} = 0,08			Y_e =
Summe	…	…		R_T =	…	Σs_d =	…
				U =			

Ermittlung der Temperaturen an den Trennflächen und Bauteiloberflächen (für eine zu erstellende Tabelle):

$$Y_{Si} = Y_i - R_{si} \cdot U\,(Y_i - Y_e) = \ldots$$
$$Y_1 = Y_{si} - R_1 \cdot U\,(Y_i - Y_e) = \ldots$$
$$Y_2 = Y_1 - R_2 \cdot U\,(Y_i - Y_e) = \ldots$$
$$Y_3 = Y_2 - R_3 \cdot U\,(Y_i - Y_e) = \ldots$$
$$Y_4 = Y_3 - R_4 \cdot U\,(Y_i - Y_e) = \ldots$$
$$Y_{Se} = Y_8 - R_9 \cdot U\,(Y_i - Y_e) = \ldots$$
$$Y_e = Y_{se} - R_{se} \cdot U\,(Y_i - Y_e) = \ldots$$

10. Im Zuge eines Umbaus zu Wohnzwecken soll eine Kelleraußenwand eine Innendämmung mit 10 cm dicken Calciumsilicatplatten erhalten.
Welchen *U*-Wert hat die Außenwand? (Hinweis: Da es sich um eine Kellerwand handelt, ist der äußere Übergangswiderstand mit 0 anzusetzen).

11. Auf eine Außenwand wurde eine Innendämmung angebracht. Die einbindende Innenwand bildet nun eine Wärmebrücke.

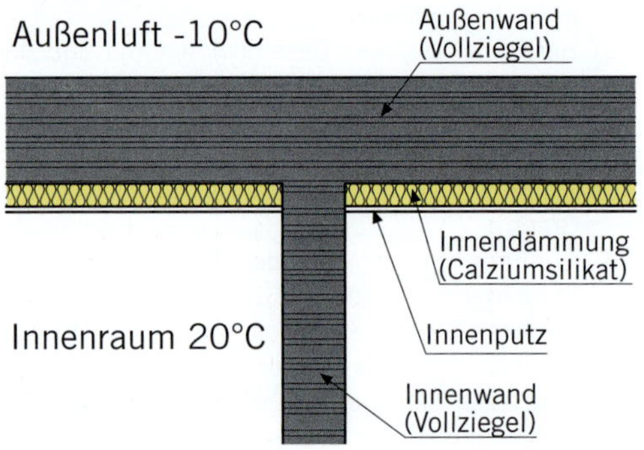

a) Erläutern Sie die Wärmebrückenwirkung und zeichnen Sie den wärmebrückenrelevanten Wärmestrom ein.

b) Berechnen Sie den fRsi-Wert und beurteilen Sie, ob die Oberflächentemperaturen kritisch sind.

c) Wie könnte die Wärmebrücke konstruktiv verbessert werden?

Isothermendarstellung:

schwarze Isotherme im 5-°C-Abstand
blaue Isotherme: 10 °C
rote Isotherme: 12 °C
innere schwarze Isotherme: 15 °C

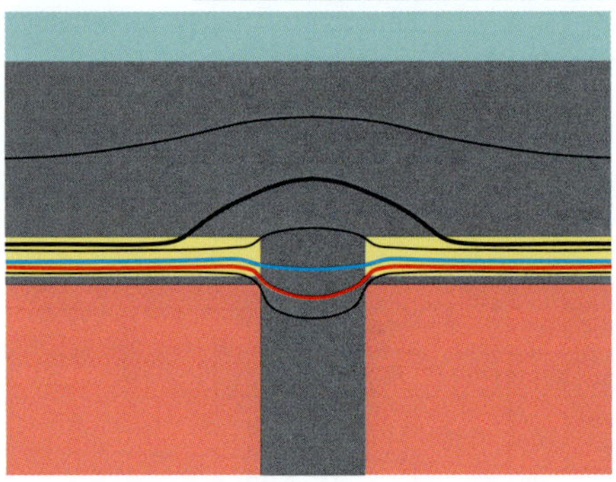

2.3 Oberflächenbehandlung durch Beizen und Beschichten [▶ 14]

Mischungsberechnungen

Berechnen Sie die folgenden Aufgaben mithilfe des Dreisatzverfahrens [▶ GK M 1.5].

1. Um einen bestimmten Farbton zu erlangen, sollen 5 Teile einer helleren mit 3 Teilen einer dunkleren Farbstoffbeize gemischt werden. Benötigt werden 6 l. Wie viel l werden von jeder Beize benötigt?

2. Damit eine durch Sonnenlicht stark vergilbte Nussbaumfläche nach dem Beizen einen einheitlichen Farbton erhält, soll sie vorher gebleicht werden. Dazu wird eine Bleichlösung aus Oxalsäure angesetzt. Laut Rezeptanweisung sollen 30 g Oxalsäure auf 1 l heißes Wasser gemischt werden.
In welchem Mischungsverhältnis stehen bei der Lösung Oxalsäure und Wasser zueinander?

3. Eine Tischplatte von 3,2 m Länge und 80 cm Breite aus Eiche soll mit einer Räucherbeize im Pinselauftrag behandelt werden.
- Laut Herstellerangabe werden 7 l/m² benötigt.
- Um den Beizeffekt zu verstärken, wird der gebrauchsfertigen Beize 6 % Salmiakgeist zugegeben.
- Für evtl. anfallende Nacharbeiten soll ein Überschuss von 10 % vorgehalten werden.

Wie viel l Beize müssen angesetzt und wie viel ml Salmiakgeist zugegeben werden?

4. Für einen Konferenzraum mit 96 m² Sapelli-Vertäfelung soll eine gebrauchsfertige Beize auf Basis organischer Lösemittel verwendet werden. Wegen des Spritzverfahrens soll die Beize mit einer CN-Lackverdünnung im Verhältnis 5 : 1 gemischt werden.
Die Ergiebigkeit liegt laut Gebrauchsanweisung beim Spritzverfahren bei 7 l/m².
Wie viel l Lösemittelbeize und Lackverdünnung werden benötigt?

5. Reine CN-Lacke zeichnen sich durch einen relativ niedrigen Bindemittelanteil (Cellulosenitrat) und einen hohen Lösemittelgehalt aus; i. d. R. liegt er bei 75 %.
In welchem Verhältnis stehen Lösemittel- und Bindemittelanteil?

6. Drei Innentürblätter von je 2,3 m² Fläche, Kirschbaum furniert, sollen mit einer CN-Grundierung beidseitig im Spritzverfahren beschichtet werden.
- Laut Angabe des Lackherstellers liegt die Ergiebigkeit der Grundierung bei 5 l/m².
- Für den Spritzverlust werden 8 % veranschlagt.

Berechnen Sie den Bedarf an CN-Lack in Litern.

7. Die Platten von vier Labortischen mit je 2 m² Fläche sollen mit einem mattglänzenden Zweikomponenten-PUR-Lack beschichtet werden.
- Laut Angabe des Herstellers liegt die Ergiebigkeit des Lacks bei 6 kg/m².
- Dem Stammlack muss ein Härter im Verhältnis 2 : 1 beigemischt werden.
- Zusätzlich sollen 12 % Verdünnung zugegeben werden.

a) Berechnen Sie, wie viel l Gebinde angemischt werden müssen.

b) Bestimmen Sie die Anteile der jeweiligen Komponenten.

8. Ein Zweikomponenten-Acryllack wird für eine Spritzlackierung angesetzt.
Wie viel Stammlack und Härter sowie Verdünnung sind nötig bei einem Verhältnis Stammlack zu Härter von 3 : 1 und 20 % Verdünnung für einen Spritzlack von

a) 1,200 l; b) 2,500 l; c) 3 l;
d) 3,600 l; e) 5 l; f) 4,500 l?

2.4 Kalkulation und Angebot [▶ 16]

Setzen Sie in die folgenden Kalkulationsaufgaben zeitgemäße Tagespreise und Stundenlöhne ein.
Informieren Sie sich dazu vor allem im Internet über aktuelle Preise von Werkstoffen, Verbindungsmitteln und Beschlägen sowie über den aktuellen Stand der Verarbeitungstechniken.

1. Dielenschrank in Nussbaum [▶ TZ]

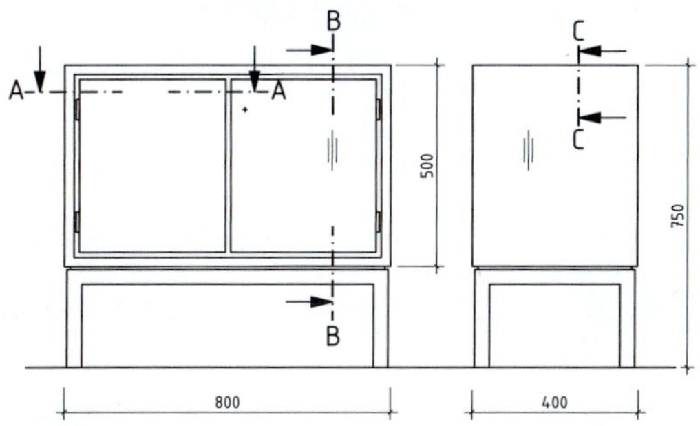

Werkstoffe:
- Korpus MDF Nussbaum furniert, Vollholzanleimer, Rückwand 4 mm Furniersperrholz,
- Türen MDF Nussbaum furniert, Vollholzanleimer gefälzt,
- Schubkästen in Buche, Vorderstück Nussbaum gezinkt, Böden 4 mm Furniersperrholz, geführt auf Laufrahmen in Buche mit Staubboden,
- Fußgestell in Vollholz Nussbaum.

Konstruktion:
Eckverbindungen auf Gehrung gefedert, Rückwand in den Falz geschraubt.
Oberflächenbehandlung: Natur mattiert.

2. Einflügeliges Dreh-Kipp-Fenster IV 68 [▶ TZ]

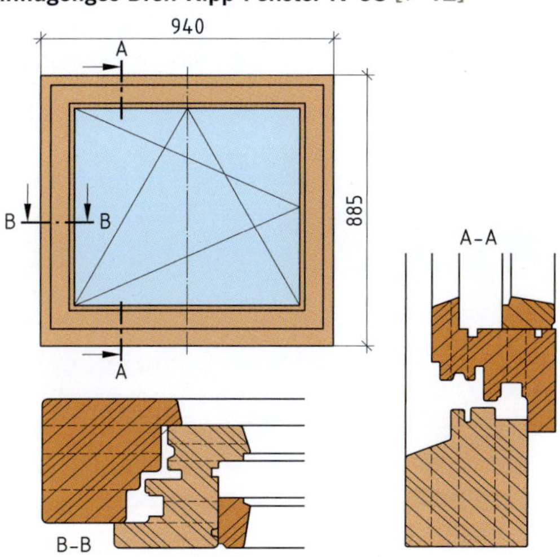

- Blend- und Flügelrahmen aus Meranti-Leimholz,
- Isolier-Zweifachverglasung,
- Dreh-Kipp-Beschlag, Rosette verschließbar,
- Oberfläche: Grundierung mit Holzschutz, Decklack Acryl-Wasserlack weiß deckend,
- Montage: 2 Monteure, 4 h.

3. Innen-Rahmen-Drehtür [▶ TZ]

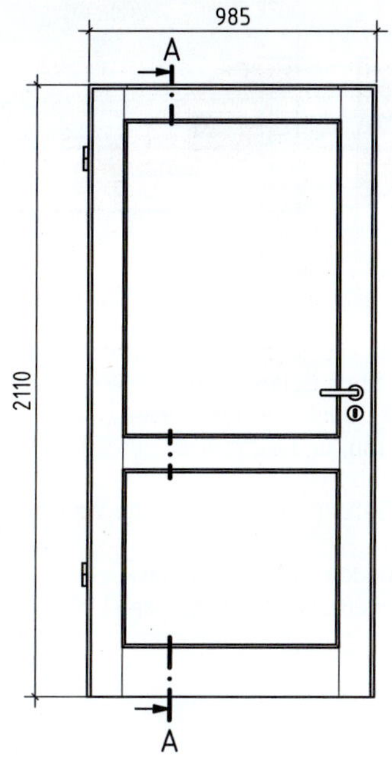

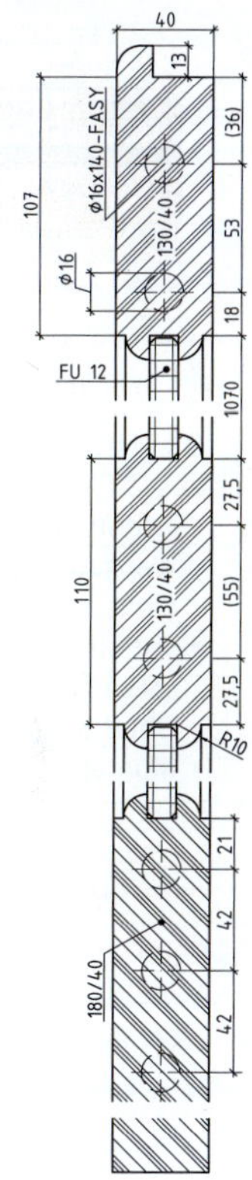

Rahmentür, gefälzt, für ein vorhandenes Türfutter.
- Rahmenhölzer aus Lärche 40 mm Dicke,
- Türfüllungen aus Furniersperrholz 12 mm mit Lärchendeckfurnier,
- Tür-Aufsatzbänder, Wechselschloss zweitourig mit Schließzylinder,
- Drückergarnitur einseitig mit Knopf,
- Oberfläche: Hartwachs.

4. Treppe für Podest [▶ TZ]

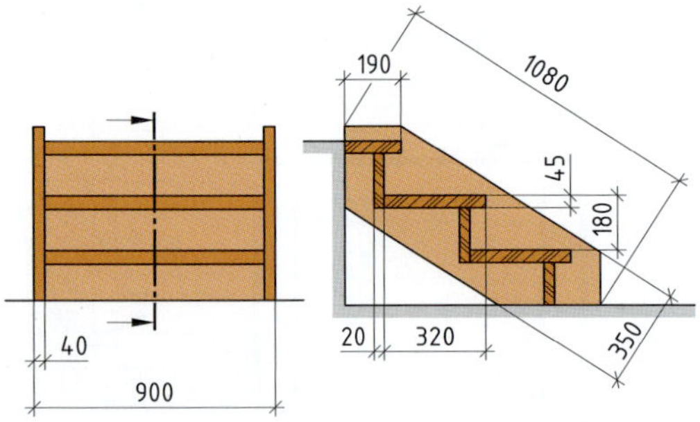

Die Treppe besteht aus 3 Tritt- und Setzstufen sowie aus 2 Freiwangen ohne Geländer (da Höhe ≤ 1 m).

- Trittstufen aus Rotbuche 50 mm Dicke,
- Wangen aus 45 mm und Setzstufen aus 24 mm dickem Kiefernholz,
- Trittstufen und Setzstufen werden in die Wangen eingestemmt,
- Oberfläche Fußboden: Wasser-Acryllack,
- Montage, Aufstellen und Befestigen ca. 1 h.

1 Informationen zu den Aufgabenstellungen

Technische Zeichnungen sind z. T. beispielhaft in den Projekten der Lernfelder bei der praktischen Anwendung sowie zur Veranschaulichung in den Sachinformationen verwendet worden.

Bei den folgenden Aufgaben stehen die Teilschnittzeichnungen im Vordergrund, um das Verständnis für Konstruktionen zu vertiefen.

Für alle Aufgaben gilt:
Fertigen Sie die Zeichnungen von Hand oder mithilfe eines CAD-Programms auf A4- bzw. A3-Format anhand der jeweiligen Vorgaben an:
- Richten Sie ein Zeichenblatt nach formalen Grundsätzen wie Rahmen und Schriftfeld ein.
- Zeichnen Sie die vorgegebenen Ansichten bzw. Teilschnitte maßstabsgerecht.
- Ergänzen Sie jeweils die fehlenden Ansichten und/oder Teilschnitte.
- Versehen Sie die Ansichten und Teilschnitte mit den erforderlichen Maßangaben.
- Vervollständigen Sie die Teilschnitte mit den notwendigen Kennzeichnungen und Schraffuren (z. B. der zu verwendenden Werkstoffe) nach den gültigen DIN-Normen.

Inhaltliche und formale Informationen dazu entnehmen Sie den Sachinformationen der Grund- und Fachkenntnisse sowie dem technischen Zeichnen und Konstruieren [▶ GK TZ] der Grundkenntnisse.

Die Bearbeitung setzt das Erstellen technischer Zeichnungen unter zeichentechnischen und formalen Aspekten [▶ GK TZ 4.1] voraus.

2 Möbelkonstruktionen [▶ 4]

Aufgabe 2.1 Schränkchen mit Drehtüren

Zeichnen Sie auf A4-Hochformat die Vorder- und Seitenansicht im Maßstab 1 : 10 sowie die Teilschnitte A-A, B-B und C-C im Maßstab 1 : 1:
- Dielenschrank, Rüster furniert,
- Korpusecken auf Gehrung mit Winkeldübeln 6 × 25,
- Rückwand (5 mm) ist eingefälzt,
- Türen mit Topfscharnieren mit Zuhaltung angeschlagen (Topfmaß ∅ 35 × 12), bilden in der Mitte eine Fuge von 3 mm, mit Schlagleiste.

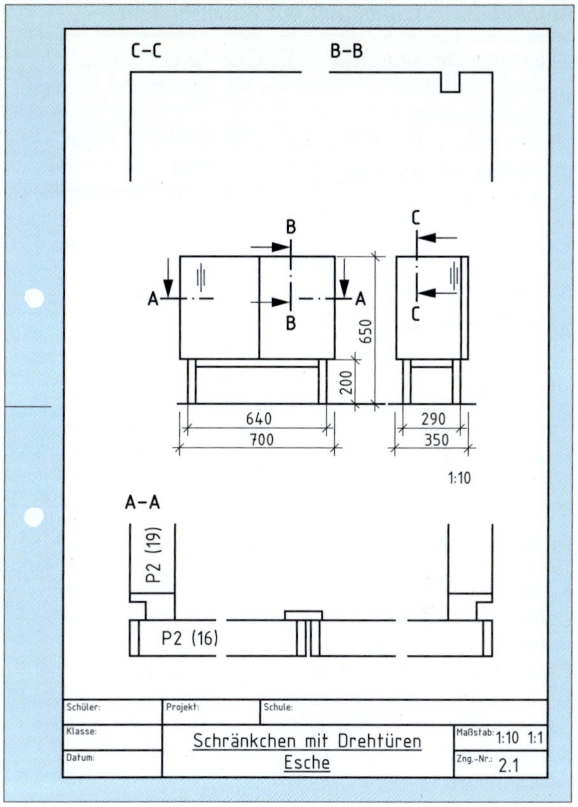

Aufgabe 2.2 Barschrank mit Schiebetüren

Zeichnen Sie auf A4-Hochformat die Vorderansicht im Maßstab 1 : 10 sowie die Teilschnitte A-A und B-B im Maßstab 1 : 1:
- Barschrank, Kirschbaum furniert,
- Korpusoberboden und Seiten auf Gehrung mit Formfedern verbunden,
- Schiebetüren gleiten auf Rollen, oben in Nuten.

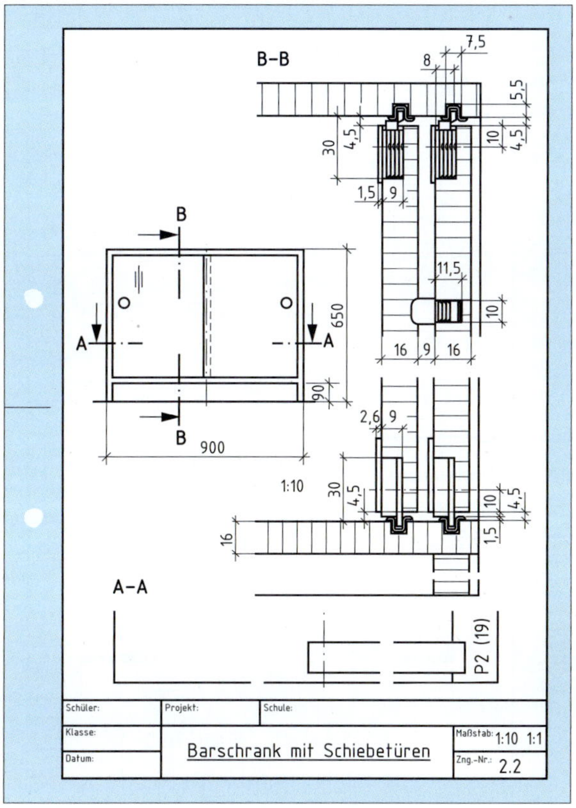

Aufgabe 2.3 Laptoppult mit Kabelschacht

Zeichnen Sie auf A3-Querformat die Vorder- und Seitenansicht im Maßstab 1 : 10 sowie die Teilschnitte A-A und B-B im Maßstab 1 : 1:

- Das Pult, in Buche furniert, ist als Säule mit Kabelschacht und einer oben liegenden Klappe als Deckel ausgeführt, seitliche Öffnungen oben und unten jeweils nach innen als Kabelaustritt,
- Magnetschnäpper als Verschluss. Verwenden Sie das abgebildete Klappenband.

Aufgabe 2.4 Hängeschrank mit Rollladen

Zeichnen Sie auf A4-Hochformat die Vorderansicht im Maßstab 1 : 20 sowie den Teilschnitt B-B im Maßstab 1 : 1 (Rollladen im geöffneten Zustand):

- Hängeschrank Buche, Vollholz,
- Rollladen nach oben zu öffnen.

Aufgabe 2.5 Kleiner Schreibtisch

Zeichnen Sie auf A3-Querformat die Vorder- und Seitenansicht im Maßstab 1:20 sowie die Schnitte A-A, B-B und C-C im Maßstab 1 : 1:

- Korpus aus beschichteter Flachpressplatte mit Buchedekor, Steg unter der Platte angeordnet,
- Schubkästen mit Aufdopplung aus Buche. Bestimmen Sie die Länge der Rollenauszugsführung selbst.

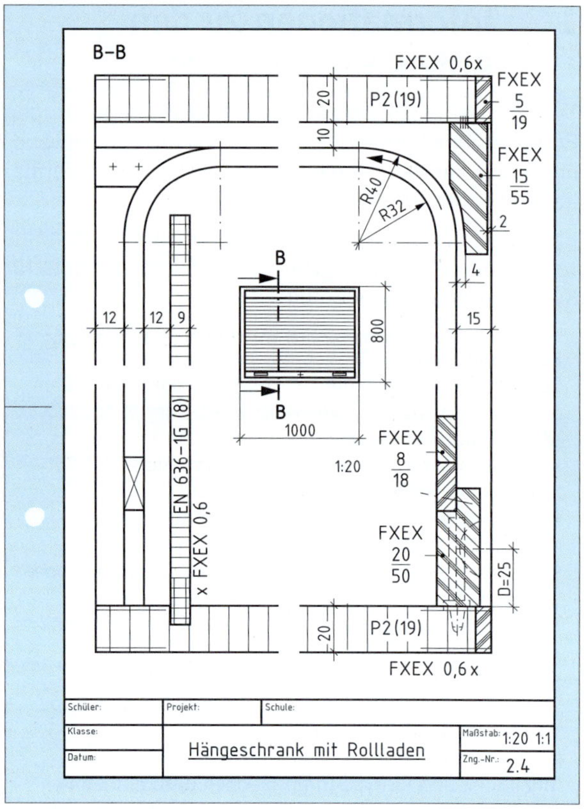

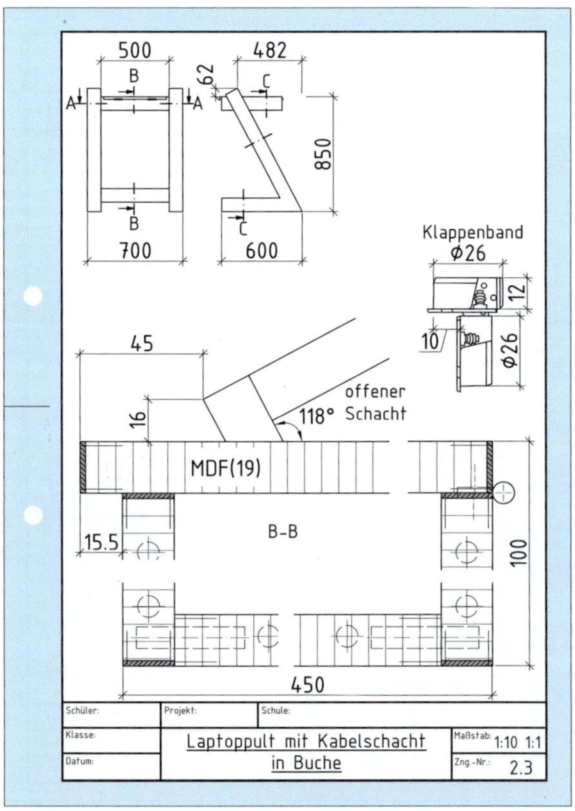

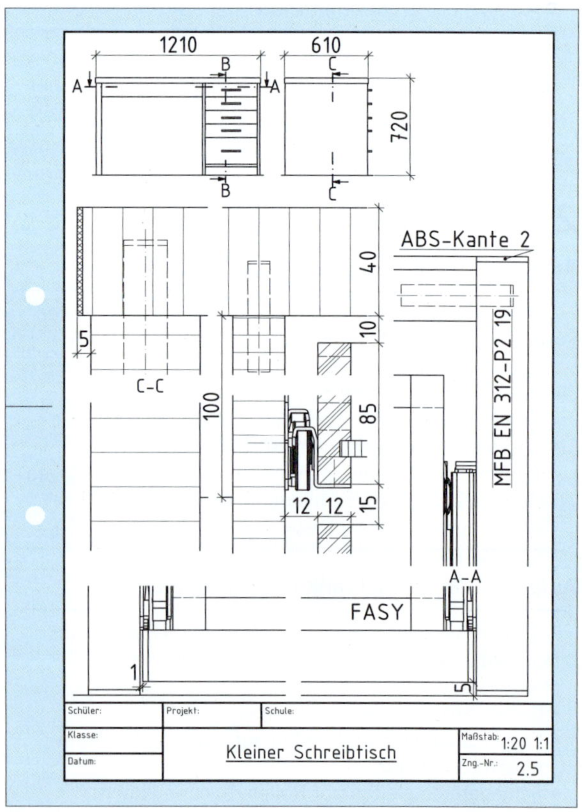

Aufgabe 2.6 Schränkchen mit englischem Zug

Zeichnen Sie auf A4-Hochformat die Vorder- und Seitenansicht im Maßstab 1 : 10. Zeichnen und vervollständigen Sie die Schnitte A-A, B-B und C-C im Maßstab 1 : 1:
- Schränkchen, Kirschbaum furniert,
- Korpus aus furniertem Stäbchensperrholz, oben auf Gehrung mit Formfedern verbunden,
- fehlende Maße und Angaben sowie Zinkenteilung sind selbst zu bestimmen.

Aufgabe 2.7 Schränkchen mit innen liegenden Schubkästen mit Nutleistenführung

Zeichnen Sie auf A4-Hochformat die Vorder- und Seitenansicht im Maßstab 1 : 10. Zeichnen und vervollständigen Sie die Schnitte A-A, B-B und C-C im Maßstab 1 : 1:
- Korpus aus MDF-Platte, Eiche furniert, oben auf Gehrung mit Formfedern verbunden,
- Schubkästen mit Nutleistenführung übereinander angeordnet,
- fehlende Maße und Angaben sowie Zinkenteilung sind selbst zu bestimmen.

Aufgabe 2.8 Schränkchen in Black Cherry mit Wangen in Rahmenbauweise (S. 440)

Zeichnen Sie auf A3-Querformat die Vorder- und Seitenansicht im Maßstab 1 : 10.
Zeichnen Sie den Teilschnitt B-B und vervollständigen Sie die Teilschnitte A-A und C-C im Maßstab 1 : 1 mit Bemaßung.
Bestimmen Sie die Verbindungen der Korpuselemente nach eigener Wahl.

Aufgabe 2.9 Dielenschränkchen in Nussbaum mit Fußgestell (S. 440)

Zeichnen Sie auf A3-Querformat die Vorder- und Seitenansicht im Maßstab 1 : 10.
Zeichnen Sie den Teilschnitt B-B und vervollständigen Sie die Teilschnitte A-A und C-C im Maßstab 1 : 1.
Fehlende Maße sind selbst zu bestimmen.

Aufgabe 2.10 Truhe in Eiche in Rahmenbauweise (S. 441)

Zeichnen Sie auf A3-Querformat die Vorder- und Seitenansicht im Maßstab 1 : 10.
Zeichnen und vervollständigen Sie die Teilschnitte A-A, B-B und C-C im Maßstab 1 : 1, mit vollständiger Bemaßung.
Bestimmen Sie fehlende Maße, Profile u. a. selbst.

Aufgabe 2.11 Anrichte in Rüster in Stollenbauweise (S. 441)

Zeichnen Sie auf A3-Querformat die Vorder- und Seitenansicht sowie die Draufsicht im Maßstab 1 : 10.
Zeichnen und vervollständigen Sie die Teilschnitte A-A und B-B im Maßstab 1 : 1.

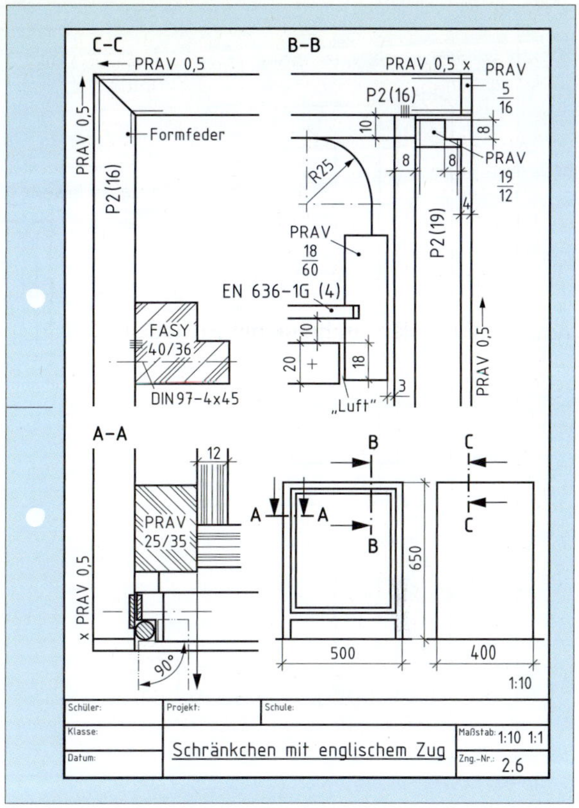

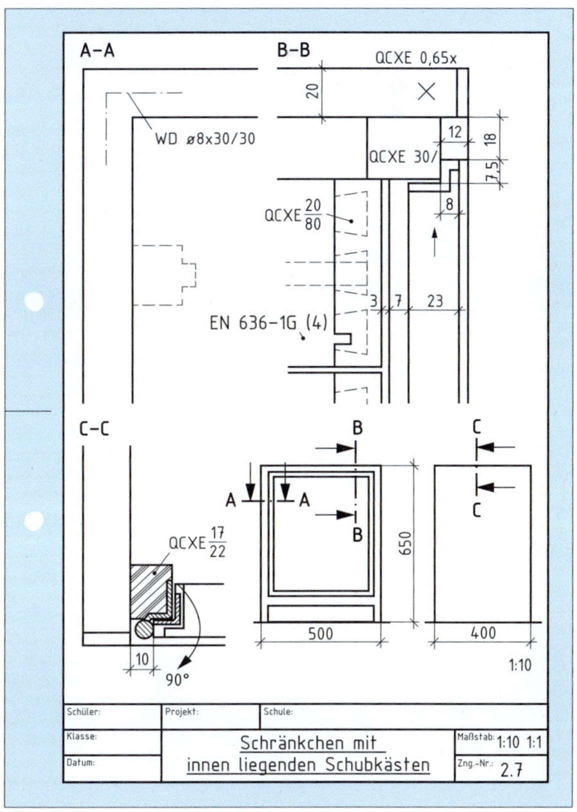

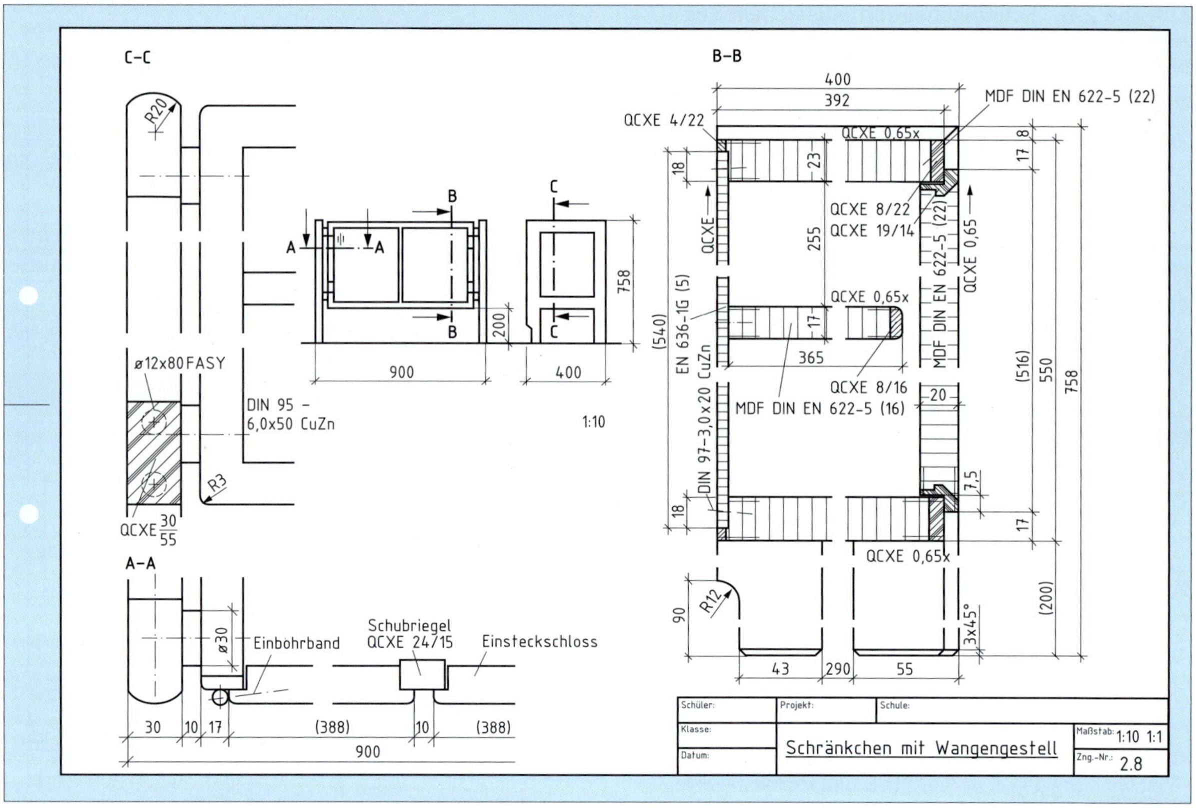
C–C
B–B
R20
ø12x80 FASY
DIN 95 – 6,0x50 CuZn
R3
QCXE 30/55
A–A
ø30
Einbohrband
Schubriegel QCXE 24/15
Einsteckschloss
30
10
17
(388)
10
(388)
900
B
C
A
A
B
C
758
200
900
400
1:10
400
392
QCXE 4/22
QCXE 0,65x
MDF DIN EN 622-5 (22)
QCXE 8/22
QCXE 19/14
QCXE 0,65x
QCXE 8/16
MDF DIN EN 622-5 (16)
365
255
23
17
EN 636-1G (5)
DIN 97-3,0x20 CuZn
(540)
18
18
MDF DIN EN 622-5 (22)
QCXE 0,65
QCXE
20
7,5
17,8
17
(516)
550
758
(200)
QCXE 0,65x
R12
90
3x45°
43
290
55
Schüler:
Projekt:
Schule:
Klasse:
Datum:
Schränkchen mit Wangengestell
Maßstab: 1:10 1:1
Zng.-Nr.: 2.8

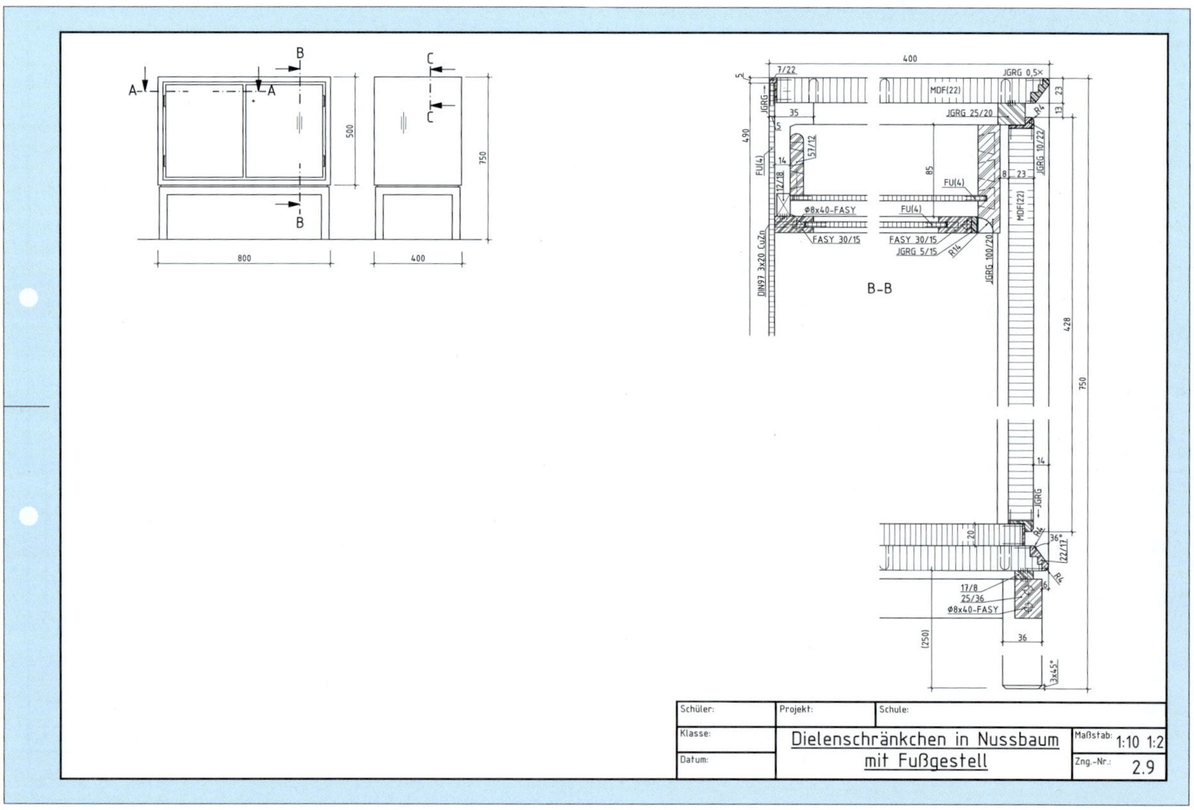
A
B
A
B
C
C
500
750
800
400
B–B
400
JGRG 0,5x
MDF(22)
JGRG 25/20
JGRG 10/22
JGRG 100/20
FU(4)
FU(4)
ø8x40-FASY
FASY 30/15
FASY 30/15
JGRG 5/15
DIN97 3x20 CuZn
490
428
750
17/8
25/36
ø8x40-FASY
36
(250)
3x45°
Schüler:
Projekt:
Schule:
Klasse:
Datum:
Dielenschränkchen in Nussbaum mit Fußgestell
Maßstab: 1:10 1:2
Zng.-Nr.: 2.9

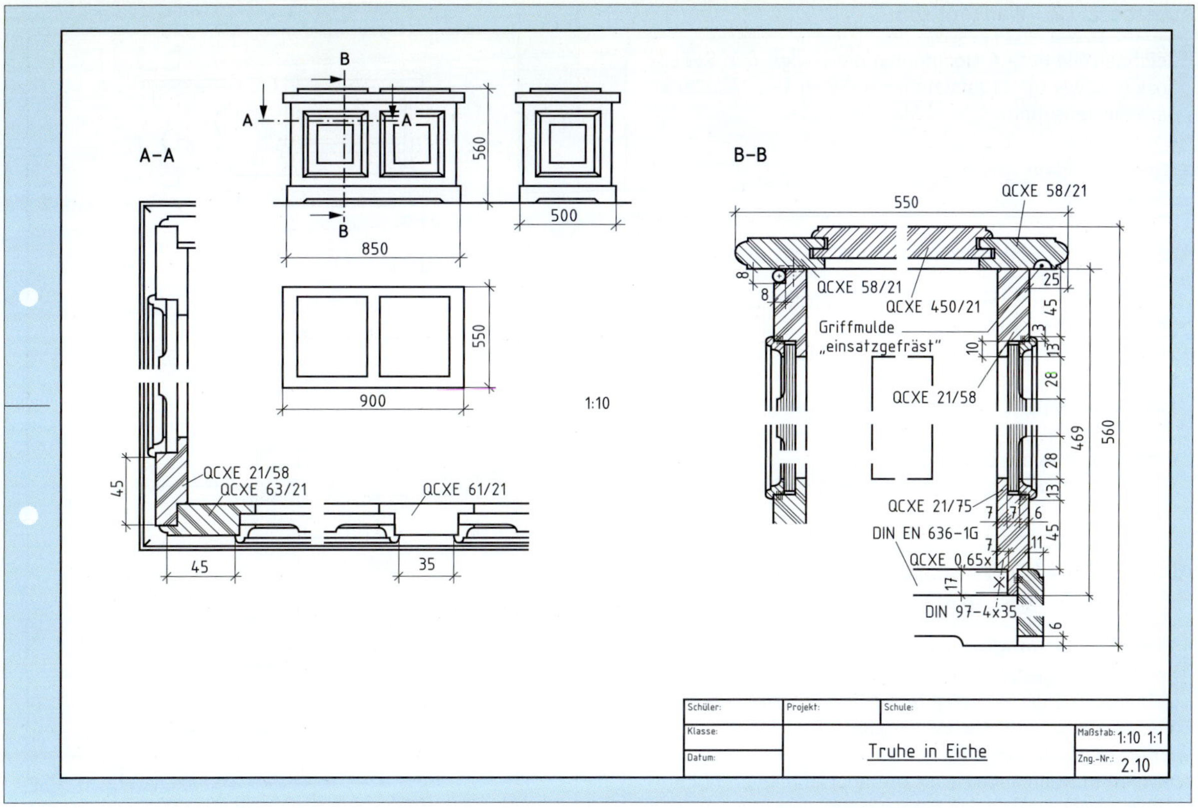
A–A
B
A
560
500
850
550
900
1:10
B–B
550
QCXE 58/21
QCXE 58/21
QCXE 450/21
Griffmulde „einsatzgefräst"
QCXE 21/58
QCXE 21/58
QCXE 63/21
QCXE 61/21
45
35
QCXE 21/75
DIN EN 636-1G
QCXE 0,65x
DIN 97-4x35
469
560
Schüler:
Projekt:
Schule:
Klasse:
Datum:
Truhe in Eiche
Maßstab: 1:10 1:1
Zng.-Nr.: 2.10

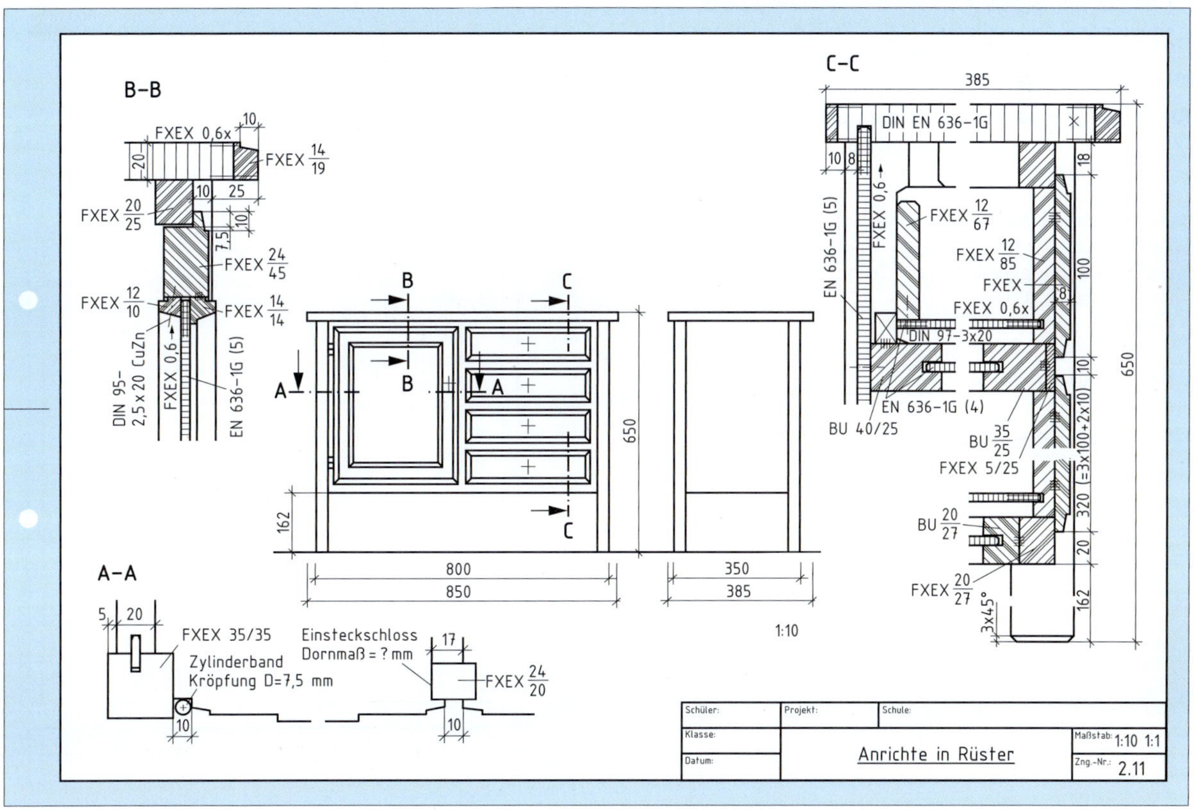
B–B
FXEX 0,6x
FXEX 14/19
FXEX 20/25
FXEX 24/45
FXEX 12/10
FXEX 14/14
DIN 95-2,5x20 CuZn
FXEX 0,6
EN 636-1G (5)
C–C
385
DIN EN 636-1G
EN 636-1G (5)
FXEX 0,6
FXEX 12/67
FXEX 12/85
FXEX
FXEX 0,6x
DIN 97-3x20
EN 636-1G (4)
BU 40/25
BU 35/25
FXEX 5/25
BU 20/27
FXEX 20/27
3x45°
320 (=3x100+2x10)
650
162
800
850
350
385
1:10
A–A
FXEX 35/35
Zylinderband Kröpfung D=7,5 mm
Einsteckschloss Dornmaß = ? mm
FXEX 24/20
Schüler:
Projekt:
Schule:
Klasse:
Datum:
Anrichte in Rüster
Maßstab: 1:10 1:1
Zng.-Nr.: 2.11

Aufgabe 2.12 Wangentisch

Zeichnen Sie auf A4-Hochformat die Vorder- und Seitenansicht sowie die Draufsicht im Maßstab 1 : 10, außerdem die Teilschnitt B-B im Maßstab 1 : 1:

- Wangentisch in Eiche,
- fehlende Maße und Angaben sowie Fingerzinkenteilung sind selbst zu bestimmen.

Aufgabe 2.13 Highboard in Nussbaum und Ahorn

Zeichnen Sie auf A3-Querformat die Vorder- und Seitenansicht im Maßstab 1 : 20.
Zeichnen und vervollständigen Sie die Teilschnitte A-A, B-B und C-C im Maßstab 1 : 1:

- alle Rahmenteile in Nuss, alle Füllungen ahornfurnierte MDF-Platte,
- Schubkästen mit Doppel in Ahorn,
- bestimmen Sie die Länge der Kugelauszugsführung selbst.

Aufgabe 2.14 Dielenschrank mit Sitzbank in Kiefer (S. 443)

Zeichnen Sie auf A3-Querformat die Vorder- und Seitenansicht im Maßstab 1 : 10.
Zeichnen Sie die Teilschnitte A-A und C-C und ergänzen Sie den Teilschnitt B-B im Maßstab 1 : 1:

- Korpusseiten und -böden in Kiefer Vollholz,
- Türen in Rahmenbauweise mit überschobenen Füllungen, angeschlagen mit Eckzapfenbändern,
- Sitzbank mit Schubkästen in Kiefer,
- Korpus und Sitzbank an den Ecken offen gezinkt,
- fehlende Konstruktionen, Maße, Profile und andere Details sind eigenständig zu bestimmen.

Aufgabe 2.15 Vitrine in Stollenbauweise mit Türen mit Glasfüllungen (S. 443)

Zeichnen Sie auf A3-Querformat die Vorder- und Seitenansicht im Maßstab 1 : 10.
Zeichnen und vervollständigen Sie die Teilschnitte A-A und D-D und ergänzen Sie die Teilschnitte B-B und C-C im Maßstab 1 : 1:

- Vollholz und Furnier Birnbaum,
- Türen in Rahmenbauweise mit Glasfüllungen,
- Einlegeböden in Stäbchensperrholz,
- Schubladen auf Laufrahmen.
- Fehlende Maße sind selbst zu bestimmen.

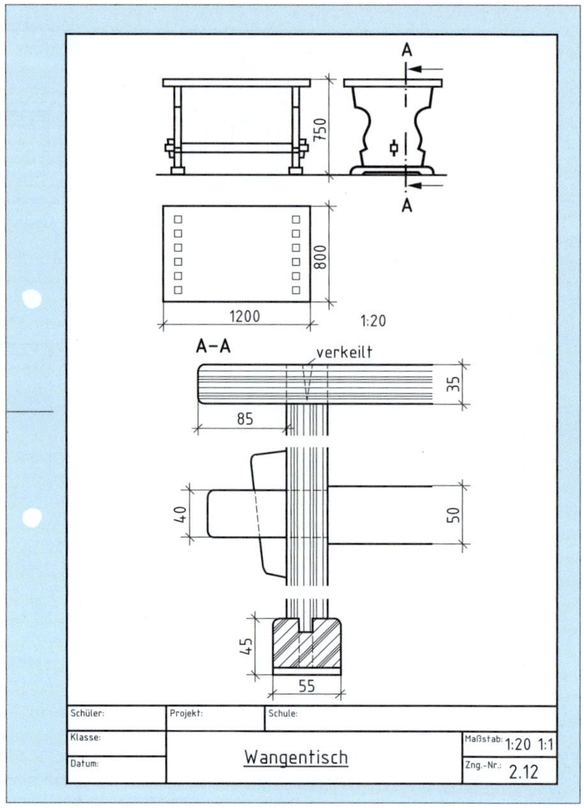

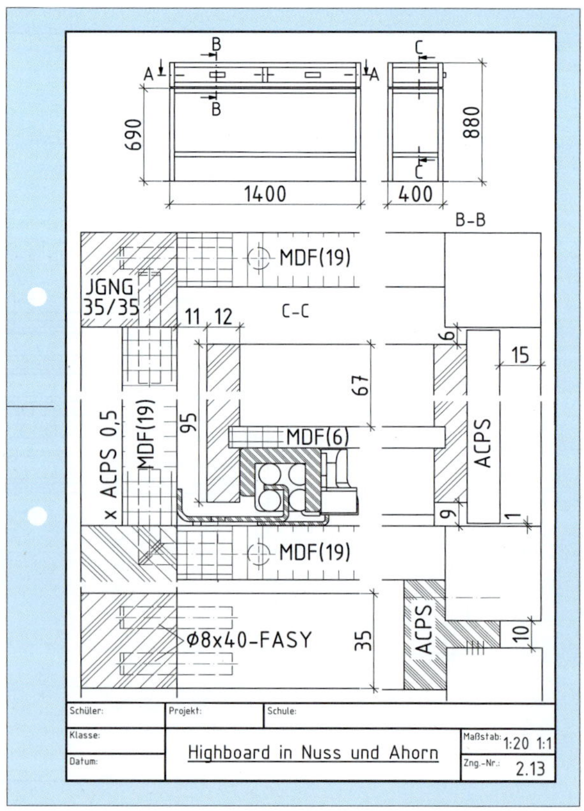

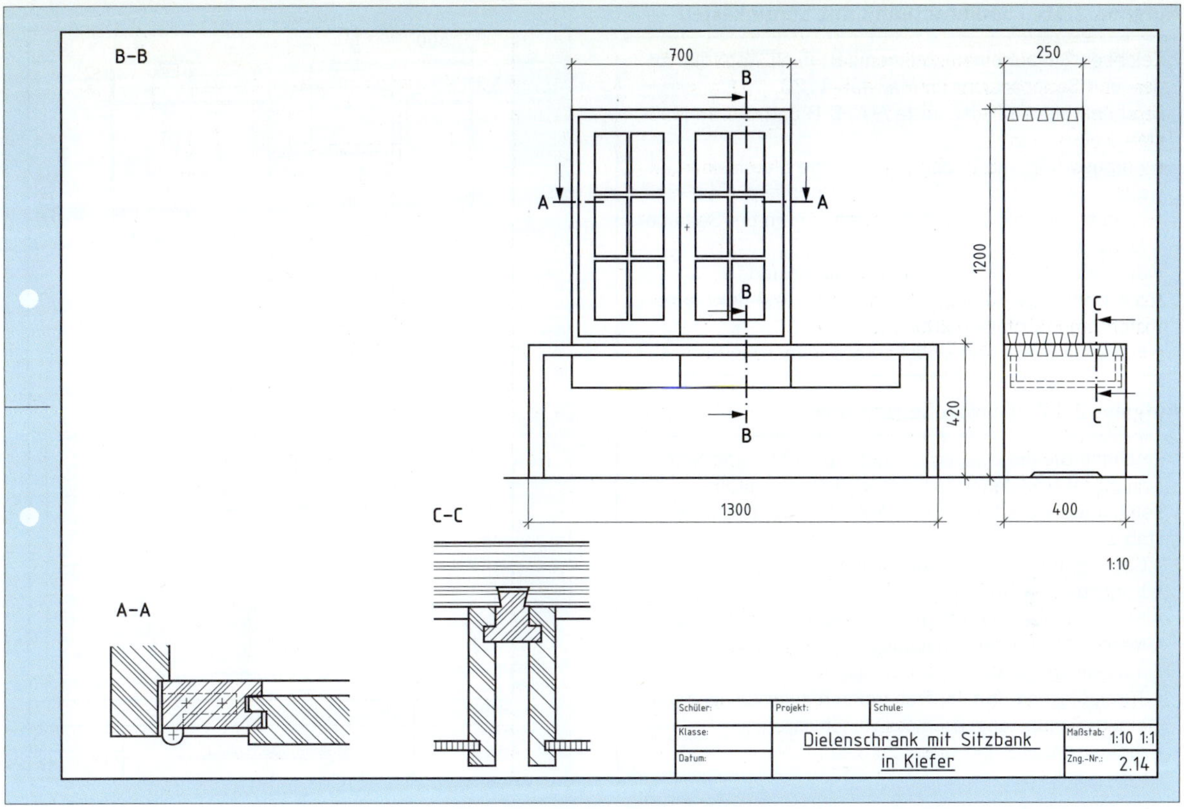
B-B
700
B
A
A
250
1200
C
C
420
B
C-C
1300
400
1:10
A-A
Schüler:
Projekt:
Schule:
Klasse:
Dielenschrank mit Sitzbank in Kiefer
Maßstab: 1:10 1:1
Datum:
Zng.-Nr.: 2.14

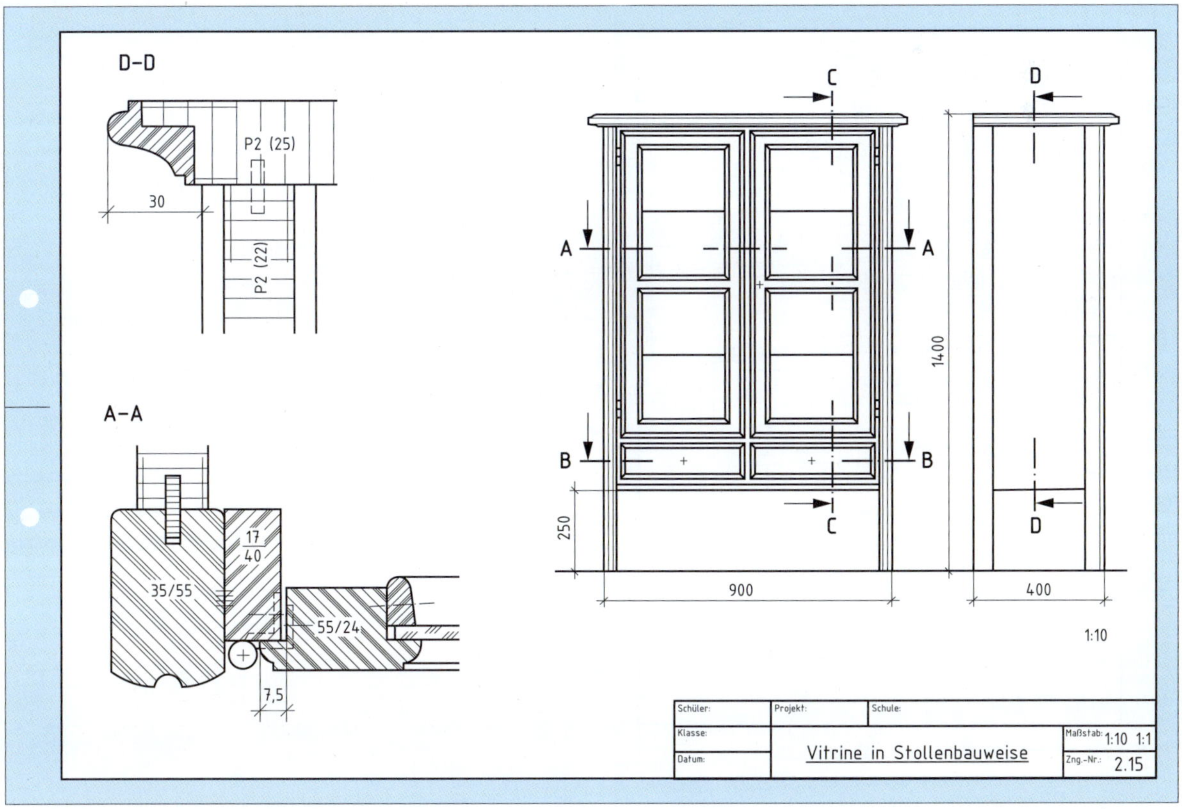
D-D
P2 (25)
30
P2 (22)
C
D
A
A
B
B
250
1400
C
D
900
400
1:10
A-A
17
40
35/55
55/24
7,5
Schüler:
Projekt:
Schule:
Klasse:
Vitrine in Stollenbauweise
Maßstab: 1:10 1:1
Datum:
Zng.-Nr.: 2.15

Aufgabe 2.16 Säulenschrank mit Schubkästen

Zeichnen Sie auf einem Zeichenblatt nach Wahl die Vorder- und Seitenansicht im Maßstab 1 : 20.
Zeichnen Sie die Teilschnitte A-A, B-B und C-C im Maßstab 1 : 1:

- Korpusseiten und Böden in Birke und blau lackiert,
- alle Schubkästen sind gleich hoch und liegen auf mechanischen Vollauszugsführungen, die an der Seite befestigt sind,
- die Schubkästen sind allseitig blau lackiert,
- die zweiteilige Aufdopplung ist rechts und links angeordnet, ein Griff mittig dazwischen.
- Fehlende Maße sind selbst zu bestimmen.

Aufgabe 2.17 Garderobenschrank

Zeichnen Sie auf A3-Hochformat die Vorder- und Seitenansicht im Maßstab 1 : 20.
Zeichnen Sie die Teilschnitte A-A, B-B und D-D im Maßstab 1 : 1:

- Garderobe in Kirschbaum furniert,
- Korpustiefe: 600 mm,
- Kleiderstange im offenen Teil links, das rechte Segment enthält einen eingehängten Schubkastenkorpus mit zwei gleich hohen Schubkästen,
- Tür aufliegend, mit Topfscharnieren angeschlagen, mit einem Schubstangenschloss verschlossen,
- fehlende Maße sind selbst zu bestimmen.

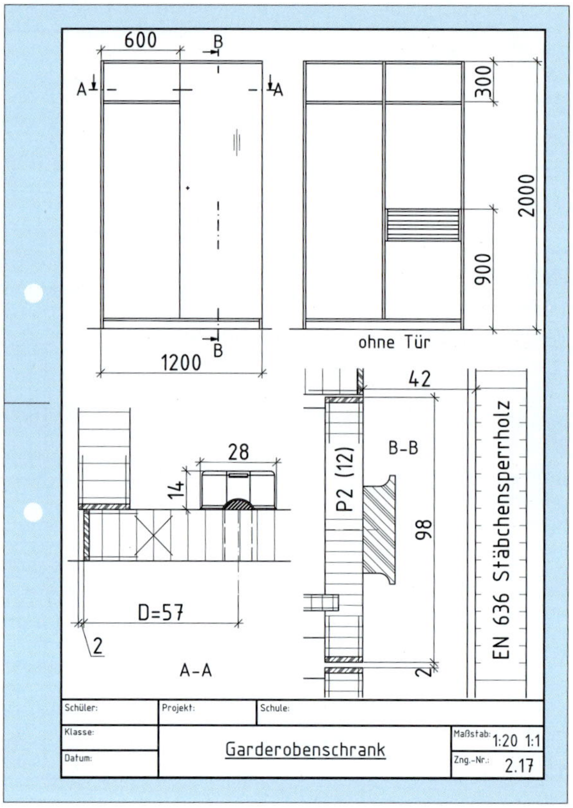

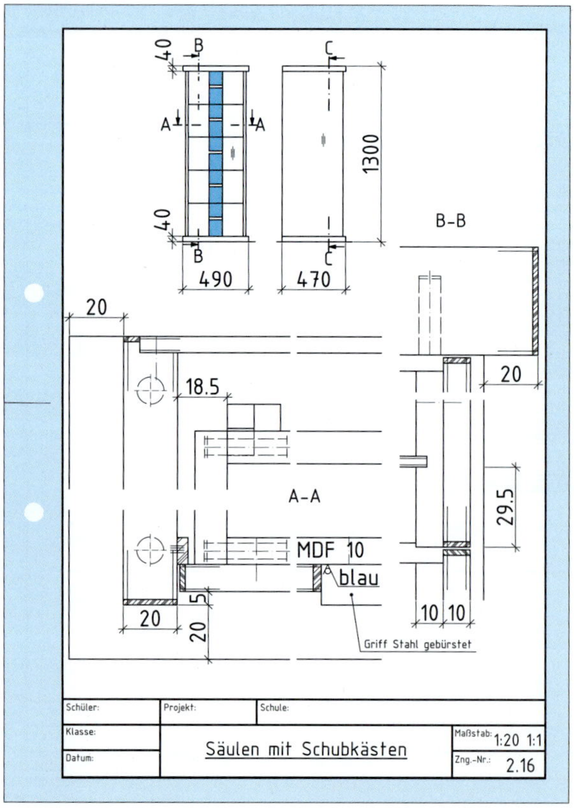

3 Innenausbau [▶ 7.2 bis 7.4]

Aufgabe 3.1 Parkettfußboden auf schwimmendem Estrich

Zeichnen Sie auf A4-Hochformat den Aufbau des dargestellten Parkettfußbodens in Buche als Teilschnitt im Maßstab 1 : 5.
Wählen und kennzeichnen Sie ein geeignetes Parkettholz und geben Sie sämtliche zu verarbeitende Bau- und Werkstoffe sowie die Maße an.

Aufgabe 3.2 Aufbau Dielenfußboden auf Lagerhölzern

Zeichnen Sie auf A4-Hochformat den Aufbau des dargestellten Dielenfußbodens in Buche als Teilschnitt im Maßstab 1 : 5.
Wählen und kennzeichnen Sie ein Dielenholz und geben Sie sämtliche zu verarbeitende Bau- und Werkstoffe sowie die Maße an.

Aufgabe 3.3 Wand- und Deckenverkleidung

Zeichnen Sie auf A4-Hochformat als Teilschnitt den oberen Teil der vorgehängten Vorsatzschale einschließlich der Deckenanbindung.
Wählen Sie einen geeigneten Maßstab, ergänzen Sie die Wärmedämmung und kennzeichnen Sie sämtliche zu verarbeitenden Werkstoffe.

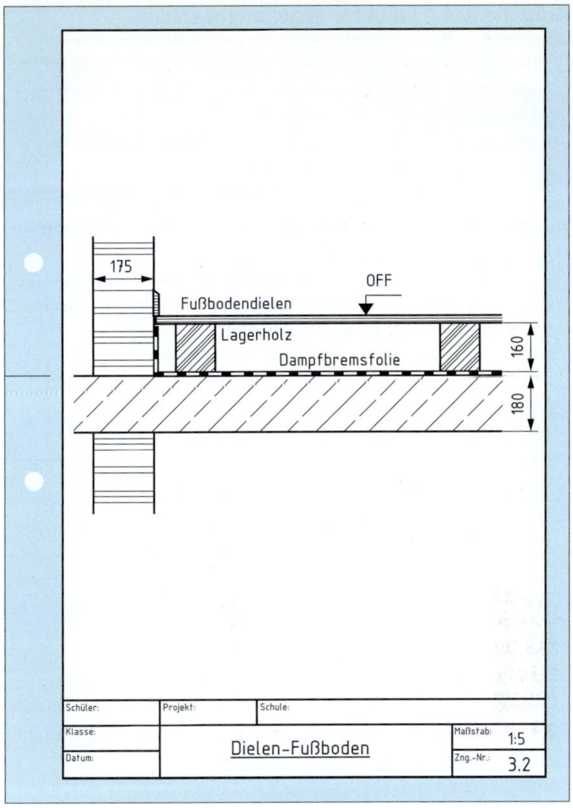

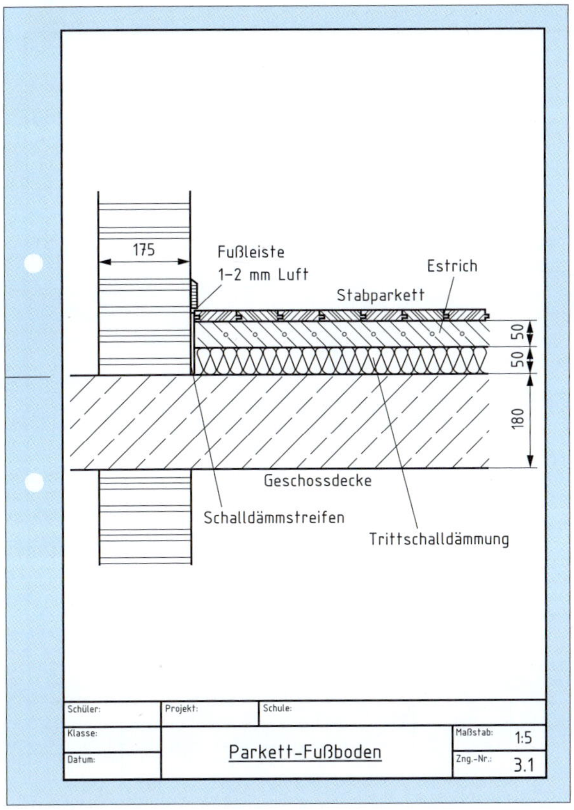

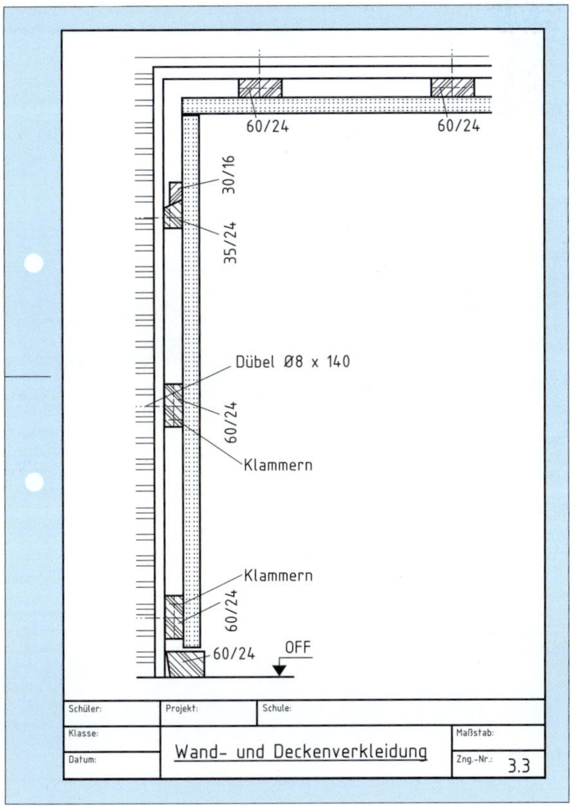

Aufgabe 3.4 Leichte, abgehängte Decke

Zeichnen Sie auf A3-Querformat den Vertikalschnitt einer abgehängten Deckenkonstruktion in leichter Ausführung im Maßstab 1 : 5.
Kennzeichnen Sie die zu verarbeitenden Baustoffe und geben Sie die notwendigen Maße an.

Aufgabe 3.5 T-Verbindung einer leichten, einfach beplankten Trennwand

Zeichnen Sie auf A4-Hochformat den Horizontalschnitt durch die T-Verbindung einer leichten, einfach beplankten Trennwand (160 mm Dicke) im Maßstab 1 : 1.
Ergänzen Sie für eine anzufertigende Stückliste sämtliche Konstruktionsangaben.
Fehlende Maße sind selbst zu bestimmen.

Aufgabe 3.6 Horizontal- und Vertikalschnitt durch eine leichte, einfach beplankte Trennwand (S. 447)

Zeichnen Sie auf A3-Querformat den Horizontal- und den Vertikalschnitt der leichten, einfach beplankten Trennwand (160 mm Dicke) laut Schnittspuren mit Wand- und Deckenanschluss einschließlich der Wärmedämmung in einem geeigneten Maßstab.
Kennzeichnen Sie die zu verarbeitenden Baustoffe und geben Sie die notwendigen Maße an.

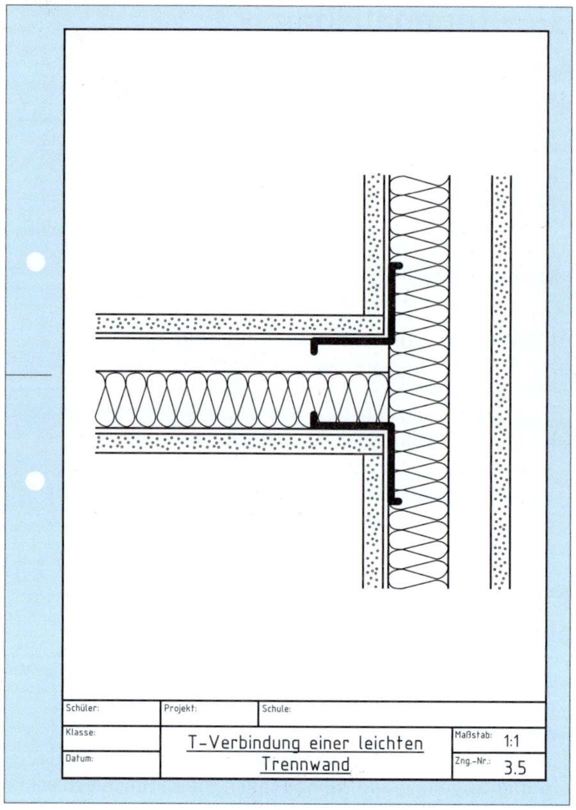

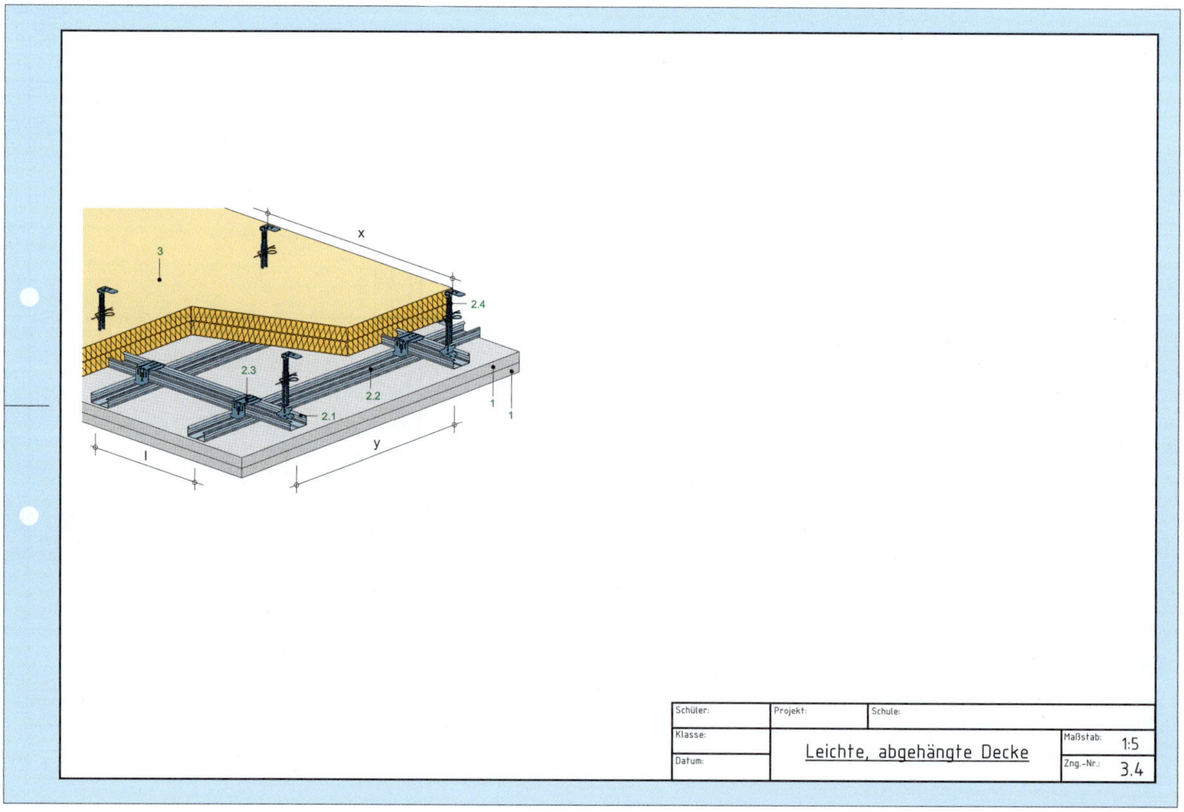

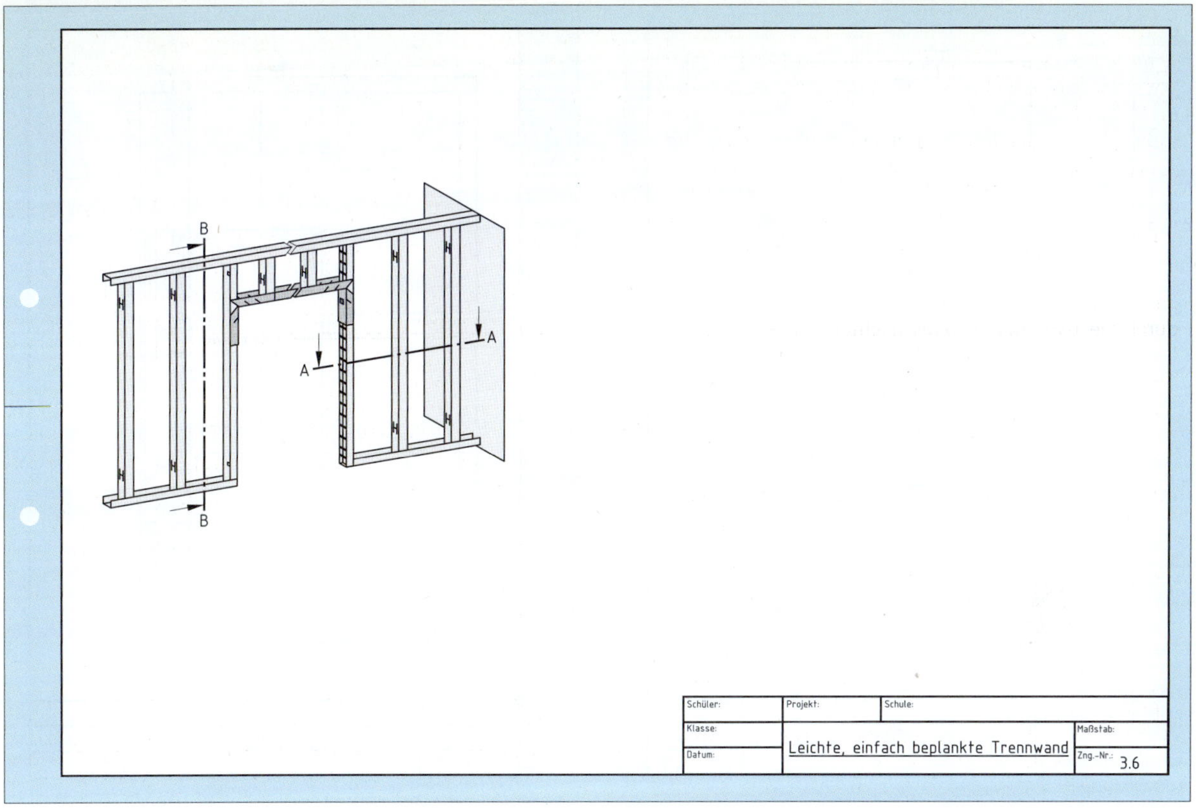

4 Innentürkonstruktionen [▶ 7.5]

Aufgabe 4.1 Kellertür in Lattenkonstruktion

Zeichnen Sie auf A4-Hochformat die Kellertür in Lattenkonstruktion mit diagonalem Riegel in der Vorder- und Seitenansicht sowie in der Draufsicht im Maßstab 1 : 10. Übernehmen Sie die Maße der Vorlage.

Aufgabe 4.2 Versatz an der Lattentür (S. 448)

Zeichnen Sie auf A4-Hochformat den einfachen und den abgesetzten Versatz (diagonal zum Querriegel) als Detail der Vorderansicht der Aufgabe 4.1 im Maßstab 1 : 2.

Aufgabe 4.3 Gestemmte Rahmentür (S. 448)

Zeichnen Sie auf A4-Hochformat die Teilansicht und den Teilschnitt B-B einer gestemmten und verkeilten Rahmentür im Maßstab 1 : 2:
- Vollholzfüllungen abgeplattet,
- unterer Querfries geteilt.

Aufgabe 4.4 Rahmentür mit Türfutter (S. 448)

Zeichnen Sie auf A3-Querformat die Vorderansicht im Maßstab 1 : 10 und die Teilschnitte A-A und B-B einer Rahmentür im Maßstab 1 : 1:
- im Bereich der Schnittspuren Glasfüllungen,
- Futter und Bekleidung in Kiefer und MDF.

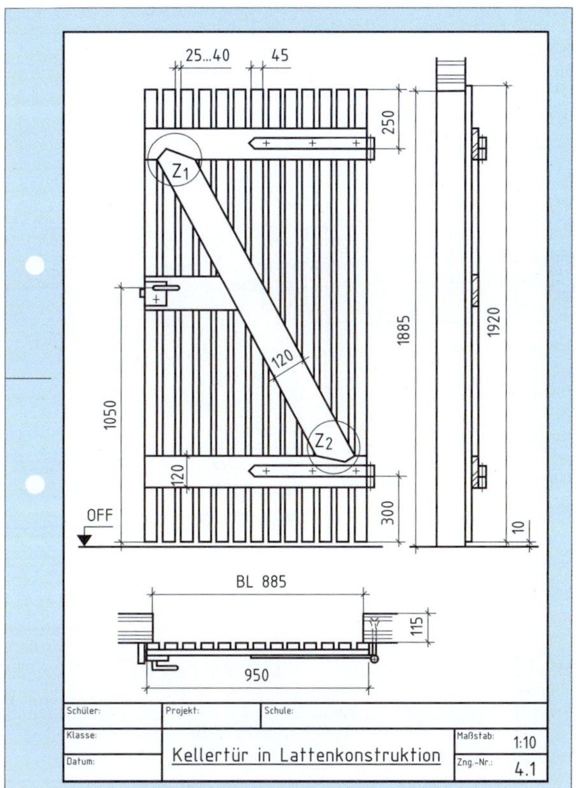

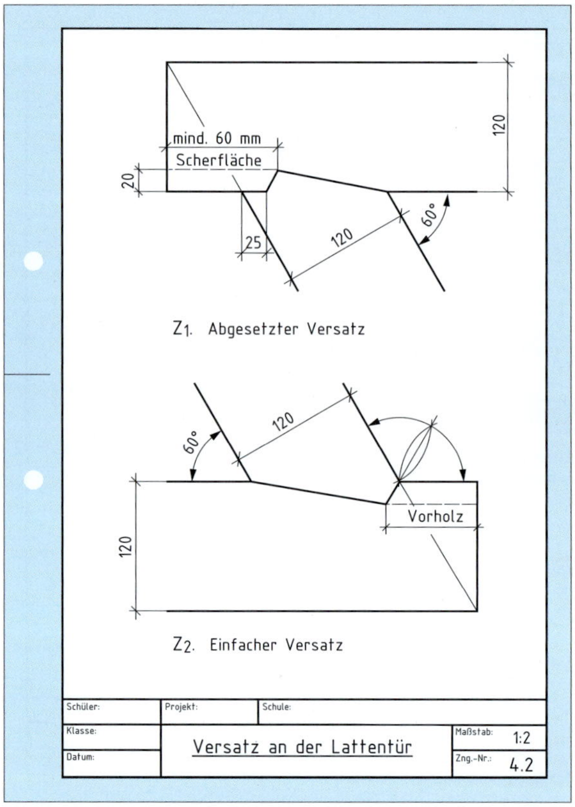
mind. 60 mm
Scherfläche
20
25
120
120
60°
Z1. Abgesetzter Versatz
60°
120
120
Vorholz
Z2. Einfacher Versatz
Schüler:
Projekt:
Schule:
Klasse:
Datum:
Versatz an der Lattentür
Maßstab: 1:2
Zng.-Nr.: 4.2

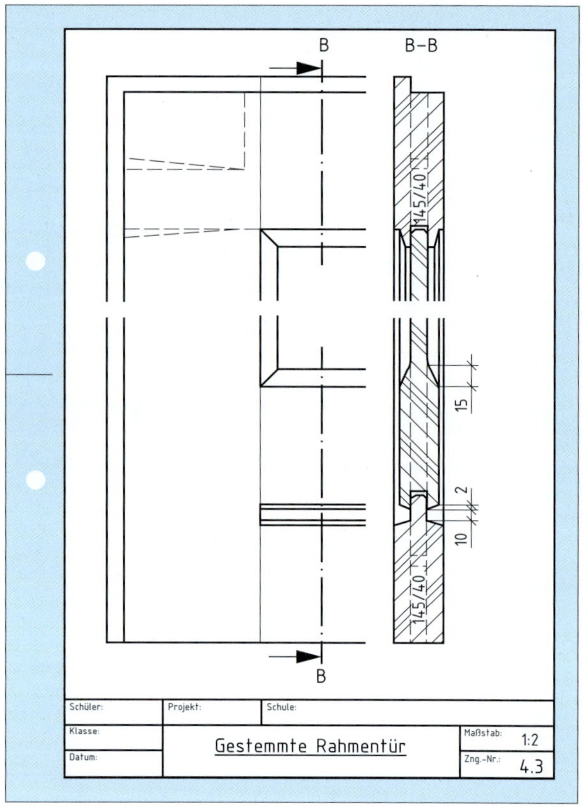
B
B–B
145/40
15
2
10
145/40
B
Schüler:
Projekt:
Schule:
Klasse:
Datum:
Gestemmte Rahmentür
Maßstab: 1:2
Zng.-Nr.: 4.3

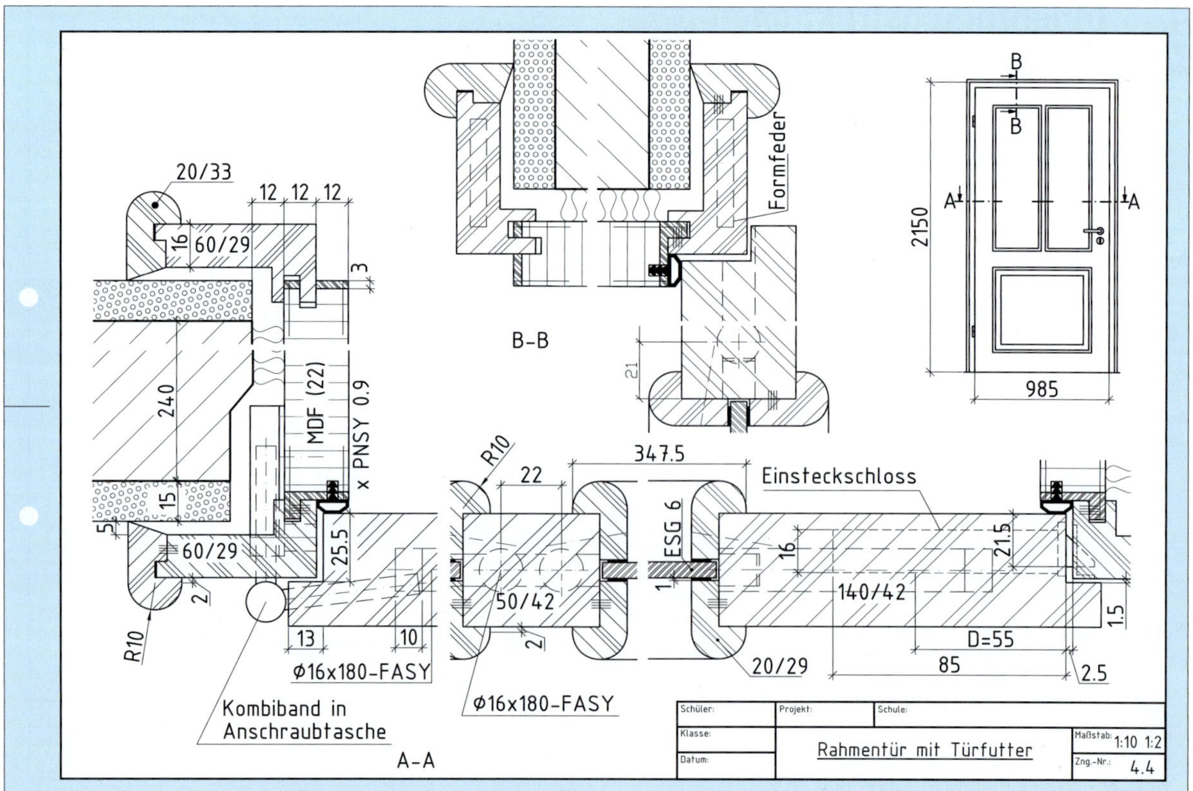
20/33
12 12 12
16
60/29
3
240
MDF (22)
x PNSY 0.9
15
5
60/29
25.5
2
R10
13
10
Ø16x180-FASY
Kombiband in Anschraubtasche
A–A
Formfeder
B–B
21
R10
22
347.5
50/42
2
Ø16x180-FASY
ESG 6
1
Einsteckschloss
16
21.5
140/42
D=55
85
1.5
2.5
20/29
B
B
2150
A
A
985
Schüler:
Projekt:
Schule:
Klasse:
Datum:
Rahmentür mit Türfutter
Maßstab: 1:10 1:2
Zng.-Nr.: 4.4

Aufgabe 4.5 Rahmentür mit Sperrholzfüllung

Zeichnen Sie auf A4-Hochformat die Vorderansicht im Maßstab 1 : 10 und die Teilschnitte A-A und B-B einer Rahmentür im Maßstab 1 : 1:

- Rahmen in Sipo,
- Füllungen in Furniersperrholz, Sipo furniert.

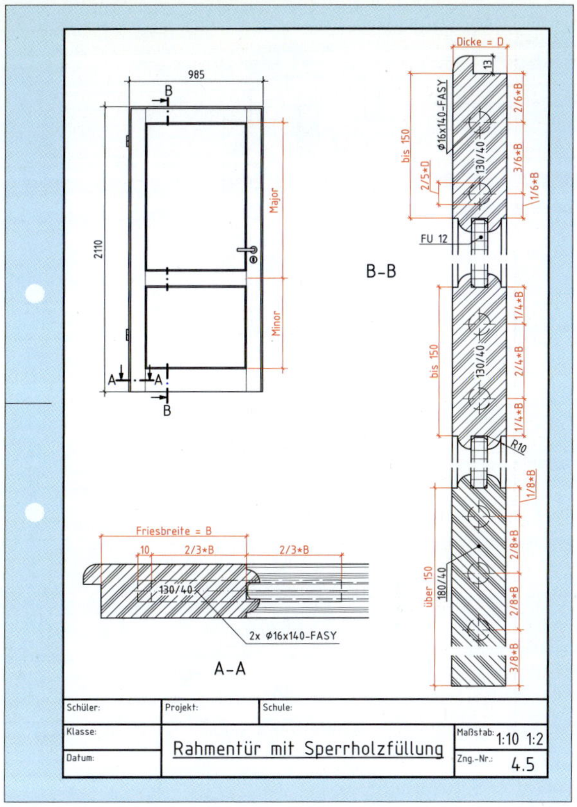

Aufgabe 4.6 Glatte Sperrtür gefälzt, mit Futter und Bekleidung

Zeichnen Sie auf A3-Querformat die Vorderansicht im Maßstab 1 : 10 und die Teilschnitte A-A und B-B einer Sperrtür im Maßstab 1 : 1.
Fehlende Maße und Schraffuren sind selbst zu bestimmen.

Aufgabe 4.7 Sperrtür mit Oberlicht-Zargenrahmen (S. 450)

Zeichnen Sie auf A3-Querformat die Vorderansicht im Maßstab 1 : 10 und vervollständigen Sie die Teilschnitte A-A und B-B im Maßstab 1 : 1:

- raumhohe Innentür in Lärche mit Oberlicht,
- Anschluss des Oberlichts an die Decke stumpf mit Dichtungshohlprofil oder Vorlegeband,
- Türluft unten 5 mm,
- Einsteckschloss mit Dornmaß 55 mm.

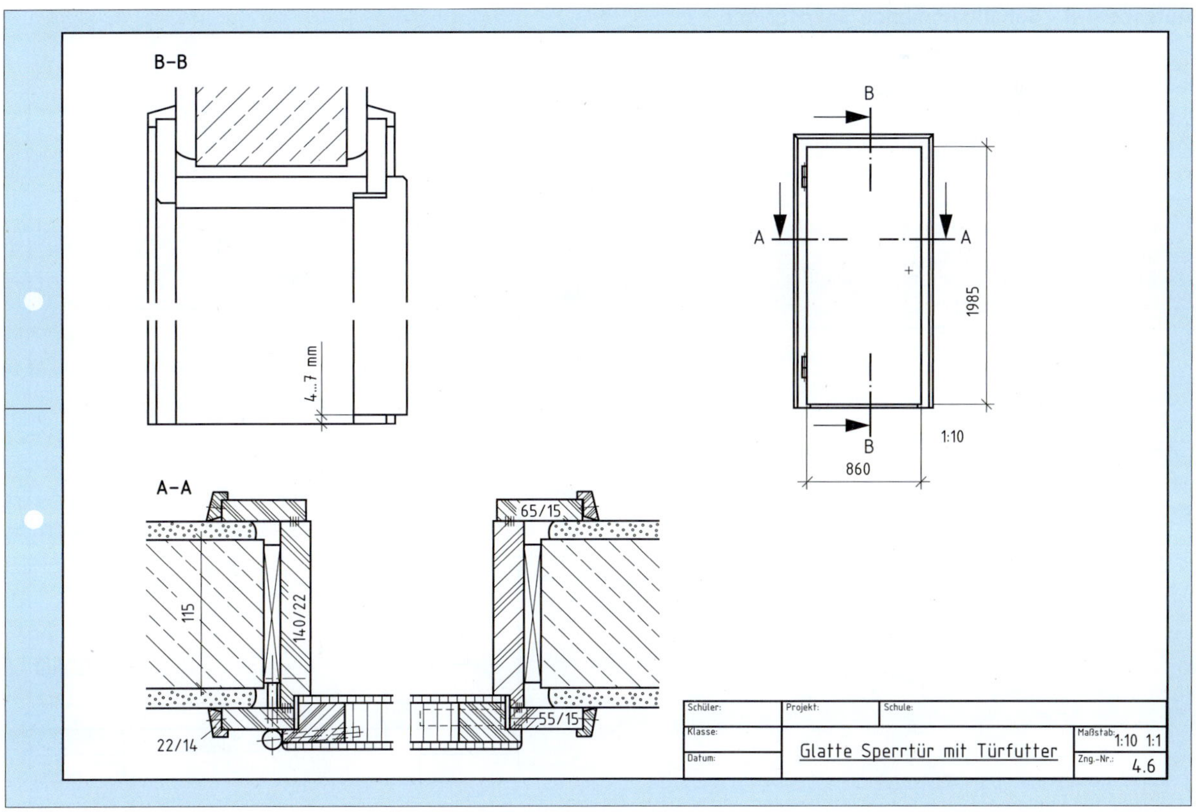

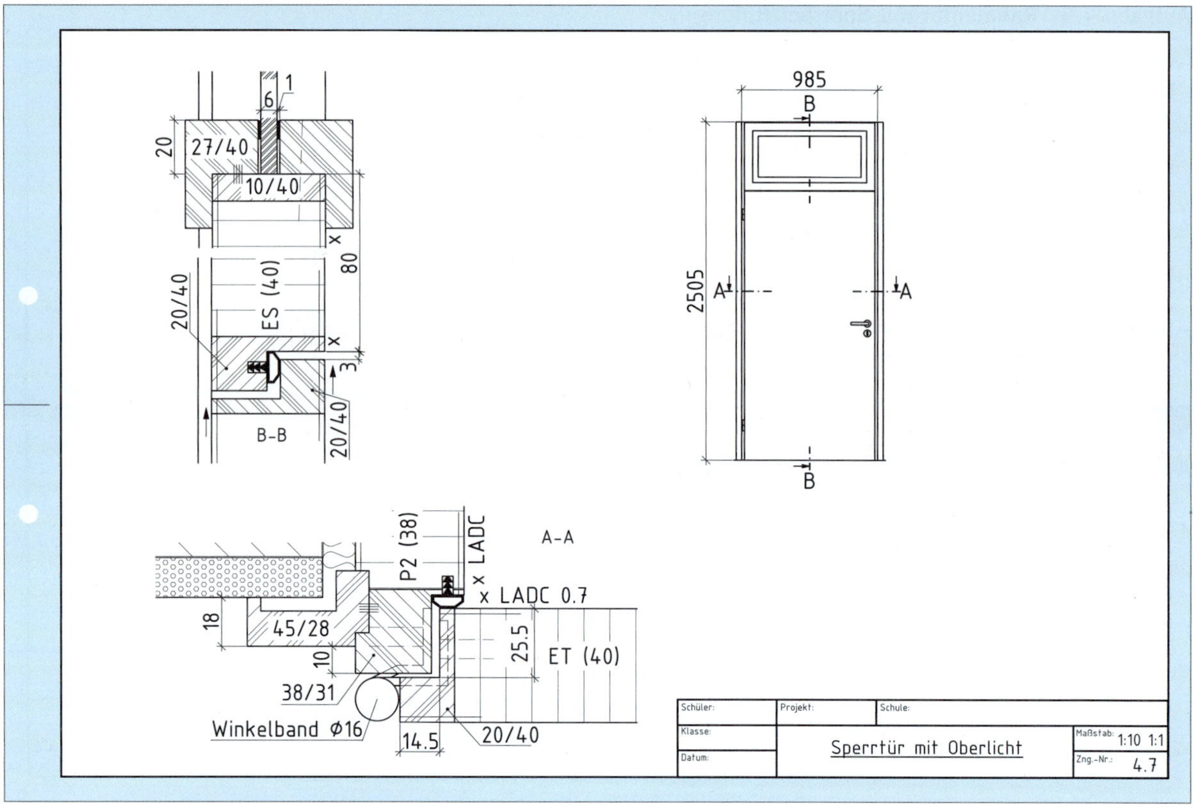

Aufgabe 4.8 Schalldämmende Sperrtür mit Doppelfalz

Zeichnen Sie auf A4-Hochformat den Teilschnitt A-A laut Schnittspur im Maßstab 1 : 1:

- Das Türblatt hat einen mehrschichtigen Aufbau mit Deckfurnier in Eiche,
- das Blatt, Eiche hell, hat einen Doppelfalz und eine Absenkdichtung sowie ein Band für schwere Türen, das die Dichtung aufnimmt,
- Blockrahmen mit Grundrahmen, alle Fugen versiegelt, Hohlräume ausgefüllt.

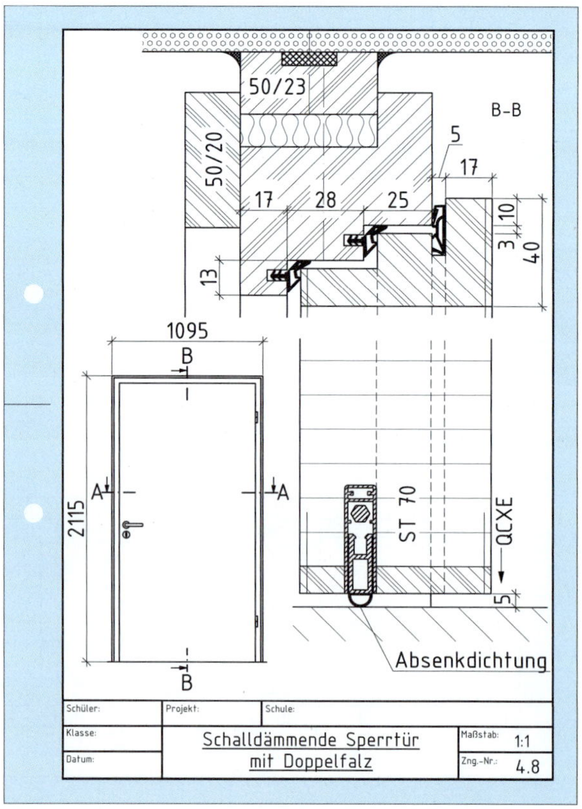

5 Einbau- und Küchenmöbelkonstruktionen [▸ 7.6 bis 7.7]

Aufgabe 5.1 Wandanschlüsse am Einbauschrank

Zeichnen Sie auf A4-Hochformat die Wandanschlüsse mit den Türbeschlägen eines Einbauschranks jeweils als Horizontalschnitte im Maßstab 1 : 1 nach freier Konstruktionswahl.

Aufgabe 5.2 Boden- und Deckenanschlüsse am Einbauschrank

Zeichnen Sie auf A4-Hochformat die Boden- und Deckenanschlüsse eines hinterlüfteten Einbauschranks jeweils als Vertikalschnitt im Maßstab 1 : 1 nach freier Konstruktionswahl.

Aufgabe 5.3 Sechstüriger Einbauschrank

Zeichnen Sie auf A4-Hochformat die Teilschnitte A-A und B-B des sechstürigen Einbauschranks im Maßstab 1 : 5 nach freier Wahl der Konstruktionen.

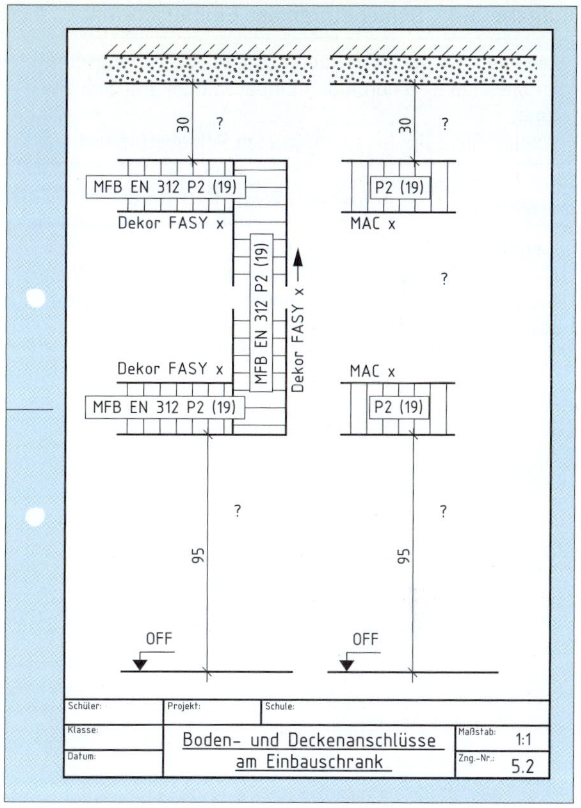

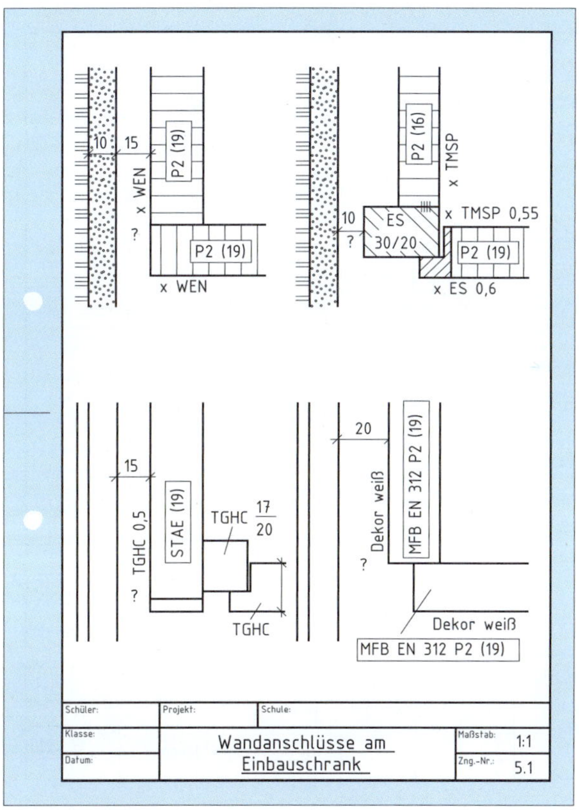

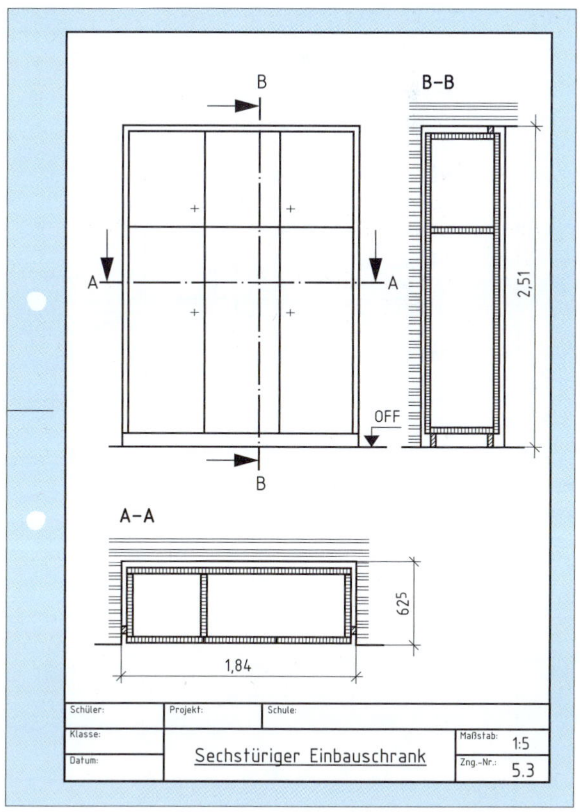

Aufgabe 5.4 Schiebetüren am Einbauschrank

Zeichnen Sie auf A4-Hochformat den Voll-Vertikalschnitt im Maßstab 1 : 5 durch den Einbauschrank mit Schiebetüren.
Wählen Sie dafür einen geeigneten Schiebetürbeschlag.

Aufgabe 5.5 Einbauschrank mit Falttüren

Zeichnen Sie auf A3-Querformat die Vorderansicht im Maßstab 1 : 10, sowie die Teilschnitte A-A und B-B des Kleiderschrankes mit Faltschiebetürbeschlag im Maßstab 1 : 1.

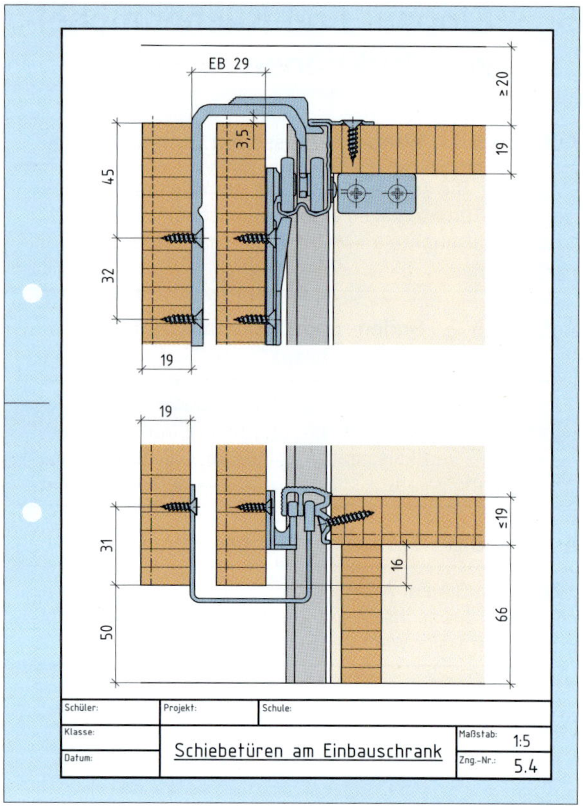

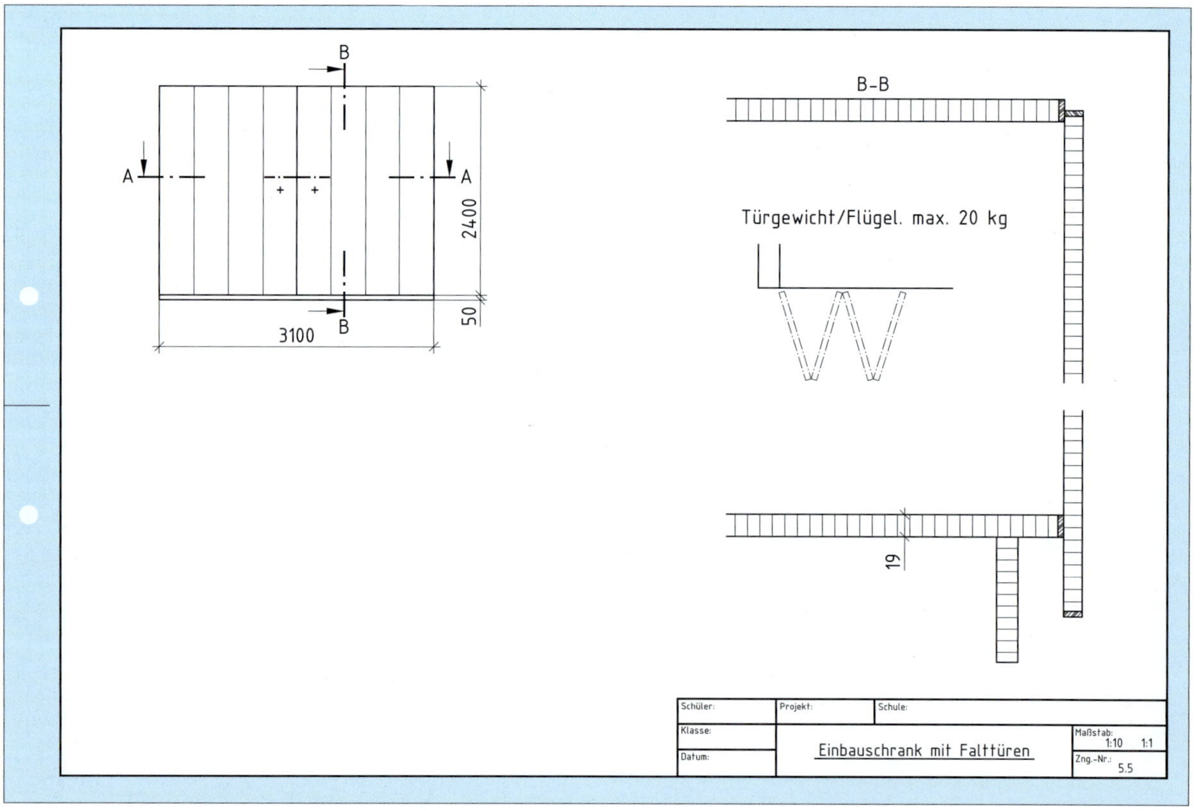

Aufgabe 5.6 Heizkörperverkleidung in Rahmenbauweise

Zeichnen Sie auf A4-Hochformat die Teilschnitte A-A und B-B der Heizkörperverkleidung in Rahmenbauweise in einem sinnvollen Maßstab.
Wählen Sie dafür einen geeigneten Beschlag.

Aufgabe 5.7 Küchenunterschrank

Zeichnen Sie auf A4-Hochformat den Voll-Vertikalschnitt des Küchenunterschranks im Maßstab 1 : 5.
Zu ergänzen sind die Bodenträger und die Wandabschlussleiste.
Zeichnen Sie den Detailschnitt Z im Maßstab 1 : 1.

Aufgabe 5.8 Küchenunterschrank im System 32

Zeichnen Sie auf A4-Hochformat den Voll-Vertikalschnitt des Küchenunterschranks mit System 32 im Maßstab 1 : 5.

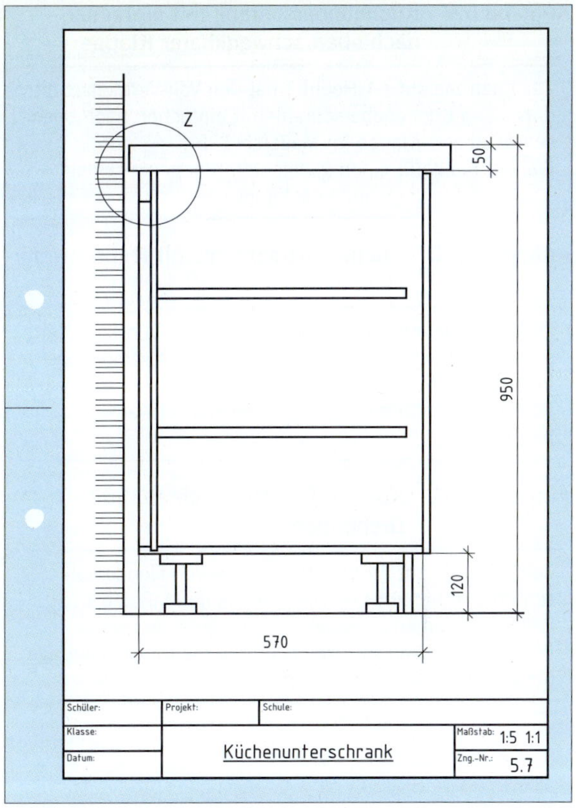

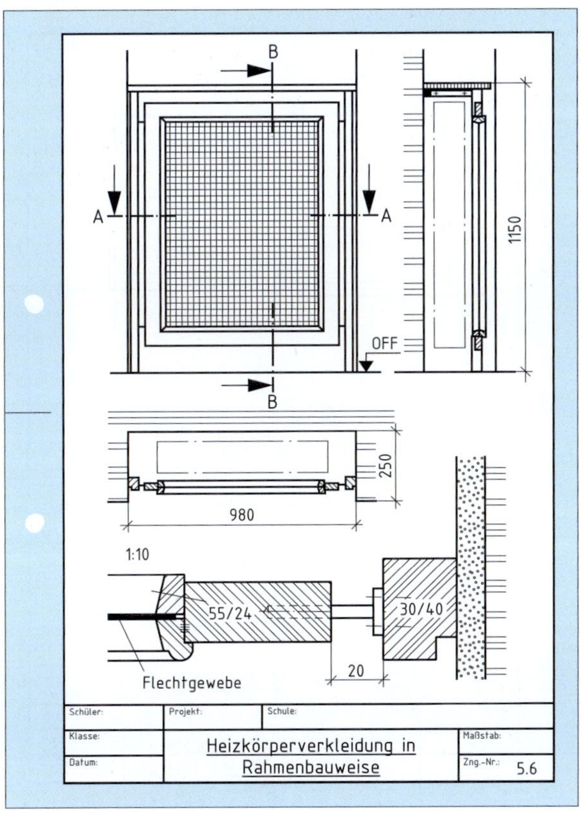

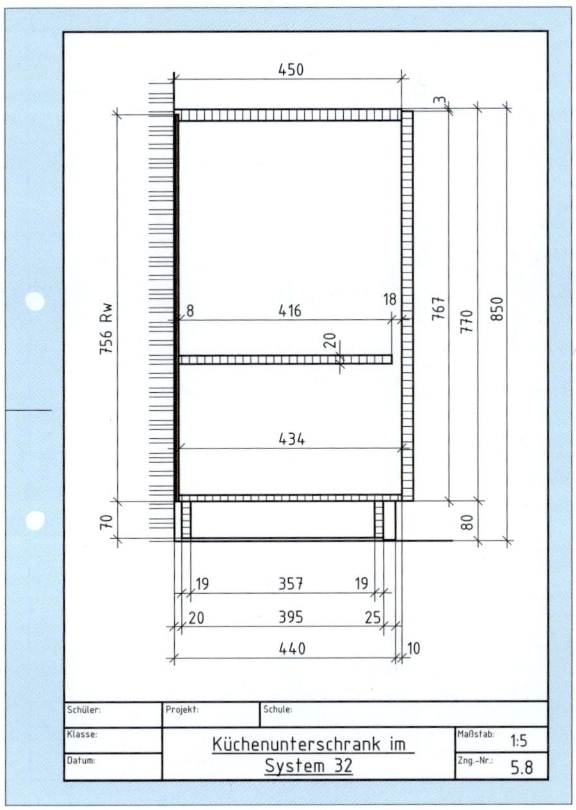

Aufgabe 5.9 Küchenoberschrank mit einfacher, nach oben schwenkbarer Klappe

Zeichnen Sie auf A4-Hochformat den Voll-Vertikalschnitt durch den Küchenoberschrank mit einfacher, nach oben schwenkbarer Klappe im Maßstab 1 : 5.
Wählen Sie dafür einen geeigneten Klappenbeschlag.
Ergänzen Sie die Wandbefestigung.

Aufgabe 5.10 Küchenoberschrank mit Hubschwenkklappe

Zeichnen Sie auf A4-Hochformat den Voll-Vertikalschnitt durch den Küchenoberschrank mit Hubschwenkklappe im Maßstab 1 : 5.
Wählen Sie dafür einen geeigneten Hubschwenkbeschlag.

Aufgabe 5.11 Küchen-Eck-Unterschrank mit Drehboden

Zeichnen Sie auf A4-Querformat den Voll-Horizontalschnitt durch den Eck-Unterschrank im Maßstab 1 : 5.
Wählen Sie einen geeigneten Halbkreis-Eckschrank-Drehbeschlag und kennzeichnen Sie die für die Montage notwendigen Bohrmarkierungen.

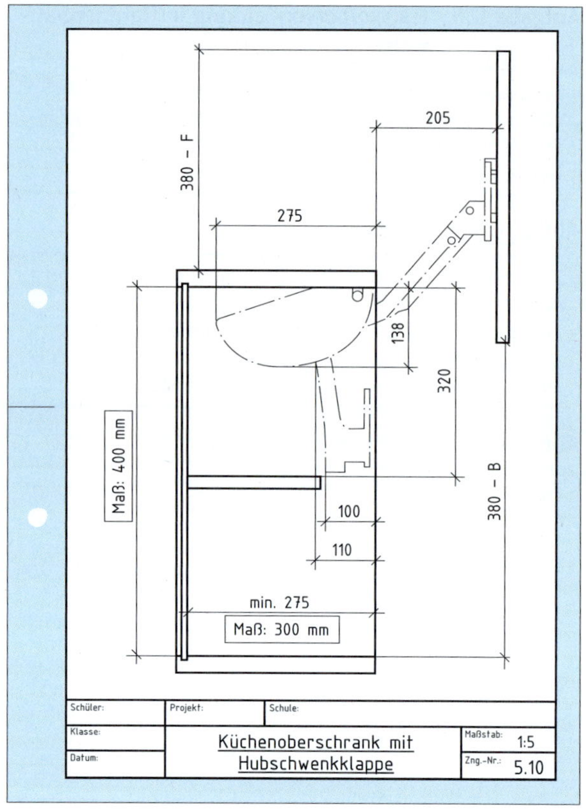

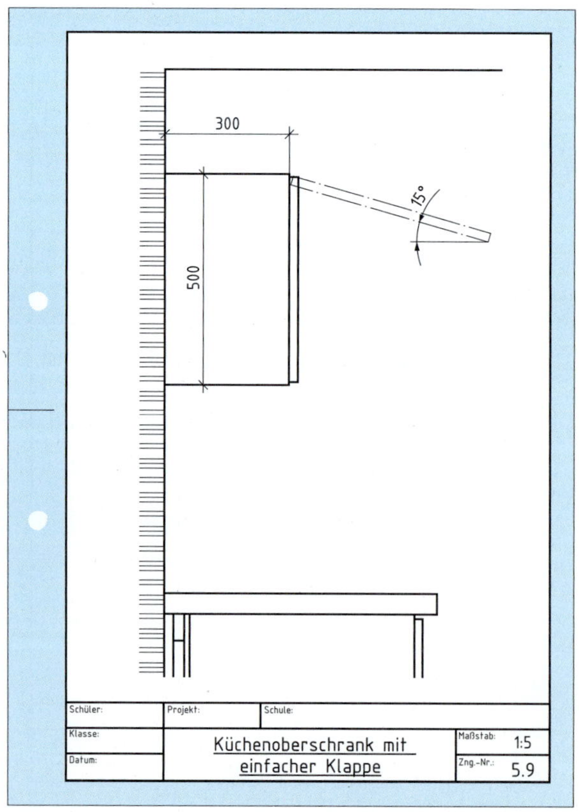

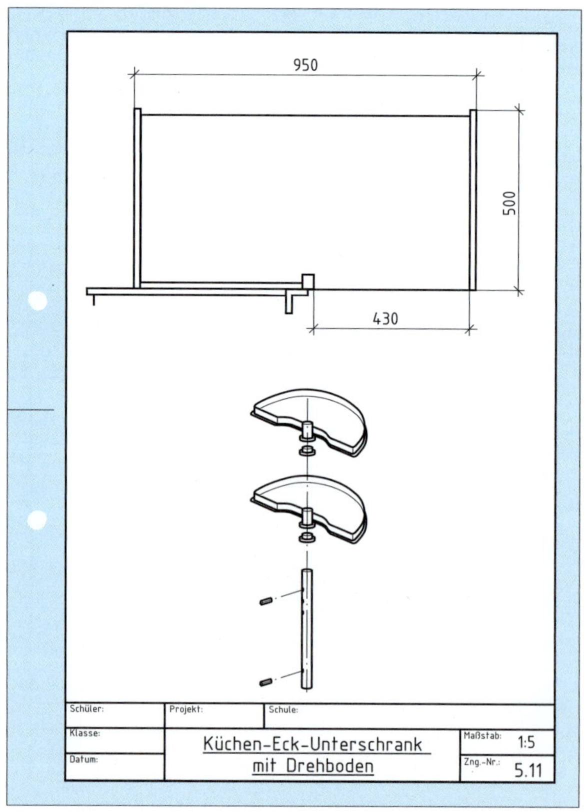

Aufgabe 5.12 Küchenunterschrank mit Auszügen

Zeichnen Sie auf A4-Querformat die Vorderansicht im Maßstab 1 : 10 sowie den Voll-Vertikalschnitt der Auszüge im Maßstab 1 : 5.
Der Küchenkorpus soll im oberen Bereich zwei Vollauszüge und im unteren Bereich einen Frontauszug erhalten.

Aufgabe 5.13 Küchenunterschrank für einen Einbaubackofen

Zeichnen Sie auf A3-Querformat die Vorder- und Seitenansicht im Maßstab 1 : 10 sowie den Voll-Vertikal- und den Voll-Frontalschnitt der Frontauszüge im Maßstab 1 : 5.

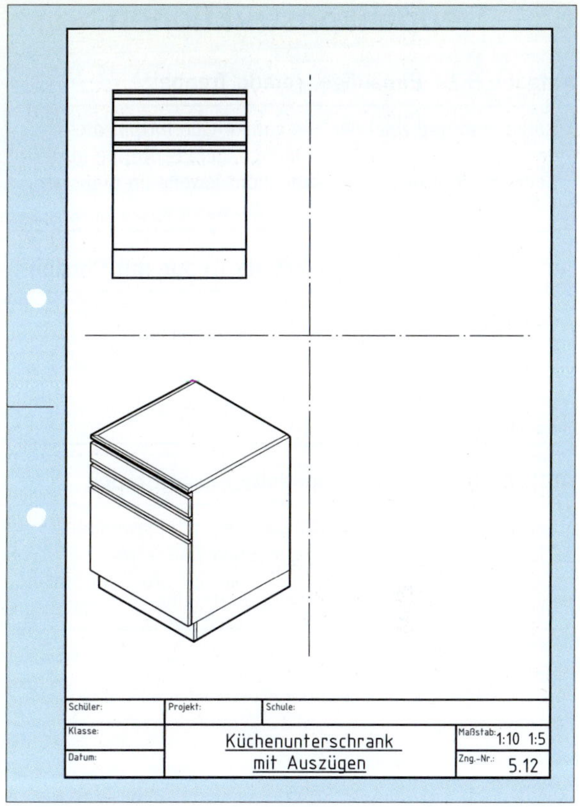

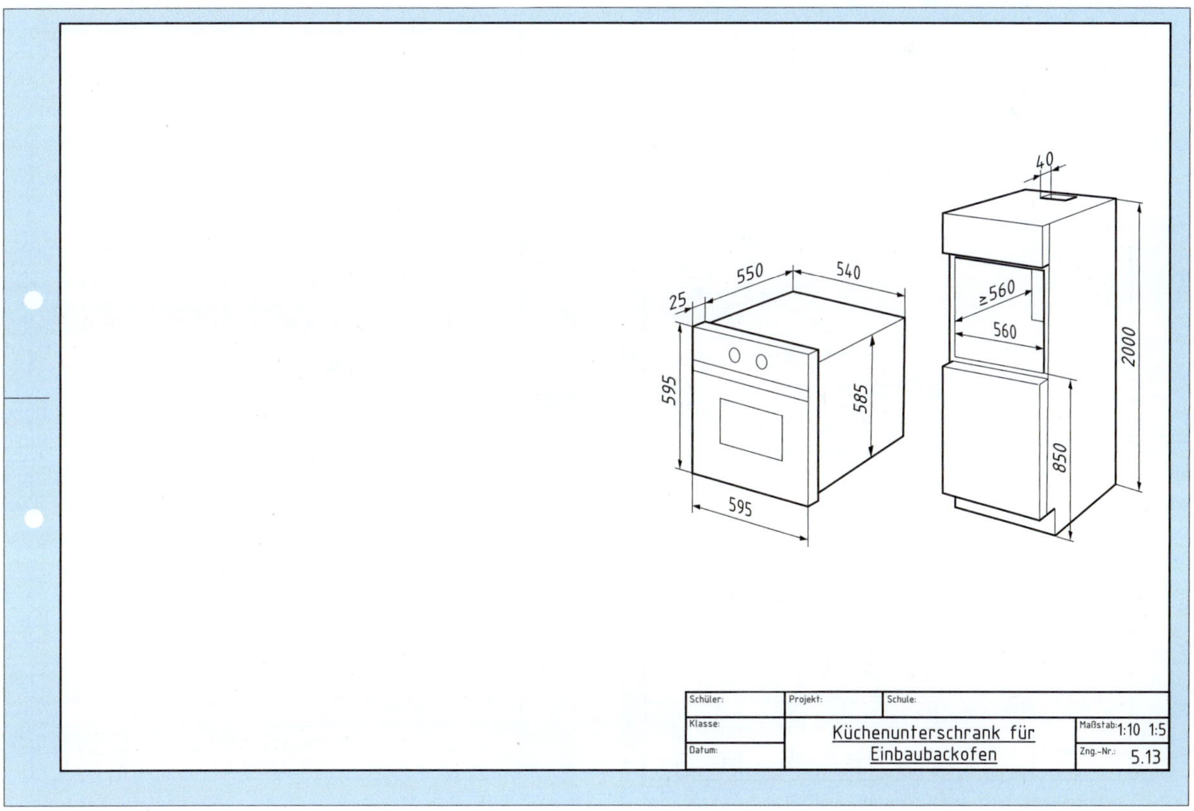

6 Treppenkonstruktionen [▶ 8]

Aufgabe 6.1 Einläufige, gerade Treppe

Berechnen und zeichnen Sie auf A4-Querformat die in der Vorgabe dargestellte einläufige, gerade Treppe in der Seitenansicht und in der Draufsicht jeweils im Maßstab 1 : 20.

Aufgabe 6.2 Einläufige, gerade Treppe mit Pfosten

Zeichnen Sie auf A4-Hochformat die in der Vorgabe dargestellte einläufige, gerade Treppe mit Pfosten und Podest in der Seitenansicht und in der Draufsicht jeweils im Maßstab 1 : 20. Das lichte Maß zwischen den Pfosten muss selbst bestimmt werden.

Aufgabe 6.3 Viertelgewendelte Pfostentreppe

Zeichnen Sie auf A4-Querformat die viertelgewendelte Pfosten-Rechtstreppe mit verzogenen Stufen im harmonischen Schwung [▶ 8.3.2] in der Draufsicht im Maßstab 1 : 20.

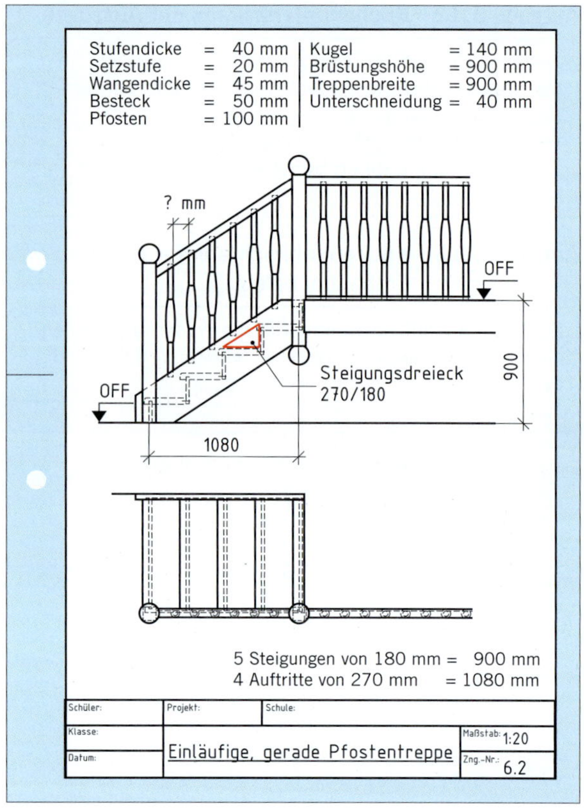

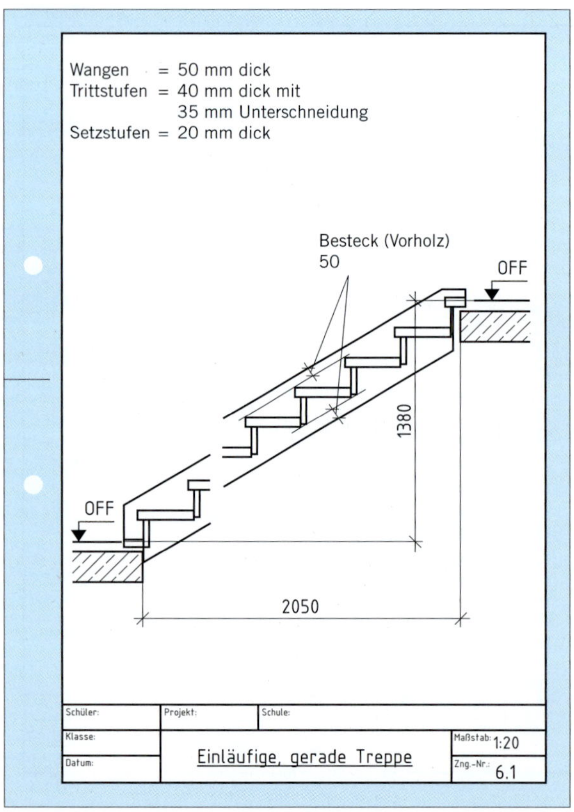

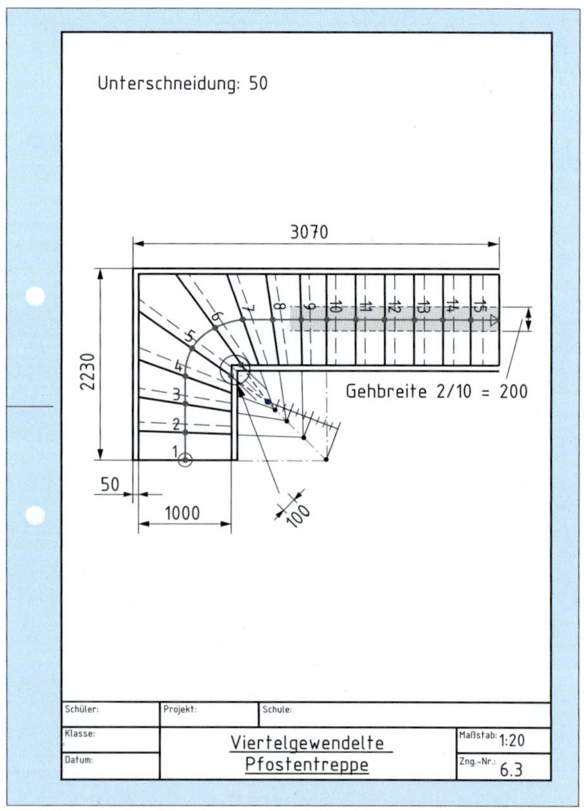

Aufgabe 6.4 Wandwangen einer viertelgewendelten Treppe

Konstruieren und zeichnen Sie die Wandwangen der viertelgewendelten Rechtstreppe im Maßstab 1 : 20.

Aufgabe 6.5 Viertelgewendelte Treppe mit Krümmling und Setzstufen

Zeichnen Sie auf A3-Querformat die viertelgewendelte Treppe mit Tritt- und Setzstufen und mit Krümmling in der Draufsicht, Vorder- und Seitenansicht einschließlich der Wandwangen im Maßstab 1 : 20.

Aufgabe 6.6 Abgehängte, halbgewendelte Pfostentreppe (S. 458)

Zeichnen Sie auf A3-Querformat die halbgewendelte, abgehängte, mit Bolzen befestigte Treppe, in der Vorderansicht und in der Draufsicht im Maßstab 1 : 20 (Bolzen müssen nicht gekennzeichnet werden). Entwickeln Sie aus den beiden Ansichten die Seitenansicht der Treppe.

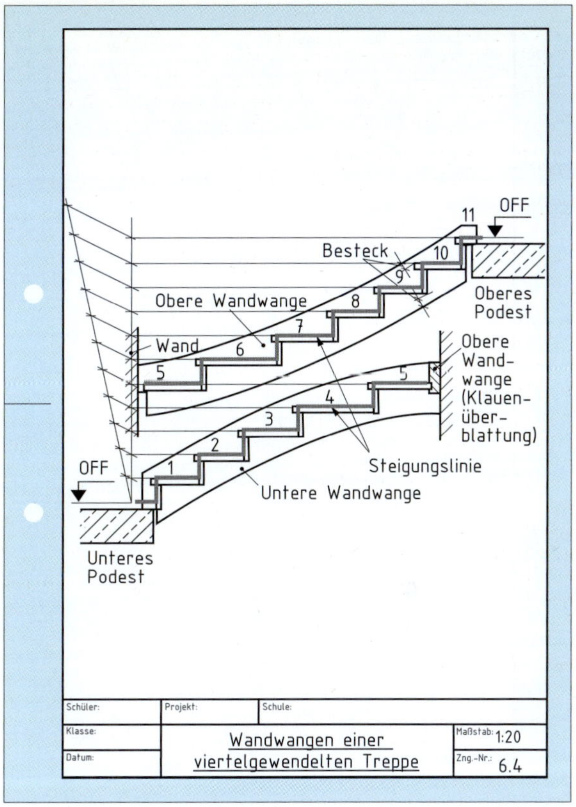

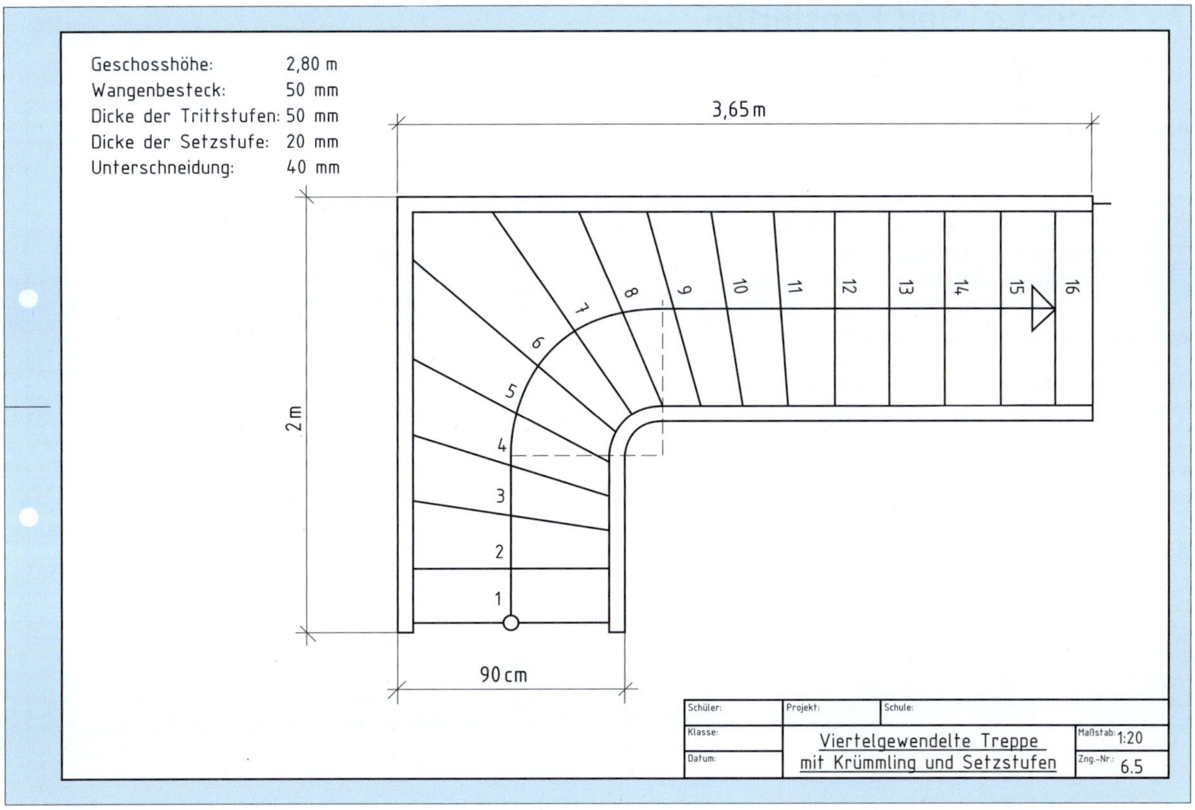

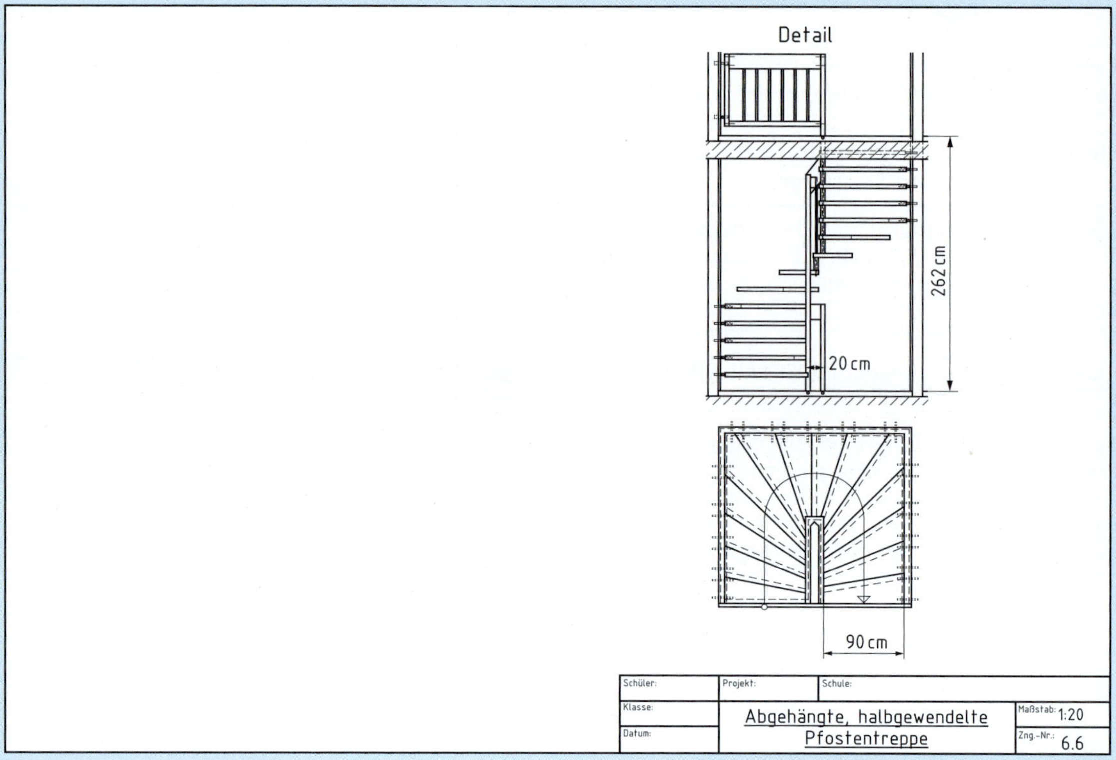

7 Fenster- und Fenstertürkonstruktionen [▶ 12]

Aufgabe 7.1 Fensterprofil IV 78

Zeichnen Sie auf A4-Hochformat die Teilschnitte eines Fensterprofils IV 78, Zweifachverglasung, im Maßstab 1 : 1 mit Maßeintragungen inkl. Schraffuren:

- A-A Blendrahmen und Flügel links,
- B-B Blendrahmen und Flügel unten.

Aufgabe 7.2 Fensterprofil IV 84 (S. 459)

Zeichnen Sie auf A4-Hochformat die Teilschnitte eines Fensterprofils IV 84, Dreifachverglasung, im Maßstab 1 : 1 mit Maßeintragungen inkl. Schraffuren:

- A-A Blendrahmen und Flügel links,
- B-B Blendrahmen und Flügel unten.

Aufgabe 7.3 Fensterprofil IV 90 (S. 459)

Zeichnen Sie auf A4-Hochformat die Teilschnitte eines Fensterprofils IV 90, Dreifachverglasung, im Maßstab 1 : 1 mit Maßeintragungen inkl. Schraffuren:

- A-A Blendrahmen und Flügel links,
- B-B Blendrahmen und Flügel unten.

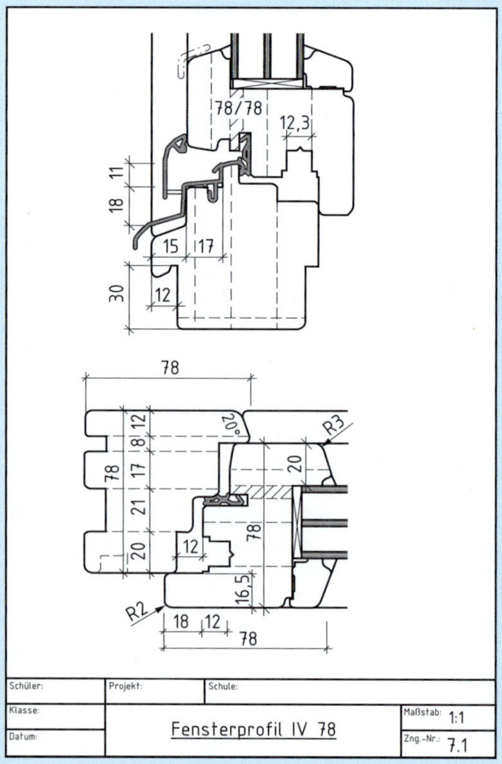

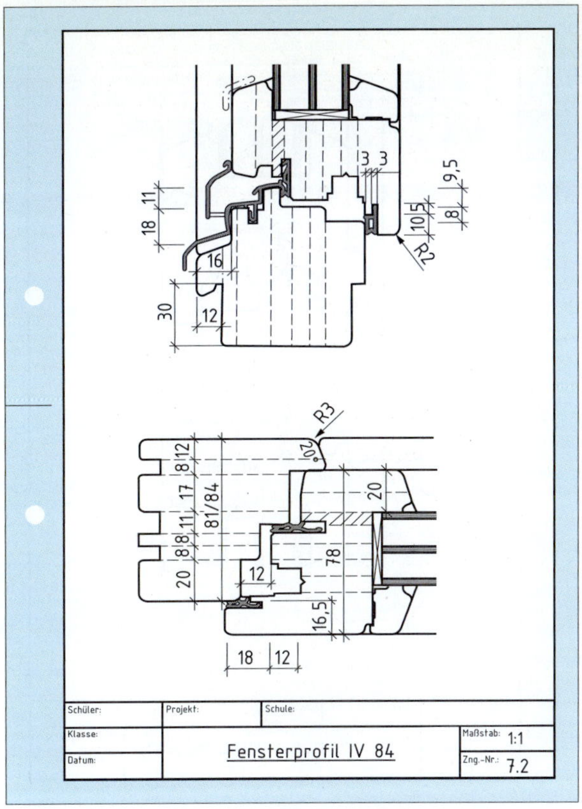

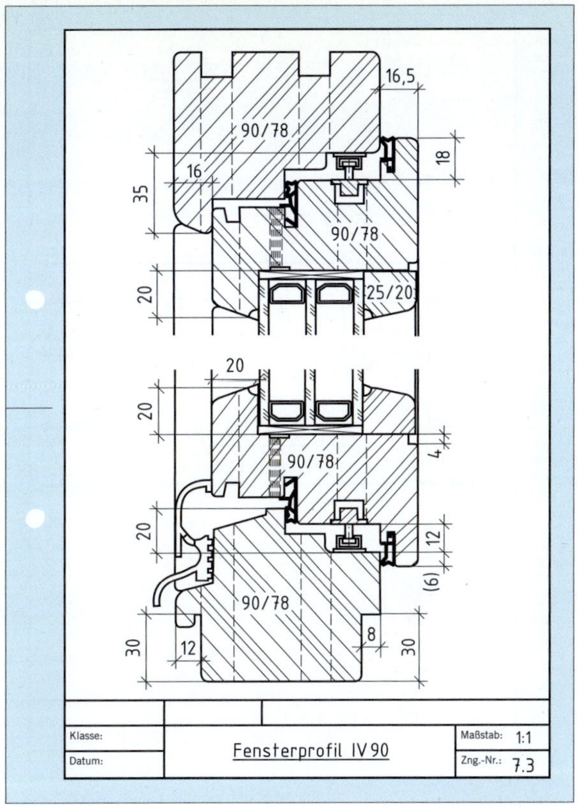

Aufgabe 7.4 Mittelschluss in Stulpausführung IV 84

Zeichnen Sie auf A4-Querformat den horizontalen Teilschnitt mit dem Mittelschluss in Stulpausführung eines zweiflügeligen Fensters IV 84 mit Dreifachverglasung im Maßstab 1 : 1 mit Maßeintragungen inkl. Schraffuren.

Aufgabe 7.5 Stehender Pfosten IV 84 (S. 460)

Zeichnen Sie auf A4-Querformat den horizontalen Teilschnitt mit dem stehenden Pfosten eines zweiflügeligen Fensters IV 84 mit Dreifachverglasung im Maßstab 1 : 1 mit Maßeintragungen inkl. Schraffuren.

Aufgabe 7.6 Sprossen IV 90 (S. 460)

Zeichnen Sie auf A4-Hochformat in vertikalen Teilschnitten die „echte“, alternativ die aufgesetzte Sprosse eines Fensters IV 90 mit Dreifachverglasung im Maßstab 1 : 1 mit Maßeintragungen inkl. Schraffuren.

Aufgabe 7.7 Riegel (Kämpfer) IV 84 (S. 460)

Zeichnen Sie auf A4-Hochformat den vertikalen Teilschnitt mit dem Riegel eines Fensters IV 84 mit Oberlicht und Dreifachverglasung im Maßstab 1 : 1 mit Maßeintragungen inkl. Schraffuren.

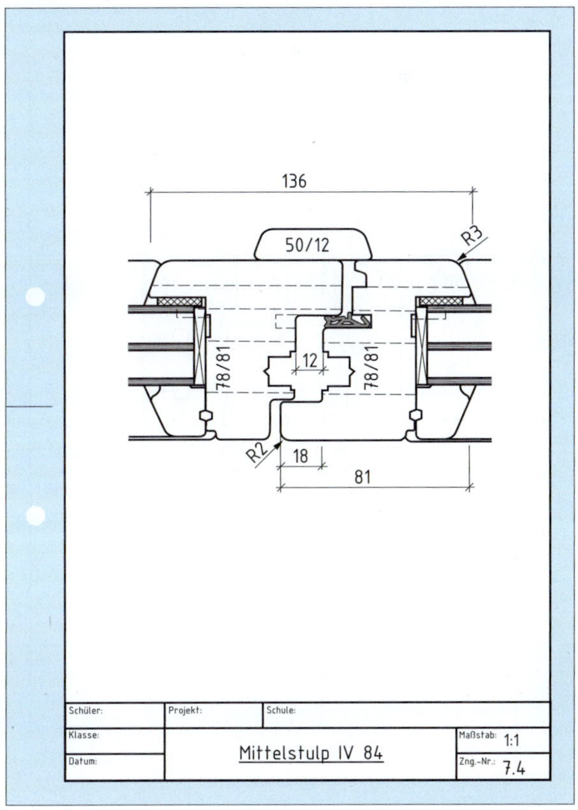

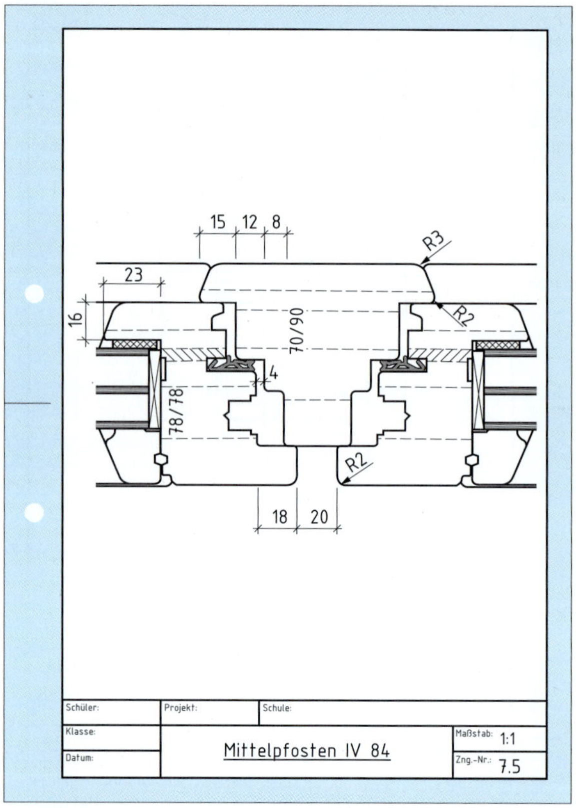
15
12
8
R3
23
16
R2
70/90
4
78/78
R2
18
20
Schüler:
Projekt:
Schule:
Klasse:
Datum:
Mittelpfosten IV 84
Maßstab: 1:1
Zng.-Nr.: 7.5

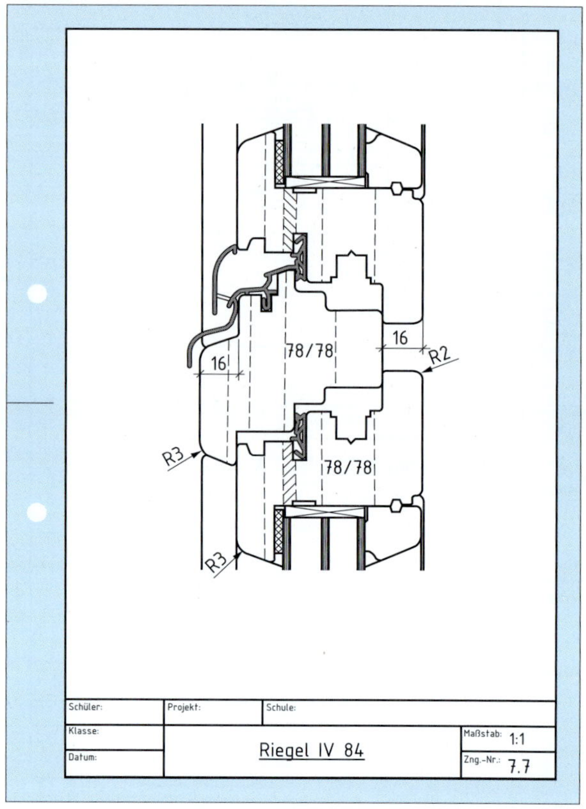
16
78/78
16
R2
R3
78/78
R3
Schüler:
Projekt:
Schule:
Klasse:
Datum:
Riegel IV 84
Maßstab: 1:1
Zng.-Nr.: 7.7

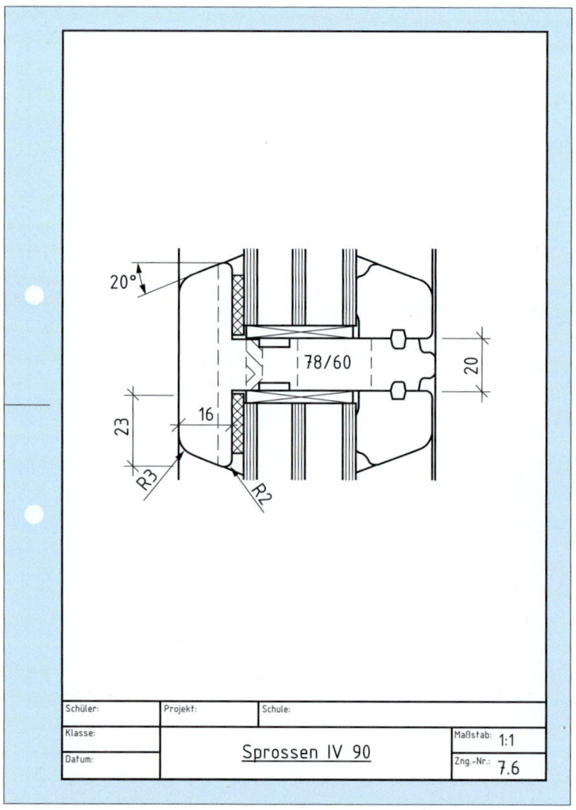
20°
78/60
20
23
16
R3
R2
Schüler:
Projekt:
Schule:
Klasse:
Datum:
Sprossen IV 90
Maßstab: 1:1
Zng.-Nr.: 7.6

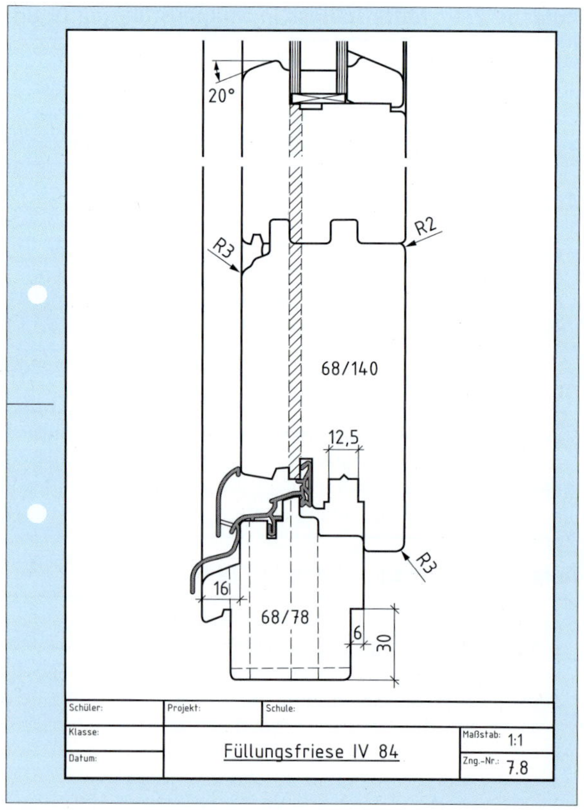
20°
R3
R2
68/140
12,5
R3
16
68/78
6
30
Schüler:
Projekt:
Schule:
Klasse:
Datum:
Füllungsfriese IV 84
Maßstab: 1:1
Zng.-Nr.: 7.8

Aufgabe 7.8 Untere Füllungen IV 84 (S. 460)

Zeichnen Sie auf A4-Hochformat den vertikalen Teilschnitt des unteren Teils mit Füllungsriegeln einer Fenstertür IV 84 mit Dreifachverglasung im Maßstab 1 : 1 mit Maßeintragungen inkl. Schraffuren.

Aufgabe 7.9 Verbundfensterprofile DV 40/56

Zeichnen Sie auf A4-Hochformat den vertikalen Teilschnitt eines Verbundfensterprofils DV 40/56 mit Einfach- und Zweifachverglasung im Maßstab 1 : 1 mit Maßeintragungen inkl. Schraffuren.

Aufgabe 7.10 Mittelschluss-Verbundfenster DV 40/56

Zeichnen Sie auf A4-Hochformat den horizontalen Teilschnitt mit dem Mittelschluss eines zweiflügeligen Verbundfensters DV 40/56 mit Dreifachverglasung im Maßstab 1 : 1 mit Maßeintragungen inkl. Schraffuren.

Aufgabe 7.11 Kastenfenster EV 41

Zeichnen Sie auf A4-Hochformat den vertikalen Teilschnitt eines Kastenfensters EV 41 mit Einfach- und Zweifachverglasung im Maßstab 1 : 1 mit Maßeintragungen inkl. Schraffuren.

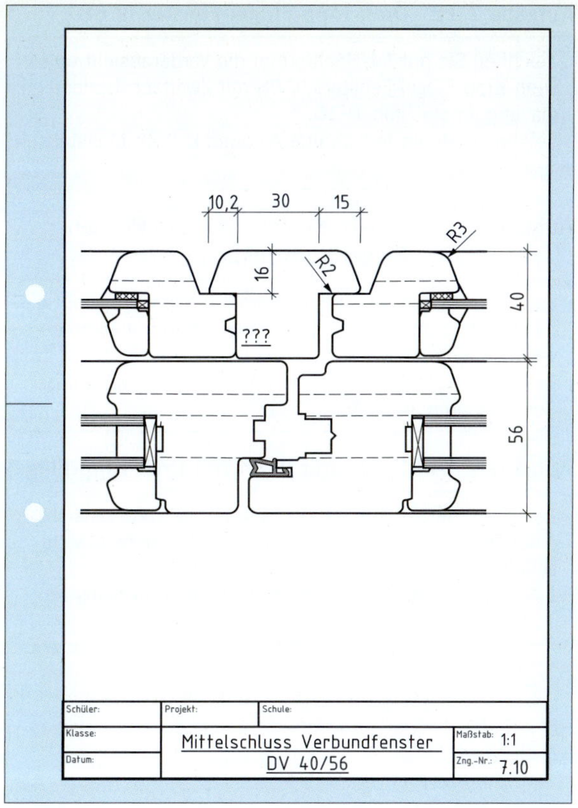

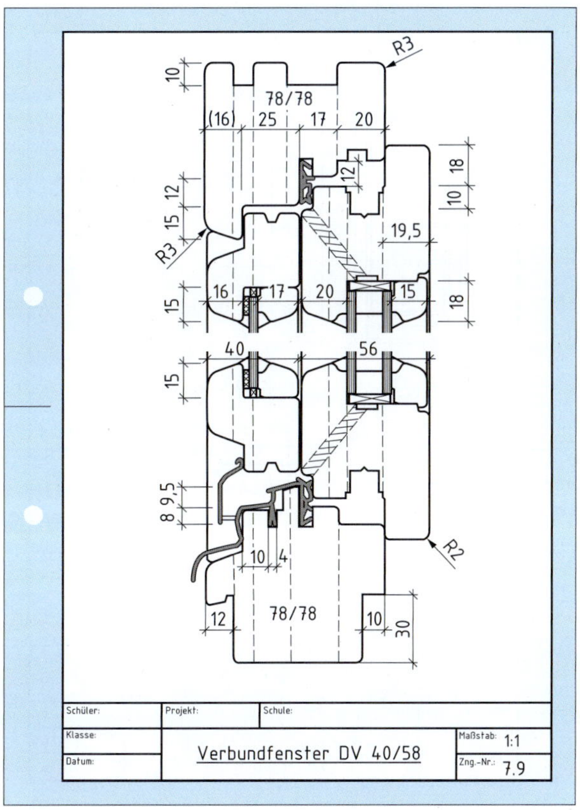

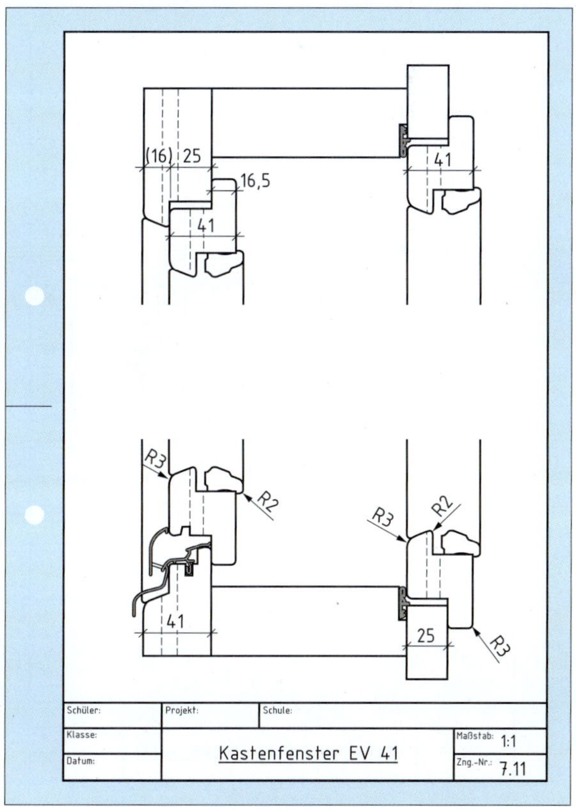

Aufgabe 7.12 Dreh-Kipp-Flügel-Fenster IV 68

Zeichnen Sie auf A4-Hochformat die Vorderansicht eines Dreh-Kipp-Flügel-Fensters IV 68 mit Zweifach-Isolierverglasung im Maßstab 1 : 10.
Zeichnen Sie die Teilschnitte A-A und B-B im Maßstab 1 : 1.

Aufgabe 7.13 Fensterelement IV 78 in Pfosten-Riegel-Konstruktion

Zeichnen Sie auf A3 im Hochformat die Vorderansicht eines Fensters mit Pfosten und Riegel sowie mit Dreifachverglasung im Maßstab 1 : 20.
Zeichnen Sie die Teilschnitte A-A und B-B lt. Verlauf der Schnittspuren im Maßstab 1 : 1.

Aufgabe 7.14 Fenstertür IV 84 mit Dreh-Kipp-Flügel

Zeichnen Sie auf DIN-A4-Hochformat die Vorderansicht einer Dreh-Kipp-Flügel-Fenstertür IV 84, Dreifach-Mehrscheiben-Isolierglas, im Maßstab 1 : 10.
Zeichnen Sie die Teilschnitte A-A und B-B im Maßstab 1 : 1.

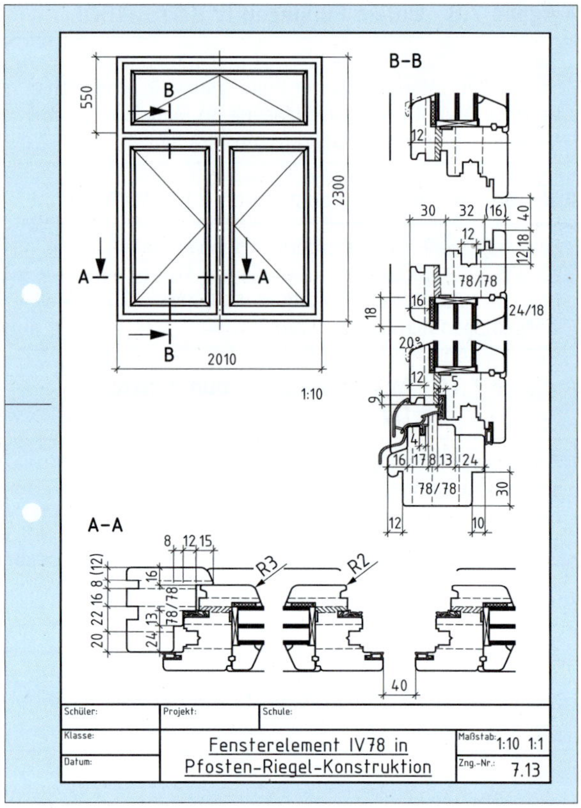

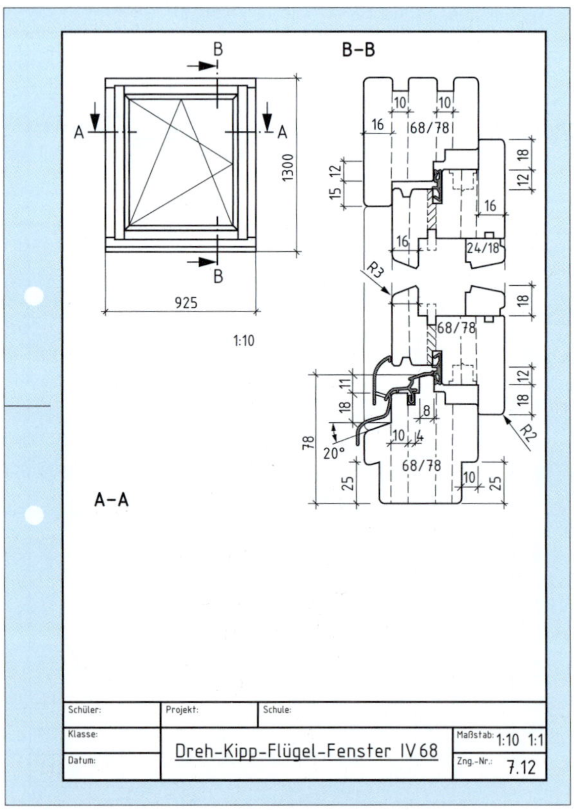

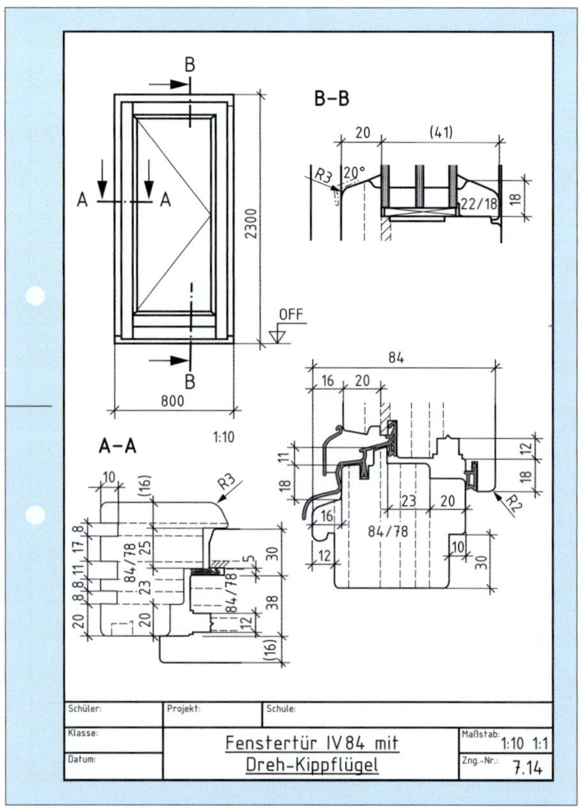

Aufgabe 7.15 Verbundfenster DV 40/56

Zeichnen Sie auf A4-Hochformat die Vorderansicht eines Verbundfensters DV 40/56 mit Einfach- und Zweifachverglasung im Maßstab 1 : 10.
Zeichnen Sie die Teilschnitte A-A und B-B im Maßstab 1 : 1.

Aufgabe 7.16 Zweiflügeliges Stichbogen-Sprossenfenster IV 78 mit Oberlicht

Zeichnen Sie auf A3-Querformat die Vorderansicht eines zweiflügeligen Stichbogen-Sprossenfensters IV 78 mit Oberlicht und Dreifachverglasung im Maßstab 1 : 10.
Zeichnen Sie die Teilschnitte A-A und B-B im Maßstab 1 : 1:

- Mittelschluss der Flügel in Stulpausführung,
- rechts Dreh-Kipp-Flügel,
- links Drehflügel,
- Oberlicht-Kippflügel.

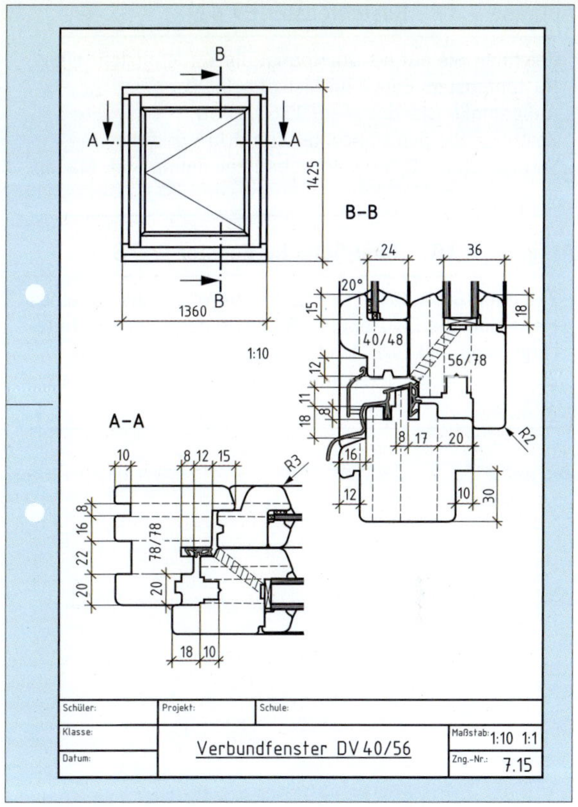

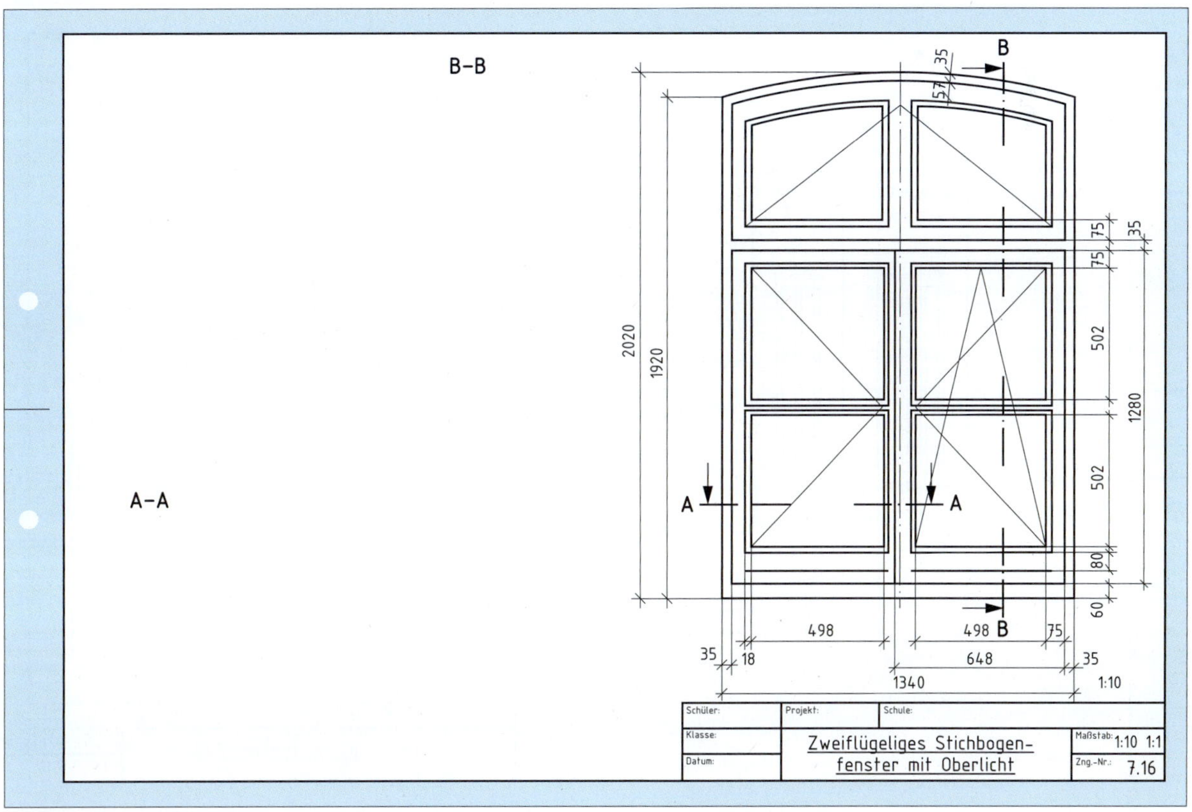

Aufgabe 7.17 Kastenfenster EV 41

Zeichnen Sie auf A3-Querformat die Vorderansicht eines Kastenfensters EV 41 im Maßstab 1 : 20.
Außenmaße Blendrahmen: 1360/1550.
Zeichnen Sie den Horizontalschnitt A-A und den Vertikalschnitt B-B der Teilschnittzeichnung inkl. Maueranschluss im Maßstab 1 : 1.

Aufgabe 7.18 Hebe-Schiebe-Fenster IV 78

Zeichnen Sie auf A4-Hochformat die Vorderansicht eines Hebe-Schiebe-Fensters IV 78 mit Dreifach-Schallschutzverglasung und Zweifachdichtung im Maßstab 1 : 20.
Zeichnen Sie die Teilschnitte A-A und B-B im Maßstab 1 : 1.

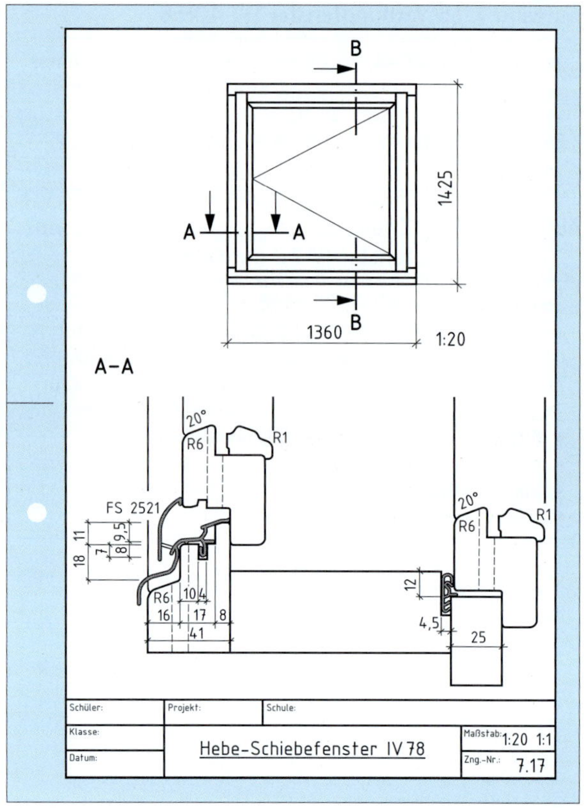

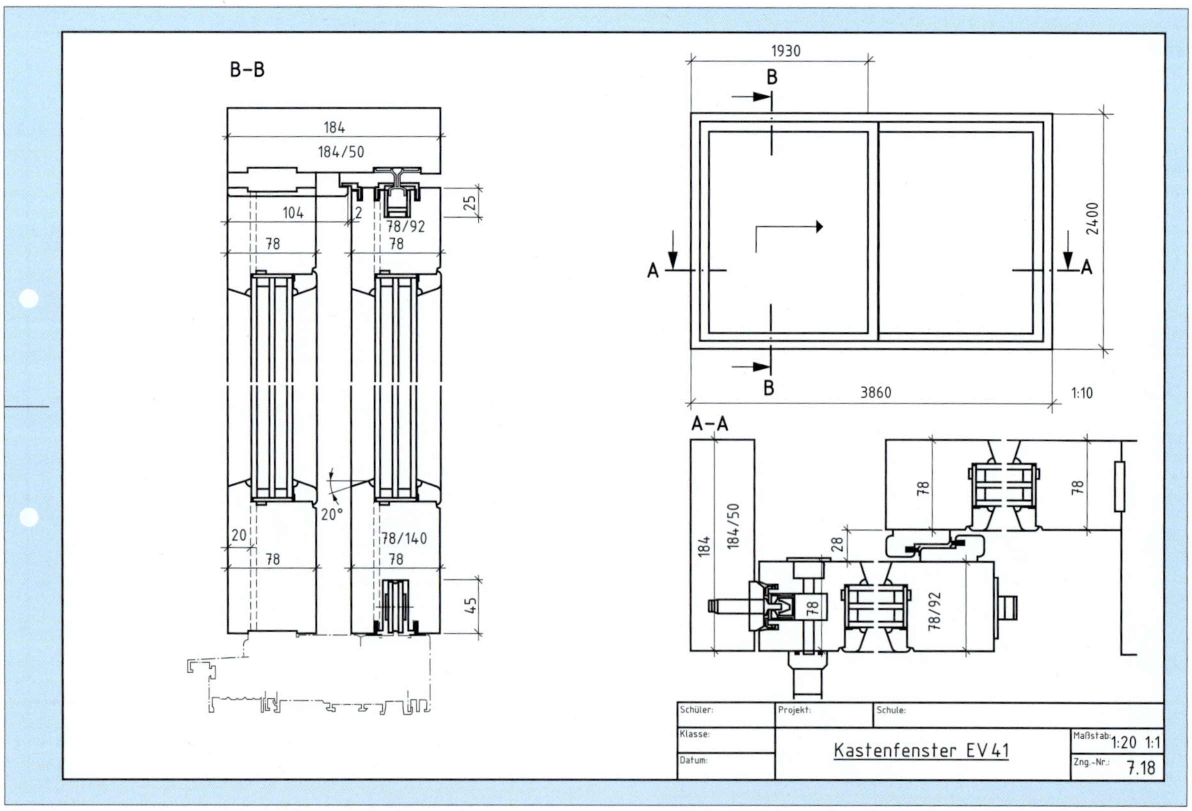

8 Außentürkonstruktionen [▶ 13]

Aufgabe 8.1 Außentür mit überschobenem Rahmen in Kiefer

Zeichnen Sie auf A4-Hochformat die Vorderansicht im M 1 : 10 und die Teilschnitte A-A und B-B im M 1 : 1:
- Rahmen in Kieferleimholzkanteln,
- Dreifach-Isolierverglasung IV 78.

Fehlende Maße sind selbst zu bestimmen.

Aufgabe 8.2 Kassettenaußentür mit überschobenen Füllungen in Eiche

Zeichnen Sie auf A4-Hochformat die Vorderansicht im M 1 : 10 und die Teilschnitte A-A und B-B im M 1 : 1:
- Rahmen in Eicheleimholzkanteln 78,
- Füllungen überschoben in Eiche.

Entwickeln Sie die Dämmung in den Füllungen.
Fehlende Maße sind selbst zu bestimmen.

Aufgabe 8.3 Außentür mit Aufdopplung und Blockrahmen in Teak

Zeichnen Sie auf A4-Hochformat die Vorderansicht im M 1 : 10 und die Teilschnitte A-A und B-B im M 1 : 1:
- Rahmen in Eicheleimholzkanteln 78,
- Profilbretter **senkrecht** aufgedoppelt in Teak.

Fehlende Maße sind selbst zu bestimmen.

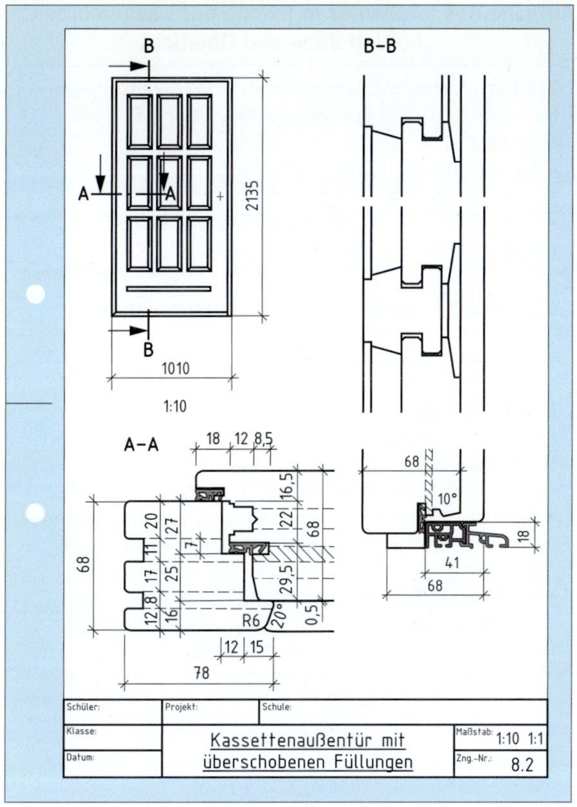

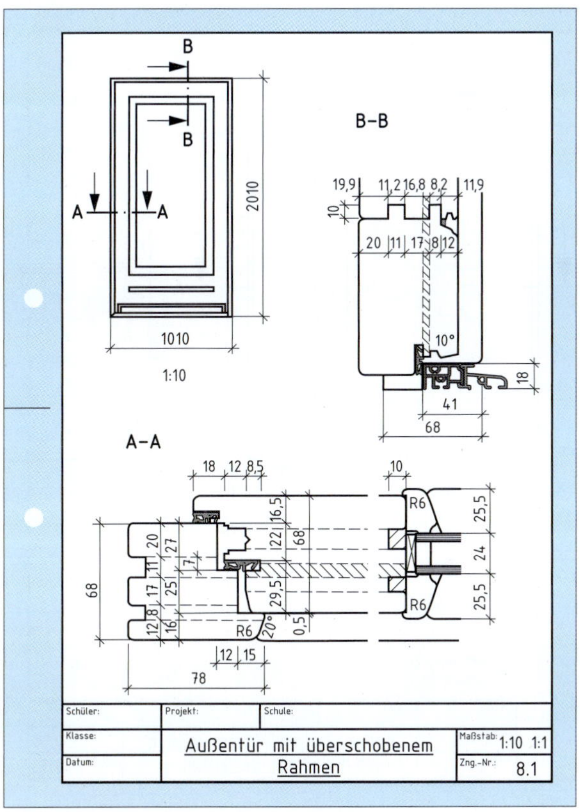

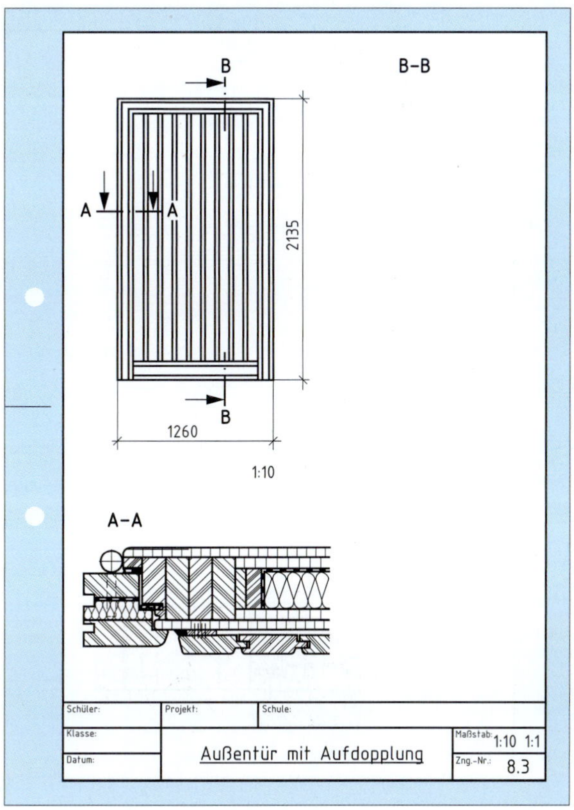

Aufgabe 8.4 Außentür in Lärche mit waagerechter Aufdopplung und Oberlicht

Zeichnen Sie auf A4-Hochformat die Vorderansicht im Maßstab 1 : 10 und die Teilschnitte A-A und B-B im Maßstab1 : 1:

- Rahmen in Lärcheleimholzkanteln,
- Lärcheprofilbretter waagerecht aufgedoppelt,
- festes Oberlicht mit Dreifachverglasung IV 78.

Fehlende Maße sind zu bestimmen.

Aufgabe 8.5 Außentür in Plattenbauweise mit festem Seitenteil

Zeichnen Sie auf A3-Querformat die Vorderansicht im Maßstab 1 : 10.
Konstruieren und zeichnen Sie die Teilschnitte A-A und B-B im Maßstab1 : 1:

- Blendrahmen in Kieferleimholzkanteln,
- Rahmen-Hohlraum-Konstruktion in Kieferleimholzkanteln mit eingebrachtem Stahlrahmen und Hohlraumdämmung,
- Beplankung Furniersperrholz mit Kieferdeckfurnier,
- fest stehendes Seitenteil dreifach verglast IV 78.

Fehlende Maße sind selbst zu bestimmen.

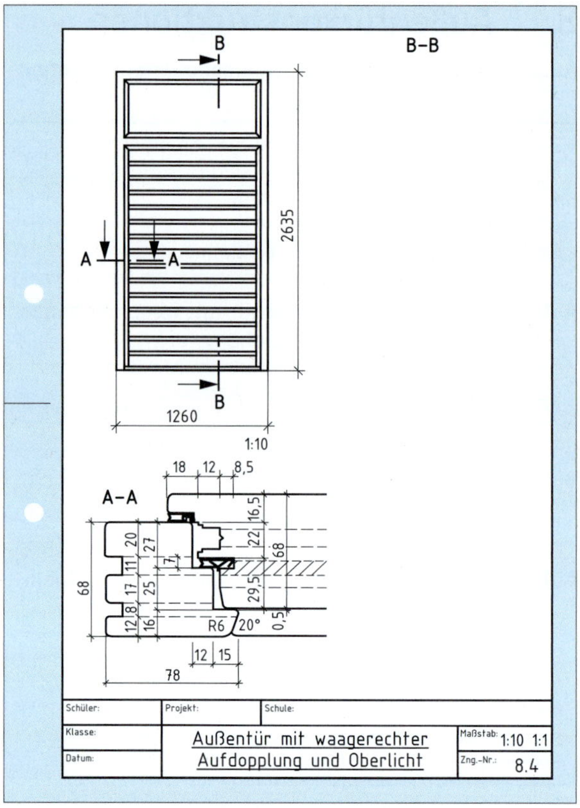

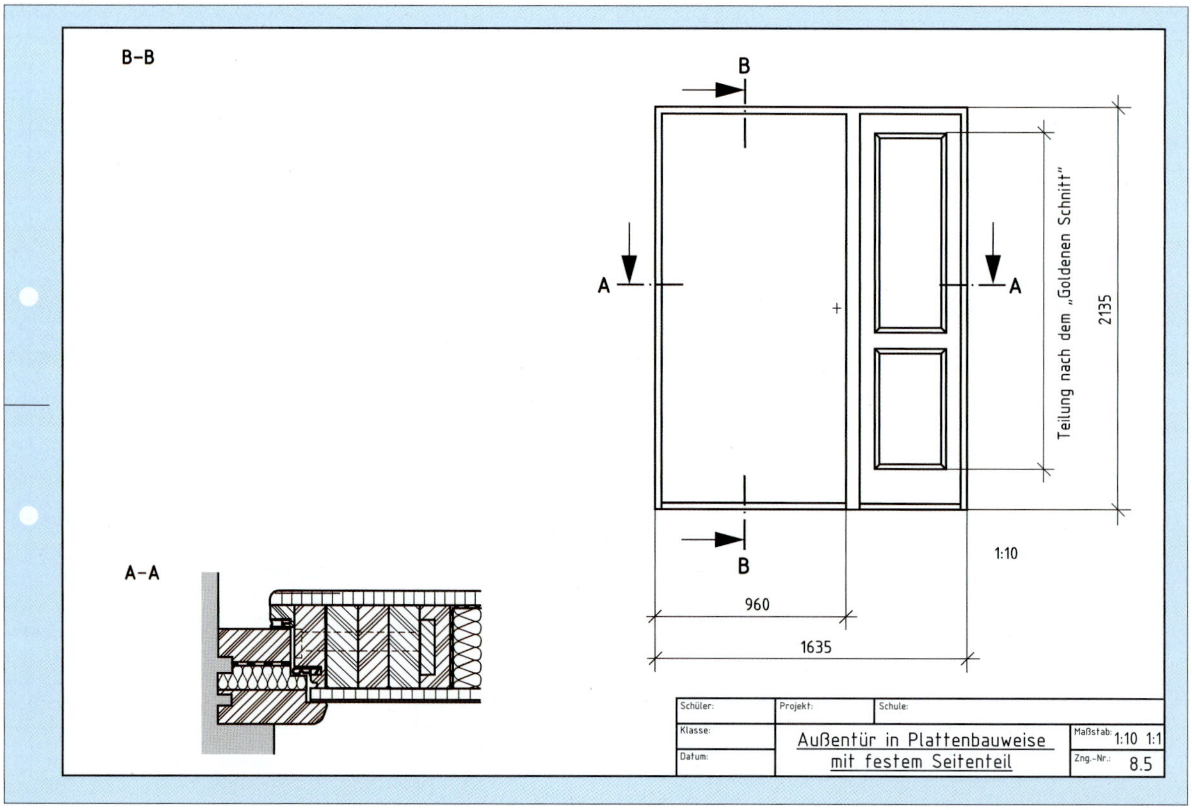

Sachwortverzeichnis

Bildquellenverzeichnis

Verfasser und Verlag danken den genannten Firmen, Institutionen und Personen für die Überlassung von Vorlagen und Abdruckgenehmigungen zu folgenden Abbildungen:

ABUS August Bremicker Söhne KG, Wetter: S. 242 (1); 371 (2); 385 (3)
Georg Aigner Sicherheitstechnik, Reisbach: S. 95 (4); 96 (2, 3); 97 (3)
aluplast GmbH, Karlsruhe: S. 325 (2); 348 (1); 350 (2); 381 (2)
AMK Die Moderne Küche Service GmbH, Mannheim: S. 144 (3)
Planungs- und Ing.-Büro Appel, Hamburg: S. 3 (1); 4 (1); 5 (1); 9 (1b, 2); 10 (1); 11 (1, 2); 14 (3); 15 (1–5); 16 (1, 2); 17 (1, 2); 18 (1); 20 (1–4); 21 (1, 2); 22 (1, 2); 47 (1); 49 (1); 51 (1–3); 63 (1); 65 (1, 2); 66 (1); 71 (4, 5); 72 (1–4); 73 (6); 74 (1–3); 149 (3); 164 (1–3); 165 (1, 2); 167 (5); 169 (1, 2); 170 (1, 2); 171 (1); 172 (1–3); 173 (1, 2); 174 (1, 2); 175 (1, 2); 176 (1); 177 (1); 190 (1–9); 209 (2); 227 (1–3); 228 (1, 2, 4); 245 (1, 2a, 3); 246 (1, 2); 424 (4); 425 (2, 3); 426 (1–3); 427 (1–4); 428 (1–3); 429 (1); 430 (1, 2); 432 (5); 434 (1, 2)
as-illustration, Rimpar: S. 36 (1); 38 (1–3); 39 (1); 50 (1, 2); 98 (2, 3); 150 (3, 4); 151 (1); 154 (2, 4); 155 (2a, 3a, 4a, 5a); 156 (1a, 2a); 159 (4); 160 (5); 161 (4, 5); 162 (1, 3–5); 163 (1); 166 (2, 4); 167 (2); 181 (3, 4); 182 (4); 186 (4); 196 (2); 197 (2, 7); 198 (3a); 224 (1–4); 225 (1–6); 226 (3); 228 (7); 241 (1, 2); 258 (1); 272 (1); 273 (1, 3); 274 (1, 2); 275 (1, 2); 278 (1); 280 (1); 281 (1, 2); 282 (2); 283 (1, 2); 284 (1, 2); 285 (1); 287 (2); 288 (3); 289 (3); 294 (2); 295 (2); 296 (1, 2); 297 (1); 298 (1–3); 299 (1); 300 (1); 301 (2); 302 (1, 4); 310 (2); 314 (1); 336 (1); 341 (3); 342 (1); 362 (1, 3); 364 (1); 377 (2); 378 (1, 2); 407 (1–3); 415 (1); 416 (1); 417 (1); 419 (1); 420 (1–3); 421 (1); 422 (1); 423 (1–9); 424 (2a); 430 (3, 5–8); 431 (1–9); 432 (1–3, 6); 433 (1, 2); 435 (2, 4); 452 (1, 2)
ASSA ABLOY Sicherheitstechnik GmbH, Berlin: S. 235 (4); 383 (5)
Bauer Do-it-yourself GmbH, „selbst ist der Mann", Köln: S. 28 (1); 29 (1–4, 5a, 6); 30 (1); 31 (3, 4); 39 (5b)
bauhaus archiv, Berlin: S. 140 (1)
Baumit GmbH, Bad Hindelang: S. 193 (1)
Reinhold Beck Maschinenbau GmbH, Krauchenwies: S. 73 (5)
BESSEY Tool GmbH & Co. KG, Bietigheim-Bissingen: S. 31 (2)
Bildarchiv Monheim © Florian Monheim, Krefeld: S. 134 (4)
BlowerDoor GmbH, Springe-Eldagsen: S. 294 (1)
Robert Bosch GmbH, Geschäftsbereich Power Tools: S. 32 (5, 7)
bpk Bildagentur für Kunst, Kultur und Geschichte, Berlin bpk/Hermann Buresch: S. 191 (1)
bpk Bildagentur für Kunst, Kultur und Geschichte, Berlin bpk/RMN – Grand Palais/Michel Urtado: S. 133 (2)
bpk Bildagentur für Kunst, Kultur und Geschichte, Berlin bpk/RMN – Grand Palais/Paris, Musée du Louvre/Daniel Arnaudet: S. 134 (1)
bpk Bildagentur für Kunst, Kultur und Geschichte, Berlin bpk/RMN – Grand Palais/Versailles, Châteaux de Versailles et de Trianon/RMN-GP: S. 135 (2)
bpk Bildagentur für Kunst, Kultur und Geschichte, Berlin bpk/The Metropolitan Museum of Art: S. 135 (3)
Brandt Kantentechnik GmbH, Lemgo: S. 99 (1)
Bundesanstalt für Arbeitsschutz und Arbeitsmedizin (BAuA): S. 302 (3)
Bundesanzeiger Verlag, Köln: S. 286 (1)
Bundesverband Kalksandsteinindustrie e.V., Hannover: S. 401 (1)
BWG Bauteam Profi Produkte, Steinbach-Hallenberg: S. 41 (2, 3, 6–8)
Georg D.W. Callwey GmbH & Co. KG, Helga Schmidt-Glassner, München: S. 137 (1); 139 (1)
Celle Tourismus und Marketing GmbH, Celle: S. 132 (4)
CLOU-Shop, Broderstorf: S. 33 (3); 34 (1)
Image courtesy of Thomas Coulborn & Sons (www.coulborn.com): S. 135 (4)
Cross Media Solutions GmbH, Würzburg: S. 111 (4); 115 (3, 4); 119 (2); 120 (1); 192 (6); 303 (1); 370 (1, 2); 412 (1); 413 (1)
Design Institut Köln – Herrn Wolfgang Laubersheimer, Köln: S. 143 (3)
dpa-Picture-Alliance GmbH, Frankfurt a.M.: S. 143 (2)
Dyck, Stephan, Buchholz: S. 386 (1); 394 (1); 397 (2); 399 (1); 400 (2); 401 (3); 402 (2); 403 (1)
Einkaufsbüro Deutscher Eisenhändler GmbH, Wuppertal: S. 41 (1)
Die Elbtischler BvT GmbH, Hamburg: S. 193 (2); 194 (1)
Enno Roggemann GmbH & Co. KG, Bremen: S. 327 (1)
Fechtel Transportgeräte GmbH, Borgholzhausen: S. 42 (1)
Fenster-Paul GmbH, Marktheidenfeld/Foto-Studio Schwab, Remlingen: S. 382 (3)
fischerwerke GmbH & Co. KG, Waldachtal: S. 27 (2); 245 (Tab. 1)
Fotolia Deutschland, Berlin, © www.fotolia.de: S. 130 (1 Ralf Gosch); 130 (2 Bergfee); 136 (2 LianeM); 141 (4 DiMmEr); 192 (1 Peter Hermes Furian); 243 (3 stefanfister); 282 (1 Ingo Bartussek); 301 (3 fotofuerst); 303 (1a photomarc_za); 303 (1b Jetpics); 303 (1c Konstantin Sutyagin); 303 (1d Claudia Paulussen); 303 (1e outdoorsman); 319 (1 Adagio); 424 (1 Mikael Damkier); 424 (3 iofoto)
Fritz Hansen A/S, Alleroed (Denmark): S. 141 (3)
FSB Franz Schneider Brakel GmbH + Co KG, Brakel: S. 235 (1, 2a); 236 (4–6); 237 (3); 238 (1, 4); 384 (1); 385 (1, 2)
Georg Gunreben GmbH & Co. KG, Strullendorf: S. 195 (3); 197 (4–6); 198 (1, 2, 3b, 4)
GEZE GmbH, Leonberg: S. 234 (5b); 237 (2)
Grafische Produktion Neumann, Rimpar: S. 301 (1)
Gretsch-Unitas GmbH (BKS), Ditzingen: S. 235 (3); 236 (1)
GUHDO GmbH, Wermelskirchen: S. 95 (1, 2); 96 (1)
Häfele GmbH & CO. KG, Nagold: S. 23 (1); 156 (4); 158 (4a); 159 (3, 7); 160 (2); 167 (3, 4); 168 (1, 2); 253 (2)